JN422121

55인의 관광학 전문인이 집필한

관광학총론

한국관광학회

백산출판사

감수인의 글

오늘날 관광여행은 선진국에는 물론 개발도상국에서도 현대사회를 상징하는 가장 중요한 사회현상의 하나이다. 또한 관광은 새로운 시대를 만드는 사회현상이다. 미래학자 허만 · 칸은 일찍이 "21세기는 관광산업의 시대다. 다시 말해서 사람은 한 해에 147일만 일(노동)을 하게 되고, 나머지 218일은 여가의 시간을 가진다. 여가의 대부분은 관광활동이 차지하게 될 것이다"라고 하였다. 이와 같은 예측은 꿈에서나 상상할 수 있는 일이지만, 실제로 이뤄져 가고 있지 않는가? 불가능한 듯한 꿈이 현실화되고 있는 것으로 보인다. 시대구분과 관련시켜 보면 수렵 · 채집사회는 먹이를 얻기 위하여 돌아다니면서 하루 24시간을 노동과 여가를 함께하는 생활이었고, 농경사회에 와서는 농사짓기 위해 한곳에 정주하여 거의 노동만 하는 생활이었다.

육체노동만 하던 농경생활에서 기계가 대신 일해 주는 산업사회가 되면서 여가를 갖기 시작했다. 더 나아가 정신노동에서도 벗어나기 위해 정보화 사회를 만들게 되어 육체와 정신 노동시간이 단축되고 많은 여가시간을 갖게 하였다. 정보화 사회의 뒤를 이어 여러 가지 형태의 사회가 나올 수 있다고 예상된다. 그중에서도 단순노동이 줄어드는 대신 늘어나는 여가를 관광을 통하여 자아실현에 쏟는 꿈의 사회가 올 것으로 여겨진다. 이와 같은 시대구분으로 불가능한 듯한 꿈이 미래에 이뤄진다고 하는 사회가 롤프 · 옌센이 말하는 바로 '꿈과 감성을 파는 사회'(dream society)라고 하겠다. 꿈의 시대는 기술의 발전으로 노동이 거의 필요 없게 된다. 인공지능이 상당부분 노동을 대체함으로써 꿈의 사회가 21세기를 지배한다는 이야기이다.

"21세기는 관광의 세기이다"라는 말은 우리 지구에 사는 사람들이 생활세계의 여가를 관광으로 많이 충족한다는 뜻과 관련이 있지만, 관광여행의 대중화 제1단계는 19세기 중반쯤(1860년대) 유럽에서 시작되었고, 제2단계는 1910년대 미국을 중심으로, 다시 제3단계는 1960년대 지구의 북반구 선진 여러 나라에서 이루어졌다. 이와 같은 관광여행 대중화의 트렌드는 제4단계인 2010년대에 아시아에서 확산된다고 하니 세계화시대와 함께 공간적으로 여가의 지구규모 관광화로 되어, 관광은 세계에서 최대산업이며 가장 급속한 성장을 이룩하고 있는 사업의 하나라는 데서 '관광의 세기'라는 말이 나오게 되었다고 할 수 있다.

관광이라는 사회현상을 과학적으로 연구하는 학문을 '관광학'이라고 한다. 우리들이 관광학의 개념을 확립하기 원한다면 먼저 연구의 방법과 대상을 찾지 않으면 안 될 것이다. 관광현상 연구에 있어서의 애로는, 바로 그 연구대상으로서 관광의 정체를 파악하는 일이라고 하겠다. 이를 위해서는 경제학, 경영학, 사회학, 심리학, 지리학 등 여러 학문 분야에서 발달된 방법론이 총동원될 필요가 있다. 여기에서 관광의 연구는 학제적 연구(interdisciplinary studies)에 의해서 행해진다는 결론에 도달하게 된다. 우리가 세계적 관점에서 관광연구의 발전을 관찰해 보게 되면 약 80년에 걸쳐 학자들 간의 협동이 이루어지고 있음을 발견할 수 있다. 동시에 우리는 관광연구에 있어서 전문적 연구에 관련되는 새로운 유형의 학제적 연구가 발전되고 있음을 알 수 있다.

우리의 관광학 분야만큼 그 학제적 연구가 강하게 요청되는 분야도 드물다고 하겠다. 또한 관광학회 구성원에 있어서도 그 학제적 연구를 위한 태세를 갖춘 곳도 많지 않다고 자부하고 싶다. 우리의 한국관광학회에는 본래 인문·사회과학, 자연과학 등 여러 분야에서의 전문지식을 쌓은 끝에 관광에 대해 각별한 흥미와 관심을 가짐으로써 대부분 이 방면의 연구를 쌓은 교수들이 모여 있음은 주지하는 바와 같다. 기본적으로 학제적 연구로 접근하여 그의 해답을 얻게 하기 위한 모델과 같은 것이 우리 학회의 성격이며 특징이라고 말하고 싶다. 그리고 1972년에 학회가 발족되면서 이제까지 오랫동안 관광학회지 논문발표를 통해 우리들은 그것을 실천에 옮겼다고 하겠으며 이번에 우리 학회에서 창간하는 『관광학총론』은 그 연구 성과의 집적임을 말할 필요도 없다.

'책의 이름'을 통해 알 수 있는 바와 같이, 관광의 전 영역에 걸쳐 해설을 하고 있으나, 관광자라고 하는 '관광주체'와 관광자원과 관광시설 및 서비스로 이루어지는 '관광대상'은 더 나아가 관광주체와 관광대상을 연결하는 기능을 가진 '관광매개(이동수단과 정보)'라는 세 가지의 요소로 구성되는 관광구조의 설명을 필요로 한다. 이는 관광을 이해하기 위한 기본적인 틀로서 문제를 정리하기 위한 수단이다. 감수자는 독자가 이 책을 통하여 관광학의 학제적 접근을 이해하며 관광과 관광사업이 가지고 있는 여러 가지의 문제에 대하여 스스로 큰 틀에서 생각하고 적은 노력으로 해답을 얻을 수 있기를 희망해 본다.

관광학은 역사가 짧은 학문이면서 해결되지 않고 있는 연구과제가 산적되어 있다. 오늘날 우리나라의 관광을 생각할 때, 세계적인 흐름 속에서 일어나고 있는 관광의 변화와 국내의 특수사정과 연결되면서 복잡한 양상을 보이고 있다. 그리하여 여기에 관련된 다양한 연구과제의 모든 면에 접근하는 일을 단순화하여 포괄적이며 체계화하는 데 힘을 기울였다고 판단된다. 그래서 이 책은 우리 학회 전국의 회원교수 45명의 참여와 현업의 경영자인 실무자 10명을 합한 총 55명의 협력으로 연구의 공동체를 조직하여 집필을 끝내고 편집으로 들어가 관광 및 관광산업과 관련된 45장의 항목이 선정되어 총 6편으로 차례내용을 나누어 관광학의 총론으로서의 성격을 가진 책을 발간하기에 이르렀다.

제1편은 "관광의 이해와 학문적 접근"을 다루고 있다. 관광이라는 사회현상을 체계적으로 연구하여 추진된 관광학은 1930년에 독일과 스위스에서 탄생되었는데, 연구자의 한 사람이었던 스위스의 훈치커(Hunziker)는 관광연구의 명칭을 관광학 등의 변천으로 설명한 바 있다. 우리의 이 책에서는 관광의 개념을 비롯하여 역사·철학·경제·사회·지리·문화인류·생태환경·행동·심리학 등의 총체적 접근을 시도하고 있다. 그러나 앞으로 새로이 2판이 출판될 경우 관광학의 구조에서 '관광의 행동과 심리'의 차례 내용의 중요도를 생각하여 수준을 높여 제2편 관광의 행동과 심리의 독립된 장으로 편집해야 바람직하다고 생각한다. 관광 행동의 이해에서 기본적으로는 '즐거움을 위한 여행'이라는 의도를 가진 개인적인 행동이어서 관광사업이 대상으로 하는 행동이다. 다른 많은 행동과 같이 그것이 어떠한 욕구에 의거하느냐를 이해하는 일이 필요하다. 심리학적인 측면에서 관광 행동을 이해하는 일은 관광 전체를 이해하는 데 기초가 된다고 하겠다.

제2편은 "관광산업의 이해"를 다루고 있다. 여행업, 항공운송업, 해양관광과 크루즈, 호텔업, 외식업, 리조트업, 축제와 이벤트업, 컨벤션 산업, 카지노 산업, 테마파크 등의 산업으로 분류되었으나 관광구조의 틀에서 볼 수 있는 관광의 대상과 매개체(이동수단)로 생각해야 한다. 이해의 방법으로는 수요 일부에 관광수요를 포함하는 산업 분야의 총칭이 될 수 있다. 일반적으로는 관광자의 변화욕구와 행동에 의하여 여러 가지로 수용하는 관광산업이 나누어진다고 하겠다.

제3편은 "관광경영학의 이해"를 다루고 있다. 관광사업 및 관광관련사업의 구조나 행동원리를 탐구하는 학문을 필요로 한다. 여기에는 관광의 인적자원관리, 관광 회계와 재무, 경영정보, 마케팅 등으로 분류되어 있으나 기업의 정신과 가치를 중시하고 기업 관리의 기본과 발전적 관리를 중요시하여야 할 것이다.

제4편은 "관광자원개발과 관광정책의 이해"를 다루고 있다. 관광자원개발에서 관광지발전은 관광대상이 되는 관광의 자원과 시설 여하에 의하여 크게 좌우된다. 관광자원개발의 유형은 관광자원시설개발, 관광자원복원개발, 관광자원창조개발 등으로 나누어짐이 보통이다. 또한 보고 돌아다니는 면과 머무르고 있는 면이라고 하는 관광 행동의 양면성에 대응하는 수용태세로 주유(周遊)형 자원개발과 체류(滯留)형 관광개발로 나누기도 한다. 관광정책은 국가 또는 지방자치단체와 기업경영에서 관광사업의 진흥을 위하여 행하는 정책을 필요로 한다. 여기에서의 중요한 내용은 어떻게 하면 정책의 가치를 지속적으로 창출하고 정책의 진화와 역량을 강화시키는가 하는 정책연구개발로서 논의되고 있는 과제이다.

제5편은 "오락·스포츠·문화관광의 이해"를 다루고 있다. 엔터테인먼트 오락산업은 '주로 사람에 의한 접대를 수단으로 하여 제공하는 오락으로 영화, 연극, 음악 등이 구체적인 업종으로

모습을 보이고 있다. 스포츠관광은 스포츠를 즐기는 것을 주된 목적으로 하는 관광형태를 말한다. 스포츠관광은 세계적으로 인기가 있으며, 고도성장이 기대되는 분야이다. 문화관광은 르네상스기의 유럽에서, 순례를 대신하여 역사적·물리적·과학적인 진리를 추구하고자 생긴 관광활동, 역사관광, 에스닉관광, 민속관광, 테마·파크관광 등을 포함한다.

제6편은 “관광의 새로운 발견”을 다룸으로써 관광에 대한 새로운 사고를 갖게 하였다. 20세기 대중관광(mass tourism)시대의 대량관광에 대한 비판의 소리가 높아 그에 대한 반성으로 일어난 지속가능한 관광은 또 하나의 관광인 ‘새로운 관광의 존재방법’을 모색하게 하였다. 환경보전을 전제로 한 ‘지속가능한 관광’의 이념을 도출하여 그린 투어리즘(green tourism)을 비롯해 다양하고 개성있는 새로운 관광형태를 출현시키고 있다. 이와 관련된 항목으로 실체가 없는 게임연출관광(post tourism), 교차문화관광(cross cultural tourism), 또 하나의 얼터내이티브 투어리즘(alternative tourism)인 루럴투어리즘(rural tourism) 등을 볼 수 있겠다. 관광객의 변화욕구 충족을 위한 관광행동의 특성을 알게 하여 관광대상 선택의 기본적인 원리와 관광 행동의 뒤에 잠겨 있는 새로운 가치관에 따른 관광산업의 창출을 위한 생각을 끌어내게 하여야 할 것이다.

이 책의 집필자들은 현재 전국 대학의 관광관련 학과에서 오랫동안 교육과 연구를 하고 있는 관광학회 회원의 재직교수 및 실무권위자로 구성되어 있다. 이 책의 집필에 있어서는 관광에 대한 다양한 연구과제로써 이론과 실제의 관점에서 접근하고 있는 공통점이 있다. 공동집필이기에 일관성의 문제가 있을 수 있겠지만 이 책을 통해서 오늘날 관광의 성격과 문제의 모든 면을 이해하게 되기 바란다.

이 책은 단순히 대학의 관광학을 전공하는 학생과 관광학을 연구·교육하는 학자뿐만 아니라 업계나 관공서의 일선에서 일하고 계시는 실무가들에게도 훌륭한 지침과 참고가 될 것을 믿어 의심치 않는다. 이 책은 집필자들의 다양한 시각이 고려되고 관광연구에 진지한 논의와 집필자 상호간의 협력에 의해서 이루어졌다고 생각한다. 끝으로 한국의 관광진흥과 관광학 연구 및 학회의 발전을 위하여 헌신적으로 노력하고 계시는 조명환 학회 회장님, 변우희 출판위원장님, 공동집필의 역할을 다해 주신 학회 회원이신 교수님과 실무진 여러분들에게 진심으로 감사와 경의를 표하는 바이다.

2009년 6월

(사) 한국관광학회 고문

(사) 한국국제관광개발연구원 원장

안 종 윤

발간인의 글

우리나라 대학에 관광관련 학문이 도입된 지 어언 45년이 지나는 과정에서 관광관련 교육기관의 양적 성장은 상상을 초월할 정도이다. 급격한 양적 성장은 교육 수요자들인 학생들이나 이들을 가르칠 교수들의 숫자도 급격히 늘어나게 한 게 사실이다. 교수들 중에는 현장경험을 토대로 한 분들도 있고, 현장경험 없이 순수 관광관련 학문만을 연구한 경우도 있다. 교수들이 전공영역별로 강의시간에 활용하는 교재들의 출판경향을 살펴보면 처음에는 교직경력이 오래되고, 연구실적이 많고, 전국적으로 지명도가 높은 분들이 자기 전공영역에 맞는 저술활동을 해왔다.

뒤이어 소위 1인 1저 형식으로 수많은 관광관련 서적들이 출판되었다. 어쩌면 다른 학문 분야에서는 볼 수 없는 진귀한 현상이라 할 정도이다. 관광관련 출판물이 양산된다 해서 결코 나쁠 것은 없다고 생각한다. 어느 시점에 가면 관광관련 저술들이 양의 개념에서 질의 개념으로 바뀌어 갈 것이기 때문이다.

학회에서 『관광학총론』을 집필하게 된 배경은, 우리 학문 분야에서도 이제는 관광학사전 한 권 정도는 출판할 시점에 이르렀다고 생각했기 때문이다. 왜냐하면 관광학 분야보다도 역사적으로 오래지 않은 다른 학문 분야에서도 벌써 사전들이 출판된 게 사실이기 때문이다.

그런 의도에서 출발했지만 좀더 신중을 기할 필요가 있다는 의견들이 있어 그렇다면 사전 출판에 반드시 필요한 index 확보 차원에서 관광학총론을 먼저 출판하는 게 좋다는 데 의견의 일치를 보고 출판을 하기에 이르렀다.

물론 학회 차원에서의 『관광학총론』을 출판하는 데 대한 의견이 분분할 수 있다. 그리고 학회 차원에서 출판을 했는데 질적 수준에 대해서도 비판받을 소지가 분명 있다고 생각한다. 그러나 첫 술에 배부를 수 없는 법이다. 초판에서 여러 가지 불충분한 점들이 발견되는 것 자체가 다음 판을 준비하는 데 명약이 될 수 있을 것이다. 그러나 한 가지 분명한 것은 그동안 한국관광학회에서 훌륭한 논문을 게재한 경험이 있는 45인의 저자를 중심으로 편찬한 본 『관광학총론』의 학술적 가치는 매우 높다고 판단된다. 특히 제2편의 "관광산업의 이해" 부분은 관광산업 분야의 실무권위자 10인이 세계의 관광산업현황과 한국의 대응이라는 관점에서 집필한 현장의 목소리로서 본 저서의 가치를 높이는 훌륭한 작업으로 평가된다.

관련 전공 영역별로 많은 회원 및 현장실무권위자인 전문가 여러분들의 아무런 대가 없는 동참에 대해서 매우 고맙다는 말씀을 드리고 싶다. 특히 학회 부회장이며 출판위원장인 경주대학교 변우희 교수의 지칠 줄 모르는 추진력에 경의를 표하고자 한다. 그리고 어려운 출판 여건하에서도 이 책의 출판에 물심양면으로 큰 도움을 주신 백산출판사 진욱상 사장님에게도 고마움을 표하고자 한다.

2009년 6월

(사) 한국관광학회 회장

동아대학교 교수 **조 명 환**

출판인의 글

우선 『관광학총론』 집필제의를 흔쾌히 수락하고 묵묵히 맡은 분야에 최선을 다해 주신 55인의 저자 여러분들의 그동안의 노고에 진심으로 감사하다는 말씀을 드리며 이 책의 출간에 즈음하여 축배의 잔을 함께 나누고 싶다. 이 책이 세상의 빛을 보기까지 숱한 논의와 심사숙고가 있었으며 한편으로는 많은 질타와 비판을 감수하고자 하는 결단의 용기도 필요했다. 주지하다시피 이제 한국에서의 관광의 역사가 학문적으로 일천하다고만은 할 수 없는 상황에 놓여 있다. 1960년대 초 관광학의 학문적 접근이 시도된 이후 2009년 현재 약 250여 개 대학에서 관광학 교육이 이루어지고 있고, 약 10여 종의 학술지(한국학술진흥재단의 '등재지 및 등재후보지')가 발간되고 있다. 이는 양적으로나 질적으로 어느 정도 발전이 이루어져 왔다는 것을 의미한다.

그러나 이러한 외적 성장에도 불구하고 한국의 관광학은 교육과정과 내용구성의 측면에서 제대로 합의되고 표준화된 지침 없이 전공별로 상당한 부분들이 광범위하게 분산되고 중복되는 현상을 보이고 있다는 지적을 받고 있다. 더욱이 학자들 간에도 관광학이 관광주체, 객체 및 매체 간의 인과관계를 규명하는 현상중심의 학문적 발전을 이루기보다는 다분히 학자중심의 학문체계가 형성되는 과정에서 중복성과 함께 차별화된 교재개발이나 교육과정이 결여되는 부분적인 결함을 노출시켜 왔다는 자성의 목소리가 커지고 있다.

이러한 구조적인 문제를 해결해야 한다는 시대적 사명감뿐 아니라 이제는 시기적으로도 관광현상을 총체적인 관점에서 투영해 보는 합의된 표준화 지침서가 필요하다는 관점에서, 출판위원장에게 직접적으로 조언을 해주며 발간을 독려하는 학회회원들의 뜻에 따라 많은 고민 끝에 용기를 내어 드디어 『관광학총론』을 발간하게 된 것이다. 아울러 관광학을 제대로 알고자 하는 독자들에게는 한국관광학의 현주소를 한눈에 파악하고 스스로 학문의 총체적인 방향성을 잡을 수 있는 지침서가 필요하다는 기본적인 문제인식도 본서를 시작하게 된 중요한 동기라는 것을 밝히고 싶다.

본서를 집필하기에 앞서 가장 고심한 것은 합리적인 내용구성과 목차의 완성이었다. 이를 위해 수차의 학회간부회의를 거쳐 의사결정을 수렴하였고, '관광학총론 출판위원회'를 구성하여

선행연구자료 수집과 분석을 통하여 교재의 전문성을 확보하고자 하였다. 특히 2008년 7월에는 '한국관광학회' 주관 제64차 부산학술대회에서 출판위원들이 공동으로 참여한 "관광학 연구동향 및 교육과정 분석과 관광학총론의 구성체계"라는 발표논제를 가지고 집중토론을 가졌다. 이러한 충분한 여론수렴과정을 통하여 출판위원회에서는 본서의 발간 필요성과 객관적인 합리성을 확보하기 위해 노력하였으며, 학회 전체 회원들의 공감대를 형성하기 위하여 수차례에 걸친 회의와 토의 끝에 『관광학총론』의 내용구성과 목차를 완성하게 된 것이다.

따라서 본서의 방향성은 단편적인 어느 특정 학문 분야의 시각에서 벗어난 보다 학제적이면서도 다양한 관련학문 분야의 실용적, 이론적 논점들을 복합적으로 결합한 내용들로 구성하였다. 더욱이 통합적이면서도 개론적 차원에서 쉽게 접근할 수 있도록 내용이나 목차를 체계적으로 구성함으로써 광범위하면서도 집약적으로 서술하였다는 점을 강조하고 싶다. 저자 선정에 있어서는 『관광학연구』에 목차와 관련 분야를 투고한 실적이 있는 회원을 원칙으로 하였으며, 회장과 사무국장을 포함한 출판위원회에서 논의 끝에 결정하였다. 단, 제2편의 "관광산업의 이해" 부분은 해당 관광산업 분야의 실무권위자 10인을 특별회원자격으로 초빙하여 원고를 부탁하였다. 특히 이 부분은 독자들로 하여금 현장감 있는 실무를 파악하게 함으로써 관련산업 분야의 이해도를 증진시켜 흥미를 배가시키도록 하였다. 차제에 바쁜 현장업무에도 불구하고 기꺼이 동참하여 주신 각 분야의 실무권위자 여러분들에게 이 자리를 빌려 감사의 말씀을 전하고 싶다. 앞으로 본 『관광학총론』이 지속적으로 발전하여 미처 집필진에 참여하지 못한 많은 훌륭한 회원들의 참여폭도 더욱 넓혀 나갈 것을 약속드리며 독자 여러분들의 많은 관심과 참여도 기대해 본다.

본 교재는 무엇보다도 관광에 대한 학문적인 체계를 제대로 알고자 하는 관광학도들에게 가장 개괄적이면서도 각 분야 전문가들의 견해를 총망라한 알찬 내용들로 구성되어 있다고 자신 있게 말할 수 있다. 제1편에서는 관광의 기초개념에 이어 사회학, 경제학, 경영학, 심리학, 생태환경학, 문화인류학, 지리학 등 인접학문과의 교차학문적인 접근을 시도하였다. 또한 제2편 "관광산업의 이해"에서부터 제6편 "관광의 새로운 발견"까지 관광이라는 학문적 대상에 대하여 연구와 교육적 차원에서 현재 거론되고 있는 중요과제들을 총괄적으로 다룬 관계로, 대학에서는 '관광학원론'이나 '관광학개론' 과목의 교재로 매우 유용하게 활용할 수 있을 것으로 본다. 무엇보다도 본 교재의 발간 의의는 합의된 학문의 공론의 장을 펼쳤다는 점이다. 특히 관광학을 총망라한 표준화 지표를 설정하고 한국관광학의 후속 이론정립을 위한 가이드라인을 선험적으로 제시했다는 점에서 출판인으로서는 상당한 자부심을 느낀다.

우선 본서 발간을 위해 격려와 조언을 아끼지 않은 박석희 교수를 비롯한 김남조 · 이돈재 ·

이충기 교수와 기쁨을 나누고 싶다. 특히 출판위원으로서 부단히 선행연구자료의 수집과 분석 및 목차구성에 이르기까지 궂은일을 도맡아 해준, 한상현·김기태 교수, 본서의 여론수렴과 공론화를 위해 늘 같이 고심하고 함께한 조광익 교수에게도 심심한 사의를 표한다. 그리고 수차에 걸쳐 목차구성과 내용에 대해 진지하게 충고해 주고 많은 부분 도움을 주신 손대현, 김사헌 고문님과 젊은이들보다 더욱 뜨거운 학문의 열정을 지니시고 '감수의 글'을 보내주시면서 끝까지 목차구성에 대한 조언을 아끼지 않으신 안종윤 고문님께 머리 숙여 감사의 말씀을 드린다. 또한 물심양면으로 지원을 아끼지 않은 조명환 회장님과 최규환 사무국장을 비롯한 학회회장단 여러분에게도 이 자리를 빌려 고맙다는 말씀을 드린다.

책이 발간될 때까지 가슴 조아리며 자기 일처럼 헌신한 손민준 조교와 곽미정·김재원 조교 및 김애영·배지현 제군들, 그리고 오자와 탈자 및 문맥교정에 이르기까지 세세히 원고수정을 봐준 나의 친동생 변성희 교수, 석사과정의 김혜련, 박사과정의 신대호·한형주 선생에게도 그 동안의 노고에 진정 고마움을 표시하고 싶다. 또한 어려운 여건하에서도 좋은 책의 탄생을 허락해 준 백산출판사의 진욱상 사장님, 책임감 있게 업무를 추진해 준 김종욱 이사님, 원고 한 장마다 꼼꼼하게 성심껏 교정을 봐준 성인숙 과장님에게 마지막 감사의 말을 전하면서 여러분 모두의 행복을 기원한다.

(사) 한국관광학회 출판위원장, 부회장

경주대학교 교수 **변 우 희**

차 례

차 례

제1편 관광의 이해와 학문적 접근

제4편 관광자원개발과 관광정책의 이해

제5편 오락 · 스포츠 · 문화관광의 이해

제1편

관광의 이해와 학문적 접근

제 1 장

관광의 기초개념

조 명 환*

1 관광의 개념

1) 관광의 중요성

21세기에 접어들면서 많은 사람들은 여가시간 및 비노동시간을 어떻게 활용할 것인지에 대해 지속적인 관심을 보이고 있다. 그리고 학자들은 개인들이 여가시간을 어떻게 사용하고 있으며, 여가시간 활용을 통해 개인들은 물론 가족구성원들에게는 어떤 효능감을 가져다주며, 여가시간에 집중하게 되는 여행이나 휴가에 어느 정도의 시간과 금전적 소비가 할애되고 있는지에도 연구의 관심이 고조되고 있다.

특히, 여가시간에 임의의 장소나 목적하는 지역을 방문하는 이른바 관광(tourism)에 대해 개인들은 물론 국가적, 정책적으로도 그 중요성을 높게 인식하고 있는 실정이다. 세계관광기구(World Tourism Organization)는 『관광비전 2020』(Tourism 2020 Vision)의 장기전망을 통해, 전세계 국제관광객 수는 1995년 5억 6천 명에서 2010년 10억 명, 2020년 15억 6천 명으로 연평균 4.1% 성장할 것으로 전망하고 있고,[1] 세계여행・관광협의회(WTTC: World Travel and Tourism Council)는 2005년의 여행과 관광의 경제적 파급효과로 6조 2,010억 달러에서 2015년이 되면 10조 6,780억 달러에 이를 것으로 추정하고 있다. 이 같은 수치는 매년 여행과 관광 분야의 수요가 4.6% 성장할 것을 예상한 것이고, 4.6% 성장은 세계 대부분 국가들의 경제성장률

* 동아대학교 관광경영학과 교수. e-mail: mhcho@dau.ac.kr

을 능가하는 수치이다. 또한 세계여행·관광협의회는 2억 1,400만 개의 일자리 창출과 전체 고용의 8.3%를 점할 것으로 예측하고 있다. 그리고 2005년 개인 소비금액 가운데 여행과 관광에 사용된 금액이 10.4%로서, 이는 세계자본투자액과 같은 수치이고, 세계 GDP의 10%에 해당하는 액수이다.[2)]

한편 우리나라 관광의 양적 성장과정을 살펴보면, 1980년대 초반부터 점진적으로 추진되어 온 해외여행 자유화는 1989년 전면 자유화를 계기로 그동안 지속적인 성장을 보이고 있다. 1989년 1,110만 명이던 내국인의 해외여행은 2000년에 5백만 명을 넘어서고, 2008년에는 1,199만 6천 명으로 증가하여 지난 19년간 9.9배 증가하는 진기록을 세웠으며, 외국인의 국내관광은 1989년에 272만 8천 명이던 것이 2008년에는 689만 명으로 2.5배 증가한 것으로 나타났다.[3)] 2009년도에는 외래 관광객 750만 명 유치, 관광수입 100억 달러를 달성하겠다는 국가적 목표를 세워놓고 있다. 이처럼 관광이 우리들 개인의 삶은 물론 세계적으로도 중요성을 더해가게 되는 이유를 살펴보면 아래와 같다.

① 관광은 자유재량적 활동이고 ② 관광을 통한 경제적 중요성이 증대되고 있고 ③ 많은 국가들에 있어 관광은 신규고용 기회를 제공해 주고 있고 ④ 관광은 삶의 질을 향상시켜 주며 ⑤ 관광은 개발되었거나, 서구화된 산업국가들에 있어서는 인간생존의 기본권으로 인식하고 있으며 ⑥ 개발도상국들에게는 관광이 빈곤을 해결해 줄 수 있는 것으로 주창되고 있으며 ⑦ 교통수단의 발달로 접근성이 제고되고 있으며 ⑧ 여행과 관광은 가계예산 가운데서 보다 저렴하게 지출할 수 있는 자유재량적 항목이고 ⑨ 인터넷의 발달로 여행관련 상품에 보다 쉽게 예약할 수 있는 데서 비롯된다.

관광은 이제 특정 개인이나 국가에 한정되지 않고 글로벌 차원에서 개인적, 경제적, 사회문화적 그리고 국가정책적으로도 우선순위를 부여받고 있고, 성장 동력 산업으로 인식되고 있다. 제1장에서는 관광에 대한 기초개념을 이해하기 위해서 관광의 개념, 관광과 인접 용어와의 관계, 관광의 가치에 대해 살펴보고자 한다.

2) 관광의 어원

(1) 일상용어로서의 관광

일상용어로서의 관광은 국어사전에서 "① 다른 나라의 문물, 제도를 시찰하는 것 ② 다른 지방이나 나라의 아름다운 풍경·풍습 등을 구경하며 유람하는 것"으로 풀이하고 있다. 그리고 백과사전에서는 "보양, 유람 등의 위락 목적으로 여행하는 것"이라 설명하고 있다.

그 밖에 외국의 백과사전에서는 관광을 "즐거움을 위한 여행(travelling for pleasure)"으로 정의하고 있다. 그러나 다른 학문 분야의 경우와 마찬가지로 관광의 개념을 규정하는 데 있어서 몇 가지 점을 고려하는 것이 바람직하다. 첫째, 가급적 일상적인 용어법에서 어긋나지 않도록 개념을 규정하고 둘째, 동서고금의 저명학자가 정립한 개념규정을 충분히 참고해야 하며 셋째, 규정된 개념이 이용되기 쉽도록 고려해야 한다. 우리들 일상생활에서의 관광이란 정형화된 일상생활을 벗어나 비일상공간에서 그곳의 문물들을 즐거운 마음으로 보고, 느끼고, 이해하여, 일상거주지를 떠나기 전보다는 견문을 넓혀 일상 생활권으로 되돌아오는 것으로 볼 수 있다.

(2) 관광의 어원

① 중국에서 관광의 어원

관광이란 용어가 동·서양에서는 그 어원을 어떻게 달리해 왔는가를 살펴보자. 먼저 동양의 경우 중국에서는 『주역(周易)』의 "역경(易經)" 속에 '관국지광이용빈우왕(觀國之光利用賓于王)'이라는 글귀가 있는데 여기서 관광이라는 용어가 처음 나오게 된다.

이때 관광은 다른 나라의 문물을 살펴보러 오는 사람들에 대해서는 나라의 임금을 모시듯 환대했다는 의미로 사용되었다. 이 당시 유교주의적 사고방식으로는 국내의 문화와 풍속의 정도는 선·악의 통치자인 군주의 통치능력에 달려 있다고 믿었을 정도로 군주를 신성시했다. 따라서 국가가 번창한다는 것은 군주의 성덕(盛德)에 의한 것이고, 군주의 위광(威光)도 동시에 증대시키는 결과를 가져온다. 그리고 나라의 빛을 본다는 것은 일국이 가지고 있는 볼거리와 유·무형자원 모두를 포함하며, 군주의 경우는 손님들에게 그런 볼거리들을 통해 뭔가 유익함을 깨닫도록 하는 게 중요하다. 일본인 학자 다카이 가오루(高井薰)에 의하면, "진정한 관광객이 되기 위해선 멀리서 조망하든, 그늘진 곳을 들여다보든 관광객 자신의 생활에 대한 반성이 전제되어야 함"을 강조하고 있다.[4] 따라서 『주역』의 "역경"에서의 '관광이란 일국의 문화 및 풍속으로부터 그 나라 임금의 덕을 간파할 정도로 혜안을 가진 자가 그 나라 전체의 빛을 보고 이해함'을 의미한다.

② 우리나라에서 관광의 어원

우리나라에서 관광이란 용어가 공식적으로 사용되었던 시기는 고려시대로, 고려 예종 11년(1115) 송나라에 갔던 사신이 조서(詔書)를 가지고 귀국하였는데 거기에 "오래된 풍습과 생활 자취를 가지고 있는 상국을 관광케 하여 낡은 습관을 버리고, 새로운 풍습을 익히도록 …"(… 有古遺風, 乃遺諸生, 觀光上國, 盡損宿習, 欲見天地之全, 於變華風 …)으로 기록되어 있다(『국역고려사절요』 제8권).

이 당시 관광은 사회문화적으로 상국이라 할 수 있는 중국에 사신 자격 아니면 귀족계층의 자녀들이 유학목적으로, 아니면 종교목적의 승려들이 주류를 이루었다고 볼 수 있다. 그 후 1385년 정도전의 『삼봉집(三峰集)』에는 중국 북경 신년 가정사(賀正使)의 여행기 제목을 "관광집(觀光集)"으로 소개하고 있으며, 『조선왕조실록』 "태조 권9 및 세종 권148편"에서는 "조선 건국 시 한성의 북부에 10개의 방(坊)을 설치하면서 그중 하나를 관광방(觀光坊)으로 하였다"는 기록이 있고, 1910년에 유길준이 『관광약기(觀光略記)』를 저술하여 오늘날의 여행기행문 내지는 답사기에 해당하는 기록물을 남겼다.[5)] 현대에 와서는 국가가 관광과 관광산업의 중요성을 인식하여 1961년에 관광사업진흥법을, 1975년에 관광기본법과 관광진흥법을 제정·공포하게 된다.

③ 서양에서의 관광의 어원

관광에 관한 서양에서의 어원을 살펴보면, 투어리즘(tourism)은 여러 나라를 순회여행한다는 뜻이다. 1811년 *The Sporting Magazine*이라는 잡지에서 이 용어를 처음 사용하였다. 투어리즘은 '짧은 기간 동안의 여행'을 뜻하는 투어(tour)의 파생어이다. 그리고 어원적으로는 그리스어의 토노스(tornos)가 라틴어의 토누스(tornus)를 거쳐, 영어의 tour로 발전된 것으로 볼 수 있다.

영어에서 tour 이외에도 여행 또는 관광을 의미하는 몇 개의 단어가 있는데, 이들에 대한 의미 차이를 분명히 할 필요가 있다. 이를 테면 journey는 한 지역에서 다른 지역으로 이동해가면서 여행하는 것을 의미하는 반면, travel은 포괄적 의미의 여행을 뜻하고, trip은 1박 정도의 단기여행을, sightseeing은 단순히 보는 것을 강조할 때 사용되고, voyage는 항해여행을 의미한다.

그리고 tour와 tourism의 의미 차이를 살펴보면, tour는 폭넓게 행해지는 사회현상으로서의 관광 즉, 하나의 단위 행위라고 말할 수 있으며, 이러한 단위 행위로서 포괄함과 동시에 거시적 사회현상으로 파악할 때는 tourism을 사용한다. 따라서 tour는 협의의 관광으로 ① 사람들이 일상생활권을 떠나서 ② 다시 돌아올 목적으로 이동하여 ③ 영리를 목적으로 하지 않고 ④ 풍물 등을 관람하는 것이고, 광의의 tourism은 그와 같은 행위에 의해서 발생하게 되는 사회현상의 총체로 보는 것이다.[6)]

3) 관광의 정의

(1) 관광의 개념

관광이라는 용어는 레저, 행락, 여행과 혼재되어 사용되고 있다. 사람들은 때때로 자신이 살고 있는 지역 또는 다른 장소에서 관광객이라고 생각할 수 있는 방문객들을 보곤한다. 사람들은 휴일을 맞이했을 때 자신을 관광객으로 인식하곤 한다. 이처럼 관광은 자신의 관점에서나 타인의

관점에서 보았을 때 서로 다르게 인식될 수 있으므로 누구에게나 객관적인 현상으로 이해할 필요성이 대두되고 있다. 특정 현상의 객관화는 학문 연구의 출발점이 된다.

관광을 학문적으로 연구하기 위해서는 많은 사람들이 수긍할 만한 정의를 내리는 것이 무엇보다 중요하다. 관광의 개념화는 제2차 세계대전 전에 처음으로 시도되었으며, 국제관광전문가협회(IASET: International Association of Scientific Experts in Tourism)는 스위스의 장크트가렌 대학의 Hunziker 교수와 스위스 베른대학의 Krapf 교수가 제안한 관광의 정의를 채택하게 된다. 이들 두 학자들은 "관광이란 영구거주나 수입활동과 관련되지 않고 그곳에 거주하지 않는 사람이 여행 및 체류함으로써 발생하는 현상이나 관계의 총칭"이라 정의하고 있다.

그 이후 관광의 개념은 다양한 형태의 상업 및 직업적 여행까지 포함하는 데까지 확대되었다. 왜냐하면 이러한 여행은 영구거주도 아니고, 방문목적지에서의 수입목적의 고용도 아니기 때문이다. 여행자는 단지 소비자일 뿐이다. 그러나 관광을 정의하는 데 다음의 3가지 요소는 고려해야 할 필요가 있다.

첫째, 관광이나 방문목적이 있어야 한다. 이는 관광동기를 말한다. 사업목적, 친구・친척 방문 및 기타 등으로 관광동기를 분류할 수 있다. 여행이나 관광동기를 알게 되면 관광기업경영자들은 물론 관광학 연구자들에게는 관광대상 개발은 물론 관광촉진에 있어서 효과적인 전략수립이 가능해지며, 관광관계 당국에서는 효과적인 관광정책 수립이 가능해진다.

둘째, 시간적 요소를 정의 속에 포함시키는 것이 필요하다. 어떤 목적으로 일상거주지를 떠나 있는 기간이나 특정 방문지에 체류하는 최소・최대의 기간을 규정해야 한다. 규정된 최소기간보다 짧은 여행이나 체류 이를테면 24시간 이내의 경우는 관광에서 제외할 수 있다. 마찬가지로 가정을 떠나 어느 장소에서 너무 오래 체류하여 관광객으로서 성격을 상실하는 경우도 있다. 예를 들면 1년 동안과 같이 최대기간을 정할 것을 의미한다.

셋째, 특정목적에서 비롯된 특정상황도 고려하여야 한다. 예를 들면 순항(巡航)과 통과 수요와 같은 상황이 관광으로 간주될 수 있는지를 결정해야 한다. 이상에서처럼 관광을 정의할 때 기본적으로 고려할 요인들을 바탕으로 동서양학자들의 관광의 정의를 살펴보기로 한다.

(2) 관광의 정의

① 경제적 관점에서의 정의

관광이란 사회현상에 대한 최초의 연구는 관광통계로부터 출발하였다고 볼 수 있다. 1899년 이태리 정부통계국의 Bodio가 잡지에 발표한 "이태리에 있어서 외국인 이동 및 소비된 금전에 관한 연구"가 오늘날 가장 오래된 연구이고, 이와 유사한 연구가 1923년 Niceforo가 발표한 "이태리에 있어서 외국인 이동" 및 1926년 Benini의 "관광객 이동의 계산 방법 개선에 관한 연구"가 있다.[7] 이들 관광통계 관련 논문들의 핵심 용어는 관광객의 수, 체재기간, 소비액과 같은 경제적 측면과 관련된 것들이었다.

관광 관련 정의 가운데 가장 오래된 것으로, 1911년 Schulern은 "관광이란 일정한 지역·주 또는 나라를 방문하여 체재하고, 다시 돌아가는 외래객의 유입·체재 및 유출이라는 형태를 취하는 모든 현상과, 그 현상에 직접 관련된 모든 사상(事象), 그 가운데서도 특히 경제적인 사상을 나타내는 개념"으로 정의하였다.

영국의 Ogilvie와 같은 학자는 1933년 『관광이동론』에서 관광객을 "귀환할 의사를 가지고 일시적으로 거주지를 떠나 1년 이상을 초과하지 않고 여행 중 소비하는 금전은 거주지에서 취득했을 때"로 규정하고 있다. 관광 현상에서 경제적 측면을 강조하는 경향은 지금도 경제적으로 선진국이든 후진국이든 정도의 차이는 있지만 하나의 산업으로서 경제적 파급 효과를 강조해 오고 있다.

② 사회문화적 관점의 정의

독일의 Bormann은 1931년 『관광론』을 통해 "관광은 직장에의 통근과 같이 정기적 왕래를 제외하고 휴양의 목적이나 유람, 상용 또는 특수한 행사의 참여나 기타의 사정 등에 의하여 정주지역에서 일시적으로 떠나는 여행"이라 정의하고 있다. Glücksmann의 경우도 1935년 그의 저서 『일반관광론』에서 "관광은 체재지에 일시적으로 체재하고 있는 사람과 그 지역주민 사이의 제 관계 총체"로 보았다.

③ 여가활동 관점에서의 정의

1966년 메드상(Médecin)은 "관광이란 사람의 기분을 전환시키고, 휴식을 취하며, 또한 인간 활동의 새로운 여러 국면이나 미지의 자연경관에 접촉함으로써 그 경험과 교양을 넓히기 위한 여행을 한다든가, 거주지를 떠나 체재하는 등으로 이루어지는 여가활동의 한 유형"으로 보고 있다. 제2차 세계대전 이후 현대사회로 접어들면서 관광이 여가활동의 한 유형으로서 삶의 질을 강조한 것으로 풀이할 수 있다. 세계관광기구(WTO)는 "관광을 여가, 사업, 그리고 기타 목적으로 1박 이상 1년 미만의 기간 동안 비일상적인 곳에서 여행하고 체재하는 사람들의 활동"으로 정의하고 있다.[8]

④ 시스템적 관점에서의 정의

McIntosh와 Goeldner, 그리고 Ritchie(1990)는 관광을 "관광객들과 기타 방문객들을 유치하

고 접대하는 과정에서 관광객, 관광기업, 관광목적지 정부, 지역사회와의 상호작용 과정에서 발생하는 현상과 관계들의 총체"로 정의하고 있다. 그리고 이들은 관광을 교통체계나 서비스 공급자, 레크리에이션 시설, 숙박업체, 소비제품, 그리고 전문 서비스를 포함하는 거대 복합기업적 성격이 강하다는 주장을 하고 있다.9)

Leiper(1990)는 관광을 관광, 여행발생지역, 관광목적지, 관광목적지와 관광송출지 사이의 관광여행 통과 루트, 여행과 관광산업(예: 숙박, 교통, 관광객에게 공급하는 서비스 및 제품 관련 기업과 조직)의 구성으로 보았다.10) [그림 1-1]은 관광객송출지역과 목적지를 연계시켜 주는 관광시스템의 통합을 이동체계의 형태로 나타낸 것이다. 관광시스템은 공급자와 구매자 관점에서 관광여행 전 과정을 이해가능하게 해준다. 그리고 관광이 이루어지는 구성개념을 이해하는 데도 도움을 주게 된다.

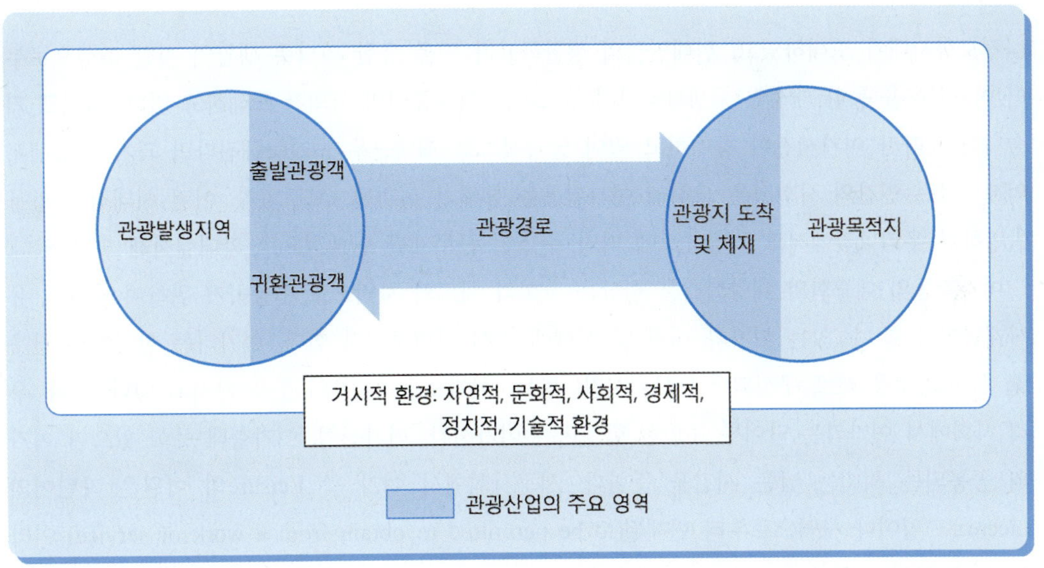

[그림 1-1] 관광개념의 구성요소

| 자료: Cooper Chris, Fletcher John, Gilbert David, & Wanwill Stephen(1993). *Tourism: Principles and Practices*. Pitman Publishing. p. 3.

이상에서의 내용을 토대로 하여 관광의 정의를 요약해본다면, 초기에는 관광현상을 경제적 중요성 차원에서 인식하게 되었고, 그 이후는 경제발달로 인한 가처분 소득 증대, 주변 환경의 악화, 가중된 스트레스 해소와 같은 인간의 생존과 관련한 여가생활의 한 유형으로 파악하기에 이르렀다. 특히 20세기 후반에 접어들면서부터 관광을 하나의 산업적 관점 즉, 수요와 공급차원에

서 접근을 시도하고 있는데 이때는 관광을 시스템적으로 접근해야 한다는 주장이 그 타당성을 확보해 가고 있다. 본서에서는 관광을 "개인이 다시 돌아올 목적으로 거주지를 떠나 다른 나라, 다른 지역의 관광대상을 보고, 듣고, 이해하고, 즐기는 여가활동의 한 형태"로 정의하고자 한다. 이 정의 속에는 관광의 본질적 요소라 할 수 있는 이동(movement)과 즐거움 추구(pleasure)라는 요소를 포함하고 있음을 주목할 필요가 있다.

2 관광과 인접유사개념

1) 상위개념으로서의 여가

정보화시대가 도래하였고, 현대인들의 생활목표가 일을 통한 의식주 생활의 기반 조성으로부터 여가활용을 통한 개성있는 생활양식의 창조라는 여가중심의 사회가 도래하고 있다. 실제로 기술혁신에 따라 여가시간이 증대하고 있어 궁극적으로 재택근무가 가능해진다면 과거 직장에서 억제되었던 인간의 사회성은 오히려 여가활동을 통해서 성취될 수도 있다. 이런 시대적 상황을 반영하여 우리나라에서도 직장규모에 따라 주 5일 근무제를 단계적으로 확대실시해 오고 있다.

여가활동의 대중화와 대량화라는 현상을 사회적 제도의 차원으로 수용하기 위하여 관광의 유사개념이라 할 수 있는 여가와 레저 및 여행에 관해 살펴보고자 한다. 여가라는 한자어는 남을 餘, 틈/한가로울 暇로 구성되어 '남는 시간' 또는 '한가로운 시간'의 뜻을 가지고 있다. 현재 우리 사회에서 여가라는 단어를 포함한 합성어는 여가시간, 여가산업, 여가형태 등이 있으며 여가의 공통되는 의미는 남는 시간을 뜻한다. 서구사회에서 여가 즉 Leisure의 어원은 라틴어의 Licere로 '일이나 사역으로부터 면제된(to be permitted to obtain from a work or service)'이라는 뜻을 가지고 있다.

그러나 현재 사용되고 있는 여가의 개념은 크게 세 가지 유형으로 요약될 수 있다. 첫째는 자유시간의 개념(discretionary time view)으로서, 여가를 "하루 24시간 가운데 생리적 기능 유지와 생활을 유지하기 위해 필요한 시간을 제외한 부분"으로 정의하고 있다. 물론 모든 여가가 자유시간에 발생한다 하더라도 모든 자유시간이 여가는 아니다. 둘째는 활동으로서의 여가(leisure as activity)로, "자유시간에 일어나는 모든 활동이 여가이다"라는 뜻이다. 이러한 견해는 고대 그리스시대의 여가 즉 명상, 음악, 연극 등 여가활동에서 비롯된다. 이 밖에도 여가를 "물질적인 것으로부터 마음을 비운 심리적 상태 또는 경험의 상태(a state of mind/experience)"로서 정의하고 있기도 하다.

2) 레저의 개념

친구와 함께 연휴를 이용하여 등반을 갔다왔다면 이는 관광활동인가? 스포츠인가? 이같이 특정활동 참가와 체험을 목적으로 반복적인 여행을 단순히 관광이라 할 수 있겠는가? 요즈음 사회전반에서 이러한 유형의 여가활동은 레저라고 부른다. 엄서호・박창규(1997)는 레저를 "참가의 주된 목적이 의식주 문제의 해결이 아닌 집을 떠나 행해지는 자발적인 여가활동"으로 정의하고 있으며 레저의 구성요소로는 첫째 여가시간에 발생하며, 둘째 집을 떠나 일어나며, 셋째 참가의 주된 목적이 의식주 문제의 해결이 아니어야 하며, 넷째 자발적으로 결정된 행동이고, 마지막으로 적극적 참여를 요구하는 활동이라는 점이다.[11)]

여기서 레저란 영어 Leisure의 우리말 의미인 여가활동과는 다른 의미로 쓰이고 있다. 불과 수년 전만 하더라도 레저는 특수한 장비, 기술, 큰 비용이 요구되는 일부 옥외 체험활동으로 인식되어 왔으나, 현재는 그 범위가 점차 확장되고 있으며 참가대상도 보다 일반화되어 가고 있어 지금까지의 사치스럽고 일부 계층만이 향유할 수 있는 여가활동의 의미로부터 해외여행에서부터 신종스포츠를 포함한 각종 여가활동까지 포함하고 있는 추세이다.

레저의 개념을 여가의 개념과 비교해보면, 여가는 레저나 놀이가 발생할 수 있는 기회 즉, 자유시간을 제공하며, 선진사회일수록 여가의 많은 부분은 레저에 할당되고 있다. 그러므로 여가는 레저의 상위개념이고, 레저의 필요조건인 것이다.

3) 관광과 레저

앞서 관광의 어원이나 개념에서도 언급한 바 있지만, 관광의 개념적 구성요소로는 첫째로 이동성을 들 수 있다. 미국의 관광통계센터(U.S. Travel Center)에서 통계목적으로 규정한 여행(travel)은 "집에서 떠나 편도 100마일 이상 이동한 경우"로 정의하고 있다. 둘째로 회귀성이다. 집을 떠나 여행 중인 사람이 다시 집에 돌아올 의사가 없다면 그것은 관광이 아니다. 셋째로 일상적 신분의 유지이다. 관광을 위해 일상의 신분과 책임 등 생활패턴을 바꾸어 가면서 일정기간 이상을 타지에서 머무르게 되는 경우(예: 유학, 이민)는 관광이라 할 수 없다. 넷째로 심리적 거리의 이탈이다. 관광을 통해 얻을 수 있는 경험 중의 하나는 탈일상성이다. 이러한 탈일상성 요소를 이동거리만으로 규정하는 정의는 모순이 있을 수 있기 때문에 여기서 심리적 거리를 추가하게 되는데 물리적 이동거리와 탈일상성이 하나로 집약된 개념이다. 이 밖에도 자유의사, 사회적 일치욕구와 문화적 욕구, 활동욕구 충족 행동이며, 관광자의 경제적, 시간적, 기술적 능력에 따른 소비활동이라 할 수 있다.

관광과 레저 개념을 비교해 보면, 관광은 레저의 한 유형으로서 자국민의 국내관광과, 자국민의 해외여행 모두가 레저의 개념에 포함되므로 기존의 관광영역을 포괄하면서 새로운 레저 개념을 수용하기 위해선 관광레저라는 용어 사용이 필요하다고 엄서호(1998)는 주장하고 있다.

4) 여 행

관광은 본질적으로 여행의 한 형태이다. 따라서 여행은 대체로 다음과 같이 정의된다. 여행자는 출발지 원점으로 되돌아오거나 그렇지 않아도 되며, 어떤 목적을 가지고 교통수단에 의존하여 한 장소에서 다른 장소로 이동하는 행위로 관광과는 달리 뚜렷한 목적이나 동기에 관계없이도 행하여진다.

여행(travel)이라는 단어는 고난(hardship), 고생(trouble), 위험(danger)이라는 travail에서 발전되었다.[12] 실제 여행은 인간이 이 지구상에 출현한 이후부터 지금까지 모험을 수반하는 것으로 인식되어 왔다. 고속도로 약탈자, 노상강도, 해적, 기타 다른 나쁜 요소들이 여행자에게 위해를 가하거나 소지품을 약탈하거나, 심지어 살인까지도 감행한다. 불편한 교통수단과 쾌적하지 못한 숙박시설들이 여행자들의 재난을 가중시킨다. 불편한 여행은 원시적 조건들과 자연의 재앙에 의해 야기되지만, 최악의 문제들은 인간들의 야만주의적 성향이다. 이런 위험들을 극복하기 위해 사람들은 단체로(groups), 여행대(旅行隊, caravans)의 형태를 띠고, 그들의 가이드로서 명사수를 동반하게 된다. 오늘날 역시 사회경제적 여유가 없으면 단체로 여행하는데 그 기원은 초기 여행의 여러 가지 어려움들을 극복하기 위한 데서부터라고 할 수 있겠다. 그러나 오늘날의 여행은 기쁜 경험을 얻기 위해서, 그러면서도 무난하고 즐거운 여행을 예상하고 있다. 물론 오늘날 여행에도 불유쾌한, 기억하기 싫은 경험을 하는 경우도 있기 때문에 여전히 여행에는 고통스러운 요소들이 존재하고 있다.

5) 재개념 간의 관계

여가시간을 근간으로 하여 이루어지는 레저활동의 유형들인 관광, 레크리에이션, 스포츠와의 관계를 정신적, 육체적, 발전적, 회복적이라는 2개의 축으로 구분하여 표현할 경우 [그림 1-2]와 같이 그 위치를 설정할 수 있다, 레크리에이션은 여가활동 중 적극적이고 자기발전보다는 육체적, 정신적 회복의 성격이 강한 것으로 인식될 수 있고, 관광은 자기발전과 정신적 활동이 강하면서 육체적, 회복적 성격도 내포하고 있고, 스포츠는 육체적, 자기발전적 성격이 강하면서도 정신적, 회복적 기능도 추구하고 있다.

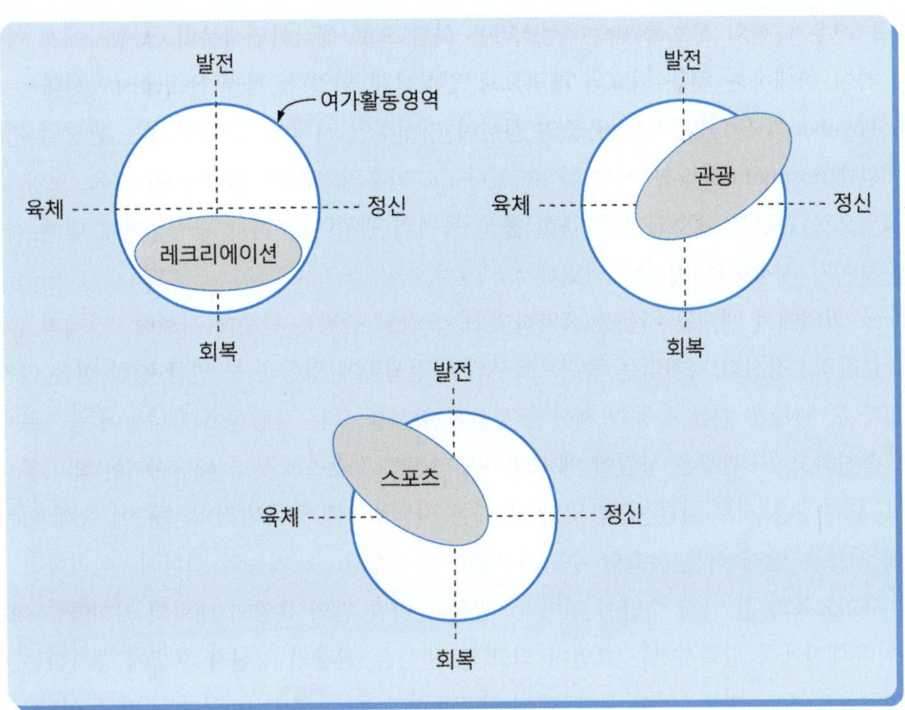

[그림 1-2] 여가활동, 관광, 레크리에이션, 스포츠와의 관계
| 자료: 국제관광공사(1977). 『여가사회의 여행』. pp. 13-14.

3 관광의 가치

1967년 국제연합에 의해 국제관광의 해(International Tourist Year)를 정하면서 '관광은 세계평화에 이르는 패스포드'라는 슬로건을 내걸고 세계의 관광 왕래를 가일층 촉진시키는 제반정책이 세계 각국에 의해 실시되었다. 그리고 1967년 4월 18일부터 21일까지 4일간 Vatican에서 개최된 '관광의 정신적 가치'에 관한 회의에서 토의된 내용들을 살펴보면 다음과 같다.

국제관광이 모든 무역거래 가운데 국제거래의 제1위라는 사실로부터 경제적 의의만을 중시하여, 정신적 가치를 비교적 가볍게 다루어왔음을 지적하고 있다. 오늘날 우리들이 일상용어로 사용하고 있는 관광이란 용어를 단순히 '즐거움을 위한' 여행으로 생각한다면, 그 역사는 대개 인류의 기원과 함께할 정도로 오래되었다고 할 수 있을 것이다. 그러나 관광이 오늘날과 같은 형태를 띠게 되는 것은 그리스시대에 접어들면서부터이다. 고대 그리스 시대에 있어서 사람들은 여행자를 제우스 신의 보호를 받는 '성스러운 사람'으로 생각하면서부터, 여행자에게 하룻밤을 머물게 하여 환대하는 것을 최고의 매력으로 인식하게 되었다. 특히 Hellenism 시대는 Arnold Joseph Toynbee의 말처럼, "인간존중의 정신이 지배적인 시대이고, 이 시대는 관광의 기본적인 성격을 환대(hospitalitas)정신"이라 할 수 있다. 그 이후의 시대에서도 종교, 교육, 보양, 체육과 같은 목적으로 관광은 계속되었다. 특히 종교 목적의 관광은 교회가 관광문제에 대해 적극적인 관심을 보이기 시작하는 계기가 되었다.

Vatican 회의에서 채택된 내용을 요약하면 ① 오늘날 관광은 단순히 사회적 · 경제적 관점뿐만 아니고 문화적 · 정신적 가치라는 측면으로부터 가정생활에 영향을 줄 만큼 강한 힘을 가지고 있다는 점과 ② 관광은 인류 공동의 재산인 정신적 가치를 모든 사람들에게 나누어 줌으로써 인류 통합을 촉진하고 ③ 관광은 사람이 예속과 비인간적인 노동으로부터 해방시키는 의미를 내포하고 있고 ④ 관광은 서로 다른 문명 및 서로 다른 사회적 · 경제적 발전의 수준에 속해 있는 사람들 간에 서로를 알게 하는 유효한 수단이 되고 ⑤ 관광은 그 기능의 철학적 · 심리학적 연구를 통해서 사회교육의 한 가지 수단이 되며 ⑥ 관광은 가족 간의 휴양과 대화의 기회를 부여함으로써 가족 유대관계를 강화시키는 요인이 되고 ⑦ 관광은 인간의 정신적 후생에 종사하는 사람들로 하여금 그 구성, 방법, 언어 등에 대해 재검토하게 하는 효과가 있다는 것 등이다.[13)]

관광의 사상이나 철학은 무엇이며, 무엇이 본질이고 비본질인가? 관광은 현대 복합사회의 문화를 겨냥하는 일종의 의례(rite)라 할 수 있는데, 인간은 일차적으로 의식주와 같은 욕망 충족적인 생의 본능을 추구하지만 결코 이러한 만족에 그치지 않고 그 바탕 위에서 좀더 좋은 삶의 추구와 빛(光: 眞理) 즉, 문화의 발견을 마지막으로 확보하는 것이 인간의 바람직한 삶의 경지이며, 또한 차원 높은 즐거움(pleasure)이 되는 것이다.[14)] 인간에게는 낙천적(hedonic) 성향이 있다. 오늘날 세계는 날로 축소되어 인간사회의 다원성 · 다문화성 · 상호의존성이 높아가고 있다. 따라서 관광의 본질은 바로 이러한 문화행동과 문화접촉이라는 차원에서 한 인간집단의 행동과 사고에서 나타나는 생활양식을 관찰대상으로 한다. 관광은 더 이상 도피의 사적 수단이 아니고, 타인에게 개방하기 위한 준비(열린사회)이며, 인류사회의 유대관계를 돈독히 하기 위한 모형이기도 하다. 휴가(vacation)가 라틴어 vacare에서 파생된 것으로 집을 비우고 떠난다는 뜻으로 사용되고 있는 것처럼, 관광도 일상의 동물적 생활에서 진실된 삶으로 진화하는 것에 비유할 수 있다.[15)] 인간이 인간답게 살기 위해서, 그리고 생존하기 위해서는 관광하지 않을 수 없으며, 관광 본래의 모습은 순례와 탐구와 같은 신성한 영역이며, 자유와 평화를 찾는 기회이기도 하다. 따라서 관광의 본질은 문화요, 궁극적 이념은 개인적으로는 마음의 안락인 즐거움 추구 행동이며, 다른 사람들과의 관계는 평화라고 할 수 있는 성숙된 인간관계를 구축하는 것이다.

미 주

1) 심원섭(2007). 국내관광 활성화 중장기 정책 연구. 서울: 한국문화관광연구원.
2) Page, Stephen J.(2007). *Tourism Management: Managing for Change*. 2nd ed. Butterworth-Heinemann. p. 2.
3) 한국문화관광연구원 편(2008). 『글로벌 리더로서 관광을 말하라』. 서울: 대왕사. p. 96.
4) 高井薫(1997). 『観光の構造－その人間學的 考察』. 行路社.
5) 박호표(2004). 『신관광학의 이해』. 학현사. pp. 3-4.
6) 鈴木忠義 編(1974). 『現代観光論』. 日本: 有斐閣雙書. p. 4.
7) 鈴木忠義 編(1974). 『現代観光論』. 日本: 有斐閣雙書. p. 15.
8) Ritchie. J. R. Brent, & Goeldner, Charles R.(2002). *Tourism: Principles, Practices, Philosophies*. 9th ed. New York: John Wiley & Sons.
Biederman Paul S., Lai Jun, Laitamaki, Jukka M., Messerli Hannah R., Nyheim Peter D., & Plog, Stanley C.(2008). *Travel and Tourism: An Industry Primer*. Prentice-Hall. p. 5.
9) McIntosh, R., Goeldner, C., & Ritchie, J. R.(1990). *Tourism: Principles, Practices, Philosophies*. New York: John Wiley & Sons. p. 2.
10) Leiper, N.(1990). *Tourism Systems: An Interdisciplinary Perspective*. New Zealand: Massey University.
Page, Stephen J.(2007). *Tourism Management: Managing for Cange*. 2nd ed. Butterworth-Heinemann Ltd. p. 13.
11) 엄서호(1998). 『관광레저연구』. 서울: 백산출판사. pp. 9-17.
12) Curran, Patrick J. T.(1978). *Principles and Procedures of Tour Management*. CBI Publishing Company, INC. pp. Xi-Xiii.
13) 鹽田正志(1987). 『観光學硏究』. 日本: 學術選書. pp. 103-106.
14) 손대현(1989). 『관광학 어떻게 볼 것인가－관광론』. 일신사. pp. 70-71.
15) Parker, Stanley(1976). *The Sociology of Leisure*. NY: International Publications Services. pp. 29-34.

저자약력

조명환(曺明煥) 현_동아대학교 경영대학 관광경영학과 교수

계명대학교 대학원에서 경영학 박사학위를 취득하였다. 저자 조명환은 한국관광·레저학회 회장을 역임하였고 현재 (사)한국관광학회 회장직을 수행하고 있다.
역서로는 『문화관광론』(1999), 『문화유산 관광자원관리론』(2008)이 있고, 저서로는 『국제관광과 문화』(2000)가 있으며, 공저로는 『관광학의 이해』(2001), 『이벤트·컨벤션관리론』(2002), 『현대여가사회의 이해』(2003), 『글로벌리더로서 관광을 말하라』(2008)가 있다.
논문으로는 "전통문화의 관광자원화에 대한 지역주민의 태도 연구－지리산 청학동과 안동 하회마을 사례를 중심으로"(2003)와 "관광목적지로서의 부산이미지에 관한 연구"(2006) 외 다수의 논문이 있다.

『관광학총론』 두 번째 이야기

제2장

관광의 역사

한 경 수*

1 관광학의 역사적 접근

1) 관광역사의 연구 필요성 및 접근방법

관광을 역사적 관점에서 바라보는 연구가 역사적 접근이다. "미래는 과거와의 대화이다."라는 역사학의 유명한 문구는 우리에게도 시사하는 바가 크다. 미래의 모습이 과거와 동일하지는 않지만 그 깊숙한 바탕에는 과거라는 뿌리가 존재하고 있는 것이다. 역사는 하나의 큰 궤를 이루면서 그 속에서 다양한 변화를 용해하고 그것을 토대로 서서히 또 다른 궤를 만들어 가는 것이 아닐까.

관광현상은 형태는 다르지만 인류역사와 함께 존재해 왔다고 해도 과언이 아닐 것이다. 이러한 관광을 어떻게 이해해야 할까. 자칫 장님 코끼리 만지는 형상이 되지는 않을까. 학문이란 미지의 어떤 대상을 두고 그것의 정체를 밝히기 위해 다양한 방법으로 접근해 가는 것이라고 본다면 다소 위안이 될 수 있다. 우리는 관광이란 산의 모습을 여러 각도에서 다양하게 그리고 끊임없이 관찰하여 그 전체 모습을 밝혀내려고 노력할 뿐이다. 관광역사는 어떻게 보아야 할까.

첫째, 관광현상을 시대에 따라 나누어 보는 것이다. 시대적 접근법, 즉 시대사(時代史)는 가장 보편적이고 손쉬운 방법이다. 만약 어느 국가 또는 지역의 관광을 시대를 통틀어 전체로 본다면 일종의 관광통사(觀光通史)라고 할 수 있겠다.

* 계명문화대학 호텔관광외식학부 교수. e-mail: hks518@kmcu.ac.kr

둘째, 관광현상과 관련된 사항을 나누어 보는 것이다. 즉, 관광유형, 관광숙박, 관광교통, 관광사상, 관광용어 등이 그것이다. 이는 관광유형사, 관광숙박사 등으로 표현할 수 있겠다. 관광사상이란 관광이란 행위 속에 깔려 있는 기본적인 사고 또는 철학 등을 말한다. 또한 관광용어는 관광과 관련하여 사용된 용어인데 그 속에는 당시 관광의 의미가 내포되어 있어서 관광의 모습을 이해하는 데 도움이 된다. 결국 이것은 부분적인 것을 통해 전체에 접근하려는 시도로서 통사에 비하면 부분사(部分史) 또는 분야사(分野史)라고 부를 수 있겠다.

셋째, 현대에 이르러 선진국들은 관광의 국가정책적 중요성을 인식하게 되었다. 경제, 복지 등의 측면에서 관광의 역할을 중시하게 되었고 이를 위한 국가의 정책과 행정적 뒷받침이 요구되었다. 이러한 부분에 대한 접근을 정책적 접근이라고 부르고자 한다.

2) 관광역사의 연구 현황

(1) 서구의 관광사 연구

유럽에서 1980년대부터 관광사를 체계적으로 접근한 대표적인 학자인 타우너(J. Towner)는 관광사 연구방법으로 일반적인 역사적 접근(historical research), 현상의 일반화를 지향하는 사회과학적 역사 접근(social science research), 그리고 인문주의적 역사 접근(humanistic approach)을 말하고 있다.[1] 이들 방법은 상호보완적 역할을 할 수 있다.[2]

첫째, 일반 역사적 접근으로서 유럽의 경우는 다음과 같다. 고대 로마의 관광을 연구한 대표적인 학자는 카슨(L. Casson) 등이며, 중세는 관광에 있어서도 암흑기여서 이에 대한 연구도 적다(G. B. Park 등). 그랜드 투어에 관한 연구는 유럽 관광사에서 가장 심도있게 연구된 분야로서 타우너가 통계적인 자료 등 가장 포괄적인 내용을 담아 지금까지의 연구를 총정리하였다.[3] 영국의 역사학자와 역사지리학자들은 영국의 온천과 해변휴양지의 발전에 특별한 관심을 두었다(1940~60년대 J. A. R. Pimlott 등). 또한 사회역사학자들이 19세기 해변휴양지와 리조트의 성장을 조사하였으며(J. K. Walton 등), 1970~80년대 영국의 사학연구에서 주된 주제는 여가사(餘暇史)였다. 관광사 연구는 1960년대부터 프랑스 역사가들에 의해서도 이루어졌다.

한편, 미국은 역사가 짧기 때문에 유럽의 관광사 연구형태를 그대로 적용할 수가 없다. 초기에는 정착 등의 이유로, 또한 나라가 광대하여 국경을 넘어 외국으로 여행할 수도 없었기 때문에 관광보다는 여가, 레크리에이션에 더 관심을 가졌다. 벨라스코(W. J. Belasco)는 자동차여행을, 재클(J. A. Jakle)은 북미관광사에 대해 가장 포괄적인 연구를, 시어즈(J. F. Sears)는 19세기 관광을 중점적으로 연구하였다. 파이퍼(M. Feifer)는 미국인으로서 서구의 관광사를 포괄적으로

연구하였다.

또한 미국의 온천·해변휴양지 연구는 1940년대에 시작하였고, 존스(B. M. Jones)의 미국 서남부 "health-seekers" 연구 등이 있다. 미국은 온천이 국립공원에 위치하고 있어 온천에 관한 연구는 주로 국립공원사에서 다루어지고 있다.

둘째, 사회과학적 접근이다. 관광사에 있어서 사회과학자들의 연구는 주로 부분적·일시적 차원을 일반적인 관광개념으로 가져가는 데 목적이 있다.[4] 관광사의 사회과학적 연구는 크게 3가지의 경향을 보이고 있다. 우선 조사를 위해 관광의 일반적 모형과 프레임을 사용하는 것으로 1960년대부터 시작되었다. 그 예로 버틀러(R. W. Butler)의 "관광지 발전 사이클", 내쉬(D. Nash)의 "프랑스 니스 연구"(1763~1936년의 기간을 초기 성장기, 성숙기, 전환기로 구분) 등이 있다. 플록(S. C. Plog) 등의 "관광지 변화모델"은 성장과 쇠퇴라는 주기(cycle)의 개념과 함께 세밀한 역사적 연구가 더욱 세련되게 하는 데 기여하였다. 구조적 접근으로는 라이퍼(N. Leiper)의 "관광시스템구조"가 대표적인데 관광의 주 요소를 문화, 사회, 경제, 정치, 기술적 환경과 보다 폭넓게 연결시키려 시도하였다. 타우너의 그랜드 투어에 관한 연구가 이에 속한다.[5] 또한, 정량적 연구는 1980년대부터 시작되었으며 월턴(J. K. Walton)의 "빅토리아 시대 관광산업의 성장에 관한 연구" 외에 시계열연구도 이용되었다.

셋째, 관광사에 있어서 인문주의적 접근은 문학적 접근이라고도 할 수 있다. 대표적으로 1981년 뉴비(P. T. Newby)는 워즈워스(Wordsworth)의 작품이 잉글랜드 호수지역의 관광발전에 미친 영향에 대해 조사하였다. 그리고 시인의 견해가 자연경관을 탐험하는 데 있어서 신뢰성을 주었다고 주장하였다. 뉴비는 더렐(Lawrence Durrell)의 소설이 그리스 섬들을 인기있는 곳으로 대중화하는 데 기여했다고 주장했다.[6]

(2) 한국의 관광사 연구

한국에 있어서 관광사연구는 일부 학자를 제외하고 관심의 대상이 되지 못한 것 같다. 그것은 연구자 및 연구물의 절대적 부족, 관광사에 대한 인식 부족, 한문 등 언어적 장벽 때문이다. 또한 지금까지 여행관련 기록들이 기행문학 등과 같은 타 분야에서 다루어져,[7] 관광학의 연구대상임을 인식하지 못하였다. 1980년대를 태동기 또는 도입기, 1990년대와 2000년대는 성장기라고 부를 수 있겠다.

1980년대는 관광사 연구가 공식적으로 이루어지고 학회지에 관련 논문이 발표되기 시작하였다. 김상훈은 우리나라에서 처음으로(현재까지 발견된 것으로 볼 때) 관광사업사(觀光事業史)를 다루었다.[8] 우락기는 제주지역 관광관련 그림 및 지도에 대한 연구로서 유일무이하다.[9] 이광진의 석사학위논문은 관광사에 관한 학위논문으로는 이 시기에 있어서 유일하다 하겠다.[10] 오정환은 호텔산업사를,[11] 박호표는 삼국시대의 관광유형에 관한 논문을 발표하였다.[12] 한경수는 1988년부터 '한국전통여행연구'라는 주제로 조선시대 관유(觀遊)여행, 조선시대공무여행 그리고 관광의 어원 및 용례 등에 관한 논문 3편을 발표하였다.[13]

1990년에는 관광사에 대한 인식이 다소 고양되었으나, 연구논문 발표는 여전히 미미하였다. 그러나 그 가운데서도 한국관광사는 아니지만 서양관광사 관련 저서 3권이 출간되었다.* 또한 일부 대학에서 관광사관련 강좌를 개설하여 관광사의 학문적 입지를 넓혀주었다. 오정환은 그의 박사학위논문에서 서양과 한국의 숙박시설(호텔)의 변천사와 근현대의 호텔경영사를 분리하여 정리・비교하였다.[14] 한경수는 '한국전통여행연구'라는 주제로, 1990년대에 6편을 추가로 발표하였다. 이로써 그는 일단 시대별 '한국전통여행연구'의 1차 작업을 마무리하였다.[15]

2000년대는 한국관광사 연구가 활발하지 못하였다. 그것은 기존의 연구자들이 역사적 접근을 소홀히 하였고 정책적 지원도 미약하기 때문이다. 한경수는 2000년대 초중반 4편의 관광사 관련 논문을 발표하여, 삼국시대에서 일제강점기까지의 한국관광사 연구를 일단 마무리하였다.[16] 2000년대 후반 육재용은 한국관광사연구에 새로운 연구자로 나타났다. 그는 와유관광(臥遊觀光)이라는 선인들의 관광현상을 다루었다.[17] 현재 역사적 연구가 미미하다고 하여 중요성마저 무시되는 것은 아니다. 관광학의 장기적 발전을 위해서 역사적 접근은 큰 역할을 할 수 있을 것이기 때문이다.

2 한국의 관광 역사

기록이 남아 있는 삼국시대부터 고려시대, 조선시대, 개화기, 일제강점기, 현대로 구분하였다. 관광유형을 중심으로 하고 사상은 유형과 관련하여 일부 포함하며 용어는 제외하였다.

1) 삼국시대의 관광

이 시대에 관한 기록은 매우 희소하며 최치원(857~?)의 계원필경(桂苑筆耕), 삼국사기, 삼국유사, 해동고승전, 동사강목 등이 있다.

* 김진섭. 『고대관광사』. 『중세관광사』. 대왕사. 1999.
김진섭. 『관광산업사』. 대왕사. 2000.

가. 불승의 구도여행 및 불교행사 관람

첫째, 삼국불승들의 인도여행은 중국을 경유한 멀고도 먼 구도여행이었다. 신라사람 아리야발마는 627~649년경에, 비슷한 시기에 신라인 혜륜과 현각, 고구려인 현유, 혜업 등이 삼국에서 또는 당에서 인도로 구도여행을 하였다. 신라인 현대범이 650~655년 기간 중 중인도를, 혜초가 723년경 오천축국(五天竺國: 인도)을 여행하고 돌아와 『왕오천축국전』을 남겼다. 삼국불승의 중국여행은 그 예가 상당히 많다. 576년 신라승 안홍이 진(陳)나라로 여행한 것에서부터 원광, 자장, 의상, 원효 등을 포함하여 신라 말 보요선사의 오월국 여행 등이 있었다.[18] 둘째, 불교행사의 관람이다. 불교가 삼국에 자리를 잡으면서 국가의 복을 비는 여러 가지 불교행사가 이루어졌는데 이 행사에는 다양한 가무와 놀이가 벌어져 이를 구경하려는 많은 사람들이 사찰로 이동하였다. 백좌강회(百座講會), 연등회(燃燈會), 팔관회(八關會)가 대표적이다. 백좌강회와 팔관회에 관한 최초의 기록은 551년 신라 진흥왕 때이다. 행사의 내용을 여실히 보여주는 문구가 있다.* "화랑을 본떠서 양가의 자제 네 사람을 뽑아 무지개같이 아름다운 옷을 입혀 뜰에 줄지어 춤추게 하였다. 구경하는 이들이 온 도성을 뒤덮어 밤낮으로 즐겼다. 왕은 의봉루에서 관람하였으며, 그 명칭을 '부처를 공양하고 귀신을 즐겁게 하는 모임(名爲供佛樂神之會)'이라 하여 해마다 이렇게 하는 것을 상례로 삼았다."

나. 왕의 순행과 화랑의 여행

왕들은 일정지역을 순회하면서 백성들의 형편을 돌아보고 어려운 사람들을 위문하고 동시에 유람여행을 하였는데, 왕이나 신하들에겐 순행이 나라 안의 명승지를 여행할 수 있는 좋은 기회가 되었던 것이다. 사서에 나타난 왕의 첫 순행은 백제 시조 5년(BC 14)에 "백제 임금이 북변을 순행하다가 신록(新鹿)을 사냥하여 잡았다"라는 기록에 나와 있다.[19] 왕의 순행기록은 고분벽화(황해도의 안악3호, 덕흥리고분 등)를 통해서 그 전체 모습, 규모, 분위기 등을 비교적 생생하게 확인할 수 있다.

또한 화랑제도는 신라시대에 훌륭한 인재를 선발하기 위한 방법으로 금강산, 지리산 등을 유람하게 하면서 그 사람 됨됨이를 보려 하였다. 화랑제도를 처음 도입한 것은 신라 진흥왕 37년(576)이었다. 최치원의 난랑비 서문에는 화랑도를 풍월도(風月道) 또는 풍류라고도 하였다.

다. 중국 유학(遊學)

유학은 오늘날의 유학(留學)과는 상당히 다르다. 최치원은 이러한 유학을 관광(觀光)이라고 불

---

* 『동사강목』, 제5하, 『역서』, 제3권, 151쪽.

렀다. 유학은 곧 선진문물을 익히고 나아가 대륙의 경관을 구경하는 것(遊)으로 오늘날 국제관광과 맥을 같이한다 하겠다. 첫째, 국비 유학으로, 중국 첫 유학은 선덕왕 9년(640)에 있었다. "당 태종은 천하의 명유(名儒)들을 학관으로 삼고 빈번히 국자감에 행차하여 그들로 하여금 학문을 강론하게 하고, 학사 1,200칸을 증축하여 학생 3,260명이 치도록 만드니 사방에서 학자들이 구름과 같이 경사로 모여들었다. 이때 고구려, 백제, 고창, 토번 등도 또한 자제들을 파견하여 입학시켰다."* 당시 중국유학에 대해 최치원은 당시 유학기간은 10여 년, 유학생 수는 100여 명이라고 기록하고 있다.

둘째, 개인유학으로, 주로 서학(西學) 또는 서유(西遊)라는 이름으로 불리었다. 신라인 설계두(薛罽頭), 대세(大世)와 구칠(仇柒) 등이 개인 유학을 한 기록이 있다. 최치원의 계원필경(桂苑筆耕) 서문에 다음과 같은 글이 있다.

"돌아가신 아버님께서 훈계하여 말씀하시기를 10년 내에 급제하지 못하면 내 아들이라 말하지 마라. 나 역시 아들이 있다 말하지 않겠다. 관광 6년에 저의 이름을 방 끝에 붙이게 되었나이다.**(亡父誡之曰 十年不第進士 則勿謂吾兒 吾亦不謂有兒..觀光六年金名牓尾)"

이외에도 뱃놀이, 사냥, 온천욕 등이 유행하였고, 활쏘기, 말 경주, 씨름, 교예구경(서커스), 마상희(馬上戲), 수박도(手搏道) 등의 놀이문화가 있었다.

2) 고려시대의 관광

고려시대에는 불교가 성행하여 이와 관련된 행사가 많았다. 고려인들은 종교행사의 관람 및 참여를 즐겼으며 한편으로는 관광과 관련된 깊은 사상도 지니고 있었음을 알 수 있다.

가. 자연과 만남 또는 합일(合一)을 통한 수양

고려인들은 우선 자연을 사랑하고 그 속에서 무언가를 찾으려는 마음자세가 있을 때 그 본래의 목적을 달성한다고 생각하였는데 이를 인이후락(仁而後樂) 사상이라고 한다.[20] 산수고황(山水膏肓)은 우리 민족의 자연사랑과 유람의식을 단적으로 표현하고 있다.[21] 인자요산 지자요수(仁者樂山 知者樂水)는 자연을 유람하면서 인간이 배우게 되는 또 다른 중요한 측면을 말해주고 있다. 산은 우리에게 고요하나 깊은 무엇을 가르쳐주고 물은 움직임을 통하여 지혜와 침체함이 없음을 가르쳐준다.[22] 그러나 고려시대 말엽 불교가 타락하면서 명산과 사찰이 백성들에게 폐를 입히는 경우도 나오게 되어 등산을 경원시하는 경우도 생겼다.***

* 『삼국사기』, 권제5, 신라본기 제5, 상102쪽.
** 최치원, "계원필경", 『최문창후전집』, 성균관대학교 대동문화연구원, 1972, 287쪽.

"위로 공경(公卿)으로부터 아래로 서민에 이르기까지 처자들과 더불어 다투어 가서 예배를 드리게 되니, 겨울철의 눈보라나 여름철의 장마로 길이 막힐 때를 제외하고는 구경꾼이 줄지었으며, 산 근처에 사는 백성들도 응접하기에 지쳐서 심지어 성내며 하는 말이 '이 산(금강산)은 어쨰서 다른 지경에 있지 아니했는가' 하는 자까지도 있다. 머리 깎은 자들이 이 산을 팔아서 제배를 불리기만 생각하고, 백성은 그 해를 입게 되었으니 말해 무엇하랴. 그러므로 나는 사대부가 산 구경 가는 것을 보면 비록 힘써 말리지는 아니하나 마음속으로는 내밀히 추하게 여기는 바이다."

나. 불교의식의 참여 및 사찰관람

고려시대 대표적인 불교의식은 팔관회와 연등회였다. 문종 27년(1045) 봉은사에서 새로운 불상을 만들고 연등회를 개최하였는데 봉은사까지 가는 거리에는 3만 개의 등을 달아 불을 밝혔다. 이때 남녀노소들이 봉은사까지 따라가며 임금의 긴 행렬을 구경하였다고 한다.[23] 연등회는 그 후 불교행사를 겸한 유희장으로 변하게 되었다. 광대와 재담하는 무리들도 있고 군중과 같이 오락이 벌어졌다. 이것을 구경하기 위해 사람들이 각지에서 모여들었다. 이러한 사실로 미루어 볼 때 왕 이하 제신들이 참여하여 그 규모나 화려함이 일반인들에게는 대단한 구경거리가 되었고, 흥왕사나 봉은사 등의 절까지 수십 리 길을 따라 여행을 하며 주변의 경치와 불교적 행사 그리고 여러 가지 잡희를 즐긴 것으로 이는 오늘날의 성지순례나 종교축제 참여와 비교할 수 있겠다.

다. 놀이 및 놀이에 대한 경계

고려시대에는 다양한 놀이와 볼거리가 있었으며 여기에는 사상은 깃들어 있다. 여색을 따르고 사냥과 놀이만을 일삼는 것을 음풍(淫風)이라 하는데 작게는 집안을 망치고 크게는 국가를 망친다고 하였다.[24] 이 말은 관광이나 유람·유희 속에서도 일정한 범위와 절제된 행동이 있어야 한다는 것이다. 사냥과 낚시에도 중용의 도(道)와 인격도야의 목적이 있었다.[25]

격구, 석전, 각저 등과 같은 놀이에는 반드시 잡희(雜戲)가 따랐다. 특히 격구가 유행하였다. 최이(?~1249)는 격구장을 크게 만들기 위해 주변의 집 100여 채를 헐고 구장을 넓히고 바둑판같이 만들어 물을 뿌렸다. 한번 시작하면 5~6일이 걸렸다.[26] 격구는 처음에는 체육 및 군사훈련용으로 개발되어 나중에는 유희화하였는데 특히 여악(女樂), 잡희, 음주가무 등을 관람 내지 참여하고 많은 사람들이 이를 구경하였다.

온천관광은 예나 지금이나 관광의 중요한 유형으로서 치료 및 유람목적으로 이루어졌다. 임금

*** 최해, "송승선지유금강산서(送僧禪智遊金剛山序)", 『동문선』, 제84권 序, 국역 31권, 117-118쪽.

의 온천거동을 호위하여 온천욕을 한 경우가 많았다. 온천욕 후에는 광대, 기생 등이 참여하는 유희가 있었음을 여러 시(詩)에서 알 수 있다.

이외에 왕이나 대신들은 직접 사냥을 하는 것보다 구경하는 것을 즐겨했다. 중국에서 사신이 오면 이들을 사냥터로 데리고 가 구경시키곤 했다. 고려시대의 왕들은 용선 등을 타고 대동강 선유(船遊)를 했다는 기록도 적지 않다. 고려시대에는 여자를 사고파는 시장 등에 관한 기록이 있어 매춘도 존재했음을 알 수 있다.

라. 원유(遠遊)와 장유(壯遊)

크고 넓은 마음을 키우고 큰 포부를 품으려면 좁은 지경에서 벗어나 명산대천을 두루 구경하고 천하의 장관을 보아야 한다는 것이다. 일상생활과 좁은 산천에 갇히어 살면 생각과 행동이 좁아지게 되어 큰 뜻을 가질 수가 없다는 것이다.

불승들의 구도여행도 이와 관련이 있다. 이를 유방(遊方) 또는 참방(參訪) 이라고 하는데, 모든 욕심을 버리고 명산대천을 유람하면서 영원한 도를 얻으려는 것이다. 이것은 가장 순수한 형태의 유람으로 기약 없는 여행 속에서 인간과 자연과 종교의 의미를 새기고 또한 돌아와 그것을 바탕으로 삶과 마음을 새로이 하는 여행의 영원한 이상형이라고 하겠다.

3) 조선시대의 관광

조선 건국부터 임진왜란까지를 조선전기로, 임진왜란부터 개화기까지를 조선후기로, 개화기는 조선의 마지막 시기로 볼 수 있다. 조선시대는 유교가 정신적 기반이 되었으므로 관광에 있어서도 적지 않은 변화가 일어났다.

(1) 조선전기의 관광

엄격하고 이성적인 삶의 방식을 요구하는 유교는 관광에서도 큰 변화를 가져왔다. 즉, 동적이며 자유분방한 관광형태에서 정적이고 형이상학적인 관광형태를 보이고 있다.

첫째, 상외유적(象外遊的)·소요유적(逍遙遊的) 유람이다. 속된 인간세상을 벗어나 신선세계와 같은 맑음과 아름다움 속에서 유람을 하고자 하는 것이다. 즉 정신적 자유 속에서 유유자적하면서 모든 것을 초월한 상태에서 유람을 한다는 것이다. 성리학의 대가인 서경덕(1498~1546)은 도학적인 생활을 영위하였고 그의 여행관도 그러한 특성을 내포하고 있는 것 같다.[27)]

둘째, 산야질적(山野質的) 유람이다. 자연을 사랑하고 그 속에서 자연의 섭리와 인간에 대한

깊이 있는 성찰을 하고자 하는 것이다. 이황(1501~1570)은 자신을 산야질이라 부르며 본시 산과 들을 좋아하는 바탕을 가지고 있다고 하였다.[28] 그가 쓴 "유소백산록(遊小白山錄)"에서 그의 유람관을 엿볼 수 있다.

셋째, 도학적 유람이다. 성리학의 대가 이이(1536~1584)는 궁극적으로 자연 속에 살면서 자연과의 합일을 원하였다.[29] 도를 배우는 것은 곧 한 가지에 집착하지 않는 것이니 자연을 유유자적하면서 욕심을 버리고 산수와 함께 몸과 마음을 바로 세우려는 심상이 보인다.

넷째, 선적(禪的) 유람(遊覽)·유방(遊方)이다. 유방은 불승들의 수도여행이지만 그들의 유람이 어떤 의미에서는 가장 순수하고 아름답다고 하겠다. 자연과 인간을 만나면서 그 섭리와 이치를 자각하는 과정이다. 서산대사 휴정(1520~1604)과 사명당대사 유정(1544~1608)의 유람기록에서 이를 확인할 수 있다.[30]

다섯째, 유학적(遊學的) 유람이다. 유학이란 관광과 동일한 의미로 사용되었는데 중국의 문물제도를 배워 우리나라에 봉사하고자 하는 일종의 국비유학인 셈이다. 그 목적에 대해 양성지(1415~1482)가 명확히 밝혔다.*

"첫째, 어진 스승과 벗을 만나 의심나고 어려운 것을 질문할 수 있습니다. 둘째, 친히 어진 사대부에게 감화를 받아 그 기질이 훈도되게 하는 것입니다. 셋째, 인심과 풍속과 피차의 형세를 알지 못함이 없게 되는 것입니다. 넷째, 친히 문헌의 아름다움과 예악과 명물을 보고 점차로 습속의 고루함을 고치는 것입니다. 다섯째, 혹은 서적을 사들여 모자라는 것을 고치고 보완하는 것입니다. 여섯째, 중국의 말과 소리를 배워 통역의 와전을 바로잡는 것입니다."

(2) 조선후기의 관광

조선후기에는 사상적 변화를 겪게 되었는데 공론적 성리학을 탈피하여 실사구시적 학문과 사상을 추구하게 되었다. 그렇다고 오랫동안 조선사회의 기반이 되어 온 성리학이 사라진 것은 아니다. 조선후기에 있어서 관광의 사상적 기반은 성리학과 실학에 있다고 하겠다.

첫째, 성리학적 유람은 절제되고, 균형 잡힌 그리고 건전하고 조용하게 마음속으로 자연을 즐기는 것이다. 이러한 유람관은 조선전기에 풍미하였고 조선후기까지 이어져 조선시대 전체를 흐르는 큰 줄기를 이루었다고 하겠다.

둘째, 실학적 관광이다. 조선후기를 뒤흔든 실학은 관광에도 영향을 미쳤다. 특히 북학은 젊은 선비들(박제가, 박지원 등)이 중국을 다녀와 선진문물을 배우면서 시작되었는데, 관광이 원래 담

* 양성지, 『눌재집(訥齋集)』, 제2권, 양우당, 1988, 92쪽.

고 있는 사상, 즉 선진국의 문물제도를 보고 배우는 관국지광(觀國之光)의 모습을 그대로 재현하고 있다고 하겠다.[31)]

셋째, 등고(登高) 및 일주유람이다. 한양 주변의 명산을 유람하는 등고형 유람은 고려시대부터 내려온 오랜 유람형태이다. 또 하나는 하루 만에 한양 주위의 명승지를 일주하는 일주유람이었다. 일주유람은 모든 사람이 한번은 꼭 하고 싶어하는 유람형태였다. 금강산 등 장거리 유람은 그대로 존재하였다.

넷째, 국외 공무여행이다. 이는 사신들이 공적인 목적을 수행하기 위해 외국을 여행하는 것으로 삼국시대부터 존재하였다. 공무여행은 해당 외국을 관광할 좋은 기회를 제공하였다. 실학사상, 북학 등도 공무수행차 중국을 여행한 젊은 선비들에 의해 형성되었다. 주로 중국과 일본이 공무여행 대상국이 되었다. 사행단 규모는 중국의 경우 250명 내외, 일본의 경우 뱃사공을 제외하고 270~280명 정도였다. 여행기간은 중국은 보통 4~8개월, 일본은 8~10개월이 소요되었다. 중국 사행단은 매년 수차례 있었으며, 일본 공무여행은 임진왜란 전 22회, 후 12회 등 총 34회에 달한다.

이외에도 매춘 등은 어느 시대나 존재하였다. 조선시대 후기 후반부의 기록에는 매춘을 의미하는 상화가(賞花家), 매음가(賣淫家) 등의 기록이 있다.[32)]

4) 개화기의 관광

이 시기에 우리나라는 역사상 가장 큰 변화를 겪게 된다. 사상적으로는 수백 년간 지탱해온 유교사상이 서구의 과학적, 실리적 사상에 의해 그 기반이 흔들리게 되었고, 서구 국가들은 조선에 대해 경제적 실리를 추구하고 영향력을 행사하기 위해 개항을 요구하였다. 이러한 자의적, 타의적 국제 관계형성은 관광에도 자연히 큰 영향을 미치게 되었으니, 여러 가지 목적으로 조선을 향한 서구인들의 발걸음이 바로 그것이다. 이는 국제관광사적으로 보면 세계적으로 국제관광의 여건이 획기적으로 개선되어 조선도 국제관광의 대상지가 되기 시작했다는 것을 의미한다.

(1) 관광유형

외국인 특히 서구인의 조선 방문이 시작된 것은 1880년대부터였으며, 당시 조선을 방문한 20여 명의 외국인이 조선방문기를 집필하여 당시 시대상을 연구할 수 있는 귀중한 자료가 되고 있다(<표 2-1> 참조). 조선인의 국내외여행은 다음과 같다.

첫째, 조선인의 최초 미국방문은 1883년 조선주재 미국 전권공사 풋(Foote)이 본국에 보고한

〈표 2-1〉 개화기 외국인이 저술한 조선여행기

성명(국적)	여행기록명	조선체류기간	신분 · 방문지역 등
E. J. 오페르트 (1832~1903)(독)	금단의 나라 조선	1866. 2, 1866. 6, 1868. 4	• 여행가, 인종학자 • 아산만 일대 남연군도굴사건 연관
P. G. 묄렌도르프 (1847~1901)(독)	묄렌도르프 自傳	1882. 12. 12 입국	• 외교관 • 황해도, 평안도, 함경도(2회 여행)
H. N. 알렌 (1858~1932)(미)	조선 견문록	1884. 7. 20 입국~1904년 귀국	• 주한미국공사관서기관 • 의사, 선교사 · 민영익 치료 • 박정양의 고문
W. R. 칼스 (1848~1929)(영)	조선 풍물지	1884~1886	• 외교관 • 함경도 및 평안도 오지 탐사
O. N. 데니 (1838~1900)(미)	淸韓論(외)	1886. 3. 28~ 1891. 1. 22	• 법률학자, 조선국왕 외교고문
H. B. 헐버트 (1864~1949)(미)	대한제국 멸망사	• 1886. 7~1891. 12 • 1893. 9~1905. 10 • 1906. 7~1907. 4 (1949. 7. 29~1949. 8. 5)	• 육영공원 교사 · 고종황제밀서휴대 헤이그파견 • 마니산, 경주, 송도, 금강산
G. W. 길모어 (1857~?)(미)	서울 풍물지	1886. 7. 4~1894(?)	• 육영공원교사
J. S. 게일 (1863~1937)(캐나다)	전환기의 조선	1888. 12. 15 입국 1898년 재입국	• 선교사 • 貞信여중 · 儆新중고등의 전신 설립 • 서울, 송도, 평양, 의주, 봉천, 동만주 고려촌, 함흥, 원산, 금강산
L. H. 언더우드(女) (1851~1921)(미)	상투의 나라	1888년 입국	• 의사(민비어의) · 선교사 • 관서 · 관북 전도여행(평안도, 황해도, 함경남북도)
A. H. 새비지-랜도어 (1865~1924)(영)	고요한 아침의 나라 조선	1890년 말(2번째)	• 탐험가, 화가 • 서울 주변(북한산)
I. B. 비숍(女) (1831~1904)(영)	조선과 그 이웃나라들	1894. 2~1897(4차 방문)	• 왕립영국지리학회 최초 여성회원 • 관서지방 북한강(한강 상류)
W. F. 샌즈 (1874~1946)(미)	조선 비망록	1898년 입국	• 조선주차 미국공사관 1등 서기관 • 관동지방
E. 와그너(女) (1881~1957)(미)	한국의 아동생활	1904년 입국	• 선교사: 호수돈여고 전신설립
F. A. 매켄지 (1869~?)(영)	대한제국의 비극	1906년 여름~1907년 말(2회)	• 언론인(종군기자) • 서울 일원
E. G. 켐프 (女)(1860~?)	조선의 모습	1910. 2. 1	• 왕립 스코틀랜드 지리학회 회원 • 서울, 부산, 금강산
W. E. 그리피스 (1843~1928)(미)	은자의 나라 한국	• 1차 방문(?) • 1926~1927	• 과학자 • 서울 일원

| 자료: 『한말외국인기록』 총 16편(집문당, 1999)에서 저자 정리.

"미합중국 기선 모노가(毛魯哥)호에 조선의 두 사절 등이 요코하마를 거쳐 우리나라에 입항하려 합니다."라는 내용에서 알 수 있다.[33] 민영환, 유길준, 윤치호, 박영효, 의화군(영친왕) 등이 주요 인물이었으며, 여행지는 일본, 미국, 러시아, 유럽 등이었다. 특히 민영환(1861~1905)은 1896년 러시아 황제 대관식에 특명전권공사로 파견되어 윤치호 등과 함께 해외파견사절 중 최초로 세계 일주를 하였다.[34]

1880년대에 조선정부는 대일 유학을 실시하였는데 1897년 일본 유학생은 77명이었다. 이외에도 런던 1명(1896년), 뉴욕 5명(1902년), 샌프란시스코 8명(1902년) 등의 유학생이 있었다.

둘째, 국내여행이다. 외국인의 조선여행기에 의하면, 왕의 행차구경, 과거구경, 중국유학 및 일본연수, 소풍 및 나들이, 기타 오락(석전, 고래사냥구경, 정자 풍경완상, 궁도, 격투 등)이 보인다. 매음가는 내국인 상대는 상화가패(賞花家牌)를, 외국인도 상대하는 경우는 매음녀라는 별호 문패를 붙이게 하였다. 독립신문에 보면 학생들의 화류(花柳), 야회 및 뱃놀이 등의 기사가 보인다.

(2) 관광교통 및 숙박

첫째, 해운교통이다. 국제선박 여행은 묄렌도르프 부부가 1882년에 유럽－수에즈운하－싱가포르－홍콩－상해－제물포 구간을 선박을 이용하여 조선에 입국한 기록이 있다.[35] 제물포에는 일본, 독일, 아라사 등의 병상선(兵商船)이 왕래하였고 일반인도 이용할 수 있었다. 유럽-아시아 해운은 1904년 E. Meyer & Co 소속의 Hamburg Amerika Linie가 중국·일본·조선을 왕래하였다(6,500톤급). 프랑스 만국박람회에 참가할 업자(체)를 모집한다는 광고가 있었는데 이러한 선박교통이 있었기에 가능하였다. 미국행 선박은 모두 요코하마나 고베에서 출발하였으므로 일본을 경유하여 미국으로 갈 수 있었다. 국내해운의 경우 1897년에 세창양행(제물포 소재)이란 회사가 기선 운항광고를 한 것을 보면 창룡호(蒼龍號)는 국내선에, 현익호(縣益號)는 일본행에 활용되었다.[36]

둘째, 철도는 1899년 제물포-노량진 구간에 철도가 개통되고 1905년 경부선, 경의선(1906년) 등이 건설되어 조선은 일부 철도망을 일단 갖추게 되었다. 1899년 당시 경인선에는 일일 승객수가 300여 명, 화물은 14~15톤 정도로 하루 4차례 왕복하는 데 불과하였다. 시베리아 횡단열차는 1916년 전 구간이 완성되었다. 캠프 여사가 레닌그라드에서 기차로 조선에 입국한 기록이 있다(1910. 2. 1).[37]

당시의 숙박시설은 제물포 및 서울의 일부 호텔을 제외하고는 열악하였다. 인천의 대불호텔에 관한 기록은 새비지-렌도어와 끄라르 보테에의 여행기에서 찾을 수 있다.[38] 1888년(고종 25) 일본인 호리(堀力太郞)가 인천에 세운 한국 최초의 호텔이며 인천에 도착한 외국인들이 반드시

머물던 곳이다. 새비지 등은 1890년 말 이 호텔을 방문하였으며 당시 제물포에 3개의 호텔(Steward's Hotel, Hotel de Coree, 대불호텔/Giant)이 있었음을 기록하고 있다. 서울의 경우 손탁호텔은 1902년 개관하였고, 두 개의 호텔을 신문광고를 통해 확인할 수 있었는데, Grand Hotel(구 철도호텔)과 Hotel Palais가 그것이다.*

Grand Hotel(formerly the station hotel)
Near the Railway Terminus, West Gate, Seoul
The Best Hotel in Korea, Handsome new Building, Fine airy Rooms, Excellent Cuisine, Terms Moderate, Special terms to Missionaries and permanent boarders. "Electric cars within 2 minutes' walk"
W. H. EMBERLEY(proprietor)

5) 일제강점기의 관광

이 시기는 주요 간선철도망을 갖추게 되어 역사 이래 대규모의 관광객들이 다양한 유형의 관광을 하게 되었다. 따라서 근대는 현대관광으로의 큰 전환점이라 하지 않을 수 없다. 개화기는 우리나라 국내관광의 근대적 변화의 시발점이자 국제관광의 여명기로, 일제강점기는 현대관광의 출발점이라 말할 수 있겠다.

(1) 관광유형

① 외국인의 조선여행

첫째, 미국, 캐나다, 유럽 관광객은 1920년경부터 외국의 여행사 및 항공사가 주최하는 관광단이 들어오기 시작하였다(<표 2-2> 참조). 이들이 타고 온 선박의 명칭은 후랑고니아, 프레시덴트 후버, 레조루트 등이다. 한편 남미인의 조선방문 기사는 1930년대 말에 집중되어 있고, 그 횟수나 방문객수가 미미하여 십수 건에 불과하다.

둘째, 아시아인의 방문에 관해서이다. 중국인의 방문은 관련 기사가 거의 없다. 일본인의 관광은 1920년대부터 시작되었는데 만주시찰단, 학생단체, JTB 및 일본여행회 주최가 주를 이루었다. 1935년 통계에 의하면(1~11월) 조선을 방문한 관광단체는 885단체 총 385,00명으로, 이 중 일본으로부터 330단체/15,500명, 만주방면으로부터 80단체/3,200명이었다(동아일보, 1935. 11. 28).

* 대한매일신보 영문판, The Korea Daily News, 1904. 8. 4.

〈표 2-2〉 미국 · 캐나다인의 단체 조선관광(1920~1940년)

연 도	횟 수	주최자(건수)	규모(총인원)	일 정	숙박/교통수단
1920	11	뉴욕관광국 1, 여행사(토마스쿡 2, 아멕스 1, 아메리칸스프링 1), 商會 3, 美의원 1	9~35 (159)	중국 → 경성 → 일본	열차, 조선호텔
1926	3	여행사 1(프랭크쿡), 일반관광단 1, 단체관광단(불명)	13~650 (1,003)	인천 ↔ 경성 일본 → 경성 → 중국	선박, 열차
1927	2	유나이티드아메리카 1, 불명단체 1	390~450 (840)	인천 ↔ 경성	조선호텔
1928	6	함부룩아메리카라인 1, 토마스쿡 1, 미국세계일주단 1, 桑港기독교청년회 1, 대학단체 1, 하와이(布蛙)단체 1	20~400 (950)	인력거로 서울시내 관광, 장사진을 이룸	선박, 열차,
1929	2	함부루크아메리카라인 1, 아메리카규나드 · 토마스쿡 연합주최 1	380~400 (780)	인천 ↔ 경성 인력거로 경성 관광	선박, 열차
1934	3	日米협회 1, 美슈라이나스 1, 와싱통대(華盛頓大)학자단 1	2~100 (130)	대구 · 경주 → 만주	선박, 임시열차
1939	2	미국캐나다여교원단 1, 북미기자단(애틀랜타) 1	4~15 (19)	일본국제관광국 초청 (기자단)	조선호텔

| 자료원: 동아일보(1920~1940)에서 저자 정리.

② 내국인의 국외여행

일제강점기에 들어서는 다양한 목적의 국외여행이 시작되었다.

첫째, 조선인의 유럽, 미국 등 여행은 1920년대 중반부터 시작되었다. 모두 개인 또는 소수인원의 여행이었다. 직업은 주로 의사 · 교수 · 사업가 · 예술가 등이며, 여행목적은 세계일주 · 종교집회참가 · 대학교육시찰 · 체육대회참가(LA 10회 올림픽) · 사업 등이었다. 방문국가별로 보면 미국 · 캐나다, 세계 일주, 구주의 경우 덴마크 · 스위스 · 프랑스 등이다. 이 중 특기할 것은 옐로스톤국립공원(黃石公園)에 관한 기사이다. 조선일보 북미통신원 윤성순(尹城淳)이 1927년 학생신분으로 여기서 아르바이트를 하면서 국내에 소개한 것으로 이 공원에 대한 최초의 글로 보인다.*

둘째, 조선인의 아시아 여행이다. 개인여행으로는 박춘우(1929)와 한용운의 러시아 여행(1935) 등이 있었다. 중국여행은 일본이 1932년 만주국 설립한 때부터 각지에서 만주시찰단을 모집하였다. 대만행 관광단 모집(1931, 1932년 각 1차례)은 JTB 조선지국이 철도국의 후원으로 13일간 여정이었다. 또한 블라디보스토크 관광단 모집은 청진상업회의소 주최로 이루어졌다.

* 조선일보, 1927. 11. 15.

1935년 통계(1~11월)에 의하면 조선으로부터 만주에 여행한 단체는 140개 6,300명에 달했으며, 전년대비 40% 증가하였다(동아일보, 1935. 11. 28).

셋째, 조선인의 일본여행이다. 1921년 오사카도시박람회, 1922년 평화박람회(동경) 등 92개 단체 4,168명에 이르렀다. 1935년 통계(1~11월)에 의하면 조선으로부터 일본에 여행한 단체는 135개 5,500명이었다(동아일보, 1935. 11. 28).

③ 내국인의 국내여행

1938년도 열차 이용객이 45,053,752명, 1911년은 2,429,687명으로 약 18배가 증가한 것을 보면 내국인의 여행규모를 알 수 있다(경부선 약 7배, 경의선 약 14배).[39] 개인관광은 명사들의 여행기를 신문에 게재하면서 바람을 일으켰는데 이는 이광수의 "금강산유기"(1921년 여행) 등에서 알 수 있다.[40]

단체관광은 주최자별로 보면, JTB 조선지사, 철도국운수사무소, 잡지사, 행정기관, 언론기관, 여행구락부(클럽), 탐승단(화양동, 속리산, 금강산) 등이다. 관광단의 종류는 선진도시(순회)관광단, 고적/자연경관/탐승단, 동굴관광단, 앵화/경성꽃/복분자대회, 박람회 관광단 등으로 분류할 수 있다. 규모는 일반관광단의 경우 10~40명 정도이며, 조선부업품공진회 100~200명, 물산공진회 500명 이상, 조선박람회는 최고 2000여 명까지로 구성되어 있다.

(2) 관광교통 및 숙박

선박과 기차가 주류를 이루었고 승용차와 비행기도 일부 이용되었다.

첫째, 열차는 1932년 부산-서울은 아까스까호로 6시간 45분, 부산-북경은 직통급행열차(1939년)로 38시간 45분이 소요되었다. 1921년 5월 1일 개성의 도화세계(桃花世界)에 만철(滿鐵) 주최 경성-개성 간 관화열차(觀花列車)가 운행되었는데 오늘날 관광열차의 효시라 할 만하다.

둘째, 국내선박여행 기록은 비행환(飛行丸: 조선기선)이 유일하다. 국제선박의 경우 한일국제노선은 1920년부터 운항하였다. 국내 각 항으로부터 고베/오사카를 경유하여 요코하마에 이르는 노선이며 조선우선회사가 운항하였다. 한중 간 노선은 1924년부터 조선우선회사가 상해와 청도에 운항을 시작하였고, 왕복 약 20일이 소요되었다.

셋째, 유람자동차가 이용되었는데 오늘날 시티투어와 같은 것이었다. 1929년 경성자동차조합에서는 조선박람회 개최 중 유람자동차 할인을 실시하였다. 경성에 유람자동차가 공식적으로 운행한 것은 1931년 6월 22일이었다(14개소 정차, 소요시간 4시간 반, 부인안내자 동승, 운임 2원 20전, 정원은 16명).

넷째, 조선일보는 조선일주대비행(여의도－대전－진주)을 주최하여 항공에 대한 관심을 불러 일으켰다. 국내노선도 처음으로 설정되었는데 일본항공회사(日鮮滿항공회사)가 동경－울산－대구－경성－평양－신의주－대련노선에 취항하였다(1929년 1주 3회 왕복, 1930년 6회 왕복, 6~10 인승, 요금은 선박 일등침대와 동일). 평양 명기와 평양 갑부들이 큰 고객이었다. 일본항공수송 주식회사는 울산비행장(1930. 10. 19 매주 일요일) 및 여의도비행장에서(1931. 3. 3. 경성상공 및 경성－인천 일주) 유람비행을 하였다.

서울의 숙박시설은 호텔의 경우 조선호텔이 가장 선호되었다. 제물포를 통해 들어오는 단체관광객들이 서울에 오면 거의 대부분이 조선호텔에 투숙하였고 일부는 반도호텔(1936년 개관)에 투숙하였다. 조선호텔은 1914년 10월 3일부터 영업을 개시하였다(객실 69실, 수용능력 106명). 이외에 서울에는 남대문통 '원파밀(元巴密)호텔'(1922), 경성역전 '동양호텔'(1923), '경성호텔'(서울호텔: 1920년 창립), 반도호텔(1930년) 등이 있었다. 금강산에는 만철 경성관리국이 경영하는 '장안사호텔'(1924년 낙성)이 있었으며, 매년 6월 1일~10월 15일까지 운영되었다. 정차장호텔로 '철도호텔'이 평양, 부산, 신의주 등지에 있었다. 지방의 숙박시설은 다다미방이 있는 일본여관과 조선여관, 온천장 여관 또는 청루라 불리는 기생집으로 구분되어 있었다.

(3) 여행정보, 관광홍보, 관광개발 등

1939년 JTB 조선지부에 관해서는, 매상총액(3,938,115원: 전년대비 48% 증가), 알선단체(1,321개, 61,866명, 전년대비 27% 상승), 국내에 10개의 안내소(경성三越, 경성三中井, 화신, 평양, 부산, 대구, 함흥, 신의주, 원산, 대전: 경성三越 안내소가 내방자 수나 알선자 수 1위) 등을 알 수 있다.*

1937년 당시 금강산 안내자는 회원이 14명이며 최소한 1921년 이전부터 안내자가 있었다.**(첫 안내자는 승려 韓聖安). 영어안내자가 있었던 적도 있고, 정식 안내원이 있기 이전에는 승려들이 안내역할을 했다. 당시까지도 명사나 귀족들은 지역 관리나 승려들이 직접 안내하였다. 1921년 이광수의 금강산 유람에는 안내원이 있었고, 1938년 『여성』이란 잡지에는 여성들의 사직업으로 '까이드걸'이 소개되고 있다.[41)]

관광개발에 관련된 사항으로는 금강산 관광정비 신플랜(1937), 경성의 오락지대계획(1939), 금강산을 관광자원으로 개발(1940) 등이 있었으며, 조선관광협회 창립(1933), 조선관광연맹 결성준비회 개최(1939)가 있었다.

* 동아일보, 1940. 5. 22.
** 월간지 『조광(朝光)』, 1937년 9월호, 68-77쪽.

〈표 2-4〉 일제강점기 여행안내서

관광 안내서 등	『여행안내』	1923	경성여행안내사 발행
	『全鮮철도여행안내』	1928	전선철도여행안내사 발행
	『국제관광』	1933	국제관광협회, 동경철도성 국제관광국, 연 4회 발행
	『여행』	1935	동경, 일본여행구락부 발행
	"단체여행에 관한 상식문제"	1938	철도국, 단체여행에 관한 지식보급 목적
	유람권(券)	1936	기차역에서 경주고적 탐승단에게 판매. 1936. 5. 25~7. 31. 불국사유람 시 자동차회사와 연합, 15일간 유효, 성인 1원
	『관광조선』	1939	일본여행협회/JTB 조선지부, 격월 발행

〈표 2-5〉 일제강점기 관광홍보

관광 홍보	관광취미전람회	1934	경성관광협회, 관광사업과 여행취미를 보급
	관광홍보영화	1938	"조선풍광(風光朝鮮)", 국제관광국 제작
		1938	"만선북지(鮮滿北支)여행"
		1939	"四季의 朝鮮", 춘 · 하 · 추巻 시나리오를 東京文壇 三氏(불명)에게 위탁
	관광사진전	1939	경성부 총무부 주최, 경성 관광풍물 현상사진 모집
	관광광고	1929	조선총독부 철도국(경주고적 순회, 부여 8경 행각, 동래온천, 유성온천, 온양온천). "정월휴가의 선용, 避寒여행을 겸하야 고적순례와 욕탕에!!"
		1930년대	신문지면의 관광광고는 금강산, 동룡굴 등 관광단 모집

6) 현대의 관광

해방 이후 우리나라의 관광은 현대관광으로 진입하였다. 손대현은 우리나라의 연대별 관광의 특징을 1950~60년대 발아단계(관광+안정), 1970년대 유치단계(관광+경제), 1980년대 이륙단계(관광+교류), 1990년대 발전단계(관광+평화), 2000년대 성장단계(관광+문화)로 규정하고 있다.42)

가. 해방~5.16 군사쿠데타(1945~1961)

관광관련 행정부서가 처음으로 설치되고(1950년 교통부 총무과 관광계, 1954년 교통부 관광과), 일부 관광사업의 태동(1948년 대한국민항공/KNA 설립, 1960년 세방여행사 설립), 김포공항 개항(1957) 등 현대관광의 발아기라고 할 수 있다.

나. 박정희 정부(1961~1979)

관광분야를 국가 전략산업으로 지정하여 관광산업의 기틀을 세웠다고 하겠다. 전반부는 국제관광의 필요성을 인식하고 관련 기반을 구축하였고, 후반부는 외화획득 수단으로 관광산업에 대한 정책적 대응을 시작하였다. 관광사업으로는 관광호텔건설자금 지원책 등으로 주요 관광호텔이 건설되었다. 항공운송업은 국제화를 위한 시설을 건설하고(1969년 대한항공 창립, 1976년 김포국제공항 개항), 국제노선의 확대를 추진하였다.

- 1961년 관광사업진흥법 제정
- 1962년 국제관광공사 설립
- 1963년 교통부 관광국 설치
- 1965년 관광정책심의위원회 구성
- 1971~72년 관광개발계획단 및 관광담당 수석비서관 청와대 설치
- 1975년 관광기본법 제정
- 1978년 방한외래객 100만 명 돌파

다. 전두환 정부(1980. 9~1988. 2)

전체적으로 보면 1986년 아시안게임을 거치면서 관광유형이 다양화되었다. 지속되어 온 인바운드유치 전략에서 국민관광에 대한 관심이 점차 증대되기 시작했다. 1989년 국외여행자유화에 대비한 제도적인 정비를 실시하였다.

관광사업 측면에서 보면, 숙박업은 대규모 국제행사를 개최하면서 활성화되었고, 1988년 제2민항인 아시아나항공이 출범하여 복수항공 시대를 열었고, 이를 통해 경쟁력을 강화하고 서비스 개선의 기회가 되었다.

- 1980년 김포국제공항 국제선 신청사 개관
- 1983년 국민관광장기종합계획수립
- 1986년 아시안게임 개최
- 1988년 방한외래객 200만 명 돌파

라. 노태우 정부(1988. 2~1993. 2)

1989년 국외여행자유화로 국외여행이 폭발적으로 늘어나고, 사치성 해외여행이 증가하여 1991년 관광수지가 적자로 돌아서자 정부는 관광산업을 소비성 산업으로 지정하는 등 그동안 유지되어 온 성장정책이 다소 주춤하게 되었다. 관광산업용 토지매입에 대한 규제로 객실부족을

유발하고, 한국기업의 외국 관광시설 투자를 원천봉쇄하여 국제적 역량을 축소시켰다.[43)]

- 1988년 서울올림픽 개최, 방한외래객 200만 명 돌파
- 1989년 해외여행 완전 자유화
- 1990년 관광산업을 소비성 산업으로 지정
- 1991년 관광수입 역조, 방한외래객 300만 명 돌파

마. 김영삼 정부(1993. 2~1998. 2)

세계화와 지방화를 내세우고, 1994년 '한국방문의 해'를 계기로 관광분위기를 조성하고 각종 규제를 완화하여 대량관광시대를 위한 건전한 관광문화의 정착에 역점을 두었다. 관광특구제도 실시, 호텔의 소비성서비스업 제외, 지자체에 맞는 관광지개발 등이 추진되었으나 1997년 외환위기로 주춤하였다.

- 1994년 관광업무 문화체육부로 이관, 관광특구 지정, 한국방문의 해
- 1995년 관광호텔 소비성 서비스업에서 제외 관광진흥 10개년 계획 수립
- 1996년 관광숙박시설지원등에 관한 특별법 제정
- 1997년 출국납부금 부과제도 실시, 우수여행업체 지정 지원제도

바. 김대중 정부(1998. 2~2003.2)

관광산업을 5대 국정지표 중 하나로 선정하여 정책적 우선순위를 두었고, 문화관광부를 독립부로 설치하여 오랜 숙원을 해결하였으며, 금강산관광 실현, 국제공항 개항, 월드컵 개최 등 새로운 관광진흥의 계기를 마련하였다. 대통령이 직접 관광홍보 광고에 출연하여 관광지로서의 한국을 알리려 하였다. 또한 주 5일 근무제를 실시하여 관광행태의 변화 및 외연을 확대하였다.

- 1998년 방한외래객 400만 명 돌파, 김대중 대통령 관광홍보 광고 출연
  금강산관광 시작, 문화관광부 출범, 한국관광협회중앙회 설립
- 1999년 관광비전21 추진(~2003), 관광산업을 5대 국정지표 중 하나로 선정
- 2000년 외래관광객 500만 명 달성, ASEM 회의 개최
- 2001년 인천국제공항개항, 14차 WTO 총회 개최, 한국방문의 해(2차), 관광호텔부가가치세 영세율 적용, 제2차 관광개발 기본계획 수립
- 2002년 부산아시안게임 및 월드컵 개최, 주 5일 근무제 도입

사. 노무현 정부(2003. 2~2008. 2)

김대중 정부의 관광정책 기조를 큰 변화 없이 승계하였으며, 주 5일제 근무의 본격실시, 한류열풍의 확산으로 관광진흥의 흐름을 계속 이어갔다. 문화관광부는 18대 관광정책을 수립하였다

(정책과제 12개 및 관광인프라 6개 정책).

- 2004년 관광진흥 5개년 계획 수립
- 2005년 한류관광의 해, 제3민항 한성항공 출범, 국내 최초의 지역항공사 (주)제주에어 출범, 내국인 국외여행자 천만 명(10,077,619) 돌파

3 서양의 관광 역사

서양(유럽)의 관광역사는 크게 보아 다음과 같은 시대적 전개를 이루었다. 즉, 고대(이집트, 수메르, 로마, 그리스), 중세, 그랜드 투어 시대, 온천·해변휴양시대, 산업시대, 현대 등의 순서이다.[44]

1) 고대 유럽·중동의 관광

가. 수메르 및 이집트

수메르(Sumer)는 BC 4000년 이전부터 존재하였으며 티그리스강과 유프라테스강 사이에 메소포타미아(Mesopotamia: 강과 강 사이란 뜻) 문화를 형성하였다. 수메르인은 BC 4천 년 화폐, 바퀴, 마차를 발명하고, 쐐기문자를 사용하고, 무역을 실시하여 여행업의 창시자로 불린다. 우르(Ur)왕 시대(BC 2050년) 이미 마차가 갈 수 있는 도로가 있었으며, 도로포장은 히타이티(Hitities) 시대에 처음 이루어졌다.

이집트는 BC 3000년경부터 존재하였으며, 기원전 2700년 초에 건설된 정교한 파라오(pararoh) 무덤은 수많은 관광객을 끌어들였다. BC 1480년 이집트에서 유람선업이 시작되었다(Queen Hatshepsut호). 관광객들은 그라피티(graffiti)를 남기고, 오늘날처럼 기념품을 구하고자 하였다.

세계 최초의 위대한 여행작가이며 역사의 아버지라고 불리는 헤로도투스(Herodotus: BC 484?~BC 425?)는, "이집트인들은 일 년에 여러 번 축제에 참여하였다. 가장 대규모로 인기가 있었던 축제는 Bubastis에서 시작하여, Busiris, Said, Heliopolis, Buto, Papremis의 순서였다. 이때 소비되는 포도주는 일 년간의 소비량보다 많았다"고 한다.[45] 당시 선박도 상당히 발달하였다. 기원전 800년에 이르러 페니키아는 지중해 전체에 무역센터를 세웠으며, 이웃나라의 중개인으로 활

동하면서 때로는 여객을 수송하기도 하였을 것이다. 이들이 바로 해양제국의 창시자였다.

나. 로 마

로마는 BC 8세기경(753)부터 존재하였으며, AD 395년 동서로 분리되어 서로마제국은 476년에 멸망하였고, 동로마제국(비잔틴)은 1453년까지 존속하였다. BC 150년에 매우 정교한 도로를 건설하기 시작했다. 5~6마일 간격으로 비치된 말을 이용하여 하루에 100마일 이상을 여행하였다. 포장도로를 이용하여 3,000 내지 6,000명의 군인과 동수의 동물로 이루어진 로마군단은 하루에 30마일을 여행하여, 이집트에서 영국에 이르는 그들의 영토 어디라도 이를 수 있었다. 트라얀(Trajan)황제 시대(기원전 98~117)에 이르러 로마의 도로는 총 50,000km에 달했다. 테오도시우스(Theodosius) 시대의 군사지도 일부는 관광안내자의 역할을 하였다.

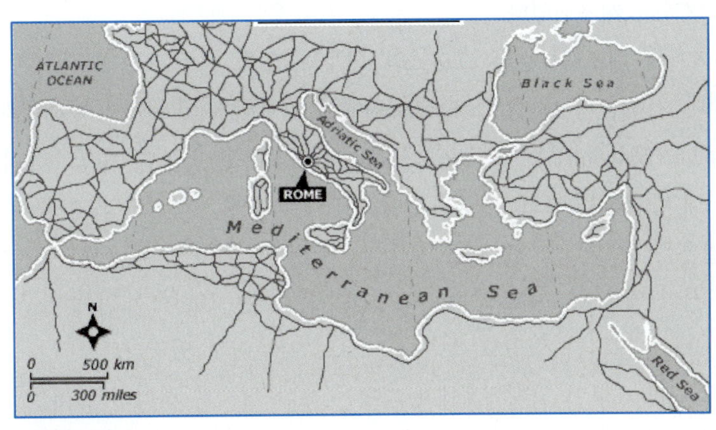

[그림 2-1] 로마의 도로망(Roman Roads)

부유한 로마인들은 역사와 종교에 관심이 많아 이집트나 그리스를 여행하였다. 그리스 사원, 알렉산더 대왕 숙박소, 소크라테스가 살던 곳 등을 트레킹하였다. 소아시아도 특별한 여행 목적지였는데 올림픽경기, 치료목적의 해수욕, 해변휴양지, 연극, 축제, 스포츠 경기 등 때문이었다. 이들은 안내책자와 안내원을 이용하고, 이름을 새기고 기념품을 구입하였다. 그리스인 Pausanias가 160~180년경에 쓴 『그리스 안내서』(*Guidebook of Greece*)는 고대에 관하여 남아 있는 유일한 안내책자이다.

다. 그리스와 소아시아

그리스는 BC 2000년 미케네문명 이후, BC 8세기부터 존재하였다. 그리스에서는 BC 4세기에 이르러 사람들이 불편과 위험을 무릅쓰고 여행을 하였다. 부유층만이 최악의 함정을 피할 수 있었다. 대다수의 여행객은 장사, 치료, 축제참여를 위해 여행하였고, 여행 그 자체를 좋아하는 사람은 헤로도투스처럼 극소수였다.

고대 그리스인들은 환자의 치료에 휴식과 기분전환이 중요한 것을 알고 있었다. 맑은 공기와 물이 있는 치료의 신 Asclepius신의 신전, 대단한 조각이 있는 사원, 체육행사를 할 수 있는 운동장, 큰 극장 등이 그 대상이다. 또한 여행 중 프로제노스(proxenos: 그리스어로 pro는 before 또는 for, xenos는 외국인)라는 자국 영사관에서 많은 도움을 받을 수 있었다.

BC 776년 초 도시국가의 시민들은 제우스신을 기리기 위해 체육경기를 통해 4년마다 모이게 되었다. Olympic/Pythian/Isthmian/Nemean Games 등이 그것이다. 각 축제에는 각각의 신에 대해 제물을 바치고 기도를 하였다. 따라서 축제에는 항상 어느 장소에서나 많은 관광객을 끌 수 있는 다양한 매력물이 제공되었다.

기원전 5~4세기에 헤로도투스는 그리스와 에게해 전역, 북아프리카, 남부 이태리와 시실리(Sicily), 소아시아 서해안의 에페수스(Ephesus)에서 사르디(Sardis)까지 항해했다. 시리아로 항해하여 동쪽 바빌론(Babylon)에 이르렀고 유프라테스강을 만나 수주 동안 상인들의 행로를 따라갔다. 그는 고대 바빌론을 보고 다음과 같이 기술하였다.[46] “사각모양, 한쪽이 14마일 정도로 총 56마일. 바빌론은 규모만 장대한 것이 아니라 지금까지 우리가 본 어떤 도시도 그렇게 화려하지 못했다. 도시의 벽은 85.5피트의 높이로 도시 주위에는 100여 개의 출입구가 있었다. 도시는 3~4층의 집으로 가득 차 있었고 똑바른 도로로 나누어져 있었다.”

소아시아에서는 BC 334년 고대세계에서 가장 중요한 도시의 하나인 에페수스(터키)에 한 철에만 약 70만 명의 관광객이 모여들어 서커스, 마술, 그리고 매춘을 즐겼다. 여행할 여유가 있었던 사람들은 고대의 7대 불가사의를 보려고 하였다.

도로도 상당히 발달하였다. 크레테(Crete) 해안에서 왕도 크노소스(Knossos)까지 2차선의 약 4미터 넓이의 도로가 있었다. 페르시아(지금의 이란)에서는 모든 도시와 지방이 수도 수사(Susa)로 도로로 연결되었는데 BC 500~400년 사이에 만들어졌고 그중에 긴 것은 1,500마일에 이르렀다.

라. 고대 7대 불가사의(不可思議: Seven Wonders of the ancient World)

7대 불가사의에 대해 제대로 정리한 사람은 고대 그리스 시인이자 작가인 시돈(Antipater of Sidon: BC 2C)인데 7대 불가사의를 보고 기원전 140년에 시를 통해 이를 설명하였다. “위에 전차 길이 있는 바빌론의 높은 성벽을 보았고, 제우스신상, 공중정원, 높은 피라미드의 역사, 마우솔로스의 거대한 무덤도 보았다. 그러나 구름 위로 솟아오른 아르테미스의 신전을 보았을 때 다

른 것들은 그 빛을 잃어버렸다. 나는 말했다. 보라, 올림푸스를 제외하고 태양은 아무것에나 그렇게 장엄하게 향하지는 않는다."*

그리스인의 개념으로는 이것이 불가사의가 아니라 보아야 할 것(theamata)이라는 의미였다.

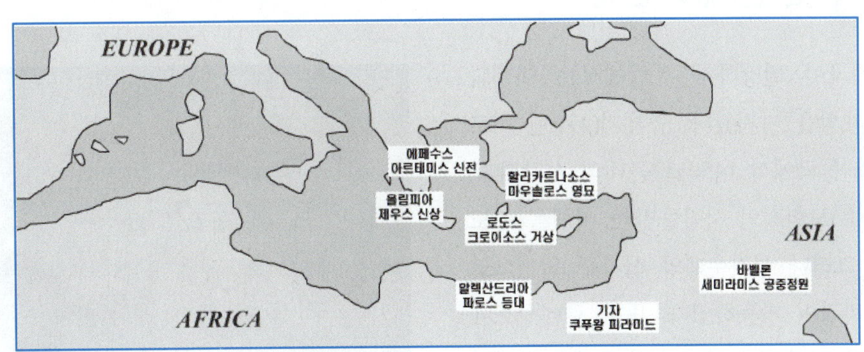

[그림 2-2] 고대 7대 불가사의 위치

〈표 2-6〉 고대 7대 불가사의

명 칭	건설일	건설자	특 징	파괴일	파괴원인
쿠푸왕 피라미드	BC 2650~2500	이집트인	이집트 4왕조 쿠푸왕 무덤	현존	
공중정원 (바빌론)	BC 600	바빌론인	헤로도투스의 기록 "외벽길이가 56마일, 두께 80, 높이 320피트"	AD 1세기 이후	지진
아르테미스 신전	BC 550	리디아인 페르시아인 그리스인	그리스여신 아르테미스에게 바침. 건축에 120년 소요	BC 356	방화
제우스신상	BC 435	그리스인	신전복도 전체를 차지할 정도로 웅장함. 높이 40피트(12미터)	AD 5~6세기	화재
마우솔로스 영묘(靈廟)	BC 351	페르시아인 그리스인	4면에 조각으로 장식하고 높이는 45미터에 달함. mausoleum(靈廟: 장엄한 무덤)의 어원	1492년까지 존재	지진
크로이소스 거상(巨像)	BC 292~280	헬레니즘시대 그리스인	그리스신 Helios의 거대한 동상 현 자유의 여신상과 비슷한 크기	BC 224	지진
파로스등대	BC 3세기	헬레니즘시대 이집트인	높이 115~135미터, 당시 수세기 동안 인간이 만든 최고의 건물	1303~1480 AD	지진

* 'Lo, apart from Olympus, the Sun never looked on aught so grand.' *Antipater, Greek Anthology IX,58*

오늘날 우리가 알고 있는 7가지는 중세에 정리되었으며, 당시에 그중 상당수는 이미 존재하지 않았다.

2) 중세 및 근세의 관광

로마제국이 멸망하자 유럽에서는 여행과 관광도 재앙을 가져왔다. 중세기(476년 서로마제국의 몰락에서 1450년 근대의 시작까지)에는 아주 모험적인 사람들만이 여행을 시도하였다. 그러나 성지순례와 십자군 원정으로 종교적 관광이 가능하였다. 또한 르네상스에서 근대가 시작되기 전까지를 근세로 부르기로 하며 그랜드 투어와 온천해변휴양 시대가 이어졌다.

[그림 2-4] 그리스 정교 수도원 메티오라

(1) 성지순례와 십자군 원정

중세의 교회는 절대적 기구였으며 국가 간에 인정되는 유일한 기관이었다. 수도원, 여인숙의 형태인 호스피스(hospice), 게스트 하우스(guest house)는 종교교단에 의해 운영되었다. 의사 및 의약품을 준비하고 낡은 옷을 교환해주고, 관광지 안내원도 소개하고, 돈을 빌려주기도 하였다. 가장 유명한 곳으로는 962년에 설립된 알프스통로(Great Saint Bernard: 2,472m)에 있는 알파인 호스피스(Alpine hospice)였다.[47] 부유층과 귀족은 고위성직자와 함께 별도의 시설에서 지냈다. 아마도 교회가 최초의 호텔체인을 운영한 것이 아니겠는가. 그러나 중세 초기 성지로의 여행은 오랜 기간이 걸리고 비용도 많이 들며 위험했기 때문에 극소수만이 가능했다.

암흑시대 말에 수많은 순례자들이 영국의 캔터베리(Canterbury: 초서의 캔터베리 이야기 때문에 영원히 남게 됨) 등과 같은 유명한 사원으로 여행했다. 1388년 왕 Richard 2세는 순례자들이 여행허가증(permit) 즉, 오늘날의 여권을 소지하도록 요구하였다. 종교단체는 기독교적 자비가 중요한 사명인 만큼 가난한 사람들을 물리칠 수 없었고 부유한 사람은 상당한 기부를 하기 때문에 역시 물리칠 수 없었다. 이렇게 이 시기의 교회는 여행산업의 발달에 중요한 역할을 하였다.

로마 교황 우르반 2세는 예루살렘을 순례하는 그리스도 교인들에 대한 셀주크 투르크인들의 박해를 강력하게 비난하면서 성지회복을 위한 성전을 호소하였다. 종교적 열정에 불타는 농민과

일부 기사들은 저마다 등과 가슴에 붉은 십자 표시를 달고 예루살렘으로 향했다. 이렇게 시작된 십자군 전쟁은 1365년까지 9번의 대규모 출병으로 이어졌고(1095년에서 1270년 사이에 8회) 약 250년 동안 오리엔트와 소아시아 반도를 피로 물들였다.

이슬람 입장에서 보면 십자군 전쟁은 유럽인의 침략 전쟁이고, 이방인들이 저지른 대학살과 약탈로 삶이 짓밟힌 역사상 가장 치욕적이고 반문명적인 사건이었다. 예루살렘은 메카, 메디나에 이어 이슬람 제3의 성지이다. 기독교 순례자가 박해받는다는 종교적 호소는 다분히 정략적인 발상이었다. 십자군 전쟁은 순수하게 기독교적 동기로 시작되었다고 말할 수는 없다.

십자군 원정은 관광사적으로 보면 성지탈환이라는 성전(聖戰)의 의미만이 아니라, 성직자, 군인, 상인, 일반여행자들에게 성지순례라는 국제여행의 기회를 제공하였다.

(2) 그랜드 투어

17세기 중반에서 19세기 초 대량철도 시대가 도래할 때까지 번창했던 영국인의 유럽여행 형태였다. 특히 부유한 영국 상류층의 대학졸업생이 주류를 이루었다. 이는 고대와 르네상스의 문화를 접촉하고 항해술, 조선술 등의 선진지식을 받아들여 영국을 대국으로 만드는 데 초석이 되었다는 데 큰 의미가 있으며, 사상 최초의 대규모 해외여행이었다고 말할 수 있다.

가. 그랜드 투어의 사상

호기심과 교육을 위한 여행 사상은 18세기에 나타났다. 존 로크(J. Locke)의 "인간 이해에 관한 에세이(Essay Concerning Human Understanding: 1690)"라는 글이 이에 불을 붙였는데, "지식은 전적으로 외적 감각에서 나오며, 우리가 알고 있는 것은 우리에게 노출된 외적자극에서 나온다."라는 것이었다. 따라서 여행이란 정신을 개발하고 지식을 확대하려는 사람들에겐 의무적인 것이었다. 여행은 복지를 증대하기 위한 하나의 의무였다.

18세기 그랜드 투어 비판자들은 모험부족을 비판하였다. 즉, "유럽여행은 별 볼일 없다, 단조롭고, 획일적이고, 변화가 없어 별로 기대할 것이 없다. 그랜드 투어는 특정 국가에 대한 선입관과 편견을 강화할 뿐이다"* 그러나 19세기 대부분의 특권층 젊은이들은 그랜드 투어를 하였고, 그 후 젊은 여성에게도 유행이 되었다.

여행작가 Thomas Coryat(1577~1617)의 기행문 "Coryat's Crudities: Hastily gobled up in Five Month's Travels"(1611)는 초창기에 큰 영향을 주었다. 옥스퍼드 영어사전에 의하면 그랜

* Jean Gailhard's *Complete Gentleman*(1678) observes: "French courteous. Spanish lordly. Italian amorous. German clownish."

드 투어란 용어를 영어로 처음 도입한 사람은 라셀(Richard Lassels)로 그의 저서 *An Italian Voyage*(1670)에서였다고 한다.

나. 여행 경로 및 학습대상

가장 흔한 여정은 영국 도버에서 시작하여 프랑스 칼레(Calais)를 거쳐 파리로 입성하여 여행 선생(tutor) 또는 하인을 두며, 마차를 구입한다(돌아올 때 되판다). 파리에서 프랑스어, 댄스, 펜싱, 승마 등을 통해 프랑스 상류층의 말, 행동 등을 배운다. 프랑스는 유럽의 다른 어느 도시보다 문화적으로 사회적으로 인상적이기 때문이다.*

그 다음 제네바로 가서 잠시 스위스를 경험한다. 알프스 여정은 매우 위험하다. 스위스에는 볼 만한 역사적 장소는 거의 없었고 주요 도시의 숙박시설이 유명했다.

일단 북이태리에 도착하면 프로방스와 베니스에서 르네상스 예술을 배운다. 다음 로마로 가서 고대 유적을 보고 나폴리에서 음악을, 폼페이에서 고고학을 배우고, 모험적인 사람들은 베수비우스산을 오른다. 영국 관광객들은 특히 이태리 음식과 고급 숙박을 즐기려 하였다. 이태리 전체의 호텔과 숙박은 유럽 전체 평균 정도였다.

돌아오는 여정은 알프스를 거쳐 북쪽 독일어 사용 지역으로 간다(인스부르크, 베를린, 비엔나 등. 포츠담. 뮌헨과 하이델베르크의 대학 방문). 마지막으로 네덜란드와 벨기에에서 갤러리를 방문하면서 예술을 이해하고 마침내 돌아온다.

타우너(John Towner)는 그랜드 투어를 둘로 나누었다.[48]

첫째, 고전적 그랜드 투어(Classical Grand Tour: 17～18세기)는 이태리를 중심으로 유럽의 고대문화와 르네상스의 문화에 관심을 두는 것으로 그랜드 투어의 원래 목적을 달성하고자 한 것이다. 두 개의 코스가 있으며 볼로냐(Bologna)에서 교차된다.

- Turin－Milan－Verona－Vicenza－Venice(북부지방)
- Piacenza－Parma－Reggio－Modena－Bologna

둘째, 낭만적 그랜드 투어(Romantic Grand Tour: 18~19세기)는 유럽의 문화보다는 자연경관에 더 많은 관심을 두었다(프랑스, 이태리, 라인강, 브랏셀, 스위스 등).

다. 당시의 환경

첫째, 전쟁 등이 여행에 악영향을 미쳤다. 그러나 1789년 프랑스 혁명도 관광을 중단시키지는 못했으며 오히려 정치적 관심사 때문에 프랑스로 관광객을 몰리게 했다. 이태리는 큰 갈등요인이 없었기 때문에 많은 그랜드 투어 여행객들이 이 나라를 방문하였다. 둘째, 여행비용이다. 지

* Thomas Nugent의 *The Grand Tour*(1743)에 자세한 내용이 나와 있다.

폐형태의 신용장은 영국은행과 제휴한 유럽 은행에서 현지화폐로 교환하여 주었다. 또는 영국 돈을 가져가거나 현지 영국대사관에서 돈을 빌리는 것이다. 환율, 동전부족, 다양한 화폐 등으로 여행이 쉽지 않았다. 셋째, 여행지침 및 준비물품이다. 여행 전 건강증명서를 받아야 하고 여권을 소지해야 한다. 많은 도시들은 군대가 지키고 있어서 요소에서 각종 증명서를 확인하고, 여행목적을 신고해야 하는 등 시간이 걸린다. 여행 준비물품도 상당히 많았다.

특히 여행과 관련된 사전지식을 위한 서적은 다음과 같다.

- *The Gentlemen's Guide in his Tour through France*,
- *Letters From Italy(1792 ~1798)*,
- *The Grand Tour containing an exact Description of most of the Cities, Towns, and Remarkable Places of Europe*, by Thomas Nugent

18세기 후반에 여행비용이 낮아짐에 따라 귀족, 일반 부유층, 특히 역사상 처음으로 여성들에게도 화려한 여행이 열리게 되었다. 여성들은 문학에서 읽은 소문난 아름답고 이국적인 경치를 기록하기 위해 해외여행을 감내했다. 이들의 편지는 18세기에 최초로 여행한 여성들이 남긴 유일한 여행기사(memorabilia)가 되었다.

(3) 온천 및 해변휴양

18세기에는 건강과 즐거움이 여행의 가장 큰 동기가 되었는데, 이는 여행경향이 그랜드 투어에서 가족이나 친구들과 여행하고 휴가를 보내는 형태로 바뀌었음을 뜻한다. 사람들은 따뜻한 미네랄 온천을 경험하기 위하여 온천관광지로 몰려들었다. 건강과 사교 및 친구를 만나기 위하여 온천장으로 가기도 했다.

미국의 경우 독립전쟁 전에 유럽처럼 해변이나 온천으로 여행을 갔다. 필라델피아 근처의 옐로스프링(Yellow Springs), 버지니아의 버클리온천(Berkeley springs) 등이 유명하다. 조지 워싱턴(George Washington) 대통령 등도 온천을 즐겼다. 1800년까지 미국의 온천은 확장되고 보편화되었다. 또한 청교도들의 영향력이 감소되어 편안한 여행을 금기시하던 관습이 사라져가고 있었다. 유럽대륙에서는 온천요법의 가치를 인정하고 있었고, 독일의 바덴바덴(Baden-Baden)과 같은 대형온천은 여행자보다 환자들이 운집하였다. 배스(Bath)는 2천 년간 온천지로서 영국 유일의 미네랄 온천이 있었다. 1790년의 배스 가이드북은 18명의 내과의사, 13명의 외과의사, 25명의 약(제)사를 광고하고 있다. 1709년 어느 환자는 다음과 같이 말했다. "지난 인생에서 겪은 것보다 더 많은 질병을 일주일 만에 치료했다."* 한편 18세기 중엽에는 해수와 해수욕의 치료효과에 관심이 집중되었다. 러셀(Richard Russell) 박사는 1754년 해수치료법 해수욕의 장점을 옹호하였다. 또한 해안 휴양지가 내륙온천을 대체하는 것처럼 보였다. 그러나 대부분의 국민들은 내륙온천이나 해안 휴양소에 갈 수 없었다. 이 두 가지를 모두 향유하는 사람은 유한계층에 극히 한정되었다. 영국의 해변 휴양지인 브라이튼(Brighton)이 그 예이다.

3) 산업시대의 관광

1800년대 중반에 시작된 산업시대의 국가경제는 시골 농업에서 도시중심의 산업으로 옮겨졌으며, 직업과 계층 그리고 부의 구조도 바뀌었다. 건강과 즐거움 및 호기심 목적의 여행이 많아졌으며, 철도확장, 해상여행, 안내여행 등으로 여행의 균형과 평등화가 이루어지게 되었다.

(1) 낭만주의와 관광

이 시대에는 문학과 예술을 통하여 여행의 강한 동기가 표출되었는데, 1800년대의 작가, 시인, 예술가, 탐험가들은 자연의 아름다움을 격찬하였다. 문학 및 예술적 주제에 관한 이야기를 통해서 미지의 세계에 동경심을 가지게 만들었다. 이런 관점에서 본다면 낭만주의 예술가는 당시 여행의 선구자가 되었다. 바이런(Byron)은 그의 여행담을 시로 썼는데, 그의 문장에서 자연에 대한 강한 감정개입과 1800년대 작가들의 정서를 엿볼 수 있다.

당시 미국에서도 작가들이 도시의 스트레스는 심신의 건강을 해치고 있으며, 건강을 지키기 위해서는 신과 자연을 가까이해야 된다고 주장하였다. 예술적 그림과 문학 창작 속에 자연과 인간 본연에 대한 호기심을 나타냈으며, 사람들은 그것을 실제로 경험하기 위하여 여행을 떠났다.

(2) 교통수단

산업시대에서 여행이 크게 발달한 원인 중의 하나는 교통수단의 향상 때문이다. 우편서비스와 역마차를 넘어 증기선과 기차의 탄생은 관광의 새로운 시대를 열었다. 선박여행은 식민지로 세력을 확장하는 필수적 수단이 되었다. 1838년은 영국에서 인도와 극동으로 가는 정기 여객선이 운항된 뜻 깊은 해이다. 1840년 커나드 증기선회사(Cunard Steamship Company)가 미국으로 가는 여객선을 출항시켰으며, 또한 우편 서비스가 신뢰성 있는 교통수단의 발전을 촉진시켰다.

육지에서는 증기기관을 이용한 철도가 중요한 대중 교통수단이 되었다. 1830년 영국에서는 리버풀과 맨체스터 구간의 철로가 영업을 시작하였으며, 그 후 15년 내에 런던에서는 외곽도시

* http://www.cityofbath.co.uk

와 연결되는 철로가 개통되었다. 이즈음 미국에서도 철도가 발달되어 서부와 새로운 주들을 연결하였다.

(3) 토마스쿡(Thomas Cook)여행사의 출현과 발전

단체포괄여행에 대한 상업적 기술개발은 영국인 토마스 쿡(T. Cook)의 노력에 힘입은 바가 컸다. 쿡은 금주운동협회(Temperance society)의 실제 회원으로 1841년 7월 기차를 이용한 첫 번째 단체여행을 조직하였다(600명 단체할인요금). 4년 후 쿡은 전문사업으로 여행을 상품화하기 시작했는데, 영국에서 일반인들을 대상으로 한 기차상품이 개발되어 이전에는 비싸서 꿈도 꿀 수 없었던 곳을 여행할 수 있게 해주었다.

최초의 대규모 관광객의 도착은 그 지역사회에 충격적인 일이었으며, 이러한 현상에 대해 한 역사가는 다음과 같이 서술하고 있다.*

"상호 접촉이 없었던 소수의 주민으로 이루어진 지역사회에서는 수백 마일 멀리 떨어져 있는 도시에서 온 수많은 관광객의 출현은 참으로 경이로운 일이었다. 주민들은 놀라움과 신기함으로 쿡의 관광단을 구경하러 나왔으며, 깃발을 흔들고 대포를 쏘며 악기 연주 등으로 그들을 환영하였다."

쿡은 이후 여행업의 발전에 큰 기여를 하였다. 주요 업적은 다음과 같다.[49)]

- 여행일정에 따른 모든 경로를 통과할 수 있도록 기차티켓을 패키지로 만들어 팔았는데, 이것을 일주여행티켓(circular ticket)이라고 불렀다.
- 쿡쿠폰(Cook coupon)을 도입하여 투숙한 호텔의 객실과 식사에 대한 요금을 지불하는 데 편리하게 사용할 수 있도록 했다. 1873년 쿡은 쿠폰에 이어 순환어음(Circular note)을 발행하였는데 이것이 여행자수표(Traveler's check)의 초기단계였다(당시 약 200개 호텔, 1890년 약 1,000개의 회원 호텔 확보).
- 쿡은 세계 전역을 관광 시장화하였다. 그의 아들은 1866년 미국행 최초 관광단을 결성하였고, 1871년 뉴욕에, 1880년 세계 도처에 60개의 지점을 설치하였다. 쿡과 그의 아들 그리고 3명의 손자는 주로 중산층 관광단을 이끌고 파리, 런던, 시카고, 세인트루이스 등에서 열리는 박람회 등 세계를 누비고 다녔다. 1872년 쿡은 11명의 관광객과 함께 최초로 세계일주 여행에 올랐다. 그 내용을 런던 타임스(The Times)지에 발표함으로써 대중들에게 세상 보는 안목을 넓혀 주었다.

---

* Encyclopaedia of Britannica(2000. 8. 29).

• 1875년 최초의 단기 선박여행상품인 7일간의 스칸디나비아행 '심야의 태양여행(Midnight Sun Voyage)'은 해양관광 또는 크루즈의 시초가 되었다.

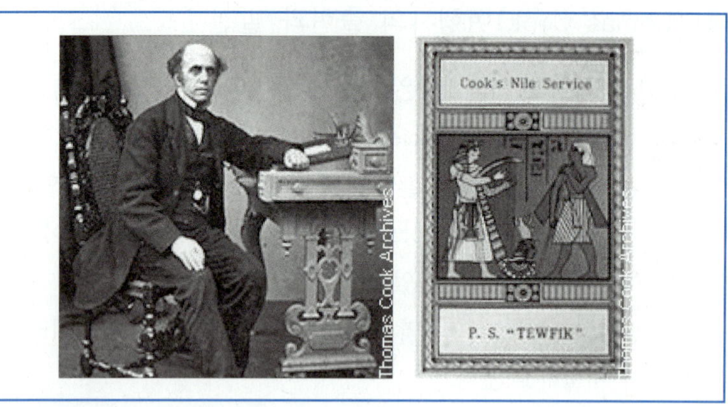

[그림 2-6] 토마스쿡과 당시 팸플릿
| 자료: Thomas Cook(1808~1892) 이집트행 상품 팸플릿(1869)

4) 대중관광의 시대

양대 세계전쟁은 무기개발에 대한 관심 때문에 기술적인 진보를 급속도로 이룩하게 되었는데, 결국 이것은 관광발전에 크게 기여하게 됨으로써 전쟁과 관광의 아이러니컬한 상관관계를 보여주었다. 1928년 약 437,000명의 미국인이 여객선을 이용하여 해외로 여행하였는데 혹자는 이 시기를 '여행의 번영기'라고 부르기도 한다. 이제 진정한 의미에서의 대중관광시대가 개막되었다고 할 수 있다. 대중관광의 출현을 가능하게 했던 요인들은 다음과 같다.

가. 교통기술의 발전

첫째, 자동차의 출현은 관광역사상 기술 면에서 가장 혁명적인 진보를 이룩한 교통수단 중의 하나이다. 잭슨(H. N. Jackson) 등은 1903년 형 Winton Touring Car를 이용하여 샌프란시스코에서 뉴욕 간을 63일 만에 주파하였다. 세계 제1차 대전 후 늘어나는 자동차 때문에 도로와 숙박시설의 개선이 필요하였다. 둘째, 1927년 찰스 린드버그(Charles Lindbergh: 1902~1974)가 뉴욕에서 파리로 첫 대서양 무착륙 비행에 성공한 후(총 33시간 30분 소요) 업무 및 개별적 항공여행이 큰 호응을 얻게 되었다.

[그림 2-7] 찰스 린드버그의 비행기와 제플린 비행선

| 자료: 린드버그의 Spirit of St. Louis호 LZ 127 Graf Zeppelin 호

1930년대에 가서야 비로소 국제항공여행시대가 열렸다. 당시 비행기는 대형화되고 비행시간도 길어지고 서비스도 고급스러워졌다(기내음식제공, 휴게실과 화장실 설치, 승무원 서비스 등). 독일인 설계자(Ferdinando on Zeppelin: 1838~1917)의 이름을 딴 제펠린 비행선은 1차 대전 이전부터 유럽과 대서양을 운항하였으며, 1937년 뉴저지 힌덴버거(Hindenburg)에서 착륙 중 화재로 폭파되어 63명이 사망하였다.

항공여행은 제2차 세계대전 이후에 꽃 피우기 시작했는데, 그 이유는 대체로 다음과 같다.

- 유경험 조종사의 양산
- 항공기탑승 경험자 증가
- 기후에 대한 지식증가
- 외국지형 및 지도 확인
- 수많은 공항의 건설
- 항공기 및 비행기술의 발전
- 군용항공기의 상업항공기 전용(轉用)
- 기체모형, 비행술 등 필요지식의 증가
- 제트기의 개발

등이 그것이다.

국제관광 차원에서 1958년 2가지 중요한 사건이 대중관광을 예고하였는데, 그것은 제트엔진의 발명과 일반석(Economy class)의 설치로써(Boeing 707) 항공요금 인하를 파격적으로 할 수 있었다는 사실이다.

나. 세계경제의 부흥 및 유급휴가제도의 실시

전후 유럽 국가는 전쟁의 잿더미 속에서 1947년 미국의 마셜플랜 등으로 경제부흥의 기틀을 마련하였다(4년간 총 130억 달러를 영국, 독일, 프랑스, 이태리 등에 제공). 국제경제는 미국의 고도성장에 힘입어 전체적인 성장을 하였는데, 여기에 일본과 독일 등의 국가가 함께 보조적 역할을 하였다. 국제경제의 향상으로 국민들의 가처분소득이 증가하고 그로 인한 관광수요가 증가하였다.

이러한 국제경제의 부흥과 함께 대중관광의 불을 지핀 것은 유급휴가제도였다. 미국에서는 1968년 1년에 4일 합법적인 연방 공휴일이 제정되었다. 스페인과 프랑스에서도 1년에 12일 내지 13일의 휴가를 줌으로써 휴일을 늘렸다. 유급휴가제도의 실시는 휴가라는 무노동에도 불구하고 근로자의 복지향상 차원에서 이루어진 것이며 국민소득의 향상과 맞물려 관광동기로써 상승작용을 일으켰다.

다. 관광산업의 고도화 및 관광진흥정책 실시

관광산업이 부가가치가 높고 외화획득이 타 산업보다 용이하다는 인식이 퍼지면서 관광산업은 관광객에게 편의와 즐거움 그리고 교육을 제공하는 방법을 연구하게 되고 국가는 이것을 지원하는 정책을 실시하였다. 주제 공원(theme park) 등이 그 예이다. 이러한 관광산업의 노력은 관광객으로 하여금 동기유발을 시키고 국제관광의 대중화에 기여하였다. 여기에 다국적 관광기업의 탄생으로 시설 및 기능의 표준화를 기할 수 있게 되었고 동시에 신뢰성, 안전성 등 관광의 필요조건들이 보편화되고 충족되었다.

대규모 국제스포츠의 빈번한 개최는 그 자체가 하나의 관광자원이 되어 많은 사람들을 국제적으로 이동하게 만들었으며, 동시에 이들을 수용할 숙박시설, 여행업 및 기타 관광관련 사업들이 번성하게 되었다. 그러나 관광산업의 지나친 육성은 적지 않은 부작용을 낳는다는 것을 나중에 알게 되었고 거기에 대한 반성의 소리도 높다.

라. 국제정치적 · 문화적 교류의 증대

2차 세계대전 후 전세계는 이념의 차이로 인해 자유진영과 공산진영으로 크게 양분되었다. 이러한 이념적 갈등은 냉전(冷戰)으로 불리며 국제관광의 저해요인으로 작용하기도 했지만, 진영 내에서는 국가 간의 교류가 증대되기도 하였다.

수십 년간 지속해 온 냉전구도는 1990년 제2차 세계대전 전승국들이 독일의 통일을 인정함으로써 동서 냉전체제는 사실상 막을 내렸다. 같은 해 유럽안보협력회의에서 34개 회원국들이 파리헌장에 서명하였고, '대결과 분열의 시대는 유럽에서 종말을 고하였다'라고 선언하였다. 이로써 세계가 하나의 관광촌이 될 수 있게 되었다.

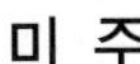

미 주

1) Towner, John(1988). Approaches to Tourism History. *Annals of Tourism Research,* 15(1), 47-62.

2) Goldthorpe, J. H.(1984). The Relevance of History to Sociology. 2nd ed. in *Sociological Research Methods*. M. Bulmer(ed). London: Macmillan.

3) Towner, John(1984). The Grand Tour-Sources and A Methodology for an Historical Study of Tourism. *Tourism Management*, 5(3), 215-222.

4) Tourism Social Science(1991). Special Issue. *Annals of Tourism Research*, 18(1).

5) Towner, John(1985). The Grand Tour: A Key Phase in the History of Tourism. *Annals of Tourism Research,* 12(3), 297-334.

6) Wall, Geoffrey and Towner, John(1991). History and Tourism. *Annals of Tourism Research,* 18(1), 71-84.

7) 최강현(1982). 『한국기행문학연구』. 일지사.

8) 김상훈(1980). 한국관광사연구. 『관광학연구』, 4호. 한국관광학회.

9) 우락기(1982). 한국관광도의 祖 탐라순력도. 『관광학연구』, 5호. 한국관 광학회.

10) 이광진(1987). 한국관광사에 관한 연구. 경희대학교 석사학위논문.

11) 오정환(1987). 호텔산업사에 관한 비교연구. 경기대학교 관광개발연구 소, 제4집.

12) 박호표(1988). 삼국시대의 관광유형에 관한 사적 고찰. 청주대학교 산업 경영연구소, 제10권 제1호.

13) 한경수(1988). 조선시대관유여행에 관한 연구. 『관광연구논집』, 제5집. 경기대학교 관광개발연구소.
한경수(1989). 관광의 어원 및 용례에 관한 연구. 『관광학연구』, 제 13호. 한국관광학회.
한경수(1988). 조선시대공무여행에 관한 연구. 『계명연구논총』, 제6집. 계명전문대학.

14) 오정환(1991). 호텔경영의 변천과정에 관한 국제비교 연구. 단국대학교 박사학위논문.

15) 한경수(1992). 고려시대의 관광에 관한 연구. 『관광연구』, 제2집. 영남관광학회.
한경수(1993). 고려시대의 관광유형에 관한 연구. 『계명연구논총』, 제11집. 계명전문대학.
한경수(1993). 고려시대의 관광사상과 관광용어에 관한 연구. 『관광 연구』, 제3집. 대한관광경영학회.
한경수(1998). 조선 전기 관광사상에 관한 연구. 『관광연구』, 12집. 대한관광경영학회.
한경수(1999). 삼국시대의 관광에 관한 연구. 『관광연구』, 제14집. 대 한관광경영학회.
한경수(1999). 조선후기의 관광사상에 관한 연구. 『관광경영학연구』, 제4호. 한국관광경영학회.

16) 한경수(2001). 한국관광사 연구의 현황과 접근방법. 『관광학연구』, 24(3). 한국관광학회.
한경수(2001). 한국에 있어서 관광의 역사적 의미 및 용례. 『관광학연구』, 25(3). 한국관광학회.
한경수(2002). 개화기 서구인의 조선여행. 『관광학연구』, 26(3). 한국관광학회.
한경수(2005). 한국 근대 전환기 관광(1880-1940). 『관광학연구』, 29(2). 한국관광학회.

17) 육재용(2008). 선인들의 여가문화에 나타난 관광현상 일고찰: 와유관광을 중심으로. 『관광학연구』, 32(6). 한국관광학회.

18) 각훈 · 이병훈 역(1983). 『해동고승전(海東高僧傳)』. 을유문고161. 을유문화사.

19) 『동사강목』, 제3하, 2권, 118.

20) 정도전(1978).『국역 삼봉집(三峯集)』. 민족문화추진위원회. p. 265.

21) 서거정(1988). 가산기(假山記). 『속동문선』, 제13권, 『국역』, 35권, 136.

22) 강희맹(1988). 가산찬(假山贊). 『속동문선』, 제13권, 『국역』, 35권, 44.

23) 『고려사』, 권제9, 세가 제9: 문종3.

24) 이제현(1988). 『익제난고』, 제8권, 국역 상, 25.

25) 정도전(1988). 『국역삼봉집』, 2권, 297.

26) 『고려사』, 권제22, 세가 제22, 고종1(제2책, 523쪽).

27) 서경덕(1988).『화담집』. 양우당. pp. 41-42.

28) 이황 · 장기근 역(1988). 『퇴계집』. 양우당. pp. 45-47.

29) 이이(1988). 『율곡집』. 양우당. p. 130.

30) 휴정(1988).『청허당집』. 양우당. p. 285.

31) 박제가(1988). 『북학의(北學議)』. 양우당.
박지원(1988). 『열하일기(熱河日記)』. 양우당.

32) 황현(1988). 『매천야록(梅泉野錄)』. 양우당. p. 274.

33) 한성주보, 1883. 12. 9.

34) 민영환(1996).『해천추범(海天秋帆)』. 을유문화사.

35) 묄렌도르프, P. G.(1999). 『묄렌도르프 자전』. 집문당.

36) 한성순보, 1897년 4~10월.

37) 켐프 E. G.(1999).『조선의 모습』, 한말외국인기록13. 집문당.

38) 새비지-렌도어, A. H.(1999).『고요한 아침의 나라 조선』, 한말외국인기록19. 집문당.

39) 정재성(1999).『일제침략과 한국철도』. 서울대출판부. p. 409.

40) 이광수(1998).『금강산유기』. 실천문학사.

41) 이배용 외(2003).『우리나라 여성들은 어떻게 살았을까(개화기-1945)』. 청년사.

42) 손대현(2007). 한국관광산업 50년 연구.『관광학연구』, 31(6). 한국관광학회.

43) 이장춘(2001).『관광정책학』. 대왕사. p. 221.

44) Feifer, Maxine(1986). *Tourism History: from Imperial Rome to the Present*. New York: Stein and Day.

45) McIntosh, Robert W. Charles, R. Goeldner, & J. R. Brent Ritchie(1995). *Tourism, Principles, Practices, Philosophies.* 7th ed. John Wiley & Sons, Inc. pp. 29-52.

46) Casson, L.(1974). *Travel in the Ancient World.* London: Allem and Unwin.

47) Lundberg, Donald E.(1990). *The Tourist Business.* 6th ed. chapter 2. New York: Van Nostrand Reinhold.

48) Towner, John(1985). The Grand Tour: A Key Phase in the History of Tourism. *Annals of Tourism Research,* vol. 12, no. 3, 297-334.

49) 한경수(2007).『국제관광의 이해』. 백산출판사. pp. 72-76.

저자약력

한경수(韓京洙) 현_계명문화대학 호텔관광외식학부 교수

경북대학교 정치학사·석사를 거쳐, 경기대학교 관광경영학과 석·박사 과정을 이수하였다. 1982~86년 대한항공에서 현장 경험을 쌓았으며, 1987년부터 상기대학에 재직하고 있다. 1988년부터 "한국전통여행연구"라는 주제로 관련논문 13편을 통해 삼국시대에서 일제강점기까지의 한국관광사를 정리하였다. 관광객행동, 관광마케팅, 국제관광, 관광법규, 항공실무 등 저서가 있다. 한국관광학회 및 대한관광경영학회에서 부회장직을 맡았다.

『관광학총론』 세 번째 이야기

제3장

여가와 관광의 철학적 의미

조 광 익*

1 여가 관광학과 철학

1) 세계관으로서의 철학

철학이란 무엇인가? 철학이란 (과학적) 세계관이다. 인간의 의식 밖에 객관적으로 존재하는 세계(물질적인 것)와 인간의 의식 안에 존재하는 세계(정신적인 것) 에 대한 총체적인 관점이자 견해이다. 그리고 세계에 대한 관점과 견해는 체계적이고 합리적인 지식에 입각하여야 한다.

세계관으로서 철학은 물질과 정신(의식)이라는 양자의 관계에 대한 태도에 따라 유물론과 관념론으로 구분된다. 유물론은 의식에 대한 물질의 근원성과 우선성을 강조한다. 즉 유물론은 물질을 근원적인 것으로 간주하고, 인간의 의식이나 사유는 물질의 특성이며, 물질의 일정한 발전 단계의 산물이라고 주장한다. 또 인간을 둘러싸고 있는 세계는 어느 누구에 의해서 창조되지 않았으며 자연은 영원히 존재한다고 생각한다.[1] 이에 비해 관념론은 물질에 대한 정신의 우위성을 인정한다. 즉 관념론은 정신이나 지각을 모든 것의 근원으로 간주하고, 정신이 자연에 앞서 혹은 자연과 독립하여 그 자체로 존재한다고 주장한다. 또 물질의 영원성을 부정하며, 영원한 정신적인 실체를 가정한다.[2] 근대철학의 문을 연 데카르트의 경우 절충적인 입장으로 물질과 정신이 처음부터 독자적으로 존재한다는 이원론적 세계관을 내세우나 결국 관념론으로 나아가게 된다(강대석, 2000).

* 대구가톨릭대학교 관광학과 교수, e-mail: kicho@cu.ac.kr

이처럼 물질과 의식, 즉 존재와 사유의 문제는 철학의 근본문제이다. 인식론에 있어서도 유물론은, 세계가 인간의 의식으로부터 독립하여 존재한다고 보기 때문에 인간의 사유에 의해 결정되지 않는 객관적인 법칙이 있고, 인간은 이러한 객관적인 법칙을 인식할 수 있다고 주장한다.[3] 이에 반해 관념론은 인간의 의식으로부터 독립해 있는 사물의 실재성, 즉 인간의 의식 밖에 존재하는 실재를 인정하지 않는다. 특히 주관적 관념론은 인간의 의식이 모든 것을 결정한다고 생각하고, 현상의 객관적 법칙을 부정한다. 여기에는 불교나 영국의 경험론, 실증주의, 실용주의 등이 해당된다. 이들의 관점은 사물의 필연적인 법칙이나 보편타당한 진리가 불가능하다는 불가지론으로 귀결된다.[4]

객관적 관념론은 인간으로부터 독립해 있는 객관적 관념이나 정신을 세계의 근원으로 간주한다. 즉 객관적 관념론은 자연 속의 일정한 법칙성을 인정하지만, 그 근원을 자연 속에서가 아니라 자연을 벗어난 정신적인 것에서 찾는다. 자연의 인과법칙 대신에 '이데아'(플라톤)나 '절대정신'(헤겔), '절대자'(기독교) 등과 같은 선험적인 원리를 가정한다(강대석, 1988: 19).

철학은 현실과 유리된 추상적이고 난해하며 사변적인 학문으로 인식되고 있지만, 사실 철학은 삶과 유리된 학문이 아니다. 앞에서 본 것처럼, 철학은 세계에 대한 기본적인 인식의 틀을 제공하고, 나침반과 같이 삶의 방향을 제시해주는 역할을 한다. 또 철학은 비판의 학문이다. 철학사는 철학이 비판의 역사라는 것을 보여준다. 그리스의 초기 철학자들은 신화를 비판하였고, 유물론자들은 영혼의 불멸설을 비판하였으며, 소피스트들은 사회적 인습을 비판하였다. 근세의 계몽주의 철학은 중세의 스콜라 철학을 비판하였고, 마르크스주의는 자본주의를 비판하였으며, 부르주아 철학은 마르크스주의를 비판하였다(강대석, 2000).

비판한다는 것은 분별력을 전제한다. 즉 비판은 일차적으로 구분하고 구별하는 능력, 학습이 필요하다. 하지만 철학에는 '절대적인 진리' '절대적으로 타당한 고정된 진리'는 존재하지 않는다. 철학은 비판이기 때문이다. 그동안 철학사에서는 무수한 철학적 진리주장이 비판되고 극복되었다.

또한 철학은 순수한 이론이거나, 객관적인 학문이 아니다. 철학은 당파성을 가진다는 것이다. 때문에 부르주아 철학과 마르크스주의 철학은 상반되는 입장과 관점, 상반되는 견해를 띨 수밖에 없다. 상반되는 철학적 세계관은 서로 다른 현실 이해와 분석을 낳고, 이는 필연적으로 특정 집단이나 계급의 이해에 부응하게 된다. 오늘날 한국 사회에서 철학이 현실과 유리된 학문, 순수한 이론적 학문으로 인식되고 있는 데에는 일제 식민지시대에 철학을 공부한 지주 계급과 이들이 받은 일본식 독일 관념론의 영향이 크다고 한다(강대석, 2000: 9). "철학의 순수성을 강조함으로써 일본적인 관념론의 철학은 한국의 지식인들을 현실로부터, 곧 사회・정치문제로부터 눈

을 돌려 공허한 관념 속에 안주하도록 유도하였다"는 것이다.

'여가와 관광의 철학'은 여가와 관광에 대한 철학적 인식이자, 여가와 관광 현상에 대한 비판적 태도라 하겠다. 즉 여가와 관광의 철학은 현존하는 여가·관광 현상이나 여가·관광 실천(practice)을 주어진 것으로 받아들이기보다는 비판적 태도를 견지하고, 여가와 관광 현실과 대결하여 현실을 변화시키기 위한 용기있는 실천 활동이라고 할 수 있다. 또한 여가·관광 현상이나 실천에 대한 철학적 입장은 필연적으로 특정 계급, 집단의 이해관계와 밀접한 관련을 맺을 수밖에 없기 때문에, 철학적 입장이 어느 계급, 집단의 이해를 대변하는지 비판적으로 성찰하는 것이 필요하다.

그러므로 오늘날 한국 사회에서 운위되고 있는 여가·관광 담론은 특정한 철학적 입장을 전제하며, 이 때문에 당파성으로부터 자유로울 수 없다. 예컨대, 지역개발 혹은 지역관광 활성화를 위한다는 명분 아래 '4대강 살리기 사업'으로 포장된 대규모 환경훼손을 야기할 대규모 운하사업이 과연 누구를 위한 것인지 생각하지 않을 수 없다. 또 한편에서는 이처럼 대규모 환경훼손이 불을 보듯 뻔하고, 미래 세대에까지 영향을 주는 엄청난 사업을 충분한 의견수렴이나 검토 없이 일방적으로 추진하면서, 다른 한편에서 '저탄소 녹색성장'이라는 이름의 '녹색'으로 포장된 각종 개발사업을 추진하고 있다. 문제는 이러한 '반환경' 개발주의에 대해서는 눈을 감고, 녹색성장을 부르짖으며 '녹색관광'을 소리높여 외치는 부조리한 상황이 전개되고 있다는 것이다. 녹색관광을 반대하는 것이 아니라, 진정한 녹색성장, 녹색관광을 위한다면 환경에 반하는 개발주의에 반대해야 한다는 것이다. 이러한 모순적인 작금의 현실이야말로 여가·관광 철학의 필요성을 웅변하고 있다. 여가·관광 철학의 비판적 정신을 통해 여가·관광 영역에서의 반생태주의, 개발주의가 비판되어야 한다.

뿐만 아니라 이러한 여가·관광현상에 대해 어떠한 철학적 입장을 견지하느냐 하는 것은 단순한 철학적 세계관의 차이를 반영하는 것일 뿐만 아니라 철학적 입장 자체가 우리 사회에서 특정 사회집단이나 사회계급의 이해와 직결되는 문제라는 것을 보여준다.

사회과학으로서 여가/관광학의 연구대상은 여가현상과 관광현상이다. 그렇다면 하나의 학문으로서 철학의 연구대상은 무엇인가? 철학의 연구대상은 개발 현상이나 개별과학의 연구대상과는 구분된다. 철학의 연구대상이 되지 않는 것은 아무것도 없다. 연구대상의 총체성으로 인해 철학은 일반과학과 구분된다(강대석, 2000: 12). 그러므로 여가와 관광도 철학의 연구대상이다. 하지만 철학은 여가와 관광을 직접적인 분석대상으로 하기보다는 여가와 관광의 의미를 밝혀주는 역할을 한다. 예컨대, 후기 자본주의 사회에서 여가와 관광은 어떠한 의미가 있는지, 자본주의 지배체제하에서 여가와 관광은 어떠한 역할을 수행하는지, 흔히 하는 이야기처럼 여가와 관광의 영역에서 인간은 진정 자유로운지, 성찰적 관광자가 되기 위해서 여가와 관광 실천(practice)은 어떠해야 하는지 등은 여가·관광 철학의 주요한 탐구문제라 하겠다.

2) 철학과 여가 · 관광

철학은 중립적이기보다 당파적이다. 철학과 이론의 계급적 기반이 있다는 얘기이다. 모든 사회현상은 관찰자의 시각(perspectives)에 따라 그 의미가 달라진다. 또 시대와 사회, 문화권에 따라서도 동일한 현상에 대한 해석은 달라지게 마련이다. 주체로서의 행위자 각자의 경험과 환경이 다르기 때문에 동일한 현상에 대해 서로 다른 의미를 읽어내는 것 또한 어쩌면 당연하다 할 것이다. 현상 해석에 있어서의 이러한 상대성과 다양성에 대한 강조는 사람들 사이의 공통점이나 학문탐구에 있어서의 보편성을 부정하는 것이 아니라 사회현상의 복잡성을 강조해 보여주는 것이며, 아울러 현상의 다양한 측면을 겸허하게 탐구해야 한다는 학문에 임하는 자세를 확인하는 것에 다름 아니다. 김영민(1998)의 표현처럼, "眞理에의 강박을 버리고 無理의 착오를 바로잡고 一理를 추구해야 한다"는 것을 의미하는 것이라 하겠다.[5)]

여가와 관광 현상 또한 예외일 수 없다. 여가와 관광 현상의 본질과 그 의미에 대한 해석은 이론적 지향(orientations)이나 시각, 관점이나 패러다임(paradigms), 행위 주체로서의 관광자에 따라 달라질 수밖에 없다. 하지만 우리는 일반적으로 여가나 관광 현상을 의심의 여지가 없는 자명한 실체, 단일한 의미의 실체로 간주하는 경향이 있으며, 지극히 실용주의적인 시각에서 접근하는 경향이 있다. 실제로 여가와 관광 연구에 있어 관광자(참여자)들의 행동에 대한 탐구나 만족도 분석 등에 대한 연구가 많은 반면 여가와 관광현상의 거시적이고 본질적인 의미에 대한 탐구를 시도하는 연구가 많지 않다는 사실은 이를 잘 보여주고 있다.[6)] 여가와 관광은 우리가 인간다운 삶을 영위하기 위한 불가결한 조건의 하나인 것은 분명하지만 여가와 관광의 철학적 의미가 그렇게 단순하고 자명한 것은 아니다. 여가와 관광의 철학적 의미는 고정된 어떤 것이라기보다는 끊임없이 변화하는 것으로 사회와 시대, 관점에 따라 달라질 수밖에 없는 것이기 때문이다.

일반적으로 여가는 非노동시간에 이루어지는 활동으로서, 휴식과 기분전환, 자기개발 등을 목적으로 하는 인간의 활동으로 정의되고, 관광은 "일상생활권을 떠나서 다시 돌아올 목적으로 행하는, 즐거움을 추구하는 인간의 행위"로 정의된다. 분명히 이러한 정의는 여가와 관광의 본질의 한 자락을 표현하는 것이기는 하지만 필요충분한 것으로 볼 수는 없는 것으로 상당히 피상적인 기술(記述)로 판단된다. 여가 혹은 관광에 대한 이와 같은 정의들은 사실 구조기능주의적인 해석일 뿐이다. 다른 철학적 입장이나 관점, 패러다임에서는, 가령 마르크스주의나 비판이론,

(후기)구조주의, 문화적 갈등론, 포스트모더니즘론 등의 이론에서는 전혀 다른 의미해석이 가능하기 때문이다. 또한 여가 관광에 대한 통상적인 이해는 지극히 현대적이고 자본주의적인 것이다. 前자본주의 사회에서의 여가 관광의 의미나 양상은 자본주의가 고도로 진전된 현대 사회와는 많이 다를 수밖에 없다.

현대 자본주의 사회에서 여가와 관광에 있어서의 주목할 만한 특징은 여가와 관광의 상품화를 들 수 있다. 오늘날 여가, 관광을 향유하려면 우리는 상응하는 돈을 지불하고 관련 서비스나 상품을 구매하여야 한다. 여가와 관광이 시장에서 판매되고 구매되는 상품이 된 것이다(여가와 관광의 상품화). 또한 여가와 관광은 이미 세계적으로 가장 거대한 산업으로 인식되고 있다(여가와 관광의 산업화). 여가와 관광이 구매와 소비의 대상이자 이윤창출의 장이 된 것이다. 그 결과 여가, 관광의 생산/공급은 기업형태를 띠게 되어, 자본주의적 생산논리를 그대로 담아내고 있다. 자본주의 사회의 다른 모든 영역처럼 여가와 관광은 자본의 논리가 지배하는 영역이 되었다. 자본주의가 진전됨에 따라 여가와 관광의 산업화 현상은 가속화되고, 급속하게 성장하였을 뿐만 아니라, 그 폭과 종류 또한 매우 다양하게 분화되어 거의 모든 오락·서비스산업을 포괄하게 되었다. 오늘날 여가와 관광은 자본에 의해 생산된 상품의 형태를 갖고 있으며 대중매체를 통해 일반 소비자에게 전파된다.[7] 대량관광(mass tourism)을 비롯한 여가, 관광은 대중문화의 하위문화가 되었다.

앞에서 언급한 바와 같이, 여가 관광의 철학적 의미는 고정불변의 것이 아니기 때문에 그 본질규명은 결코 간단한 문제가 아니다. 아울러 여가 관광의 철학적 의미를 자명한 것으로 보는 시각은 매우 편협하다는 지적을 피할 수 없다. 어떠한 철학적 입장, 이론적 패러다임에 입각해서 보느냐에 따라 여가 관광 현상은 그 의미가 달라지며, 각각의 이론적 관점은 여가와 관광의 의미/본질/실체에 대한 나름의 사실적인 일면을 지니고 있으나 그것이 곧 전체적 실체는 아니다. 따라서 현대 사회에서의 여가 관광의 철학적 의미나 본질 또한 어떠한 관점이나 패러다임에 입각해서 보느냐에 따라 사뭇 달라질 수 있는 것이다. 오늘날 현대 자본주의 사회에서 여가 관광이 어떠한 철학적 의미를 갖는가 하는 문제는 중요한 문제라 하지 않을 수 없다. 때문에 여가와 관광의 본질을 어떻게 이해해야 하느냐는 관광학의 이론적 발전을 위해서도 중요한 문제가 아닐 수 없다. 이 장에서는 여가와 관광의 철학적 의미를 이해하는 데 필요한 다양한 이론적 관점을 살펴본다. 일반적으로 여가와 관광이 개인의 삶을 풍요롭게 하고 변화시키는 것으로 인식되기 때문에 좋은 것, 긍정적인 것으로 생각되기 쉽지만, 조금만 살펴보면 반드시 그렇지만은 않다는 것을 알 수 있다.

2 현대 사회에서 여가와 관광의 철학적 의미

여가나 관광을 바라보는 철학적 관점은 이념적 스펙트럼에 따라 매우 다양하다.여가와 관광에 대한 철학적 입장은 다양하다. 여기에서는 여가와 관광현상을 이해하고, 현대 사회에서 여가와 관광의 의미를 파악하기 위한 범위 내에서 사회과학적 패러다임을 준용하여 여가, 관광의 철학적 입장을 소개하고자 한다. 넓은 의미에서 여가, 관광에 대한 철학적 시각은 구조기능주의, 갈등론, 자유주의적 다원주의, 탈근대이론 등으로 구분할 수 있다. 물론 이러한 구분은 철학적 구분이라기보다는 사회학적 구분이기는 하지만, 사회현상으로서 여가・관광의 철학적 의미를 담는 유용한 준거가 될 수 있다.

1) 구조기능주의

구조기능주의는 '사회체계이론'으로 불리며, 콩트(A. Comte)나 스펜서(H. Spencer)의 이론에 기인한다. 구조기능주의는 조직이나 집단, 전체 사회 등과 같은 사회적 존재를 하나의 유기체(organism)로 간주하고, 사회를 하나의 사회체계로 본다. 사회체계는 다른 유기체처럼 다양한 기능을 가지고 있는 구성요소에 의해 작동하고, 이들 각자가 전체 사회체계가 기능하는 데 기여한다. 이 이론에 따르면 사회는 개인들이 각자 맡은 역할을 잘 수행할 수 있도록 통합된 생활구조이다. 모든 개인과 집단은 구조화된 틀 가운데서 차지하는 사회적 지위에 근거하여 기능적으로 움직이고 있다는 것이다. 이러한 시각에서 보면, 사회현상은 자연의 일부로서 객관적 실체이다.[8)]

구조기능주의적 입장에서 보면 여가와 관광제도는 인간의 욕구를 충족시키는 것으로 사회의 안전과 통합을 유지하는 데 기여하는 사회적 기능을 수행하는 것으로 볼 수 있다. 19세기 초의 유기체론에 뿌리를 둔 구조기능주의는 사회를 하나의 체계(system), 하나의 통합된 전체로 보고 전체를 구성하는 각 부분들은 상호 유기적인 관계를 맺고 있으며 전체 사회의 균형의 유지에 기여한다고 본다.[9)] 사회는 유기체와 유사한 것으로 간주된다. 또한 구조기능주의는 전체를 구성하는 부분을 기능—전체가 효율적으로 작동하도록 하기 위해 전체에 대해 각 부분이 하는 기여—이라는 측면에서 분석한다. 따라서 사회의 모든 제도는 한 사회가 생존하기 위해서 수행되어야 하는 기능적 분업이다. 구조기능주의는 사회의 주요 불평등 때문에 발생하는 갈등이나 투쟁을 부정하고, 사회를 변화시키는 것은 필요하지도 바람직하지도 않다고 주장하는, 현상을 지지하는 사회이론으로서 과학적이기보다는 이데올로기적이라는 비판을 받기도 한다(Hughes et al.,

1995: 322). 사회 또는 사회체계의 생존은 그 사회가 충족시켜야 하는 네 가지 기능적 필수요건에 의해 좌우되는데,[10] 여가나 관광제도는 사회통합에 기여하는 제도이다.[11] 사회통합은 사회집단들 간의 갈등을 감소시키기 위함이다. 즉 국가나 사회에 대한 구성원들의 헌신, 충성, 사기 등을 진작시키는 데 그 목적이 있다. 그러면 왜 사회통합이 요구되는가? 그것은 사회체계가 효과적으로 기능하기 위해서는 사회 구성부분들 간의 갈등이나 불균형, 부조화는 가능한 최소한의 상태로 유지되어야 하기 때문이다. 그러므로 구조기능주의의 관점에서 보면 여가나 관광의 주된 기능, 동기는 사회의 질서유지에 있다.

구조기능주의적 관점에서 보면 여가나 관광은 사회통합에 기여하는 사회적 제도이며 전체 사회체계의 안정에 필요한 특정 기능을 수행하는 하위체계로 볼 수 있다. 즉 여가와 관광은 노동으로부터의 피로회복과 휴식, 기분전환, 자기개발, 자아실현 등의 기능을 제공하여 사회통합과 사회유지에 기여하고, 가족과 지역사회의 유대를 강화하며, 교육과 자기계발, 종교활동 등을 위한 기회를 제공한다. 또 여가나 관광이 사회 일부 특권층의 전유물이 아니라 전체 대중이 향유할 수 있도록 함으로써 상대적 박탈감과 계층 간 위화감을 완화시킬 수 있을 것이기 때문이다. 이는 사회체계의 효과적인 기능에 기여하는 것이다. 구조기능주의는 여가나 관광을 모든 사회에 존재하는 부분으로서, 그리고 교육이나 종교 등과 마찬가지의 보편적인 사회요소로서의 지위를 부여함으로써 그것의 정당한 지위를 회복시켜주었다.[12]

하지만 구조기능주의적 관점은 여가와 관광을 인간의 기본적인 욕구로서 계급대립이나 갈등과는 무관한 순수한 것으로 간주함으로써 여가와 관광의 사회통제적 측면을 간과하고 있다. 또 구조기능주의는 사회문제의 객관적인 결정요인에 초점을 두고, 인간의 의식과 의도에 대하여 독립적으로 작용하는 발전법칙에 초점을 맞추고 있다. 때문에 여기에서는 인간을 자신의 역사를 형성해 가는 능동적이고 주도적인 집단으로 이해할 여지가 없다. 여가나 관광에 대한 구조기능주의 이론은 일면적이라는 비판을 면치 못하고 있다. 구조기능주의에는 이해관계에 따른 집단 간의 갈등을 설명하는 데는 한계가 있다. 구조기능주의는 현대 산업사회에서 요구되는 인간형을 생산하는 여가나 관광제도의 역할을 인정하나, 여가, 관광제도가 자본주의 사회의 특수한 유형이라는 사실을 인식하지 못하므로 통제 및 억압기구로서의 국가의 역할을 무시하기 때문이다 (Gough, 1981: 23). 또한 구조기능주의는 여가나 관광을 둘러싼 계급 간·계층 간 대립을 무시하기 때문이다.

2) 갈등론

갈등론은 사회를 이해집단 간의 총체적인 역사구조로 보고 사회 내 개인들 및 집단들 간의 경쟁적 투쟁현상에 초점을 맞추어 사회현상을 이해한다. 누구나 원하지만 희소자원의 불평등한 분배로 인하여 투쟁이 발생하며, 구체적으로는 노동자 대 자본가, 소작농 대 지주 등 사회적으로 차지하는 사회적 지위(social status)를 중심으로 갈등이 일어난다는 것이다. 갈등론적 패러다임에 따르면 사회현상을 본질적으로 이해하기 위해서는 겉으로 드러난 것만 보아서는 안 되며, 그 속에 내재된 여러 현상 간의 역학관계 및 의미의 유관·적합성을 파악해야 한다. 그리고 사회체계를 구성하는 데 미치는 영향력 관계를 파악하는 것이 중요하므로 갈등론적 패러다임은 규범적 이론을 중시한다.

갈등론적 패러다임은 상반된 힘의 작용의 결과로 형성된 권력으로부터 인간을 해방시키는 데 관심을 두며, 사회를 연구하기 위하여 주로 역학관계에 대한 변증법적 분석방법과 역사적이고 총체적인 접근법을 사용한다. 마르크스(Karl Marx)의 전통을 이어받은 비판적(critical) 사회과학의 바탕을 이루고 있으며, 사람들이 왜, 어떻게 하여 사회규칙들을 어기거나 바꾸려고 노력하는지 설명하는 데 특히 유용하다.

(1) 마르크스주의

마르크스주의적 패러다임에 입각해서 보면 구조기능주의적 접근은 순진한 생각이거나 아니면 사회체제의 안정에 봉사하는 보수주의 이데올로기에 불과하다. 마르크스주의에서는 여가와 관광이 양면성을 가지고 있다고 본다. 즉 여가와 관광은 긍정적인 측면과 부정적인 측면을 동시에 가지고 있는 것이다. 여가 관광이라는 사회적 제도는 개인의 "복지를 향상시키고 개인의 능력을 개발하며 시장력의 맹목적 역할에 대한 사회적 통제를 가능하게 하는 경향들과, 인간을 억압하고 규제하며 그들을 자본주의 경제의 요구에 적응시키는 경향들을 동시에 갖고 있다"(Gough, 1981: 28). 여가나 관광은 인간의 욕구를 확대시키고 자유시장경제의 혹독함을 완화시키는 제도이자 억압기구이며, 자본의 이윤축적의 조력자인 동시에 방어되어야 할 사회적 임금이며, 자본의 기만이자 노동계급의 승리라는 측면을 동시에 가지고 있다는 것이다(이혁구, 2000; Gough, 1981). 이처럼 마르크스주의적 관점에서는 여가와 관광의 이러한 양면성을 인정하고 여가와 관광을 모순적인 현상으로 본다. 따라서 여가나 관광을 사회통제를 위한 억압기구로만 보는 것은 마르크스주의와 관계가 없다. 일견 모순적으로 보이는 이러한 입장은, 마르크스주의적 분석이 모순적이라기보다는 자본주의의 근본 모순이 생산력과 생산관계의 모순이듯이, 여가 관광제도

그 자체 또한 모순적인 것이라 할 것이다. 여가와 관광의 이러한 모순은 비록 정치 및 이데올로기의 영역, 국가 내부에서 표출되지만 그 모순의 근원은 자본주의적 생산양식에 내재해 있다.[13] 따라서 여가와 관광의 긍정적 측면에만 주목하면 여가 관광제도의 억압적이고 자본 지향적인 측면을 무시하는 것이며, 여가 관광의 부정적 측면에만 주목하면 사회적 투쟁을 통해 쟁취한 실질적 이득이라는 사실을 무시하게 된다. 여가나 관광은 자본주의적 발전의 요구에 기능하는 것이자 동시에 조직화된 노동계급의 정치투쟁의 산물이다.

마르크스주의적 관점에서 보면 여가와 관광은 자본주의 생산력 발전의 산물이자, 생산력과 생산관계의 모순이라는 자본주의 사회의 근본모순을 반영하는 것으로서 그 자체가 모순적인 것이다. 역사적으로 여가와 관광은 자본주의의 산물이며, 노동시간 단축을 위한 노동자계급의 투쟁의 산물이지만, 한편으로는 노동자계급을 체제내화(體制內化)하려는 자본의 개량화 전략이자, 자본의 이윤추구를 위한 영역이기도 하기 때문이다. 여가와 관광은 노동자계급의 투쟁으로부터 자본주의적 계급·사회질서를 유지하기 위한 사회통제 전략이자, 여가와 관광의 장을 자본의 이윤축적 영역으로 확보하기 위한 자본의 전략이며, 자본주의 생산양식의 구조적 모순의 전개과정상 필연적 결과라고 설명한다. 따라서 여가와 관광의 전제가 되는 노동시간의 단축은 노동자계급의 정치적 요구나 투쟁의 산물이기도 하지만 또한 노동력의 재생산이라는 자본의 기능적 필요성과 사회통제 전략의 결과이기도 하다.[14] 이러한 주장은 비판이론가들이 강조하는 문화산업론에서 보다 분명하게 드러나고 있다. 이처럼 여가나 관광은 상충되는 이해집단 간의 대립과 갈등의 산물이지, 구조기능주의자들의 주장처럼 통합 기능(integrated functions)을 수행하는 것은 아니다. 나아가 여가와 관광을 자유, 자아실현 등으로 간주하는 것은 바로 지배계급의 지배관계를 공고화시키는 억압의 형태인 '이데올로기적 허위의식'에 불과하다고 본다. 나아가 마르크스주의는 자본주의 이후의 사회에서의 여가의 모습에 대한 풍부한 이론적 시사점을 제공해준다.

(2) 프랑크푸르트 학파의 비판이론

문화산업이란 프랑크푸르트 학파의 핵심인물이었던 호르크하이머(Horkheimer)와 아도르노(Adorno) 등 비판이론가들이 나치즘을 피해 미국으로 망명하면서 미국 사회의 새로운 문화적 현상을 목격하고 사용한 이론적 개념이다.[15] 이들은 대중문화의 범람 속에서 중세의 흔적이 없는 미국의 자본주의가 전체주의로 변질될 수 있는 위험한 징후를 보았다. 이들은 『계몽의 변증법』에서 계몽 프로젝트(즉 계몽사상이)가 "인간해방에 대한 요청을 인간을 자유롭게 한다는 미명하에 보편적 압제체계로 바꾸어버릴지도 모른다"는 명제를 표명한다. 이들은 히틀러 집권기의 독일과 스탈린 지배하의 러시아를 시대배경으로 하여 "계몽의 합리성 아래 숨겨진 논리가 다름 아닌 지배와 압제의 논리"라고 설파했다.[16] "자연 지배의 욕망은 인류 지배를 내포하고 있었으며, 그것은 결국 '자기 지배의 악몽상태'로 귀결"되었다는 것이다(Harvey, 1989: 31). "따라서 그들이 유일한 탈출구로 생각한 자연(nature)의 저항은 문화와 개성을 억누르는 순수 도구적 이성의 압제적 권력에 대항하는 인간 본성(human nature)의 저항으로 인식되어야만 했다"(Harvey, 1989: 31). 문화산업론에서 비판이론가들이 다루는 핵심적인 문제는 문화산업이 어떻게 후기 자본주의 사회에서 전체주의적 지배에 봉사하고 있는가를 분석하는 것과 이러한 전체주의적 지배를 변화시킬 수 있는 힘이 과연 문화에 내재해 있는가를 검토하는 일이었다.[17] 즉 '존재가 의식을 규정한다'는 마르크스의 주장과 달리 지식인은 말할 것도 없고 변혁의 주체인 노동자계급까지, 심지어 사회주의 국가들까지도 파시즘의 폭력에 동조되어 가는 비합리성을 해명하고자 하는 것이었다. 노동자계급의 처지가 더 이상 올바른 인식을 보증해주지도 않으며, 노동자계급이 더 이상 역사 이성의 실현자도 아니라는 것이 비판이론가들의 결론이었다.

그리하여 비판이론가들은 파시즘에 의한 문화의 도구화를 분석함으로써 문화와 지배의 관계를 새롭게 이론화하려고 한다(최종욱, 1998). 비판이론가들은 문화의 이데올로기적 기능을 섬세하게 분석하고, 문화가 사회와의 거리를 잃음으로써 문화가 자체의 부정적인 힘을 상실하고 기존 체제와 질서에 기능주의적으로 봉사하는 도구로 전락했으며, 이 과정에서 개인이 해체되어 스스로 사회에 통합되어버리는 것으로 파악한다. 즉 문화가 사회적 모순을 존재론적으로 안정시킴으로써 개인들을 무력화시킨다고 주장한다. 말하자면 대중문화가 대중들에게 허위의식을 주입시켜 사회의 '이데올로기적 시멘트'의 역할을 수행한다는 것이다. 문화는 더 이상 개인적 자율의 표현이 아니라 사회통합의 기능적 메커니즘으로 전락해버린 것이다. 따라서 이들 비판이론가들에 의하면 문화산업은 사회화의 기제로서 "대중을 기만하는 계몽주의의 이데올로기"에 불과하다(최종욱, 1998).

비판이론가들에게 있어 여가와 관광은 대중기만이다. 여가와 관광의 본질로 자주 운위되는 자유선택이란 문화산업이 소비자 앞에 제시해 놓고 있는 제한된 선택 이상일 수 없는 허울 좋은 것에 불과하고, 자발성과 자기결정성이란 것도 사실은 자본의 이윤추구 동기에 부응하기 위해 만들어진 여가산업과 여가 조작자들의 교묘한 전략이다. 둘째, 문화산업은 개인의 여가시간을 착취한다. 문화산업은 '여가활동의 상품화'를 목표로 하는데, 문화산업이 수행하는 전반적인 작업은 자본의 운동논리에 따른 이윤동기를 문화적 상품의 형태로 변형시키는 것이다.[18]

셋째, 비판이론가들에 의하면 문화산업은 대중들의 무의식 세계에 뛰어들어, 현존하는 권력 지배 질서에 자연스럽게 복종하도록 하는 기능을 수행한다. 여가와 관광 자체가 사실은 노동세계를 연장시키고 소비에만 몰입하게 만들어 대중들의 비판을 무력화하고 사회적 갈등을 해소하

기 위한 지배의 결과이다. 마르쿠제(1962)는 "산업문명의 후기 단계에 와서야 비로소 대중조작 기술은 여가시간을 직접적으로 통제하는 오락산업을 발전시키는 데까지 이르고, 또 국가는 그러한 통제를 직접적으로 수행하기에 이르렀다"고 강조한다.[19] 오늘날 문화산업은 노동자계급을 비롯한 대부분의 사회집단이나 대중들의 일차적인 관심을 자신들의 고유한 계급적 이해의 실현이 아니라, 자신들의 일차적인 생존과도 모순되는 체제에 매달려 여가나 관광, 쇼핑 등과 같은 소비에 매달릴 수밖에 없게 만들었다.[20] 이처럼 여가·관광 산업을 포함한 문화산업은 대중들을 현실의 포로로 잡아 놓음으로써 기존의 지배체제에 봉사한다.

넷째, 문화산업은 사회 속에서 '사회적 접착제'로서의 역할을 수행한다. 마르쿠제는 문화가 사회적 모순을 존재론적으로 안정시킴으로써 개인들을 무력화시킨다고 주장한다. 말하자면 문화가 사회의 '이데올로기적 시멘트'의 역할을 수행한다는 것이다(최종욱, 1998). 대중문화가 대중들에게 허위의식을 주입시키는 것과 마찬가지로, 거의 모든 사람들이 주말과 휴일, 휴가를 즐기는 동안, 곧 여가, 관광에 '참여'하는 동안 계급적·계층적 갈등들은 사라지고 없는 듯이 보인다(최종욱, 1998). 도시와 농촌의 가난한 자에게나 부유한 자에게나 에버랜드는 똑같은 에버랜드이고 모두에게 열려 있는 것처럼 보인다. 해외여행은 누구에게나 열려 있고, 실제로 해외여행을 떠나는 사람들은 매년 급속히 증가하고 있다. 어느덧 여가와 관광의 공간은 우리 사회의 사회적 형평성과 공정성을 증거하는 장이 되었다. 여가와 관광에 참여하는 사람들은 자신들이 단순한 수동적인 소비자에 불과하다는 생각도 없이 관광산업이 제공하는 오락과 정보의 안락함에 익숙해져 있고, 여가와 관광은 하나의 상품이면서 상품이 아닌 것처럼 소비되고 있다. 여가, 관광에 대한 대중적 소비는 기업이윤을 산출하면서 동시에 대중들의 비판적 사유를 억제한다(최종욱, 1998: 21).

다섯째, 후기 자본주의 사회에서 상품의 개성이나 상품의 고유성, 혹은 고유성 그 자체는 중요한 관심의 대상이 된다. 우리는 무언가 특별한 여행상품, 즉 개성있는 여행상품을 선호하고 문화의 고유성을 추구한다. 이는 그만큼 우리가 대량생산의 시대, 대량복제가 가능한 시대에 살고 있기 때문이다. 하지만 아도르노와 호르크하이머(1973)에 따르면, 상품의 개성이나 고유성에 대한 지나친 강조는 그 상품들이 대량생산품이라는 사실을 은폐하기 위한 일종의 가면이다. '여행 패키지'로 대표되는 여행사의 대량생산품은 여행사들로 하여금 자신의 상품이 특별함을 강조할 수밖에 없게 한다. 그것은 이미 여행사의 상품이 유사하기 때문이며, 여행상품의 개성과 고유성에 대한 강조는 상품의 유사성을 은폐하기 위한 일종의 기만이다. "사람들의 여가시간은 문화산업이 제공하는 획일적 생산물로 채워질 수밖에 없다."[21] 관광자들은 여행사에서 제공하는 여행상품을 구매하고, 관광개발자가 설계하고 제공하는 놀이시설을 이용한다. 따라서 관광자에게 제공되는 다양한 여가·관광상품의 차이란 근본적으로 환상에 불과하다. 이런 의미에서 문화산업은 '물샐틈없는 통일성', 획일성을 갖는다. 요컨대, 비판이론에 의하면, 후기 자본주의 사회에서 문화는 상품화되고, 문화가 상품으로서 소비됨에 따라 현실을 전복하려는 대중들의 비판적인 저항은 계획적인 관리와 지배에 굴복하게 된다. 또한 여가와 관광은 사회적 갈등을 무화(無化)시키는 '사회적 접착제'와 같아 후기 자본주의사회에서도 전체주의적 지배가 가능하도록 하는 데 일조하고 있다는 것이다(조광익, 2007).

(3) 사회통제이론

사회를 상이한 이해집단들로 구성된 갈등의 장이자 총체적인 역사구조로 보고, 사회현상을 사회 내 개인들 및 집단들 간의 경쟁적 투쟁현상에 초점을 맞추는 갈등론적 패러다임에서 본다면 여가와 관광은 상충되는 이해집단 간의 대립과 갈등의 산물이지, 구조기능주의자들의 주장처럼 여가가 통합된 기능(integrated functions)을 수행하는 것은 아니다. 나아가 여가나 관광을 자유, 자아실현 등으로 간주하는 것은 바로 지배계급의 지배관계를 공고화시키는 억압의 형태인 '이데올로기적 허위의식'에 불과하다고 본다. 사회통제이론(social control theory)의 입장에서 보면 여가나 관광은 사회통제를 위한 수단이자, 사회통제를 위한 억압적 제도이자 기구이다. 즉 사회적 갈등을 무마하고 대중들의 관심을 호도하기 위한 지배의 전략으로서 여가나 관광을 활용하는 것이다. 사회통제이론(혹은 음모이론, conspiracy theory)은 영국의 사회정책학자인 히긴스(J. Higgins)에 의해 제시된 것으로 사회복지, 사회정책의 발달을 "사회안정을 위협하는 것에 대한 엘리트의 반응" 혹은 "명확한 목적을 갖고 자신들의 장기적인 계획하에 행동하는 지배엘리트에 의한 결정"이라고 간주한다.[22] 이러한 이론적 입장에서는 사회복지와 마찬가지로 여가와 관광이 자본주의 사회의 계급적 불평등과 집단 간 갈등 등과 같은 여러 사회적 문제를 해결하기 위한 도구이자 개량화 전략이며, 사회적 불만을 적절히 관리하고 규제하려는 수단이다. 여가와 관광을 포함하여 사회사업, 교육, 주택, 사회보장기구 등 모든 것들은 사회의 혁명적 집단, 비순응적인 집단들을 규제하기 위한, 또는 규제하거나 자본주의의 요구에 적응시키기 위한 수단이라는 것이다.[23]

하지만 사회통제이론은 사회통제의 개념, 누가 누구를 통제하고, 그 통제의 방식은 무엇이며, 그 효과는 어떻게 나타나는가 등에 대한 구체적이고 경험적인 분석이 부족하다는 비판을 받고 있다. 또 사회통제이론의 입장은 일면적일 뿐만 아니라 그 논리적인 귀결 또한 비현실적이고 모순적이다. 이 이론의 주장대로라면 여가·관광정책을 비롯한 사회정책은 즉각 폐기되어야 하고 여가와 관광은 거부되어야 마땅한 것이 된다. 하지만 이러한 논리적 귀결은 비현실적이다. 사회통제이론을 주장한 사람들은 1970년대 영국에서 사회복지예산의 삭감에 반대하고 복지국가에

대한 공격으로부터 복지국가를 옹호하려 했다(Gough, 1981). 여가와 관광은 사회적 생산력 발전을 전제하는 것으로서 자본주의의 혹독함을 완화하는 것이며, 문화를 가능하게 하는 것으로서 확대되어야 하는 것이다.

(4) 부르디외의 문화적 갈등이론

부르디외의 문화적 갈등이론에서 보면 여가와 관광은 사회계급과 밀접한 관련이 있는 계급적 현상이다. 그것은 여가와 관광의 선택이 단순히 개인 취향의 산물이기보다는 집단적·계급적 정체성의 산물이라는 것을 의미한다. 부르디외는 취향이 자연스럽고 순수하며 개인적인 선호의 문제라기보다는 계급적 무의식을 의미하는 아비투스(habitus)의 산물이라고 생각한다.[24] 아비투스는 특정한 사회적 환경에 의해 획득되어진 개인의 성향, 사고, 인지, 판단과 행동의 체계로서, 모든 계급 내에 속한 사람들에게 인지적, 감정적 지침을 제공하여 개개인이 공통적 방식으로 세계를 표상하고 특정한 방식으로 분류하고 선택하며, 평가하고 행동하도록 한다(Turner, 1999). 이러한 아비투스는 취향은 물론 말투, 의상, 예절 그리고 다른 다양한 반응을 만들어내는데, 취향이 가장 눈에 띄는 아비투스의 표현이다. 계급적 위치가 동일한 사람들 사이에는 유사한 대상에 대한 선호가 나타난다는 것이다. 즉 "계급적 서열구조 그리고 서열구조 내의 특정한 지위에 있는 사람들의 문화적 대상, 선호, 그리고 행동 사이에는 상관관계가 있다"(Turner, 1999: 631). 가령 지배계급은 경제적 필요와 물질적 욕구로부터 거리가 먼 순수예술이나 미학을 선호하는 '자유취향' 내지는 '자유와 화려함의 취향'을 보인다면, 하층계급은 경제적 필요 때문에 대상의 형식보다는 실용적인 기능을 중시하고, 단순하고 정직한 것을 선호하는 '필요취향' 내지는 '궁핍의 취향'을 보여준다.

부르디외의 문화이론에 따르면, 여가문화 취향 자체가 아비투스에 따라 달라지는데, 특히 문화자본이 중요한 역할을 한다. 여가나 관광 등의 문화적 욕구는 양육과 교육의 산물이다. 여가나 관광을 비롯한 문화를 향유하기 위해서는 문화를 해독할 수 있는 능력이 요구되기 때문이다. 가령 상층계급은 골프나 승마 등과 같은 고급 여가 스포츠 활동을 즐기는데, 이는 이들 여가 스포츠 활동이 어릴 때부터 훈련을 받거나 특수한 복장이나 장비가 필요해서 비용이 많이 드는 스포츠이며, 또한 많은 시간과 돈을 투자해야만 하는 활동이라는 점 때문이다. 또한 조깅이나 마라톤 등에 비해 체력의 소모가 그리 크지 않고 사고의 위험이 거의 없다는 점도 작용한다. 지배계급이 '구별짓기'의 아비투스를 보인다는 부르디외의 주장을 상기한다면, 사회적 지위가 높은 상층계급이 골프 등 고급 스포츠를 선호하는 것은 자신들의 계급적 지위를 다른 사람들과 구별할 수 있도록 의식적·무의식적으로 훈육된 것이라 할 수 있다. 이에 비해 민중계급의 경우에는 체력 소모가 많은 격렬한 활동을 즐기며, 상대적으로 사고 위험이 많은 스포츠를 선호한다. 또 하층계급으로 갈수록 스포츠 활동에 대한 참여보다는 관람하는 비중이 높아진다. 하층계급이 떠들썩하고 소란스러운 여가 스포츠 활동을 즐기는 데 비해 중간계급은 대중적인 스포츠와의 거리 두기를 통해서 하층계급과 자신들과의 구별짓기를 시도한다.

다른 문화취향과 마찬가지로 여가 취향도 위계화·서열화되어 있다. 여가활동이 모두 동일한 의미를 갖는 것이 아니라 상류계급이 즐기는 '고급 여가'와 하층계급이 즐기는 '저급 여가'로 위계적으로 구분되어 있다는 것이다. 그리고 이는 여가 취향과 직결된다는 것이다. 가령 고전음악이나 미술 등 고급예술에 대한 관심은 사회계급에 따라 달라지는데 상층계급일수록 고전음악과 미술 등에 대한 관심이 높고 하층계급은 낮은 것으로 나타나고 있다. 이처럼 여가와 관광은 계급적 현상이며, 여가나 관광(선호)에 있어서의 차이는 계급적 차이에서 기인한 취향의 차이, 아비투스의 차이에서 비롯된 것이다.

(5) 시민권 이론

시민권 이론에서 보면 여가와 관광은 근대적 권리로서 시민권의 하나로 간주된다. 공민적 시민권(civil citizenship), 정치적 시민권(political citizenship), 사회적 시민권(social citizenship)으로 구성되는 시민권 중에서 여가와 관광은 사회적 시민권, 즉 사회권에 속하는 것으로 보는 시각이다.[25] 시민권을 구성하는 세 가지 권리의 발달은 특정 시기에 일어났을 뿐만 아니라 본질적으로 전 인구를 포괄하는 방향으로 발달하여 왔다. 영국에서 시민권은 17세기에 확립되기 시작하였고, 주로 18세기에 육성되었다. 특히 18세기에 법 앞의 평등과 같은 공민권이 확립되었고, 개인에게 직업을 얻을 자유, 계약을 맺을 자유, 고용주를 바꿀 자유 등을 줌으로써 농노적 지위의 마지막 요소가 폐지되었다.[26] 정치권은 19세기에 발달하였는데, 최초에 귀족계급에게만 주어졌던 것이 중산계급으로 확대되고 이어 노동자계급에게 확대되었으며, 마지막으로 여성에게까지 확대되었다.[27] 사회권은 20세기에 발전하였는데, 사회권도 처음에는 빈민법의 형태로 요구호자에게만 제한되었던 것이 후에 노동자계급에게로 확대되고 나중에는 전 국민에게로 확대되었다. 최소한의 교육과 소득, 건강, 주택 등은 공민권과 정치권의 완전한 발휘에 필수불가결한 조건이다. 시민권은 근대 사회의 완전한 구성원이 되는 기초를 형성하는 것이다(Mishra, 1981: 51-52; Crompton, 1993). 공민적 시민권과 정치적 시민권이 전통 사회, 前자본주의 사회와 관계된 지위 불평등을 개선하는 데 이바지하였다면, 사회권은 계급사회에서 사적 소유의 불균등한 분포와 시장에 의한 불평등을 경감시키려고 한다(Crompton, 1993: 186).

시민권의 발전을 가져온 요인에 대해서는 학자들 사이에 논란이 있는데, 기든스(A. Giddens)

와 만(M. Mann)은 시민권이 노동계급의 투쟁의 결과라며 시민권의 발전에 있어서 계급갈등의 역할을 강조하는 데 비해, 터너(B. Turner)는 시민권이 발전을 투쟁과 갈등의 결과물로 취급하면서도, 그 기원에 있어서 비계급적 사회운동(social movement)의 중요성을 강조한다(Crompton, 1993). 하지만 크럼프턴(1993)은 시민권의 성장에는 '계급'과 '사회운동' 두 요인 모두 의미있는 공헌을 하였다고 주장한다.[28)]

시민권 이론의 관점에서 보면 여가와 관광은 사회적 시민권으로서, 최소한의 인간다운 생활을 하기 위한 권리이자, 민주주의 산업사회의 구성원이 될 자격요건에 포함되는 것이다. 시민권이 근대의 산물이듯이, 여가와 관광이 지배계급의 특권에서 대중들에게로 확대된 것은 근대의 일이다. "모든 사람은 합리적인 근로시간의 단축과 정기 유급휴가를 포함하여 휴식과 여가의 권리를 가진다"고 선포한 유엔인권선언(1948)이나 "여가는 인간의 기본권이며, 정부는 이 권리를 인정·보호하는 것이 의무이며, 국민의 여가권을 존중해야 할 책임을 지닌다"고 명시한 세계여가휴양협회(World Leisure and Recreation Association)의 여가헌장(1970) 등은 이러한 생각을 표현한 것이다. 이후 이러한 정신은 세계관광기구(WTO)의 '세계관광에 관한 마닐라선언'(1980)과 '아카풀코 문서'(1982) 등으로 이어지고 있으며, 세계 각 국의 사회복지관광(social tourism) 정책으로 이어지고 있다. 여가와 관광은 사회권을 풍부하게 하고 완성하는데 기여한다. 사회복지와 마찬가지로 여가와 관광도 자본주의 사회로의 변화와 함께 전 인구를 포괄하는 방향으로 발전해왔다. 前자본주의 사회에서 여가와 관광은 귀족이나 기사 등 사회의 특권계급만이 향유할 수 있는 특권이었으나 점차 일반 대중들에게까지 확산되었고, 오늘날 여가와 관광은 기본권의 하나로 간주되기에 이르렀다.

시민권 이론에 대한 비판적인 견해에서 살펴보면, 복지국가의 성장, 시민권의 발전은 계급적 차별의 축소나 개량이 아니라 자본주의 생산양식의 변화에 따른 자본주의 국가의 필연적인 선택이다. 이 견해에서는 복지체계, 사회복지관광 등은 계급적 차별을 감소시키는 요인이라기보다는 '이데올로기적 국가장치'의 하나로서 자본주의가 자신이 필요로 하는 노동력을 획득하는 통로이다. 또한 독일에서의 사회권이 정치권과 공민권의 완전한 허용을 거부하기 위해서, 시민권의 발달을 억제하기 위한 수단이었던 것처럼(Mishra, 1981: 59) 한국 사회에서는 여가나 관광이 대중의 자유로운 민주적·정치적 권리를 억압하기 위한 수단으로 이용되기도 했다. 전두환 정권의 출범과 함께 시작된 소위 3S 정책과 같은 사회통제정책은 좋은 사례라고 할 수 있다.

3) (자유주의적) 다원주의

자유주의 정치이론에 기원을 두고 있는 다원주의 이론은 구조기능주의와 달리 개인을 사회의 기본단위로 보는 개인주의적 방법론을 사용하고 있으며, 특정 상황에서의 개인의 행태를 연구한다. 또한 인간이 주체라는 관점에서 분석이 이루어지고, 인간의 가치라는 측면에서 현실을 해석하고 그러한 현실에 대한 인간의 대응을 분석한다. 따라서 사회정책의 해석에 있어서 구조기능주의 이론과 같이 사회문제의 객관적인 결정요인에 초점을 두기보다는 무엇이 사회문제를 구성하고 있는가 하는 주관적인 해석에 초점을 집중한다. 이 이론은 인간행동의 주관적 내용과 역사에 있어 인간의 창조적 역할을 강조하는 장점이 있다(Gough, 1981: 23).

다원주의 이론의 관점에서 보면 여가나 관광은 객관적인 의미를 갖는 것이라기보다는 행위자에 따라 그 의미가 상이하며, 행위자의 주관적인 판단 여부에 따라 여가나 관광의 의미가 결정된다. 때문에 이 이론에서는 여가와 관광현상의 분석에 있어 관광자와 지역주민 등 여가와 관광을 둘러싼 행위자들의 의식 및 이들의 사회적 상호작용 과정들을 이해하는 것이 중요하다. 따라서 이 이론의 관점에서 여가와 관광의 본질을 이해하기 위해서는 관광자(행위자)의 가치와 의미해석에 대한 탐구가 중요하며, 관광자와 지역주민 간의 상호작용이나 관광으로 인한 지역사회의 변화과정 등과 같은 주제를 이해하는 데 유용하다. 이러한 관점에서 보면 여가와 관광은 행위자가 어떻게 느끼느냐가 중요하기 때문에 노동이나 기타 활동과 뚜렷하게 구별되는 것도 아닐 뿐만 아니라, 또 노동과 여가의 구별이라든가 관광과 기타 행위와의 구별 자체가 그리 중요하지 않게 된다. 때문에 노동 속에서도 여가가 존재할 수 있고, 여가라고 해서 모두 다 여가인 것은 아니게 된다. 다원주의 이론은 행위자에 따라 다양한 여가 관광활동에 참여하는 이유나 여가 관광활동의 다양성을 설명하는 데 장점이 있으나 왜 여가 관광에 대한 지출이 증가하고 있고 국가나 사회가 여가 관광을 사회복지정책의 대상으로 삼는지에 대해서는 설명하지 못하고 있다.

4) 탈근대 철학

포스트모더니즘은 하나의 단일한 이론체계라기보다는 오히려 '탈근대'라는 이름으로 통칭되는 이론들 간의 차이, 그리고 때로는 상충되기도 하는 탈근대적 입장의 다양성을 의미한다.[29)]한 가지 공통적인 점은 '근대성(modernity)'을 부정한다는 것이다. 근대성에 대해서는 계몽사상가들이 밑그림을 제공했다. 그것은 바로 계몽의 기획이었으며, 계몽사상의 핵심에는 이성과 합리성의 원리가 자리 잡고 있다.[30)] 근대성은 합리성을 의미한다. 탈근대성이란 이성과 합리성으

로 대표되는 근대성을 부정하는 다양한 이론적 흐름을 지칭한다.

제임슨(F. Jameson)은 포스트모더니즘을 '20세기 후반의 서구 자본주의적 문화현상'으로 정의한다.[31] 포스트모던이라는 용어가 본격적으로 사용되기 시작한 것은 문학보다는 건축 분야였으며 건축에서 유행한 다음에야 비로소 문학에 정착되었다. 뿐만 아니라 포스트모더니즘은 이후 문학과 예술 분야에만 국한된 미학적 범주를 훨씬 초월해 사회 전 분야에서 사용하게 되었다. 일반적으로 포스트모더니즘은 20세기 중반 이후에, 보다 정확히는 1950년대 미국에서 본격적으로 시작되었다는 데 많은 논자들은 동의하고 있다.[32]

20세기 후반의 탈근대 철학은 데카르트 이후 근대철학이 지니는 한계를 극복하려고 시도한다. 즉 진리나 지식에 어떤 절대적이고 확실한 근거가 존재한다고 믿는 철학적 입장에 포스트모던 철학자들은 심각한 의문을 제기한다. 이들은 (객관적) 실재를 총체적이고 통일적인 것으로 파악해온 전통적인 철학자들과 달리 실재를 이질적이고 다원적인 것으로 파악하고자 한다. 또 탈근대 철학은 메타 서사(거대이론)를 거부하고 계몽주의 합리주의 기획을 불신한다. 부연하면, 데카르트에서 시작하여 계몽주의 기획을 통해 이어진 근대성에 대한 이론적 담론은, 이성을 진리의 우월한 소재지, 체계적 지식의 기초로서뿐만 아니라 지식진보, 사회진보의 원천으로 옹호한다. 이성은 사유와 행동체계의 기초가 되고 사회를 재편할 수 있는 토대인 이론적·실천적 규범을 발견하기에 적절하다고 생각된다. 그러나 포스트모더니즘은 이러한 계몽주의적 기획들을 부정한다(Best & Kellner, 1991). 사회경제적·정치적 사상의 측면에서 포스트모더니즘은 현대의 자본주의 사회를 설명하는 하나의 이론이다. 구체적으로 포스트모더니즘은 '20세기 후반의 자본주의 사회상황이자 문화상황'이라는 것이다(정정호·강내희, 1991). 이것은 포스트모더니즘이 현대 자본주의 사회를 반영하는 문화적 특성이자 사회적 특성이라는 의미이다.

여기에서는 탈근대 철학으로 '후기 구조주의'로 평가되는 미셸 푸코의 이론과 가장 극단적인 포스트모더니스트로 평가되는 장 보드리야르의 견해를 살펴보기로 한다.

(1) 푸코의 권력 계보학

푸코의 권력이론에 입각하여 보면, 여가와 관광은 사회관계로서 권력이 작동하는 장이다.[33] 즉 여가와 관광 공간에서의 권력은 지배-피지배 관계나 정치권력의 형태로 나타나지는 않지만, 관광자와 관광환경에서의 다양한 미시적 상호작용의 형태로 나타나며, 다른 사회 영역과 마찬가지로 여가와 관광의 장에서도 권력은 편재한다.[34] 다만, 여가와 관광의 장에서 작동하는 권력은 어떤 실체이거나, 상품이나 부와 같이 누군가 소유하거나 장악할 수 있는 것이 아니다. 권력은 관광체계 내에 존재하며, 관광체계를 구성하는 요인들 간의 관계, 개인들 간의 관계가 곧 권력

관계라는 것이다. 나아가 권력은 위에서 아래로 일방적·수직적으로 전달되는 것이 아니라 '지역화된 공간'에서 형성되어 중심점으로 모이게 된다. 그리고 여가와 관광의 장에서 권력은 생산적이다. 일반적으로 권력은 억압적이고 부정적인 모습으로 인식되고 있는데, 권력은 생산적이라는 점을 강조한다. 권력은 근대 관광자를 만들어내고, 관광에 대한 지식과 담론을 생산하며, 관광학과 여러 하위 학문분과를 탄생하게 했다. 또한 여가와 관광의 장에서 관광자는 권력의 시선, 시선의 권력에 의해 규율되고, 권력은 관광자의 시선을 조직해낸다. 말하자면, 여가와 관광이 근대의 권력장치로서, 여가와 관광의 장에서 작동하는 권력은 근대적 관광자를 만들어낸다.[35)]

이런 관점에서 보면, 여가나 관광은 구조기능주의에서 주장하는 것처럼 순수한 자유의 영역이거나, 개인의 기본욕구를 충족시켜주기 위한 것도 아니며, 사회통제론에서 주장하는 것처럼 전적으로 사회통제를 위한 지배의 전략도 아니다. 오히려 여가와 관광은 사회관계로서 권력이 작동되는 장치로 간주된다. 푸코의 권력이론에서 여가와 관광을 해석하는 입장에서는 일률적인 통제의 개념이나 보편적 욕구의 개념으로 현대 사회의 여가와 관광의 다양성을 분석하는 데 한계가 있다고 주장한다. 이들은 여가와 관광이 사회관계로서 권력이 작동되는 장치라는 점을 강조한다. 여가와 관광은 '자본가의 기만'도 아니고 '노동계급의 승리'도 아니다. 여가와 관광은 인간의 욕구를 확대시키고 삶을 풍요롭게 하는 수단이며 자본주의의 혹독함을 완화시켜주는 제도이다. 동시에 여가와 관광은 자본의 이윤축적을 위한 조력자이자 하나의 사회관계로서 권력이 작동하는 영역이며, 사회의 통제와 지배를 위한 장이다. 이 입장에서는, 여가나 관광을 단순하게 기능적 테크놀러지로서만 접근함으로써 결과적으로 여가, 관광제도를 권력과 무관한 가치중립적인 것으로 취급하여 여가와 관광현상에서 권력관계를 은폐한 구조기능주의적 접근을 비판한다.

(2) 보드리야르의 포스트모더니즘론

포스트모더니즘 논의 중에서 보드리야르는 가장 극단적이고 급진적인 이론을 전개하고 있으며, 현대의 사회와 문화, 예술 등의 논의에 많은 영향을 미친 것으로 평가되고 있다(Best & Kellner, 1991). 보드리야르는 현대를 '소비의 사회'로 규정하고, 모든 것이 '소비'되며, 이러한 소비는 사회 내의 차이를 두드러지게 나타낸다고 주장하였다.[36)] 그에 의하면 '소비사회'의 특징은 사물이 본질적으로 기호로서의 가치를 가지는 사회이다. 보드리야르는 마르크스의 사용가치와 교환가치에 기호가치를 덧붙인다. 이로 인해 상품은 위신을 부여받고, 사회적 지위와 권력을 나타내주는 방식에 의해서 가치를 결정받게 된다. 말하자면 사물의 본래적인 기능이나 사용가치를 갖는 것이 아니고 기호와 이미지가 그 사물의 사용가치를 대신하고, 이러한 기호와 상징이 다른 사람들에게 의미를 표시한다는 것이다.

보드리야르에게 소비는 평등하거나 균등한 영역이 아니며 소비는 하나의 계급적 제도가 된다. 즉 사물을 구매하고 선택하고 이용할 수 있는 구매력이 사람마다 다르기 때문에 사물 앞에서 인간은 불평등하며 “특정의 몇몇 사람들만이 환경에 내재하는 요소들의 자립적이고 합리적인 논리에 접근할 수 있다”(Baudrillard, 1970: 69-70).

현대 소비사회에서 여가도 소비의 한 품목이자 기호이다. 보드리야르는 여가를 일단 시간의 개념으로 파악한다. 시간은 하나의 상품이기 때문에 시간도 다른 상품과 마찬가지로 사용가치와 교환가치 및 상징가치를 갖고 매매될 수 있다. 보드리야르에게 여가시간은 노동시간과 마찬가지로 구매되어 소비되는 것이다. 구매되지 않은 자유시간은 획득될 수 없다. 예컨대 가정주부에게 전자세탁기는 자유시간을 의미한다. 가정주부는 전자세탁기를 구매함으로써 자유시간을 구매한다. 보다 정확하게 말하면 전자세탁기를 구매하는 것은 자유시간을 구매하는 것이다. 또 ‘휴가’라고 하는 자유시간은 1년간 땀을 흘려서 구매한 하나의 재화이며, 휴가를 얻은 자의 사유재산이 된다. 여가시간은 매매될 수 있도록 사물로 변형되며 다른 상품과 마찬가지로 구매되고 소비된다는 것이다. 그러나 구매되어 소비된 자유시간은 사실은 생산의 시간이기도 하다. 자유시간은 ‘차이표시적 가치’와 ‘지위표시적 가치’를 생산한다. 그러므로 보드리야르가 보기에 시간을 노동시간과 자유시간으로 분리하고 자유시간을 자유스러운 것, 초월적인 것으로 생각하는 것은 신화이고 허구에 불과하다.

여가시간 역시 상품이자 기호이기 때문에 분배에 있어 불균등 현상이 발생한다. 모든 인간에게 사회의 재화와 서비스를 균등하게 분배할 수 없는 것처럼 노동시간과 여가시간의 분배 역시 불균등하다. 또 자유시간의 질과 내용 역시 상이하다. 이것이 노동과 여가가 하나의 상징이자 기호로서, 즉 다른 사람 혹은 집단과의 차이를 표시해주는 기호로서 작용할 수 있는 토대가 된다. 이 점에서 여가소비는 계급적 제도가 된다. 따라서 여가소비과정은 사회적인 차이화의 과정이다. 소비사회에서 여가는 다른 사물과 마찬가지로 소비되며, 여가 역시 사회적 차이표시기호가 된다. 여가가 생산하는 것은 사회적인 지위와 위세이다. 경제적으로 비생산적인 여가시간은 소비와 마찬가지로 차이표시적 가치와 지위표시적 가치, 위세가치를 만들어내는 지극히 생산적인 시간이 된다(Baudrillard, 1970: 239).

3 맺음말

이 장에서는 구조기능주의와 갈등론, 다원주의, 탈근대 이론 등의 관점에서 여가와 관광의 철학적 의미를 살펴보았다. 여가와 관광의 의미를 이해하고 해석하는 철학적 내지 사상적 관점은 매우 다양하다. 이러한 다양한 이론적 입장들은 여가와 관광현상의 다양성, 복잡성을 반영하는 것이자, 그만큼 여가와 관광의 본질 규명 혹은 본질적 의미해석의 어려움을 보여주는 것이라고 할 수 있다.

분명 여가와 관광은 전적으로 억압적인 것도 아니고 그렇다고 그 자체로 자본주의 경계를 넘어서는 자유의 화신이거나 혹은 보루도 아니다. 여가와 관광은 인간의 욕구를 확대시키고 자본주의의 혹독함을 완화시켜주는 제도인 동시에 자본의 이윤축적을 위한 조력자이다. 또 여가나 관광은 자본가의 기만도 아니고 노동계급의 승리의 결과도 아니다. 무엇보다도 여가와 관광은 인간의 기본적인 권리이기는 하지만, 그렇다고 거저 주어진 것은 아니다. 여가와 관광의 본질이 자유나 자기결정으로 특징지어지는 자유의 영역인 것은 아니다. 여가와 관광은 소비의 대상이자 구매와 판매의 대상이면서 동시에 타자와의 차이를 나타내는 차이표시기호이자 구별짓기의 수단이다. 이처럼 여가와 관광의 다양한 의미를 이해하기 위해서는 다양한 철학적 이론에 대한 진지한 탐구가 지속적으로 필요하다 하겠다.

이 장을 통해서 우리가 이해하고 있는 여가와 관광의 의미가 매우 협소하고, 편협하며, 일면적이라는 사실이 확인되었으리라 생각된다. 이 장에서는 여가와 관광의 철학적 의미를 이해하기 위해 몇몇 철학적 이론에 의거하였으나, 이는 충분하지 않다. 필자는 철학 전공자가 아닐뿐더러, 매우 다양한 철학적 이론이 있기 때문이다. 향후 여가·관광 철학의 정립에 철학 연구자들의 역할을 기대해본다.

그동안 관광학에서는 여가와 관광 연구에서 철학적 접근이 거의 부재했다고 봐도 과언이 아닐 것이다. 관광학이 하나의 사회과학 분과학문으로 굳건히 자리매김하기 위해서는 '관광학의 철학', 혹은 '관광학에 대한 철학적 접근'은 필요불가결할 것이다. 철학이 없는 학문이란 생각할 수 없는 일이기 때문이다. 여가와 관광에 대한 철학적 접근의 부재는 대학에서의 관광학 교육과정에 있어 여가·관광 철학 혹은 여가·관광 사상 교과목이 없다는 사실과도 연결된다. 균형잡힌 여가·관광학 교육을 위해서는 대학 교육과정의 개선이 요청된다고 하겠다.

철학은 과학적 세계관이라 하였다. 세계관이 없는 사람, 자기 철학이 없는 사람은 삶의 의미와 목표, 방향을 상실한 것과 같다. 여가·관광학을 제대로 공부하고, 현대 사회에서의 여가와

관광의 의미를 이해하기 위해서는 여가와 관광의 철학이 필요하다. 여가·관광의 철학은 여가·관광 연구에 있어 우리가 독단에 빠지거나 지나친 상대주의로 흐르는 것을 막아줄 것이다. 동시에 편협한 실증주의에 지나치게 경도되어 있는 여가·관광학 연구풍토를 바로잡는 균형추와 같은 역할을 할 것이다. 특히 복지사회의 진전과 함께 여가와 관광의 사회적 인식이 변해가고 있고, 여가와 관광이 급증하고 있는 오늘의 상황에서 여가와 관광 철학의 정립은 더욱 필요하다 하겠다.

철학은 또한 비판의 학문이자 당파성과 무관하지 않은 학문이라고 하였다. 여가와 관광의 철학은 필연적으로 여가와 관광현상에 대한 날카로운 비판적 안목을 제공해줄 뿐 아니라, 특정 집단의 이해를 대변할 수밖에 없다. 어떠한 여가·관광 철학을 견지하느냐에 따라서 여가·관광현상에 대한 의미와 문제해결의 방향은 달라진다. 예컨대 거시적인 측면에서 여가·관광 정책은 어떠한 방향으로 가야 할 것인지, 여가·관광개발의 목표는 무엇이며, 누구를 위해 이루어져야 하는지, 우리 사회에서 여가·관광의 역할은 무엇이어야 하는지 등의 문제와, 미시적인 측면에서 여가·관광개발 시 어떠한 시설이 우선적으로 공급되어야 할 것인지 등에 대한 해답과 방향은 여가·관광 철학에 따라 달라질 것이다. 여가·관광학이 누구의 이해를 대변해야 하는지, 여가·관광학자의 바람직한 역할은 무엇인지에 대한 대답 또한 달라질 수밖에 없다. 여가·관광학자가 시대에 뒤처지지 않고, 올바른 안목을 갖기 위해서도 여가·관광 철학은 필수적이다.

미 주

1) 강대석(2000). 『새 시대의 철학노트』. 대구: 문예미학사.

2) 녹두 편집부(1985). 『세계철학사 I』. 서울: 녹두.

3) 인식론이란 "인간은 어떻게 사물을 인식할 수 있는가, 세계는 인식이 가능한가, 인식의 근원은 무엇이며 그 과정은 어떠한가 등을 연구하는 철학분야"이다(강대석, 2000: 17).

4) 강대석(1988). 『독일 관념철학과 변증법』. 서울: 한길사.

5) 김영민(1998). 『진리 · 일리 · 무리』. 서울: 철학과현실사.

6) 김사헌(2000). 관광학 이론 및 교육의 비판적 고찰: 회고와 당면과제. 『관광학 연구의 현황과 과제』. 서울: 백산출판사.

7) 이창현(1989). 일제하 문화산업의 대중음악생산에 관한 정치경제학. 『사회비평』, 3, 199-227.

8) 사회체계론적 시각에서는 사회현상을 연구하는 데 있어서도 자연과학과 동일한 방법으로 객관적인 법칙성을 탐구하는 것이 가능하다고 주장한다. 또한 연구과정에 있어서 연구자의 가치를 개입시키지 않고, 사실과 가치를 구분하며, 중립성을 유지하는 것을 중시한다. 그리고 사회현상을 과학적으로 엄밀히 분석하기 위하여 개념을 객관적으로 측정할 수 있도록 조작화하고 계량화하는 방법을 사용한다. 이러한 입장은 콩트(Auguste Comte)나 뒤르켐(Emile Durkheim) 이래 실증주의적 · 경험주의적(empirical) 사회과학으로 전통을 이어오고 있다.

9) Turner, J. H.(1999). *The Structure of Sociological Theory*. Wadworth. [정태환 외 역(2001). 『현대사회학 이론』. 서울: 나남출판].
Hughes, J. A., Martin, P. J., & Sharrock, W. W.(1995). *Understanding Classical Sociology*. London: Sage Publication. [박형신 · 김용규 역(1998). 『고전사회학의 이해』. 서울: 일신사].

10) 네 가지 기능적 필수요건은 적응, 목표달성, 통합, 유형유지이다. 적응은 경제적 과업을, 목표달성은 정치적 과업을 말한다. 통합은 조화와 연대를 유지하는 것이며, 유형유지는 사회의 기본적인 가치유형의 계속성을 유지하는 것을 말한다(Mishra, 1981: 90).

11) 사회체계를 조화롭게 만드는 과정인 통합에는 두 가지 종류가 있는데, 체계통합(system integration)과 사회통합(social integration)이 그것이다. 체계통합은 제도들의 통합에 관련된 것이고, 사회통합은 사회집단들의 통합에 관련된 것이다(Mishra, 1981: 91).

12) Mishra, R.(1981). *Society and Social Policy: Theories and Practice of Welfare*. New York: Macmillan Press. [남찬섭 역(1996). 『복지국가의 사상과 이론』. 서울: 한울아카데미. p. 96].

13) 자세한 내용은 Gough, I.(1981). *The Political Economy of the Welfare State*. New York: MacMillan Press. [김연명 · 이승욱 역(1990). 『복지국가의 정치경제학』. 서울: 한울아카데미]와 Mishra(1981) 등을 참조.

14) 주지하는 바와 같이 노동시간의 단축이 곧바로 여가시간의 증가로 이어지는 것은 아니다. 여가시간 감소론자들이 주장하는 바와 같이 노동시간이 단축된다고 하더라도 물질에 대한 사회적 욕구의 증대, 물질적 필연의 영역의 증대로 인하여 이를 구매하지 않으면 안 되는 외적 강제성이 증가하게 된다. 따라서 노동시간의 감축에 따른 증대된 여가시간조차 새로운 구매욕구를 충족시키기 위해 노동으로 재반납되는 현상이 발생한다. 또한 많은 물질을 가지면 가질수록 그것을 유지하기 위한 시간을 더욱 필요로 하게 되며, 새로운 도구의 손질이라든가, 새로운 기계사용법의 숙달 등 개인유지에 필요한 시간이 증가하는 것 또한 여가시간의 증대를 가로막는 요인일 수 있다. 이러한 시간기근(time-famine) 현상은 현대 자본주의 사회의 자본의 운동논리에 의해 더욱 가속화되고 있다. 이러한 점에서 법정 노동시간 단축과 주 5일 근무제의 실시가 곧바로 여가시간의 증대로 이어질 것이라는 주장은 지나치게 낙관적인 주장이라 하지 않을 수 없다.

15) 비판이론은 1940년대를 전후하여 유럽에서 발전된 이론으로서 파시즘의 전체주의적 지배의 원인과 그 해체를 이론적으로 겨냥하고 있다. 비판이론은 서구 계몽 자체에서, 즉 서구의 근대문명 자체에서 파시즘적 전체주의의 기원을 찾는다.

16) Harvey, D.(1989). *The Condition of Postmodernity*. Oxford, UK: Blackwell. p. 31.

17) 최종욱(1998). 프랑크푸르트학파의 문화산업론과 그 수용에 관한 소론. 『한국사회와 언론』, 10, 7-39. 오늘날 문화산업의 종류는 매우 다양하나, 그 범위와 종류에 대해서는 의견일치가 이루어지지 않고 있다는 점 또한 사실이다. 대표적인 문화산업으로는 영화, 비디오, 음반, TV, 라디오, 광고, 애니메이션, 팬시산업, 게임콘텐츠산업, 패스트푸드 체인점, 패션 체인점, 스포츠 산업 등과 같은 오락 · 여가 · 관광산업을 들 수 있다. [구문모(1999). 국내외 문화산업의 조류와 발전과제. 『문화경제연구』, 2(1), 94-118]. 문화산업은 여가 관광산업과 같은 서비스 산업의 특징을 가지고 있다. 가령 문화콘텐츠라는 무형적 상품과 같은 특성을 지니고 있다. 현대 사회에서 여가 관광산업은 문화산업의 일부로서 여가, 관광의 향유는 곧 문화산업에 대한 소비를 의미한다.

18) 김문겸(1993). 『여가의 사회학』. 서울: 한울아카데미.

19) Marcuse, H.(1962). *Eros and Civilization*. New York: Vintage Books. [김인환 역(1988). 『에로스와 문명』. 서울: 나남출판].

20) Rojek, C.(1985). *Capitalism and Leisure Theory*. New York: Tavistock Publications.

21) Adorno, T. W., & Horkheimer, M.(1973). *Dialectic of Enlightenment*. London: New Left Books. [김유동 외 역(1995). 『계몽의 변증법』. 서울: 문예출판사. p. 189].

22) 김연명(1988). Joan Higgins의 사회통제이론에 대한 비판적 고찰. 『한국사회복지학』, 12, 189-209에서 재인용.

23) 이러한 사회통제이론은 종종 마르크스주의로 오해되기도 하지만 마르크스주의에서는 사회통제이론적 시각을 일면적인 것으로 평가한다(이혁구, 2000; 김연명, 1988).

24) Bourdieu, P.(1984). *Distinction: A Social Critique of the Judgement of Taste*. Richard Nice trans. Cambridge: Harvard University Press. [최종철 역(1995/1996). 『구별짓기』. 서울: 새물결].

25) 시민권은 "국민국가의 완전한 성원임을 표시하는 용어"로서, "주어진 영토 내에 거주하는 모든 사람들에게 반드시 주어지는 것은 아니다"(Crompton, 1993: 176). 공민권이라고도 불리는 공민적 시민권은 개인적 자유에 필수적인 권리들, 즉 개인의 자유, 언론의 자유, 사상과 신앙의 자유, 재산을 소유할 권리, 정당한 계약을 맺을 자유, 정의로울 수 있는 권리, 법 앞에서의 평등을 보장받을 권리를 말하고, 기본적으로 법률제도를 통해 구현된다. 정치적 시민권, 곧 정치권은 참정권, 즉 투표할 권리와 관직에 출마할 권리 등을 의미하고, 정치제도에 의해 구현된다. 사회권이라 불리는 사회적 시민권은 경제적 복지와 보장, 사회적 유산을 충분히 공유할 권리, 그리고 그 사회의 지배적인 표준에서 보았을 때 문명화된 존재로서 살아갈 수 있는 권리까지의 전 영역을 말하고, 사회서비스를 통해 구현되며, 현대 복지국가 기관들의 발전과 관계된다(Crompton, 1993: 177-178; Mishra, 1981: 51).

26) Crompton, R.(1993). *Class and Stratification: An Introduction to Current Debates*. Cambridge, UK: Polite Press. [정태환 · 한상근 역(1995). 『현대의 계급론』. 서울: 한울아카데미].

27) 많은 선진 서구 산업사회에서 여성들이 완전한 시민권과 정치권을 가진 것은 20세기 중반이다. 예컨대 프랑스의 여성들은 제2차 세계대전 이후에야 비로소 선거권을 얻었다. 고대 그리스 도시국가에서는 남성 성인 자유민에게만 참정권이 주어졌고, 여성과 노예, 외국인, 젊은이들은 폴리스(polis)에 참가할 수 없었다(Crompton, 1993).

28) 사회운동은 '자기의식적으로 사회의 어떤 특성을 변화시키려고 하거나 방어하려고 하는 집합적 조직형태'를 말하는데 사회운동은 '어떤 분명한 이데올로기는 가지고 있지만, 어떤 특정의 계급이나 지역과는 관계가 없다'(Crompton, 1993: 183). 예컨대 생태학, 환경, 건축, 평화, 인권, 여성운동 등과 관련되는 것으로 이해될 수 있다.

29) Best, S., & Kellner, D.(1991). *Postmodern Theory: Critical Interrogations*. New York: The Guilford Press. [정일준 역(1995). 『탈현대의 사회이론』. 서울: 현대미학사].
Lash, S.(1990). *Sociology of Postmodernism*. London: Routledge. [김재필 역(1993). 『포스트모더니즘과 사회학』. 서울: 한신문화사].
Smart, B.(1992). *Modern Condition, Postmodern Controversies*. London: Routledge. [설광석 · 박형준 · 권기돈 역(1995). 『현대의 조건, 탈현대의 쟁점』. 서울: 현대미학사].

30) Wang, N.(2000). *Tourism and Modernity: A Sociological Analysis*. London: Elsevier. [이진형 · 최석호 역(2004). 『관광과 근대성』. 서울: 일신사].

31) 정정호 · 강내희 편(1996). 『포스트모더니즘론』. 서울: 문화과학사.

32) 도정일(1991). 리오따르의 소서사이론 비판. 정정호·강내희 편. 『포스트모더니즘의 쟁점』. 서울: 도서출판 터.
김욱동(1992). 『포스트모더니즘의 이론』. 서울: 민음사.

33) Foucault, M.(1975). *Surveiller et punir*. Paris: Gallimard. [오생근 역(1994). 『감시와 처벌』. 서울: 나남출판].

34) Foucault, M.(1976). *Histoire de la sexualité 1*. Paris: Gallimard. [이규현 역(1990). 『성의 역사 Ⅰ: 앎의 의지』. 서울: 나남출판].

35) 조광익(2006). 『현대관광과 문화이론』. 서울: 일신사.

36) Baudrillard, J.(1970). *La société de consommation*. Paris: Gallimard. [이상률 역(1991). 『소비의 사회』. 서울: 문예출판사].

저자약력

조광익(趙光翼) 현_대구가톨릭대학교 관광학과 교수

저자 조광익은 한양대학교에서 문학박사학위를 취득했다. 한국관광학회 편집부위원장을 역임하였으며, 한국관광학회 및 여가문화학회 등에서 이사·편집위원을 맡고 있다. 문화관광부 산하 정책연구기관인 한국관광연구원(현 한국문화관광연구원)에서 책임연구원으로 재직하였고, 미국 아이오와 주립대학교에서 초빙학자로 연구하였다. 현재는 대구가톨릭대학교 관광학과 교수로 있으며, 동 대학 부설 문화예술교육연구소장을 역임하였다.
저서로 『현대관광과 문화이론』, 『여가와 사회』(공저) 등이 있고, 역서로 『현대관광론』(공역) 등이 있다. 논문으로 "관광개발사업의 이데올로기 분석"(한국관광학회 제64차 국제학술대회 최우수논문상 수상), "매스미디어는 여가와 관광현상을 어떻게 보도하는가?"(제4회 춘천 국제여가심포지엄 우수논문상 수상), "현대사회에서의 여가의 의미에 대한 문화산업론적 고찰"(2007) 등을 발표하였다.

『관광학총론』 네 번째 이야기

제4장

관광경제학적 접근

김 사 헌*

1 관광경제학의 개요

1) 관광경제학의 개념과 연구대상

인간이 살아가기 위해서는 여러 가지 물질과 서비스가 필요하다. 기본적으로는 먹을 것, 입을 것, 잠잘 곳이 있어야 하며, 이웃과의 소통을 위해서는 전화, 핸드폰, 컴퓨터 등이 필요하다. 출퇴근하고 이동하기 위해서는 자동차, 버스, 지하철 등이, 아플 때는 병원에 가서 의사의 진료를 받아야 하고, 주말에는 기분전환을 위하여 가까운 곳에 바람을 쐬러 가는 등 여러 가지 재화와 서비스를 필요로 한다.

인간이 살아가는 데 필요한 이러한 재화와 서비스를 생산하기 위해서는 토지, 공장, 기계, 노동 등의 자원이 필요하다. 그러나 이런 자원은 무한한 것이 아니라 그 수량이 한정되어 있다. 반면에 식료품, 주택, 자동차 등의 재화와 서비스에 대한 인간의 욕구는 무한하므로 우리는 어떻게 그 한정된 자원으로 무한한 인간의 욕구를 충족시킬 수 있는가 하는 문제에 봉착하게 된다. 제한된 자원을 무한한 인간의 욕구(수요)를 위해 어떻게 배분할 것인가가 현안문제인 것이다. 경제학은 이런 현안문제, 즉 희소한 자원을 어떻게 배분하여 소비자 모두의 만족을 최대화할 것인가를 연구하는 학문이다. 그러므로 경제학은 인간의 물질적 복지에 관한 학문인 것이다.

경제학에 대한 정의는 학자마다 상이하지만 다음의 인용문에서 잘 나타나 있다.

---

* 경기대학교 관광개발학과 교수. e-mail: sahu@kyonggi.ac.kr

경제학이란 사회가 희소한 자원을 어떻게 관리하는가를 연구하는 학문이다. 대부분의 사회에서는 자원의 배분이 계획자 한 사람에 의해 이루어지는 것이 아니라 무수한 가계와 기업 간의 행위에 의해 이루어진다. 따라서 경제학은 사람들이 어떻게 결정을 내리는가를 연구하는 학문이라 할 수 있다. 즉 얼마나 일하고 무엇을 구입하고, 얼마나 저축하고 그 저축을 어떻게 투자하는가 등과 같은 사람들의 의사결정과정을 연구하는 학문인 것이다.[1)]

만약 갑이라는 사람이 월급을 200만 원 받는다면 그는 이 월급을 가지고 저축을 얼마하고 음식, 의복, 자동차, 여행 등의 소비활동에 어떻게 지출할 때 최대의 만족을 얻을 것인가를 생각하게 될 것이다. 이 점에서 그는 이미 경제학자이며, 최대의 만족을 얻기 위해서는 항상 저축을 얼마하고, 외식은 한 달에 몇 번 하고, 여름 휴가철에 국내여행을 갈 것인가 해외여행을 갈 것인가를 고민하면서 선택할 것이다. 학자들이 경제학을 '선택의 학문'이라고 하는 이유도 바로 여기에 있다.

경제학이란 인간의 물질적 복지에 관한 과학으로서 토지, 자본, 노동 등 자원은 유한한데 아파트, 노트북, 쌀, 자동차 등 물질에 대한 인간의 욕구는 무한하므로 한정된 자원을 가지고 무엇을 생산하고, 어떻게 생산하고, 누구에게 분배할 때 개인이나 사회 전체적으로 최대의 만족을 얻을 수 있는가를 연구하는 학문이다.

경제학은 인간의 모든 물질적 행동에 대한 연구이므로 연구범위가 넓다. 크게는 미시경제학(micro economics), 거시경제학(macro economics), 그리고 연구대상에 따라서는 화폐금융론, 경영경제학, 재정학, 후생경제학, 국제경제학, 경제발전론, 자원경제학, 환경경제학, 지역경제학, 관광경제학 등 여러 가지로 분류된다. 미시경제학은 '미시(微視)'라는 말 그대로 시장기구(市場機構: market mechanism)를 중심으로 개인이나 기업의 시장 활동 즉, 수요와 공급 그리고 가격이라는 협의의 경제 활동 원리를 대상으로 하며, 거시경제학은 '거시(巨視)'라는 말 그대로 국가, 세계 등 사회 전체의 소비, 저축, 투자, 성장과 발전 등 큰 경제적 활동을 대상으로 한다. 관광경제학도 이 각론 체계에 따라 다음과 같이 그 연구대상을 나누어 볼 수 있다.

가. 미시 관광경제학(micro tourism economics)

- 경제주체로서 관광자의 행태: 효용 및 수요, 이용편익 및 비용, 소비함수
- 관광생산자의 행태와 관광자원의 이용 · 관리: 자원의 공급 · 관리, 자원가치와 추정
- 관광시장분석: 시장의 수급 조절, 가격결정, 이용밀도와 만족도 변화

나. 거시 관광경제학(macro tourism economics)

- 지역경제와 관광산업 간의 관계: 지역발전, 지역격차, 지역문화, 자연・인문환경 파괴 문제(환경오염, 범죄, 매춘, 문화 붕괴 등)
- 국가경제와 관광산업 간의 관계: 소비, 저축, 소득, 투자, 고용, 국제수지, 경기변동, 경제구조의 변화, 산업연관분석
- 국제경제와 관광산업 간의 관계: 국제수지, 남북(격차)문제, 개발도상국(제3세계) 발전 문제, 수용국 사회와 관광자・송출국 간의 갈등・종속문제

관광경제학은 일명 '위락 경제학(recreational economics)'이라고도 하는데, 일상 업무를 떠나 여가생활을 활용하고자 하는 인간의 경제활동에 관한 연구이며, 그 인간이 소비하고자 하는 관광과 위락 서비스(tourist goods and services)가 한정되어 있으므로 이를 어떻게 생산하고 분배할 때 최대의 만족을 줄 수 있는가, 그리고 국가 혹은 세계경제 차원에서 관광산업의 역할과 위치를 연구하는 학문이다.

오늘날 이동을 수반으로 하여 즐거움을 얻기 위한 단순한 사회현상으로 출발한 관광은 영리적 소비행위를 전제로 한 경제적인 효과를 중심으로 국가정책의 중요한 과제로 부상되었으며, 국가 간의 상호교류라는 평화산업으로 크게 성장하여 왔다. 이는 그동안의 산업사회 발전과 더불어 이른바 '레저 시대'의 개막과 함께 관광을 인간 활동의 새로운 국면에서 관찰하는 계기를 만들었다.

관광(위락)경제학은 일상업무를 떠나 여가생활을 활용코자 하는 특정 인간에 관한 연구이며, 그 인간의 관광・위락적 욕구를 충족시켜 주기 위해서 희소한 관광재(觀光財)를 효율적으로 생산・분배시키는 개인 및 사회적 행위에 관한 연구이다.

또한, 양적인 성장을 내용으로 한 대중화와 서비스를 중심으로 한 사업의 다양성을 특징으로 발전하여 온 현대관광은 새로운 시대의 흐름 속에 개인의 자유의지를 바탕으로 한 자기실현 문화욕구를 충족시킬 수 있는 종합현상・총체현상으로 인식되어 그 지역, 그 나라의 문화수준과 주민의 성숙도를 가름하는 새로운 사회현상으로 자리 잡게 되었다. 그러나 현대사회에서 관광은 지역적 특성 등에 따라 많은 국내・외 학자들에게 매우 다양하게 정의되면서 발전하여 왔다.

관광경제학의 주요 연구대상은 무엇인가? 그것은 관광과 관련된, 일반재화와는 다소 다른 특수한 재화(goods)와 서비스(services)이다. 인간은 살아가기 위해서 의・식・주, 그리고 여가・문화 활동 등 수많은 재화와 서비스를 연속적으로 소비해야 한다.*

* 여기서 재화란 인간생활의 영위에 필요한 의식주 등 유형의 자원을 뜻하고 서비스는 여가・문화・경관・교통・음악 등 무형의 자원을 뜻하며, 서비스는 유형적 재화 이외의 생산과 소비에 관련된 모든 활동, 이를테면 교육, 운송, 이발, 목욕, 여행사의 관광안내 등이 그것이다.

그런데 재화는 여러 가지로 분류할 수 있다. 공기와 태양열과 같이 무한히 존재하여 노력이나 비용을 들이지 않고도 얻을 수 있는 자유재(free goods)와 부존량이 희소하기 때문에 적잖은 노력과 비용을 들여야 얻을 수 있는 경제재(economic goods)로 구분할 수 있다. 여기서 자유재는 희소가치가 없고 원하는 사람은 누구나 손쉽게 얻을 수 있기 때문에 경제학자들의 관심 대상이 되지 않는다. 그러나 경제재는 그 부존량이 한정되어 있기 때문에 생산, 소비, 분배 모두가 문제된다. 생산량보다는 항상 소비하고자 하는 양이 많은 재화(초과수요 재화)가 바로 이 경제재이다. 관광경제학에 있어서의 분석대상은 손쉽게 얻을 수 있는 자유재가 아니라 최소한의 노력과 비용을 들여야만 얻을 수 있는, 그리하여 소비자끼리 획득을 위해 경쟁해야 하는 경제재이다.

경제재는 다시 소비재, 생산재, 자본재 등 경제주체나 생산요소별로 나누어 볼 수도 있다. 또 생산주체별로 민간이 생산하는가 공공기관이 생산하는가 혹은 재산권(property rights) 행사가 가능한가에 따라 사유재(private goods)와 공공재(public goods)로 나누어 볼 수 있다. 본서에서는 관광을 하는 소비자들이 욕구하는 특수한 성격의 경제재를 '관광재 및 서비스(tourist goods and services)'라 정의하고 이를 분석대상으로 삼아 보고자 한다.*

본 절에서는 먼저 관광재의 특성을 밝히고, 왜 대부분의 관광재는 일반 경제재와는 달리 시장기구(market mechanism)**를 이용해서는 분석할 수 없는가를 살펴보고자 한다. 이어서 공공재로서의 관광재의 구체적 성격과 유형분류를 살펴보기로 하자.

① **관광재는 복합적 재화이다**: 관광은 여러 가지 재화의 '묶음'인 꾸러미 재화(a bundle of goods)이다. '패키지 투어'에서 보듯이 관광여행은 복합적인 재화로 구성되어 있다. 교통수단, 숙박시설, 관광대상지의 관광자원, 위락자원 등이 합쳐져서 관광여행이라는 복합재화를 만들어내는 것이다.[2)]

② **관광재의 상당부분은 공공성이 높은 공공재(public goods)에 속한다**: 재화는 '공동으로 함께 무료로 소비할 수 있는가'의 기준에 따라 공공재와 사유재(private goods)로 나눌 수 있다. 경제학에서는 순수 공공재를 "일단 생산되면 그 소비가 공동으로(집합적으로) 이루어지며, 불특정 다수에게 똑같이 편익이 돌아가는 재화"라고 정의한다. 순수한 공공재인가 아닌가의 기준은 '배제가능성(exclusiveness)' 여부와 '경합성(rivalness)' 여부이다. 즉, 사용료를 지불하지 않아도 그 이용권을 배제할 수 없고, 특정 소비자의 이용이 타인의 이익을 침해하지 않는다면(즉, 경합하지 않는다면) 그것은 공공재이고, 그렇지 않다면 사유재

* 이하에서는 편의상 '觀光財(tourist goods)'로 통칭하여 부르기로 한다.

** 생산과 소비의 교환과 가격이 이루어지는 무형의 장소를 시장(market)이라 하며, 이 시장에서 정부나 감독자의 개입 없이도 생산, 소비 그리고 분배가 능률적 · 효율적으로 저절로 잘 이루어지는 자동조절작용을 뜻한다. 애덤 스미스는 이를 (神의) '보이지 않는 손(invisible hand)'이라고 불렀다.

이다. 바닷가의 등대, 일기예보, 국방 등은 순수 공공재이고, 국립공원, 아름다운 시골풍경 등도 공공재에 가깝다고 할 수 있지만 붐비는 해수욕장이나 인파가 많은 근린공원은 경합성이 크므로 공공재에 미치지 못하는 준공공재(semi-public goods)라고 할 수 있다.

③ **관광재는 우등재(superior goods)이다:** 관광재는 타 경제재와 비교할 때 경제적으로 여유가 있을수록 더욱더 구매욕구를 보이는 우등재에 속한다. '우등재'란 관광재 수요의 증가율이 소득수준의 증가율보다 빠르게 증가하는 재화로서, 소득이 높아질수록 수요 증가폭이 더욱 커지는 재화를 말한다. 이런 현상은 보석·고급의류 등 이른바 사치품 수요에서 많이 나타나는데, 이러한 이유로 관광재도 '사치품(luxuries)'으로 불리기도 한다.[3)]

④ **관광은 대부분이 공간적 이동, 즉 상당 정도의 '장소 이동'을 특징으로 하는 소비재이다:** 때문에 공간, 즉 장소(거주지)와 장소(목적지) 간의 수요에 대한 거리마찰력(거리억제력)이 타 재화보다 크게 작용한다. 가고 싶어도 거리가 멀면 멀수록 그만큼 더 수요가 억제되는 것이다. 그래서 관광학은 공간을 다루는 학문들(spatial sciences), 이를테면 지리학·지역과학(regional sciences) 등과도 밀접한 관계를 맺고 있다.

⑤ **관광재는 공간 이전이 불가하므로 소비자가 직접 찾아가서 소비해야 한다:** 대부분의 관광자원은 냉장고·쌀 등의 일반재와 같이 우리 생활주변에 있지 않으며, 또한 그것을 우리가 원한다고 해서 소비지로 이전시킬 수도 없다. 때문에 소비자가 현지로 직접 찾아가서 소비하지 않으면 안 된다. 예를 들어 보령 머드축제나 하와이 민속춤을 구경하기 위해서는 그곳 현지로 직접 찾아가 볼 수밖에 없다.

⑥ **관광재는 상당수가 그 공급이 비탄력적이다:** 관광재 중에는 쌀, 쇠고기 등 일반재화와 달리 수요변화에 따라 공급자가 공급량을 신축적으로 조절할 수 없는 성격을 지닌 재화가 많다. 특히 위락자원보다 인문자원이나 자연자원의 경우 그 정도가 더 심하다. 자연공원이나 경관, 폭포, 산, 해안 등은 우리가 원한다고 해서 그 공급량을 마음대로 늘릴 수가 없으며, 하물며 유물·유적, 산업시설 등도 공급을 마음대로 조절할 수가 없다. 단지 가능한 것은 관리능력의 제고를 통해 수용력을 어느 수준까지 확장할 수 있을 뿐이다. 이와 같이 정태적 성격의 관광재, 특히 자연물 중심의 관광재는 증감하는 수요에 대해 그 공급여력이 극히 비탄력적이다.

2) 관광경제학의 역사

세계적으로 관광경제에 관한 최초의 연구는 유럽 특히 이탈리아에서 시발되었다고 밝혀지고 있다. 보디오(Bodio, 1899)의 논문 "이탈리아에 있어서 외래객 이동 및 그 소비액에 대해서"와, 니체훼로(Nicefero, 1923)의 논문 "이탈리아에서 외국인 이동", 그리고 마리오티(Mariotti, 1929)의 저서 『관광경제학강의』가 그런 부류의 연구물들이다(鹽田正志, 1962에서 재인용). 그 외 유럽에서의 선구적 연구로는 독일의 뵈르만(Börmann, 1931)의 『관광학개론』, 글뤽스만(Glücksmann, 1935)의 『일반 관광론』, 그리고 영국 오길비(Ogilvie, 1933)의 연구, 오스트리아의 베르네커(Bernecker) 등이다.

그러나 이들 유럽국가 학자들의 저술이 관광의 경제적 측면을 최초로 기술했다는 점에서는 분명히 그 의의가 크지만, 관광학 내지 관광경제학의 학문체계 형성에 크게 도움을 주지는 못했다. 비록 독일계통의 일부 연구들이 관광연구를 경제학의 한 분과로 보며 경제적 측면을 많이 다룬 것은 사실이지만 이를 관광경제학 연구의 시초로 볼 수 있는가는 의문이다. 그 이유는 개념체계나 체계적인 방법론(methodology) 혹은 이렇다 할 관련 이론이 만들어지지 않았기 때문이다. 유럽 대륙계통의 초기 관광연구가 접근방법이나 이론구성 면에서 사회과학으로서의 관광경제학이란 학문적 요건을 약간은 충족시켜 주지 못했다고 평가한다면, 그 약점을 다소 극복시켜준 것이 바로 북미계통의 연구라고 할 수 있다.

북미계통의 접근은 우선 광대한 영토와 풍부한 경제력 및 관광자원을 지니고 있고 지정학적으로도 대서양을 경계로 타 국가 특히 유럽과 격리되어 있다는 특수성으로 인해 국제관광보다는 국내관광 — 구체적으로 내국인의 사회후생 차원에서의 국내관광 — 에 대한 관심이 앞섰다. 이들 북미 학자들은 관광을 외화획득의 수단이 아니라 내국인 복지실현의 수단으로 인식하였기 때문이다. 또 하나의 부분적 이유는 이들이 국제적인 뉘앙스가 강한 'tourism'보다는 국내적 또는 사회후생의 뉘앙스가 강한 'outdoor recreation'이나 'leisure'라는 용어를 초기는 물론 현재까지도 더 즐겨 사용하고 있는 경향에서도 찾아볼 수 있다. 북미학자들이 관광경제학을 지칭하는데 'tourism economics'란 용어 대신에 'recreational economics'란 용어를 많이 사용하고 있는 것도 같은 맥락이다. 그 주된 관심도 외화획득 방안 등 처방적 연구나 관광통계체제의 개선이 아니라 이용자편익(user benefits)이나 관광잉여(recreational surplus) 또는 관광지의 수용력(carrying capacity) · 혼잡도(crowdness) · 자연환경 파괴와의 관계 등 이용자 후생분석에 이른다는 점을 통해서도 또한 그 증거를 찾을 수 있다.

또 한 가지 북미연구의 특징은 접근방식상 교차학문적(cross-disciplinary) 내지 다학문적

(multi-disciplinary)인 방식(이른바, 개별과학적인 접근방식)을 견지해 왔다는 점이다.* 중요한 것은 관광경제적 연구를 당시의 관광학과 소속 교수들이(당시 북미에는 관광학과란 명칭을 가진 학과도, 전공 교수도 거의 없었지만) 주도했다는 것은 아니다. 오히려 관광이 아닌 타 분야 학자, 이를테면 자원경제학자나 환경경제학자, 농업경제학자들이 연구의 중심을 이루었다. 이들의 논문들은 주로 경제관련 전문학술지, 특히 *Land Economics*, *American Journal of Agricultural Economics*, *Water Resources Research*, *Journal of Environmental Economics and Management* 등을 통해 자주 발표되어 왔다.

관광(위락)경제학에 크게 기여한 북미 경제학자들을 예로 들어 본다면, 광산 경제학자 호텔링(Hotelling, 1947),[4] 자원경제학자 마리온 클로슨(Marion Clawson, 1959),** 클로슨의 뒤를 이어서 시체티(Cicchetti, 1972),[5] 스미스(Smith, 1975)[6] 그 이후에는 크루틸라・피셔(Krutilla and Fisher, 1975),[7] 왈쉬(Walsh, 1986)[8] 등도 이 분야의 연구를 발전시키는 데 공헌하였다. 특히 1959년에 발표된 클로슨의 논문은 그 뒤 네취(J. Knetsch)와 공저한 저서 『야외위락경제학』(*Economics of Outdoor Recreation*)에서 더욱 구체화되어 관광수요와 편익측정연구의 시금석이 되었으며, 이 연구를 시발로 많은 후속연구와 끊임없는 상호비판을 통하여 북미류의 관광위락경제학 연구체계가 확립되었다. 그 외에도 승수분석 기법을 관광에 도입한 영국의 브라이든(Bryden, 1973), 아처(Archer, 1977)[9] 같은 경제학자들은 관광현상의 접근방법의 계량화에 크게 이바지하였다는 점에서 높이 평가받을 만하다. 영국 학자들의 이 분야 연구경향 역시 한마디로 미국 학자들의 그것과 같이 경제학에 바탕을 둔 개별과학적 접근으로 일관하였다.

1990년대 이후에 들어서는 관광현상 연구의 유행과 더불어 '관광경제학'이라는 이름의 단행본 저서류가 특히 많이 등장하였는데, 룬드버그 등(Lundberg et al, 1995)[10]의 『관광경제학』(*Tourism Economics*), 신클레어와 스테블러(Sinclair and Stabler, 1998)[11]가 공저한 『관광경제학』(*The Economics of Tourism*), 트라이브(Tribe, 1995)[12]의 『여가관광경제학』(*The Economics of Leisure and Tourism*), 그리고 불(Bull, 1995)[13]의 『여행관광경제학』(*Economics of Travel and Tourism*), 루미스와 왈쉬(Loomis and Walsh, 1997)[14]의 『위락경제의사결정론』(*Recreation Economic Decisions*) 등이 그것이다.

영미 사상보다는 주로 유럽대륙 사상을 일찍부터 받아들인 日本의 관광학연구는 20세기 후반기부터 시작되었는데, 시오다 세이지(鹽田正志)의 저서 『觀光經濟學』(1962), 『觀光學硏究』(1974)를

* 이 접근방식의 장점은 방법론이 튼실하고 이론적 바탕이 튼튼한 사회과학들(예컨대, 경제학, 사회학, 심리학, 지리학, 문화인류학)에 기초하고 있기 때문에 관광경제 분야에 관한 한 이론의 깊이가 있다는 장점이 있다.

** 특히 그는 1966년에 잭 네취(Jack Knetsch)와 공저하여 연구서 『야외위락경제학』(*Economics of Outdoor Recreation*)을 저술하여 관광수요와 편익측정 연구의 시금석을 마련하였다.

높이 평가할 만하다.[15] 그의 연구도 독일식의 관광연구 방식 ― 이를테면 관광연구를 하나의 학문적 체계를 갖춘 개별과학으로 보려는 방식 ― 을 추종한 흔적이 곳곳에서 보이고 있다. 일본에 유럽 대륙계통의 관광학적 틀이나 사고방식을 도입한 장본인도 바로 그이다. 그가 보는 관광연구의 성격도, 관광을 대내적이 아닌 대외적인 현상으로 보았다는 점에서 20세기 초의 유럽학풍을 그대로 닮았다고 할 수 있다.

한편 우리나라의 경우, 경제적으로 어렵던 시절이었던 1950~60년대에는 경제개발과 외화획득의 한 수단으로 정부가 외래 관광산업을 기반산업으로 간주한 바는 있지만, 학계 측에서의 연구는 전혀 없었다 해도 과언이 아니다. 1970~80년대가 다 지나도록 과거에 흔히 주장하던 대로, 관광산업이 경제성장을 위해 매우 중요하다는 식의 주장만 구태의연하게 되풀이하며, 학문적 기반이 결여된 실무적·처방적 교육(특히 영어 등 어학교육, 업장에서의 실무훈련)에만 급급하고 있었기 때문이다. 그나마 관광현상을 교차학문적 시각에서 경제학적 접근방법으로 규명코자 하는 노력의 기미가 보이기 시작한 것은 일부 학자들을 중심으로 1980년대 후반부터, 특히 1990년대에 들어서부터라고 할 수 있을 것 같다.

2 관광수요와 그 결정요인

1) 관광수요와 관광수요 측정의 척도

경제학에서 수요란 일정 기간 동안 소비자가 구매하고자 하는 재화나 서비스에 대한 욕구를 의미한다. 여기에서 수요는 원래 소비자가 실제로 구매한 수량이 아니라 마음속으로 구매하고 싶어 하는 수량을 의미한다. 마음속으로는 사고 싶어도 값이 비싸거나 시간이 없어서 못 사는 경우가 있으므로 구매하고자 하는 의도와 실제로 구매한 결과는 차이가 있을 수 있다. 소비자가 구매하고자 하는 의도를 측정하기란 매우 어려우므로 경제학에서 수요는 주로 판매된 양, 즉 수요량으로 측정한다. 예를 들어 2009년 노트북에 대한 수요는 2009년 1월 1일부터 12월 31일까지 팔린 노트북 수량을 의미한다.

관광경제학에서 관광수요란 관광위락을 하고자 하는 소비자의 욕구 내지 욕망을 의미한다. 관광은 기본적으로 장소에 대한 수요라고 할 수 있다. 유럽 관광을 하고자 하는 욕구, 함평 나비축제를 보고자 하는 욕구 등이 관광수요이다. 관광에 대한 수요는 일반 경제재에 대한 수요행위와 다소 차이가 있다. 관광의 경우에는 대부분 자연자원, 언어, 민족, 유물, 유적, 축제 등 가격으로

가치를 환산하기 어려운 공공성의 재화를 구매대상으로 한다. 또 유럽 관광을 하기 위해서는 유럽까지 비행기를 타고 이동하여야 하고, 숙박을 하고, 음식물을 소비하여야 하는 등 복합재를 수요하는 복합수요이기도 하기 때문이다.

관광의 구체적 수요는 어떻게 알 수 있나? 일반 시장재의 경우에는 수요량의 측정을 수량 혹은 금액으로 표현한다. 예를 들어 라면에 대한 수요는 라면의 판매량, 사과에 대한 수요는 사과 판매량, 기념품에 대한 수요는 기념품 판매량, 호텔 객실에 대한 수요는 판매 객실 수 등으로 측정될 수 있으나 관광에 대한 수요는 특정 관광지라는 '장소 수요(site-specific demand)'이므로 이를 얼마나 이용할 것인가에 대한 측정이 쉽지 않다는 점이다. 미국 연방정부는 다음과 같은 척도를 도입하여 이 문제를 해결한다. 학자들도 대개 이하의 측정방법(지표)을 사용하여 연구한다.

(1) 방문자 수(number of visitors)

방문자 수는 조사대상 관광지를 방문한 사람 수를 의미한다. 현재 한국관광공사에서 발표하고 있는 우리나라 외래 관광통계는 이 기준을 따르고 있는데, 단순하므로 파악하기 쉽다는 장점이 있다. 그러나 1박을 하고 출국하는 외래객과 4박 5일을 체류하는 외래객의 경우 각각이 관광수입에 미치는 효과가 다름에도 불구하고 이에 대한 정보는 제공해주지 못한다는 단점이 있다.

(2) 총방문횟수(number of total visits)

총방문횟수는 일정기간 동안 한 사람이 한 지역을 1회 방문한 것을 기본단위로 하여 전체 방문한 횟수를 파악하는 것이다. 이 측정단위는 관광지에서의 관광활동이 유사하고 따라서 활동 소요시간도 동일할 때는 측정단위로 적합하지만 목적지가 복수로 구성된 경우에는 측정단위로 부적합하다는 단점이 있다.

(3) 관광일수(visitor day)와 위락방문일수(recreation visitor days)

이 척도는 방문자 수에 체재일수를 곱한 수치(방문자 수×체재일수)로서 앞에서 지적한 방문자 수 척도가 단순히 인원수만을 형식적으로 표시한 것이라면 이것은 개개 관광자 수요의 크기까지 고려한다는 점에서 한 단계 더 발전된 척도라고 할 수 있다. 10명의 단체가 2박을 여행했다면 그 수요량은 20일이라고 할 수 있고, 2명이 5박을 여행했다면 10일이라고 할 수 있다.

체재일수는 체재기간의 환산방법에 따라 다시 방문일수와 방문박수로 나눌 수 있다. 10명이 1박 2일을 했다면 방문일수는 20일, 방문박수는 10박으로 측정할 수 있다. 호텔과 같은 숙박시설의 경우 방문박수가, 스키장 또는 주제공원이나 국립공원과 같이 주간활동이 주가 되는 관광시설의 경우에는 방문일수가 유용한 지표가 될 수 있다.

미국 산림청(U.S. Forest Service)은 이와 유사하게 위락방문일수(RVD: recreation visitor days)라는 측정단위를 사용한다. 이 기관은 1인의 12시간 이용을 기본 한 단위로 이용한다. 따라서 4명이 함께 캠핑장을 12시간 이용하였다면 4RVD단위를 수요한 것이고 4명이 24시간을 이용하였다면 8RVD 단위이다. 12시간을 기본 단위로 하는 관계로 자원이용량 대부분을 만족스럽게 측정할 수 있다는 장점이 있지만, 이 측정단위의 문제점은 1명이 12시간 이용하는 것이나 12명이 1시간 이용하는 것이나 동일하게 1RVD단위이지만 1명이 12시간 머무를 때보다 12명이 1시간 머무르는 것이 자원의 훼손을 더 가져올 수 있다는 점에서 불합리한 척도라고 볼 수 있다.

(4) 관광자 방문율(visit rate)

이는 방문자 수를 이들을 배출한 거주지의 실제 인구 수로 나눈 것(방문자 수/거주지 인구 수)으로서, 수요의 상대적 크기를 나타내 준다. 예를 들어 국제관광의 경우에는 방한 일본인 방문율은 방한 일본인 수를 일본 인구 수로 나눈 것이다. 국내 관광의 경우에는 함평 나비축제의 서울 관광자 방문율은 서울에서 방문한 사람 수를 서울 인구 수로 나눈 것이다.

(5) 여행이동거리(distance traveled)

각 관광지까지 이동한 거리를 가지고 관광수요를 측정할 수도 있다. 한 관광자가 1km 이동한 기본단위 거리를 '1인km'라고 할 때 일행 전체의 수요는 '일행의 수×일행이 여행한 거리'가 된다. 예를 들어 10명이 30km를 이동하였다면 300인km가 된다. 이 척도는 철도, 항공 등 교통수요 분야에서 많이 이용된다.

2) 관광수요의 결정요인

관광수요는 경제적, 정치적, 사회문화적, 기술적 환경의 변화 등에 영향을 받으므로 수요예측의 정확도는 이들 환경의 변화를 얼마나 정확하게 분석하느냐에 달려 있다. 경제적 환경의 분석은 경기순환과정(회복기, 호황기, 후퇴기, 불황기), 경제성장률, 환율, 실업률, 소득, 가격, 마케팅 비용 등과 같이 수요에 직접적인 영향을 미치는 경제변수들을 분석하는 것과 관련되며, 사회문화적 환경의 분석은 인구의 규모, 연령구조, 성별, 가족규모, 교육수준, 종교, 여가시간, 언어와 문화적 유사성의 정도, 기후, 도시화, 범죄율, 관광객의 취향과 태도, 관광대상지의 이미지와 인

지도 등과 같은 요인들과 관련된다. 기술적 환경의 분석은 산업구조, 경쟁방식, 신제품, 제품혁신, 제품수명주기 등이 수요에 미치는 영향을 분석하는 것과 관련된다. 또한 특정 관광대상국이나 외화소지한도액 등과 같은 정부규제, 테러 등과 같은 정치적 환경의 변화에 대한 분석도 중요하며, 마지막으로 소멸성, 계절성 등도 관광수요분석에서 중요하게 고려되어야 할 요인들이다.

관광수요에 영향을 미치는 독립변수들은 다양하다. 첫째는 총관광객 수를 결정하는 요인들을 의미하는 시장 요소(market factors), 둘째는 관광객을 유인하거나 억제하는 요인들을 포함하는 관광대상지 요소(destination factors), 셋째는 관광대상지와의 지리적 관계를 의미하는 장소 요소(location factors), 마지막으로 비즈니스, 문화적, 국가 간의 연결요소를 의미하는 결속요소(ties factors)로 분류할 수 있다.

관광수요의 결정요인은 우선 그 수요의 유형 특히 국내관광인가 해외관광(혹은 국제관광)인가에 따라 대체로 다르다. 대개 이문화 지역을 여행하는 국제관광의 경우에는 종교나 언어 등의 문화, 안전성(질병감염, 테러 가능성 여부 등), 자국 대비 통화의 환율 등이 중요한 변수가 되지만 자국민의 국내관광에서는 이런 변수들보다는 연령구조, 성별, 가족규모, 교육수준, 잠자리, 볼거리, 교통여건 등이 오히려 주요 고려대상이 된다. 여기서는 관광수요에 여향을 미치는 일반적 요인들만 몇 가지 살펴보도록 하자.

(1) 소 득

소득의 크기는 관광수요의 결정요인들 중 가장 높은 설명력을 지닌 결정인자로서 직접적으로 그리고 간접적으로 여가 및 관광수요에 크게 기여한다. 소득은 여가·관광수요에 대해 대부분 陽(+)의 방향으로 작용한다. 즉 소득수준이 높아질수록 관광이나 여가수요는 점점 더 급격한 비율로 증가한다.

(2) 자체가격 및 상대가격

경제이론에 의하면, 다른 조건이 일정할 때 수요와 가격은 반비례관계에 있으므로 수요를 파악하는 데 있어서 가격은 중요한 변수 중의 하나이다. 관광수요연구에서도 다른 조건이 일정하다면 관광대상국에서의 관광상품과 서비스의 가격이 높을수록, 관광수요는 감소할 것이다. 그러나 관광수요를 분석하는 데 있어서 가격은 다양한 방식으로 표현되어 왔기 때문에 가격에 대한 적절한 측정수단을 결정하기 어렵다. 그럼에도 불구하고 일반적으로 관광수요연구에서 가격은 첫째로 관광대상국에서의 관광상품과 서비스의 가격(관광생활비용; 관광가격), 둘째로 환율, 마지막으로 관광발생국과 관광대상국 간의 교통비용의 형태로 측정되었다.

관광발생국과 관광대상국의 상대가격의 변동을 측정함에 있어서 이상적으로는 관광객에 의해 구매된 상품들을 구성하는 지수 즉, 관광물가지수(TPI: tourist price indices)를 사용하는 것이 바람직하지만 현실적인 측면에서 모든 관광객의 비용을 추적하여 측정하는 것은 불가능하기 때문에, 대부분의 연구들은 '소비자물가지수'를 관광가격의 대리변수로 사용한다.

(3) 여가시간

관광이란 자유시간을 전제로 한다. 여가시간의 유무나 많고 적음은 곧 여타 관광수요인자 이상으로 중요한 영향변수이다. 역사적으로 볼 때, 유급휴가기간의 증가, 노동시간의 단축이 관광량의 증가로 나타난 사실이 바로 이를 증명하고 있다. 특히 오늘날 우리나라를 포함하여 선진국 간에 주휴 2일제가 보편화함에 따라 여행수요는 급격히 늘어가고 있다.

(4) 자국화폐의 가치: 환율

국제관광에 있어서는 자국통화의 상대적 가치 즉, 환율의 영향력도 중요하다. 특히 오늘날과 같이 국제 간의 이동과 교류가 빈번한 '전 지구적 시대(globalized era)'에는 여행객들이 환율변화에 민감하다. 일본 엔화대비 한국원화의 환율이 높아지면(즉, 한국원화의 평가절하) 일본인들이 한국 쇼핑을 위해 몰려들고 그 반대로 우리나라 통화가 강세일 때는 한국인들의 일본 여행이 잦아진다.

(5) 여행비용(교통비용)

여행비용이라 함은 여행자가 대상관광지까지 왕복하는 데 소요된 비용을 말한다. 일반 소비재의 획득 비용이 그 소비재의 가격이라 한다면, 이 여행비용은 여행이라는 서비스를 획득·이용하는 데 대해 지불하게 되는 가격(또는 대가)이라 할 수 있다. 그러나 여기서 주의할 점은 여행비용이라 해서 그것은 우리가 통속적으로 생각하고 있는 왕복 여행에 소요된 화폐적 경비만을 의미하지는 않는다. 일반적으로 여행비용에는 교통비용뿐만 아니라 상실한 시간비용, 즉 여행시간의 '기회비용(opportunity cost)'까지 포함되기 때문이다.* 더 나아가 여행비용은 교통비 등의

* 어떤 재화의 여러 가지 종류의 용도 중 어느 한 가지만을 선택한 경우, 나머지 포기한 용도에서 얻을 수 있는 이익의 평가액을 말한다. 예컨대, 어느 사업가가 특정한 선택 즉 특정 기업에 투자한 돈을 회수하여 은행에 예금했다면 이자를 받게 된다. 그 이자가 이 사업가에게는 곧 기회비용이다.

화폐적 비용, 기회비용으로서의 시간비용뿐만 아니라 심리적 부담(psychic cost)까지 포함한다. 흔히 학자들 간에 여행비용의 대리변수(proxy variable)로서 물리적 거리(physical distance)를 많이 사용하는데, 이는 이 거리변수가 금전 · 시간 · 심리의 3가지 비용과 높은 상관성을 갖고 있기 때문이다.

(6) 선택대상 자원의 경쟁성(다양성) 여부

현재 잠재수요자의 수요는, 그 자원 외에 그 자원과 경쟁하는 경합적 자원이 그 주변에 얼마나 많은가라는 외적 요인에 의해서도 크게 영향을 받는다. 우리나라에는 주로 5월에 지역축제의 대부분이 몰려 있는데, 이런 경합성은 특정 지역축제에 대한 수요를 그만큼 분산시키기 때문에 수요를 축소시킬 수 있다. 그러나 특정 관광대상이 한 곳에 몰려 있으면 집적효과(集積效果: agglomeration effect)를 가져와 오히려 수요의 상승작용을 일으킬 수도 있다.* 서울의 이대 앞에 양장점들이 몰려 입지하고, 청계천 일부 지역에 공구상들이 밀집하는 이유는 바로 이 집적효과 때문이다.

(7) 사회문화적 요인: 제도와 가치관의 차이

관광 · 위락수요의 외적 영향변수로서 빼놓을 수 없는 것은 그 사회의 문화적 특이성 혹은 그 사회가 지녀온 제도 · 가치관이라 할 수 있다. 소비나 여가생활이 미덕시되어 온 문화권에서는 여가의 잠재수요가 별 제약성 없이 발현될 수 있으나 대부분의 이슬람권 국가들은 국민들이 자유롭게 여가를 즐기는 것을 그들의 종교 율법에 반한다고 여긴다. 또 비록 가난하지만 신앙심이 깊은 티베트인들은 오히려 순례여행(pilgrimage)을 자주 하는 편이다.

그 외에도 수요자의 교육수준이나, 나이, 생애주기, 건강, 개인의 기호, 국가의 제도적 장치, 자연재해, 정치적 갈등과 분쟁 등에 따라 관광수요는 다양하게 변화된다. 이런 촉진 혹은 억제 요인들을 함께 토론해 보기 바란다.

* 동종의 기업이나 산업들이 한 곳에 모여 있음으로 인해 얻는 경제적 이익 효과. 기업이 한 곳에 집적함으로써, 상호 경쟁으로 인해 상실할 수 있는 매출감소효과보다는 집단적 선전광고 효과로 인해 상호간에 이익이 더 크다는 것이다.

3 관광위락의 자원경제적 가치

관광자원의 가치는 이용하는 개인의 입장이나 혹은 비이용자를 포함한 사회 전체의 입장에서 나름대로의 가치를 지닌다. 또 경제적 측면에서 일정의 가치를 지님은 물론, 측정하기 어렵지만 사회적 측면에서도 다양한 가치도 지닌다. 대개 특정 관광자원을 개발할 때는 주로 그 경제적 가치만을 따지곤 한다. 여기서는 관광재 내지 관광자원의 경제적 가치문제에 대해 이용가치와 비이용 가치 그리고 이의 측정문제만을 중점 검토해 보기로 한다.

1) 이용가치와 소비자 잉여

관광위락자원이 생산하는 가치는 크게 이용가치(use value)와 비이용가치(non-use value)로 나눌 수 있다. 자원의 전체 가치는 실제 그 자원을 이용한 사람이 향유한 가치와 제3의 비이용자에게 주어지는 가치(향후의 이용가능성 혹은 후손에 대대로 물려주고 싶은 잠재가치 등)로 구성된다는 것이 이제까지의 연구결과이다. 즉, Krutilla 등 여러 자원경제학자들은 일찍이 자원의 경제적 가치를 이용가치와 비이용가치로 나누고, 비이용가치는 다시 잠재이용자의 장래의 이용에 대한 선택권 가치(選擇權 價値: option value), 존재가치(存在價値: existence value), 그리고 유산가치로 구분될 수 있다는 사실을 경험적으로 확인하였다.

여기서 이용가치란 실제 어떤 소비자가 그 재화를 구매할 때 지불한 화폐적 시장가치와 더불어 그가 가격을 지불하지 않고도 무료로 얻은(시장가치로 환산되지 않은) 소비자 잉여(consumer surplus)로 구성된다.* 예를 들어 미국에 있는 아들에게 급한 소식을 전해야 하는 부모가 전자메일을 통해 급보를 전했다고 하자. 만약 전자메일이 없었다면 비싼 국제전화나 특급우편으로라도 그 소식을 전했어야 하는데, 부모님은 그 비용 3만 원을 기꺼이 지불할 용의가 있었다고 하자. 그러나 실제로 부모님이 보낸 전자메일의 값은 전기사용료 · 인터넷 접속료를 포함해 도합 50원이었다면 그 부모님의 '소비자 잉여'(기꺼이 지불하고자 하는 비용-실제 지불한 비용), 즉 무료로 혜택을 누린 가치는 29,950원이다. 보통 정보통신, 교통수단 등 이로운 수단(利器)일수록 그 소비자 잉여는 더 높아진다. 이런 관계를 다시 간단히 정리해 보면 다음과 같다.

* 다시 말하면, 소비자 잉여란 어떤 상품에 대해 소비자가 기꺼이 최대한 지불해도 좋다고 생각하는 가격(수요가격)에서 실제로 지불하는 가격(시장가격)을 뺀 차액이다.

자원가치 = 이용가치 + 비이용가치

이용가치 = 이미 지불한 시장가치 + 소비자 잉여 가치

비이용가치 = 선택권가치 + 존재가치+유산가치

이용가치와 소비자 잉여 가치의 개념을 다음 표와 그림의 설명을 통해 이해해 보기로 하자. 예를 들어 어떤 개인이 금년에 지리산으로 여러 번 여행을 떠날 수 있는 가능성을 검토해 본다고 하자. 그의 지리산 여행횟수에 따른 총편익(총만족도)과 한계편익이 <표 4-1>(혹은 이를 그림으로 나타낸 [그림 4-1])과 같이 이미 알려져 있다고 하자. 그렇다면 그는 지리산으로 연간 몇 번을 여행하는 것이 가장 현명한 처사인가? 그가 다른 여러 요인에 영향을 받지 않고 오로지 현실적인 편익(만족도)에만 좌우되는 이른바 '합리적인' 소비자라고 가정한다면, 결론은 다섯 번만 여행하는 것이 최선의 방법이라고 할 수 있다. 왜 그런지 살펴보기로 하자.

〈표 4-1〉 어느 지리산 관광여행자의 총편익과 한계편익 (단위: 회, 만 원)

여행 횟수	총 편익	한계 편익
0	0	–
1	6	6
2	11	5
3	15	4
4	18	3
5	20	2
6	21	1
7	21	0
8	20	–1

| 자료: 필자(2008)[16]의 『관광경제학』, 표 6–1을 재인용.

이를 이해하기 위해서, 우리는 먼저 총편익과 한계편익, 한계비용의 개념 그리고 이들 양자의 관계에 대해 보다 정확히 이해할 필요가 있다. 총편익(TC: total benefits)은 한 번, 두 번 … 여러 번 여행 갔을 때 그 여행자가 갔을 때마다 누린 편익의 누적 합계를 말한다. 표에서는 본다면 처음 갔을 때 얻은 편익은 6만 원, 두 번째 갔을 때 얻은 편익은 5만 원, 세 번째 갔을 때 얻은 편익은 4만 원이다.

이들을 누적하여 모두 합계한 것이 총편익이다. 그리하여 여덟 번 갔을 때까지의 누계 총편익은 20만 원이다. 여기서 각 횟수(Q)마다 발생된 추가편익, 즉 6만 원, 5만 원, 4만 원 … 을 각각 한계편익(MB: marginal benefit)이라고 한다. 다시 말해 한계편익이란 어떤 재화 한 단위를 더 추가 소비함으로써 발생되는 추가편익(수학적 표현으로는, $\Delta TB/\Delta Q$)을 말한다. 표에서 한계편익은 이들 추가되는 횟수에 따라 변화되는 '총편익 간의 차이'를 뜻하는데, 여행횟수가 처음 한 단위 증가할 때의 한계편익은 6만 원, 두 번째 단위에서 한계편익은 5만 원, 그리고 세 번째 단위에서의 한계편익은 4만 원 등인 것으로 표시되고 있다.

여기서 여행횟수가 한 단위씩 증가될수록 이에 반비례하여 한계편익은 점점 더 감소하고 있음을 알 수 있다.이런 현상을 우리는 '한계효용체감의 법칙(The diminishing law of marginal utility)'이라고 부른다. 이 법칙은 특정재화의 소비가 거듭될수록 이로부터 얻는 추가적인 효용(incremental utility), 즉 한계효용(한계편익)은 점차 줄어든다는 경험적 사실을 뜻한다. 그리하여 7번째 여행을 하면 한계편익은 드디어 영이 된다. 한계편익이 영이 된다는 것(MB = 0)은 추가여행으로 인해 얻는 만족(효용)이 아무것도 없다는 뜻이다. 그 뒤 여덟 번째 여행부터는 만족을 얻기는커녕 드디어 여행이 짜증과 불만의 요인이 된다(즉 MB < 0). 그러므로 현명한 여행자라면 7회를 초과하는 여행은 하지 않아야 한다.

만약 그 여행자가 '합리적 소비자'라면 몇 번을 여행해야 하는가? 5회 여행이 최선의 선택이다. 그 이유를 밝혀보자. 여행에는 항상 비용이 수반되기 마련이므로 그는 총편익과 총비용의 차이(이를 총순편익이라고도 함)가 극대화되는 점, 다시 말해, [그림 4-1] 의 5회 여행지점, 혹은 한계편익(MB)이 그 재화의 가격(P = 한계비용)을 초과하는 경우(즉, MB > P 지점 아래 그림의 5회)까지만 그 재화 소비를 계속해야 한다. 어느 누구도 얻는 것(MB)보다 잃는 것(P)이 많은 상황 즉, MB < P인 상황에서는 그 재화를 더 이상 소비하려 들지 않을 것이다. 궁극적으로 그는 순편익을 극대화할 수 있는 MB = P인 점까지만 소비를 해야 하는 것이다.*

이러한 관계를 연속적인 그림으로 설명한 것이 [그림 4-1]이다. 여기서 위의 그림은 앞에 제시한 <표 4-1>의 여행횟수와 총편익 그리고 총비용과의 관계를 나타낸 것이다. 여행횟수가 늘어남에 따라 총편익은 점차 증가하지만, 그 증가율은 줄어들어 7회째 방문을 임계점으로 하여 총편익 자체가 줄어든다. 이때 순편익(즉 총편익 − 총비용)이 최대화되는 시점은 여행횟수 5회째이다. 한계편익 개념을 도입하여 여행횟수와 한계편익과의 관계를 표시한 것이 그 아래 그림이다. 이 그림은 한계편익곡선(이것이 곧 수요곡선임)이 우하향할수록 한계편익은 감소하는 경향을 나타내고 있다. 총편익이 극대화되는 만곡점, 즉 총편익곡선이 피크를 이루는 점에서 한계편익은 영(MB = 0)이 되는데, 이곳은 한계편익곡선에서 여행횟수가 7회째 되는 지점이다. 또한 순

* 경제학 시장법칙에 의하면, 한계편익(혹은 한계효용)이 시장가격(P)과 같아지는, 즉 MB = P인 지점이 시장의 균형점이다. 왜냐하면, 완전경쟁시장에 있어서 시장가격 P는 소비자입장에서 보면 한계비용(MC)이므로, 소비자는 재화를 추가적으로 한 단위 더 소비함으로써 얻는 편익(MB)이 재화 한 단위 더 소비하는 데 드는 비용(MC)과 같아지는 지점, 즉 MB = MC = P인 수준까지만 소비하기 때문이다.

편익이 극대화되는 점은 연간 방문횟수 5회째 되는 곳이다.

이 그림의 수요곡선에서 만약 1회 방문당 가격이 P=2만 원이라고 가정하자. 이 경우 가격선은 PA이다. 7회 방문의 총편익은 수요곡선의 내부면적, 즉 삼각형 BOC의 면적(21만 원)과 같다. 다시 말해 여행자가 어떤 관광지를 첫 번부터 일곱 번째까지 방문하여 얻은 모든 추가효용의 합(총편익)은 수요곡선의 내부면적의 값, 즉 21만 원과 같다. 그러나 현명한 여행자는 순편익을 극대화하기 위해 P=MB인 5회 방문까지만 수요하고자 한다. 이 5회 방문까지의 총편익은 사다리꼴면적 BAQ*O(즉 20만 원)이다. 그런데 이때 그가 비용으로 실제 지불한 시장가격은 1회 방문당 2만 원씩으로서 4각형 PAQ*O(즉 2만 원×5회)에 불과하다. 그렇다면 남은 부분, 즉 총편익에서 비용을 제외한 부분인 삼각형 면적 BAP(20만 원-10만 원 = 10만 원)가 비용을 지불하지 않고 공짜로 획득한 잉여편익이 된다. 이 잉여편익을 경제학에서는 '소비자 잉여(consumer surplus)'라고 통칭하는데, 총편익에 대응하여 이것을 '순편익(net benefits)'이라고 지칭하기도 한다.

이를 보다 전문적으로 설명하면, 5회 방문까지의 수요곡선인 사다리꼴의 면적(20만 원)은 애덤 스미스(Adam Smith)가 주장한 이용가치(사용가치)이며 시장가격에 의해 실제 지불한 면적(10만 원)은 교환가치(시장가격)이다. 따라서 그 이용가치에서 교환가치를 뺀 부분이 알프레드 마셜(Alfred Marshall)이 밝힌 소비자 잉여분이 된다.

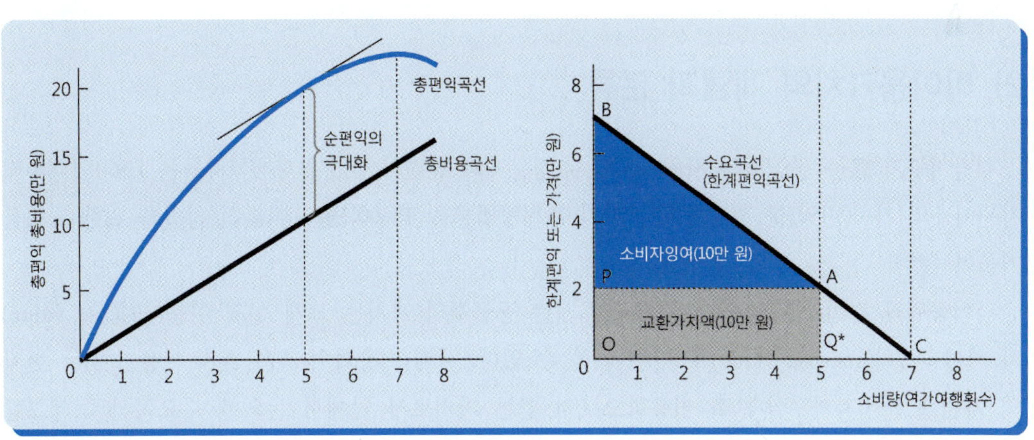

[그림 4-1] 총편익 곡선 그리고 한계편익 곡선과 소비자 잉여

| 자료: 필자(2008)의 『관광경제학』, 그림 6-1을 재인용.

이용가치 = BAQ * O = 20만 원
교환가치 = PAQ * O = 10만 원
소비자 잉여 = 이용가치 − 교환가치 = BAP = 10만 원

원래 소비자 잉여 개념은 프랑스의 공학도 뒤퓌(J. Dupuit)가 제시한 개념으로서, 후일 마셜이 보다 이론화시켜 이를 '소비자 잉여'라고 명명하였기 때문에 우리는 이 곡선상의 잉여편익을 통칭 '마셜의 소비자 잉여'라고 부른다. 마셜의 소비자 잉여가 지니는 이론상의 약점을 보완하여 그 후 힉스(J. R. Hicks)가 무차별곡선(indifference curve)을 이용하여 새로운 소비자 잉여 개념을 도입하였지만, 그의 소비자 잉여는 마셜의 그것처럼 면적 등으로 가시화시킬 수 없는 약점 때문에 최근에 들어서도 마셜의 소비자 잉여 개념이 주로 사용되고 있다.

요컨대 관광재를 소비함으로써 얻은 이용가치는 교환가치인 시장가치와 공짜로 누리게 되는 소비자 잉여 가치의 합계라고 할 수 있다. 그러나 자연자원 등 공공성이 강한 관광재의 경우 이용하지 않는 사람도 얻을 수 있는 '보이지 않는 가치'가 존재한다고 근래 주장되고 있다. 만약 이런 보이지 않는 가치가 실제로 존재한다면, 우리는 이제껏 자원가치를 이용가치만으로 평가한 결과, 자원 전체 가치를 과소평가하는 잘못을 범해 왔다고 할 수 있다. 그렇다면 그 가치는 무엇인가? 그것은 비이용가치(non-use value) 또는 일명 보전가치(preservation value)라는 이름으로 불리는 새로운 가치개념이다. 이들 개념을 설명해 보기로 하자.

2) 비이용가치의 개념과 분류

시장기구가 없는 공공재적 자원가치의 추정문제와 관련하여 자원경제학자들은 1960년대부터 자원이용의 가치(편익)를 추정하고자 가치 추정방법론을 탐구하면서 이론적 정립을 위한 노력을 기울여 왔다.

국립공원과 같이 시장기구가 존재하지 않는 공공재의 가치는 크게 실제 이용가치(use value)와 비이용가치(non-use value)로 나누어 볼 수 있다. 실제 이용가치(혹은 현지 이용가치)는 현지의 자원을 소비자가 '실제'로 이용함으로써 얻는 가치로서 앞에서 논의한 수요곡선(즉, [그림 4-1]의 아래 그림)의 내부면적(즉 실제 소비에 따른 지불가액과 소비자 잉여의 합계)이 실제 이용가치이다. 그렇다면 자원을 이용하지 않는 비이용자에게 발생되는 가치는 무엇인가? 관련학자들은 이를 '보전가치(preservation value)'라고 명명한다.[17)]

보전가치란 아름다운 자연자원이나 수질・동식물・환경 등이 보존되고 있다는 사실 자체를

앎으로써 비이용자들이 잠재적으로 받게 되는 편익 또는 효용을 말한다. 즉, 향후 이용하거나 접할 가능성이 있는 잠재적 자원에 대한 '지식의 축적(stock)' 혹은 '심리적 자산'을 뜻한다. 이 보전가치는 크게 ① 선택권 가치(option value), ② 존재가치(existence value), ③ 유산가치(bequest value)의 세 가지로 구성될 수 있다는 것이 최근 학자들의 주장이다. 즉,

보전가치 = 선택권가치 + 존재가치 + 유산가치

여기서 선택권가치란, 어떤 자원을 미래에도 이용할 수 있는 옵션(선택권)을 미리 확보해 두는 대가로 잠재소비자가 지불코자 하는 일종의 '위험 프리미엄(insurance premium)'이다. 존재가치란 그 자원이 — 비록 그 소비자 자신은 현재 또는 장래에 이용치 않더라도 — 파괴되지 않은 채 상존하고 있다는 사실 그 자체에 대해 부여하고자 하는 가치이다. 또 유산가치란 그 자연자원을 자신의 후손들에게 유산으로 물려줄 수 있을 가능성에 대해 비이용자가 기꺼이 부여하고자 하는 지불용의액을 말한다.

이 보전가치가 과연 존재하는가의 여부에 대한 논란은 꽤 오래 전부터 제기되어 왔지만, 최근 들어 연이은 실증연구 결과에 근거해 소비자들에게 실제로 그 가치가 존재한다는 쪽이 지배적인 이론이 되고 있다. 예컨대 미국 애리조나주의 그랜드 캐니언(Grand Canyon)과 같은 빼어난 자원 혹은 원시지역(wilderness area)에 이런 가치가 존재한다는 연구가 경험적으로 밝혀졌다.[18] 또 이런 자원가치는 잠재이용자의 소득수준과는 양(+)의 함수관계가 있고 거리(자원 소재지역과 잠재이용자의 거주지 간 거리)나 대체재(substitutes)의 이용가능성과는 역관계에 있다는 사실도 밝혀지고 있다.[19]

관광자원의 가치를 잘 측정·파악하는 것은 관광경제학의 주요 과제 중 하나이다. 이제까지의 연구성과로서, 국립공원 등 시장 가격정보가 없는 관광재의 가치를 측정하는 방법에는 대리시장 정보를 이용하는 '여행비용방법(travel cost method)', 수혜자에게 직접 설문조사로 그 가치를 묻는 '가상적 가치 평가법(contingent valuation method)', 아파트 등 재산권의 시장가격 속에 잠재해 있는 가치를 통해 추정하는 '헤도닉 방법(hedonic price method)' 등이 유행하고 있다. 이에 대해서는 관광경제학의 각론 서적들을 참조하기 바란다.

4 관광의 경제적 효과와 영향

관광개발의 효과 내지 영향은 동전의 양면과도 같다. 긍정적 측면이 있는가 하면 부정적 측면도 있다. 대체로 경제적 시각에서는 지역 고용이나 소득의 향상 등 긍정적 측면을 높게 평가하고, 사회문화적 시각에서는 문화의 파괴나 신식민지화 촉진 등 부정적 측면을 우세하게 이야기한다. 그러나 전체적으로 어떤 쪽의 순편익(net benefits)이 더 높은가 하는 점은 단정적으로 판정할 수 없어 보인다. 그 나라, 그 사회가 처한 사회・경제・정치적 여건에 따라 전혀 달라질 수 있기 때문이다.

본 절에서는 경제적 영향을 핵심 논의로 하되, 사회문화적 영향도 간략히 언급하도록 한다. 그래야만 '관광의 전체의 영향 파악'이라는 과제를 공정하고 객관적으로 행할 수 있기 때문이다. 또 본 절에서는 여건, 즉 각종 영향을 미치는 주변의 상황적 요소에 주목하는 것도 잊지 않고자 한다.

1) 경제적 효과: 긍정적 효과와 부정적 효과

대개 제3세계 개발도상국들은 높은 인구 증가율과 실업률, 농업 등 1차 산업부문 생산에의 지나친 의존, 국제수지의 역조 및 높은 외채, 낮은 생활수준과 저보건・저교육・고문맹률, 저발전을 극복하기에 부적절한 사회정치제도 등으로 특징지어진다.[20)]

이런 이유 때문에 이들 제3세계 개발도상국들에게 관광은 더없이 매력적인 산업에 해당된다. 첫째, 관광은 타 산업에 비해 성장률이 극히 높아서 개발도상국 정책결정자들을 만족시키기에 충분하기 때문이다. 그 규모는 대개 관광교역은 세계교역 중에서 단일 항목으로는 거의 가장 높은 위치를 점해왔다. 전 세계무역에서 관광교역량을 능가하는 것은 단지 자동차, 화학 및 유류밖에 없을 정도이기 때문이다. 1960년대 이래 관광은 연평균 성장률 10퍼센트를 상회하면서 농업성장률의 2배 혹은 3배의 고도 성장률을 보여왔다.

둘째, 관광업은 많은 투자재원이 필요치 않은 아주 손쉬운 사업이기 때문이다. 제3세계 개발도상 국가들은 자기들 나라에 천혜의 관광자원, 즉 태양, 바다, 그리고 해수욕장이 도처에 널려 있음을 너무나 잘 알고 있다. 이들 가난에 찌든 제3세계 국가들은 단지 관광객용 호텔과 공항만 건설하면 귀중한 외화가 굴러들어온다고 생각한다. 사실 이보다 더 쉬우면서도 수지맞는 사업은 그리 흔치 않다.

셋째, 관광은 여러 가지 긍정적 효과를 유발하는 산업이며, 관광은 국제수지 개선의 주요 정책수단이기 때문이다. 개발도상국에 있어서 외환은 주요 경제난관을 극복할 수 있는 원자재 등의 재화를 구입토록 해주는 이점이 있지만, 막상 개도국에는 이 외화가 특히 귀하다. 그런데 관광은 이 귀중한 외화를 벌게 해주고 그 나라 국제수지에 기여하고 직·간접 고용을 창조한다. 관광은 도시에서 멀리 떨어진 비인기 지역에 대한 투자를 가능하게 해주기 때문에 심지어 지역 불균형을 시정하는 기능을 한다고 주장되기도 한다.

이와 같이 관광이야말로 개발도상국에게는 Turner와 Ash[21]가 이야기하듯, "다음 날 눈을 떠 보면 세계 산업계에서 열강이 될 수 있는" 그런 손쉬운 수단으로 여겨지고 있는 것이다.*

이와 같이 관광개발 옹호론자들이 내세우는 가장 큰 명분은 관광의 경제적 효과, 특히 긍정적 효과가 높다는 점이다. 관광은 중간 원료가 많이 들어가는 일반 제조업들에 비해 '부가가치'가 높고, 타 산업에 비해 비교적 적은 자본의 투입에도 불구하고 보다 높은 소득창출이 가능하다는 것이다.** 또 갖고 있는 자연자원을 잘 개발하여 외국 관광객을 끌어들임으로써 손쉽게 외화를 벌어들일 수 있고, 특히 관광산업은 고용기회 창출효과가 크다는 것이다.

그러나 반론자들의 주장도 만만치 않다. 관광은(외부수요 때문에) 역내의 물가인상을 부채질하고 국민(주민)의 소비성향만을 조장한다. 또 관광은 산업구조가 발달된 선진국의 경우에는 소득창출 효과가 어느 정도 인정되지만, 가난한 소규모 국가일수록 소득의 누출효과가 높아 실제로는 소득창출력이 기대 이하이다. 고용도 고급경영자나 관리자가 아닌 단순 노동력만을 필요로 하고 더구나 계절성이 강한 취업 행태를 띠므로 기대할 바가 못 된다는 것이다. 또 부가가치율이 높다는 것만으로 관광산업은 정당화될 수 없다고 주장한다. 만약 부가가치율로만 따지자면 동네 앞뒷산에 흔히 자생하는, 그리고 채취하는 데 원재료비가 거의 들지 않고 감가상각비도 거의 없는 떡갈나무 잎을 채취하여 수출하는 것이 오히려 관광의 부가가치율보다 훨씬 높은데, 왜 국가는 이들 채취산업(extractive industries)을 전략산업으로 삼지 않는 것인가라는*** 의문을 던지게 만드는 것이다.

이상에서의 관광산업 개발의 찬반론 이유를 종합하여 요약해 보면 다음과 같다.

---

* 그러나 터너와 에쉬는 이런 신화창조의 꿈은 환상에 불과하고 위험한 발상이라고 경고한다(Turner & Ash, 1976: 117).

** 생산자가 생산과정에서 새로이 창조한(부가한) 가치를 부가가치(value-added)라고 하며 최종 생산액에서 원재료구입에 소요된 금액과 기계설비 감가상각비를 제한 액수를 말한다. 부가가치율은 최종생산액에서 투입된 원재료구입비와 기계설비감가상각비를 뺀 부가가치를 투입된 원재료 구입비와 기계설비의 감가상각비로 나눈 값을 말한다.

*** 그 이유는 간단하다. 보다 중요한 선택기준은 산업 간 연쇄효과(interindustry linkage effect)의 크기에 달려 있다. 타 산업에 비해 관광은 주변 산업에 미치는 파급효과가 극히 낮다.

① 관광산업 도입 찬성론의 이유

• 소득 창출(국가 내지 지역부민의 소득원)
• 외화 획득원(국제수지에 기여)
• 고용유발(실업난의 해소)
• 높은 부가가치율(투입원료 대비 高부가가치)
• 경제기반 강화(1차산업 중심의 취약성 극복)
• 경제편익 증대(교통통신 · 쇼핑기회 및 기타 사회간접투자 이익 수혜)

② 관광산업 도입 반대론의 이유

• 전시효과 유발(무분별한 낭비욕, 사치심 조장)*
• 물가상승 부채질(지가 및 생필품 등 가격상승에 의한 인플레 유발)
• 외부의존성 증대(수입성향 증대, 외부자본비율 증가)
• 산업 간 낮은 전후방 연쇄효과
• 역내 경제구조 불안정화(생산의 계절성, 경기변동에 대한 취약성)
• 고용의 질적 불안정성(계절성, 시간제) 및 고급노동력의 수입의존

2) 관광의 사회문화적 효과: 긍정적 및 부정적 효과

관광산업이 도입 · 진흥되었을 때 해당 국가 내지 지역사회에 미치는 사회문화적 · 환경적 효과 역시 긍정적인 측면과 부정적인 측면으로 대별해 볼 수 있다. 찬성론자들(주로 관광행정실무자, 관광사업 종사자, 경제학자 등)은 주로 경제효과의 긍정적 측면을 내세우고 반대론자들(주로 문화인류학자, 민속학자, 환경 · 생태학자, 이해관계가 없는 제3자 등)은 대체로 사회문화적 효과의 부정적 측면을 강조하는 경향을 보인다. 이들 양측의 주장을 간단히 요약해 보면 다음과 같다.

① 관광산업 도입 찬성론의 이유

• 자신의 사회 · 문화에 대한 중요성 인지 및 애향심 고취
• 원주민 문화를 외부사회에 소개(원주민사회의 사회적 위치 격상)
• 새로운 외부문물 · 제도의 접촉 증대(외부세계에 대한 지식, 이해증가)
• 지속적 외부수요에 의한 원주민 문화(예술, 음악, 공예 등)의 발전

---

* 전시효과란 현지주민이 관광객의 영향을 받아 모방행위(사치 · 낭비행위 등)를 하는 것을 말한다. 일명 樂隊車 효과(bandwagon effect)라고도 한다.

- 무공해 산업(white industry)

② 관광산업 도입 반대론의 이유

- 전통문화의 붕괴(고유문화 상실, 문화의 상품화, 주민의 비인간화 등)
- 지역유대감 상실(전통가족관 파괴, 이혼·범죄율 증가, 세대갈등 심화 등)
- 문화재 손상, 자연환경 파괴(문화재의 파괴·반출, 자연생태계의 파괴)
- 불건전한 주민의식 및 행동 조장(도박·절도 등 한탕주의, 풍기문란, 매춘, 열등의식·비굴성·갈등 조장 등)
- 주민의 자주권 상실(외부경제나 외부문화에 예속)

특정 관광지 개발에서 이와 같은 긍부정적 효과들은 어느 것 하나만 배타적으로 나타나는 것도 아니고, 그렇다고 모두 동시에 나타나는 것도 아니다. 또 몇 가지가 같이 어울려 나타난다 하더라도 그 강도가 다 같지도 않다. 효과의 종류나 강도는 관광산업의 업종성격에 따라, 그 관광지와 지역사회 간 지리적 연계성에 따라, 또는 관광개발의 단계에 따라 각각 다른 형태를 띤다.

일반적으로 말한다면 스키 리조트나 비치 리조트 등 편계절형 업종보다는 다계절형 업종이, 현지 지역사회와 지리적 격리도가 큰 관광지보다는 근접한 관광지가 그리고 관광개발이 초기단계인 곳보다는 대대적 또는 집중적 개발이 이루어진 곳이 영향의 강도가 더 크다. 특히 긍정적·부정적 영향의 강도에서 볼 때, 오랜 기간 동안 대규모로 개발된 기존 관광지일수록 긍정적 경제효과가 커지는 반면에 부정적 사회문화 효과 역시 커지므로 경제적 편익과 사회문화적 비용이 서로 상쇄되는 방향으로 작용한다.

예를 들어, 독시(Doxey)란 학자는 관광지가 목적지로 점차 발전·활성화되어 감에 따라 현지민의 관광객에 대한 태도 또한 ① 환영 단계(euphoria stage), ② 냉담 단계(apathy stage), ③ 의심 단계(annoyance stage), ④ 적대적 단계(antagonist stage)의 순으로 악화되어 간다는 이른바 분노지수(irridex: an index of the level of irritation)를 제시한 바 있다.[22] 따라서 지역사회는 관광이 주는 편익과 주민 피해라는 부작용을 비교·가늠하여 어느 단계에서 더 이상의 관광지의 성장을 억제해야 할지, 아니면 계속 성장시켜야 할지를 신중히 결정해야 할 것이다.

3) 관광의 경제적 효과 발생의 결정요인

관광의 효과(여기서는 경제적 효과 논의에 한정함)를 좌우하는 요인은 무엇인가? 외부 관광자가 어떤 지역 혹은 국가에 외화를 떨어뜨리고 가더라도 그 효과가 나타나는 정도는 지역마다 혹은 국가마다 다르다. 여기서는 그 임팩트가 다르게 나타나는 원인으로서의 각종 요인들을 라이안(Ryan, 1991)[23]의 연구를 참조하며 살펴보도록 하겠다.

① 관광목적지의 경제발전 정도(경제적 자립도)

관광목적지의 산업구조가 얼마나 확충되고 다양화되어 있고 경제가 어느 정도 자립되어 있는가의 여부에 따라서 관광지출의 파급효과는 달라진다. 관광지출 중 관광 현지에서 지출되는 비율이나 현지지출이 지역주민에 의해 현지에서 소비되는 비율, 그리고 이 현지에서 소비된 관광지출이 그 지역의 진짜 소득이 되는 비율이 얼마인가에 따라 관광의 파급효과는 결정된다. 그런 점에서 도시형 관광목적지보다는 농촌형 또는 산간오지형 관광목적지일수록 관광의 경제적 효과는 더 낮아진다.

② 방문관광자의 유형

관광이 지역경제(또는 국가경제)에 미치는 영향의 정도는 관광자의 숫자보다는 오히려 관광자의 유형에 더 영향을 받는다(Ryan, 1991: 70). 코헨(Cohen, 1972)[24]이 분류하는 관광자의 제도화 여부(방랑자, 탐구자, 개별 대량관광자, 조직화된 대량관광자) 또는 스미스(Smith, 1987)[25]가 분류하는 관광자 유형(탐구자, 엘리트 관광자, 별난 관광자, 이례적 관광자, 초기 대량관광자, 대량관광자, 전세편 관광자)에 따라 관광이 주는 경제적 영향은 크게 다를 수 있다. 방랑자(drifters), 탐구자(explorers), 배낭여행자 등 개별단위의 관광자들은 지출성향이 낮은 반면, 대량관광자는 대체적으로 씀씀이가 높다는 것이 일반론이다.

또한 받아들이는 지역사회 입장에서 볼 때에는 경비를 많이 지출하는 고급 관광객(예: 신혼여행객) 100명이 저급 관광객(예: 초·중·고 수학여행단) 200명보다도 지역경제에 더 많이 기여한다.* 관광자의 유형이나 목적지의 상태(즉 현지주민의 소득수준, 현지 인구규모, 현지 영토의 크기 등)는 경제적 측면뿐만 아니라 사회적 비용의 크기를 결정하는 중요 요인이기도 하지만, 여기서는 논외로 삼기로 한다.

③ 관광시설의 소유주

방문자들이 이용하는 숙박시설, 놀이시설 등의 소유주가 그 지역 거주자인가, 아니면 외지인인가에 따라 관광지출이 그 지역에 미치는 영향은 전혀 다르게 나타난다. 만약 외지인이 현지

* 물론, 반대로 고급관광객은 외부에서 輸入할 수밖에 없는 재화 및 서비스에 대한 수요가 높아 누출효과가 저급관광객의 그것보다 상대적으로 높다.문제는 떨어뜨리는 지출의 규모와 이의 외부누출 정도라는 양자의 상대적 크기에 따라 지역경제효과의 과소가 결정된다.

호텔의 소유주라면 관광객이 현지에서 지출한 금액은 호텔 소유주가 이익금을 외부로 반출하는 정도에 비례하여 외부누출은 커진다.

지방 유명 관광지, 예컨대 설악산 국립공원 내 설악동 숙박단지(여관촌)의 소유주들이 대부분 서울 등 외지인 소유라는 사실은 이미 오래 전부터 알려져 왔는데, 이는 그만큼 이 지역 관광수입의 외지 누출률이 높다는 것을 의미한다.

④ 토착 노동력의 여부

현지 관광사업체에 종사하는 노동력이 현지인인가 외지인인가에 따라 관광수입이 지역경제에 미치는 영향은 크게 달라진다. 대개 대도시 관광지일수록 전문인력이 풍부하여 역내 노동력만으로 수요 충당에 충분하지만, 경제적으로 낙후된 오지의 관광사업체들은 현지에 뛰어난 전문노동력이 없으므로 외부로부터 노동력을 수입하지 않을 수 없다. 외지노동력을 수입하는 만큼 그리고 외지노동력이 받는 임금이 외지로 반출 송금되는 정도만큼 현지 관광사업체가 그 지역에 주는 경제적 효과는 작아진다. 외부의존도가 높은 제주도의 관광노동력이 그 좋은 예라 할 수 있다.

⑤ 현지주민의 소비성향

관광승수 크기의 주된 결정인자는 주민들 자체의 소비성향(또는 저축성향)이다. 관광객이 지출한 화폐가 그 지역주민에 의해 반복적으로 역내에서 소비된다면 이는 그 지역경제를 확대 성장시키는 역할을 한다. 반대로 收入 금액이 장롱 속에 퇴장되거나 현지 금융기관에 저축된다면(이어서 현지 금융기관은 이 저축을 외지 기업에 대출한다면) 이는 그 지역경제를 축소시키게 되는 결과를 낳는다. 케인스(J. M. Keynes)의 유효수요원리(the principle of effective demand)는[26] 국가경제뿐만 아니라 지역경제에도 마찬가지로 적용되는 것이다.

미 주

1) Mankiw, N. G.(2007). 『멘큐의 경제학』. p. 4. [*Principles of Economics*. 2007. 4th edition. Dryden Press].

2) Wall, G., & Mathieson, A.(2006). *Tourism: Change, Impacts and Oppertunities*. England: Pearson Education Limited. p. 19.

3) Wall, & Mathieson(2006). p. 1.
Scheyvens, R.(2002). Backpacker tourism and Third World development. *Annals of Tourism Research,* 29(1), 144.

4) Hotelling, H.(1947). *The Economics of Public Recreation.* The Prewitt Report. Washington: National Park Service.

5) Clawson, M.(1959). *Methods of Measuring the Demand for and the Value of Outdoor Recreation.* 10th ed. Washington D.C.: Resources for the Future.
Cicchetti, C. J. et al.(1972). Recreation Benefit Estimation and Forecasting: Implications of the Identification Problem. *Water Resources Research,* 8, August.

6) Smith, K.(1975). The Travel Cost Demand Model for Wilderness Recreation: A Problems of Non-nested Hypothesis. *Land Economics,* 51(2: May).

7) Krutilla, J., & Fisher, A. C.(1975). *The Economics of Natural Environments.* The Johns Hopkins.

8) Walsh, R. G.(1986). *Recreation Economics Decisions: Comparing Costs and Benefits.* Venture Publishing, Inc.

9) Bryden, J. M.(1973). *Tourism and Development.* Cambridge University Press.
Archer, B. H.(1977). Tourism Multipliers: The State of Art. *Bangor Occational Papers in Economics,* 11. University of Wales Press.

10) Lundberg, D. E., Krishnamoorthy, M., & Stavenga, M. H.(1995). *Tourism Economics.* John Wiley & Son.

11) Sinclair, M. T., & Stabler, M.(1997). *The Economics of Tourism.* London: Loutledge. [이종호 역(1998). 『관광경제학』. 일신사].

12) Tribe, J. (1995). *The Economics of Leisure and Tourism.* Oxford: Butterworth-Heinemann Ltd.

13) Bull, A.(1995). *The Economics of Travel and Tourism.* 2nd ed. Australia: Longman.

14) Loomis, J. B., & Walsh, R. G.(1997). *Recreation Economics Decisions: Comparing Costs and Benefits.* 2nd ed. Venture Publishing, Inc.

15) 鹽田正志(1962). 『觀光經濟學』. 日本: アサビ社 및 鹽田正志(1974). 『觀光學研究』. 日本: 學術選書.

16) 김사헌(2008). 『관광경제학』. 백산출판사.

17) Walsh(1997). 전게서.
Sutherland, R. J., & Walsh, R. G.(1985). Effect of Distance on the Preservation Value of Water Quality. *Land Economics,* 61(August).

18) Walsh, R. G., Sanders, L. D., & Loomis, J. B.(1985). *Wild and Scenic River Economics: Recreation Use and Preservation Values.* American Wilderness Alliance.

19) Walsh(1986). p. 87.
Sutherland, & Walsh(1985). 전게서.

20) Sharpley, R., & Telfer, D. J.(eds.)(2002). *Tourism and Development: Concepts and Issues.* Sydney: Channel View Publications. pp. 27-32.

21) Turner, L., & Ash, J.(1975). *The Golden Hordes: International Tourism and Pleasure Periphery.* London: Constable. p. 113.

22) Cleverdon, R.(1982). The Economic and Social Impact of International Tourism in Developing Countries. in Robert Cleverdon, & Anthony Edwards(eds.). *International Tourism to 1990.* EIU Special series 4, Abt Books. p. 188 재인용.

23) Ryan, C.(1991). *Recreational Tourism: A Social Science Perspective.* London: Routledge.

24) Cohen, E.(1972). Towards a Sociology of International Tourism. *Social Research,* 39(1), 167-168.

25) Smith, V. L.(ed.)(1987). *Hosts and Guests: The Anthropology of Tourism.* Philadelphia: Univ. of Pennsylvania Press. p. 12.

26) 유효수요원리란 '공급은 스스로 수요를 창조한다'는 고전파 이론을 배격하고 '오히려 수요가 공급을 창조한다'는 케인스의 이론을 말한다. 여기서 유효수요란 가계의 소비수요, 기업의 투자수요 및 정부지출수요를 합계한 수요를 말하며, 이 합계 유효수요의 크기에 따라 국민소득수준이 결정된다는 것이다.

저자약력

김사헌(金思憲) 현_경기대학교 관광대학 관광개발학과 교수

필리핀 聖토마스대학에서 경제학 박사학위를 취득했다. 저자는 현재 경기대학교 교육대학원 원장직과 한국관광학회 편집고문직을 맡고 있다. 저서로는 『관광경제학』『국제관광론: 국제관광 현상의 사회문화론적 해석』『관광학연구방법론』과, 논문 "관광학 연구에 있어서 질적 연구방법론의 상황과 도전" "관광학의 새로운 정체성을 찾아서: 회고와 과제" 등 다수가 있다.

『관광학총론』 다섯 번째 이야기

관광사회학적 접근

최 석 호*

1 관광과 사회

1) 관광과 사회학에서 관광사회학으로

관광은 사람과 사회에 관한 것이며, 이러한 측면에서 사회학과 관심을 공유하고 있다. 관광은 광범위한 사회적 활동이기 때문에 정당하고 중요한 사회학적 분석의 주제가 된다. 또한 사회학은 관광과 관련한 많은 요인들과 쟁점들을 설명하고 이해할 수 있는 관점을 제공한다. 관광은 관광하는 주체인 게스트와 관광객을 맞이하는 호스트를 하나로 묶는다. 따라서 관광은 특수한 방식으로 경제와 문화를 결합하기도 하며 근대성과 전통, 지구와 지방을 매개하기도 한다. 또한 관광은 중심부의 근대화된 국가와 주변부의 저개발국가를 통합하는 한 방식이다. 이러한 묶음, 결합, 매개 그리고 통합의 과정에서 어떤 주체에게 관광은 기회와 이익이 되지만, 다른 주체에게는 환경 파괴, 공동체 해체, 범죄율 증가 등을 의미하기도 한다.[1] 이처럼 광범위하고 다양하면서도 역동적인 사회적 활동을 어떤 관점에서 보아야 할지, 어떻게 설명하고 이해해야 할지, 어떤 사회적 맥락에서 그리고 어떤 맥락의 변동 양상에서 희비가 교차하는지에 대해서 사회학은 여러 가지 이론과 방법을 제공해 왔다.

관광과 사회에 대한 사회학적 연구의 기원은 대중관광의 사회적 충격을 처음으로 경험한 유럽 지역이며, 최초의 연구논문은 1899년 이탈리아인 보디오(L. Bodio)가 출판한 것이었다.[2] 그

* 서울과학종합대학원대학교 관광경영MBA 교수(현 한국관광학회 총무이사). e-mail: sokhochoe@naver.com

러나 초기의 주요한 기여는 주로 독일에서 나왔다. 독일에서 출판된 최초의 사회학적 관광 논문은 폰 비제[3]가 1930년에 쓴 "Fremdenverkehr als zwieschenmenschliche Beziehung"이고, 최초의 저서는 1960년에 크네벨(Knebel)[4]이 쓴 *Soziologische Strukturwandlungen im modernen Tourismus*(근대관광의 사회학적 구조변동)이다. 영어로 쓴 최초의 저서는 오길비(Ogilvie)[5]가 출판한 *The Tourist Movement: An Economic Study*(관광이동: 경제적 연구)이며, 뒤이어 노발(Norval)[6]은 *The Tourist Industry: A National and International Survey*(관광산업: 국민조사와 국제조사)를 출판했다. 그러나 관광과 사회에 관한 초기의 연구들은 거의 주목을 끌지 못했다. 관광이 급속하게 확대된 제2차 세계대전 종전 이후 "The Tourist",[7] 『이미지와 환상』[8] 등과 같은 비판적인 연구와 "Tourism, Tradition and Acculturation: Weekendismo in a Mexican City"(관광, 전통 그리고 문화변용: 멕시코 도시에서 최고의 주말을),[9] "The Sociological Consequences of Tourism"(관광의 사회학적 결과)[10] 등과 같은 최초의 경험적 연구가 출판되면서부터 학자들의 관심을 끌기 시작했다.

2) 관광사회학

이상과 같은 관광과 사회에 대한 관심은 사회학이론이나 사회학적 관심 일반과 결합하면서 관광사회학으로 그 지평이 확대된다. 관광사회학적 연구의 관점은 크게 세 가지로 나누어 볼 수 있고, 관광사회학에 대한 접근 방식은 두 가지로 대별된다. 그로부터 두 가지의 큰 관광사회학적 연구문제가 제기된다.

(1) 관광사회학적 관점

한 사회에서 시작된 사회적 활동이 관광이며, 이는 다른 사회에 물리적·사회적·문화적·경제적 영향을 미친다. 이와 같은 사회적 활동으로서 관광과 관광의 영향에 대해서 다음과 같은 관광사회학적 관점이 존재한다. 첫 번째로, 구조기능주의적 조망이나 신뒤르켐주의적 관점을 가진 연구자들은 관광을 근대사회의 전반적인 조건을 반영하고 있는 것으로 간주한다.[11] 다른 연구자들은 국제적 갈등과 장벽을 철폐함으로써 국제 평화와 이해를 증진시킨다고 본다. 또 다른 연구자들은 정반대로 호스트 사회와 문화를 파괴시키는 주범으로 관광을 지목한다. 1970년대에는 관광개발을 통하여 얻게 되는 경제적 이익 못지않게 지불해야만 하는 비경제적 비용도 크다는 점을 강조함으로써 관광의 효용에 대해서 의문을 제기하였고, 보다 최근에는 지구사회 전체의 삶의 질을 저하시키는 한 축이 관광이라는 점을 들어서 관광을 비판한다. 주로 대중관광을

비판한 일련의 연구자들이 취한 관점인데, 대안관광(alternative tourism)이나 지속관광(sustainable tourism)에 기반하고 있다.

댄과 코헨은 샤플리와 다른 방식으로 관광사회학의 관점을 분류한다.[12] 첫 번째 입장의 연구자들은 관광사회학이 '이주사회학(sociology of migration)'이라는 맥락에 자리 잡아야 한다고 주장한다. 왜냐하면 '여행하기'는 본질적으로 한 장소에서 다른 장소로 이동하는 것을 의미하기 때문이다. 게다가 이주를 유발하는 배출요인(push factor)과 흡입요인(pull factor) 등과 같은 용어들은 관광에서 사용하는 용어들과 유사하다. 그러나 이러한 유사성은 완벽하지 않은데, 우선 국제관광이 전체 관광의 일부분에 불과하듯 다른 나라로 이주하는 것은 이주라는 사회현상 전체의 부분집합에 불과하다. 둘째, 다른 나라로 이주하는 것은 관광보다 지속적인 사회현상이며, 교육 및 직업과 같은 삶의 책임 및 의무를 부여하는 결정을 필요로 한다. 관광은 책임 및 의무가 중지되거나 연기되는 일련의 일시적 사건이다. 셋째, 다른 나라로 이주하는 것과 관광은 모두 어떤 환상적 요소를 가지고 있으나, 그 정도에 있어서 관광이 훨씬 더 강하다. 마지막으로, 다른 나라로 이주하는 것은 영원한 관광객 또는 영구 추방으로 분류되기 때문에 일시적인 관광객의 태도나 행동과는 판이하게 다르다.

두 번째 입장의 연구자들은 관광사회학이 '여가사회학(sociology of leisure)'이라는 맥락에 자리 잡아야 한다고 주장한다. 관광객을 여행하는 여가 상태의 사람으로 규정하는 것은 그 단순성에서 꽤 매력적이다. 그러나 이 정의는 너무 광범위하며 관광객과 여행객 간의 구별되는 특성을 포착하기에 부정확하다. 게다가 사회학자들이 여가를 정의하는 방식은 정치적 · 이데올로기적 · 사회적 배경에 따라 상이하다.

세 번째 입장의 학자들은 관광에서 여행차원에 대한 강조를 선호하는 입장이다. 코헨(Cohen)[13]의 초기 작업은 관광객을 여행객으로 보았는데, 대중관광객(mass tourist)이라는 관습적인 여행 양식에서부터 탐험가 혹은 방랑자라는 새롭고 신기한 양식에 이르기까지 다양하게 유형화하고 있다. 코헨은 모든 관광객들이 동일하지 않다는 것을 지적한 것이다. 관광객들은 태도 · 동기 · 행동이라는 측면에서 서로 상이하기 때문에 관광객의 다양성을 포괄할 수 있는 새로운 도식이 필요하다.

(2) 관광사회학적 접근

어떤 관점을 취하든 관계없이 관광사회학의 접근방식은 크게 두 가지로 나뉜다. 첫째는 사회학으로부터 관광을 연구하는 것으로써 사회학이라는 큰 테두리 아래에서 관광을 연구하는 방식이다. 즉, 관광을 가족, 교육, 노동 등과 같은 사회제도 중 하나로 간주함으로써 여타의 접근방식보다 포괄적으로 관광에 접근할 수 있다.

두 번째 방식은 관광학으로부터 관광사회학을 연구하는 것으로써 관광 그 자체에 내재되어 있는 개념, 구조, 과정, 특징 등을 탐구하되 필요할 때마다 사회학이론을 적용하거나 참고하는 방식이다.

서로 상이한 두 접근방식의 차이점을 사회발전론에 비추어 보면 더 쉽게 이해할 수 있다. 탈산업사회론(post-industrialism)에 입각하여 사회발전(social development)을 분석하는 관광사회학자들은 산업사회에서 탈산업사회로 변동하면서 노동시간이 줄어들고 여가시간이 늘어날 뿐만 아니라 사회구성원의 학력이 높아지고 인구성장이 정체되는 일련의 변동이 발생한다고 주장한다. 관광 분야에서는 여가관광이 증가하여 산업생산을 주도한 생산직보다는 관광개발과 관광경영에 필요한 서비스직에 대한 수요가 더 많아진다는 점을 지적한다. 사회학으로부터 관광을 연구하는 첫 번째 관점이다.

반면에 관광개발(tourism development)을 연구하는 관광사회학자는 사회의 변동 방향에 부합하는 리조트를 개발함으로써 보다 많은 경제적 이익을 얻을 수 있도록 개발을 설계하고자 한다. 이 경우에 관광사회학자는 탈산업사회론을 원용하여 보다 지속적이고 보다 효율적인 관광개발을 시도한다. 관광으로부터 출발해서 사회학이론을 적용하는 두 번째 접근방식이다.

(3) 관광사회학적 연구문제

당연한 귀결이겠지만, 관광사회학의 관점과 접근방식으로부터 여러 가지 연구문제가 대두된다. 그중에서도 특히 두 가지가 두드러진다. 하나는 '여타 학문적 관점보다 사회학적 관점에서 더 유용하게 검토할 수 있는 것은 관광현상의 어떤 측면인가?'라는 문제이고, 다른 하나는 '관광현상의 특정한 측면에 어떤 사회학이론이 가장 적용성이 높은가?'라는 문제이다. 이러한 연구문제에 대한 해답을 찾는 과정에서 '가장 적절한 관광사회학의 활용영역은 어떤 것인가?'라는 또 다른 문제가 명백하게 제기된다.

첫 번째 관광사회학적 연구문제는 기존의 관광사회학의 성과로 나타나고, 두 번째 연구문제는 관광사회학의 이론적 기여에 반영되어 있다. 제기된 또 다른 연구문제는 양자를 살펴봄으로써 자연스럽게 해소된다. 즉, 관광의 사회문화적 충격, 관광의 진정성(authenticity)과 상품화, 관광객, 관광 동기와 태도, 관광체계의 구조 등이 적절한 관광사회학적 연구 영역으로 떠오른 것이다. 다음 절에서 연구영역별로 관광사회학의 경험적 연구 성과를 살펴보고, 다음으로 관광사회학의 이론적 기여를 살펴본다. 마지막으로 관광사회학의 전망과 과제를 살펴보고 전체 글을 마감한다.

2 관광사회학의 연구 성과

1) 관광사회학의 경험적 연구 성과

코헨은 관광사회학의 개념적 접근이라는 측면에서 상업화된 환대로서 관광, 민주화된 여행으로서 관광, 근대적 여가활동으로서 관광, 전통적 순례의 근대적 변형으로서 관광, 기본적인 문화적 주제의 표현으로서 관광, 문화변용 과정으로서 관광, 민족관계의 형태로서 관광, 신식민주의의 한 형식으로서 관광 등 여덟 가지로 분류한다. 이러한 개념화를 기반으로 관광사회학의 주요 연구영역을 관광객, 관광객과 현지의 관계, 관광(객) 체계의 구조와 기능, 관광의 결과 등 네 가지로 나눈다. 샤플리의 경우에는 이러한 코헨의 분류를 대체적으로 수용하면서, 관광객, 관광동기, 관광경험(진정성), 관광에 대한 사회학적 접근, 사회문화적 변동과 관광, 관광에 대한 전반적인 사회학적 연구 등 여섯 가지로 분류하고 있다. 관광사회학의 연구 성과를 분류하는 기준 자체가 다른 것은 아니다.

길드너와 리치는 사뭇 다른 방식으로 관광사회학적 연구를 분류한다. 이들에 따르면, 관광사회학의 연구 성과에 대해서 학습하고자 할 때 눈여겨보아야 할 것은 관광의 사회적 충격, 대규모 관광객에 대한 현지인의 분노(방문객이 초래하는 사회적·경제적 퇴행), 사회적 특징과 사회계급에 따른 관광유형 변화, 사회적 관광(social tourism)의 중요성 등 네 가지다. 그러나 길드너와 리치의 저서는 관광사회학의 연구 성과를 충실히 요약하기 위한 것이라기보다는 학부생들을 위한 개념적 안내서 역할에 국한되는 것이라는 점과 대다수의 연구자들이 코헨의 분류를 따르고 있다는 점에 비추어보면 코헨의 분류를 따르는 것이 적절할 것이다.

(1) 관광객

관광에 대한 사회적 관심이 집중되기 시작한 것이 제2차 세계대전 이후 관광객의 급증과 관광산업의 급속한 성장 때문이었다면 관광사회학에 대한 학계의 관심이 증가하기 시작한 것은 1964년과 1976년에 각각 출판된 두 권의 저서 『이미지와 환상』 그리고 *The Tourist: A New Theory of Leisure Class*(관광객: 신여가계급론) 때문이었다.

과거 인간은 기존의 환경에 대한 지배자 그 이상의 존재는 아니었기 때문에 속았다고 느끼거나 실망하지 않았다. 세상에서 얻을 수 있는 것 이상을 기대하지 않았다. 그러나 오늘날 미국인들은 세상이 가지고 있는 것뿐만 아니라 세상을 만드는 힘에 대한 기대까지 하고 있기 때문에 환상을 끊임없이 만들고 자신들을 속이는 사람들에게 돈을 지불한다. 이제 환상을 만드는 일은 일상생활에서 범람하고 하나의 산업으로까지 발전했다. 그래서 관광은 환상 제조 산업이 된다. 관광객은 여행에서 얻을 수 있는 것 이상을 과도하게 기대하고, 과도한 기대를 충족시키기 위한 관광지의 환상과 현실을 혼동한다. 관광객은 언제나 우리 곁에 더 크고, 더 좋고, 더 생생한 환상이 있기를 기대한다. 그 관광환상들이 바로 인공적으로 만들어진 세상, 즉 이미지 세상이다. 오늘날 관광객에게 여행 중 모험을 만드는 일이 모험을 피하는 일보다 더 많은 비용이 들고 더 많은 용기와 상상력이 필요하다. 관광객들에게 모든 여행은 가짜 사건에 불과하다. 관광객은 여러 곳을 다니지만 보는 것보다는 사진을 찍으러 다닌다. 관광객에게 여행이란 창문을 통해서 바깥세상을 쳐다보는 것이 아니고 실내에 있는 거울에 비친 자신의 모습을 보고 있을 뿐이다. 이리하여 여행이 관광으로 전환되고 여행의 본질은 상실된다.

부어스틴의 이러한 주장에 대해서 매커넬은 단호히 거부한다. 오히려 관광객은 자신의 일상적인 삶으로부터 벗어나서 적극적으로 진정성(authenticity)을 추구한다. 근대사회는 사회의 전 영역에 걸쳐서 진짜 비슷한 가짜(spuriousness)를 제도화한다. 근대사회는 조잡하고 천박한 가짜를 양산함으로써 다른 어떤 나라나 사회에는 분명히 진짜가 존재할 것이라는 믿음을 갖게 만든다. 즉, 캘리포니아는 나머지 미국을 진정한 것처럼 보이게 만들고, 미국은 나머지 세계를 진정한 것처럼 보이게 만든다. 조잡한 가짜 세계 속에서 일상을 살아가는 근대인은 드디어 진짜를 찾아 나선다. 즉, 관광객이 된다. 여행을 떠난다는 것은 본질적으로 나의 일상과 상이한 경험을 통하여 분화된 근대사회와는 다른 나만의 총체성을 구성할 수 있도록 도와주는 일종의 근대적 개입(involvement)이다. 따라서 관광매력물은 근대적 의식 또는 근대적 세계관에 직접적으로 도달할 수 있게 한다. 관광분석은 근대사회에 대한 구조적 분석을 가능하게 한다. 그런 만큼 관광객이 관광명소를 보기 위해 집을 나서는 행위를 다른 민족이나 다른 장소에 대한 피상적 경험에 만족해 버리는 행위로 치부해서는 안 된다. 관광객이 여행을 하는 동기는 사회와 문화에 보다 깊이 개입하기를 원하기 때문이다. 단순한 관광객이 되려고 집을 나서는 것이 아니라 사회와 문화를 보다 깊이 있게 이해하고자 집을 나선다.

근대사회 그 자체를 설명하고자 하는 사회학적 관심에서 비롯된 관광객 연구는 관광객을 보다 다원화된 관점에서 설명하거나 해석하고자 하는 관광사회학적 연구로 발전한다. 에릭 코헨과 존 어리가 여기에 속하는데, 관광(객)을 통해서 근대사회와 근대사회의 변동을 설명하고자 한다는 점에서는 별반 다를 바가 없다. 그러나 이들의 다원화된 관광사회학적 설명방식은 부어스틴이나 매커넬의 관광객 설명과 차별화된다.

코헨은 관광객들이 방문지의 환경과 자신의 생활세계에서 경험 간에 신기함과 친숙함(novelty

and familiarity)이라는 두 가지 측면에서 관광객의 경험과 역할 유형을 네 종류로 분류한다. 조직대중관광객(The Organized Mass Tourist)은 관광지를 그다지 신기하게 느끼지 않는다. 시장에서 물건을 사듯이 패키지 관광상품을 사서 가이드의 안내를 따라 편안하게 관광한다. 개별대중관광객(The Individual Mass Tourist)의 역할은 조직대중관광객과 동일하지만 미리 예정된 관광을 하지 않는다는 점과 단체로 관광을 하지 않는다는 점에서 차이가 난다. 그럼에도 불구하고 여행사에서 개별관광객을 위한 서비스를 모두 해주기 때문에 조직관광객보다 별달리 힘들 것도 없다. 탐험가(The Explorer)는 혼자서 여행을 준비하는 사람이고 현지인과 적극적으로 어울리려고 할 뿐만 아니라 과감하게 여행을 떠난다는 점에서 차이가 난다. 그럼에도 불구하고 좀더 안락한 숙박시설과 신뢰할 수 있는 교통수단을 찾으려고 애쓴다는 점 그리고 상황이 어려워지면 재빠르게 현지에서 발을 빼버린다는 점에서는 다를 바가 없다. 신기함에 매료되기는 하지만 자신의 삶의 방식에서 오는 편리함을 포기하지 않는다. 방랑자(The Drifter)는 전적으로 혼자서 여행을 감행하고 친숙한 자신의 삶의 방식도 포기한 채 정해진 여행일정이나 목적 없이 떠난다. 현지인들과 어울리기를 즐겨하고 현지의 삶의 방식대로 생활한다. 최상의 신기함 속에서 친숙함을 포기한다.

조직대중관광객과 개별대중관광객은 제도화된 관광객의 역할을 수행하고, 탐험가와 방랑자는 비제도화된 관광객의 역할을 수행한다.[14)] 제도화된 관광객은 자신의 환경과 문화로부터 자유롭지 못하지만, 비제도화된 관광객은 자신의 환경과 문화로부터 다소간 자유롭다. 이처럼 관광객의 역할과 유형은 다양하고, 관광경험 역시 단일 범주로 묶이지 않는다. 이와 같은 유형분류를 통하여 코헨은 관광객에 대한 일반화된 인식에 도전한다.

어리의 관광객 연구는 푸코(M. Foucault)의 시선(gaze) 은유*를 이용하여 관광객의 시선이 구성되는 방식을 분류함으로써 근대사회에서 벌어지고 있는 사회현상을 설명하고자 한다.[15)] 우리는 우리가 마주하게 되는 것을 보고, 우리가 바라보는 시선은 사회적으로 조직되고 체계화된 것이다. 관광객은 자신이 보고 싶은 것을 보기 위해 여행을 떠난다고 생각하지만, 실제로 그것은 관광전문가들에 의해서 지시된 시선이다. 따라서 단일한 관광객의 시선이란 존재하지 않는다. 관광객의 시선은 사회와 역사 그리고 집단에 따라 서로 상이하다. 1840년 이래로 관광객의

---

* 1970년대에 접어들면서 구조주의에 대한 열광이 어느 정도 시들해지기 시작했을 때 푸코는 지식과 권력 그리고 신체와 권력의 결합관계에 관심을 집중하기 시작했다. 『감시와 처벌』에서 푸코는 처벌의 형태로서 감옥의 탄생과 군대·공장·학교 등과 같이 감시함으로써 규율하는 기관들의 역사를 분리할 수 없다고 주장한다. 규율하는 사회와 권력의 새로운 결합방식의 결과가 감옥이다. 이러한 권력의 결합방식을 가장 정확하게 포착할 수 있는 형태가 바로 판옵티콘(Panopticon)이다. 적은 수의 인원으로 많은 수의 사람들을 보이지 않게 감시할 수 있기 때문이다. 이와 같은 시선 은유를 통하여 지식은 권력과 연결되고, 감옥은 지식의 도구가 된다는 점을 주장한다.

시선은 사진과 함께 유동적인 근대세계로 진입하였으며, 동시에 근대사회를 만들게 되었다. 관광객의 시선은 다양한 담론에 의해 정당화된다. 낭만적 시선(romantic gaze)은 시선의 대상과 사적이고 개인적이면서 고독한 관계를 맺는다. 고독하게 바라볼 수 있는 새로운 대상을 찾아나서는 낭만적 시선의 관광객은 황량한 해변, 텅 빈 언덕, 사람이 살지 않는 숲, 오염되지 않는 계곡물 등을 응시한다. 낭만적 시선은 관광지를 마케팅하고 홍보하는 데 끊임없이 활용된다. 이와는 대조적으로 집합적 관광객 시선(collective tourist gaze)은 역동적인 것, 삶의 활력, 축제 등과 관련된다. 특정 관광지에 나타난 무수하게 많은 사람들이 여기가 바로 우리가 보아야 할 그곳이라는 점을 지적한다. 인도 관광객들은 친구 또는 가족과 함께 국가적인 기념물 타지마할을 방문한다. 관광지를 시각적으로 소비하는 방식에 따라 여러 가지 시선이 존재한다. 머물러 있는 시간의 길이에 따라서 또는 움직이면서 보는지 아니면 정지한 상태에서 보는지에 따라서 달라진다. 관광버스를 타고 이동하면서 차창 밖으로 지나가는 풍경을 집합적으로 소비하는 구경꾼 시선(spectatorial gaze), 무슬림 신자들이 성지를 영적으로 소비하는 경건한 시선(reverential gaze), 다양한 장소를 면밀히 살펴보고 그것이 차지하는 역사적인 의미와 상징을 해석하는 인류학적 시선(anthropological gaze), 학자들이나 비정부기구 회원들이 관광객의 행태를 살펴보고 환경에 미치는 영향을 감시하는 환경적 시선(environmental gaze), 미디어를 통해 유명해진 특정 장소를 보는 미디어 시선(mediatised gaze) 등 무수하게 많다.

존 어리는 이러한 시선 은유를 통하여 바라보는 사람(gazer)의 시각에서 관광객의 시선을 이해하고자 한다. 현지인들은 관광객의 언어, 옷차림, 카메라 등을 통해서 체계적으로 관광객을 본다. 어떤 사람은 놀러 온 사람이지만 다른 사람은 꼴도 보기 싫다. 반면에 인류학적 시선을 가진 관광객은 장시간 동안 현지에 머물면서 현지의 진정한 삶을 발견하고자 한다. 이처럼 관광객의 시선 경험에는 무수하게 많은 다른 감각들이 개입한다. 결국 관광객의 시선에 의해 감시당하는 현지인이라는 시각에 치중하고 있는 기존의 관광사회학적 연구를 비판한다.

어리의 주장과 궤적을 같이하면서 보다 전문화된 연구를 진행하는 연구자가 있다. 관광객과 관광지에 대한 기존의 관광사회학적 연구를 진정성이론, 의례적 전복 이론, 탈근대성 이론 등 세 가지로 분류하면서 다원화 논지를 주장하고 있는 에덴서(Tim Edensor)가 바로 그 사람이다. 그에 따르면, 타지마할 같은 상징적 관광지(symbolic sites)는 공식적 설명이나 광고에 따라 결정되지 않는다. 권력을 잡은 사람은 타지마할에서 재현되는 것을 고정시키려 하고 해석의 틀을 기존과 동일하게 유지하고자 한다. 그러나 상징적 관광지로서 타지마할에서 무수하게 많은 관광객들은 다양한 정체성을 재현한다. 관광객이 관광지에서 하는 행위, 즉 연기 · 사진 찍기 · 걷기 · 기억하기 등은 관광공간과 장소의 의미와 목적을 재생산한다. 재생산된 다양한 의미와 목적은 서로 경쟁한다.

이러한 재현과 재생산 그리고 경쟁은 관광송출국에서 질서와 즐거움이 제대로 균형을 맞춰서 배분되어 있지 못하기 때문이다. 쇼핑몰·테마파크 등과 같은 여가공간이 점점 더 규제를 지향하게 됨에 따라 동질적으로 변해가고 있다. 이에 대한 반작용으로 이질적인 공간과 그 공간에 대한 경험을 추구하게 되고, 그 결과 서구 관광객들은 서구를 벗어나서 다른 곳으로 간다. 관광산업과 서구의 대중문화는 이와 같은 욕망, 곧 다름과 이질성에 대한 욕망을 자극한다.[16] 영화 브레이브하트에서 재현된 스코틀랜드의 민족정체성에 대한 전형적인 이미지를 유포함으로써 관광객을 끌어들인 사례에 대한 연구에서 에덴서는 "문화에 대한 민족적 표현은 출처를 알 수 없는 다양한 기원에서 차용하는 것이 더욱 증가하고, 점점 더 확대되고 있는 네트워크를 통해 유포되고, 보다 많은 집단들이 그것을 활용한다"고 지적한다. 불변의 순수한 것에서 유동적이고 잡종적인 것으로 그 중심이 이동하고 있음을 주장한 것이다. 보다 포괄적인 방식으로 민족정체성을 명료하게 다시 표현하는 조건들을 지구적 흐름 속에서 활성화하고 있다. 문화적 순수성은 점점 더 불가능한 환상이 되고 있다.[17]

(2) 관광객과 현지인

이 영역에는 사람들의 상호작용, 인식, 태도 등 세 가지 차원이 있다. 관광객과 현지인 간의 상호작용과 그것의 성격은 즐기기 위해서 이동하고 있는 방문객과 그들의 필요와 욕구를 충족시켜주기 위해서 한 곳에 머무르고 있는 호스트 간의 만남이다. 이러한 만남은 일시적·비반복적·비대칭적이다. 이 만남에 참여하는 사람들은 관계를 지속하는 것보다는 직접적인 만족을 추구한다. 관광객과 현지인의 상호인식과 태도에 대해서는 주로 현지인의 관점에서 연구가 진행되어 왔다. 관광을 옹호하던 과거에는 국제적 이해를 증진한다는 주장[18]과 그에 대한 비판으로 양분되었었다. 관광객은 관광의 결과로서 방문지에 대한 보다 긍정적인 태도를 발전시키지만, 관광지에서의 휴가경험은 그전에 가지고 있던 태도를 확증하는 경향이 있다.[19] 관광객에 대한 현지인의 태도 역시 흥분·무관심·귀찮음·적대 등 4단계를 거쳐서 진화한다.

(3) 관광체계

근대관광은 복합적이면서 전 지구적인 생태·경제·정치 체계다. 관광체계는 지속적으로 새로운 영역을 파고들어가는 확장경향을 가지고 있다. 지구관광체계의 중심을 차지하고 있는 것은 주요 관광송출국들(tourism generating countries)이다.[20] 근대관광의 기원을 형성하고 있는 그랜드투어(grand tour) 역시 관광송출국들로부터 시작되었으며,[21] 작금에 이르러 관광송출국들은 관광체계를 주변부로까지 확장시키는 중추역할을 하고 있다. 관광체계는 이제 제3세계의 오지와 극지(남극과 북극) 그리고 도저히 접근할 수 없는 곳까지 침투해 들어가고 있다. 뿐만 아니라 우주로까지 확장되고 있다.

사회경제적인 측면에서 말하자면, 관광체계는 항공사・여행사・호텔체인・정부 및 비정부 관광기구 등 다양한 행위 집단으로 구성된다. 기업행위자에 대한 연구는 관광산업이 거대도시를 지배하고 있으며, 따라서 관광산업은 국제화되고 있다고 말한다. 전 지구적 차원에서 관광산업의 구조는 호스트 국가와 지방에 중요한 결과를 초래하고 있다. 이와 같은 영향에 관한 연구는 종속이론으로 관광을 연구한 학자들의 주관심사였다.[22] 초기에는 관광의 과정적 본질에 대한 연구로 학자들의 이목을 집중시켰다. 즉, 관광은 끊임없이 새로운 영역을 개척함으로써 새로운 경제적 토대를 창출한다. 이 분야에서 가장 영향력 있는 연구는 푸엔테라비아에 대한 그린우드의 논문이다.[23] 그린우드의 연구를 바탕으로 노론하(Noronha)는 관광개발의 일반 모형을 발견・현지의 반응・제도화 등 3단계로 정교화했다(Cohen, 1984에서 재인용). 이 모형이 갖는 일반적인 함의는 관광산업이 발전함에 따라 현지는 주도권을 상실하고 현지로 돌아가는 전체 관광이익의 몫도 점차로 줄어든다는 것이다.[24] 이후 버틀러는 이를 진화・개입・발전과 공고화・정체・쇠퇴 또는 재활성화 등 다섯 단계의 관광개발 순환주기(tourist cycle)로 더욱 정교화했다.[25]

(4) 관광의 결과

관광 때문에 호스트 사회나 공동체가 받는 충격에 관한 연구는 너무나 많다. 반면에 게스트 사회에 미친 관광충격에 대한 연구는 등한시되어 온 것이 사실이다. 먼저 사회경제적 충격에 대한 연구에서는 환전・소득・고용・물가・수익배분・소유권과 통제・발전・정부의 재정수입 등 모두 8개의 연구주제가 있다.

사회문화적 충격을 다룬 관광사회학적 연구에서는 큰 틀의 공동체 개입・개인상호관계의 본질・사회조직의 토대・사회생활의 리듬・이주・분업・계층・권력배분・일탈・민속과 예술 등 10개의 주제가 두드러진다. 큰 틀의 공동체 개입에서는 국가나 국제체계와 연루되면서 현지의 자율성이 상실되고, 현지인의 복지는 점점 더 외부요인에 좌우된다는 점을 밝히고 있다. 현지인의 대인관계 충격에 대한 연구에서는 연대는 약화되고 개인화는 강화된다는 점을 지적한다. 스트레스와 갈등이 고조되면서 현지인의 생활 역시 형식적인 것으로 변해간다. 사회조직에 미치는 영향 연구에서는 경제적 기준에 의해 규제되지 않던 사람의 영역마저도 상업화・상품화되고 만다는 점을 밝힌다. 사회생활의 리듬에 미치는 충격 연구에서는 관광성수기 때문에 전통적인 농경사회

의 삶에 지장이 초래되고, 일과 여가로 분할되어 있는 산업피고용인들의 시간구분에도 변화가 발생한다는 점을 규명한다. 고용과 이주 연구에서는 관광으로 인하여 호스트 영역에서 고용이 창출되기 때문에 인구의 유출을 막을 수 있고, 경기가 활성화되면서 인구의 유입은 늘어나는 과정을 설명한다. 또한 관광은 현지 인구를 노동력으로 끌어들이면서 신규 일자리를 만든다. 그렇지 않았다면 현지를 떠났을 젊은 여성들이 호텔 등지에서 관광서비스업에 종사하거나 시장에서 기념품을 생산하기도 하고 심지어는 매춘을 하기도 하는 일련의 충격이 일어나고 있다는 것을 분업연구를 통하여 밝히고 있다. 계층 연구에서 규명한 관광의 충격은 돈의 가치를 강조함으로써 계층의 기준을 바꿔놓는다는 것이다. 즉, 개인의 기원이나 지위·명예 등과 같은 전통적인 가치 기준과 대립되는 경제적 가치만을 기준으로 계층이 결정된다. 기존의 계층체계에 전환을 초래하고, 중간계급과 같은 새로운 계층을 만들기도 한다. 주로 도시에서 온 관광개발업자가 관광개발을 통해 헐값의 토지를 아주 비싼 땅으로 만들어놓았을 때 나타나는 계층변동양상이다.

관광의 정치적 결과에 대한 관광사회학적 연구에서는 관광으로 말미암아 새로운 정치적 이해가 형성된다는 점을 규명한다. 관광은 새로운 권력의 중심, 새로운 리더를 창출함으로써 현지 권력구조를 다원화한다. 그러나 이는 공동체가 직면한 새로운 문제를 둘러싼 갈등의 증폭으로 이어지기도 한다. 일탈 연구에서는 관광으로 인해 구걸·매춘·절도 등 각종 사회적 일탈이 발생한다는 점을 지적한다. 민속과 예술 연구에서는 관광을 장려하기 위한 자원으로 관습과 예술을 활용하기 때문에 예술이 상업화된다고 주장한다. 관광객을 위해서 의례와 춤은 축약되고, 가짜로 꾸며서 새로 만들기도 한다. 관광객의 기대에 맞춘 가짜 민속공예품이 만들어지고 예술성 없는 기념품이 등장하는 등 가짜 '공항예술'이 판을 친다. 반면에 관광 때문에 소멸되었을 수도 있는 현지 민속예술이 살아남기도 하고, 새로운 스타일이나 예술로 발전하기도 한다.

2) 관광사회학의 이론적 연구 성과

(1) 관광의 거시사회적 맥락과 관광패러다임

관광에 대한 사회학적 접근은 관광을 보다 넓은 사회적 맥락과 연결시킨다. 관광사회학자들이 사회역사적 현상으로서 관광을 근대사회의 일반적 조건인 근대성의 맥락 또는 근대사회의 형성과정인 근대화라는 역사적 과정의 측면에서 검토하는 것은 바로 이런 이유에서이다. 사회적 맥락 변동의 관점에서 관광을 연구한 관광사회학적 연구는 특히 관광의 거시사회적 맥락으로 근대성(modernity)에 관한 논쟁과 관광패러다임 논쟁으로 전개되었다.[26)]

환경재앙, 각종 차별과 불평등, 전쟁, 인종청소 등 현재 인류가 직면하고 있는 문제에 대한 해결점을 찾기 위한 노력의 일환으로 근대성* 논쟁이 시작되었다. 크게 세 가지 서로 다른 입장들로 구분되며, 이에 따라 관광패러다임도 달라진다. 거시 사회적 맥락으로서 근대성에 대한 입장에 따라 관광패러다임도 달라지기 때문이다.

첫째는 근대성을 주장하는 입장이다. 이 입장에 있는 학자들은 계몽의 기획이 미완의 기획으로 머물고 있기 때문에 각종 사회문제가 발생했을 뿐이라고 말한다. 즉, 근대성 그 자체에 문제가 있는 것이 아니라 체계와 생활세계의 분리 그리고 체계에 의한 생활세계의 식민화가 그 원인이라는 것이다. 그러므로 여전히 미완의 기획으로 남아 있는 근대성을 더욱 완전하게 실현한다면 근대사회가 직면하고 있는 문제는 대부분 해결된다.[27] 주로 구관광 패러다임을 주창하는 관광사회학자들은 거시 사회적 맥락을 근대성으로 정의한다. 관광개발에 따라서 자연환경이나 현지 공동체가 파괴되고, 관광경영으로 인한 경제적 이익을 지역민이 공유하지 못하는 것과 같은 관광관련 사회문제는 근대사회 그 자체에서 비롯된 것이 아니다. 근대적 합리성을 잘못 구현했기 때문에 발생한 문제일 뿐이다.

짱과 마[28]는 신대량관광이라고 지칭하며, 여타의 학자들과는 상이한 견해를 피력한다. 특히 신관광시대의 도래를 주장한 푼[29]의 예측에 반대하고, 기존 대량관광시대는 신관광에 의해 대체되는 것이 아니라 '신대량관광' 시대로 이어질 뿐이라고 말한다. 그에게 신관광은 구관광의 재판일 뿐이다.

둘째는 탈근대성(post-modernity)을 주장하는 입장이다. 계몽의 기획에서 비롯된 이성과 합리성이라는 거대서사가 각종 사회문제의 근원이므로 근대성에서 벗어나야 한다고 주장한다.[30] 산업사회로부터 벗어나서 새로운 패러다임의 사회로 진입해야 함을 주창한 탈근대사회론자들의 입장을 받아들이는 관광사회학자들은 주로 신관광 패러다임을 주장했으며, 이들에 의해 생태관광・자연관광・대안관광・문화관광 등 새로운 시도들이 쏟아져 나오고 있다. 관광과 관련된 각종 사회문제는 근대사회 그 자체에서 비롯된 것이며, 이 문제들을 해결하기 위해서는 패러다임을 달리해야만 한다는 입장이다. 즉, 근대성에 뿌리를 두고 있는 구관광 패러다임 그 자체에서 문제가 양산되고 있기 때문에 그로부터 벗어난 새로운 관점에서 다시 출발해야 한다는 것이다.

휴이와 코리건[31]은 신관광 현상을 반관광(Un-Tourism)이라고 지칭한다. 사람과 문화・자연환경을 보호하고 여행의 진정성을 찾아 나서자는 전통회귀적 관광으로서, 환경관광객・대안관광객・

* 근대성이란 영어의 Modernity를 옮긴 낱말이다. 역자에 따라서 현대성이라고 번역하기도 한다. 즉, '근대'는 Modern의 번역어로서 '현대'라고 번역할 수도 있는 일본식 한자어이기 때문에 근대라고 불러도 무방하고 현대라고 불러도 무방하다. 단지 선택의 문제로 근대를 선택하였을 뿐이며, 일관성을 유지하기 위해 근대로 통일해서 사용한다. 그러나 가까운 근대를 지칭할 때는 현대라는 말을 쓰고, 먼 근대를 지칭할 때는 근대라고 쓰는 경우는 잘못된 용법이다. 그런 경우에 현대는 contemporary이기 때문이다.

책임관광객·학습관광객과 별로 다르지 않다. 반관광객은 관광경비에 연연하지 않고 원하는 것을 아낌없이 구입하며, 개인적 스타일을 중시한다. 이러한 관광취향은 반관광객을 구성하는 주된 계급이 중산층 이상의 문화자본을 소유한 계급이라는 점과 밀접한 관련이 있다.

래쉬와 어리[32]는 탈관광(post-tourism)으로 정의한다. 자본주의는 자유자본주의, 조직자본주의, 탈조직자본주의 등과 같은 역사적 단계를 거쳐 왔는데, 각 단계에서 관광의 지배적 양상은 부유층의 개인여행, 조직화된 패키지투어, 관광의 종말 등으로 나타났으며 나타나고 있다. 탈조직자본주의 단계에서 관광의 탈분화와 관광 이미지와 실재의 관계변화 그리고 관광객의 선택권 증대 등의 변동이 발생하고 있다. 패키지화와 표준화를 수반한 구관광에 대한 관광객의 저항은 유연하고 분화된 신관광으로의 이동을 초래했다. 구관광에서 신관광으로의 이동은 포스트포디즘적 소비경향을 반영하고 있다. 이러한 포스트포디즘적 소비와 연관된 관광소비는 획일화된 구관광에서 점차 벗어나고 있는 탈관광객의 등장과 궤적을 같이한다.

〈표 5-1〉 포스트포드주의와 탈관광

포스트포드주의적 소비	관광변동
소비자가 더욱 지배하게 되고, 생산자는 더욱 소비자 지향적이어야 함	특정한 형태의 표준화되고 획일화된 패키지투어에 대한 거부와 선호의 다양성 증가
소비자 선호의 가변성 증대	재방문 감소, 대안적 풍경과 및 매력물 폭증
시장분화 심화	휴가유형의 복수화, 라이프스타일 연구에 입각한 방문객 유인
소비자운동의 성장	대안휴가와 매력물에 대한 정보 증가
신상품의 증가와 상품수명 단축	유행변동에 따른 관광지 회전율 증가
비대량생산/소비에 대한 선호 증가	'녹색관광'과 휴양관광의 성장, 개별화된 민박의 증가
기능적 소비 감소, 미학적 소비 증가	관광의 '탈분화'

| 출처: Lash & Urry(1994), p. 274.

관광학자들로부터 가장 빈번한 인용의 대상이 되고 있는 학자인 모포드와 먼트[33]는 신관광(The New Forms of Tourism)이라고 말한다. 다양한 관광이 등장하고 있는 상황에서 주류의 인습적인 대량관광(대부분의 관광학자들이 관심을 집중하고 있으며, 많은 비판을 받았음)과는 차별화된 관광을 일컬어서 신관광이라고 한다. 신관광은 신중간계급이라고 알려진 신소비자 그리고 신사회환경운동에서 반세계화운동에 이르는 신정치운동 그리고 포스트포디즘으로 알려진 신경제조직 등과 밀접한 관련이 있다. 그러나 신관광의 성장과 대량관광에서 발생하고 있는 문제

점은 관련이 없으며, 그러한 문제점에 대한 지적은 신관광의 성장에 대한 변명에 불과하다. 신관광의 성장은 제일세계와 제삼세계 간의 역사적 불평등이 자연으로까지 이어진 결과다. 신관광이란 문화관광, 생태관광, 자연관광, 녹색관광, 지속가능한 관광, 유연한 관광, 개별화된 관광, 전문화된 관광 등을 아우르는 개념이며, 지속가능한 관광이란 특수한 형태의 관광을 지칭하는 개념이다.

신관광에 대한 논의를 주도하고 있다고 해도 과언이 아닌 푼[34)]은 신관광시대의 도래를 주장한다. 그는 관광시대를 구관광시대와 신관광시대로 구분하고, 구관광시대는 대량적이고 표준화되고 패키지화된 관광이 주를 이루었으며, 신관광시대에는 개별화되고 개성적이면서 진정성을 추구하는 소규모의 비제도화된 관광이 주를 이룬다고 보았다. 한편, 부처(Butcher)[35)]는 신도덕관광(New Moral Tourism)을 주장한다. 파괴만을 일삼는 대량관광을 윤리적·도덕적으로 교화(moralization of tourism)해 보자는 뜻에서 하는 주장이다.

셋째로 고도근대성(high-modernity)을 주장하는 일군의 학자들이 있다. 이들은 계몽의 기획이 미완의 기획으로 남아 있기 때문에 각종 사회문제가 발생한 것이 아니라 계몽의 기획 그 자체에서 각종 사회문제가 발생하고 있다고 말한다. 그럼에도 불구하고 우리가 살고 있는 시대는 탈근대성의 시기가 아니라 근대성의 결과들이 더욱 급진화·보편화되고 있는 시대, 즉 고도근대성의 시기라고 주장한다.[36)]

거시사회적 맥락을 고도근대로 정의하는 한국의 관광학자들이 제시하는 새로운 관광패러다임이 네오투어리즘이다.[37)] 네오투어리즘을 주장하는 연구자들은 각종 관광관련 사회문제들이 근대사회 그 자체에서 비롯되었다는 측면에서 신관광을 주장하는 학자들과 입장을 같이한다. 그러나 신관광 역시 구관광으로 말미암아 초래된 문제들을 해결할 수 있는 적절한 대안이라고 보지는 않는다. 이들에 따르면 신관광 패러다임은 다음과 같은 문제점을 지니고 있다.

첫째, 신관광이라고 지칭하는 관광현상에 대한 정의가 단편적이어서 부분적인 정의에 불과하다. 주류의 인습적인 대량관광과는 차별화되는 것을 신관광으로 지칭하거나, 표준화된 대량관광을 특징으로 하는 구관광시대에서 개별화되고 개성적인 신관광시대로의 이행을 주장하거나, 양자와 반대되는 신대량관광을 주장하는 것에서 알 수 있는 바와 같이 신관광을 이분법의 어느 한 극단으로 정의하고 있다. 그러나 신관광에도 표준화된 관광요소가 분명히 존재할 뿐만 아니라 신관광시대에도 구관광시대의 패러다임이 유지되고 있다. 즉, 신관광은 분명히 구관광과 대비되는 새로운 측면을 가지고 있으나, 구관광에서 신관광으로 일순간에 이행해 간 것도 아니다. 신관광하에서 구관광이 사라진 것도 아니다. 둘째, 신관광이라고 지칭하는 관광현상에 대한 기술이 현실적합성을 갖지 못하고 있다. 우리가 경험하고 있는 관광현상과 부합하지 않는다는 뜻이

다. 일례로, 환경파괴를 초래한 대규모 관광개발에 대한 반성과 함께 지속가능한 관광개발을 시도하고 있다. 그러나 대규모 관광개발을 포기한 것이 아니다. 두바이의 사례에서 보듯이 오히려 이전과는 비교도 되지 않는 엄청난 규모의 관광개발이 시도되고 있다. 다른 한편으로 개별화된 관광과 환경친화적인 관광을 가능하게 하는 소규모의 친환경적 관광개발도 이루어지고 있다. 즉, 구관광에서 신관광으로 패러다임 전환이 일어난 것이 아니라 신관광과 구관광이 공존하는 상황에서 다종다양한 신구관광의 결합이 발생하여 관광이 다원화되고 있으며, 이 과정에서 구관광 패러다임으로 설명하기 힘든 새로운 관광현상이 등장하고 있는 것이다. 셋째, 신관광이라고 지칭하는 관광현상에 대한 정의가 이론 또는 작업틀과 무관하게 이루어지고 있다. 위에서 살펴본 바와 같이 신관광에 대한 개념정의는 현재 진행되고 있는 다양하고 새로운 논의들을 총칭하는 것으로 이루어지고 있다. 즉, 이론이나 작업틀과는 아무런 관련 없이 정의를 내리고 있다. 래쉬와 어리는 예외이지만, 이 경우에도 경제적 차원의 변동을 중심으로 한 이론적 설명을 하고 있어서 경제 이외의 여러 차원이 사장될 수 있다. 따라서 신관광에 대한 정의는 이론과 작업틀의 연장선상에서 이루어져야 하겠다.

이상과 같이 신관광을 비판하고 네오투어리즘을 근대성의 네 가지 제도적 차원으로 나누어서 관광산업화와 책임관광, 대규모 관광개발과 지속가능한 관광개발, 관광테러와 평화관광, 유산관광/관광정보화 등으로 구체화한다.

(2) 관광과 사회학이론

다양한 이론적 관점에서 출발하여 관광의 여러 측면들을 관광사회학적으로 이해하고자 하는 시도가 있어 왔다. 즉 사회학적 이해와 설명이 필요한 영역으로 관광을 바라보는 연구자들이 증가하고 있다. 이와 같은 관심을 공유하고 있는 관광학 연구자들은 관광을 고립된 학문영역으로 보지 않고 보다 광범위한 응용학문 영역에 위치 짓고자 한다. 소위 말하는 관광학의 맥락화(contextualization)다.

그러나 관광학을 맥락화하는 과정에서 관광학은 이론과 방법을 통합하는 데 실패했다(Cohen, 1984). 관광과 관광객을 개념화하는 데 있어서는 어느 정도 진전이 있었지만, 이것을 체계적인 경험적 연구에 의해 구체화하지 못했다. 단편적인 경험적 연구들이 있었으나 이론적 통찰이 부족하였다. 이 장에서는 이러한 간격을 메우기 위해서 사회학이론을 관광연구에 적용한 관광사회학적 연구들을 검토한다.

① 베버주의적 조망

베버(Max Weber)는 의미와 동기가 사회학적 이해의 핵심이라는 논의를 전개한 최초의 사회학자다. 그는 사회적 행위의 결과와 함께 사회적 행위의 의미에 대한 이해 개념과 동기 개념을 사회학에 도입한 최초의 학자다. 베버주의적 조망은 관광 분석의 대안적 토대를 제공하는 이론으로서 다음과 같은 두 가지 기여를 하고 있다. 일반적으로 보았을 때, 베버주의적 조망은 관광 연구 그 자체에 대한 직접적인 적절성을 갖는다. 특수한 측면에서 보자면, 관광동기 연구에 필수적인 이론적 자원이 되고 있다. 이하에 베버주의적 조망에 의거한 각각의 관광사회학적 연구 성과를 개괄한다.

베버주의적 조망으로 관광을 다룰 때 주요한 주제 중 하나인 관광동기를 파악하는 것이 관광현상의 핵심이라는 주장은 여러 학자들로부터 공감을 얻고 있다. 동기는 흡입요인(pull factor)과 배출요인(push factor) 양자와 관련이 있으며, 특히 여행을 떠나게 만드는 배출요인을 이해하는 것은 여행 목적지의 선택이나 호스트 공동체에 미치는 방문객의 영향과 같은 담론을 위해 필수적이다. 룬드버그(Lundberg)는 "사람들은 왜 여행을 할까?"라는 질문에 답하는 것이 중요하다는 점을 강조하면서 동시에 이러한 질문에 대한 답변이 별로 진전되지 못하고 있다는 점을 지적한다. 피어스(Pearce) 역시 동일한 점을 지적한 바 있다. 관광객은 자신의 휴가에 대해 유리한 그리고 무분별한 설명을 하는 경향이 있다는 점에 비추어 볼 때 자아실현 혹은 귀인이론도 한계가 있다. 이에 따라 댄(Dann)은 동기연구의 개념들을 좀더 엄격하게 강화하는 것이 필요하다고 주장한다.

베버주의적 조망이 빛을 발하는 것은 특수한 관광동기 연구라기보다는 관광(객)에 대한 일반적 연구 분야다. 이 분야에서 연구는 이미 관광사회학을 넘어 문화학(cultural studies) 또는 사회과학적 연구 일반의 자산으로 자리를 잡아가고 있다. 리처와 브라이만의 연구가 특히 두드러진다.

리처(George Ritzer)는 베버의 합리화이론과 패스트푸드점의 성장이라는 사회적 현상을 연결시키는 작업을 하다가 맥도날드화 명제를 수립했다.[38] 그에 따르면, 현대사회는 관료제적 합리화에서 비롯된 네 가지의 특징을 가지고 있다. 효율성・계산가능성・예측가능성・통제 등이 바로 그 특징인데, 맥도날드가 성공한 이유는 이 네 가지 특징을 제공하기 때문이라고 말한다. 맥도날드 같은 패스트푸드점의 원리가 미국 사회와 그 밖의 세계의 더욱더 많은 부분들을 지배하게 되는 과정을 리처는 맥도날드화라고 정의했다. 맥도날드화는 패스트푸드업뿐만 아니라 교육・정치・가정 등 사회의 모든 부문에 영향을 확산시키고 있기 때문에 일과 여가도 맥도날드화되어 간다고 주장한다. 역으로, 여가가 사회를 더욱 맥도날드화시키기도 한다. 관광객의 증가가 그 한 사례인데, 관광객들은 비록 자기들이 전혀 다른 곳에 와 있지만 자기 동네에서 즐기는 것과 똑같은 음식을 먹을 수 있는 패스트푸드점에 가는 것을 좋아하기 때문이다.

관광객뿐만 아니라 관광 또는 관광산업이라는 사회적 현상 자체도 맥도날드화되고 있음을 주

장하면서 이를 다시 맥디즈니화(McDisneyization)로 명명했다.39) 리처는 근대성과 탈근대성을 구분되는 시대로 보지 않지만 변동하는 사회 속에서 현상을 분석하는 데 많은 함의를 주는 대안적 조망이 될 수 있다고 본다. 그런 측면에서 관광에 대한 근대적 접근과 탈근대적 접근은 변동하는 사회세계와 관광에 새로운 빛을 밝혀주고 우리가 이전에 이해하지 못했던 것을 이해할 수 있게 해준다. 관광에 대한 모던한 조망은 관광이 점점 더 맥도날드화되어 가고 있다는 관점을 견지한다. 맥도날드가 전체 사회의 합리성 패러다임이 되어왔다면, 디즈니는 관광산업에서 이러한 과정의 모형이 되어왔다. 존 어리는 규칙화되고 조직화된 노동이나 일상생활의 반대 영역에 있는 것이 관광이기 때문에 관광객들은 새롭고 특이한 곳을 관광하려 한다고 주장한다. 그러나 리처는 관광지 자체가 맥도날드화되었기 때문에 표준화된 관광보다는 새로운 관광지를 더 선호한다고 말한다. 즉, 관광의 특성이 노동이나 일상생활과는 반대되기 때문이 아니라 관광이 맥도날드화되었기 때문에 사람들은 새로운 관광지로 여행을 떠나려 한다. 그러나 막상 새로운 관광지에서 관광객들은 해당 지역의 특성이 잘 나타나는 음식보다는 전세계적으로 동일한 생산과정과 표준화된 맛을 제공하는 맥도날드 햄버거를 먹으려 한다. 따라서 디즈니는 맥도날드화된 여타의 관광지와는 확연하게 구분되는 새롭고 흥미로운 것들로 가득 차 있어서 모든 관광객들이 그곳을 찾지만 막상 그곳에 도착하면 맥도날드화된 근대적 관광산업의 전형을 접하게 된다. 다른 한편, 탈근대적 접근은 관광에서 소비주의·기호·진정성 등의 문제를 제기한다. 소비주의와 관광이 밀접하게 연관되어 있다는 생각은 모던한 접근에서도 이미 제기되었다. 탈근대적 접근은 여기에 덧붙여서 오락과 쇼핑이 결합되고 있음을 강조한다. 심지어는 관광객의 여행동기가 오락이 아니라 쇼핑인 경우까지 발생하고 있다. 디즈니월드는 그 자체가 상품이며 소비사회의 한 부분이다. 둘째로 현대관광에서는 기호가 중심을 차지하고 있으며 포스트모던 관광객들은 스펙터클한 기호에 유인당한다. 디즈니 테마공원은 실제보다 더 실제적 가짜인 시뮬라크르로서 관광객을 유인하고 자극한다. 관광객들은 기호를 소비하고 자신이 가진 모든 돈을 빼앗긴다. 마지막으로, 탈근대적 접근은 진정성(authenticity) 논쟁을 유발한다. 사람들은 여가에서 진정성을 추구한다고 매커넬은 주장했지만, 현대인들은 힘들고 불편할 뿐만 아니라 예측불가능한 진정성보다는 차라리 안전하고 편리한 비진정성을 더 바란다.

맥디즈니화(관광산업의 맥도날드화)를 포함한 사회 전반의 맥도날드화로 대변되는 합리적 체계의 일련의 변화는 필연적으로 불합리한 결과를 초래한다. 관료제는 사람들이 그 안에 갇혀 옴짝달싹하지 못하고, 그들의 기본적인 인간성이 부정된다는 의미에서 결국에는 쇠감옥(iron cage)으로 변해버리고 말 것이라는 베버의 전망을 리처도 수용하고 있다. 일상생활의 합리화에서 벗어나기 위한 수단인 여가활동 자체도 합리화되어 관료제 및 패스트푸드점과 동일한 원리가 적용된다. 합리화된 구조에 갇힌 사람들은 하나의 합리적인 체계에서 또 다른 합리적 체계로만 움직이게 된다. 이러한 체계 속에서 살아야만 하는 사람들은 합리화된 직장에서 일을 마치고 난 후 합리화된 여가활동 장소로 이동한다. 휴일이 되면 합리화된 교통수단을 이용하여 합리화된 관광지로 이동한다.

그러나 맥도날드화는 지역적인 것에 대한 강조를 낳는 세계화의 역설과 양면성을 간과하고 있다. 코카콜라의 전략은 전세계적인 현지화(지역화)라는 점에서 분명히 드러나듯이, 전세계 곳곳에 공장을 건설하는 것이 아니라 현지 문화의 일부가 되는 것을 더 중요시한다. 또한 맥도날드화론은 그 자체에 내적 한계를 내포하고 있다. 즉, 획일적으로 먹고, 잠자고, 사랑하고, 관광을 떠나고, 여가를 즐기는 극단적으로 일반화된 세계문화는 곧 시장의 종말이고 이윤의 종말이다. 특히 판매위기로 흔들리는 세계 자본주의는 생산과 시장의 혁신을 통해 전세계적인 경쟁 속에서 살아남기 위해서라도 지역적 다양성과 모순성을 필요로 한다.[40] 이처럼 조지 리처의 맥도날드화론은 주로 세계화와 문화적 다양화 논지를 주장하는 유럽의 학자들로부터 거센 비판을 받았기 때문에 세계화와 문화적 다양성을 보다 적극적으로 수용해야만 하는 상황에 직면하고 있다. 맥디즈니화 테제 역시 일정 정도의 수정이 불가피할 것으로 보인다.

맥디즈니화 테제에 대한 수정을 지향하는 연구는 브라이만에게서 비롯되었다. 먼저, 브라이만(Allan Bryman)은 리처의 맥도날드화 테제에 기반하여 연구를 진행한다. 리처와 마찬가지로 네 가지 특징을 중심으로 논의를 전개하지만, 그 내용과 전체적인 결론은 상반된다. 우선 디즈니피케이션(Disneyfication)이 아니라 디즈니제이션(Disneyzation)이라고 주장한다. 디즈니피케이션은 부정적인 의미를 수반하고 있기 때문이기도 하지만 디즈니의 사회적 영향력 때문이 아니라 디즈니 테마파크가 예증하고 있는 원리들이 전세계적으로 확산되고 있는 것에 관한 말이기 때문이다. 네 가지 특징 역시 주제화 · 잡종소비 · 머천다이징 · 정서노동 등으로 달리 정의한다. 주제화(theming)에는 외재적 주제화와 내재적 주제화 등 두 종류가 있다.

외재적 주제화는 가게와 장소에 서사(narrative)를 적용함으로써 주제화한다. 주제는 가게나 장소의 외부에 대한 감각을 창조하기 위해 '문화서사'를 활용한다. 잘 알려져 있는 문화상품이나 문화적 사건을 주제화할 때 쓴다. 부산국제영화제가 여기에 속한다. 내재적 주제화는 성찰적 주제화라 부르기도 하는데 특정 장소의 내재적 특징을 출발점으로 주제화하는 경우에 해당한다. 예를 들면, 보령머드축제가 여기에 속한다.

다음으로 잡종소비(Hybrid Consumption)는 목적지 원리(The Destination Principle)*와 체류

* 여러 상이한 소비양식이 한 관광지에서 동시에 이루어지는 현상을 지칭한다. 찜질방, 푸드코트, 멀티플렉스 등이 여기에 속하는 예들이다. 더 이상 관광지는 관광만을 위한 장소가 아니다.

지연원리(The Stay Longer Principle)* 등이 구현된 관광지가 원래는 유사하거나 동질적이었으나 점점 더 분화되는 것을 일컫는다.

세 번째 특징은 머천다이징(Merchandising)이다. 이미지나 로고 등의 상표권을 포괄하는 상품에 대한 광고/마케팅을 일컫는다. 라이선스를 획득하여 생산된 제품도 여기에 포함된다.

마지막으로 연기노동 또는 정서노동(Performative Labour or Emotional Labour)이 가장 큰 특징이다. 좋은 서비스와 기억에 남는 서비스는 한 가게나 기업의 서비스를 여타 가게나 기업의 서비스와 차별화시킨다. 이에 따라 고품질의 서비스를 제공해야 할 필요성이 점점 더 커지면서 고객응대서비스 전담 스태프를 배치하거나 고객 응대 직원에 대한 감시를 강화하면서 정서노동이 확산되고 있다.

결론적으로 브라이만은 맥도날드화와 비교해 보았을 때, 디즈니화가 중요한 이유를 다음과 같이 말한다. 첫째, 맥도날드는 근대사회에서 발생하고 있는 서비스와 소비영역의 변동을 제대로 집어내지 못하지만, 디즈니화는 이러한 전환을 언급한다. 둘째, 디즈니화는 근대 경제와 문화에서 진행되고 있는 바에 대한 유용한 설명을 제공하는 대규모 변동에 대한 여타 서사에 대해서 개방적인 자세를 견지하고 있다. 요컨대 맥도날드화 테제의 문제점을 극복한 보다 설명력 높은 테제가 되고 있다.

② 갈등이론

관광에는 산업과 고객 사이에 관례화되고 비인격적인 제도와 권력조직 그리고 기대되는 관광객의 관광경험의 질 사이에 잠재적 긴장이 존재한다. 비판적인 이론들은 이러한 격차를 강조한다. 관례화된 산업과 고객들의 기대 사이의 모순을 지적한다. 이러한 이유 때문에 관광은 풍자와 신랄한 비판의 대상이 되고 있다. 이러한 격차와 모순은 관광을 '상업화된 환대(commercialized hospitality)'라는 개념으로 설명하는 것에서 가장 잘 나타난다. 호스트와 게스트 사이의 사회적 교환은 경제적 교환과 이윤추구 동기에 의해 거의 대체되었으며, 이것은 종종 친절함 혹은 복종이라는 겉치레로 위장된다.

종속이론가와 세계체제론자들은 근대관광에 대해 보다 깊이 있는 구조적 비판을 시도하였다. 근대관광의 제도와 권력이 항공사, 호텔, 여행사, 운송회사 등 국제적 복합체로 발달함에 따라 관광객을 송출하는 중심부와 관광객을 받아들이는 주변부로 체계화되고, 중심부에 의한 주변부 지배가 증가하고 있다. 이에 따라 종속신드롬(dependency syndrome)도 등장하였다. 관광은 제

* 한 장소에 오래 머물수록 욕구를 충족시킬 수 있게 된다는 원리다. 더불어 오래 머물수록 원하지 않았던 것도 원하게 된다.

국주의의 한 형태 혹은 원주민, 특히 제3세계 국가를 체계적으로 착취하는 신식민주의적 환경에서 대도시 지배의 한 형태와 동일시되고 있다.

갈등론적 접근은 보편적인 인류애나 세계평화의 대행자라는 관광신화에 도전한다. 그러나 이 접근 자체 또한 너무 단면적이고, 결정론적이며, 관광체계의 다양성과 역동성을 무시했다는 비판을 받기도 했다.

③ 구조기능주의

구조기능주의 이론은 관광을 사회체계(social system)로 간주한다. 진화론적 관점과 어느 정도 유사한 점이 있기는 하지만, 성장이나 변화를 덜 강조하고 대신에 다양한 하위체계의 상호의존과 전체로서 기능하기 위한 각 하위체계의 기여를 보다 강조한다는 점에서 차이가 난다.

심리학에서 '욕구(needs)' 접근은 기능주의적 시각과 일치하는데 욕구는 위계적으로 배치될 수 있고 우선순위에 따라 만족되는 경향이 있기 때문이다. 욕구 자체는 구체적인 기능을 가지고 있다. 그래서 메이요와 자비스(Mayo & Jarvis)는 이러한 사회심리학적 욕구를 호기심과 모험으로 간주하였고 균형이 인성체계에 복귀되기 전에 이에 대한 충족이 필요함을 설명하였다. 유사한 방식으로 레크리에이션 동기(recreational motives)를 언급하기도 한다. 관광객의 기대와 목적지의 실재 사이의 통계적 차이를 연구하는 만족 연구자들도 레크리에이션 동기를 언급한다. 구조기능주의적 조망은 관광과 그 제품을 분석하는 마케팅적 접근에 특히 적절하다. 왜냐하면 패키지는 욕구를 충족시키는 관광객의 경향성에 따라서 조사될 수 있기 때문이다.

그러나 관광체계가 어떻게 작동하는지를 규명하고자 했던 구조기능주의적 접근은 욕구를 구조화하는 데 있어서 더 심도 있는 요인들을 파악하지 못했고 그것의 역동성을 설명하지도 못했다. 그래서 탐구하고자 하는 실재의 보다 완벽한 그림을 얻기 위해서는 다른 접근방식들과 연합되어야 한다.

④ 상징적 상호작용론

상징적 상호작용론의 초기 형성기에는 'I'와 'Me'라는 두 가지 요소를 통한 자아의 발달이라는 측면에 주로 관심을 두었다. 'Me'라는 것은 중요한 그리고 일반적인 타자가 수용하는 태도와 행동의 내재화된 기대를 의미하는 반면 'I'는 자율성의 원리를 대표하는데 이에 의해 다른 사람의 상황에 대한 사회적 정의를 수용하거나 거부한다. 다른 사람이 수용하는 기대를 학습하기 위해서 개인은 많은 단계를 통과하는데, 이러한 단계에서 개인은 사회적 상호작용의 규칙을 인정하게 된다. 이후 상징적 상호작용론자들은 상황에 대한 정의가 교환, 수용, 수정 혹은 거부되는 과정을 통하여 개인이 역할을 협상하는 과정을 보다 세밀하게 조사하였다.

관광경험의 'as if'라는 특징은 상징적 상호작용론적 접근으로 다루어질 수 있다. 참가자는 즉각적 만족에 대한 추구(쾌락을 우선 추구하는 'I')와 사회의 보호자가 부과한 통제(안전을 우선 추구하는 'Me') 사이에서 흔들리고 동요하는 어린이 같은 존재의 단계로 되돌아가는 것으로 볼 수 있다. 그래서 관광객을 어린아이로 비유하는 것 그리고 즉각적 쾌락이 사회적 통제라는 언어(brochures, travelogs, advertisements, couriers, guides 등)를 통해 산업에 의해 점검되는 방식을 연구하는 것이 가능하다.

어떤 학자들은 프로이트의 관점과 통합하여 이러한 접근방식을 확장하는데, 'I'와 'Me'는 이드(id)・자아(ego)・초자아(superego)로 전환될 수 있다는 것이다. 결과적으로 이러한 개념은 아이・부모・성인이라는 인성형태로 규정할 수 있다. 관광에 대한 연구에 교류 분석적 접근방식을 채택한 학자들이 발견한 것은 관계의 광범위한 스펙트럼에 적용이 가능하다는 점이다. 원주민 호스트/외국인 게스트(native host/foreign guest) 상호작용에 대한 보다 완전한 이해를 위해서 교류분석은 관광산업에 직간접적으로 고용된 사람들 간의 관계에 적용할 수 있다. 실제로 어떤 항공사나 호텔은 직원을 훈련시키는 데 교류 분석적 접근을 사용한다.

또 다른 연구자들은 역할 협상의 역동성을 탐구한다. 이러한 접근은 잘 어울리지 않는 일대일 관계를 연구하는 데 특히 유용하다. 카치와 댄(Karch & Dann)[41]은 관광객/비치보이와의 관계에서 발생하는 심각한 오해를 연구하는 데 이러한 접근을 적용하였다. 이러한 상황에서 합의를 이루는 것은 꽤 어려운 일인데 왜냐하면 양자가 완전히 다른 기대를 가지고 있기 때문이다.

상징적・상호작용론적 관점은 관광객과의 인터뷰, 특히 동기에 대한 판타지 요소와 같은 인터뷰 내용으로 확장될 수 있다. 판타지는 산업 비판론자들 사이에서 보편적으로 나타나는 테마인 반면, 상징적 상호작용론은 연구자가 모든 중요한 테마를 체계적인 방식으로 분석하는 것을 허용한다.

고프만(Erving Goffman)의 『자아표현과 인상관리』(*The Presentation of Self in Everyday Life*)는 개인이 일상생활에서 자신을 타인에게 어떻게 보여주고 있는지를 분석한다. 고프만은 이 책을 통하여 "개인이 매일 일하는 상황 속에서 자기 자신과 타인과의 관계를 어떻게 맺고 자아의 행동을 어떻게 표현하고 있는지의 문제, 그 타인이 자기에 대해 갖게 되는 인상을 어떻게 유도하고 관리하는지의 문제, 또한 그 타인 앞에서 자아를 표현할 때 무엇을 하고 또 무엇을 하지 않는지의 문제 등을 가려내고자" 한다.[42] 소위 연극적 분석론(dramaturgy)의 출발점이 된 저서다. 매커넬은 고프만으로부터 통찰을 얻어 관광배경을 연극공연에 비유하면서 진정성(authenticity)의 문제를 효과적으로 다루기 위해 어떻게 무대 전면과 무대 후면이라는 이분법(front-back stage dichotomy)을 사용할 수 있는지를 잘 보여주었다.

3 관광사회학의 과제와 전망

1) 관광사회학의 실천적 과제와 전망

사회적 행위의 미래를 예측하는 것은 매우 어려운 작업이다. 잘해야 과거의 경향, 역사적 증거 그리고 현재의 관련 정보들을 분석하고 근거 있는 추측작업을 통하여 적절한 상황을 그려내는 것이며, 최악의 경우는 기껏해야 점보기 이상이 될 수 없다. 관광사회학에서 미래 트렌드를 예측하는 시도 역시 예외가 아니다. 관광이 등장한 이래 역사적으로 성장하고 번성하고 있음을 자세하게 보여주는 통계들은 관광의 공급 차원에서 인구통계학적 경향과 변화와 같은 관련 요인들과 결합하여 단기적인 차원에서 미래에 대해 적절하고 정확한 아이디어를 제공해줄 수 있다. 그러나 정확한 예측은 정확한 정보를 필요로 하며 관광 관련 통계 정보들은 가변적인 특징을 가지고 있다는 것이 널리 인정되고 있는 사실이다.

또한 환율, 경제적 불황, 정치적 상황, 전쟁, 취향이나 유행의 변화 등 일련의 요인들에 영향을 받기 쉬운 비즈니스 영역이 관광이다. 그럼에도 불구하고 1960년대 이래 국제관광은 안정적인 상태로 성장해왔으며 보다 장기적인 측면에서 단기적인 정치변동과 경제변동으로부터 상대적으로 영향을 덜 받고 있는 것으로 나타나고 있다. 1980년대 이래 국제관광이 해마다 4~5% 정도 증가하고 있으며 이러한 성장속도는 지속될 것으로 전망되고 있다.

세계관광기구(World Tourism Organization)는 미래 관광이 발전하는 데 영향을 미칠 두 가지 변인들을 보고하였는데, 이 변인들은 관광의 수요와 공급의 변화에 영향을 미치는 시장의 힘 혹은 요인들 그리고 관광에 여전히 영향을 미치지만 직접적으로 관련되지 않은 외생변인 혹은 요인들이다. 후자의 경우 정치적·경제적·행정적·기술적·사회적 트렌드를 포함한다. 사회학적 관점에서 보면 국내관광과 국제관광 모두의 맥락에서 관광의 미래 방향과 성장에 영향을 미치는 일련의 변인들을 파악할 수 있다.

주요 관광송출국의 관광에 대한 수요는 다양한 요인에 의해 영향을 받을 것이다. 인구사회학적 변화 트렌드 그리고 노령화, 증가하는 독신 또는 무자녀가족, 출산을 연기하여 늦은 나이에 자녀를 갖는 커플, 조기 은퇴자, 자유시간과 여유로운 소득을 소비하는 인구 등과 같은 사회적 트렌드는 관광객의 절대 숫자를 증가시킬 것이며, 개인이 누리게 될 휴일을 증가시킬 것이다. 중요한 것은 현재 중년층과 보다 젊은 세대들은 관광과 함께 성장한 세대들이다. 이들은 관광에 익숙하고 관광을 사치스러운 것이 아니라 근대적 사회생활의 필수적인 것으로 간주하고 있다.

이들 중 상당수는 이미 숙련된 관광객들이다. 이것은 관광 수요를 크게 두 가지로 양분하고 있다. 즉, 전통적이고 제도화된 형태의 패키지 휴가에 만족하는 사람들과 보다 다양한 여행지와 휴가 유형을 요구하는 사람들 등으로 관광 수요구조를 양분할 것이다. 후자는 환경문제에 민감한 새로운 유형의 관광객으로 간주된다. 여기서 환경인지적인 관광객이란 지속가능한 관광상품을 요구하는 '선량한' 관광객을 말하는데 이러한 유형은 환경에 대한 진정한 관심이라기보다는 관광객송출국의 문화적 가치, 즉 탈근대적 가치관에서 비롯된 것이다.

신흥 관광송출국 역시 전세계의 관광지형을 바꿔놓고 있다. 이는 개발도상국가의 산업화와 민주화의 결과다. 동유럽과 구소련 연방과 같은 곳이 비록 정치적, 경제적 불안정이 초기 성장을 제한했음에도 불구하고 관광객들이 가서 보고 싶어하는 잠재적인 장소로 간주된다. 한국과 타이완 같은 극동 국가의 경제적 파워는 일본과 함께 주요한 관광송출국으로 등장하게 될 것이다. 극동아시아 및 태평양 지역은 1980년과 1990년 사이에 국제관광이 가장 급속도로 성장한 곳인데, 유럽에서는 연 4%가 안 되는 성장을 보인 데 반해 약 10%의 고성장을 계속하고 있다. 이러한 성장세는 앞으로도 지속될 것 같다. 세계관광기구에서 예측한 바에 따르면, 극동아시아와 태평양 지역은 2010년까지 세계에서 두 번째로 큰 관광수용지역이 될 것이다. 유럽지역은 국제관광객이 가장 많이 찾는 지역이다. 1996년에 56%에서 2010년에 이르게 되면 45%로 감소하기는 하겠지만, 관광의 가장 큰 송출지역이자 동시에 수용지역으로서의 지위는 계속 유지할 것이다. 관광의 성장은 관광산업에서 효율성이 증가함에 따라 계속 촉진될 것이며, 특히 항공교통의 맥락 내에서 더욱 그러할 것이다. 항공교통에서는 항공사들 간의 경쟁격화와 항공기와 정보관리체계상에서의 기술적인 진보로 인해 가격이 낮은 수준에서 유지될 것이다. 그러나 다른 한편 유가와 국제정세의 불안정으로 가격압박을 받게 될 것이다. 그럼에도 불구하고 전반적으로 국제관광은 국내여행을 압도할 것으로 보인다.

경제적 행위로서 관광은 세계에서 가장 큰 산업으로 그 명성을 유지하고 강화시켜 나갈 것이라는 낙관론이 지배적이다. 이러한 낙관론은 관광이 사회적 행위라는 인식에 의해 조절될 것이다. 어떤 사회는 관광객을 송출하고 또 어떤 사회는 관광을 수용하고 동시에 관광수입에 의존한다. 그래서 사회구조와 가치관의 발달과 변화는 미래 관광의 발전에 긍정적인 영향과 부정적인 영향을 동시에 미칠 것이다. 예를 들면, 세계화는 양날의 칼이다. 우선 세계화는 세계의 국가들 간에 동질화 · 통합 · 보편성을 야기하는데, 이것은 관광이 증가하거나 감소하는 양상을 초래할 수 있다. 둘째, 세계화는 민족주의의 부활을 일으켜 아마도 국제관광의 암묵적인 제국주의적 본질에 반대하는 반응을 야기할 수 있다. 유사하게 선진국이나 서구 국가 이외의 목적지로의 관광은 그들만의 독특한 사회문화적 특성으로서 '다름(otherness)'에 의존하거나 동기화될 것이다.

관광객에게 매력적으로 보이기 위해 이러한 특징들을 유지하는 것은 '진정한' 경험에 대한 관광객의 갈구를 충족시키는 데서 경쟁력을 확보하게 될 것이다. 간단히 말하면, 국제관광은 장기적으로 관광목적국(destination countries)의 경제적, 기술적, 사회적 근대화와 발전이라는 주요한 목적의 정반대의 목적을 이루게 될 수도 있다.

동시에 관광은 가변적인 비즈니스, 다양한 내적 그리고 외적 요인에 영향을 받기 쉬운 비즈니스로 남아 있을 것이다. 보다 거리가 멀고 이국적인 여행지가 대중적이 될 것이다. 예를 들면, 정치적 목적으로 관광과 관광객을 활용하는 것이 만연할 것이다. 1990년대 후반 국제관광에서 관광객에 대한 테러리스트의 공격이 증가하고 있다는 것은 우연의 일치가 아니다. 관광송출국의 사회적 변화는 관광의 미래 발전에 영향을 미칠 것이다. 예를 들면, 100년 전에는 선탠을 하는 것이 유행이 아니었다. 유행이 다시 한 번 바뀐다면 또는 선탠의 위험성에 대한 우려가 증가한다면, 태양, 바다, 모래로 대표되는 여름 상품 패키지 비즈니스는 대파국을 경험할 것이다. 일하는 형태에서의 변화 그리고 학기제의 다양화와 긴 여름방학과 같은 교육체제에서의 융통성 등은 관광산업, 그리고 여행지 모두에게 계절이라는 제약을 없앰으로써 더 많은 이득을 안겨줄 것이다. 서구국가의 사람들은 도피의 필요성을 더 이상 느끼지 않는다고 한다. 가상현실과 같은 매력의 확산과 기술의 발달은 혼잡 · 지연 · 오염 · 교통체증 · 대량생산 등을 특징으로 하는 현실세계의 관광보다 더욱 즐겁고 편안한 경험이 되고 있다. 그러나 관광이 미래에 어떤 모습이건 간에 관광과 관광객에게 동기를 부여하고, 관광을 송출하는 사회와 수용하는 사회 간의 상호의존성에 대한 이해는 증가할 것이다.

2) 관광사회학의 이론적 전망과 과제

근대성의 결과로서 세계화는 관광에도 영향을 미쳐서 여가를 위한 여행 이후 다시 한 번 변동을 일으킨다. 일상적으로 잘 하지 않는 새로운 경험을 함으로써 즐거운 시간을 보내고 다른 사람들도 같이 있었으면 좋겠다고 생각했던 집합적 시선(collective tourist gaze)의 공간으로서 해변 휴양지는 쇠퇴하고 다양한 담론들에 의해 특정한 시선이 정당화되는 관광의 세계화는 더욱 진전되었다. 정점에 이른 근대사회의 역동성과 근대적 성찰성은 불확실성과 지속적인 변동, 급격한 이동 등에 비추어서 관광을 성찰하게 했다. 이하에서 관광사회학의 새로운 이론적 연구영역으로서 관광세계화에 대한 내용을 개괄하고 관광세계화가 던져준 새로운 연구문제를 간략하게 언급한다. 다음으로 관광사회학의 이론적 조망으로서 사회학이론이 아직 도달하지 못한 성과들을 통해 관광사회학의 이론적 과제를 간략하게 기술한다.

먼저, 관광세계화에 대해서 살펴본다. 관광세계화의 첫 번째 측면은 패키지여행의 범위가 국경을 넘어서 확장된 것이다. 대부분의 국민국가들이 나름대로의 스펙터클을 가지고 관광객을 유인하기 위해서 경쟁하고 있다. 개별 국민국가를 단위로 했던 19세기의 대박람회는 전세계적인 메가이벤트로 전환되었다. 둘째로 중간계급 관광객을 위주로 했던 패키지여행이 여행사를 거치지 않는 단독여행과 대안관광으로써 생태관광·문화관광·유산관광 등으로 다원화되었다. 이제 지구촌의 어느 곳이나 관광객의 발길이 미치지 않는 곳이 없으며 심지어는 지구 밖도 관광지가 되고 있다. 셋째, 관광의 탈분화가 발생했다. 문화의 탈분화와 함께 관광객의 영역과 비관광객의 영역 간에 탈분화가 발생한 것이다. 즐거움의 주변지로서 산업도시로부터 멀리 떨어진 곳에 조성되어 있었던 해변 휴양지가 쇠퇴하고 산업의 중심지에 오락공원이 조성되었다. 관광객의 공간이 아닌 곳이 없으며, 관광객의 시선을 피할 수 있는 사람은 한 사람도 없다. 따라서 19세기의 단일 관광객 시선에서 현재의 무수하게 많은 관광객 시선의 담론·형식·구체화 등으로 전환됨으로써 관광객 시선의 세계화가 이루어졌다. 이제 관광 그 자체는 상당히 소멸했으며, 기호경제 속에서 관광의 종말이 벌어지고 있다. 관광은 연구대상으로서뿐만 아니라 어떤 사회적 의미를 갖고 있는가라는 측면에서도 탈중심화(Decentring)가 일어나고 있다.

역사와 전통에 대한 관심의 고조 역시 관광의 세계화라는 사회적 현상의 연장선상에서 이해할 수 있다. 전통사회는 역사와 전통 그 자체이기 때문에 근대적 의미를 갖는 역사 혹은 전통이란 것이 없었다. 따라서 역사와 전통에 대한 관심은 근대사회의 창조물이다. 이렇게 만들어진 전통이 근대성의 결과적 국면인 세계화로 말미암아 변동하고 있다. 공공제도뿐만 아니라 일상생활도 전통으로부터 자유로워지고 있으며, 전통의 잔재가 많이 남아 있는 사회에서도 탈전통화가 일어나고 있다. 즉, 세계화 국면의 근대사회는 자신이 창조한 전통의 굴레에서 해방되고 있다. 인간의 손이 닿지 않은 자연이라는 의미에서 자연이 종말을 고한 것처럼 전통은 종말을 고했다. 그러나 세계화로 말미암아 전통이 종말을 고한 곳에서 새로운 전통이 범람하고 있다. 그리고 이러한 변동은 세계주의와 근본주의 간의, 자율성과 중독 간의 긴장으로 이어진다.[43)]

영국에서 역사와 전통을 상업화하거나 유산보존운동(heritage conservation movement)을 전개하는 것과 한국에서 한국적인 것에 대한 관심이 고조되는 것은 이상과 같은 전 지구적 변동을 보여주는 사례들이다. 그런 측면에서 유산관광(heritage tourism)은 세계화의 산물이다. 근대성의 결과인 세계화가 가져온 탈전통화는 근대성 그 자체에서 비롯된 소외와 상실에 대한 반작용으로써 '진정성(authenticity)을 추구하는 관광'이라는 생각과 '진정성이 무엇이며 어디에서 발견할 수 있는가'라는 질문을 우리에게 던져주고 있다.

다음으로, 사회학의 이론적 성취를 관광사회학적 연구 성과로 이어지게 하는 이론적 과제와 전망에 대해서 살펴본다. 블루 가이드에 대한 바르트(Barthe)의 에세이를 제외하고는 관광과 관련하여 프로테스탄트 윤리라는 베버의 개념을 발전시킨 경우는 거의 없었다. 그러나 이러한 아이디어를 적용할 수 있는 잠재성은 충분한데, 이것은 관광객뿐만 아니라 호스트에게도 적용가능하다. 예를 들면, 정복과 식민지화라는 역사적 유형은 카리브해 연안 국가들이나 라틴 아메리카 등과 같은 호스트 사회에 미친 다양한 영향에 대한 설명을 제공한다. 또 다른 방법은 베버의 노동윤리에 대한 분석이다. 관광을 일로 하는 사람과 재미로 하는 사람 간의 동기를 구별해서 연구하는 것이 가능하다.

고프만의 연극론적 접근을 관광객에 적용한 매커넬의 연구는 이제 우리 시대의 고전이 되어가고 있다. 그러나 관광사회학자들은 아직도 고프만의 사회이론을 충분히 활용하지 못하고 있다. 예를 들면, 성실한 연기(sincere performances)와 냉소적인 연기(cynical performances), 복종(deference)과 처신(demeanor), 연기의 큰 실수(performance blunders)와 팀연기(team performances) 등의 개념들은 관광이라는 무대 위에 등장한 다양한 행위자들을 분석하는 데 적절하다.

관광과 관련하여 탐구되지 않은 지멜(Georg Simmel)의 아이디어도 많이 존재한다. 예를 들면, 집단을 결정하는 데 있어 숫자의 역할에 대한 지멜의 연구는 개인관광과 단체관광의 차이를 연구하는 데 유용하게 적용될 수 있다. 사회적 형태로서 놀이에 대한 지멜의 연구는 관광연구에서 무시되어 왔으며, 대도시생활(metropolitan life), 소외(alienation), 직업적 소명의식 등에 대한 그의 통찰 역시 거의 고려되지 않았다. 또한 민속방법론은 관광과 관광산업에 양자를 잘 분석할 수 있는 미시사회학 이론이지만 맥휴 외(McHugh, Raffel, Foss & Blum)의 연구를 제외하고 이 조망을 적용한 관광사회학적 연구는 거의 찾아볼 수 없다.

미 주

1) Sharpley, Richard(1999). *Tourism, Tourists and Society*. ELM Publication.
   Wang, Ning(2000). *Tourism and Modernity: A Sociological Analysis*. [이진형 · 최석호 역(2004). 『관광과 근대성－사회학적 분석』. 일신사].

2) Cohen, Erik(1984). The Sociology of Tourism－Approaches, issues, and findings. *Annual Reviewers in Anthropology*, 10, 373-392 in Yiorgos Apostolopoulos, Stella Leivadi, & Andrew Yiannakis (eds.)(1996). *The Sociology of Tourism－Theoretical and Empirical Investigations*. Routledge.

3) von Wiese, L.(1930). Fremdenverkehr als zwieschenmenschliche Beziehung. Arch. Fremdenverkher, 1(1).

4) Knebel, H. J.(1960). Soziologische Strukturwandlungen im modernen Tourismus. Enke.

5) Ogilvie, F. W.(1933). *The Tourist Movement: An Economic Study*. Staples.

6) Norval, A. J.(1936). *The Tourist Industry: A National and International Survey*. Pitman.

7) Miitford, N.(1959). The Tourist. *Encounter*, 13(4), 3-7.

8) Boorstin, Daniel(1964). *The Image: A Guide to Pseudo-Events in America*. [정대철 역(2004). 『이미지와 환상』. 사계절].

9) Nunez, Th. A.(1963). Tourism, Tradition and Acculturation: Weekendismo in a Mexican City. *Ethnology*, 2(3), 347-352.

10) Forster, J.(1964). The Sociological Consequences of Tourism. *International Journal of Contemporary Sociology*, 5(2), 217-227.

11) MacCannell, Dean(1976). *The Tourist: A New Theory of the Leisure Class*. Shocken Books.

12) Dann, Graham, & Erik Cohen(1991). Sociology and Tourism. *Annals of Tourism Research*, 18, 155-169. in Yiorgos Apostolopoulos, Stella Leivadi, & Andrew Yiannakis(eds.)(1996). *The Sociology of Tourism－Theoretical and Empirical Investigations*. Routledge.

13) Cohen, Erik(1972). Towards a Sociology of International Tourism. *Social Research*, 39(1), 64-82.

14) Goeldner, Charles R., & J. R. Brent Ritchie(2006). *Tourism: Principles, Practices, Philosophies*. John Wiley & Sons, Inc.

15) Urry, John(2002). *The Tourist Gaze*. Sage.

16) Edemsor, Tim(1999). *Tourists at the Taj－Performing and Meaning at a Symbolic Site*. Routledge.

17) Edensor, Tim(2002). *National Identity, Popular Culture and Everyday Life*. Berg.

18) Waters, S. R.(1966). The American Tourist. *Annals of American Academic Political Sciences*, 368, 109-118.

19) Pearce, P. L.(1981). The Social Psychology of Tourist Behaviour. Pergamon.

20) Williams, A. V., & W. Zelinsky(1970). Some Patterns in International Tourist Flows. *Economic Geography*, 46(4), 549-567.

21) Brodsky-Porges, E.(1981). The Grand Tour: Travel as an Educational Device, 1600-1800. *Annals of Tourism Research*, 8(2), 171-186.

22) Perez, L. A.(1973). Aspects of Underdevelopment: Tourism in the West Indies. *Science and Society*, 37(4), 473-480.
Wood, R. E.(1979). Tourism and Underdevelopment in Southeast Asia. *Journal of Contemporary Asia*, 8(4), 274-287.
Britton, S. G.(1982). The Political Economy of Tourism in the Third World. *Annals of Tourism Research*, 9(3), 331-358.
Matthews, H. G.(1978). *International Tourism－A Political and Social Analysis*. Schenkman.

23) Greenwood, D. J.(1972). Tourism as an Agent of Change: A Spanish Basque Case. *Ethnology*, 11(1), 80-91.

24) Jenkins, C. L.(1982). The Effects of Scale in Tourism Projects in Developing Countries. *Annals of Tourism Research*, 9(2), 229-249.

25) Buttler, R. W.(1980). The Concept of a Tourist Area Cycle of Evolution: Implications of Management Resources. *Canadian Geography*, 24(1), 5-12.

26) 최석호(2006). 『한국사회와 한국여가－근대적 대중여가의 형성과 문명화』. 한국학술정보.

27) Habermas, J.(1987). *The Theory of Communicative Action－Life World and System: A Critique of Functionalist Reason*. Beacon Press.
Huie, J.(1994). An Introduction to Untourism. in Suzanne Baker. *The Untourism Guide to Tasmania*. The Untourist Company Pty Ltd.

28) Zhang, & Ma(2002). New Tourism or New Mass Tourism? Critical Review of New Tourism from the Experience of China. Proceeding of the 8th Asia-Pacific Tourism Association Conference.

29) Poon, A.(1994). The 'New Tourism' Revolution. *Tourism Management*, 15(2), 91-92.

30) Lyotard, J. F.(1994). 『포스트모던의 조건』(*The Postmodern Condition*). 민음사.

31) Corrigan, E. N.(1997). 『소비의 사회학』. 도서출판 그린.

32) Lash, Scott, & John Urry(1994). *Economies of Signs and Spaces*. Sage.

33) Mowforth, & Munt(2003). *Tourism and Sustainability－Development and New Tourism in the Third World*. Routledge.

34) Poon, A.(2003). Competitive Strategies for a 'New Tourism'. In Cooper, Chris(ed.). *Classic Reviews in Tourism*. Channel View Publications.

35) Butcher, J.(2005). Sun, Sea and Saving the World: Travel Snobs Have Turned Holidaymaking into a Moral Dilemma. Spiked Essay in Google's Cache of http://www.spiked-online.com

36) Giddens, A.(1990). *The Consequences of Modernity*. Polity.
Giddens, A.(1991). 『민족국가와 폭력』(*The Nation－State and Violence*). 삼지원.
Giddens, A., & Pierson, C.(1998). *Conversations with Anthony Giddens*. [김형식 역. 『기든스와의 대화』. 21세기북스].

37) 김남조 · 최승담 · 최석호 · 김미선(2008). 『네오투어리즘 이론체계 정립』. 한국관광공사.
최석호 · 김남조 · 최승담 · 김봉중(2008). 관광패러다임 전환과 제3의 길로서 네오투어리즘. 『관광학연구』, 32(1), 73-96.

38) Ritzer, George(1993). *The McDonaldization of Society*. [김종덕 옮김(1999). 『맥도날드 그리고 맥도날드화』. 시유시].

39) Ritzer, George, & Allan Liska(1997). McDisneyization and Post-tourism: Contemporary Perspectives on Contemporary Tourism. in Rojek, Chris and John Urry(eds.). *Touring Cultures－The Transformations of Travel and Theory*. Routledge.

40) Beck, Ulrich(1997). *Was ist Globalisierung*. [조만영 역(2000). 『지구화의 길』. 거름].

41) Karch, C. A., & G. Dann(1981). Close Encounters of the Third World. *Human Relations*, 34, 249-269.

42) Goffman, Erving(1959). *The Presentation of Self in Everyday Life*. [김병서 역(1987). 『자아표현과 인상관리: 연극적 사회분석론』. 경문사].

43) Giddens, A.(1999). *Runaway World－How Globalisation is Reshaping Our Lives*. Profile Books.

저자약력

최석호(崔碩浩) 현_서울과학종합대학원대학교 레저경영전문대학원 관광경영MBA 교수

고려대학교에서 사회학 박사학위를 취득했으며, 노팅엄 트렌트 대학교에서 여가학 박사과정을 수료했다. 저자 최석호는 한국관광학회에서 총무이사를, 세계여가기구(World Leisure Organization)에서 학술지 *World Leisure Journal*의 국제편집위원을 맡고 있으며, 저서 및 역서 『여가의 발견』 『한국사회와 한국여가』 『여가와 문화』 『포스트모더니즘과 여가』 등과 논문 "제3의 관광패러다임 네오관광" "관광의 세계화: 유산관광개발 한 · 영 비교 사례연구" "한류, 한국의 문화적 현대성" "한국 영화의 세계화와 여가의 사회적 의미" 등을 통해 활발한 학술적 성과를 발표하고 있으며 후진 양성과 학회의 발전에 힘쓰고 있다.

『관광학총론』 여섯 번째 이야기

제6장

관광지리학적 접근

이 승 곤*

1 관광지리학의 개념과 역할

1) 관광지리학의 발전과정과 개념

(1) 관광지리학의 발전과정

서구사회에서 학문적 연구 분야로 선택·발전하여 그 연구결과가 상당기간 누적되어 온 관광학은 그 개념과 정의, 관광학 연구의 범주(Category) 확대, 그리고 인접 학문과의 통섭적 연구 등이 활발하게 진행되고 있다. 그중에서도 지리학이 관광학의 연구 및 발전에 중요한 역할을 해오고 있어 학문의 한 분과(disciplinary)로 정립되어 관광지리학이라는 용어로 정립되어 세계적 저널들이 발표되고 있고 관광지리학의 사회적 역할에 대한 이의를 제기하는 것은 관광학연구의 심도가 떨어지는 것으로 여겨지고 있다.[1] 그런데 유독 한국에서는 초기 지리학자들이 관광학 연구와 관광학과 개설을 주도하였음에도 불구하고 현재 관광지리학은 관광학 분야에서 분과학문으로 전락하고 있는 실정이다.

초창기 관광학 연구와 대학의 관광학과 태동[2]에 절대적 역할을 한 지리학은 개별학문인 응용지리학적 측면에서 관광지리학으로 시작하였지만 학문의 기조가 종합사회과학적 접근방법으로 전환하는 흐름 속에서 두각을 나타내지 못하였다. 관광사업의 활성화로 전국의 관광관련 학과가 급격히 개설되고 관광학 연구가 활성화되면서 그 운영의 키(key)를 경영학이나 경제학 등의 자

* 경희대학교 관광학부 교수. e-mail: skolee@khu.ac.kr

본과 경영의 효율성과 경제적 역할에 중심을 두는 기조에 넘겨주게 되었다. 그것은 여러 가지 원인에 기인하지만 가장 큰 것은 현대과학의 실용성에 부응하지 못했다는 것이다. 다행히도 일부 지리학과에서 응용적 측면[3)]에서의 관광지리학 또는 여가지리학에 대한 석사 및 박사학위논문이 배출되고 있어서 다시금 개별과학의 응용적 측면으로서 관광지리학의 부흥이 기대된다.

(2) 관광지리학의 개념

이제까지 인간의 즐거움에 대한 연구는 지리학과 같이 공간적 상호관계에 관심이 있는 연구자들에게 생소한 것이었다. 현대관광의 현상 속에서 관광지리학이 추구하는 학문적 방향은 '인간이 즐거움을 느끼는 장소와 공간에 대한 연구에 집중한다는 것'이며, 이것이 다른 인접 학문과 차별화되는 개념이며 연구방법이다.

관광지리학 연구는 관광활동과 관련된 여러 현상의 파악은 기본이며, 관광활동의 대상(무대)이 되는 관광지의 특성과 관광객과의 관련성을 지리학만의 독특한 연구방법을 적용하여 분석하는 지리학의 한 연구 분야로 개념지을 수 있다. 관광지리학이 다른 학문과 가장 차별화된 요소는 그 연구의 핵심에 지역(관광지)이 있으며 지역 내 또는 지역 간의 상호작용, 지역의 관광자원, 관광사업과 관광공간의 조성・기능・구조분석 등을 통하여 관광지의 지역성과 그 상호간의 관계성을 규명하는 것이다.

2) 관광의 구조 속에서 관광지리학의 위상과 역할

(1) 관광지리학의 위상

경영학이 현대사회의 비용과 수익의 최적 결합을 통한 효율성을 찾는 학문이고 관광학이 환대(Hospitality)라는 마음가짐으로 관광객에게 서비스하는 데 핵심이 있다면 관광지리학은 관광활동의 무대에 대해 연구하는 학문이다. 이러한 역할을 가지고 있는 관광지리의 위상에 대해 지리학계뿐만 아니라 관광지리학계에서조차 그 진정한 가치를 모르고 있는 것이 현실이다.

지리학은 땅에 대한 기초 학문이며 인문현상과 자연현상을 어우르며 지역에 대한 종합적인 통찰력을 제공할 수 있는 학문은 지리학이 유일하다고 할 수 있다. 관광학 내에서도 관광지리는 지리학적 기초소양을 가지고 있지 않는 한 아무나 가르칠 수 없기 때문에 타 학문에서 지리학의 중요성을 더 인정하고 있다. 관광지리학의 학문적 목표가 산 이름이나 강 길이를 외우고 지명이나 찾는 학문으로 치부되지 않도록 학계 및 전공자들이 자신이 속한 영역의 울타리를 구축하기

위한 재도약의 소명을 다하기 위해 최선의 노력을 기울여야 할 것이다. 최근에 신진학자들을 중심으로 외국 관광지리학의 연구동향과 방법론에 대한 도입과 논의에 대한 활발한 연구를 진행하고 있어 그 발전 가능성은 무궁하다고 할 수 있다.

(2) 관광의 구조 속에서 관광지리학의 역할

현대사회에서 관광이 주목받는 사회현상으로 자리매김하였고 이 현상을 유지하고 존재시키는 구성요인은 크게 관광주체(관광객; Tourist), 관광객체(관광대상, 관광자원; Tourism attractions or Resources), 관광매체(관광사업자; Tourism media) 등 3부문으로 구분된다. 그리고 공공부문의 역할과 기능에 대한 중요성이 더해가고 있으며 새로운 관광구조로 성장하고 있다.

이러한 구조 속에서 주체와 객체에 대한 연구도 중요하지만 관광지리학의 진정한 역할은 첫째, 관광학과의 조화를 통해 그 진정한 학문적 역할을 정립하는 것이고 둘째, 객체인 관광지와 관광자원에 초점을 두고 관광지나 관광자원의 개발과 입지결정에서 고유한 방법론을 찾을 때 그 최적 역할을 찾을 수 있다.

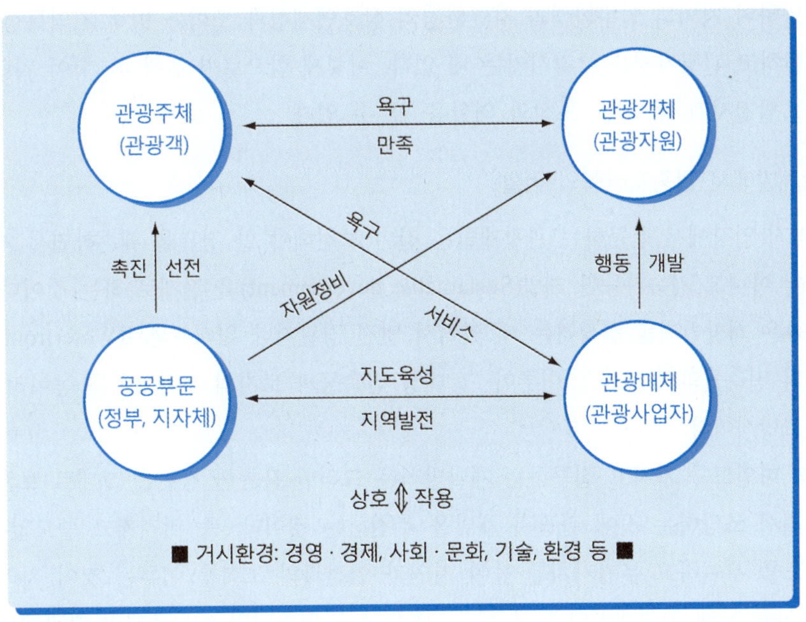

[그림 6-1] 관광의 기본구조

① 관광학 연구에 있어서 지리학의 역할

지리학과 관광학이 갖고 있는 공통적인 속성이 있다. 지리학은 지표면 위에서 자연환경과 인문환경의 상호작용으로 펼쳐지는 인간의 활동과 그에 따른 공간의 변화, 그 결과로 형성되는 지역적 특성(지역성) 파악에 그 연구의 목적을 두고 있다. 그 궁극적인 결과는 무엇이 그 공간과 장소를 구성하는지, 그 공간과 장소는 어떻게 변화하는지와 같은 Process(과정, 형성원인)의 규명을 추구한다. 그런데 관광이야말로 이러한 변화의 프로세스를 일으키며 사람들의 이동을 유발하는 가장 큰 동인(動因, Agent of change)의 하나이다. 따라서 지리학과 관광은 그 연구의 대상과 그 추구하는 목적이 같은 근본적으로 상호 밀접한 관련성을 가지고 있다.[4)]

이러한 공통점과 학문 간의 통섭에도 불구하고 관광학 연구에 있어서 간과하기 쉬운 영역은 지역을 기반으로 한 종합적인 접근방법을 소홀히 할 수 있다는 것이다. 관광학이 인접 분야와 학제 간의 접근을 시도해서 다양한 접근방법을 모색하고 있지만 그것은 한두 개 학문 간의 통섭으로 연구의 한계점이 있다. 지리학은 지역에 대한 종합적인 연구가 기본적인 접근방법이다. 그러므로 관광학 연구에 있어서 지리학의 역할을 정립하기 위해서는 관광지에 대한 지역적 분석을 토대로 한 각 정보 간의 네트워크를 구축하고 이를 토대로 각 지역이 가지고 있는 관광지의 특성을 규명하며 지역의 인문환경과 자연환경의 상호연계성과 조화를 밝혀 지역특성에 맞는 관광지를 개발하고 관광자원을 부각시키는 데 있다. 이렇게 함으로써 관광지리학이 지역에 기반한 관광산업을 발전시킬 수 있는 초석의 역할을 할 수 있다.

② 관광개발에서 관광지리학의 역할[5)]

관광지리적 입장에서 접근하는 관광개발은 길이 보전해야 할 경관을 훼손하면서 개발하는 파괴적 개발이 아니고 지속가능한 개발(Sustainable development)을 전제로 하는 것이다. 개발자들(Developer)은 개발입지를 결정하는 데 있어서 멋진 경관지나 워터프론트(Waterfront)의 접근성을 증대시켜 건축물과의 조화를 이루어 그 대상 건축물과 토지의 부가가치를 높이려는 것이 일반적인 사고방식이다.

지리학적 마인드를 가지고 접근하는 개발방식은 그러한 훌륭한 경관은 그대로 보존하면서 그 경관을 멀리서 조망하는 곳에 관광지 개발을 추진하는 것이다. 즉 버려지고 쓸모없는 땅에 그 적절한 용도를 부여하고 부가가치를 높여 자연과 인간과의 조화를 이루는 것이 지리학적 개발 방식이다. 이를 통해 지역개발의 도구로써 활용하고 지역주민의 소득증대와 관광객에게 지역을 마케팅하는 부가적인 효과가 있다. 이렇게 관광지 조성이 조화롭게 진행되면 그 지역의 토지이용은 고도화되고 관광가치를 형성하여 관광흡인력을 높일 수 있다. 그러나 관광지 조성을 위한

자연개조가 무질서하게 이루어질 경우 자연환경 파괴는 물론 홍수, 산사태, 각종 공해를 유발시킬 가능성이 높기 때문에 관광개발에 있어서 지리학적 접근의 첫 번째 단계는 그 지역에 대한 현황을 분석하고 지역성을 밝혀 관광개발의 기초자료를 제공하는 역할이다.

③ 관광시설 입지 결정에 있어서 관광지리학의 역할

관광시설의 개발은 거대한 자본이 투입되고 한번 건설되면 원형으로 돌이킬 수 없는 상태가 되므로 심사숙고해야 하는 것은 당연한 이치다. 특히 우리나라와 같이 한정된 국토자원을 효율적으로 사용해야 하는 기본적 제약이 있는 경우 대상 시설물에 적합한 최적 입지를 결정해야 하지만 현실적으로는 쉽지 않다.

관광시설의 입지결정에 가장 큰 영향을 미치는 것은 관광시장과 관광자원의 접근성, 지역의 역사성과 진정성(Authenticity), 지역성 등이다. 이러한 입지조건은 그 지역과 국가에 따라 다양하게 펼쳐져 있으며 그 최적입지를 찾으려는 노력을 끊임없이 해야 한다. 우리나라의 경우 국토면적에 비해 경관변화가 다양하고 각 지역이 지니고 있는 지형, 기후, 식생, 생활양식과 함께 섬, 산악, 계곡 개발 등으로 이국적인 정취를 연출할 수 있기에 개발 콘셉트에 따라 얼마든지 다양한 형태의 개발이 가능할 수 있다.

이상과 같이 관광지의 입지조건으로 중요시되는 지형, 기후, 식생, 교통, 접근성에 대한 분석은 지리학의 연구방법으로 가장 적절하게 규명할 수 있어 관광지리학이 관광입지와 관광산업발전에 가장 큰 역할을 할 수 있다.

2 관광연구의 지리학적 접근과 과제

1) 관광현상의 관광지리학적 접근

(1) 지역의 개념

지역(region)이란 '지구표면 위에서 다양한 영력에 의해서 형성된 실체적 인간 삶의 공간'이라고 간단하게 개념적으로 정리할 수 있으며, 일정한 질서와 공간 조직이 있으며 각종 사상(事象)이 충진된 공간이라고 그 개념을 확대할 수 있다.

지표상에 표출된 실제의 지리적 공간(지역)은 주어진 자연, 문화, 경제적 환경과 공간요소(위치, 거리, 형상, 크기 같은 개념)를 기초로 하여 인간의 부단한 의사결정과정을 통해 지표상에 누적된 의사결정의 결과이다. 그러므로 특정한 지역의 연구(관광지 연구, 관광개발, 지역개발)는 지역의 구성요소에 대한 냉철하고 합리적인 판단이 포함되지 않고서는 제대로 된 연구결과를 기대할 수 없다.

한 지역에는 다른 지역과의 공통점을 가지고 있으면서 타 지역과 구분되는 그 지역만의 독특한 특성이 나타나는데 이것이 지리학의 연구대상인 '지역성'이 되며 이 지역성에 의해 다른 지역과의 차별성을 가지게 되고 관광의 관점에서는 관광지와 관광자원의 진정성(Authenticity)이 되는 것이다.

(2) 관광지리학의 연구대상

관광지리학은 관광활동의 대상(무대)이 되는 관광지의 특성과 관광객과의 관련성을 전술한 지리학의 연구방법을 적용하여 분석하는 복합 학문으로 개념지을 수 있다.

관광의 3대 구성요소는 주체로서 관광객, 객체로서 관광지(관광자원), 그리고 이들을 매개하는 매체로서 관광시설(관광사업)을 들 수 있는데 이들을 지리학적 관점에서 연구한다.

① 관광객

관광객은 관광지를 변화시키는 동인(動因)으로 분석하는데 이들의 이동경로, 관광객 유입에 의한 지역 변화, 그리고 그들의 지출에 의한 지역경제 파급효과 등이 연구 대상이 된다.

② 관광지(관광자원)

관광지는 관광객이 일상생활권을 벗어나 관광욕구를 충족시키면서 일정기간 동안 체재하는 지역으로서 관광자원과 관광시설을 갖추고 있으며, 정보제공 서비스가 이루어지는 일정한 공간을 의미한다. 관광자원은 관광지 내에서 관광객에게 즐거움과 신기성을 제공하는 특정 대상물이라 할 수 있다. 관광지와 관광자원의 개념적 차이는, 관광지는 지역 전체가 관광욕구를 충족시킬 수 있다는 점에서 관광자원과 같은 의미이지만 모든 유형의 관광자원이 특정한 '지역'이라는 공간적 개념을 갖고 있는 것은 아니라는 점에서, 관광지는 관광자원과 구분되는 개념이다.

관광자원은 범위의 무한정성과 관광행위의 다양성으로 인해 그 범위가 지속적으로 확대되어 가고 있으며, 관광자원으로서 갖추어야 할 조건은 첫째, 관광객의 욕구나 동기를 일으키는 매력성을 지니고 있어야 하고 둘째, 관광객을 끌어들일 수 있는 흡인력이 있어야 하고 셋째, 관광객의 접근이 가능하고 관광개발을 통해서 보다 나은 관광자원으로 발전될 수 있어야 한다. 즉, '관

광지는 관광자원의 매력성이 있는 곳이나 그 주변 지역에 공공자금이나 민간자본을 투입하여 관광객의 관광활동을 증진하기 위한 기반시설과 편익시설을 갖춘 곳'이라고 정의한다.

관광자원은 공간상 점(點)의 개념이지만 관광지는 면(面)의 개념이라고 할 수 있다.

지표상에 표출된 지리적 현상 중 인간에게 특별한 관심거리가 관광자원이 되며 그 '관광자원'을 담고 있는 실제의 지리적 공간은 '관광지'라 개념지을 수 있으며 그것은 주어진 자연, 문화, 경제적 환경과 공간요소를 기초로 하여 인간의 부단한 의사결정과정을 통해 지표상에 누적된 의사결정의 결과이다.

관광지리의 연구대상은 그 형성과정에 따라 자연적, 문화적, 사회적, 산업적 관광자원으로 분류할 수 있으며 이들을 담고 있는 관광지의 형성과 변화 그리고 관광지의 특성을 분석하고 연구한다. 특히 관광가이드나 관광자원 해설가들이 그 지역을 설명하고 관광자원을 안내할 때 전설과 설화로만 관광객들에게 전달하여 흥미를 유발하고 있는데 이는 그 관광지역과 관광자원이 가지고 있는 진정성(Authenticity)을 제대로 전달하지 못하는 관광활동인 것이다.

③ 관광시설(관광사업)

관광지의 특성에 맞는 관광시설의 입지, 형태, 규모, 기능이 설정될 수 있도록 기초적인 조사와 자료를 수집하여 종합적인 검토를 수행한다. 특히 관광시설의 입지 선정에 연구의 중심을 둔다.

관광지리학적 연구와 일반 관광학 연구의 가장 근본적인 차이점은 지역과 공간에 연구의 중심이 있는가의 여부에 있다. 그 어떤 연구 대상을 선정하였더라도 그 귀결점이 지역 그 자체를 떠난 연구는 관광지리적 연구라 할 수 없다.

(3) 관광지리학의 연구방법

학문이란 어떤 현상이 오랜 기간 동안 반복·누적되어 발생하게 되면 그 현상의 인과관계에 대한 연구의 결과로 원리나 이론, 법칙이 규명되면서 형성된 것이 일반적인 경우이지만 다음과 같은 Case에 의해 형성되기도 한다.

첫 번째 Case는 새로운 이론의 발견으로 인한 경우이다.

두 번째 Case는 기존의 학문이 보다 복잡·다양화되어 연구노력의 분화로 인해 발생하는 것으로 전문화 과정을 거치는 경우가 있다.

세 번째 Case는 새로운 주제에 대한 개안(開眼)의 경우이다. 인간의 현실적 삶의 문제와 연관되어 그 해결방안으로 강구하는 실질적 접근이 배경이 되어 등장하게 된 학문으로 관광학 등이 여기에 해당한다.

관광지리학이란 학문은 자생적으로 또는 타 학문에서 변형되어 형성된 학문이 아니고 사회구조 속에서 관광현상이 급속히 나타나면서 이를 학문적 영역으로 포함한 관광학이 관광지와 관광자원을 분석하고 연구하기 위해 지리학에서 연구되어 온 주제와 방법론을 도입하고 차용한 것이다.

그렇기 때문에 관광지리학의 연구방법은 지리학의 연구방법을 활용하여 현대사회의 관광현상을 분석하기 위한 방법으로 그대로 적용할 수 있다. 물론 시대적 조류에 따라 다양한 접근방법이 나타났다 사라지는 패러다임의 혼재[6)]가 나타나지만 기본적으로 다음과 같은 정통적인 지리적 방법론이 기본적 기저를 형성하고 있다.

지역을 인식하는 연구방법에는 그 태동배경에 따라 우리 조상들이 자생적(일부 학자들은 중국에서 받아들였다고도 함)으로 자연을 인식하는 체계로 구축해온 전통적 연구방법인 풍수지리와 서구의 과학적 합리주의에 기인한 접근방법으로 대별할 수 있다.

① 전통적 연구방법

풍수지리는 기(氣)의 존재 여부를 어떻게 논리적·실증적으로 표현하느냐에 따라 '풍수지리학' '풍수지리설' '풍수지리사상'으로 나눌 수 있다. 어떤 용어를 사용하더라도 풍수지리는 우리 조상들이 우리 국토에 적응하면서 형성된 지모(地母)사상을 바탕으로 바람과 물의 흐름, 산의 형세에 의해 형성된 지기(地氣)가 인간의 길흉화복에 영향을 미친다는 한국인의 자연관이다.

② 서구의 연구방법

전통적 지리관에 의해서는 자연현상이 인간에 미치는 영향에 대해 논리적·실증적으로 증명할 수 없다는 한계에 부딪혀 서구에서 근대교육을 받은 지식인들에 의해 도입된 서구의 연구방법은 우리 땅에 대한 실용적이고 과학적인 인식체계이다.

서구적 연구방법은 계통적 방법과 지역적 방법으로 대별할 수 있는데 계통적 연구방법(Systematic Approach)은 지역의 인문 및 자연적 구성요소를 개별적으로 비교·분석하여 일반 원리를 구명하는 방법으로 그 대상에 따라 자연지리학과 인문지리학으로 분류할 수 있다.

지역적 연구방법(Regional Approach)은 지역을 구성하는 자연 및 인문 현상을 종합적으로 분석하여 그 지역만이 가지고 있는 독특한 지역성을 밝히는 방법으로 지역학(地域學) 또는 지지학(地誌學)이라고도 한다.

2) 관광연구에 있어서 관광지리학의 과제

관광의 범주에서 관광지리학의 과제에 대한 논의를 정리하면 다음의 세 가지로 나누어볼 수 있다. 첫째는 관광지에 대한 지역적 연구로 관광지에 대한 개념적, 구조적, 체계적 연구 그리고 관광주체인 관광객, 관광객체인 관광지와 관광자원, 관광매체인 관광사업에 대한 종합적 고찰을 통하고 지리학적 지역연구방법을 접목하여 상호연관성을 분석해내는 데 있다.[7] 둘째는 관광자원에 대한 계통적 연구이다.[8] 이 분야는 인접학문 분야와 학제 간의 접근이 많이 진행되고 있는바 관광자원에 대한 인문적, 자연적 그리고 경제적 분석을 시도하고 있다. 하나 더 추가한다면 셋째, 관광지변형의 원인으로 관광객의 행태에 대한 연구가 활발히 수행되고 있다.

이러한 연구는 모두 관광지리학 연구의 폭을 넓히기 위한 것으로 대상연구의 지리적 환경과 관광세력권의 지리적 특성, 그리고 관광권과 관광루트의 분석, 관광산업의 최적입지 분석, 국토종합개발 등을 고려하여 이들 간의 상호작용과 연관성을 도출하여 지역성과 그 자연의 특성을 찾아내는 데 있다.

이후 관광지리학의 과제는 서구에서처럼 관광지리학의 역할이 무엇이고 그 방향성을 어떻게 설정해야 하는가에 대한 꾸준한 연구와 논쟁이 진행되어야 할 것이다.

3 관광지리학의 뉴 패러다임

1) 관광과 장소마케팅(Tourism and Place Marketing)[9]

(1) 장소마케팅의 등장배경과 개념

최근에 지역과 마케팅기법 간의 접목을 통한 새로운 개념인 장소마케팅이 등장하고 있다. 이에 관광학과 장소마케팅과의 학문적 연계를 통하여 관광학 분야에서 또 다른 새로운 연구영역을 개척하는 데 도움이 될 수 있을 것이다.

① 장소마케팅의 등장배경

포스트모던 사회에 접어들면서 지역 간 물리적 거리 개념의 감소, 그리고 공간적 경쟁에 있어서의 독점적 요소는 사라졌으며, 입지에 대해 광범위한 선택을 할 수 있는 특정 장소의 고유한 생산조건과 이미지의 중요성은 강조되고 있다. 즉, 이제 도시에는 그 국가의 기업만 입지하는 것이 아니고 초국적 기업이 입지하는 '도시 정부의 세계화'가 진행되고 있다. 또한 기업 환경이 좋은 곳으로 자유롭게 이동하는 '생산자본의 세계화'가 나타나고 있다. 더불어 쇠퇴하는 도시의 구 산업은 제3세계 도시로 이동해 가고 부흥산업인 첨단산업, 과학지식산업, 금융서비스 및 기타 서비스산업, 여가·레저 산업으로 대체하면서 부흥산업을 유치하는 노력으로 '산업의 재구조화'가 진행되고 있다.

1990년대 이후 세계화와 더불어 지방화가 공존하는 국면 속에서 각 지역의 상대적인 역학관계가 새롭게 변화하고 있고 이러한 상황 속에서 살아남기 위하여 지역 간의 경쟁은 날로 치열해지고 있다. 이러한 배경으로 도시재생을 위한 일련의 도시개발전략들이 구사되기 시작하였고, 각 지역의 독특한 역사와 문화는 도시개발 전략의 핵심적인 수단으로 인식되었다. 특히 도시 및 장소가 기존에 가지고 있던 퇴락한 이미지를 재구축함으로써 지역경제의 활성화와 지역주민의 사회적 통합을 이루려는 도시문화전략이 중요한 지역정책으로 부각되었고 이러한 일련의 과정에서 등장한 것이 '장소의 마케팅(Place Marketing)'이라는 장소의 상품화·차별화 전략이다.

이제 장소는 단순한 생활의 터전이 아니라, 자유경쟁 시장에서 자본의 유입을 위해 서로 경쟁하는 사회경제적인 터전으로 여겨지고 있으며, 장소는 상품화되고 소비되며 광고될 뿐만 아니라 판매가 되는 대상으로 간주되고 있다.

② 장소마케팅의 개념

장소마케팅은 다양한 학문 분야에서 연구되어 왔다. 그러나 경영학·경제학이나 심리학과 같은 비공간적인 학문 분야에서는 장소의 공간적인 성격을 연구에 통합시키지 못했기 때문에 도시가 장소라는 기본적인 속성을 간과한 경우가 많았다. 반면에, 지리학과 같이 공간적인 특성에 연구의 주제를 두고 있는 학문에서 장소에 대한 연구는 시장에 대한 체계적이고 종합적인 분석을 결합시키지 못했다.

지역은 그 지역을 구성하고 있는 자연환경, 경제환경, 문화환경에 따라 특성이 다르게 나타나며 그 특성에 따라 지역발전의 형태 및 성장과정, 성장속도와 지역문제의 성격 등으로 다양하게 나타나고 있다.

따라서 장소마케팅은 '각각 다른 성격을 갖고 성장·발전해온 지역이, 내부 혹은 외부의 여건 변화로 인해 성장이 멈추거나 다른 발전방향을 향해 나아갈 때, 지역성장을 활성화하고 발전을 촉진시키기 위해 수행하는 일련의 노력 및 과정'이라고 정의할 수 있다.

이와 같이 다양한 학문 분야에서 장소와 마케팅을 접목하여 새로운 개념으로 자리매김하려 노력하고 있고 관광학 분야에서도 이를 접목하는 단계에까지 왔다.

관광학 측면에서의 장소마케팅은 '장소 속에 내재되어 있는 문화·역사적 현상, 지리적 특성을 관광객에게 마케팅함으로써 많은 관광객들이 그 장소를 방문하도록 유도하거나 이미지에 남게 하여 추후 관광지를 선택할 시점에 선호될 수 있도록 하는 일련의 마케팅 개념'이라고 할 수 있다.

이는 일반적인 관광마케팅보다 폭넓게 응용될 수 있는 개념으로 '각종 사상(事象)이 충진되어 있는 지역'인 장소를 마케팅하는 데 있어서 관광 측면에서뿐만 아니라 호텔, 광고, 영화 등 다양한 분야와 접목하여 활용할 수 있는 포괄적인 마케팅이라 할 수 있다.

(2) 장소마케팅의 적용 모델

일반적으로 장소마케팅을 펼치는 목적은 크게 세 가지로 나눌 수 있는데 먼저, 지역경제 활성화, 그리고 지역 이미지 제고, 마지막으로 지역민의 자긍심 고취라고 할 수 있다.

이상의 목적을 달성하기 위해 그리피스(Griffiths)는 다음과 같이 장소마케팅의 유형을 구분하여 지역에 적용할 수 있는 모델을 개발하였는데 이 모든 것이 경제 활성화를 목표로 관광객을 끌어들이는 모델이라 할 수 있다.

① 통합모델(Integration model)

통합모델은 지역의 주민들에게 자신이 살고 있는 지역에 대한 정체성과 애착심, 정주의식 등을 높이는 것을 상위목표로 삼아 도시의 수요자 중 지역주민에게 관심을 두는 모델이다. 그럼으로써 도시의 정체성을 확립하고 주민들의 소속감을 높이며, 생활에 대한 기대수준을 높이는 것을 가장 중요한 목표로 삼는다. 이 모델은 주로 도심재개발이나 도심에서 지역축제를 개최하는 데 사용되는데 우리나라 서울의 청계천 개발 등이 그 사례라 할 수 있다.

② 문화산업모델(Cultural industries model)

문화산업모델은 기존에 도시의 경제를 유지시켰던 기반산업이 쇠퇴하여 더 이상 제 기능을 수행하지 못하는 경우에, 이전의 산업을 대체할 수 있는 새로운 문화산업을 개발하여 도시의 재활성화를 도모하는 방법으로 사용된다. 이는 경제적으로 수익을 가져다줄 수 있는 문화상품을 생산하고 널리 보급하는 것이기 때문에 문화는 도시를 성장시키는 중요한 원천이 된다. 이 모델에서 문화는 상업적 문화산업의 형태로 나타나며 도시의 수용자 중 관광객을 유치하기 위해서 노력한다. 대표적인 사례로는 한국적 가락을 비언어극으로 승화하여 무대에 올린 '난타'와 국제회의의 유치 등을 들 수 있다.

③ 판촉모델(Promotion or Consumer model)

판촉 또는 소비자 중심 모델은 도시의 좋은 이미지를 부각시키는 데 중심을 두는 모델로, 도시의 수요자 중 관광객과 기업에 관심을 둔다. 도시가 과거에 가지고 있던 부정적인 이미지를 없애고 활기차고 깨끗하다는 등의 새로운 이미지를 선전하여 수요자(고객)를 끌어들이려고 할 때 적용하는 모델이다. 이 모델은 예술을 도시판촉의 수단으로 사용하였던 미국의 '도시선전주의(City Boosterism)'에서 처음 출현한 유형으로, 이후 유럽의 많은 도시들이 고급스럽고 품격 높은 문화도시의 이미지를 강조하는 고급예술을 지향하여 도시관광의 활성화를 도모하였다. 구체적으로 도시의 개발을 진행함에 있어서 혼합용도개발이나 문화지구의 조성을 통해 도시에서 업무를 보면서 동시에 상점이나 레스토랑, 그리고 문화시설물 등을 이용하게 하는 상승작용을 일으킬 수 있으므로 도시재개발계획에까지 이익을 가져다줄 수 있다. 사례로는 도시를 영화 촬영지의 배경으로 활용하는 것 등이다.

이상의 세 가지 모델뿐만 아니라 다양한 모델들이 연구되고 있는데, 이 모델들은 관광지나 관광자원에 적용하여 응용하는 데 있어서 어떤 요소가 가장 크게 부각되느냐에 따라 분류한 것이지 서로 배타적인 것이 아니며 최상위 목표에 따라 마케팅 믹스 전략처럼 서로 결합하여 적용하고 있다.

(3) 관광을 수단으로 한 장소마케팅

장소마케팅을 구사하는 주체와 그 대상자 그리고 수단을 다시 정리해보면, 지역의 공공 또는 민간이 주체가 되며, 기업이나 관광객 · 주민들이 그 적용대상이 되고, 적용수단으로서 장소마케팅의 다양한 모델들을 활용하는데, 지리적인 특정장소의 이미지가 매력적이 되도록 하는 다양한 방식들을 의미한다.

우리나라에서 장소의 고유성을 홍보하고 상품화시키는 움직임이 활발해지는 데 가장 큰 역할을 한 것은 지방자치제의 실시였다. 지방자치단체는 지역의 상징물을 만들거나 지역축제를 개최함으로써 지역주민이 지역에 대해 일체감을 느끼고 지역사회의 생활을 만족스럽게 생각하도록 하는, 다시 말해 지역정체성 제고를 위한 다양한 행사와 사업의 필요성이 증대된 것이다.

현대사회에서 관광의 한 유형으로 분류되는 문화관광은 그 의미가 다양하다. 사전적 의미로 문화관광은 '유적, 유물, 전통공예, 예술 등이 보존되거나 스며있는 지역 또는 사람의 풍요로웠던 과거에 초점을 두고 관광하는 행위'라 정의되어 있으며, 계획적인 전략으로서 문화관광은 '지방과 국가의 복지, 기업체, 환경요건과 관광객의 욕구와 균형을 맞추면서 그 지방주민과 방문객을 위해 풍요로운 환경을 창출하기 위한 행위'라고 정의된다.

문화관광은 개인적 차원에서 문화적 욕구를 충족시키면서 일상의 탈출이라는 관광의 의미를 훌륭히 수행할 뿐만 아니라 지역 성장정책의 입장에서도 지역 고유의 역사와 문화를 기본으로 하기 때문에 많은 자본을 투입하지 않고도 지역경제를 활성화하는 수단으로서 장점을 지니고 있다. 따라서 많은 지역들이 지역 성장정책의 하나로 이 전략을 채택하는 추세에 있다.

전술한 바처럼 우리나라에서도 지방자치제의 실시로 장소마케팅이 본격적으로 활용되고 있음을 확인할 수 있으며, 대부분의 형태는 '이벤트'라는 형식으로 표출되고 있다. 물론 '인사동'이라든지 '부산' '강화도 갯벌' 등처럼 특정장소가 장소마케팅의 대표적 사례로 제시되기도 하지만 전국적으로 이러한 '장소'를 강조하는 마케팅보다는 '이미지'를 강조한 이벤트마케팅이 대부분인 것이 현실이다.

우리나라에서 장소마케팅은 이벤트라는 형태로 활발하게 진행되고 있기는 하지만 진정한 의미의 장소마케팅이라고 하기에는 어려움이 많다. 장소마케팅의 주체가 대부분 지방자치단체이기 때문에 자치단체장의 선거마케팅으로 변질되고 있는 것이 현실인 상황에서 '인사동의 정체성운동'과 강화도 갯벌체험어장인 '주씨 집성촌'에 관한 연구는 많은 점을 시사해준다. 하지만 이러한 주민들의 자발성은 극소수에 불과하며 대부분의 지역축제에서 주민들은 수동적 역할에 그치고 있는 것이 현실이다. 지역주민이 주체로 활동하는 진정한 의미에서의 장소마케팅이 활성화되기 위해서는 해당지역에 대한 지역주민들의 인식전환이 필요하다. 단순히 지역에 거주하고 있다는 식의 '장소감(Sence of Place)'만으로는 주체가 될 수 없으며 이러한 장소감을 지역충성심으로 승화시킬 수 있는 노력이 절대적으로 필요하다. 또한 지방자치단체는 주민들이 지역 정체성(Local Identity)을 유발할 수 있도록 도와주는 역할을 수행해야 할 것이다.

2) 관광과 GIS[10)]

(1) 관광정보시스템의 등장

새로이 다가오는 21세기는 정보화·디지털에 기반을 두고 있고 이 새로운 시대에 동참하지 못한 조직이나 개인은 현대사회에 적응하기 어려운 상황이 되었다. 현대 관광학은 관광현상과 관련된 제 학문 간의 학제적 접근에 의해서만 완전한 이해가 가능하고 이를 뒷받침하기 위한 연구의 도구도 다채롭게 나타나고 있다. 그중 가장 두드러지게 나타나고 있는 분야가 관광과 컴퓨터의 접목인 관광정보화로의 진행을 들 수 있다.

여행업과 호텔업에서 단순사무작업과 예약에서 시작된 전산화가 이제 모든 관광 분야에서 컴퓨터를 통하지 않고서는 업무가 진행되지 않을 정도로 발전하였다. 특히 인터넷의 등장으로 모든 관광상품은 컴퓨터를 통하지 않고서는 그 마케팅기능을 다하지 못할 정도로 전 부문에 걸쳐 네트워크를 형성하면서 연결되어 있다.

관광정보란 관광의 구조 내에서 관광의 주체인 관광객이 관광활동을 보다 원활하게 할 수 있도록 관광객체(관광지, 관광자원, 관광시설 등)에 대한 선택과 결정을 하는 데 필요한 일체의 자료와 지식축적에 관련된 사항이라고 정리할 수 있다. 그 관광정보의 질과 양에 따라 관광객이 관광지에서 누릴 수 있는 관광활동의 경험과 추억의 깊이가 달라질 수 있다.

이와 같이 관광정보를 요구하는 사회적 요구에 부응하기 위해 등장하여 급속히 발전하고 있는 관광정보시스템은 컴퓨터와 인터넷 그리고 여러 주변기기들을 이용하여 관광객에게 여러 가지 여행편의를 제공하는 체계(System)[11]라고 할 수 있다. 이를 통해 관광객은 언제 어디서든지 필요한 정보를 얻고 이동할 수 있지만 지표현상 시각화(Visualization)의 한계를 갖고 있다.

그리고 사회가 고도로 복잡해지면서 다양한 정보의 범람화에 따라 지역을 기반으로 한 모든 정보의 종합화와 최적의 입지 선정 등이 필요하다는 것이다.

(2) 관광에서 GIS의 활용

① 관광학에서 GIS의 등장배경

전술한 바와 같이 관광은 종합학문으로서, 다양한 지역 현상들에 대해 관심을 가져왔다. 21세기 관광산업이 나아가야 할 목표는 지금까지의 관광사업자와 의사결정자 중심의 관광개발에서 관광지역의 지역사회와 주민을 우선시하고, 환경, 사회문화, 경제적으로 지속가능한 관광을 추구하는 방향으로 전환하는 것이다.[12] 이러한 관광지역을 중심으로 한 지속가능한 관광의 패러다임은 기존의 관광마케팅, 소비자 행동론 등 관광객을 중심으로 한 접근과는 다른 분명한 차이점을 지니고 있다. 관광지역중심의 지속가능한 관광학적 패러다임은 관광지에 분포하고 있는 다양하고 가치 있는 관광자원의 현황과 이슈에 1차적인 관심을 가질 뿐 아니라, 이것들과 관련을 맺고 있는 관광객들과의 공간적 상호관계와 이에 따른 사회·경제적 효과에 대해 많은 관심을 가지고 있으며, 이를 위해서는 효과적인 관광지역에 대한 심층적인 연구가 선행되어야 한다.[13]

관광지역에 대한 효과적·심층적인 연구는 공간적·지리적 관점에서 접근되어야 하며, 일반 관광학적인 접근방법으로는 한계를 지닌다.

이러한 접근들은 우선적으로 다양한 관광자원과 관광객들과의 공간적인 상호작용을 분석하기 위한 체계적이고 통합적인 관리시스템과 정보시스템이 요구되며, 이러한 통합적인 관리·정보시스템은 다양한 관광현상에 대한 특성별, 데이터별, 주제별 자료들을 기반으로 한다. 하지만 기존의 관광학 연구에서는 관광객을 중심으로 사회심리학적인 양적 연구는 활발히 전개되었지만, 이

러한 활동들의 배경이 되는 관광지역에 대한 공간적 연구는 거의 진행되지 못하였으며, 이러한 결과는 관광학 연구의 심각한 학문적 불균형을 가져왔다.

효과적인 관광현상을 연구하기 위해서는 그 관광활동의 대상이 되는 관광지역에 대한 연구가 우선적으로 선행되어야 하며, 이를 위해서는 관광지역에 대한 다양한 주제별, 특성별 데이터들이 구축되어야 한다.

이러한 정보들은 본래부터 공간적인 특성을 지니며, 어디에(Where), 얼마나(How), 어떤(What) 관광자원들이 분포하며, 사용되어 왔는가에 대한 정보를 제공한다. 이러한 사실은 관광 분야에서 지리정보시스템(Geographic Information System, GIS)이 지역을 기반으로 한 지속가능한 관광 연구에 효과적인 도구로써 활용될 수 있음을 시사한다.

GIS와 관광은 다양한 연구영역에 대한 포괄적인 접근과 응용이라는 공통된 특성을 지닌다. GIS는 지리학, 산림자원학, 도시계획 등 다양한 분야에서 포괄적으로 응용되어 왔다. 이와 마찬가지로, 관광학 역시 일찍부터 지리학자, 경제학자, 환경계획가, 인류학자, 건축가, 그리고 비즈니스에 종사하는 사업가들에게 흥미 있는 관심분야였다. 따라서 관광 분야에서의 GIS 적용에 대한 잠재성은 무궁무진하다.

GIS는 현재 다양한 관광지역과 지역에 기반한 계획 활동들에 대한 데이터의 관리, 분석, 표현을 위해 널리 적용되고 있는 강력한 도구로 간주되어 왔다. 특히 환경계획에서의 GIS의 활용은 두드러진다. 관광학 역시 환경자원들에 대해 긴밀한 의존성을 지니고 있으며, 특히 관광계획

〈표 6-1〉 현재 관광학 연구의 관련 이슈와 GIS의 적용

관광학 연구의 한계	GIS의 적용
공간 자료의 데이터 베이스	관광자원들을 주제별, 특성별, 계층별로 체계적으로 저장
지속가능한 관광개발을 위한 적정 수준 결정 및 효과 측정	다양한 관광, 환경, 사회문화적, 경제적 데이터의 통합과 연동을 통한 지속적인 모니터링과 조작, 시각화를 통한 영향 분석
관광현상의 갈등관리	지도화를 통한 갈등 해소: 시각적인 지역 구분(여가지역, 상업지역)
관광마케팅 전략의 세분화	공간분석, 네트워크 분석을 통한 보다 세분화된 관광마케팅 전략의 수립
관광자원의 관리	원격탐사(Remote Sensing), 초고밀도항공영상(Lidar) 그리고 GPS 기술과의 연동을 통한 관광자원의 시계열 분석
예 측	제안된 관광개발 결과에 대한 시뮬레이션과 공간모델링
데이터 관리, 통합	공간적 관점에서의 사회 경제적 그리고 환경적 데이터 구축의 통합
관광개발	중첩분석, 3차원 모델링 등 관광개발을 위한 공간적 결정지원시스템(SDSS)

분야에서 GIS 적용에 따른 강점은 확연히 나타난다. GIS는 지속가능한 관광개발을 위해 널리 적용될 수 있는 기술들을 제공하는 도구상자로써 간주될 수 있다.

② GIS의 개념과 발전

GIS라는 용어가 처음 사용된 것은 1963년 캐나다 국가자원국의 관장이었던 Roger Tomlinson에 의해 주장되었지만, 1980년대까지 모든 부분에서 잘 활용되었던 것은 아니었다.[14)]

초기의 지리정보시스템(GIS)은 컴퓨터 기술을 이용하여 지리정보(공간데이터)를 통합적인 환경에서의 입력 및 처리, 저장, 분석, 출력하는 종합적인 물적/인적 시스템을 의미하였다. 이러한 개념은 기능이 더 발전하여 지형에 관련된 공간데이터를 사용자의 의도대로 수집·저장하며, 갱신 등의 변환 및 관리함으로써 의사결정지원을 가능하게 하는 도구의 일체로 진화하였다. 이러한 GIS의 발달은 시각화에 대한 다양한 기능을 가져왔으며 3차원의 공간정보시스템으로써 비즈니스, 공간계획, 관광 및 도시 계획과 개발부분에서 다양하게 적용되는 수준까지 도달되어 있다.[15)]

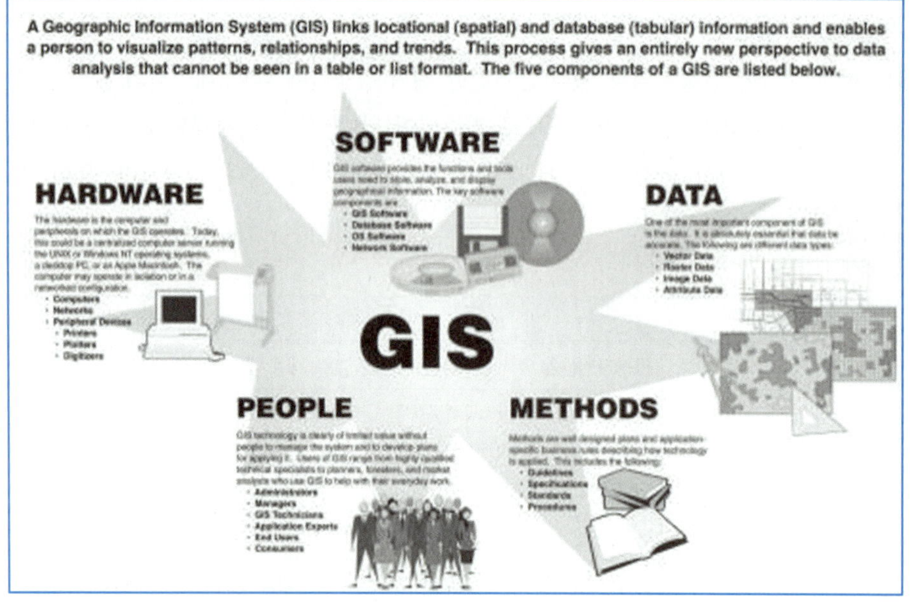

[그림 6-2] GIS의 개념

| 자료: http://www.city-sheridan-wy.com/info/assets/pwd-pd-gis/5_gis_s.jpg

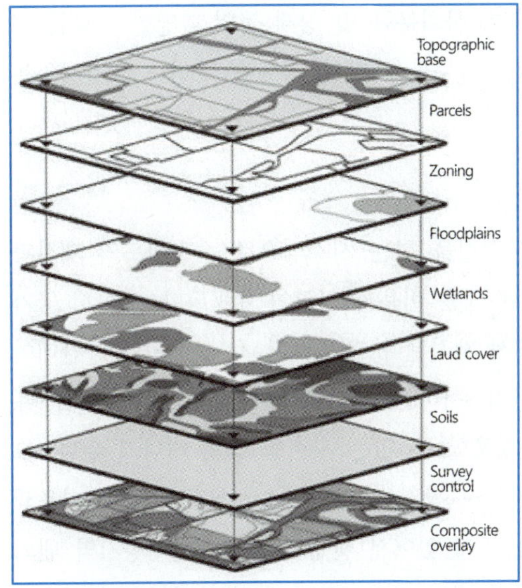

[그림 6-3] GIS에서 다양한 공간자료의 구축과 통합

③ 관광에서 GIS 적용

관광 분야에서 지리정보시스템의 이용은 주로 데이터의 입력과 편집을 통하여 도로 및 교통 그리고 관광안내정보를 제공하는 수준에 머물러 있었다. 그러나 GIS의 주요 기능이 개발되고 확산되면서 관광에서 관광지 개발, 관리, 영향평가 등과 같은 의사결정지원시스템으로써 적용할 수 있는 범위는 다양하다. 예를 들면 첫째, 관광개발과 관련하여 이해 관계자들이 자신의 관점을 주장하는 데 필요한 유형의 정보가 없더라도 GIS를 사용하여 관광자원의 체계적인 목록을 작성하고 동향을 분석함으로써 관광개발의 중요성과 성격을 제공할 수 있다. 둘째, 지속가능한

〈표 6-2〉 관광에 적용가능한 GIS의 기능

GIS의 주요 기능	GIS의 기본적인 질의		관광에서의 적용
데이터의 입력 · 저장 · 편집	Location	What is at?	관광자원의 데이터베이스
지도 생성	Condition	Where is it?	관광개발을 위한 최적입지 선정
데이터의 통합 · 관리	Trend	What has changed?	관광영향의 측정
데이터 질의 · 검색	Routing	Which is the best route?	관광객 관리
공간 분석	Pattern	What is the pattern?	자원 활용에 관련된 관계 분석
공간모델링	Modeling	What if?	관광개발의 잠재적 영향 평가

| 자료: Tim Bahaire & Martin Elliott-White(1999).

관광수준을 결정하고자 할 때, 관광지와 관련된 환경, 사회문화 및 경제 등의 다양한 자료를 통합하여 관광활동을 모니터링하고 통제함으로써 지속가능한 개발의 지표를 확인하고 감시하는 것을 용이하게 해준다.

④ 관광에서의 GIS 활용사례와 전망[16)]

지리정보시스템은 다양한 지도를 기반으로 의사결정을 하는 시스템으로 수치지도의 제작과 지표상의 사상을 입력해야 하는 과정 때문에 초기에 많은 비용과 인력이 요구된다. 따라서 국가의 기본이 되는 지도(기본도)는 국가나 공공기관에서 제작된다. 지도제작 시 포함되는 공간데이터가 존재하게 되면 이를 근거로 다양한 시설, 산업, 서비스, 마케팅 등에의 활용이 용이하며, 관광부분에서도 계획, 개발, 관리, 정책입안 등에 활용할 수 있는 시스템 중의 하나가 된다. 그러나 국내에서는 서비스나 마케팅에 대한 적용보다는 관광지 및 관광자원 안내시스템에 이용되고 있으며, 선진국에서는 광범위한 지역을 개발하는 데 있어서 발생가능한 개발예정지역 내의 토지문제, 자연환경, 문화자원 목록화 그리고 관광지 내의 관광시설의 입지와 관련하여 이용되고 있다.

GIS를 통하여 관광개발에 적용가능한 내용은 다음과 같다.

첫째, 관광지를 찾아가기 위한 도로지도 및 관광자원 안내지도를 제공한다.

둘째, 데이터의 통합과 관리를 통하여 시설물(숙박시설, 음식시설 등)에 대한 정확한 지도를 제작할 수 있고, 관광객의 방문에 따른 관광시설의 수요와 공급을 조절할 수 있다.

셋째, 목록화된 관광자원에 대하여 조망지점, 갓길, 탐방로, 관광센터 그리고 편의시설들의 최적장소 등을 선정할 수 있다. 또한 쉽게 무시하고 넘어갈 만한 문제점들을 개선시키고 효율적으로 사용할 수 있게 해준다.

넷째, 토지개발에 따른 적합성 분석에 사용가능하다. 예를 들면 모터보트들로 인해 호수 인접지역이 겪는 소음, 특정 거리 내의 서식지 구분, 그리고 증가하는 관광활동이 자연환경에 미치는 잠재적인 영향을 평가하는 데 사용할 수 있다.

다섯째, 3차원 시각적 효과 분석을 통하여 원근감이 있는 계획을 평가하고 그 대안을 마련하기 쉽게 해준다. 잠재적 관광개발을 조사하는 데 유용할 뿐만 아니라 관광개발에 유해할 수 있는 다른 토지이용자들이 행하는 개발을 조사할 수 있다.

여섯째, 지역개발에 있어서 다양한 유형의 지도를 중첩할 수 있기 때문에 개발, 보호 또는 연구 등과 같은 특정목적을 의해 지역을 세분할 수 있다. 따라서 의사결정자가 관광지의 관리와 전략을 수립하는 데 있어 보다 많은 요인을 고려대상으로 삼아 세부적으로 분석할 수 있다.

일곱째, 개발과 관련된 지역주민과의 마찰을 최소화할 수 있다. 개발의 문제점을 완화시키거나 논쟁점을 알리는 기능을 하여 공공의 자문을 얻거나 지역주민의 참여에 있어서 대화를 용이하게 할 수 있고 다양하고 세부적인 소축척 지도로도 표현할 수 있다.

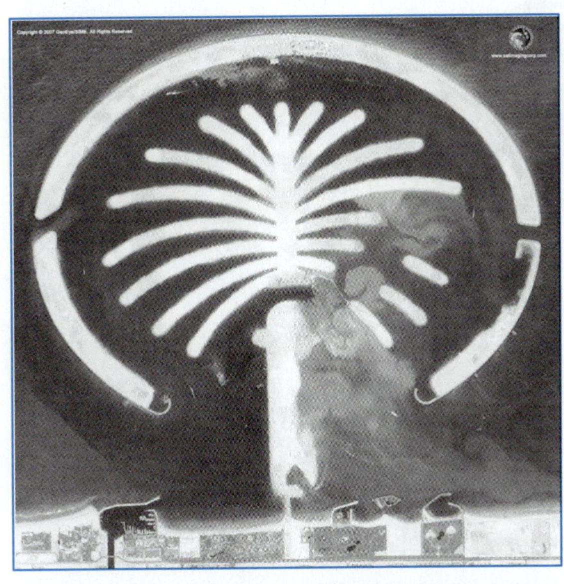

[그림 6-4] 원격탐사를 활용한 관광개발(두바이)

| 자료: Satellite Image Corporation.

[그림 6-5] 관광마케팅에서의 3D GIS의 활용

| 자료: 김진원 · 윤병국 · 송학준 · 진현식. 2008.

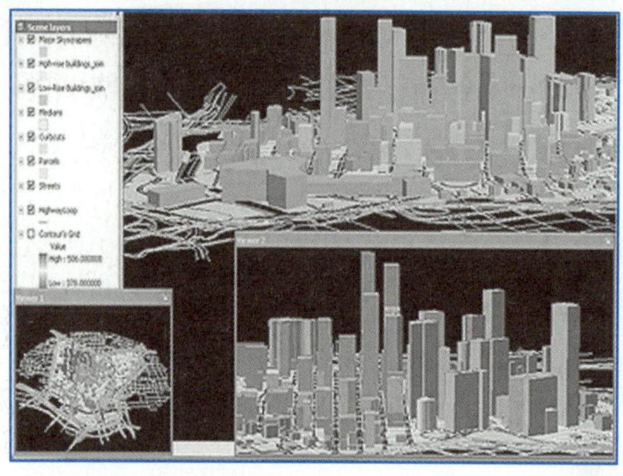

[그림 6-6] 공간의사결정시스템으로서의 GIS
| 자료: 김진원 · 윤병국 · 송학준 · 진현식, 2008.

3) Geotourism[17)]

(1) Geotourism의 등장배경과 개념

지리관광(Geotourism)은 문화나 환경, 유물 그리고 그 지역주민들의 특성 등과 같은 지역의 지리적 특징들을 유지하고, 혹은 증진시키기 위한 최고의 실용적인 관광의 형태로 정의될 수 있다. 이 정의는 다양한 의미를 내포하고 있는데, 단지 지역의 자연·문화적인 관광자원들을 관광학적으로 활용하고 보전하는 것뿐만 아니라 '왜(Why)' 이러한 것들이 이곳에 위치하고 있으며, '어떠한(How)' 과정을 거쳐 형성되어 왔는가에 관해 탐색함으로써 단지 현재의 상황만을 연구대상으로 하는 관광학의 접근방법과는 차별성을 가지고 있다.

지리관광의 콘셉트는 2002년에 저명한 미국의 관광잡지인 *the Travel Industry Association of America and National Geographic Traveler*에 의해 널리 소개되었는데 *National geographic*의 주편집장인 Jonathan B. Toutellot과 그의 아내 Sally Bensusen에 의해 ecotourism이나 sustainable tourism이라는 기존 관광학의 용어들보다 더욱 넓은 의미의 관광자원들과 지속성을 포함하는 것은 물론, 그 본질적인 역사를 탐색할 필요성에 대한 욕구로 1997년에 주창되었다.

Ecotourism과 같이 지리관광 역시 관광객들의 방문을 위한 관광자원들을 보호하고 어떻게 지역에 지역적 이익을 제공하는가?와 같은 문제에 대해 관심을 갖지만, 지역과 관광자원에 대한 역사적인 구조, 현재 그리고 전통적인 문화, 경관, 음식과 예술 그리고 식생들과 같은 'Sense of Place(장소감)' 즉 지역의 독특한 지역성에 공헌하고 있는 특징들을 통합하고, 관리하는 것은 물론, 그 본질들에 대한 원리를 파악하는 것이 가장 큰 차이라 할 수 있다. 지리관광은 지속가능성의 원리를 통합하기는 하지만 장소에 인식하는 윤리적, 교육적인 인식을 또한 강조한다. 이는

곧 장소에 대한 이해, 그리고 그 본질적인 가치에 대한 인정을 의미하는 것으로 최근 이슈가 되고 있는 Interpretation과도 그 맥을 같이한다고 볼 수 있다. 이러한 지리관광의 아이디어는 최근 세계적으로 큰 이슈가 되고 있는 전 지구적인 Globalization(음식, 국제적 브랜딩, 문화의 동일화)의 단점을 보완할 수 있는 그 지역의 지역성을 최대한 살릴 수 있는 새로운 형태의 관광개발을 위한 아이디어를 제공한다.

(2) Geotourism의 관광학 연구에서의 역할

앞에서 언급한 것과 같이 지리관광은 기존 관광학의 연구영역이었던 Ecotourism, Sustainable Tourism이 지니고 있던 한계를 극복하고, 보다 포괄적인 의미의 관광자원에 관한 지속가능성은 물론 그것들에 대한 본질을 탐색함으로써, 궁극적으로 각 지역의 Sense of Place를 이해하고, 그것들의 가치를 발견하는 데 그 목적이 있다. 이러한 지리관광의 목적과 방향은 지역, 그리고 관광자원들의 본질을 파악함으로써, 지속가능성의 효과를 더욱 증대시켰으며, Globalization 등과 같은 전 지구적인 standard화를 극복할 수 있는 새로운 관광개발의 아이디어를 제공한다.

미 주

1) Butler, Richard(2004). Geographical Research on Tourism, Recreation and Leisure: Origins, Eras and Directions. *Tourism Geographies*, 6(2), 143-162.

2) 서울에만 초점을 맞춘다면 각 대학의 관광학 연구에 절대적 기여를 한 경기대학교의 관광학과(1964년 학과 설립) 이장춘 교수, 한양대 관광학과 김홍운 교수, 경희호텔전문대학(1974년 학과 설립)의 김상훈, 김종운 교수는 관광학 연구의 1세대라고도 할 수 있지만 관광학과 태동에 기여하면서 한국의 관광지리학을 자리 잡게 한 시조라고 할 수 있다.

3) 지리학 분야에서 관광학 또는 관광지리학 연구에 대한 연구는 본 논문에는 포함시키지 않았으며 다음 연구주제로 남기고자 한다.

4) 신용석(2005). 영미지리학의 변천에 대한 통시적 고찰. 『대한지리학회지』, 40(4), 367-401.

5) 김종은 · 이승곤(2000). 관광학에서의 지리학의 역할과 접근방법 모색. 『대한지리학회지』, 35(2호), 365-372.

6) 1960년 하버드 물리학과에서 과학사를 강의한 Thomas Kuhn에 의해 개념지어진 용어로 "하나의 이론(생각)이 생성, 발표, 소멸될 때까지의 한 시대를 풍미하는 과학정신"을 패러다임이라고 하는데 시대적 상황에 따라 끊임없이 생성 · 소멸을 반복하기도 하며 혼재되기도 한다.

7) 김종은 · 이승곤(2000). 관광학에서의 지리학의 역할과 접근방법 모색. 『대한지리학회지』, 35(2호), 365-372.
김사영(1998). 지리학적 패러다임에 준거한 관광지리학 연구영역의 고찰. 『관광지리학』, 9, 153-163.

8) 관광지와 관광자원에 대한 개념을 혼재하여 사용하고 있으며 일부 대학의 커리큘럼에서는 관광지리자원으로 통합하여 사용하고 있지만 이 두 개념 간에 명확한 학문적 구분이 필요하다.

9) 윤병국 · 이승곤(2007). 『관광학개론』. 새로미.

10) 이은영 · 서원석 · 이승곤(2008). GIS 분석을 통한 효과적인 Brand Chain 입지선정 방안. 『관광연구저널』, 22(2).
윤병국(2006). GIS를 이용한 한국의 자연이용형 관광정보시스템 구축에 관한 연구. 『관광연구저널』, 20(2).
김진원 · 윤병국 · 송학준 · 진현식(2008). Applications of GIS-based Three-dimensional Modeling(3D) in Tourism(관광분야에서의 GIS 기반의 3차원 모델링의 적용). 『호텔경영학연구』, 17(6).

11) 여기서 의미하는 시스템은 체계, 체제, 구조 등으로 번역되는 용어로 아주 광범위하게 사용되지만, 일반적으로 '하나의 전체를 구성하면서 서로 관련되는 구성요소의 집합'으로 정의할 수 있다. 이러한 시스템과 관련하여 접할 수 있는 용어로는 MIS(경영정보시스템), GIS(지리정보시스템), TIS(관광정보시스템) 등이 있다.

12) 김동렬(2000). 지속가능한 관광의 지표 개발에 관한 연구. 서울대학교 대학원 석사학위논문.

13) 김진원(2006). 해안관광의 지속가능성에 관한 연구. 경희대학교 대학원 석사학위논문.

14) Dye, A., & Shaw, S.(2007). A GIS based spatial decision support system for tourists of Great Smoky Mountains National Park. *Journal of retailing and consumer services*, 14, 269-278.

15) Longley, P. A., Goodchild, M. F., Maguire, D. J., & Rhind, D. W.(2001). *Geographic Information Systems and Science*. John Wiley & Sons, Inc.

16) Tim Bahaire, & Martin Elliott-White(1999). The Application of Geographical Information Systems(GIS) in Sustainable Tourism Planning: A Review. *Journal of Sustainable Tourism*, 7, 159-175.

17) Dowling, Ross K.(EDT)/ Newsome, David(EDT)(2005). *Geotourism*(Sustainability, Impacts And Management), Butterworth-Heinemann.

저자약력

이승곤(李承坤) 현_경희대학교 관광학부 교수

경희대학교에서 박사학위를 취득했다. 저자 이승곤은 한국관광연구학회에서 편집고문을 맡고 있으며 저서 『관광학개론』『관광세계지리』,『테마가 있는 리조트 개발 및 경영』 등과 관광지리, 관광학의 패러다임 변화, 장소마케팅 등을 논문 주제로 삼아 활발한 학술적 성과를 발표하고 있으며 후진 양성과 학회의 발전에 힘쓰고 있다.

『관광학총론』 일곱 번째 이야기

제7장

관광생태환경론적 접근

김 남 조*

1 관광생태환경론의 이해

관광생태환경론은 관광부문에서 이미 고착된 이론이 아니다. 생태환경에 대한 중요성이 점점 더해감에 따라 기존 생태학적인 관점과 관광의 관점을 이용하여 생태환경에 대한 관광부문에서의 연구영역을 확장하려는 분야이다. 관광생태환경론을 이해하기 위해서는 생태환경이 무엇이며, 관광자로서의 인간은 생태환경과 어떤 관계를 갖고 행동하고 영향받는지를 규명하는 것이 중요하다. 이를 위해 본 절에서는 생태환경의 중요성을 살펴본 후, 관광생태환경론의 학문적 접근방법을 알아보기로 한다.

1) 생태환경과 인간의 관계

생태학(ecology)은 생물과 환경의 상호관계를 연구하는 학문이다. 생물은 크게 식물과 동물로 나누어지는데, 계층적으로 세분해보면 계－문－강－목－과－속－종으로 배열된다. 환경은 한 생물에 영향을 미치는 주변의 생물요인(biotic factor)과 비생물요인(abiotic factor)을 망라한 모든 것, 즉 서식지(habitat)이다. 생물요인은 한 생물과 다른 생물 사이에 얽힌 경쟁, 포식, 공생, 기생 등을 포함하고, 비생물요인은 햇빛, 공기, 물, 토양, 바람 등 생물의 생활, 생식 및 분포에 영향을 미치는 물리화학적 요인을 포함한다.[1] 환경은 지구를 구성하고 있는 요인, 즉 암권(lithosphere),

* 한양대학교 관광학부 교수. e-mail: njkim@hanyang.ac.kr

수권(hydrosphere), 대기권(atmosphere)으로 구성되는 대환경(macroenvironment)과 국립공원이나 관광지의 숲, 개천과 같이 생물에 접하여 직접 영향을 미치는 미환경(microenvironment)으로 구분된다.

생태학적인 접근방법을 관광 분야에 적용하여 관광생태환경론의 접근방법을 규정해보면, 관광생태환경론은 '관광관련 활동에 참여하는 인간과 관광의 대상이 되는 생물자원, 그리고 생물자원의 존재와 서식을 가능하게 하는 물리적 환경과의 관계를 연구하는 접근방법'을 취한다고 말할 수 있다. 관광목적으로 생물자원과 환경을 이용하는 주체로는 관광자, 관광사업체, 공공기관, 관광개발계획가, 관광연구자 등을 들 수 있다. 생물자원으로는 육상생태계의 사자, 호랑이, 기린, 코끼리와 같은 포유류로부터 수중생태계의 플랑크톤과 같은 미생물까지 모든 동식물을 포함하고, 물리적 환경으로는 토양, 공기, 물, 바람, 햇빛, 온실가스 등을 포함한다.

생태계(ecosystem)는 생물군집과 물리적 환경으로 구성된 질서정연하게 통합된 체계를 의미한다. 생태계에는 생물과 생물 간, 생물과 무생물이 상호관계를 미치면서 수많은 군집을 형성하고 있다. 생태계에서는 한 생물과 다른 생물 간의 포식, 경쟁, 기생과 같은 상호작용(coaction)이 나타나기도 하고, 온도, 물, 햇빛과 같은 물리적 환경이 생물에 미치는 영향인 작용(action)과 이와 반대로 생물이 물리적 환경에 미치는 영향인 반작용(reaction)이 나타나기도 한다.[2] 한편, 인간과 생태계 간에도 상호관계를 갖고 영향을 미치고 있다. 인간은 생태계를 이용하거나 관리하는 입장이고 생태계는 인간에게 식량 및 약용자원과 심미적 경관미를 제공함으로써 인간의 삶을 유지·보존하게 한다. Turner[3]에 의하면 인간활동은 생태경관형성에 다음과 같이 5가지 방면으로 영향을 준다고 보고하고 있다.

- 숲속의 우점 식물종을 관리함으로써 식물의 상대빈도를 바꿈
- 식물종과 동물종의 분포영역을 넓히거나 줄임
- 잡초성 식물이 교란지역으로 쉽게 침입할 수 있게 됨
- 토양의 양분상태를 바꿈
- 거주지의 유형과 토지이용 활용에 의하여 경관모자이크(서식지나 식생의 배열이나 형상을 의미함)의 유형이 바뀜

생태계는 인간에게 건축대지, 경작지, 목재, 식량, 약용, 연료와 같은 실질적인 경제 가치를 지닌 자원을 제공하기도 하고, 자연경관과 같은 심미적인 자원을 제공하기도 하며, 깨끗한 공기와 물과 같은 공공적인 자원을 제공하기도 한다. 인간은 목재 생산, 도로와 댐 건설, 화전(火田)을 이용한 경작지 확대, 화학비료의 사용, 석유와 석탄과 같은 화석연료의 사용 등으로 수질, 대기, 토양에 영향을 미치고 있다. 반면 물리적 환경은 지구온난화와 같은 기후변화, 부영양화(eutrophication)와

같은 수질의 변화, 토질의 산성화로 인간사회에 부(否)의 영향을 일으킨다. 이와 같은 부의 영향은 부정적인 외부성 효과(negative externality)로 나타나고 이러한 영향이 발생한 사회는 경제적·사회적·환경적으로 부담을 안게 된다.

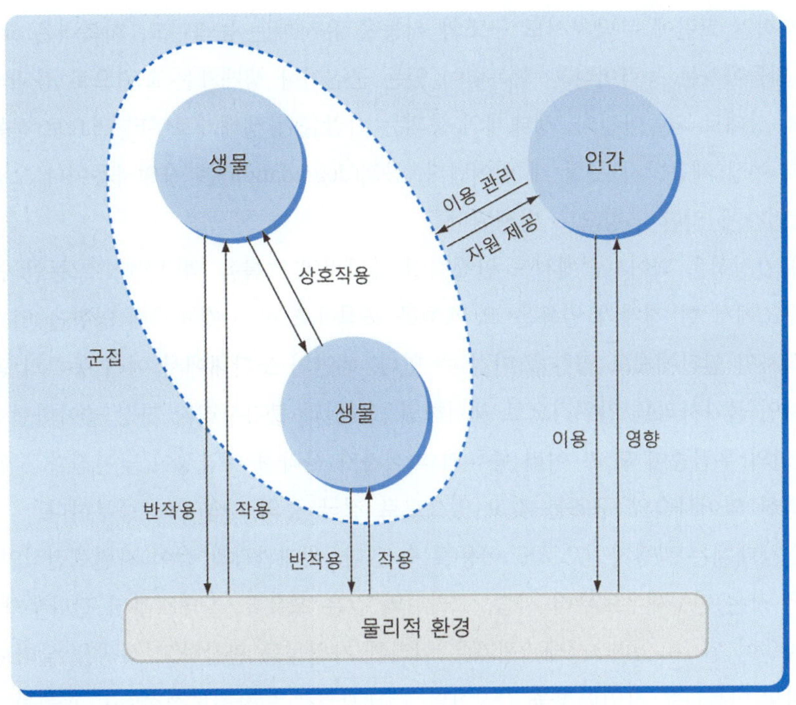

[그림 7-1] 생태계의 상호관계, 그리고 인간과의 관계

생태계의 생산성(productivity: 식물·동물·미생물 등 생물이 생산되는 정도)과 필수요소의 순환, 보유 혹은 손실을 이끄는 과정은 기본적인 생태계의 기능이며, 사람들이 의존하는 식량과 섬유의 원천이 된다. 일차생산량(primary production: 한 생태계에서 보통 1년간 생산된 전체 식물량)은 생태계 내의 먹이그물(food web)의 기초가 된다. 먹이그물은 여러 생물 사이에 먹고 먹히는 관계인 먹이사슬(food chain)이 얽힌 관계를 설명하고 있으며, 생태계를 통한 에너지 흐름을 나타내고 있다. 순환적 원소인 질소나 인, 칼륨 등은 생태계 안에서의 생물과 무생물 간의 필수요소이다. 이러한 필수요소의 연속적인 흐름과 변형과정을 생물지구화학순환(biogeochemical cycling)이라 한다.[4)]

산불과 같은 자연재해라든가 벌목과 과도한 환경 이용은 생태계에 교란(disturbance)을 일으

킨다. 교란은 식물의 생물량을 직접적으로 파괴함으로써 식물의 정착 또는 생장을 제한하는 메커니즘이나 과정을 뜻한다.[5] 교란이 발생하였음에도 군집이나 생태계가 저항(resistance)과 회복력(resilience)을 갖고 있으면 그 군집이나 생태계는 안정적인 상태를 유지할 수 있다. 이를 안정성(stability)이라 한다. 안정성을 이루는 두 가지 요소는 저항과 회복력이다. 저항은 군집이나 생태계가 잠재적인 교란에 부닥쳐서도 구조와 기능을 유지하는 능력이고, 회복력은 교란된 후 원래 상태로 되돌아가는 능력이다.[6] 회복력이 있는 군집이나 생태계는 교란으로 붕괴되더라도 빠르게 이전의 상태로 되돌아간다. 생태계의 붕괴는 사람들이 생태계로부터 필요로 하는 자원이나 서비스를 더 이상 제공받지 못할 때 일어난다. 붕괴(degradation)는 자원사용이나 오염물질 처리 등과 같은 인간에 의한 영향으로 발생된다.

생태계의 안정성은 먹이사슬에서도 안정적인 에너지의 흐름을 의미한다. 그동안 안정적인 먹이사슬의 구조에서 한 개체의 멸종은 그 개체를 포식자로 하는 개체에게 영향을 일으키고 결국 최종의 포식자인 인간에게도 영향을 미칠 수 있다. 해안의 조간대에서 여러 종류의 담치와 따개비의 포식자인 불가사리를 인위적으로 제거하면, 그 결과 불가사리가 가장 좋아하던 한 종의 담치가 그 지역의 우점종이 되고, 여러 종류의 피식자가 사라져 다양성이 낮아진다.[7] 안정적인 생태계는 건강한 먹이사슬의 구조를 갖고 있으므로 결국 종의 다양성이 풍부하다.

안정적인 생태계는 관광자원으로도 이용될 수 있다. 생태관광과 같이 자원보전적인 형태를 취하는 관광은 작은 민물새우로부터 사슴, 고라니와 같은 포유류, 갈대로부터 전나무까지 모두 훌륭한 관광자원이 될 수 있다. 생태관광객은 이러한 자원들을 관찰하고 섭생을 살펴보면서 생태계를 이해하고 아름다운 자연환경을 감상한다. 생태관광객은 자원보전적이고 교육목적의 태도를 지향하므로 생태계에 미치는 영향이 매우 미미하다. 반면 자연자원 위주의 대중관광객은 생태계를 대하는 태도가 부주의하고 경우에 따라서는 자원을 채취하거나 포획하기도 한다. 이러한 경우 생태계에 교란이 일어날 수 있고 자연환경이 훼손될 수 있다. 생태자원이 훼손된 곳은 더 이상 관광지로서의 역할을 다하기가 어렵게 된다. 따라서 자연환경에 의존하는 관광의 미래는 생물요인과 비생물요인을 담고 있는 물리적 환경을 관광목적으로 이용하는 사람이 얼마나 잘 이해하고 있느냐에 달려 있다고 해도 과언이 아니다.

2) 생태환경의 중요성

관광을 통해 지구상의 생물다양성(biodiversity)을 이용할 수 있고 영향을 줄 수도 있다. 생물다양성은 그 자체로 명백하고 매력적이며 다양한 모든 생명체를 의미한다. 생물다양성은 육상,

해양, 수역의 생태계를 포함하여 모든 살아 있는 다양한 생명체를 의미한다. 생물다양성은 유전인자(genes)의 다양성, 종(species)의 다양성, 생태계(ecosystems)의 다양성을 포함한다.[8] 그중에서 핵심적인 요소는 종다양성이다.

종다양성(species diversity)은 종의 수와 종의 상대풍부도에 의해 정의된다. 종풍부도(species richness)는 군집 내의 종의 수이고, 종의 상대풍부도는 종균등도(species evenness)이다.[9] 일반적으로 출현한 종이 많은 군집이라는 의미에서 다양성을 풍부도(richness)라 부르기도 한다. 종다양성은 환경이 복잡할수록, 즉 군집구조가 복잡할수록 더 높다. 따라서 종다양성은 생태계 군집구조의 복잡성의 정도를 의미한다고 볼 수 있다. 다양성을 측정하는 방법으로 가장 간단한 것은 출현한 종을 세는 것이다. 다양성은 다음과 같은 군집의 상태에 따라 달라질 수 있다.[10]

- 한 군집이 평형상태에 도달하지 못한 경우, 즉 그곳에 살 수 있는 모든 종을 다 갖지 못한 불포화군집이거나 일시적으로 물리적 자원에 비해 종이 너무 다양한 과포화군집인 경우
- 평형상태에 도달한 군집이라도 자원의 이용범위가 넓으면 다양성이 높아짐
- 먹이 토양 및 기타 환경요인에 대한 생태적 지위의 분화 정도가 높은 종으로 구성된 군집은 그렇지 않은 군집보다 다양성이 높음
- 종들의 생태적 지위가 중복된 군집일수록 다양성이 높음

다양성의 요인으로 각 지역이 갖는 고유한 군집의 역사, 시간의 흐름, 온도, 염도, 토양산도 및 오염이 있는 극단적인 서식지, 삼림에서 초지로 변하는 추이대(ecotone)와 같은 물리적 자원의 다양성, 생산성(productivity), 기후의 안정성, 포식, 교란 등을 꼽을 수 있다.

그런데 생물의 다양성은 왜 중요할까? 지구상에는 대략 30억 종의 생물이 살고 있는 것으로 추정되며 이 중 1억 4천만 종만이 알려져 있다. 이들은 직접적으로 식량이나 약품을 생산하는 데 사용되며, 숲의 침식을 방지하거나 물을 저장하여 생산을 돕는 역할을 하기도 한다. 일반적으로 생물의 다양성(biodiversity)은 다음과 같은 이유에서 중요하다.

첫째, 생물의 다양성은 먼저 자연의 순 순환체계를 지키기 위해서 필요하다. 자연의 순 순환체계에서 먹이사슬이 끊어진다면, 즉, '먹이사슬을 형성하는 어느 한 개체가 지구상에서 멸종된다면 어떤 현상이 발생할 것인가?'에 대해 생각해볼 필요가 있다. 결론적으로 그 개체를 먹고 사는 다른 종이 멸종될 위험에 처하게 되고, 또다시 상층에 멸종될 위험에 처한 종을 먹고 사는 또 다른 종이 위험에 처하고 … 궁극적으로 최상위 계층인 인간에게 그 영향을 미치게 된다.

둘째, 다양한 생물 중에서는 미래 인류의 부족한 식량을 대처해줄 수 있는 생물자원이 존재할 수 있다는 것이다.

셋째, 현대의 의학으로 해결할 수 없는 불치병을 치료할 수 있는 핵심적인 물질을 아직 발견

되지 않은 어떤 생물의 종으로부터 발견할 가능성이 존재한다는 것이다.

넷째, 인류와 다른 형태를 가진 생물자원은 인류에게 신기함과 아름다움을 제공하는 심미적인 가치를 지니고 있다. 이것은 무형의 가치이지만 관광을 통하여 물질적인 가치로 변환된다.

다섯째, 인류와 생물들은 하나뿐인 지구를 같이 살아가고 있다는 공존의 의식에서 보존의 가치를 느끼게 한다. 환경을 보호하려는 생태 윤리적 가치관이 사회에서 고양됨에 따라 인류와 생태자원은 공존과 상생의 필요성이 점점 부각되고 있다.

유네스코에서는 1971년 생물다양성 보전과 자연자원의 지속가능한 이용을 추구하기 위해 '인간과 생물권(MAB; Man and the Biosphere)' 사업을 시작하였다. 이는 전세계적으로 뛰어난 생태계를 '생물권보전지역'으로 지정해 보전과 이용의 조화를 도모하고자 하는 국제적인 사업의 태동이었다. 1992년 6월 브라질 리우데자네이루에서 개최된 UN 환경과 개발회의(United Nations Conference on Environment and Development)의 결과로 채택된 생물다양성회의(Convention on Biological Diversity)는 자연을 보전하려는 국제적 노력을 위한 전 지구적 기초를 마련하려는 첫 번째의 국제적인 법적 기구이다. 양적으로 가장 많은 종다양성을 가진 곳은 열대지역이고 온대지역은 상대적으로 중요성이 덜하다. 또한 비가 많은 우림지역은 상대적으로 건조지역보다 종다양성이 풍부하다. 국제자연보전연맹(IUCN; International Union for Conservation of Natural Resources)은 메가 다양성(megadiversity) 국가로 12개국을 구분하고 있다. 이러한 국가로는 멕시코, 콜롬비아, 에콰도르, 페루, 브라질, 자이레, 마다가스카르, 중국, 인도, 말레이시아, 인도네시아, 호주가 해당된다. 이 국가들이 보유하고 있는 살아 있는 생태계는 전 지구상의 종의 70%를 차지하고 있다.[11] 열대우림지역에는 토착종(endemicity)과 멸종위기의 종(endangered species)이 넓은 지역에 분포되어 있어 국제사회에서 깊은 관심을 갖고 있다.[12]

관광목적으로 개방되는 생태계에 대한 경제적 가치는 주로 관광객이 그 생태자원을 관람하기 위하여 지불하는 입장료, 숙박비, 교통비 등을 합산하여 평가한다. 이러한 방법을 여행비용법(TCM; Travel Cost Method)이라 하는데, 아프리카 킬리만자로 주변의 암보셀리국립공원의 경우 사자 한 마리가 1년에 27,000US달러를 벌어들이고, 코끼리 떼는 610,000US달러를 벌어들인다. 이는 관광수입이 농업수입보다 1년에 ha당 50배 이상의 수입을 창출함을 뜻한다. 페루의 마코앵무새는 한 마리당 1년에 750~4,700US달러를 벌어들인다. 이러한 경제적 가치에 근거하여 Nash(1989)는 "우리의 보호구역은 탄자니아에 많은 돈을 가져다준다."라고 하면서 보호구역을 보호하자고 역설한다.[13]

최근 환경과 관련하여 지구온난화, 생물의 다양성, 인류의 소비행태 등이 주요 이슈로 빈번하게 논의되고 있다. 특히 지구온난화나 환경문제는 인류에게 비용을 부담시킨다. 예를 들면 공기

나 물을 정화하기 위해 소요되는 비용, 지구온난화로 발생된 재난비용 등이다. 한반도를 휩쓸고 지나간 태풍 루사, 태풍 매미 등도 지구온난화의 결과로 인해 발생되었다고 하며, 많은 양의 비를 쏟아 붇는 국지성 호우도 지구온난화의 결과라고 알려져 있다. 이때 소요되는 복구비용도 결국 세금으로 충당되는 사회적 비용이 되는 것이다. 한편, 지구온난화를 일으키는 원인은 다양하다고 알려져 있는데, 그중에서 인류가 석화연료를 필요로 하는 기계문명을 과도하게 사용함으로 인해 발생하는 경우도 주요 원인으로 꼽히고 있다. 따라서 지구온난화를 방지하거나 저감시키는 노력이 전세계적으로 펼쳐져야 하는데, 관광부문에서도 이에 대해 부단한 노력을 할 필요가 있다.

3) 관광생태환경연구의 접근방법

관광목적으로 생태계를 이용하는 주체로 관광객, 관광사업체, 공공기관, 관광개발자 등이 있다. 관광객은 생태계를 관광자원으로 삼아 자연이나 생태와 관련된 다양한 레저·레크리에이션·관광활동에 참여할 수 있다. 관광객은 산악자전거·사륜구동자동차·ATV(all-terrain vehicle: 사륜오토바이)·제트스키·모터보트·스킨스쿠버다이빙·동력행글라이딩 등과 같이 레크리에이션 기구를 이용하여 적극적으로 활동에 참여하기도 하고, 경관감상·탐방·생태관찰·휴양·피크닉 등과 같이 소극적으로 활동에 참여하기도 한다. 관광사업자는 생태환경이 잘 보전된 아름다운 지역을 생태관광상품으로 개발하여 관광객들에게 판매하여 경제적 이득을 얻기도 한다. 생태관광상품은 여러 생태자원을 관광코스화하여 생태자원을 감상·관찰할 수 있는 기회를 관광객에게 제공할 수 있는 여행상품이 될 수 있고, 자연환경이 수려한 곳에 환경적으로 위해요인을 저감시키면서 조성한 숙박시설이나 편의시설을 조성하여 관광객에게 판매하는 형태도 될 수 있다. 공공기관이나 관광개발자는 관광객들에게 다양한 서비스를 제공하기 위하여 관광자원으로서 가치가 있는 생태지역에 환경친화적인 도로, 생태안내도 및 해설표지판, 생태숙박 및 편의시설 등을 조성하기도 한다.

관광의 대상이 되는 생태계는 생태계를 이용하는 각 주체가 자원을 어떻게 이용하느냐에 따라 이용에 따른 생태계의 반응과 영향은 다양한 양상으로 나타난다. 예를 들면, 관광객들이 한꺼번에 대규모로 생태자원을 이용하는가 아니면 동일한 규모이지만 한 번에 이용하는 사람의 수를 나누어서 분산시켜 이용하게 하는가에 따라 자원에 미치는 영향은 다르게 나타난다. 또한 간편한 복장으로 생태자원을 탐방하는 방법으로 이용하는가 아니면 ATV를 이용하여 넓은 지역을 활동적으로 이용하는가에 따라 다르게 나타난다. 생태계를 대하는 관광객의 태도나 윤리관에 따라 그 영향은 다르게 나타나는데, 평소 환경보호에 부주의한 태도를 갖는 관광객은 생태관광지에서도 부주의한 태도와 행동을 보여 생태자원을 훼손하기도 한다. 생태자원의 특성에 따라 생태계는 관광객의 이용에 대해 저항하기도 하고 훼손되더라도 쉽게 회복되기도 하지만 관광객의 자원에 대한 이용 정도·이용형태·관광객의 태도에 따라 그 반응과 영향은 다양한 양상으로 나타난다.

관광지에 산재되어 있는 생태계에서 다양한 레저·레크리에이션·관광활동을 경험한 관광객·관광사업체·공공기관·관광개발자들은 심리적·경제적·사회적·환경적 산출물을 얻게 된다. 관광객들은 생태자원을 배경으로 한 다양한 관광활동에서 만족감과 충족감을 느낄 수 있다. 관광사업체는 생태관광상품을 판매함으로써 경제적 이득을 얻게 되고, 공공기관은 공공재적인 생태자원을 관리하면서 주민들이 이용하게 함으로써 주민들의 삶의 질을 향상시키는 데 기여할 수 있고, 관광개발자는 방치된 생태자원을 개선되는 방향으로 정비하여 더욱 아름답고 쾌적한 생태관광지로 탄생시킬 수 있다. 이와 같이 관광목적으로 생태계를 이용하는 주체와 생태계와의 관계는 환경심리학적인(또는 생태환경적인), 환경경제적인, 생태자원관리적인 측면에서 살펴볼 수 있다. 여기에서는 환경심리학적인 측면에서만 살펴보기로 한다.

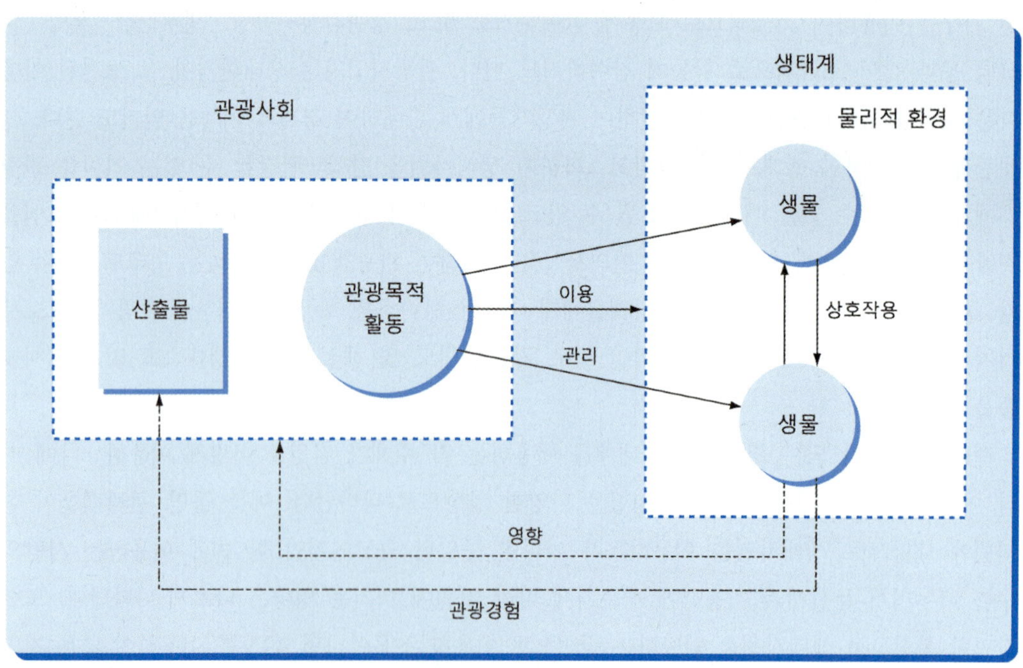

[그림 7-2] 관광목적으로 생태계를 이용하는 주체와 생태계의 관계

환경심리학은 환경을 이용하는 이용자의 행동과 자연적·사회적 환경과의 상호관계에 관심을 둔다. Proshansky는 인간의 행동 및 경험과 인간이 만든 환경에 대해 실증적이고 이론적인 관계를 정립하기 위한 노력으로 정의하고,[14] Fisher, Bell, & Baum은 특정목적을 갖고 행동하는 인공환경 및 자연환경 간의 상호관계를 연구하는 학문 분야라고 정의한다.[15] 환경심리학은 환경이 행동에 미치는 영향에 주로 초점을 맞췄지만, 이는 너무 포괄적이고 일방적인 방향이란 비판을 받게 되면서 인간행동이 환경에 미치는 영향에 대해서도 연구를 시도하고 있다. 환경심리학은 환경과 행동관계가 실제에 있어서 상호적인 관계, 즉 환경과 행동은 서로 영향을 미친다고 본다. 예를 들면 기존 생태자원이 우수한 지역에 대한 통제는 새로운 생태자원에 대한 이용 패턴을 일으킨다.

환경심리학은 환경과 행동관계를 한 단위로 연구한다. Brunswik의 확률적 기능주의(probabilistic functionalism)는 환경과 행동을 분리해서 보지 않고 한 단위로 연구하는 방법을 제시하고 있다. 이를 체계적인 접근방법(system approach)이라고도 하는데, Brunswik의 렌즈모델(lens model)[16]이 이러한 연구방법을 잘 나타내고 있다. 예를 들면, 도시경관에 대한 도시거주자의 지각은 도시경관 속에 있는 개별적인 자극에 의해 인지되는 것이 아니라 경관의 형태적 배열, 복잡성, 신기성 등에 달려 있으며 지각자의 과거경험, 경관을 구조화하는 지각자의 능력, 경관과 지각자의 청각 및 후각 간의 연합, 지각자의 성격 등에 달려 있다. 렌즈모델은 이러한 관계를 도시환경에서 지각자가 인지하는 환경단서를 원거리에서부터 근거리로 옮겨오면서 지각하고 인지하는 과정을 체계적으로 설명하고 있다.

생태심리학은 단편적인 환경적 자극과 개인적 행태의 관계보다는 특정장소 내의 종합적인 환경과 이에 내재하는 모든 인간(참여자)들의 행태를 하나의 단위로 연구한다. 생태심리학에서는 인간의 행위가 인간 자신의 동기에 의해서만 설명될 수 없으며 인간이 처한 생태적 환경에 대한 연구를 통해 설명된다고 본다. 여기서 생태적이란 말은 개인적·사회적·물리적 환경 상호간의 적응(adjustment)을 의미한다.[17] 행태심리학자인 Lewin 또한 인간행태(B)는 개인의 특성 및 기타 개인적인 인자(P)와 개인에게 지각되는 환경(E)의 함수로 나타낸다고 하였다.[18]

$$(B) = f \cdot (P \cdot E)$$

생태심리학은 환경적 자극과 이용자 행태 간의 관계를 전체론적(holistic approach)으로 살펴보고 있는데, 이는 환경을 이해하고 해석하는 데 있어 이용자의 과거 경험과 그 시대의 가치관 등이 영향을 미치고 있음을 뜻한다.

사람들은 감각기관을 통하여 환경적 자극(environmental stimuli)을 받아들인다. 환경적 자극은 각성력(arousal potential)을 지니고 있는데, 각성력은 '신경계통을 자극하고 주의를 환기시키며 개인의 행태에 영향을 미칠 수 있는 힘'을 의미한다.[19] 환경적 자극의 아름다움, 흥미로움 등의 성질은 일정한 정도의 각성력을 지니고 있으며 각성력의 정도에 따라 다양한 정도의 쾌락감이 발생한다. 쾌락감(hedonic value)은 환경적 자극의 미적 특성인 개인에게 일정한 정도의 유쾌함 혹은 즐거움을 주는 것을 의미한다. 쾌락감은 개인이 느끼는 각성의 함수로써 나타낼 수 있다. 오감에 의한 선호도는 일종의 쾌락감으로 환경에 대한 호(好)-불호(不好)를 의미한다. 생태계에서 녹색의 숲, 매미의 울음소리, 솔잎향, 갯벌의 촉감, 산딸기 맛 등은 좋은 느낌으로 전해온다. 물론 오감의 질은 이용자들의 그 환경에 대한 선호에 달려 있다. 오감 중에서도 시각적 전달이 가장 중요한 역할을 하는 것으로 보고되고 있는데, 시각은 인간의 환경지각 중 87%를 차지한다.[20] 환경의 질은 모든 감각기관을 통해 형성되지만 그중 시각적 전달이 가장 중요함을 의미한다고 하겠다.

동질적 요소를 갖고 있는 자연경관은 낮거나 중간 정도의 복잡성(complexity)으로 나타나는 반면 다양한 이질적인 요소를 갖고 있는 도시경관은 중간이거나 높은 복잡성의 특성을 띤다. 자연경관은 부드러운 질감과 자연스런 조화를 갖는 것이 보통이나 도시경관은 많은 인공물로 인하여 딱딱한 질감을 지니며 여러 종류의 색채가 대비를 이루고 있다. 자연경관은 시각이 지배적이나 인공경관은 시각, 청각, 후각 등이 주요한 환경지각 요소로 나타난다. 정신·생리학적인 측면에서 살펴볼 때 자연경관을 많이 접하는 것이 도시경관을 접하는 것에 비해 정신적 건강에 유익하다. 스트레스가 많은 사람이 자연경관을 접하는 경우에 감정상태를 현저히 개선시키는 결과가 뇌파측정(EEG-electroencephalograph), 맥박수측정(EKG-electrocardiograph) 등의 방법을 통한 연구에서 보고되고 있다.[21]

2 관광과 생태환경적 영향

전 지구적으로 지구온난화에 대한 문제가 본격적으로 대두됨에 따라 생태환경에 대한 중요성이 점점 더 강조되고 있다. 관광부문도 지구온난화 문제에서 자유롭지 않다. 본 절에서는 거시환경적인 측면에서 지구온난화로 인한 지구환경의 변화와 관광으로 인한 영향을 살펴보고, 미시환경적인 측면에서 관광환경의 범주, 관광자원으로 이용하고 있는 관광부문에서의 영향을 살펴보기로 한다.

1) 관광으로 인한 거시환경의 영향

(1) 지구환경의 변화

① 지구의 온난화

산업·경제·관광 등 다양한 인간의 활동으로 인해 대기 중의 온실가스* 농도가 급격히 증가하고 있다. 온실가스 농도의 증가는 육지 및 해양을 포함하는 지구표면과 대기의 평균기온이 상승시켜 생태계와 인간에게 큰 영향을 미치는 것으로 보고 되고 있다. 즉, 온실효과의 가속화로 인한 지구온난화(global warming)가 전 지구적인 관심으로 떠오른 것이다. 교토의정서**는 지구온난화에 대한 전 지구적 노력을 촉구하고 있다.

지구온난화로 인해 각 대륙에서 발생되고 있거나 발생될 가능성을 살펴보면 다음과 같다.

- 아시아: 히말라야 빙하가 녹아 홍수 위험 증가하고 물 공급체계 파괴, 델타지역 대도시 범람 가능성 높아짐
- 북미: 서부의 물 부족 현상 심화, 대도시 폭염 위험 증가, 해안 지역 폭풍 크게 증가
- 유럽: 남부 유럽, 폭염과 산불 증가 예상, 물 부족으로 곡물 생산, 수력발전 차질, 알프스 지역 눈 부족 현상 심화
- 남미: 기온 상승과 지표수 부족으로 동부 아마존 지역 사바나화(化) 가능성, 열대우림에 사는 생물 멸종 위기
- 아프리카: 곡물생산 시기 단축과 물 부족 심화로 곡물생산 감소, 기아인구 증가, 해수면 상승으로 해안가 대도시 침수 위기
- 남북극: 빙하 두께 얇아지는 중, 생태계 변화, 영구 동토층 축소로 에스키모인들 이주 위기

"2007년 UN 기후변화보고서"는 지구의 온도가 지금보다 2℃ 상승할 경우 4~17억 명이 물 부족에 시달리고 1~3천만 명의 사람들이 기아에 허덕이고 양서류가 멸종하며, 2~3℃ 상승하는 2050년의 경우 10~20억 명이 물 부족에 시달리고 지구상의 생물 20~30%가 멸종위기에 직면할 것이라 예상하고 있다. 3℃ 이상 상승하는 2080년의 경우 11~32억 명이 물 부족으로 고생하고, 지구 생물 대부분이 멸종할 것으로 전망하고 있다. 물론 시간이 흐름에 따라 홍수·폭우가 증가하며, 질병과 알레르기가 확산된다고 보고 있다.[22)]

---

* 대기층에서 마치 온실처럼 지구를 에워싸 지구의 온도를 높이는 가스는 이산화탄소(CO_2), 메탄(CH_4), 수소불화탄소(HFCs), 아산화질소(N_2O), 과불화탄소(PFCS), 불화황(SF_6)임. 이 중 이산화탄소 배출량이 전체의 55%를 차지함.

** 교토의정서(Kyoto Protocol): 온실가스의 증가와 지구의 온난화로 인한 기상이변을 방지하고자 1992년 6월 브라질의 리우 환경정상회의에서 기후변화협약(UNFCCC: United Nations Framework Convention on Climate Change)을 채택하였으나 실행이 미흡하였음. 구체적 실천지침을 마련하기 위해 1997년 12월 교토의정서를 채택하였음.

한편, 세계적인 환경운동가 마크 라이너스는 자신의 저작인 *Six Degrees*를 요약하여 2007년 4월 영국의 『가디언지』에 "지옥으로 가는 여섯 단계(Six steps to hell)"라는 제목으로 기고한 글에서, "지구의 온도가 지금보다 4℃가 올라가면 북극 시베리아지역의 얼음이 녹아 그 안에 갇혀 있던 수천억 톤의 이산화탄소와 메탄가스가 대기 중으로 방출되고, 북극곰 등 얼음에 의존하는 생물이 사라지며 남극의 얼음이 녹아 해수면이 5m 상승해 모든 도서국가가 수몰될 수 있다. 5℃가 올라가면 5500만 년 전 에오세 시기와 같은 환경으로 변해 아열대종인 악어와 거북이가 고위도인 캐나다에서 발견되고, 남극 중앙에 숲이 생기며 해저에서 메탄하이드레이트가 분출돼 해저가 붕괴돼서 대규모 쓰나미가 발생한다. 6℃까지 올라가면 지구는 2억 5100만 년 전 페름기 말과 비슷해져 지구상의 95% 생물종이 사라진다."라고 밝히고 있다.[23)]

② 지구 생태계의 변화

열대우림지역(tropical rain forest)은 적도를 중심으로 북위 10°와 남위 10° 이내의 남동아시아, 서아프리카, 중남미지역에 산재되어 있는 지역이다. 열대우림지역의 기온은 월별 변화가 거의 없으며, 연평균기온이 약 25~27℃이며 연간 강수량은 2,000~4,000mm 정도이다. 열대우림지역에 매우 다양한 종이 분포되어 있으며 1ha(100m×100m)에 약 300종 이상의 종이 살고 있는 것으로 추정되고 있다. 옥수수, 쌀, 바나나, 사탕수수, 약재 등이 열대식물로부터 얻어졌다. 그중 현재 처방된 약재의 25%를 이 지역의 식물로부터 얻었다.[24)]

대양에 대한 인간의 영향은 점점 증가하고 있다. 고래의 먹이가 되는 크릴새우의 이동이나 감소는 바로 한 지역 고래 개체수의 감소와 연관되고 있고, 대구와 같이 상업적으로 중요한 몇몇 해양 어류는 과다한 포획으로 인해 어획고가 감소하여 세계 곳곳의 항구에서 닻을 내린 채 놀고 있는 어선이 증가하고 있다. 해양 생물에 대한 또 다른 위협은 핵물질이나 화학물질들을 포함한 다양한 종류의 쓰레기를 심해로 버리는 것이다. 최근 바다의 화학적 오염은 상당히 증가하였고, 화학적 오염물질은 심해의 퇴적물에 축적되고 있다. Weaver[25)]는 크루즈선이 해양을 유람하기 때문에 해양에 오염물질 버리는 것을 추적하기가 쉽지 않음을 지적하고, Wood[26)]는 해양오염의 77%가 크루즈선에서 비롯된다고 보고 있다. 육지부와 섬 주변의 천해에는 켈프(kelp)라는 갈색 해초 숲과 산호가 대규모로 형성되어 있다. 켈프와 산호는 육지부의 열대우림지역과 같이 다양한 생물이 서식하고 있다. 인간은 산호초와 켈프 숲을 다양한 목적으로 개발하고 있다. 예를 들면, 식품첨가제와 비료로 사용하기 위해 수 톤의 켈프를 수확하고 장식용으로 산호를 채취하기도 한다. 다행히 켈프 숲은 성장속도가 빨라 금세 회복되지만 산호초는 스스로 회복하지 못하고 죽어가는 백화현상을 보인다. 필리핀에서는 다이너마이트나 유해물질과 같은 파괴적인 수단으로

이루어지는 어획활동으로 60% 이상의 산호가 파괴되었다.

갯벌과 같이 만조와 간조로 인하여 형성된 해안가는 많은 생물군이 살고 있는 역동적인 공간이다. 사람들은 간조가 될 때마다 홍합, 굴, 대합 등을 채취한다. 어떤 경우는 과도한 이용과 채취로 갯벌이 경화되거나 개체군이 심각하게 훼손되기도 한다. 한때 생태관광의 최적지로 각광받았던 강화도의 한 갯벌도 너무나 많은 관광객이 이용함으로 인해 갯벌경화현상을 겪었다. 조간대는 또한 기름유출에 매우 취약하다. 2007년 12월 7일 서해안 태안지역의 허베이 스프리트호 기름유출사고로 태안의 갯벌은 급속히 오염되었고 그 파장은 오랫동안 지속되었다. 갯벌과 같은 염습지는 적은 비용으로 건축물을 지을 수 있는 가용지나 작물을 기를 수 있는 농경지를 조성하기가 쉽다. 이렇게 하여 사라진 갯벌과 같은 염습지는 생태계의 자정작용을 위협하여 조성된 지역에는 많은 환경적 문제가 나타나기도 한다. 예를 들면, 해안가에 나타나는 적조현상은 육지부에서 생성된 많은 유기물을 분해하면서 산소를 소비한 결과 식물성 플랑크톤이 죽어서 생긴 결과이다. 또한 염습지에 버려지는 중금속들은 생체 축적의 과정을 통해 식물과 동물의 조직에 흡수된다.

③ 관광자원의 변화

지구온난화의 영향으로 위기에 직면한 관광지와 관광산업의 발생이 증가하고 있다. 지구온난화로 인해 해수면이 상승하고 초강력 열대성저기압과 예측하기 힘든 게릴라성 호우가 더욱 빈번하게 발생하고 있다. 이로 인해 몰디브, 투발루와 같은 섬나라들이 물에 잠겨 사라질 위험에 처해 있고, 카트리나, 매미, 우사와 같은 허리케인과 태풍이 넓은 범위에 걸쳐 관광지와 관광산업을 초토화시켰다. 건조해진 공기와 온실가스의 증가로 산불의 발생이 잦고 거대한 숲이 점점 사라지고, 사막화가 빠르게 진행되고 있고, 육상생태계뿐만 아니라 수중생태계도 교란되고 있으며 멸종위기의 동·식물들의 개체수가 점점 증가하고 있다. 아름답고 신비로운 관광대상물의 수가 줄어들고 있고, 관광시설의 유지관리에 더욱 많은 비용이 들고 있는 실정이다.

관광산업은 기본적으로 스모그발생산업이 아니다. 관광은 소위 굴뚝 없는 산업이란 인식이 지배적이다. 그러나 대중관광시대가 도래함에 따라 많은 관광객들은 자동차, 선박, 기차, 항공기 등을 빈번하게 이용하고 관광목적지에서의 관광활동이 증가함에 따라 관광부문에서도 환경적 악영향을 고려하지 않을 수 없게 되었다. 더욱이 전세계적으로 소득과 여가시간이 증가함에 따라 점점 먼 거리를 이동하려는 관광객의 수도 급속도로 증가하고 있다. UNWTO · UNEP[27]에 의하면 2005년도 관광산업은 세계적으로 지구의 이산화탄소 배출량의 5%를 차지하는데, 이 중 75%는 교통에서 발생하였다. 2006년에는 8억 4천만 명의 국제관광객 중 40%가 항공기를 이용하였다. 여기에 관광지와 관광시설을 조성하거나 운영하면서 발생되는 탄소배출량까지 고려한다면 관광산업도 지구온난화의 문제에서 자유롭지 못하다.

기후변화가 관광목적지에 미친 변화와 영향은 다음과 같다.[28)]

- 기온 상승: 계절성 변화, 관광자들의 폭염에 대한 스트레스, 냉방비용 증가, 식물-야생생물-곤충의 개체수와 분포의 변화, 전염병의 확산
- 적설량과 빙하의 감소: 동계스포츠 목적지의 눈 감소, 인공눈 만들기 비용 증가, 짧은 동계스포츠 기간, 경관미의 감소
- 극단적인 태풍의 빈도와 강도의 증가: 관광시설의 위기, 보험비용 증가/보험대상의 손실, 사업 중단 비용 증가
- 강수량의 감소와 수증기량의 증가: 물 부족, 관광부문과 다른 부문 간의 물 확보 경쟁, 사막화, 기반시설과 관광수요를 위협하는 자연발생 불(wildfire)의 증가
- 폭우 빈도의 증가: 역사유적지를 파괴하는 홍수, 관광지 파괴, 계절성의 변화
- 해수면의 증가: 해안 침식, 모래사장의 유실, 워터프론트 보호와 유지를 위한 비용 증가
- 해수면 온도의 증가: 수중레저활동지역에서의 산호의 백화현상 증가 및 해양자원의 심미 퇴색
- 육지부와 해양부의 생물다양성 변화: 자연매력물과 종의 감소, 열대 및 아열대지역에서의 질병 발병률 증가
- 더욱 빈번한 대형산불: 자연매력물의 손실, 홍수 위험의 증가, 관광기반시설의 파괴
- 토양의 변화(예: 수분함유율, 침식, 산성도): 고고학적 자산과 기타 자연자원의 손실, 관광목적지의 매력물에 영향을 줌

기후변화는 지역마다 매우 다르게 나타난다. 지중해와 같은 하계관광지는 여름철이 늘어남에 따라 계절성이 줄어들고 관광상품을 확장시키는 효과를 갖게 된다. 이러한 경우는 대체로 북반부의 해안형 관광지에서 많이 찾아볼 수 있는데, 더 많은 관광객이 여름철의 기후를 즐김에 따라 편익이 발생한다고 볼 수 있다.

해변과 섬을 포함하는 해안형 관광지의 경우 기후 변화에 매우 취약한데, 특히 해안선에서 가까운 곳에 위치한 관광기반시설은 더욱 취약하다. 해안형 관광지는 대체로 강한 계절성을 갖는다. 해안형 관광지는 관광성수기에 많은 물을 필요로 하는데, 이때는 해수면이 낮은 갈수기에 해당되어 관광지에서의 물의 관리와 환경문제를 어렵게 한다.

적설량과 원시적인 산악경관이 아름다운 경관을 연출하는 산악형 관광지 또한 기후 변화에 매우 취약하다. 기후 변화로 인해 부정적인 영향이 발생하지만, 반면, 겨울철이 줄어들고 여름철이 늘어남에 따라 트레킹, 하이킹, 산악자전거 타기 등과 같은 옥외활동에 참가하는 기회가 늘어나 관광산업적인 측면에서는 오히려 편익이 발생할 수 있다.

2) 관광으로 인한 미시적 생태환경의 영향

(1) 환경의 범주와 영향요인

관광으로 인해 발생되는 환경적 영향은 자연생태계 변화, 수질오염, 공기오염, 문화유산의 훼손, 마을 주거환경의 변화 등과 같이 주로 물리적 측면에 초점이 맞춰진다. 환경적 영향은 시각적으로 나타나므로 관광영향으로 인한 지역사회의 변화를 가장 쉽게 파악할 수 있다. 특히, 관광자로 인한 쓰레기문제에 대해 지역주민은 가장 심각하게 지각할 수 있으며, 이 밖에 농작물 훼손, 교통 혼잡에 대해서도 부정적으로 지각한다. 반대로 관광으로 인해 도로가 확포장되거나, 새로운 편의시설 및 즐길거리의 조성, 산업기능의 확대 등에 대해 지역주민들은 긍정적으로 지각할 수 있다.[29] 그러나 고유한 농산촌의 모습을 간직한, 즉, 농산촌의 어메니티(amenity)가 보존되어 있는 지역에서의 관광영향은 그렇지 못한 지역에 비해 지역주민들에게 더 부정적으로 지각될 수 있다.

관광으로 인한 영향을 경제적 영향, 사회문화적 영향, 환경적 영향으로 구분할 때의 환경은 주로 자연환경에 기반을 둔다. 그러나 환경은 한 지역의 경관에 대한 물리적·자연적 특성 이상의 의미를 갖고 있다.[30] Swarbrooke[31]는 환경의 범위를 자연환경, 농촌환경, 인공환경, 자연자원, 야생동식물로 구성되는 다섯 개의 영역으로 보고 있다.

- 자연환경: 산악, 바다, 강과 호수, 동굴, 모래사장, 숲
- 야생동식물: 포유류, 파충류, 식물군, 새, 곤충, 어류, 해양동물
- 농촌환경: 농촌경관, 조림지, 낚시농장
- 인공환경: 건물과 구조물, 마을과 도심, 교통기반시설, 댐과 저수지
- 자연자원: 물, 기후, 공기

이 다섯 개의 영역은 또한 분리되어 개별적인 실체로 있는 것이 아니라 서로 연계된 관계를 형성하고 있다고 보고 있다. 즉, 각 영역은 서로 영향을 주는데, 어떤 경우에는 긍정적인 영향으로 어떤 경우에는 부정적인 영향으로 관계를 맺고 있다는 것이다. 사실 관광에 영향을 주는 요인과 관련하여 장소적 요인, 관광자의 활동 유형, 관광기반시설의 기본적 특성, 계절적 변화 등과 같은 사항을 주목할 필요가 있다.

장소적 요인의 경우 예를 들면, 도시적 환경보다는 야생지의 환경이 관광자의 활동에 더 민감하게 반응함을 의미한다. 이러한 개념은 ROS(Recreation Opportunity Spectrum)에서 찾아볼 수 있다. ROS는 레크리에이션 활동이 가능한 많은 장소를 한쪽 끝은 야생지, 이와 반대편 끝에는 도시를 놓고 점증적 또는 점강적으로 장소의 특성과 관리기법을 정리한 관리시스템이다.

관광자가 어떤 활동에 참여하는가에 따라 환경에 미치는 영향이 다르다. 예를 들면 휴식과 휴양과 같은 정적인 활동은 산악자전거나 4륜구동 레저용 자동차를 이용할 때에 비해 환경에 미치는 영향이 훨씬 적다.

관광기반시설을 계획할 때 많은 대중관광자가 동시에 이용할 수 있도록 설계되었는가 또는 생태관광자와 같이 소수의 이용자를 목표로 하였는가에 따라 그 시설의 이용 정도에 대한 환경의 영향은 다르다. 원래의 수용능력을 초과하면 부정적인 환경적 영향이 발생한다.

여름철 또는 겨울철과 같은 계절성은 해수욕이나 일광욕, 스키 등과 같은 특정활동과 관계가 깊다. 비록 한 계절용으로 이용하는 바닷가나 호숫가의 모래사장이나 스키장은 계절에 따른 과도한 이용으로 인해 나머지 계절에도 충분히 회복하지 못하는 경우가 발생한다.

(2) 관광으로 인한 환경적·물리적 영향

관광부문에서 주요한 관광매력물은 주로 자연자원을 기반으로 하기 때문에 관광으로 인한 환경적 영향은 오래 전부터 논의되어 왔다. 그러나 관광활동과 환경은 상당히 복합적인 관계를 맺고 있어서 그 논의는 항상 긍정적인 영향과 부정적인 영향으로 나누어진다. <표 7-1>은 관광으로 인한 환경적 영향을 부정적인 영향과 긍정적인 영향으로 나누어서 정리한 것이다. 표에서 볼 수 있듯이 관광이 환경에 미친 영향은 부정적인 영향이 긍정적인 영향보다 훨씬 많다.[32] 그러나 양적인 영향이 질적인 영향과 반드시 동등할 수 없듯이 부정적인 영향이 긍정적인 영향보다 더 중요하다는 의미는 아니다.

대규모의 관광지나 관광시설물 조성은 필연적으로 환경생태적으로 악영향을 발생시킨다. 김성기[33]는 관광지나 관광시설 개발 시 발생할 수 있는 환경생태적 영향을 좀더 물리적인 차원에서 기술하고 있다.

- 지표면 및 반사의 변화: 자연지역에서의 벌목과 굴토, 성토, 배수, 포장 등의 토목공사와 건축, 조경 등의 각종 물리적 개발은 지표를 덮고 있던 식생을 제거시킨다. 지표면이 콘크리트나 아스팔트 등으로 포장됨에 따라 지표면의 태양열 흡수와 반사의 정도가 변하게 됨으로써 미기후를 변화시키고 지역의 생태계를 교란시킬 수 있다.
- 수분증발의 변화: 식생이 제거되고 지표면이 포장됨으로 인해 수분증발의 변화가 초래된다. 이는 자연자원 중심 관광지의 식생분포에 영향을 미쳐 지역의 생태계를 교란시킨다.

〈표 7-1〉 관광으로 인한 환경적 영향

영 역	부정적인 영향	긍정적인 영향
생물의 다양성	• 번식과 식생패턴의 파괴 • 여가활동이나 기념품판매를 위한 동물사냥 • 서식지의 파괴 • 동식물종의 변화 • 식물군의 파괴	• 매력물로서의 동물 보전 촉구 • 관광자 수요를 맞추기 위해 보호 또는 보전지역을 수립
침식과 물리적 훼손	• 토양의 침식 • 답압으로 인한 토양의 훼손 • 중요한 기반시설의 과부하(예: 수자원공급체계)	• 지상자원의 수선과 복구를 위해 재정적으로 지원하는 관광예산 확보 • 관광자의 요구에 의해 기반시설을 신속하게 개선함
오 염	• 하수 또는 레저용 보트 등에서의 연료 유출과 쓰레기로 인한 물의 오염 • 공기 오염(예: 레저용 자동차의 배출가스) • 소음공해(예: 자동차 또는 관광자용 시설-바, 무도장) • 쓰레기투기 및 방치	• 관광자에게 장소의 매력을 보호하기 위한 청결 프로그램 수립 및 시행
자원 기초	• 지상 또는 지표면 수자원의 고갈 • 관광자의 요구를 맞추기 위한 수자원 공급의 전환(예: 골프장, 풀장) • 지역연료자원의 고갈 • 지역 건축자재용 자원의 고갈	• 공급을 위해 새로운 또는 개선된 자원의 개발
가시적 · 구조적 변화	• 관광용으로 대지 형질을 변경(예: 경작에서 관광용으로) • 관광개발로 인해 자연과 비자연적 경관에 대해 가시적으로 유해한 영향 • 새로운 건축 스타일의 도입 • 도시기능의 변화 • 인위적으로 조성된 지역의 물리적 확장	• 한계농경지 또는 비생산적 대지에 대한 새로운 이용 • 경관의 개선(예: 도시방치물의 청소) • 인위적 환경에 대한 쇄신 및 현대화 • 폐기된 건축물의 재사용

| 출처: Hunter & Green(1995).

- 바람에 대한 노출수준의 변화: 식생이 제거되고 수분증발이 급속히 일어나고 각종 구조물이 조성되면 바람의 통로가 막혀 통풍이 나빠지며 바람의 방향이 구조물 사이와 도로망으로 집중되어 미기후의 변화를 불러일으킨다.
- 지표면의 다짐현상: 식생의 벌채, 건설공사, 대규모 관광객의 유입으로 인한 답압 등으로 인해 토양이 단단하게 다져질 수 있다. 지표면의 다짐현상은 토양의 투수력을 떨어뜨리고 지표유수를 증가시켜 지표의 토양이 침식되고 건조하게 하게 되어 식생의 성장을 억제시킨다.
- 지표침식과 하상 퇴적: 개발과정에서 빗물과 바람, 각종 폐기물, 쓰레기 등이 빗물과 지하수

에 섞여 하천, 호수, 하수도 등에 퇴적될 수 있다. 이러한 현상은 수질오염을 일으켜 수중생태계를 교란시키고 우기에는 하천과 배수로가 막히고 범람하여 홍수를 발생시킬 수 있다.

- 지하수오염: 건설공사나 시설이용 시 버려진 폐기물이 빗물 등에 녹아들어가 지하수를 오염시킬 수 있다.
- 저수와 지하수의 이동변화: 온천과 지하수를 개발하거나 대규모 시설물의 지하층을 건설할 때 지하수를 퍼내게 되고 지하수의 흐름을 변화시킬 수 있다. 이때 지하수가 오염될 수 있으며 지하수의 양이 감소되어 식생과 야생동물의 식수원에 영향을 줄 수 있게 된다.
- 사태: 각종 건축공사 시 지나치게 절토하거나 성토하여 지층이 무너지는 경우가 발생할 수 있다. 이러한 현상은 각종 시설물을 한순간에 붕괴시키거나 인명의 손상과 자연경관을 크게 훼손시킬 수 있다.
- 불필요한 물질의 반입: 관광지를 개발하기 위해 반입된 각종 화학물질과 생물체로 인해 서식지의 환경이 변할 수 있다. 위험물질, 생태적으로 민감한 물질의 반입은 자연경관과 수질, 지역의 생태계를 교란시킬 수 있다.
- 동식물 종류의 변화: 대규모 시설의 개발과 관광객의 빈번한 통행은 동물의 이동을 방해하거나 서식지의 대기와 수질, 토양조건의 변화 등을 일으킬 수 있다. 평화관광단지는 대규모로 개발이 진행되기 때문에 생태계의 변화와 자연경관의 특성을 파괴시킬 가능성이 높은 편이다.
- 경관 질의 변화: 기존 식생의 제거, 지형의 변화, 새로운 시설물의 조성은 결국 경관의 질의 변화를 초래한다. 새로운 시설물 조성 시 지역의 고유한 분위기를 해치지 않도록 해야 하며, 주변 경관요소를 최대한 활용해야 한다.

3 관광생태환경론의 과제

관광생태환경론은 우선적으로 생태환경을 보전하고 지역사회에 편익을 제공하고 관광자의 다양한 경험의 질을 제공하고 유지하는 데 연구의 초점이 맞춰진다. 이를 위해 본 절에서는 적정한 관광수용력의 산정, 환경적 요인에 적합한 대처방안, 생태관광의 활성화, 저탄소 녹색성장을 추구하는 그린투어리즘의 모색에 대해 살펴보기로 한다.

1) 적정한 관광수용력의 산정

수용력은 원래 목장관리를 위해 고안된 개념이다. 이때의 수용력은 목장의 가축 수와 목초지의 면적과의 관계에서 설명될 수 있는데, 바로 한정된 면적을 가진 목초지에 과연 몇 마리의 가축을 사육하는 것이 좋을지에 관한 것이다. 목초지는 한정되어 있어서 여기서 생산되는 목초 또한 매년 일정한 양으로 제공되고, 기타 외부적인 먹이를 공급하지 않는 조건에서 이 목초에 의존하는 가축도 일정 개체수로 한정될 것이다. 이때 수용력은 한정된 목초의 양으로 최대의 가축 개체수를 의미한다. 이러한 수용력을 산출할 때 물리적 환경인 목초지는 비록 여러 가지 자원관리전략을 수립하고 이를 집행하더라도 생산되는 목초가 한정되어 있어서 목장관리자는 목초생산량에 가축의 개체수를 맞출 수밖에 없다. 즉, 한정된 자원을 지속적으로 유지하기 위해 자원관리자는 이용자를 통제할 수밖에 없는 것이다. 이러한 개념을 레크리에이션공간과 관광지에 적용하면 레크리에이션수용력과 관광지수용력이 된다.

레크리에이션수용력은 레크리에이션 활동이 전개되는 자연환경을 보호하고 이용자의 레크리에이션 경험의 질을 일정수준 유지하기 위해 도입된 개념이다. 반면 관광지수용력은 관광지의 물리적 환경을 보전하고 관광지를 방문하는 관광객의 관광경험을 일정수준으로 유지하며 또한 관광지를 지원하는 지역사회에 경제적 편익을 제공하는 개념을 담고 있다.

관광지수용력에는 레크리에이션수용력에서 포함되지 않은 지역사회의 역할과 영향이 포함되어 있다. 아름다운 자연환경이나 문화자원을 보유한 지역사회는 관광객에게 숙박, 음식, 기념품 등과 같은 서비스를 제공하고 관광객은 이를 이용하기 위해 비용을 지불한다. Coccossis & Mexa[34]는 "관광은 사회문화와 자연환경의 질에 의존할 뿐만 아니라 공급되는 서비스의 질에 의존하므로 이 두 부문은 관광매력물의 기본적인 요소"라고 지적한다. 지역사회는 아름다운 산, 계곡, 호수, 문화유적지와 같은 물리적 환경이나 명인(名人), 문화행사, 지역축제 등과 같은 무형적인 자원, 즉 관광매력물을 조성·보전·관리함으로써 주민 스스로가 그 시설들을 이용할 수 있고, 지역사회의 이미지를 유지·상승시킬 수 있으며, 전통문화를 보존함으로써 지역에 대한 자긍심을 가질 수 있게 된다.

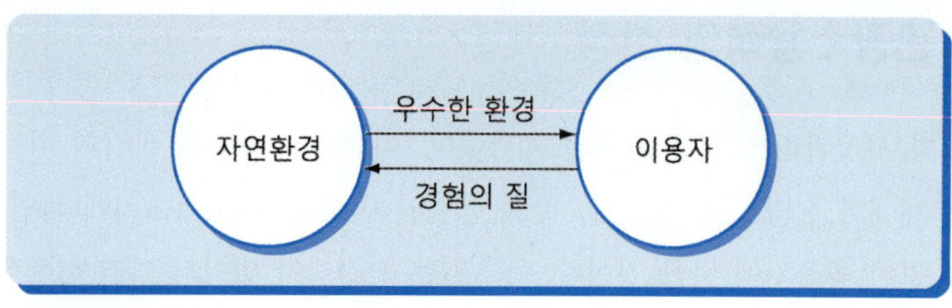

[그림 7-3] 레크리에이션수용력 개념

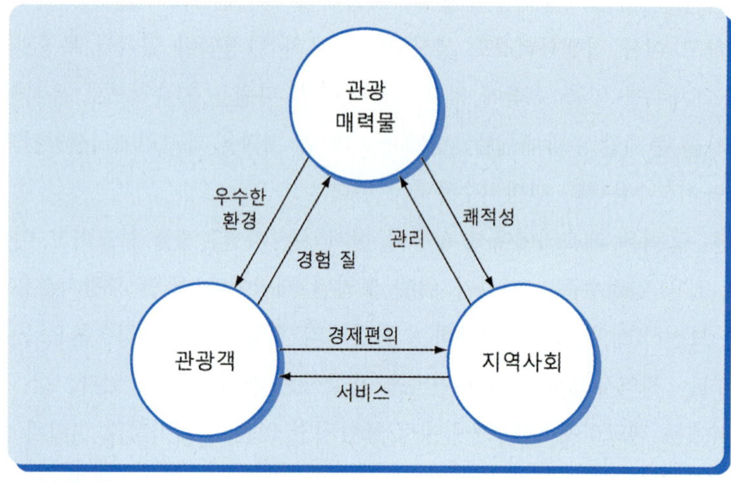

[그림 7-4] 관광지수용력 개념

그런데 기존 수용력 관련 문헌을 찾아보면 레크리에이션수용력과 관광지수용력을 구별하지 않고 사용하고 있음을 알 수 있다. Coccossis & Mexa도 관광지수용력을 "자연이나 인위적인 물리적 환경을 수용할 수 없을 정도로 변화시키지 않으며 이용자의 경험의 질을 수용할 수 없을 정도로 저하시키지 않는 최대이용자 수"로 정의하고 있다. 이들에 의하면 관광지수용력은 자연환경보호지역, 자연공원, 선사유적지, 해안가, 산 등 관광지에 따라 다르게 수용력이 정의될 수 있고, 혼잡(crowding)과 같이 주어진 시간에 몇 명의 사람들이 방문했는지와도 관련이 있다. 그럼에도 불구하고 이들의 정의는 레크리에이션의 정의와 유사하다. 이는 산림이나 옥외 레크리에이션지역의 자연환경 보호와 적절한 이용에 대한 북미의 수용력 연구를 바탕으로 논의를 전개했기 때문인 것으로 풀이된다.

1950년대와 1960년대 초 북미에서는 레크리에이션지역에 대해 생태학적인 개념에서 수용력

을 연구하였다. 생태적인 수용력은 자연생태계가 자기회복능력(self-repair capacity)이나 자기정화능력(self-purification capacity)의 한계에서 인간의 활동을 소화해내고 지탱할 수 있는 능력을 의미한다.35) 이후 차츰 레크리에이션공간에 대한 이용자의 사회환경적, 심리적 요소를 반영한 사회적 수용력(social carrying capacity)을 연구하게 되었다. 이후 1970년대, 1980년대를 거쳐 최근까지 수용력에 관한 연구는 주로 사회적 수용력에 관한 연구로 진행되었다. 사회적 수용력은 위락지역 이용수준의 증가가 이용자의 위락 경험에 미치는 심리적인 영향을 다루는 영역으로서, 개념적으로는 이용자의 위락경험이 다른 이용자들로 인해 심리적으로 악영향을 받지 않는 정도의 영향을 의미한다.36)

WTO37)는 수용력의 개념을 관광객이 방문하고 개발이 이루어지는 곳에서 관광자원을 훼손하지 않는 관광객 수와 개발의 정도를 측정가능한 용어로 구축하는 것이라고 기술하고 있다. 즉, 관광수용력은 '지역에 있는 관광매력물들의 질을 일정수준으로 보전하고, 지역을 방문하는 관광객들은 일정수준으로 관광경험을 통해 만족할 수 있으며, 지역사회에 경제적 편익이 일정수준으로 발생되도록 허용할 수 있는 방문객의 수'로 정의된다. 관광은 관광객과 지역사회에 긍정적인 영향과 부정적인 영향을 모두 발생시킨다. 관광으로 인해 나타난 부정적인 영향은 긍정적인 편익이 감소한 후 관광객이 특정 한계점(threshold)에 도달했을 때 두드러지게 나타난다. 이 한계점이 자원에 대한 실제적인 수용력 또는 포화상태라고 말할 수 있다. WTO는 관광이미지(tourism image)와 지역환경(indigenous environment)의 측면에서 수용력의 한계를 넘는 관광을 영향으로 기술하고 있다: 관광이미지는 관광객에게 제공되는 매력물의 질의 저하를 의미하고, 지역환경은 물리적·사회적·문화적 환경의 훼손을 의미한다. 수용력의 한계를 통제함으로써 적정수용력을 유지하는 것이 중요하다.

관광수용력의 정의에서 알 수 있듯이 관광객 수로 표현되는 관광지수용력은 매우 이상적이다. 그러나 수용력은 계절·시간·장소·방문자 유형·당시 상황·관리기법 등에 따라 매우 가변적으로 나타나기 때문에 정확한 숫자로 나타내는 수용력(즉, 관광객 수)은 이론적인 수 또는 마술적인 수(magic number)라고 지칭하기도 한다. 특히 사회적 수용력은 관광지에서 자연적·생태적 자원의 특성과 이용자의 수·행태·특성 등으로 인해 발생되는 이용자 또는 이용자 간의 심리적인 변화나 상태에 따라 다르게 나타난다. 많은 연구들이 사회적 수용력에서의 혼잡지각의 중요성을 밝혔으나 이를 이용하여 사회적 수용력을 계량화시키는 데는 여전히 한계가 있음을 인식하고 있다. 여기서 혼잡지각이라 함은 방문객이 목적지에서 특정밀도나 조우횟수(level of encounter)에 대한 부정적 평가를 내리는 것을 말한다. 혼잡지각은 심리학적 영역(dimension)으로 설명되는데, 목적지에 대한 평가는 개인이 지닌 가치판단과 내적 기준에 의해 비롯된다.38)

생태환경을 관광자원화한다는 것은 결국 이용을 허용한다는 것이므로 생태환경의 특성과 방문자의 심리적인 특성을 고려하여 다양한 차원에서 사회적 수용력을 적용시킬 수 있는 자원관리체계를 설정하는 것이 과제로 남는다. 한편, Stankey와 Schreyer[39]는 기존의 연구들이 이용수준(즉, 이용자 수)과 만족도의 관계를 밝힐 수 있는 방법론을 개발하는 데 노력을 기울이지 않았기 때문에 이러한 관계가 실증적으로 증명되지 못했다고 주장하고, 이용수준과 만족도의 관계를 밝히는 것은 레크리에이션 분야에서 여전히 중요한 연구과제라고 주장하고 있다.

2) 환경적 요인에 대한 적합한 대처방안

관광이 생태환경에 미치는 영향, 즉, 관광객이 생태자원을 이용함으로써 발생하는 결과는 대부분 긍정적인 효과와 부정적인 효과를 동시에 수반하지만 일반적으로 부정적인 효과에 초점을 맞추고 있다. 긍정적인 효과로는 관광객들에게 생태자원에 대한 경외감을 심어주거나 자연의 미를 느끼게 함으로써 교육적·심미적으로 생태자원을 보호하려는 태도를 갖게 한다는 것이다. 반면, 부정적인 효과로는 생태환경을 이용하면 자연에 흔적을 남기게 되며, 이러한 흔적은 생태환경에 버려진 쓰레기·식물의 훼손·동물의 서식지 파괴 및 이동 등으로 나타난다. 일단 파괴된 생태환경은 회복되는 데 상당한 기간이 필요하다.

생태환경적 위협요인에 대한 대처방안으로 크게 두 가지를 고려해볼 수 있다. 첫째는 관광자원과 관광시설물이 입지하고 있는 관광지에 관한 대처방안을 들 수 있다. 둘째는 관광자원을 이용하는 방문자 관리측면에서의 대처방안을 들 수 있다. 관광개발에서 관광대상요소별 환경생태 위협요인에 대한 대처방안의 핵심은 개발 시 주변의 지형과 지세를 가능한 그대로 살리면서 환경친화적으로 시설물을 디자인하고 배치하는 것이다.[40] 예를 들면, 바람의 방향을 고려하여 건축물을 조성하거나, 방풍효과가 있는 풍치림을 조성하여 바람에 대한 노출수준을 변화시킬 수 있다. 또한 답압에 강한 지역을 선정하거나 민감한 지역은 보행데크를 설치하고 허가된 탐방로만을 이용하도록 유도하며 식재 및 조림으로 탐방로를 유도하는 방법으로 지표면의 다짐현상을 방지할 수 있다.

방문자 관리측면에서의 대처방안은 크게 직접적인 관리기법과 간접적인 관리기법으로 구분할 수 있다.[41] 직접적인 관리기법은 이용자의 행위규제에 초점을 맞추고 있으며 관리자는 이용자에 대해 높은 통제권한을 갖고 있다. 예를 들면, 벌금을 부과하거나 감시활동을 강화하는 방법이다. 반면 간접적인 기법은 이용자의 행위에 영향을 주거나 교정할 수 있는 사항을 강조하고, 이용자의 자유선택재량권을 여전히 남겨두며, 관리자는 이용자의 행위를 허용하면서 불완전하게 통제

한다. 예를 들면, 이용자의 자격을 규제하거나 관광지의 정보를 확산시키는 방법이다.

환경에 미치는 피해를 사전에 방지하는 것이 사후에 그와 같은 피해를 고치려 하는 것보다 생태적·경제적으로도 훨씬 유리하므로 생태환경에 대한 철저한 사전관리가 무엇보다도 중요하다. 따라서 생태환경의 상태를 주기적으로 관찰하여 적합한 관리전략을 수행하는 것이 생태환경 자원의 지속가능성을 유지하는 데 기여할 것이다.

3) 생태관광의 활성화

생태관광은 비교적 덜 훼손되거나 오염되지 않은 자연환경에 기반을 둔 관광이며, 관광행위로 인한 환경 악영향을 최소화하려는 관광이다. 생태관광은 교육 프로그램과 해설적 요소의 도입을 강조함으로써 적극적인 형태로 관광객의 참여를 유도하고, 관광으로 인한 수입은 지역주민의 소득증진과 자연자원의 보전에 기여해야 함을 요건으로 한다. 즉, 생태관광은 대상지의 보전과 관광객의 교육, 그리고 지역주민의 참여를 통하여 기존 대중관광(mass tourism)의 폐해를 극복해 보고자 하는 철학이 내포되어 있는 관광형태이다. 원래 생태관광은 1980년대 멕시코의 도시개발생태부 장관인 Hector Ceballos-Lascurain이 멕시코 열대우림지역의 보존과 지역사회의 관광을 활성화시키기 위해서 제창되었다. 멕시코의 열대우림지역과 같이 당시의 생태관광은 단순히 훼손되지 않은 자연환경을 경험하기 위한 여행의 의미가 강했다.[42)]

그동안 생태관광대상지로 열대우림지역과 같이 원시자연이 잘 보전된 곳을 주로 고려하였기 때문에 우리나라에 과연 생태관광을 할 만한 곳이 있는지에 대해서 의문을 제기하기도 하였다. 그러나 생태관광지로는 절대적 보호가 요구되고 있는 곳이 있는 반면에 비교적 많은 사람들이 이용해도 괜찮은 곳이 있다. 생태자원의 민감성과 소멸가능성, 이용에 대한 자원의 내구성 등에 따라 생태관광지도 다양하게 분류될 수 있는 것이다. 생태스펙트럼(eco-spectrum)의 개념을 사용하면 생태관광지는 생태적 속성이 강한 관광지(경성생태관광지: hard ecotourist site)로부터 생태적 속성이 약한 관광지(연성생태관광지: soft ecotourist site)까지 인벤토리를 작성할 수 있다. 환경부의 생태·자연도작성지침* 에 의하면 극단적인 경성생태관광지로는 녹지자연도 10등급 정도로 인간의 간섭을 거의 받지 않은 곳이라 볼 수 있고, 극단적인 연성관광지는 자연자원을 기반으로 많은 사람들의 방문이 가능한 대중관광지 정도일 것이다. 다양한 생태관광지를 개발하는데 이 인벤토리가 유용할 수 있다. 즉, 생태관광지는 생태환경적으로 우수하지만 방문자

* 녹지자연도는 1등급에서 10등급까지로 구성되어 있음. 1등급은 시가지로 녹지식생이 거의 존재하지 않는 지구이며, 10등급은 자연식생으로서 단층의 식물사회를 형성하는 지구로 고산초원, 습원, 염습지생 등이 있는 곳을 말함.

의 수를 제한하는 곳만 개발되는 것이 아니라 환경적 위해가 적고 책임있는 관광이 이루어질 수 있는, 경우에 따라 해설 프로그램을 잘 활용하여 방문자의 관심과 참여를 높이는 대중성 있는 곳의 개발도 가능하다.[43)]

지금까지 생태관광객의 특징에 대한 기존의 연구결과를 살펴보면, 생태관광객들은 환경에 관심이 높고 대상지역의 문화 및 자연보전의 필요성에 공감하고, 생태관광지의 낮은 시설 수준을 기꺼이 감수하고자 하는 적극적인 관광객이며, 일반적으로 교육수준이 높고, 주로 30세 이상이며, 남녀는 같은 비율을 나타내며, 가이드를 동반한 소규모 그룹 형태의 관광으로 나타나고, 자신의 관심사항을 정력적으로 추구하고, 행동과 환경에 대한 신념이 강하며, 여행기간이 비교적 길고 더 많은 여행경비를 지출하며, 생태학적인 전문지식을 원하고 자연미·신비감·고독감을 즐기는 방문객이고, 적극적인 활동을 추구하며 신체적으로 요구되는 경험을 두려워하지 않는 경향이 있으며, 큰 그룹의 다른 관광객과 접하는 데 민감하고, 유사목적을 가지고 소그룹으로 여행하는 것을 선호한다.[44)]

생태관광이 우리 사회에서 활성화되지 못한 이유로는 생태관광에 관한 수익모델이 아직 개발되지 못했기 때문이다. 생태관광이 처음 도입될 때 생태관광은 최소한의 인위적인 시설로 자연이 갖고 있는 그 환경 그대로 방문객에게 이용하게 하여 고수익을 올리는 관광으로 이해되었다. 그것은 주로 접근이 쉽지 않은, 다소 장기간이 요구되는 열대우림지역에서의 생태관광에서 비롯되었기 때문이다. 따라서 생태관광을 활성화시키고 그럼으로써 생태관광이 갖는 이념을 전 사회로 확산시키기 위해서는 환경적으로 책임있는 경영을 시행하고 있는 관광사업체에게 충분한 경제적 편익을 주는 다양한 방안이 모색되어야 한다.

기업의 윤리경영이 점점 강조됨에 따라 많은 기업들이 환경문제를 기업경영에 결부시키고 있다. 일부 관광사업체에서도 기업의 이미지를 높이기 위해 생태관광상품을 실제로 다루지 않음에도 불구하고 마치 그 기업이 지구환경을 심각하게 생각하는 좋은 기업임을 홍보한다. 소위 그린세탁(green washing: 돈세탁을 차용한 용어임)을 행하는 경우가 있는데, 그린세탁은 자칫하면 일반 대중에게 환경적·생태적인 문제를 무감각하게 하고 불신하는 결과를 초래할 수 있다. 그래서 제대로 된 생태관광상품을 가려내고 사회적으로 장려하고 육성하기 위하여 생태관광인증제의 도입이 필요한 것이다. 생태관광인증제는 사회적인 신뢰를 바탕으로 하므로 사회적으로 명망 있는 기관에서 수여하는 것이 바람직하다.

지구온난화의 규제 및 방지와 구체적인 이행을 본격적으로 다룬 교토의정서가 2005년 2월 16일 공식적으로 발효되었다. 교토의정서는 1997년 12월 일본 교토에서 채택되었는데, 주요 골자는 선진공업국들의 온실가스 배출을 2012년까지 평균 5%씩 감소시키도록 하고 있다. 우리나라

는 개발도상국의 지위를 인정받아 아직 온실가스 배출을 일정 규모로 감소시키는 의무국에 해당되지 않지만 2013년부터 온실가스 규제대상국에 포함될 것으로 예상되고 있다.* 이와 같은 세계적인 추세로 인해 관광부문에서는 저탄소 활동이 가능한 생태관광을 다시 주목하기 시작하였다. 생태관광정책이 성공하기 위해서는 생태윤리적인 건강한 관광객이 증가되어야 하고, 생태관광지가 지속가능한 대중적 관광이라는 인식을 제고시킬 수 있는 정부당국과 우리 사회의 노력이 뒷받침되어야 한다.

4) 저탄소 녹색성장을 추구하는 그린투어리즘의 모색

지구온난화가 가속화되어 감에 따라 전 지구적으로 환경적 재해에 대한 위기가 팽배해지고 있다. 각국은 교토의정서 발효로 인한 온실가스 감축의무에 대비하기 위해 최근 산업 및 경제활동에서의 저탄소 및 녹색성장을 국가정책의 주요방향으로 설정하고 이에 대한 세부적인 시책을 마련 중이다. 사실, 서구 선진사회에서는 1950, 60년대부터 자연환경이 수려한 지역에서 관광객의 이용에 따른 환경적 악영향을 최소화하려는 노력이 진작부터 있어왔다. 생태 및 자연환경을 보전하고 동시에 이용자의 경험의 질을 일정수준 유지하려는 방향으로 자원관리대책이 수립·집행되었었는데, 이러한 노력은 주로 국립공원과 같은 한정된 지역에서 시행되었다. 점차 대중관광이 붐을 이루는 사회로 진입함에 따라 대중관광으로 인한 부정적·잠재적 영향을 인지하고 이를 최소화하려는 움직임이 일어나기 시작하였다. 이러한 움직임은 1980년대에 들어와 더욱 활발하게 나타나기 시작하였다. 1987년 UN에서 지구환경의 보호를 위해 전 인류가 지속가능한 발전(sustainable development)의 개념체계에서 생산 및 소비활동을 영위해야만 현세대, 미래세대가 공존할 수 있다는 공감대가 급속도로 전세계에 전파되었다. 이즈음 관광 분야는 대중관광으로 인한 부정적인 영향을 최소화하려는 차원에서 대안관광(alternative tourism), 그린투어리즘(green tourism)이란 새로운 관광(new tourism)을 시도하는 움직임이 이미 사회 일각에서 진행되고 있었다. WTO(세계관광기구)에서 지속가능한 발전의 개념을 관광 분야에 적용하여 지속가능한 관광개발(sustainable tourism development)이란 용어로 정립하기 전까지 그린투어리즘은 관광으로 인한 환경비용의 최소화와 환경편익의 극대화를 추구하는 관광형태로 서구사회에서 보편화되었다.

* 한국의 CO_2 배출량은 세계 9위(4억 5,155만 톤)이며, 1인당 CO_2 배출량이 일본, 영국, 프랑스, 이탈리아를 앞지르고 있음(국제에너지기구, 2001년 기준). 따라서 2차 의무이행 대상국에 편입될 가능성이 높음. 에너지경제연구원에 의하면 2020년 이산화탄소 배출량 전망치에서 10% 감소 시 GDP 0.29%(3조 4천억 원) 감소할 것으로 전망되고 있음.

1990년대 초 WTO에서 지속가능한 관광에 대해 정의를 내린 이후 대안관광이나 그린투어리즘과 같은 새로운 관광에 대한 논의는 그동안 환경의 지속성, 사회적 형평성, 경제적 효용성을 중심 개념으로 보는 지속가능한 관광으로 귀결되었다. 일본에서는 그린투어리즘을 농촌관광(rural tourism)으로 인식하고 있고, 우리나라에서도 이를 따라 그린투어리즘을 농촌관광으로 오역・이해하고 있지만, 그린투어리즘은 1980년대에 그린투어리즘이 환경비용을 최소화하고 환경편익을 극대화하는 관광으로 서구사회에서 이미 설정되어 있었다.[45)]

지구온난화의 영향으로 위기에 직면한 관광지와 관광산업의 발생이 증가하고 있다. 지구온난화로 인해 해수면이 상승하고 초강력 열대성 저기압과 예측하기 힘든 게릴라성 호우가 더욱 빈번하게 발생하고 있다. 이로 인해 몰디브, 투발루와 같은 섬나라들이 물에 잠겨 사라질 위험에 처해 있고, 카트리나, 매미, 루사와 같은 허리케인과 태풍이 넓은 범위에 걸쳐 관광지와 관광산업을 초토화시켰다. 건조해진 공기와 온실가스의 증가로 산불의 발생이 잦고 거대한 숲이 점점 사라지고, 사막화가 빠르게 진행되고 있고, 육상생태계뿐만 아니라 수중생태계도 교란되고 있으며 멸종위기의 동・식물들의 개체수가 점점 증가하고 있다. 아름답고 신비로운 관광대상물의 수가 줄어들고 있고, 관광지원시설의 유지관리에 더욱 많은 비용이 들고 있는 실정이다.

관광산업에서 지구온난화로 인해 바로 영향을 받을 수 있는 산업은 강설량과 같이 자연환경에 대한 의존도가 높은 산업이다. 눈이 없는 스키장을 생각해본 적이 있는가? 물론 인공눈을 만들어 스키장을 한시적으로 운영할 수 있겠지만 높은 관리운영비용으로 인해 오래 지속하지는 못할 것이다. 더욱이 눈의 질을 생각하면 더욱 그렇다. 관광산업도 저탄소 녹색성장을 이룩하기 위한 그린투어리즘의 이념을 추구할 필요가 있다. 호텔산업의 경우 호텔비용의 절약을 위한 여러 가지 전략에 아직 관심이 덜하지만 전격적으로 재활용품 사용, 용수 절약, 에너지 절약 등을 위해 공급자측면에서 노력해야 하고 지구환경보호를 위한 호텔산업의 노력을 이용자들에게 알려 이해를 구할 필요가 있다. 이를 위해 호텔산업계 전체가 함께 동조할 필요가 있다.

스키장과 골프장은 비교적 많은 대지를 이용하는 시설이다. 스키장과 골프장을 조성할 때 대체로 기존 수목을 베어 슬로프와 골프코스를 만드는데, 인위적인 조성면적이 넓을수록 환경적인 악영향은 커진다. 따라서 자연지형을 최대한 보존하는 조성방법을 적극적으로 도입하는 것이 필요하고 주 용도의 유휴기에 타 용도로 사용할 수 있도록 복합적인 시설로 조성하는 방법을 강구할 필요가 있다.

그린투어리즘의 이념을 담은 윤리강령을 자발적으로 준수하라는 권고도 중요하지만 사업체나 관련기관이 에코라벨(eco-label)과 에코품질라벨(eco-quality label), 또는 탄소배출라벨을 획득함으로써 이전보다 더 많은 편익을 누릴 수 있는 방법도 적극 권장되어야 한다. 이러한 제도에는

기업의 저탄소화 경영활동, 환경보호와 지역사회와의 협력 등을 포함하는 지구환경보호기준이 포함되어 있거나, 관광상품의 모든 구성요소와 과정에 대하여 일일이 이산화탄소 배출량이 표기된다. 이러한 제도는 사회적 신뢰와 라벨이 갖는 명성을 바탕으로 하는데, 이를 획득한 기업이 획득하지 못한 타 기업보다 지구환경을 보호하는 사회적 기업임을 인정받는 제도이다. 이러한 제도는 비단 관광기업 자체뿐만 아니라 관광상품이나 관광지에 적용될 수 있다. 우리 사회는 아직 이러한 제도의 시행이 미진하므로 그린투어리즘으로의 능동적 참여를 위해 이를 적극 도입할 필요가 있다. 여기에는 국민적으로 신뢰를 받는 중립적인 기관이나 환경단체의 적극적인 참여가 아울러 필요하다.

그린투어리즘은 또한 관광사업체나 관광목적지와 같이 공급측면의 참여만으로 달성될 수 없다. 그린투어리즘은 저탄소화와 지구환경보호를 위해 불편함을 감수하면서 관광활동에 참여하는 관광객의 이해와 적극적인 호응이 있어야만 실효성 있는 결과를 낳는다. 그동안 대중관광, 대량관광의 형태에서 발생한 대량소비태도는 지구의 자원을 아끼고 절약하는 소비태도로 바뀌어야 한다. 그린투어리즘의 개념체계에서 관광객은 더 이상 최상의 대접을 받는, 호의호식을 구가하는 손님으로 대접받지 않는다. 관광객은 상황에 따라 기다림과 느림의 철학을 몸에 익혀야 하고, 농촌과 같이 경제적으로 어려움에 처해 있는 지역사회를 이해하고 도우려는 자세를 가져야 한다. 그린투어리즘을 달성하기 위해서는 관광객도 환경을 자기와 직접적으로 관계없는 외부적인 요인으로 보는 것이 아니라 자원윤리적·생태윤리적인 사고를 함으로써 아무리 풍부한 자연자원이라도 낭비하지 않고 보전하려는 태도를 가져야 한다. 이렇게 하기 위해서는 지구환경 보전적인 측면을 강조하는 전 사회적 교육과 언론의 역할이 지대함을 부정할 수 없다.

지구에서 인류의 공존은 몇몇 집단의 노력만으로 달성되지 않는다. 지구에 있는 모든 이해관계자가 각자의 역량을 발휘하면서 공동으로 대처해야 한다. 관광부문에서도 이는 예외가 아니다. 관광산업, 관광객, 관광정책당국 등 모든 이해관계자가 이 지구환경의 보호를 위해 협력해야만 그 성과를 산출할 수 있다. 그러나 현재와 같은 사회구조에서 살펴볼 때 이러한 생각은 매우 이상적이고 순진하며 현실적으로 쉽게 받아들이기 어렵다. 따라서 저탄소화와 녹색성장을 이룩할 수 있는 선도산업을 중점적으로 발굴하고 이를 정책적으로 육성할 필요가 있다.

관광객의 이용이 많은 관광시설과 홍보자료 등에 대해 우선적으로 환경보호를 위한 대책을 강구할 필요가 있다. 세면과 샤워용으로 사용된 물을 정화하여 변기용 물로 사용하는 중수조시설이라든가, 태양열을 이용한 리조트시설, 테라스하우스 형태의 리조트와 같이 자연순응형의 디자인 개념 도입, 지열을 이용한 생태호텔 등의 조성을 고려해볼 만하다. 이러한 개념의 시설이 당장 적용되기 어렵다면 연구개발을 통해 시범적인 사업을 해보는 것도 권장할 만하다. 관광안내와 홍보를 위한 지도와 팸플릿, 여행안내서 등도 재생종이의 사용을 적극 권장하고 재생종이가 사용되었음을 기호와 문구로 알리는 일은 사소하지만 지나칠 수 없는 사항이다. 여행안내서에는 환경적·문화적으로 민감한 지역이나 환경과 문화의 보호에 대한 가이드라인이 소개되고, 탄소배출량이 관광활동별·관광목적지별로 산출되어 표현되어 있으면 그린투어리즘을 달성하는데 더욱 기여할 것으로 보인다. 또한 단일용도의 관광시설보다는 복합용도의 관광시설이 더 친환경적이라 볼 수 있고, 적시적지(適時適地)에 관광객에게 관광정보를 알려주는 친절하고 편리한 정보시스템의 개발과 설치도 사회적 비용을 줄일 수 있는 방법이라고 볼 수 있다.

마지막으로 저탄소 녹색성장을 추구하는 다양한 사업과 정책을 개발하고 추진해가기에 앞서 이러한 사업과 정책을 전체 환경과 사회의 틀 속에서 종합적으로 접근(holistic approach)할 필요가 있다. 어느 특정부분만을 생각하다 보면 다른 쪽 부분이 불이익을 받을 수 있기 때문이다. 따라서 종합적인 체계의 틀 속에서 비용을 최소화하는 방향으로 저탄소 녹색성장을 추진해 나가야 할 것이다. 그린투어리즘도 이러한 접근방법에서 예외일 수 없다.

미 주

1) 김준호 · 서계홍 · 정연숙 · 이규송 · 고성덕 · 이점숙 · 임병선 · 문형태 · 조강현 · 이희선 · 유영한 · 민병미 · 이창석 · 이은주 · 오경환(2007). 『현대생태학』. (주)교문사. p. 3.

2) 김준호 외 (2007). 『현대생태학』. (주)교문사. p. 7.

3) Turner, M. G.(2000). 제3장 경관생태학: 토지모자이크와 생물. 노태호 · 홍선기 · 강대석 · 권오석 역(2002). 『생태학: 인간과 자연』. 서울: 도서출판 아카데미서적.

4) Dodson, S. I., Allen, T. F. H., Carpenter, S. R., Ives, A. R., Jeanne, R. L., Kitchell, J. F., Langston, N. E., & Turner, M. G.(2000). *Ecology*. [노태호 · 홍선기 · 강대석 · 권오석 역(2002). 『생태학: 인간과 자연』. 서울: 도서출판 아카데미서적. pp. 107-108].

5) Molles, Jr. M. C.(2008). Ecology: Concepts & Applications. [김재근 · 김홍태 역(2008). 『생태학: 개념과 적용(제4판)』. 서울: 라이프사이언스. p. 286에서 재인용].

6) Molles, Jr. M. C.(2008). Ecology: Concepts & Applications. [김재근 · 김홍태 역(2008). 『생태학: 개념과 적용(제4판)』. 서울: 라이프사이언스. p. 470].

7) 김준호 외(2007). 『현대생태학』. (주)교문사에서 재인용.

8) German Federal Agency for Nature Conservation(1997). *Biodiversity and Tourism*. Germany, Berlin: Springer.

9) Molles, Jr. M. C.(2008). Ecology: Concepts & Applications. [김재근 · 김홍태 역(2008). 『생태학: 개념과 적용(제4판)』. 서울: 라이프사이언스. pp. 374-376].

10) 김준호 외(2007). 『현대생태학』. (주)교문사. pp. 187-189.

11) World Conservation Monitoring Centre(1992). *Global Biodiversity-Status of the Earth's Living Resources*. London: Chapman & Hall.

12) German Federal Agency for Nature Conservation(1997). 위의 책. pp. 19-20.

13) Wearing, S., & Neil, J.(1999). *Ecotourism*. [이후석 역(2001). 『생태관광』. 서울: 백산출판사].

14) Proshansky, H. M.(1976). Environmental psychology and the real world. *American Psychologist*, 31, 303-310.

15) Bell, P. A., Greene, T. C., Fisher, J. D., & Baum, A.(1984). *Environmental Psychology*. [이진환 · 홍기원 역(2004). 『환경심리학』. 서울: 시그마프레스].

16) Brunswik, E.(1956). *Perception and the Representative Design of Psychological Experiments*. Berkeley: University of California Press.

17) Bell, P. A., Fisher, J. D., & Loomis, R. J.(1978). *Environmental Psychology*. Philadelphia, PA: W. B. Saunders Company.

임승빈(1999).『환경심리・행태론』. 서울: 보성문화사에서 재인용.

18) Itterson, W. H., Proshansky, H. M., Rivlin, L. C., & Winkel, G. H.(1974). *An Introduction to Environmental Psychology*. New York: Holt, Rinehart and Winston. p. 69.

19) Berlyne, D. E.(1973). The vicissitudes of aplopathematic and teleomatoscope pneumatology (or the hydrography of hedonism). In Berlyne, D. E., & Madsen, K. B.(Eds.). *Pleasure, Reward, Preference*. New York & London: Academic Press. p. 14.
임승빈(1999).『환경심리・행태론』. p. 79에서 재인용.

20) Correy, A.(1983). Visual Perception and Scene Assessment in Australia. *IFLA Yearbook*.
임승빈(1999).『환경심리・행태론』. p. 115에서 재인용.

21) Ulrich, R. S.(1981). Natural versus urban scenes: some psychophysiological effects. *Environment and Behavior*, 13(5), 523-556.
임승빈(1999).『환경심리・행태론』. pp. 310-311에서 재인용.

22) 가브리엘 워커, 데이비드 킹(2008).『Hot Topic 핫토픽－기후변화, 생존과 대응전략』. 양병찬 역. 서울: 조윤커뮤니케이션.

23) 연합뉴스(2007. 07. 20).

24) Molles, Jr. M. C.(2008). Ecology: Concepts & Applications. [김재근・김흥태 역(2008).『생태학: 개념과 적용(제4판)』. 서울: 라이프사이언스].

25) Weaver, D.(2006). *Sustainable Tourism: Theory and Practice*. Burlington, MA: Elsevier Butterworth-Heinemann.

26) Wood, R.(2004). Global currents: cruise ships in the Caribbean Sea. *In Tourism in the Caribbean: Trends, Development, Prospects*(D. Duval. ed.). Routledge. pp. 152-171.

27) UNWTO・UNEP(2008). *Climate Change and Tourism: Responding to Global Challenges*. Spain, Madrid: UNWTO.

28) UNWTO・UNDP(2008). *Climate Change and Tourism.: Responding to Global Challenges*. Spain, Madrid: UNWTO. p. 61.

29) 김남조(2001). 관광목적지에 대한 지역주민과 관광자의 지각, 태도, 기대행위 차이.『관광학연구』, 25(3), 43-62.

30) Mason, P.(2004). *Tourism Impacts, Planning and Management*. Burlington, MA: Elsevier Butterworth-Heinemann.

31) Swarbrooke, J.(1999). *Sustainable Tourism Management*. CABI Publishing.

32) Hunter, C., & Green, H.(1995). *Tourism and Environment: A Sustainable Relationship?* London: Routledge.

33) 김성기(2003).『관광자원론: 생태학적 이론과 실제』. 서울: 도서출판 기문사.

34) Coccossis, H., & Mexa, A.(2004). *The Challenge of Tourism Carrying Capacity Assessment: Theory and Practice*. Burlington, VT: Ashgate Publishing Company.

35) 박석희(2000). 『신관광자원론』. 서울: 일신사.

36) 김남조(2000). 측정항목의 상대적 기여도를 이용한 사회적 수용력의 영역회피, 혼잡지각, 만족의 관계에 관한 연구. 『사회과학논총』. 한양대학교 사회과학대학.

37) WTO(1983). *Risks of Saturation or Tourist Carrying Capacity Overload in Holiday Destinations*. Madrid: WTO. pp. 1-2.

38) Shelby, B., Vaske, J. J., & Heberlein, T. A.(1989). Comparative Analysis of Crowding in Multiple Locations: Results from Fifteen Years of Research. *Leisure Sciences*, 11, 269-291.

39) Stankey, G. H., & Schreyer, R.(1985). Attitudes toward wilderness and factors affecting visitor behavior: A state-of-knowledge review. In Proceedings national wilderness research conference: Issues, state-of-knowledge, future directions (USDA Forest Service General Technical Report INT-220). Ogden, Utah: Intermountain Research Station. pp. 246-293.

40) 김남조(2007). 『지속가능한 관광자원계획개발』. 강릉: 도서출판 동우.

41) Swearing, T., & Johnson, D.(1990). Influencing visitor behavior: rethinking the direct/indirect management model. pp. 16-19.

42) Wearing, S., & Neil, J.(1999). *Ecotourism*. [이후석 역(2001). 『생태관광』. 서울: 백산출판사. pp. 34-35].

43) 김남조(2009. 1. 30). 생태관광의 지평을 넘어. 『청사초롱』. 한국관광공사 격주간지.

44) 강미희(1999). 생태관광객의 여행동기 및 태도－척도구축과 관광객 유형별 비교분석. 서울대학교 박사학위논문.
정철 · 김남조(2000). 대중관광객과의 비교를 통한 생태관광객의 동기, 체험, 만족. 『한국공원휴양학회지』, 3(2), 151-164.
Boo, E.(1990). Ecotourism: The Potentials and Pitfalls: Volume 2－Country Case Studies. Washington D. C.: World Wildlife Fund.

45) 김남조(2008. 10. 31). 그린투어리즘의 출현(http://korea.kr/newsWeb/page/special/green).

저자약력

김남조(金南鏪) 현_한양대학교 관광학부 교수

미국 펜실베이니아주립대학교에서 박사학위를 취득했다. 저자 김남조는 한국관광학회에서 국제협력 분야 부회장을 맡고 있으며 저서 『지속가능한 관광』(공저), 역서 『현대관광론: 세계적 조망』(공역) 등과 논문 "에믹(emic)과 에틱(etic)방법을 이용한 관광레저형 기업도시 개발과정에서 나타나는 갈등구조 분석" "지리정보시스템(GIS)을 이용한 관광지 수용력 적용모형 개발" 등 다수의 학술활동과 논문을 통해 활발한 학술적 성과를 발표하고 있으며 후진 양성과 학회의 발전에 힘쓰고 있다.

제8장

관광문화인류학적 접근

이 진 형*

1 인류학의 주요 연구 분야 및 문화인류학의 특성

1) 인류학의 어원과 기원

우리나라의 관광학도들이 관광인류학이라는 다소 낯선 분야를 이해하기 위해서는 먼저 관광인류학의 줄기에 해당되는 문화인류학과 그것의 뿌리인 인류학에 대한 이해가 선행되어야 할 것이다.

인류학(Anthropology)의 어원은 그리스어에서 유래되었는데, 인간을 뜻하는 'anthropos'와 학문을 뜻하는 'logia'가 합성된 것으로 '인간을 연구하는 학문'이라는 의미를 가지고 있다.[1] 서구에서는 이미 16세기 초에 중부 유럽의 학자들이 해부학과 생리학을 포괄하는 용어로 Anthropologium이라는 용어를 사용한 바 있으며, 18세기 후반 러시아와 오스트리아에서는 자민족과 다른 민족들 간의 문화적 차이를 설명하기 위한 학문을 Ethnologie**로 명명하기도 했다.[2]

근대 인류학은 20세기 초 영국과 미국, 프랑스, 독일 등을 중심으로 발전하였는데, 이렇듯 서구를 중심으로 인류학이 발전한 데에는 이 나라들이 당시 아프리카대륙, 인도, 호주, 아메리카대륙에 식민지를 가지고 있었던 것과 밀접한 관계가 있다고 할 수 있다. 말하자면 영미를 중심으로 하는 서구사회에서 인류학이 발전하게 된 데에는 타민족에 대한 순수한 사회과학적 관심 이

* 호남대학교 관광경영학과 조교수. e-mail: jlee@honam.ac.kr

** 현재까지도 미국을 제외한 영어권 국가와 유럽에서는 민족학(Ethnology)이라는 용어와 사회인류학(social anthropology)이라는 용어를 같은 의미로 사용하고 있다.

외에 식민국가 통치를 위한 정치·사회적 배경과 기독교 전파 등과 같은 종교적 배경도 있었다고 할 수 있다.

20세기 초 근대 인류학의 기초를 닦았던 학자들 중에 가장 중요한 인물로는 상대주의적이고 문화중심적인 문화인류학의 창시자이자 미국 인류학의 시조로 간주되는 보아스(Franz Boas, 1858~1942)를 꼽을 수 있다. 그는 문화상대주의를* 주창하였을 뿐만 아니라 인간사회의 다양성을 인정하는 것에 대한 도덕적 가치를 존중하였다.[3] 또한 참여관찰에 기초한 현지연구의 전통을 수립한 기능주의 인류학의 창시자 말리노브스키(Bronislaw Malinowski, 1884~1942)와 개개의 사회제도나 관습은 상호관련성을 가진다는 이론을 제시한 래드클리프브라운(Alfred Radcliffe-Brown, 1881~1955)도 근대 인류학의 선구자로 꼽히고 있다. 영국의 인류학자인 이들의 연구방법과 관점, 전통은 현대인류학에까지 큰 영향을 미치고 있다.[4]

[그림 8-1] 근대 인류학의 선구자들(좌로부터 보아스, 말리노브스키, 래드클리프브라운)

2) 현대 인류학의 발전과 주요 연구 분야

현대인류학은 앞에서 언급한 세 명의 거장들의 전통을 이어받아 상대주의와 인지과학으로, 기능주의와 구조기능주의의 인류학으로 발전하였다.[5] 앞에서 언급한 세 학자들보다는 다소 후학에

* 세계 문화의 다양성을 인정하고 각 문화는 문화의 독특한 환경과 역사적, 사회적 상황에서 이해해야 한다는 견해다. 문화의 상대성을 부정하는 극단적 태도는 자민족 중심주의(ethnocentrism)로 자기 민족의 문화가 타 민족의 문화보다 우월하다고 믿고 타 민족의 문화를 배척하는 태도를 말한다.

속하는 레비스트로스(Claude Lévi-Strauss, 1908~)는 친척과 신화에 대한 방대한 분석을 통해 구조주의 인류학이라는 새로운 이론을 제시하였고, 에반스프리차드(Edward Evans-Pritchard, 1902~1973)와 거츠(Clifford J. Geertz, 1926~2006)는 해석학적 인류학의 지평을 열면서 포스트모던 인류학으로 가는 길을 닦아 놓았다.*

[그림 8-2] 현대 인류학의 새로운 지평을 연 학자들(왼쪽부터 레비스트로스, 에번스프리차드, 거츠)

이론이나 사상들을 중심으로 보았을 때 현대인류학을 상대주의와 인지과학, 기능주의와 구조기능주의 인류학으로 분류할 수 있다면, 연구대상을 중심으로 보았을 때 현대인류학 특히 북미의 인류학은 생물학적 인류학(체질인류학), 고고학, 인류학적 언어학(언어인류학), 문화인류학이라는 4대 분야로 나눌 수 있다.[6)]

이 중 문화인류학은 인류학의 대명사로 불릴 만큼 인류학 연구에서 가장 연구가 활발히 진행되고 있는 분야라고 할 수 있다. 문화인류학에서는 역사시대로부터 현대에 이르는 문화의 다양성과 보편성, 문화의 변동, 사회구조의 해부, 상징의 해석 등을 연구한다. 50% 이상의 북미 인류학자들이 이 분야를 전공하고 있으며, 유럽에서는 사회인류학으로 불린다.

3) 문화인류학의 특성과 연구방법

문화인류학에서는 문화의 개념과 문화의 변동에 대한 이론을 비롯하여 가족, 친척, 혼인, 종

* 본 장에서 언급된 주요 고전 및 현대 인류학자들의 생애와 사상에 대한 보다 자세한 논의는 인터넷 기반의 무료 백과사전인 WIKIPEDIA에서 쉽게 찾아볼 수 있다. 근대인류학의 역사와 이론에 관한 보다 자세한 논의는 앨런 바너드 지음 · 김우영 옮김(2007). 『인류학의 역사와 이론』. 한길사 참조.

교, 경제, 관광 등 거의 모든 사회 문화현상에 대한 연구가 이루어지고 있다. 특히 다음 절에서 보다 자세하게 논의하겠지만, 1960년대 이후로는 관광으로 인한 서구문화와 제3세계 간의 문화적 접촉 그리고 이로 인한 문화변동에 관심이 모아지면서 관광도 문화인류학의 연구주제가 되고 있다.

특히 현대 문화인류학에서는 앞서 언급한 고전인류학자들의 전통을 이어받아 관습과 사회제도, 사회문화적 현상들을 상호 관련시켜 종합적으로 연구하는 총체론적 관점을 견지하는 경향이 있다.[7] 사회학, 심리학, 정치학, 경제학, 지리학 등이 각각 해당 분야에 대한 연구에 집중한다면, 문화인류학은 인간의 행동과 사고방식 및 생활양식의 모든 측면을 상호 연관시켜 설명함으로써 사회과학 제 학문 간의 장벽을 제거하고 인간과 사회를 연구하는 상이한 관점들을 통합시키려고 한다. 예를 들어 문화인류학자는 특정지역의 관광현상을 관광현상 그 자체로서뿐만 아니라 경제, 종교, 가족 등과 연관시켜 이해하려고 한다는 것이다.

문화인류학의 또 다른 특성은 문화상대주의적 관점과 비교론적 관점이다. 문화인류학에서는 몇 개 지역 또는 전세계의 여러 민족과 사회문화들을 대상으로 하여 사회문화적 현상들을 문화상대론의 관점에서 비교 연구함으로써 문화의 다양성에 초점을 맞춘다. 가령 문화 상대론적 관점에서 관광이 지역사회의 문화에 미치는 영향은 그 사회의 역사적, 사회적, 문화적 상황에 따라 다양하게 나타날 수 있는 것이다.

한편 문화인류학에서는 근대인류학이 형성되기 시작한 20세기 중반부터 최근에 이르기까지 다른 사회과학과 달리 양적인 연구방법보다 질적인 연구방법을 사용하여 사회문화현상을 연구하고 있다. 문화인류학자는 자료를 수집하고 분석하는 데 있어, 문헌조사와 더불어 참여관찰과 심층면접과 같은 현지연구(fieldwork) 방법을 사용한다.

특히 문화인류학자는 비교적 장기간(흔히 1년 내지 2년)에 걸쳐 연구대상이 되는 사람들과 함께 살면서 그들이 일상적으로 생각하고 행동하며 상호작용하는 것을 관찰하고, 질문하며, 사람들이 활동한 결과로 생겨난 인공물이나 예술작품 또는 지역사회 기타의 사항을 자세하게 기록함으로써 해당 사회문화현상에 관한 자료를 수집하고 해석한다.[8] 다음 장에서 보다 구체적으로 논의하겠지만, 실제로 관광인류학 분야의 대표적인 고전들 역시 관광현상이 발생하고 있는 해당 지역에 대한 장기간의 현지연구에 기반한 것이다.

2 관광인류학의 기원과 발전과정

1) 관광인류학의 기원

제2차 세계대전 이후 교통통신기술의 발달과 경제성장의 영향으로 관광이 대중화되면서 관광현상에 대한 사회과학자들의 관심도 늘어나게 되었다. 특히 1960년대 초반에 들어서면서부터는 그 이전까지 주류를 이루던 경영·경제학적 관점의 관광연구뿐만 아니라 관광현상에 대한 사회학적 인류학적 연구가 시작되었다.[9)]

최초의 관광인류학 연구는 University of California, Berkely의 Theron A. Nunez가 1963년 *Ethnology*紙에 발표한 논문 "Tourism, Tradition, and Acculturation"으로 간주되고 있다.[10)] 이 연구에서 Nunez는 멕시코 Jalisco주의 Cajititlan지역이 도시민들을 위한 관광지로 개발되면서 지역사회의 문화가 변용되는 것을 고찰하면서, 관광이라는 것이 문화접변(acculturation)* 이론을 테스트할 수 있는 중요한 연구의 장이 될 수 있음을 주장하였다. 이렇게 보면, 관광에 대한 인류학적 연구는 관광학분야가 아닌 인류학분야에서 문화인류학의 한 주제로 시작되었다고 할 수 있다.

> **Tourism, Tradition, and Acculturation: *Weekendismo* in a Mexican Village**
>
> Theron A. Nunez, Jr.
> University of California at Berkeley
>
> In recent years anthropologists have tended to examine rural-urban acculturation patterns primarily from two points of view. Some, such as Lewis (1959) and Little (1955, 1962), have focused upon the changed forms of behavior that characterize peasant immigrants in urban centers, while others, e.g., Fallers (1954) and Srinivas (1956), have been concerned with the filtering down or diffusion of urban cultural forms to the village level.
>
> In this paper I suggest an additional context for the study of rural-urban contact and acculturation. In newly industrializing countries, with the emergence of well-to-do urban classes, patterns of

* 문화접변(Acculturation)이란 서로 다른 문화를 가진 집단이 직접적으로 접촉하면서 발생하는 집단의 문화적 변화를 일컫는다. 문화인류학에서는 주로 북미인디언이나 아프리카 원주민들이 서구문화와 접촉했을 때 발생하는 문화의 변화에 관심을 가져왔다(http://en.wikipedia.org/wiki/Acculturation).

2) 관광인류학의 발전과정

(1) 관광인류학의 태동기: 1960~70년대

1970년대에 접어들면서 관광인류학은 문화인류학의 학문적 영역으로서, 그리고 대학의 교과목으로서 기틀을 다져 나간다. 무엇보다 1974년 Mexico City에서 열린 미국 인류학회(AAA: American Anthropological Association)에서 관광 세션이 Valene Smith*에 의해 조직되었다.[11]

학회가 끝난 후 발표된 논문을 수정·보완하여 책으로 엮은 것이 관광인류학의 고전인 *Hosts and Guests: The Anthropology of Tourism*이다. 1977년 출판된 이 책의 초판은 인류학적 관점에서 본 관광경험의 본질에 관한 Nelson Graburn의 이론적 논문과 제국주의로서 관광에 대한 Dennison Nash의 이론적인 논문, 그리고 관광의 사회문화적 영향에 대한 11편의 경험연구 논문으로 구성되어 있다.

[그림 8-3] 관광문화인류학의 선구자에 속하는 Valene Smith, Nelson Graburn, Jafar Jafari, Dennison Nash의 최근 모습(왼쪽부터)

이 밖에 1973년 관광이 지역사회에 미치는 부정적 영향을 조명함으로써 관광에 대한 보다 균형잡힌 시각을 제시한 George Young의 *Tourism: Blessing or Blight*[12]가 출간되었는데, 이 저작 역시 1960년대 이전까지 지배적이었던 관광에 대한 무조건적 옹호(advocacy platform)에 대

* Valene Smith는 캘리포니아 주립대학(California State University, Chico) 인류학과의 교수로 오랫동안 봉직했다. 그녀는 대학에서 지리학을 전공하고, 1947년부터 교편을 잡았다. 1951년 처음 알래스카 여행을 시작으로 10년간 여행사 사장과 가이드로서 오대양 육대주를 두루 여행할 기회를 가졌다고 한다. 그녀는 1963년 알래스카를 재방문하였을 때, 관광이 알래스카 원주민 사회에 적지 않은 영향을 미친 것을 발견하였고, 1965년 University of Utah 인류학과의 박사과정 학생으로 관광이 에스키모 문화에 미친 영향에 대한 연구를 시도하였으나 박사학위 논문심사위원회에서 선행연구가 없다는 이유로 거절당하기도 하였다. Nash, D.(2008). The Study of Tourism: Anthropological and Sociological Beginnings. Elsevier. pp. 184-196.

해 비판적 관점을 제시한 초기 저작으로 간주되곤 한다. 1975년 Turner와 Ash가 출간한 *The Golden Hordes: International Tourism and The Pleasure Periphery* [13]와 1978년 DeKadt이 편집한 *Tourism: Passport to Development?*[14] 또한 관광에 대한 비판적 성격의 초기 시론이라고 할 수 있다.

1970년대 관광인류학에 있어 또 하나의 전기는 관광현상에 대한 사회과학적 학제 간 연구를 표방한 *Annals of Tourism Research*(*ATR*)가 창간된 것이다. 비록 1970년 세계 최초의 관광학술지인 *Journal of Travel Research*(*JTR*)가 창간되기는 하였지만, *ATR*은 *JTR*과 분명한 성격의 차이가 있었다. *JTR*의 편집방향이 관광경제와 경영에 대한 연구였다면 *ATR*의 편집방향은 관광인류학과 관광사회학적 관점의 연구였다. 이는 무엇보다 *ATR*의 초대 편집장이었던 Jafar Jafari*가 문화인류학자였기 때문이라고 할 수 있다.

한편 1970년대에는 관광인류학 과목이 처음으로 대학의 공식교과목이 되었는데, Nelson Graburn이 1976년 버클리대학(University of California, Berkeley)에서 개설한 관광인류학과목이 그것이다.[15] 이 강좌에서는 Dean MacCannell의 *The Tourist*와 Erik Cohen의 초기저작, 그리고 Valene Smith가 편집한 *Hosts & Guests: The Anthropology of Tourism*이 교재와 자료로 이용되었으며, 150명 이상의 학생들이 모여 성황을 이루었다.

(2) 관광인류학의 형성기: 1980년대

1970년대가 관광인류학의 주춧돌이 놓인 시기라면 1980년대는 관광인류학의 지경이 넓어진 시기라고 할 수 있다. 특히 이 시기에는 <표 8-1>에서 볼 수 있는 것처럼 미국의 관광 관련 박사학위자 수에 있어 경제학 다음으로 많은 수가 문화인류학 분야에서 배출되었다. 뿐만 아니라 *Annals of Tourism Research*를 통해 많은 관광인류학 연구들이 발표되었고 미국 인류학 분야의 주요 학술지에서도 인류학적 연구주제로서 관광에 대한 논의가 이루어졌다. 이 중에서 몇 개의 논문은 1980년대 관광인류학의 풍경을 들여다보는 데 유익하다.

University of Connecticut의 인류학과 교수인 Dennison Nash**는 1981년 *Current Anthropology*

* Jafari는 이란 출신의 관광학자로 이란 Isfahan대학 영문과를 졸업한 후 여행 가이드를 하다가, 관광에 관심이 생겨 미국 Cornell대학의 호텔경영학과에 편입, 학부와 석사과정을 마쳤다. Cornell대학 호텔경영학과 석사과정 재학 시 부전공으로 국제관계학을 공부했는데 이때 같은 학교에 있던 문화인류학자였던 David Greenwood로부터 관광에 대한 인류학적 접근에 대한 소개를 받았고, 1973년 석사학위논문으로 "The Role of Tourism in the Socioeconomic Transformation of Developing Countries"를 작성하였다. 그는 1974년부터 University of Wisconsin, Stout 호텔외식학과 교수로 재직하였으며, 1985년 University of Minnesota 인류학과에서 "Tourism System: A Theoretical Approach to the Study of Tourism"이라는 논문으로 박사학위를 받았다. 그의 생애와 학문세계에 대한 보다 자세한 논의는 Nash, D.(2008). *The Study of Tourism: Anthropological and Sociological Beginnings*. Elsevier. pp. 108–121 참조.

紙에 "인류학적 연구주제로서 관광"이라는 논문을 통해 1970년대까지의 관광인류학 연구를 종합하고, 관광인류학의 나아갈 바를 제시한 바 있다.[16] 한편 1983년에는 *Annals of Tourism Research*가 관광인류학 특집호를 발간하였는데, 이 특집호는 1977년 *Host and Guest: The Anthropology of Tourism*이 출판된 이후 관광인류학의 폭과 주제가 넓어진 것을 잘 보여준다. 1980년대의 마지막 해인 1989년에는 1977년 초판이 발행되었던 *Hosts and Guests: The Anthropology of Tourism*의 2판이 발행되었는데, 이 책의 2판에서는 1판에서 사례연구의 대상이 되었던 관광지들에 10년 동안 어떠한 변화가 있었는지가 고찰되었다.

〈표 8-1〉 1985년까지 미국의 관광관련 박사학위 배출 학문 분야와 박사학위 수

학문 분야	관광연구 박사학위 수
경제학	40
인류학	25
지리학	24
레크리에이션	23
경영학	11
교육학	9
사회학	7
도시계획학	7
정치학	5
예술	1
사회복지	1
신학	1
역사학	1
신문방송학	1
공공정책학	1
전체	157

| 자료: Jafari, J., & Asser, D.(1988). Tourism as the subject of doctoral dissertation. *Annals of Tourism Research*, 15, 407-429.

** Dennison Nash는 1954년 University of Pennsylvania 사회학과에서 미국의 작곡가들에 대한 사회심리학적 연구로 박사학위를 취득한 후 1957년부터 University of Connecticut의 사회학 및 인류학과 교수로 재직하여 1991년 은퇴했다. 1960~70년대에 타국에 사는 이민집단(예를 들어 쿠바의 일본인 집단, 스페인의 미국인집단, 파리의 미국학생 등)에 대한 인류학적 연구를 수행하는 과정에서 사회학보다는 인류학적 연구에 관심을 가지기 시작했고, 1974년 멕시코시티에서 열린 미국 인류학회에서 Valene Smith가 조직한 관광세션에서 제국주의로서 관광에 대한 논문을 발표하면서 관광분야에 대한 연구에 발을 들여놓게 된다. 그는 1996년 그의 관광인류학 연구를 정리하여 "Anthropology of Tourism"이라는 저서를 발간한 바 있다. Nash, D.(2008). *The Study of Tourism: Anthropological and Sociological Beginnings*. Elsevier. pp. 154-166 참조.

(3) 관광인류학의 발전기: 1990년대~현재

1980년대까지 대부분의 관광인류학 연구들이 연구논문의 형태로 발표되었다면, 1990년대 이후 최근까지는 연구논문과 더불어 관광인류학 연구서와 교과서가 본격적으로 출간되면서 관광인류학이 발전해 가고 있다고 할 수 있다.

예를 들어 Edward Bruner는 1990년대 초반부터 발표한 관광인류학 연구논문을 책으로 엮어 *Culture on Tour*[17)]를 발간하였다. 1970년대부터 꾸준히 관광인류학 연구를 진행해 온 Dennison Nash는 1996년 그동안 자신의 연구 성과물을 정리해 *Anthropology of Tourism*이라는 저서를 발간했다.[18)] 또한 1990년대 중반에는 관광인류학과 관광사회학자들의 협력에 의해 관광인류학 분야와 관광사회학 분야에서 모두 널리 읽히는 두 권의 중요한 저작이 출판되었다. 프랑스의 사회학자 Lanfant, 영국의 사회학자 Allock, 그리고 미국의 인류학자인 Bruner가 함께 편집한 *International Tourism: Identity and Change*[19)]와 영국의 인류학자 Selwyn이 편집한 *The Tourist Image: Myths and Myth Making in Tourism*[20)]이 그것이다.

한편 1990년대 후반부터는 그동안의 관광인류학 연구를 종합한 관광인류학 교과서가 출간되기 시작하였는데, Burn의 *An Introduction to Tourism and Anthropology*,[21)] Chambers의 *Native Tours: The Anthropology of Travel and Tourism*,[22)] Glemch의 *Tourists and Tourism: A Reader*[23)]가 그것이다. 이렇듯 교과서들이 발간되기 시작한 것은 1990년대 중반 이후 미국의 일부 인류학과나 관광학과에서 학부 교과목으로 관광인류학과목이 개설되었기 때문이다.*

2000년대 이후에도 관광인류학의 여러 주제는 *Annals of Tourism Research*와 같은 관광학술지의 단골연구메뉴가 되어 왔고, 관광인류학과 관련된 연구서들도 계속해서 나오고 있다.[24)] 최근에는 관광인류학과 관광사회학의 기원과 발전과정에 기여했던 주요 학자들이 자신들의 학문세계가 어떻게 발전해 왔는지에 대한 지식사회학적인 연구서 *The Study of Tourism: Anthropological and Sociological Beginning*을 발간하기도 했다.[25)]

3) 한국관광인류학의 발전과 현황

서구에서 1960년대 초반부터 관광인류학적 연구가 시작되어, 최근까지 주로 관광인류학적 연

* 예를 들어 University of Hawaii Manoa 아시아센터, University of Maryland 인류학과, Indiana University 인류학과 등과 Texas A&M대학의 관광학과 등의 학부와 대학원 과정에 관광인류학과목이 개설되어 있다. 필자가 박사학위를 취득한 Texas A&M대학의 여가관광학과에서는 Social Impact of Tourism 과목과 Heritage Tourism에서 관광인류학과 사회학의 다양한 주제들에 대해 논의한다.

구가 폭넓게 진행되어 온 데 비해 우리나라의 관광인류학 연구는 아직까지 역사도 짧고, 연구결과 역시 많지 않은 편이다. 특히 관광학과에 소속되어 있는 학자들에 의한 관광인류학 연구는 거의 전무한 편이고, 문화인류학자나 사회학자들에 의해 관광인류학 연구가 일부 수행되어 오고 있다.

우리나라의 학자에 의해 진행된 최초의 관광인류학적 연구는 1983년 일본농촌사회에서의 관광사업에 대한 문화인류학적 연구를 시행한 문옥표의 연구라고 할 수 있다.[26] 그 이후 1986년 문화인류학자 전경수가 "관광경제와 관광문화: 국제관광의 인류학"이라는 논문을 발표하고,[27] 이듬해인 1987년에는 관광문화인류학의 고전 *Host and Guest: The Anthropology of Tourism*을 『관광과 문화: 관광인류학의 이론과 실제』라는 제목으로 편역하여 출간함으로써 우리나라 관광인류학 연구를 발전시키는 계기를 마련했다.[28] 1988년에는 서울대학교 인류학과에서 최초의 관광인류학 석사논문이 나왔고,[29] 1994년에는 『관광과 문화』 개정판이 출간되었다.[30] 또 1997년에는 일본의 관광문화인류학자 야마시타신지(山下普司)가 엮은 『觀光人類學』이 사회학자인 황달기에 의해 『관광인류학의 이해』로 번역되기도 했다.[31]

이렇듯 1990년 중반 이후 서구와 일본의 관광인류학 고전들이 국내에서 번역 소개되면서, 1990년대 중반부터는 우리나라에서도 문화인류학회, 역사민속학회, 민속학회를 중심으로 간헐적으로 관광에 대한 문화인류학적 연구논문이 나오고 있다. 예를 들어 홍석준은 말레이시아의 외양꿀릿이라는 전통의례가 관광이벤트로 상품화되는 과정을 연구하여 발표한 바 있고,[32] 이와 비슷한 맥락에서 김이선은 태국의 반타와이 전통적 목공예가 상품화되어 가면서 의미체계가 변화되는 과정을 연구하기도 했다.[33] 또한 권숙인은 일본의 성지순례인 이세신궁 참배에 대한 인류학적 연구를 통해 전통적인 이세신궁참배와 현대의 이세신궁참배가 세상유람에서 문화관광으로 변모한 것을 밝힌 바 있고,[34] 권혁희는 일제시대 관광 사진엽서에서 나타난 '재현의 정치학'에 대한 흥미로운 연구를 발표하였으며,[35] 전경수도 박물관 관광에 대한 인류학적 연구를 내놓은 바 있다.[36]

한편 일본 농촌사회의 관광산업에 대한 문화인류학적 연구를 수행한 바 있는 문옥표는 하회마을의 사례를 통해 본 관광을 통한 문화의 생산과 소비를 다룬 논문을 발표한 바 있고,[37] 최근에는 동료들과 함께 일본의 여행과 관광문화에 대한 연구서를 간행하였고,[38] 특히 일본인들의 한국관광에 대한 흥미로운 연구결과를 발표하기도 했다.[39]

또 한국역사민속학회에서는 지난 2008년 옛사람들의 '관광과 여행의 문화사'를 주제로 연구발표회를 개최한 바 있는데, 이 발표회에서는 '옛사람들의 바다여행전통' '일제강점기 기획되는 관광명소와 여행시설' '근대관광과 타자를 보는 여성의 시선' '외국인 관광객의 눈에 비친 개항

기 복식문화' 등 관광인류학적인 측면에서도 흥미를 끌 만한 주제들이 발표되었다.[40]

그러나 아직까지 우리나라 관광학계에서는 관광인류학적 연구가 거의 없는 형편이다. 다만 김사헌이 관광인류학과 관광사회학의 중요한 연구주제를 소개한 교과서를 출간한 바 있고,[41] 일부 연구자들이 관광의 사회적 영향에 대한 연구를 주민 의식조사 결과를 중심으로 다소 진행하고 있을 뿐이다. 뿐만 아니라 우리나라 관광학과 중에서는 관광인류학이 교과과정으로 편성된 곳이 거의 없는 실정이다. 다만, 필자가 가르치고 있는 학과의 2학년 2학기 과목으로 관광인류학이 개설되어 있고, 경기대학교 관광개발학과에 관광인류학과 유사한 성격의 과목이라고 할 수 있는 관광사회문화론이 개설되어 있는 정도다.

3 관광인류학의 주요 연구주제와 한국관광학의 문화인류학적 연구과제

1) 문화접변과 문화의 상품화

문화인류학자들은 19세기와 20세기 초반 서구사회가 비서구사회를 식민지화하면서 큰 영향을 미쳤다는 것을 인지하면서 오랫동안 서구사회와 비서구사회의 문화접변에 의한 사회문화적 변동에 큰 관심을 가져 왔다(Nash, 1996: 20). 관광인류학자들 역시 이러한 전통에 따라 특정지역이 관광지로 개발되어 가는 과정에서 지역문화가 변화되고 상품화되는 것에 관심을 가져 왔다.

대부분의 연구들에서 최초의 관광인류학 연구로 인정하고 있는 Nunez의 연구도 관광으로 인한 문화접변(Acculturation)을 다루고 있다.[42] Nunez는 이 연구에서 아름다운 호수를 끼고 있는 멕시코의 한 마을이 인근의 대도시민을 위한 관광지로 개발되면서 그 지역의 남성들 사이에서 자기표현과 경쟁의 전통적 문화였던 결투가 국가권력의 간섭에 의해 사라지게 되고, 국가공권력이 전통적인 주민자치를 대신하게 되는 것 등에 대해 논의하였다.

뿐만 아니라 관광인류학 분야의 최초의 이론서이자 사례연구서로 인정되고 있는 *Hosts and Guests: The Anthropology of Tourism*에 실린 논문 중 상당수의 논문이 관광으로 인한 지역사회의 문화접변과 문화상품화에 대해 논의하고 있다. 특히 이 중에서도 Greenwood의 논문은[43] 관광으로 인한 문화의 상품화(commoditization)를 다룬 대표적인 연구로 간주되고 있다. 이 연구에서 Greenwood는 스페인 Basque지방의 공동체 의례(Alarde)가 관광매력물로 개발되면서 정부에 의해 하루에 2번 치러지면서 문화의 의미가 퇴색되어 지역민들이 반발하게 되는 과정을 논의하고 있다.

이와 비슷한 관점에서 우리나라의 문화인류학자 문옥표는 안동 하회마을의 사례를 가지고 관광을 통한 문화의 생산과 소비를 다룬 바 있다.[44] 그녀는 이 연구에서 1970년대 박정희 정부부터 최근까지 안동 하회마을의 문화가 정치적·상업적 목적에 의해서 이용되는 과정을 분석하면서, 이 과정에서 주민들의 참여가 거의 없었다는 점에 주목하였다. 그녀는 또한 문화의 보전과 관광의 지속가능성을 위해서는 주민들의 의견이 성공적으로 수렴되고 주민들이 관광개발과정에 적극적으로 참여하는 것이 중요하며, 주민참여와 문화의 보전에 대한 비교연구의 필요성을 제기했다.

하지만 관광으로 인한 문화접변과 문화의 상품화를 부정적으로만 볼 것은 아니라는 관점도 제시되었다. 예를 들어 Boissevain[45]은 지중해의 휴양지 Malta섬에 대한 연구에서 외래관광객들의 관광지 주민의 문화와 생활양식에 대한 관심은 지역주민들에게 자부심을 가져다주고 있음을 보여주었다. 말하자면, 관광은 대수롭게 여기지 않았던 지역의 전통문화와 생활양식을 보존하고 재현할 수 있는 계기를 마련할 수도 있다는 것이다.

이와 비슷한 맥락에서 Cohen[46]은 문화가 상품화된다고 해서 문화의 의미가 퇴색한다는 것은 지나친 일반화라고 주장하면서, 관광객 등 외부인들에게 문화가 시연되는(staged) 과정에서 오히려 내부인들은 외부인들에게 자신의 문화를 표현할 수 있다고 반박했다. 뿐만 아니라 그는 특정한 행사가 내부인과 외부인에게 가지는 의미는 꼭 상호배타적이지도 않고 경우에 따라서는 이 과정에서 새로운 의미가 탄생할 수 있다고 주장했다.

우리나라의 문화인류학자인 홍석준도 말레이시아의 전통인형극인 와양꿀릿이 전통의례에서 관광이벤트화되어 가는 과정에 대한 문화인류학적 연구를 통해 이와 비슷한 관점을 제시한다.[47] 그에 따르면, 지역민을 위한 전통의례였던 와양꿀릿이 외국인 관광객을 위한 이벤트로 변화되어 가면서 관광객의 요구에 의해 전통적인 와양꿀릿에 변화가 발생했지만, 이 과정에서 지역민들은 고유한 전통을 재생산함으로써 자신의 문화를 널리 알린다는 자신감을 경험하게 되었다고 분석한다. 그는 또한 전통이란 그것들 담당하는 사람들의 감각이나 해석에 따라 새롭게 창출되는 것이라며, 관광이 문화적 전통을 파괴하는 결과를 초래하기 때문에 관광을 부정적으로만 보는 관점은 잘못된 것일 수 있다고 비판한다.

관광으로 인한 문화접변은 또한 관광 예술품에 대한 연구에서도 자주 논의되어 왔다. Nelson Graburn은 1968년부터 이 주제에 관한 일련의 논문을 발표하는데, 이 연구에서 그는 캐나다 에스키모 원주민들이 본토 사람들과 무역을 하는 과정에서 전통적인 예술품이나 생활용품을 본토 사람들이 좋아하는 방식으로 변형시키는 것에 대해 논의한다.[48] 이 연구에서 그는 원주민들의 관광 예술품이라는 것은 관광객들의 요구, 원주민들의 자신의 민족적 정체성에 대한 방어와 재

현이라는 관계 속에서 끊임없이 변화될 수 있다는 점을 강조한다. Cohen 역시 태국 Dan Kwien 지역의 도자기가 유럽과 미국 등으로 수출되고 관광객들에게 기념품으로 판매되면서 그 모양과 형식이 어떻게 변화되어 가는지에 대해 연구한 바 있다.[49] 우리나라의 문화인류학자인 김이선도 태국 빈타와이 목공예의 의미체계 변화에 대한 연구에서 앞에서 언급한 Cohen의 연구와 유사한 현상을 발견한 바 있다.[50]

한편 Edward Bruner는 특정한 지역이 관광지로 변화되는 과정에서 관광객에게 관심이 될 만한 특정한 공간, 매력물과 문화가 재현(representation)되는 과정에 관심을 둘 뿐만 아니라 특정한 공간 또는 매력물을 재현하는 권력이 누구에게 있는 가라는 문제도 깊이 있게 연구해 왔다.[51] 그에게 있어 관광객들에게 관심이 될 만한 문화는 있는 그대로 보여지는 것이 아니라, 권력을 가진 누군가에 의해 취사선택되어 재현되는 것이다. 예를 들어 케냐 나이로비의 Mayers 목장에서 Maasai족이 추는 춤은 원래 내려오던 대로 표현되는 것이 아니라 그 농장의 영국 주인에 의해 관광객들에게 재현되는 것으로서 그 원시부족의 춤에서는 식민지 담론과 동아프리카 관광에 편재해 있는 문명과 야생의 대조가 분명히 시연된다.[52] 말하자면, Greenwood나 Boissevain 등이 관광에 의한 문화접변이 좋은 것인가 나쁜 것인가를 따졌다면, Bruner는 그러한 문화적 변용을 누가 어떤 목적으로 주도하는가라는 정치적 질문을 던졌다고 할 수 있다. 우리나라의 문화인류학자인 권혁희도 Bruner와 유사한 관점에서 일제시대 관광 사진엽서에 나타난 조선의 이미지에 대한 문화인류학적 연구에서 누가 어떠한 목적으로 어떻게 조선 사람들과 조선의 문화를 재현했는가에 대한 흥미로운 연구를 수행한 바 있다.[53]

이렇듯 관광으로 인한 문화접변의 긍정적인 측면과 부정적인 측면, 문화접변의 과정과 결과 등은 최근까지도 관광문화인류학의 중요한 연구주제가 되고 있다.

2) 관광이 지역사회에 미치는 사회적 영향

관광인류학자들은 초창기부터 관광의 사회적 결과를 주요한 연구주제로 다루어 왔다.* 예를 들어 1977년 초판이 발간된 관광인류학 분야의 최초의 연구서 *Host & Guest: The Anthropology of Tourism*은 관광의 사회문화적 영향에 대한 12편의 사례연구를 포함하고 있다.

관광이 지역사회에 미치는 영향을 보는 관광인류학자들의 시각은 대체적으로 다소 부정적이다. 앞에서 언급한 바와 같이 문화인류학자들이 보기에 관광은 문화접변과 문화의 상품화와 같

* 관광이 지역사회에 미치는 영향(social impact of tourism)은 비단 관광문화인류학의 연구주제만은 아니고 인접한 학문 분야인 관광사회학의 연구 분야이기도 하다.

은 문화적 영향뿐만 아니라 경우에 따라 지역사회의 갈등을 유발하고, 범죄율을 증가시키며, 매춘, 마약과 같은 사회문제를 일으키는 계기가 될 수도 있다.

Stokowski(1996)[54]는 미국 콜로라도주 Gilpin County의 두 탄광촌이 폐광위기에 놓이자 지역경제를 다시 살리기 위해 카지노를 개장하면서 겪게 되는 경제, 사회, 문화적 영향에 대해 흥미로운 연구를 수행한 바 있다. 그녀는 이 연구에서 이 소도시가 관광을 통한 지역사회활성화를 모색하면서 겪는 사회문화적 영향에 대해서 다양한 사례를 제시한다.

예를 들어, 소도시민들이 모여서 커피나 술을 마시면서 환담을 하던 찻집이나 살롱(saloon) 자리에 카지노업장이 새로 지어지면서 마을 사람들의 사회적 모임 장소가 사라졌다. 그리고 그러한 상점들이 문을 닫으면서 그 소도시에 몇 십 년씩 살던 사람들이 지역을 떠나고 대신에 공사장 인부와 방문객, 카지노종사원들의 파노라마가 펼쳐졌다. 그녀에 따르면 심지어는 지역의 교회도 카지노 개장의 영향을 받았다. 교통혼잡과 주차문제는 예배에 참석하는 것과 마을 오페라 관람을 방해했다. 더욱이 카지노가 개장되고 난 다음, 이 마을에 범죄로 인해 체포된 사람의 수가 306%나 증가하게 됐다.

그러나 무엇보다 이 소도시 시민들은 공동체의식과 마을에 대한 장소적 정체성(sense of place)에 타격을 입게 됐다. 말하자면, 카지노가 개장되기 이전 마을 사람들은 서로 잘 뭉쳤고, 자발적으로 협력하면서도, 다른 한편으로는 개인적인 자유를 누릴 수 있었다. 그러나 카지노가 개장되고 나서 주민들은 경제적 번영의 대가로 공동체를 잃어버렸다고 한탄하게 됐다. 우리나라에서도 최근 강원도 태백의 폐광촌에 카지노가 들어서면서 광산지역 사회변동의 과정에서 지역 내 사회관계가 어떠한 변화과정을 보여주었는가를 밝히는 문화인류학적, 사회학적 연구가 나온 바 있다.[55]

Chambers(1999)는 태국 방콕의 유명한 관광거리 중 하나인 스쿰빗(Sukhumbit) 거리를 예로 들면서 관광이 지하경제를 촉진시키는 계기가 될 수 있다는 점도 언급한다. 방콕의 스쿰빗거리는 쇼핑센터와 고급 음식점들이 늘어선 곳이기도 하지만, 다른 한편으로는 길거리에 노점상과 호객꾼(hawkers)으로 넘쳐나는 곳이기도 하다. 노점상과 호객꾼들은 각종 조악한 수제품들에서부터 마약이나 짝퉁과 같은 각종 지하경제 상품들을 판매하고 성매매를 중개한다.

문화인류학자들은 또한 관광개발을 할 때 이해관계가 다른 집단 간에 갈등이 유발될 수 있음에도 주목한다. 예를 들어 우리나라에서도 강원도 서학레저단지 관광개발에 따른 보상문제로 주민과 개발기구 사이의 분쟁이 생기고 관광레저기업도시를 둘러싸고 땅이 있는 사람과 없는 사람 사이에 갈등이 발생하는 등 유사사례가 발생하고 있는데, 이러한 측면은 모두 관광인류학의 중요한 연구주제 중의 하나라고 할 수 있다.

이렇듯 관광이 지역사회에 미치는 사회적 영향이 다양한 만큼 관광인류학자들은 관광의 영향에 대한 지역민들의 적응전략에 대한 모델을 제시하기도 했다. 예를 들어 Dogan(1989)[56)]은 지역민들이 관광객들에게 적응하는 다섯 가지 방식에 대해 논의한다. 첫 번째는 저항(resist)인데, 이는 지역주민들이 관광객들을 못 오게 하는 것이다. 이러한 형태는 관광객들이 지역사회의 규범을 어김으로 해서 관광객과 관광지 주민들 간에 오랫동안 갈등이 있어온 경우에 발생한다. 두 번째 형태는 회피(retreat)인데, 이는 지역민들이 가능한 한 관광객과 마주치지 않으려는 경향을 의미한다. 이러한 경향은 지역민들이 관광의 경제적 이익은 이해하지만 사회적 영향에 대해서는 가능한 피하려는 경우에 발생할 수 있다. 셋째는 영역관리(boundary maintenance)인데, 이는 지역민들이 관광객을 위한 공간과 주민들의 생활공간을 엄격하게 분리하는 것을 의미한다. 넷째는 지역민들이 관광을 지역의 문화와 전통을 활성화(revitalize)시키는 수단으로 사용하는 것이다. 마지막 다섯 번째는 관광을 전반적으로 받아들이고 이에 적응(adaption)하는 것으로 주로 젊은 층의 지역민들이 보일 수 있는 현상이다.

Boissevain(1996)[57)] 역시 유럽인들이 대중관광에 어떻게 적응했는가에 대한 경험연구를 통해 지역민들이 관광객에게 대응하는 다섯 가지 유형을 제시하는데, 분명한 저항(covert resistance), 숨기(hiding), 담장 쌓기(fencing), 새로운 의례(ritual)만들기, 조직적 저항과 공격(organized protest and aggression)이 그것이다.

이와 같이 관광인류학에서는 관광이 지역사회에 미치는 다양한 사회문화적 영향과 지역사회가 관광에 어떻게 적응하는가가 꾸준히 연구되고 있다.

3) 관광경험과 관광객의 다양성

관광경험이 일상적인 다른 삶의 영역 경험과 어떻게 다른가 하는 문제 즉 관광경험의 본질이 무엇인가에 대한 문제 역시 관광인류학자들이 관심을 가져온 문제 중의 하나이다. Graburn은 일찍이 관광은 일상생활로부터의 구조적 단절의 일종으로서 놀이, 의례, 의식, 성찬식, 참배, 순례 등을 포함하는 비일상적 행위의 집합에 속한다고 개념화한 바 있다. 이를테면 그에게 있어 관광은 일터, 숙제, 가사 등 일상의 모든 것에서 사람들을 벗어나게 하는 일종의 현대적 의례(ritual)이다.

특히 Graburn[58)]은 관광이 전통사회에서의 희생제사(sacrifice)와 비슷한 이탈기, 중간기, 종료기의 구조를 가지고 있다고 분석한다. 그에 따르면 희생제사에서는 제사에 접어드는 시점과 제사에서 벗어나는 시점, 그리고 그 사이에 있는 성스러운 기간이 있는데, 이 중간기간 동안 제사

참여자들은 치료와 기적을 행하게 될 초자연적 존재와 접촉하기 위해 초자연적 존재에게 보다 가깝게 접근하게 된다.

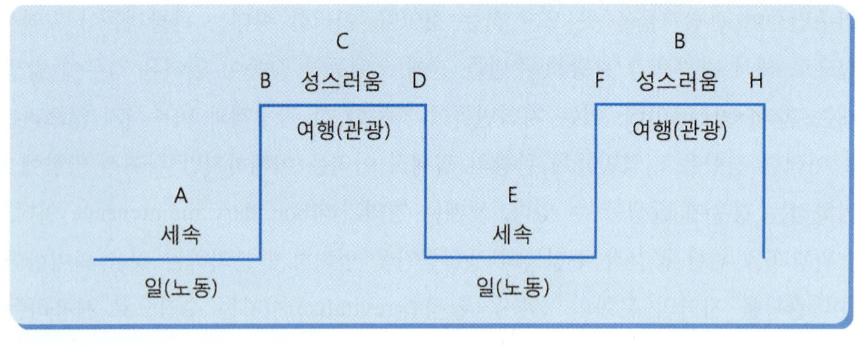

[그림 8-4] 일과 여행의 흐름

| 자료: Graburn(1989). Tourism: The sacred journey. In Valene L. Smith(Ed.). *Hosts and Guests: The Anthropology of Tourism*. The University of Pennsylvania Press. p. 25.

[그림 8-4]에서 볼 수 있는 것처럼 Graburn은 여행도 이와 비슷하게 이탈기, 중간기, 종료기가 있다고 제안한다. 여기서 이탈기란 집에서 벗어나는 시점(TGIF: Thanks God It's Friday)을 의미하는데, 의사들의 소견에 따르면 이때 사고가 발생할 위험이 가장 높다고 한다. 중간기란 비일상적 장소에서 색다른 것을 경험하게 되는 시기인데, Graburn에게 있어 이 중간기에 관광객들은 종교적인 경험처럼 강렬한 감정을 느낄 수 있다.* 마지막으로 종료기란 유럽에서의 마지막 밤 또는 해변에서의 마지막 밤과 같이 다시 가정과 일상으로 돌아오는 시기이다.

한편 사회학자이자 인류학자인 Cohen[59]은 모든 관광객이 동일한 유형의 관광경험을 추구하는 것이 아니라면서, 여러 가지 유형의 관광경험이 있음을 제시한다. 그는 사람에게는 누구나 자신의 삶의 중심이 있게 마련인데, 이 중심이 일상의 삶터와 관광지라는 양극지점 중 어디에 놓여 있느냐에 따라 다섯 가지의 관광경험 — 레크리에이션유형(recreational mode), 기분전환유형(diversionary model), 체험유형(experiential mode), 실험유형(experimental mode), 실존유형(existential mode) — 이 있을 수 있다고 제안한다.

여기서 레크리에이션 유형의 관광경험은 일상생활의 중심이 놓여 있는 사람들이 추구하는 관광경험에 해당된다. 이러한 부류의 사람들은 여행을 자아실현이나 자기표현의 수단으로 생각하

* '여행(tour)'은 때로 성스러운 것(sacred journey)으로 간주될 수 있다. Graburn(1977)은 이러한 성스러운 감정상태를 표현하는 용어로 리미노이드(liminoid), 코뮤니타스(communitas) 등을 사용한다.

지 않으며, 단지 일상의 중심을 강화하고 재창조하기 위한 수단으로 생각한다. 기분전환유형은 자신의 사회나 문화에서 소외되어 있는 사람들 중 특별히 다른 데서 중심을 찾으려 하지 않는 사람들이 추구하는 관광경험으로서, 이들에게 있어 여행은 자신과 중심을 재창조하기 위한 수단이라기보다는 단순한 기분전환 즉 일상의 지루함과 무의미함에서 단순히 벗어나기 위한 것에 불과하다.

반면 체험유형은 일상의 중심에서 소외되고 의미를 찾지 못하는 사람들 중 다른 곳에서 의미를 찾으려고 하는 사람들이 추구하는 경험에 해당되는 것이라고 할 수 있다. 실험유형은 일상이 아닌 다른 곳에서 의미를 찾으려는 사람들에 의해서 추구된다는 점에서 체험유형의 관광경험과 비슷하나, 실험유형의 관광경험을 추구하는 사람들은 체험유형의 관광경험을 추구하는 사람들보다 특정한 공간에 대한 애착을 더 가지며 여러 다른 공간과 사회를 실험적으로 다녀 자아와 의미를 찾으려고 한다. 마지막으로 실존유형의 관광경험은 실험유형과 유사한 사람들에 의해 추구되는데, 다만 실존유형의 관광경험을 추구하는 사람들은 실험유형의 사람들보다 일상의 삶이 아닌 다른 사회나 문화에 흠뻑 빠지는 경향이 있다. 종교적 순례여행이나 정치적 순례여행을 하는 사람들이 추구하는 관광경험이 이에 해당한다고 할 수 있다.

관광객의 관광동기와 유형 역시 관광인류학자들이 깊이 연구해 온 연구주제 중의 하나이다. 관광객에 대한 논의는 Boorstin[60)]에까지 거슬러 올라간다. Boorstin은 대중관광객을 얄팍한 가짜 이벤트를 쫓아다니는 사람들로 비판한다. 반면, MacCannell[61)]은 근대관광객은 결코 Boorstin이 주장하는 것처럼 얄팍하지 않고, 오히려 현대사회의 소외감을 극복하기 위해 전근대적 다른 사회에 있을 법한 진정한 것을 추구하는 진지한 사람들이라는 반론을 제기한다. 말하자면 그에게 있어 관광객이라는 것은 근대인의 표상인 것이다.

한편, Cohen[62)]은 앞에서 언급한 관광경험에 대한 접근방식과 마찬가지로 근대사회에는 Boorstin이나 MacCannell이 주장하는 것처럼 한 종류의 관광객만 있는 것이 아니고 다양한 종류의 관광객이 있다고 제안한다. 그의 관광객 유형론에는 네 가지 유형의 관광객이 있는데 방랑자(the drifter), 탐구자(the explorer), 개별대량관광자(the individual mass tourists), 조직화된 대량관광자(the organized mass tourists)가 그것이다.

여기서 방랑자란 떠돌이식 방랑자를 일컫는 것으로, 이러한 부류의 여행객들은 스스로 여행계획을 세우며, 사람이 많은 곳을 피하고, 원주민과 일체가 되어 숙식, 문화, 관습을 함께한다. 또한 사치성 여행을 기피하고 적어도 한 달 이상으로 긴 여행을 한다. 또 탐구자란 스스로 여행계획을 짜고 이미 잘 개발된 관광지를 가능한 피해가는 여행객들이다. 이들은 신기로움(novelty)을 추구한다는 점에서 대량관광시장의 개척자라 할 수 있다. 탐구자들은 현지민과 일순간 동화되지만 깊이는 일체화되지 못한 채 방관자에 그치는 경향이 있고, 대개 대량관광자보다 관광지 체류기간이 길다.

반면 개별대량관광자는 여행대상이나 수단이 어느 정도 여행사에 도움을 받지만 여행일정, 체제기간, 숙식 등만 자신의 취향을 반영하여 짜는 관광객들을 일컫는다. 이들은 타인이 가보지 않은 위험성 있는 미개발지역이 아닌 잘 개발된 곳(well beaten path)을 찾아 여행하며 여행수단 숙식 등이 대개 고가(高價)이고, 현지민과 문화적 접촉을 최소화하려는 경향이 있다. 마지막으로 조직화된 대량관광자는 전문여행사에 의해 잘 짜인 일정, 숙식, 교통편 계획을 여행인솔자의 안내에 따라 움직이는 사람들로 패키지 관광상품을 구매하는 사람들을 가리킨다. 이들은 주로 집단으로 여행하므로 여행과 관련된 모든 의사결정은 여행사 혹은 인솔자가 내리며, 전세버스, 고급 숙박 위락시설을 이용하고 현지문화와 거의 접촉을 하지 않는다. 관광객의 유형과 경험에 대한 Cohen의 이러한 사회·인류학적 논의는 이후 관광객과 관광경험의 본질에 대한 다양한 후속 연구를 유발하고 있다.[63)]

일례로 우리나라의 문화인류학자 권숙인은 일본의 전통적 성지순례인 이세신궁 참배에 대한 문화인류학적 연구를 통해 전통사회에서 이세신궁이 외양적으로는 성지순례의 형식을 띠고 있지만 내용적으로는 세상유람의 성격이 강하였음을 밝힌 바 있다. 그녀는 또 이 연구에서 1960년대 이후 전통신앙이 약화되면서 이세신궁 참배는 문화관광적인 성격으로 변화하였음을 보여주었다.[64)]

한편 캐나다 British Columbia대학 인류학과 교수인 Julia Harrison은 해외여행을 자주 다니는 33명의 캐나다인에 대한 심층면접을 통해 사람들이 여행을 하는 의미에 대한 문화인류학적 연구를 수행하여 주목을 끈 바 있다. 이 연구 결과에 따르면 사람들이 여행을 다닌다는 것은 무엇보다 관광지에서 다른 관광객 또는 관광지 주민을 만나는 것이다. 뿐만 아니라 사람은 여행을 통해서 감각적, 상징적 아름다움을 체험한다. 여기서 감각적 아름다움이란 관광지의 풍경, 소리, 음식의 냄새 등을 의미하며, 상징적 아름다움이란 관광지의 상징적 의미를 일컫는다. 이 밖에 그녀는 일부 여행 마니아들에게 있어 여행은 세계지도에 색깔을 입혀가는 과정이기도 하다는 점도 밝힌다.

이처럼 관광경험의 본질, 관광경험, 관광동기의 다양성에 대한 연구는 관광인류학의 중요한 연구주제로 최근까지도 활발히 연구되고 있다.

4) 제국주의로서 관광

관광인류학에서는 초창기부터 제국주의로서 관광에 대해 주목해 왔다. Nash(1977)는 "제국주의의 한 형태로서 관광(tourism as a form of imperialism)"이라는 논문에서 제국주의를 한 국가의 이익을 다른 나라에서 취하는 것이라고 정의한다.[65] 그는 또 이러한 이익은—경제적인 것만 있는 것이 아니라 정치적 종교적인 것도 있음—한 사회에 의해서 다른 사회에 강제되기도 하고, 다른 사회에 의해 먼저 활용되기도 한다. 이러한 과정에서 서로 다른 사회 간에 교환이 발생하고, 이러한 교환은 권력관계에 의해 특징지어지며, 다양한 사회문화적 결과를 유발한다.

일례로 북미의 여행객들은 식사로서 햄버거와 같은 fastfood와 커피를 먹기 원하고, 뜨거운 물로 샤워를 할 수 있고 영어를 사용할 수 있으며, 호텔과 같은 기반시설을 갖추고 있는 해외관광지를 찾는다. 이러한 서구 관광객들의 욕구는 제3세계의 원주민들과의 거래를 유발하는 데 이러한 거래는 대개 불평등한 권력관계가 특징이다. 가령 관광기반시설을 조성할 자본이 없는 제3세계국가나 원주민은 아름다운 해변의 토지를 싼 값이나 무상으로 서구열강의 관광환대기업에 팔거나 임대하고, 서구의 관광환대기업은 그 위에 호텔과 리조트와 같은 기반시설을 조성한다. 제3세계의 국가와 원주민들은 그 것의 대가로 호텔이나 리조트에서 서비스노동자로 고용될 수 있지만,* 외국자본이 세운 호텔이나 리조트의 이익의 대부분은 외국으로 유출된다.

이와 같이 관광인류학자들은 관광의 경제적 영향을 논함에 있어 주로 해당지역의 약자 또는 소수민들에게 주어지는 이익과 비용에 대해 관심을 가져왔다.[66] 관광인류학자들은 또한 관광개발업자들이 이야기하는 고용증가가 언제나 발생하는 것이 아니라는 점에 주목한다. 예를 들어 어떤 경우에 호텔과 리조트 레스토랑들은 현지에서 훈련되고 고용된 사람들을 고용하지 않고 아예 경험 많은 사람을 다른 지역에서 선발해 온다. 뿐만 아니라 지역민들은 때론 자기 지역이 관광지화되면서 발생하는 경제적 손해(예를 들어 물가인상, 사생활침해 등)도 감수해야 한다.

이와 비슷한 맥락에서 Britton(1991)은 관광을 서구자본주의 자본축적과정의 하나로 인식한다.[67] 그는 비판이론과 정치경제학이론에 입각해서 관광 생산 및 소비의 자본주의적 성격을 고찰하는 한편 지역 간의 경쟁과 경제활성화 수단으로 관광이 확산되는 것에 초점을 맞춘다. 그는 관광개발이 유익한지 아닌지의 여부는 국제적인 차원인지, 국가적인 차원인지, 지역적인 차원인지에 따라 달라질 수 있다고 보고, 제3세계가 관광개발을 통해 미국과 유럽의 선진국들처럼 풍

---

* Adler P., & Adler, P.(2004). *Paradise Laborers: Hotel Work in the Global Economy*. Cornell University Press 참조. 이 책에서 저자들은 하와이 특급호텔 노동자들에 대한 다년간의 심층면접과 참여관찰을 통해 호텔노동자의 배경과 라이프스타일 등을 연구한다. 그는 호텔노동자를 Trapped laborer, transient laborer로 분류하는데 이 중 trapped laborer는 원주민들과 이민자들로 대개 비정규직, 저임금 노동을 하며 불규칙한 생활패턴을 가진다.

요롭게 될 수 있다는 것은 순진한 생각일 수도 있다고 언급한다.

우리나라의 문화인류학자인 권혁희도 일제시대 관광 사진엽서에 나타난 조선의 이미지에 대한 분석을 통해 일제시대에 일본인들에 의해 발행된 조선관광 사진엽서에는 일제의 제국주의정책과 관광정책뿐만 아니라 식민지 조선을 여행하는 외부인들에게 어떻게 조선을 이미지화시켰는지에 대한 시선이 담겨 있음을 보여주고 있다.68)

요컨대 관광인류학자들은 서구열강이 제3세계의 관광개발에 주도적으로 개입할 경우 발생할 수 있는 제국주의적 요소에 관심을 가져왔다. 그러나 이러한 주제는 다른 연구주제에 비해 상대적으로 경험연구가 많지 않은 편이다.

5) 결론: 한국관광학과 문화인류학적 연구과제

본 장에서 우리는 관광인류학의 뿌리에 해당하는 인류학과 줄기에 해당하는 문화인류학에 대해 개략적으로 살펴본 후, 관광인류학의 발전과정을 서구와 우리나라 관광인류학으로 나누어 간략히 살펴보았다. 마지막으로 관광인류학의 네 가지 주요 연구주제, 즉 문화접변과 문화의 상품화, 관광이 지역사회에 미치는 사회문화적 영향, 관광경험의 본질과 관광경험의 다양성, 제국주의로서 관광에 대한 그동안의 연구성과에 대해 알아보았다.

앞에서 논의한 바와 같이 관광인류학은 관광학이 대학에 학문분과로 성립되기 이전, 문화인류학의 한 분과로 시작되었으며, 그 이후 발전과정에서도 관광학자보다는 문화인류학자들이나 사회학자들에 의해 주도되어지는 경향이 강했다. 말하자면, 관광학과에서 교육받고 훈련받은 학자들에 의해서보다는 인류학과나 사회학과에서 훈련받은 학자들에 의해 관광인류학의 발전이 주도되었다는 것이다. 이는 서구뿐만 아니라 우리나라에서도 마찬가지이다. 더욱이 우리나라의 문화인류학자들에 의한 관광현상에 대한 연구는 연구대상마저 우리나라에서 발생하는 관광현상보다는 일본이나 태국, 말레이시아 등 해외에서 발생하는 관광현상이 주를 이루어왔다.

그렇다면 우리는 앞으로도 관광인류학 연구를 문화인류학자나 사회학자들의 연구과제로만 남겨 두어야 할 것인가? 우리나라의 관광인류학 현상에 대한 연구보다는 외국의 관광인류학적 현상에 대한 연구에만 관심을 가져야 할 것인가? 이러한 문제의식은 앞으로 우리나라 관광학도들과 관광학자들이 진지하게 성찰해보아야 할 문제일 것이다. 우리나라에도 외국 못지않은 관광인류학적 현상이 발생하고 있다. 가령, 축제로 인한 지역문화의 상품화는 우리나라에서도 발생하며, 또한 농촌관광에 따른 농촌사회에 사회문화적 변화가 발생하고 있다. 뿐만 아니라 우리나라에서도 배낭여행, 도보여행, 자전거 여행 등 다양한 유형의 관광유형과 경험이 존재한다.

그런데 왜 관광학자들에 의해 이러한 현상들이 문화인류학적 관점에서 깊이 있게 연구되지 못하고 있는가? 그 가장 큰 이유는 우리나라에서는 아직까지 관광학과의 학부나 대학원에 관광인류학이나 관광사회학 교과과정이 거의 개설되어 있지 않은 데 있다고 생각된다. 이는 우리나라의 경우 관광학 분야의 연구중심대학에서마저도 이 분야를 가르치고 연구하는 교수들이 거의 없는 것과도 밀접한 관련이 있다고 할 수 있다. 한국 관광학이 기술이 아니라 사회과학으로, 학제적 연구 분야로 발전하기 위해서는 현재 한국관광학의 주류를 형성하고 있는 경영과 마케팅에 대한 연구와 교육 못지않게 5대 사회과학(경제학, 심리학, 사회학, 문화인류학, 지리학)의 최신이론과 연구를 관광학의 교육과 연구에 적극 포함시켜야 할 것이다.*

* 관광학의 발전에 있어 5대 사회과학의 중요성에 대해서는 김사헌 외(2000). 『관광학연구의 현황과 전망: 관광학연구·교육의 문제점 분석과 진로모색』. 백산출판사와 김사헌(2007). 『관광학연구방법론』. 백산출판사 참조.

미 주

1) 한상복 · 이문웅 · 김광억(1990). 『문화인류학개론』. 서울대학교출판부.

2) 앨런 바너드 지음 · 김우영 옮김(2007). 『인류학의 역사와 이론』. 한길사.

3) http://en.wikipedia.org/wiki/Franz_Boas

4) 앨런 바너드 지음 · 김우영 옮김(2007). 『인류학의 역사와 이론』. 한길사.

5) 앨런 바너드 지음 · 김우영 옮김(2007). 『인류학의 역사와 이론』. 한길사.

6) 연구대상을 중심으로 하는 현대인류학의 분야에 대한 논의는 앞에서 언급한 한상복 외(1990)와 앨런 바너드 지음 · 김우영 옮김(2007)을 참조했음.

7) 한상복 · 이문웅 · 김광억(1990). 『문화인류학개론』. 서울대학교출판부.

8) 한상복 · 이문웅 · 김광억(1990). 『문화인류학개론』. 서울대학교출판부.

9) 최초의 관광사회학 연구는 Forster, J.(1964). Sociological consequences of tourism. *International Journal of Comparative Sociology*, 5(2), 217-227로 간주되고 있다. 그는 이 연구에서 타히티(Tahiti), 피지(Fiji), 사모아(Samoa), 하와이(Hawaii) 등 남태평양의 저개발 섬에 미치는 사회문화적 영향(예를 들어, 문화의 상품화 및 지역갈등, 공동체의 파괴 등)에 대해 비판적으로 분석하였다.

10) Graburn, N.(1980). Teaching the anthropology of tourism. *International Social Sciences Journal*, 32(1), 56-68과 Smith, V.(1989). *Hosts and Guests: The Anthropology of Tourism*. University of Pennsylvania Press가 모두 Nunez의 1963년 논문을 최초의 관광인류학 논문으로 인정하고 있다.

11) Smith, V.(1989). *Hosts and Guests: The Anthropology of Tourism*. University of Pennsylvania Press.

12) Young, G.(1973). *Tourism, Blessing or Blight?* Harmondsworth: Penguin.

13) Turner, L., & Ash, J.(1975). *The Golden Hordes: International Tourism and the Pleasure Periphery*. London: Constable.

14) de Kadt, E.(Ed.)(1978). *Tourism: Passport to Development? Perspective on the Social and Cultural Effects of Tourism in Developing Countries*. New York: Oxford University Press.

15) Graburn(1980). Teaching the anthropology of tourism. *International Social Sciences Journal*, 32(1), 56-68.

16) Nash, D.(1981). Tourism as an anthropological subject. *Current Anthropology*, 22(5), 461-481.

17) Bruner, E.(2005). *Culture on Tour*. The University of Chicago Press.

18) Nash, D.(1996). *Anthropology of Tourism.* Pergamon.

19) Lanfant, M., Allock, J., & Bruner, E.(Eds.)(1995). *International Tourism: Identity and Change*. International Sociological Association.

20) Selwyn, T.(1996). *The Tourist Image: Myths and Myth Making in Tourism.* Wiley.

21) Burn, P.(1999). *An Introduction to Tourism and Anthropology*. Routledge.

22) Chambers, E.(2000). *Native Tours: The Anthropology of Travel and Tourism*. Waveland Press, Inc.

23) Gmelch, S.(2004). *Tourists and Tourism: A Reader*. Waveland Press, Inc.

24) 최근에 나온 관광문화인류학 연구서 중 Harrison, J.(2005). *Being a Tourist: Finding Meaning in Pleasure Travel*. UBC Press는 해외관광 마니아들의 관광동기를 인류학적으로 고찰한 연구로 관광동기에 관심에 관심이 있는 대학원생이나 연구자들이 일독할 만하다.

25) Nash, D.(2007). *The Study of Tourism: Anthropological and Sociological Beginnings*. Elsevier.

26) 문옥표(1983). 경제구조의 혁신과 사회조직: 일본농촌에서의 관광사업과 '이에'를 중심으로. 『한국문화인류학회』, 15, 193-206. 문옥표는 이 연구의 연장선상에서 이루어진 그녀의 박사학위논문을 수정보완하여 1994년 『일본의 농촌사회: 관광산업과 문화변동』을 서울대학교출판부에서 발간한 바 있다.

27) 전경수(1986). 관광경제와 관광문화: 국제관광의 인류학. 『한국사회연구』, 4, 89-110.

28) 전경수 편역(1987). 『관광과 문화: 관광인류학의 이론과 실제』. 서울: 까치.

29) 박현숙(1988). 제주도 민속마을의 관광현상에 관한 연구: 관광체계에 따른 인류학적 접근분석. 서울대학교 인류학과 석사학위논문.

30) 전경수 편역(1994). 『관광과 문화』. 일신사.

31) 야마디타 신지 지음. 황달기 옮김(1997). 『관광인류학의 이해』. 일신사.

32) 홍석준(1998). 전통의례에서 관광이벤트로: 말레이시아 와양꿀릿(wayang kulit)을 중심으로. 『한국문화인류학』, 21(2), 481-517.

33) 김이선(2004). 상품과 비상품 사이에서: 관광발달과 빈타와이 목공예의 의미체계변화. 『한국문화인류학』, 37(1), 183-214.

34) 권숙인(2000). 이세신궁 참배의 성과 속: 세상유람에서 문화관광으로. 『한국문화인류학』, 33(1), 85-116.

35) 권혁희(2003). 일제시대 사진엽서에 나타난 '재현의 정치학'. 『한국문화인류학』, 36(1), 187-217.

36) 전경수(1994). 관광박물관과 박물관 관광. 온양민속박물관 학계연구실 편. 『민속박물관의 세계』. 서울: 계몽사. pp. 361-375.

37) 문옥표(2000). 관광을 통한 문화의 생산과 소비: 하회마을의 사례를 중심으로. 『한국문화인류학』, 33(2), 79-110.

38) 문옥표 · 황달기 · 권숙인(2006). 『일본인의 여행과 관광문화』. 小花.

39) 문옥표 편(2006). 『우리 안의 외국문화』. 소화출판사. 이 글의 영문판은 Gichard-Anuguis, S., & Moon, O.(Eds.)(2009). *Japanese Tourism and Travel Culture*. London: Routledge에 실려 있다.

40) 이 발표회에서 발표된 논문들은 한국역사문화학회 홈페이지 자료실(http://www.minsokstudy.com)에서 다운받을 수 있다.

41) 김사헌(2006). 『국제관광론: 국제관광현상의 사회문화론적 해석』. 백산출판사.

42) Nunez, T.(1963). Tourism, tradition and acculturation: Weekendismo in a Mexcian village. *Southwest Journal of Anthropology,* 34, 328-336.

43) Greenwood, D.(1977). Culture by pound: An anthropological perspective on tourism on cultural commoditization. In Smith, V.(Ed.). *Host and Guest: The Anthropology of Tourism.* University of Pennsylvania Press. pp. 129-139.

44) 문옥표(2000). 관광을 통한 문화의 생산과 소비: 하회마을의 사례를 중심으로. 『한국문화인류학』, 33(2), 79-110.

45) Boissevain, J.(1979). The impact of tourism on a dependent island Gozo, Malta. *Annals of Tourism Research,* 6, 76-90.

46) Cohen, E.(1988). Authenticity and commoditization. *Annals of Tourism Research,* 15, 371-386.

47) 홍석준(1998). 전통의례에서 관광이벤트로: 말레이시아 외양꿀릿(wayang kulit)을 중심으로. 『한국문화인류학』, 21(2), 481-517.

48) 예를 들어, Graburn, N.(1967). Art and accultrative processes. *International Social Science Journal,* 21, 457-468.
Graburn, N.(1984). The evolution of tourist art, *Annals of Tourism Research,* 11, 393-419.

49) Cohen, E.(1993). The Heterogeneization of a tourist art. *Annals of Tourism Research,* 20, 138-163.

50) 김이선(2004). 상품과 비상품 사이에서: 관광발달과 빈타와이 목공예의 의미체계변화. 『한국문화인류학』, 37(1), 183-214.

51) Bruner, E.(2005). *Culture on Tour.* The University of Chicago Press.

52) Bruner, E., & Krishenblatt-Gimblett, B.(1994). Maasai on the lawn: Tourist realism in the East Africa. *Cultural Anthropology*, 9(4), 435-470.

53) 권혁희(2003). 일제시대 사진엽서에 나타난 '재현의 정치학'. 『한국문화인류학』, 36(1), 187-217.

54) Stokowski, P. A.(1996). *Riches and Regrets: Betting on Gambling in the Colorado Mountain Towns*. University of Colorado Press.

55) 이태원 외(2006). 『폐광촌과 카지노』. 일신사.

56) Dogan, H. Z.(1989). Forms of adjustment: Sociocultural impacts of tourism. *Annals of Tourism Research,* 16(3), 237-253.

57) Boissevain, J.(Ed.)(1996). *Coping with Tourists: European Reactions to Mass Tourism*. Providence, RI: Berghahn Books.

58) Graburn, N.(1977). Tourism: The sacred journey. In Valene L. Smith(Ed.). *Hosts and Guests: The Anthropology of Tourism*. The University of Pennsylvania Press. pp. 21-36.

59) Cohen, E.(1979). A Phenomenology of tourist experiences, *Sociology*, 13, 179-201.

60) Boorstin, D.(1985). *The Image: A Guide to Pseudo-Events in America*, NY: Harper & Row. 이 책의 초판은 같은 출판사에 의해서 1964년에 발간되었다.

61) MacCannell(1989). *The Tourist: A Theory of New Leisure Class*. New York: Schoken. 이 책의 초판은 1976년 같은 출판사에 의해 출판되었다.

62) Cohen, E.(1972). Toward a sociology of international tourism. *Social Research*, 39, 165-182.

63) 예를 들어 Lengkeek, J.(2001). Leisure experience and imagination: Rethinking cohen's modes of tourist experience. *International Sociology*, 16(2), 173-184.
McCabe, S.(2005). Who is a tourist? A critical review. *Tourist Studies*, 5(1), 85-106.
Wickens, E.(2002). The sacred and the profane: A tourist typology. *Annals of Tourism Research*, 29(3), 834-851.
Uriely, N., Ynay, Y., & Simchai, D.(2002). Backpacking experiences: A type and form analysis. *Annals of Tourism Research*, 29(2), 520-538.

64) 권숙인(2000). 이세신궁 참배의 성과 속: 세상유람에서 문화관광으로. 『한국문화인류학』, 33(1), 85-116.

65) Nash, D.(1977). Tourism as a form of imperialism. In Valene L. Smith(Ed.). *Hosts and Guests: The Anthropology of Tourism*. University of Pennsylvania Press. pp. 33-47.

66) Chambers, E.(2000). *Native Tours: The Anthropology of Travel and Tourism.* University of Maryland Press.

67) Britton, S.(1991). Tourism, capital, and place: towards a critical geography of tourism. *Environmental and Planning Design: Society and Space*, 9, 451-478.

68) 권혁희(2003). 일제시대 사진엽서에 나타난 '재현의 정치학'. 『한국문화인류학』, 36(1), 187-217.

저자약력

이진형(李珍珩) 현_호남대학교 관광경영학과 조교수

동국대학교 사회학과를 졸업하고, 성균관대학교 대학원 사회학과에서 문학석사학위(여가사회학 전공)를, 미 Texas A&M대학 대학원에서 여가관광학 박사학위를 취득했다. 한국관광학회 총무이사를 역임했으며, 편집위원으로 활동하고 있다. 관광사회·인류학, 여가연구, 생태관광이 주요 연구관심 분야이다. 주요 논문으로 "에릭코헨의 관광사회학: 지식사회학적 접근" "여행하는 노동자: 태국현지가이드의 일과 삶에 대한 탐색" "For better or worse? benefits and costs associated with recreational specialization" "탐조객의 참여동기와 탐조시설 및 인근지역 환경에 대한 선호도 연구: 천수만 탐조관광객을 중심으로" 등이 있고, 역서로 『관광과 근대성: 사회학적 접근』(공역), 『포스트모더니즘과 여가』(공역)가 있다. 2008년 7월 한국관광학회 제64차 국제학술대회에서 Best Paper상을 수상했으며, 2009년 5월 제28회 스승의 날 교육과학기술부 장관상(교과지도 분야)을 수상한 바 있다.

『관광학총론』 아홉 번째 이야기

제9장

관광 행동과 심리학적 접근

고 동 우*

1 관광학과 심리학의 관계

관광 행동은 인간 행동의 한 종류이다. 관광 현상은 사회적 현상이기도 하거니와 개인 행동에 기반을 둔 인간 현상이기도 하다. 그래서 관광 현상을 이해하기 위해서는 곧 심리학적 관점이 필요하다. 관광 현상이 문화적, 경제적, 사회적, 정치적, 산업적 측면에서 아무리 중요하다고 해도 관광자 심리의 기제야말로 이 모든 것의 기초인 것이다. 곧 관광심리학은 관광에 대한 모든 학문적 접근의 기초를 지탱하는 주춧돌이며 기둥인 셈이다. 개인 행동과 정신과정을 다루는 심리학의 패러다임이야말로 관광 현상 및 행동을 이해하는데 있어서 무엇보다도 중요한 접근방식이 된다.

관광 현상을 심리학적 관점에서 연구하는 학문을 관광심리학 혹은 관광자 심리학이라고 할 수 있다. 모든 학문에 적용되는 기준이긴 하지만, 관광심리학의 정체성을 논하기 위해서는 최소한 두 가지 요소를 고려하여야 한다. 하나는 탐구 대상이나 주제가 다른 여타 학문과 다른 차별적이며 독자적인 영역을 형성하고 있는가의 문제이고, 둘째는 그러한 주제를 탐구하는 방식, 즉 패러다임이 차별적인가 하는 것이다. 다만 관광학을 포함한 응용학문 분야의 패러다임은 다른 학문 분야의 개별적이고 차별적인 방식을 망라하여 수용한다는 점에서 두 번째 기준은 보다 포용성을 지닌다고 하겠다. 돌이켜보면, 현대 관광학의 연구 흐름에서 전자 즉 연구 대상으로서 관광 현상은 이미 충분히 심리학적 연구 대상으로서 그 가치를 인정받고 있다. 후자 즉 독자적

* 대구대학교 호텔관광학과 부교수. e-mail: dwko@daegu.ac.kr

패러다임의 문제는 기존 심리학의 접근방식을 거의 전부 차용한다는 점에서 관광심리학의 독자성을 인정할 만하다. 결국 관광심리학을 소개하는 것은 심리학의 패러다임을 설명하는 것과 관광 현상의 심리적 독특성이라는 주제를 설명함으로써 가능할 것이다. 따라서 본 장에서는 심리학 연구 대상으로서의 관광심리학을 주제로 다루기로 한다.

사실 심리학의 역사에서 관광 행동이나 여가 행동은 관광학이 태동하기 훨씬 이전에 재미있는 연구 소재로 다루어졌다. 현대 심리학에서 태도가 행동을 예측할 수 있는 변수인가라는 논쟁거리를 만들어낸 계기가 바로 관광 행동에 대한 실험연구라는 점을 고려하면 관광심리학의 역사는 관광학의 역사보다 오래되었다고 볼 수도 있다. 1930년대 미국은 동양인에 대한 편견이 심했다. 이 시기에 사회심리학자 라피에르(LaPiere)[1]는 미국 전역 50개 이상의 호텔, 여관, 그리고 200군데 이상의 레스토랑에 (서면으로) 중국인에게 숙박과 식사를 제공할 수 있는지를 문의했는데 이 중 92%로부터 "아니오"라는 응답을 받았다. 이후 그는 한 중국인 부부와 함께 미국 전역을 여행하면서 응답했던 숙박 시설과 식당을 방문하였다. 그중 한 개의 호텔에서만 이들을 거부하였고, 음식 제공을 거부하는 레스토랑은 한 군데도 없었다. 이 현장실험 연구는 언어적 태도와 실제 행동 사이의 불일치 현상을 극명하게 보여주는 획기적인 증거였다. 이 관광 장면의 연구결과가 심리학계에서 태도-행동의 불일치 여부에 대한 연구 관심을 촉발한 것은 흥미롭다. 그럼에도 불구하고 이런 연구가 관광학 분야에서는 거의 주목을 받지 못했다는 사실은 놀라운 일이다.

이미 알려진 것처럼 관광 현상이 독자적인 연구 대상 혹은 학문 영역으로 다루어지기 시작한 것은 지난 1970년대 초에 이르러서야 가능했다. 그러나 초기 관광학 연구들은 대부분 경제학, 문화인류학, 그리고 사회학적 접근을 취했다. 심리학적 관점에서 관광 현상을 체계적으로 다루기 시작한 것은 1982년 필립 피어스(P. Pearce, 1982)의 사회심리학 박사논문이 저서[2]로 출간된 것이 계기가 되었다. 다만 관광의 상위 개념인 여가 현상에 대한 심리학적 연구는 1970년대에 이미 이루어지고 있었다.

이렇게 관광 현상을 심리학의 연구 소재로 다룬 것은 훨씬 오래되었지만, 관광 현상 그 자체를 심리학의 주제로 다루기 시작한 것은 1980년대에 이르러서였다. 그러나 관광심리학을 전공으로 삼은 심리학자가 절대적으로 적은 탓에 현대 관광심리학의 연구 결과는 매우 부족한 게 현실이다. 다만 순수 심리학의 학문적 배경을 가지고 있지는 않더라도 현대 관광학자들 중 많은 이들이 심리학의 이론과 개념을 활용하여 관광 현상을 연구하는 경향이 있다. 심리학자의 시선으로 보면 국내외에서 발표되는 관광 현상에 대한 연구들 중 80% 이상은 심리학적 접근을 하고 있다고 평가된다. 예컨대, 관광자의 행동 유형, 성격, 태도, 만족, 동기, 이미지, 의사 결정 및 선

택 속성 등과 같은 주제들은 모두 관광심리학의 영역에 포함되는 주제들이다. 그러므로 이들 주요 개념들이 관광학 연구에서 중요하다면, 관광학 연구에 있어서 심리학적 접근은 필수불가결한 것이 된다.

따라서 본 장에서는 이들 개별 주제에 대한 이해를 돕는 방식으로 관광심리학을 소개하기로 한다.

2 관광심리학의 관점들

인간과 인간 현상을 다루는 모든 학문은 인간과 현상에 대한 기본적인 전제를 가지고 있다. 심리학은 인간에 대하여 최소한 7가지의 다른 전제를 가진 패러다임을 포함한다. 여기서는 이 7가지 전제에 근거하여 관광심리학이 관광자를 어떤 존재로 보는지를 살펴보자.

1) 정신분석학적(psycho-dynamic) 관점: 무의식동기론

이미 잘 알려진 것처럼 정신분석학은 지그문트 프로이트(S. Freud)에 의해 확립되었으며, 그의 이론은 찰스 다윈의 진화론, 카를 마르크스의 자본론과 어깨를 견줄 만한 영향력을 보여주고 있다. 정신분석학에서는 인간 행동의 근본적인 원인이 무의식에 있다고 보며, 무의식을 지배하고 있는 정신적 에너지가 바로 이드(id)라고 불리는 욕구(needs)이다. 이 욕구는 삶을 영유케 하는 생(生)의 에너지로 구성되어 있고, 성욕(need for sex)이라는 쾌락의 원리(principle of pleasure)를 따른다. 이런 관점에서 보면 관광 행동 역시 삶의 즐거움을 추구하는 한 행동이며 넓은 의미에서 성욕을 분출하고 충족시키고자 하는 범위를 벗어나지 않는다.

프로이트의 이론이 인간 행동을 무의식의 결정론으로 한정한다는 점에서 많은 비판이 있지만, 많은 인간 행동의 원인이 기본 욕구(basic needs)에 기인한다는 가정은 다양한 인간 행동을 수렴적으로 설명할 수 있다는 시사점을 가진다. 관광 행동의 동기에 대한 많은 연구들 역시 여러 가지 기본 욕구를 가정하고 있으며, 이들 관광 욕구 연구의 뿌리는 결국 프로이트의 이론에 있다고 말할 수 있다.

2) 행동주의(사회학습론) 관점(behaviorism): 환경결정론

정신분석학이 무의식 결정론이라면 행동주의 이론은 인간 행동이 사회적, 물리적 환경의 자극에 의해 결정된다고 본다. 그래서 환경결정론이라고도 불린다. 심리학사에서 행동주의 학파가 대두된 배경은 바로 과거 정신분석학의 이론적 관점이 직접 관찰하거나 과학적으로 검증할 수 없는 무의식적 동기에 근거하여 인간 행동을 설명하여 왔다는 비과학성에 대한 비판 때문이었다. 이반 파블로프(I. Pavlov)의 고전적 조건학습이론, 비에프 스키너(B. F. Skinner)의 도구적 학습이론, 그리고 알버트 반듀라(A. Bandura)의 사회학습이론 등이 행동주의 학파의 주요 이론이다. 이들 이론의 공통점은 어떤 인간 행동이든 그것은 외부의 힘으로 조작할 수 있으며, 유도할 수 있으며, 변경시킬 수 있다는 가정이다. 가령, 어떤 행동이 외부로부터 보상을 받는다면 그것은 반복되고 지속될 가능성이 높으며, 외부로부터 처벌받는다면 그것은 중지될 것이라고 본다. 그 기제는 강화(reinforcement)라고 불린다. 그래서 이런 관점에서는 관광 행동의 많은 부분이 보상(rewards)과 처벌(punishment)의 기제 때문에 발생한다고 설명할 수 있다. 물론 보상과 처벌의 종류는 수도 없이 많다. 인간 행동이 외부 자극과 보상 및 처벌의 기제에 의해서 결정된다면 사실 그것은 동물 행동과 다를 게 없으며, 매우 기계적인 원리를 따른다고 볼 수 있다. 바로 이 점이 행동주의 이론의 한계이다. 다음과 같은 질문을 할 수 있다. 인간의 관광 행동은 개나 고양이의 나들이와 다르지 않은 것인가?

3) 인본주의 관점(humanism): 자기실현론

정신분석학이나 행동주의 이론은 둘 다 많은 시사점과 동시에 한계를 지니고 있다. 특히 행동주의 이론이 과학성이라는 점에서 심리학사에서 중요한 영향을 미쳤지만 인간을 지나치게 기계적으로 본다는 비판을 피할 수 없었고, 정신분석학은 지나치게 인간의 무의식에 의존할 뿐 아니라 삶의 이유를 성적 욕구(need for sex)로만 설명한다는 비판을 받게 되었다. 이러한 한계를 극복하기 위한 대안이 바로 아브라함 매슬로(A. Maslow)로 대표되는 인본주의 이론이다. 매슬로는 인간은 본질적으로 자기의 잠재력을 확인하고 실현하려는 경향이 있으며, 그러한 경향이 스스로를 존재하게 하고 성장시키는 원동력이라고 가정한다. 이 점이 바로 인간과 동물의 차이점이며, 인간은 누구나 자율성을 지니고 있다고 본다. 또한 그러한 자기 성장의 원리는 단순히 정신분석학에서 말하는 성욕이나 무의식의 발로가 아니며 보다 다양하고 체계적인 욕구의 위계적 구조를 가지고 있으며, 의식의 세계에서 그것이 발현되고 실현된다고 본다. 그래서 탄생한 것이

유명한 욕구위계론(Hierarchical needs theory)이다.[3] 관광심리학자 피어스(P. Pearce)의 여행경력모형은 바로 매슬로의 욕구위계론에 근거하여 만들어졌다.

이러한 인본주의 이론에 의하면 관광 행동은 궁극적으로 자기 실현을 위한 장기적인 여정이며, 자기 존재를 확인하고 성장시키려는 기본 욕구의 발로인 셈이다. 관광 행동은 단순히 외부의 영향력에 의한 반응 이상이며, 또한 무의식적 성욕의 실현 이상의 의미를 지니는 것으로 본다. 그러나 이러한 관점도 정신분석학의 관점과 마찬가지로 검증 불가능한 추상적 개념(즉, self)에 의존하는 관념론의 한계를 지니고 있다고 비판받는다. 즉 과학성이 결여되어 있어 검증 불가능하다는 것이 가장 큰 한계점이다.

4) 인지주의 관점(cognitive approach): 정보처리-의사결정자론

1950년대에 상기한 세 가지 이론적 관점에 대한 비판이 있었고 이는 새로운 이론적 패러다임을 요구하였다. 비과학성과 기계론적 인간관은 인간 행동을 지배하는 정신적 구조에 대한 탐구를 요원하게 하는 문제점이었다. 바로 이 시기에 심리학과 별개로 전자계산기 및 초기 컴퓨터가 세상에 나오게 되었다. 컴퓨터의 기능은 간단히 정보처리과정의 원리로 축약할 수 있다. 즉, 외부의 정보가 투입되면 컴퓨터의 함수기능에 의해 그것이 처리되고 결과가 도출되는 3단 원리를 지닌다. 이러한 원리는 바로 인간의 정신 구조가 컴퓨터의 함수기능과 같은 역할을 수행하는 것으로 해석 가능하다. 다시 말해 인간의 정신은 정보를 처리하여 결론을 도출하는 구조를 지녔다고 가정할 수 있다. 물론 사람이 만들어낸 컴퓨터의 그것보다 훨씬 복잡하겠지만, 정보처리자로서 인간이 존재한다는 새로운 해석을 가능하게 하였다. 이러한 관점은 1960년대에 이르러 정신분석학이나 행동주의, 그리고 인본주의 관점에서는 고려할 수 없었던 새로운 패러다임을 유도하였다. 그것이 바로 인지(cognition) 중심의 인간, 즉 인지주의 혹은 정보처리적 관점이다. 외부자극에 대한 지각(perception), 기억(memory), 평가(evaluation), 태도(attitude), 의사결정(decision-making), 정보처리(information processing) 등의 개념은 모두 인지주의 패러다임에서 구축된 이론적 구성 개념들이다. 이러한 인지주의는 인공지능이라는 공통 영역에서 전자공학과 함께 발전하게 되었고, 인간을 완전한 정보처리자로 보는 합리적 인간관을 정립하는 계기를 만들었다. 이것이 바로 현대 학문세계에서 일컫는 인지 혁명(cognitive revolution)이다.

1960년대에 발생한 인지혁명은 이후 20여 년 동안 심리학을 지배하는 주요 패러다임이 되었을 뿐 아니라, 인근 학문 분야에서도 인지심리학의 주요 이론과 개념을 활용하게 만들었다. 특히 인간을 합리적이며 이성적인 존재로 보는 관점은 경제학의 인간관과 거의 동일한 시선이었고, 인간은 어떤 상황에서든 최적의 선택, 즉 의사결정을 하는 존재로 간주한다. 이러한 관점은 인간 행동 중 특히 선택 상황에 잘 맞는 것으로 평가되고 있으며, 소비자 의사결정과정이나 관광지 선택과정, 관광자 태도 형성과 같은 현상을 잘 설명한다. 관광학 분야에서도 암묵적으로 관광자 행동을 의사결정과정으로 보는 경향이 강하며 상당히 많은 연구들이 만족, 이미지, 선택 속성과 같은 주제를 다루고 있다. 이들 연구는 거의 모두 인지심리학의 우산 아래 놓여 있다.

그러나 인지이론의 한계는 바로 인간의 비합리적 행동, 비이성적이고 감성적인 행동, 그리고 쾌락추구 행동 등을 설명하는 데 제한적이라는 점이다. 이러한 비판은 1980년대에 이르러 강하게 대두되었으며 이후 다양한 관점의 새로운 대안 이론들이 대두되었다. 1980년대 이후 관광 행동을 포함한 인간 행동을 설명하려는 시도들은 기존의 4가지 패러다임을 부분적으로 수용하고 개선하는 방식으로 진행되고 있다.

5) 진화심리학적(psycho-evolution) 관점

진화론적 관점은 찰스 다윈의 진화론을 근간에 둔다. 자연선택에 의한 진화과정을 통하여 현대인의 행동양식이 형성되었다고 주장한다. 이러한 자연선택의 개념은 매우 단순하지만 대단한 논리적 설득력을 지닌다. 심리학에서 말하는 진화론은 신체적인 구조와 기능의 진화만을 고려하는 게 아니다. 오히려 인간의 고등한 정신능력도 특별한 적응을 달성하기 위하여 수백만 년에 걸쳐 진화하였다고 주장한다.

진화심리학의 핵심적인 원리는 전적으로 진화의 오랜 과정에 초점을 두고 있으며, 이런 관점은 학습의 원리가 유전자를 통해 전이된다는 가정을 포함한다. 예를 들어 남녀의 성역할이 다른 것에 대하여 동 시대의 사회적 환경 혹은 압력이 낳은 산물이라고 가정하는 사회주의자의 논리와 달리 진화론에서는 성역할 역시 진화의 결과라고 주장한다. 이러한 논리를 따르면 관광 행동의 여러 양식, 예컨대 안전을 추구하는 것, 신기성을 추구하는 것, 로맨틱 사건을 만들려는 행동, 관광지에서의 일탈행동 등은 모두 오랜 세대에 걸쳐 형성된 진화의 결과일 수 있다.

6) 문화론적 관점: 비교문화심리학(cross-cultural psychology)

관광을 포함한 인간 행동의 원인과 결과를 비교문화적 차이에서 찾으려는 노력이 문화론적 관점이다. 앞에서 말한 진화론과 더불어 문화론적 심리학이 진화생물학이나 문화인류학과 다른 점은 철저하게 개인 행동의 원인과 결과를 다룬다는 것이며 분석의 단위가 개인이라는 점이다.

이러한 관점은 다분히 문화인류학의 학문적 발달과도 연계되어 있으며 상호 영향을 주고받고 있다. 문화심리학에서는 어떤 개인의 행동을 이해하는 이론적 틀 또는 관점조차도 지나치게 서구적 관점에 치우쳤다고 비판한다. 다시 말해 한국인 관광 행동을 미국인의 관점에서 이해하려는 시도 자체가 모순이라는 것이다. 예컨대 한국인의 '빨리빨리' 여행 문화는 하나의 문화적 특징일 뿐이지 부적절하거나 여행을 모르는 행위가 아니라는 것이다. 모든 문화는 나름대로의 도덕적 기준이 있으며 그래서 서구의 기준을 어느 특정 사회의 문화 행동에 적용하는 것 자체가 타당하지 않다고 본다. 이러한 관점에서 보면 어떤 사회의 독특한 행위 문화, 예를 들어 관광문화행동에 대한 이해를 위해서는 그 문화만이 가지고 있는 독특한 시각을 찾아내는 것이 필요하다. 한 가지 예는 자연현상과 관련된 언어 표현의 다양성이다. 알래스카 에스키모족들은 눈을 표현하는 용어가 수백 가지에 이른다고 한다. 반면 인도네시아와 같은 열대지방 사람들은 그렇지 않다. 그리고 에스키모족들이 눈을 즐기는 방식은 열대지방 사람들의 그것과 매우 다르다. 이것이 바로 눈과 관련된 문화의 차이인 것이다. 잘 즐기느냐 못 즐기느냐의 문제가 아닌 것이다. 또 다른 예는 '사랑'의 개념 차이이다. 한국 문화에서 사랑은 그 대상에 따라 매우 다양하게 표현된다. 자애, 자비, 우애, 효, 충 등등 매우 많은 반면 영어로 표현하면 그것은 love 하나에 불과하며, 이 단어 속에 다양한 의미가 함축되어 있다. 부연 설명하면, friendship이라는 용어도 우리말로 하면, 우정, 우의, 우애 등 다양하게 분화된다. 이렇게 보면 관광 행동은 결국 문화적 산물에 불과한 것일 수 있다.

7) 다양성의 관점

현대 심리학의 이론 중 사회인지론(Theories of social cognition)은 아마도 가장 체계적이고 영향력 있게 응용 분야에 적용되어 왔다. 이러한 접근은 인지이론에 근거하고 있지만 인간 행동을 단순히 외부 자극에 대한 정보처리의 결과만으로 보는 것이 아니라 상황과 개인 특성의 상호작용을 고려함으로써 사회적 상호작용의 가능성을 열어놓고 있다. 예컨대 귀인(attribution)이론, 장이론, 인상형성이론, 사회 태도 및 가치이론, 권력이론 등은 대표적인 사회인지이론에 포함된다. 한편, 내재적 동기론(intrinsic motivation theory), 성취동기론, 최적각성이론, 플로이론 등은 정신분석학이나 인본주의 이론에 뿌리를 두고 인지이론을 수용하여 형성된 이론들이다. 그리고 성격심리학의 여러 이론은 관점이 다르기는 하나 한 가지 공통적인 전제를 한다. 그것은 바로 인간 행동을 일관된 방향으로 유도하고 결정하는 정신적 구조체가 존재한다는 가정이다. 이런 성격의 개념은 바로 인간과 인간 행동의 유형을 구분하는 기준으로 작용한다. 이처럼 현대 심리학은 다양한 관점에 근거하여 매우 복잡하고 면밀한 논리를 구축하고 있다.

관광 행동에 대한 심리학적 접근은 이런 다양한 이론적 틀에 근거할 필요가 있다. 최근 들어 관광 행동의 심리적 기제는 여가 행동의 기제와 다르지 않다는 증거와 주장이 늘고 있으며, 실제로 많은 여가 심리학자들은 관광 행동을 포함하여 연구하고 있다. 여가 행동의 범주 속에서 관광 행동을 설명하려는 시도는 인간에 대한 새로운 관점이 공통적으로 적용되기 때문이다. 즉, 전통적인 심리학의 패러다임에서 가정하지 않았던 한 가지 전제인 '놀이하는 인간(Homo Ludens)'[4]으로서 즐거움을 추구하는 존재로 인간을 가정하는 관점이 가능하다. 사실 여가 행동과 관광 행동의 차이는 단지 여행을 수반하는가의 여부일 뿐 즐거움 추구라는 공통적인 가정을 가지고 있다.

3 심리학적 관점의 관광 개념

관광자의 행동을 심리학적으로 설명하기 전에 분명히 하여야 할 것이 곧 관광의 개념이다. 이미 알려진 것처럼 관광의 개념은 다양한 관점에서 정의되어 왔다. 대표적인 것이 제도적 관점이며 곧 UNWTO(UN World Tourism Organization)의 국제관광에 대한 정의이다. UNWTO는 국제관광을 "거주국가를 떠나 돌아올 것을 목적으로 외국에서 1박 이상 1년 이내 여행하는 것"으로 정의하고 있다. 그러나 이러한 정의는 행위자의 입장에서 보면 모호하기 짝이 없다. 가장 비근한 지적은 바로 여행기간의 설정이다. 이처럼 여행기간이나 여행거리, 혹은 거주지의 범위 등을 기준으로 그것을 관광인지 아닌지로 구분하는 것은 다분히 관리자의 편의성을 근거로 하고 있다. 즉, 통계적 관리를 위하여 설정한 기준에 불과하다는 것이다.

관광소비자 행동을 이해하는 통로로서 관광 개념을 정의하기 위해서는 행위자의 관점에서 접근할 필요가 있다. 다시 말해 관광소비자는 자신의 어떤 행동을 관광이라고 생각하는지가 중요하다. 관광은 여행 혹은 이동을 기본 조건으로 하는 여가의 한 종류라고 할 수 있다. 따라서 행위자 관점에서 관광의 조건을 말하기 위해서는 여가 개념의 심리적 조건을 먼저 살펴볼 필요가 있다.*

* 본 절의 내용은 졸저(『여가학의 이해』, 2007)의 제1부에서 재인용하였음을 밝힌다.

1) 여가 · 관광 경험의 두 가지 조건

(1) 지각된 자유감(perceived freedom): 적극적 자유와 소극적 자유

사실 관광을 포함한 여가를 설명할 때 많은 이들은 일상으로부터의 탈출 혹은 자유추구 현상에 주목한다. 여가 개념을 설명할 때 구속된 시간에서 벗어나는 것, 그래서 남는 시간 혹은 잉여시간의 개념은 가장 빈번한 논리이다. 자유시간이라는 용어는 일상 탈출의 맥락을 전제로 하고 있다. 왜냐하면 자유로운 상황을 전제하지 않으면 여가 및 관광 경험은 존재할 수 없기 때문이다. 그러나 자유라는 말 속에는 최소한 아래의 두 가지 다른 의미가 동시에 포함된다.

① 소극적 자유(freedom from routine life)

첫째는 소극적 자유이다. 여가는 일상적 삶의 구속으로부터 임시로 벗어나는 것(temporary freedom from routine life)이다. 그래서 많은 여행은 일과 강제로부터 자유롭게 벗어난 시간을 전제로 한다. 이러한 시간에 우리는 직장생활을 보상하기 위한 경험을 추구하기도 하고, 휴식과 같은 경험을 하기도 한다. 그러나 이러한 자유는 쟁취하거나 획득하는 것이 아니라 단지 주어지는 것이다. 제도나 타인에 의해 혹은 일상의 시간 스케줄에 의해 결정되는 것에 불과하다. 그래서 이러한 자유는 단지 소극적 자유일 뿐이며, 탈출 혹은 해방을 의미할 뿐이다. 이러한 소극적 자유의 개념에서 여가나 여행은 단지 시간을 보내는 것이며 이것은 목적없는 경험(purposeless experience)일 뿐이다. 그래서 킬링타임(killing time)이라는 말도 소극적 자유 행위에 불과한 것이다. 그것은 '속박으로부터의 해방의 의미' 그 이상이 아니기 때문이다. 이런 종류의 여행경험도 여가경험임에는 분명하며, 해방감 혹은 일탈감을 반영한다. 따라서 관광의 조건으로서 소극적 자유, 혹은 일상탈출감은 공통 요소로 지적하여야 한다.

② 적극적 자유(freedom to determine)

일상탈출보다 더 적극적인 의미의 자유는 곧 자기결정(self-determination)의 경험이다. 이런 관점에서 여가여행은 단순히 남은 시간을 보내는 것이 아니라 무엇인가를 적극적으로 추구할 수 있는 자유선택의 기회를 의미한다. 직접 선택하고 행위를 취하는 것이야말로 적극적 자유이며 결정이다. 무엇을 하고 무엇을 하지 않을지를 스스로 결정할 수 있는 것이 곧 적극적 자유이다. 그래서 적극적 자유는 곧 자기결정(self-determination)의 개념에 맞닿아 있다. 동기심리학자들에 의하면 자기결정은 인간의 가장 기본적인 욕구이며 자기 성장을 위한 전제조건이 된다. 그래서 적극적 자유를 누릴 수 있는 사람은 소극적 자유를 누리는 이들에 비해 정신적으로 더 건강하다고 말할 수 있다. 성취의 가능성이나 성공 가능성이 더 높은 것은 말할 것도 없다. 그래서 여가여행은 자기결정의 기회를 공통적으로 가지고 있다. 스스로 선택할 기회가 많을수록 행위자는 그 여행을 관광으로 지각할 가능성이 커진다. 소극적 자유를 의미하는 해방감 혹은 일탈감과 구분하여 적극적 자유는 자기결정성이라고 부를 수 있다.

(2) 내재적 동기(intrinsic motivation)

여가경험의 두 번째 조건은 내재적 동기의 여부이다. 내재적 동기란 합목적적 동기 상태를 말한다. 행위 자체 혹은 활동 수행의 즉각적 체험을 목표로 하는 경우를 내재적 동기라고 하고 이와 반대로 행위 결과 즉, 처벌회피, 보상, 사회적 인정 등을 목표로 하는 심리상태를 외재적 동기(extrinsic motivation)라고 한다. 전통적인 동기심리학자들에 의하면 외재적 보상(금전, 상 등)이 주어지다 제거되면 초기의 내재적 동기(즉, 초기 흥미)는 사라진다고 본다.[5] 왜냐하면 외재적 보상이 행위 수행을 정당화(justification)시키는 단서로 작용하기 때문이다. 일반적으로 사람들이 직업을 여가라고 보지 않는 이유도 곧 내재적 동기의 여부를 기준으로 삼고 있기 때문이다. 직업은 대개 금전보상을 목표로 수행하는 외재적 동기를 따르는 일이다. 만약 학생이 사회적 지위를 구하기 위하여 혹은 취업을 목표로 학교를 다닌다면 학교생활은 여가라기보다 일에 가깝다. 반대로 학교생활 자체, 즉, 공부나 동아리활동이 재미있어서 그것 자체의 즐거움 때문에 학교를 다닌다면 이는 오히려 여가에 가깝다. 여행도 마찬가지여서 사업차 가는 여행은 관광이라고 하지 않는다. 관광은 여행의 즐거움을 목표로 하는 내재적 동기를 전제하고 있다. 즉, 즐거움을 목표로 하는 여행 조건에서만 우리는 그것을 관광이라고 하고 그래서 내재적 동기는 관광행동의 중요한 결정요인이 된다.

2) 여행 · 관광 · 여가의 개념 구분

행위자의 입장에서 관광 행동은 일종의 여행이며 여가경험이다. 여행(travel)은 종류가 다양하지만 관광에 해당되는 여행은 여가여행(leisure travel), 혹은 순수여행(pleasure travel)이라고 불린다. 즉, 즐거움을 목적으로 수행하는 여행(travel for leisure or pleasure)이 곧 관광이다. 이러한 정의는 관광을 사업여행(business travel)과 같은 다른 종류의 여행과 구분하게 한다. 즉, 그래서 모든 여행이 바로 여가활동이 되는 것은 아니다. 여행은 거리의 이동을 전제로 한다는 점에서 탈일상성의 조건을 잘 충족시킨다. 그러나 여행 중에는 사업여행이나 친지방문과 같은 외재적 동기에 의한 것이 많다. 물론 일부 여행은 체험 과정의 즐거움을 추구하는 형태로 이루어

진다. 대표적으로 휴가기간에 가족과 함께 바닷가를 다녀오는 여행이 있다. 이처럼 즐거움이라는 내재적 보상을 추구하는 여행을 순수여행(pleasure travel) 혹은 여가여행(leisure travel)이라고 한다. 다시 말해서 모든 여행 중 순수여행만이 곧 여가활동이 된다. 때때로 업무차 여행을 하더라도 업무를 수행한 다음이나 중간중간 여가활동을 즐긴다면 그것은 겸목적 여행이라고 할 수 있으며 반여가(semi-leisure) 경험으로 볼 수 있다.

오늘날 우리가 관광이라고 부르는 여행은 행위자 입장에서 보면 곧 여가활동이라고 할 수 있다. 관광은 곧 순수여행이기 때문이다. 그러나 관광이라는 개념을 정의함에 있어서 제도적 관점 혹은 공급자적 관점에서 보면 겸목적 여행도 관광이 되며 심지어 업무 여행도 관광으로 간주된다. 여기서 말하는 제도적 관점 및 공급자 관점이란 여행자를 소비자(consumer)로 보고 경제적 이익을 가져다 줄 대상으로 인식하는 경우를 말한다. 가령, 호텔 경영의 입장에서 투숙객이 순수여행자인지 사업 여행자인지는 중요하지 않다. 또한 관광 목적지 관리자의 입장에서 방문객이 어떤 여행 목적을 지녔는지는 중요하지 않기 때문이다. 이런 관점에서 세계관광기구(WTO)는 관광을 '여러 가지 목적으로 1박 이상의 여정으로 거주지역을 벗어나서 여행하는 것'으로 정의한다.

따라서 행위자 관점에서 보느냐 공급자 관점에서 보느냐에 따라 관광의 정의가 다르며 그것을 여가활동으로 볼 수도 있고 비여가 활동으로 볼 수도 있다. 그러나 여행이라는 본질을 이해함에 있어서 보다 근본적인 접근은 행위자 관점에서 먼저 현상을 조망하여야 한다는 것이며, 그래서 순수여행만이 곧 여가활동이라고 보는 것이 타당하다.

다만 하루 일정으로 근거리 여행을 하는 경우와 거주지를 벗어나 원거리 여행을 하는 경우를 구분하기 위한 시도로서 나들이(excursion)와 관광(tourism)을 구분할 수 있다. 즉 나들이와 관광은 모두 여가활동의 한 범주인 순수여행에 속하는 것이지만 여행거리와 기간을 고려하여 구분된다. 하루 일정인가 아니면 숙박인가, 생활거주권을 벗어나는가 아니면 근거리 여행인가를 고려하여 두 개념을 구분하는 관례가 있다. 하루 이내의 일정으로 근거리 여행을 하는 경우를 나들이라고 하고, 1박 이상의 일정으로 원거리 여행을 하는 경우는 관광이라고 할 수 있다. 둘 다 여가활동이 되며, 다만 그 일정 속에 세부적으로 다양한 여가활동이 개입될 수 있으므로 순수여행(나들이, 관광)은 복합 여가활동의 특징을 지닌다. 겸목적 여행은 그래서 반여가 경험 활동(semileisure activity)이 된다.

3) 관광과 행복(happiness)

관광이 즐거움을 목표로 하는 여가활동이라면, 우리는 순수여행과 같은 여가활동을 통하여 왜 즐거움을 추구하는 것일까? 관광의 즐거움을 통하여 궁극적으로 얻고자 하는 것은 무엇일까? 이런 질문은 우문일 수 있다. 왜냐하면 여가여행이 자유로운 선택의 과정이며 결과라면 우리가 그런 조건에서 목표로 하는 것은 궁극적으로 행복이기 때문이다. 우리가 일상탈출을 통하여 자기 결정의 기회를 갖고 또 즐거운 경험을 추구하는 것은 행복을 추구하는 보편적인 방법일 수 있다. 그렇다면 행복이란 무엇일까? 이런 질문에 쉽게 대답할 수 있는 것은 아니다. 역사 이래로 행복의 개념은 늘 논쟁거리였다.

행복을 의미하는 일상의 용어는 매우 많다. 사기(morale), 심리적 복지, 만족 등은 모두 마음의 행복을 지칭하는 다른 표현들이다. 행복이란 일반적으로 삶의 다양한 측면에 대하여 주관적으로 지각하는 긍정적 느낌이나 태도를 말한다. 어떤 의미에서 지구상의 거의 모든 학문은 인류의 행복을 위해 태동하였을 수도 있다. 이 책의 전반적인 내용은 행복과 행복에 이르는 방법에 대한 것이기도 하다.

현대적 의미의 행복, 즉 주관적 태도로서 행복의 의미는 곧 여가나 관광이 행복을 얻는 데 얼마나 중요한지를 암시한다. 여가나 관광은 곧 심리적 흥미와 열정을 반영하기 때문이다. 그래서 여가활동 목록(leisure repertory)이 클수록, 그리고 여행경험이 빈번할수록 상대적으로 더 행복할 것이라고 예상할 수 있다. 연령에 따른 여가와 행복의 관계를 연구하여 온 노인학(gerontology) 분야에서는 여가활동에 관여할수록 행복하게 나이 들 수 있음을 알려준다.

여가와 행복의 관계에 대한 연구들은 단순히 여가의 빈도나 양이 행복을 결정한다고 주장하지 않는다. 보다 중요한 것은 여가경험의 질이며, 여가활동을 통해 만족하고 그런 만족이 인생 행복에 중요한 요소가 되기 위해서는 여가활동을 통해 개인의 능력을 극대화하고, 도전의 기회를 가져야 하며, 재미를 느낄 수 있어야 하고 나아가 고급의 즐거움을 경험할 수 있어야 한다(Russell, 2001).[6] 그래서 행복의 결정인자로서의 여가경험은 그것의 빈도가 아니라 인생에서 그것의 의미가 무엇인가 하는 점에 있다. 이러한 논리는 다양한 여가경험이 복합적으로 구성될 수 있는 순수여행의 기회가 어떻게 설계되어야 하는지를 알려준다. 여행의 양보다 질이 더 중요하다는 점에서, 간헐적으로 이루어지는 여행일지라도 그것은 개인의 역량에 맞는 것이어야 한다.

4 관광 행동의 심리적 특징*

관광 행동은 넓은 의미에서 소비자 행동이라고 볼 수도 있다. 왜냐하면 소비(消費)라는 말에는 '에너지를 불태운다'는 뜻이 있으며, 이때 대표적인 에너지는 금전이다. 그러나 심리적 에너지까지 포괄하여 생각하면, 그것이 꼭 구매(purchase)가 아니더라도 이용(using)을 통해서도 태워질 수 있다. 따라서 관광 활동은 여러 가지 에너지를 사용하는 과정이며 그래서 소비 경험으로 이해할 수 있다. 이런 관점에서 보면 일반적인 소비자 행동모형은 여가 및 관광 행동을 이해하는 데 도움이 된다. 그래서 기존의 여러 학자들은 일반 소비자 행동 연구 분야에서 도출된 소비자 행동모형을 활용하여 여가나 관광 행동을 설명하고 있다. 그중에서 특히 소비자 의사결정과정에 대한 접근은 소비자의 합리성과 정보처리기제를 중심으로 하는 인지적 관점에서 이루어져 왔으며, 실제로 관광자의 의사결정 상황을 이해하는 데 유용하다. 여기서는 기존 관광학자들의 제안과 주장이 근거로 삼고 있는 정보처리적 소비자 의사결정과정을 적용하여 관광 소비자의 의사결정과정을 간단히 설명할 것이다.

소비자 행동과정이 학문적으로 이론화되어 모형으로 제시된 것은 1960년대였다. 이 시기에는 시대적 가치관이 경제학에 근거한 합리적 인간관이었다고 할 수 있으며, 사회과학 분야에서 소위 인지혁명(revolution of cognition)이 이루어진 시기였다. 인지 중심의 학문적 가치관은 지난 1980년대까지 심리학, 소비자학, 마케팅, 광고학, 행정학 등에서 핵심 패러다임으로 자리 잡고 있었다. 이 시기 소비자 행동이론들은 거의 대부분 구매의사결정과정에 초점을 두었을 뿐 아니라 합리성에 근거한 인지 개념을 중심으로 진술하고 있다. 인지(cognition)란 심리학적 개념으로서 일종의 정보와 정보처리과정을 통칭하는 표현이다. 구매의사결정에서도 소비자가 어떤 정보를 취득하고 그것을 어떻게 처리하는가에 초점을 두었으며, 정보처리과정이 핵심기제로 응용된다. 가장 간단한 소비자 행동모형은 '문제인식 → 정보탐색 → 대안평가 → 구매 → 이용 및 평가'라는 5단계로 묘사할 수 있다.

이러한 모형은 1980년대에 이르러 일련의 관광학자들에 의해 관광 장면을 설명하기 위한 모형으로 발전하였다. 대표적으로 Mathieson & Wall(1982)은 여행구매모형(travel-buying behavior model)을 제안하였다.[7)] 그림에서 보는 것처럼 여행 전반에 걸친 과정을 간단히 묘사하고 있다.

* 본 절의 내용은 졸저(『여가학의 이해』, 2007) 7장과 2009년 현재 집필 중인 졸저 『관광 행동심리』(고동우, 근간)의 일부 내용을 요약한 것이다.

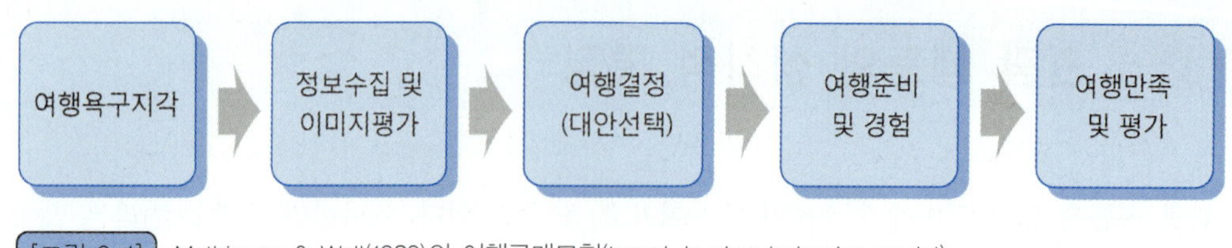

[그림 9-1] Mathieson & Wall(1982)의 여행구매모형(travel-buying behavior model)

이 모형의 특징은 두 번째와 세 번째 단계에 해당되는 정보수집과정과 여행결정이 일반소비자의 의사결정을 강조한다는 것이다. 이러한 논리는 1980년대 중반 이후까지 이어진 소비자 행동연구의 흐름인 인지주의 패러다임의 경향과 일치한다. 관광 행동을 이해하고 설명하기 위하여 기존의 다른 학문영역에서 도출된 이론과 개념을 적용하는 것이 문제가 되는 것은 아니다. 왜냐하면 관광 행동은 복합여가 행동으로서 다분히 복잡한 심리적 기제를 지니고 있기 때문이다.

그러나 일상생활의 일반소비자 행동의 기제와는 분명히 다른 특징도 있다. 왜냐하면 관광은 일상을 떠나는 행동을 전제하기 때문이다. 일반적인 소비자 행동에 비하여 여가 관광 행동이 다소 복잡하다는 근거는 최소한 네 가지 측면에서 그 이유를 찾을 수 있다.

첫째, 여가 관광 행동이 일반소비자 행동과 다른 것은 구매 혹은 소비 대상이 '다른 지역을 일정기간 여행하는 경험' 그 자체라는 것이다. 그러므로 여행목적지로 이동하는 것과 귀가하는 과정도 소비 대상의 한 내용이 된다. 이러한 특징은 일반 서비스 구매 상황과도 다른 것인데, 가령 금융 서비스나 병원 서비스에서 고객의 이동과정은 중요하게 고려되지 않는다.

지금까지 알려진 관광자 행동모형은 이러한 이동과정을 포함하고 있다. 가장 간단한 형태의 관광자 행동은 관광전 단계－이동－관광지체험－귀가 및 사후 평가－회상(추억) 단계로 분류하는 것이다. van Raaij & Franken(1984)은 소비자 혹은 가족의 휴가 여행과정을 5단계로 분류하였다. 특히 가족의 지출 가능 규모를 가장 중요한 의사결정요인으로 간주하였다.[8)]

관광 소비자 행동이 일반소비자 행동과 다르게 강조되는 부분은 이동과정이 관광에 포함되고, 관광지 체험이 다른 서비스 경우보다 길며 복잡할 뿐 아니라, 귀가 여행을 포함하고 추억이 중요한 단계로 자리 잡는다는 사실이다. 보다 복잡한 형태의 관광자 행동은 Moutinho(1987)에 의해 정리되었다.[9)]

둘째, 여가 관광 상품은 복합 상품이라는 것이다. 여가 관광 상품 자체가 하나의 구매 대상 혹은 소비대상이 되기도 하지만 그 속에는 또다시 다양한 형태의 상품과 서비스가 복잡하게 포함되어 있기 때문이다. 가령, 여행 패키지 상품이라고 하더라도 패키지 내의 개별 서비스(즉, 숙박, 여정, 교통수단, 식사 등)가 많을 뿐 아니라, 패키지 가격에는 포함되지 않는 다양한 활동이

나 기념품 등이 자연스럽게 내포되기 때문이다. 이들 부가적 요소의 상품이나 서비스 기회를 모두 고려하여 패키지 상품을 구매하는 사람은 거의 없다. 현실적으로 관광과정에서 이루어질 수 있는 구체적인 서비스나 활동을 미리 가늠하는 것은 거의 불가능하기 때문이다. 여행 패키지를 이용하지 않는 경우의 여가 관광 행동은 더욱 복잡할 수밖에 없다. 관광과정에서 이루어질 개별 서비스나 상품 구매의 기회를 정확히 예상하는 것은 불가능하다. 이러한 특징은 관광 소비 행동이 일반 소비 행동과 근본적으로 다른 기제를 따를 것이라는 전제를 가능하게 한다.

셋째, 계획성이라는 측면에서 보면, 여가 관광 소비자 행동은 초기의 대략적인 계획을 세우는 것을 가능하게 하지만 구체적인 여행과정에서 일어날 소비 경험에 대해서는 구체적인 계획을 거의 세울 수 없다. 관광지 현장에서 즉각적으로 판단하거나 최소의 계획하에 개개의 소비 행동을 하게 된다. 그러므로 일상생활의 소비자 행동과 비교하여 말할 때, 여가 관광 행동은 최소한의 초기 계획과 최대한의 즉각적 구매 결정에 의해 이뤄진다고 할 수 있다. 무계획을 계획하는 것일 수도 있다.

넷째, 여가적 속성(즉, 자유선택과 내재적 동기)이라는 측면에서도 일상생활의 서비스 상품 구매와는 다른 특징을 지닌다. 관광은 말 그대로 일상을 탈출하는 조건에서 이루어지며 따라서 일상에서 지배하는 규범이나 합리성의 지배를 받지 않는다. 최소한 관광자는 그렇게 믿는다. 관광지는 일상 환경과 다르게 지각된다. 일상 환경에서는 이성적 존재가 될 것을 요구받지만 관광지 환경에서 이러한 이성은 잠시 마비된다. 다시 말해 이성적이고 규범적인 가치가 지배하는 것이 아니라 감성적이고 탈규범적인 가치가 지배할 가능성이 증가한다.[10)] 일상 환경에서는 합리성이 지배하는 소비 행동을 하고 부분적으로 여가적 소비 행동이 개입되지만 관광 장면에서는 역으로 여가상황이라는 감정고양 상태에서 대부분의 경험이 이루어지고 부분적으로 합리적 소비 행동이 개입되는 역전현상이 나타난다. 일상 환경에서는 거들떠보지도 않는 각종 보신 상품을 관광지에서는 거금의 바가지를 쓰면서 구매한다. 바가지를 썼다는 사실은 귀가 후 한참이 지난 다음에야 깨닫는다. 이성이 마비되는 것이다.

5 관광심리학의 영역

관광 현상을 심리학적으로 설명하려는 기존의 접근 주제는 주로 동기, 태도, 성격, 의사결정, 체험, 사후 만족 등을 포함한다. 이들 개념을 간단히 소개한다.

1) 관광 동기론

관광 행동 연구에서 가장 오래된, 그리고 많은 주목을 받았던 주제는 바로 동기(motivation)이다. 동기란 어떤 구체적인 행동을 불러일으키는 개인 내부의 심리적 에너지(drive; 추동)와 그것의 강도(strength) 및 작용 과정(process) 혹은 방향(direction)을 통칭하는 개념이다. 나중에 보면 알겠지만 관광학 분야에서 동기 개념은 주로 관광 욕구(needs)를 나열하는 수준에서 이루어졌다. 몇몇 독창적인 연구자와 결과를 제외하면 기존의 관광 동기 연구들은 거의 쓸모없는 것들이다.

관광 동기의 일부로서 관광 욕구는 관광 행동이 일반 다른 행동과 본질적으로 다른 이유를 말해줄 수 있다. 특히 일상탈피 욕구(need for escaping from routine life)는 개념적 정의에서 관광 행동이 본질적으로 일상행동과는 다른 기제를 지닌다는 것을 말해준다.

그럼에도 불구하고 일단 일상을 벗어난 장면에 들어서면 성취동기, 공격욕구, 지배욕구, 안정추구 등 일반적인 욕구이론들을 적용하여야만 설명할 수 있는 관광 행동이 나타난다. 결국, 관광지 선택과 관광지에서 이루어지는 행동의 동기를 이해하기 위해서는 기존의 동기심리학의 제반 이론을 먼저 이해하여야만 이론적인 근거를 찾을 수 있을 것이다. 그러나 많은 관광 동기 연구들은 심리학의 핵심 주제인 동기 연구를 철저하게 무시하거나 왜곡하고 있다(예를 들어, Crompton, 1979).[11] 이러한 평가는 대부분의 관광심리학자들이 공통적으로 내리는 비판이다. 초기 관광심리학자인 Pearce와 Stringer는 다음과 같은 평가를 내리고 있다.

"관광 연구에 대한 문헌 중 이른바 '동기 연구'라고 불리는 것들은 대부분 잘못 분류되었다. 그런 연구 분류는 오히려 목적지에 대한 태도 평가라고 제목을 붙이는 것이 낫다. 동인(motives)이나 동기 연구(motivational studies)는 행위자가 직면한 상황을 초월하여 적용될 수 있으며 행동의 안정적이고 지속적인 결정요인과 관련된 것으로 인식하는 것이 바람직하다".[12]

이러한 비판에 대해 정통 여가관광 심리학자로 불리는 연구자들은 동의하는 경향이 있다. Mannel과 Iso-Ahola는 직접적으로 관광동기 연구 경향을 비판하였고,[13] 국내에서는 필자가 동기와 목표 대상을 혼동하여 연구하는 관광학 연구 경향에 대하여 구체적으로 지적하였다.[14]

모든 행동의 출발점은 동기라고 할 수 있다는 점에서 관광 동기 연구는 중요하다. 심리적 기제로서 동기의 근본적인 요소인 추동(drives)은 크게 두 가지로 정리할 수 있다. 하나는 편안한 심리적 상태를 유지하고자 하는 항상성(homeostasis) 혹은 이완추구 추동(relaxation seeking drive)이며 다른 하나는 적절한 긴장과 각성 상태에 도달하려는 최적각성 추구 추동(optimal arousal seeking drive)이다(고동우, 2002).[15] 두 가지 추동은 생리적이고 본질적으로 결정된 경향

성으로 간주되며, 두 가지 추동은 동시에 활성화될 수도 있고 상황에 따라 길항적으로 활성화될 수도 있다. 추동의 강도는 곧 동기의 강도가 된다.

욕구(needs)는 이러한 추동을 작용하고 실현시키는 보다 구체화된 그릇이 된다. 예를 들어 친숙성 욕구라는 말은 이완추구 추동을 반영하며 환경 자극의 지각과정에서 얻을 수 있는 것이다. 반면 신기성 욕구는 최적각성 추구의 연장선상에서 드러나는 심리적 갈망이다. 전통적으로 욕구는 생득적인 것과 사회학습의 결과로 갖추어진다고 본다. 굶주린 상태에서는 과도한 긴장상태가 되기 때문에(즉, 추동) 적당한 음식을 추구하는 방식으로 욕구를 드러낸다. 반대로 성취 지향적 행동은 적절한 심리적 긴장을 추구하는 사회적 욕구이다.

동인(motives)이라는 용어는 종종 욕구와 추동(drives)의 개념과 혼용되어 사용된다. 어떤 학자들은 욕구와 동인을 같은 의미로 사용하고 다른 사람들은 추동만을 동인으로 간주한다. 또한 동기라는 개념도 간혹 이들 세 가지 용어가 혼용되는 수준에서 나타나기도 한다. 그러나 분명한 것은 동기는 이들 세부 개념을 포괄하는 수준에서 다루어져야 하고, 욕구와 추동의 개념을 구분하여야 하며, 관광학 분야에서 자주 나타나는 목표대상과 이들 개념은 구분되어야 한다는 것이다. 행동의 목표 대상은 동기의 작용 방향을 알려주긴 하나 그것이 곧 동기는 아니다. 동기란 Pearce의 표현처럼 상황을 초월하여 인간의 행동을 결정하는 기제적 과정이며, 심리적 구성 요소 및 작용과정을 통칭하는 표현이기 때문이다. 그러므로 인간의 외부에 있는 환경적 요소(즉 유인요인)를 동기라고 부르는 것은 적절하지 않다. 그러므로 J. Crompton(1979)이 제시한 관광 동기의 유인-방출 이론은 개념적 오류를 지니고 있다.

가. 관광욕구이론의 문제점

관광자의 욕구가 어떤 종류로 나누어지는가의 문제가 가장 간단하면서도 관광 행동의 출발선이라는 점에서 많은 연구자들의 주목을 받아왔다. 초기 관광 동기 연구들은 대부분 이 영역에 속하며, 심리학자들뿐 아니라 사회학자나 마케팅학자들도 접근을 시도하였다. 이러한 접근은 심리학의 오래된 욕구이론에 근거하고 있다. 그러나 기본 욕구의 종류가 학자들마다 다르게 제시될 수 있다는 점에서 완벽하다고 할 수 없으며, 제시된 욕구들 사이의 인식의 깊이가 동일하지 않다는 문제를 극복할 수 없다.

여가 관광 장면에서 기본 욕구를 분류하고자 하는 시도는 접근방법의 용이성 때문에 가장 선호되는 연구방법 중의 하나이며 최근까지도 이러한 시도는 이어지고 있다. 아마도 가장 오래된 관광욕구의 분류는 John Thomas(1964: 64-65)에 의해 제시된 것 같다.[16] Thomas는 중요한 여행 동기를 4가지 유형으로 분류하였는데, 교육 문화적 동기, 휴식과 즐거움 추구 동기, 종족 지향적 동기, 기타 동기로 나누었고 세부적으로 견문 확대, 일상 탈피, 기후, 경제 건강 등등의 18

가지 주요 욕구를 제시하였다. 그러나 생각해보자. 따뜻한 기후를 추구하는 것이 곧 심리적인 내면상태를 반영하기는 하겠지만 기후 자체가 욕구라고 할 수 있을까? 기후와 같은 자극을 통해 얻고자 하는 심리적 상태가 동기 혹은 욕구인 것이지 자극이나 대상 자체가 욕구라고 하기는 어렵다.

관광학계의 오래된 학자인 McIntosh(1977: 61) 역시 인간의 기본적인 여행욕구를 4가지 유형으로 분류하였는데 각각 신체적 동기, 문화적 동기, 대인적 동기, 지위 및 위신(status & prestige) 동기 등이 그것이다.[17] 신체적 동기에는 휴식, 스포츠 참여, 해변 오락, 건강고려 등이 포함되고, 문화적 동기에는 타국의 음악, 미술, 종교, 민속에 대해 알고자 하는 욕구가 포함되며, 대인적 동기는 가족이나 친구, 친척 및 새로운 사람과 교류하고자 하는 욕구를 의미하며, 지위 및 위신 동기는 지식이나 사회적 평판을 얻고자 하는 것을 의미한다.

그러나 이러한 분류는 너무 추상적이어서 현실적으로 관광자의 동기를 이해하는 데 별 도움이 되지 않는다. 예컨대, 신체적 동기의 경우 똑같이 건강 증진에 관심이 있다손 치더라도 나이 든 노인들은 신체적 안전과 안정을 추구하지만 젊은 사람들은 신체적 역동성을 추구하는 경향이 있다. 신체적 동기의 정도를 측정하는 것 자체가 무의미한 것일 수 있으며 구체적으로 신체의 어떤 상태를 원하는지를 파악하는 것이 바람직할 것이다. 신체적 동기에 비하면 지위 및 위신 동기는 매우 구체적으로 인식된다. 사회적 평판을 유지하고 고양시키고자 하는 욕구라고 한다면 쉽게 이해할 수 있기 때문이다. 그러나 이러한 평판 추구는 대인관계의 동기와 쉽게 구분하기는 어렵다. 그리고 이러한 관광욕구 분류가 연구자들마다 다르게 인식되고 있다는 점도 주목할 필요가 있다. 연구자와 연구 상황마다 다르게 분류된다면 일반적이고 공통적으로 적용할 수 있는 관광욕구를 정리하는 것은 쉬운 일이 아니다. 이러한 연구 경향은 인간의 기본 욕구에 대한 고찰이 부족하고, 연구방법에 있어서도 지나치게 자의적으로 문항을 구성하여 왔다는 비판을 면할 수 없게 한다. 논리적 근거와 방법론적 타당성이 결여된 연구 결과들은 나아가 관광 현상의 공통적이고 기본적인 욕구가 존재하는지에 대한 의문을 갖게 한다.

나. 관광 동기 연구의 전망

관광 동기를 이해하기 위하여 심리학의 이론을 적용할 때, 고려할 수 있는 타당한 이론들은 욕구이론, 기대이론, 내재적 동기론, 공정성이론, 권력이론 등등이다. 이 중에서도 특히 내재적 동기론(theory of intrinsic motivation)은 '자유의지의 결과이며 즐거움을 추구하는 여행'으로서 관광의 본질에 가장 근접한 이론체계를 지니고 있다. 이런 점에서 향후 관광 동기 연구는 내재적 동기론의 체계를 근간으로 이뤄질 필요가 있다. 내재적 동기는 관광의 상위 개념인 여가 행동을 설명하는 심리학적 틀로서 이미 인정을 받고 있다는 점에서[18] 향후 이 분야 연구의 전망

은 체계적으로 이루어질 것이다.

Crompton(1979)의 관광 동기 모형 비판

관광 마케팅 연구자인 Crompton(1979)은 관광 동기로서의 욕구가 크게 방출요인(Push factors)과 유인요인(Pull factors)으로 나누어진다는 관광욕구 유형 모델을 내놓았다. Crompton은 모두 9가지의 관광자 기본 욕구를 제시하였는데 이 중 7가지는 사회 심리적 동기로, 나머지 2가지는 문화적 동기로 분류하였다. 사회심리적 동기는 관광 목적지와 관계없이 관광자의 개인 내부에서 자연스럽게 발현되는 방출요인으로 인식하고, 문화적 동기는 관광 목적지의 매력 속성에 의해 유도되는 유인요인으로 인식하였다. 그가 분류한 사회심리적 동기에는 세속(즉, 일상)탈출 욕구, 자기 탐험 및 평가 욕구, 이완추구 욕구, 위신(prestige) 욕구, 퇴행(regression) 욕구, 친족관계 고양 욕구, 사회적 대인관계 고양 욕구 등이 포함되며, 문화적 동기에는 신기성 욕구와 교육 욕구가 포함되었다.

그러나 이러한 방식의 욕구 분류는 많은 오해의 소지가 있다. 첫째, 모든 동기는 그 자체가 심리적인 것이며 따라서 다양한 욕구를 사회심리적 동기와 문화적 동기로 분류하는 것은 동기의 본질에 대한 사전 이해가 부족하였기 때문에 나타나는 오류라고 할 수 있다. 둘째, 방출요인과 유인을 모두 동기 혹은 욕구라고 부르는 것은 타당하지 않다. 방출요인은 동기라고 할 수 있으나 유인요인은 동기의 대상 혹은 목표에 불과하다. 많은 관광자 욕구이론들은 목표 대상과 동기 자체를 혼동하는 오류를 범하고 있다. 셋째, 이미 다른 연구에서도 나타나고 있는 기분류된 욕구들의 상호 포괄관계를 깊이 있게 고려하지 못하고 있다. 예를 들어 친족관계는 사회적 대인관계의 하위요소로 이해할 수 있음에도 불구하고, 이를 평형한 수준에서 나열하고 있다. 또한 위신의 문제 역시 대인관계를 고려하였을 때 부딪히는 상황이라는 점에서 대인관계 욕구와 별개의 개념이 아닐 수 있다. 넷째, 관광의 기본 욕구를 도출하는 과정이 지나치게 자의적이며 제한된 자료에 근거하고 있다는 점이다. 다시 말하여 사회학자 Dann의 인식은 논리적 설득력을 지녔다고 할 수 있으나 경험적 자료를 제시하지 못하고 있고, Crompton(1979)의 연구결과는 비구조화된 개별 면접 및 내용 분석을 통하여 도출하였으나 내용 분석의 타당한 절차와 분석의 틀을 제시하지 못하고 있다.

2) 관광자 유형론

관광 동기와 더불어 가장 많은 주목을 받은 주제는 관광자의 유형론이다. 물론 유형론은 관광자의 동기적 측면에 기초하여 이루어진다는 점에서 동기 연구와 불가분의 관계에 있다. 초기 관광 행동 연구 분야에서 가장 유명한 이론 중의 하나는 S. Plog(1972)의 자극 지향적(Allocentric)-정신 지향적(Psychocentric) 관광자 유형이론이다.[19] 이 모형은 본질적으로 관광자의 동기적 측면에 근거하여 제안되었다. 이러한 이론이 타당한가에 대해서는 아직도 논란을 빚고 있다. 관광 현상에 관심을 두었던 사회학자들 역시 관광자의 동기적 측면을 고려하여 관광자의 유형을 구분하고자 하였다. 가령, Dann의 4유형 관광자 이론이나 Cohen의 5유형 이론 등은 이미 1970년대에 발표되었다.

Plog(1972)의 Allocentric-Psychocentric Model

관광 분야에서 관광자의 기본 욕구를 가장 먼저 분류하여 제시한 사람은 Plog(1974)였다. 그의 이론은 성격이론에 가까운 것이긴 하나 '친숙성(familiarity) – 신기성(novelty)'이라는 한 가지 동기 경향성을 중심으로 세워진 이론이라는 점에서 욕구이론에 포함시킬 수도 있다. 정신지향적 성향이란 자기 자신의 안정 문제에만 관심이 있고 대체로 불안 상태를 견디지 못하며 따라서 모험상황 같은 것을 회피하는 경향을 말한다. 관광지를 선택할 때도 친숙한 환경을 선호하기 때문에 유명한 곳이나 이미 다녀온 경험이 있는 곳을 선택하는 경향이 있다. 반대로 신기성 욕구가 강한 사람들은 자극 지향적 성향을 갖는데 외부의 자극을 중시하고 추구하며 새로운 자극이나 새로운 관광 목적지를 선호한다. 개인 내부의 심리적 안정보다는 심리적 역동성을 추구하는 것이다. 물론 이러한 양극의 욕구 경향성은 상대적 강도의 수준에서 단일 차원으로 이루어져 있다고 가정한다.

극단적인 수준에서 친숙성을 추구하여 정신 지향적 경향을 보이는 사람이나 반대로 자극 지향 경향이 매우 강한 사람들은 비율적으로 많지 않다. 대부분의 잠재 관광자는 중간 수준의 욕구 경향을 보인다. Plog는 이런 사람들을 midcentric군으로 분류하였다. 전체 관광자 시장은 5종류로 나누어진다고 보았다.

관광자를 유형별로 구분하고자 하는 노력이 오랫동안 주목을 받는 이유는 시장세분화라는 마케팅 전략에 부합하는 접근이기 때문이다. 이러한 접근은 개인의 성격(personality)이나 라이프스타일(lifestyle) 같은 특징을 고려할 때 더욱 쉽게 이루어질 수 있다. 유형 혹은 스타일은 의사결정 및 지각과정을 결정할 수도 있다는 점에서 앞으로도 계속 매력적인 연구 주제로 남을 것이다.

관광자 유형 분류와 관련된 심리학의 영역은 바로 성격심리학이다. 1920년대 이후 지속적으로 발전되어 온 성격심리학의 여러 이론은 그래서 관광자와 관광 행동을 체계적으로 유형화하는 데 도움이 될 것이다. 그럼에도 불구하고 이 분야 연구는 발견하기 어렵다. 내외통제소재(locus of control), Big 5 특질이론, 자기정체성(self-identity)과 자기 개념(self-concept) 등은 관광 행동을 설명하는 데도 매우 유용할 것이다.

3) 관광자 의사결정과정

관광 행동 연구가 일반소비자 행동 연구와 다른 점 중의 하나는 관광자 의사결정과정에 대한 연구가 미흡하다는 것이다. 전통적인 소비자 행동에서 구매 의사결정과정은 가장 중요한 주제로 평가된다. 왜냐하면 의사결정이야말로 구매 행동의 직전 과정이며 일단 구매가 이뤄져야만 마케팅은 성공의 근거가 되기 때문이다. 대체적으로 의사결정과정은 인지주의 심리학 즉 정보처리적 관점에서 연구되어 왔으며 매우 과학적인 실험방법에 의해 결과를 축적하였다. 당연히 매우 구체적인 마케팅 전략(특히 광고)을 수행하는 데 도움을 주었다.

그러나 관광 장면에서 이루어진 의사결정과정에 대한 연구들은 다분히 이론적인 수준에서만 정리되었으며 타당한 경험적 자료를 구축하지 못하는 경향이 있다. 이 분야에 대한 연구는 관광의사

결정이 일반소비자 의사결정과 결정적으로 다른 근거를 찾아야만 독자적인 이론을 구축할 수 있을 것이다. 이 영역에 포함되는 세부 주제들은 지각, 기억, 대안평가, 태도, 구매 행동 등이다.

한편 의사결정과정에 영향을 미치는 변수들도 많다. 개인 소비 행동을 조절할 수 있는 변수는 제품구매 사용 경험, 가처분 소득, 가치관, 성격, 동기, 직업, 교육수준, 나이, 성별 등등 수없이 많다. 여러 가지 면에서 특성이 다른 개인 소비자는 심리적으로 어떤 구체적인 욕구가 발생하면 이를 충족시켜 줄 수 있는 수단을 고려한다. 관광 소비 행동도 마찬가지로 욕구라는 동기적 기제에서 출발한다. 이미 앞장에서 보았던 것처럼 관광 동기는 모든 인간이 지니고 있는 기본적 욕구(fundamental or basic needs)를 전제한다. 대개의 경우 생리적 욕구는 시간이 흐름에 따라 자연 발생적으로 나타나지만, 호기심과 같은 욕구들은 대개 매력적인 외부 자극에 의해 유도된다. 어쨌거나 기본 욕구의 외현화(unveiling)는 곧 개인의 의식체계 속에서 하나의 문제 상황을 유발한다. 이런 개인 내 문제를 자각하는 것(to aware)이 곧 문제인식이다.

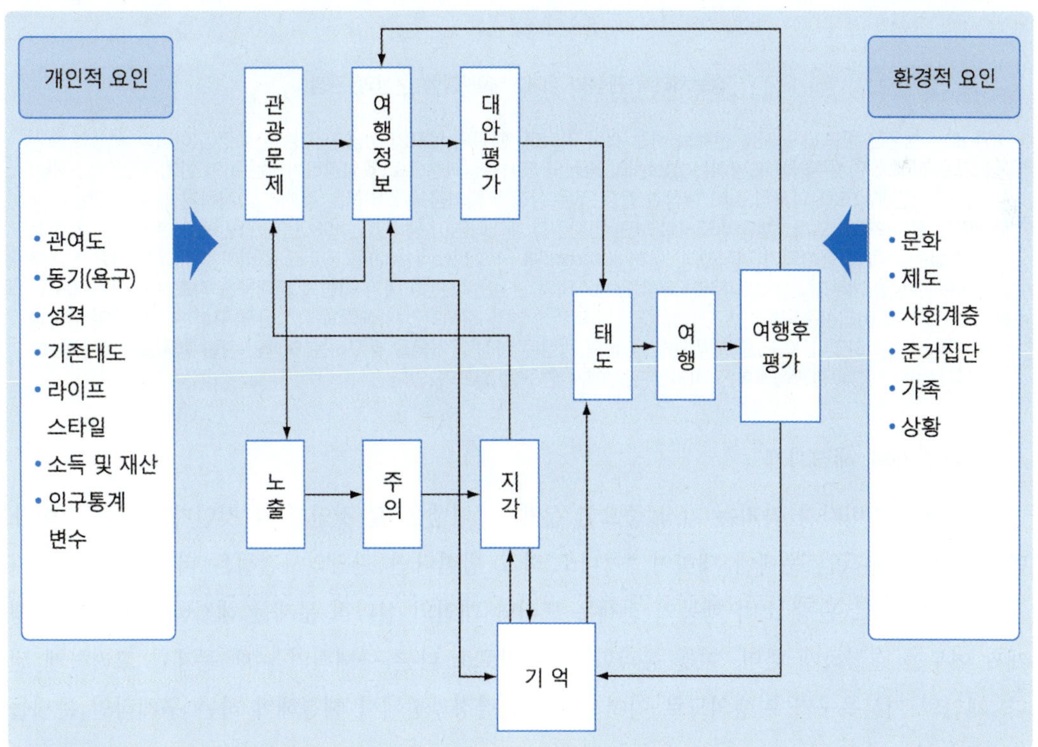

[그림 9-2] 관광자 의사결정과정과 정보처리과정

잠재적인 관광자는 종종 이런 문제를 해결하기 위하여 여행을 결정한다. 여행을 갈 것인가 말 것인가를 결정하는 것도 하나의 문제지만 여행계획을 세우는 것도 문제이다. 일단 관광의 문제가 대두하게 되면 잠재 관광자는 자신의 욕구를 충족시켜 줄 대안과 정보를 탐색하게 된다. 이때 기억 속에 저장된 여행관련 정보가 자연스럽게 회상되기도 한다. 소비자가 자신의 기억으로부터 회상한 여행 정보로 충분히 의사결정을 할 수 있으면 선택은 쉬워진다. 그러나 자신의 기억으로부터 회상한 정보가 의사결정을 할 만큼 충분치 못하면 외부의 정보 원천을 통해 새로운 여행 정보를 찾는다. 탐색한 정보에 근거, 선택 대안들에 대한 비교 및 평가 과정을 수행할 것이고, 결국은 특정 대안을 선택한다. 여행지, 여행사, 숙박, 교통 등등의 대안 평가과정을 거쳐 의사결정하는 것을 일반적인 관광 소비자 의사결정과정이라고 한다. 의사결정이 이루어지면 여행을 가고, 관광체험을 하고, 사후과정이 이어진다. 다시 말해서 관광 행동이 이어질 것이고 사후에는 만족 혹은 불만족 같은 심리적 상태를 경험하게 된다. 이들 각각의 단계를 그림으로 묘사하면 [그림 9-2]와 같다.

정보처리적 관점의 한계: 쾌락/경험 중심의 관점

여가 소비 행동은 반드시 구매를 전제로 하는 것이 아니며, 행위의 목표가 사용의 기능적 측면이 아니라 체험의 즐거움이라는 점에서 인지주의를 표방하는 정보처리 중심의 의사결정과정으로만 설명하기에는 분명 한계가 있다. 심지어 구매행위 장면에서조차 과시적 소비 현상과 같은 것은 상징의 즐거움을 소비하는 것으로 가정하기 때문에 일반 구매행위와는 질적으로 다르다. 연구의 역사로 보면 인지주의 패러다임이 팽배했던 1980년대 중반에 이르러 새로운 관점을 강조하는 조류가 형성되기 시작했다. 특히 Holbrook & Hirschman(1982)을 필두로 소비자의 심리적 경험 상태를 강조하는 주장이 대두되었으며, 이러한 쾌락/경험주의의 관점은 다분히 여가 경험의 즐거움을 강조하는 것과 일맥상통하고 있다.[20] 이러한 관점의 연구자들은 인지주의의 한계를 지적하면서 쾌락과 경험을 추구하는 소비자의 행동과정을 이해하고자 하였다. 이러한 쾌락/경험 중심의 관점은 사실 즐거움을 추구하는 여행인 관광 행동을 이해하는 데 매우 유용하다. 향후 관광심리학은 이러한 관점에서 연구할 필요가 있다.

가. 관광자의 해결과제

잠재 관광 소비자가 가지는 가장 중요한 문제는 '여행을 갈 것인가 말 것인가?' 하는 점이다. 만약 이런 기본적인 문제에 대하여 "아니오"라고 답한다면 관광의사결정은 더 이상 진행되지 않는다. 그러므로 관광 소비 행동의 전제는 드러난 개인의 심리적 문제를 해결하기 위하여 여행계획 여부를 결정하게 하며, 이를 통과할 경우 비로소 다른 구체적인 여행 문제를 고려하게 된다. 개인의 기본욕구가 여행의도로 이어져서 의사결정과정에서 해결해야 하는 구체적인 문제들로 나타나는 경우에는 최소한 7가지가 있다.

첫째, 어디를 여행할 것인가?(destination): 주요 목적지와 주변/구체적인 목적지

둘째, 언제 여행할 것인가?(when): 시기

셋째, 어느 정도 기간으로 여행할 것인가?(schedule): 기간 및 일정

넷째, 어떻게 여행할 것인가?(methods): 여행사, 패키지, 교통, 숙박, 음식 등

다섯째, 얼마나 쓸 것인가?: 비용: 전체예산과 세부예산

여섯째, 무엇을 할 것인가?: 경험활동-목표설정

일곱째, 누구와 갈 것인가?: 동료

여기서 제시한 7가지 과제는 모든 잠재 관광자가 공통적으로 겪는 문제들이다. 이 7가지 과제 중 어느 것이 가장 중요한가. 혹은 우선순위가 무엇인가 하는 점은 중요하지 않다. 그것은 개인마다, 상황마다 다를 수 있기 때문이다. 여행계획과 관련하여 잠재 관광자가 결정해야 하는 것은 거시적인 것일 수도 있고 미시적인 것일 수도 있다. 그리고 거시적인 문제를 해결하면(예를 들어 목적지) 다시 미시적인 문제들이 해결되고 결정되어야 한다(예를 들어, 목적지 내 일정). 거시적인 문제들은 대개의 경우 더 중요하고 시급한 것들이다. 시급한 과제의 순위는 다양한 심리적, 사회적, 경제적, 문화적 요인의 영향으로 결정된다. 그러나 대개 관광자의 욕구 수준이 가장 중요하다. 다른 요인들이 개인의 기본적이고 잠재된 욕구를 자극하여 의식 밖으로 분출시켜서 문제를 유발하기 때문이다.

4) 관광지 체험 및 관광서비스 수행

관광 행동이 일반소비자 행동과 다른 점 중 하나는 이용의 소멸성이라고 할 수 있다. 가령, 자동차를 구매하면 비교적 장기간 그리고 반복적으로 그 자동차를 이용하게 된다. 그러나 서비스와 관광 행동은 일정기간의 체험으로 완전히 소멸되고 마는 것이다. 다시 말해 체험을 구매하고 수행한다는 점에서 관광일반 제품의 구매 및 이용과 다른 특징이 있다. 또한 관광지에서 이루어지는 관광 체험은 다양하고 복잡한 개별 활동들로 구성되어 있기 때문에 제품이용에서 나타나는 심리적 반응과는 매우 다르다. 그러나 이 주제에 대하여 기존 연구들은 거의 주목을 하지 못했다. 최근 들어서야 몇몇 연구들이 나타나고 있으며 아직은 초보단계에 불과하다.

다만 지금까지 관광 경험의 내용은 세 가지 방식으로 탐구되고 있다. 첫째는 관광 체험을 욕구충족의 수준에서 측정하는 방식이고(즉, 욕구이론적 접근), 두 번째는 관광지나 여행과정의 맥락을 고려한 상호작용 수준의 지각적 내용으로 측정하는 방식이고, 마지막으로 관광 경험을 서비스 이용의 관점에서 이해하여 서비스 품질의 수준으로 측정하는 방식이다. 최근 들어 이 분야 연구가 증가하는 경향이 있으며, 특히 체험을 심리적 반응의 수준에서 이해하고자 하는 두 번째 접근방식이 주목을 끌고 있다. 이런 관점은 심리학의 여러 관점을 통괄하는 통합적 관점이라고 할 수 있다. 그리고 세 번째 방식인 서비스품질의 개념은 다음 소절에서 설명하는 것처럼 심리학의 '기대-수행비교'의 이론적 모형에 근거하고 있으며 따라서 인지적 접근이라고 할 수 있다.

5) 구매 후 태도 및 행동

관광 만족이라는 개념으로 대표되는 관광 후 태도는 두 가지 측면에서 중요하다. 하나는 만족한 소비자가 추후 동일한 관광지를 다시 방문할 것이고 동일한 패키지를 구입할 것이라는 마케팅적 믿음 때문이고, 또 다른 하나는 만족과 같은 심리상태가 이상적인 행복의 조건으로서 중요한 가치가 있기 때문이다. 그래서 어떤 인간 행동을 연구하든지 간에 그것이 소비자 장면이든 조직 장면이든 만족과 같은 사후 태도(post-hoc attitudes)는 선행 심리과정의 중요한 준거로 고려된다.

관광서비스 장면에서도 만족의 개념은 오래된 연구 주제였다. 다만 만족, 재방문, 추천 행동 등은 많은 사람들이 생각하는 것처럼 정적인 직선관계(positive linear relation)에 있는지 여부는 더 살펴보아야 한다. 최근에는 관광만족이라는 개념과 별개로 관광지 만족이라는 용어도 대두되고 있다. 관광만족의 차원은 최소한 관광지의 여러 속성에 대한 만족(즉, 관광지 만족)과 관광지와 관련없는 속성에 대한 만족(즉, 비관광지 만족)으로 구분된다.[21)]

한편 관광만족을 관광 경험 후의 사후 평가 개념으로 이해할 때, 이러한 관광만족의 수준을 결정하는 다른 요인은 바로 관광자가 사전에 가지고 있던 기대수준이다. 대안에 대한 비교, 평가 과정을 거쳐 제품을 구매하거나 선택할 때 소비자는 일종의 기대를 가지게 된다. 자신이 선택한 제품의 기능이나 품질 혹은 사용 편의성, 자기 이미지에 미치는 영향 등등 다양한 측면에서 그 제품을 경험하게 될 것이라고 기대한다. 이런 현상을 '성과에 대한 기대(expectation for performance)'라고 한다. 이러한 사전 기대는 그 수치가 높고 낮음에 관계없이 사람에 따라 그 정도가 강할 수도 있고 막연할 수도 있다. 대개의 경우 이러한 기대는 해당 제품을 이용하는 성과과정에도 영향을 미치고, 사용 이후에 소비자가 지각하는 제품성과와 비교되기도 한다. 일반적으로 이용성과 수준이 구매 이전의 기대수준과 같거나 더 큰 경우 자신이 구매한 제품에 대해 만족을 할 것이고 그렇지 않은 경우 불만족을 할 것이다. 만족과 불만족이라는 사후 평가 내용은 차기 동일한 의사결정에 긍정적 혹은 부정적 영향을 미칠 뿐만 아니라 구전(word-of-mouth)에 의하여 타인의 구매의사결정에도 적지 않은 영향을 미치게 된다. 이러한 기대-성과 수행의 비교 기제는 반드시 제품 구매 상황에만 적용되는 것은 아니며, 여가활동, 여행지, 축제 등과 같은 여가장면에도 적용된다.

그런데 기대-수행 평가의 기제가 반드시 일관적인 것은 아니다. 다시 말해서 수행수준이 기

대보다 못하다고 인식하면 자신의 초기 태도와 선택 행위 사이에 일종의 인지부조화(cognitive dissonance)를 겪게 된다. 이상적인 판단을 하면 기대-수행의 비교 결과에 따라 만족이나 불만족 평가를 하지만, 수행성과 수준이 기대보다 못한 경우에는 심리적 갈등을 겪게 되는 것이다. 이러한 갈등은 세 가지 방식으로 해결된다. 첫째는 사실을 인정하여 해당 상품에 대한 사후 평가를 낮게 하는 것이고, 둘째는 초기의 사전 기대를 격하시키는 방식이고 마지막으로 셋째는 이용 경험의 수행성과 수준을 왜곡하여 긍정적으로 인식하는 방법이다. 나중의 두 가지 방법은 특히 자기정당화 혹은 합리화라고 불린다.[22] 가령, 어떤 제품이나 여행 상품이 기대에 미치지 못할 정도의 성과 수준을 지각하더라도 그 선택이 중요한 것이었고, 되돌릴 수 없는 것이며, 스스로 결정한 것이라면, 자신의 선택이 잘못되었다고 인식하는 것이 어려워진다. 따라서 자신의 선택 행위는 역사적 사실이므로 이를 왜곡할 수는 없고, 대신에 처음부터 큰 기대를 하지 않았다고 여기거나 혹은 제품의 긍정적인 측면을 부각하고 부정적인 부분은 강조하지 않음으로써 이용 경험 자체를 긍정적으로 평가하려는 경향이 있다. 특히 후자의 경우에는 주변의 사람들에게 의도적으로 긍정적인 면을 강조하는 행위를 보인다.

6 관광심리학의 전망

관광심리학의 정체성은 곧 관광학의 정체성을 확인하는 주요 통로가 될 것이다. 왜냐하면 관광학은 곧 관광자를 이해하는 데서 출발해야 하고, 관광자를 이해하는 데 가장 근접한 학문 분야는 바로 심리학이기 때문이다. 우리는 이 장에서 다양한 심리학의 관점과 기존 관광심리학의 주요 주제에 대해 공부하였다. 그러나 이 장에서 소개한 내용이 관광심리학의 전부는 아니다. 사실 엄밀히 말하면 관광 행동과 심리를 이해하기 위하여 매우 복잡하고 다양한 심리학의 개념과 이론을 모두 소개하는 것은 불가능에 가까울 것이다.

다만 관광 행동은 여가 행동의 한 종류이며, 여가 행동에 관한 심리학적 연구가 체계적으로 축적되고 있음을 감안하면, 관광심리학의 정체성을 그려내는 것도 불가능한 것은 아닐 것이다. 예컨대, 관광자와 일상의 소비자를 구분하는 가장 중요한 기준이 곧 일상탈출 경험이라는 점을 고려할 때, 일상에서 인간을 지배하는 신념과 가치관은 일상을 벗어난 상황의 신념과 가치관과 다를 것이라는 가정이 가능하다. 이런 가정만으로도 관광자 심리의 독특성에 대한 탐구의 단초를 고려할 수 있다.

한 가지 분명한 사실은 관광은 즐거움을 목표로 이루어지는 행동이라는 점이다. 이 점은 곧 관광 행동과 심리를 이해하는 데 있어서 연구자가 어떤 관점을 가져야 하는지를 알려준다. 이성적이고 합리적인 일상의 소비자가 아니라 인간이 가진 비합리적 의사결정 혹은 감성 추구의 심리 기제에 주목한다면 관광심리학 분야의 연구는 새로운 지평을 열 수 있을 것이다. 관광학자에게 우선은 다양성을 받아들이는 개방적 자세가 요구되는 것도 이 때문이다.

미 주

1) LaPiere, R.(1934). Attitudes versus Actions. *Social Forces,* 13, 230-237.

2) Pearce, P. L.(1982). *The Social Psychology of Tourist Behaviour*. Oxford, UK: Pergamon Press.

3) A. Maslow(1968). *Toward a Psychology of Being,* 2nd Ed. NY: Van Nostrand.

4) Huizinga, J.(1938). *Homo Ludens: A study of the play element in culture*. [김윤수 역(1993). 『호모루덴스』. 까치].

5) Deci, E. L., & Ryan, R. M.(1985). *Intrinsic Motivation and Self-determination in Human Behavior*. NY: Plenum.

6) Russell, R. V.(1996). *Pastimes: The context of contemporary leisure*. Iowa: Brown & Benchmark.

7) Mathieson, A., & Wall. G.(1982). *Tourism: Economic, Physical and Social Impacts*. Harlow: Longman.

8) van Raaij, F., & Francken, D. A.(1984). Vacation Decisions, Activities, and Satisfaction. *Annals of Tourism Research,* 11, 101-112.

9) Moutinho, L.(1987). *Consumer Behaviour in Tourism*. Rochester, Kent, UK: MCB University Press.

10) 고동우(2007). 『여가학의 이해』. 세림.

11) Crompton, J.(1979). Motivations for Pleasure Vacation. *Annals of Tourism Research,* 6, 420-434.

12) Pearce, P., & Stringer, P. F.(1991). Psychology and Tourism. *Annals of Tourism Research,* 18, 136-154.

13) Mannell, R. C., & Iso-Ahola, S. E.(1987). Psychological Nature of Leisure and Tourism Experience. *Annals of Tourism Research,* 14, 314-331.

14) 고동우(1998b). 선행 관광 행동 연구의 비판적 고찰: Annals of Tourism Research의 연구논문을 중심으로. 『관광학연구』, 22(1), 207-229.

15) 고동우(2002). 여가동기와 체험의 이해: 이중추동모형과 이중통로 여가체험모형. 『한국심리학회지: 소비자 광고』, 3(2), 1-23.

16) Thomas, A. J.(1964). What Makes People Travel. *ASTA Travel News,* Aug., 64-65.

17) McIntosh, R. W.(1977). *Tourism: Principles, Practices, Philosophies,* 2nd Ed. Colombus, Ohio: Grid, Inc. p. 61.

18) Mannell, R. C., & Kleiber, D.(1997). *A Social Psychology of Leisure*. PA: Venture.

19) Plog, S.(1972). Why Destination Areas Rise and Fall in Popularity. *A paper presented to the southern California Chapter of the Travel Research Association.*

20) Holbrook, M. B., & E. Hirschman(1982). The Experiential Aspects of Consumption: Consumer Fantasies, Feelings, and Fun. *Journal of Consumer Research,* 9(Sep.), 132-140.

21) 고동우(1998). 관광의 심리적 체험과 만족의 관계. 고려대학교 대학원 박사학위논문.

22) Festinger, L.(1957). *A Theory of Cognitive Dissonance*. IL: Row, Peterson.

저자약력

고동우(高東佑) 현_대구대학교 호텔관광학과 부교수

고려대학교 심리학과에서 박사학위를 취득했다. 저자 고동우는 미국 Connecticut University 박사후연구원, 경주대학교 관광학부 전임강사 및 한국여가문화학회 초대 편집위원장을 역임하였다. 현재 한국관광학회 이사, 한국소비자광고심리학회 이사, 한국호텔관광학회 편집위원 등을 맡고 있다. 저서『여가학의 이해』(2007, 문화관광부 우수학술도서),『여가관광의 동기와 체험』(2007),『관광학연구의 현황과 과제』(2001, 공저) 등과 논문 "관광자의 친환경태도와 행동의 관계에 대한 위협소구 환경광고의 영향"(2006, 학술진흥재단 우수과제) 외 60여 편 등을 통해 활발한 학술적 성과를 발표하고 있으며 후진 양성과 학회의 발전에 힘쓰고 있다.

제2편

관광산업의 이해

제10장 여행업
제11장 항공운송업
제12장 해양관광과 크루즈
제13장 호텔업
제14장 리조트업
제15장 외식업
제16장 관광이벤트와 문화관광축제
제17장 컨벤션 산업
제18장 카지노 산업
제19장 테마파크

『관광학총론』 열 번째 이야기

제10장

여행업

박 시 사*

1 여행업의 정의와 유형

1) 여행업의 정의

(1) 대한민국 관광진흥법 정의

대한민국 관광진흥법 제3조에 의하면 여행업이란 "여행자 또는 운송시설 · 숙박시설, 그 밖에 여행에 딸리는 시설의 경영자 등을 위하여 그 시설 이용알선이나 계약체결의 대리, 여행에 관한 안내, 그 밖의 여행 편의를 제공하는 업"이라 정의내리고 있다.

(2) 일본 여행업법 정의

일본 여행업법 제2조 · 제3조에 의하면 보수(報酬)를 얻기 위해서 다음과 같은 여행업무를 수행하는 사업을 여행업이라 한다(www.jata-net.or.jp).

① 여행업자가 여행자 모집을 위해서 사전에 또는 여행자의 의뢰에 의해서 여행계획을 작성함과 동시에, 여행자에게 제공하는 여행 서비스에 관계된 계약을 운송 등 서비스기관과 체결하는 행위(기획여행)의 기획 · 실시

② 여행자에게 운송 등 관련 서비스를 제공하기 위해 운송 등 관련 서비스기관과 자기계산에 의한 계약을 체결하는 행위

* 제주대학교 관광경영학과 부교수. e-mail: smiletour@jejunu.ac.kr

③ 여행자를 위한 운송 등 서비스제공을 받는 것과 관련하여 대리(代理), 매개(媒介), 중개를 하는 행위

④ 운송 등 서비스를 위한 운송 등의 서비스를 제공하는 것과 관련하여 대리·매개하는 행위

⑤ 운송·숙박을 이용하게 하는 행위

⑥ 여행자를 위한 운송 등 관련 서비스의 제공을 받는 것과 관련하여 대리·매개·중개하는 행위

⑦ 운송 등 관련 서비스제공자를 위한 운송 등 서비스 이외의 여행 서비스의 제공을 받는 것과 관련하여 대리·매개하는 행위

⑧ 제반 수속의 대행 및 여행자 편의상의 서비스를 제공하는 행위

⑨ 여행에 관한 상담에 응하는 행위

중국 여행업관리조례에 의하면 여행사(업)란 "여행자를 위하여 입출국, 여권 및 비자수속, 초청, 여행자의 여행 서비스를 함과 동시에, 여행자를 위해서 숙박 등을 수배(안배)하여 대가를 얻는 영업활동을 하는 사업"이다.

(3) 미국여행업협회 ASTA 정의

미국여행업협회(ASTA)는 여행사가 티켓을 판매하는 것 이외에 다음과 같은 역할을 수행하는 사업단위라 정의하였다.

① 관광교통수단 예약 및 수배(항공·해상·지상·렌터카 등)

② 개별여행자 여행일정개발 및 준비

③ 에스코트 서비스

④ 패키지 투어 개발 및 행사

⑤ 호텔·모텔·리조트 등 숙박시설 예약 및 수배

⑥ 여행관련 제반 사항 정보제공 및 상담

2) 여행업 유형

(1) 우리나라의 여행업 유형

① 법제적 여행업 유형

대한민국 관광진흥법(시행령 제2조 1항)에 의하면 여행업의 종류는 일반여행업·국외여행

업 · 국내여행업으로 세분된다. 첫째, 일반여행업은 국내외를 여행하는 내국인 및 외국인을 대상으로 하는 여행업이다. 둘째, 국외여행업은 국외를 여행하는 내국인을 대상으로 하는 여행업이다. 셋째, 국내여행업은 국내를 여행하는 내국인을 대상으로 하는 여행업이다. <표 10-1>은 세 가지 여행업 유형별 제공상품과 서비스대상을 요약 · 정리한 것이다.

〈표 10-1〉 여행업의 유형과 상품 및 서비스대상

여행업 유형	상품영역	서비스대상	여행사 수(2008년 6월 기준)
국내여행업	Intrabound	내국인	4,261개
국외여행업	Outbound	내국인	5,070개
일반여행업	Intrabound+Outbound, +Inbound	내국인+외국인	832개

| 출처: www.koreatravel.or.kr/ 한국관광협회중앙회.

가. 국내여행업

국내여행업은 국내를 여행하는 내국인을 대상으로 하는 여행업이다. 2008년 6월 기준 국내여행사는 4,000여 개가 영업을 하고 있다. 국내여행을 전문으로 하는 여행사로 솔항공여행사, 홍익여행사, 비타민여행사, 다음레저, 테마캠프, 여행스케치, 웹투어, 여행천국, 환타지여행사, 우리투어네트웍스, 현대마린개발 등이 있다(www.kitaa.or.kr).*

나. 국외여행업

국외여행업은 국외를 여행하는 내국인을 대상으로 하는 여행업이다. 국외여행업은 여권** 및 사증받는 절차를 대행하는 행위를 포함한다.

다. 일반여행업

일반여행업은 국내외를 여행하는 내국인 및 외국인을 대상으로 하는 여행업이다. 여권 및 사증받는 절차를 대행하는 행위를 포함한다.

② 여행업계 여행업 유형

국내 여행업계는 주력상품 · 영업방식 · 대상고객에 따라 패키지여행사, 상용여행사(비즈니스

* 국내여행사연합회(KITAA)는 국내여행상품을 직접 개발 · 기획하여 판매하는 여행사로서 회원사 간 다양한 정보를 공유하여 보다 경쟁력 있고 품질이 우수한 국내여행상품을 공급하는 여행사들의 연합체이다.

** 여권의 종류는 일반여권 · 관용여권 · 외교관여권이 있으며, 각각 1회에 한하여 외국여행을 할 수 있는 단수여권과 유효기간 만료일까지 횟수에 제한 없이 외국여행을 할 수 있는 복수여권이 있다.

여행사), 개별자유여행사로 구분된다.

가. 패키지여행사

패키지여행사는 영업형태에 따라 '간판여행사(間販旅行社)'와 '직판여행사(直販旅行社)'*로 나누어진다. 하나투어와 모두투어는 지역 여행대리점에 패키지상품을 파는 이른바 간판여행사이고, 롯데관광개발과 자유투어는 직영점을 운영하며 소비자에게 상품을 파는 직판여행사이다. 직판여행사의 주요한 모객방법은 신문광고이다.

나. 상용여행사

상용여행사는 기업을 상대로 영업을 하는 여행사이다. 고객이 일반이 아닌 기업이다 보니 상대적으로 휴가여행(관광여행)보다 가격변화에 덜 민감하고 수요도 안정적이다. BT & I, 레드캡투어, 세중투어몰, 인하여행사 등이 대표적이다. BT & I는 외국계 기업을 주고객으로 하는 여행사이며, 레드캡투어는 LG, 세중투어몰은 삼성의 여행 서비스를 대행하고 있다. 상용여행사는 기업전문 여행사라 하기도 한다.

다. 개별자유여행사

개별자유여행사는 단체가 아닌 개별자유여행(FIT)시장을 표적시장으로 하는 여행사이다. FIT 여행상품은 개인이 여행사와 상담을 하면서 일정을 수립하여 여행하는 '맞춤형 여행상품'이다.

③ 인터넷 활용과 여행사 유형

정보제공 · 예약방법 · 거래형태에 있어서 인터넷에 전적으로 의존하는 유무(有無)에 따라 여행업을 On-line 여행사와 Off-line 여행사로 분류하기도 한다.

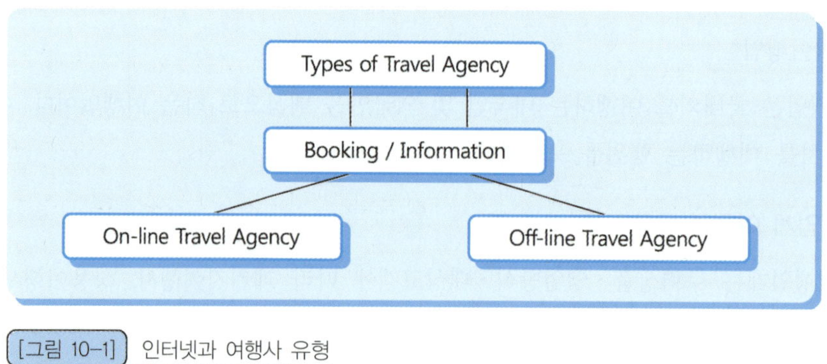

[그림 10-1] 인터넷과 여행사 유형

* 직판여행사는 신문광고에 의존하여 모객을 하는 여행사들이다. 소위 조 · 중 · 동 신문에 광고를 하여 여행객을 모객한다. 대표적인 여행사로 자유투어, 롯데관광개발, 노랑풍선, 참좋은 여행, 나이스항공여행 등이 있다.

가. Off-line 여행사

기존의 전통적인 방법을 통해서 고객에게 정보를 제공하고, 고객과 예약 · 거래를 하는 여행사를 Off-line 여행사라 한다. 여기서 말하는 전통적인 방법이란 전화, 팩스, DM, 인적 판매 등 일련의 마케팅활동을 뜻한다. Off-line 여행사를 'Brick & Mortar' 여행사라 부르기도 한다. 한국을 대표하는 대부분의 여행사는 아직까지 Off-line 여행사* 이다.

나. On-line 여행사

On-line이란 컴퓨터 네트워크로 연결되는 것을 의미하며, 통상 인터넷을 통해서 연결하여 정보교환 · 예약 · 거래하는 것을 총칭(總稱)하여 일컫는다. On-line의 상대적 개념으로 Off-line을 사용한다. On-line 여행사란 주로 인터넷을 이용하여 여행정보 제공, 항공권 예약, 패키지 예약 및 제반 여행관련거래를 하는 여행사를 말한다. 최근에 인터넷환경이 좋아짐에 따라 인터넷을 통해서 정보를 얻고 예약을 하며 구매행위를 하는 관광객들이 늘어나고 있는 추세이다. 이러한 고객을 표적시장으로 한 여행업체들이 등장하였는데, 이들을 On-line 여행사라 한다. 인터넷은 여행객에게 편익을 제공하고, 인터넷이용의 확대는 여행사에게 기회를 제공하기 때문에 인터넷을 통해서 주로 여행사업을 하는 On-line 여행사가 증가하고 있다. 다음은 국내외에서 인지도가 높은 대표적인 On-line 여행사이다.

① Travelocity.com

② Expedia.com

③ Priceline.com

④ Zuji.com

⑤ Orbitz.com

⑥ 투어익스프레스(www.tourexpress.com)

⑦ 넥스투어(www.nextour.com)

⑧ 온라인투어(www.onlinetour.co.kr)

⑨ 투어캐빈(www.tourcabin.com)

다. On + Off 통합여행사

Off-line 여행사를 e-Commerce에서 'Brick & Mortar: B & M'이라 쓰기도 한다. 이는 일종

* 한국을 대표하는 여행사인 하나투어, 모두투어, 자유투어, 롯데관광개발, 레드캡투어 등은 Off-line 여행사이다. 하지만 Off-line 여행사들도 On-line 사업부를 두고 있고, 온라인이 차지하는 매출액이 점차 늘어가고 있는 추세이다. 한국의 주요 여행사는 엄격하게 따져 보면 On-line + Off-line을 결합한 'Click & Blick' 여행사라 할 수 있다.

의 업계은어(jargon)이다. 오늘날 'Brick & Mortar'의 상대개념으로 'Bricks & Click'이라는 용어가 널리 통용되고 있는데, 'Bricks & Click: B & C'는 Off-line(bricks)과 On-line(clicks)을 통합시킨 사업 모델이다. '클릭 앤 모타르'(click & mortar)는 온라인과 오프라인을 결합시킨 것을 뜻한다. 클릭은 온라인을, 모타르는 오프라인을 일컫는다. 최근 관광산업에서 인터넷의 장점이 부각되어 전통적인 Off-line이 외면되었다. 하지만 On-line만으로 수익 모델이 창출되지 못하기 때문에 기존의 Off-line + On-line을 동시에 활용할 필요성이 대두되고 있다(박상현·염지환, 2008).[1] 국내 여행사는 기존 오프라인 판매방식과 온라인을 병행한 여행상품 판매가 일반화되어 있다(임연우·윤지환·박은정, 2007).[2]

(2) 중국의 여행업 유형

중국은 1996년 제정된 '여행사관리조례(旅行社管理條例)'에 의해 여행사를 ① 국제여행사(國際旅行社), ② 국내여행사(國內旅行社)로 나눈다(逯耘·傅惠·李美云, 2000: 18).[3] 중국의 여행사 유형은 영업업무범위에 준한다. 국제여행사의 영업범위는 인바운드와 아웃바운드 및 국내여행업무들이며, 국내여행사의 영업범위는 국내여행업무에 한정되어 있다.

① 국제여행사

국제여행사(國際旅行社)의 주요 업무는 외국인과 홍콩·마카오·대만에서 온 관광객 그리고 기타 화교를 중국으로 유치하여 그들에게 교통시설·유람·숙박·음식·쇼핑·오락 등을 안배(수배)해 주고, 가이드 서비스를 제공하는 것이다. 또한 내국인에게 국내여행 서비스를 제공한다. 국제여행사는 국가여유국(國家旅游局)의 허가를 얻어 중국인의 해외여행을 기획하고 행사하는 업무를 수행한다. 그 밖에 여권·비자업무와 국가여유국에서 규정하는 여행업무를 한다(박시사, 2006).[4]

② 국내여행사

국내여행사(國內旅行社)의 주요 업무는 내국인 국내여행의 서비스를 제공하는 것인데, 구체적으로 여행자를 위하여 교통시설·유람·숙박·음식·쇼핑·오락·가이드 서비스를 제공한다. 국내여행자를 위해서 대리업무와 국내 교통관련표를 예약·발권업무를 한다. 그 외에 국가여유국에서 규정하는 국내여행관련 업무를 한다(박시사, 2006).[5]

중국국가여유국(China National Tourism Administration)은 2007년 3월 중국여행사의 현황을 발표하였다. 2007년 3월 현재 중국에는 19,720개 여행사가 등록되어 있으며, 이 중 국제여행사가

1,838개, 국내여행사가 17,882개이다. 중국의 여행사는 10개 주요 지역인 산동성 · 강소성 · 절강성 · 요령성 · 하북성 · 하남성 · 광동성 · 호북성 그리고 북경과 상해에 집중적으로 분포되어 있다. 통계에 의하면 이들 지역에 중국여행사의 56.75%가 등록되어 있다(www.chianhospitalitynew.com).

(3) 일본의 여행업 유형

① 법제적 여행업 유형

여행업법* 에 의하면 일본의 여행업은 ① 여행업, ② 여행업자대리업으로 나누어지며, 여행업을 기획하는 상품과 서비스영역에 따라 제1종 여행업, 제2종 여행업, 제3종 여행업으로 세분(細分)된다(일본여행업협회/www.jata-net.or.jp; 일본여행업법 제2조 · 제3조).

가. 여행업

- 제1종 여행업: 해외 · 국내 기획여행의 기획 및 실시, 해외여행과 국내여행의 수배 및 타사의 모집형 기획여행을 판매대행하는 여행사
  - ⓐ 해외 · 국내 '모집형 기획여행'의 기획과 실시
  - ⓑ 해외여행 · 국내여행 수배
  - ⓒ 타사의 '모집형 기획여행' 판매대행
- 제2종 여행업: 국내 기획여행의 기획 및 실시, 해외 · 국내 수주형 기획여행의 기획 및 실시, 해외여행과 국내여행의 수배 및 타사의 모집형 기획여행을 판매대행하는 여행사
  - ⓐ 국내 '기획여행'의 기획과 실시
  - ⓑ 해외 · 국내 수주형 기획여행의 기획 및 실시
  - ⓒ 해외여행 · 국내여행 수배
  - ⓓ 타사의 '모집형 기획여행' 판매대행
- 제3종 여행업: 국내 · 해외 수주형 기획여행의 기획 및 실시, 국내 · 해외여행의 수배 및 타사의 모집형 기획여행을 판매대행하는 여행사
  - ⓐ 국내 · 해외 수주형 기획여행의 기획과 실시
  - ⓑ 해외여행 · 국내여행 수배
  - ⓒ 타사의 '모집형 기획여행' 판매대행

일본의 여행업은 관광청(관광청장관)에 등록하며, 제2종 여행업과 제3종 여행업은 관할소재지의 시장 · 지사에게 등록한다. 여행업자대리업도 영업소가 있는 소재지 시장 · 지사에게 등록한다.

* 일본여행업법은 여행업무의 공정한 유지, 여행안전성 확보, 여행자의 편리증진을 목적으로 만들어졌다.

나. 여행업자대리업

여행업자대리업이란 "여행업 혹은 여행업자가 위탁(委託)한 범위의 여행업무를 수행한다." 여행업자대리업(旅行業者代理業)은 제1종 여행업, 제2종 여행업, 제3종 여행업 중 한 여행업자와 대리계약을 맺고 여행업무를 수행하는 회사이다. 여행업의 범위는 계약을 맺는 여행업자의 업무와 동일하다(石野正樹, 1996: 10).[6)]

여행업자대리업은 보수를 얻을 목적으로 여행업자가 하는 여행업무를 대신하는 사업이다. 여행업자대리업은 기획여행을 실시하지 않으며, 2개 이상의 여행업자와 계약을 맺고 대리업무를 수행하지 않는다. 또한 여행업자대리업의 업무범위는 소속여행업자와 계약한 범위를 벗어나지 않는다(일본여행업법, 제4조).

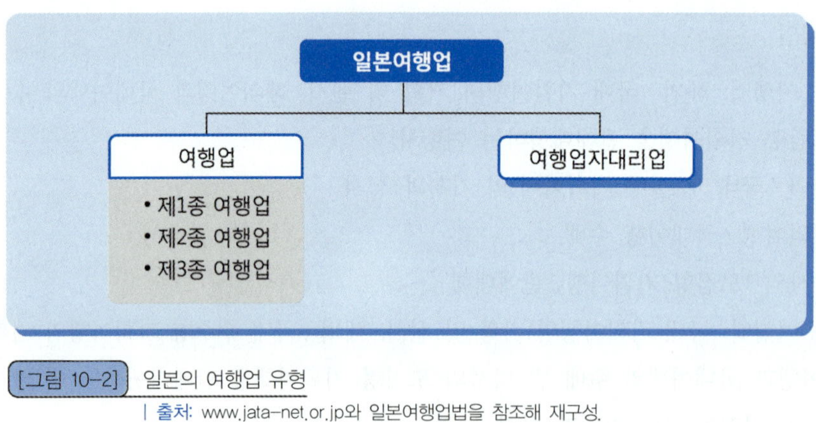

[그림 10-2] 일본의 여행업 유형

| 출처: www.jata-net.or.jp와 일본여행업법을 참조해 재구성.

한・중・일의 여행업을 종합해 보면 [그림 10-3]과 같이 요약될 수 있다.

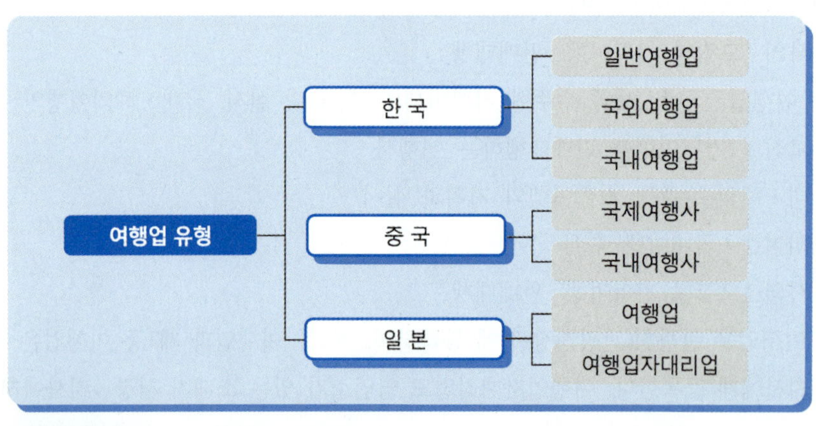

[그림 10-3] 한・중・일의 여행업 유형비교

(4) 서구의 여행업 유형

서구의 여행업 유형은 국가(유럽 · 미주)에 따라 약간의 차이를 보이고 있으나 본서에서는 서비스 영역에 따라 여행업을 크게 5가지 유형으로 나누어 제시하였다(Stevens, 1990: 9-10).[7)]

① 종합여행사(full service travel agency)
② 기업전문여행사(commercial travel agency)
③ 기업소속여행사(inplant agency/ in house travel agency)
④ 인센티브여행 전문여행사(incentive travel agency)
⑤ 할인항공권 전문여행사(consolidator)

① 종합여행사(Full Service Travel Agency)

이 유형은 모든 여행상품을 구비하고 이를 취급하는 충분한 인적자원을 갖춘 여행업(사)이다. 종합여행사는 휴가여행 · 관광여행 · 단체여행 · 비즈니스여행 등 모든 상품을 기획하고 판매한다. 대형 종합여행사는 독립적인 비즈니스여행 · 단체여행 · 호텔예약 · 항공권판매 등의 사업부를 두고 있다. 종합여행사는 우리나라 일반여행업체 중 대형 패키지여행사와 같은 부류의 여행사이다.

다음은 유럽 주요국 종합여행사이다. 영국의 경우 'Multiples'라 칭하며, 우리 나라 일반여행업과 유사한 기능을 수행한다. 미국은 'Mega Travel Agency'라 부른다. 가령 'American Express' 'American Automobile Association' 등이 'Mega Travel Agency'에 속한다.

〈표 10-2〉 유럽의 주요 종합여행사

국 가	여행사
영 국	Thomson Holiday, Thomas Cook, TUI Travel, XL Leisure, Going Places, Lunn Poly, STA Travel, Gulliver Travel
독 일	Trans Continental Tours, Jasmin Taylor
스 위 스	Kuoni Travel Ltd., Globus, Go Ahead Tours
스 페 인	Ombesa, Versys Travel, Travelider GAV
이 탈 리 아	Saistours, EIS-European Incoming Service, Artviva The Original & Best Tour Italy
체 코	INTAS, Interbus Praha, Vega Tours
포 르 투 갈	Frota Azul, Clube Viajar

| 출처: http://www.etoa.org/ 유럽여행업협회(European Tour Operators Association).

② 기업전문여행사(Commercial Travel Agency or Corporate Travel Agency)

이 유형의 여행사는 기업고객(corporate customer)을 대상으로 사업을 영위한다. 대부분의 기업전문여행사(업)는 도심에 위치하고 있으며, 비즈니스여행자를 대상으로 사업을 하기 때문에 'Walk-in' 여행자는 받지 않는 경우도 있다. 기업전문여행사 종사자는 주로 항공예약 및 발권, 렌터카 예약과 판매, 호텔객실의 예약과 판매 등에 전문성을 보인다. 반면 휴가목적여행(vacation-oriented travel)에 익숙지 않거나 전문성이 결여된 경우도 많다. 하지만 기업전문여행사도 기업고객의 임원과 직원을 위해서 관광여행(pleasure travel)을 기획하고 행사한다.

서구의 기업전문여행사로 American Express, Carlson Wagonlit Travel, Corporate Travel, Business Travel Net, Business TravelPlus, Just Corporate Travel, Capital Travel Agency, Expedia Corporate Travel, All-Travel.com 등이 있다. 한국의 기업전문여행사로 BT & I(Business Travel & Incentive), 인하여행사, K-Travel, kaja 경인항공(주) 등이 있다.

③ 기업소속여행사

미국의 기업은 기업 내에 여행부서를 두기 시작했다. 특히 1970년대 후반 이후 항공규제완화 조치가 시행되면서 기업 내 여행사(in-house agency)가 늘어나게 되었다(Goeldner et al., 2000: 206).[8] 이 유형의 여행업은 특정기업의 고객만을 서비스하기 위해 기업 내에 위치한 여행사이다. 기업소속여행사는 특정기업의 여행 서비스를 독점한다.

한국을 대표하는 In-house Travel Agency로는 (구)세중여행사(삼성), (구)범한여행(LG: 현 Redcap 투어), (구)현대금강여행사, 한주여행사(한국일보), 한화투어몰(한화) 등이 있다.

④ 인센티브여행 전문여행사

기업은 고객・딜러・유통업자・판매원・종사원에게 동기를 부여하는 보상(reward)목적으로 여행을 활용한다. 이를 인센티브여행(incentive travel)이라 부른다. 인센티브여행 수요는 지난 20~30년 동안 급속하게 증가하였다(Bowie & Buttle, 2004: 181).[9] 인센티브여행사는 틈새시장(niche market)을 겨냥한 여행사이다. 영국의 'Miniples'와 'Independent Travel Agency'가 인센티브여행 전문여행사군에 속한다. 미국의 경우 'Regional'이 인센티브여행 전문여행사 역할을 수행한다.

⑤ 할인항공권 전문여행사

미국의 'Consolidators'는 항공권을 할인된 요금으로 고객에게 판매하는 여행사이다. '할인항공권 전문여행사'는 항공사와 계약을 맺고 특정지역의 항공권을 유통시키는 전문여행사이다. 항

공사는 탑승률(搭乘率, load factor)을 높이기 위해서 'Consolidators'와의 협력이 불가피하다. 왜냐하면 판매되지 않은 비행기 좌석은 저장되거나 추후 이용이 불가능하기 때문이다. 할인항공권 전문여행사는 'Wholesaler'와 'Retailer'의 역할을 동시에 수행한다(Goeldner et al., 2000: 202).[10)]

미국과 영국을 비롯한 서구국가들은 한국·중국·일본처럼 여행업 유형이 법제적으로 정해진 것은 아니다. 하지만 미국과 영국은 ASTA와 ABTA(Association of British Travel Agent) 등에서 여행업의 유형을 제시하고 있다. 미국과 영국의 여행업 유형을 종합해 보면 다음과 같다.

- 미국 여행업 유형
  - ⓐ Mega Travel Agency
  - ⓑ Regional Travel Agency
  - ⓒ Consortium Travel Agency
  - ⓓ Independent Travel Agency
- 영국 여행업 유형
  - ⓐ Multiples Travel Agent*
  - ⓑ Miniples Travel Agent**
  - ⓒ Independent Travel Agent

* Multiples Travel Agents
① Private Companies Usually With A High Street Presence In Most Uk Towns And Cities
② Part Of Large Organizations Which Trade In Other Areas Of Travel And Tourism
③ Many Customers Attracted By Large Discounts

** Miniple Travel Agents
① Milniples Are Similar Business To Independents
② But They Have More Branches And Usually A Head Offices In A Local Area
③ The Different Branches May Trade Under Different Names
④ Other Small Independents May Be Bought Up And Added To The Miniple

2 여행업의 업무, 역할과 기능 및 산업적 특성

1) 여행업의 업무와 역할 그리고 기능

(1) 여행업의 업무

한국의 관광진흥법과 일본의 여행업법을 종합해 보면 여행업의 주요 업무는 ① 상품기획업무, ② 기획상품 행사실시업무, ③ 계약체결의 대리업무, ④ 여행안내업무, ⑤ 여행상담업무, ⑥ 알선업무*, ⑦ 중개업무**, ⑧ 매개업무, ⑨ 수속***·판매대행업무, ⑩ 여행편의 제공업무 등이다.

현대인들은 여행에 수반되는 번거로운 수속이나 절차를 좋아하지 않아서 여행을 준비하고 계획하는 데 서비스를 제공하는 대행기관의 필요성이 대두되었다. 특히 외국여행을 하는 자들은 비행기 좌석 확보, 호텔예약, 여권, 비자, 수하물, 보험, 검역, 외국의 풍습 숙지, 환전, 세관 등의 준비를 하는 것은 어려운 일이다. 그래서 여행자들은 의사·변호사·회계사에 의뢰하는 것처럼 여행전문가와 상담을 하고 각종 수배(arrangement)를 의뢰하게 되었다. 학자에 따라 다르지만 여행업의 주요 업무를 수배업무(手配業務), 상품화업무(商品化業務), 판매업무(販賣業務), 상담업무(商談業務)로 구분되기도 한다.

여행업의 기능은 정보제공기능(information), 국가대표기능(representative of nation), 대리점기능(agent), 판매기능(sales), 연결고리기능(liaison), 여행상품개발기능(tour design), 상담기능(counselling) 등으로 구분하기도 한다.

노정철(2005)은 여행업이 수행하는 업무(業務) 7가지를 다음과 같이 제시하였다(노정철, 2005: 30-32).[11] 노정철은 정산업무도 여행업 업무 중의 하나라고 하였으나, 본서는 이를 제외한 7가지만 소개한다.

① 여행상품의 기획·개발업무

② 상담업무

* 알선(斡旋)이란 수수료를 받고 매매를 주선하는 행위이며, 남의 일이 잘 되도록 주선한다는 뜻도 있다.

** 문자 그대로 여행사의 주요 기능은 '중개인(agent)'이며, 공급업자를 대신하여 여행상품과 서비스를 고객에게 판매하는 중개인역할을 수행한다.

*** 해외여행 수속대행: 여행업자가 여행자로부터 소정의 수속대행요금을 받기로 약정하고, 여행자의 위탁에 따라 다음에 열거하는 업무(이하 수속 대행업무라 함)를 대행하는 것이다(www.tourinfo.or.kr/ 한국일반여행업협회 표준약관 제3조 3항).
① 여권, 사증, 재입국 허가 및 각종 증명서 취득에 관한 수속
② 출입국 수속서류 작성 및 기타 관련 업무

③ 수배업무
④ 판매업무
⑤ 수속대행업무
⑥ 발권업무
⑦ 여정관리업무(인솔 및 안내업무)

① 여행상품의 기획 · 개발업무

여행상품의 개발은 아이디어단계(tour idea), 여행상품 공급업자와의 협상단계(negotiation)*, 비용 및 가격결정단계(cost & pricing), 그리고 촉진단계(promotion)를 거친다(박시사, 2003: 178-179).[12] 여행상품의 기획 · 개발업무는 한국의 경우 일반여행업, 일본은 여행업, 중국은 국제여행사, 미국과 유럽은 Tour Operator가 담당하고 있다.

② 상담업무

여행사는 여행에 수반되는 다양한 사항에 대해서 상담(advising)하고 정보제공(providing information)을 한다. 구체적으로 항공 · 기차 · 버스 스케줄에 대한 정보제공, 호텔요금(hotel rates), 수하물처리, 보험 등에 대해서 상담과 정보의 제공업무를 수행한다. 고객을 만족시키면서 자사의 이익을 창출할 수 있는 여행사직원이 되기 위해서는 여행 · 숙박시설 · 목적지 등에 대해서 광범위한 지식과 정보를 확보해야 한다. 여행사직원은 자사가 판매하는 상품에 대한 충분한 지식과 정보가 있어야 전문가적인 상담(professional advice)이 가능하다(Lavery & Doren, 1990: 69).[13] 미국은 '공인여행상담사(CTC: Certified Travel Counsellor)'제도를 두고 있다. 여행사는 고객에게 정보를 제공하기 위해서 CRS(Computerized Reservation System)를 활용해 왔다. CRS는 여행사가 고객이 필요한 정보를 제 시간에 효율적으로 전달하는 데 큰 도움을 주었으며, 고객의 만족에 영향을 미쳤다. 또한 CRS는 장기적인 관점에서 여행사의 생존과 경쟁력에 영향을 미치기도 했다(Poon, 1993: 20).[14] 인터넷은 정보제공자(information providers)로서 여행사의

---

* 투어 오퍼레이터(tour operator)는 항공사 · 호텔 · 레스토랑 · 크루즈 등과 같은 여행상품 공급업자와 협상을 할 때 '협상기술(the art of negotiation)'을 발현해야 한다. 성공적인 협상을 위해서 양자 간의 타협(compromise)이 필수적이다. 투어 오퍼레이터 관점에서 보면 다음과 같은 요건이 충족되는 경우 훌륭한 협상이 이루어졌다고 생각한다(박시사, 2003: 179 재인용).
① 최고의 품질획득(the highest possible quality)
② 최저가 획득(the lowest possible rate)
③ 최대의 서비스 확보(the highest amount of service)
④ 단체요금 대폭할인(volume discounts)
⑤ 양호한 지불조건(favourable credit terms)

역할에 변화를 가져왔다. 인터넷을 통해서 여행정보는 세계 도처에 있는 잠재고객(potential customers)에게 즉각적으로 제공되기 때문에 고객은 여행정보 탐색을 하는 데 소극적이지 않은 능동적 역할(active roles)을 하게 된다(Ozturan & Roney, 2004).[15] 인터넷의 등장은 여행사가 기존에 수행해 왔던 정보제공과 상담역할을 축소시켰음을 의미한다.

③ 예약 · 수배업무

예약업무는 여행사의 기본업무이자 중요한 업무 중의 하나이다. 여행사의 예약은 초기에 여행객이 직접 여행사에 찾아와 하는 'Walk-in'형태였으나, 전화 혹은 팩스를 이용하여 예약하기 시작했다. 이러한 형태를 오늘날 Off-line이라 부른다. 최근 인터넷의 등장으로 인해 예약형태가 Off-line에서 On-line으로 전이(轉移)되고 있다. 여행업자가 여행객을 위해 예약, 확인, 여행경비 지불, 결산 등 모든 여행 중에 필요한 서류화작업(documentation)을 수배(手配)라 한다. 단체여행과 개별여행(foreign independent tour)은 항공수배와 지상수배로 이루어진다. 항공수배는 항공기를 이용한 여행객을 위해 예약 · 발권 등의 서비스를 제공하는 업무이다. 지상수배(地上手配)란 여행객이 목적지에 도착한 후 지상(ground)에서 필요한 것들을 수배하는 것을 일컫는다. 고객의 관심 · 예산 · 편의성 등을 고려하여 가장 적합한 수배업무를 하는 것은 여행사의 책임이다. 항공수배와 지상수배는 여행이 순조롭게 진행되기 위해서 긴밀하게 협조가 이루어져야 한다(Poynter, 1989: 11-21).[16]

가. 항공수배(Air Arrangement)

항공권 예약 · 발권은 단체여행과 FIT여행의 가장 중요한 부분이다. 항공일정에 준해서 여행일정표(itinerary)가 결정된다. 여행사의 항공수배는 출발지 공항수배도 포함된다. 고객이 탑승하는 항공기 혹은 항공사, 좌석등급에 따라 제공되는 서비스와 '어메니티(amenity)'가 상이(相異)하다. 여행사는 고객의 조건에 맞추어 서비스를 제공하여야 한다. 여행사의 수배업무에서 가장 중요한 부분은 가능한 한 편안한 항공수배 서비스를 제공하는 것이다.

나. 지상수배(Ground Arrangement)

대부분의 지상수배는 관광객이 출발하기 전에 이루어지며, 지상수배경비는 사전(in advance)에 지불되는 것이 관례이다. 여행사의 지상수배는 다음과 같은 범주로 구성되어 있다.

① 공항 미팅 서비스(meet and assist service)
② 공항 트랜스퍼(airport transfer)
③ 숙박시설(accommodations)
④ 식사 서비스(meal service)

⑤ 오락과 이벤트(entertainment)

⑥ 현지관광(sightseeing)

⑦ 현지지상교통(ground transportation)

⑧ 그 외의 지상수배(other ground arrangement)

④ 판매업무

오늘날 많은 여행사들은 단지 홀셀러가 기획한 패키지상품 판매자(seller of package tours)라고 생각한다. 많은 여행사들은 단순히 웹사이트를 이용하여 패키지여행상품을 유통시키는 역할만 하고 있다. 이로 인해서 종전의 전문가로서 여행사역할은 축소되고 있다(Cai, Card & Cole, 2004).[17)]

〈표 10-3〉 미국 여행사의 판매 포트폴리오(2008년 2월)

구 분	2000 % Share	2001 % Share	2002 % Share	2003 % Share	2005 % Share	2006 % Share	2007 % Share	2008 % Share	07/00 % Share
Airline	56.1	54.0	33.6	32.1	29.3	27.3	26.0	23.8	−53.7
Cruise	16.8	16.6	22.1	22.1	23.6	23.8	24.8	27.5	47.6
Tour packages	na	na	27.4	28.5	29.7	29.6	30.8	31.9	12.4
Hotel	14.7	16.0	8.1	8.5	8.7	8.1	9.9	9.2	−32.7
Car rental	8.1	8.8	5.0	4.7	4.7	4.2	4.4	4.2	−45.7
Other	4.3	4.6	3.8	4.1	4.0	7.0	4.0	3.4	−7.0

| 출처: http://asta.org/publications

<표 10-3>에서 보는 바와 같이 미국 여행사의 판매 포트폴리오를 보면, 항공권 판매 의존도가 크게 낮아지고 있음을 알 수 있다. 반면에 유람선 판매는 2000년 16.8%에서 2007년 24.8%로 크게 늘어났다. 패키지 투어 상품판매는 2002년 27.4%에서 2007년 30.8%로 약간 증가하였다. 렌터카(rent-a-car)의 경우 2000년 8.1%를 차지하였으나 2007년에 접어들어 4.4%로 약 50% 정도 감소하였다.

여행업은 여행객과 관광상품 공급업자 혹은 관광사업자 간의 중간에 위치하면서 여행객이 여행을 하는 데 필요한 제반 시설과 서비스를 예약하거나 수배를 한다. 또한 여행객을 위해서 여권·비자 등 수속업무를 함과 동시에, 상담·정보제공과 항공권의 예약·발권업무를 주로 수행한다. 여행업의 기능(업무)을 여행객 측면에서 보면 다음과 같이 구체적으로 제시할 수 있다.*

* 본 내용은 고등학교 교과서 "관광일반"의 120−122쪽을 참고하고, 일부 내용을 보완하여 정리한 것임.

① 예약과 수배
② 여행정보 제공
③ 여행객을 위한 상담 서비스
④ 여행상품 개발 및 판매
⑤ 항공권 발권과 제반 숙박시설 예약 및 바우처 발행
⑥ 수속대행(여권 · 비자)
⑦ 여정관리 및 안내 서비스

(2) 여행업의 기능과 역할

德前玄利(1990)는 소비자인 여행객, 여행상품 공급업자, 그리고 사회적 관점에 따라 여행업이 수행하는 기능에 대해서 제시하였다. <표 10-4>는 德前玄利가 제시한 여행업의 제 기능이다(德前玄利, 1990: 29).[18]

〈표 10-4〉 여행업의 기능

구 분		내 용	
소비자 · 여행객 관점	염가성	• 전세기 · 특별기 요금 및 여행상품 • 염가의 패키지상품	• 단체항공권 • 대형 단체 특별할인요금 제공
	안심성	• 사전수배를 통한 쾌적한 여행	• 여행안내사(escort) 동반 서비스
	종합성	• 패키지 투어 • 여행백화점기능	• 단체여행의 경우 일괄수배기능
	편리성	• 일괄구매의 편리성	• 편리한 접근성
	정보성	• 전문가 여행정보	
여행상품 공급업자 관점		알선기관기능	
		수요촉진기능	
		계절파동완화기능	
사회적 관점		새로운 목적지 개발	
		새로운 여행형태 개발	
		여행기회의 확대	
		비수기 여행 수요촉진	
		수요와 공급의 조정 및 완충기능	

| 출처: 德前玄利(1990). p. 27.

미래의 여행업자(여행사)는 기존의 예약기능에서 여행기획가와 여행상담자(travel adviser)로 변해야 경쟁력이 있을 것으로 예상된다. 또한 여행업자는 여행객 여행체험의 가치를 증대시키는 데 초점을 맞추어야 한다. IT혁명은 미래의 여행업에 기회(opportunities)와 동시에 도전(challenge)을 가져왔다. 특히 인터넷혁명은 여행업자의 핵심업무(core business)인 정보제공과 예약업무에서 탈피하여 여행상담자(travel adviser)의 역할을 하도록 강요하고 있다(Buhalis, 2003: 275-276).[19] 기존 여행사의 중요한 역할이었던 예약(reservation)과 발권(ticketing)기능이 축소되고 여행정보 제공기능이 강화된다. 또한 여행사는 호텔과 렌터카 예약, 여행비용관리, 염가의 여행상품을 찾아 고객에게 제시하는 등과 같은 서비스 기능이 확대될 것이다(Doganis, 2006: 213).[20]

여행업의 중요한 역할 중의 하나가 패키지 투어(package tour)를 개발하여 판매하는 것인데, 홀셀러, 투어 오퍼레이터, 인센티브 여행기획업체는 패키지여행상품을 기획한다. 패키지여행상품은 여행사의 수익성에 크게 기여하며, 여행업을 활성화시키고, 다른 관광사업단위와 결합시켜 시너지(synergy)를 유발시키는 역할을 한다. 초기 여행업의 기능은 철도・항공사・버스회사・유람선 등 관광교통업의 예약을 대리해 주고 그들로부터 수수료(commission)를 받는 대리인(middle-man)의 역할이었다. 대중관광(mass tourism)시대가 도래하면서 여행업은 관광객들의 다양한 욕구를 충족시키기 위해 그 기능과 역할이 확대되었다.

2) 여행업의 산업적 특성

(1) 평화산업

여행업(관광산업)은 국제교류를 통해서 세계평화 촉진에 기여하는 평화산업이며(秋場良宣, 1992: 62),[21] 세계시민 간 이해와 감정교류를 증진시킨다(王德剛, 1995: 123).[22] "Tourism is the passport to peace"는 널리 알려진 문구이다. 혹자는 여행업을 사절산업(使節産業, ambassador industry)* 이라 하면서 국가 간 교류를 증진하고 평화를 유지하는 데 기여하는 산업이라 칭하기도 한다. 2004년 여름 이집트・이스라엘・요르단・팔레스타인은 4개국 포럼 'Tourism 4 Peace Forum'을 개최하였는데, 여기서 채택된 Agenda 중의 하나인 "Tourism promotes peace and peace promotes tourism. Tourism contributes to economic growth, employment and the quality of life"를 보면 관광이 평화를 촉진시키고, 평화는 관광발전에 기여하며, 관광발전은 경제성장・고

* 사절산업이란 국가를 대표하는 산업이란 뜻이다. 여행업은 경제적 기능 외에 국가를 위해 봉사하거나 국가의 이미지를 고양시키는 데 중요한 공익기능(public role)을 수행하는 산업이다. 따라서 여행업종사자는 자부심과 책임감 그리고 국가관도 있어야 한다(박시사, 2003: 101).

용창출뿐만 아니라 삶의 질 향상에도 영향을 미치고 있음을 알 수 있다.

(2) 환경민감성 산업

여행업은 외부환경에 비교적 취약한 업종이다. 여행업의 발전에 영향을 주는 요소는 다양하다. 구체적으로 자연환경, 정치·사회환경, 경제환경 등이 여행업의 발전에 영향을 미친다. 2003년 중국에서 발생한 SARS는 전세계 여행업에 큰 충격을 주었다. SARS의 사례는 여행업이 환경에 취약한 산업임을 증명한 예이다(齊洪利·孫文學·主審·劉正偉, 2006: 15).[23] 전쟁, 테러발생, 허리케인, 관광목적지의 보건환경, 송출지의 경제침체 등은 관광산업에 큰 영향을 미친다. 관광산업은 다른 산업에 비해서 외부환경에 큰 영향을 받는 산업으로 널리 알려져 있다. 따라서 여행업을 비롯한 관광사업체는 위기상황에 맞는 상품개발, 가격인하 혹은 악조건하에서 충격을 최소화하는 대응전략을 마련해야 한다(Seaton & Bennett, 1996: 25).[24] 1989년 해외여행 자유화조치 이후 급성장해 온 여행업계는 1998년 IMF 금융위기(경제적 환경), 2001년 9.11테러(정치적 환경), 2003년 중국의 SARS(보건·위생환경), 2008년 미국 월가(경제적 환경)발 금융위기 등의 환경에 크게 영향을 받은 것으로 나타났다.

(3) 계절성 산업

여행업은 계절성(seasonality)이 강한 산업이다. 여행업의 계절성 패턴은 크게 ① 성수기, ② 평수기, ③ 비수기로 나눈다. 수요의 계절성(seasonality of demand)은 연중 시기 혹은 계절별로 상품에 대한 민감성(sensitivity)으로 해석되기도 한다. 혹은 계절성은 특정기간 동안 상품을 구매하거나 구매하지 않은 시장의 성향(tendency of market)으로 표현되기도 한다. <표 10-5>는 성수기·평수기·비수기별 수요와 공급 및 가격성향을 보여주고 있다(Fay, 1992: 33-34).[25]

〈표 10-5〉 관광산업 계절성 패턴과 수요와 공급 및 가격성향

계절성 패턴	수요(demand)	공급·가격(supply & price)
성수기(peak season)	수요(高)	• 공급: 높은 수준 • 가격: 높음
평수기(shoulder season)	수요(平)	• 공급: 보통 수준 • 가격: 중간범위
비수기(low season)	수요(低)	• 공급: 낮은 수준 • 가격: 낮음(수요촉진)

| 출처: Fay(1992), p. 34.

계절성은 관광산업에 영향을 미치는 주요한 문제 중의 하나이다. 계절성은 수요(demand)와 수익(revenues)에 불안정성(instability)을 초래한다. 여행업을 포함한 관광산업의 계절성 특성은 기업에 악영향을 끼칠 뿐만 아니라 잠재종사원(potential employees)들이 관광산업에 갖는 매력을 감소시킨다(Krakover, 2000).[26] 여행상품은 성수기(peak season)와 비수기(low season)에 따라 수요(demand)에 큰 차이를 보인다. 여행사들은 가격차별화전략으로 비수기를 타개하려 한다(박시사, 2003: 100).[27] 여행업의 계절성은 성수기에 파트타임직원(part-time employee)을 많이 고용하게 한다. 미국 ASTA의 2008년 자료에 의하면 미국 소형 여행사의 53% 정도가 파트타임을 활용하고 있는 것으로 나타났다. 반면 직원이 30명 이상인 대형 여행사의 경우 1% 미만의 파트타임직원을 활용하고 있다(ASTA Agency Profile, 2008).[28]

(4) 종합산업

여행업은 식·주·행·유·구·오(食 + 住 + 行 + 遊 + 購 + 娛)가 하나로 통합된 경제활동이다. 다시 말해서 Dining + Staying + Transporting + Playing + Shopping + Entertaining이 하나로 결합된 종합산업이란 뜻이다(李宝明, 2004: 27).[29] 패키지 여행상품은 ① 관광교통, ② 숙박, ③ 식사, ④ 관광·가이드 서비스, ⑤ 관광대상·입장료 포함, ⑥ 쇼핑 등의 요소로 구성된다. 미시적 시각에서 보더라도 여행업은 다른 산업과 결합되고, 다른 산업에서 제공하는 상품과 서비스가 있어야만 가능하다. 이는 여행업이 종합산업임을 설명해 준다. 거시적 관점에서 보면 여행업을 비롯한 관광산업은 농업·수산업·임업·공업 등 다른 산업과 상호의존적인 관계를 통해서 성장·발전한다.

(5) 노동집약적 산업

여행업은 다른 서비스산업과 마찬가지로 노동집약적(labour intensive) 산업이다(Rogers & Slinn, 1993: 91).[30] 여행업은 노동집약적 산업이므로 인적 자원의 중요성이 강조된다. 여행업종사자는 비교적 높은 수준의 역량을 필요로 한다(李宝明, 2004: 186).[31] 여행업을 포함한 관광산업은 일반적으로 인적 서비스(personal service)가 높다(Seaton & Bennet, 1996: 19).[32] 미들턴과 모리슨(Middleton & Morrison)[33]은 관광산업 마케팅 믹스를 구성하는 5번째 요소로 'People'을 포함시켰는데, 이는 관광산업이 인적 서비스가 중시되는 노동집약적 산업임을 나타내 주고 있다.

여행업경영자는 성수기에 한시적으로 고용된 종사원의 생산성을 높이는 문제, 전통적으로 낮은 임금을 받은 종사원의 높은 이직률문제에 직면해 있다. 높은 이직률은 회사에 큰 비용(cost)

을 발생시킨다. 여행업경영자는 부족한 인원을 충원하기 위해 시간을 투자해야 하며, 이로 인해 종사원의 교육과 훈련에 에너지를 투여할 수 없기 때문에 결국 대고객 서비스의 저하로 이어진다(Rogers & Slinn, 1993: 91).[34)]

⑹ 유동자산 비중이 높은 산업

여행업은 유동자산(流動資産) 비중이 높은 산업이다(董茂永, 2000: 6).[35)] 여행사의 유동자산은 ① 현금 및 현금성 자산, ② 단기투자자산, ③ 매출채권, ④ 재고자산으로 구성되어 있다. 여행사가 소유하고 있는 자산 중 유동자산의 비중이 높으며, 고정자산(固定資産)이 차지하는 비중이 낮은 산업이다.

따라서 여행사의 자산관리중심은 바로 유동자산관리에 초점이 맞추어져야 한다.

〈표 10-6〉 관광산업 상장사 유동자산과 비유동자산 비교표(2008년 6월 기준) (단위: 억 원)

사업체명	유동자산(流動資産)		비유동자산(非流動資産)	
하나투어	현금 및 현금성 자산	256	투자자산	225
	단기투자자산	1,095		
	매출채권	249	유형자산	318
	재고자산		무형자산	67
	유동자산 총계: 1,232		비유동자산 총계: 642	
호텔신라	현금 및 현금성 자산	199	투자자산	452
	단기투자자산	6		
	매출채권	340	유형자산	4,562
	재고자산	1,568	무형자산	2
	유동자산 총계: 2,267		비유동자산 총계: 4,562	
강원랜드	현금 및 현금성 자산	623	투자자산	5,294
	단기투자자산	3,599		
	매출채권	18	유형자산	9,901
	재고자산	6	무형자산	2
	유동자산 총계: 5,140		비유동자산 총계: 15,303	

| 참고: 본 자료는 하나투어 · 호텔신라 · 강원랜드 대차대조표를 참고하여 작성한 것임.

<표 10-6>에 의하면 여행업을 대표하는 하나투어는 유동자산이 1,232억 원이고, 비유동자산이 642억 원으로 유동자산이 비유동자산의 약 2배로 나타났다. 반면 호텔신라와 강원랜드는 비유동자산이 유동자산의 2~3배로 나타났다. 한국을 대표하는 관광기업의 대차대조표를 보면, 여행업이 다른 산업에 비해 유동자산이 높은 산업임이 입증된다.

(7) 수요탄력성이 강한 산업

수요탄력성이란 가격이 변하는 정도에 따라 수요의 증가 또는 감소에 영향을 미치는 지수(index)를 의미한다(박시사, 2003: 100).[36] 여행상품은 가격민감도가 높은 특성을 갖고 있다. 여행상품의 수요는 가격의 변화에 민감하게 반응한다(Hudman & Hawkins, 1989: 160).[37]

(8) 정보집약적 산업

관광산업의 정보집약적 특성(李宝明, 2004: 186)[38]으로 인해서 관광상품을 마케팅하는 데 인터넷과 웹기술 역할의 중요성이 강조되고 있다(Lin & Huang, 2006).[39] 최근 여행업은 종전의 예약·발권의 역할에서 상담·여행기획 등 정보와 전문성을 바탕으로 한 역할과 기능의 중요성이 강조되고 있다. 이러한 변화추세를 잘 반영해 주는 것으로 인터넷기반 여행사, 온라인여행사, Click & Mortar, Travel Portal, CRS 등을 들 수 있다.

(9) 창업이 용이한 산업

우선 소자본으로 창업이 가능하고, 창업 시 다른 사업(산업)에 비해 고정자산이 많이 필요치 않다(董茂永, 2000: 7).[40] 여행업은 상대적으로 창업이 용이하며, 쉽게 실패할 수 있는 산업이라 하였다. 그 이유로 제조업처럼 공장을 세우지 않아도 되며, 상대적으로 손익분기점이 낮고, 의사·변호사·회계사 등과 같은 전문직에 비해 자격요건이 까다롭지 않다. 또한 소자본으로 창업이 가능하기도 하다(Lundberg, 1990: 122).[41]

(10) 현금유동성이 높은 산업

여행업은 '현금흐름' 혹은 '현금유동성'(cash float)이 높은 산업이다. 미첼과 콜트만(Michael & Coltman, 1989)은 현금유용성이 여행업의 산업적 특성이라 주장하였다.[42] 여기서 말하는 현금유동성이란 현금을 오랫동안 보유하고 활용할 수 있음을 뜻한다. 관례적으로 여행객은 여행이 시작되기 전에 여행경비 전액을 여행사에 지불한다. 그러나 여행사는 항공사, 호텔, 현지 지상수배업자(land operator or ground operator)에게 바로 지불하지 않고 보유하면서 활용한다. 여행사는 여행이 종료된 후 여행경비를 해당업체에 지불하거나 혹은 일정기간이 지난 후 지불하기도 한다. 따라서 여행업자는 이 기간 동안 현금을 유용할 수 있다. 이러한 여행경비 지불방식은 여행사의 현금유용성을 높게 해준다(박시사, 1997: 21 재인용).[43] 항공사와 여행사 간 결재방식의 하나인 BSP(Bank Settlement Plan), 즉 '항공료 은행결재제도'를 보면 여행업이 현금유용성이 높은 산업임을 알 수 있다. BSP 가입여행사는 고객으로부터 받은 여행경비 중 항공료를 항공사에 직접 지불하지 않고 은행에 지불한다. 통상적으로 2주일이 지난 후 지불하게 된다. 여행사는 이 기간 동안 고객으로부터 받은 여행경비를 운용할 수 있다.

그 외에 여행업은 다른 산업에 비해서 수익률이 상대적으로 낮은 산업으로 알려져 있다. 董茂永(2000)[44]은 여행업의 산업적 특성으로 ① 인적 자원의 질이 높은 산업, ② '조합산업(組合産業)' ③ 산업 내 진입이 용이한 산업이라 하기도 하였다.

3 여행업의 미래전망

1) 여행업의 역할변화

IT혁명은 미래 여행업에 기회를 제공함과 동시에 도전을 가져왔다. 특히 인터넷은 여행업자들로 하여금 핵심업무인 정보제공과 예약업무에서 탈피하여 여행상담자의 역할을 하도록 하고 있다(Buhalis, 2003: 275-276).[45] 여행업자는 정보제공뿐만 아니라 상담능력이 필요하게 되었으며, 여행사가 유통채널에서, 경쟁력을 갖추기 위해서는 '상담제공능력(advice-giving capacity)'이 강화되어야 한다(Ozturan & Roney, 2004).[46]

2) 여행사의 형태변화

미래의 여행업은 시장지배력(market power)을 활용할 수 있고, 규모의 경제를 누릴 수 있는 세계적 여행기업(global players)과 전문화 여행기업(niche marketers)이 미래 여행업을 지배할 것으로 예측된다(박시사, 2008: 414-415).[47] 세계적 여행기업은 다양한 여행상품 포트폴리오를 구비한 대형 여행사이며, 국제적인 브랜드 명성과 네트워크를 갖추고 있다. 세계적 여행기업은 경쟁자에 비해 대량구매와 대량거래를 할 수 있기 때문에 가격경쟁력이 있고, 여행상품 공급업자

와의 특별한 거래(special deal)를 할 수 있는 위치에 있기 때문에 가격경쟁력이 높다. 이는 여행업의 과점화(寡占化)를 불러일으키고, 업계 전체의 빈익빈·부익부현상을 초래하기도 한다. 전문화 여행기업은 작은 규모의 여행사이며, 특정 세분시장의 욕구를 반영한 전문여행상품을 개발·판매하는 여행사이다. 전문화 여행기업은 차별화와 집중화를 통해서 고객의 욕구를 충족시키고, 고객의 가치를 창출한다. 다음 표는 한국여행업 전문화 사례이다.

〈표 10-7〉 여행업 전문화 사례

전문화 분야	여행사명
상용·비즈니스전문	BT & I, 인하여행사, 전시회여행사, 국제박람회여행사
크루즈전문	싼타크루즈, 크루즈인터내셔날, (주)아이존투어, Club Thomas, Inter-Burgo Tour
신혼여행전문	허니문여행사, CJ월디스, 여행일번지/Tour 21(국내신혼여행)
성지순례여행전문	만나성지순례(기독교), 종려나무여행(기독교), (주)로뎀투어(기독교), 평화순례여행사(천주교), 에던항공여행사(천주교), 반야여행사(불교), 혜초여행사(불교), 기독교문화여행사(기독교)
배낭여행전문	내일여행, 블루여행사, 배재항공여행사, 투어야여행사, 신발끈여행사, 서울항공여행사
골프여행전문	비룡항공여행사, 지티에스여행사, 루비항공여행사, 일성여행사, 클럽골프여행사
국내여행전문	솔항공여행사, 홍익여행사, 비타민여행사, 다음레저, 테마캠프, 여행스케치, 웹투어, 여행천국, 환타지여행사, 우리투어네트웍스
지역전문	산수국제여행사(티벳), 로얄인더스여행사(인도·네팔·티벳), 혜초여행사(실크로드·네팔·인도), 케이투어(러시아·시베리아), 한우여행사(일본)

| 출처: 저자가 업계지(신문)와 잡지 및 인터넷 자료를 참고하여 정리한 것임.

3) 새로운 e-Mediary 출현

인터넷은 새로운 e-Mediary 출현을 가능하게 한다. e-Mediary는 e-Platform, Internet, Interactive Digital TV, Mobile Phone에 기반을 둔 시스템으로 종전의 CRS, GDS, Videtext와 다르다. GDS(Global Distribution System)는 점차 인터넷과 통합되고 있다. 항공사·호텔 등과 같은 여행상품 공급업자(suppliers)는 온라인으로 여행상품을 판매할 수 있게 되었는데, 여행객은 CRS, 웹기반여행사, 인터넷 포털(internet portal), 경매 사이트에 직접 접속하여 여행상품을 구매하게 된다(Buhalis & Licata, 2002).[48]

4) 항공사의 수수료 삭감 및 폐지와 여행업 수익성 악화

항공권 발권수수료를 삭감함으로써 항공사는 항공권 분배 채널을 통해 여행사에 대한 의존도를 낮췄다. 이런 과정은 1995년 미국의 7개 항공사(아메리칸, 델타, US, 트랜스월드, 유나이티드, 노스웨스트, 콘티넨탈항공)가 시작했다. 이들 항공사는 국내선은 50달러, 1998년에 국제선은 100달러로 여행사수수료 상한선을 설정한 데 이어 1999년 10월에는 수수료율을 5%로 줄였으며, 마침내 2002년에는 수수료를 아예 폐지했다.

수수료 폐지의 배경은 크게 ① 저가항공사의 성장에 따른 항공사의 재정적 손실과 부도 증가, ② 1995년 2월 이후 점진적으로 시행한 수수료 인하가 부정적인 결과를 초래하지 않은 점 등을 꼽을 수 있다. 수수료 폐지에 따라 여행사의 수가 급속하게 감소할 것으로 예측된다.

유럽에서는 항공권 수수료를 15년 이상 9%를 유지했지만, 항공운송 및 국내선 항공 서비스자유화에 따라 새로운 항공사와 노선이 등장했으며, 항공요금경쟁과 이에 따른 부도건수도 증가했다. 항공사들의 생산비 절감압력도 커졌다. 그 결과 유럽에서는 1997~1999년 사이에 항공권 수수료율이 9%에서 7%로 인하되었으며, 2001년 이후에도 감소의 움직임이 지속됐다. 2003년 1월 1일부터는 스칸디나비아에서 수수료가 사실상 사라졌다. 이런 수수료 인하·폐지과정은 미국보다 유럽에서 더 빠르게 일어났으며, 이로 인해 유럽의 여행사들은 새로운 환경에 적응하는 데 더 큰 어려움을 겪게 되었다(www.amadeus.com).[49)]

5) B2B · B2C · M2M의 일반화

여행업은 진입이 용이하고 사업철수 장애요인이 상대적으로 적어서 경쟁이 치열한 산업이다. e-Commerce는 규제완화와 더불어 여행업의 경쟁을 가속화시켰으며, 여행사는 운영효율성을 증대시키고 시장점유율을 높이기 위해 B2C·B2B·M2M 등 e-Commerce를 채택하고 있다(Huang, 2008).[50)] 인터넷환경이 도래하면서 항공사-여행도매업자, 여행도매업자-여행소매업자 간 유통구조가 급속하게 축약(縮約)되었다. 호텔·항공사를 비롯한 여행상품공급업자와 여행사(wholesalers)는 직접 인터넷으로 연결이 가능하게 되었으며, 여행도매업자와 소매업자 간 관계는 B2B(Business to Business)형태로 변하게 되었다. 여행사의 e-Business 도입은 여행사의 운영비용(operation costs)을 절감시켰고, 전자상거래(e-Commerce)는 여행사의 사업운영형태에 영향을 미쳤다. 특히 시장에서 여행사가 여행상품을 유통시키는 방법에 큰 변화를 가져오게 했다(Wu & Chang, 2006).[51)] [그림 10-4]는 여행업 B2C·B2B·M2M의 전형적인 모형이다.

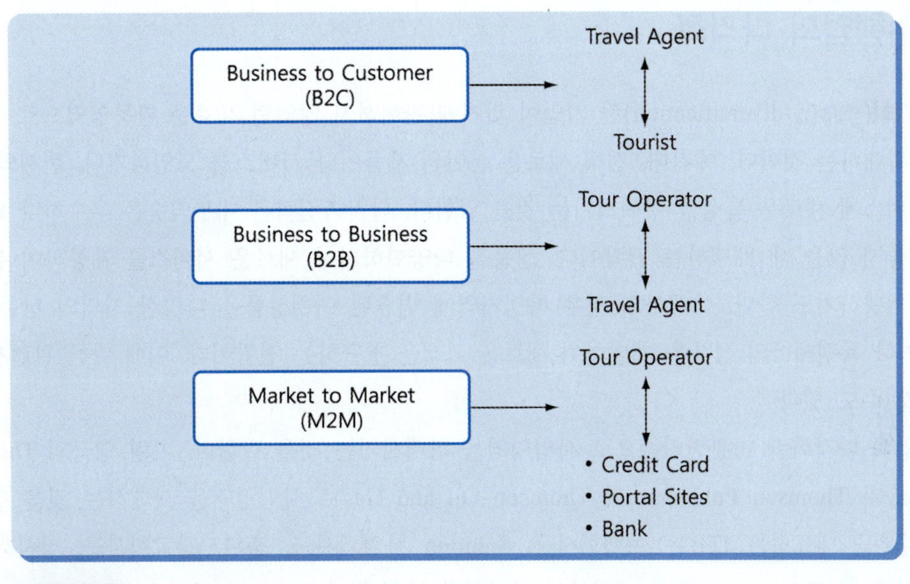

[그림 10-4] 여행업 B2C · B2B · M2M 모형

6) M&A를 통한 여행업의 외적 성장

한국의 여행업은 1990년대부터 인수 · 합병(M&A)과정을 겪고 있다. M&A 시장은 해외의 초대형 여행사들이 점차 우리나라 여행업으로 진출하는 움직임으로 나타나고, 대규모 기업집단과 대기업 및 중견기업들이 여행업 진출을 검토하는 등 아직은 많은 변화가 예감된다. 또한 중국과 인도의 경제적 비약으로 중국과 인도의 여행수요 증가와 여행업 진출은 우리나라 여행업에 커다란 변화를 가져올 것으로 보인다. 기업은 성장전략을 수립하기 위해서 새로운 성장기회를 모색한다. 대표적인 여행업의 M&A 사례는 다음과 같다.

① 하나투어 → OK 투어

② 세중나모여행 → 한화투어몰

③ 자유투어 → 투어닷코리아

④ BT & I → 투어익스프레스

⑤ 세계투어(구호도투어) → 나스항공

7) 여행업의 다각화

다각화(多角化, diversification)란 기업이 과거에 관여하지 않았던 새로운 활동영역으로 경영범위를 확대하는 것이다. 예컨대, 전혀 새로운 분야의 제품이나 서비스를 도입하거나, 현재의 상품 및 서비스에 새로운 특성을 부여시키는 것을 말한다. 다각화전략은 내부역량은 우수하나 외부환경이 좋지 않을 때 채택하는 전략이다. 상품을 다양화하거나 새로운 서비스를 제공하여 틈새시장을 겨냥하기도 한다. 여행사의 경우 특정지역에 편중된 여행상품을 다양한 지역의 상품을 개발하거나 특정테마의 상품을 개발하여 새로운 고객을 창출하는 전략이다. 이때 다른 관련사업에 진출할 수도 있다.

기업의 다각화란 비관련업종으로 사업영역을 확대시키는 것을 말한다. 가령 영국의 Thomson Holiday가 Thomson Publishing과 Thomson Oil and Gas로 사업영역을 확대하는 것을 일컫는다. 일본을 대표하는 JTB는 여행회사군, Solution 사업회사군, 출판·광고회사군, 상사회사군, 독립회사사업군으로 확대하여 계열화와 다각화를 동시에 추구하고 있다. 하나투어는 '유학사업부'*를 두어 기업의 성장을 도모하고 있다.

8) 이종업체 경쟁자의 등장

여행업은 이업종(異業種), 즉 다른 업종으로부터 신규참여가 높아지고 있다(秋場良宣, 1993: 45).[52] 정보기술과 인터넷의 출현으로 관광산업은 '대각선통합(diagonal integration)'이 급속하게 진전될 것이며, 대각선통합·계열화는 관광산업 내 사업의 경계를 모호하게 만들 수 있다. 다시 말해서 관광사업체의 범주에 속하지 않은 이종업체에서 진입한 경쟁자가 늘어날 것이다. 가령 금융기업이 여행업을 포함한 관광산업을 매력적이고 수익성이 높은 산업이라고 판단하여 진입할 수 있다(Poon, 1993: 228).[53] 2005년 결혼정보회사 'SW'사가 기업의 다각화차원에 여행업으로 진입했다. H건설사는 'H글로벌투어'를 설립하여 여행업에 진입하였다.

* 하나투어는 여행업 인프라를 바탕으로 종전에 산업으로 자리하지 못했던 유학원을 기업화하겠다는 전략이다. 또한 양질의 유학상품을 공급하고 전문적인 고객상담을 운영할 수 있게 될 것으로 기대하고 있으며, 하나투어의 대리점 네트워크를 공유해 보다 신속하고 안정적으로 하나유학을 유학시장에 진입시키겠다는 계획이다. 나아가 해외지사를 활용해 현지 지원 프로그램을 도입시켜 유학업체로서의 전문성 또한 강화한다는 방침이다.

9) 여행사의 사회적 마케팅 대두

1970년대 초기부터 기업은 수익을 창출하고 고객을 만족시키면서 기업의 사회적 책임(social responsibility)을 인식하기 시작했다. 사회적 마케팅의 접근은 기업으로 하여금 항상 여러 분야에서 사업운영을 하기 전에 고객·환경문제·자원고갈·사회복지(social welfare)를 고려하게 한다. 사회적 마케팅의 주요한 기능 중의 하나는 바로 소비자·종사원을 교육하고 사회구성원의 소비를 정당화하는 것이다. 이를 통해서 기업은 수익을 얻으면서 지속적인 발전을 추구한다(Tosun, Okumus & Fyall, 2008).[54)]

기업은 제품·상품·서비스를 생산하여 사업활동을 한다. 이를 통해서 기업은 이윤을 얻는다. 기업활동은 사회에 지대한 영향을 미친다.

기업의 사회적 책임(social responsibility)이란 기업의 제반 사업활동이 사회에 영향을 미친다는 것을 인식하고 기업이 이를 의사결정에 반영하는 생각 또는 자세이다.

기업의 책임(responsibility)범주는 다음과 같다(Dumler & Skinner, 2008: 57-62).[55)]

① 고객에 대한 책임(responsibility to customers)

② 종사원에 대한 책임(responsibility to employees)

③ 환경에 대한 책임(responsibility to environment)

④ 투자자에 대한 책임(responsibility to investors)

기업의 사회적 마케팅은 브랜드 아이덴티티의 형성에 도움을 준다. 기업의 공익(public interest)과 대중의 복지 및 웰빙에 기여하는 사회적 마케팅을 수행하면 다음과 같은 편익을 누린다(Hoeffer & Keller, 2002).[56)]

① 브랜드자산 형성(building brand equity)

② 브랜드인지도 높임(brand awareness)

③ 브랜드식별 도움(evoking brand feelings)

④ 브랜드신뢰도 구축(establishing brand credibility)

⑤ 브랜드 커뮤니티 만듦(creating a sense of brand community)

⑥ 브랜드 구매유도(eliciting brand engagement)

[그림 10-5] 기업, 사회 그리고 사회적 마케팅

전 재산의 20% 이상을 기부하는 Bill Gates 부부와 Warren Buffet, 사회적 마케팅을 적용한 Zuji.com여행사의 10센트 Beans 상품, 사회적 마케팅을 실천하는 '기부천사' 김장훈 그리고 행복한 관광객의 모습

10) 여행업의 계열화 경향

글로벌경제하의 관광산업은 기업 간 계열화(integration)와 집중화(concentration)가 이루지게 된다. 관광교통 · 호텔 · 엔터테인먼트 · 식음료 섹터가 관광객의 소비패턴을 통해서 긴밀하게 계열화되고 있다. 기업의 계열화는 크게 ① 수평적 계열화, ② 수직적 계열화로 나타난다.

여행업의 수평적 계열화(horizontal integration)는 동종업종 간 통합, 다시 말해서 호텔과 호텔 간 통합, 항공사와 항공사 간 계열화를 일컬으며, 수직적 계열화(vertical integration)란 이종업종 간의 결합을 말한다. 가령 호텔과 항공사 간 계열화, 항공사와 여행사 간 계열화, 호텔과 크루즈사 간 계열화 등이 수직적 계열화에 해당한다(Lafferty & Fossen, 2001).57)

미 주

1) 박상현 · 염지환(2008). 롯데닷컴 여행사업부의 영업전략. 『경영교육연구』, 11(2), 149-167.

2) 임연우 · 윤지환 · 박은정(2007). 인터넷여행사의 전환비용이 고객유치에 미치는 영향. 『관광연구』, 22(2), 173-190.

3) 迸耘 · 傳惠 · 李美云(2000). 『旅行社人力資源管理』. 广東旅游出版社.

4) 박시사(2006). 한 · 중 여행업 비교. 『관광 · 레저연구』, 18(3), 7-21.

5) 박시사(2006). 한 · 중 여행업 비교. 『관광 · 레저연구』, 18(3), 7-21.

6) 石野正樹 외 7인(1996). 『旅行業法解說』. 社團法人 日本旅行業協會.

7) Stevens, L.(1990). *Guide to Starting and Operating a Successful Travel Agency*. Delmar Publishers, Inc.

8) Goeldner, C. R., Ritchie, J. R. B., & McIntosh, R. W.(2000). *Tourism: Principles, Practices, Philosophies*. John Wiley & Sons, Inc.

9) Bowie, D., & Buttle, F.(2004). *Hospitality Marketing*. Elsvier Buttlerworth Heinemann.

10) Goeldner, C. R., Ritchie, J. R., & McIntosh, R. W.(2000). *Tourism: Principles, Practices, Philosophies*. John Wiley & Sons, Inc.

11) 노정철(2005). 『여행사경영론』. 서울: 한올출판사.

12) 노정철(2003). 『여행업경영』. 서울: 대왕사.

13) Lavery, P., & Doren, C. V.(1990). *Travel and Tourism*. Elm Publications.

14) Poon, A.(1993). *Tourism, Technology and Competitive Strategies*. CAB International.

15) Ozturan, M., & Roney, S. A.(2004). Internet Use among Travel Agencies in Turkey: an Explorary Study. *Tourism Management*, 25(2), 259-266.

16) Poynter, J.(1989). *Foreign Independent Tours: Planning, Pricing, and Processing*. Delmar Publishers, Inc.

17) Cai, L., Card, J. A., & Cole, S. T.(2004). Content Delivery Performance of World Wide Web Sites of US Tour Operators Focusing on Destinations in China. *Tourism Management*, 25(2), 219-227.

18) 德前玄利(1990). 『旅行: Tourism』. 日本經濟新聞社.

19) Buhalis, D.(2003). *e-Tourism: Information Technology for Strategic Tourism Management*. Prentice-Hall.

20) Doganis, R.(2006). *The Airline Business*. Routledge.

21) 秋場良宣(1992).『旅行業の未來戰略』. 日本能率協會マネジメントセンター.

22) 王德剛(1995).『旅游學概論』. 三東大學出版社.

23) 齊洪利・孫文學・主審・劉正偉(2006).『旅行社經營管理』. 大連理工大學出版社.

24) Seaton, A. V., & Bennett, M. M.(1996). *The marketing of tourism products: concepts, issues and cvases*. International thomson business press.

25) Fay, B.(1992). *Essentials of Tour Management*. Prentice-Hall.

26) Krakover, S.(2000). Partitioning Seasonal Employment in the Hospitality Industry. *Tourism Management*, 21(5), 461-471.

27) 박시사(2006). 한・중 여행업 비교.『관광・레저연구』, 18(3), 7-21.

28) ASTA Agency Profile(2008).

29) 李宝明(2004).『旅行企業管理』. 經濟科學出版社.

30) Rogers, A., & Slinn, J.(1993). *Tourism: Management of Facilities*, The M&E Handbook Series.

31) 李宝明(2004).『旅行企業管理』. 經濟科學出版社.

32) Seaton, A. V., & Bennett, M. M.(1996). *The marketing of tourism products: concepts, issues and cvases*. International thomson business press.

33) Morrison, A. M.(2002). *Hospitality and Travel Marketing*. Delmur Publishers.

34) Rogers, A., & Slinn, J.(1993). *Tourism: Management of Facilities*, The M&E Handbook Series.

35) 董茂永(2000).『旅行社業務』. 旅游教育出版社.

36) 박시사(2003).『여행업경영』. 대왕사.

37) Hudman, L. E., & Hawkins, D. E.(1989). *Tourism Contemporary Society*. Prentice-Hall.

38) 李宝明(2004).『旅行企業管理』. 經濟科學出版社.

39) Lin, Y. S., & Huang, J. Y.(2006). Internet Blogs as a Tourism Marketing Medium: A Case Study. *Journal of Business Research*, 59(10~11), 1201-1205.

40) 董茂永(2000).『旅行社業務』. 旅游教育出版社.

41) Lundberg, D. E.(1990). *The Tourist Business*. VNR.

42) Michael, M., & Coltman(1989). *Tourism marketing*. Van Nostrand Reinhold.

43) 박시사(1997). 한국 여행업의 창업결정에 관한 연구. 한양대학교 박사학위논문.

44) 董茂永(2000).『旅行社業務』. 旅游教育出版社.

45) Buhalis, D.(2003). *e-Tourism: Information Technology for Strategic Tourism Management*. Prentice-Hall.

46) Ozturan, M., & Roney, S. A.(2004). Internet among travel agencies in Turkey: an Exploratory study. *Tourism Management*, 25(2), 259-266.

47) 박시사(2008). 『항공사 경영론』. 서울: 백산출판사.

48) Buhalis, & Licata(2002). *Tourism Management*.

49) www.amadeus.com

50) Huang, L.(2008). Building-up a B2B e-commerce strategic alliance model unger an certain environment for taiwan's travel agencies. *Tourism Management*, 22(1), 11-19.

51) Wu, J. J., & Chang, Y. S.(2006). Effect of transaction trust on e-commerce relations between travel agencies. *Tourism Management*, 27(6), 1253-1261.

52) 秋場良宣(1993). 『旅行業の未來戰略』. 日本能率協會マネジメントセンター.

53) Poon, A.(1993). *Tourism, Technology and Competitive Strategies*. CAB International.

54) Tosun, C., Okumus, F., & Fyall, A.(2008). Marketing philosophies evidence from Turkey. *Tourism Management*, 35(1), 127-147.

55) Dumler, M. P., & Skinner, S. J.(2008). *A prime for management*. Thomson south-western.

56) Hoeffer, S., & Keller, K. L.(2002). Building brand equity through corporate societal marketing. *Journal of Public Policy & Marketing*, 21(1), 78-89.

57) Lafferty, G., & Fossen, A. V.(2001). *Tourism Management*, 22(1), 11-19.

저자약력

박시사(朴時四) 현_제주대학교 관광경영학과 부교수

한양대학교에서 박사학위를 취득했다. 저자 박시사는 한국관광학회 정회원이며, 저서로 『해외여행과 관광문화』 『투어에스코트원론』 『여행업경영론』 『항공사경영론』 등과 논문 "한국 여행업의 마케팅 전략에 관한 연구" "한국 여행업의 창업결정에 관한 연구" "한·중 여행업 비교" "동계 패키지여행상품 신문광고 분석" "한국 여행업의 해외여행상품 인터넷 키워드 검색광고 분석" 등을 통해 활발한 학술적 성과를 발표하고 있으며 후진 양성과 학회의 발전에 힘쓰고 있다.

실무자의 이야기

해외여행 산업의 성장

홍 기 정*

1. 성장이 지속되는 해외여행 산업

한국의 해외여행 시장은 경제성장과 인구증가를 상회하며 급속히 성장해 왔다. 1989년 해외여행이 전면 자유화된 첫 해에 백만 명을 넘기고 2005년에는 사상 처음 천만 명이 넘는 국민이 해외여행을 하였다. 2008년 세계관광기구(UNWTO) 보고서에도, 한국인의 해외여행 소비가 세계 10위(20.9US$ billion)를 기록하며 세계적인 시장으로 성장하였음을 확인시켜 주었다.

2. 충분한 성장여력

한국의 해외여행 시장(OutBound)은 그 성장 잠재력이 아직도 충분하다. 단편적으로 보면, 한국시장은 대만과 유사하다. 지리적으로 육로가 제한되어 있어 손쉽게 해외여행을 할 수 없다는 점과 상대적으로 자국 내 관광 인프라가 발달되지 않아 해외여행을 선호하고 있다는 점이다. 2004년 대만은 전체 인구의 34.31%가 해외여행을 하였다. 하지만 2007년 우리나라가 최대 출국자를 기록하며 1,300만 명이 출국하였음에도 불구하고 전체 인구의 27.5%밖에 되지 않았던 것을 보면, 여전히 한국의 해외여행 시장은 당분간 성장이 지속될 것으로 보인다.

해외여행 경험횟수는 그러한 가능성을 더욱 잘 시사해 주고 있다. 한국관광공사에 따르면 1997년 1년에 해외여행을 2회 이상 경험한 사람은 전체 인구의 6.4%에 불과했다. 그러나 2004년 두 배가 넘는 15.7%가 되었고 4회 이상 여행을 한 사람의 무려 4배가 넘는 성장을 한 것을 볼 수 있다. 이는 해외여행이 연례행사가 아닌 수시로 할 수 있는 여가활동으로 인식되고 있다는 뜻이기도 하다.

---

* ㈜모두투어네트워크 사장

향후 성장여력을 크게 보는 이유는 무엇보다도 한국의 경제성장 잠재력을 들 수 있다. 국가의 경제력이 클수록 여가와 건강에 대한 관심이 높을 수밖에 없고 이러한 면에서 아직 한국의 해외여행 시장은 여전히 왕성한 성장을 하고 있다고 하겠다.

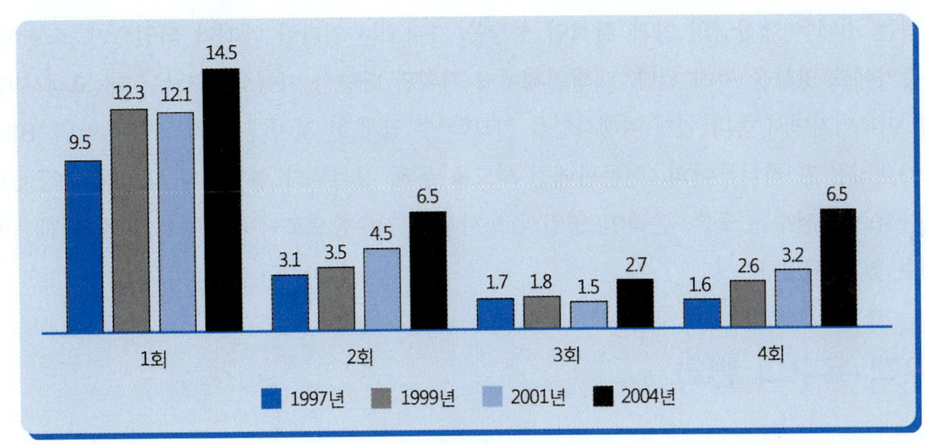

해외여행 경험횟수

3. 해외여행 시장을 뒷받침해 주는 사회적 변화

경제성장과 함께 사회적 변화들도 해외여행 시장의 성장에 지대한 기여를 해왔다. 우선, 소득 증대로 인한 가처분 소득의 증대와 구매력 있는 중·장년층의 확대로 수요가 폭발하고 있다. '베이비 붐 세대'가 점차 이러한 분류로 편입되고 있으며, 고령화 사회는 여가생활이 중요한 사회적 이슈가 되게 해주었다. 또한, 국제화, 세계화, 개방화와 주 5일 근무제의 확대는 젊은층에게 해외여행의 욕구를 부추기기에 충분하였고, 이에 발맞추어 단기 및 단거리 여행상품이 인기를 끌며 다양한 상품이 개발되었다.

4. 여행업계의 변화

최근의 여행업계에는 두 가지 큰 변화가 진행 중이다. 첫째는 대형업체 위주로 재편되고 있다는 것이고, 또 하나는 소호 여행업체가 급증하였다는 것이다. 두 가지 모두 여행사업이 성장일로에 있다는 것을 반증하는 것이지만, 그 근거는 좀 다르다. 2000년 하나투어의 코스닥 상장 이후, 2005년 모두투어가 상장을 하면서 뒤를 이어 자유투어와 롯데관광 등이 연이어 기업공개에 성공하며 규모의 경제가 시장을 이끌게 된다. 이로써 자본력을 확보한 Big4(4개의 대형업체)는 전보다 더욱 공격적인 상품개발과 마케팅 활동에 집중하며 시장점유율을 확대하였다. 일반여행업협회(KATA)에 따르면 2000년 관광목적출국자 대비 Big4의 시장점유율은 13%였다. 하지만 2005년 22%를 기록하며 대형업체의 시장 지배력이 더욱 강화되고 있음을 보여주고 있다. 이러한 변화는 전체 여행산업의 양과 질적인 성장을 가져오는 커다란 계기가 되었으며, 소호여행업체의 증가에도 영향을 주게 된다. 대형업체에서 기획된 다양한 여행상품으로도 대 고객서비스가 충분히 이루어지면서 좀더 쉽게 여행사업을 시작할 수 있게 한 것이다. 특히, 모두투어의 'BP(Best Partner)대리점'과 하나투어의 '전문판매점'제도를 통해 창업부터 영업까지 대리점 사장에게 관련 전산시스템 전수는 물론, 온라인 영업의 노하우를 전수함으로써 아낌없는 지원을 받으며 영업할 수 있게 되었다.

5. 고객 욕구의 변화

오늘날 고객의 특징은 인터넷을 통해 정보를 얻고 브랜드를 중시한다는 점이다. 이는 과거 주변 사람의 소개로 구매가 이루어지던 시대에서 정보화, 대중화 시대에 걸맞게 변화하고 있음을 보여주고 있다. 또한, 유학 및 어학연수 등 해외여행 경험이 있는 젊은 사람들을 중심으로 개별여행이 점차 활성화되고 있다는 점이다.

이러한 고객의 변화는 여행사에도 많은 영향을 주게 되었다. 인터넷사이트를 통해 상품진열만 하던 것에서 여행정보사이트 못지않은 풍부한 정보력을 보유하고 빠르게 서비스할 수 있도록 변화하게 하였다. 또한, 대형업체가 TV나 신문 광고 등을 통해 브랜드 관리를 하던 기존의 방법에서 벗어나 다양한 시도를 통해 고객과의 관계를 유지하고 있다. 모두투어도 '드라마PPL(Product Placement)'과 '홈쇼핑'이라는 새로운 시도로 많은 효과를 보기도 하였다.

6. 모두투어의 성장

모두투어는 1989년 해외여행 자유화와 함께 창립한 후 대한민국 여행문화를 리드해 오고 있다. 아직은 해외여행이 대중화되지 않은 시기에 ㈜국일여행사는 국내 최초의 홀세일(Whole Saler)여행사를 표방하며 설립되었다. 최소 출발 당시 모객을 채우지 못해 여행을 포기하거나 계획을 변경해야 했던 시절에 홀 세일은 더욱 많은 고객이 좀더 경제적으로 여행 기회를 가지며 시장의 대중화를 이루는 데 큰 역할을 하게 된다.

이러한 새로운 시도와 노력으로 국내외 안팎에서 인정을 받으며 1998년 'PATA관광교역전' 아태지역 최우수여행사상을 수상하기도 하였고 국내에선 2002년 여행업계 최초로 산업자원부로부터 '서비스품질 우수기업'으로 선정되었으며 현재는 4회 연속 선정되는 최초의 여행사가 되었다.

올해로 창립 20주년을 맞은 모두투어는 탄탄대로만 걸어온 것은 아니다. 1998년 외환위기와 2003년 사스, 2005년 쓰나미는 여행업계 전체에 큰 충격을 주며 많은 기업의 존폐가 위협당하던 시기였다. 모두투어도 예외가 아니었으나 임직원들의 단합된 모습으로 슬기롭게 이겨내 오늘날 대표적인 여행기업으로 성장하게 된다.

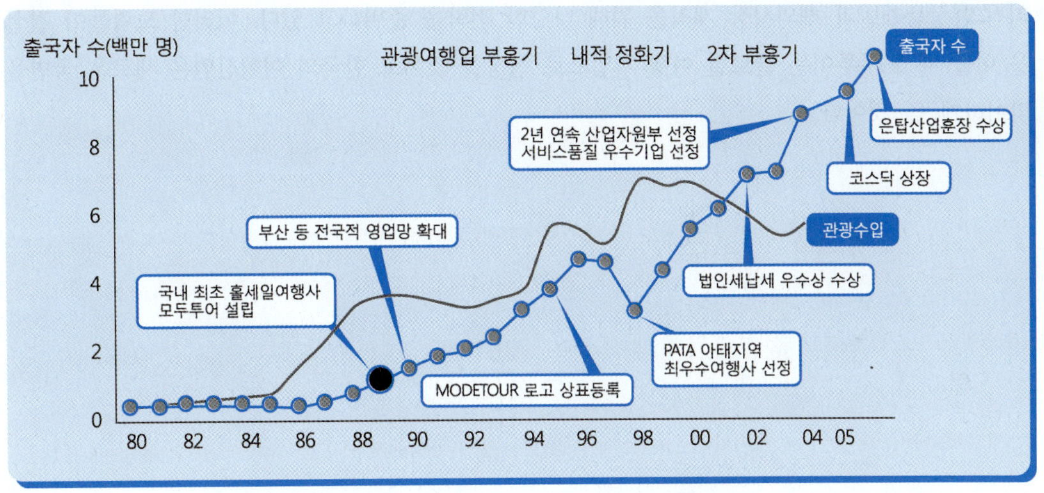

국내 여행산업의 발전과 함께한 모두투어

| 자료: 통계청.

7. 새로운 위기와 기회

지난해 금융위기로 인해 한국경제는 물론 여행산업도 큰 위기를 맞고 있다. 마이너스 경제성장률이 현실이 되고 있고, 2007년 1,300만 명을 송출하며 활황을 누렸던 해외여행도 위기에 직면해 있다. 한국관광협회의 여행사 등록현황 자료를 보면 만 개를 넘었던 여행사가 2008년 8월 9,893개로 줄어들고 2009년 2월 현재 9,322개로 떨어지는 등 위기가 현실화되고 있음을 보여주고 있다.

하지만 이러한 위기감에도 불구하고 한국의 여행산업은 지금부터가 시작이라고 생각한다. 미국, 일본, 유럽의 글로벌 여행사는 이젠 여행그룹으로 불린다. 대표적인 미국의 American Express

는 35조 원(2006년, 환율 1,300원 기준)가량의 매출을 올리며 전세계 130여 개 지역에 지사를 운영하며, 여행 외에 신용카드와 여행자 수표를 발행하는 금융기업으로 성장하였다. 일본의 대표적인 그룹 JTB도 매출 3조 원(2008년, 환율 1,000원 기준)가량에 국내외 여행은 물론, 광고, 출판, 도시락 사업 등을 운영하고 있다. 독일의 TUI그룹은 100대의 비행기와 호텔도 운영하는 등 관련 사업 전반에 걸쳐 전세계를 무대로 활동하고 있다. 이에 비하면, 이제 1,000억 원가량의 매출을 올리며 자생력을 키운 한국의 여행기업들은 걸음마 수준에 불과하다.

한국의 여행산업은 모두투어와 함께 여전히 진화 중이다. 항공커미션이 없어지고 미국 무비자 프로그램에 등록되었으며, 저가 항공사의 성장이 비약적이다. 이러한 변화 속에서 모두투어는 최적의 상품개발과 해외시장 개척을 위해 다양한 전략을 준비하고 있다. 이러한 노력들이 결실을 이룰 때 모두투어는 글로벌 여행 기업으로 성장할 것이고 한국의 여행산업은 새로운 국면을 맞이하게 될 것이다.

저자약력

홍기정(洪起政) 현_(주)모두투어네트워크 사장

건국대학교 문리과대학 영어영문학과를 졸업했다. 1989년 (주)모두투어네트워크(구. 국일여행사)의 창립멤버로서 이후 영업본부장, 관리본부장, 부사장직을 역임하였고, 2009년 1월 (주)모두투어네트워크 사장에 취임하여 재직 중이다.

사회활동으로는 관광공사교육원 영어안내부분 강사, KATA(한국일반여행업협회)이사 겸 여행산업발전 특별위원회 위원, 캐나다 · 프랑스 · 괌 · 뉴질랜드 · 호주 등의 관광대사 및 자문위원으로 활동하며 여행업 발전에 힘쓰고 있다.

『관광학총론』 열한 번째 이야기

항공운송업

김 경 숙*

1 항공운송업의 개요

1) 항공운송업의 정의

항공운송사업은 항공법 제2조 제26호에 의하면 타인의 수요에 응하여 항공기를 사용하여 유상으로 여객 또는 화물을 운송하는 사업으로 규정하고 있다. 현재 우리나라의 항공운송업은 정기항공운송사업, 부정기항공운송사업, 항공기사용사업, 항공기취급업, 상업서류송달업, 항공운송총대리점업, 도심공항터미널업 등의 형태로 운영되고 있다.[1]

2) 항공운송업의 특성

항공운송업은 타 교통수단에 비해 다음과 같은 특성이 있다.

(1) 안전성

안전성은 육상교통, 해상교통 및 항공교통을 막론하고 교통수단에서 가장 중요하게 고려해야 할 요소이다. 더욱이 안전성의 향상은 항공에 있어서는 지상명령이고 영원한 과제라 할 수 있다. 제트기의 등장 이래, 항공기 운항, 정비기술, 통신기 및 항법시설 등이 급속히 발달함에 따라 항

* 국립강릉원주대학교 관광경영학과 교수(현 한국관광학회 학술심포지엄위원장). e-mail: kks2220@kangnung.ac.kr

공기의 안전성은 비약적으로 향상되었다. 그러나 항공기는 일단 사고가 발생하면 대참사로 연결되어 그 충격은 표현할 수 없을 정도로 매우 크다. 어떤 교통수단이라 할지라도 사고의 위험은 항상 내재하고 있기 때문에 절대적으로 안전하다고는 단정할 수가 없다. 더구나 안전상의 기준 규정을 항상 준수한다는 것은 현실적으로 매우 어려운 일이다.

ICAO에 의하면 항공기의 사고는 <표 11-1>과 같이 2001~2007년 동안 항공기 사고 −3.29%, 사망자 수 0.27%, 1억 비행킬로미터당 사망건수 12.94%, 10만 비행시간당 사망건수 −7.79% 등을 각각 기록함으로써 2005년을 기점으로 다시 감소하는 추세이다. 특히 2007년은 항공기 사고 11건, 사망자 수 587명, 1억 비행킬로당 사망건수 0.01명, 10만 비행시간당 사망건수 0.02명의 사고가 발생하였는데 이는 항공기가 적도상공을 1,925회 비행한다고 가정할 때 1명 미만의 사망자가 발생하는 것과 동일하다. 항공운송이 타 교통수단에 비해 월등히 안전성을 확보하고는 있지만, 세계의 각 항공사들은 안전성 확보를 경영활동에서 최고로 중요한 요소로 삼고 있다.

〈표 11-1〉 정기항공사의 항공기 사고 현황 (단위: 건, 명, %)

구 분	2001년	2002년	2003년	2004년	2005년	2006년	2007년	연평균 증감률
항공기사고	13	11	7	9	17	12	11	−3.29
사망자 수	579	667	466	207	712	751	587	0.27
사망건수 1억 비행킬로당	0.02	0.02	0.02	0.01	0.02	0.02	0.01	−12.94
사망건수 10만 비행시간당	0.03	0.03	0.02	0.02	0.04	0.02	0.02	−7.79

| 자료: ICAO, Annual Report(2008)를 토대로 재분석.

(2) 고속성

제트항공시대의 항공운송은 <표 11-2>와 같이 세계 각 도시를 향하는 항공기의 비행소요시간이 노선에 따라 다소 차이가 있기는 하나, 거의 한나절 여정이다. 항공여객들이 시간가치의 개념을 일반화하는 관점에서 항공운송에서의 고속성의 가치는 전세계의 주요 도시를 거미줄처럼 얽혀 있는 항공운송시장의 현실에서 더욱 중요시되고 있다.

〈표 11-2〉 노선별 평균비행시간

노 선	구 간	평균 비행시간	노 선	구 간	평균 비행시간
미주노선	서울↔뉴욕	13:24	중국노선	서울↔북경	01:35
	서울↔로스앤젤레스	11:18		서울↔홍콩	03:13
	서울↔밴쿠버	09:53	대양주노선	서울↔시드니	09:41
	서울↔토론토	13:06		서울↔오클랜드	11:09
	서울↔호놀룰루	08:34	유럽/중동노선	서울↔런던	10:46
동남아노선	서울↔방콕	05:12		서울↔파리	10:49
	서울↔싱가포르	06:22	일본노선	서울↔도쿄	01:52

| 주: 평균비행시간은 연평균 및 왕복평균 기준임.
| 자료: 대한항공, Passenger Timetable(2008).

(3) 정시성

정시성은 항공사 서비스에서 가장 중요한 품질요소이므로 항공사는 공표된 시간표를 준수하려고 최선의 노력을 하고 있다. 그럼에도 불구하고 항공운송에서의 정시성 확보는 타 교통수단에 비해 매우 어려운 실정이다. 그 이유는 항공기 정비, 기상상태, 비행경로상의 풍속과 같은 기상조건, 출·발착지의 혼잡 등이 항공운송의 정시성에 부정적 영향을 미치는 저해요인이 되기 때문이다.

(4) 쾌적성

세계의 각 항공사들은 항공기의 쾌적성을 위하여 경쟁적으로 자사 특유의 이미지와 특색을 강조하고 있다. 쾌적성의 요소로는 장·중·단거리 비행을 막론하고 방음장치, 기압, 온도, 습도, 식음료, 볼거리, 좌석구조 등과 같은 객실 내의 시설, 기내서비스, 비행 그 자체의 쾌적 등을 들 수 있다. <표 11-3>은 주요 항공사의 서비스 등급별 기내 객실의 좌석 수, 좌석배치, 좌석간격, 좌석안락도, 폰부착, 비디오부착, 화장실 수, 승무원 수 등을 구체적으로 나타낸 표이다.2)

〈표 11-3〉 주요 항공사의 서비스등급별 객실 비교

Airline		AFR	AAA	CPA	JAL	KAL	DLH	NWA	QFA	SIA	UAL
Seat no.	F	13	–	12	14	58	16	12	14	12	18
	B	56	36	56	30–76	58	58	–	65–79	58	84
	Y	319	385	313	353	310	216–322	338	315	316	270
	계	388	421	381	397–443	384	282–437	350	394–400	386	372
Lay out	F	2–2	–	2–2	2–2	2–2	2–2	2–2	2–2	1–2–1	2–2
	B	2–3–2	2–2–2	2–3–2	2–3–2	2–2–2	2–3–2	–	2–3–2	2–3–2	2–3–2
	Y	3–4–3	3–4–3	3–4–3	3–4–3	3–4–3	3–4–3	3–4–3	3–4–3	3–4–3	3–4–3
Seat pitch	F	82″	83″	79″	83″	61″	92″	80″	72″	78″	60″
	B	48″	57″	50″	50″	50″	48″	–	50″	52″	48″
	Y	32″	31/34″	32″	32″	34″	31/32″	31/32″	32″	32″	31″
Seat recline	F	180″	–	180″	180″	60″	180″	15″	180″	180″	16″
	B	127″	60″	33″	48″	48″	125′	–	9″	11″	12″
	Y	118″	25″	8″	32″	27″	23″	5″	6″	6″	5″
In-seat phones	F	○	–	×	○	×	×	×	×	○	○
	B	○	○	×	○	○	×	–	×	○	○
	Y	×	○	×	×	×	×	×	×	○	○
In-seat videos	F	○	–	○	○	×	○	○	○	○	○
	B	○	○	○	○	○	○	–	○	○	○
	Y	×	○	○	×	×	×	×	×	○	×
Toilets no.	F	2	–	2	2	2	1	1	2	2	2
	B	4	4	4/6	6/9	4	3	–	5/6	2	3
	Y	8	12	6	10	8	8	10	8	8	8
Crew no.	F	2	–	2	4	3	3	2	3	3	3
	B	4	5	6	–	4	6/7	–	–	3	4
	Y	8	15	7	8	9	7/8	9	8	8	7/8

| 주1: 기종 B747-400을 기준으로 함.
| 주2: 서비스등급은 퍼스트(F), 비즈니스(B), 이코노미(Y)로 구분함.
| 자료: Business Traveller(2005-2007)를 토대로 재정리함.

(5) 간이성

항공교통은 육상교통과 같이 도로나 궤도건설이 별도로 필요하지 않아서 항로의 개설이 대체로 용이한 편이다. 또한 항공교통은 양지점에 적당한 공항이 있으면 전파에 의한 보안시설 이외에 도로나 궤도건설을 할 필요없이 자유로이 비행할 수 있다.

(6) 경제성

교통수단으로서의 항공운송의 최대 가치는 거리적 공간극복이라고 할 수 있다. 그러나 이러한 거리적 공간극복에는 시간과 비용이 소요된다. 소용시간에 의해 표시되는 교통능률과 비용으로 표시되는 경제능률은 서로 반비례한다. 그러나 여행자는 운송수단 자체의 소요시간, 비용에 의해서만 교통수단을 결정하는 것은 아니다. 항공교통은 항공관제와 공항의 기술적인 제약으로 인해 실제로 이용이 곤란하거나, 불가능해질 수도 있다. 또한 도심과 공항 간의 접근성에 따른 어려움 때문에 타 교통수단을 이용하는 경우도 있다. 이런 연유로 인해 여행자는 출발지에서 목적지까지의 총소요시간과 비용에 따라 이용할 교통수단을 선택하는 것이 일반적이다. 이렇듯 목적지까지의 소요되는 경제적·교통적 능률에 따라 이용하는 운송수단이 변화하고 있기 때문에 여행자의 시간의 가치가 교통수단을 선택하는 데 결정적인 요소가 된다. 특히 국제여행일 경우는 시간 절약상의 이유로 항공의 경제적 가치는 타 교통수단에 비해 월등히 높게 평가되고 있다.

(7) 서비스업

관광산업의 가장 대표적인 특성은 서비스업이며, 그중에서도 항공사는 서비스업의 표상이라고 할 수 있다. 항공상품은 물적인 요소와 인적인 요소로 결합되어 있는데 그중 80% 이상이 인적인 서비스에 의해 상품의 질이 좌우된다고 해도 과언이 아니다. 세계 유수의 항공사인 싱가포르항공, 스위스항공 등의 성공사례는 서비스질이 항공사 성패의 관건이라는 사실을 입증하고 있다.

(8) 공공성

정기항공운송은 불특정다수를 대상으로 노선과 일정한 운항일시를 사전에 공표하고 그에 따른 공표된 시간표에 의해 여객, 화물 및 우편물을 운송하는 업이다. 이렇듯 항공사는 타 교통수단과 마찬가지로 공공성을 띠고 있기 때문에 운송조건의 공시, 이용자 차별의 금지, 영업계속의 의무를 갖고 영업활동을 하고 있다.

(9) 자본집약성

항공사가 경영활동을 하기 위해서는 항공기 도입 등과 같은 막대한 고정자본의 투하, 감가상각, 부품의 공급, 정비에 필요한 시설에 엄청난 자본을 필요로 한다.

(10) 국제성

항공사의 영업활동, 항공기운항, 여객 및 화물의 이동범위가 일국에 국한되지 않고 국제선일 경우에는 다수의 국가와 연관되어 폭넓게 형성되어 있다. 특히 우리나라는 지정학적인 환경여건상 국외여행 시에 주요 교통수단인 항공기의 역할과 비중은 대단히 크다. 또한 항공사는 위와 같은 경영상의 특성 이외에도 항공사 간의 치열한 경쟁에 따른 자금부담이 매우 크며, 사고 발생 시에 대형화로 인한 손실이 막대하다. 또한 정치적, 경제적 및 사회적 등 국내외적 환경에 매우 민감하다는 점이 경영상의 애로사항이다.[3)]

3) 항공운송업의 분류

(1) 사업형태에 의한 분류

항공운송의 형태는 일반적으로 사업형태, 운송객체 및 운송지역으로 대별된다. 사업형태로는 정기항공운송과 부정기항공운송으로 나눌 수 있으며, 첫째, 정기항공운송(scheduled airline)은 노선과 일정한 운항일시를 사전에 공표하고, 그에 따른 공표된 시간표(time table)에 의해 여객, 화물 및 우편물을 운송하는 업이다(항공법 제2조 제27조). 또한 국제민간항공기구(ICAO: International Civil Aviation Organization)는 정기국제항공운송은 2개국 이상을 비행하고, 모든 일반대중에게 개방되어 있으며 공표된 스케줄에 따라 연결운항을 할 때, 정기국제항공운송으로 규정하고 있다. 정기항공은 엄격한 정시성이 요구되며, 항공사의 사정에 의해 임의로 운항취소, 운휴할 수 없으며 변경할 수도 없다. 이에 따라 각국은 정기항공운송에 대해 공공적 성격을 중요시함으로써 항공법 및 각종의 시행령을 제정하여 엄격히 규제하고 있다. 현재 우리나라 항공여객운송시장의 경우, 정기항공운송은 전체 여객운송실적의 약 98.2%를 차지하고 있으며 국제선은 97.2%를 상회함으로써 압도적인 비중을 차지하고 있다. 둘째, 부정기항공운송(non-scheduled airline)은 정기항공운송업 이외의 항공운송업으로서 일정한 노선없이 일시를 정하여 운송수요에 응하여 운항하는 운송업이다(항공법 제2조 제28호). 특히 국제선의 경우에는 정기편의 보호를 위하여 이용자격, 편수, 구간, 시간 및 이용공항 등에 대하여 각국 정부로부터 많은 규제를 받는

다. 이는 정기항공운송과 비교해볼 때, 좌석이용률이 80～90%로 매우 높을 뿐만 아니라 1인당 운임도 비교적 저렴한 편이다.

(2) 운송객체에 의한 분류

항공운송을 운송객체에 따라 분류하면 여객, 화물 및 항공우편으로 분류되는데, 첫째, 여객항공운송은 출발공항에서 목적지 공항까지를 운송을 원칙으로 하며, 탑승제한자를 제외한 불특정 다수를 대상으로 하여 유상으로 운송한다. 둘째, 항공화물 운송은 여객운송과는 달리 편도수송, 반복수송, 야행성을 띠며, 지상조업시설 등을 필요로 한다. 그리고 운임이 타 교통수단에 비해 비교적 고가이기 때문에 부피가 작고 고가이거나, 신선도를 요구하는 상품일 경우 화물운송을 주로 이용한다. 특히 항공화물은 항공사, 혼재업자(indirect air carrier/consolidator), 육상운송업자, 공항 보세창고업자 등과의 협조체제하에 이루어지는 종합운송서비스이다. 셋째, 항공우편운송은 통신비밀의 준수, 우편물의 최우선적 운송, 정시성의 확보, 우편이용자와 항공사 간 운송계약상의 의무관계 등이 매우 중요시되는 운송이다.

(3) 운송지역에 의한 분류

운송지역이 국내 또는 국제인지의 여부에 따라서 국내항공운송과 국제항공운송으로 분류된다. 부연하면, 자국의 영역 내에서 항공기를 사용하여 여객, 화물 및 우편물을 유상으로 운송하는 것은 국내항공운송이며, 2개국 이상의 지역 간에 운송하는 것을 국제항공운송이라 한다.

2 항공운송업의 현황

1) 세계 항공운송업의 현황

1978년 규제완화 이래, 세계의 항공운송업은 항공자유화로 인해 초대형 항공사가 출현하게 되었고, 국경을 초월한 다국적화 현상으로부터 격심한 변화의 시기를 맞고 있다. 이렇듯 세계 항공운송업은 항공사 간의 시장경쟁이 불가피한 상황에 직면하게 됨으로써 이러한 변화에 적극 대처하기 위해서는 항공업계의 효율적인 성공대책이 요구되는 시점이다.[4)]

(1) 운송실적

1990~2007년 동안 190개국 국제민간항공기구(ICAO) 가맹국의 항공사들이 달성한 항공여객 및 화물수송 실적[5]은 <표 11-4>와 같이 세계 정기편(국내+국제)의 여객 수, 여객・km, 화물・km의 연평균 증가율이 각각 4.5%, 3.5%, 6.8%를 기록함으로써 꾸준한 성장을 하고 있다. 또한 국제선의 연평균 증가율도 각각 7.5%, 7.1%, 7.3%로서 역시 증가하고 있다. 이러한 성장세에 힘입어 2007년의 경우 22억 6,000만 명, 4조 2,011억 킬로미터(km), 1,583억 톤킬로미터(km)를 각각 달성하였고, 국제선은 8억 2,800만 명, 2조 5,445억 킬로미터(km), 1,324억 톤킬로미터(km)를 각각 달성하였다. 1990년대 초에는 경기침체와 페르시아만 사태로 여객 수에서 다소 하락 현상을 보였으나, 1995년 이후에는 다시 예년 수준의 증가율을 보였다. 2001년 세계 경제의 전반적인 불황에 이어 뉴욕의 9.11 테러사건, 중증급성호흡기증후군(SARS) 확산은 세계의 항

〈표 11-4〉 세계 항공의 여객 및 화물 운송실적 (단위: 백만, %)

구 분 / 연 도	세계정기편(국제선+국내선)			국제선 정기편		
	여객 수	여객・km	화물톤・km	여객 수	여객・km	화물톤・km
1990	1,165	1,894,000	58,000	280	894,000	46,320
1995	1,304	2,248,000	83,130	375	1,249,000	70,340
2000	1,672	3,037,530	118,080	542	1,790,370	101,560
2001	1,640	2,949,550	110,800	536	1,726,580	95,950
2002	1,639	2,964,530	119,840	547	1,736,070	101,590
2003	1,691	3,019,100	125,760	561	1,738,510	103,130
2004	1,888	3,445,300	139,040	647	2,015,070	115,120
2005	2,022	3,721,690	142,520	704	2,197,360	118,440
2006	2,128	3,940,600	149,650	762	2,357,990	124,180
2007	2,260	4,201,140	158,390	828	2,544,540	132,400
'90~'95	2.2	3.5	7.1	6.0	6.9	8.7
'95~'00	5.1	0.6	7.3	7.6	7.5	7.6
'00~'07	6.2	6.3	6.1	8.8	7.3	5.5
연평균 증가율	4.5	3.5	6.8	7.5	7.1	7.3

| 주1: 연평균 증가율은 17Log(r+1)=Log(최종연도/기준연도)에 의해 산출함.
| 자료: ICAO, Annual Report(1991-2008)를 토대로 분석.

공업계를 심각한 침체의 늪으로 몰아넣는 주요인이 되었다. 그럼에도 불구하고 국제선의 2000~2007년 증가율은 각각 8.8%, 7.3%, 5.5%로서 여객부문에서는 전체 연평균을 다소 상회하는 현상을 보였다. 이렇듯 전세계적인 경기침체에도 불구하고 세계의 항공운송은 비교적 안정적인 증가추세를 보이고 있다.

(2) 영업실적

지난 17년(1990~2007년) 동안 세계의 정기 항공사가 달성한 영업실적 중에서 영업수입, 영업비용, 영업손익, 순손익의 연평균 증가율은 각각 6.4%, 6.1%, 3.1%, 14.2%이다. 2001~2007년 동안 영업수익은 다소 상승추세로 연평균 6.4%보다 훨씬 상승하는 현상을 보이고 있다. 또한 영업이익 및 순이익의 경우도 회복과 하락을 반복함으로써 불안한 상태를 보이고 있다. 영업

〈표 11-5〉 정기항공사의 영업성과 (단위: 백만$, %)

구 분 / 연 도	영업수입	영업비용	영업손익	순손익
	금 액	금 액	금 액	금 액
1990	199,500	206,000	–1,500	–4,500
1995	267,000	253,500	13,500	4,500
2000	328,500	317,800	10,700	3,700
2001	307,500	319,300	–11800	–13,000
2002	306,000	310,900	–4,900	–11,300
2003	321,800	323,300	–1500	–7,560
2004	378,800	375,500	3,300	–5,570
2005	413,300	409,000	4,300	–4,100
2006	452,400	439,500	12,900	4,990
2007	507,870	488,220	19,650	14,530
'90~'95	6.0	4.8	2.1	14.8
'95~'00	4.2	4.6	–4.5	–3.8
'00~'07	9.1	8.9	11.7	31.5
연평균 증가율	6.4	6.1	3.1	14.2

| 주1: ICAO 가맹국 정기항공사의 영업성과.
| 주2: 연평균 증가율은 17Log(r+1)=log(최종연도/기준연도)에 의해 산출함.
| 자료: ICAO, Annual Report(1991–2007)를 토대로 분석.

수입은 전반적으로 증가하고 있는 반면, 실제적으로 항공사경영의 최종성과라 일컫는 순이익 면에서는 손실을 보고 있는 실정이다. 그러나 1995년 이래 지금까지 지속된 순손실은 최근 다소 회복되고 있으나, 이에 대해 항공사의 연료비 및 영업비용절감 등의 노력이 절실히 요구된다.

2) 국내 취항항공사의 현황

(1) 운송실적

IATA는 매년 세계 국제선 항공사들의 운송실적을 발표하는데, <표 11-6>은 2005~2007년 동안 세계 10위권 항공사들이 달성한 실적[6]이다. *는 국내 취항 항공사로서 델타항공은 2005~2007년 동안 매년 약 8,600만 명, 7,358만 명, 7,308만 명 이상을 수송함으로써 3년 연속 2위를 기록하였고, 이어 유나이티드항공, 중국남방항공, 노스웨스트항공, 루프트한자항공, 프랑스항공, 전일본항공, 일본항공 순으로 상위수준을 유지하고 있다. 특히 국내 취항 항공사 중 무려 8개 항공사가 10위권 내에 포함되어 있을 뿐 아니라, 중국남방항공은 2007년 9위에서 4위로 발돋움

〈표 11-6〉 세계 10위 항공사의 승객 수 (단위: 천 명)

순 위	2005년		2006년		2007년	
	항공사	승객 수	항공사	승객 수	항공사	승객 수
1	American	98,038	American	99,835	American	98,165
2	Delta	86,007	Delta	73,584	Delta*	73,086
3	United	66,717	United	69,265	United*	68,363
4	Northwest	57,547	Northwest	55,925	China Southern*	56,522
5	Japan	50,884	Lufthansa	51,213	Northwest*	54,696
6	Lufthansa	48,958	Air France	49,411	Lufthansa*	54,164
7	All Nippon	48,315	All Nippon	49,226	Air France*	50,465
8	Air France	47,787	Japan	48,911	Continental	49,058
9	China Southern	43,228	China Southern	48,512	All Nippon*	48,987
10	Continental	42,777	Continental	46,818	Japan*	47,204

| 주1: *는 2007년 현재 국내 취항 항공사임.
| 주2: 2007년의 경우 대한항공, 아시아나항공은 각각 22,612천 명, 12,498천 명의 실적으로 22위, 34위임.
| 자료: IATA, World Air Transport Statistics(2006-2008).

함으로써 가공할 만한 눈부신 성장을 기록하였다. 반면에 대한항공은 2005~2007년 동안 약 2,125~2,261만 명 정도를 수송하여 22위권에 머무르고 있다. 이러한 수치는 2007년 약 7,308만 명으로 2위를 차지한 델타항공의 승객 수송량과 비교해볼 때, 5,047만 명이란 엄청난 차이를 보이고 있다. 더구나 4위인 중국남방항공과도 3,391만 명의 격차가 있는 것으로 보아 열세에 처해 있는 실정이다.

(2) 영업실적

2005~2007년 동안 세계 50대 및 10대 항공사의 매출액, 순이익에 대한 영업실적은 <표 11-7>과 같다.[7]

① 매출액

2007년 현재 세계 50대 항공사의 매출은 약 4,492억 달러를 기록하였는데 이 중에서 10대 항공사가 차지하는 매출액의 비중은 약 2,168억 달러로서 48.5%이다. 특히 국내 취항항공사 중 에어프랑스, 루프트한자항공, 유나이티드항공, 일본항공, 델타항공, 전일본항공 등으로서 무려 6개 항공사가 포함되어 있다. 프랑스 항공은 2007년 현재 344억 달러로 전체 매출액의 7.7%를 차지함으로써 3년 연속 1위를 고수하고 있다. 반면에 국적기인 대한항공과 아시아나항공은 95억 달러(19위), 39억 달러(32위)의 실적을 달성함으로써 국내 취항 외국항공사에 비해 매우 낮은 성과를 보이고 있다.

② 순이익

<표 11-7>에서와 같이 50대 항공사의 순이익[8]은 2005년 약 106억 달러에서 연평균 3.3%씩 증가하여 2007년 현재 약 231억 달러이다. 그중에서 10대 항공사가 차지하는 순이익은 2005년 60.6%, 2006년 56.4%, 2007년은 전년에 비해 4.8%가 증가한 61.2%를 차지하고 있다. 특히 싱가포르항공은 2006년 약 14억 달러(10%)의 순이익을 달성함으로써 1위를 차지하였으며, 2007년 현재 약 14억 달러로 6.0%의 비중을 보이면서 명실 공히 세계 최고의 수익성을 자랑하는 항공사로 자리매김하고 있다. 반면에 국적기인 아시아나항공은 약 1억 달러(39위)로 국내에 취항하는 외국 항공사들에 비해 크게 뒤지는 영업실적을 보이고 있는 실정이다.

〈표 11-7〉 세계 10대 항공사의 영업실적

순 위	2005년		2006년		2007년	
	항공사	실적(구성비)	항공사	실적(구성비)	항공사	실적(구성비)
매출액(백만달러, %)						
1	Air france	26,036(7.2)	Air france	29,774(7.4)	Air france*	34,434(7.7)
2	Lufthansa	22,371(6.2)	Lufthansa	24,979(6.2)	Lufthansa*	30,849(6.9)
3	FedEx	21,446(5.9)	FedEx	22,681(5.7)	FedEx**	24,421(5.5)
4	AMR	20,712(5.7)	AMR	22,563(5.6)	AMR	22,935(5.1)
5	Japan	19,346(5.3)	Japan	19,723(4.9)	United*	20,413(4.6)
6	United	17,379(4.8)	United	19,340(4.8)	Japan*	19,641(4.4)
7	Delta	16,191(4.5)	Delta	17,171(4.3)	Delta*	19,154(4.3)
8	British	15,122(4.2)	British	16,149(4.0)	British	17,602(3.9)
9	Northwest	12,286(3.4)	Continental	13,128(3.3)	Continental	14,232(3.1)
10	ANA	12,040(3.3)	ANA	12,763(3.2)	ANA*	13,102(2.9)
	10대 계	182,929(50.5)	10대 계	198,269(49.6)	10대 계	216,783(48.5)
	50대 총계	362,124(100)	50대 총계	400,142(100)	50대 총계	447,197(100)
순이익(백만달러, %)						
1	Air France KLM	1,108(10.5)	Singapore	1,366(9.9)	Lufthansa*	2,277(9.9)
2	British	829(7.8)	Air France KLM	1,150(8.3)	Northwest*	2,093(9.1)
3	Singapore	747(7.0)	Lufthansa	1,014(7.3)	Delta*	1,612(7.0)
4	Emirates	674(6.4)	Emirates	941(6.8)	Singapore*	1,395(6.0)
5	Iberia	635(6.0)	SAS	647(4.7)	Emirates*	1,368(5.9)
6	Qantas	575(5.4)	British	578(4.2)	British	1,367(5.9)
7	Lufthansa	561(5.3)	Qantas	542(3.9)	ACE	1,312(5.7)
8	Southwest	484(4.6)	Cathay Pacific	526(3.8)	Air France KLM*	1,068(4.6)
9	Cathay Pacific	424(4.0)	Ryanair	518(3.8)	Cathay Pacific*	924(4.0)
10	Ryanair	380(3.6)	Air Canada	505(3.7)	Ryanair	687(2.9)
	10대 계	6,418(60.6)	10대 계	7,787(56.4)	10대 계	14,103(61.2)
	50대 총계	10,595(100)	50대 총계	13,809(100)	50대 총계	23,062(100)

| 주1: *는 현재 국내취항 항공사이며 **는 항공화물 항공사임.
| 주2: 2007년 국적기의 매출액은 대한항공 9,496백만$(19위), 아시아나 3,934백만$(32위)의 순위를 차지하고 있음.
| 주3: 매출액의 연평균 증가율은 10대(3.5%P), 50대(4.3%P)이며, 순이익은 10대(17.1%P), 50대(3.3%P)로서 2Log(r+1)=Log(최종연도/기준연도)에 의하여 계산하였음.
| 자료: Airline Business(8/2006-8/2008); World Air Transport Statistics(2006-2008); Air Transport World(7/2006-7/2008)를 토대로 재분석함.

(3) 점유율

우리나라의 국제 여객항공운송시장은 1988년 올림픽을 계기로 미국 항공사를 비롯한 대형 항공사들이 본격적으로 취항하기 시작하였다. 이와 더불어 국적기의 제2민항의 출현에 힘입어 노

〈표 11-8〉 한국 취항 항공사별 국제여객 수송 점유율 (단위: 천 명)

항공사 \ 연도			2004년 수송인원	2004년 점유율	2005년 수송인원	2005년 점유율	2006년 수송인원	2006년 점유율	2007년 수송인원	2007년 점유율
국적항공사										
KAL			10,597	39.3	11,562	38.9	12,323	37.7	13,458	36.5
AAR			6,513	24.2	6,893	23.2	7826	23.9	8,542	23.2
외국항공사										
아시아	일 본	ANA	370	1.4	517	1.7	532	1.6	572	1.6
		JAL	1,633	6.1	1,754	5.9	1,778	5.4	2,023	5.5
	동남아	CPA	707	2.6	713	2.4	831	2.5	840	2.3
		GIA	49	0.2	0	0.0	59	0.2	126	0.3
		HVN	205	0.8	285	1.0	331	1.0	354	1.0
		MAS	140	0.5	161	0.5	155	0.5	149	0.4
		PAL	341	1.3	365	1.2	363	1.1	369	1.0
		SIA	505	1.9	482	1.6	541	1.7	535	1.5
		THA	808	3.0	834	2.8	884	2.7	910	2.5
		MGL	52	0.2	62	0.2	76	0.2	98	0.3
		FEA	152	0.6	268	0.9	380	1.2	532	1.4
	중 국	CCA	756	2.8	987	3.3	1,035	3.2	1,156	3.1
		CES	871	3.2	1163	3.9	1461	4.5	2,056	5.6
미 주	미 국	NWA	304	1.1	277	0.9	273	0.8	281	0.8
		UAL	470	1.7	388	1.3	417	1.3	327	0.9
	캐나다	ACA	157	0.6	172	0.6	176	0.5	172	0.5
구 주		AFL	59	0.2	59	0.2	62	0.2	77	0.2
		AFR	129	0.5	136	0.3	124	0.4	165	0.4
		DLH	202	0.8	204	0.7	214	0.7	263	0.7
		KLM	153	0.6	161	0.5	169	0.5	167	0.5
대양주		QFA	0	0.0	1	0.0	5	0.0	5	0.0
기 타			1,758	7.0	2,240	7.5	2,693	8.2	3,679	9.8
합 계			26,931	100	29,684	100	32,708	100	36,856	100

| 자료: 한국공항공사 자료를 토대로 재정리함.

선 확대 등으로 인해 수송량도 급격히 증가하였다. 그러나 <표 11-8>에서와 같이 국적기의 점유율은[9] 2004년 63.5%를 기점으로 2005년 62.1%, 2006년 61.6%, 2007년 59.7%로 하락국면에 접어들었다. 또한 일본항공, 싱가포르항공, 타이항공, 노스웨스트항공, 유나이티드항공 등의 점유율도 최근 4년(2004~2007년)간 점차 하락추세이다. 이 현상의 주요인은 국토해양부자료에 의하면 우리나라 항공시장의 규모가 예전에 비해 워낙 커져서 서울을 출발하는 국제선은 2007년 12월 현재 총 365개 노선을 29개국 70개 항공사가 운항하고 있는데[10] 동일 노선에서 여러 항공사가 경합하여 치열한 경쟁을 벌이고 있기 때문이기도 하다. 그러나 한류열풍과 같은 한·중 간의 활발한 교류에 힘입어 중국국제항공, 중국동방항공을 비롯한 중국항공사들의 괄목할 만한 성장세는 눈여겨볼 만하다. 더욱이 우리나라가 동북아의 중심국가로 부각될 가능성이 높아짐에 따라 개방과 경쟁의 압박은 더욱 거세질 것이다. 그로 인해 외국 항공사의 취항, 노선확대 및 운항횟수는 점차 증가할 것이므로, 외국 항공사들의 점유율은 더욱 상승할 것으로 예상된다.

⑷ 국제선 운항현황

① 국적기

대한항공은 2008년 2월 현재 항공기를 126대 보유하고 36개국, 96개 도시, 139개 노선을 주 775회 운항하고 있다.[11] 또한 아시아나항공은 65대의 항공기로 21개국, 67개 도시, 88개 노선을 주 525회 운항하고 있다. 그럼으로써 우리나라 국적기는 37개국, 121개 도시, 184개 노선을 주 1,300회 운항함으로써 전세계를 누비고 있다.

② 외국 항공사

28개국의 68개 외국 항공사가 182개 노선을 주당 1,102회 운항하고 있다. 한편, 항공사의 운항횟수별 순위측정에서는 70개국 항공사 중에서 국적기가 1, 2위를 차지하는 것은 당연하겠지만, 일본항공, 중국동방항공, 중국국제항공, 상하이항공 순으로 운항하고 있다. 더욱이 14개 중국 국적의 항공사가 국내항공시장에 진입하여 운항·영업활동을 활발히 함으로써 한·중 간 항공여행시장의 규모는 더욱 확대될 것이다.

세계의 항공업계는 9.11 테러, SARS 등으로 인한 심각한 침체의 늪에서 일단은 벗어났지만, 세계경기의 불황, 원유가 상승, 테러 등과 같은 불안하고 부정적인 요소가 곳곳에 여전히 산재해 있다. 이를 극복하기 위해 국토해양부는 인천공항의 허브화와 동북아 통합항공시장을 구축할 목적으로 네트워크 확충을 위한 항공회담개최를 적극 추진하고 있다.

그 결과, 2008년 6월 현재 우리나라는 세계 87개국과 항공협정을 체결하였는데, 이중 43개국 140개 도시에서 정기노선이 운항되고 있다.[12]

(5) 서비스 현황

국제선에서의 서비스경쟁은 항공상품의 질적 향상을 위해서 반드시 필요하다. 영국의 권위있는 항공산업리서치 기관인 스카이트랙스가 2006~2009년 동안 발표한 세계 항공사의 서비스 평가순위는[13] <표 11-9>와 같다. 항공사의 서비스만족도를 기내승무원, 공항, 항공기, 기내식, 기내오락, 항공사라운지 등의 서비스부문을 종합평가하여 서비스 순위를 10위까지 제시하고 있는데 싱가포르항공은 2번이나 세계 최우수 항공사로 선정되었으며, 케세이퍼시픽항공, 콴타스항공도 상위수준을 유지하고 있다. 특히 케세이퍼시픽항공, 싱가포르항공, 에미리트항공, 말레이시아항공, 타이항공 순으로 국내 취항항공사 5개가 10위권 내에 포함되어 있다. 국적기인 아시아나항공도 2008년 5위, 2009년 3위를 달성함으로써 서비스 면에서 상위수준을 유지하고 있다. 이와 같이 국적항공사의 서비스수준이 향상되고는 있지만, 지역 내의 경쟁항공사인 싱가포르항공 등이 평가받고 있는 명성, 평판, 이미지 및 서비스수준과 비교하면, 다소 격차를 보이고 있는 것도 사실이다. 국내 취항 항공사 중에서 아시아나항공을 포함한 6개의 항공사가 세계 10위권의 항공사로 평가를 받음으로써 이들 항공사 간의 서비스경쟁은 더욱 치열해질 것이다.

〈표 11-9〉 세계 항공사의 서비스 평가순위

구 분	2006년	2007년	2008년	2009년
순 위	항공사명	항공사명	항공사명	항공사명
1	British	Singapore*	Singapore*	Cathay Pacific*
2	Qantas	Thai*	Cathay Pacific*	Singapore*
3	Cathay Pacific*	Cathay Pacific*	Qantas	Asiana*
4	Thai*	Qatar	Thai*	Qatar
5	Emirates8	Qantas	Asiana*	Emirates*
6	Qatar	Malaysia*	Malaysia*	Qantas
7	Singapore8	New Zealand	Qatar	Etihad
8	All Nippon*	China	New Zealand	New Zealand
9	Malaysia*	Emirates*	Emirates*	Malaysia*
10	China	British	Etihad	Thai*

| 주: *는 국내취항 항공사임.
| 자료: Skytrax(2006–2009).

3 항공운송업의 전망과 변화

1) 항공수요의 예측

(1) 세계의 항공운송업

ICAO가 2007년 6월에 발표한 항공수요의 중장기예측은[14] <표 11-10>과 같이 총 여객 수는 연평균 4.1%씩 증가하여 2025년에는 45억 명이 될 것으로 전망하고 있다. 항공기운항은 연 3.6%씩 증가한 5,045만 회가 운항될 것으로 예상하고 있다. 한편, 국제선의 경우 국제여객은 연평균 5.2%씩 증가하여 2025년에는 19억 5천만 명이 될 것으로 예측하고 있다. 이 같은 예측결과를 볼 때, 세계의 항공운송은 큰 이변이 없는 한 지속적인 성장세를 이어갈 것으로 예상되므로, 21세기 역시 항공의 시대는 변함없이 계속될 것이다.

〈표 11-10〉 세계 항공수요의 추이 및 예측

구 분		수송실적/예측			평균증가율	
		1985년	2005년	2025년	'85~'05	'05~'25
국내선+국제선	여객킬로(십억)	1,366	3,720	9,180	5.1	4.6
	화물톤킬로(백만)	39,813	142,579	510,000	6.6	6.6
	여객 수(백만)	896	2,022	4,500	4.2	4.1
	화물톤(천)	13,742	37,660	145,000	5.2	5.5
	운항킬로(백만)	–	30,845	69,040	–	4.1
	항공기운항(천)	–	25,904	50,450	–	3.6
국제선	여객킬로(십억)	589	2,197	6,225	6.8	5.3
	화물톤킬로(백만)	29,384	118,482	452,120	7.2	6.9
	여객 수(백만)	194	704	1,950	6.7	5.2
	화물톤(천)	5,884	22,630	110,000	7.0	6.5

| 주: 국제선 정기항공의 수치임.
| 자료: ICAO Journal(2007).

(2) 국내 항공운송업

우리나라의 민항은 1970년대 2차례의 유류파동과 국내의 정치적 격변에도 불구하고 꾸준히 성장하였다. 아시안 게임, 서울 올림픽게임, 해외여행 자유화, 중동 걸프전, 국내의 경기침체, 노사분규 그리고 운송업의 국제경쟁력 상실 등은 국내항공수요의 증감에 직·간접적으로 영향을 미친 중요한 요소들이다.[15] 그러나 우리나라 항공수요의 추이와 예측은[16] <표 11-11>에서와 같이 국제선 여객은 2006~2010년 동안 연평균 4.7% 증가할 것이고, 2020~2025년 동안 연평균 4.9% 성장함으로써 2025년에는 약 8,612만 명에 달할 것이라고 전망하고 있다. 이를 통하여 우리나라 항공운송시장의 안정적인 증가추세는 동북아시장의 중심지로 급부상할 가능성이 매우 높다는 것을 시사해주고 있다.

〈표 11-11〉 한국의 항공운송 실적 추이와 예측 (단위: 천 톤, 천 명, %)

구분 \ 연도	1990	2000	2006	2010	2015	2020	2025	'90~'00	'00~'06	'06~'10	'10~'15	'15~'20	'20~'25
여객	9,626	19,452	32,707	41,124	52,726	67,665	86,123	13.9	10.9	4.7	5.1	5.1	4.9
화물	777	1,949	2,854	4,236	5,625	7,475	9,922	20.2	7.9	8.2	5.8	5.9	5.8

| 주1: 부정기를 포함한 국제선의 출입국 통계.
| 주2: 화물은 여행자 수하물 및 우편물을 포함하고, 통과여객 및 통과 화물은 불포함.
| 주3: 여객 및 화물의 예측치는 저성장/중성장/고성장을 평균한 수치이며, 연평균 증가율은 로그함수에 의해 산출함.
| 자료: 교통통계 연보(1990-2000); 건설교통부, 공항개발중장기 종합계획(12/2005)을 토대로 재분석함.

2) 항공운송업의 새로운 변화

(1) 경영전략의 다양화

21세기에는 국내외적으로 항공사들의 경쟁격화가 더 이상 피할 수 없는 상황이 되었다. 그러므로 항공사가 필연적 경쟁에서 생존할 수 있는 경영전략이 요구되는데, 첫째, 항공사 간의 제휴가 본격적으로 진행됨으로써 메가 항공사가 출현함과 동시에 또 다른 한편에서는 소규모 항공사가 출현하는 매우 복잡한 양상을 띠게 될 것이다. 둘째, 항공기 운항도 정기편을 중심으로 대형기 운항에서 탈피함으로써 운항빈도를 증대할 수 있는 중·소형기를 투입한 운항형태로 전환될 것이다. 셋째, 전세편 운항 등 다양한 운항형태가 요구될 것이며, 넷째, 운항형태뿐만 아니라 호텔과 교통수단의 예약 등 총체적인 서비스향상, 서비스질의 제고를 필요로 할 것임에는 틀림이 없다. 특히 국내항공업계는 외국의 저가항공사와의 경쟁에 대비하여 노사관계 개선 및 경영의 다각화를 조속히 모색해야 할 것으로 판단된다. 이미 아시아 지역의 저가항공사들은 우리나라보다 훨씬 앞서 활발한 영업활동을 하고 있는 상태로서 저가항공시장에서 놀라운 영업실적을 달성하고 있다. 아시아지역의 저가항공사 현황은 <표 11-12>와 같으며, 우리나라는 2008년 1월 현재 영남에어, 중부항공, 퍼플젯, 이스타항공, 인천항공, 에어코리아, 서울항공 등의 저가항공사들이 취항과 설립을 목표로 추진 중에 있다.

〈표 11-12〉 아시아 국가의 저가 항공사 현황

국 가	항공사명
말레이시아	Air Asia(AK)*, Asia long Haul, Firefly
베 트 남	Pacific Airlines(BL), Jetstar Pacific
싱 가 포 르	Jetstar Asia Airways, Tiger Airways, Valuair
인 도	Air Deccan(DN)*, Alliance Air(CD), Go Air(G8), IndiGo Airlines(6E)*, SpiceJet(OS)*, JetLife*, Air India Express
인도네시아	Adam Air(KI)*, Citilink, Indonesia air Asia, Lion Air(JT)*, Mandala Airlines
일 본	Hokkaido International Airlines(HD), Skymark Airlines(BC)*, Skynet Asia Airways(6J), StarFlyer
중 국	Oais Hong kong Airlines(O8), Spring Airlines(9S), Viva Macau(ZG), Lucky Air, China United Airlines
태 국	Bangkok Airways(PG), Nok Air, One-Two-GO, Thai AirAsia*
필 리 핀	Air Philippines(2P), Cebu Pacipic Air(5J)*
한 국	Hansung airlines(HS), Jeju Air(7C)

| 주: *는 승객 수 실적에서 세계 40대 저가항공사에 포함된 항공사임.
| 자료: Airline Business(2007-2008)를 토대로 재정리함.

(2) 글로벌화의 급진전

항공자유화, 규제완화의 국제적 추세에 따라 거대 항공사가 등장하였고, 이를 통한 세계운송시장의 재편은 전략적 제휴현상을 초래하였다. 항공사의 제휴는 자본제휴와 공동운항 두 가지가 있는데, 자본제휴는 국가의 개념을 초월하고 있으며, 공동운항도 글로벌화가 급진전함에 따라 일반화되고 있다. 최근 세계 항공사 간의 글로벌 제휴는 OneWorld, SKYteam 및 Star 등이 있으며 이외에도 Skyteam Cargo, WoW Alliance, AiRUnion 제휴 등이 있다. 예를 들어, 스카이팀 제휴는 대한항공, Delta, France, Aeromexico가 체결한 Global Alliance로서 마일리지프로그램 공유, 컴퓨터예약시스템 공동구축, 시설 및 인력의 공동활용, 승무원 교환탑승, 지상조업, 운항, 정비 등의 제반 분야에서 포괄적인 협력을 통하여 시장점유율을 높이고 경쟁력을 강화함으

로써 궁극적으로는 항공사의 영업이익의 극대화를 도모하고 있다. <표 11-13>은 3대 글로벌 제휴의 참여 항공사와 그들이 달성한 운송 및 영업 실적이다. 이 3대 제휴는 <표 11-13>에서와 같이 세계 여객항공운송시장에서 승객 수 52.7%, 유상여객킬로미터 59.2%, 영업수입 65%의 시장점유율을 각각 차지함으로써 거대 글로벌 제휴의 위력을 과시하고 있다.

〈표 11-13〉 세계 항공사의 글로벌 제휴현황 (단위: 만 명, 백만 달러, km, %)

제휴명	주요 항공사명	여객 수	유상여객킬로미터	여객수입
OneWorld	Lingus, American, British, Cathay Pacific, Finnair, Iberia, LAN, Qantas	31,800 (13.5)	729,256 (16.3)	98,506 (18.0)
Sky Team	Aeroflot, Aeromexico, France-KLM, Alitalia, Continental, Delta, Korean, Northwest	42,900 (18.3)	910,164 (20.3)	113,071 (20.7)
Star	Adria, Canada, New Zeland, All Nippon, Asiana, Austrian, Lufthansa, Scandinavian, Singapore, Swiss, Thai, United, US, Varig	49,100 (20.9)	1,013,108 (22.6)	143,609 (26.3)

| 주1: 참여항공사는 OneWorld 14개, Sky Team 13개, Star 24개의 항공사가 회원임.
| 주2: ( )은 각 항목별 시장점유율임.
| 자료: Airline Business(2008)를 토대로 재정리.

(3) 과점화와 다립화

향후 국제항공운송시장은 극히 소수의 메가 항공사(mega carrier)에 의해 지배될 확률이 매우 크다고 본다. 이 과점화현상은 더욱 가속화될 뿐만 아니라 과점화와 다립화가 병행해서 진행될 것으로 항공업계는 전망하고 있다. 예를 들면, 중·단거리 국제선을 운항하는 항공사, 국내에서 블록(block)지역을 운항하는 항공사, 전세운항에 주력하는 항공사 등의 특화형 항공사가 활발한 영업활동을 전개할 것으로 기대된다. 이렇듯 미래의 항공시장은 항공수요의 꾸준한 성장세를 발판으로 새로운 변화들은 더욱 강력하게 추진될 것이므로 21세기의 교통체계 및 수단 중에서의 항공의 위치는 더욱 공고해질 것이다.

4 공항의 운영 및 관리

1) 공항의 기본적 이해

공항은 항공기의 이·착륙 및 지상이동에 이용할 목적으로 설치된 육상 또는 수상의 일정구역으로서 주로 민간항공운송을 위해 공공용으로 사용될 때, 공항이라 한다. 또한 국제공항은 세관, 출입국관리, 공중위생, 동·식물검역 등의 절차를 수행할 수 있는 능력을 갖춘 공항으로서 국제항공용 공항을 의미한다.[17] 더욱이 공항은 한 국가의 사회간접자본인 동시에 국제교류의 관문으로서 중요한 역할을 수행하고 있을 뿐만 아니라 자국의 항공사가 세계 항공운송시장에서 최고의 경쟁력을 갖추는 데 크게 기여하고 있다. 그런 연유로 인해 그 기능과 역할에 있어서 상호 긴밀하게 연계된 총체적인 항공서비스 분야이다.[18]

공항이 그 기능을 원활히 발휘하기 위해 항공기 이·착륙에 필요한 기본시설을 비롯하여 공항청사, 부대시설 등이 필요한데, 기본시설은 활주로, 유도로 및 주기장과 관제, 무선, 등화시설 등을 포함한 항공안전시설로 세분된다. 공항청사는 여객청사, 화물청사로 분류되며, 이는 항공과 지상교통의 연결점으로서 출입국 승객 및 수하물의 편의와 소통을 위해 항공사, 공항당국 및 정부기관 등이 복합적으로 구성되어 운영되어진다. 또한 부대시설은 지상조업사, 기내식사업소, 급유시설, 격납고 등이 포함된다.

2) 세계 공항의 운영 현황

(1) 여객실적

국제공항협회(ACI: Airports Council International)는 세계 50대 공항의 여객실적을 매년 발표하고 있으며[19] 이 중 20대 공항의 실적은 전체의 80% 이상을 차지하고 있다.

<표 11-14>는 10대 공항의 여객처리 실적이며, 2007년 현재 세계 10대 공항 총 여객실적은 6억 4,192만 명이다. 이는 20대 공항 실적의 과반수 이상인 59.4%를 차지하고 있지만 20대 공항에서의 분담률은 다소 감소하고 있음을 알 수 있다.

2007년 세계공항 중에서 여객이 가장 많이 이용한 공항은 약 8,938만 명을 달성한 미국의 애틀란타공항이 차지하였다. 이어 미국의 시카고공항, 영국의 히드로공항, 일본의 하네다공항, 미국의 로스앤젤레스공항 순으로 2~5위를 기록하였으며, 아시아지역의 하네다공항과 베이징공항

만이 10위권을 유지하고 있다. 특히 4년 연속 1위를 유지하고 있는 미국의 애틀란타공항을 비롯한 상위 10위권의 순위는 스페인의 마드리드공항을 제외하고는 별다른 변동이 없었다. 반면에 우리나라 인천공항의 총 여객 수는 2005년 26,223천 명(40위), 2006년 28,360천 명(38위), 2007년 31,421천 명(37위)을 각각 유지하였다.

〈표 11-14〉 세계 10대 공항의 승객 처리실적 (단위: 천 명, %)

순 위	2005년		2006년		2007년	
	공항명	총 여객 수 (구성비)	공항명	총 여객 수 (구성비)	공항명	총 여객 수 (구성비)
국제선 + 국내선						
1	Atlanta	85,907 (8.5)	Atlanta	84,847 (8.1)	Atlanta(ATL)	89,379 (8.3)
2	Chicago	76,510 (7.6)	Chicago	77,028 (7.4)	Chicago(ORD)	76,178 (7.0)
3	London	67,915 (6.7)	London	67,530 (6.4)	London (LHR)	68,068 (6.3)
4	Tokyo	63,282 (6.3)	Tokyo	65,811 (6.3)	Tokyo(HND) *	66,823 (6.2)
5	Los Angeles	61,489 (6.1)	Los Angeles	61,041 (5.8)	Los Angeles(LAX)	61,896 (5.7)
6	Dallas/FT Worth	59,176 (5.9)	Dallas/FT Worth	60,226 (5.8)	Paris(CDG)	59,922 (5.5)
7	Paris	53,798 (5.3)	Paris	56,850 (5.4)	Dallas/FT Worth (DFW)	59,786 (5.5)
8	Frankfurt	52,219 (5.2)	Frankfurt	52,811 (5.0)	Frankfurt(FRA)	54,162 (5.0)
9	Amsterdam	44,163 (4.4)	Beijing	48,655 (4.6)	Beijing(PEX)*	53,584 (4.9)
10	Las Vegas	43,990 (4.4)	Denver	47,325 (4.5)	Madrid(MAD)	52,123 (4.8)
10대 계		608,452 (60.2)	10대 계	622,123 (59.4)	10대 계	641,921 (59.4)
20대 총계		1,010,815 (100)	20대 총계	1,046,987 (100)	20대 총계	1,080,874 (100)

| 주1: 공항의 승객실적은 출발 · 도착 및 환승객(1번)수를 의미하며, *표는 아시아 지역의 공항을 나타내고 있음.
| 주2: 국내+국제선은 통과여객을 포함하고 국제선은 통과여객을 불포함함.
| 자료: ACI, World Airport Traffic Report(2006-2008)를 토대로 재분석.

(2) 공항운영주체의 경영성과

2007년 상위 10위권의 공항운영주체의 경영성과는 <표 11-15>와 같다. 50대 공항의 총수입은 약 494억 달러를 달성하였으며, 이 중 10대 공항의 비중은 246억 달러로서 절반 수준을 차지하였다. 히드로, 개트윅공항을 운영하는 스페인의 Ferrovial은 약 53억 달러의 총수입을 달성함으로써 1위를 기록하였다. 반면에 우리나라 인천국제공항공사는 약 10억 달러로서 12위를 기록하였으며, 아시아지역의 경쟁 공항운영주체인 나리타 국제공항공사 6위, 홍콩 국제공항공사는

〈표 11-15〉 세계 10대 공항운영주체의 경영성과 (단위: 백만$, %)

순 위	공항운영주체	국 가	주요 공항	총수입 (구성비)	영업이익	순이익
1(4)	Ferrovial	스 페 인	LHR/LGW/STN	5,310 (10.8)	1,123	699
2(1)	Aena	스 페 인	MAD/BCN	4,103 (8.3)	293	–
3(2)	Fraport	독 일	FRA	3,338 (6.7)	462	287
4(3)	Aeroports de Paris	프 랑 스	CDG/ORY	3,154 (6.4)	608	443
5(5)	Port Authority of NY & NJ	미 국	JFK/EWR/LGA	1,918 (3.9)	375	553
6(6)	Narita International Airport*	일 본	NRT	1,760 (3.6)	289	96
7(7)	Schiphol Group	네덜란드	AMS	1,577 (3.2)	578	434
8(11)	Infraero	브 라 질	GRU/CPQ	1,167 (2.4)	144	–39
9(9)	Avinor	노르웨이	OSL	1,150 (2.3)	193	111
10(10)	Greater Torontp Airports Authority	캐 나 다	YYZ	1,100 (2.2)	–41	–
10대 계				24,587 (49.9)	4,024	–
50대 총계				49,305 (100)		

| 주1: 2007년 12월 현재 경영성과의 순위이며, ( )의 순위는 2006년도 결과임.
| 주2: *는 아시아지역의 공항운영주체임.
| 자료: Airline Business(12/2008)를 토대로 재분석함.

11위를 기록하였다. 이를 감안해볼 때 인천공항이 중추공항을 표방하는 입장에서는 혁신적인 경영마인드가 더욱 필요하다고 하겠다.

(3) 공항서비스 현황

선진항공사들은 자사의 명성과 이미지 제고를 위해 가급적이면 양질의 서비스를 제공하는 공항을 중추공항으로 이용하려고 한다. 그러므로 세계 주요 선진공항들은 고객존중 정신을 바탕으로 여객편의시설을 개량 및 확충하고 고객만족을 위해 철저한 서비스교육에 집중적인 투자와 노력을 아끼지 않는다. <표 11-16>은 세계 10대 공항서비스 만족도 순위이다. 최근 4년간 홍콩의 첵랍콕공항은 세계 최고의 공항으로 평가받고 있으며, 이어 싱가포르의 창이공항, 인천공항 등의 순으로 상위수준을 차지하고 있다. 2001년에 개항한 인천국제공항은 2005년 3위, 2006년 5위, 2007년 2위, 2008년 3위의 경이로운 업적을 달성함에 따라 지속적으로 현재의 서비스 수준을 유지할 것인가에 대해 그 귀추가 주목된다.

〈표 11-16〉 세계 10대 공항의 서비스 순위

구 분 \ 순 위	2005년	2006년	2007년	2008년
	공항명	공항명	공항명	공항명
1	Hongkong	Singapore Changi	Hongkong	Hong kong
2	Singapore Changi	Hongkong	Seoul Incheon	Singapore Changi*
3	Seoul Incheon	Munich	Singapore Changi	Seoul Incheon*
4	Munich	Kansai	Munich	kuala Lumpur*
5	Kansai	Seoul Incheon	Kuala Lumpur	Munich*
6	Dubai	Kuala Lumpur	Zurich	Kansai*
7	Kuala Lumpur	Helsinki	Amsterdam Schiphol	Copenhagen
8	Amsterdam Schiphol	Zurich	Vancouver	Zurich
9	Copenhagen	Dubai	Kansai	Helsinki
10	Sydney	Copenhagen	Madrid Barajas	Cape Town

| 주: 공항의 *는 아시아지역의 공항을 의미함.
| 자료: Skytrax(2005-2008).

3) 공항의 운영방향

(1) 공항수익원의 다변화

공항운영의 재원은 주로 착륙료, 주기료, 여객시설이용료 등의 항공수익에 의존해왔다. 이런 수익원을 다변화하기 위하여 항공기의 이착륙 장소만이 아닌 국제회의장, 호텔, 레저시설, 쇼핑센터 등과 같은 편의시설을 골고루 갖추어 수익을 창출할 수 있는 장소로 전환시켜야 한다. 민간자본을 유치하여 공항의 쇼핑시설과 상품의 종류를 재정비하거나 확충함으로써 수익을 제고할 수 있는 분야가 공항시설이다. 그러나 공항은 기본적으로 다양한 노선수, 취항항공사 수의 증가와 동시에 편안한 편의시설, 신속한 수하물처리, 각종 수속절차의 간소화 등 공항 본연의 기능을 제공함으로써 최상의 서비스수준을 유지하는 데 소홀히 해서는 안 될 것이다.

(2) 공항 및 공역의 확장

항공수요의 증가에 따라 공항 및 공역은 포화상태에 이르게 되고 이러한 현상은 항공교통의 정체 및 항공기 사고의 원인이 되기도 한다. 국제민간항공기구는 2000년대의 항공교통수요에 대처할 수 있는 유일한 해결책으로 위성 항행시스템 개발을 규정하는데, 이는 고도의 효율성을 가능케 한다는 점에서 공항의 수용능력이나 운영에 미치는 잠재적 효과가 매우 크다고 볼 수 있다.

(3) 항공기 이동지역의 혼잡 해소

항공기사고의 대부분은 항공기의 이·착륙 시 착륙대, 활주로, 유도로, 계류장 등에서 항공기가 이동할 때 발생한다. 항공기 취항 수의 증가에 비해 공항 자체의 수용능력 부족으로 인한 만성혼잡과 정체는 각종 항공사고의 원인이 되고 있다. 예를 들면, 항공기 이동지역의 활주로 보호(눈, 안개 등), 착륙대 주변의 조류퇴치, 계류장의 혼잡완화는 공항의 안전을 도모하는 것은 물론이고 공항의 경쟁력을 좌우하는 중요한 요소이기도 하다.

(4) 보안서비스 제고

공항의 안전은 공항선진화의 척도이며, 안전수준의 정도는 공항의 성패를 가름할 수 있다. 뉴욕의 9.11 테러사건과 같은 대형 항공사고를 경험한 미국을 비롯한 전세계의 공항은 여객의 편의성을 제공하면서도 철저한 보안시스템을 확보하는 데 최선의 노력을 다하고 있다.

(5) 여객 및 화물의 처리 개선

항공여객 불만요소의 하나인 지연시간을 줄이기 위한 기술이 국제공항협회(ACI) 등 관련 기관으로부터 지원을 받아 개발되고 있다. 기계판독이 가능한 출입국 관련서류(MRTD: machine readable travel document)를 범세계적으로 표준화하여 발급할 뿐 아니라 공항에서는 중앙통제시스템과 연결된 서류판독기를 설치한다.

(6) 공항의 홍보 강화

공항은 지역사회에 신규 고용을 창출하는 데 직·간접적으로 효과를 제공하고 있다. 나아가 경제활성화에 크게 이바지하고 있음에도 불구하고 소음, 수질 등의 환경상의 문제로 인하여 종종 부정적 이미지의 주요인으로 인식되고 있다. 공항이 수용능력을 확충할 필요성은 강조되고 있지만, 공항에 대한 지역사회의 인식부족으로 인해 큰 차질을 빚고 있다. 이에 대한 해소책으로 각종 문화행사, 사업설명회 개최 등을 통하여 공항에 대한 긍정적인 이미지를 제고시킴으로써 지역사회의 지원 또는 협조를 얻어 추진하는 것이 바람직하다.

(7) 환경친화적 공항건설

공항은 항공기소음, 대기, 토양, 수질오염 및 폐기물관리 등 제 문제에 직면하고 있다. 이를 위해 공항은 공항 내의 산림조성이나 주변 조경공사를 통하여 녹화사업에 더욱 주력하고 환경친화적인 공항운영에 집중적인 관심과 투자를 함으로써 환경오염으로부터 기인하는 부정적 영향을 최소화하려는 노력을 게을리해서는 안 된다.

미 주

1) 한국항공진흥협회(2001-2008). 『포켓 항공현황』.

2) Business Traveller(2005-2008). HKABC.

3) 윤대순(1998). 『항공실무론』. 서울: 백산출판사.

4) 김경숙(2008). 『최신 항공서비스론』. 서울: 백산출판사.

5) ICAO(1991-2008). *Annual Report.*

6) IATA(2005-2008). *World Air Transport Statistics.*

7) Airline Business(2005-2009). Reed Business Publishing.

8) IATA(2004-2008). *Air Transport World.*

9) 한국항공진흥협회(2004-2008). 『항공통계 국제편』.

10) 한국공항공사 홈페이지(http://www.airport.co.kr).

11) 한국항공진흥협회(2008). 『항공연감』.

12) 국토해양부 홈페이지(http://www.mltm.go.kr).

13) Skytrax 홈페이지(http://www.airlinequality.com).

14) ICAO(1986-2008). *ICAO Journal.*

15) 김경숙(1997). 항공사 선택행동과 경영성과의 결정요인에 관한 연구. 세종대학교 대학원 박사학위논문.

16) 건설교통부(1990-2000). 『교통통계연보』.

17) 박완화(1997). 『항공법』. 서울: 명지출판사.

18) 김경숙(2002). 항공사 서비스 평가순위의 시장성과 영향력 분석. 『관광학연구』, 25(4), 195-208.

19) ACI(2004-2008). *World Airport Traffic Report.*

저자약력

김경숙(金敬淑) 현_국립강릉원주대학교 관광경영학과 교수

세종대학교에서 박사학위를 취득했다. 저자 김경숙은 (사)한국관광학회에서 제19대 부회장 겸 학술심포지엄위원장을 맡고 있으며 저서 『최신 항공서비스론』 『국립강릉대학교 에티켓가이드』 『강원관광의 이해』(공저) 등과 논문 "항공사선택행동과 경영성과의 결정요인에 관한 연구" "항공사 서비스평가순위의 시장성과 영향력 분석" "항공승객수요의 결정요인: 방한 중국인을 중심으로" 등을 통해 학술적 성과를 발표하고 있으며 후진 양성과 학회의 발전에 힘쓰고 있다.

실무자의 이야기

항공운송산업의 세계적 현황과 한국 항공운송산업의 대응

김 기 환*

1. 항공운송산업의 세계적 현황

1) 경영실적 악화

2008년 약 50억 달러의 적자를 기록한 세계 항공운송업계는 2009년도에도 25억 달러의 적자를 기록할 것으로 예상된다. 연평균 100$(WTI기준)에 육박하는 고유가와 미국 서브프라임 사태로 야기된 전세계적 금융위기의 여파로 항공사들의 경영실적은 악화되었다.

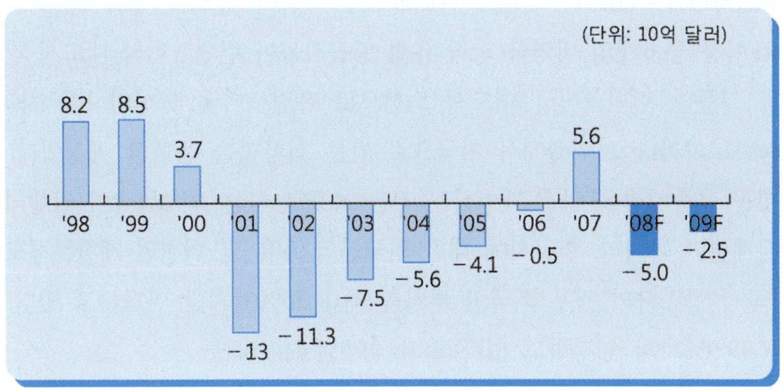

세계 항공사 순이익 추이

| 출처: IATA.

2) 항공사 파산

2008년 미국에서는 Aloha, ATA, Skybus, Frontier 등 항공사가 파산했으며, 유럽에서는

* 아시아나항공 전략기획팀 차장

Alitalia, Austria항공 등을 포함한 30여 개의 항공사가 파산했다. 아시아에서는 Oasis HongKong, 원동항공 등이 파산했으며, 국내에서도 한성항공, 영남에어가 운항을 중단하였고 인천타이거항공이 항공업 진출을 포기하였다.

3) 미-EU항공자유화

2008년 3월 미-EU항공자유화 협정이 발효되면서 미국과 유럽 항공사들이 양 지역 내 원하는 도시에 자유롭게 취항할 수 있게 되면서 거대한 단일시장이 탄생하게 되었다. 에어프랑스의 경우 지금까지는 미국 직항노선은 프랑스의 한 도시에서 출발하는 노선만 허용되었던 반면, 이번 협약의 발효로 런던이나 브뤼셀 등 원하는 도시에서 미국의 한 도시를 직항으로 연결하는 노선을 운영할 수 있게 된 것이다. EU 집행위원회의 추산에 따르면 이 협약으로 미국, EU의 항공편이 8% 정도 증가할 것으로 예상했으며 6~10% 정도의 요금 하락을 가져올 것으로 추정되었다.

유럽의 항공사들이 가장 군침을 흘리는 노른자위 노선은 런던의 히드로 공항과 미국의 대도시를 연결하는 노선이다. 히드로 공항을 통해 미국으로 가거나 미국에서 오는 국제선 승객 수는 2007년 1,400만 명으로 미국, 유럽 간 노선의 연간 총승객 5,000만 명 중 28%를 점하고 있다. 이 황금노선은 지난 30여 년간 영국의 두 항공사인 British Airways, Virgin Atlantic과 미국의 두 항공사 American Airlines와 United Airlines가 독점해 왔으나 '오픈스카이' 협약과 함께 AirFrance/Delta항공 등 6개의 비영국 국적 유럽 항공사들이 런던~미국 대도시 간 노선 개설을 추진하고 있다. 그동안 런던~미국 대도시 노선으로 유럽~미국 노선의 1등 자리를 지켜왔던 British Airways도 파리나 브뤼셀에서 미국으로 가는 직항편을 운행할 예정이다. 향후 유럽과 미국의 역내 항공 운송시장을 완전 개방하는 것을 목표로 하는 후속협상이 진행되고 있으며 항공노선 개설 문제뿐만 아니라, 항공사에 대한 외국인의 소유 및 의결권 제한문제도 다룰 예정이다(현재 미국 국적 항공사의 경우 외국인 투자를 최대 25%까지만 인정하고 있다. 반면 유럽연합은 상한선을 49.9%까지 인정하고 있다)(출처: 파이낸셜뉴스).

4) 항공사들의 M&A 및 구조조정

2008년 4월 미국 3위의 Delta항공과 6위의 Northwest항공이 합병을 발표했다. 양사가 합쳐지면 800여 대의 항공기를 보유하는 세계 최대 항공사가 탄생하게 된다. 2008년 6월에는 항공업계 2위인 United항공과 5위 Continental항공이 노선과 마일리지를 공유하는 포괄적 제휴를 공식 선언했다. 한때 United와의 합병을 추진하다 포기한 US Airways는 1,700여 명, AirFrance는

2,000명의 감축계획을 발표했다. Continental 및 Delta항공은 각각 직원 3,000명씩의 감원계획을 발표하였다. 2009년 1월 12일 AirFrance-KLM그룹은 Alitalia항공 지분 25%를 3억 2,300만 유로에 인수하기로 합의하였다고 발표하였으며, 최근에는 민영화 가능성이 있는 SAS의 지분 인수도 추진하고 있다. 특히 Alitalia 지분인수는 경쟁업체인 Lufthansa와의 인수경쟁에서 승리한 것이어서 더욱 큰 의의를 지니고 있다. Lufthansa는 영국 BMI, Austria항공, 브뤼셀항공을 인수했다. Lufthansa의 왕성한 항공기업 사냥에 대해 EU집행위원회는 브뤼셀항공 인수가 독점인지 여부를 조사하고 있다. 또한 Qantas와 British Airways 간의 M&A도 진행 중이다. 미국-EU 대형항공사들의 M&A는 항공자유화와 Low Cost Carrier가 득세하는 거대시장에서 몸집을 불리지 않고는 생존이 불가능한 현실을 보여주고 있다. M&A까지는 아니지만 전략적 제휴도 활발히 모색되고 있다. Star Alliance/ OneWorld/ Skyteam 등 항공사 동맹에 가입하는 항공사들도 많아지고 있으며 동맹사 간의 협력도 더욱 강화되고 있다. 아시아나항공과 ANA항공의 경우 2007년 상호 지분참여를 시작으로 연료 공동구매/ 공동운항/ 직원교환근무/ 공동사회봉사 등으로 협력의 양과 질을 확대하고 있다. 파산과 사업축소 속에서 오히려 투자와 확장의 길을 걷는 항공사도 있다. Emirates항공은 민간항공 역사상 최대규모인 349억 달러의 초대형 항공기 주문을 발표했다(2007년 11월). 120대의 '에어버스 350', 11대의 '에어버스 380'과 함께 '보잉 777' 12대의 항공기 도입을 확정한 것이다. 특히 2009년 11월 A380을 두바이/인천 노선에 투입함으로써 동북아 최초로 A380을 운항할 예정이다.

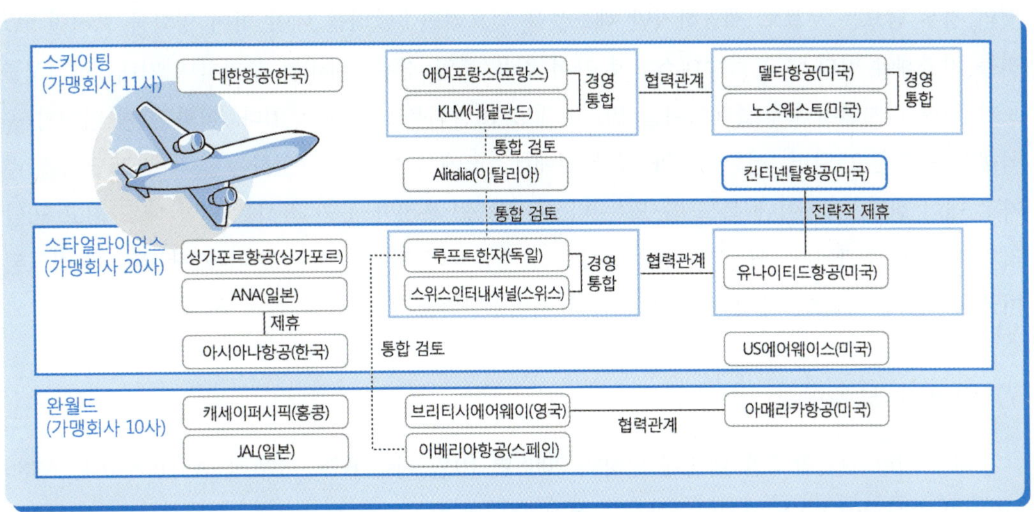

항공회사 제휴도

| 자료: 얼 다이아몬드

5) Low Cost Carrier들의 약진

유럽과 미국에서는 Low Cost Carrier(LCC)들의 약진이 두드러진다. LCC의 원조인 Southwest는 수송객 수 기준 연간 1억 명을 돌파하며 수송객 수 기준 미국 1위의 항공사가 되었으며 유럽의 경우 Ryanair는 연간 수송객 수 5,800만 명을 돌파하며 거침없는 성장을 구가하고 있다. 아시아의 경우 말레이시아의 AirAsia가 두드러진다. 연간 수송객 수 2천만 명 돌파를 눈앞에 두고 있다. Ryanair는 평균 요금 44유로라는 강력한 저가를 바탕으로 British Airways(평균요금 324유로), AirFrance(평균요금 267유로)를 크게 위협하고 있다. AirAsia도 평균요금 8만 원의 저가를 무기로 말레이시아 시장을 장악해 가고 있다. LCC들은 하루 평균 13시간 이상의 항공기 가동률을 바탕으로 한 박리다매의 전략으로 Market Share를 넓혀가고 있다.

6) 항공사들의 추가요금 징수 및 Service 축소

항공사들은 고유가 위기를 타개하기 위해 유류할증료를 비롯한 각종 추가요금 징수에 나서고 있다. 항공사들은 항공료 인상뿐 아니라 초과 예약자를 접수받고 있다. American Airlines은 항공기 적재 첫 수하물에 대해 15달러씩 추가요금을 받고 있으며 캐나다와 미국 항공사들은 북미지역 항공편에 적재되는 수하물 중 두 번째 짐에 대해 25달러씩 추가요금을 징수하고 있다. 승객이 기내에서 맥주나 샌드위치를 먹으려면 6달러를 지불해야 하며 과자 한 봉지를 먹고 싶어도 2달러를 내야 한다. 에어캐나다는 베개와 담요를 빌려주면서 2달러를 요구하고 있다. 웨스트젯의 경우 담요는 무료로 제공하지만 헤드셋을 얻으려면 3달러를 내야 하며 영화를 보려면 5달러를 지불해야 한다. 화물탁송데스크에 가서 짐을 붙일 경우 2달러를 추가하며 기내에서 TV를 보기 위한 디지털미디어 플레이어를 빌리는데도 10달러를 요구하고 있다. 이와 함께 비행기 공석대기 승객은 25달러, 전화예약과 공항 판매데스크에서 티켓을 구입하는 승객은 25달러를 추가로 내야 한다. 창문이나 복도 쪽 또는 비상구 앞 등 특정한 곳의 좌석을 원할 때도 최고 30달러의 비용이 추가된다. 이 같은 비용인상은 승객들의 불만으로 이어졌다. 가장 최근에 발표된 미국 소비자만족도조사에서 항공기 승객의 서비스만족도는 2001년 이래 최하로 떨어졌다.

7) 항공기 보유현황 및 주문

전세계 민항기는 약 2만 여대에 달하며 2008년 10월 기준 B787 896대, A350 530대, A380 212대가 주문되어 있다. 아시아나항공은 현재 68대의 항공기를 보유하고 있다. B777 3대, A350 30대(67억 달러) 도입을 결정하였으며 A350은 향후 2016년에 최초 인수를 시작해 2022년까지

순차적으로 도입될 예정이다. 'A350XWB'는 현재 개발 중인 항공기 중 가장 최신 버전의 중장거리용 중대형 항공기로 XWB(Extra Wide Body)가 의미하는 바와 같이 기존의 동급 항공기 대비 더 넓고 편리한 최적의 객실 공간과 최첨단 기내설비를 갖추고 있다. 대한항공은 현재 125대를 보유하고 있으며, B777 11대, B787 10대, A380 8대, B747F 5대, B777F 5대, B737 4대 등 총 43대의 항공기를 주문하였다. 양사는 신기종을 바탕으로 고급/쾌적성 면에서 경쟁을 펼치고 있다.

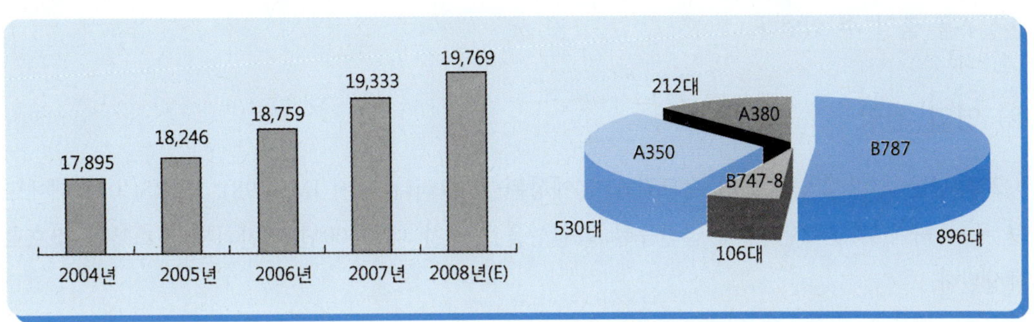

ICAO 가입국 항공기 대수(Turbo-jet 기준)

2. 한국 항공운송산업의 대응

1) 경영실적

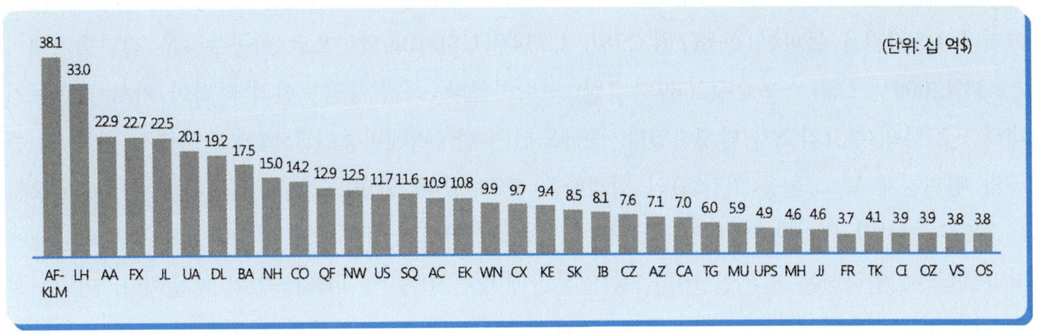

2007년 항공사 매출액

2007년 매출액 기준 대한항공은 19위, 아시아나항공은 33위를 기록하고 있다. 2008년 한국인 출국자는 1,232만 명으로 2007년 1,363만 명 대비 9.6% 감소하였다. 외국인 입국자는 682만 명으로 2007년 643만 명 대비 6.2% 증가했다(출처: 법무부). 한국의 국제선 항공여객은 3,552만 명으로 전년대비 4.1% 감소한 반면, 국내선은 1,722만 명으로 전년대비 1.0% 증가하였다. 인천공항 항공화물은 2008년 242만 톤을 수송하여 2007년 256만 톤 대비 5.2% 감소하였다(출처: 국토해양부). 아시아나항공은 4조 2,615억 원의 매출과 2,271억 원의 손실을 기록하였으며, 대한항공은 10조 213억 원의 매출과 1조 9,579억 원의 손실을 기록하였다. 양사 모두 고유가/고환율로 인해 큰 손실을 기록하였으나, 특히 대한항공이 2조 원에 육박하는 손실을 기록한 것은 외화부채관련 환산손실이 컸기 때문이다. 아시아나항공은 유가와 USD환율에 대해 Hedge를 해서 손실폭을 줄일 수 있었다.

2) 영업 전망

2009년은 연간 2% 정도의 수요감소가 예상된다. 그러나 과거 IMF('98), SARS('03) 때에도 큰 폭의 하락 후 1~2년 내에 급반등한 복원성을 고려할 때 2009년 하반기부터 회복될 것으로 예상된다.

구 분	1998년	1999년	2003년	2004년
항공수요증가율	−15%	+18.8%	−5.5%	+25.5%

| 출처: 국토해양부.

최근 유가는 WTI 45달러 수준으로 국제선 여객 유류할증료는 3월부터 징수하지 않게 된다. 그러나 1,500원을 돌파한 환율(2월 27일: 1,534원/USD)의 영향으로 항공수송은 전년동기대비 −8.3%(2009년 1월), −6.0%(2009년 2월) 하락하였다. 특히 중국노선의 타격이 커서 전년동기대비 −27%의 수요감소가 발생하였다. 중국노선은 한국판매비중이 75%에 달하면서 한국 및 중국의 경기침체 및 고환율(위안화)의 직격탄을 맞고 있다. 반면, 일본노선은 1월 −12.6%, 2월 +1.7%로 개선되고 있다. 일본인 출국자는 전년동기대비 −10%대로 감소하였으나 엔화강세에 따라 한국에 입국하는 일본인들이 급증(일본판매비중 50% → 74%)하였기 때문이다. 미주노선의 경우 1월 수송이 전년동기대비 15% 증가하였다. 이것은 USD환율 강세에 따라 미주발 판매 증가에 기인하고 있다. 그러나 미국 무비자 효과는 하루 이용객이 20명 미만으로 미미한 수준에 그치고 있다. 특히 미주노선은 미주판매비중이 70%대여서 USD강세의 영향을 받고 있다. 그러나 세계 경기침체에 따른 수출의 급격한 위축에 따라 항공화물은 큰 폭으로 수요가 감소하였다. 전세계적으로 2009년 1월 항공화물수송은 전년동기대비 23% 감소하였으며 아시아태평양 지역

은 28% 감소하였다. 이에 따라 대한항공은 전체 화물기 30대 중 임차화물기 3대를 반납하기로 하였으며 공급을 7% 줄이기로 하였다. 아시아나항공에서도 공급축소를 검토하고 있다.

3) 대응 방안

국내 경기침체 및 고환율에 대응하기 위하여 항공사들은 해외판매비중 강화에 사활을 걸고 있다. 인천공항에서 환승하여 미국/유럽과 일본/중국/아시아를 연결하는 이원수요 판매를 위해서도 노력하고 있다. 아시아나항공은 경영효율을 극대화하기 위해 위험관리위원회를 가동하고 있으며 항공유에서부터 각종 비용에 이르기까지 절감노력을 기울이고 있다. 특히 4조 원에 육박하는 부채규모를 연말까지 3조 원으로 축소하여 부채비율을 축소시킬 계획이다. 2009년 6월경 일본 시즈오카에 취항할 예정이며, 뉴욕 노선을 주 3회 증편하여 주 7회로 편성하는 등 미주노선을 증편하여 장거리 노선을 강화할 예정이다. 현재 18개 항공사와의 Codeshare를 확대하여 향후 28개 항공사까지 대상 항공사 수를 늘려갈 계획이다. 인터넷발권 비율을 국내선 40%, 국제선 12%의 목표로 늘려갈 예정이며, Premium 서비스를 강화하여 Premium고객 비율을 증대시킬 계획이다. 특히 마일리지의 다양한 소진 Program을 개발하여 그동안 마일리지 사용에 대한 고객 불만을 해소할 계획이다. 항공기 Upgrade 및 신기종 도입을 지속하고 있으며, 최근 세계적 수준의 서비스를 국제적으로 인정받아 ATW(Air Transport World)로부터 2009년 올해의 항공사에 선정되는 영예를 얻게 되었다. 특히 ATW의 항공업계에서의 권위와 위상으로 볼 때 한국 항공산업 전체의 쾌거라고 판단된다.

4) 항공자유화

항공자유화는 이제 전세계의 대세라고 판단된다. 1998년 미국과의 항공자유화 이후 2006년 태국, 2007년 일본/말레이시아, 2008년 베트남과의 항공자유화 협정이 발효되었다. 2006년 6월에는 중국과 항공자유화 협정을 체결하였으나 현재는 산동반도와 해남도만 자유화 지역이고 나머지는 항공협정에서 협의하도록 되어 있기 때문에 자유화가 단계적으로 이루어질 것으로 보인다. 그러나 일본은 동경을 제외하고 자유화가 실현되었으므로 제주항공이 2009년 3월 20일부터 인천/오사카, 인천/기타큐슈에 취항하고 진에어도 10월경 중국/일본/동남아 노선 취항을 준비 중이다. 2008년 11월에 캐나다와의 항공자유화 협정이 체결되어, 대한항공은 밴쿠버/토론토 노선을 증편하였다. 최근 EU와의 항공자유화 논의가 진행되고 있으며, 한중일 3국간의 항공자유화도 향후 논의될 것으로 예상된다. 최근 한중일 셔틀노선이 큰 인기를 끌면서 김포공항/하네다공항/홍차우공항이 부각되고 있다. 그러나 김포공항은 소음문제, 통행금지(23시~6시)의 문제에 따른 항공기 가동률 저하 및 국제선 연결노선 부족으로 국제선 확장에 걸림돌을 안고 있다. 정부에서는 2010년부터 일광절약제 실시를 발표하였다. 일광절약제 시행으로 관광산업이 활성화되고 항공산업 발전으로 연결되기를 기대해 본다.

저자약력

김기환(金奇煥) 현_아시아나항공 전략기획팀 차장

서울대학교 불어불문학과 졸업. 동 대학원 불어불문학과 졸업

『관광학총론』 열두 번째 이야기

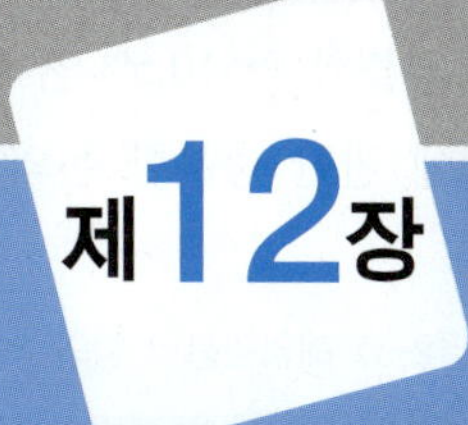

해양관광과 크루즈

여 호 근*

관광자들의 관광욕구가 다양화되면서 대두된 분야 중의 하나가 해양관광이다. 특히 삼면을 바다와 접하고 있는 우리나라의 지정학적인 특성을 감안하다면 해양관광의 성장 잠재력은 무한하다고 할 수 있을 것이다. 하지만 그동안 해양관광과 관련한 이론적인 접근과 연구 결과물의 생성은 아직도 부족함이 많다고 판단된다.

해양관광 개념과 해양관광 활동유형에 대한 정리 및 해양관광 자원에 대한 범위 설정 등에 대한 논의가 필요한 시점이다. 또한 최근에 국내외적으로 관심이 높아지면서 국제 크루즈의 국내로의 입항에 대한 유치노력이 활발하게 전개되고 있으며, 국제 크루즈의 기항지 혹은 모항으로서의 역할을 수행하도록 하기 위하여 정부는 물론 관련 지방자치단체, 그리고 관계 기관 등에서 많은 노력을 기울이고 있다. 따라서 본 장에서는 해양관광의 개념, 해양관광 활동유형, 크루즈의 개념과 크루즈 투어의 유형, 발전역사, 세계 크루즈 동향과 사례 등을 이해하고자 한다.

1 해양관광의 이해

1) 해양관광의 정의

해양관광은 세계의 관광산업에서 가장 큰 비중을 차지하는 분야로서,[1] 끊임없이 빠르게 성장하는 양상을 보이고 있다.[2] 그 결과 2005년 기준으로 전세계적인 해양관광시장은 전체 관광소

* 동의대학교 호텔컨벤션경영학과 교수. e-mail: hkyeo@deu.ac.kr

비 지출의 약 10.5%인 1,740억 유로(€)로 추정되고 있으며, 해양관광에 대한 하위 분야(특별활동)에 관한 충분한 논의가 필요함을 알 수 있다.3)

〈표 12-1〉 해양관광의 정의

출 처	정 의
정무형(1997)	바다, 연안, 강 하구 및 육지 집수지역과 그들의 이용을 모두 포함하는 곳에서 행해지는 활동
송태호(1997)	해양스포츠 활동과 휴식 및 레저 등을 포함하는 관련 활동
한국해양수산개발원(1998)	일상생활에서 벗어난 변화를 추구하기 위한 행위를 위하여 해역과 연안에 접한 단위지역사회에서 일어나는 관광목적의 활동으로서 직·간접적으로 해양공간에 의존하거나 연관된 활동
Orams(1999)	요트와 크루즈 이용, 해변산책, 포유동물(돌고래, 물개) 관찰과 같은 해안가에서의 활동을 포함하는 것
Mark(1999)	해양관광, 자연형 해양관광, 사회·문화형 해양관광, 특정 이벤트형의 4가지 유형을 제시함
Hall(2001)	심해 낚시, 크루징을 포괄하는 모든 관광활동과 해변에서의 관광활동
Lekakou & Tzannatos(2001)	관광객이 바다를 지속적으로 접촉하는 것으로서 바다와 해안가에서 이루어지는 모든 관광활동
해양수산부(2001)	국민의 건강·휴양 및 정서생활의 향상을 위하여 해양과 연안에서 이루어지는 관광활동 및 해양레저·스포츠 활동
이상춘·여호근·최나리(2004)	바다, 연안 및 해상, 강하구, 집수(集水)지역 등에서 이루어지는 관광객에 의한 광범위한 형태의 활동
정석중·이미혜(2004)	다양한 관광욕구를 충족하기 위하여 해역과 해안에서 이루어지는 해양 행태적인 관광활동
김성귀(2007)	해양과 도서, 어촌, 해변 등을 포함하는 공간에 부존하는 자원을 활용하여 일어나는 관광목적의 모든 활동
이성호·여호근(2008)	바다를 접한 지역과 바다와 강이 만나는 지역, 바다의 수면과 수중에서 행해지는 관광활동
신동주·손재영(2007)	해안선에 인접한 육역과 해역을 포함한 해안지대에서 부존하는 유·무형의 자원을 이용하여 행하여지는 총체적인 관광활동

| 자료: 선행연구4)를 참고하여 저자가 요약·정리하였음.

일반적으로 해양관광에 대한 이해를 하기 위해서는 관광객의 활동에 대한 기본적인 이해가 우선되어야 한다. 즉, 해양관광이란 관광객이 정기적 혹은 부정기적으로 해상·해중·해안가·바다와 강이 만나는 집수지역에서 관광목적으로 행하게 되는 모든 활동을 일컫는다. 해양관광이라는 용어는 '관광객이 바다를 지속적으로 접촉하는 것으로서5) 바다와 해안가에서 이루어지는 모든 관광활동'을 포함하는 것이다.

수상스키, 윈드서핑, 수중낚시, 스쿠버 다이빙과 해양공원 구경 등과 같은 광범위한 활동을 포함하는 여가행위와 크루즈 이용을 포함하게 된다. 이에 대해 Hall[6]은 "심해 낚시, 크루징을 포괄하는 모든 관광활동과 해변에서의 관광(coastal tourism)활동"을 포함하는 것으로 보고 있다.

한편 Orams[7]는 해양관광이란 "요트와 크루즈 이용, 해변산책, 포유동물(돌고래, 물개) 관찰과 같은 해안가에서의 활동을 포함하는 것"이라고 주장한다.

해양관광은 단순히 순수 관광활동에 한정하지 않고 해양과 해안에서 행해지는 레크리에이션과 여가활동 및 해양스포츠를 포괄하는 의미로 이해하는 것이 일반적이다.

그동안 해양관광에 대한 개념적인 정의는 학자에 따라서 다양하게 정의되고 있는데, 해양관광을 의미하는 영어식 표현도 'maritime tourism, marine tourism, coastal tourism, marine tourism and recreation' 등과 같이 사용되고 있다. 대체로 레크리에이션을 포함하는 의미로 사용되고 있다.

2) 해양관광의 범위

해양관광은 관광자에게 해양공간에서 환대를 제공하는 관광·레크리에이션·여가 활동을 포괄하는 것이다.[8] 이와 같은 관점에서 해양관광의 공간적·행태적인 범위를 설정하면 다음과 같다.

[그림 12-1] 해양관광의 공간적 범위

[그림 12-2] 해양관광의 행태적 범위

| 자료: 이상춘 · 여호근 · 최나리(2004). 『해양관광의 이해』. 백산출판사. p. 18.

다음으로 Wild[9]는 해양관광 시장의 구조에 대하여 교통, 여행, 관광과 레크리에이션이 공분산으로 곁들여지는 개념적인 범위를 소개하고 있다.

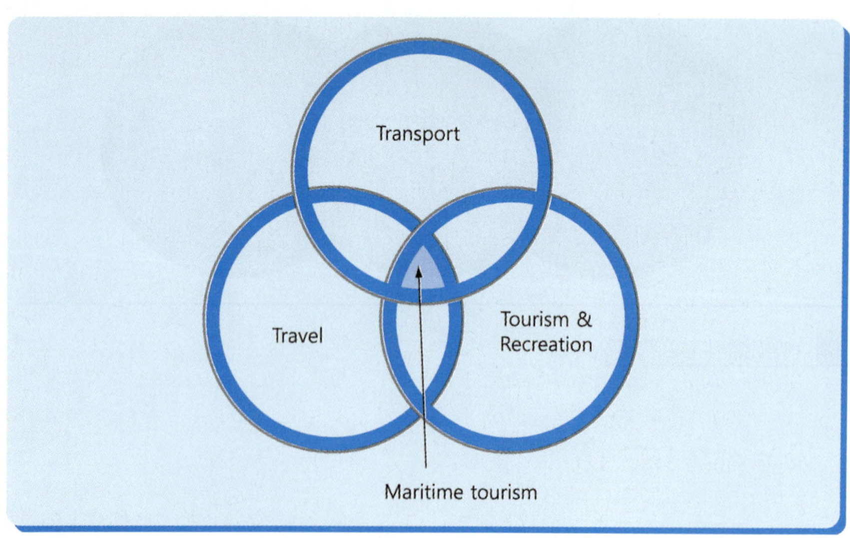

[그림 12-3] 해양관광 시장의 구성

| 자료: Wild, G. P.(2003). Ibid. pp. 419-455.

2 해양관광 유형 분류

1) 국외의 유형 분류

日本観光協會[10]는 스포츠형 활동, 대중 레저형 활동, 해안지역의 관광활동으로 분류하고 있으며, 作田岩穂[11]는 해양관광, 관련 관광, 관련 활동으로 구분한다.

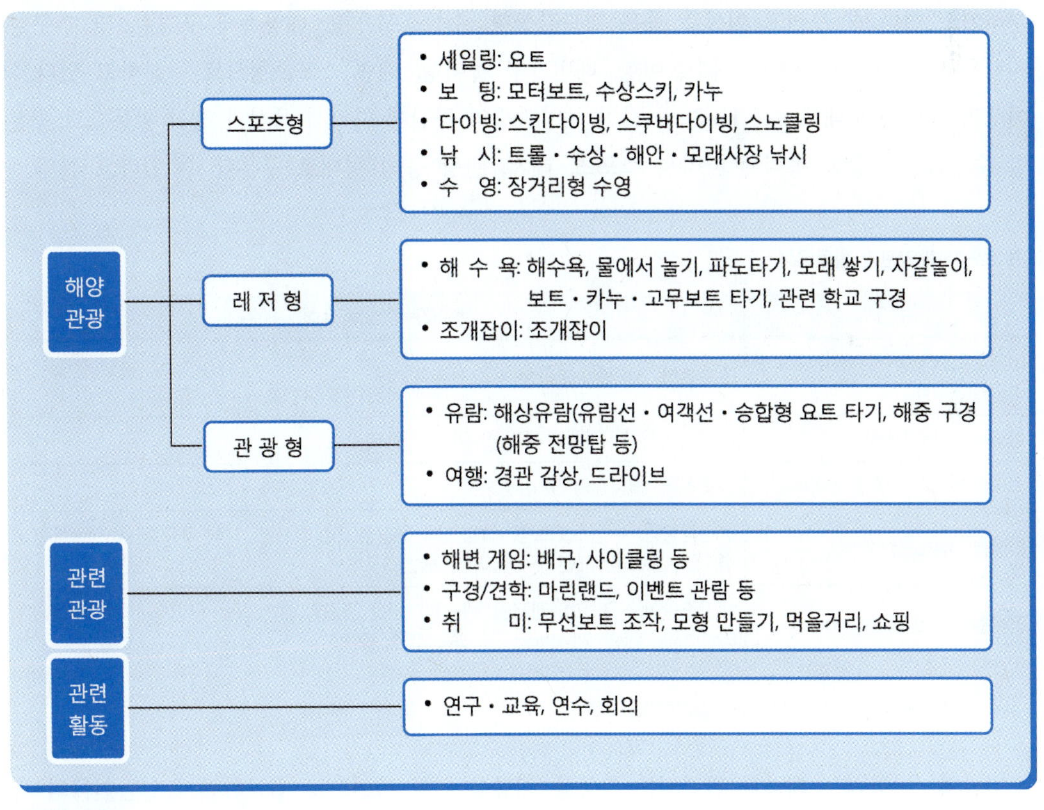

[그림 12-4] 해양성 위락활동의 종류

| 자료: 作田岩穂, 상게서, p. 11.

이외에도 Mark[12]는 활동형, 자연형, 사회 · 문화형, 특별 이벤트형으로 구분하고 있는데, 이상의 분류로 볼 때, 해양관광 활동에 대한 유형을 체계적으로 분류하는 것은 이론적인 토대의 형

성과 해양관광의 활성화를 위해서 매우 필요한 시점에 있다. 국외의 해양관광 활동유형을 분류하면 [그림 12-4]와 같다.

2. 국내의 유형 분류

해양관광 유형 분류를 스포츠형(요트, 수상스키, 윈드서핑 등), 레저형(해수욕, 해변캠프 등) 및 관광형(해상유람, 해중 유람, 낚시 등) 3가지로 나누기도 하며,[13] 한국해운신문(1998)은 해양스포츠형, 전통적 레저형, 외항 크루즈로 구분하고 있고, 스포츠형, 해양관람 및 유람형으로 구분하기도 한다.[14] 그리고 이상춘 등은 경관감상형, 수상스포츠형, 해양축제 구경형, 맛 추구형, 지식추구형, 승선·유람형, 친수놀이형, 해변기구 놀이형, 해변 스포츠형으로 구분하고 있다.[15] 이상의 유형을 토대로 <표 12-2>와 같이 해양관광의 공간에 따라서 육상과 해상 활동으로 구분할 수 있으며, 활동 목적에 따라서 스포츠, 레저, 관광 등의 형태로 구분할 수 있다고 본다.

〈표 12-2〉 해양관광 활동유형

구 분	해양관광 활동유형
이태우(1996), 해양수산부(2001), 이광원(2004)	스포츠형, 레저형, 관광형
한국해운신문(1998)	해양스포츠형, 전통적 레저형, 외항 크루즈
최도석(1998), 이종훈(1999)	스포츠형, 해양관람 및 유람형
이상춘 · 여호근(2001)	경관감상형, 수상스포츠형, 해양축제 구경형, 맛 추구형, 지식 추구형, 승선 · 유람형, 친수놀이형, 해변기구 놀이형, 해변스포츠형
이상춘 · 여호근 · 최나리(2004)	해양관광형(스포츠형, 레저형, 관광형), 관련 관광형(해변활동 · 구경) · 견학 · 먹을거리 · 쇼핑), 관련 활동형(연구 · 교육, 연수, 회의)

| 자료: 선행연구를 참고하여 저자가 요약 · 정리하였음.

김남형·이한석은 해양과 관련되는 활동을 해양성 위락 측면으로 접근하면서 일반인들의 욕구를 다섯 가지 범주로 구분하고 있다.[16]

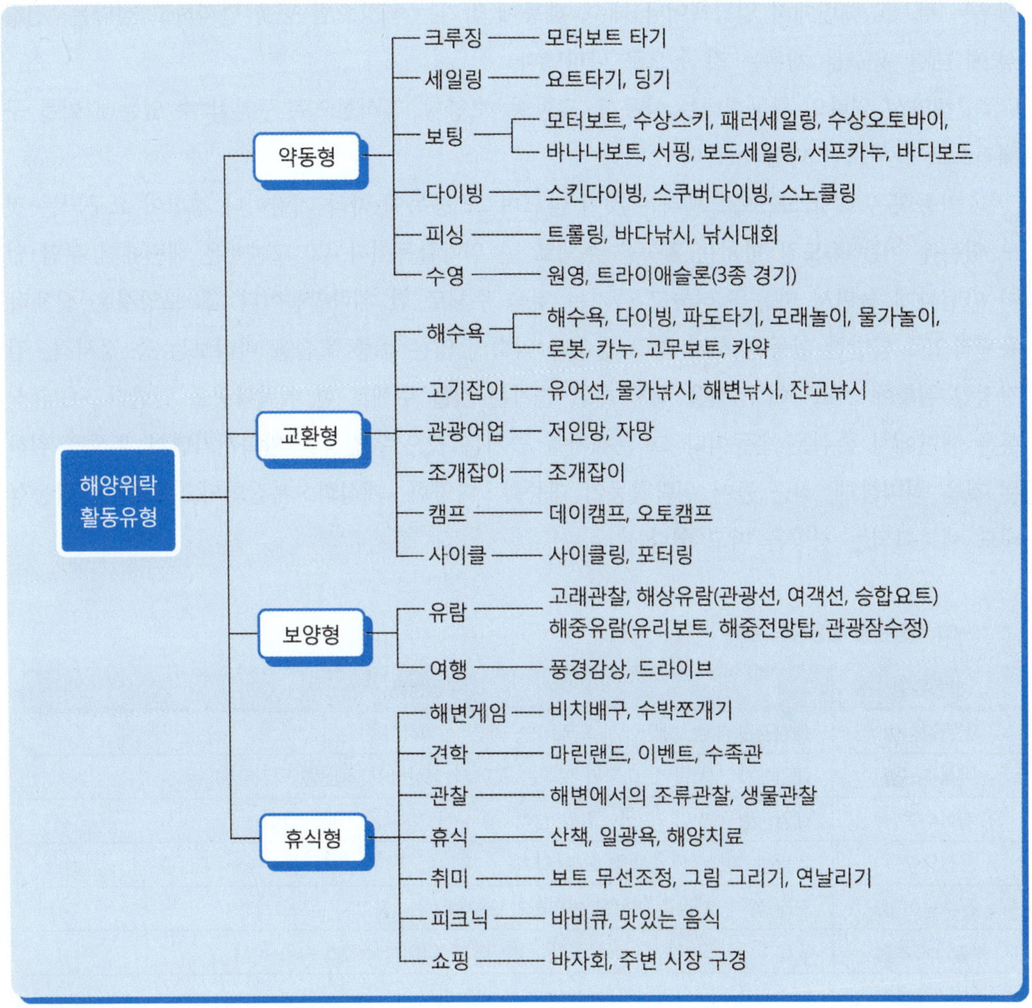

- 해양위락 활동유형
  - 약동형
    - 크루징 — 모터보트 타기
    - 세일링 — 요트타기, 딩기
    - 보팅 — 모터보트, 수상스키, 패러세일링, 수상오토바이, 바나나보트, 서핑, 보드세일링, 서프카누, 바디보드
    - 다이빙 — 스킨다이빙, 스쿠버다이빙, 스노클링
    - 피싱 — 트롤링, 바다낚시, 낚시대회
    - 수영 — 원영, 트라이애슬론(3종 경기)
  - 교환형
    - 해수욕 — 해수욕, 다이빙, 파도타기, 모래놀이, 물가놀이, 로봇, 카누, 고무보트, 카약
    - 고기잡이 — 유어선, 물가낚시, 해변낚시, 잔교낚시
    - 관광어업 — 저인망, 자망
    - 조개잡이 — 조개잡이
    - 캠프 — 데이캠프, 오토캠프
    - 사이클 — 사이클링, 포터링
  - 보양형
    - 유람 — 고래관찰, 해상유람(관광선, 여객선, 승합요트) 해중유람(유리보트, 해중전망탑, 관광잠수정)
    - 여행 — 풍경감상, 드라이브
  - 휴식형
    - 해변게임 — 비치배구, 수박쪼개기
    - 견학 — 마린랜드, 이벤트, 수족관
    - 관찰 — 해변에서의 조류관찰, 생물관찰
    - 휴식 — 산책, 일광욕, 해양치료
    - 취미 — 보트 무선조정, 그림 그리기, 연날리기
    - 피크닉 — 바비큐, 맛있는 음식
    - 쇼핑 — 바자회, 주변 시장 구경

[그림 12-5] 해양관광 · 위락활동의 종류

| 자료: 김남형 · 이한석 공역(1999). 전게서. p. 30.

① 도시생활에 의한 자연의 고갈이나 스트레스로부터 벗어나 자연 속에서 자기를 개방하고 싶다는 욕구에 의해 해양의 자연환경 속에서 긴장 완화나 재충전을 얻고자 하는 '자연성'에 대한 욕구를 채우는 것, ② 해수욕이나 낚시 등 비교적 주변에서 저렴한 위락활동을 즐기고 싶어 하는 '친근성'에 대한 욕구를 채우는 것, ③ 스포츠나 위락을 하는 것에 추가하여 세련된 의상이나 상품으로 몸을 감싸고 활동하려는 패션지향을 가진 '패션성'에 대한 욕구를 충족시키는 것, ④ 바다의 여러 가지 환경조건을 다양한 활동방법으로 즐기고 싶어하는 '다양성'에 대한 욕구를

채우는 것, ⑤ 해변에서 일광욕이나 해수, 해풍에 잠기는 해양요법 등을 만끽하고 싶다는 '건강성'에 대한 욕구를 채우는 것 등으로 나타난다.

즉, 해양성 위락의 활동형태는 약동형, 교환형, 보양형, 휴식형으로 구분할 수 있는데 이를 구체적으로 살펴보면 다음과 같다.

① 약동형은 해양스포츠로 불리는 것이 많으며 그 종목에 따라 기량이나 경험이 요구되는 것도 있는데 이는 속도감 넘치는 활동을 주체로 한 위락활동이다. ② 교환형은 해변에서 부담 없이 안전하게 놀면서 마음을 터놓고 즐기는 것을 주체로 한 위락활동이다. ③ 보양형은 신체적, 육체적으로 활발한 활동은 하지 않고 경치나 익숙지 않은 해중 모습을 바라보는 등 정서적·감정적인 취향에 기초하여 정신을 쉬게 하고 즐기는 것을 주체로 한 위락활동을 말한다. ④ 휴식형은 해변에서 손쉬운 운동이나 그 분위기를 즐기는 것으로 긴장을 완화시키면서 휴식을 취하는 것을 의미한다. 최근 들어 위락활동이 대중화·다양화·개성화·복잡화되고 있으며, 활동형태도 세분화되는 경향을 띠고 있다.

〈표 12-3〉 해양관광 활동유형 분류

활동유형	구성항목
경관감상형	해양경관 감상, 해안에서 드라이브, 해안 산책하기
미식추구형	해안에서 식사하기, 바다가 보이는 곳에서 식사하기, 해산물 먹기
지식추구형	해양관련 세미나·교육·회의 참석
승선유람형	유람선·여객선·승합형 요트 타기
친수놀이형	모래 쌓기, 자갈을 이용한 놀이하기, 조개(패류)·물고기 손으로 잡기
수상스포츠형	요트 타기, 모터보트, 수상스키, 카누 타기, 다이빙(스킨스쿠버) 하기
해변스포츠형	해변에서 배구하기, 해변에서 비치볼 놀이하기
해양축제 구경형	해양관련 축제, 해양이벤트 구경, 해양관련 전망탑에서 구경
해변기구 놀이형	모형보트 무선조작, 모형비행기 무선조작

| 자료: 이상춘·여호근(2001). 전게논문. pp. 43-57.

본 저서에서는 이미 언급한 바와 같이 해양성 위락활동의 범주가 해양관광보다 광의의 개념이지만, 부분적으로는 관광객들이 이러한 위락활동에 참여할 수 있다고 판단하여 '해양관광'의 범위에 포함시키고 있다. 기존의 선행연구에서 분류하고 있는 해양관광의 유형을 제시하면 <표 12-3>과 같다.

여러 학자들의 정의를 종합해 볼 때, 해양관광 활동은 해양관광형(스포츠형, 레저형, 관광형),

관련 관광형(해변에서의 활동, 구경 · 견학, 먹을거리 · 쇼핑), 관련 활동(연구 · 교육, 연수, 회의)으로 구분이 가능하다.

3 크루즈 산업의 이해

1) 크루즈의 개념

일반적으로 산업화된 국가에서 여가와 레크리에이션 활동에 대한 수요는 노동시간의 단축과 휴가의 일반화로 인하여 그 참가인원이 증가함과 동시에 활동성향도 다양하게 나타나게 된다. 또한 국제적으로 크루즈에 대한 인기가 증가하게 되어 1970년대 이전의 모든 선박들은 미국 항내에서 출발하여 고정적인 항구를 오가는 여객운송의 형태로 운항되어 왔으나, 오늘날은 미국의 마이애미 등이 주요 크루즈 항구로서 그 명성을 더해가고 있다. 현재 크루즈 여행이 활발하게 펼쳐지고 있는 지역은 카리브해역이 가장 으뜸이며, 지중해, 남태평양, 하와이, 멕시코, 피요르드 해안, 알래스카 등을 들 수 있는데, 크루즈는 이제 관광산업의 중요한 부분이 되고 있다.

일반적으로 크루즈는 크루즈 투어를 포함하는 관점으로 널리 통용되고 있는데, 이에 대해서 서태양[17)]은 "크루즈를 이용한 독특한 관광여행으로 정기노선의 객선이 아닌 여행업자 또는 선박회사가 포괄요금으로 관광객을 모집하여 운항하는 것으로 위락추구 여행자에게 다수의 매력적인 항구를 방문하게 하는 해안 항해여행"이라고 정의하였다. 한편 사전적으로는 'voyage for pleasure rather than for transport, usually departing and returning to the same port'로 정의하고 있다. 이는 단순한 수송목적보다는 위락을 목적으로 하는 여행객을 승선시켜 주유하고 출발한 항구로 기항하는 여행의 형태이다. 따라서 한국관광공사(1987)에서는 크루즈선에 대해 정의하기를 "숙박시설, 식음시설, 위락시설을 갖추고 수준 높은 서비스를 제공하면서 순수 관광유람을 목적으로 빼어난 관광지를 안전하게 순항하는 선박"으로 정의하고 있다. 결국 크루즈 관광이란 숙박, 식음료, 위락시설 등을 갖추어서 관광객에게 수준 높은 서비스를 제공하면서 기항지에서 다양한 관광자원을 구경 및 감상하고 접하면서 관광지를 기항 · 운항하는 선박관광이다. 즉, '크루즈 투어'는 단순한 운송이라기보다는 '위락'을 위한 선박여행으로 숙박, 식사, 음주, 오락시설 등 관광객을 위한 각종 편의시설을 갖춰 놓고 수준 높은 서비스를 제공하면서 승객들을 안전하게 원하는 관광지까지 운송하는 여행이다.

2) 크루즈의 유형과 발전과정

(1) 크루즈의 유형

운항하는 장소에 따라 내륙의 호수, 하천을 이용하는 내륙크루즈와 바다를 이용하여 관광지 해안을 순항하는 해양크루즈로 나누고 활동범위에 따라 국내 영해만을 운항하는 국내크루즈와 국내와 국외를 순회 유람하는 국제크루즈로 구분하며, 대양관광 크루즈(ocean cruise), 여가관광 크루즈(leisure cruise), 하천관광 크루즈(river cruise), 전세관광 크루즈(charter cruise)로 구분할 수 있다.

크루즈의 운항유형에 따라 항만크루즈, 도서순항크루즈, 파티 크루즈, 레스토랑 크루즈, 장거리 크루즈, 외항 크루즈로 구분할 수 있다.

〈표 12-4〉 크루즈의 유형

구 분		내 용
장 소	내륙 크루즈	• 내륙의 호수와 대규모 하천을 운항하는 유람선
	해양 크루즈	• 바다를 운항하면서 관광목적지를 순항하는 유람선
범 위	국내 크루즈	• 해양법상 국내영해만을 운항하는 유람선
	국제 크루즈	• 자국 내 또는 외국의 항구를 순회 유람하는 유람선
형 태	항만 크루즈	• 주요 항구를 중심으로 그 주변에서 행해지는 유람선으로 미국 및 영국, 프랑스, 독일 등에서 가장 성행하는 형태 • 좌석수가 50~100개 정도에 해당하는 소형선박으로 두 시간 내외 항해
	도서순항 크루즈	• 정기적인 일정에 의해 운영되므로 이용되는 당일 또는 1박 2일 그 이상의 일정을 자유로이 선택하여 경관이 아름다운 섬들을 순회하며, 섬에 있는 호텔에서 숙식을 하고 주요 활동으로는 해변일주, 수상스키, 낚시 등을 즐김
	파티 크루즈	• 일종의 전세선박으로 각 단체의 요구사항에 따라 다양하게 운영하며, 운항코스 및 서비스 내용에 따라 가격이 다름
	레스토랑 크루즈	• 점심 또는 저녁식사를 주로 하는 가족, 친구 등 만남의 시간을 갖는 것으로 음악, 영화 등이 곁들여짐. 전세형식이 아니라 유람선이 계획한 항로, 서비스 등 프로그램에 따라 개인적으로 표를 사서 타게 됨. 실제 운영에 있어서는 파티 유람형과 레스토랑 유람형을 겸용하는 것이 일반적
	여가관광 크루즈	• 대형선박을 보유한 유람관광회사에서 운영하고 있으며, 선상쇼핑, 각종 파티의 매력 등으로 이용객 증가추세
	대양관광 크루즈	• 대서양과 같은 대양을 건너는 외항 여객선이 오랜 항해기간의 무료함을 달래기 위해 마련한 오락시설과 행사, 이벤트 등이 발전하여 선상활동과 중간 기착지의 풍물관광을 주목적으로 운항하는 관광유람선

| 자료: 이재곤(2003). 국내 크루즈관광 상품 개발방향에 관한 연구. 『관광경영학연구』, 18, 113-133.[18]

(2) 크루즈의 발전과정[19)]

① 크루즈의 여명기(1830~1910년대)

1835년 *Scotland Journal*의 창간호에 크루즈에 관한 광고가 게재되었는데, "여행객에게"라는 제목으로 스코틀랜드의 스트롬니스를 출발하여 아일랜드와 Faore섬을 경유하여 겨울에는 스페인의 태양을 즐기러 떠날 수 있다는 꿈 같은 크루즈에 관한 내용을 소개하고 있었다. 그 이후 대서양을 횡단하는 크루즈와 카이로로 향하는 크루즈 등이 운행되었다. 또한 1889년에는 Orient Liner의 Chimborazo호와 Garrone호 등 크루즈형의 다양한 노선이 유럽지역에서 시도되었으며, 1891년 독일의 함부르크-아메리카 라인은 자사의 대서양 횡단 선박인 Augusta호의 승객수송이 겨울철에는 비수기인 점을 감안, 이에 대한 해결책으로 크루즈 상품을 출시하여 성공적인 크루즈 항해를 하게 된다.

② 크루즈의 도약기(1920~1940년대)

미국에서는 1920년대 이후부터 증기선을 이용한 크루즈선이 등장하게 되었는데, 이때 미국에서는 주류제조・판매금지가 1920~1933까지 실시되었다. 하지만 해상에서 알코올 판매가 허용되면서 크루즈 선박을 보유하고 있는 선사(船社)들은 3~4일의 일정으로 연안에서 멀지 않은 해상에서 알코올을 마시면서 연회행사를 즐기는 이른바 파티 크루즈가 운행되었다. 이 시기에는 세계 일주형 크루즈가 최초로 운행된 시기로서 1922년 American Express사의 여행사업부에 의해서 용선된 쿠나드라인의 Laconia호가 있었는데, 이 크루즈는 약 2,200명의 승객을 수용할 수 있는 규모였다. 그리고 이때 크루즈를 승선하는 것은 부유층의 필수적인 여행상품으로서 상류계층의 즐거움과 여가를 즐기는 수단이 되었다.

③ 크루즈의 중흥기(1950~1960년대)

제2차 세계대전 이후 미국 Furness Withy & Company Ltd.에서 Ocean Monarch가 건조되었는데, 1951년 5월 3일 뉴욕을 떠나 버뮤다로 그 처녀항해를 시작했다. 1948년에 건조된 쿠나드라인의 Caronia호는 여름철에 몇 개월 동안 대서양을 횡단하게 되었는데, '녹색의 여신' 또는 '백만장자의 배'라 일컬어졌다.

제2차 세계대전 후 레이더 장비의 등장은 항해선박의 도착시간을 좀더 정확하게 예측하도록 하였으며, 운항 선사들로 하여금 보다 신뢰할 수 있는 운항계획을 세울 수 있도록 하였다. 1950년대 중반에는 거의 모든 선박에 안전장치가 구비되어 있어서 운항에 편리함을 안겨주게 된다. 1958년 6월에 최초로 상업목적의 제트 항공기가 대서양을 비행하게 되면서 항공기 이용자들이 증가하고 선박 이용이 증가하게 되었다. 1960년대 초 100여 개가 넘는 선사 중 30여 척 이상의 선박이 대서양 횡단을 목적으로 하였으며, 1970년대 초에는 크루즈를 이용하는 대서양 횡단요금이 항공기보다 저렴하였으나 항공산업과 관련한 기술혁신으로 이러한 요금체계가 무너지면서 많은 선사들은 항로를 바꾸거나 다른 사업으로 전환하는 국면을 맞이하게 된다.

④ 현대의 크루즈(1970년대 이후)

1970년대를 접어들면서 크루즈는 과거에 얽매이지 않고 눈부신 변화를 겪으면서 형식적인 것을 탈피하여 전혀 새로운 승선 분위기를 창출하고 있었다. 그동안 선실을 엄격하게 구분해 오던 것을 다소 탈피하여 선실의 구분을 완화함으로써 생긴 공간을 활용하여 스포츠나 오락 등을 위한 공간으로 확충, 보완, 개선하게 되면서 기존에 내려오던 크루즈선 공간배치에 변화를 초래하게 된다. 오늘날 아시아권에서는 일찍이 일본, 싱가포르, 홍콩 등에 크루즈 선박을 보유하고 있는 선사들이 있는데, 1970년대 후반으로 접어들면서 크루즈 산업은 괄목할 만한 성장을 거듭하게 된다. 특히 1970년대는 종전의 여객선 사업을 쇠퇴시킨 원인이 되었지만 항공산업과 연계하여 플라이-크루즈(Fly-Cruise)를 패키지로 엮어서 판매하는 새로운 상품이 탄생하게 된다. 그리고 세계 최대 규모를 자랑하는 로열 캐리비언 크루즈라인 'Sovereign of the Seas'호는 전례 없이 세계의 이목을 집중시킨 바 있다.

오늘날 세계적인 환경보호 추세에 부응하여 크루즈에 대한 관심이 전세계적으로 확산되면서 크루즈는 더 이상 일부 지역에 국한되지 않고 전세계적으로 다양한 연령층이 선호하는 상품으로 성장하고 있다.

(3) 기반시설

크루즈 관련 주요 시설은 기반시설, 선상시설로 구분하여 살펴볼 수 있다.

〈표 12-5〉 크루즈 관련 주요 시설

구 분	중분류	세부 시설
기반시설	항만시설	전용 터미널, 하역시설, 승하선 시설, 해난구조체재 시설, 편의시설, 주차시설 등
	비항만시설	공항 · 교통시설과 관광객 수용 숙박 · 관광 · 관광안내, 편의 서비스 시설
선상시설	실외	수영장, 골프장, 테니스코트
	실내	휘트니스센터, 라운지, 무도장 및 가라오케, 유흥공간, 카지노, 야외식당, 수영장, 회의장, 식당

(4) 크루즈 승선 만족

크루즈 승선경험이 있는 사람들을 대상으로 설문조사를 실시한 결과, 크루즈에 승선할 경우 다음과 같은 이점이 있기 때문인 것으로 응답하고 있다.

이는 크루즈 승선경험자들의 약 85%가 다시 크루즈에 승선하기를 원하는 것으로 조사되고 있는데, 이는 크루즈에 승선한 후의 느낌이 좋았기 때문으로 여겨진다.

〈표 12-6〉 크루즈 승선의 이점

응답결과	응답결과
한가롭고 여유 있음 스트레스로부터 벗어남 아름답고 환상적인 바다를 접함 재미있는 동반자 프로그램이 있음 혼자 여행하는 사람에도 편리함 다양한 야간 여흥거리가 있음 어린이들이 좋아함 이용자 집단에 적합한 활동이 완비되었음	여행에 대한 실망이 없음 백만장자처럼 느끼도록 함 공유할 수 있는 모험심을 느끼게 함 돈을 지불한 대가가 확실함 매순간 뭔가를 즐길 수 있음 새로운 친구를 사귈 수 있음 신혼여행객: 그들만의 시간을 가짐 분위기가 좋음

3) 크루즈 수요변화와 전망

(1) 세계 크루즈 산업 동향

세계 크루즈 이용자 수는 북미와 유럽을 중심으로 성장하여 2007년에는 1,600만 명에 이르는 등 1990년부터 2007년 기간 동안 연평균 8.1%씩 성장을 거듭하게 된다. 전체 시장에서 북미는 68.1%, 유럽 20.9%, 아시아 4.8%, 기타 6.2%를 차지하고 있다.

세계 크루즈 시장은 관광산업 중에서 가장 빠르게 성장하였으며, 선사 간의 경쟁이 심화되는 등, 단기 크루즈가 증가하고, 선박이 대형화(10만 톤급 이상)되고 있으며, 아시아 시장에서 크루즈는 스타 크루즈가 싱가포르와 홍콩을 거점으로 운영하여 성공을 거두고 있으며, 특히 동남아시아에서 싱가포르는 2010년에 200만 명의 크루즈를 유치할 것으로 전망하고 있다.

세계 관광산업의 연평균 성장률이 연평균 4.8%(1980~2005)로 성장한 것과 비교하여 크루즈 산업 성장률은 연평균 7.4%(1990~2007) 성장한 것으로 나타나고 있다. 크루즈 경험자의 추이를 살펴보면 1980년 대비 1997년도는 약 39%가 성장하였으며, 1998년 대비 2002년에는 약 24%가 성장하였고, 2003년 대비 2007년에는 약 37%가 성장한 것으로 확인된다.[20] 크루즈 산업의 동향에 대해서 보다 자세하게 살펴보면, 크루즈 산업이 대중화·단기화로 변화하고 있는데 크루즈 수요의 대중화 현상은 30~59세 연령층으로 확대되고 있다.

40~49세 27%, 50~59세 24%, 30~39세 21%, 60~74세 19%, 25~29세 6%, 75세 이상이 4%를 차지하였다.[21)]

크루즈 평균 이용일수를 1980년 대비 2007년도와 비교하면, 2~5일간의 단기 크루즈 이용객이 2007년에 6.4% 증가하였으며, 6~8일 동안의 크루즈 참가 인원은 오히려 감소하는 양상을 보이고 있다.[22)]

〈표 12-7〉 1980년 대비 2007년 크루즈 이용일수 비교

구 분	2~5일	6~8일	9~17일	18일 이상
1980년	24.30	59.10	15.40	1.20
2007년	30.70	51.20	17.30	0.80
증 감	6.4	-7.9	1.9	-0.6

| 자료: 국제크루즈선주협회(CLIA). 단위는 %를 의미함.

다음으로 기항지의 매력도를 조사한 결과, 카리브해가 46.58%로 가장 높았으며, 중남미 12.74%, 유럽 10.89%, 지중해 10.22%, 알래스카 7.95%, 하와이·남태평양 4.30%, 미국 연안·캐나다 2.38%, 기타 지역 2.26%, 극동아시아 0.57%, 동남아시아 0.54% 등으로 나타나고 있다.

(2) 세계 크루즈 시장 수요

크루즈 시장의 매력도 평가는 상업 측면, 물류운송 측면, 표적시장 선호도 등을 고려하게 된다. 상업 측면에서는 시장수요와 수익성, 항구이용 시 경제적 효용성, 해당지역 판매 네트워크 가용성 등이 해당되며, 물류운송 측면은 항만 기반시설 조건과 항만 서비스, 기항지 인근의 관광 및 레저시설, 다른 교통과의 접근성 등이 해당된다.

한편 표적시장 선호도는 탑승객의 선호도 및 인지도, 관광 매력물에 대한 육상관광 선호도 등으로 구성된다. 다음으로 세계 크루즈 공급과 수요에 대한 변화추이를 10년(2006~2015)까지 비교해 보면, 2006년부터 2015년까지 공급은 5.9% 성장할 예정이며, 수요는 연평균 5.6%씩 성장하고 있는 것으로 예측되고 있다(A. R. Preisley Ltd/Seatrade).[23)]

〈표 12-8〉 세계 크루즈 산업의 공급과 수요 변화 및 전망

연도별	공급 수(Berth)	증가율(%)	수요(승객)	증가율(%)
2006년	350,000	5.4	15,110,000	5.0
2007년	376,000	7.4	16,168,000	7.0
2008년	395,000	5.1	16,960,000	4.9
2009년	419,000	6.1	17,944,000	5.8
2010년	440,000	5.0	18,841,000	5.0
2011년	470,000	6.8	20,088,000	6.5
2012년	500,000	6.4	21,507,000	5.9
2013년	530,000	6.0	22,507,000	5.8
2014년	559,000	5.3	23,760,000	5.0
2015년	588,000	5.2	24,924,000	4.9
연평균	462,700	5.9	19,780,900	5.6

다음으로 2009년도 기준으로 세계 크루즈 시장의 선사별 공급현황을 살펴보면 카니발과 로열 캐리비언 크루즈 선사 북미지역에서는 약 82.7%의 공급능력을 보유하고 있으며, 기타 지역에서는 약 97.3%의 공급능력을 지니고 있는 것으로 확인되고 있다. 이로 보아 양대 선사들이 전세계 크루즈 시장에서 차지하고 있는 공급비중이 매우 높음을 알 수 있다.

〈표 12-9〉 2009년 카니발 및 로열 캐리비언 크루즈 선사의 공급능력

구 분	북미지역		기타 지역		합 계	
	공급석	척	공급석	척	공급석	척
Carnival	120,867	62	69,604	33	190,471	95
Royal Caribbean	80,931	34	9,550	6	90,481	40
Others	43,148	49	58,993	63	102,141	112
총 계	244,946	145	138,147	102	383,093	247

| 자료: www.google.com/ Cruise Industry.

4) 크루즈 운영 사례

(1) 로열 캐리비언 인터내셔널(Royal Caribbean International)

로열 캐리비엔 인터내셔널의 주요 크루즈를 살펴보면 다음과 같다. 등급은 오아시스 클래스, 프리덤 클래스, 보이저 클래스, 레디앙스 클래스, 비전 클래스, 서버린 클래스 등이 해당된다.

〈표 12-10〉 로열 캐리비엔 인터내셔널의 크루즈 현황

구 분	규모(톤)	총탑승객 수(명)	총승무원 수(명)	비 고
오아시스 클래스	220,000	5,400	2,115	세계 최대
프리덤 클래스	160,000	3,634	1,360	프리덤호, 리버티호, 인디펜던스호
보이저 클래스	140,000	3,114	1,181	어드벤처호, 익스플로호, 보이저호, 네비게이트호
레디앙스 클래스	90,090	2,501	859	레디앙스호, 세레나데호, 브릴리앙스호, 주웰호
비전 클래스	78,491	2,435	765	레전드호-아시아 크루즈
서버린 클래스	73,192	2,852	825	바하마 운항

(2) 프린세스 크루즈(Princess Cruise)

대표적인 선박으로는 퀸메리호를 들 수 있는데, 총 90,400톤, 총탑승객 수는 2,092명, 크루즈선의 층수는 12층이다.

(3) 셀러브리티 크루즈(Celebrity Cruise)

셀러브리티 크루즈는 승객 대 승무원의 비율을 2 : 1 미만으로 유지하여 최고급의 고품격 서비스를 실천하는 것이 특징이다. 이 크루즈는 세계 최고의 일류 요리사들이 고품격의 식사를 제공하며, 서구식의 공연, 세계적인 서커스, 세련된 선상시설과 다양한 프로그램을 갖추고 있고, 숙련된 승무원들이 정중한 서비스를 제공하고 있다.

〈표 12-11〉 셀러브리티 크루즈 현황

	규모(톤)	총탑승객 수(명)	총승무원 수(명)	비 고
산스티스 클래스	122,000	2,850	1,255	살스티스호, 이퀴녹스호, 이클립스호
밀레니엄 클래스	91,000	1,950	999	컨스텔레이션호, 인피니티호, 밀레니엄호, 서미트호
센츄리 클래스	77,713	1,870	935	센츄리호, 갤러시호, 머큐리호
엑스퍼디션 클래스	2,842	92	46	

4 크루즈 인력 양성

하인수 · 민혜성(2009)[24)]은 교과과정 영역별 순위 분석을 통하여 기초 및 일반경영과목, 해양 · 크루즈 과목, 관광 · 호텔경영 과목, 외국어 과목, 기타 과목 등으로 실증조사 결과를 소개하고 있다. 먼저 기초 및 일반경영과목에서는 경영학의 일반적인 내용과 외식에 관한 기초적인 내용을 과목에 반영하고 있다. 다음으로 해양 · 크루즈 과목에서는 해양정책과 법규, 항만물류경영론, 해상보험 계약론 등을 통하여 해양에 관한 기초지식 습득에 필요한 교과목을 고려하고 있다.

〈표 12-12〉 크루즈 경영학과의 교과과정(안)

구 분	1학기	2학기
기초 및 일반경영 과목	원가 · 관리회계, 경영학원론, 식당국제경영전략, 다국적 문화의 이해, 조직관리론, 촉진전략론, 비즈니스 커뮤니케이션과 리더십	마케팅관리론, 경영분석, 인간관계론, 재무관리론
해양 · 크루즈 과목	크루즈와 해상경영론, 크루즈선의 안전 · 보안, 화재관리, 크루즈관광 프로젝트, 해상보험계약론	관광상품론, 크루즈선의 디자인 기술, 해양정책 및 법규, 항만물류경영론
관광 및 호텔경영 과목	서비스관리론, 프런트 오피스업무론, 환대경영론, 부대시설경영론, 컨벤션경영, 목적지 브랜드 투어경영	환대산업테크놀러지, 환대산업과 식품안전, 이벤트론, 엔터테인먼트 관리론, 관광소비자 행동론
외국어 과목	제1외국어(Ⅰ ~ Ⅲ), 제2외국어(Ⅰ ~ Ⅲ)	제3외국어(Ⅰ ~ Ⅲ), 아카데믹 영어
기 타	인턴십, 진로지도 및 경력개발(Ⅰ ~ Ⅳ)	컴퓨터(Ⅰ, Ⅱ)

| 자료: 하인수 · 민혜성(2009). 상게 논문. pp. 275-294.

또한 관광·호텔경영과목을 추가하여 고객에 대한 질적인 서비스 제공을 위한 관련 지식과 승객에게 기쁨을 안겨줄 수 있도록 엔터테인먼트와 관련된 교과목을 배정하고 있다. 그리고 외국어 교과목과 컴퓨터 관련 교과목을 학습시켜서 크루즈 시장의 요청에 부응할 수 있는 전문 인력 양성 교과목을 제시하고 있다.

미 주

1) Hall, M.(2001). Trends in ocean and coastal tourism: The end of the last frontier? *Ocean and Coastal Management*, 44(9-10), 601-648.

2) Webe, S., & Mikacic, V.(1994). The importance of market research in planning the development of nautical tourism in Croatia. *Turizam*, 42(5/6), 71-74.
Pollard, J.(1995). Tourism and the environment. In P. Breathnach(Ed.). *Irish Tourism Development*. Maynooth: Geographical Society of Ireland. pp. 61-77.
Kim, S., & Kim, Y.(1996). Overview of coastal and marine tourism in Korea. *Journal of Tourism Studies*, 7(2), 46-53.
Orams, M.(1999). *Marine Tourism: Development, Impacts and Management*. London: Routledge.

3) Douglas-Westwood Ltd.(2005). World marine markets. A Report to WTSH, 328-05. Kent: Douglas-Westwood Ltd.

4) 김성귀(2007).『해양관광론』. 서울: 현학사.
신동주 · 손재영(2007). 해양관광산업발전을 위한 여건분석과 정책과제. 한국해양수산개발원.
이성호 · 여호근(2007). 해양관광자의 심리적 의사결정 과정에 관한 구조적인 관계 검증.『호텔경영학연구』, 16(3), 203-216.
해양수산부(2001).『해양개발기본계획』.
이상춘 · 여호근 · 최나리(2004).『해양관광의 이해』. 서울: 백산출판사.
Lekakou, M., & Tzannatos, E.(2001). *Cruising and Sailing: A new Tourist Product for the Ionian Sea(in Greek)*. Volume in Honor of Emeritus Professor M. Rafae. Pireaus: university of Piraeus. pp. 475-496.
한국해양수산개발원(1998).『국내 해양관광의 실태분석 및 발전방안 연구』.
정무형 외 2인(1997). 지속가능한 해양관광 개발. 국제해양관광 · 환경학회, 국제해양관광 학술대회 발표문.

5) Lekakou, M., & Tzannatos, E.(2001). *Cruising and Sailing: A new Tourist Product for the Ionian Sea(in Greek)*. Volume in Honor of Emeritus Professor M. Rafael. Pireaus: university of Piraeus. pp. 475-496.

6) Hall, M.(2001). *op cit*. pp. 601-648.

7) Orams, M.(1999). *op cit*.

8) Diakomihalis, M. N.(2007). Maritime Transport: The Greek Paradigm. *Research in Transportation Economics*, 21, 419-455.

9) Wild, G. P.(2003). *Cruise Industry Statistical Review 2002*. Sussex: Wild GP.

10) 日本觀光協會(1987),『海洋性 觀光地 計劃의 案內』.

11) 作田岩穗(1987). 海洋レクリエーションの現想と展望. 日本觀光協會.『月刊 觀光』, 5월호, 11.

12) Mark, Orama(1999). Marine Tourism. London and New York.

13) 해양수산부 외(2001). 『해양개발기본계획(Ocean Korea): 2000-2010』.
이광원(2004). 『관광자원론』, 서울: 기문사.

14) 최도석(1998). 자치구(군)의 해양성관광 개발에 관한 연구. 『시정연구』, 10.
이종훈(1999). 일본의 해중 공원 개발사례 소개. 『해양수산동향』. 한국해양수산개발원.

15) 이상춘 · 여호근(2001). 해양성 레크리에이션 활동유형별 선호도에 관한 연구. 『관광 · 레저연구』, 13(1), 43-57.

16) 김남형 · 이한석 공역(1999). 『해양성 레크레이션 시설』. 서울: 도서출판 과학기술.

17) 서태양(1989). 한국의 Cruise Industry에 관한 연구. 『觀協』. 한국관광협회.

18) 이재곤(2003). 국내 크루즈 관광상품 개발방향에 관한 연구. 『관광경영학연구』, 18, 113-133.

19) 박중환 · 여호근(1998). 부산항 크루즈 관광의 활성화 방안에 관한 실증적 연구. 『관광 · 레저연구』, 10(2), 31-48.

20) Cruise Market Overview(2008).

21) 국제크루즈선주협회(2008).

22) 이경모(2009). 크루즈산업의 동향과 과제. 크루즈관광의 현주소와 발전방안 심포지엄 주제 발표문.

23) 정진수(2009). 크루즈산업 전망 및 유치활성화 방안: 크루즈 관광상품 개발을 위한 관련기관 업체 협력 등. 부산크루즈산업 활성화 방안 포럼 발표문. p. 9.

24) 하인수 · 민혜성(2009). 크루즈경영(학) 교과과정에 관한 기초연구. 『호텔경영학연구』, 18(1), 275-294.

저자약력

여호근(余好根) 현_동의대학교 호텔컨벤션경영학과 교수

저자 여호근은 동아대학교 경영대학 관광경영학과를 졸업하고 동아대학교 대학원 관광경영학과 석사학위를 수여받았다. 부산관광개발(주) 본사 관리팀장, 유람선사업부 영업관리팀장, 동아대학교 특성화사업단 선임연구원을 거쳐 동아대학교 대학원 관광경영학과에서 박사학위를 수여받았다.

가야대학교 국제관광학과 전임강사/조교수, 김해한옥체험관장을 역임했고, 현재 동의대학교 상경대학 호텔컨벤션경영학과 부교수로 재직 중이며, 한국관광학회 이사, 한국관광레저학회 이사 겸 편집위원, 한국호텔외식경영학회 편집위원, 한국컨벤션학회 편집위원장직을 맡고 있다.

저서로는 『환경관광의 이해』 『해양관광의 이해』 『관광학의 이해』 『관광사업경영론』 『컨벤션산업의 이해』 『컨벤션실무기획과 마케팅』 등이 있고, "관광태도 결정요인이 지속가능한 관광지 선택에 미치는 영향" "해양관광자의 심리적 의사결정 과정에 관한 구조적인 관계 검증" "독도의 해양관광자원 매력성과 관광개발 유형의 관계 연구" "해양관광 상품 개발 방향에 관한 연구" "부산항 크루즈관광 활성화 방안" 등 다수의 논문과 연구보고서를 집필하였다.

실무자의 이야기

세계 크루즈 산업의 발전과 한국 크루즈 산업

김 현 겸*

크루즈는 무엇인가에 대한 여러 학자들의 규정이 있으나, 크루즈 산업의 역사를 살펴봄으로써 과연 크루즈는 무엇인가라는 역사적 개념정립과 함께 세계 크루즈 시장의 흐름을 알아보고 한국 크루즈 산업의 현재를 반추해 보고자 한다.

19세기 말 유럽과 신대륙 아메리카를 잇는 대형 여객선들이 건조되고 점차 고급화되어 가는데 1884년에 영국에서 건조된 에트러리아(Etruria)호는 8,127톤, 1,350명 정원에 당시 경이적인 19노트의 속도로 건조되어 대양여객선의 최초모델이 된다. 대양여객선사들은 경쟁적으로 운항속도를 높이고 선박을 고급화하는데, 20세기 초반의 선박들 중 잘 알려진 타이타닉호(1912년, 46,329톤, 22노트)도 당시 최대선사인 큐나드라인사와 경쟁관계에 있던 화이트스타라인사에서 신조하여 고급화와 속도에 중점을 둔 대표적인 대양여객선이며 대서양 횡단 속도경쟁에서 최단거리로 가기 위해 빙산경고를 무시하고 북극에 근접운항하여 사고가 유발됐다는 이유가 제기되기도 한다. 이후 1930년대에는 대표적인 대양여객선으로 노르망디호(1935년, 83,423톤, 29.98노트), 퀸메리호(1936년, 81,237톤, 30.57노트) 등이 건조된다. 이러한 선박들은 대서양을 최단시간 주파기록에 도전하게 되며 가장 빨리 주파한 선박은 블루리본을 조타실에 비치하게 되고 그 기록을 깨면 블루리본은 다시 새로운 선박으로 옮겨가는 등 속도경쟁은 선사와 선박의 명예를 건 대결이 된다. 이즈음 2차대전이 발발하고 대양여객선들은 수송선으로 전쟁에 투입되는데 30노트 가까운 스피드의 독일 잠수함 U-boat에 대부분 여객선들은 피격당하지만, 퀸메리호는 U-Boat보다 빠른 덕택에 2차대전을 무사히 넘기고 이후로도 대양항로 운항에 투입된다. 이와 같은 과정에서 최고의 속도를 내는 선박은 1952년 건조된 유나이트스테이츠호로 53,000톤에 35.59노트라는 기록적인 속도의 선박까지 등장하게 된다. 대양여객선은 스피드뿐 아니라 그 고급스러움 또한 경쟁하듯 발전을 거듭하게 된다. 타이타닉호의 화려함은 영화와 기록에서도 많이 보이지만, 최고의 호화스러운 배는 당연 퀸엘리자베스호(1940년, 83,673톤, 314.5m)이며 이러한 고급여객선들은 2차대전 후 대양여객선으로 복귀하면서 본격크루즈의 단초가 된다.

* (주)팬스타라인닷컴 회장

최초의 크루즈선이 무엇인가에 대해서는 여러 가지 이야기가 있다. 퀸엘리자베스호의 등장으로 호화 대양여객선 시대를 열면서 본격 럭셔리 크루즈선의 시초가 됐다고 볼 수도 있고, 혹자는 1928년 뉴욕과 뉴올리언스를 운항한 딕시호가 객실 내 난방시설, 샤워시설 등을 갖추고, 무도장·미용실 등 고급시설을 갖추면서 등장하여 최초의 크루즈선이라고도 부른다. 또한 1949년 영국 쿠나드사가 건조한 카로니아Ⅱ가 '백만장자들의 요트'라고 불리면서 최초의 크루즈선이라는 이론도 있다. 과거로 더욱 거슬러가면 1835년 스코틀랜드를 출발하여 겨울시즌을 스페인의 태양 아래서 즐기는 여행을 시작한 부자들의 여행상품으로써 크루즈가 있었고, 19세기 말 독일 함부르크에서 아메리카까지 대양횡단선인 아우구스타호를 비수기를 이용해서 광고를 통해 크루즈 상품으로 출시하기도 한다. 1922년에는 큐나드라인의 라코니아호가 아메리카익스프레스사의 여행사업부에 용선되어 공식적인 세계일주 크루즈 사업을 최초로 시작하였는데, 1등실, 2등실에 각 350명과 3등실에 1,500명을 태울 수 있는 선박이었다. 물론 동양사에서도 과거 뱃놀이는 최고의 놀이와 풍류문화로 존재했었고 우리나라에서도 김홍도나 신윤복의 그림 등에서 빠질 수 없는 주제가 대동강 뱃놀이 등 풍경이다. 한국에서도 상업적으로 성장하지는 못했지만 유럽의 백만장자들이 크루즈를 출발시킨 것과 일맥상통하는 유흥으로써의 크루즈적 요소를 발견할 수 있으며 동서고금을 아울러 크루즈 태동의 씨앗은 공히 존재했다고 볼 수 있다. 결국 지금 돌이켜서 과거 한 시점의 선박등장이나 크루즈 상품출시를 통해 크루즈의 시초라 말하기는 애매한 것이 사실이다. 그러나 최초의 크루즈선 등장을 넘어 본격 크루즈선 시대가 시작된 것은 1960년대 항공의 발전이 결정적 계기가 된다. 2차대전 이후 발전하기 시작한 항공산업은 1960년대부터 본격적인 상업항공의 시대를 초래하였고 이로 인해 유럽과 아메리카를 연결하는 대양여객선은 쇠락의 길로 접어들어 여객선사들은 도산하게 된다. 여객선들은 기능이 다하게 되자 새롭게 리모델링하여 크루즈운항으로 전환하게 되는데, 이때 등장한 것이 뉴욕크루즈이며 초기 실패사례라는 역사적 경험을 하게 된다. 초기에 크루즈로 리모델링한 대양여객선은 당시 미동부지역의 중심지인 뉴욕을 출항하여 남부 마이애미까지 운항하는 항로에 투입된다. 그러나 뉴욕에서 목적지인 마이애미까지의 이동에만 2~3일 소요되는 무료한 항로로 인해 크루즈의 매력을 만들지 못한 채 홍행에 실패하고 만다. 이러한 실패를 딛고 등장한 것이 저가항공과 연계하여 마이애미를 모항으로 하는 카리브 크루즈다. 뉴욕뿐 아니라 미국 전역의 사람들이 비행기를 타고 편리하고 저렴하게 마이애미로 바로 이동하여 최상의 자연조건을 갖춘 마이애미와 카리브에서 비교적 저렴하게 5~7일 상품으로 크루즈를 즐기는 것이었다. 결국 항공산업의 발전이 크루즈 산업의 새로운 기폭제가 되었던 것이며, 단순히 최대도시인 뉴욕을 모항으로 하려 했던 실패사례를 넘어서 크루즈의 장점을 가장 잘 살릴 수 있는 최적의 객관적 조건을 찾은 것이 크루즈 산업을 폭발적으로 발전시킬 수 있는 계기가 된 것이었다. 이때 노르웨지안크루즈라인(NCL)과 로열카라비안크루즈라인(RCCL)이 등장하며 후일 각각 카니발크루

즈로 분사되고 RCI(Royal Caribbean International)의 모태가 된다. 이후로도 크루즈선사들은 명멸을 거듭하게 되며, 19세기부터 여객선사들을 이끌었던, 큐나드사도 크루즈 산업의 신흥세력에게 합병당하게 된다. 카니발 크루즈는 쿠나드사, 코스타크루즈, 홀랜드라인 등을 합병하며 최근에는 P&O 크루즈도 인수하여 세계 최대 크루즈선사가 되고 RCI사 또한 셀러브리티크루즈 등을 합병하며, 스타크루즈사는 오리엔트라인과 노르웨지안라인을 합병하게 된다. 이러한 통합과정을 통해 지금의 크루즈선사는 카니발크루즈, RCI, 스타크루즈 3개 선사가 거의 세계 크루즈 시장을 분할하고 있는 구조가 되었다. 선사의 대형화와 더불어 선박의 대형화 또한 점점 가속화되고 있다. 최근에는 10만 톤 이상 크루즈선이 1년에 10척가량 건조되고 있으며, 2003년 퀸메리2(151,400톤), 2004년 프린세스 시리즈(113,00톤), 2006년 프리덤오브 시즈(160,000), 그리고 2009년에는 오아시스 오브더 시즈(220,000톤, RCI사) 등 선박이 점차 대형화되고 있다. 새로운 대형선박의 등장과 투입은 총톤수 5~8만 톤, 객실 500~1,000실 규모 중형 크루즈선박의 효율적인 운영을 위한 항로개발이 필요함과 동시에 크루즈 고객들은 카리브나 지중해 외 새로운 경험을 할 수 있는 루트에 대한 수요가 발생하게 됨에 따라, 크루즈선사들은 중형크루즈선을 동북아시아지역과 호주, 남극, 알래스카 등 루트에 투입하게 되고 동북아시아지역은 신흥 크루즈 마켓으로 부각하게 된다.

동북아지역의 크루즈 상황을 살펴보면, 중국은 크루즈선사가 전무하지만 최근에는 외국 크루즈 기항을 유치하고 동북아 허브모항 기능을 갖추고자 상해에 크루즈 터미널을 개장하였다. 일본은 오랫동안 아시아 크루즈를 이끌어왔고 3개의 선사가 4척의 선박으로 크루즈 운항을 하고 있다. 한때는 7척까지 보유하였으나, 1990년대 후반부터의 일본경제 침체기와 더불어 일본의 여러 제약조건을 피하고자 크리스털크루즈의 경우는 카리브로 이전하는 등 총 운항선박이 줄어들었다. 한국은 2008년 한국선사에 의해 크루즈선 1척이 운항을 시작하였고 한중일 간의 중심이라는 지리적 장점 등을 살려 동북아 허브기능을 선점하고자 노력하고 있다. 또한 독자적인 선사의 태동을 통해 크루즈 산업의 내부동력이 충전되기 시작하는 상황이다. 2002년 부산~오사카 간 정기카페리로 시작한 팬스타라인은 관문지역을 연결하는 여타 항로와 달리 18시간 항로를 이용하는 고객에게 보다 럭셔리하고 즐거운 여행이 되도록 하기 위한 여러 부대시설과 엔터테인먼트 요소를 갖추면서 크루즈페리 운항을 하게 되고 2004년 말부터 부산의 대표적 해양관광상품으로 부각된 부산항 1박 2일 주말크루즈 운영의 경험과 2008년에는 크루즈 전용 15,000톤급 팬스타 허니호 도입으로 본격 크루즈시대를 열게 된다. 한국형 크루즈로서 차량을 가지고 타는 드라이빙 크루즈형식의 연안크루즈와 일본의 주요 관광 명소를 기항하는 국제크루즈까지 운영하며, 한국적 엔터테인먼트와 친절한 접객을 통해 크루즈의 저변확대와 초기 시장개척의 사명을 띠었으나, 2008년 세계경기 침체, 유가폭등이라는 악재를 비롯해서 크루즈운임 외 다양한 수익구조 창출이 어려운 제도적 제약 등과 부딪히며 운영상 어려움을 겪게 된다. 지금은 매주말 부산항 주말크루즈를 운영하고, 부산~오사카 정기항로를 크루즈화하는 시도를 통해 크루즈마켓의 충분한 성숙과 전통크루즈의 재도입을 준비하는 상황이다. 지금 한국은 세계크루즈마켓이 동북아지역에 관심을 갖는 객관적 조건과 한국 내 선사의 태동단계라는 주관적 요소 그리고 무엇보다 크루즈 산업 활성화를 위한 제반 관광인프라 및 법적·제도적 정비 등의 과제들을 안은 채, 크루즈 산업의 국제경쟁에 이제 막 뛰어들고 있는 상황이다.

최근 RCI의 크루즈선과 카니발크루즈의 자회사인 코스타 크루즈에서는 앞다투어 동북아지역을 정기 기항하겠다는 계획을 발표하고 있다. 일본은 이미 일본선사들이 포진하고 있고, 한국은 태동단계이기는 하나 마켓이 적다는 상황으로 인해 이러한 선사들은 중국의 상하이항을 동북아시아의 크루즈 허브항으로 보고 있는 듯하며, 상해를 모항으로 해서 한국의 부산, 제주와 일본을 아우르는 상품을 개발하고 있다. 한국은 세계적인 크루즈선사들이 부산을 단순 기항지로 여기는 관점에서 탈피하여 동북아에서 벌어지고 있는 허브항의 기능에서 보다 경쟁력을 갖추기 위한 준비가 구체적으로 필요한 때이다. 추상적인 명제로서의 크루즈 산업은 황금알을 낳는 산업이라며 연간 몇 번 유명 크루즈선이 부산 혹은 인천, 제주를 기항한다는 수치보다는 외국 크루즈 관광객 수용태세 점검과 함께 수준 높은 관광인프라 개발로 한국을 크루즈 관광객이 방문하고 싶은 관광지로 만드는 노력과 함께, 무엇보다 급한 것은 동북아 크루즈시대에 걸맞는 부산 북항 재개발과 크루즈선사의 육성이 불가피하다는 점이다. RCI나 코스타크루즈의 동북아 진출을 수동적으로 받아들일 것이 아니라, 경쟁가능한 한국의 크루즈선사 육성만이 자주적인 크루즈 산업의 기본 동력이 될 것이다. 이를 위해서는 선사에게만 과제를 넘기기보다는 태동기의 한국 크루즈 산업을 지원하고 육성하는 과감한 정책이 필요하다고 보며 정부 부처나 관련 지자체는 더 늦기 전에 선사와 조선소, 여행업계 및 정부 지자체를 아우르는 공동 컨소시엄 형태로 크루즈를 운영할 수 있는 주체 발굴과 육성에 나서야 할 것이다. 세계 크루즈 시장의 발전사를 보면서 동북아 크루즈의 현재 수준을 냉정히 분석하고, 오랜 크루즈 역사를 지닌 외국 크루즈선사와 경쟁할 수 있는 한국해운 및 관광산업 전체의 힘을 모음으로써 한국이 동북아의 크루즈 중심으로 우뚝 서도록 할 관심과 지혜가 필요한 때이다.

저자약력

김현겸(unlvone@naver.com) 현_(주)팬스타라인닷컴 회장

성균관대학교 졸업. 성균관대학교 무역대학원 졸업. 성균관대학교 일반대학원 무역학과 박사과정 수료. 주식회사 팬스타엔터프라이즈 설립. 주식회사 팬스타라인닷컴 설립. 주식회사 산스타라인 일본현지법인 설립. 현재 부산해양연맹 부회장, 해양비즈니스학회 부회장, 부산 지방경찰청 행정발전위원회위원. 중소기업인상·무역진흥대상·바다의 날 대통령표창·여객선 부문 올해의 인물상·한국관광기업 경영대상 수상

『관광학총론』 열세 번째 이야기

제13장

호텔업

김 영 국*

1 호텔의 개요

1) 호텔의 개념

태초부터 인간은 기본적인 생존을 영위하기 위하여 끊임없이 이동하여 왔다. 문명의 발전과 함께 빈번한 상호왕래에 따른 장거리 이동, 물물교환에 따른 이동, 교통 및 도로발달에 따른 이동 등과 같은 인류의 변화된 생활들이 바탕이 되어 이동이 불가피하였고, 이때부터 이동에 따른 식사와 휴식을 취할 수 있는 숙박시설이 출현하게 된다.[1)] 먼저, 호텔이란 무엇인가, 호텔의 전통적인 개념은 무엇인가, 그리고 현대적으로 어떻게 변했는지를 살펴보기로 하자.

(1) 호텔의 정의

호텔의 개념에 대해서는 문헌에 따라 다양하게 나타나고 있으나 그 의미는 거의 유사하다. 우선 사전적 개념으로서 호텔은 대중에게 숙박, 식사, 엔터테인먼트, 기타 다양한 인적 서비스를 제공하는 건물이나 공공장소로 정의되고 있다.[2)] 사전에서의 정의를 보면 호텔은 여행자에게 숙박을 제공하거나 식당, 회의실 등을 갖추어 일반대중에게 이용하게 하는 상업적 시설이라 정의하고 있다. 또한 다른 사전에는 여행객이나 체재객들에게 제공할 목적으로 여러 가지 혼합된 상태로 판매를 위해 설비와 서비스를 제공하는 상업적 환대산업이라고 정의하고 있다.[3)]

* 동국대학교 호텔관광경영학부 교수. e-mail: ygkim@dongguk.ac.kr

관광진흥법에서는 호텔업이 관광객의 숙박에 적합한 시설을 갖추어 이를 관광객에게 이용하게 하고, 숙박에 부수되는 음식, 운동, 오락, 휴양, 공연 또는 연수에 적합한 시설 등의 부대시설을 갖추어 이를 관광객에게 이용하게 하는 업이라고 정의하고 있다.[4)]

이상의 정의에서 보면, 부대시설의 제공을 우선으로 하나 최근 들어 상업적, 기업적인 면이 확대되고 있음을 볼 수 있다. 이러한 개념의 변화는 과거 호텔의 영세적 가사업(mom and pop)에서 벗어나 현대의 사회구조에서 적응하려는 하나의 조직체로 파악하려는 것이다.

최근 호텔은 고객시장 환경의 변화에 대응하여 휴식과 엔터테인먼트는 물론 여가와 문화생활을 위한 다양한 사회적 지원사업에 이르기까지 다양한 기능을 수행하고 있다. 그러므로 호텔은 모든 고객에게 즐거움과 안락함을 느낄 수 있도록 세심하게 배려함으로써 가정 이상의 편안함과 즐거움을 제공할 수 있어야 한다. 이러한 측면에서 보면 가정을 떠난 또 하나의 가정(home away from home), 또는 제2의 가정(the second house)의 의미를 지니고 있다. 따라서 호텔은 고객에게 숙박과 음식시설과 다양한 서비스의 제공을 통하여 경영목표를 달성하려는 기업으로 정의할 수 있을 것이다.[5)]

여기서 고객은 지불능력이 있는 소비자라고 할 수 있다. 숙식시설(lodging and food)은 호텔의 기본적 시설이며, 다양한 서비스는 인적 서비스를 중심으로 한 호텔이 제공하는 모든 서비스가 포함되며, 숙식시설과 다양한 서비스는 호텔의 상품이 된다.

(2) 호텔경영학의 정의

학문으로서 호텔의 의미는 더욱 포괄적인 의미를 지닌다. 따라서 호텔경영학이란 여행객이나 지역사회의 이용자들에게 숙박, 음식과 오락, 회의, 문화시설 및 서비스의 판매와 제공에 관계되는 복합적 학문 분야로서,[6)] 호텔경영학의 주요 연구 분야는 크게 주요 상품의 생산 분야(영업부분)와 호텔경영에 있어 여러 기능을 수행하는 기능 분야(관리부분) 및 호텔산업과 관련성을 가지고 성장해온 관련 산업 분야(부가부분)의 세 부분으로 대별된다.

먼저, 호텔상품의 생산부분은 호텔이 생산하는 주요 서비스 활동으로 객실관리와 식음료관리를 말할 수 있는데, 객실관리는 프런트 오피스 관리, 하우스 키핑관리, 식음료 관리는 음식과 음료의 효율적인 경영과정을 포함한다. 호텔에서 이 부분은 가장 핵심적인 부분이라고 할 수 있다.[7)]

다음 기능부분은 호텔마케팅, 호텔인사관리, 호텔회계 및 재무관리, 호텔경영정보시스템, 서비스 관리부분 등으로 구성된다. 이 부문은 생산부분을 지원해주고 관리해주는 역할을 한다.

마지막으로 기타 부가 사업부분은 회의 및 각종 이벤트, 전시 및 컨벤션 분야, 카지노, 콘도미니엄, 외식 등이 포함된다. 이 부분은 호텔의 판매영역을 다양화시키기 위해 개발해야 하는 부

분이다. 따라서 호텔경영학은 객실관리와 식음료관리의 생산부분, 관리부분으로서 기능부분, 기타 부가사업을 포함하는 학문이라 할 수 있다.

2) 호텔의 특성

스타틀러 호텔그룹의 창시자인 스타틀러(E. M. Statler)는 "인생은 서비스이다"라는 모토로 현대호텔경영에서 서비스가 중요하다는 점을 강조하였다. 따라서 호텔에서 서비스적인 특성이 가장 중요한 핵심요소이다.[8] 이를 구체적으로 살펴보면 다음과 같다.

(1) 인적서비스의 의존성

오늘날 호텔을 이용하는 고객들의 욕구가 다양하기 때문에 인적서비스는 가장 중요한 요소이다.[9] 호텔에서 객실의 분위기나 음식 맛이 아무리 좋아도 호텔직원의 정성어린 서비스가 동반되지 않으면 호텔상품은 그 가치를 잃고 만다. 이 인적서비스는 호텔이라는 무기물을 살아 숨쉬는 생명체로 바꾸어놓는 역할을 한다.[10]

호텔기업은 노동집약적 성격이 강하므로 인적자원에 대한 의존도가 타 기업에 비해 크다. 기계문명의 발달은 모든 산업을 기계화하고 자동화하였지만 호텔업이 제공하는 상품에 있어서 자동화나 규격화로는 한계가 있다. 따라서 훌륭한 서비스를 위해서는 호텔에 근무하는 직원들에 대한 동기부여를 통해서 직무에 대한 만족을 높이고, 이직률을 낮추는 방법이 무엇보다 중요하다. 호텔직원들에게 훌륭한 서비스를 제공할 수 있는 교육훈련은 무엇보다 필요하다. 결국 훌륭한 서비스 교육을 받은 직원이 제공하는 호텔상품이 판매된다면, 고객은 만족하게 되고, 다시 호텔을 방문하게 될 것이다.

(2) 연중무휴 영업

호텔은 1일 24시간, 1년 365일 연중무휴의 영업을 한다. 따라서 호텔의 사무직 근로자들을 제외한 모든 직원들은 다른 사람들이 공휴일을 즐기거나 쉬고 있는 동안에도 일을 한다. 따라서 야간수당, 휴일수당, 초과과업수당 등 인건비 부담이 증가하고, 직원의 입장에서도 불규칙적인 교대근무, 주말근무, 공휴일근무 등 근무조건이 타 기업에 비해 불리하다.[11] 호텔기업 객실투숙 고객의 경우 주 이용객이 가정을 떠나 여행하는 사람들이 주를 이룬다. 가정을 떠난 고객들에게 안락함과 편의성을 제공하기 위해서는 연중무휴로 항상 필요한 서비스를 제공해야 하며, 고객의 생명과 재산을 보호해야 한다.

(3) 고정자산에 대한 의존성

일반적으로 호텔업은 총 자본금 중에서 고정자산이 차지하는 비중이 약 70% 이상이 되며, 토지, 건물, 기계, 비품 등 총 자본에 대한 고정자산비율이 높은 사업이다. 이렇게 최초의 투자비가 많이 투입되는 데 비해, 자본 회전속도는 타 기업에 비해 느린 편이다.[12] 따라서 초기에 투자된 거액의 고정자본을 회수하는 방법은 기존의 호텔시설을 얼마나 효율적으로 이용할 수 있느냐에 달려 있다.

(4) 부서 간의 협력

호텔은 객실, 식음료, 부대시설, 마케팅, 하우스키핑, 관리부서 등 부서 간 협력을 매우 중요시하게 된다. 특히, 부서나 직원 간 갈등이나 비협력으로 인한 마찰은 고객서비스에 직, 간접인 영향을 미치게 된다. 따라서 부서 간 협력을 강화시킬 수 있는 의사소통 활성화 방안이 중요하다.

(5) 서비스 상품

호텔이 판매하는 주 상품은 서비스 상품적인 성격을 가지고 있다. 서비스 상품의 특성은 서비스의 무형성, 동시성, 소멸성, 비이동성의 특성을 가지고 있으며, 이를 살펴보면 다음과 같다.

① 무형성

제조업과 달리 호텔의 서비스는 무형적 상품을 판매하는 특성을 지닌다. 이 무형적 상품은 육안으로 볼 수가 없기 때문에 유형적 상품보다 훨씬 판매가 어렵다. 예를 들어 호텔 객실의 안락함은 구매 전에 볼 수가 없으며, 호텔 레스토랑의 훌륭한 서비스는 이용한 후라야 그 실체를 파악할 수가 있다.

따라서 무형적인 호텔의 서비스는 고객과의 약속이나 어떤 상징을 통해 유형화하게 되는 것이다.[13] 고객의 입장에서 볼 때 서비스의 구매는 약속이나 상징적인 구매이기 때문에 유형적 거래에서 나타나는 것과 같은 소유권 이전이나 제품의 장소적 이동과는 거리가 멀다. 따라서 이 무형적 특성의 유형화를 위한 마케팅 전략이 필수적으로 요구되는 것이다.[14]

② 동시성과 소멸성

호텔의 서비스는 생산과 동시에 소비되기 때문에 저장이나 보관이 불가능하며, 제품판매에서 장소적, 시간적인 제약을 많이 받게 된다. 객실인 경우 객실점유율이 낮아서 판매되지 않은 나머지 객실들은 상품으로서 가치를 상실하게 되고 식음료상품도 수요예측의 어려움으로 인하여

식재료의 부패가 발생하는 수요공급의 불균형이 발생한다. 즉, 낮은 수요로 인해 판매하지 못하면 재고가 불가능한 상품이므로 당일 판매해야 하며, 그렇지 않으면 가치가 소멸되어 버린다. 이러한 호텔상품의 특성을 동시성과 소멸성을 갖는다고 말할 수 있다. 과잉수요에 대한 생산의 한계와 적은 수요에 대한 고정비의 지출을 억제하기 어려운 사업이다.

이러한 서비스의 소멸적인 특성은 성수기, 비수기를 극복하는 데 어려움을 겪는다. 예를 들어 성수기에는 객실공급이 절대 부족하여 수요를 충족시킬 수 없는 반면, 비수기에는 호텔상품을 저장해 놓을 수 없기 때문에 수지의 불균형이 초래된다. 이러한 불균형을 극복하기 위하여 호텔기업은 예약판매 형태를 취하거나, 할인정책을 적용하여 극복하고 있다.[15)]

③ 비이동성

호텔이 제공하는 모든 상품은 다른 제조업과 달리 이동이 불가능하며, 유통과정도 거칠 수가 없기 때문에 고객을 찾아가는 것이 아니라 고객 스스로가 호텔을 찾아와서 구매해야 하는 특성을 가진다. 이러한 비이동성은 고객을 고정된 장소로 유인해야 하므로 입지조건에 대한 의존성이 매우 크다. 그러나 최근 전통적인 호텔입지인 도심지가 지가상승, 교통난, 환경문제 등으로 매력을 잃기 시작하자 쾌적한 환경중심형, 역세권과 연계된 입지 등 새로운 입지개발이 중요과제로 대두되고 있다.[16)]

2 호텔의 종류와 역할

1) 호텔의 분류

호텔의 종류는 상당히 다양하다. 본 장에서는 법적인 분류와 경영형태에 따른 분류방법을 살펴보기로 한다.

(1) 관광진흥법에 의한 분류

우리나라 관광진흥법 제3조에 따라 관광숙박업은 크게 호텔업과 휴양콘도미니엄업으로 구분하고 있다. 호텔업의 종류는 관광호텔업, 수상관광호텔업, 한국전통호텔업, 가족호텔업으로 나눈다.[17)] 구체적으로 살펴보면 다음과 같다.

① 호텔업

가. 관광호텔업

관광객의 숙박에 적합한 시설을 갖추어 이를 관광객에게 제공하거나 숙박에 부수되는 음식, 운동, 오락, 휴양, 공연 또는 연수에 적합한 시설 등을 갖추어 이를 이용하게 하는 업을 말한다.

나. 수상관광호텔업

수상에 구조물 또는 선박을 고정하거나 계류시켜 놓고 관광객의 숙박에 적합한 시설을 갖추거나 부대시설을 함께 갖추어 이를 관광객에게 이용하게 하는 업을 말한다.

다. 한국전통호텔업

관광객의 숙박과 체재에 적합한 한국 고유의 숙박시설을 갖추거나 부대시설을 함께 갖추어 이를 관광객에게 이용하게 하고 음식을 제공하는 업을 말한다.

라. 가족호텔업

가족단위 관광객의 숙박에 적합한 시설을 갖추어 이를 관광객에게 이용하게 하는 업을 말한다.

② 휴양콘도미니엄업

관광객의 숙박과 취사에 적합한 시설을 갖추어 이를 당해 시설의 회원 공유자나 기타 관광객에게 제공하거나 숙박에 부수되는 음식, 운동, 오락, 휴양, 공연 또는 연수에 적합한 시설 등을 함께 갖추어 이를 이용하게 하는 업을 말한다.

(2) 등급에 의한 분류

세계 대부분의 국가에서는 호텔에 대한 등급제도를 채택하여 차별화를 실시하고 있다. 각국의 등급결정기관을 보면 크게 정부와 민간주도로 구분할 수 있다. 우리나라 호텔업의 등급결정은 관광진흥법 제19조와 시행령 제22조에 의거하여 실시하고 있다.[18]

우리나라의 호텔등급은 특1등급, 특2등급, 1등급, 2등급, 3등급 등 총 5등급으로 나뉘며, 각 등급표시는 무궁화 모양으로 하는데, 특등급인 경우 무궁화 5개를 부여하고, 1등급은 4개, 2등급은 3개, 3등급은 2개를 각각 부여하고 있다.

등급의 결정은 한국관광호텔협회 및 한국관광협회라는 민간단체에서 주관하고 있다. 호텔등급의 평가 분야는 서비스상태, 건축, 설비, 주차시설, 전기, 통신시설, 소방, 안전상태, 소비자 만족의 아홉 가지 분야로 측정되며, 각 분야별 전문가로 구성된 평가단이 해당 호텔에 파견되어

현지실사를 통해 평가를 시행하게 된다. 결정기준은 총 1,000점을 기준으로 하여, 90% 이상이면 특1등급, 80% 이상은 특2등급, 70% 이상은 1등급, 60% 이상이면 2등급, 60% 미만은 3등급으로 평가한다.[19)]

① 외국 호텔등급

세계 대부분의 국가에서는 호텔에 대한 등급제도를 채택하여 차별화를 실시하고 있다. 각국의 등급결정주체를 보면 크게 정부와 만간주도로 구분할 수 있다. 국가별 등급결정 주체를 보면 스페인, 중국, 대만은 정부에서, 미국은 여행관련 민간단체에서 주관하고 있으며, 영국은 공적기관 주도하에 이루어지고 있으며, 프랑스는 공적기관과 민간차원이 병행하여 시행하고 있다.

우리나라의 호텔등급과 같이 외국 대부분의 국가들도 1등급, 2등급, 3등급, 4등급, 5등급 등 총 5등급으로 나누고 있으며, 각 등급표시는 미국은 다이아몬드 모양으로 하는데, 1등급인 경우 다이아몬드 5개를 부여하고 있으며, 5등급은 다이아몬드 1개를 각각 부여하고 있고, 중국, 영국, 독일, 캐나다는 별(star) 모양을 5등급으로 나누어 부여하고 있다.

(3) 경영형태에 따른 분류

① 독립호텔(independent hotel)

일반적으로 독립호텔이란 소유주가 호텔에 직접 투자하여 경영하는 전통적인 경영형태를 말한다. 이 형태는 체인호텔에 비하여 의사결정이나 경영정책에 대하여 어떤 간섭이나 규제를 받지 않아 자율적인 의사결정을 할 수 있는 장점을 가지나 경영 노하우의 부족이나 다른 체인호텔의 이점을 누리지 못할 경우 경영상의 위험이 체인호텔보다는 높다고 하겠다. 이러한 호텔은 초기단계에 흔히 볼 수 있는 형태로 비교적 소규모인 중소기업형태가 일반적이다.

② 체인호텔(chain hotel)

세계 어디를 여행하든지 간에 체인호텔을 접하게 된다. 이 체인형태는 우리 시대에 가장 우수한 조직형태 중 하나로 알려져 있다.[20)] 이처럼 체인이 가지고 있는 마케팅 파워와 고객가치를 반영하는 체인호텔의 성장이 관광산업의 성장을 주도하게 될 것이다. 체인호텔 중에서 프랜차이즈 호텔이 성장에 중요한 역할을 하고 있다.

체인호텔이란 고리가 서로 연결된 체인과 같이 여러 호텔들이 서로 연결되어 하나의 호텔집단을 이루고 있는 형태를 말한다.[21)] 독립호텔이 독자적인 경영을 통해 성장의 한계성을 나타낼 때 여러 호텔의 체인화를 통해 규모의 경제를 실현할 수 있는 장점이 있다. 20세기에 접어들면서 세계적인 호텔들이 체인화를 모색하고 고객수요에 따른 다양한 브랜드를 개발하여 체인화를 발전시켜 왔다.

모회사 역할을 하는 체인본부는 전문인력 활용, 공동마케팅 활동, 대량의 예약망 활용, 공동구매 및 배송, 공동투자 등을 앞세워 브랜드를 키워가고 있으며, 상소, 건축양식, 실내장식, 로고와 색상, 서비스의 표준화로 보다 체계적이고 전략적으로 시장을 확대해 가고 있다.[22)]

체인은 크게 직영형태와 프랜차이즈 형태로 구분되며, 프랜차이즈 형태는 계약에 따라 다양하여 위탁경영, 리퍼럴 형태, 조인트 벤처 등이 포함되기도 한다.

가. 직영호텔(company-owned hotel)

직영호텔은 체인본사가 직접 투자하여 경영하는 호텔을 말한다. 이 직영형태는 본사에서 임명된 인력에 의해 운영되기 때문에 강력한 본사의 통제하에 운영되므로 체인의 정체성 관리가 용이하지만, 확장하는 데 자본(물적, 인적) 조달이 불리하다. 직영과 프랜차이즈 형태를 혼합운영하는 경우에는 직영형태가 보통 상호학습센터(learning center)나 모델(modelling) 역할을 하기도 하며,[23)] 지역 체인호텔 종사원의 교육장소로 활용되기도 한다.

나. 프랜차이즈 호텔(franchise hotel)

프랜차이즈(franchise)란 브랜드, 특허상품, 노하우를 소유한 자가 계약을 통해 다른 사람에게 상표의 사용권과 서비스 매뉴얼, 노하우 등을 제공하고 그 대가로 가맹비(initial fee), 로열티(royalty) 등을 받는 시스템을 말한다. 여기서 브랜드와 노하우 소유한 자를 호텔체인본사(franchisor)라 하며, 본부로부터 브랜드의 사용권, 서비스 매뉴얼 등을 제공받는 자를 가맹호텔(franchisee)이라고 한다.[24)]

프랜차이즈 형태의 장점으로는 본부와 동일한 브랜드의 사용과 운영시스템의 적용, 표준화된 제품과 서비스의 이용, 컴퓨터를 이용한 중앙예약시스템의 활용, 직원의 교육훈련지원 등 다양한 혜택을 들 수 있다. 이 프랜차이즈 시스템은 체인형태에서 가장 급격히 성장하고 있는 사업유형이다.

다. 위탁경영(management contract hotel)

위탁경영 형태는 경영 노하우(Know-how)를 가지고 있는 호텔이 계약을 통해 다른 호텔을 경영하는 방식이다. 다시 말하면, 경영관리기술을 제공하는 형태로 일명 힐튼(Hilton)방식이라고도 부른다. 경영계약 호텔은 가맹본부로부터 여러 가지 자원을 받는 것은 물론 가맹본부로부터 호텔의 총지배인을 비롯한 주요 전문가를 파견받아, 이들이 직접 경영하는 형태로 위탁경영에 따른 경영료(management fee)를 지불하는 것을 말한다. 경영위탁 형태는 프랜차이즈 형태와 여러

가지 점에서 유사하여 프랜차이즈 형태에 포함되기도 한다. 경영위탁호텔에서는 호텔의 총지배인을 포함하여 중요 스태프들을 본부에서 파견하여 경영을 직접 담당하는 반면에, 프랜차이즈 호텔에서는 총지배인을 포함하여 인력을 파견하는 경우는 없는 것이 차이점이라 하겠다. 위탁경영 형태의 체인본부에서 지원받는 영역은 우수한 전문가의 파견, 공동마케팅활동, 공동구매와 배분, 체인호텔의 예약망 활용, 공동투자, 창업 준비 등으로 나열될 수 있다. 이러한 경영형태의 대상 호텔은 대규모이거나 고급호텔들이 주류를 이루고 있다.[25)]

라. 조인트 벤처(joint venture)

자본제휴를 통해 호텔을 설립하여 운영하는 것을 말한다. 보통 합작투자호텔이라 불리는 것으로, 이는 경영방식이기보다는 일정지분의 자본이 투자된 합작호텔을 말한다. 프랜차이즈나 경영위탁계약과 같은 호텔의 체제방식이 경영 노하우 등을 제공하기 위한 체인이라면 조인트 벤처는 자본을 투자하기 위한 체인이다. 대규모 체인호텔의 경영 노하우와 자본을 동시에 획득하는 경우도 있다. 우리나라에서는 Renaissance, Intercontinental, Sheraton, Hilton, Westin, Ritz Carlton, Marriott, Hyatt 등이 대표적인 브랜드이다.

마. 리퍼럴 그룹(Referral Group)

1950년대 미국의 호텔업계에는 프랜차이즈의 확산과 이에 대항하는 리퍼럴 연합의 프랜차이즈나 경영계약에 의한 체인호텔이 증가함에 따라 독립호텔(independent hotel)들은 경쟁에 위협을 느껴 다른 독립 경영호텔들과 상호 협력하에 공동선전, 판매전략 및 예약 서비스 등의 획일화를 위한 조직, 즉 동업자 연합에 의한 경영방식으로 운영되는 호텔을 말한다.

프랜차이즈나 위탁경영 형태보다 호텔의 소유자가 경영에 대해 전적으로 책임을 지고 있기 때문에 조직결속력은 약한 편이다. 리퍼럴 체인본부는 리퍼럴 조직에 가입한 회원사의 시설과 서비스의 수준을 일정하게 유지하기 위해 기준을 정하였으며, 이 기준에 적합한지를 정기적으로 점검하게 된다. 또한 선전, 광고비를 공동 부담하게 되며 예약망을 서로 연결하여 체인호텔과 비슷한 효과를 추구한다. 그러나 프랜차이즈나 경영위탁계약에 의한 체인 경영보다는 체인의 결속력이 약하므로 브랜드를 중심으로 모여 있는 개별 호텔기업이라고 할 수 있다. 그렇지만 이들도 프랜차이즈 형태로 점점 발전되어가고 있다.[26)]

세계적 리퍼럴 그룹들이 한국에도 진출하고 있으며, 베스트웨스턴이 최초로 한국에 상륙하여 서울을 비롯하여 전국적인 체인을 연결하고 있다.

2) 호텔의 역할

역사적으로 호텔은 집을 떠난 여행객들에게 단순한 숙식제공(lodging and food)이 주목적이었다. 전통적으로 숙박시설은 주로 여행자들에게 수면, 음식, 생명과 재산보호라는 기본적인 역할을 가지고 인간의 생리적 욕구충족을 목적으로 하는 역할을 가지고 있었다. 따라서 과거의 호텔의 역할은 기본적인 인간의 생리적 욕구충족을 목적으로 하는 것으로서 숙박, 식사, 회합이 주 역할이었다.27)

현대에 들어와서 가처분소득이 증가하고 여가시간이 늘어남에 따라 고객들이 점차 개인의 정신적, 문화적인 욕구를 충족시키려는 활동에 많은 관심을 가지게 되면서 풍요로운 시대를 맞이한다. 따라서 현대적 호텔은 숙박 및 식음료를 제공할 수 있는 공간 외에 스포츠, 레크리에이션, 전시 및 국제회의, 쇼핑 등 사회적·문화적 공간으로서의 역할을 다하고 있다.

오늘날의 호텔은 숙박, 식사, 회합 등 고객의 재산과 안전에 대한 보호의 책임뿐만 아니라 청결, 위생과 안락을 위한 최상의 시설을 제공하고 나아가서는 지역사회에도 레저와 문화의 중심센터로서의 역할을 하고 있다. 이를 구체적으로 살펴보면 다음과 같다.28)

① 숙박 및 식음료 서비스 제공
② 각종 회의 등 사교의 장 제공
③ 엔터테인먼트 제공
④ 문화적 서비스 제공
⑤ 지역사회의 봉사

3 호텔의 조직구성과 부서별 기능

일반적으로 호텔의 조직은 입지, 서비스 유형, 소유형태 등 호텔의 특성에 따라 다양한 형태를 가지고 있다. 전통적인 호텔조직은 크게 영업부문과 관리부문으로 나누어진다. 고객접점인 영업부문은 객실부서와 식음료 부서로 구성되고, 영업부서의 지원부서인 관리부문은 총무 및 인사부서, 회계·재무부서, 구매부서, 시설부서, 마케팅부서로 구성된다. 구체적으로 살펴보면 다음과 같다.

1) 객실부서

객실부서는 일반적으로 객실의 판매와 서비스 및 유지관리 등의 객실에 대한 전반적인 기본 직무로 구성되는데, 프런트 데스크(front desk), 유니폼 서비스(uniformed service), 하우스키핑(housekeeping)으로 구성된다.

(1) 프런트 데스크

프런트 데스크의 주요 업무는 호텔에 대한 각종 정보제공, 객실배정, 체크인 및 체크아웃, 객실예약 등으로 이루어지는데 전체 호텔의 허브(hub)와도 같은 매우 중요한 역할을 한다.[29] 일반적으로 프런트 데스크는 레지스트레이션(registration)과 인포메이션(information) 및 캐셔(cashier) 등으로 구성된다.

(2) 유니폼서비스

유니폼을 착용하고 서비스를 제공하는 부서인 유니폼서비스는 도어맨(doorman), 벨맨(bellman), 컨시어지(concierge), 주차대행서비스(valet parking service) 등으로 구성되어 있다. 도어맨은 호텔입구의 교통통제 및 고객영접, 차량호출서비스 등의 업무를 담당한다. 벨맨은 로비와 객실, 로비와 프런트 데스크 간의 고객안내 및 수하물운반 서비스와 우편물전달 등을 담당한다. 컨시어지는 고객에게 각종 편의를 제공하는 곳으로 고객의 안내, 수하물관리, 메시지와 각종 물품 전달 등의 기본 업무 외에 VIP나 외국인 고객의 식당예약 대행, 항공편 안내, 관광안내 등 업무를 수행한다.

(3) 하우스키핑

하우스키핑은 객실의 정비를 담당하는 곳으로 호텔의 주된 상품인 객실을 생산해내는 역할과 동시에 프런트 오피스의 가장 중요한 지원부서이다. 프런트 데스크에서는 객실을 판매하기 전에 반드시 객실의 정비상태를 점검하여 판매해야 한다. 따라서 하우스키핑과 프런트 데스크 간의 효율적인 의사소통은 신속하고 편리한 고객서비스를 제공하기 위해서 매우 중요하다. 또한 다른 시설부서와 여러 관련부서와의 효율적인 업무협조 구축이 필요하다.

2) 식음료 부서

식음료 부서(F&B)는 호텔에서 음식 및 음료를 판매하는 부서이다. 일반적으로 식음료 부서는 레스토랑, 음료(바, 커피숍 등), 연회 등으로 나누어진다. 최근 호텔에서 식음료 수입이 급격히 증가함에 따라 객실부문과 더불어 그 중요성은 더욱 강조되고 있는 추세이다.

(1) 레스토랑

호텔 레스토랑(restaurant)은 일반적으로 서양식당, 일식당, 중식당, 뷔페식당, 룸서비스 등으로 구성되며, 레스토랑의 주요업무는 호텔의 전문성과 다양성을 통하여 내부고객뿐만 아니라 외부고객에게 다양한 메뉴개발과 고객만족을 통하여 업장의 이윤을 극대화시키는 것이다.

(2) 음 료

음료(beverage) 부서는 알코올성 음료와 비알코올성 음료를 판매하는 곳으로, 바(bar), 라운지, 클럽, 커피숍 등 다양한 형태로 운영되고 있다.

(3) 연 회

연회는 각종 이벤트나 리셉션과 같은 모든 행사를 주관하는 업무로서 다양한 형태로 운영되고 있다. 최근에는 국제회의나 산업박람회 등 대형 컨벤션을 비롯하여 각종 회의나 세미나까지 다양한 행사를 유치하고 있다. 특히, 웨딩이나 축하파티 등 다양한 이벤트를 유치하고 있으며, 출장연회(off-premise catering)에도 진출하고 있는 추세이다. 최근 이 분야는 미국 외식산업에서 가장 급속하게 성장하고 있는 부문으로 알려져 있다.[30)]

3) 관리부서

관리부서는 모든 영업부서의 업무를 지원하고 최고경영층의 의사결정에 필요한 경영정보를 제공하며, 경영의 효율적 집행을 통해 경영성과를 극대화하기 위한 업무를 관장하는 역할을 수행한다. 일반적으로 기획, 총무, 인사, 시설, 구매, 회계, 재무, 마케팅, 전산 등으로 구성되어 있다.

(1) 총무, 인사

총무부서는 관리부문의 중추기능으로서 호텔의 모든 제반사항을 관리·감독하는 업무를 수행하고 있고, 인사부서는 호텔을 효과적으로 운영하기 위한 인적자원의 관리를 담당하며, 신입사원의 선발, 채용하는 업무부터 직원들의 직무에 필요한 교육, 훈련을 통해 인력을 개발하고, 유지하는 업무를 담당한다.

(2) 구 매

구매부서는 호텔에서 소요되는 모든 상품을 구매·조정하는 부서로서 자재의 입고관리, 재고관리, 배달된 자재의 검수관리, 식자재부문의 문제점에 대한 관리, 외주발주업체에 대한 관리업무를 담당한다.

(3) 회계, 재무

호텔에서의 영업부문에 대한 결산, 영업회계, 여신관리, 출납 등의 업무와 자금의 조달과 운영을 효율적으로 관리하는 업무 및 세무, 급여업무를 담당 처리한다.

(4) 시 설

호텔 전체의 건물과 시설을 관리하며, 건물, 기계, 전기, 열관리, 통신, 목공, 도장, 냉동, 안전 등에 관한 업무를 효율적으로 담당함으로써 호텔을 방문하는 고객들에게 쾌적한 환경과 시설을 안전하게 사용할 수 있도록 하는 업무를 담당한다.

(5) 마케팅

호텔의 상품과 이미지를 판매 촉진하는 업무를 담당한다. 최근 국내시장뿐만 아니라 해외시장까지 공략하고 있으며 국내외 시장조사 및 여행사관리, 경쟁업체 조사 및 분석, 판매목표 및 전략수립, 판매조직의 강화 및 유지 등의 주요 업무를 수행하고 있으며 타 부서와의 긴밀한 협조관계 유지가 필요한 부서이다.

4 21세기 호텔의 환경변화와 과제

1) 호텔경영환경의 변화

급변하는 글로벌시대에 호텔환경도 급속도로 변화하고 있다. 특히, 기술혁신과 정보화시대에 있어서 호텔산업도 호텔 간 전략적 제휴, 호텔의 체인화 및 글로벌화, M&A 등 다각적인 경영형태를 갖추어 가고 있다. 현재 우리가 경험하고 있는 세계화 속에는 혁신적인 변화환경에 따른 기술혁신과 그에 따른 환경의 변화, 더불어 전세계 소비자의 욕구가 점점 동질화되어 가는 추세이다. 세계적인 다국적 호텔기업들은 변화해가는 환경 속에서도 능동적인 대처능력을 충분히 가지고 있어 세계시장을 잠식해 가고 있으며, 세계시장의 흐름 속에 국내 호텔산업도 이에 대한 대응방안을 마련해야 할 것이다.

(1) 고객의 변화

호텔은 변화하는 고객의 추세에 관심을 가져야 한다. 왜냐하면 호텔경영 환경의 변화를 예측하는데 가장 중요한 것은 고객의 인구통계학적 동향과 추세가 무엇보다 중요하기 때문이다.[31)] 최근 관광객의 욕구가 다양해지고 여행수준이 향상됨에 따라 관광객의 특성을 파악하는 것은 상당히 중요하다. 특히, 관광객의 특성에 알맞은 상품을 기획 판매하고, 만족을 추구하는 것이 향후 호텔기업의 경쟁력을 구축하는 데 중요하다.[32)]

(2) 시스템의 변화

급변하는 글로벌시대에 호텔이 직면한 가장 중요한 문제는 객실수의 증대에 따른 효율적인 관리문제, 효율적인 에너지 관리문제, 노동력의 절감과 생산성의 향상 등이다. 이러한 문제들은 규모가 적고, 영세한 호텔일수록 심각하다. 이 문제를 해소하기 위해서는 시스템 자동화를 통하여 과학적인 경영과 운영 및 서비스의 극대화 등이 필요하다. 또한 영업정보의 자동화시스템은 호텔기업이 당면한 과제라고 할 수 있다.

(3) 상품의 세분화 방안

글로벌시대에 세계 여행환경의 변화에 따라 호텔환경도 급속도로 변화하고 있다. 특히, 시장 침체 및 경기저하에 의해서 호텔산업도 고품격 및 고가격 호텔에서 기능적인 호텔의 선호와 중저가(budget)호텔 추세로 변화하고 있으며 국내 호텔도 이에 따른 상품의 세분화 방안을 마련해야 한다.[33] 예를 들어 세계적인 체인호텔인 매리어트는 페어필드 인(fairfield in)이라는 중저가의 호텔을 도입하여 시장을 세분화하고 있다. 향후 세계 여행환경의 변화에 따라 중저가의 객실 판매 중심형 호텔인 'budget hotel'의 개발을 활성화하여 미래의 여행시장을 다변화시켜야 할 것이다.[34]

(4) 아웃소싱의 확대

급변하는 경영환경과 치열한 글로벌 경쟁에서 적절하게 대응하기 위해서는 고비용구조를 효율적으로 개선하는 것이 경쟁력을 강화하는 방안이다. 따라서 국내 호텔기업들도 외부자원을 활용하는 아웃소싱(outsourcing)을 적극적으로 도입하여 고비용체질을 개선하고 경영의 효율화에 기여하고 있다.

아웃소싱(outsourcing)은 현재와 같은 치열한 경쟁환경하에서 제한된 인력 및 재정을 가진 호텔기업이 모든 분야에서 최고의 위치를 유지하기란 다소 어려움이 있어 호텔에서 수행하는 다양한 서비스 활동 중 전략적으로 중요하면서도 가장 잘 할 수 있는 핵심역량활동은 호텔에서 직영으로 운영하며, 그 외의 경영활동은 해당 분야에서 우수한 전문기업에게 위탁하여 이들과의 전략적 통합을 통해 경쟁력을 강화시키는 활동이다.

향후 호텔에서 아웃소싱 전략은 테마별 아웃소싱(theme outsourcing)방안이 인기가 있을 것으로 예상하고 있다. 예를 들어 대규모 스포츠 이벤트 및 연회행사 등 다양한 회의나 이벤트들을 테마별로 전문 아웃소싱기업에게 위탁하는 것을 말한다.[35]

(5) 사업영역의 확대

호텔사업의 다양한 영역개척으로 전략적 제휴를 활용한 사업영역 확보를 통해 호텔사업을 다각화할 수 있다. 다시 말하면 호텔경영에서 계속적인 성장과 한계를 느낄 경우 호텔의 브랜드 전략 확산 또는 인수, 합병을 통한 세계화 및 복합화를 통한 시너지 효과를 창조하여 사업을 연계하여 추진함으로써 고성장, 고수익 업종으로 전환하여 경쟁력을 강화시켜야 할 것이다.

인수, 합병 또는 제휴를 통해 지리적 확장과 국제적인 체인망 및 세계적인 브랜드로 발전할 수 있다. 예를 들면, 미국의 경우 약 70%가 체인합병의 형태를 취하고 있다. 호텔체인에 급격하게 합병이 이루어지는 주요인은 재정상태, 경영노하우, 이익실현, 높은 시장점유율 등에 기인한다.

또 호텔 내의 레스토랑영업에서 외부로 진출하는 외식사업으로 사업을 확장하고 있다. 예로 웨스틴조선 호텔의 공항 레스토랑 사업과 베이커리 사업에의 진출, 프라자 호텔의 베이커리 사업 진출 등을 들 수 있다.[36)]

(6) 호텔의 체인화

역사적으로 살펴보면 규모가 작은 호텔이나 개인이 운영하는 호텔은 점차 사라지고 있다는 것을 알 수 있다. 현대에는 호텔기업의 규모가 대형화되고 건축비로 상당한 비용이 소요된다. 뿐만 아니라 세계시장에 진출하기 위해서는 경영의 노하우는 물론 자금을 조달할 수 있는 능력도 상당히 중요하다. 따라서 이러한 문제를 해결할 수 있는 가장 좋은 방안이 바로 호텔의 체인화 사업이다.[37)]

미 주

1) Angelo, Rocco M., & Andrew N. Vladimir(2004). *Hospitality Today: An Introduction*. 5th edition. FL: Educational Institute of AH&LA.

2) Webster's 3rd New International Dictionary(2002). G. & C. Merrian Co.

3) The Random House Dictionary(1987). Random House.

4) 관광진흥법(2009). 제3조 관광사업의 종류.

5) 김정근(2007). 『호텔경영론』. 서울: 대왕사.

6) Hayers, David K., & Jack D. Ninemeier(2004). *Hotel Operations Management*. NY: Pearson Education, Inc.

7) Vallen, Jerome V.(1997). *CHECK IN-CHECK OUT*. Chicago: Brown Company Publishers.

8) Angelo, Rocco M. et al.(1997). 전게서. p. 21.

9) Bardi, James A.(1990). *Hotel Front Office Management*. Chicago: Van Nostrand Reinhold.

10) 김정근(2007). 전게서.

11) Miller, Jack E.(2002). *Supervision In The Hospitality Industry*. 4th edition. NY: John Wiley & Sons, Inc.

12) 박호표(1998). 『호텔 관광 마케팅』. 서울: 학현사.

13) 정익준(2006). 『환대마케팅』. 서울: 학현사.

14) 이유재(2008). 『서비스마케팅』. 서울: 학현사.

15) 호텔경영연구원(2008). 『호텔경영의 이해』. 서울: 대왕사.

16) 이순구 · 박미선(2008). 『호텔경영의 이해』. 서울: 대왕사.

17) 박호표(2005). 『관광법규의 이해』. 서울: 학현사.

18) 김봉 · 장성수 · 부창산(2008). 『최신 관광법규 해설』. 서울: 대왕사.

19) 박호표(2005). 전게서.

20) Bradach, J. L.(1997). *Franchise Organization*. NY: Harvard Business School Press.

21) Lundberg, Donald E.(1999). *Hotel and Restaurant Business*. 6th Edition. NY: John Wiley & Son.

22) 박대환 · 박봉규 · 공기열 · 박진우(2007). 『호텔경영관리론』. 서울: 도서출판 대명.

23) Bradach(1997). 전게서.

24) IFA(1998). *Franchising Educational Foundation*. p. 3.

25) 박대환 et al.(2007). 전게서.

26) 호텔경영연구원(2008). 전게서. p. 40.

27) Powers, Tom(1998). *Introduction to Management in the Hospitality Industry*. NY: John Wiley & Son.

28) 호텔경영연구원(2008). 전게서. p. 40.

29) Vallen(1997). 전게서.

30) Shock, P. J., & Stefanelli, J. M.(2001). *On-Premise Catering*. NY: John Wiley & Son.

31) Foster, Dennis(1992). *The Business of Hospitality*. IL: Glencoe Publishing Co.

32) Powers(1998). 전게서.

33) Angelo, & Vladimir(1994). 전게서.

34) 호텔경영연구원(2008). 전게서.

35) 전게서. p. 44.

36) 전게서. p. 45.

37) Vallen, Jerome V.(2000). *Check In-Check Out*. [김근종 역. 『호텔경영의 바이블』. 서울: (주)한언].

저자약력

김영국(金榮國) 현_동국대학교 호텔관광경영학부 교수

미국 The George Washington University에서 박사학위를 취득했으며, 현재, 동국대학교 호텔관광경영학부에 재직하고 있다. 역서로 『프랜차이즈 조직의 이해』『케이터링』 등이 있으며, 프랜차이즈 조직과 관광산업 인사조직 분야에 관심을 가지고 있다.

실무자의 이야기

한국 관광호텔의 최근 동향

- 서울시내 특급호텔을 중심으로 -

양 석*

1. 서 론

우리나라 관광호텔은 짧은 역사에도 불구하고 대내외 정치 및 경제 등과 같은 외부환경 요인의 변화에 긍정적 혹은 부정적인 영향을 받으면서 꾸준히 성장해 왔다. 특히 1997년 이후의 IMF구제금융 시절에는 다른 산업이 극심한 불황을 겪는 와중에도 오히려 국내기업 인수, 합병과 관련하여 외국계 컨설팅 및 금융회사 이해관계자들의 방한 증가와 원화가치 하락으로 인한 외국 관광객의 구매력 증가로 호황을 누렸다.

이후, 2001년 9.11 테러, 2002년 서해교전, 2003년 SARS 및 이라크전쟁 등과 같은 정치·사회·환경요인의 영향으로 관광호텔의 성장이 정체되는 시기를 맞이하였으며, 또한 2004년 이후에는 중저가 호텔의 증가와 호텔 외부 외식산업의 약진 등으로 정체가 지속되었다.

2008년 하반기, 미국발 금융위기는 세계 각국의 전반적인 경기침체로 이어졌고, 실물경제 악화와 국내 내수시장 위축과 같은 경제요인의 영향으로 관광호텔이 큰 타격을 입을 것으로 예상되었다. 그러나 환율의 급격한 상승으로 인한 원화가치 하락, 특히 엔고의 영향으로 서울의 강북지역 호텔들은 일본인 쇼핑 관광객이 급증하여 객실부문을 중심으로 때 아닌 특수를 누리고 있다. 그러나 일본 내수 경기의 불안과 국내 외환시장의 안정으로 이르면 올 하반기 이후 이러한 특수현상도 언제든지 반전될 가능성이 매우 높다.

우리나라 관광호텔의 이와 같은 성장 발전의 역사와 최근 동향을 살펴보고 분석해봄으로써 관광관련 분야를 전공하는 학생들의 관광호텔에 대한 이해 증진, 향후 진로 설정 및 준비에 다소나마 기여하고자 한다.

* 롯데호텔월드 총지배인

2. 관광호텔 부문별 영업현황 추이

1) 객실부문

1999년까지 서울시내 특급호텔업계의 객실판매는 전반적으로 지속적인 성장을 유지하고 있었다. 그 무렵에는 80% 내외의 객실가동률과 20만 원 내외의 객실판매단가를 기록하였으나, 2002년 이후 관광업계에 밀어닥친 악재들로 객실가동률은 70% 내외로 하락하였다.

2003년 10월과 2006년 5월 강남 대치동과 강북 명동에 프랑스 '아코르(accor)' 체인 중 하나인 '이비스(IBIS: I Believe In Service)'가 객실가동률 연평균 90% 이상, 객실판매단가는 특급호텔의 절반 이하 수준으로 영업을 개시함으로 인하여 특급호텔의 비즈니스 고객 이탈이 가속화되었다.

거기 강북의 '프레이저 스위트'와 '섬머셋', 강남의 '오크우드' 등과 같은 고급 서비스 레지던스(호텔식 임대아파트)의 출현으로 특급호텔의 입지는 더욱 어렵게 되었다. 이들은 임대업으로 구분되어 있으면서도 불법적으로 단기 숙박을 원하는 관광객들에게도 객실을 판매함으로써 관광호텔을 위협하는 요소로 작용하였다. 이는 관광호텔과 서비스 레지던스 사이에 법적인 공방으로까지 이어져 최근 단기 숙박을 원하는 관광객을 대상으로 하는 객실판매는 위법이라는 일차 판결이 있었지만 아직까지도 법적인 다툼은 계속되고 있다.

2008년 이후부터 5월 현재까지는 서론에서 설명한 원화가치 하락과 엔고의 영향으로 객실가동률이 80%대를 넘어서고 있으며 객실판매단가도 호황기 때인 2000년도 수준까지 근접하였다.

2) 식음부문

1995년경부터 유명 외식업체들이 서울시내 중심가와 주요 지역에 자리를 잡고 신규 점포들을 속속 개업함으로써 특급호텔에서만 즐길 수 있었던 음식의 맛이 평준화되었으며 차별성이 없어지게 되었다. 따라서 식음부문의 외형매출이 감소되었고, 비탄력적인 인력구조하에서의 인건비 상승 및 물가상승과 더불어 일반경비 등의 증가는 매출원가의 상승으로 이어져 관광호텔의 손익구조는 급격히 악화되었다. 결국 특급호텔들은 일반 외식업계의 변화속도를 따라 잡는 데 한계를 느끼게 되었으며, 이에 따라 각 특급호텔들은 다양한 식음업장을 보유하고 있던 추세에서 벗어나 경쟁력 있는 식당만을 대표업장으로 내세우게 되었다. 그리고 시설적인 측면에서는 고급화를, 서비스적인 측면에서는 차별화를 꾀하고, 기타 수익성을 보장할 수 없는 업종은 과감히 정리하거나 임대로 전환하고 있다. 향후 이러한 추세는 지속될 것으로 예상된다.

3) 연회부문

정치, 경제 및 사회문화의 글로벌화에 따른 MICE(Meeting Incentive Convention Exhibition) 시장의 발전과 개인들의 가처분소득의 증가에 따라 연회부문은 대승적으로는 성장하는 추세로 갈 것이다. 1997년 IMF사태로 인해 1998~1999년 기업체 및 가족모임이 급격히 하락하였으나, 1998년 하반기에 특급호텔에서의 결혼식이 허용됨에 따라 결혼식 시장이 급격히 성장하여 동업계 간 경쟁이 치열한 상황이다.

2005년부터 경기도 일산에서 운영되고 있는 'Kintex'와 같은 컨벤션 전문시설의 등장은 기존에 특급호텔에서 이루어지고 있던 대형 국제회의, 국제행사 및 각종 이벤트 행사 등을 잠식하고 있고, 외부 결혼식 업체들이 호텔 수준으로 올라오면서 연회부문의 정체가 지속되고 있다.

2008년 하반기부터 시작된 세계 금융위기의 여파로 연회부문의 성장은 정체 혹은 침체의 국면으로 접어든 상황이며 이런 상황은 당분간 지속될 것으로 전망된다.

3. 관광호텔 주요 동향 분석 및 전략

1) 양극화 현상의 심화

그동안 한국의 특급호텔을 많이 이용하였던 일본인 관광객이 2004년을 기점으로 정체상태에 있고, 중국 등 아시아권 관광객이 상대적으로 증가함으로써 가격적 우위를 바탕으로 한 중저가 비즈니스호텔들이 지속적으로 성장하였다. 비즈니스맨의 경우에는 여행목적별 고객욕구의 다양화 및 선호기준이 뚜렷이 분화되면서 특급호텔들은 인테리어와 서비스 등에서 철저한 고급화의 필요성을 인지하게 되었고, 최근 3~4년 사이에 특급호텔들은 대부분 리노베이션을 진행하여 왔다.

가까운 일본의 경우에도 최고급 호텔과 중저가 비즈니스호텔로의 양분화가 가속화되고 있는 추세이다. 최고급 호텔은 한층 더 고급화를 추구하여 세계적 수준의 가격(객실가격 평균 500달러 이상)을 형성하고 판매율도 90%를 넘어 평상시에는 예약이 어려운 실정이며, 중저가 비즈니스호텔은 서비스를 제한적으로 제공하고 가격거품을 제거하여 합리적인 가격을 제시함으로써 고객의 수요가 날로 증가하는 추세에 있다고 한다.

한국의 특급호텔들도 중저가 비즈니스호텔들의 약진으로 이들과의 경쟁 그리고 특급호텔들 간의 경쟁이라는 이중고가 불가피한 현실이다. 따라서 특급호텔들 중에서 고급화 혹은 차별화를 통해 경쟁우위를 확보하지 못하는 호텔들은 생존이 어려운 상황을 맞이하게 될 것이다. 또한 일부 특급호텔은 고급화를 통한 리포지셔닝 전략을 구사하여 상위 고객층을 확보하는 동시에, 중저가 호텔시장에 뛰어들어 사업다각화를 꾀하는 전략으로 호텔업계 내에서 선도주자로서의 입지를 강화해 나가고 있다.

2) 중저가 비즈니스호텔의 신장

중저가 비즈니스호텔의 선호 추세는 시설이나 서비스는 특급호텔을 지향하면서 가격대는 합리적인 가격을 표방하는 외국계 중저가 비즈니스 체인 호텔의 진출이 두드러지면서 이 부문에서도 패러다임이 바뀌고 있다. 2001년 국내에 들어온 '베스트 웨스턴'(미국) 체인은 현재 서울과 인천에서 '베스트 웨스턴'과 '베스트 웨스턴 프리미어' 등 두 가지 브랜드로 8곳을 운영하고 있으며, 앞으로 인천 송도 및 서울 구로 등에 호텔을 추가로 짓는 등 10년 내 한국에 30개까지 중저가 비즈니스호텔을 늘릴 예정이다. 2003년 프랑스 '아코르' 그룹의 브랜드인 '이비스'도 서울 2개, 수원 1개의 호텔을 개관하였다.

2007년에는 일본의 '도요코인'이 부산을 교두보(2개점)로 하여 서울 동대문에도 곧 개점할 예정이다. 현재 10여 개 수준인 이들 외국계 중저가 비즈니스호텔들은 더욱 규모를 확장하여 '베스트 웨스턴' 그룹은 10년 내에 30개, '이비스'는 3~4개를 추가하고 '도요코인'은 60개점을 추가한다는 계획을 가지고 있다.

국내특급호텔의 대명사인 '호텔롯데'도 2009년 4월 마포구 공덕동에 '롯데시티호텔'이라는 브랜드로 프리미엄급 비즈니스호텔을 표방하면서 이 시장에 진출하였으며, 향후 김포공항, 김해, 서초동 등을 추가로 검토하고 있다. 미국 호텔 그룹인 '매리어트 인터내셔널'은 서울 영등포에 '코트야드'를 올해 8월경에 열고 비즈니스호텔 시장에 진출할 예정이다.

3) 식음부문의 재편 및 사업다각화

식음부문도 호텔시장 전반의 트렌드를 따라 최고급화를 하거나 축소하고 외부로 눈을 돌려 그동안 쌓은 노하우와 잉여인력을 활용하는 방향으로 바뀌어 가고 있다. 2008년 한국 최초로 미슐랭 쓰리스타 셰프 레스토랑인 '피에르 가니에르' 레스토랑이 소공동 롯데호텔서울의 과거 프랑스 전통식당 '쉔브룬' 자리에 오픈했다. 일식당 역시 롯데호텔의 '모모야마'를 비롯하여 신라호텔의 '아리아께', 조선호텔의 '스시조' 등이 리노베이션하여 각각 최고임을 자부하며 경쟁하고 있고, 롯데호텔월드의 중식당 '도림', 뷔페식당 '라세느' 등도 강남에서는 가장 최근에 리노베이션하여 업계를 선도하고 있다.

또 하나 특이한 점은 2004년부터 시작된 특급호텔들의 한식당 폐쇄이다. 롯데호텔서울, 르네

상스호텔과 워커힐을 제외하고는 대부분의 특급호텔들의 한식당이 문을 닫았다. 또한 새로 생기는 호텔들은 한식당 없이 문을 열고 있다.

가장 최근에는 롯데호텔월드가 9개의 식음업장을 대폭적으로 축소하여 4개로 운영함으로써 선택과 집중을 통한 고급화와 효율화를 꾀하였다. 9개의 식음업장을 운영할 때보다 영업매출이 30% 이상 신장하였고, 매출신장과 인건비 절감 등으로 고효율 시스템으로 개선되어 업계의 모범사례로 벤치마킹의 대상이 되고 있다. 인건비의 상승과 리노베이션 주기의 단축 및 고객의 음식에 대한 기호가 쉽게 바뀌는 점을 감안하면 특급호텔의 식음업장은 향후에도 지속적으로 줄어들 것으로 전망한다.

반면, 이렇게 줄어든 매출을 만회하고 사업 확장을 목적으로 조선호텔 같은 경우는 Bakery사업을 활성화시켜 이마트의 'Day & Day'와 'Starbucks'에 Bakery류를 납품하고, 신세계백화점, 킨텍스, 인천공항, 청담동 등에 식당을 꾸준히 진출시켜 금년에는 1,000억 원 정도의 매출을 목표로 하고 있다. 호텔롯데는 'Angel In Us'에 Bakery류를 납품하고 있다. 신라호텔도 2004년도 최고급 카페브랜드를 표방하는 '아티제'를 강남 최고급 주상복합의 상징인 타워팰리스에 입점시킨 후 현재까지 9개의 지점을 오픈했다. 기타 인터콘티넨탈호텔의 영국식 펍 '헌터스터번', 그리고 임페리얼팰리스호텔의 이탈리안식 델리카페 '에클레어' 등도 이러한 추세의 일환이다.

4) 메디컬 클리닉 센터 유치

아직까지는 의료법 등 여러 가지 풀어야 할 숙제가 많아 외국인에게는 활성화되고 있지 않지만 국내의 VIP를 겨냥한 메디컬 클리닉 센터가 특급호텔에 많이 들어오고 있다. 이러한 경향은 최근에 발족한 한국의료관광협회가 활성화되고 의료법이 개정되면 의료업계와 특급호텔 서로간에 시너지 효과를 창출하는 새로운 관광자원이 될 것이다.

호텔업계에서는 최초로 롯데호텔월드가 1개 층을 치과, 피부과, 성형외과, 한의원으로 구성된 클리닉 센터로 운영하고 있으며, 영어 및 일본어 통역을 두어 외국인에게 불편함이 없도록 서비스를 하고 있다. 기타 신라호텔(노화예방클리닉, 치과), 그랜드인터콘티넨탈호텔(종합검진센터), 부산롯데호텔(종합검진센터, 한의원, 치과), 부산파라다이스호텔(치과, 한의원, 여성의원)이 앞날을 미리 내다보고 소규모이지만 발빠르게 움직이고 있다.

5) 객실 차별화 전략

객실종류는 일반적으로 크기 및 침대 형태에 따라 여러 가지로 구분되어 왔지만 이는 공급자 위주의 객실구성으로써 이용고객의 나이, 성별, 취향 등과 같은 사용자의 특성을 배려한 객실운영은 아니었다. 객실종류에 따라 객실의 구조, 위치, 린넨류, 집기비품 및 인테리어 등이 동일한 콘셉트 및 규격으로 통일되어 있는 것이 일반적이었다. 이러한 형태는 직원교육 및 유지관리 측면에서는 다소 용이하였겠지만 고객의 다양한 욕구를 충족시키지 못한 것이 단점이었다. 최근까지 지속적으로 리노베이션을 하고 있는 롯데호텔서울은 본관 전체를 리노베이션하면서 객실을 4가지 타입의 콘셉트로 나누어 구성하고 있다. 4개의 각기 다른 설계회사가 시공하여 저마다의 특색을 나타내고 있다. 고객들이 한 호텔을 이용하더라도 여러 가지 색다른 느낌과 경험을 할 수 있도록 배려하고 있으며, 고객에게 선택권을 주어 고객의 다양한 욕구를 충족시켜 나가고 있다. 또한 1개층 전체를 여성만을 위한 Ladies Floor로 정하고 여성들이 선호하는 컬러와 콘셉트로 객실을 설계함으로써 여성고객들에게 많은 호평을 받고 있다. 롯데호텔월드는 테마파크인 롯데월드와 연계하여 2개층을 캐릭터 룸으로 운영하고 있다. 어린이 고객을 위하여 롯데월드의 캐릭터인 '로티와 로리'를 이용한 객실을 설계하여 어린이용 세면대, 어린이용 화장실, 어린이용 가운 등 어린이를 배려한 어메니티(Amenity)와 어린이가 즐길 수 있는 게임기 Playstation3를 비치하는 등 다양한 엔터테인먼트를 제공하여 특화 마케팅을 실현하였다. 객실에 있어서의 이러한 차별화 전략은 롯데호텔이 처음 시도하고 있지만 점차 다른 특급호텔에까지 영향을 미칠 것으로 보인다.

6) 온라인 마케팅 강화

IT문화의 확산으로 국내는 물론 국제적으로도 온라인 판매 비중이 늘어나고 있으며, 이에 따른 호텔의 마케팅 환경도 변화하고 있다. 특히 온라인 예약사이트의 발전과 개인 이용고객의 증가에 따라 예약사이트 회사와의 긴밀한 상호 협조하에 서로가 Win-Win할 수 있는 전략들이 많이 개발되어야 할 필요성이 높아지고 있다.

패키지 상품의 다양화, 각종 이벤트 및 이용 고객 후기 등을 통한 고객과의 One-to-One 마케팅이 점차 중요해지고 있다. 일반 상품을 취급하는 회사처럼 대대적인 홍보와 판촉을 할 수 없는 호텔 산업의 특성상, 인터넷 마케팅은 선택사항이 아닌 필수사항으로 자리 잡아 가고 있다.

4. 결 론

최근 관광호텔은 외부환경 변화에 적응하고 지속적인 발전을 해나가기 위하여 창조적 파괴를 통한 새로운 질서를 찾아 나서지 않으면 안 되는 상황에 직면해 있다. 변화의 속도와 크기는 시간이 지날수록 더욱더 강한 충격으로 다가올 것이다. 따라서 향후 일어날 변화에 대한 감지 노력을 꾸준히 그리고 집중적으로 해야 할 것이고, 예측된 추세를 바탕으로 기존의 전략을 신속하게 수정하는 유연성과 순발력을 키워 나가야 할 것이다.

관광호텔은 그 특성상 국내외의 각종 이슈와 항상 연결되어 있기에 매 상황마다 일희일비할 것이 아니라 나름대로의 차별화와 서비스 고급화를 추구해 나가는 전략, 즉 자신만이 핵심역량을 키워나가는 전략이 필요하다.

또한 요즈음 떠오르고 있는 MICE나 의료와 휴식, 문화, 역사체험, 테마형 관광개발에 주목하고, 요즘 서서히 증가하고 있는 1억 5천만 명 정도의 중국 관광객의 잠재력에 대해서도 대비하여야 할 것이다.

저자약력

양석(梁奭, yangseokkr@yahoo.co.kr) 현_ 롯데호텔월드 총지배인

한국외국어대학교 일본어과 졸업. 롯데호텔 대전 및 울산 총지배인, 롯데호텔 서울 및 부산 식음·조리 담당이사, 2002년 아시안게임 선수촌 급식단장 역임. 현재 경영지도사(마케팅부문), 한국외식경영학회 부회장, 한국국제소믈리에협회 자문위원

제14장

리조트업

오 상 훈*

1 리조트업의 개요

1) 리조트의 개념

유일하게 인간은 생애를 통하여 꿈과 이상을 가꿀 줄 아는 동물이다. 18세기 이전 서구사회에서 중산층은 관광을 즐길 수 없었다. 시간과 돈이 부족할 뿐만 아니라 열악한 교통수단과 시설 때문에 관광은 특권층이나 부유층에 국한될 수밖에 없었다. 현대관광은 계층과 신분을 떠나 누구나 즐길 수 있게 발전하였으며, 현대사회에서 인간의 꿈과 낙원을 상징하는 리조트(resort)는 가장 인기 있는 관광목적지로 부상하였다. 또한 리조트는 분명히 서구사회에서 발생하고 발전해 왔으나 이제는 동양이나 한국사회에서도 가장 흔히 쓰이는 일상용어 중의 하나가 되었다.

(1) 사전적 의미

먼저 리조트(resort)의 어원은 프랑스의 고어 resortier(re=again, sortier=to go out)에서 유래된 것으로[1] '반복하여 방문한다'는 의미를 갖고 있다. 리조트의 의미에 대하여 한국의 네이버 국어사전은 '휴양지'로, 영국의 옥스포드 사전은 '많은 사람들이 휴가나 휴일에 찾는 장소(a place where a lot of people go on holiday/vacation)'로 풀이하고 해변리조트, 스키리조트, 산악리조트를 예로 들고 있으며,[2] 미국의 웹스터 사전은 '사람들이 휴가 때 휴식이나 레크리에이션을 위

* 제주대학교 관광경영학과 교수(한국관광레저학회 회장 역임). e-mail: shoh323@cheju.ac.kr

해 종종 찾는 장소(a place to which people go often or generally, esp. one for rest or recreation, as on a vacation)'로 설명하고 있다.[3)]

이와 같은 사전적 의미를 종합해볼 때, 리조트는 다음과 같은 속성들을 포함하고 있음을 알 수 있다.

첫째, [방문자 속성] 일상의 업무가 중지되는 휴일이나 휴가 때 집을 떠나 리조트에 체류하며 시간을 보낼 정도로 여유가 있는 계층의 사람들이 방문한다.

둘째, [시간적 속성] 관광명소처럼 단순히 순회 · 구경 · 경유하는 곳이 아니라 휴일이나 휴가와 같이 수일, 수주일, 수개월 정도 비교적 오래 체류하는 곳이다.

셋째, [추구편익 속성] 채류의 목적은 휴식과 보양, 레크리에이션과 스포츠, 웰빙과 건강, 친목 및 사교 등 개인의 신체적 · 정신적 · 사회적 보상을 추구하는 것으로 비사업적 · 비금전적 보상(non-monetary rewards)이라는 특성을 갖고 있다.

넷째, [매력적 속성] 가끔 또는 자주 반복하여 찾을 정도로 자연, 문화, 시설 및 서비스의 품격과 탈일상적 매력이 충분히 갖추어진 곳이다.

다섯째, [유형적 속성] 이상의 속성을 갖춘 리조트는 다양한 유형이 존재할 수 있음을 시사하고 있다.

(2) 일본의 종합보양지역정비법

1980년대 일본국민의 가처분소득과 여가시간이 풍족해짐에 따라 질적인 생활을 위한 의식변화가 표면화될 무렵, 일본정부는 막대한 무역수지 흑자와 대외 경제마찰을 완화시키고 내수 확대 촉진 및 일본국민의 여가활동을 위한 장기 체재형 리조트개발 사업을 적극 추진하게 된다.

1987년 6월 9일 제정 · 공포된 일명 리조트법이라는 일본의 종합보양지역정비법에서 리조트를 '양호한 자연조건을 가진 토지를 포함한 상당규모(15ha)의 지역으로 국민이 여가 등을 이용하여 체재하면서 스포츠, 레크리에이션, 교양문화활동, 휴양, 집회 등의 다양한 활동을 할 수 있도록 가능한 중점 정비지역(약 3ha)이 수개소 정도 존재해 그것이 상호간에 연결되어 유기적인 연대를 가지는 일체적인 지역'으로 규정하고 있다.[4)]

이 규정에 따르면 리조트의 속성은 자연성, 체재성, 여가활동성, 광역성, 커뮤니티성, 인위적 개발성 등을 포함하고 있음을 알 수 있다.

(3) 한국의 관광진흥법

네이버 국어사전에 의하면 리조트는 '휴양지'로 해석하고 있으나 아직까지 학술적으로나 관련 법규적으로 통일된 용어는 아니다. 그러나 개념적으로 비슷한 용어들을 관광진흥법에서 찾아볼 수 있다. 1975년에 제정된 관광사업진흥법은 시대 변화에 맞추어 여러 차례 개정을 거쳐 현재는 관광진흥법으로 바뀌었다. 우리나라에서 리조트와 유사한 법규적 용어로 관광진흥법 제2조(정의)에 규정하고 있는 '관광지'와 '관광단지', 그리고 제3조(관광사업의 종류)에 규정하고 있는 관광객 이용시설업과 동법 시행령 제2조 3호(관광객 이용시설업의 종류)의 '전문휴양업'과 '종합휴양업'에서 유사한 개념과 속성을 찾아볼 수 있다.

관광진흥법에서 관광지란 '자연적 또는 문화적 관광자원을 갖추고 관광객을 위한 기본적인 편의시설을 설치하는 지역으로서 이 법에 따라 지정된 곳'을 말하며, 관광단지란 '관광객의 다양한 관광 및 휴양을 위하여 각종 편의시설을 종합적으로 개발하는 관광거점지역으로서 이 법에 따라 지정된 곳'을 말한다. 또한 종합휴양업은 '관광객의 휴양이나 여가선용을 위하여 숙박시설 또는 음식점시설을 갖추고 전문휴양시설 중 2종류 이상의 시설을 갖추어 이를 관광객에게 이용하게 하는 업이나 숙박시설 또는 음식점시설을 갖추고 전문휴양시설 중 1종류 이상의 시설과 종합유원시설업의 시설을 갖추어 이를 관광객에게 이용하게 하는 업을 말한다. 한국의 관광진흥법에서 관광지보다 관광단지가, 그리고 전문휴양업보다 종합휴양업이 포괄적으로 리조트의 개념과 속성에 더 상응하는 것으로 보인다.

(4) 리조트의 구성요건

원래 리조트는 유토피아, 파라다이스, 정원과 같은 사상적 배경에 뿌리를 두고 있다.[5] 이러한 관점에서 볼 때 일본이나 한국의 관점은 서구적 관점에 비해 체재활동의 탈일상화를 위한 소프트웨어적 요소보다 관광관련 기능과 하드웨어 개발에 편향되어 있음을 발견할 수 있다. 사상적 배경에 따르면 리조트는 관광의 속성보다 심신 휴양의 속성을 기본으로 한다. 리조트의 기본 구성요건도 매우 복합적이며 관광(단)지와 크게 다르다. 따라서 서구적 리조트에 상응하는 한국적 용어는 네이버 국어사전의 '휴양지'보다 '종합휴양지'가 적합하다.

리조트 또는 종합휴양지는 다양한 속성들을 기본적으로 갖추어야 한다. 개인의 프라이버시와 자유를 보장하는 배타적 커뮤니티(community) 개발, 환상적이고 친환경적 어메니티(amenity)의 공간과 시설 제공, 다양성·놀이성·휴양성을 겸비한 고품격의 체재활동 제공, 교류와 사교의 기회제공, 최상의 접근성과 편리성 부여, 그리고 감동적인 서비스와 이를 위한 인적자원 배치

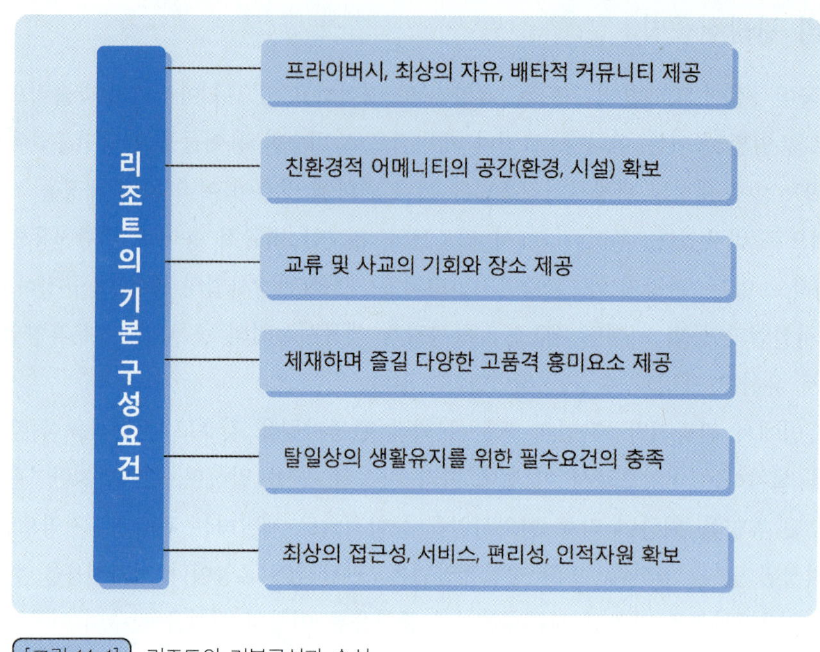

[그림 14-1] 리조트의 기본구성과 속성

| 자료: 김인배 · 김원필(2006)[6]에서 필자 수정.

등이 충족되어야 한다([그림 14-1] 참조).

복합적인 기능과 다소 품격 있는 관광단지라고 할지라도 다양한 사업자들로 구성될 수밖에 없는 관광단지는 이러한 고품격의 배타적 속성들을 일사분란하게 골고루 갖추기 어렵다. 대부분의 관광지나 관광단지들이 이러한 리조트의 속성들을 갖추지 못하고 있기 때문에 리조트의 차별성은 더욱 선명해지고 현대사회에서 종합휴양지로 각광받게 되는 것이다. 그러나 관광과 리조트는 서로 다른 점도 많지만 어느 정도 비슷한 속성을 공유하고 있다. 관광과 리조트, 스포츠의 관계는 [그림 14-2]와 같다. 리조트를 목적지로 하는 관광일 경우 그 차이점은 더욱 적어질 것이다.

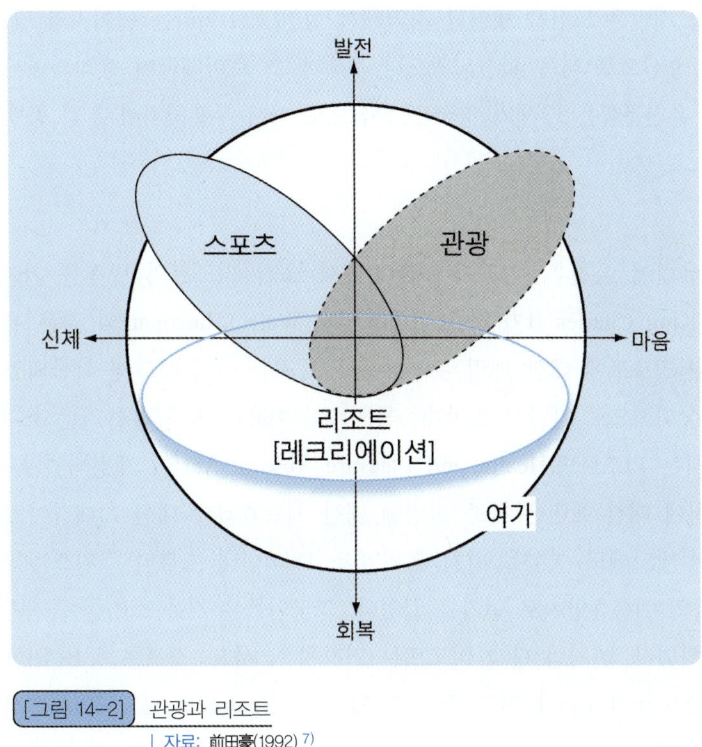

[그림 14-2] 관광과 리조트

| 자료: 前田豪(1992).7)

2) 리조트의 발달사

(1) 로마제국

리조트 콘셉트는 로마시대의 목욕탕과 온천, 그리고 이들 주변에 레크리에이션 전용의 호텔 등을 중심으로 발아하고 있었다.[8] 대중목욕탕(public baths)이 확장되면서 로마를 중심으로 주변에 리조트들이 형성되기 시작하고, 이어서 로마제국의 집정관과 재향군인회 회원들의 향락을 위한 리조트는 로마뿐만 아니라 북아프리카 해안에서 그리스, 터키, 남부독일, 스위스, 잉글랜드까지 확산되었다.

기원전 2세기경, 최초의 목욕탕은 규모도 작고 시설도 변변치 못했으며, 남탕과 여탕을 구분했다. 그 후 이것은 남녀 구분 없이 통합되고 규모도 커지면서 더욱 화려한 모습으로 변화하였다. 구내에서 식음료 판매가 시작되면서 목욕탕은 건강과 휴식, 사회적 교류의 장으로 발전하였다. 특히 중앙 홀(atrium)을 중심으로 레크리에이션, 스포츠, 레스토랑, 객실, 매점 등이 배치되는 구조를 갖추게 되었다.[9]

이러한 목욕탕 개발은 도심을 벗어난 지역에서 성천(聖泉)이라는 이미지와 탕치효과로 유명한 온천(springs)을 중심으로 더욱 확산되었으나, 5세기 초 로마제국이 붕괴되면서 쾌락과 퇴폐의 두 얼굴을 가진 온천문화는 17세기 영국을 중심으로 다시 부흥하기까지 긴 공백기를 갖게 된다.

(2) 유 럽

16~17세기 유럽에 온천휴양지들이 출현하면서 초기 리조트의 발전을 가져오기 시작한다. 1660년 영국의 King Charles II가 Bath, Tunbridge Wells, Harrogate와 같은 유명 리조트를 즐겨 찾으면서 온천리조트에 대한 매력은 부유층과 특권층 사이에 크게 확산되었으며 이후 엘리트를 따르려는 상대적으로 가난한 일반대중들의 온천이용을 꾸준히 늘리는 효과를 가져왔다.[10)]1921년 영국에서는 리조트법(Health and Pleasure Resorts Act)이 제정되었다.[11)]

무엇보다 온천에 대한 매력은 각종 질병에 대한 치료효과에 대한 기대감이었는데 이것은 후에 해변리조트의 발달에도 영향을 미치게 되었다. 1800년대 초부터 스위스는 리조트산업이 발달하여 유럽인들의 여름휴양지로 인기를 끌었다. 영국인들은 겨울 스키를 즐기기 위해 스위스에서 장기간 체류하였다. 이처럼 당시 리조트는 건강치유, 사교, 스포츠 등을 위한 장소로 유명했지만, 1850년대 Monte Carlo에 연중 즐길 수 있는 도박(gambling)을 도입하면서 리조트 경영에 일대 변화를 가져왔다. 특히 1950년 스페인 알쿠디아에 세계 최초의 신 개념 리조트로 탄생한 클럽메드는 현재 전세계 36개국 140여 곳에서 세계인의 휴양명가로 각광받고 있을 정도로 유럽은 리조트의 발달을 선도해오고 있다.

(3) 북미지역

18세기부터 북미의 동부지역에서 리조트는 온천과 해변을 중심으로 동시에 태동하고 19세기에는 리조트 호텔과 도시(resort city)들이 나타났으며, 당시 철도의 발달이 북미지역 리조트 발달에 크게 영향을 미치는 특징을 보였다. 1829년 보스턴에 리조트 요건을 갖춘 Tremont Hotel이 등장하였고, 1800년대 Atlantic City는 미국 최초의 리조트 도시로 개발되었다. 미국에서도 리조트는 역시 부유한 계층이 찾는 곳이었다. 철도의 발달에 이어 20세기 자동차 보급의 확산은 캘리포니아와 플로리다 지역을 인기 있는 리조트로 변모시키고 있었으나 2차대전의 발발로 리조트개발은 중단되었다.

미국에서 본격적인 리조트의 개발은 1950년대부터 시작되었는데, 현대 리조트 발달의 대전환기를 가져오는 데 기여했다. 1950년대 고속도로의 확충과 1955년 캘리포니아의 Disneyland 개

장은 1960~1970년대 주제(테마)공원의 개발붐을 가져왔고, 1971년 플로리다에서의 Walt Disney World 개장은 가족단위로 즐길 수 있는 패밀리 리조트(family resort)의 전형을 탄생시켰다. 특히 종전 이후 제트 여객기의 출현으로 부유한 북미인들이 유럽, 남태평양, 동남아지역까지 리조트여행을 할 수 있게 만들어주었고, 한 시즌에 의존해야 하는 리조트경영의 위기를 타개하기 위하여 더욱 다양한 기능과 매력적인 프로그램을 추가함으로써 4계절 리조트(four-season resort)로 변신하는 사례가 증가하였다.

⑷ 한 국

우리나라에서 리조트의 역사는 매우 짧다. 로마, 유럽, 북미에서처럼 온천이 초기의 리조트 모습을 갖추지는 못했으나 기록에 의하면 삼국시대부터 온천은 휴양이나 병의 치료를 위하여 이용되고 있었다. 백제시대의 '탕정'이나 '온정'은 온천의 존재를 알려주고 있으며, 실제로 조선시대 세종대왕을 비롯하여 여러 임금이 온궁을 짓고 휴양과 치료를 위하여 온천으로 행차했던 기록이 남아 있다.[12)]

한국 최초의 리조트호텔은 UN군의 휴양을 위하여 다양한 부대시설과 스포츠 시설을 갖추고 1963년에 개관한 워커힐 호텔이다. 1974년 「관광단지개발촉진법」이 제정되고 우리나라 최초로 978,787m²(323만 평) 규모의 경주보문단지개발이 착수되면서 관광단지로서 리조트의 역사가 시작되었다. 그러나 본격적인 리조트의 시대는 1981년 312,121m²(103만 평)의 규모에 스키장과 골프장을 갖춘 용평리조트가 개장하면서 발전기를 맞이하게 되었다.

1970년대 이후 고도의 경제성장기를 거쳐 1986년 아시안게임, 1988년 서울올림픽을 계기로 1989년 1월 1일 우리나라 국민의 해외여행자유화가 전면적으로 실시되었는데, 1990년대부터 리조트 시장은 급속하게 성장하게 되고 국내 대기업들은 리조트개발을 목표로 레저사업에 대거 진출하기 시작하였다.

이제 동서양을 막론하고 현대관광에서 리조트여행은 크게 대중화되었다. 또 기업이 자사의 종업원들을 위한 리조트 소유와 보상관광(incentive tour)도 증가하여 리조트의 계층적 배타성은 크게 완화되었다.

3) 리조트 시장의 성장요인

(1) 소득의 증대

원래 리조트는 부유층이나 특권층이 즐겨 찾는 곳이었다. 오늘날에도 리조트라이프를 즐기려면 일정 수준 이상의 경제적 소득수준과 충분한 여가시간이 필요하다. 제2차 세계대전이 종료되고 1950년대부터 세계경제는 안정 속에 성장을 구가하면서 주요 국가의 국민소득은 크게 향상되고 개인의 가처분소득(disposable income)도 증가하였다. 가처분소득의 증가는 여가와 문화생활에 대한 욕구를 높이고 이를 위한 지출을 확대시키게 되었다.

아프리카, 남미, 아시아의 개발도상국들보다 서유럽, 북미, 일본인들이 리조트 여행을 즐기는 이유는 국민소득이 높고 가처분소득이 넉넉하기 때문이다. 한국을 포함한 주요 국가에서 실시하고 있는 유급휴가제도는 리조트 방문에 필요한 경비와 시간을 동시에 충족시켜주는 요인으로 작용하고 있다. 향후 경제발전 및 생산성의 향상, 유급휴가기간의 증가, 주 5일 근무제 등 여가시간이 증가하면 리조트라이프(resort life) 수요는 더욱 증가할 것이다.

(2) 여가시간의 증대

여가란 개인이 자유롭게 사용할 수 있는 시간이나 활동을 의미한다.[13] 고대사회나 중세에 여가는 오로지 특권층과 부유층에 국한된 유한계층(leisure class)의 전유물이었지만,[14] 18세기 산업혁명과 함께 지속된 생산성의 향상, 유급휴가제도의 확대, 근무시간의 단축, 그리고 국민복지 정책의 확대 등에 힘입어 중산층의 여가시간은 크게 증가해오고 있다.

교육수준의 향상과 산업의 발달은 전문직종을 확대시키고 있으며, 높은 수입을 배경으로 한 이들은 일반대중에 비해 상대적으로 배타적·상징적인 고급 여가활동을 선호하게 되었다. 특히 후기산업사회는 컴퓨터와 통신의 발달로 인하여 근무지를 벗어난 지역에서도 업무를 처리할 수 있게 되어 여가활용의 융통성을 높여주고 있다.

(3) 교통수단의 발달

인류문명사에서 여행과 관광의 혁신적 발전을 가져오게 한 것은 문자, 화폐, 바퀴의 발명이었다.[15] 그중에 바퀴는 철도, 자동차, 항공기 등 교통발전에 획기적으로 기여하였다. 19세기 유럽과 북미에서 리조트의 발달은 철도의 확충과 관련이 있으며, 20세기 후반 자동차 보급의 확대는 리조트에 대한 접근성을 더욱 개선시켰다. 특히 제2차 세계대전 이후 제트항공기 운항 네트워크

의 확충은 국경을 초월한 리조트의 선택과 접근을 더욱 수월하게 해주고 리조트의 국제화시대를 열었다.

이제 한국인들이 유명한 클럽메드(Club Med.)나 월트디즈니월드(Walt Disney World)를 쉽게 방문할 수 있는 것도 항공교통의 발달에 따른 것이다. 향후 항공교통시간의 단축과 서비스의 향상은 이동에 필요한 시간과 비용을 절약하면서 리조트의 국제화·대중화 시대를 앞당겨줄 것으로 기대된다.

(4) 가치관의 변화

현대사회에서 리조트 시장의 확대를 견인하는 것은 역시 현대인들의 가치관 변화이다. 산업화·도시화로 인한 인간성의 상실과 소외감은 심신의 해방과 휴식, 자기발견과 자아개발에 대한 욕구를 증폭시키고 있다. 노동과 검약을 미덕으로 하던 가치관은 여가와 소비를 선호하는 쪽으로 변하였다. 여성의 사회진출 증가와 핵가족화는 가족통합의 기회를 더욱 요구하고 있다. 인간수명 연장과 고령인구의 증가는 건강과 웰빙(well-being)에 대한 수요를 크게 늘리고 있다. 여성과 아동들이 소비주체로 부상하고, 현대인들은 소유가 아닌 경험을 구매하는 체험적 소비자(experiential consumer)로 변하고 있다.[16)]

이처럼 리조트는 현대인의 인간성 상실과 피로한 심신의 회복, 인간과 자연의 동화, 가족통합, 건강한 삶의 영위, 다양한 체험과 관광 등을 위한 기회의 낙원으로서 변화하는 현대인의 가치관을 수용할 수 있는 곳이기 때문에 그동안 리조트산업은 다양한 유형으로 성장해오고 있다.

(5) 개발환경의 변화

그동안 리조트개발관련 법의 발전은 리조트 시장의 확대에 큰 영향을 주고 있었다. 예컨대 1921년 영국의 리조트법(Health and Pleasure Resorts Act), 1987년 일본의 리조트법, 그리고 한국의 관광진흥법(1961년)과 농어촌정비법(1994년)의 제정 등은 관광과 리조트개발을 촉진하는 기반을 마련하게 되었다. 특히 1990년대는 한국의 지방자치제도가 정착되면서 지역경제가 취약한 각 지역에서는 관광과 리조트개발을 통해 지방의 경제적 기반을 강화하려는 움직임이 더욱 활발해졌다.

결국, 리조트개발에 따른 지역 경제적 파급효과에 대한 기대가 리조트개발 여건과 홍보를 촉진시켜 왔다고 볼 수 있다. 고소비 지출을 수반하는 외래 방문객을 지역으로 대량 유치할 수 있는 리조트개발은 대체로 생산유발효과, 소득유발효과, 고용유발효과, 세수증대효과, 지역이미지 개선효과 및 사회간접자본의 정비효과 등 다양한 파급효과를 가져온다.

2 리조트의 시설과 유형

1) 리조트의 기본시설

개념적으로 리조트의 속성은 자연성, 체재성, 여가활동성, 광역성, 커뮤니티성, 인위적 개발성 등을 포함하고 있다. 비교적 광대하고 양호한 자연환경과 고급의 인적·물적 서비스를 배경으로 배타적인 커뮤니티 속에서 장기간 체재하면서 휴양과 다양한 여가활동을 할 수 있도록 인위적으로 개발한 곳이 바로 리조트이다. 이러한 리조트의 조건을 갖추는 데 가장 중요한 것은 자연, 인위적 시설, 서비스와 프로그램 등이지만 최근에는 이들의 종류가 점차 다양화·고급화·포괄화(all-inclusive)되는 추세이다.[17)]

리조트의 3대 시설은 숙박시설, 목적활동시설, 각종 편의시설이다.[18)] 리조트의 기본시설과 프로그램은 천편일률적으로 유사한 것을 모두 포함하는 것은 아니며, 리조트의 입지조건과 유형, 규모, 서비스 수준 등에 따라 달라진다. 예컨대 골프리조트에서 매우 중요한 시설과 프로그램이지만 마리나 리조트에서는 별로 유용하지 않은 것일 수도 있기 때문이다. 그러나 리조트로서 갖추어야 할 기본시설은 크게 숙박시설, 레크리에이션·스포츠·휴식시설, 서비스시설 및 프로그램, 기반시설 등으로 나누어 볼 수 있다(<표 14-1> 참조).

숙박시설은 고가의 특급호텔에서 콘도미니엄, 펜션, 여관, 코티지, 민박, 캠프장 등 방문객의 숙박과 휴식을 위한 기본 시설로 리조트 입지지역의 기후나 고급화 수준에 따라 다양한 양식으로 나타난다. 레크리에이션 및 스포츠시설은 리조트 체재 중에 일어나는 수동적·능동적·개별적 그룹의 여가활동을 수용하는 시설들이며, 리조트의 다기능화·복합화 추세에 따라 관련 시설도 급속하게 다양해지고 있다. 특히 인간수명의 연장과 건강에 대한 의식이 높아지면서 건강이나 미용관련 시설과 서비스 프로그램이 광범하게 확산되는 경향을 보이고 있다.

리조트 이용객들의 높은 서비스 기대수준에 따라 최근 서비스 및 프로그램의 수준도 많이 개선되었다. 예컨대 대중적·집단적 서비스에서 개별적 맞춤서비스 형태로 고객만족도를 높이고 있다. 주목할 것은 각종 스포츠나 레크리에이션 레슨 및 클리닉센터, 키드 콘서지 및 아동프로그램, 애완동물 웰컴센터, 스페셜 이벤트 등 리조트의 서비스 차별화와 경쟁은 더욱 정교해지고 있다. 기반시설은 연중 많은 사람들이 이용하는 대규모 시설지구의 유지 및 관리에 필요한 교통, 안전, 오폐수, 리조트조경시설 등이며, 최근에는 리조트 안전사고 예방 및 응급구호를 위한 위기관리시스템을 강화시키고 최상의 리조트 분위기(aura) 연출에 필요한 시설과 기법들을 도입하는 사례가 증가하고 있다.

〈표 14-1〉 리조트 기본시설과 프로그램

구 분	예 시
숙박시설	호텔, 콘도미니엄, 펜션, 여관, 코티지, 민박, 캠프장
레크리에이션/건강/ 스포츠시설	휴식시설, 산책/조깅로, 자전거하이킹로, 피크닉장, 야외놀이시설, 실내외 수영장, 스포츠시설, 해수욕장, 실내외 코트, 골프코스, 스키장, 스케이트장, 눈썰매장, 볼링장, 당구장, 이벤트광장, 조각원, 식물원, 연못, 승마장, 보트장, 마리나, 건강미용스파, 피트니스센터, 요가, 마사지룸, 스킷사격장, 라켓볼, 박물관, 미술관, 영화관, 도서관, 암벽등반, 비즈니스센터, 디스코장, 카지노, 전망대
서비스시설 및 스페셜 프로그램	레스토랑, 바, 쇼핑센터, 매점, 안내소, 대 · 소 집회장, 키드 콘서지, 탁아소, 진료소, 각종 스포츠 및 레크리에이션 레슨 및 클리닉센터, 아동프로그램, 애완동물웰컴센터, 패키지관광, 콘서트, 각종 이브닝이벤트
기반시설	전기, 상하수도, 통신, 공공주차장, 도로, 보행로, 버스터미널, 주유소, 중앙광장, 안전/구호시설, 헬기장, 오폐수처리시설, 조경 · 조명 · 음향 · 방향시설

아직까지 한국에서 리조트는 하나의 업종으로 정착되어 있지는 않다. 그러나 리조트와 관광의 부분적 공통점 또는 유사점을 전제로 할 때 관광진흥법 제2조의 '관광단지'와 동법 시행령 제2조에 나오는 관광객 이용시설업의 종류 중 '전문휴양업'과 '종합휴양업'이 리조트에 가장 근접한 것으로 볼 수 있다. 예컨대, 우리나라 최초로 1974년에 착공한 보문관광단지와 1975년에 개장한 용평스키리조트를 비롯하여 중문 관광단지, 무주리조트 등은 한국의 대표적 리조트로 볼 수 있으며, 1980년대부터 현재까지 일종의 리조트개발 사업은 계속되고 있다. 기존에 골프중심의 골프장도 2000년 이후에는 골프 앤 리조트(golf & resort) 또는 골프리조트 형식의 다기능복합화사업으로 급속하게 변모하고 있다.[19]

관광단지의 시설계획에는 공공편익시설, 숙박시설, 상가시설, 운동 · 오락시설, 휴양 · 문화시설, 그 밖의 시설지구를 포함하고 있다(시행령 제60조). 한편, 전문휴양업과 종합휴양업의 시설기준은 <표 14-2>와 같다. 이들 중에 관광단지와 제2종 종합휴양업이 체재형 리조트의 복합적 조건과 속성을 더 충족시키는 것으로 볼 수 있다. 예컨대, 국내 주요 리조트 중에 보광휘닉스파크, 용평리조트, 무주리조트에서는 슬로프 16~36면, 슬로프 면적 48,484m²(16만 평)~136,364m²(45만 평), 리프트 10~16기를 갖춘 스키시설 외에 900~1,700실 규모의 호텔, 콘도미니엄, 빌라, 유스호스텔, 가족호텔 등을 보유하고 있으며, 3,000~10,000대 규모의 주차장, 골프장, 테니스장, 볼링장, 수영장, 사우나, 눈썰매장, 온천탕 등 기타 시설을 갖추고 있다.

〈표 14-2〉 관광진흥법상의 시설기준

구 분		등록기준
전문 휴양업	민속촌	• 한국고유건축물(초가 및 기와집)이 20동 이상으로서 각 건물에는 전래되어온 생활도구가 비치되어 있거나 한국 또는 외국의 고유문화를 소개할 수 있는 50점 이상의 축소된 건축물 모형이 적당한 장소에 배치되어 있을 것
	동물원	• 박물관 및 미술관진흥법시행령 제5조의 규정 시설, 사파리공원이 있을 것
	해수욕장	• 수영에 적합한 해변, 수용인원에 상응한 간이목욕시설, 탈의장 등 • 인명구조용 구명정 · 망루대, 응급처리설비, 담수욕장시설, 인명구조원 배치
	수렵장	• 조수보호 및 수렵에 관한 법률의 규정에 의한 시설을 갖추고 있을 것
	식물원	• 온실면적은 2,000m^2 이상일 것, 식물종류는 1,000여 종 이상일 것
	수족관	• 박물관 및 미술관진흥법시행령 규정에 의한 시설, 건축연면적 2,000m^2 이상 • 어종 수(어류 외의 것은 제외) 100종 이상, 객석 100석 이상의 해양동물쇼장 구비
	온천장	• 온천수를 이용한 대중목욕시설, 그리고 실내수영장이 있을 것 • 정구장, 탁구장, 볼링장, 활터, 미니골프장, 배드민턴장, 롤러스케이트장, 보트장 등의 레크리에이션시설 중 2종 이상의 시설을 갖추거나 제2조 제5호의 규정에 의한 유원시설업 시설이 있을 것
	동굴자원	• 관광객의 관람에 이용될 수 있는 천연동굴이 있고, 관람에 용이한 시설이 있을 것
	수영장	• 신고체육시설업 중 수영장시설 등을 갖추고 있을 것
	농 · 어촌 휴양시설	• 농 · 어촌정비법의 규정에 의한 관광농원/농어촌휴양단지의 시설을 갖출 것 • 관광객의 관람이나 휴식에 이용될 수 있는 특용 작물 · 나무 등을 재배하거나 어류 · 희귀동물 등을 기르고, 지배지 또는 양육장 면적은 10,000m^2 이상일 것
	활공장	• 활공할 수 있는 장소(이륙장 및 착륙장), 인명구조원 배치, 응급처리 설비 • 행글라이더, 패러글라이더 또는 열기구, 기타 초경량비행기 등 2종 이상의 관광비행사업용 활공장비를 갖추고 있을 것
	등록체육 시설업 시설	• 스키장, 요트장, 골프장 등 9종의 등록체육시설업의 체육시설을 갖추고 있을 것
	산림휴양시설	• 산림법의 규정에 의한 자연휴양림 또는 수목원의 시설을 갖추고 있을 것
	박물관	• 박물관 및 미술관진흥법시행령 제5조의 규정에 의한 시설을 갖추고 있을 것
	미술관	• 박물관 및 미술관진흥법시행령 제5조의 규정에 의한 시설을 갖추고 있을 것
종합 휴양업	제1종 종합휴양업	• 전문휴양업시설 또는 종합유원시설업 시설 중 2종류 이상을 갖추고 있을 것
	제2종 종합휴양업	• 면적: 단일부지로서 500,000m^2 이상일 것 • 시설: 숙박시설은 법 제3조항2호의 규정에 의한 관광숙박업일 것 • 전문휴양업시설 또는 종합유원시설업 시설 중 2종류 이상을 갖추고 있을 것

| 자료: http://www.gisco.re.kr. 채용식(2004)에서 재인용.

[그림 14-3] 보광휘닉스파크 리조트 단지

| 자료: http://www.phoenixpark.co.kr

2) 리조트의 유형

목욕탕, 온천, 그리고 이들 주변의 호텔을 중심으로 발원하여 유럽, 북미지역, 아시아 지역에서 각기 다른 자연, 사회문화, 정책적 배경 속에서 수세기에 걸쳐 복잡한 발전과정을 거치는 동안 리조트의 종류는 다양하게 파생되었다. 이로 인하여 리조트의 유형을 분류하는 기준이 획일적으로 분명하지 않고 관련 문헌마다 다르게 나타나고 있는 현상을 볼 수 있다. 그러나 리조트란 인간의 꿈과 유토피아를 지구상에 인위적으로 개발한 것이므로, 리조트의 유형은 개발방법(development type), 입지(location), 도입시설(facilities) 또는 주제(theme), 그리고 이용계층(user)의 특성 등에 따라 분류하는 것이 가장 일반적이다.

리조트란 에덴동산처럼 자연상태의 장소를 말하는 것이 아니라 인위적으로 개발하여 조성한 곳을 의미하기 때문에 개발과 관련된 기준은 가장 먼저 살펴보아야 할 변수이다. 리조트의 개발방법은 규모에 따라 대규모, 중규모, 소규모, 개발주체에 따라 공적부문주도형, 사적부문주도형, 제3섹터형, 그리고 이용형태에 따라 회원제형, 부분회원제형, 개방형 등 다양한 유형을 살펴볼 수 있다. 즉, 메가리조트(mega-resort), 회원제 골프리조트 등은 개발방법에 따라 구분한 사례이다.

리조트로 개발하기 위하여 선정된 입지(location)는 리조트의 성격과 특성을 사전적으로 규정짓는 가장 중요한 변수이다. 왜냐하면 산악지역에 마리나 시설을 할 수는 없기 때문이다. 입지의 특성은 다시 지형(topography)과 지역(region)으로 세분할 수 있다. 지형에 따라 산악고원형, 내륙형, 해양형, 도서(섬)형, 온천형, 그리고 지역에 따라 도시형, 교외형, 농·산·어촌형, 더 나아가서 기후대에 따라 피한형, 피서형 등으로 나누어볼 수도 있다. 예컨대 산악리조트, 해변리조트, 전원리조트, 온천리조트 등은 입지에 따라 분류한 것이다.

리조트의 도입시설(facilities)과 주제(theme)는 리조트의 내용을 사후적으로 규정짓게 된다. 사실 주제(예: 스키)와 도입시설(예: 스키시설)은 서로 중복적 의미를 갖고 있기 때문에 도입시설과 주제 중에 한 가지 기준에 따라 분류해도 무방하다. 시설이나 주제는 스키, 골프, 비치, 마리나, 온천, 카지노, 생태, 문화예술, 오락연예, 연수, 회의 등 다양하게 도입될 수 있다. 스키리조트, 골프리조트, 마리나 리조트, 휴양촌 등은 이러한 기준에 따라 분류한 것이다. 그러나 최근에는 한 가지 주제보다 다수의 주제나 시설을 복합적으로 도입함으로써 단순한 전용리조트에서 다양한 복합리조트 콤플렉스(multi resort complex)로 변모하는 추세를 보이고 있다. 예컨대 월트디즈니월드 리조트나 클럽메드는 복합화의 대표적 예이다. 특히 클럽메드는 80가지 이상 다양한 액티비티(activity)를 갖추고 있으며 키즈클럽, 여름스포츠, 겨울스포츠, 클럽메드 스파, 크루즈, 외부관광, 부티크(boutique) 등 7가지로 특성별 맞춤서비스를 제공하고 있다. 이 밖에 국내의 대규모 리조트들도 복합리조트로 변화하는 사례가 많아지고 있다.

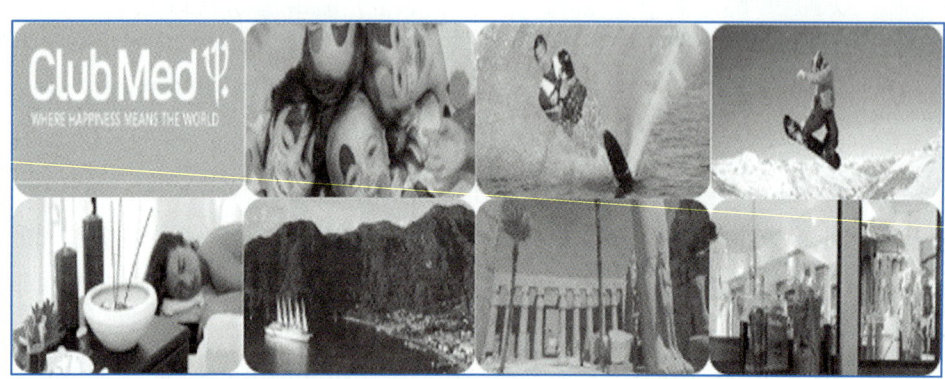

[그림 14-4] 클럽메드의 7가지 액티비티

| 자료: http://www.clubmed.co.kr

또한 리조트는 이용자계층(user class)에 따라 구분할 수 있다. 이용자가 없는 리조트란 상상도 할 수 없기 때문에 이용자의 특성은 리조트개발과 경영에 있어서 매우 중요한 사항이다. 대부분의 리조트는 다양한 다수의 계층이 이용하는 추세이지만 어떠한 계층을 수용하기 위하여

개발되었으며 현실적으로 방문자 중에 어떠한 계층이 주류를 이루고 있느냐 하는 점에 주목해야 할 것이다. 이러한 기준에 따라 청소년형, 노인형, 동호인형, 가족형, 대중형 등으로 구분할 수 있다. 최근에는 가족형이 가장 중요한 위치를 점하고 있다. 이상의 내용을 요약하면 <표 14-3>과 같다.

그 외에도 리조트를 주시장 근접성, 환경과 어메니티, 숙박시설형태 등에 따라 유형화하거나,[20] 리조트의 조직형태에 따라 폐쇄형과 개방형으로 구분할 수도 있다.

〈표 14-3〉 리조트의 분류

기 준	분 류
개발방법(development)	가. 규모: 소규모, 중규모, 대규모 나. 개발주체: 공적부문주도형, 사적부문주도형, 제3섹터형 다. 이용형태: 회원제형, 부분회원제형, 개방형
입지(location)	가. 지형: 산악고원형, 내륙형, 해양형, 도서(섬)형, 온천형 나. 지역: 도시형, 교외형, 농 · 산 · 어촌형 다. 기후: 피한형, 피서형
도입시설(facilities)/주제(theme)	가. 스포츠형: 스키, 골프, 수상스포츠 등 나. 휴양형: 헬스, 휴양, 온천, 실버시설 등 다. 교육문화형: 역사문화, 교양, 연수, 회의, 위락, 취미 라. 숙박형: 주말형, 정주형, 장기체재형 호텔, 콘도미니엄, 별장 등
이용자 계층(user class)	가. 표적시장: 청소년, 노인, 동호인, 가족, 혼합형

3 리조트의 개발과 경영관리

1) 리조트사업의 특성

리조트사업은 광대한 토지, 다양한 유형의 시설, 독특한 상품과 소비시장을 배경으로 하는 서비스사업으로 몇 가지 주요 특성을 살펴보면 다음과 같다.

우선, 리조트는 복합성, 입지의존성, 변동성, 공익성, 서비스성 등 일반적인 관광산업과 유사한 특징을 가지고 있다.[21] 그러나 개발사업의 관점에서 볼 때 리조트사업은 자본집약적이며 노동집약적으로 대규모 자본조달의 필요성, 투자회수기간의 장기성, 사회간접자본의 취약성 등 민간기업의 참여를 어렵게 하는 특성도 강하다.[22] 따라서 리조트사업의 특성은 개발과 서비스를 포괄하여 살펴볼 필요가 있으며, 이러한 관점에서 주요 특성을 요약하면 다음과 같다.

- 초기 투자비의 부담: 개발규모에 따라 다르지만 대규모 개발부지의 매입비용, 숙박시설・목적활동시설・각종 편의시설 등 3대 시설 건설비용, 기본 인프라시설 건설비용 등 총투자비가 막대하다. 반면에 투자회수기간은 10~20여 년 이상 걸린다.
- 시설노후화의 가속화: 리조트를 구성하고 있는 다양한 시설과 장비는 외부자연환경에 노출되어 있을 뿐만 아니라 이용객 시장의 트렌드 변화, 경쟁환경의 변화 등에 따라 노후화가 예상보다 빠르게 진행되면서 상품의 시장가치는 상실된다.
- 고정경비지출의 부담지속: 리조트사업은 초기투자재원조달 경비 외에도 인건비, 시설관리유지비, 감가상각비, 각종 세금 등 고정경비 지출이 많아 경영에 어려움을 겪게 된다. 특히 노동집약산업이기 때문에 인건비 압박은 더욱 높은 편이다.
- 계절성과 비탄력적 한계: 4계절형의 리조트를 제외하면 대부분의 리조트들은 현저한 성수기와 비성수기가 반복되는 계절성(seasonality)을 벗어나지 못한다. 계절에 따라 수요변화가 심하나 시설, 서비스, 인력 등을 신축적으로 조정하기 어렵다.
- 시장환경의 변동성: 전통적으로 리조트 이용객은 부유한 계층으로[23] 새롭고 더 좋은 리조트를 선택하기 쉽다. 이러한 시장의 변화는 특히 경기침체와 함께 리조트라이프사이클(resort life cycle)을 단명하게 만들어 사업을 위태롭게 한다.
- 공공성과 사회적 책임: 리조트는 지역경제의 활성화 및 지역이미지의 국제화 외에도 지역의 여가문화 인프라로서 기능을 갖게 된다. 즉, 국내외 외부방문객 외에도 지역주민의 여가공간으로서 매우 중요한 역할과 위상을 가지므로 지역사회에 대한 공익적 또는 사회적 부담이 불가피하다.
- 낙후지역의 개발효과: 리조트개발은 낙후지역의 개발 및 경제 활성화 수단으로 많이 활용된다. 산업화수준, 인구밀도, 재정자립도 등이 매우 낮은 낙후지역은 광대한 개발부지 매입이 용이하며, 성공적인 개발과 운영으로 생산유발효과, 소득유발효과, 고용유발효과, 세수증대효과, 지역이미지개선효과 및 사회간접자본의 정비효과 등 다양한 파급효과를 가져온다. 미국 플로리다 지역 Walt Disney World의 성공적 개발은 가장 대표적인 사례이다.

2) 리조트의 개발절차

리조트사업의 특성을 고려해볼 때, 리조트사업에서 성공적인 리조트의 개발과 경영관리는 매우 중요한 과제임을 알 수 있다. 개발의 실패는 직접적으로 투자자에게 막대한 손실을 줄 뿐만

아니라 해당 지역사회에도 장기적으로 적지 않은 피해를 주기 때문이다.

일반적으로 리조트개발계획은 복잡한 조건과 여건을 분석하고 대규모 투자가 요구되는 장기 사업이기 때문에 계획단계에서 세밀한 검토가 필요하다. 이러한 리조트개발계획의 단계(stage)는 크게 전략목표의 책정, 광범한 조사 실시, 계획의 조건 설정, 공간계획의 수립 등으로 구성된다.

- 전략의 목표: 무엇을, 누구를 위하여, 왜 개발하려는지 목표를 설정하는 단계로 여러 가지 기획 및 아이디어를 중심으로 가능성을 파악하는 초기단계이다.
- 광범한 조사: 자연조건에서부터 시장규모까지 필요한 개발관련 정보를 광범하게 수집・정리하는 단계이다.
- 계획조건의 설정: 앞의 단계에서 검토한 계획 목표를 보다 구체화시키고 다음 단계의 공간계획을 위한 계획조건들을 설정하는 단계이다.
- 공간계획: 시설, 환경, 교통, 서비스 등 물리적 계획이 구체화되고 개발계획이 완성되는 단계이다.

각 단계에 따라 세부적인 프로세스(process)는 ① 발상 및 아이디어의 정리 ② 계획의 목표 책정 ③ 자연・사회・시장의 분석 ④ 적지 선정 ⑤ 개발규모의 검토 ⑥ 개발콘셉트의 설정 ⑦ 기본계획(master plan)의 책정 ⑧ 사업규모의 결정 ⑨ 개발프로그램의 수립 ⑩ 사업투자액 및 수요예측 ⑪ 수지전략 ⑫ 사업화단계계획 설정 ⑬ 공간계획 등을 포함하고 있다.[24)]

이러한 일련의 개발계획 과정에서 리조트의 유형과 규모에 따라 약간의 차이가 있을 수 있으나 종종 등장하는 문제점들 즉, 개발대상지역의 토지를 원활하게 확보하는 문제, 막대한 투자자본의 안정적 회수문제, 이용자시장의 변화에 따른 매력의 상실 잠재성, 지역의 생태환경과의 마찰문제, 지역주민의 복지 및 지역진흥에의 기여도 문제 등에 주의해야 한다. 구체적인 계획의 프로세스는 [그림 14-5]와 같다.

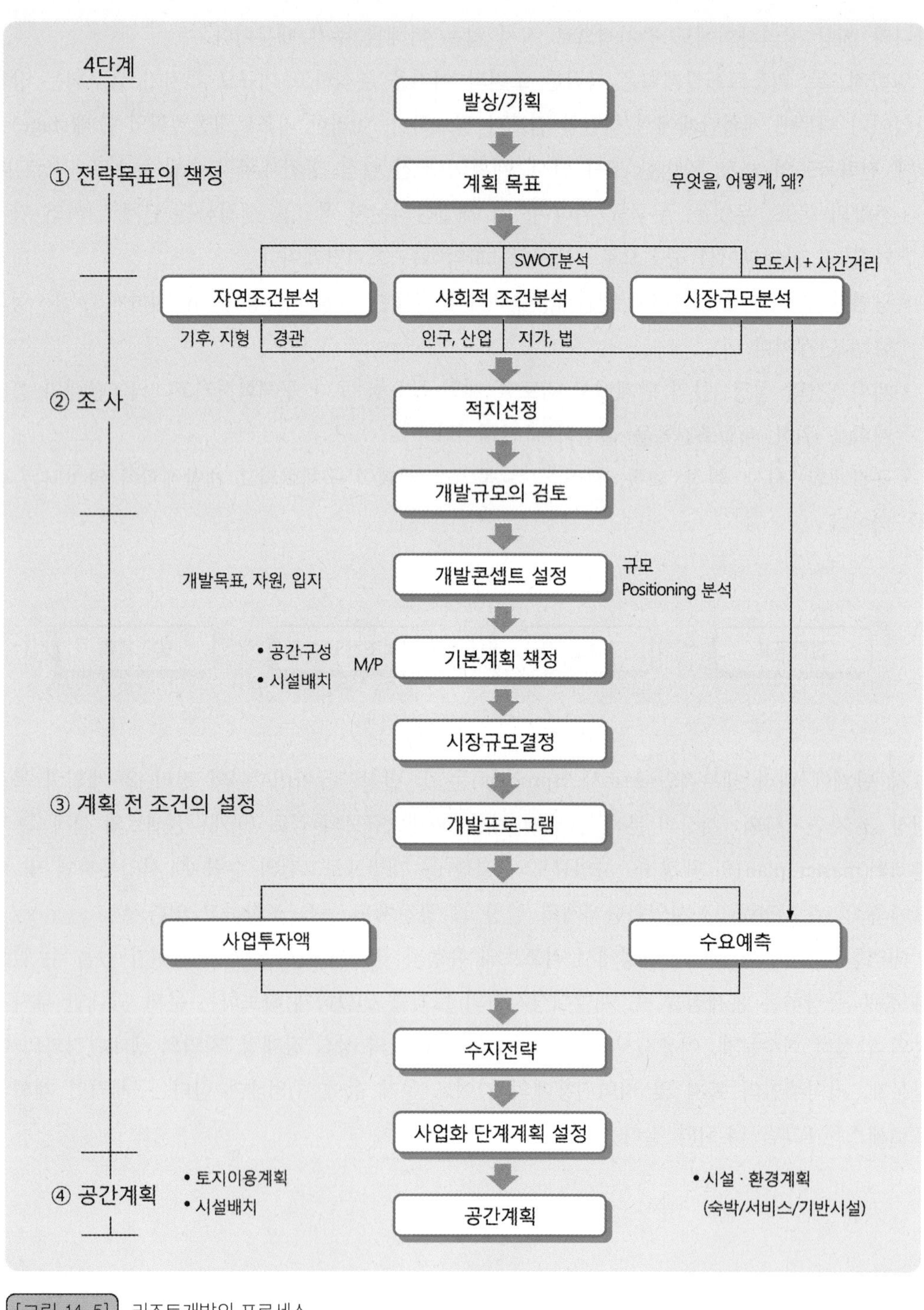

[그림 14-5] 리조트개발의 프로세스

| 자료: 임화순(2008).

3) 리조트업의 경영관리

아직까지 리조트업은 우리나라 표준산업분류의 공식적 용어는 아니지만, 지금까지 살펴본 리조트를 개발하고 운영하는 경제적 실체를 리조트기업, 이들 기업의 활동을 리조트경영이라 할 수 있다. 일반적으로 경영이라 하면 기업경영을 말하며, 자원을 효율적으로 적재적소에 배치하여 경제발전을 위해 사용함으로써 조직체 내에서 하위시스템들의 활동을 조정하고 환경에 적응시키는 것이다. 그리고 기업경영의 목표도 이윤의 극대화와 같은 전통적 목표에 못지않게 오늘날에는 사회적 목표도 균형 있게 추구하는 다원목표를 지향하게 되었는데 이러한 경영을 '생활의 질 경영(quality of life management)'이라 한다.[25] 특히, 고객의 질적 생활의 장을 경영하는 리조트기업은 생활의 질 경영을 기업활동의 기본목표로 삼아야 할 것이다.

리조트기업도 현대 자본주의 경제체제에서 대표적인 조직의 하나로 [그림 14-6]과 같은 기업경영의 시스템적 접근법을 적용하는 것이 바람직하다.

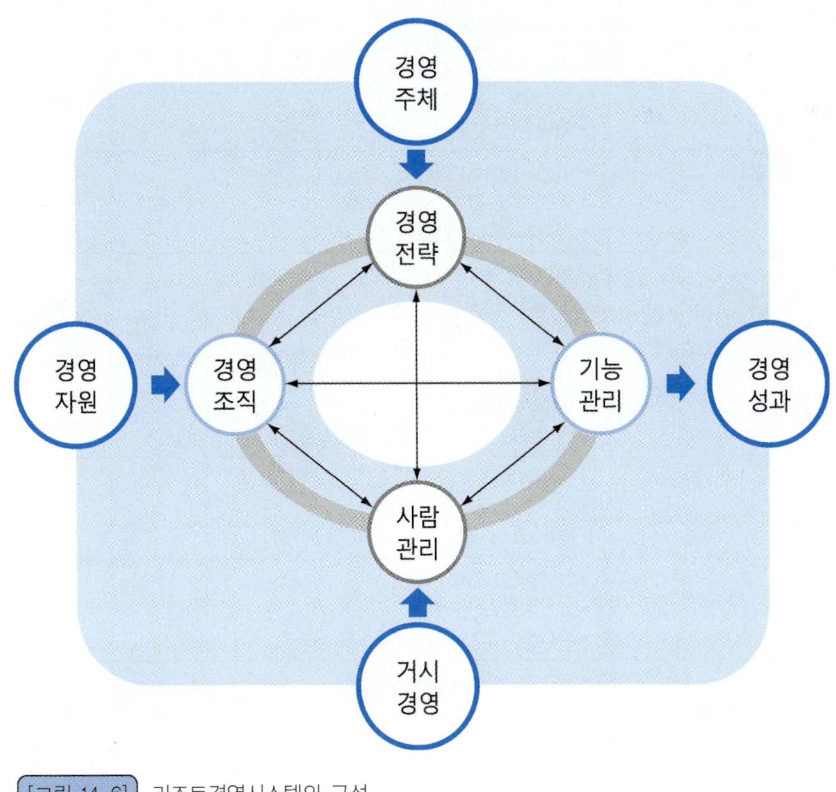

[그림 14-6] 리조트경영시스템의 구성

| 자료: 신유근(2005).

즉, 리조트기업은 필요한 유형자원(물리적, 인적, 재무적, 기술적)과 무형자원(지식정보, 권한, 사회적)을 적재적소에 투입하여 경제적 성과와 사회적 성과를 균형 있게 달성해야 하는데, 이를 위하여 기업의 경영주체로서 최고경영자(CEO)는 혁신적인 기업가정신을[26] 발휘하여 역동적인 리조트경영환경에 창의적으로 대응해야 한다.

〈표 14-4〉 사업단계별 리조트소프트웨어전략

소프트웨어항목	개요	사업추진단계		
		계획단계	사업단계	운영단계
① 콘셉트개발 · 유지관리	• 개발의 CI 설정 • CI유지와 컨트롤(QC, TQC)	●	●	●
② 시설활동메뉴의 다양성 확보	• 기본활동메뉴의 장래동향 예측 • 기본활동메뉴의 선택과 조합 • 특색있는 요리메뉴	●	●	●
③ 사업주체선정과 재원확보	• 공공직할사업 • 제3섹터의 설립 • 외부기업의 유치	○	●	●
④ 운영주체의 선정	• 내부기업체의 구축(재단 등) • 제3섹터 • 외부기업의 유치	○	●	○
⑤ 이벤트메뉴와 프로그램	• 이벤트메뉴의 다양화 • 이벤트매니저의 발굴 · 초빙 • 연간지속형 이벤트의 프로그램	○	○	●
⑥ 회원제이용시스템	• 회원제리조트 • 콘도미니엄호텔 • 고향회원시스템	○	●	●
⑦ 할인요금시스템	• 특정대상 할인요금 • 비수기 할인요금 • 장기체재이용, 복합할인요금	○	○	●
⑧ 인재의 확보 · 육성	• 인재의 확보 • 인재의 교육 • 서비스 매뉴얼	○	○	●
⑨ 교육지도시스템	• 다양한 교육지도자 • 교육지도자 양성 • 자원봉사자시스템	○	○	●
⑩ 시설 · 환경의 육성과 유지	• 일정한 녹지비율의 확보 • 시설과 환경의 경관유지 • 시설의 안전성 유지	●	●	●

| 주: ●: 필수불가결, ○: 검토희망사항.
| 자료: 前田豪(1993).

또한, 리조트기업경영의 블랙박스(black box)라 할 수 있는 시스템의 전환과정으로서 경영전략(장, 단기계획), 경영조직(조직, 권한, 책임, 조정), 기능관리(계획, 실행, 통제; 개발, 시설, 프로그램, 마케팅, 재무, 정보관리), 사람관리(인적자원관리) 등 모든 측면의 유기적 관계를 강화하고 대외적 경쟁우위를 확보해 나가도록 해야 한다.

특히 리조트는 다양하고 복잡한 하드웨어를 기반으로 하는 사업이지만, 아무리 훌륭한 하드웨어가 갖추어져 있어도 소프트웨어와 휴먼웨어의 운용의 뒷받침되지 않으면 사업의 성공을 기대하기 어렵다. 그만큼 리조트의 경영관리에서 소프트웨어전략(software strategy)은 중요한 것이다.

리조트의 계획단계, 사업단계, 운용단계에서 주목해야 할 소프트웨어 항목들은 대체로 ① 콘셉트개발 및 유지관리 ② 시설활동메뉴의 다양성 확보 ③ 사업주체선정과 재원확보 ④ 운영주체의 선정 ⑤ 이벤트메뉴와 프로그램 ⑥ 회원제이용시스템 ⑦ 할인요금시스템 ⑧ 인재의 확보와 육성 ⑨ 교육지도시스템 ⑩ 시설·환경의 육성과 유지 등을 포함한다(<표 14-4> 참조). 이들 항목 중에 콘셉트개발, 시설활동메뉴의 다양성 확보, 시설·환경의 육성과 유지는 모든 단계에서 중요시되어야 할 내용이지만, 그 외 대부분은 사업단계와 운영단계에서 더욱 중요한 것들임을 알 수 있다.

4) 리조트의 비수기 전략

대부분의 리조트는 유형에 따라 주말과 주중, 계절 또는 경기불황 등의 요인으로 장, 단기 비수기(off-season)를 겪으며 심지어 계절적 비수기에 휴업을 해야 하는 등 비수기 문제는 리조트사업에서 극복해야 할 과제이지만 아직까지도 가장 어려운 과제 중의 하나로 남아 있다. 최근 리조트사업의 복합화 추세가 증가하는 것도 연중사업의 지속될 수 있는 기반을 확보하려는 전략의 일환이기도 하다. 리조트 비수기 극복방안으로 많이 활용하는 전략은 다음과 같다.

- 가격인하: 성수기를 제외한 준비수기 및 비수기 기간에 가장 많이 채택되는 전략은 가격인하전략이 일반적이다. 그러나 가격인하는 또 다른 경쟁 리조트의 가격인하를 피할 수 없고 결국에는 출혈경쟁에 이르게 되어 비수기 문제를 해결할 수 있는 유일한 전략은 될 수 없다.
- 인력부문: 노동집약적인 리조트사업은 성수기와 비수기의 소요인력 차이가 매우 크다. 따라서 상용직과 일용직의 비율을 잘 구성하여 인건비 부담을 줄이고 지역의 학생 및 유휴인력을 보조적으로 활용하는 방안을 마련해야 한다.
- 시장부문: 비즈니스시장개척, 접근성개선(시간절약), 가격할인(비용절감), 대체활동개발 및 매력강화(만족배가), 특별이벤트, 비수기저가시장공략, 마일리지혜택강화, 지역주민·노인·

청소년·장애인 등을 위한 회원제 등 비수기 수요를 추가적으로 유발할 수 있는 방안을 모색한다. 주변의 다른 관광자원, 지역의 다른 산업과 연계방안을 확대하거나 국내외의 대체시장을 개척하는 것도 중요하다.

- 시설부문: 기존 시설의 복합이용, 유휴시설의 활용, 비수기 토지이용상태 변경, 비수기 타개를 위한 보완시설의 도입 및 프로그램의 개발을 통하여 비수기 시설가동률을 제고하고 고정비 회수에 도움을 줄 수 있도록 한다.
- 전략부문: 리조트의 비수기 극복방안에 대해서는 [그림 14-6]의 개발과정에서 사전에 충분히 검토하고 전략을 마련해 두어야 한다. 사업운영단계에서도 예상되는 기업의 외부환경분석과 내부능력분석을 통하여 비수기 기대목표를 설정하고, 경영전략, 경영조직, 사람관리 및 기능관리에 적절한 변화를 주어야 한다. 국내 및 해외 선진 리조트의 비수기 전략 및 경영사례의 조사·분석을 통한 벤치마킹전략(benchmarking strategy)을 추구하는 것도 도움이 될 것이다.

4 리조트의 미래

1950년대 이후 소득의 증대, 여가시간의 증가, 교통수단의 발달, 가치관의 변화, 개발환경 변화 등의 복합적 요인으로 성장해온 리조트산업은 21세기에 접어들면서 경쟁이 치열한 성숙산업(mature industry)의 대열에 올랐다. 21세기에도 사막의 여행자가 물을 그리워하듯, 업무·시간·경쟁·건강의 압박감을 더 느끼고 있는 현대인들에게 리조트는 오아시스(oasis)로 받아들여지고 있다.

2030년까지 전 인구의 절반은 고령인구가 되며, 국경 없는 새로운 지역사회와 다문화 통합사회, 돈은 많지만 시간이 없는 사회, 이동시간의 현저한 단축과 세상을 하나로 만드는 교통의 발달, IT기술의 발달, 현실과 가상의 혼합, 정신적 라이프스타일의 추구, 여성의 지위변화와 소비주체로의 부상, 기후변화와 대체에너지 탄생 등은 가까운 미래의 키워드(key word)들이다.[27] 이미 21세기 통화(currency)는 돈보다 시간이 지배하기 시작하였다. 여가는 지루했던 한 주의 탈출구(gateway)로 현대인들은 일도 많이 하지만 가족과 함께 짧은 휴가를 반복하여 즐기고 있다. 나이 든 휴가여행자들이 증가했지만 이들은 더욱 건강하고 활동적이다. 건강하게 장수하겠다는 새로운 욕구가 지배적이고, 소비트렌드는 소유보다 경험으로 바뀌었다. 어느 리조트에서나 여러

인종이 함께 이용하고 있으며 20년 이내에 30시간의 비행거리(미 동부~아시아 구간)는 2~3시간대로 줄어든다.

이처럼 2000년대 리조트산업의 환경은 과거 50년간의 환경과 큰 차이를 보이고 있다. 앞으로 리조트사업의 새로운 환경이 나타나면서 변화속도 역시 더욱 빨라질 것이다. 따라서 향후 리조트업은 리조트경험의 총체성과 환상성, 그리고 자연 · 역사 · 지역문화 · 건축 · 예술 · 음식 · 객실관리 · 안전관리 · 레크리에이션 · 여가 · 관광 · 로망스, 개인과 집단, 가족체험 등의 상호작용을 충분히 이해하고 사업에 반영해야 성공할 수 있을 것이다.[28] 미래의 리조트사업에서 특히 주목해야 할 내용들을 요약하면 다음과 같다.

① 경험: 리조트라이프는 고객의 적극적 참여가 필요한 부분이다. 리조트경험은 모든 체험요소들(물리적, 정신적, 운영관리적)이 최상의 상태에서 상호작용하도록 하고, 한결같이 높은 수준의 서비스를 제공함으로써 고객의 총체적 경험을 환상적 수준으로 끌어올릴 수 있다. 이러한 경험의 고객은 지출한 비용에 대하여 만족하고 좋은 기억은 재방문을 유도할 것이다.

② 지역사회연계와 고유성: 리조트는 사람들이 살고 싶어하는 매력적인 곳에 위치하고 리조트 자체가 하나의 커뮤니티를 구성하지만, 고객이 접할 수 있는 기존의 지역주민들을 이웃으로 하고 있다. 또한 리조트는 현대인들이 잃어버린 것을 찾을 수 있도록 고유한 것들을 창조해놓지만, 지역사회는 더 많은 고유성을 보유하고 있을 수 있다. 리조트 고객들이 기존의 지역주민들과 배타적 · 적대적 관계가 형성되는 것을 방지하고 지역사회로부터 환영받는 분위기를 창조해야 한다. 리조트 고객과 주민이 함께 즐기며 이용할 수 있는 프로그램과 시설의 도입이 필요하다.

③ 활동메뉴: 21세기 리조트는 생활권에서 할 수 없는 것들을 즐기는 매력적인 기회의 장이다. 스키리조트 고객이나 골프리조트 고객 모두는 스키나 골프 이외의 다양한 활동(activities)을 즐기고 싶어한다. 무한한 활동메뉴의 창의적 개발과 함께 리조트경험의 새로운 트렌드를 수용하고 경쟁우위적으로 공급해주어야 한다. 이럴 때 스키리조트는 산악엔터테인먼트산업이 될 수 있고, 마리나리조트는 해양엔터테인먼트산업이 될 수 있을 것이다.

④ 자기발전: 현대인들에게 리조트는 단순한 휴식의 장을 넘어 자기계발과 자기발전의 장으로 여겨진다. 휴가를 통해 즐거움과 보상(rewards)을 동시에 추구한다는 점에 주목할 필요가 있다. 예컨대, 스포츠 · 질병 · 다이어트 · 미용클리닉, 예술 · 철학 · 명상프로그램, 심지어 US Navy SEALs의 교관이 지도하는 고난도의 어드벤처 훈련 등을 통하여 리조트 고객의 성취욕이나 자기개발 목표를 충족시켜주는 것이다. 이처럼 미래 리조트는 이용고객의 여가가치를 배가시켜주는 기능을 갖추어야 한다.

⑤ 온라인서비스: 원격에서도 종이도 없이 즉시적인 고객서비스가 이루어져야 한다. 종래의 비효율적인 고객불평카드, 고객관리, 데이터베이스는 더욱 효율적인 것으로 바뀌어야 한다. 온라인 예약시스템, 고객정보 데이터뱅크, 체류활동예약시스템이 구축되어야 한다. 객실 외부에서도 언제든지 컴퓨터를 이용할 수 있어야 한다. 비즈니스 목적 체류자들을 위한 비즈니스 기능을 완벽하게 갖추어야 한다. 미래의 리조트는 여가시장 못지않게 성장일로에 있는 비즈니스 고객을 적극 수용하여 시장을 확대해야 한다. 시대변화에 따라 누구를 위한 리조트인지 재조명해볼 필요가 있다.[29]

⑥ 고효율 인공환경: 역사적으로 리조트는 뛰어난 자연을 배경으로 하고 있었지만, 미래의 리조트는 과학기술의 발달로 상상력과 효율성이 높은 인공환경으로 창조될 수도 있다. 우리는 이미 시뮬레이션과 가상현실을 경험하고 스릴과 흥미를 잃지 않고 있다. 두바이의 리조트개발 사례(더 팜, 더 월드, 두바이 스키장, 두바이랜드, 부르즈 두바이 등)는 사막, 인공섬, 도시환경에도 훌륭한 리조트가 탄생할 수 있으며,[30] 리조트는 역시 상상력의 산업(imagination industry)임을 충분히 보여주고 있다. 이러한 추세는 앞으로 리조트의 전반적 디자인과 시설, 기능, 체험, 시장을 혁신적으로 변화시킬 가능성이 높다.

⑦ 쿨 리조트: 온실가스 확대를 주도했던 화석연료의존 사회에서 21세기 저탄소 친환경사회로 이행하는 과정에서 중·장기적으로 리조트의 세계도 저탄소 쿨 리조트(cool resort)로 변신해야 할 것이다. 쿨 리조트는 신재생에너지 의존도를 높이고, 저탄소 녹색개발, 녹색경영, 녹색상품, 녹색소비문화, 녹색체험 등 녹색이미지와 녹색성장을 기본 모토로 한다. 기존의 지속가능성(sustainablility) 개념도 그린 지속가능성(green sustainability) 개념으로 재정립해야 할 것이다.

미 주

1) 이종규(2005). 『리조트개발과 경영』. 부연사.

2) Wehmeier, S.(ed.)(2002). *Oxford Advanced Learner's Dictionary*. Oxford University Press.

3) 유도재(2006). 『리조트경영론』. 백산출판사.

4) 유도재(2006). 『리조트경영론』. 백산출판사.

5) 손대현 · 장의정 편저(1997). 『리조트의 철학』. 백산출판사.

6) 김인배 · 김원필(2006). 국내 주요 스키리조트 시설의 개발실태 및 배치특성 사례연구. 『대한건축학회 논문집』, 22(9).

7) 前田豪(1992). 『観光 · リーゾト計劃論』. 東京: 綜合ユニコム.

8) Gee, C. Y.(1981). Resort Development and Management. the Educational Institute of the American Hotel & Motel Association.

9) Mill, R. C.(2001). *Resorts: Management and Operation*. John Wiley & Sons, Inc.

10) 설혜심(2001). 『온천의 문화사』. 한길사.
Mill, R. C.(2001). *Resorts: Management and Operation*. John Wiley & Sons, Inc.

11) Morgan, N. J., & Pritchard, A.(2001). Power and politics at the seaside: the development of Devon's resorts in the Twentieth Century, *Tourism Management*, 22, 574.

12) http://myhome.hanafos.com/~kym3/chungnam/onyang%20history.htm

13) 오상훈 · 임화순 · 고미영(2006). 『현대여가론』. 백산출판사.

14) 토스타인 베블렌 저. 최광렬 역(1983). 『유한계급론』. 양영각.

15) 오상훈(2005). 『관광과 문화의 이해』. 형설출판사.

16) 박영숙 · 제롬 글렌 · 테드 고든(2008). 『유엔미래보고서』. 교보문고.

17) Paris, J., & Zona-Paris, C.(2006). 100 Best All Inclusive Resorts of the World. Globe Pequot.

18) 前田豪(1992). 『観光リゾート計劃論』. 東京: 綜合コニコム.

19) Misuraca, K.(2003). 100 Best Golf Resorts of the World. Globe Pequot.

20) Mill, R. C.(2001). *Resorts: Management and Operation*. John Wiley & Sons, Inc.

21) 정태웅(2005). 리조트기업문화에 대한 집단별 인식차이 분석. 『관광연구저널』, 19(3).

22) 김태형(2007). 리조트개발이 지역사회에 미치는 영향. 『한국사회체육학회지』, 32.

23) Khadaroo, J., & Seetanah, B.(2008). The role of transport infrastructure in international tourism development: A gravity model approach. *Tourism Management*, 29, 832.

24) 大八木智(編). 국제산업정보연구소 역(1991). 『리조트사업전략』. (주)국제산업정보연구소출판부.
金永彬 編(1993). 조경 · 관광 · 리조트개발의 실제론. 동화기연.
임화순(2008). 리조트개발 강의노트.

25) 신유근(2005). 『경영학원론』. 다산출판사.

26) 강성일 · 오상훈 · 김형길(2008). 호텔기업의 리더십, 조직문화가 조직효과성에 미치는 영향. 『관광 · 레저연구』, 20(4).

27) 박영숙 · 제롬글렌 · 테드고든(2008). 『미리 가본 2018 유엔미래보고서』. 교보문고.

28) Mill, R. C.(2001). *Resorts: Management and Operation*. John Wiley & Sons, Inc.

29) Clark, T., Gill, A., & Hartmann, R.(2006). Mountain Resort Planning and Development in An Era of Globalization. Cognizant Communications Corp.

30) 서정민(2007). 두바이: 무한한 상상력과 창조적 리더십. 글로연.

저자약력

오상훈(吳相勳) 현_제주대학교 관광경영학과 교수

한양대학교에서 박사학위를 취득했다. 저자 오상훈은 한국관광학회 이사, 한국관광레저학회 회장, 전경련 관광산업특위 자문위원 등을 역임하였으며, 저서 『관광객』(역서), 『관광과 문화의 이해』 『현대여가론』(공저), 『북한관광의 이해』 『관광과 골프리조트 이해』(공저) 등과 논문 "섬관광목적지 매력성 비교연구: 제주와 오끼나와" "도시와 농어촌의 여가활동 특성에 관한 비교연구" "관광지기상, 관광활동, 관광만족간의 관계연구" "추구편익에 따른 골프관광시장세분화에 관한 연구" 등을 통해 활발한 학술적 성과를 발표하고 있으며 후진 양성과 학회의 발전에 힘쓰고 있다.

실무자의 이야기

리조트 산업의 세계적 현황과 우리의 대응

변 종 경*

1. 부유층 중심에서 대중화된 리조트

리조트 산업이 지금은 발달돼 있고 대중화되는 추세이지만 어느 곳이나 어려웠던 시절에는 일부 계층에만 해당되는 사치성 휴양산업으로 인식됐던 시절이 있었다.

1994년 인도네시아에 출장 갔을 때의 일이 생각난다. 당시 나는 인도네시아 자바섬 동쪽에 있는 인도네시아에서 두 번째로 큰 도시인 수라바야에 출장갈 일이 있었다. 수라바야는 당시 인구 260만 명이 사는 도시였지만 낙후돼 있었다. 그즈음 처음으로 현대식 백화점이 건립돼 사람들이 신기해 하면서 북적댔는데 당시 기준으로 우리나라 1960년대 수준과 비슷했던 것으로 기억난다. 그렇지만 당시 현지 실정에 비추어 보면 출장 때 묵었던 호텔이 나에게는 인상적이었다. 수라바야 외곽지역에 위치한 힐튼호텔은 골프장을 끼고 있는 골프 리조트 형태로 전통 양식의 단층으로 구성된 그곳의 정취는 지금도 아련한 추억으로 떠오른다. 힐튼호텔은 골프장 외에도 수영장 시설을 잘 갖추고 있어 주로 백인 가족들이 즐기고 있었는데 부러운 마음에 나도 나중에 아들, 손자들까지 데리고 와서 꼭 한 번 쉬다 가겠노라고 다짐했던 기억이 난다.

역사적으로 살펴보면 리조트는 기원전 약 200년 전 고대 로마의 군사들이 휴양과 휴식을 즐겼던 작은 공중목욕탕이 휴식, 스포츠 활동, 식사가 가능한 구조를 갖추면서 시작되어 중세 및 산업혁명 초기까지 상류층 및 부자들의 전유물로 인식되었다. 그러나 20세기 교통수단의 발달로 대중화가 진행되면서 과거 스파 중심의 리조트는 골프, 마리나, 스키, 카지노 등 여러 가지 형태의 리조트 산업으로 발전하고 리조트 산업 성장성을 기대하는 대형 자본의 참여로 도시 규모의 대형 복합 리조트로까지 발전하게 되었다.

---

* (주)신라밀레니엄파크 대표이사

2. 다양한 세계 리조트 산업

21세기 들어 전세계적으로 리조트 산업을 비롯한 관광 레저 산업은 새로운 성장산업으로서 그 중요성이 점점 커져 세계관광기구(UNWTO)는 *Tourism 2020 Vision*의 장기 전망을 통해 세계 관광시장이 연평균 4.1% 성장하여 2010년 10억 명, 2020년 15.6억 명으로 증가할 것으로 전망하고 있다. 이에 발맞춰 리조트 산업도 급속도로 성장하고 있는데 전세계적으로 지역의 특성에 맞는 차별화된 각종 형태의 리조트들이 생겨나 휴양객들을 유치하기 위한 경쟁이 치열해지고 있다.

스파 리조트는 초기에 유럽에서 발달하여 미국을 거쳐 현재는 전세계적으로 전파되어 리조트 산업의 기반이 되었는데 대표적인 곳이 독일의 바덴바덴으로 '프리드리히온천장' '카라칼라온천장' 등 세계적인 스파 리조트를 갖추고 있어 '온천의 수도'라는 명성을 이어 오고 있다. 독일의 스파 리조트는 스파의 기본 시설 이외에 국제적인 컨벤션 기능은 물론이고 카지노와 같은 수익성 높은 관광시설을 갖춰 경쟁력을 높이고 있다. 유럽의 스파 리조트가 정적인 휴양을 주로 추구하는 데 비해 미국의 스파 리조트는 다이내믹한 활동과 함께 휴식을 즐기는 공간으로 조성되어 각광받고 있다. 인디언캐년에 위치한 '팜 스프링스 리조트 & 카지노'는 스파는 물론 카지노 시설 등 최고급 시설을 갖춘 리조트로 유명하며 '라 코스타 리조트 & 스파'는 미국의 캘리포니아주에 입지하고 있는 체재형의 피트니스(Fitness) 리조트로서 스파, 헬스, 보양이 결합된 복합형으로 최근 요구되는 건강에 대한 시장의 욕구를 반영한 대표적 리조트이다.

스키 또는 골프장 중심의 스포츠 리조트는 유럽 및 북미에서 주로 발달돼 최근에는 레저스포츠 시설과 숙박시설, 위락시설 및 편익시설 외에도 컨벤션 센터, 기업연수원, 실버타운, 테마파크, 카지노 등 복합적 기능을 갖춰 시즌에 상관없이 꾸준히 매출을 올릴 수 있도록 개발되고 있다. 캐나다의 '휘슬러마운틴리조트'는 스키 시즌이 아닌 6월 중순부터 8월까지 수영복을 입고 스키를 즐길 수 있도록 개발하여 비수기를 없앤 스키 리조트의 대표적인 성공 사례이며 미국의 '페블비치리조트'는 태평양 연안의 파도를 가까이에서 느낄 수 있도록 고안된 아름다운 코스에서 골프를 즐길 수 있도록 설계된 대표적인 골프 리조트이다. 미국은 골프 리조트가 1,300개에 달할 정도로 골프 리조트가 발달되어 있다.

해양 리조트는 미국에 비해 바캉스를 주로 즐기는 유럽지역에서 일찍부터 발달하였다. 18세기 영국에서 질병을 치료하기 위한 목적으로 해수욕이 보급된 것을 계기로 19세기부터는 요트의 정박이 가능한 마리나 시설 주위에 해양 레크리에이션을 즐길 수 있는 시설들이 들어서면서 마리나 리조트들이 발달하기 시작하였다. '프리미어 마리나'는 총 6개의 마리나로 구성되어 있

는 영국의 대표적인 마리나 리조트로서 마리나 서비스 외에도 쇼핑센터, 레스토랑, 호텔, 스포츠 클럽 등 다양한 부대시설을 운영하고 있어 편안한 휴식을 취할 수 있도록 한 것이 특징이다. 프랑스 정부도 바캉스를 즐기는 국민들의 해외여행 확대를 방지하기 위해 1963년 '랑그독루시옹'을 거점으로 리조트를 개발하였다. '랑그독루시옹'은 요트 마리나와 주택을 결합한 임해복합개발형 리조트로 지역 어디서나 해변을 볼 수 있도록 조성한 것이 특징이다. 스페인 남부 지중해에 접한 '코스타 델 솔' 해양 리조트는 국가, 지방, 민간의 3섹터(Sector)가 철저히 역할 분담하여 개발한 것이 특징이다. 리조트 개발은 민간 차원에서 이루어졌지만 정부의 기반시설 정비, 홍보활동 및 컨벤션 유치 등의 지원 이외에 외국자본의 유치지원정책 등이 개발에 큰 힘이 되었다.

테마 리조트는 미국이 종주국으로서 IAAPA(International Association of Amusement Park and Attraction: 국제테마파크협회)의 조사에 따르면 미국에만 약 600여 개의 테마파크 및 놀이시설이 있고 2006년 한 해 방문객이 2억 6,000만 명에 달해 약 50억 달러의 매출을 기록하고 있다. '디즈니랜드'는 세계 테마 리조트의 원조라 할 수 있으며 1955년 캘리포니아 애너하임에 설립되었다. 로스앤젤레스의 '월트디즈니랜드', 플로리다의 '월트디즈니월드', 일본의 '도쿄디즈니랜드', 파리의 '유로디즈니랜드' 등이 세계의 대표적 테마 리조트로서 명성을 떨치고 있고 로스앤젤레스의 '유니버셜스튜디오'도 테마 리조트로 유명하다.

3. 세계 리조트 산업, 복합화 및 친환경 추세

최근 리조트 산업의 세계적인 추세는 비수기 없이 사계절 반복적으로 고객을 유치하는 도시형 복합 리조트이다. 한 번 보고 끝나는 관광, 휴양지로는 더 이상 경쟁력이 없기 때문이다.

말레이시아의 쿠알라룸푸르 동북쪽 해발 800m에 위치한 '겐팅하이랜드'는 사계절 내내 서늘한 날씨에서 놀이기구나 골프를 즐길 수 있도록 조성되어 있다. 또한 국제 컨벤션 센터와 최고급 숙박시설을 갖추고 있어 대규모 국제회의도 가능하다. 뿐만 아니라 말레이시아는 도박을 금지하는 이슬람 교리까지 어겨가며 대형 카지노도 허가하여 2006년 이곳 방문객은 1,200만 명을 넘어섰고 해마다 방문객이 늘어나고 있다.

인구 50만 명의 마카오는 2006년 한 해에만 해외 관광객 2,199만 명이 찾아왔고 카지노 매출은 2006년 70억 달러를 넘어 미국 라스베이거스(66억 달러)를 뛰어넘었다. 마카오는 카지노 중심에서 최근 휴양, 컨벤션 도시로의 변신이 한창이다. 미국 최대 카지노업체인 샌즈사가 25억 달러를 투자한 '코타이 베네시안 리조트'는 객실 3,000개가 모두 스위트룸이고 휴양, 카지노, 명품 쇼핑, 컨벤션, 공연을 한번에 즐길 수 있도록 설계되어 있고 앞으로 힐튼, 쉐라톤을 비롯해

20여 개의 대형 호텔이 추가로 들어설 계획이다.

홍콩은 2005년 9월 '홍콩디즈니랜드' 개장을 계기로 '쇼핑 홍콩'에서 '레저 홍콩'으로 탈바꿈하고 있다. '홍콩디즈니랜드'가 위치한 란타우섬을 관광 중심지로 개발하고 사이쿵 지역을 수상스포츠 및 리조트로 개발할 계획이다. 기존 해양 공원은 2010년까지 7억 달러를 투자해 자연을 주제로 한 테마파크 리조트를 개발할 예정이다.

싱가포르는 '가장 도덕적인 국가'라는 명예마저 버리고 마리나 베이와 센토사섬 두 곳에 카지노와 결합한 대형 복합 리조트를 개발하고 있다. 마리나 베이 지역에는 미국의 샌즈사가 35억 달러를 투자했고 시내 중심가에는 '샌즈카지노리조트'가 2,500개의 객실을 갖추고 2009년 12월에 개장할 예정이다. 센토사 지역은 말레이시아의 '겐팅하이랜드'를 성공시킨 '겐팅인터내셔널'이 34억 달러를 투자해 세계에서 가장 큰 규모의 '유니버셜스튜디오'를 비롯해 가족형 복합 리조트를 2010년에 개장할 예정이다. 싱가포르는 이를 통해 2008년 950만 명인 관광객 수를 2015년까지 1,700만 명으로 확대할 계획이다.

또한 환경문제가 확산되면서 리조트 산업에서도 생태관광리조트(Eco-Resort)라 하여 환경에 대한 영향을 최소화하고 지속가능한 개발 개념을 도입한 친환경 리조트가 부각되고 있다.

호주의 '골드코스트 코란 코브 리조트'가 대표적이라 할 수 있는데 설립자 론 클라크는 아름다운 자연환경을 훼손하지 않고 그대로 보전하여 원시림, 모래언덕, 해변으로 이루어진 생태관광리조트를 조성하였다. 이곳 리조트에서는 산악자전거 탐험, 원시림 산보, 환경을 위한 대화의 시간 등 환경과 건강을 테마로 하여 가족단위로 즐길 수 있는 다양한 체험 프로그램이 준비되어 있다.

아랍에미리트의 두바이에 위치한 '알마하리조트'는 중동 유일의 천연자연 보존 프로젝트로서 4륜구동 자동차를 타고 사막을 여행하도록 되어 있고 낙타 타기, 바비큐 파티, 밸리댄스 등을 감상하는 사막 투어 코스는 환경을 보호하기 위해 연간 방문객을 15만 명으로 제한할 정도로 성공한 생태관광리조트 상품이다.

인도네시아의 '누사두아리조트'는 발리섬의 남쪽 해안에 있는 해양 리조트로서 산호초, 모래사장, 야자수 및 근처의 양식장을 포함하여 해안환경보호구역을 설정해 놓고 있는 청정환경지역이다. 발리관광공사는 천혜의 자연환경을 보호하기 위해 모든 건물들은 해안선으로부터 최소한 50m 떨어진 곳에 건립하게 했으며 높이도 야자수 크기인 15m를 넘지 않도록 설계하는 등 자연을 최대한 훼손하지 않고 개발한 에코리조트의 대표적인 사례이다.

4. 확산되는 국내 리조트 산업

우리나라 리조트 산업은 짧은 역사에 비해 급속하게 성장해 왔다고 볼 수 있다. 1970년대 경제발전과 더불어 대중교통도 발달하면서 국민들이 여가에 관심을 갖게 되고 정부 주도로 1979년 경주 보문단지가 개발되는 등 리조트에 대한 관심이 높아져 1984년 아시안게임 및 1988년 올림픽 유치를 계기로 스키, 골프장 중심의 리조트 산업이 본격적으로 개발되기에 이르렀다. 특히 1990년대에 들어서 대기업들이 용평리조트, 무주리조트, 대명비발디파크 등 리조트 사업에 참여하면서 종전의 단순 숙박관광 중심에서 체류휴양형의 리조트로 변화를 가져왔다. 그러나 대규모 리조트 사업 추진에 따른 과중한 투자 부담에다 1997년 IMF 외환위기에 따른 경기침체로 어려움을 겪으면서 구조조정을 경험하기도 하였다. 이후 IMF 외환위기를 극복하고 경제적 안정을 가져오면서 2001년에는 토요 휴무제가 도입되어 국민들이 삶의 질 향상을 추구하는 방향으로 가치 변화를 가져와 여가생활에 대한 관심이 높아졌다. 또한 같은 해 서해안 고속도로가 개통되었고 2004년에는 중부내륙 고속도로 및 KTX 개통 등 교통망이 지속적으로 확충되는 데 힘입어 관광숙박시설 및 리조트 시설이 전국적으로 확산되는 등 리조트 산업 발전 여건이 성숙돼 왔다.

이에 따라 서울 등 대도시 주변에는 놀이기구를 비롯한 테마파크가 개발되어 왔는데 2007년 기준으로 입장객 수가 50만 명을 넘는 전국의 12개 테마파크 가운데 서울, 경기, 수도권 지역에 연간 입장객 150만 명을 넘는 에버랜드, 롯데월드, 서울랜드, 한국민속촌 등 4개 시설이 위치해 있다. 강원도에는 해변의 해양 리조트와 함께 산악지역의 스키 리조트가 주축을 이루고 있는데 스키 리조트는 용평리조트, 대명비발디파크, 휘닉스파크, 성우리조트, 강촌리조트, 한솔오크벨리, 하이원 스키 리조트 등 7개가 운영 중이며 이는 현재 국내에서 운영 중인 스키장의 절반에 해당하는 숫자이다. 충청지역은 오션 캐슬 리조트 등 태안반도 해안지역의 해양 리조트가 특징적이다. 호남지역은 무주 리조트를 비롯하여 군산, 무안 지역의 골프 리조트가 대표적이며 갯벌체험 등의 생태체험 프로그램이 주목받고 있다. 대구 경북 지역은 역사 문화 중심의 리조트가 특징적인데 경주 보문단지의 세계문화엑스포공원 및 신라밀레니엄파크, 안동의 하회마을, 영주의 선비촌 등이 좋은 사례이다. 부산 경남 지역은 해운대 주변 리조트 시설을 비롯하여 충무 마리나 리조트 등 해양 리조트가 발달돼 있고 남해 스포츠 파크 등의 스포츠 리조트도 관심을 끌고 있다. 제주도는 2002년 제주 국제자유도시 특별법 제정을 계기로 카지노, 골프 시설 이외에 다양한 주제의 테마 리조트가 들어서는 등 리조트 산업이 활성화되고 있다.

5. 세계적 추세에 맞는 국내 리조트 산업 개발의 필요성

2000년대 이후 국내 리조트 산업이 발전 추세에 있는 실정이지만 아직도 리조트 시설을 장기적 휴식이나 휴양 목적보다는 단기간 관광용 숙박이나 단순 놀이시설 이용에 국한하는 경향이고 리조트별 입지 특성에 맞는 차별화된 개발이 미흡한 것이 현실이다. 예를 들어 테마파크형 리조트는 수도권 중심의 놀이기구 공원으로 편중되고 스파 리조트는 체류형이 아니라 당일 중심의 온천욕 이용이 대부분이며 해양 리조트는 해수욕 중심의 숙박시설이 대종을 이루고 있다. 또한 스키 리조트는 겨울에 국한돼 어려움을 겪고 있으며 복합형 리조트는 토지가격이 높고 건설비 및 인건비가 비싸 개발에 지장을 받고 있을 뿐 아니라 과거에 개발된 경주 보문단지 및 제주 중문단지 등 복합형 리조트도 시설 낙후로 어려움을 겪고 있는 실정이다.

따라서 우리나라 리조트 산업을 발전시키고 소비자의 이용률을 높이기 위해서는 세계적 리조트 추세 및 시대 변화에 따라 고객 욕구(needs)에 맞는 차별화된 리조트 시설을 갖추는 것이 중요하다고 생각한다. 먼저 기존 리조트는 환경과 테마의 변화를 고려하여 고객 욕구에 맞는 시설로 교체하여 리조트 가치를 상승시키는 노력을 기울일 필요가 있다고 본다. 또한 신설 리조트는 접근성을 우선적으로 고려하고 저비용 고효율 상품 개발을 전제로 차별화된 리조트를 개발해 남다른 독점성을 갖도록 할뿐더러 세계적인 리조트 산업 추세 및 시장 변화에 대응하여 가족단위 체험 및 참여형 리조트, 의료와 건강을 접목한 건강 리조트, 환경보호를 고려한 생태 중심의 리조트, 문화적 시설 및 자원을 활용한 문화 리조트 등 입지 특성에 맞는 차별화된 리조트를 개발하여야 할 것이다. 그리고 리조트 산업은 국민 복지 성격을 띠고 있는 데다 리조트 개발에는 대규모 자금이 필요하고 투자자금 회수에는 장기간이 소요되는 점을 감안하여 정부 및 지방자치단체는 허가조건 및 절차를 간소화하고 자금 및 세제 지원 등을 통해 국내 리조트 산업이 국제 경쟁력을 갖출 수 있도록 뒷받침해줘야 할 것이다.

저자약력

변종경(jkpyonn@hanmail.net) 현_(주)신라밀레니엄파크 대표이사

서울대학교 사범대학 사회교육학과 졸업. 미국 UCLA(Univ. of California, Los Angeles)대학원 졸업. 삼성물산주식회사 경영기획부장, 삼성그룹 회장 비서실(구조조정본부) 기획담당 이사, 상무, 전무, 삼성사회공헌위원회 부사장 역임. 현재 (주)신라밀레니엄파크 대표이사. 경상북도 새경북위원회 위원(관광분야)

『관광학총론』 열다섯 번째 이야기

외식업

윤 지 환*

1 외식의 개념과 외식업의 정의

1) 외식의 개념

좋은 음식을 먹지 않으면, 생각도 잠도 아무것도 할 수 없다. – 버지니아 울프

우리 생활에 있어서 가장 중요한 것을 꼽으라면 아마 먹는 것이라고 할 수 있을 것이다. 인간의 기본 생활을 영위하기 위해서는 의식주(衣食住)라는 개념이 있기는 하지만, 실제로 먹는 행위 즉, 식(食)이라는 개념이 수반되지 않으면 옷을 입거나 주거 행위를 영위하기 힘들 것이다. 이와 같이 인간 생활에 있어서 중요한 부분을 차지하는 '식사(食事)'라는 일에 있어 장소성의 의미를 동시에 수반하는 것이 바로 '외식(外食)'이다.

인간이 정착 생활을 하게 되면서부터 가정이라는 조직체를 이루기 시작하였고, 가정 속에서 일어나는 행위와 가정 밖에서 일어나는 행위를 구분하기 시작하였다. 즉, 외식의 개념은 여기서부터였다. 외식은 내식(內食)이란 개념의 상대어로 인간의 식생활이 이루어지는 장소가 집 '밖'에서 이루어지는 '가정 외 식생활'로 구분짓는 것이다. 사전적으로 외식이란 가정이 아닌 집 밖에서 만들거나 먹는 식사를 말하지만, 다양한 업종의 출현, 식생활의 변화, 공급의 다양화 등으로 인해 외식의 형태가 복잡하고 다양해져 내식과 외식의 경계가 모호해진 실정이다.

* 경희대학교 관광경영학과 교수(현 한국관광학회 호텔외식경영분과학회장). e-mail: yoon1207@khu.ac.kr

주로 내적인 내식은 식재료를 구입하여 가정에서 조리하여 먹는 것을 의미하며, 외적인 내식은 식사라는 행위만 가정에서 이루어질 뿐 조리되는 장소는 밖에서 이루어지는 것을 말한다. 반면 내적인 외식은 일반적인 가정식으로 생각되는 음식을 밖에서 사먹는 것을 의미하며, 외적인 외식은 순수한 의미의 외식으로 식당 등에서 만들어진 음식을 구입하여 그곳에서 먹는 것을 말한다. 이와 같이 외식의 범주를 생각할 때 전통적 의미의 내식인 내적인 내식을 제외한 모든 식사가 외식의 범주에 속하지만, 실제적으로 그 구분의 필요성은 없다.

2) 외식업의 정의

산업화가 진행됨에 따라 우리의 식탁에도 그 영향이 미치게 되었다. 과거에는 식자재 생산에서부터 조리까지 모든 것이 가정에서 이루어졌다면, 오늘날에 와서는 식자재 생산 부분부터 점차 가정에서 외부로 자리를 내주게 되었다.

외식업이 등장하게 된 배경을 살펴보면 경제적으로 사람들의 생산력이 증가하고 그에 대한 소득 수준이 증가함에 따라 단순히 허기를 채우는 것을 넘어 음식을 통해 새로운 것을 경험하는 과정으로써의 외식 형태가 생겨나기 시작했다. 또한, 사회·문화적으로 핵가족화에 따른 식생활 패턴의 변화 및 교통의 발달로 인한 이동의 용이성 등으로 인해 외식 산업이 대두되기 시작했다고 볼 수 있다.

외식업은 음식이나 음료 등을 조리하여 동일한 장소 또는 그 내부나 외부에서 소비되도록 제공하는 업종을 말한다.[1] 외식업은 크게 음식을 제공하는 식당에서부터 음식을 포장만 하여 판매하는 포장판매업(take-out), 포장하여 가정까지 배달하는 배달판매업(delivery), 포장 및 배달이 어려운 음식을 직접 조리하여 가정이나 특정 장소에서 제공하는 출장 외식업(catering) 등이 있다.

한국의 외식 산업은 숙박업과 그 출발을 같이하였다. 주로 여관(旅館)이라고 불리던 곳은 숙박업과 함께 주막 형태의 식당업도 겸하고 있었다. 그러나 19세기 후반부터 그 경계가 나뉘게 되고, 차츰 산업화가 진행됨과 동시에 외식 산업 역시 발달하게 되었다. 1970년대의 산업화는 외식 산업에 있어서 서구화 바람을 일으켰으며, 1980년대에 들어와서는 그 행보가 본격적으로 진행되었다. 맥도날드, 버거킹 등 서구 유명 패스트푸드 업체가 들어오기 시작했고, 국내 업체와 치열한 경쟁을 치르기도 하였다. 1980년대 국민 소득의 증가와 함께 외식 산업 역시 정비례하여 발전하였다. 특히 고급스럽고 깨끗한 분위기의 매장 시설과 친절하고 독특한 서비스를 내세운 패밀리 레스토랑이 상륙하였고, 그 영향에 따라 한식 역시 브랜드화되기 시작하였다.

2 외식 기업의 경영 형태

외식 기업의 경영 형태는 기업의 성패에 중요한 영향을 미친다. 우선 외식 기업은 초기 투자 자본과 업종 형태에 따라 그 성격을 달리하고 이것이 기업 성공을 판가름한다.

1) 직영 운영

직영 운영 형태는 운영자 본인이 임대하거나 소유한 건물이나 장소에서 직접 외식 기업을 운영하는 형태를 말한다. 그러므로 외식 기업에서 발생된 이익뿐 아니라 손실에 대한 책임도 운영자 본인이 지게 되어 있다. 또한 운영자 주체가 초기 투자 단계에서부터 운영까지 책임을 지고 있기 때문에 운영자의 의도대로 기업이 운영될 수 있는 장점이 있다. 그러나 기업 형태가 커질 경우 통제가 불가능해지고, 적절한 통제가 이루어지지 않을 경우 실패의 위험이 크다. 주로 외식 기업의 초기 단계에서 많이 발생되는 형태이며, 후에 가맹이나 인수, 위탁 형태의 기업으로 발전할 가능성도 가지고 있다.

2) 위탁 운영 형태

위탁 운영 형태는 자본을 가지고 있는 개인이 의지를 가지고 운영 능력이 뛰어난 외식 기업에 경영을 위임하거나, 외식 기업이 다른 외식 기업에게 경영을 위탁하는 형태를 의미한다. 투자자는 외식 기업에 필요한 자본, 시설, 장소 등을 제공하며, 경영자는 제공된 투자를 기반으로 외식 기업을 경영하기 위한 모든 권한을 가지게 된다. 그러므로 경영자는 투자자의 대리인으로서의 역할을 하게 되며, 외식 기업에서 발생하는 문제에 대한 책임은 투자자인 소유주가 지게 된다.

일단 위탁 운영 형태에서 소유주는 노하우를 지닌 경영자에게 위임함으로써 자본 대비 안정적인 기업을 운영할 수 있는 반면 높은 초기 투자비용을 감수해야 하는 단점이 있다. 경영자 측면에서는 초기에 투자비용이 적고 위험 요소에 대해 회피할 수 있다는 장점이 있지만, 경영에 대해 노하우가 없는 소유주가 경영에 대해 관여할 수도 있으며, 타인의 자금으로 운영되기 때문에 경영의 혁신성이 떨어진다.

위탁 운영의 형태로는 한국의 유명 호텔 체인들이 주로 위탁 운영 방식을 취하고 있으며, 주로 한국 내 대기업에서 호텔에 투자한 후 유명 호텔 매니지먼트 회사에 위탁 경영하고 있다.

3) 가맹 운영 형태

(1) 가맹 운영 형태의 정의와 특징

가맹 운영 형태는 우리에게는 프랜차이즈(franchise)란 이름으로 더 잘 알려져 있는 운영 방식이다. 프랜차이즈 관계는 결혼에 비유될 정도로 가맹사업자와 가맹계약자 간의 신뢰를 기본으로 한다.

프랜차이즈의 정의는 가맹 사업자(franchisor)가 다수의 가맹 계약자(franchisee)에게 자기의 상표, 상호 등을 사용하여 자기와 동일한 이미지로 상품판매, 용역제공 등 일정한 영업활동을 하도록 하고 그에 따른 각종 영업의 지원 및 통제를 하며, 가맹 계약자는 가맹 사업자로부터 부여받은 권리 및 영업상 지원의 대가로 경제적 이익, 즉 가입비와 정기납입경비(로열티)를 지급하는 계속적인 거래관계를 말한다.[2] 프랜차이즈 계약에는 상품과 서비스, 상품의 질, 가격 운영 사항 등이 포함될 뿐만 아니라 개점일시, 계약 기간, 재계약 전반에 관한 사항을 명시한다.

가맹 운영 형태의 특징은 검증된 가맹사업자를 통해 상품과 경영 제반에 필요한 사항을 제공받는 것이기 때문에 그 사업에 대한 전문성이 없더라도 사업을 시작할 수 있는 장점을 지니고 있다. 그러나 가맹사업자가 추구하는 상품과 동일한 형식의 운영 방식을 유지해야 하기 때문에 가맹점주의 독립적인 운영에 제한을 받을 수 있다는 단점이 있다.

(2) 가맹 운영의 비용 형태

프랜차이즈 시스템은 가맹사업자가 가입비와 로열티를 지급받고 사업운영이 가능하도록 가맹계약자에게 권리를 제공하는 것이며, 가맹계약자는 부여받은 권리를 이용해 수익을 창출하는 것이다. 현재 우리나라 외식업 프랜차이즈의 표준약관에는 가입비, 로열티, 그리고 계약이행보증금으로 비용을 분류하여 명시하고 있다.

① 가입비

가입비는 계약체결 시 가맹계약자에게 특정 시스템의 노하우(know-how)를 전수해주는 데 대한 보상이며, 계약 당시 가맹 사업자의 브랜드 자산 가치가 높으면 높을수록 가입비는 높아지게 된다.[3] 일반적으로 가맹사업자의 시스템 운영이 수익창출에 크게 영향을 미칠 경우 높은 가입비와 로열티를 제공해야 하고, 지역 시장에서 가맹계약자의 역할이 중요한 관건일 경우 가입비와 로열티는 낮아지게 된다.[4]

가입비에는 점포개설에 따른 최초 훈련비, 장소선정 지원비, 가맹사업운영 매뉴얼 제공비, 부가가치세 등이 포함되며, 가입비에 포함되는 사항은 가맹사업자와 가맹계약자가 협의하여 정하도록 하고 있다.

② 로열티

로열티란 정기납입경비를 뜻하는 것으로, 가맹계약자가 가맹사업자의 상호, 상표, 서비스표, 휘장 등의 사용 및 경영지원에 대한 대가로 일정 기간에 한 번씩 지급하도록 하는 비용을 말하며, 금액은 당해 분기 동안 총매출액의 해당 비율에 따라 지급하도록 하고 있다. 가맹사업자가 가맹계약자에게 제공하는 시스템의 가치가 높을수록 그에 따른 수익은 커지고 따라서 로열티도 높아지게 된다.

③ 계약 이행 보증금

계약 이행 보증금이란 가맹계약자가 책임지기로 약정한 금액인 상품 및 자재 대금, 로열티, 광고와 판촉비용(가맹계액자가 책임지기로 약정한 금액에 한함) 등의 채무액 또는 손해배상액의 지급을 담보하기 위하여 계약체결 시에 일정 금액을 가맹사업자에게 지급하는 비용을 말한다.

(3) 가맹 운영 형태의 유형

가맹 운영 형태는 가맹사업자가 가맹계약자에게 제공하는 서비스의 형태에 따라서 상품형 프랜차이즈(product franchise)와 사업형 프랜차이즈(business-format franchise)로 구분할 수 있다. 상품형 프랜차이즈는 가맹계약자에게 상호 및 상표 등의 영업에 대한 표식과 상품만을 제공하는 것을 말한다. 즉 가맹점에 대한 가맹사업자의 경영지원 및 관리에 대한 책임은 거의 없다고 볼 수 있다. 상품형 프랜차이즈로는 주유소, 자동차 판매점, 의류 판매점 등이 있다.

반면 사업형 프랜차이즈는 상호 및 상표 등 영업에 대한 표식 사용과 상품 공급뿐만 아니라 점포 선정, 직원 교육, 시장 조사, 판매촉진 등과 같은 경영 전반에 관련한 노하우를 전수해주는 경영 형태를 말한다. 사업형 프랜차이즈에는 호텔, 식당, 학원 등이 있다.

3 외식 체인 사업의 특성

외식 체인 사업에 있어서 매장이 100개 있다는 것은 100개의 공장을 운영하고 있다는 것과 같은 의미로 볼 수 있다. 각각의 외식 프랜차이즈에서는 고객들에게 제공할 상품을 직접 생산하고 서비스하는데 고객들이 같은 브랜드의 다른 프랜차이즈 매장과 동일한 서비스를 받고 있다고 인식하도록 해야만 프랜차이즈로서 의미가 있는 것이다.

Bradach(2003)는 이러한 외식 체인 사업의 특징을 다음과 같이 제시하였다.[5)]

1) 공유된 정체성

하나의 체인에 속하는 가맹점은 공유된 정체성을 가지고 있어야 한다. 여기서 말하는 공유된 정체성이란, 각 가맹점들이 동일한 상표 아래 동일한 방식으로 상품을 만들어서 동일한 방식으로 제공함으로써 고객들이 하나의 체인으로 인식할 수 있게 하는 것을 말한다.

공유된 정체성은 맥도날드의 금빛아치 또는 피자헛의 빨간 지붕 등의 상호 또는 로고 등과 같은 시각적인 형태로 가장 명확하게 표현된다. 모든 점포가 동일한 정체성을 고유함으로써 고객들이 그 브랜드에 대해 그들 나름대로의 일정한 기대를 가지게 하는 효과가 있다.

공유된 정체성은 단순히 시각적인 이미지 외에도 점포의 디자인, 메뉴, 생산과정, 서비스 등 많은 부분 등을 포함한다. 공유된 정체성을 통해 가맹사업자는 동일한 상품을 공급하고, 동일한 방식으로 상품을 판매할 수 있도록 '비즈니스 하는 방법'을 알려줌으로써 공유된 정체성을 유지하려고 노력한다.

외식 체인이 공유된 정체성을 구축하고 강화하는 가장 중요한 방법은 광고다. 외식 체인에게 광고는 성공을 위한 필수조건은 아니지만 공유된 정체성을 형성하고 보강하는 데 있어서 매우 중요한 영향을 미친다.

2) 제품, 서비스, 시설의 지역 생산

공유된 정체성이라는 외면적 특성의 이면에는 프랜차이즈를 운영하기 위한 다양한 지역적 활동들이 요구된다. 외식 가맹 운영 형태란 자동차나 전자제품과 같이 정형화된 제품을 판매하는 것과 달리 각 지역에 기반을 둔 가맹점에서 생산과 판매를 하는 것이므로 그 지방색이 반영될 수밖에 없다. 그러므로 상품, 서비스, 그리고 시설은 현지의 특성에 맞게 생산되고 운영된다.

외식 체인의 비즈니스 포맷에서 서비스 요소는 원래 지역적 산물이다. 배달 속도, 종업원의 친절성, 매장의 청결도 등 서비스적인 요소는 각 점포에서 개별적으로 이루어지는 활동이다. 외식업에서 서비스 요소란 물리적 요소를 보다 돋보이게 만드는 구실을 한다. 예를 들어 가맹점주가 그 지역의 수요와 공급 변화에 대해 적절하게 대응하지 못할 경우 상품의 생산과 공급뿐 아

니라 서비스 가용 시간에 있어서도 문제가 생길 수 있다.

이와 같은 문제뿐 아니라 시설적 측면에서도 지역성을 고려해야 한다. 특히 입지와 건설은 지역적으로 이루어질 수밖에 없다. 대부분 최종 결정은 체인 본점에서 이루어지지만, 대체적으로 지역에 관한 정보와 지식에 따라 서비스 활동의 성패가 좌우되기 때문에 적절한 지역적 반응이 필수적이다. 여기서 지역에 대한 지식은 입지나 건물뿐만 아니라 교통, 주변 상권, 주민들의 선호도까지 포함한다.

3) 지역적으로 산재된 소규모 점포의 이용

편리성은 외식업 특히, 패스트푸드점을 비롯한 가맹점의 가장 중요한 요소이다. 소비자들은 편리한 식사를 하기 위해 주로 거주지 근처에서 일관된 서비스와 음식을 제공하는 식당을 찾는다. 패스트푸드 레스토랑을 선택할 때 편리하고 접근성이 좋은 위치는 빠른 서비스 다음으로 중요한 요인이다. 체인 레스토랑에서 간이매장, 드라이브-스루 매장, 배달과 같이 소비자에게 더 가까이 가기 위한 방법을 고안하는 것은 소비자들에게 더욱 편리한 서비스를 제공하기 위한 노력의 일환이다. 그러므로 지역적으로 산재되어 있는 식당이 많을수록 앞서 제시된 가맹 운영 형태 사업장의 공유된 정체성과 지역 생산이라는 두 개의 성공 요인을 훌륭히 이행할 수 있게 된다.

소비자를 위한 편의성은 조직적 면에서 두 가지 의미를 지닌다. 첫 번째는 기업들은 다른 지역으로 광범위하게 점포를 분산시켜야 사업 확장의 의미를 지니게 되고, 두 번째로는 점포를 위한 최소한의 효율적 범위는 작아야만 전체 점포 범위를 보았을 때 세분화시킬 수 있게 된다. 그러므로 가맹 운영 형태에서 매장은 소비자의 유동 인구가 많은 상점가나 학교 주변 또는 도로변에 주로 세워진다.

외식업체는 몇 개의 큰 점포를 운영하는 것보다는 가능한 한 작은 점포를 여러 곳으로 분산 운영하는 것이 더 효과적이다. 아무리 잘되는 식당이라 하더라도 접근성이 떨어진다면 흡인력에 한계가 있으므로 규모가 큰 점포를 운영하는 것보다는 작은 점포를 여러 개 운영하는 것이 고객들의 입장에서 더 반가운 일일 것이다. 그러나 지나치게 많은 점포가 난립하게 되면 '제 살 뜯어먹기(cannibalization)'식 경쟁이 될 가능성이 있고, 반대로 점포의 간격이 불규칙하거나 거리가 멀면 소비자들이 방문을 꺼릴 것이므로 음식의 특성에 맞게 점포 간의 한계거리를 명확하게 하는 것이 중요하다.

4 현대 외식 문화의 특징

시대가 변화함에 따라 사람들의 식생활도 바뀌게 되고, 그에 따라 외식 문화도 바뀌게 되었다. 외식 문화에 있어서도 음식 자체의 의미뿐만 아니라 하나의 문화로써 가치를 지니게 되었다. 현대 외식 문화의 특징을 살펴보면 다음과 같다.[6)]

1) 인스턴트화

현대인들은 늘 시간에 쫓기는 바쁜 생활을 하기 때문에 때로는 식사를 하기 위해 소비되는 시간도 절약하려고 노력하는 경향이 있다. 특히 여성의 사회 참여도 증가에 따라 식사준비에 소요되는 시간을 아끼려는 시도가 많아지고 있다. 간단하게 식사를 해결하려는 사람들이 늘어나면서 간편하게 조리할 수 있는 냉동식품, 가공식품, 반조리식품 등을 선호하는 경향이 높아지고 있다. 이와 함께 외식업에서는 가정식 대용식품(HMR: Home Meal Replacement)이 활성화되고 있다. 우리나라의 대표적 HMR 제품으로는 샐러드, 샌드위치, 레토르트 식품(Retort Food) 등을 꼽을 수 있다.

본래 인스턴트 음식이 서구에서 진행된 만큼 서구 음식 위주로 인스턴트화되었으나, 최근에는 한식 역시 인스턴트화되고 있다. 이로 인해 대량 생산된 음식이 집에서 직접 만들던 수고도 덜어줄 뿐 아니라 비용 역시 절감해주고 있다. 이러한 인스턴트식품은 집에서 간편한 식사를 즐길 수 있게 할 뿐 아니라 여행과 같은 여가 생활에 있어서도 도움을 주기 때문에 여가나 관광 측면에서도 의미가 크다고 하겠다.

2) 배달 음식의 증가

우리나라 사람들은 배달 음식에 익숙해져 있다. 배달이라고 하면 가장 일반적인 중국 음식에서부터 피자, 치킨, 족발 등 다양한 영역으로 확대되어 가고 있다. 최근에는 단순히 한 끼 식사에 대한 배달뿐만 아니라 일주일치 식단 전체를 전문 영양사가 작성, 조리된 식사를 매일 배달해주는 업체까지 생겨나고 있다. 전화나 클릭 한 번에 음식이 배달되어 오기 때문에 싱글족이나 편리함과 간편함을 추구하는 사람들의 증가로 인하여 배달 음식은 점차 증가할 전망이다.

3) 건강식 선호

외식업의 비중이 늘어남에 따라 단순히 한 끼 식사를 때우는 것으로 끝나지 않고 건강도 함께 지키기를 원하고 있다. 그에 따라 건강에 좋은 식품이나 자연식품을 선호하는 경향이 늘어나기 시작하였다. 특히 과거에 비해 고혈압, 당뇨, 비만과 같은 성인병이 증가함에 따라 음식으로써 건강을 찾고자 하는 인식이 증폭되었다.

최근 광우병 또는 조류 독감과 같은 문제가 출현함에 따라 식재료의 원산지뿐 아니라 유기농 식품에 대한 관심이 높아지고 있다. 이는 음식을 통해 건강을 찾고자 하는 의식뿐 아니라 여유를 가지고 먹는 '진정한 식사'를 즐기고자 하는 사람들이 늘어나고 있다는 증거라고 할 수 있다.

4) 요리의 취미화

식사를 하기 위해 간편한 방법을 선호하는 사람도 많아진 반면 식사하고 준비하는 과정 자체를 즐기는 사람도 늘어나고 있다. 즉 음식을 단순히 먹고 마는 것으로 끝나지 않고 요리 자체를 여가활동으로 인식하고 즐기는 사람들이 늘어나고 있다. 특히 현대 사회에서 인터넷과 같은 통신 기기의 발달은 자신만이 가지고 있는 요리나 음식에 관한 정보들을 더욱 쉽게 공유할 수 있는 공간을 마련해주었다.

요리의 취미화는 단순히 음식 만들기뿐 아니라 음식을 먹는 것 자체도 여가화 하는 데 기여하였다. 일반인들도 미식가에 버금갈 정도의 실력을 가지게 되었고, 많은 사람들이 한 끼라도 맛있고 질 좋은 음식을 먹기 위해 노력을 아끼지 않게 되었다. 그에 따라 수많은 요리 동호회가 인터넷 등에서 활동을 하고 요리 코디네이터나 푸드스타일리스트 등의 신종 직업들이 연예인 못지않은 인기를 누리고 있다. 음식에 관한 관심이 요리에 대한 인식을 바꾸었고 동시에 요리에 대한 전문적이고 지속적인 관심을 일으켰다. 이러한 변화가 가능한 이유는 요리가 단순히 식사의 개념으로써 배를 채운다는 생리적인 욕구를 만족시키기 위한 '노동으로서의 요리'가 아닌 '재미를 위한 요리'로 그 개념이 바뀌고 있기 때문이다. 이는 요리가 창의력과 아이디어로 개발되어야 할 가능성 있는 분야로 인정받기 시작했다는 뜻이 될 것이다.

배가 고프기 때문에 생리적 현상으로서의 음식이 아닌, 음식 자체가 즐거움이 되고 즐길거리가 되면서 음식 만들기를 취미로 하기도 하고 그에 따른 도구나 기구들이 속속들이 개발되며, 학원이나 업체들이 발달되면서 외식업계의 새로운 장을 열기도 하였다.

5) 브랜드 선호: 프랜차이즈 레스토랑

현재 한국 외식업에 있어서 프랜차이즈 레스토랑이 급성장하고 있다. 특히 연령이 어릴수록 브랜드 레스토랑을 선호하는 경향이 강하므로 신세대에서 시작된 프랜차이즈 레스토랑 붐은 가족 단위의 기성세대에까지 확산되고 있다.

서구에서 이미 검증된 경영전략과 프로그램을 가지고 있는 외국계 프랜차이즈는 한국 외식업에 충격을 주는 계기가 되었을 뿐 아니라 한국 외식업 발달에 큰 영향을 주는 계기가 되었다. 주로 다양한 메뉴, 분위기와 서비스, 편리성을 기조로 하여 고객층을 확대해가고 있다. 이러한 현상은 한식업계에도 영향을 미쳐 한식 프랜차이즈도 나날이 발전하고 있다.

6) 퓨전 푸드(fusion food)

퓨전이란 말은 '섞는다'에서 비롯된 것으로 본래는 음악에서 사용되었다. 여러 음악 형식을 섞어서 색다르게 변형시키는 데서 유래된 것으로 현재는 음악 외에 여러 장르에서 쓰이고 있다. 퓨전 음식의 유래는 1980년도의 미국에서 시작되었다. 기름기 많은 서양 음식에 대한 반발로 담백하고 식물성의 동양 음식에 대한 관심이 증폭되고 이에 따라 동양 음식을 서양식 취향으로 바꾼 것에서 시작되었다.

한국에서 주로 고가의 식당을 중심으로 시작되었으나, 현재 거의 모든 음식에서 퓨전 스타일을 찾아볼 수 있다고 해도 과언이 아니다. 퓨전 음식은 정통이라는 형식에 얽매이지 않고 자유롭게 동서양의 음식을 조합할 수 있으며 그 변형 가능성이 무한하기 때문에 앞으로 발전할 여지가 풍부하다고 볼 수 있다.

5 한국 외식업의 현황

한국 외식업은 1980년대 서울올림픽이 개최되고 본격적으로 해외 자본이 유입되면서 발전하기 시작하였다. 특히, 여성의 사회진출에 의한 맞벌이 부부의 증가, 주 5일제 시행, 국민소득 증가, 식생활의 서구화 등의 영향으로 빠르게 발전하였다. 특히 2000년대 들어서는 외식업의 규모가 10년 전인 1990년대에 비해 산업 규모는 2배 이상, 업체 수만도 4배 이상 증가하였다. 이는 가구당 식품비 지출이 1990년 20%에서 2004년에는 47%대로 증가한 것을 보아도 외식업의 규

모가 얼마나 커졌으며, 앞으로 전망이 밝다는 것도 알 수 있다.

업체별로는 일반 외식인 한식, 중식, 양식, 일식 등이 70% 이상 차지하고 있으며, 패스트푸드와 패밀리 레스토랑 같은 기업형 외식업체의 점유율이 약 10% 정도이나, 그 증가세가 점차 두드러지고 있다. 특히 최근 일선 학교 급식화와 맞물려 성장세를 보이고 있는 단체급식 시장이 15% 정도를 차지하고 있다는 점이 괄목할 만한 현상이라 볼 수 있다. 이와 같은 점들로 미루어 과거에는 자영업이나 개인 사업으로 인정되었던 외식 산업이 점점 기업화, 대형화되고 있다는 것을 알 수 있다.

현재 한국 외식 산업의 동향을 살펴보면, 첫째, 국내 고유 브랜드의 외식 프랜차이즈가 생겨나면서 영세한 생계형 음식점과의 경쟁이 심화되고 있다. 특히 국내 외식 프랜차이즈는 대기업 자본을 바탕으로 생성된 경우가 많기 때문에 외식업의 대부분을 차지하고 있는 일반 외식업과의 경쟁도 피할 수 없게 되었다. 둘째, 대기업이 외식업체에 진출하면서 규모와 양적인 면에서 증가를 이루었고, 마지막으로 다국적 외식 체인점들이 대거 진출하여 외식업 시장에서 치열하게 경쟁하게 되었다.

이와 같이 한국 외식업계의 현황은 점점 규모가 커지고 있고, 그 전체 산업 비중 역시 높아지고 있다. 그러나 외식은 상황에 따라 언제든지 내식으로 대체가 가능하기 때문에 경기에 민감하므로 지속적인 외부 환경분석과 그에 따른 메뉴의 개발이 매우 중요하다. 또한 이러한 역할을 할 수 있는 인재를 양성할 수 있는 인식과 인프라를 갖추는 것이 외식업계의 가장 큰 과제이다.

미 주

1) 한경수 · 채인숙 · 김경환(2005). 『외식경영학』. 교문사.

2) 공정거래위원회(2001). 프랜차이즈 표준약관.

3) Wnindsperger, Josef(2001). The fee structure in franchising: a property rights view. *Economics Letters*, 73, 219-226.

4) 윤지환 · 이자형(2004). 외식 프랜차이즈 경쟁력 증진을 위한 프랜차이즈 비용구조 전략. 『외식경영 연구』, 7(2), 83-99.

5) Jeffrey, L. Bradach(2003). 김영국 · 윤지환 역. 『프랜차이즈조직의 이해』. 백산출판사.

6) 윤지환(2007). 『여가와 사회』. 일신사.

저자약력

윤지환(尹智煥) 현_경희대학교 호텔관광대학 관광경영학과 교수

저자 윤지환은 The Pennsylvania State University에서 박사학위를 취득했다. 한국관광학회의 호텔외식경영분과학회장을 맡고 있으며 저서『여가의 이해』『사례를 통해 본 다변량 분석의 이해』, 역서『프랜차이즈 조직의 이해』 등과 논문 "프랜차이즈 가맹사업자와 가맹계약자의 관계: 프랜차이즈 비용과 성과를 중심으로" "외식프랜차이즈 가맹사업자의 통제와 지원이 동일성 유지에 미치는 영향" "외식업체 교육훈련 전이 영향 요인에 관한 연구" "외식프랜차이즈 브랜드와 가맹점의 효율성 분석" 등을 통해 활발한 학술적 성과를 발표하고 있으며 후진 양성과 학회의 발전에 힘쓰고 있다.

실무자의 이야기

외식업의 세계적인 현황과 한국 외식업의 대응

장 재 훈*

국내 외식업의 양적 성장과 더불어 외식업에 대한 관심은 최근 정부의 한식의 세계화정책 움직임과 더불어 더욱 고조되고 있다. 태국은 2001년부터 국가차원에서 태국요리 세계화 프로젝트를, 일본은 2005년부터 일본음식발전 5개년계획을 추진하는 등, 음식을 문화상품화하여 국가와 기업이 함께 음식마케팅을 이끌어 가고 있다. 이는 음식 그 자체로 국가 이미지를 강화할 수 있을 뿐 아니라 식문화 수출을 통한 수출증대, 관광산업 발전, 고용증대 등의 경제이익의 파장이 크다는 점을 시사하고 있다. 그러나 무구한 음식문화의 역사를 가지고 있고 발전가능성이 큰 한국의 음식문화가 발빠른 일본 등의 외국기업에게 메뉴아이템을 잠식당하고 한국음식이 오히려 일식으로 오인되고 있는 점은 참으로 애석한 일이다. 외식산업이 산업 그 자체로서도 IT산업에 비해 그 시장규모가 두 배에 이른다는 점은 널리 알려진 사실이다. 미래성장산업으로서의 '문화가치' 및 그 중요 콘텐츠 중 하나인 '음식/식문화'에 대한 전략적인 대응과 정부, 기업, 전문가 집단 간의 유기적인 노력이 절실할 때라 판단된다.

2008년판 『미슐랭 가이드북』에는 무려 150개의 일본 레스토랑이 등재되어, 도쿄가 미식의 도시 파리를 제치고 세계 최고의 미식의 도시로 자리매김하였다. 필자는 1990년 초부터 2000년 중반까지 두 차례 8년간 도쿄에 주재한 경험을 토대로 그 답을 찾아보고자 한다. 1964년 도쿄올림픽 이후 다양한 외식문화를 전개하여 온 일본은 그 후 20년이 지난 1980년대 초까지 일본 내국인의 입맛을 토대로 선진 외국시장의 '맛'을 일본인의 정서에 맞게 접목시켜 왔다. 이는 서양 식문화의 일본현지화 과정이었고, 외국의 메뉴를 일본인 '맛'에 잘 접목시키는 레스토랑이 주로 1등의 위치를 확보하였다. 또한 제한적이나마 다양한 외국식자재 유입과 외국인 스태프로부터 기술전수를 받은 특1급 호텔 출신인력들이 자본과 결연, 창업한 매장이 시장을 주도하였다. 일반 대중을 상대로 한 매장은 식음관련 기업이 주도하는 다양한 메뉴를 제공하는 패밀리 레스토랑 등의 대형매장이 주목되어 있었고 일본 경기의 호황과 더불어 소비능력의 향상, 이로 인한

* 라쿠치나 (주)세진FRS 대표

'고급, 전문' 음식의 수요가 점차 증폭되었다. 이와 더불어 일본 국내 셰프의 현지 탐방 및 연수, 해외관광객의 폭발적 증가는 '현지고유의 맛'에 대한 회귀와 정밀도를 더욱 요구하게 되었다. 이 결과 일본인이 갖고 있는 '음식'에 대한 열광과 일본 고유의 장인정신은 끊임없는 음식의 레시피, 현지화에 대한 노력을 이끌어왔다.

하지만 1990년도 중후반까지만 하더라도 도쿄에서 최고의 이태리 레스토랑으로 그 명목을 유지하던 'Chianti' 'Atore' 등의 레스토랑은 이후 이태리 현지에서 오랜 기간 현지 재료, 현지의 조리법으로 무장한 새로운 셰프그룹으로부터 위협받게 되었다. 이러한 셰프들이 오픈한 Hiroo, Yamazaki 등의 新레스토랑은 오너셰프, 또는 자본을 등에 업은 다양한 형태의 협력구조를 토대로 새로운 레스토랑그룹으로 성장을 가속하여 왔다. 그 이후 최근 수년간 일본 레스토랑의 수준은 조엘 로브숑, 알랑 뒤카스 등 세계적인 셰프 레스토랑이 일본에 직접 진출하면서 세계적인 요리사의 맛을 일본에서 볼 수 있을 정도로 향상되어 왔고, 이는 일본 식음문화 및 경쟁수준을 가일층 성장시켜 왔다.

음식장르에 대한 인기도 및 수요다양화 측면에서 보면 1980년대 가장 각광받던 이태리 음식은 이후 태국, 퓨전, 에스닉(Ethnic), 한식(2002년 한일월드컵과 한류에 힘입어) 컨템퍼러리 프렌치 등 다양한 분야의 음식에 대한 수요를 추가로 창출하여 왔다. 결과적으로 파리 레스토랑의 10배가 넘는 도쿄에서 '맛'으로 승부하고 냉혹하게 평가받는 생존현실에서 나름대로 최고의 맛을 실현하기 위한 경쟁과 장인정신은 일본 도쿄가 오늘날 미슐린 가이드에서 최고의 미각도시로 평가받을 수 있었던 밑거름이기도 하다.

외식업은 문화산업이고 하루아침에 변할 수는 없다. 다른 장치산업처럼 설비투자 등의 방법으로 생산성을 획기적으로 배가시킬 수도 없고 지극히 노동집약적이고 사람에 의존할 수밖에 없는 산업이다. 결국 외식업의 인재에 대한 투자와 교육, 전문직업으로서의 사회적 인식과 보상이 밑거름이 되어야 하고, 외식관련 인재육성에 대한 지원은 정부차원에서도 구체적인 검토 및 실행이 선행되어야 한다. 물론 외식업 경영자의 사업방향에 대한 통찰과 이를 철저히 실현해 나가는 사업적인 안목과 능력도 전제되어야 하지만 한국 외식업의 선진화를 이끌어 나가기 위해서는 여러 가지 요소가 병행되어야 한다고 판단된다.

1. 우수 외식인력의 양성 및 제도적인 지원

많은 외식경영자의 고민사항 중 하나가 빈번한 인력이동과 우수인재의 확보에 있다. 최근 경기침체 및 고용불안정에 따라 당사의 경우 고용인력에 대한 변화가 거의 없으나 한때 레스토랑

이 우후죽순으로 범람하기 시작할 때는 1년 이내 퇴사자가 30%를 넘을 정도로 외식업체의 스카우트 과당경쟁, 이로 인한 이직 및 급여상승 등으로 차곡차곡 쌓아올려야 할 기술적 노하우가 위협받는 일이 허다하였다.

조리기술직 인원 편성을 보면 3년 이상의 장기근속자가 섹션별, 직급별로 각기 포진하여 피라미드 구조를 이루어야 안정적인 노하우 집적과 유지가 가능하다. 또한 직업에 대한 장인정신, 이를 인정하여 주는 사회적 인식도 토대가 되어야 하고, 철저한 직업관을 갖추어 나갈 수 있도록 관련 교육기관의 지도 내용도 충실하여야 한다. 흔히 타 산업에서 볼 수 있는 산학협동도 외식업에서 더욱더 적극적으로 활용되어야 한다. 특히 외식 전문업체에서의 현장 실무교육, 학교에서의 이론을 현장과 연결하여 학점을 이수할 수 있도록 하는 과정 등을 적극 발굴, 확대하여 외식업 지망생들이 미래 직업에 대하여 일찌감치 그 방향설립을 할 수 있도록 함이 좋다고 판단된다. 정부에서도 이러한 기술인력 양성에 대한 교육지원금, 세재혜택 등의 다양한 형태의 지원책이 있다면 좀더 효과적인 방향구축이 될 수 있으리라 생각된다.

2. 사회인식의 변화

명예퇴직이나 개인적인 사정으로 사업거리를 생각한다면 대부분이 쉽게 외식업을 떠올린다고 한다. 하지만 영업개시 후 3년 내 폐업률이 90%가 넘는다는 통계치는 외식업의 험난한 현실을 반증한다. 등록음식점 중 대부분이 소규모, 가족형태의 생계형 음식점이고 동네마다 새로운 음식점이 문을 열고, 주인이 바뀌고, 매장이 변하는 모습이 너무나 당연하게 느껴지는 것이 오늘날 한국 외식업의 현주소이다. 일본 등 선진국처럼 3, 4대에 걸쳐 백 년 가까이 영업하여 온 사랑받고 존경받는 '장인' 외식업체는 쉽게 찾아보기 어려운 실정이다. 일반유통업과 달리 외식업은 기업형으로 대형화된 매장만이 성공을 보장받는 것은 아니다. 오히려 외식에 대한 정확한 이해와 고객욕구를 충실히 이행할 수 있는 전문적이고 미래지향적인 외식업체만이 경쟁력이 있고, 결국 전문적인 교육과 실전경험을 토대로 한 외식업 리더 집단만이 그 맥을 유지·발전시킬 수 있을 것이다.

사실 미국에서도 1980년대 이전에는 우수대학 출신 고급인력의 외식업체 진출은 보기 힘들었다. 이후 외식산업에 대한 미래 전망과 사업으로서의 가치가 인식되면서 고급인력이 외식업에 유입되면서 이러한 우수한 인재들이 주도적으로 사업 발전을 이끌 수 있었던 것이다.

3. 세계화를 위한 제안

음식도 문화이고 그 콘텐츠에 대한 글로벌 스탠더드가 무엇인가에 대한 고찰이 가장 선행되어야 한다고 생각한다. 프랑스 음식이 세계 최고의 음식으로 인정받을 수 있었던 것은 훌륭한 프랑스 와인 덕택이라고 한다. 최고의 와인이 프랑스 와인이고 이와 곁들이는 것이 당연히 프랑스 음식으로 자리매김한 것이다. 역으로 생산량, 완성도에서 프랑스 와인에 비해 손색없는 이태리 와인이 미국시장에서 밀릴 수밖에 없었던 것은 미국에서 이태리 음식의 초기 포지셔닝이 파스타, 피자 등의 표준화가 쉬운 저가의 대중음식으로 자리 잡았기 때문이다.

결국, 음식은 세계화에 있어서 단기간에 침투, 확산할 수 없는 문화상품이어서 그 문화가 갖고 있는 특성과 보편성이 받침되어야 한다. 불과 십 수년 전까지만 하여도 젓가락을 사용하여 생선회를 즐길 수 있는 서양 직장동료는 그리 많지 않았다. 지금은 생선이름까지 일본어로 줄줄 외우며 일식문화를 상류층 식문화라 생각하고 즐기려는 문화심리는 시사점이 많다.

한식하면 김치, 불고기, 비빔밥 등이 해외에 알려져 있고 건강식으로 인정은 되나 맵고 붉은색 계통의 음식 일변도라고 폄하되기 쉽다. 한식에 대한 이미지를 향상시키기 위해서는 전통한식만을 고집해서는 어렵다고 생각한다. 오히려 한식소재를 다양한 요리 장르에서 활용하여 전개하는 방향이 더욱 효과적일 것이다.

미쉘린 스타 레스토랑이 산재하고 있는 뉴욕, 일본 등 세계적인 도시의 주요 레스토랑에서는 일식 소재를 활용한 다양한 형태의 메뉴가 이태리, 프랑스 레스토랑 등에서 선보이고 있다. 예를 들면 '김'을 소재로 한 빵, 서양버섯이 아닌 '동양버섯'을 넣은 리조토, '와사비' 감자요리 등 일식에 대한 활용과 인기는 완성된 일식이 아닌 그 소재로부터 다양하게 전개되고 있는 것이다. 일본 소고기 '와규'를 수입, 숙성하여 'Wagyu stake－Dry Aging 25 days: 200$'라는 메뉴표기는 이미 수년 전부터 미국 유명 레스토랑에서 선보여 왔다. 고급 스테이크 레스토랑에서 최고급 스테이크가 50달러 내외에서 판매되고 있었을 때 일식소재를 활용한 최고가 스테이크가 팔리고 있는 것이다.

한식에 대한 세계적인 '브랜드 셰프'도 지극히 미흡하다. 우리의 셰프를 육성, 지원하여 세계적인 셰프로 만들어 나가기도 해야겠지만 이미 세계적으로 알려진 셰프를 우리가 활용하는 jump-up전략도 병행해야 한다. 이들을 통해 세계적인 음식으로 도약, image-up할 수 있는 전략도 계획적으로 추진되어야 할 것이다.

한국의 게임업체가 세계적으로 단기간에 도약할 수 있었던 것은 경쟁과 보상이었고 IT산업에 대한 사회적인 주목 및 지원이 밑받침된 것으로 보인다. 음식도 문화이고 그 콘텐츠 및 개발에

대한 전략적인 이해와 방향설정은 정부, 학계, 민간차원에서의 다양한 토론과 전문적인 주도집단의 일관성 있는 정책실현으로 가능할 것이다.

저자약력

장재훈(jhchang@la-cucina.co.kr) 현_라쿠치나 (주)세진FRS 대표

고려대학교 사회학과 졸업. 미국 보스턴대학교 경영대학원 졸업. 일본 닛산자동차계열 칼소닉社 도쿄본사 근무. 삼성자동차/삼성전자 근무. GE Korea 및 GE 아시아본부 실리콘사업부 근무. 라쿠치나 (주)세진FRS 대표. 현재 7개 직영 F&B 매장 및 웨딩컨벤션 사업 운영. 아시아나항공 양식부분 기내식 제휴 식품가공사업 등

『관광학총론』 열여섯 번째 이야기

제16장

관광이벤트와 문화관광축제*

정 강 환**

1 관광이벤트의 정의와 이해

1) 이벤트의 개념정의를 위한 배경과 접근

관광이벤트를 이해함에 있어 이벤트에 대한 개념정의가 선결되어야 하며 이벤트를 둘러싼 다양한 현상적 배경 이해가 수반되어야 효과적인 접근을 이룰 수 있을 것으로 본다. '이벤트'라는 용어가 관광 분야는 물론 사회 각 분야에서 자주 사용되고 있으나, '이벤트'에 대한 정확한 개념 정의가 되어 있지 않은 상황에서 지나치게 남발되고 있는 것이 지금의 실정이다. 현재 이벤트는 산업적 차원에서 관심과 가치가 증대되고 있다. 방송이나 일반 기업의 광고·홍보·판촉 차원에서는 물론이고, 지방화 시대의 각 지방자치단체 등에서도 지역의 홍보와 경제 활성화를 위한 관광축제차원에서 그 관심이 특히 고조되고 있다. 이처럼 이벤트에 대한 관심 고조와 양적 과잉성장이 이루어지고 있는 상황에서 이벤트에 대한 개념이 다양하게 정의되고 있지만, 여전히 혼돈상태에 있다고 할 수 있으므로, 체계적인 이벤트에 대한 개념 정의가 필요한 상황이다.

사실 국내의 이벤트 정의에 대해서는 미국과 일본 전문가들의 정의를 자주 인용하는 실정이며, 이를 토대로 한 국내 전문가들의 정의도 다양하여 많은 혼란이 야기되는 상황이다. 이러한 이슈는 이벤트 분야별 종사자나 업계 전문가, 학자별로 다양하고, 정의를 바라보는 관점에서 차

* 이 글은 저자가 2004년에 저술한 『21세기 지역개발형 축제로의 선택: 관광이벤트』와 2006년도에 책임연구로 참여한 『문화관광축제 변화와 성과 1996~2005』의 내용을 기초로 작성하였습니다.

** 배재대학교 관광·이벤트경영학과 교수. e-mail: jghon@pcu.ac.kr

이가 존재하기 때문이다.

일반적으로 국내 이벤트 시장은 매우 다양한 분야의 그룹들이 접근하고 있지만 크게 세 분야의 전문가 그룹들이 주류를 이룬다고 볼 수 있는데, 첫째 부류는 기업의 상품을 광고·판촉하는 기업이벤트(SP) 분야의 전문가들이며, 둘째 부류는 각종 예술장르를 망라하는 예술·공연에서 접근한 이벤트 연출에 중심을 둔 업계 및 전문가 그룹들이다. 세 번째 부류는 바로 지역축제나 박람회를 포괄하는 지역·관광 분야에서 접근한 이벤트 전문가들이 최근에 큰 그룹을 형성하여 국내 이벤트 분야의 판도를 이끌고 있다. 이러한 상황은 각 분야별로 접근하는 시각에 따라 조금씩 다른 관점의 이벤트에 대한 정의 개념을 가지고 있다는 것을 보여주고 있다. 그러므로 광고 이벤트 전문가, 공연 연출가, 축제기획자 등이 이벤트에 대한 조금씩 상이한 개념 접근방식이 생겨나고 있으며, 바로 이러한 이유 때문에 체계적인 이벤트의 정의를 내리는데 혼돈을 유발시키고 있다는 결과를 가져왔다고 할 수 있다.[1)]

또한 이벤트에 대한 정의를 내리는 일반인들이 가지고 있는 이벤트에 대한 왜곡된 인식도 극복해야 할 당면 과제이다. 전문가들 이외에 일반인들 사이에서도 이벤트는 '무대 위에서 공연하는 독특한 것', 심지어는 '이벤트는 연인들을 소개시켜주는 미팅'이라는 인식들을 하고 있어 매체광고 등을 통한 왜곡된 이해가 형성되고 있는 상황이다. 따라서 보다 종합적인 개념의 이벤트에 대한 정의를 내리기 위해 이벤트의 개념접근을 위한 중요한 요소 네 가지를 파악하여 통합적인 차원의 이벤트에 대한 정의를 내려보고자 한다.

(1) 사전 계획성을 강조한 정의

이벤트가 가진 중요한 요소인 '사전 계획성'을 강조한 정의로서 치밀하게 계획된 이벤트를 일상에서 계획되지 않고 우발적으로 일어나는 사건들과 구분하는 정의이다. 이는 *Special Event*의 저자 골드블랫(Goldblatt, 1990)[2)]에 의해 더욱 강조된 정의라고 할 수 있는 이벤트는 항상 사전 계획적이고, 그래서 기대감을 유발할 수 있어야 한다고 주장했다. 이렇게 사전 계획성을 강조한 정의를 참조한다면 공원에서 A와 B가 약속을 하고 만나는 데이트의 경우는 이벤트 개념으로 볼 수 있지만, 공원에서 길을 걷다가 A와 B가 우연히 만나는 경우는 이벤트로 보기 어렵다는 것이다.

[그림 16-1] 이벤트의 '사전 계획성'에 의한 구분

(2) '목적 실현' 중심의 정의

왜 이벤트를 개최하는가? 궁극적으로 무엇을 실현하기 위해서 이벤트가 필요한가?라는 질문에 답변을 해본다고 할 때 이루어질 수 있는 이벤트 정의이다. 다시 말해 예산을 투입해 가면서 치밀한 계획을 수립한 이벤트는 대부분 특정한 목적을 이루기 위해 실시된다는 것이다. 예를 들면 기업판촉(SP) 이벤트의 경우에는 기업의 이익을 극대화하기 위한 목적을 가지고 실시되며, 지역에서 개최되는 축제 이벤트들은 지역민 화합, 지역의 전통문화 보존, 지역경제 활성화, 지역 이미지 고양 등의 공익 목적을 가지고 개최된다는 것이다. 이러한 이유 때문에 많은 전문가들이 내리는 이벤트에 대한 정의에서는 이벤트를 통한 특정한 목적실현을 강조한 부분이 자주 나타난다는 것을 알 수 있다. 도비오카 겐(1994)[3)]은 어떤 목적을 위해서 어떤 조직이 대중동원을 꾀하는 것으로 정의하고 있으며, 일본 통상산업성 이벤트연구회(1987)[4)]는 특정목적(지역사회의 경제・사회・문화적 발전과 부수 산업의 발전, 국제교류, 관광 등)을 수단으로 실시하는 행사 내지는 기획된 모임으로 정의하고 있다.

(3) 특별성(Specialness) 강조형 정의

이벤트에 있어 특별성(Specialness)을 강조한 정의로서 특히 관광이벤트적 관점에서 더욱 중요한 요소이자 정의라 할 수 있다. 이벤트의 특별성이란 이벤트의 공급자적 입장(기획자 입장)에서 일상적인 활동에서 쉽게 느껴볼 수 없는 특별한 요소들로 구성하여, 시간적으로도 1회성 또는 비정기적으로 개최하는 이벤트다. 이벤트 수요자인 이벤트 관람객 입장, 또는 관광이벤트 관점에서 지역주민을 포함한 관광객 관점에서는 항상 반복되는 일상생활을 넘어서 평소 느낄 수 없는 특별한 사회문화적 경험, 또는 일(Work)이 아닌 여가(Leisure)적 성격의 경험을 뜻한다. 이러한 정의는 학문적 성격의 '여가(Leisure)'나 '레크리에이션(Recreation)' '관광(Tourism)' 개념을 생각할 때 보다 쉽게 이해될 수 있는 이벤트 정의이다. 이러한 특별성은 축제의 기능으로서 콕스(Cox, 1969)가 얘기한 "억압된 인간의 감정과 행동 표현의 기회 제공"이란 측면이나, 브라질 리오카니발 또는 베니스카니발처럼 혼돈, 일탈, 신분의 변화상태를 일시적으로 경험해보는 측면을 모두 포괄한다고 할 수 있다. 이러한 개념에서 우리는 단순히 '이벤트'라고 통칭하지만, 사실은 '이벤트'라는 단어 앞에 '특별한(Special)'이란 단어가 생략되어 있는 개념으로 본다는 것이다. 게츠(Getz, 1991)[5]는 "스페셜이벤트란 주최측 입장에는 일상적인 활동이나 프로그램에서 벗어난 1회성 또는 비주기적으로 개최하는 특별한 이벤트이며, 수요자들에게는 일상생활의 경험을 벗어나는 특별한 사회문화적 또는 여가적 경험의 특별한 기회를 제공하는 것이다"라는 주장을 통해 이벤트의 특별성을 강조하였으며, 이봉석 외(1998)[6]는 일과성 또는 정기적인 범주를 넘어선 레저, 사회문화적 경험의 기회라고 표현하여 이벤트의 특별성을 강조하였다.

(4) 기본 계획(시간, 장소, 대상) 강조형 정의

이벤트 기획서에서 이벤트 '기본 계획'을 수립하기 위해서는 '누가' '언제' '어디서' '무엇을' '어떻게' '왜'라는 육하원칙을 배려해야 하고, 그중에서도 특히 시간, 장소, 대상은 더욱 중요한 필수요소이다. 이러한 구체적인 필수요소들을 강조한 이벤트 정의들이 이 분류에 속한다고 할 수 있다. 지금까지 언급된 이벤트 정의의 네 분류 가운데 가장 구체적으로 표현하고자 한 정의이며, 이벤트의 성격을 표출하고자 하기보다는 구체적인 이벤트의 진행, 운영적 측면이 강조된 실전형의 정의라고 할 수 있다. 최근에 '기본 계획 강조형'의 정의들을 살펴본다고 할 때 기존 기본 계획의 주요 요소인 시간, 장소, 대상 요소 이외에 경영(Management) 요소를 강조하는 것에 주목할 필요가 있다. 이벤트 관광학자인 게츠(Getz, 1997)[7]는 "모든 이벤트는 시간(Duration), 장소(Setting), 경영(Management), 대상(People)의 산물"이라고 표현했는데, 그중 '경영'은 '프로그램' '조직의 복합적 운영' '디자인'을 모두 포괄하는 광범위하면서도 중요성이 더욱 부각되어 있는 요소이다. 일본 인터크로스연구소(1989)[8]는 기간, 장소, 대상을 제한하고 공동의 목적으로 이끄는 의도를 가진 일체의 행사라는 정의를 통해 이벤트의 기본계획적 요소를 강조하였다.

이러한 네 가지 특성을 모두 고려한 종합적인 관점에서 저자는 이벤트의 정의를 다음과 같이 내리고자 한다.

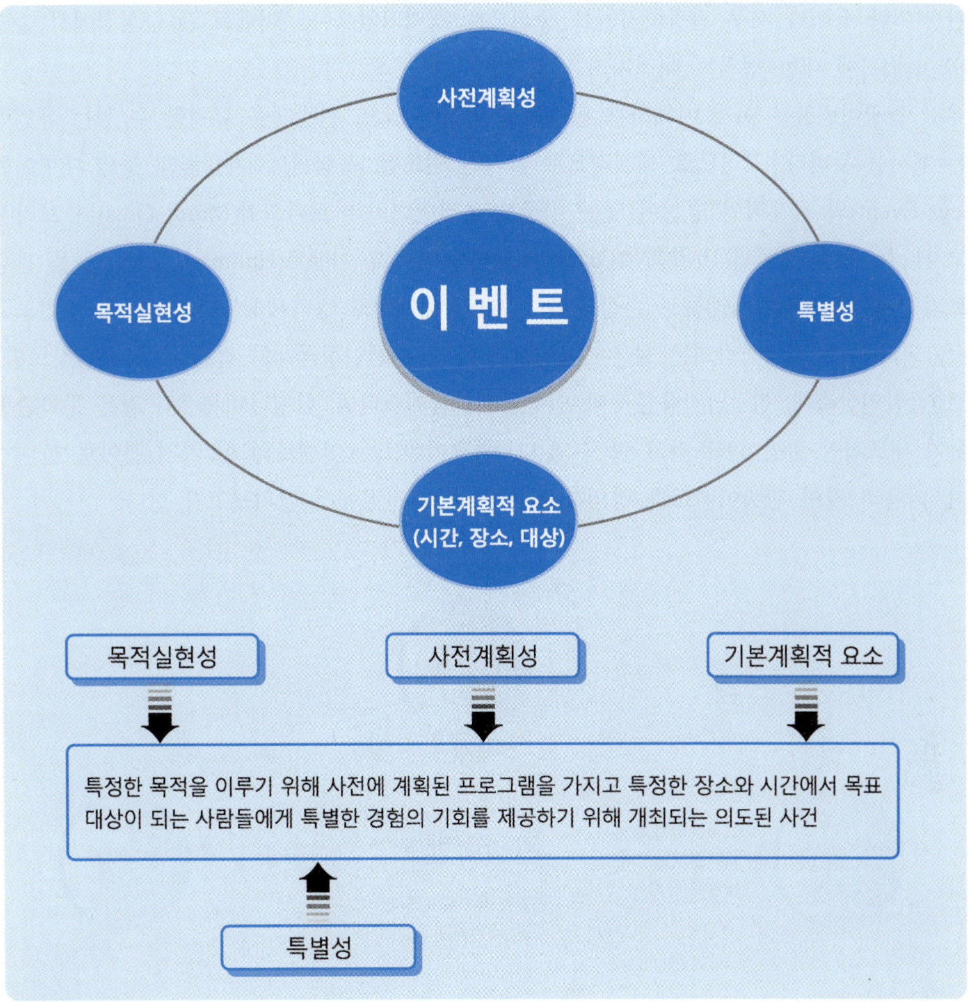

[그림 16-2] 이벤트의 정의

2) 이벤트 개념 접근을 통한 관광이벤트의 정의

앞서 정의된 이벤트의 개념을 바탕으로 관광이벤트의 정의를 내리고자 한다. 그간 기존의 많은 학자들이 이벤트에 대한 정의에 다양하게 접근하면서도 관광이벤트에 대한 정의에 있어서는 효과적인 접근 시도가 없었다. 관광이벤트란 명칭이 문헌 속에 존재하면서도 미국, 일본, 국내 학자들의 이벤트 정의나 분류 속에서는 관광이벤트가 효과적으로 정의되지 못했다는 것이다. 관광 분야에서도 최근 붐을 이루고 있는 관광 분야 및 관광현상 중의 하나로 주목받으면서 '이벤트관광'이란 용어가 서구 관광학자들을 중심으로 정의되었으나. '이벤트'란 구심점에서 출발한 '관광이벤트'에 대한 정의는 내려지지 않았다.

우선 관광이벤트는 쉽게 이해하는 관점에서 명성이 있고, 관광객을 유치할 수 있는 유인력이 있는 행사를 뜻한다. 그러므로 세계적으로 알려진 월드컵, 올림픽, 세계박람회 등의 대형이벤트(Mega-Event)와 국제적인 명성이 있는 미국 뉴올리언스의 마르디그라(Mardi Gras)나 브라질의 리오카니발, 독일 뮌헨의 10월축제(Oktoberfest) 등 홀마크 이벤트(Hallmark Event)들을 관광이벤트의 가장 대표적인 사례들로 손꼽을 수 있다. 국내에서도 경기세계도자기엑스포, 안면도국제꽃박람회와 같은 지방박람회는 물론 부산국제영화제, 춘천인형극제와 같은 유명 예술장르별 이벤트, 금산인삼축제, 진주남강유등축제, 안동국제탈춤페스티벌, 함평나비축제와 같은 문화관광축제들이 대표적인 관광이벤트라고 할 수 있다. 관광이벤트는 이벤트의 한 가지 분야로 볼 수 있으며, 다음과 같이 관광이벤트를 정의하고자 네 가지 관점에서 살펴보고자 한다.

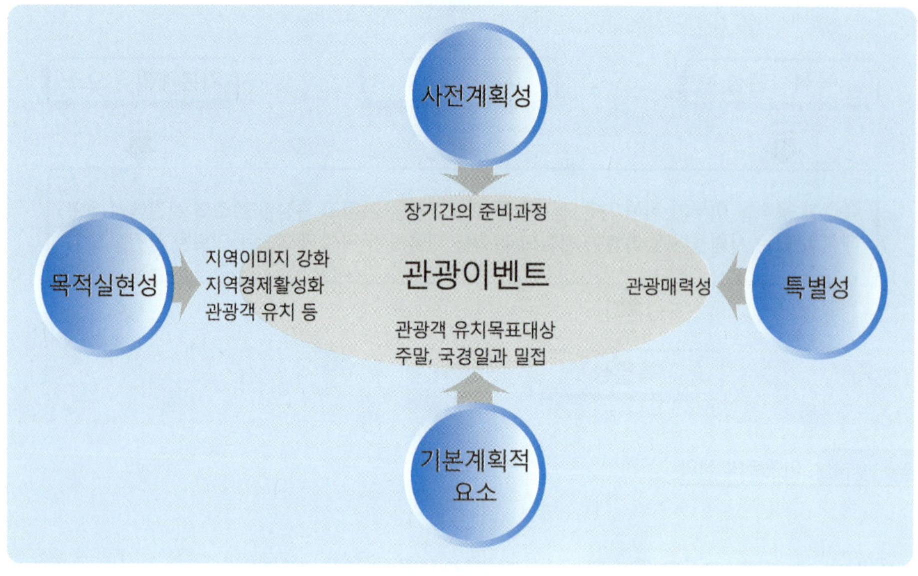

[그림 16-3] 관광이벤트 정의를 위한 이벤트의 네 가지 특성을 통한 접근모델

우선 목적 실현적인 관점에서 "관광이벤트는 왜 개최되는가?" "관광이벤트를 기획 · 개발하고 주관하는 조직자들이 궁극적으로 목표하는 효과는 무엇인가?"를 물어볼 때 주민화합 등의 지역 내부지향형의 목적보다는 외부지향형 목적들을 들고 있는데, 예를 들면 지역의 이미지를 강화하거나 부정적인 이미지를 개선하는 것, 외지 관광객의 유치를 통한 비수기 극복 또는 특산물 판

촉, 침체된 지역경제 및 관광대상지 활성화, 규모가 크고 명성 있는 관광이벤트는 개최지의 도시경관을 개선하고 도시의 청사진을 앞당기는 효과를 목표로 삼고 있음을 알 수 있다.

사전 계획성의 관점에서 본다고 할 때 외지의 관광객들까지 유치하는 관광이벤트가 개최되기 위해서는 지역 내에서 개최되는 일반 이벤트보다 많은 준비기간과 투자 노력이 필요한 것은 당연한 이치다. 앞서 언급된 관광이벤트의 전략적 목표들을 효과적으로 이루기 위해서는 보다 주도면밀한 사전 계획과 충분한 홍보기간을 수반한 마케팅이 필요할 것으로 본다. 예를 들면 지역민 화합형의 일반적인 지역축제는 2~3개월 전부터 준비하기 시작하여 1~2주 전에 본격적인 홍보를 하는 반면에 관광객 유치를 주목적으로 하는 문화관광축제의 경우 9개월 전부터 국제홍보를 시작하여 3~4개월 전부터는 본격적인 홍보에 들어가는 등 준비기간에 큰 차이가 존재한다. 더구나 대규모의 국제적인 관광 메가이벤트의 경우는 2~3년 또는 4~5년 전부터 본 준비에 들어가는 세세한 사전준비를 요한다. 그러므로 관광이벤트는 사전계획성의 관점에서 보다 면밀하고 세세한 준비과정이 필요하다는 판단을 내릴 수 있다.

이벤트의 핵심적인 기본 계획 요소라고 할 수 있는 시간, 장소, 대상(Target)적인 관점에서 관광이벤트는 주로 '대상'이라는 요소에서 '일반적인 이벤트'와는 큰 차별성을 두고 있다. 일반적인 중·소규모의 이벤트 대상이 주로 지역 내 주민 그룹이 유치대상이 된다고 볼 때 관광이벤트는 지역 밖의 관광객이 주된 유치 목표대상이 된다는 점이다. 일반적인 이벤트들이 지역단체 중심의 내부지향형 대상을 목표로 하는 데 반해 관광이벤트는 외지에서 오는 방문객들을 중심으로 하는 외부지향형 대상을 중심 목표로 하는 차이점이 있다고 할 수 있다. 관광이벤트가 목표로 하는 관광객 그룹 유치도 구체적으로는 국내 관광객과 외국인 관광객으로 나뉠 수 있으며, 관광이벤트의 규모나 명성에 따라 외국인 관광객 유치도 밀접한 관련이 있다는 것이다.

이벤트의 핵심요소로서 '시간'과 관련된 관광이벤트의 특성요소는 계절적인 관점에서 과거 '90년대 중반까지는 날씨가 가장 좋은 봄과 가을에 집중되는 형태가 주류를 이루었으나, '90년대 후반부터는 여름과 겨울형 관광이벤트가 다수 개발되고 있다'는 추세라는 점과 구체적인 관광이벤트 개최시기에 있어 주말, 국경일을 개최기간에 포함시키는 것이 중요한 요소로 작용하고 있다는 점이다.

이벤트에 있어 '특별성(Specialness)'은 관광이벤트에서는 더욱 중요한 요소라고 할 수 있다. 관광이벤트의 특별성이란 '이벤트의 공급자적 입장(기획자 입장)'에서 일상적인 활동에서 쉽게 느껴볼 수 없는 특별한 요소들로 구성하여 독특함, 명성, 시의적(蒔宜的)인 중요성으로 지역 내는 물론 지역 외 전국적으로, 또는 외국에서도 방문을 유도하게 할 수 있는 특별한 매력성을 지녀야 한다는 것이다. 이러한 관점에서 일반적인 이벤트들보다도 훨씬 더 강한 방문객 유인력을 가져야 한다는 것이다. 이벤트 수요자인 이벤트 관람객 입장, 특히 외지에서 온 관광객 관점에서는 시간과 돈, 노력을 투자해서 방문하는 이유는 평소 느낄 수 없는 특별한 경험을 기대하기 때문이다.

앞서 이벤트 정의에 도입했던 네 가지 특성요소를 모두 고려한 종합적인 관점에서 저자가 관광이벤트의 정의를 내린다고 할 때 다음과 같은 정의를 내릴 수 있다.

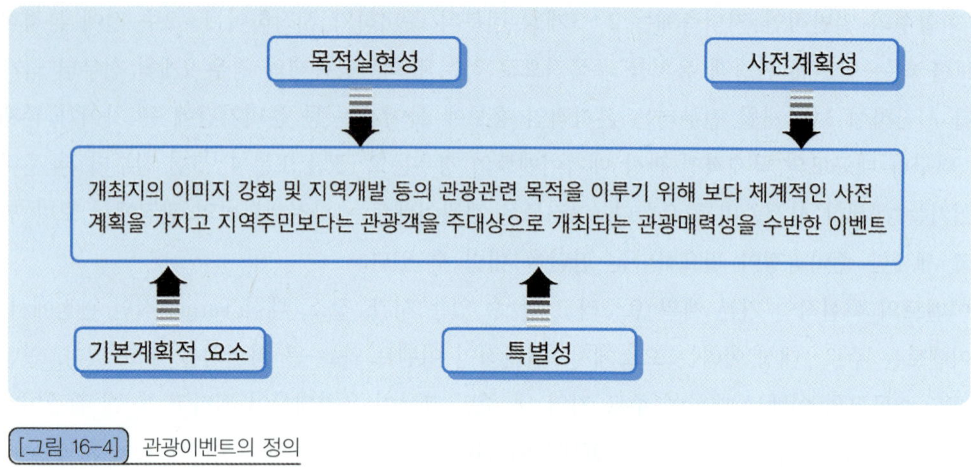

[그림 16-4] 관광이벤트의 정의

2 관광이벤트의 구성모델과 파급효과

1) 관광이벤트의 구성모델과 요인

관광이벤트를 구성하고 연관하는 주요 4개의 요소들이 어떻게 네트워크가 되어 있고, 어떠한 관계를 가지고 있는지를 이해할 수 있는 모델을 소개하고자 한다.

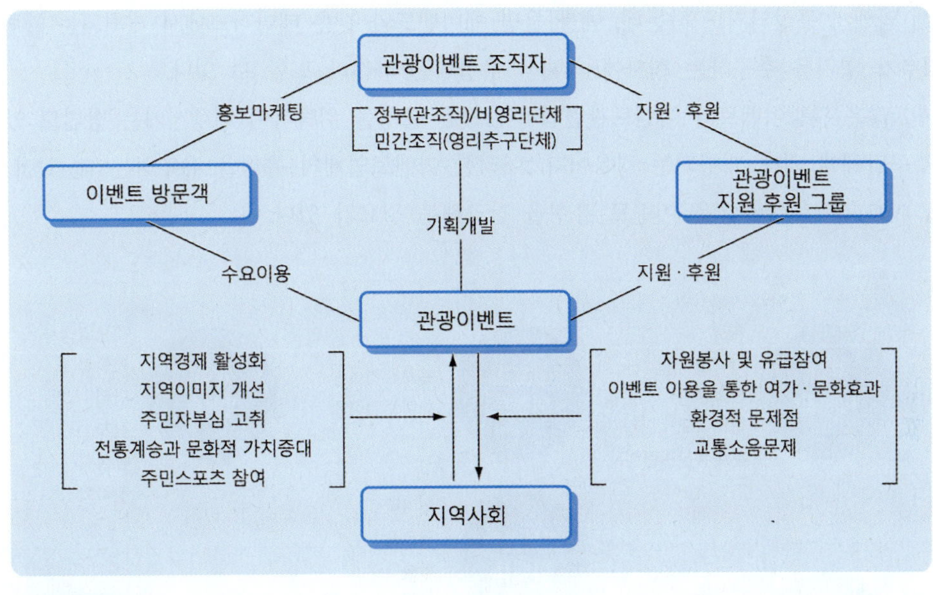

[그림 16-5] 관광이벤트의 주요 구성요소 네트워크모델

(1) 관광이벤트 조직자

관광이벤트 조직자 유형에는 1) 지방자치단체 등의 정부기관, 2) 법인, 문화원 등의 비영리단체, 3) 영리추구 회사 등의 세 가지 유형이 있다고 할 수 있다. 그러나 보령머드축제, 금산인삼축제, 김제지평선축제 등 대부분의 국내 관광축제들은 광역 또는 기초지방자치단체들에 의해 구성되고 있다고 할 수 있으며 '관주도형'이란 말로 표현하는 이유가 여기에 있다. 이러한 조직형태는 예산의 확보 등 재정 측면에서는 유리하며, 허가 및 인가를 얻을 때 등 각종 절차를 실행하기 쉽다는 장점이 있지만, 한편으로는 인사이동 등으로 담당자가 자주 바뀌기 쉽다는 단점도 있다. 지방자치단체의 조직 내에서 임시로 조직위원회를 구성하고, 축제가 끝나면 다시 조직은 해산되고 직원은 다시 원래의 기존업무로 되돌아가는 형태가 주를 이룬다.

진주남강유등축제나 안동국제탈춤페스티벌과 같은 일부는 법인과 같은 비영리단체들에 의해 기획 · 운영되기도 한다. 진주남강유등축제는 재단법인형태로서 민 · 관 · 전문가 공동의 성격을 띠고 있으며, 축제에 관한 업무를 맡고 있는 직원 5명이 상근직으로 배치되어 있다. 법인, 문화원 등의 비영리단체에서는 행정에 없는 전문 노하우나 네트워크 등을 구사할 수 있으며, 협찬 및 재원마련이 용이하다는 장점을 가지고 있다.

그러나 관광이벤트는 관조직이나 비영리단체에 의해서만 구성된다고 할 수 없으며, 영리추구단체에 의해서 구성되기도 하는데, 예를 들면 에버랜드와 같은 테마파크에서 개최되는 튤립축제의 경우가 영리를 추구하는 회사에 의해서 구성되는 사례라고 할 수 있다.

또한, 많은 관광이벤트가 이벤트관련업체에 모든 운영을 위탁하여 대행시키는 방법도 있는데, 영리추구단체에 의해 대행되는 경우이다. 이러한 이벤트업체의 유형을 유추하는 데 있어 게츠(Getz, 1997)가 분류해 놓은 이벤트 유형을 참고해볼 필요가 있다.

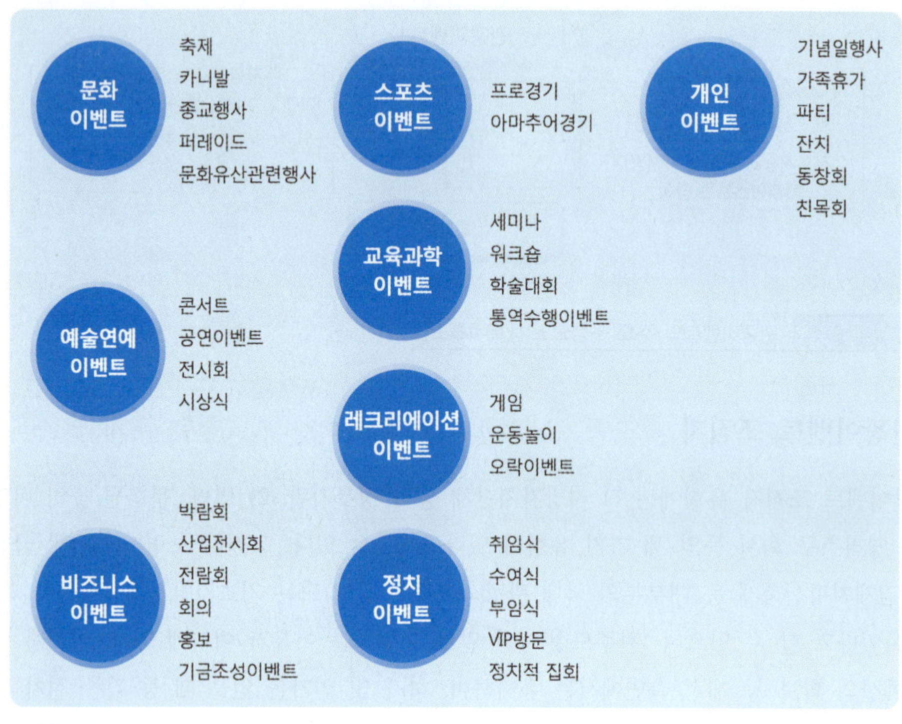

[그림 16-6] 게츠(Getz)의 이벤트 유형[9)]

(2) 관광이벤트 지원 및 후원그룹

관광이벤트 지원/후원그룹은 그야말로 관광이벤트의 예산지원, 행정지원, 홍보지원, 기술적 지원, 전문 컨설팅, 스폰서로서 후원하는 그룹들을 통틀어 지칭하는 요소로서 매우 다양한 그룹들이 포함된다고 할 수 있다. 관광이벤트의 규모가 크고, 명성이 있을수록 지원/후원그룹의 수도 많고 다양하다고 할 수 있다.

특히 관광이벤트가 전국적 · 국제적인 발전모델로 승화되는 데 있어 최근 관광이벤트의 지원/

후원그룹의 역할이 중요하다고 할 수 있으며, 지속적으로 증대되고 있다고 할 수 있다. 예를 들면 문화관광축제의 경우 지원/후원그룹을 살펴보면 문화관광부로부터 국비지원을 받고 있고, 광역지자체로부터 도비지원, 한국관광공사로부터 해외홍보지원, 대학연구소로부터 전문컨설팅 지원을 받았고, 문예진흥기금 지정기탁과 같은 간접후원시스템을 통해 후원그룹의 스폰서십을 유치하였다.

(3) 관광이벤트 방문객

관광이벤트 방문객은 관광이벤트를 이용하는 소비자그룹으로서 관광이벤트 조직자가 목표대상으로 홍보·마케팅하는 그룹이기도 하다. 축제방문객은 관광이벤트 이용자, 축제관광객, 관람객 등 다수의 용어로 언급되고 있으며, 관광이벤트에서 제공되는 각종 축제서비스를 구매/이용한다.

축제방문객을 보다 구체적으로는 지리적 관점에서 세 가지 그룹의 방문객시장을 두고 있다고 할 수 있으며, 구체적으로는 지역주민시장, 국내관광객시장, 외국인관광객시장이라고 칭할 수 있다. 관광이벤트가 아무리 관광객유치에 주목적을 둔다고 하지만 관광이벤트가 개최되는 지역 내 주민그룹의 비중을 무시할 수 없다. 관광이벤트를 표명하고 많은 홍보를 하지만 아직도 지역주민시장의 비중이 큰 관광이벤트가 지역축제 분야에서는 상당한 비율을 차지하고 있다. 국내관광객시장은 대부분의 관광이벤트가 유치목표로 하는 핵심시장이며 개최지역을 제외한 외부지역에서 오는 국내방문객을 통틀어 칭한다. 외국인관광객은 지리적 개념에서 두 개의 그룹으로 세분화되며 외국에서 온 개별 또는 단체관광객을 국제관광객그룹과 주한외국인처럼 국내에 체류하면서 방문하는 국내거주 외국인방문객 그룹으로 나뉠 수 있다. 관광이벤트방문객의 세분화는 지리적 관점뿐만 아니라 성별, 연령, 교육 정도 등의 인구통계적인 요인들에 의해서 이루어지기도 한다.

(4) 지역사회(관광대상지)

관광이벤트가 개최되는 '지역사회'와 '관광이벤트' 사이에는 '자원봉사와 관련한 참여이슈' '다양한 사회문화적·경제적 긍정효과' '일부의 부정적 문제점' 등이 존재한다. 경제적인 관점에서 관광이벤트는 지역의 상가, 식당가, 숙박구역과 연계되어 상가활성화 및 비수기극복의 경제효과를 통한 지역경제활성화로 확산될 수 있으며, 특히 금산인삼축제나 이천도자기축제처럼 특산물축제의 경우는 인삼약초산업이나 도자산업 등 지역의 특화산업을 활성화시키는 효과를 가지고 있다. 사회문화적인 관점에서는 개최지역주민들에게는 관광이벤트를 통한 지역이미지 강화 등을 통해 자부심을 고취시킬 수 있고, 관광이벤트를 통해 지역의 역사민속자원을 보여주고, 토속적인 문화행사 등을 통해 전통계승과 문화적 가치가 증대되고, 대규모 스포츠이벤트를 유치한 경우 주민들이 스포츠에 관심을 가지고 적극적인 참여를 하게 되며, 국제적인 단체나 개인들이 참여하는 관광이벤트의 경우에는 주민들에게 국제적인 문화접촉을 유도하게 하고, 관광이벤트의 개최과정을 통해 주민들에게 자원봉사정신이 형성되는 효과가 나타나기도 한다. 관광이벤트가 개최지역에 부정적으로 미칠 수 있는 요인도 있는데 관광이벤트는 개최지역에 일시적인 교통폭증과 소음유발이 주민들의 이해를 필요로 하며, 쓰레기처리문제와 같은 환경적 문제가 직접적인 당면과제이기도 하다. 간접적인 영향의 경우 호주 애들레이드의 자동차경주대회는 지역주민들에게 자동차 스피드에 대한 심리적인 영향을 미쳐 개최기간 전후로 교통사고가 증가하는 사례도 있다.

2) 관광이벤트가 지역에 미치는 파급효과

관광이벤트가 개최되어 지역에 미치는 효과는 다양하며, 이러한 파급효과를 염두에 둔 관광이벤트의 전략적 개발이 지역발전 차원에서 이루어지고 있다.

(1) 관광이벤트를 통한 지역이미지 홍보

전세계적으로 관광이벤트 개최가 붐을 이루는 이유 중 가장 내세울 만한 것은 지역이미지 홍보일 것이다. 잘 알려지지 않은 지역은 관광이벤트를 통해 뉴 이미지 메이킹(New Image-Making)의 기회를 가지려고 하며, 부정적 이미지가 있는 곳은 긍정적인 방향으로 이미지를 전환시키려고 하며, 기존의 개성적 이미지가 있는 지역은 보다 강화된 이미지 창출 또는 업그레이드(Upgrade)형 이미지 구축을 추구하게 된다.

국내적으로 관광이벤트가 지역마케팅에 중추적인 역할을 하고 부분적으로도 지역경제활성화의 '엔진'으로 변신한 사례로는 '함평나비축제'를 들 수 있다. 친환경농업 때문에 시작한 '나비축제사업'은 전국에서 전남 함평군의 위치를 각인시키고 인지도를 크게 증가시키는 계기가 되었으며, 지역을 '나비의 도시'라는 새로운 이미지 창출을 하는 기회를 마련하게 되었다. 별다른 특산품 없이 지자체의 아이디어만으로 성공시킨 사례로 손꼽히는 함평나비축제는 1999년 처음 개최된 이래 공격적인 홍보·마케팅을 통해 10년이라는 단시간 내에 '나비곤충엑스포'라는 국제행사를 개최하였으며, 축제를 통해 지역의 친환경 이미지를 부각시켜 지역의 농·특산물 판매효과

를 높이는 계기를 마련하였다. 함평군 내의 숙박업소, 음식업소에는 모두 나비 아이템을 적용하고 있는데, 특히 숙박업소는 각 객실의 이불과 베개에 나비자수를 삽입하는 등 나비상징을 지역으로 확산시키고 있다.

또한, 기존의 개성적인 이미지가 있는 지역이 관광이벤트를 통해 보다 강화된 이미지 창출 또는 업그레이드(Upgrade)형 이미지 구축을 추구하게 된 사례들은 특산물 또는 문화산업으로 유명한 곳에서 쉽게 찾아볼 수 있는데 그 대표적인 사례가 바로 보령머드축제이다. '바르는 축제'로 알려진 보령머드축제는 1998년에 대천해수욕장에서 처음으로 개최되었다. 이 무렵이 대천해수욕장의 '8월 집중현상' '바가지요금' '불친절' 등으로 이미지 전환 등 해수욕장의 활성화를 위한 돌파구가 필요했던 시점이다. 축제는 해수욕장이 개장하는 7월 중순에 개최함으로써 관광객들의 방문이 최고 성수기 8월에 비해 다소 떨어지는 단점을 해수욕장에 머드라는 독특한 주제를 반영함으로써 관광객의 유입을 축제방문객으로 전환하여 8월뿐만 아니라 7월에도 급격한 상승을 유발한 것이다. 그리고 건강과 미용의 머드와 온통 초콜릿색 머드를 칠한 관광객의 모습이 이색적이기 그지없다는 점은 대천해수욕장에 새로운 이미지와 부가가치를 부여하는 역할을 한 것이다. 축제로 인해 생성된 머드축제의 이미지는 여름철 바다갯벌진흙을 온몸에 바르는 것으로 연상되며, 외국 젊은이들이 모여들어 뒹굴고 노는 '일탈의 축제'로 이미지를 굳혀가고 있는 '보령머드축제'가 충남 대천해수욕장의 색다른 이미지, 경제의 새바람을 불어넣고 있다.

(2) 관광이벤트의 경제적 중요성

세계 각국 각 지역에서 관광이벤트를 개발하고 개최하는 실질적인 이유를 경제효과, 지역경제 활성화 등에 두는 경우가 많다. 관광이벤트에서 방문객들이 지출하는 소비지출에 의한 경제효과는 엄청난 경우가 많다. 미국 뉴올리언스에서 개최되는 세계적인 카니발 퍼레이드로 유명한 마르디그라(Mardi Gras)가 지역경제에 미치는 효과는 무려 약 1조 2천억 원에 달한다고 마르디그라 전문가로 알려진 '하디(Arthur Hardy)'는 주장하고 있어 매년 개최되는 관광축제인 마르디그라가 뉴올리언스시에 얼마나 큰 경제적인 영향을 미치고 있는지를 암시하고 있다. 브라질의 리오카니발과 함께 세계 3대 축제로 꼽히는 독일 뮌헨의 맥주축제로 알려진 옥토버페스트(Oktoberfest)는 2주간 750만 명이 방문하는 커다란 경제효과를 발산하는 대형관광축제로 알려져 있으며, 축제방문객의 총 소비지출규모는 10억 유로(약 1조 7천 억) 정도로 추정하고 있다.

국제적인 대형축제가 아니더라도 중·소규모 지역축제의 경우도 축제방문객 지출에 의한 중요성을 파악할 수 있다. 2006년 금산인삼축제의 경우 방문객 1인당 86,729원을 지출하는 것으로 나타나 매우 높은 지출을 하고 있다는 것을 알 수 있다. 방문객들을 보다 세부적으로 분류하여 분석하면 금산 지역주민의 경우 53,291원을 소비·지출하며, 국내관광객의 경우는 지역주민의 두 배 이상인 94,840원을 지출하는 것으로 나타났다.[10] 이러한 관광객 지출통계를 볼 때 왜 금산인삼축제에 관광객 유치를 극대화하고 지역경제활성화와 어떻게 연결되는지를 쉽게 알 수 있다.

〈표 16-1〉 2006년 제26회 금산인삼축제 방문객 그룹별 1인당 평균소비지출비용

항 목	전체평균	지역주민	국내관광객	외국인관광객
쇼핑비	43,720원	18,395원	49,652원	35,000원
교통비	17,294원	6,644원	19,364원	17,100원
식음료비	17,258원	18,020원	17,293원	14,000원
유흥비	3,285원	7,777원	2,369원	2,000원
숙박비	2,566원	2,173원	2,791원	0원
기 타	2,606원	282원	3,371원	0원
합 계	86,729원	53,291원	94,840원	68,100원

| 자료: 배재대학교 관광이벤트연구소(2006).

(3) 관광이벤트를 통한 문화시설 활성화 및 전통문화 재창출

국제적인 시각에서 볼 때 박물관, 유적지 등 유명한 문화시설들이 축제에 의해 더욱 활성화되는 사례들이 자주 나타나고 있다. 그에 따른 잠재적 혜택을 크게 세 가지로 나열해볼 수 있다. 첫째, 각종 관광이벤트 개최를 통해 문화시설의 정적인 분위기를 다이내믹하게 전환시켜, 그동안 유치 못한 잠재고객들을 유도함으로써 문화시설에 새로운 활력을 불어넣는다. 둘째, 많은 사람들이 문화시설은 일생에 한 번 방문으로 충분하다는 일반적 인식을 갖는데, 그것은 문화시설이 마케팅을 통해 극복해야 하는 과제이기도 하다. 많은 경우 문화시설에 관광이벤트를 개최함으로써 재방문을 유도한다. 셋째, 여행일정에 특정 문화시설의 방문 일정이 없으면서 그 지역에 머물고 있는 이른바 '친구나 친지를 만나러 온 방문객(VFR: Visiting Friends and Relatives)'들을 유치할 수 있는 파급효과가 있다. 이러한 경우는 특히 친구·친척집을 방문하기 위해 자동차로 장거리를 여행하는 경우 여행 도중에 축제홍보로 충동방문을 유발할 수 있다.

경상북도 고령군은 인구 3만 5천여 명이 거주하는 군단위 소규모지역으로 '고령'하면 떠올릴 수 있는 특징적인 이미지가 없어 관광객이 찾는 매력적인 지역으로서의 관광이미지는 미흡한 실정이었으며, 대가야왕릉전시관, 지산동 고분군 등 대가야와 관련된 하드웨어시설이 입지함에

도 불구하고, 대가야에 대한 이미지는 부각되지 못하고 있었다. 이러한 상황에서 돌파구를 찾던 중 고령군은 2005년에 대가야왕릉전시관과 지산동 고분군을 중심으로 고령대가야체험축제를 개최함으로써 무형의 대가야 소재를 유형화하는 전략을 통해 암각화체험, 무덤체험, 무구류체험 등의 주제성 높은 체험프로그램의 개발과 적극적인 홍보로 첫 회부터 10만 명 이상의 관광객을 유치하는 성과를 거두었다. 또한, 관광객들로부터 높은 만족도를 유도해냄으로써 지역의 새로운 이미지를 창출하였을 뿐만 아니라 지역의 대표적 역사유적인 지산동 고분군에 대한 관심을 보다 광역적 차원에서 확보하는 계기를 마련하였으며, 대가야박물관 등을 활성화하고 정적 이미지의 문화재에 동적 이미지를 부여하는 역할을 하였다. 축제의 성공적인 개최를 토대로 김천시, 상주시, 구미시, 칠곡군, 성주군 등 10개 시·군을 엮는 대가야문화권을 형성하여 경상북도에서 국책사업으로 추진 중인 대가야문화권 조성사업을 가속화함으로써 광역적인 지역개발전략으로 확산하는 계기도 마련하였다.

이 밖에도 묻혀 있던 지역의 문화유산들이 관광이벤트를 통해 표현되면서 잊혀진 지역의 훌륭한 전통문화소재가 재창조되는 계기를 마련하기도 한다. 김제지평선축제의 쌍용놀이, 입석줄달리기, 만경들노래 벼베기 시연 등의 지역의 소중한 전승민속놀이문화들이 농촌인구의 급격한 감소로 인해 많은 인원이 소요되는 어려움으로 인해 전승되지 못하고 책 속에 묻혀 있었다. 그러나 지평선축제를 통해서 많은 관광객들이 유치되고 그들에게 보여줄 지역특유의 프로그램욕구에 의해 축제프로그램으로 재창출되었다. 민속놀이 파생지역을 중심으로 해당 주민들에게 간담회 등 지속적인 설명회를 갖고 공감대를 형성하여 잊혀졌던 지역문화를 해당주민이 직접 참여하고 연출하게 함으로써 주민들에게는 민속놀이를 통해 화합과 민속놀이의 뿌리를 이어가는 기회를 제공하였고 관광객들에게는 지역의 소중한 문화를 새롭게 인식시키며, 지역의 문화를 이해하는 계기를 마련하였다.

(4) 관광이벤트를 통한 지역의 비수기 극복

모든 관광지가 공통적으로 머리를 싸매고 고민하는 것은 "어떻게 하면 비수기의 계절적 변수를 극복할 수 있을 것인가?"이다. 최근 비수기 타개의 적극적인 해결책으로 관광축제 전략이 환영받고 있다. 그것은 바로 이벤트 개최를 통해 관광성수기를 연장하거나, 새로운 관광시즌을 창출해낸다는 것인데, 세계적인 추세는 북부지역의 관광장애 요인인 겨울 기후를 스키 경주대회나 겨울카니발, 심지어 추위를 참는 '내한(耐寒)페스티벌'과 같은 동계 이벤트를 개최하여 새로운 관광시즌을 창출해내고, 남쪽지역의 무더운 계절에는 관광축제 등으로 계절적 변수를 극복하려는 시도를 하고 있다.

캐나다의 수도인 오타와는 기온이 영하 30도까지 떨어지는 혹한의 날씨를 가지고 있다. 전세계 수도 중에 겨울철에 춥기로 유명한 몽골의 수도인 울란바토르(Ulan Bator) 다음으로 추운 도시라고 언급되기도 한다. 1979년 오타와의 국립수도권개발위원회가 오타와의 추운 겨울을 소재로 도시를 홍보하고 춥고 긴 겨울을 보내는 지역주민들에게 활력을 불어넣어야겠다는 역발상적인 아이디어와 1970년 리도운하를 스케이트장으로 만든 후 유지비가 많이 드는 것에 비해 효율성이 다소 부족하여 이를 개선시키고자 '윈터루드'를 개최하게 되었다. 윈터루드는 온타리오주(Ontario)의 오타와시(Ottawa)와 퀘벡(Quebec)주의 가티그시(Gitineau)에 걸쳐 있는 수도권 지역에서 개최된다. 그 후로부터 지금까지 윈터루드로 인해 오타와의 혹한의 겨울시즌에 지역주민들에게 따뜻한 바람을 불어넣고 있으며, 지역경제활성화뿐만 아니라 매력적인 오타와의 이미지를 강화하는 데 기여하고 있다.

이러한 겨울철 비수기 극복 및 새로운 관광시즌 창출시도는 국내에서 강원도지역을 중심으로 적극적으로 이루어지고 있는데 화천산천어축제, 인제빙어축제, 태백산눈축제, 대관령눈꽃축제 등이 대표적인 사례라고 할 수 있다.

지금까지 살펴본 효과들은 대표적이고 특징적인 것들이고, 그 외에도 더 다양한 효과들이 존재할 것으로 본다. 물론 긍정적인 측면만 있는 것이 아니라 쓰레기나 소음발생 등의 부정적인 문제점들도 있다. 전반적으로 볼 때 관광이벤트는 단순히 주민화합기능에서 벗어나서 지역을 변화시키는 중요한 지역활성화전략으로 보는 인식의 전환이 필요한 것 같다. 지방정부나 지역민간단체가 관광이벤트를 잘 주관하여 지역주민들의 범위를 벗어나 외부지역의 방문객들을 많이 유치함으로써 지역이미지 개선은 물론 침체된 지역경제에 활력을 주고, 지역문화의 재발굴 및 보존, 독특한 새로운 지역문화 창출, 또한 지역내부적으로도 지역주민들의 자발적인 참여를 유도해 내려는 움직임이 관광이벤트의 핵심이기도 하다.[11]

3 문화관광축제의 이해와 현황분석

1) 문화관광축제의 시작과 배경

문화관광축제는 지방화시대의 개막과 함께 각 지역들의 문화관광 소프트웨어들을 지역활성화에 효과적으로 접목시키면서, 10여 년 동안 한국의 지역축제 운영시스템에도 다양한 변화를 준 성공적인 사업으로 평가되고 있다. 1995년 관광업무가 교통부에서 문화체육부로 이관된 후 시

도된 '문화관광축제사업'은 지역축제 중 관광상품성이 높은 축제를 육성하고 관광자원화하고자 하는 목적에서 처음 이천도자기축제와 통영한산대첩제를 지원하였다.[12] 이천도자기축제의 성공을 토대로 하여 1996년부터 문화관광축제 육성사업이 본격적으로 8대 축제를 중심으로 시작되었다.

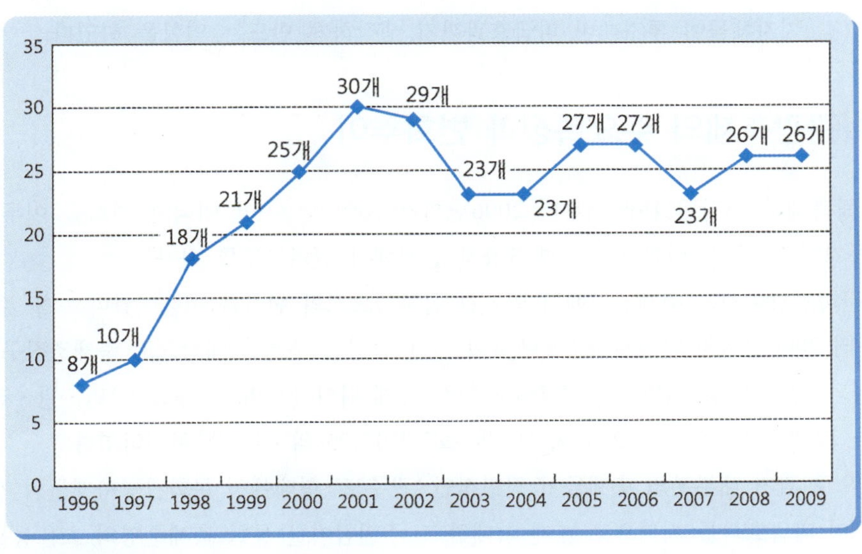

[그림 16-7] 문화관광축제 선정현황*

문화관광축제의 수는 1996년(8개)부터 지속적인 증가추이를 보이면서 1998년에는 18개, 2000년은 25개, 2001년에는 30개의 문화관광축제가 선정되었다. 2002년부터는 점차적으로 문화관광축제의 수가 감소하여 2002년에는 29개, 2003년과 2004년에는 23개(예비축제 미포함), 2005년과 2006년에는 각 27개(예비축제 미포함)로 집계되었으며, 2007년은 23개(예비축제 미포함)의 문화관광축제가 선정되었다. 또한 2008년부터는 집중적인 지원을 통한 세계적 축제로 육성을 목표로 하는 대표축제 2개(보령머드축제, 안동국제탈춤페스티벌)를 포함하여 26(예비축제 미포함)개의 문화관광축제를 선정하였으며, 2009년도 2008년과 동일한 수의 문화관광축제를 선정하였다([그림 16-7] 참조).

'문화관광축제사업'이 거듭되면서 한국관광의 문제점인 수도권중심관광을 지방으로 분산유도

* 2003년부터는 예비축제를 포함하지 않은 수치를 표현하였으며, 2008년과 2009년에 동일하게 선발된 대표축제 2개(보령머드축제, 안동국제탈춤페스티벌)는 수치에 포함하였다.

하고, 영역을 확대시키는 데 기여했고, 지역주민들에게 축제준비를 통한 관광서비스 마인드를 제고하여 지방관광발전의 토대를 마련하였다. 적은 예산을 투입하여 많은 경제효과를 거두었으며, 점점 더 많은 여행사들이 문화관광축제를 여행패키지상품에 포함시키는 등 점진적인 발전을 이룩하였다. 또한, 문화관광축제는 이벤트관광의 시작점으로, 체험프로그램이 융성·발전하게 된 동기를 부여하였으며, 이러한 시스템이 축제의 구조조정과 경영마인드를 인지하는 계기를 마련하였고, 각 지자체들이 투자대비 파급효과까지 생각하게 만드는 역할을 하였다.

2) 문화관광축제의 주요특징과 변화추이

문화관광축제가 시작된 1996년부터 2006년까지 10여 년 동안 어떠한 변화를 이루어왔는지 일반적인 지역축제들과 비교하였을 때 3가지 관점에서 살펴보도록 하자.

먼저, 문화관광축제는 축제조직에서 민·관 합동형으로의 변화를 이끌어왔다고 볼 수 있는데, 1996년부터 2006년까지 문화관광축제에 4회 이상 선정된 축제를 대상으로 축제조직구성현황을 조사한 결과 '민·관 공동운영'이 41.7%로 가장 높게 나타났으며, 다음으로 '민·관·전문가 공동주도'가 22.2%, '관주도'가 22.2%, '민간주도'가 13.9%의 비율을 차지하였다.

일반적으로 과거 대부분의 축제들이 전형적인 '관주도' 형태에서 문화관광축제들의 경우 민간을 끌어들여 파급효과를 지역으로 넓게 확대하고, 주민참여를 통한 축제운영의 효율성을 제고하는 체제나, '민·관 공동운영'체제에 전문성을 가미한 시스템을 채택하여 축제의 체계적인 시스템, 평가모니터링 시스템을 구축 등을 유도해내는 체제로 변화하여 믹스된 형태가 모두 63.9%로 주류를 이루는 현상이 나타났다. 반면 '관주도(22.2%)' '민주도(13.9%)'의 특정색깔을 강조하는 현상은 줄어들고 있다.

문화관광축제시스템의 시작이 축제준비기간을 장기화·체계화시키는 데 영향을 준 것으로 분석되었는데 1980, 90년대 많은 지역축제들이 불과 2~3주 전 또는 1달 전에 축제를 준비하던 것과 비교할 때 문화관광축제의 조사에서 각 지자체의 축제준비기간에 대해 조사한 결과 '1~3개월'이 16.7%, '4~6개월'이 50.6%, '7~9개월'이 8.4%, '10~12개월'이 22.3%로 분석되어 준비기간이 훨씬 길어지고 있다는 것이 입증되었다. 또한, 한국관광공사 해외지사를 통한 문화관광축제 해외홍보가 9개월 전부터 이루어진다는 점은 괄목할 만한 발전으로 보고 있다.

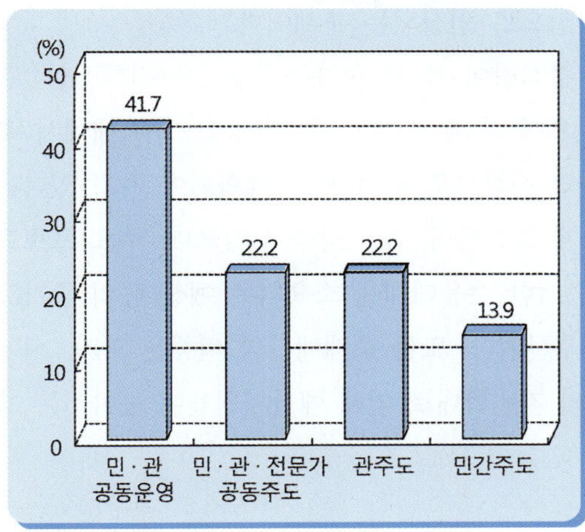

[그림 16-8] 문화관광축제 조직구성

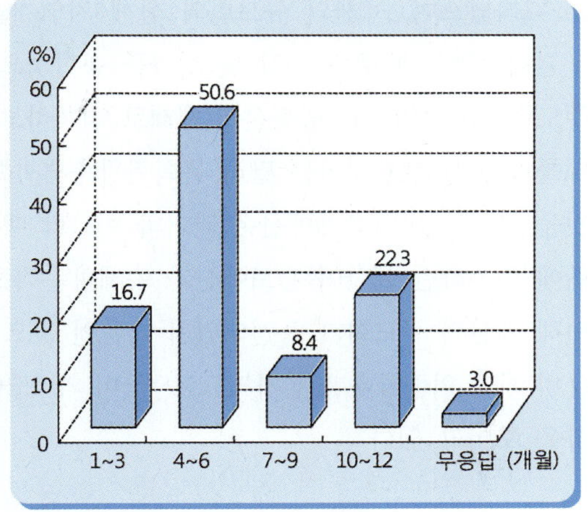

[그림 16-9] 문화관광축제 축제준비기간

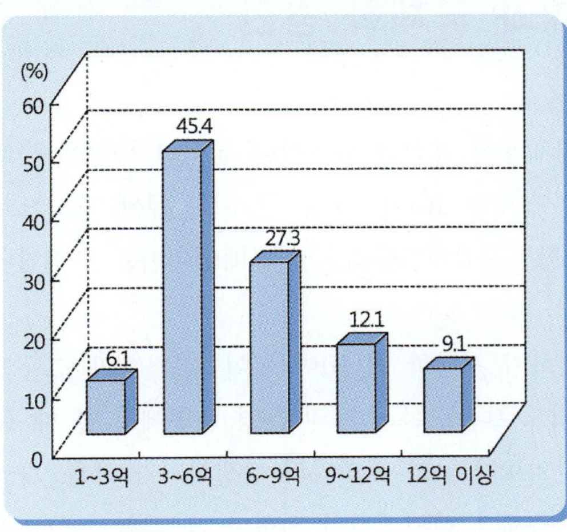

[그림 16-10] 문화관광축제 축제운영예산

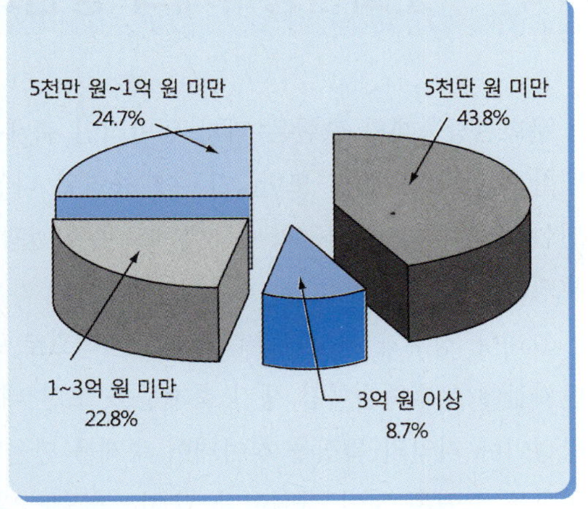

[그림 16-11] 지역축제 축제운영예산[13)]

축제예산 측면에서 과거 90년대 중반만 하더라도 1억 미만의 축제가 거의 70%에 육박하고 3억 이상은 약 10%에도 못 미치는 실정이었으나, 문화관광축제의 경우 축제운영예산을 조사한 결과 평균 약 6억 8천만 원의 예산을 소요하고 있는 것으로 분석되어 예산규모의 큰 증대를 보였다고 할 수 있다. 세부적으로는 '3~6억 원'의 비율이 45.4%로 가장 높게 나타났으며, 다음으로 '6~9억 원'의 비율이 27.3%, '9~12억 원'이 12.1 %, '12억 원 이상'이 9.1%, '1~3억 원'이 6.1%로 조사되었다. 현 문화관광축제 예산규모는 과거에 비해 엄청난 증가추이를 보인 것으로 나타났으며, 예산의 규모화와 함께 지역개발사업으로 인식되는 추세이다.

문화관광축제 주요 특징 및 성과를 종합적으로 분석하여 볼 때 축제조직구성은 전형적인 '관주도형'에서 '민·관 공동운영'체제로 변화하고 있으며, 축제준비기간은 과거 2~3주 내에서 축제를 준비하였던 것과는 달리 문화관광축제시스템의 시작으로 장기화·체계화되어 가고 있다는 것을 알 수 있다. 축제예산은 과거와 비교할 때 크게 증가한 규모를 갖추고 있으며, 주요 프로그램에 의존하던 예산이 홍보예산과 축제방문객들에 대한 수용태세에 소요되는 예산 등의 증가로 인해 예산의 규모화가 촉진되었기 때문인 것으로 추론된다. 또한 축제예산의 비중은 과거 '시·군비'에만 의존하다가 점차적으로 '국비'와 '도비'의 지원확대로 인해 예산지원율이 높아지는 경향을 보이고 있다.

4 문화관광축제의 당면과제와 국제화 방안

문화관광축제의 출현은 과거 일반적인 축제운영체계에 양적인 측면이나 질적인 측면에서 뚜렷한 변화를 주었다. 또한, 기존에 증명된 다양한 경제적 효과는 물론 주5일 근무제 도입으로 인한 관광여가활동인구의 증가추세로 문화관광축제는 지역개발동력으로 확대되어가는 움직임이 분명하게 나타나고 있다.

그러나 정부가 문화관광축제를 정책적으로 육성하기 시작한 지 10여 년이 지난 현재 그동안 단기간에 우후죽순처럼 생긴 축제들을 보면 내용적으로나 또는 축제의 운영 측면에서 볼 때 독창성이나 지역의 특징을 찾아내어 축제를 만들었다기보다는 타 지역과의 경쟁심리가 작용, 과잉현상을 보여온 것이 사실이다. 또한, 아직도 많은 축제가 전시행정의 전형과 그 전형성에서 필연적으로 파생할 수밖에 없는 비효율과 저급함을 그대로 보여주고 있다는 비판을 받고 있고, 관광개발 측면에서 볼 때도 축제를 지역발전과 관광개발의 주요 도구로 인식은 하고 있으나 관광매력성이 높지 않아 축제로 인한 관광효과를 극대화시키지 못하고 있다는 비판을 받고 있다.[14)]

이렇듯 문화관광축제가 아직도 해결해야 할 많은 당면과제를 안고 있다는 점도 부인할 수 없다. 축제콘텐츠 측면에서 경쟁력과 차별성이 있는 축제프로그램 부재, 축제전문인력과 교육의 부족, 안전관리에 대한 소홀, 외국인수용태세의 미비, 미숙한 홍보전략 등이 지속적으로 극복해야 할 문제점으로 남아 있기 때문이다.

문화관광축제가 경쟁력을 갖추기 위해서는 우선 축제프로그램이 경쟁력을 갖는 것이 중요하

다. 지역만의 차별화되고, 독창적인 프로그램으로서 축제방문객들이 즐거워하고 선호할 수 있는 프로그램이어야 한다. 또한 관광이벤트로서 국제화되기 위해서는 프로그램의 일탈성, 흡입력이 중요한 요소라고 할 수 있다. 으깬 토마토 투척으로 유명한 스페인의 토마토축제, 축제기간 중 초대형 맥주텐트에서 매일 맥주마시기 등 음주파티가 벌어지는 독일 뮌헨의 옥토버페스트 등은 일탈형 프로그램 축제의 사례로 전세계의 언론방송에 자주 노출되고, 외국인 방문객을 유치하는 글로벌 경쟁력을 가지고 있다. 최근 한국에서 개최된 글로벌 문화포럼에서 세계미래회의 회장 티모시 맥은 "한국에서 매년 열리는 머드페스티벌과 소싸움 등은 독창적인 문화로, 외국사람들이 좋아할 만한 프로그램이다."라고 하여 국제적인 관점에서 한국의 축제 프로그램 경쟁력에 대해 언급하기도 하였다.

다음으로 축제재원마련 및 경영방식에 변화를 모색할 필요가 있다. 지속적으로 증가하는 '관'의 예산을 지원받는 데에는 어느 지점에서 한계에 다다르게 될 것이라는 예측을 할 수 있다. 이제는 배정된 예산을 그냥 써버리는 '축제의 운영시대'에서 배정된 예산에 플러스 효과를 덧붙이는 '축제경영시대'로 변화해야 한다는 것이다. 과거에는 배정된 축제예산을 효과적으로 운영하면 그만이었지만, 축제경영의 전문성 강화, 모자라는 축제예산을 축제협찬이나 유료화방안을 통한 재원조달, 축제의 투자대비 효과 및 평가 등을 감당하는 축제경영시대로의 전환이 큰 이슈가 되고 있기 때문이다. 최근 진주남강유등축제에서는 임시부교설치를 통해 얻은 수익만 약 3억 원으로 이를 통해 축제의 재정자립도를 확충하고 있어 이러한 교훈을 암시한다. 또한 서구지역의 관광이벤트들이 협찬유치에 많은 노력을 기울이며, 축제재원에 있어 축제자생력을 높이고 있는 반면, 국내 대부분의 문화관광축제들은 관주도형으로 '기부금품모집규제법'의 저촉을 받고 있어 정부보조금에 전적으로 의존해야 하는 실정이므로 재원 마련에 있어서의 축제자생력이 당면과제라 할 수 있다.

셋째로 문화관광축제를 국내뿐만 아니라 국제적으로 알리는 효과적인 관광이벤트 마케팅 전략과 시스템이 중요하다. 축제의 이미지메이킹은 축제개최지는 물론 국가이미지에도 영향을 주는 요인으로서 1~2년의 단기 작업이 아닌 중장기 작업이 필요하고, 해외홍보의 극대화를 가져올 수 있는 언론방송이나 관광청과의 연계시스템이 중요하다. 영국에 세계적인 에든버러 밀리터리 타투(Edinburgh Millitary Tatoo)가 세계적인 명성을 어떻게 얻을 수 있었는지 살펴보자. 축제사무국에 17명이 일하는 에든버러 밀리터리 타투의 해외마케팅인력은 불과 1~2명에 불과하나, 영국국영방송 BBC의 실황중계, 영국관광공사(BTA: British Tourist Authority)가 국제홍보를 지원해주고 있는 부분이 크게 기여했다는 평가이다. 태국의 유명한 '물축제'인 송크란축제(Songkran Festival)가 해외홍보로 크게 알려진 배경에는 태국관광공사가 적극적인 마케팅을 담당했던 점이 주요한 영향을 준 것으로 알려져 있다. 또한, 국제적인 축제홍보전략 가운데 주목할 만한 부문으로 해외홍보가 예산이 적지 않게 소요될 수 있으므로 동종 지역권의 축제들이 서로 협력하여 공동 해외홍보노력을 한다는 점에도 관심을 가질 필요가 있다. 캐나다에서 동 시기에 개최되는 토론토의 눈축제, 몬트리올의 빛축제, 퀘벡의 윈터카니발과 오타와의 윈터루드가 최근 파트너십 협력관계를 맺고, 공동해외홍보를 실시함으로써 동 시기에 진행되는 겨울축제가 경쟁관계가 아닌 협력적인 관계를 구축하여 다가오는 축제를 위해 여행사의 투어 오퍼레이터와 외국인 저널리스트들을 위한 팸투어(FAM TOUR)를 공동으로 조직했다는 점이다.[15)]

넷째로 문화관광축제의 국제화를 논할 때 외국인 공연단이나 관광객들을 위한 수용태세에 대한 측면도 고려해야 할 과제 중 하나이다. 먼저, 외국인들이 축제장 내에서 도움받기를 원하는 서비스가 무엇인지를 파악하는 것이 중요하다. 금산인삼축제에서 외국인들을 대상으로 가장 필요한 서비스를 물어본 결과, 외국인들은 '축제안내지도'를 요구했다. 자기가 돌아보고 싶은 구역이나 프로그램, 인삼약초쇼핑센터의 위치를 미리 파악하여 편리하게 다닐 수 있는 축제안내지도가 다른 어떤 서비스보다도 절실하다는 것이었다. 영동난계국악축제에서는 외국인 관광객들의 행동특성을 관찰하고 인터뷰한 결과 국내축제방문객들이 타악기에 관심이 많은 반면 유럽, 미국의 서양 방문객들은 현악기 체험이 가장 재미있고 인상 깊게 남았다는 것을 알 수 있었다.

다섯째로 축제와 축제 간의 교류도 국제화를 위해 중요한 과제 중 하나이다. 축제 간의 국제자매결연은 축제의 노하우(know-how) 축적 및 벤치마킹은 물론 프로그램 교환, 초청, 상호 화제성 유발 등의 다양한 효과를 누릴 수 있는 국제화전략이다. 일본 '삿포로 눈축제'나 후쿠오카의 '하카다 기온 야마가사' 등은 축제의 국제교류를 통해 축제영역을 국제적으로 확대시킨 사례이다. 최근에는 화천산천어축제와 중국 하얼빈빙등제가 교류 협력을 확인하는 업무협약 양해각서(MOU)를 체결하여 축제 간 국제교류를 진행하고 있다. 중국에서도 독일의 식민지였던 청도에서 청도맥주의 명성과 지방관광 활성화를 위해 개최되는 맥주축제가 독일의 옥토버페스티벌과 협약체결을 맺어 국제교류가 진행 중이다.

끝으로 지방화시대를 겪으며 선택과 집중을 통해 글로벌 잠재성이 큰 축제들을 선택하여 지역과 국가이미지, 장기적인 지역활성화 전략으로서 추진해야 한다는 것을 명시하고 싶다. 선별적인 지역축제의 글로벌 경쟁력 확보를 위해서는 특화된 컨설팅제도와 객관적 평가시스템이 내부적으로 먼저 마련되어야 한다는 것을 강조하고 싶다. 지역축제의 특성과 축제성격에 맞춰 특화된 콘텐츠를 지속적으로 생산할 수 있도록 컨설팅제도를 마련하고, 국제형 축제로서의 객관적인 국제화 지표를 개발하고, 평가·지원시스템을 도입하여 단순 양적 평가시스템에서 탈피, 질적 평가의 비중을 높여 효과적으로 축제를 '글로벌화'해야 한다.

미 주

1) 정강환(2004). 『21세기 지역개발형축제로의 선택 관광이벤트』. 서울: 월간이벤트 (주)인플러스넷.
2) Goldblatt, J.(1990). *Special Event: The Art and Science of Celebration*. New York: VNR.
3) 飛岡健(최유진 등 역)(1994). 『이벤트의 마술』. 경기: 김영사.
4) 日本通商産業省(1987). イベント研究会, イベントが 日本を變えゐ通商省商務室.
5) Getz, D.(1991). *Festivals, Special Events & Tourism*. New York: VNR.
6) 이봉석 외 7인(1998). 『관광사업론』. 서울: 대왕사.
7) Getz, D.(1997). *Event management & Event Tourism*. New York: Cognizant Communication Corp.
8) プロデュ―ス研究所(1989). 『'89 日本イベント大賞作品集』. 東京: プロデュ―ス研究所.
9) Gez, D.(1997). *Event management & Event Tourism*. New York: Cognizant Communication Corp.
10) 배재대학교 관광이벤트연구소(2006). 제26회 금산인삼축제 평가 및 방문객 분석. 금산인삼축제집행위원회 · 선양위원회.
11) 정강환(1996). 『이벤트관광전략: 축제와 지역활성화』. 서울: 일신사.
12) 문화관광부(2006). 문화관광축제의 변화와 성과 1996~2005. 문화관광부.
13) 문화체육부(1996). 한국의 지역축제. 문화체육부.
14) 지진호(2006). 천안흥타령축제의 관광매력성 제고방안. 천안시.
15) 정강환(2006). 『캐나다 겨울축제 벤치마킹: 눈 속에 묻힌 축제경영기법 39가지』. 서울: 월간이벤트.

저자약력

정강환(鄭鋼煥) 현_ 배재대학교 관광 · 이벤트경영학과 교수

미국 미네소타대학교(U. of Minnesota)에서 레저 · 관광학박사(Ph.D.)학위를 취득했다. 저자 정강환은 세계축제협회 한국지부(IFEA KOREA)의 회장, 문화체육관광부 문화관광축제 심사 · 평가위원과 문화재청 문화재전문위원, 농림수산식품부 농촌활력증진사업 중앙평가위원, 향토산업육성사업컨설팅 전문위원 등으로 활동하고 있으며 현재 배재대학교 관광축제호텔대학원 원장, 배재대학교 관광이벤트연구소 소장으로 있다. 2008년에는 마르퀴즈 후즈 후(Marquis Who's Who)를 비롯한 세계 3대 인명사전에 등재되어 그 명성을 세계에 널리 알리는 계기가 되었으며, 2006년에는 한국관광기자협회에서 선정한 '올해의 관광인상'을 수상하였다.

또한, 보령머드축제, 고령대가야체험축제 등을 개발하여 짧은 시간 내에 전국적인 축제로 발전시키는 성과를 거두고 있으며, 금산인삼축제, 김제지평선축제, 진주남강유등축제 등 전국적으로 경쟁력을 가진 다양한 축제들의 기획, 평가 및 컨설팅을 담당하고 있다.

그는 저서 『21세기 지역개발형축제로의 선택: 관광이벤트』『캐나다 겨울축제 벤치마킹: 눈속에 묻힌 축제경영기법 39가지』『이벤트관광전략: 축제와 지역활성화』 등과 논문 "한산모시문화제의 방문자 만족도와 지역편익 분석" "문화관광축제로서 보령머드축제 행사평가 최근 2년간의 비교분석" "대형이벤트 유치전 · 후 비교를 통한 개최지의 관광개발영향연구" 등을 통해 활발한 학술적 성과를 발표하고 있으며 후진 양성과 학문의 발전에 힘쓰고 있다.

실무자의 이야기

문화관광축제 현황과 축제전문조직의 필요성

최 태 문*

1. 문화관광축제 현황

21세기 관광산업은 빠르게 성장하고 있고 지역축제는 관광산업 발전에 큰 몫을 하고 있다.

관광과 문화산업은 이미 지구상에 엄청난 규모의 산업으로 성장했다. 그래서 현대사회의 여가·관광산업은 있어도 되고 없어도 되는 그런 것이 아니라 지역경제 활성화에 크게 기여함과 동시에 국민의 정서산업, 행복산업으로서의 공익산업으로 여기는 것이 세계적인 대세이다.

지역축제는 지난 1995년 지방선거를 계기로 민간정부가 들어서면서 본격적으로 개최되었으며, 지방자치제도의 실시와 그간 중앙중심의 지역발전 논리에서 억제되어 왔던 지역주민의 삶의 방향에 관한 욕구가 다양하게 표출되어 왔다. 이러한 욕구로 인하여 지역축제는 지역이익의 창출수단으로서 급격하게 성장되어 왔다.

우리나라의 지역축제를 살펴보면 1950년대에 10개, 1960년대에 30여 개, 1970년대에는 50여 개, 1980년대 들어 130여 개가 개최되었다. 특히 1990년대는 현재 열리고 있는 한국의 축제 가운데 절반 이상이 생겨났는데, 현재 국내에서는 진주남강유등축제, 보령머드축제, 금산인삼축제, 안동국제탈춤축제 등 전국 각지에서 다양한 유형으로 1,100여 개의 지역축제가 개최되고 있다.

* 진주문화예술재단 진주남강유등축제 사무국장

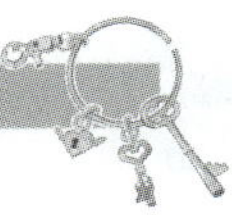

〈참고〉 지역축제 개최연도별 현황(문화체육관광부 홈페이지 참조)

최초 개최연도	축제 수	백분율(누진율)
1945년 이전	5	0.4
1946~1950	1	0.1(0.5)
1951~1955	2	0.2(0.7)
1956~1960	8	0.7(1.4)
1961~1965	19	1.6(3.0)
1966~1970	19	1.6(4.6)
1971~1975	30	2.6(7.2)
1976~1980	21	1.8(9.0)
1981~1985	61	5.2(14.2)
1986~1990	75	6.4(20.6)
1991~1995	150	12.8(33.4)
1996~2000	358	30.4(63.8)
2001~2005	394	33.5(97.3)
2006	11	0.9(98.2)
미 상	7	0.6(98.8)
무응답	15	1.3(100.0)
계	1,176	100.0

문화관광축제는 전국의 지역축제 1,100여 개 중에서 광역시·도에서 추천받은 축제 중 관광 상품성이 크고 축제의 콘텐츠 등이 우수한 축제를 선정하여 지원하는 사업으로, 2009년도에는 2개의 대표축제를 포함한 57개의 문화관광축제를 발표했다. 선정된 문화관광축제에 대하여는 등급별로 관광진흥기금(대표축제 각 8억 원, 최우수 축제 각 3억 원, 우수축제 1.5억 원, 유망축제 각 0.7억 원, 예비축제 각 0.3억 원)이 지원되며, 관광공사를 통한 해외홍보와 축제컨설팅 등을 지원한다.

〈참고〉 2009년도 문화관광축제 선정내역(문화체육관광부 홈페이지 참조)

등 급	축제 수	축제명	비 고
대표축제	2개	보령머드축제, 안동국제탈춤축제	
최우수축제	8개	진주남강유등축제, 춘천국제마임축제, 금산인삼축제, 천안종타령축제, 김제지평선축제, 강진청자문화제, 함평나비축제, 하동야생차문화축제	
우수축제	9개	이천쌀문화축제, 화천산천어축제, 양양송이축제, 영동난계국악축제, 강경젓갈축제, 무주반딧불축제, 남원춘향제, 진도신비의 바닷길축제, 문경찻사발축제	
유망축제	17개	부산자갈치축제, 광주김치대축제, 울주외고산옹기축제, 자라섬째즈페스티벌, 연천구석기축제, 인제빙어축제, 평창효석문화제, 충주세계무술축제, 한산모시문화제, 순천남도음식문화큰잔치, 풍기인삼축제, 봉화춘양목송이축제, 경주한국의술과떡축제, 산청지리산한방약초축제, 통영한산대첩축제, 제주정월대보름축제, 서귀포칠십리축제	
예비축제	21개	부산광안리축제, 부산해운대모래축제, 대구약령시한방축제, 인천소래포구축제, 부평풍물대축제, 인천락페스티벌, 광주7080충장축제, 울산쇠부리축제, 파주장단콩축제, 안성남사당바우덕이축제, 정선아리랑제, 횡성한우축제, 공주부여백제문화제, 아산성웅이순신축제, 부여서동연꽃축제, 고창모양성제, 담양대나무축제, 영암왕인문화제, 고령대가야체험축제, 김해분청도자기축제, 서귀포최남단방어축제	

2. 축제전문조직의 필요성

이처럼 지역 이미지를 특성화하기 위한 다양한 관광축제들이 개최되고 있는데, 관광축제가 지역발전의 촉매역할을 하기 위해서는 축제 참가자들의 문화적 공감대 형성과 동질성을 확보하고, 지역의 새로운 이미지를 창출하여 지역주민의 통합효과를 가져올 수 있도록 축제의 일관된 콘셉트와 주제를 가지고 축제를 추진하여야 한다.

축제의 성공여부는 얼마나 많은 사람들이 축제에 참가하고 참가자들이 축제의 프로그램에 어떻게 만족하는가에 달려 있다. 축제 참가자들의 만족도를 제고시켜 축제 참가 결정을 유도하기 위해서는 그 지역에서만 체험할 수 있는 차별화된 프로그램을 선정·운영하여야 하며, 축제의 정체성이나 주제와 연관성이 있는 프로그램을 운영하고 프로그램 간 통일성을 확보해야 한다. 그리고 축제를 담당하는 지원팀을 상설운영하고 전담인력을 배치하여 1년 내내 축제를 준비하고 지원하도록 해야 한다. 또한 축제를 일정수준까지 끌어올리기 위해서는 초기에 비전을 가진 민간 전문가의 열정적인 노력도 필요하다. 우리나라의 경우 대부분의 지역축제가 전문성이 부족한 공무원이나 주관단체 담당자들에 의해 주도되고 있는 실정이며, 관료조직이나 아마추어 단체가 창의성과 역동성, 경영마인드를 생명으로 하는 축제를 이끌어가는 것은 무리라고 생각된다.

적절한 축제 소재를 발굴해서 고부가가치를 지닌 상품으로 육성시키기 위해서는 축제를 전업으로 하는 축제 전문가의 영입과 축제 규모에 맞는 전담기구의 상설화가 필요하다고 할 수 있다.

저자약력

최태문(artjnju@hanmail.net) 현_진주문화예술재단 진주남강유등축제 사무국장

국립경상대학교 농과대학 졸업. 배재대학교 관광경영대학원 이벤트축제 경영학과 석사과정. 예도 진주를 빛낸 분 수상. 제9회 전국연극제 무대미술상 수상. 제12회 경남연극제 무대미술상 수상. 진주극단현장공연 연출 및 무대미술 20회. 개천예술제 사무국장 역임. 현재 진주연극협회 감사, 진주문화예술재단 사무국장

『관광학총론』 열일곱 번째 이야기

제17장

컨벤션 산업

김 철 원*

1 컨벤션업의 개요

1) 컨벤션의 정의

컨벤션에 대한 정의는 다양한 측면에서 살펴볼 수 있다. 사전적 의미, 법률적 측면, 학문적 측면에서의 정의로 구분해 볼 수 있으며, 구체적인 내용은 <표 17-1>과 같다.

컨벤션의 정의와 범위는 매우 포괄적이라 할 수 있다. 왜냐하면 컨벤션이란 대내외적인 참가자들이 어떤 상호적인 공통 관심사항을 협의하고, 의사소통하며 정보를 교류하기 위한 모임을 의미하지만, 이러한 개념 속에는 각종 회의나 사교행사가 포함될 수 있기 때문이다. 그리고 또한 국제회의와 같이 외국인이 참가하는 회의뿐만 아니라 상호 공통 관심사항을 협의할 목적으로 모이는 협회회의, 기업회의, 정부회의, 비영리조직의 동문회, 향우회, 친목회 등의 모든 모임이 포함될 수 있기 때문이다.

* 경희대학교 컨벤션경영학과 교수., e-mail: kimcw@khu.ac.kr

〈표 17-1〉 컨벤션의 정의

구 분	내 용
사전적 정의	• 어떤 공통의 목적을 가진 사람들의 모임[1)] • 사회단체 및 정당 회원 간의 회의, 사업 및 각종 무역에 관련된 모든 회의와 정부 간에 이루어지는 모든 회의[2)] • 대부분 많은 사업가 또는 전문 직업인이 참가하는 회의를 말하며 미국 이외의 나라에서는 콩그레스라는 용어로 사용되기도 함[3)]
법률적 정의	• 세미나, 토론회, 전시회 등을 포함하여 상당수의 외국인이 참가하는 회의로서 대통령령이 정하는 종류와 규모에 해당하는 것(국제회의 육성에 관한 법률 제2조 1항) • 국제기구 또는 국제기구에 가입한 기관 또는 법인, 단체 - 당해 회의에 5개국 이상의 외국인이 참가할 것 - 회의 참가자가 300인 이상이고 그중 외국인이 100인 이상일 것 - 3일 이상 진행되는 회의일 것 • 국제기구에 가입하지 아니한 기관 또는 법인, 단체 - 회의 참가자 중 외국인이 150인 이상일 것 - 2일 이상 진행되는 회의일 것
학문적 정의	• 특별한 문제를 토의하기 위한 참가자들의 회의[4)] • 특별한 목적을 달성하기 위한 사회단체, 정당 회원들 간의 회의, 사업이나 무역에 관한 회의, 통상적으로 공인된 단체가 주최하는 3개국 이상의 대표가 참석하는 정기적 또는 비정기적 회의[5)] • 컨벤션이란 컨벤션을 통한 사업적 모임과 참가자들 간의 사교적 상호작용[6)] • 모든 회의와 이에 수반되는 전시 및 각종 행사를 매개체로 하여 사람과 물건의 만남을 창출하는 시스템[7)]

위와 같이 컨벤션에 대한 다양한 정의가 있으나, UNWTO(UN World Tourism Organization)는 "The Measuring Economic Importance of Meetings Industry" 연구보고서에서, '회의산업(Meetings Industry)'의 범주에 회의와 컨퍼런스, 전시와 인센티브를 포함하고 있다고 제시하였다. 기관에 따라 회의산업에 대한 정의가 다르며, 다른 구성요소를 포함하고 있다는 것을 가장 큰 문제점으로 보고, UNWTO에서는 다음과 같은 기준을 제시하며 이를 권고하고 있다.

〈표 17-2〉 회의산업 정의에 대한 UNWTO 권고안

이 슈	권 고	이론적 설명
산업의 명명	회의산업(Meeting Industry)	이 명칭은 공급 측면을 대변하며, 주요산업 참가자들의 지지를 받고 있음
회의 목적	참여자들에게 동기부여, 비즈니스의 수행, 아이디어의 공유, 사회화와 토론	이러한 목적과 유사한 목적들은 이 산업과 이론적 문헌에 있어 가장 일반적임
회의 규모	최소한 10명의 참여자	많은 회의기관들이 이 숫자를 사용하고 있음
회의 개최지	회의장소의 사용에 대한 비용이 지불되는 개최지	계약된 개최지의 사용에 대해 비용이 지불되는 곳이며, 이를 통해 경제적 기여가 이뤄짐
회의 기간	반나절(4시간)이나 그 이상	최소한의 기간이 제시될 필요가 없을 수 있지만, 네 시간의 제한은 자료수집의 범주를 실제적으로 하기 위해서 설정함

| 출처: WTO(2006). Measuring the Economic Importance of the Meeting Industry.

2) 컨벤션의 구성요소[8)]

일반적으로 컨벤션은 컨벤션 센터나 컨벤션 호텔 등과 같은 컨벤션 전문시설에서 다양한 형태의 회의나 전시회를 유치하여 운영하는 행사이다. 이러한 행사를 유치·운영하기 위해서는 컨벤션을 개최하는 주최단체뿐만 아니라 컨벤션 전문시설기관, 컨벤션 기획 및 전시 기획업, 교통운송업, 항공, 식음료서비스, 시청각장비, 출판 및 디자인, 그리고 기타 관련시설 및 단체가 서로 시스템적으로 결합되어 유기적으로 움직여야 한다. 이와 같은 컨벤션 산업은 무형의 컨벤션과 전시를 기획하는 컨벤션 기획사를 정점으로 하여 컨벤션·전시시설을 공급하는 컨벤션 시설 공급업체, 컨벤션 서비스 지원업체, 컨벤션 공급자인 컨벤션 주최자, 그리고 수요자인 참가자로 구성되어 있다. 컨벤션 산업의 구성요소를 그림으로 요약하면 다음과 같다.

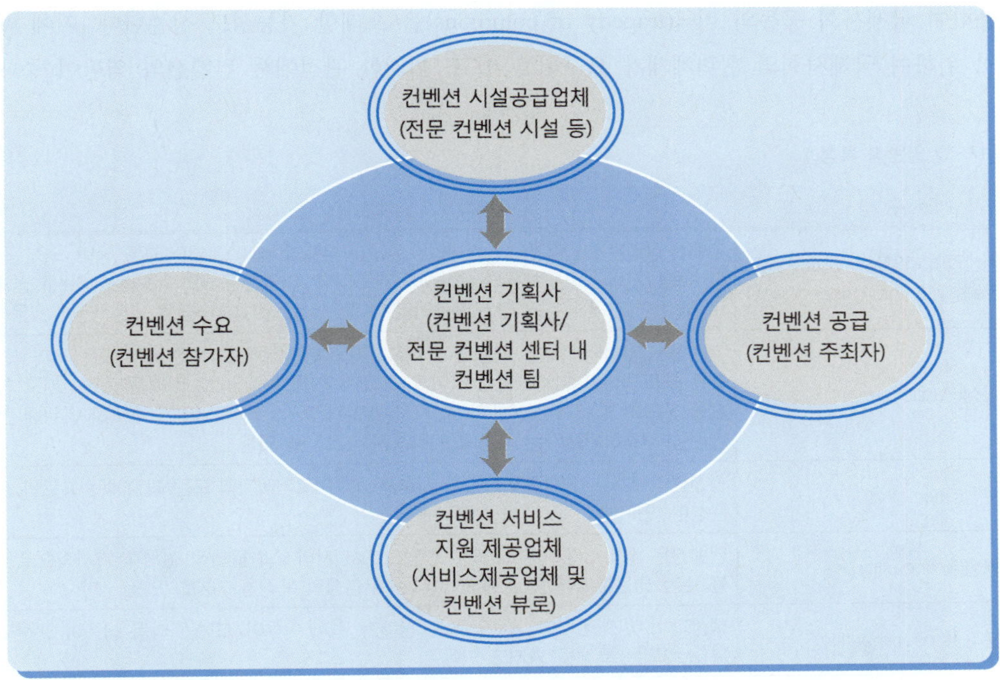

[그림 17-1] 컨벤션 산업의 구성요소

3) 컨벤션 산업의 특성

Appadurai(1990)[9]는 국제사회의 세계화 흐름(global flow)을 다섯 가지 영역으로 세분화하고 있다. 첫째, 사람의 흐름으로 관광객, 이민, 피난민, 외국인 노동자에 의해 이루어지는 민족적 양상(ethnoscapes), 둘째, 다국적 조직, 직접투자, 기술의 흐름인 기술적 양상(technoscapes), 셋째, 통화시장과 주식거래에서 화폐가 급속하게 이동하는 금융의 양상(financescapes), 넷째, 신문, 잡지, 텔레비전, 영화에 의해 생산・분배되는 이미지와 정보의 매체양상(mediascapes), 다섯째, 민주주의, 자유, 복지, 인권과 같은 서구 계몽주의 세계관의 요소로 이루어진 국가나 반국가 운동 이데올로기의 흐름인 이데올로기 양상(ideoscapes)이다. 이와 같은 다섯 가지 영역이 복합적으로 작용하면서 국제사회가 불규칙하게 움직이고 있음을 지적한다. 이러한 흐름 속에서 국가 간의 갈등이 존재하고 새로운 지식체계를 공유할 필요성을 공감하게 되며, 자국의 이익이 과다하게 작용하여 국제사회 공동의 비극(tragedy of commons)을 초래할 가능성도 상존한다. 이에 대비하기 위하여 국제사회의 협력체계가 요구되고 있고, 이러한 관점에서 컨벤션의 역할이 증대되

〈표 17-3〉 일반적 특성

구 분	내 용
관련산업의 다양성과 상호 의존성(Diversity & Interdependence)	컨벤션 산업은 출입국관리나 관세업무 등 공공부문의 서비스로부터 교통, 숙박, 외식, 광고, 여행, 인쇄 등 민간부문의 서비스에 이르기까지 다양한 종류와 수준의 서비스를 필요로 하며 이들 각 부문은 각기 독립적이 아니라 서로 연계되어 상호 의존관계에 있음
공공성(Public benefit)	컨벤션은 기업의 영리추구를 위해 개최하기도 하지만 많은 경우 국가 또는 국제적인 현안을 토의하고 협력하기 위하여 개최되며, 이를 통해 상호 이해를 증진시키고 친선을 도모하여 세계평화에 기여하므로 개별기업이 기업의 영리를 추구하기 위해 컨벤션을 개최하기보다는 공공의 이익증진에 초점을 맞춤
전문성(Specialty)	컨벤션의 유치, 기획, 준비, 운영, 사후관리에 이르기까지의 모든 과정에는 고도의 전문성이 요구됨
무형성(Intangibility)	컨벤션은 서비스가 기본이 되는 산업으로서 서비스의 물리적 실체를 가시적으로 볼 수가 없을뿐더러 만질 수도 없다는 무형성의 특징을 가지고 있음
비분리성(Inseperability)	생산과 소비가 동시에 이루어지며, 판매가 먼저 이루어지고 난 다음 상품이 생산되고 소비되는 특성을 가지고 있음
이질성(Heterogeneity)	컨벤션 서비스가 주로 인력에 의해 이루어지고, 변화의 가능성이 많기 때문에 서비스를 제공하는 사람이나 받는 사람의 경험, 시간, 상황에 따라 동일한 서비스를 제공한다 할지라도 그 내용과 질이 상이하게 느껴질 수 있음
소멸성(Perishability)	상품의 저장이 불가능하기 때문에 서비스를 제공한 순간 그 상품의 가치는 소멸되고, 또한 구매되지 않은 서비스에 대해서는 차후에 사용할 수 없음. 그리고 비록 미래의 수요가 있다 할지라도 미리 상품을 생산해서 재고로 보관할 수 없음

고 이를 적극 활용할 필요성이 크게 대두되고 있다.[10)]

그러나 컨벤션과 관련된 현상을 이해하고 이에 부합되는 효과적인 마케팅 활동을 전개하는 데는 높은 수준의 관리적 기능이 필요하며, 컨벤션 조직이 성공적으로 운영되기 위해서는 복잡하고 다양한 특성들을 철저하게 분석·관리해야만 한다. 이러한 맥락에서 컨벤션 산업의 특성들에 대해 고찰하면 앞의 <표 17-3>과 같다.[11)]

〈표 17-4〉 운영상의 특성

구 분	내 용
시간과 공간적 상품	컨벤션 시설은 상품 자체가 고객에게 전달되는 것이 아니라 고객이 일정 요금을 지불함으 로써 시설사용에 대한 권한을 가지게 되는 것이며, 그에 부수되는 서비스도 제공받게 됨. 따라서 이러한 컨벤션 상품은 적절한 시기에 최고의 가격으로 판매되어야 그 가치를 인정받을 수 있음
사전예약	업무특성상 컨벤션의 이용은 사전 예약이 필수적임. 사전예약이 없으면 적절한 수요를 예측할 수 없을 뿐만 아니라 현장에서 컨벤션 상품을 즉시 생산하는 것이 불가능하기 때문임
체계화된 커뮤니케이션	주최자, 컨벤션 기획사, 참가자 간의 체계적이고 조직적인 커뮤니케이션은 컨벤션의 성공을 좌우하는 핵심요인이 됨
가격의 융통성	컨벤션에 있어서 가격문제는 참가그룹의 규모, 개최시기, 체재기간, 잠재력, 경쟁호텔과 컨벤션 센터와의 경쟁력 등에 따라 융통성 있게 정해짐

〈표 17-5〉 컨벤션 시장의 특성

구 분	내 용
개인보다는 그룹이 참여	컨벤션 시장에는 개인보다 그룹이 참여하는 경우가 대부분임
세밀하고 전문화된 기획력 및 기획사의 필요성	일반적으로 컨벤션 기획은 매우 복잡하여 많은 시간을 필요로 하기 때문에 행사 개최일보다 수 년 앞서 진행되는 것이 보통임. 따라서 이러한 복잡한 기획과정의 업무를 효율적으로 처리할 수 있는 전문적인 기획사가 필요하며 이러한 컨벤션 기획사는 개최지 선정에 중요한 영향력을 미치게 됨
엄격한 평가 및 선정 작업을 통해 개최지를 결정	개최지 결정과정에는 개최장소의 시설, 서비스, 교통의 편리성, 숙박시설, 관광명소 등을 평가하며 개최지 선정을 위해 여러 후보 개최지가 심의되고 입찰과정을 거쳐 최종 개최지를 결정하게 됨
전문화된 시설 및 서비스의 필요성	회의 및 전시 공간, 조명 및 음향시설, 시청각 기자재 및 부스 장치 등 전문화된 시설과 이에 부수되는 전문화된 서비스를 필요로 함
서비스의 모방이 용이	경쟁자들이 특정 서비스가 창출, 소비되는 장소를 자유롭게 출입할 수 있고, 또한 특허를 통해 보호받을 수 없기 때문에 제공되는 서비스에 대한 모방이 쉽게 이루어짐

4) 컨벤션 산업의 시장분석[12)]

컨벤션 분야는 매우 복잡한 구조를 가지고 있고, 다양한 부문과 연계되어 진행됨으로써 새로운 사회적 현상을 창출하고 있다. [그림 17-2]와 같이 컨벤션은 외부적 환경에 영향을 받으며, 숙박, 식음료, 교통, 문화공연, 스포츠, 여행서비스 등 관련 부분들과의 연계는 물론 IT, 유통, 금융, 교육, 의료, 농수산 등 사회의 모든 분야와 연계되어 발전하고 있다.

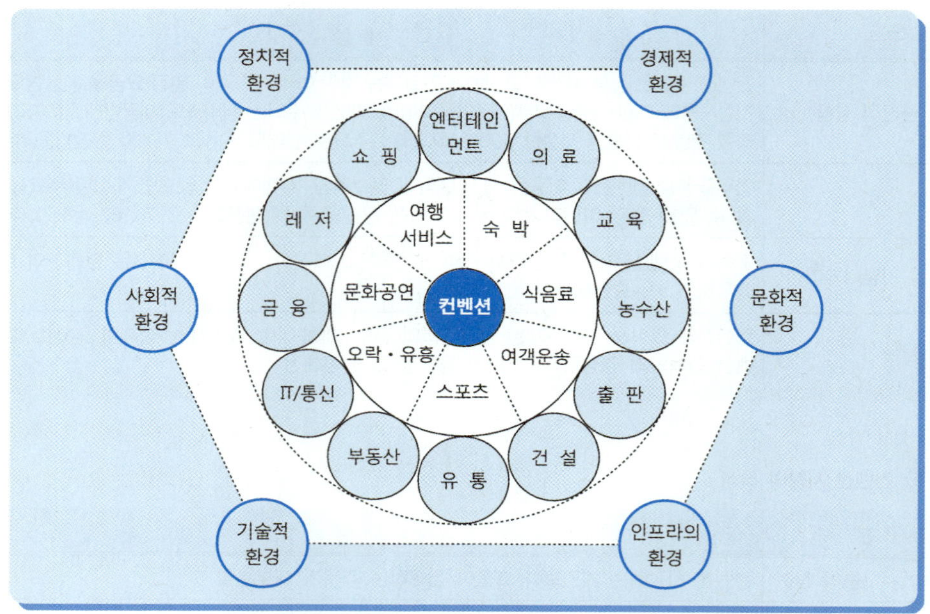

[그림 17-2] 컨벤션 네트워크

상기와 같은 컨벤션 부문과 연계된 네트워크 이해와 함께 이를 거시적 관점에서 파악할 수 있도록 경쟁적 특성, 기술적 특성, 산업적 특성, 그리고 정부의 육성정책 등을 이해하여야 한다.

(1) 경쟁적 특성

기업은 자신이 속한 산업에서 경쟁 집단 세력의 힘에 의해 궁극적인 잠재이익이 결정되며, 경쟁 압력의 원인을 이해할 때 다가올 기회와 위험을 예측할 수 있다. 컨벤션 산업은 국제회의의 유치를 두고 여러 국가 및 도시들이 경쟁하거나 전시회 및 박람회의 성공적인 개최를 위해 유사

경쟁 전시회 및 대체 전시회의 위협과 대치하기도 한다. 따라서 컨벤션 마케터 역시 이러한 경쟁의 구조적 결정요인을 잘 이해하여야 한다. 컨벤션 산업은 국제회의 또는 전시, 심지어 그 안에서도 다양한 형태가 존재하므로 각 관점에 따른 경쟁구조가 달라질 수 있다.

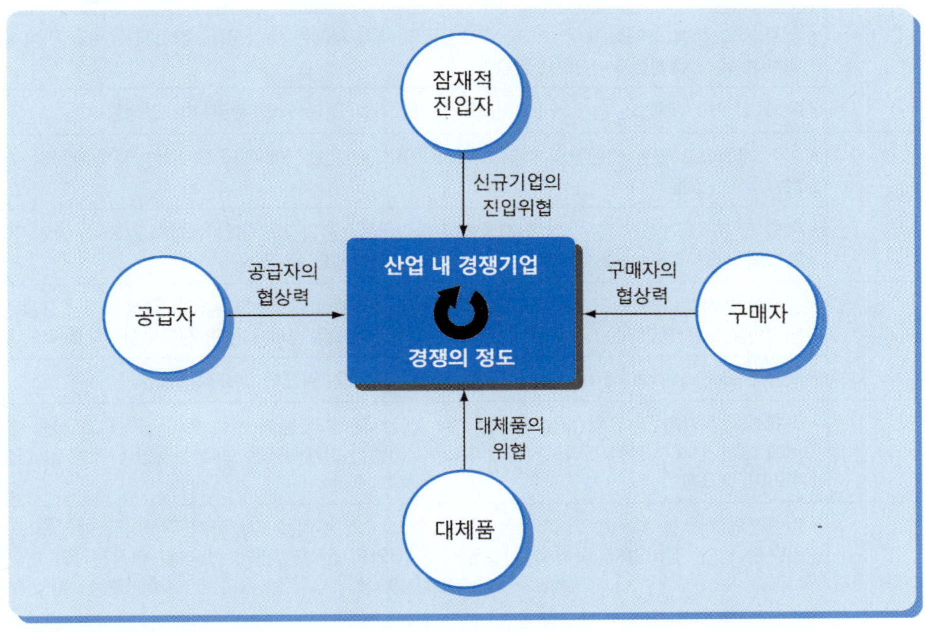

[그림 17-3] 경쟁의 구조적 결정 요인

| 자료: Michael Porter(1985). *Five forces analysis*(김철원(2008).[13] 『컨벤션마케팅』 재인용).

상기의 산업을 지배하는 5가지 요소를 컨벤션에 적용하면 다음의 <표 17-6>과 같다.

〈표 17-6〉 컨벤션 산업의 경쟁구조

구 분	내 용
산업 내 경쟁자	• 국제적 이벤트 및 순환형 국제회의(예: APEC, ASEM) 등의 유치 시에는 국가 또는 도시들 간의 경쟁구조를 형성함 • 내부 유치 도시 단계에서는 자국 내 여러 도시 및 지역에서 유치경쟁이 이루어짐
	• 전시 및 고정형 국제회의(예: WEF, WKF) 등의 개최 시에는 보다 많은 참가자 유치와 위상 확보를 위하여 유사 컨벤션과 상호 경쟁함
	• PCO 및 PEO 기업의 경우, 타 기업과 컨벤션 기획 및 운영과 관련하여 경쟁함
신규 경쟁자의 진입	• 기존 개최되고 있는 컨벤션의 경우 새로이 개최되는 컨벤션에 따라 그 위상 및 참가자의 수에 영향받을 수 있음
	• PCO 및 PEO 기업의 경우, 그 진입장벽이 높아 신규 경쟁자의 진입이 쉽지 않으나, 해외 PCO 및 PEO의 진입이나 중 · 소 PCO 및 PEO의 진입과 경쟁할 수 있음
대체품의 위협	• 전시회 및 세미나, 포럼의 경우 사회의 변화가 가속화되며 더 이상 그 필요를 잃게 되거나 포괄된 개념의 컨벤션으로 통합되는 경우(예: 컴퓨터 전시회와 핸드폰 전시회 등의 전자통신 전시회로의 통합)
	• 최근 e-conference 및 e-exhibition의 등장도 대체품 위협의 대표적 사례임
구매자의 협상력	• 국제회의 참가자 및 유치 결정자와 전시자 및 전시관람객 등의 선택 폭이 넓어지고 지출 대비 가치에 대한 평가가 점점 까다로워짐에 따라 각 컨벤션 마케터들은 보다 신중한 마케팅 및 협상전략 수립이 필요함
공급자의 협상력	• 컨벤션의 개최를 통해 보다 저렴한 비용으로 최고의 수익을 창출하기 위하여 컨벤션 공급자(예: 컨벤션 센터, 장비업자, 숙박시설, 교통시설 등)와의 전략적 관계 형성 및 협상전략이 필요함

(2) 기술적 특성

컨벤션 산업이 첨단정보 및 기술교류, 인간관계의 형성 등 다양한 목적을 추구하는 고부가가치 신종산업으로 부상함에 따라 세계 각국은 홍보활동을 강화하고 컨벤션 센터를 건립하는 등 국제회의 유치를 위해서 전략적인 지원을 강화하고 있다. 국제회의산업은 곧 국가경쟁력(competitiveness)으로 이어진다는 판단 아래, 미국, 호주, 유럽 각국을 비롯한 아시아 국가 중에서도 일본, 싱가포르, 홍콩 등에서는 관련법을 제정하고 재원보조, 세금감면, 국제회의 도시지정 등의 각종 지원책을 국가적인 차원에서 마련하여 각종 국제회의를 유치하기 위하여 치열한 경쟁을 벌이고 있다. 국제회의 참가자 대부분은 그 나라의 여론을 주도하는 고위인사로 개최국가나 도시의 위상 및 신임도 제고에 기여하며, 국제회의산업은 단순회의뿐만 아니라 전시회, 스포츠, 문화예술행사 등과 동시에 개최됨으로써 정치, 경제, 사회, 문화적으로 다양한 파급효과를 나타내고, 국내에서 국제회의를 개최하는 경우에는 국내참가자가 국제회의에 참가함으로써 수입대체효과도 가져올 수 있으며, 도시마케팅과 개최지 브랜드 이미지 제고에 크게 기여하기 때문이다.

국제회의 개최 현황에 따른 향후 전망과 시사점은 다음과 같이 나타난다. 첫째, 세계 컨벤션 시장은 국제교류 증대 및 정보기술 발달에 따른 지식, 정보교류의 필요성 증대 등으로 인해 수요가 꾸준히 늘어나고 있다. 그러나 최근 통신기술의 발달과 테러 불안 등으로 인해 특정장소에서 참가자들이 직접 만나는 컨벤션이 일부 화상회의 등으로 대체되는 경향을 보이고 있기도 하다. 따라서 전체 세계시장 규모는 큰 성장을 기대하기 어려운바, 국제협회연합(UIA)도 향후 세계 국제회의시장의 전망이 불투명하다고 예측하기도 한다. 둘째, 세계 각국이 컨벤션 마케팅 활동을 강화하고, 수용태세를 개선하는 등 컨벤션 유치에 총력을 기울이고 있어, 향후 국제회의 유치 경쟁은 더욱 치열해질 것이라 전망된다. 특히 아시아지역 국가들은 국가차원에서 컨벤션 산업을 육성하고 있는바, 협회회의의 경우 대륙별로 순회하며 개최되는 특성을 감안할 때 우리나라의 경쟁상황은 더욱 심화될 것이라 예측되고 있다.

(3) 산업적 특성

세계 컨벤션 시장은 세계 경제 및 정치 상황에 매우 민감하게 반응하고 있다. 9.11 테러사태 이후에 위축되어 있던 컨벤션 시장은 지속되는 세계 경제의 침체와 정세불안 등으로 인해 패러다임이 변하고 있는데 이를 구체적으로 살펴보면 다음과 같다.

① 회의기간의 단기화 및 회의규모의 양극화 현상

경제의 불확실성으로 인해 국제회의를 개최하는 단체 및 다국적 기업 등이 국제회의 예산 지출에 매우 신중해져서 회의기간 단축 및 경비절감 경향이 강해지고 있다. 또한 기업은 보다 실속 있고 투자효과가 즉시 가시화될 수 있는 소규모 회의를 개최하는 경향이 늘고 있으며, 협회의 경우 전문화에 의한 소규모 회의와 유관기관과의 합동회의 등에 의한 대형회의가 복합적으로 발생되고 있어 전반적으로 회의규모가 양극화 추세를 보이고 있다.

② 준비기간의 단축 현상

시장경제의 불확실성, 국제정세의 불확실성, 컨벤션 개최지의 불확실성으로 인해 스폰서 기업의 컨벤션 행사에 대한 후원이나 기업의 전시참여 여부가 마지막 순간에 결정되고 있다. 따라서 회의기획가들의 회의 개최 준비기간이 줄어들고 있는 한편, 일부 호텔과 컨벤션 센터는 취소 위약금에 대한 제약을 완화하는 등 고객 확보에 주력하고 있다. 이러한 패러다임 변화는 유연한 노동시장을 바탕으로 질적인 전문인력을 단기간에 확보하여 행사를 기획할 수 있는 국제회의 기획업체가 성공할 수 있는 새로운 시장 환경을 조성하였다.

③ 투자수익의 중요성 증가

행사예산을 최대한 줄이는 반면, 행사 이익을 극대화하려는 회의 주최기관 및 기업이 증가하고 있다. 따라서 외형적 행사보다는 내실 있는 행사 추진 경향이 지속적으로 증대하고 있다.

④ 컨벤션 개최지 선정 패러다임의 변화

일반적으로 협회의 개최지 선정에 중요한 요인은 접근성, 숙박시설, 회의시설, 이미지, 비용 등이 있다. 그러나 최근 세계 정치상황의 불안정 및 불예측성으로 인해 안전성과 현지의 컨벤션 개최 지원이 개최지 및 개최시설 선정에 중요한 요소로 대두하였다. 따라서 개최지와 개최시설에서의 참가자 신변 안전 확보와 효율적 위기관리가 중요해지고 있으며, 개최지의 포괄적 개최 지원도 필요하다.

2 컨벤션업의 분류

컨벤션 산업의 본질을 규명하기 위해서는 먼저 회의의 유형을 고찰하는 것이 선행되어야 한다. 왜냐하면 컨벤션 산업의 초점이 이러한 회의 자체에 있기 때문이다.

일반적으로 회의란 모든 종류의 회의를 총칭하는 포괄적인 용어로 사용되는 것이 보편적이며 개최취지에 따라 여러 가지 유형으로 나뉜다. 컨벤션의 분류를 살펴보면 규모에 의한 분류, 형태에 의한 분류, 목적에 의한 분류, 기타 분류, 회의진행상의 분류로 구분된다.[14)]

규모에 의한 분류는 소규모회의 15~150명, 중규모회의 150~500명, 대규모 500~1,500명, 초대형 1,500~3,000명, 그리고 극초대형 3,000~20,000명으로 나눌 수 있으며,[15)] 형태에 의한 분류는 컨벤션 주체, 진행방법, 참가 인원에 따라 컨퍼런스(conference),* 콩그레스(congress),** 세미나(seminar),*** 포럼(forum),**** 심포지엄(symposium),***** 패널토의(panel

* 컨벤션과 유사한 의미로 사용되지만 컨퍼런스는 보통 회의진행상 많은 토론과 참여를 필요로 하는 회의에 사용되는 용어이다. 컨벤션이 산업이나 무역에 관련되는 회의를 위해 주로 행해지는 데 반해 컨퍼런스는 산업이나 무역은 물론 기술, 과학과 관련된 학술적인 주제를 통해 새로운 지식을 습득하고 관련문제를 해결하기 위해 행해지는 회의이다. 대부분의 컨퍼런스는 해마다 개최되는 경우가 많다.

** 컨벤션이나 컨퍼런스와 유사한 용어이며, 주로 대규모 국제회의를 지칭하는 용어로서 유럽이나 영국식 영어권에서 주로 사용한다.

*** 주로 교육 및 연구 목적으로 개최되며, 발표자와 참가자들이 서로 토론을 통해 지식과 경험을 나누는 형식으로 진행된다. 물론 발표자는 회의를 주도하면서 참가자들에게 지식을 전달하는 역할을 담당한다. 그러나 이러한 형식은 발표자와 참가자가 공유하는 부분이 많다는 점에서 비교적 소규모회의에 적합한 형태라 할 수 있다.

discussion),* 워크숍(workshop)** 등으로 구분할 수 있다.[16] 이외에도 목적에 의한 분류는 협회회의, 기업회의, 비영리단체회의, 정부주관회의 등으로 구분되어진다.[17]

1) 포괄적 분류

Var, Cesario & Mauser(1985)[18]는 회의시장을 공급자인 컨벤션 관련업체(Convention agency), 회의기획가시장(Meeting Planner), 대표자시장(Delegate)으로 분류하였고, 한국관광공사(1993)[19]는 회의시장을 회의 운영주체, 지리학, 회의대상에 따라 분류하고 있다. 회의 운영주체에 따른 분류는 협회회의와 기업회의로, 지리학적인 기준에 따른 분류는 국내회의(National Meeting)와 지역회의(Regional Meeting), 그리고 국제회의(International Meeting)로, 회의대상에 따른 분류는 기업회의, 전문인 회의, 종교회의, 정치회의 등으로 나눌 수 있다고 하였다.

Howell(1993)[20]은 회의시장을 기업회의시장과 협회회의시장으로 분류하였으며, 이는 컨벤션의 목적에 의한 분류로서 협회회의, 기업회의, 비영리단체회의, 정부주관회의 등으로 구분한 것이다. Astroff & Abbey(1998)[21]는 회의시장을 협회회의시장, 기업회의시장, 그리고 기타 회의시장-비영리기관, 군, 교육, 종교친목모임, 정부기관, 노동조합 등으로 분류하였다.

2) 회의별 분류

Howell(1993)[22]의 분류체계를 바탕으로 컨벤션을 협회회의, 기업회의, 비영리단체회의, 정부주관회의 등으로 분류할 수 있는데, 이는 컨벤션의 목적에 의한 분류라고 말할 수 있으며, 구체적인 내용은 다음과 같다.

**** 제시된 한 가지의 주제에 대해 상반된 동일 분야의 전문가들이 사회자의 주관 아래 패널리스트나 발표자로 나와 청중들 앞에서 공개토론을 하는 형식을 띠고 있으며 청중들의 참여가 매우 활발하다. 사회자는 쌍방의 의견이나 토론을 요약해 주고 회의를 이끌어가기 때문에 사회자의 중립적인 역할이 매우 중요하다.

***** 포럼과 유사한 형태로 진행되지만 포럼에 비해 공식적이고 형식적이다. 운영방식은 발표자가 특정 주제를 가지고 발표를 하며, 청중이 질의도 할 수 있지만 포럼처럼 발표자와 청중들 간의 토론 기회는 많지 않은 편이다.

* 두 명 이상의 연사가 나와 자신들의 의견을 피력하는 형태로 진행되며, 패널리스트와 더불어 청중도 함께 토론에 참여할 수 있다. 사회자가 패널 모임을 이끌지만 언제나 중재자의 역할을 담당해야 한다.

** 구체적인 사안이나 연구과제를 다루는 소그룹형태의 모임으로서 주로 교육담당자의 주도하에 참석자들은 특정 문제에 대한 새로운 지식이나 기술 등을 서로 교환하면서 교육이 이루어진다. 이러한 모임의 특징은 서로 얼굴을 맞대고 문제를 해결하는 형태를 취하기 때문에 참석자 전원이 적극적으로 참여하도록 유도해야 한다.

〈표 17-7〉 회의 분류

회의 분류	주최자	참가자	주 제	비 고
협회/ 학회회의	협회 및 학회	협회, 학회회원	학술적, 사회적 문제 등	세계디자인협회총회, 국제패션협회총회, 국제팬클럽협회총회, 세계잡지연맹총회, 세계인간공학회총회 등
기업회의	기업관련 조직	기업내부 직원, 국내외 관련업계 인사	회사경영에 관한 문제 등	경영회의, 주주총회, 사원연수, 창립기념대회, 신제품발표회 등
비영리회의	비영리기관, 조직 등	회원 및 관련단체 인사	팬클럽, 인터넷동호회, 종교, 향우회, 친목회 등	해병전우회, 재향군인회, 부흥대집회, 전국마라톤동호회, 대학교동창회 등
정부회의	정부산하 기관	정부, 준정부기관 대표	국제, 정치, 사회, 경제 문제 등	OECD국제포럼, APEC관광장관회의, 아태지역노동장관회의, ASEM, 세계국회의원연맹총회 등

(1) 협회회의의 분류

협회회의(Association Meeting)는 협회와 관련된 주제와 관심을 다루는 회의로서 구체적인 것은 <표 17-8>과 같이 8가지로 분류된다.

〈표 17-8〉 협회회의의 분류

구 분	내 용
무역협회 (Trade Association)	단일산업 내에서도 생산업자, 공급업자, 중간도매업자, 소매업자와 독립적인 소규모 협회가 있으며, 이는 모든 산업이 전국적으로 하나 이상의 협회를 가지고 있을 정도임. 그렇기 때문에 이런 무역협회의 회의들은 많은 참석자들을 대동하는 무역 컨벤션을 전시회와 동반하여 개최함
전문가협회 (Professional Association)	일반적으로 비슷한 사업 욕구를 갖고 있는 개인 · 기업 · 조직으로 구성되는데, 대표적으로 의학, 은행, 건축 등 전문 분야의 협회 등이 있고, 연간 연차전국회의 및 지역 모임 등을 개최하지만, 무역회의만큼 전시회를 수반하지는 않음
과학 및 기술협회 (Scientific and Technical Association)	회의산업에 있어 또 하나의 이익의 원천으로는 정기적 연례회의 이외에도 새로운 발견을 토론할 필요가 생길 때마다 특별회의를 개최함. 이런 회의는 매우 기술적이므로 첨단 프레젠테이션 장비를 필요로 하는 경우도 있음. 또한 이런 회의에서는 참가자들에게 방해가 되지 않도록 주변의 사회적 행사를 최소한으로 피해야 함
교육협회 (Educational Association)	가장 지명도가 높은 협회조직으로 학교가 쉬는 여름방학기간에 교육적 회의를 개최함. 이때는 호텔의 비수기를 이용하게 되며 회의기간이 5일 정도로 다른 회의들보다 장기간의 회의 프로그램을 갖는 경향이 있음
예비역군인협회 (Veterans and Military Association)	퇴역군인단체로 전우애를 고양시키기 위해 연차총회를 개최하는 것임. 전국단위로 회의가 열리게 되어 수많은 참가자들을 유치하고, 주목적은 사교적인 데 있음

우애조합협회 (Fraternal Association)	회원들 간의 친목을 도모하기 위한 단체로서 공통적 관심·목적 및 상호 부조를 위한 단체 즉 동호회나 대학동문회나 사회이익단체 등이 있음. 정기적인 회의를 개최하며, 기술적·사업적·전문적인 일보다는 사회적 이벤트나 레크리에이션, 오락에 주안점을 둠
자선협회 (Charitable Association)	자선활동이 목적인 단체로 적십자협회가 대표적인 예로, 자선을 위한 모금 때문에 존재함
정치협회와 노동조합 (Political Association and Labor Unions)	가장 가시적인 정치적 컨벤션으로서 대통령선거 때 각 정당에서 대통령후보를 지명하는 정당모임으로 미국의 민주당과 공화당이 대통령 후보자를 선출하기 위해 4년에 한 번 개최되는 정당대회가 대표적임. 노동조합은 대형 컨벤션 센터에서 전국적인 컨벤션을 개최하여 수천 명의 참가자를 유치함

(2) 기업회의의 분류

기업회의(Corporate Meeting)는 기업의 활동과 관련한 회의로서 다음과 같이 6가지로 분류된다.

〈표 17-9〉 기업회의의 분류

구 분	내 용
판매회의 (Sales Meeting)	기업회의 중에 가장 잘 알려진 회의로 지역적·전국적으로 직원들의 사기진작, 신제품소개, 기업전략의 수립, 판매기술향상을 위한 교육목적으로 개최된다. 판매회의 개최에는 정해진 패턴이 없고, 그 규모나 개최시기도 매우 다양함
유통업자회의 (Dealer Meeting)	판매를 목적으로 개최되는 판매업자 간의 회의로서 신상품소개, 광고를 하기 위한 회의로 일인당 평균지출이 기업회의 중에서 가장 높은 회의임. 회의참석은 판매직원, 딜러, 소매점 유통업자 등이 참여하여 기업의 규모와 참여업체에 따라 20명에서 수천 명에 이르기까지 매우 다양함
기술회의 (Technical Meeting)	전문기술자들 간의 이용기술에 대한 최신기술개발, 기술혁신을 위한 회의로 일반적으로 세미나와 워크숍의 형태로 이루어지고 있음
행정/경영자회의 (Executive/Management Meeting)	경영자를 대상으로 하는 경영혁신과 관련된 회의로 회사 간부회의와 경영개발세미나 등을 포함. 참가자들 대부분이 유명회사의 간부이기 때문에 최고의 숙박시설과 서비스를 기대하므로, 주로 도심에서 떨어진 리조트에 위치한 디럭스 호텔이나 컨퍼런스 센터가 적당한 장소가 됨
교육훈련회의 (Training Meeting)	기업회의시장에서 큰 시장으로 부각되고 있는데, 최고 경영자들이 참가하여 교육하는 사원연수회의로 기업 모든 계층의 사람들로 구성되는 회의임. 회의의 일정이 짧을 경우 회사에서 접근하기 편리한 장소로 소규모 리조트나 호텔 등을 사용함
공공회의 (Public Meeting)	주주를 대상으로 하는 회의로서 다른 회의형태에 비해 그 개최 여부가 경제흐름에 매우 민감한 편이며 보통 1일 이상 지속되지 않는 것이 특징임. 회의실을 대여하는 것 이외에 다른 수입이 거의 없는 편이기 때문에 매출액 면에서 적고 주로 기업이 위치한 도시에서 개최됨

(3) 비영리단체회의, 정부주관회의의 분류

그 외에도 비영리단체회의, 정부주관회의 등이 있는데, 비영리단체회의(Non-Profit Meeting)는 영리목적이 아닌 단체의 회의로서 세계잼버리대회, 세계그리스도 교회회의, 로터리 클럽 세계대회 등이 있고, 정부주관회의(Government Agency Meeting)는 정부가 주관하는 회의로서 아시아 태평양 지역의 노동부 장관회의, 관세협력이사회 등 연례적인 회의가 있다. 정부회의는 정부가 주관하거나 정상 정부산하 조직이 주관하는 세계적 또는 전국적 회의를 말함. ASEM(아시아유럽 정상회의), OECD국제포럼, APEC 관광장관회의, 세계/국회의원연맹총회 등이 그 예이다.

(4) 인센티브투어 분류[23)]

〈표 17-10〉 순수포상과 판매포상

구 분	내 용	
순수 포상	• 오로지 즐거움만을 위한 여행 • 포상여행 휴가기간에는 사업회의나 판매교섭 일정 없음 • 필요과업을 달성한 직원이 업무를 성취한 대가로 기업으로부터 여행과 휴가로 보상받음	• 순수포상여행에 있어서 여행목적지는 중요한 동기부여 요인 • 매력적인 장소로의 여행은 직원의 생산성 향상 및 사기를 진작시킴 • 리조트지역, 자연경관지, 이국적인 정감을 주는 곳
판매 포상	• 판매보상여행은 업무와 휴가를 겸한 여행으로, 의무적인 회의가 포함됨 • 대부분의 시간을 회사업무의 목표를 달성하는 데 목적을 두고 업무와 관련된 활동을 하게 됨 • 신상품 소개, 신기술 및 새로운 생산설비의 견학 등 일련의 회의에 참여하는 것 • 기업의 공장 견학도 포함	• 점차로 견학보다는 즐거움에 할당하는 시간이 증가 • 적절한 회의시설과 회의진행 능력도 고려´요소 • 호화호텔 숙박 및 최상의 서비스 등 고품질 수준의 여행 기대 • 부부동반이 많음 • 대체로 휴가경비 회사 측에서 부담

〈표 17-11〉 인센티브투어의 분류

구 분	내 용	
딜러와 판매직원 대상	• 딜러대상여행: 비교적 장기간, 원거리 여행. 업무가 전혀 관여되지 않고 위락 및 휴식 기회를 제공. 흥미위주의 프로그램	• 판매직원 대상: 비교적 단기간, 업무적 성격의 프로그램이 다수. 대부분 단체여행
판매점 대상	• 대상: 판매/대리점, 외판원 등의 딜러 • 목적: 매상 고증가, 자사 상품의 지분확대, 연대제휴 강화 • 여행을 통해서 회사경영방침이나 신제품의 상품지식 등을 이해하고 기업과 딜러와의 관계 강화	• 판매 캠페인 초대여행, 판매점 친목여행, 연수시찰여행, 전국대회 초대여행, 세미나 · 이벤트 초대여행. 주년 · 기념 · 사은 초대여행 등

사원대상	• 취지: 사원육성, 동기부여, 사은, 보장, 위로, 장기복무 등을 촉진 및 대외 기업 이미지 향상	• 대상: 성적 우수자를 대상 또는 전 사원 대상의 직장여행, 장기근속여행, 재충전 휴가로 활용
소비자 대상	• 사용자(User) 인센티브투어라고도 함 • 취지: 상품고지나 확대판매, 상표 이미지 향상, 고객확보층을 목적으로 함	• 신상품 발표에 따른 광고 선전에 대한 반응조사, 상품의 인지도 향상, 혹은 사은이나 판매 캠페인, 경품증정 등 매상 증대에의 직접적 동기 부여, 고객관리 등 마지막 사용자에게 상품을 판촉할 때 활용 • 공모현상 여행, 공동현상 여행, 소비자 초대여행, 소비자 우대 여행
팸투어	• 매체 관계자의 호의를 유발시키는 데 가장 효과적인 방법으로 관광상품을 직접 사용해 보도록 함	• 팸투어의 후원에는 고비용이 소요되지만, 매체에 직접적으로 영향을 미치는 기회가 증대되므로 퍼블리시티와 이미지 제고에 유리
단체여행과 개별여행	• 단체여행: 참가자가 모두 왕복여행을 함. 전 과정을 단체와 함께 여행해야 하는 전제조건이 있음	• 개별여행: 여행시기 및 행동을 자유롭게 선택할 수 있음 • 여행자는 개별여행을 선호하나 사용자 측에서는 단체여행을 선호

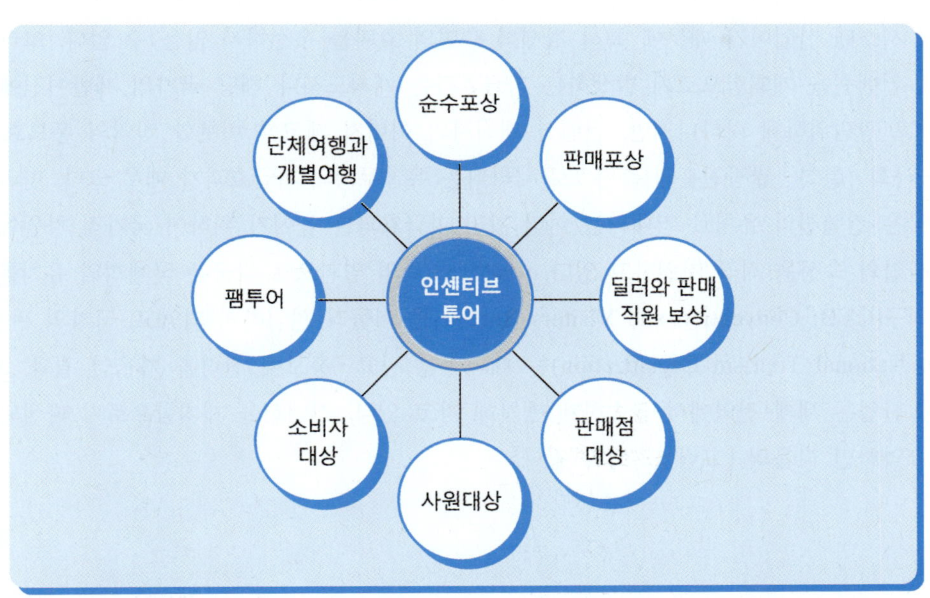

[그림 17-4] 인센티브시장의 분류

3 컨벤션 산업의 파급효과

소비자주의(Consumerism)의 확산과 더불어 소비자의 욕구가 매우 다양화되고 있는 후기 산업사회에서, 컨벤션은 '사람중심의 비즈니스'로 환대산업에서 계절적인 영향을 가장 적게 받을 뿐만 아니라, 경제적 파급효과가 매우 큰 산업으로 각광받고 있다.[24] 각국은 전략적으로 컨벤션을 유치하기 위한 치열한 경쟁적 노력과 함께 컨벤션 개최를 통하여 관광목적지의 이미지를 제고하기 위한 정책의 수립과 이를 달성하기 위한 민·관 협력차원에서의 통합적 마케팅 활동을 다양하게 전개하고 있다. 이와 같은 활동들은 컨벤션 산업이 지역사회에 소득, 고용, 세수와 같은 직·간접인 경제적 효과를 창출하고 있다는 연구결과들에서 그 타당성을 부여받고 있다.[25]

컨벤션 산업은 앞에서 설명한 바와 같이 단순히 회의뿐만 아니라 회의시설, 숙박, 교통, 시청각기자재 등 컨벤션의 기획에서 진행에 이르기까지 필요한 관련산업이 상호 유기적으로 결합된 하나의 시스템 산업이기 때문에 특히 경제적 측면의 효과를 우선하지 않을 수 없다. 그리고 이외에도 컨벤션을 개최함으로써 발생하는 파급효과는 개최도시나 해당 국가의 제반여건에 따라 다양하고 광범위하게 나타나지만, 컨벤션 개최지의 이미지 제고를 비롯한 지역의 홍보효과 등, 정치·사회·문화·관광진흥의 측면으로 나타나는 유·무형의 파급효과가 매우 크다. 따라서 세계 각국은 컨벤션의 유치로 기대되는 여러 가지 파급효과를 높이기 위하여 국가적 차원에서 컨벤션 산업의 육성을 적극 지원하고 있다. 이러한 노력의 일환으로 각국은 국제회의 유치를 전담하는 기구(CVB: Convention and Visitors Bureau)를 서둘러 설립하게 되었고, 국가의 관광기구(NTO: National Tourism Organization)는 대외적인 광고·홍보에 전력을 기울인 결과, 오늘날 컨벤션 산업은 세계 전역에서 급속하게 팽창해 가고 있다. 컨벤션을 개최함으로써 파생되는 효과를 요약하면 다음의 [그림 17-5]와 같다.

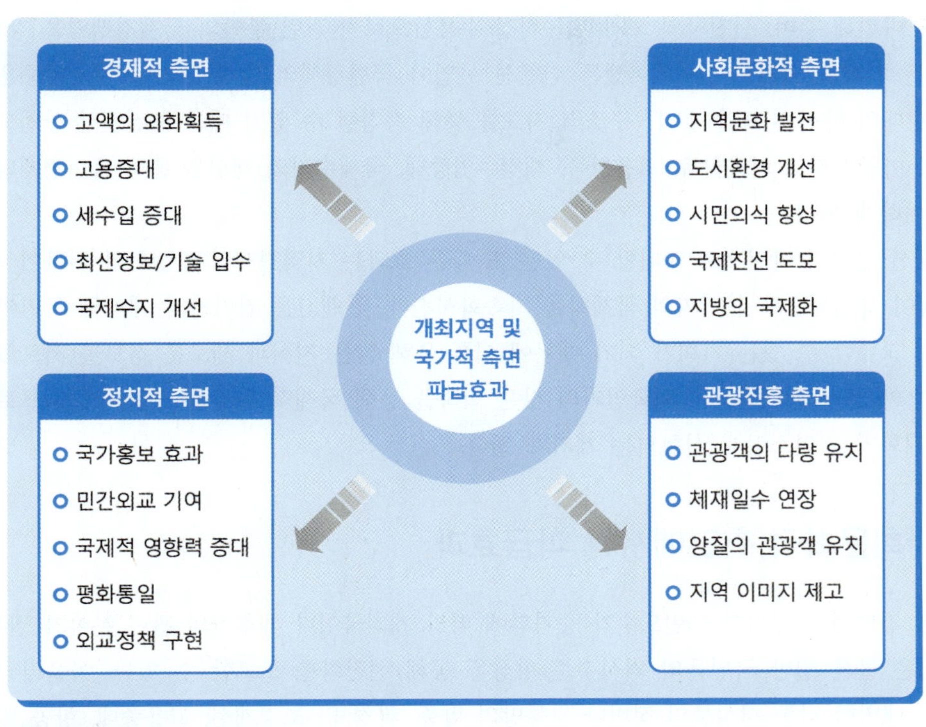

[그림 17-5] 컨벤션 산업의 파급효과

1) 경제적 측면의 파급효과

컨벤션을 개최함으로써 얻어지는 경제적 측면의 효과는 컨벤션 개최로 말미암아 국민경제가 양적으로 증가하는 현상을 의미한다. 컨벤션 산업은 하나의 종합적인 서비스산업이기 때문에 서비스업을 중심으로 사회 각 분야에 미치는 승수효과가 매우 크다. 따라서 컨벤션 개최로 말미암아 얻어지는 컨벤션 개최국의 소득향상 효과와 고용증대효과(컨벤션 참가자의 지출, 서비스산업의 증가에 따른 고용창출 및 소득창출), 세수증가효과(관련산업의 발전으로 인한 법인 및 개인 소득세 증가) 등 개최국의 경제 전반의 활성화에 기여하게 된다. 뿐만 아니라 컨벤션 참가자들이 개최지에 대해 호의적인 인상을 받고 돌아가는 경우 다른 기회에 개최지를 재방문한다든가 개최지 관광을 주목적으로 하는 관광객의 대량유치가 가능해지므로 관광객 유치로 인한 경제적 효과도 무시할 수 없게 된다. 그 밖에도 컨벤션은 그 자체가 인적교류의 본질적 요소로서의 성격을 띠고 있기 때문에 국제회의의 경우, 컨벤션 참가자들이 서로 대면하여 상호이해를 증진시킴으로써 상호이해의 부족으로 발생할 수 있는 통상마찰과 같은 상호간의 마찰을 피할 수 있는 계기도 마련해 주며, 선진국의 노하우를 직접 수용함으로써 관련 분야의 국제경쟁력을 강화시킬 수 있는 기회가 되기도 한다. 어쨌든 컨벤션 산업이 국민경제의 발전에 기여하는 비중은 여러 가지 형태의 양적 지표와 질적·구조적 지표를 통해 측정될 수 있기 때문에 컨벤션 산업도 관광산업과 마찬가지로 외화획득, 고용창출, 재정수입증대, 국제수지의 개선을 통해 국민경제의 발전에 기여하게 된다.

컨벤션 산업의 발전으로 기대할 수 있는 또 다른 효과는 지역경제의 활성화와 더불어 최신정보기술이 유입됨으로써 지역의 국제화를 가속화시킨다. 컨벤션은 참가자와 개최국 국민이 직접적으로 교류할 수 있는 기회가 되기 때문에 이를 통해 많은 지식과 새로운 정보를 서로 교환할 수 있으며 개최국 국민들은 외국인과의 잦은 접촉을 통해 국제적 환경을 경험하게 되므로 지역의 국제화가 자연스럽게 실현되는 계기가 된다.

2) 사회문화적 측면에서의 파급효과

각종 컨벤션이 개최되는 빈도수가 증가함에 따라 개최국이나 개최지의 관련 분야가 질적으로 향상됨은 물론 일반 국민들의 의식수준 향상을 통해 선진화를 도모할 수 있다. 아울러 컨벤션 개최를 대비한 각종 시설물의 정비나 교통망의 확충, 환경 및 조경개선, 고용증대, 항공 및 항만시설의 정비, 신상품 개발 등 일반사회의 발전에 광범위한 파급효과를 가져올 수 있다. 또한 컨벤션은 개최국과 개최지에 대한 홍보활동을 전세계적으로 확산시킬 수 있으며, 컨벤션 참가자는 사회 각 분야에서 영향력을 행사할 수 있는 사회 각계각층의 지도자들로 구성되는 것이 일반적이기 때문에 개최국의 국제적 지위향상, 문화교류, 민간차원의 외교활성화 등을 기대할 수 있다. 컨벤션이 지방으로 분산 개최되는 경우 지역주민은 외국과의 직접적인 교류를 통해 새로운 지식과 정보의 교환이 가능해지고, 참가자와 지역주민 간의 접촉을 통한 지역주민의 국제적 감각을 고양시킬 수 있으며, 컨벤션 개최 기간 중 개최지는 정보의 중심지가 되어 개최지역 주민들의 지적 자극을 통한 시민의식의 향상 등 교육적 파급효과도 기대된다. 또한 컨벤션 개최기간 중에는 국·내외로부터 많은 사람들이 모이게 되므로 컨벤션에 필요한 직접적인 시설의 확충뿐만 아니라 사회기반시설의 정비가 이루어지기 때문에 지역주민의 생활환경이 크게 향상되어 지역의 균형발전을 도모함은 물론 나아가 지방의 국제화에도 크게 기여할 수 있다.

3) 정치적 측면의 파급효과

컨벤션이나 국제회의는 그 규모나 성격 면에서 통상 수십 개국의 대표들이 대거 참가하게 되고 이들은 자국에서 높은 사회적 지위를 누리고 있거나 정부기관 또는 사회 각 분야에서 영향력을 행사할 수 있는 사회지도급 인사들인 경우가 대부분이기 때문에 이들의 컨벤션 참가는 민간외교의 활성화는 물론이고 개최국의 국제적 지위 향상이나 국가의 홍보에 기여하는 바가 매우 크다. 특히 컨벤션은 정치적 이념을 달리하는 국가 간에 커뮤니케이션이 이루어질 수 있는 계기가 되기 때문에 장기적으로는 이념의 차이를 줄이고 이념적 동질성을 이룩할 수 있는 계기가 된다. 또한 컨벤션은 개최국 또는 개최지 국민과 컨벤션 참가자들 간의 교류를 촉진시키며, 국제간의 이해를 증진시키는 장으로 활용되므로 국제관계 개선에도 많은 기여를 하게 된다.

4) 관광진흥 측면에서의 파급효과

컨벤션이 개최되는 경우 한 회의 컨벤션 참가자가 평균 몇 백 명에서 수천 명 이상이기 때문에 컨벤션의 유치는 곧 대량 관광객의 유치로 이어질 수 있다. 또한 컨벤션을 유치하는 경우 컨벤션 참가자들에 대한 판촉활동을 계획적·집중적으로 전개할 수 있는 계기가 되고, 특히 컨벤션 전·후 관광을 통해 기존 관광상품 및 신규상품을 집중적으로 소개함으로써 우리나라의 전통문화나 관광지에 대한 인식을 새롭게 하고 체재기간 동안 체험한 우리나라에 대한 깊은 인상을 귀국 후에 주위에 전파하게 되므로 장기적으로는 우리나라의 관광홍보에 큰 파급효과를 가져올 수 있다. 이외에도 컨벤션을 유치함으로써 얻을 수 있는 관광진흥 측면의 파급효과로는 체재기간의 연장과 평균 외화소비액을 들 수 있다. 참고로 2007년 국제회의 참가자 실태조사 보고서에 의하면 개별 참가자가 지출한 여행경비는 평균 2,488달러로 나타났다.[26] 이는 2006년 방한 외래관광객의 지출액 1,194달러, 2007년 1인당 외래관광객 지출액이 1,273달러인 점을 감안할 때, 국제회의 참가자의 소비지출액은 일반 방한 외래관광객 지출액 보다 약 1.95배 높은 것으로 나타나 표면적인 경제적 효과에 대한 결과를 확인할 수 있다(2004년 조사에서도 약 1.9배 높은 것으로 나타났음).

4 컨벤션의 학문적 과제

미국의 경제학자 조셉 파인(Joseph Pine)은 21세기 경제를 경험경제(experience economy)라 규정하고 있다. 경제적 가치가 '필수품'에서 '상품'으로, '상품'에서 '서비스'로, 서비스에서 '경험'으로 진화해 나가는 과정을 언급하고 있는 것이다.[27] 소비자는 상품이 아니라 상품에 담겨 있는 스타일과 이야기, 경험과 감성을 구매하고 있으며, 21세기 경험재의 대표적인 상품이라 할 수 있는 '컨벤션 상품'은 경험경제에 있어서 그 중요성이 더욱 커지고 있다.

또한 컨벤션 산업은 첨단정보 및 기술교류, 인간관계의 형성 등 다양한 목적을 추구하는 고부가가치의 신종산업으로 부상하고 있으며, 컨벤션 산업이 단순히 국제회의만을 육성하기 위한 것이 아니라 관광 분야의 모든 업종을 종합화하고 상호간의 시너지 효과를 창출하는 메커니즘을 가진다. 컨벤션 산업이 가지고 있는 동태적인 특성과 오히려 컨벤션이 관광산업을 주도하는 핵심적인 역할의 수행, 타 분야(예: 무역, 금융, IT 등)를 융합하여 부가가치를 높이는 현상들을 볼 때, 컨벤션 산업에 대한 새로운 시각은 중요한 의미를 가진다.

뿐만 아니라 21세기 정보화 시대와 더불어 특정 도시나 지역에서 새로운 지역경영의 한 수단으로 주목받고 있는 컨벤션 산업은 관광, 레저, 숙박, 유통, 식음료, 교통, 통신산업 등을 포함하는 종합적인 산업으로서 고용창출, 외화획득, 세수증대 기회창출 등을 통해 지역경제의 활성화에 기여하는 경제적 파급효과뿐만 아니라 개최지역의 국제적인 인지도 향상, 개최도시의 이미지 개선, 개최지역 주민의 교육, 문화적 체험기회를 제공하는 등 사회·문화적 파급효과가 매우 크기 때문에 지식과 정보의 유통을 촉진하는 고부가가치 지식기반산업의 핵심산업이라 할 수 있다.

그러나 컨벤션 분야는 학문적 관점에서 유치단계(infant stage)이다. 컨벤션 학문의 체계성과 논리성을 갖추기 위한 사회과학적 이론과 방법론이 활발하게 논의되어 컨벤션 현상을 좀더 심층적으로 분석하여야 할 것이다. 산업적으로 아무리 유망한 분야라고 외쳐도 현상에 대한 학문적 정립이 없다면 그 가치에 대한 평가는 매우 유보적일 것이다.[28]

어떤 분야가 학문으로서 자리매김을 하기까지는 다양한 각도에서의 연구가 끊임없이 이루어지고 축적되어 가는 과정이 요구된다. 유럽 및 북미의 컨벤션 산업 역사는 길게는 10여 년 짧게는 50여 년 정도이다. 최근 미국의 PCMA, MPI 등 컨벤션 관련 협회는 산하 교육재단을 통해 컨벤션 관련 교재와 교육과정을 개발해 오고 있다. 국내에서는 1996년 국제회의 육성법 제정 이후 컨벤션 센터의 건립과 더불어 여러 연구·교육 분야에서도 학문으로서의 정착을 위한 노력이 시작되었다.[29]

컨벤션 학문은 아직 학문의 영역으로 논하기 어려울 정도로 많은 과제를 안고 있다. 최근에는 컨벤션 분야가 MICE(Meetings, Incentive Travel, Convention, Exhibition)로 확대되고 심지어 event의 모든 분야를 포괄해야 한다는 주장도 있다. 학문적 관점에서 컨벤션 분야의 대융합화, 통섭, 학제 간 연구 강화의 필요성을 인지하게 된다. 이러한 추세에서 최근에는 컨벤션 영역 확대와 패러다임 변화로 괄목할 만한 연구성장이 이루어지고 있다. 하지만 실용적인 면이 강한 컨벤션을 학문적으로 정립하고 현상을 진단하는 데 활용할 수 있게 하기 위해 현상을 설명하고 이론을 체계화하여야 한다. 이제 학문적 도약이 기대되는 현 시점에서는 이론적 창의성과 연구방법론의 다양성을 요구하고 있고, 특히 학제 간의 연구뿐만 아니라 다학문 간의 접근도 요구하고 있다. 이는 컨벤션 학문만의 이론적 체계를 수립하고 컨벤션 학문의 체계를 만드는 전초가 될 것이다.[30)]

뿐만 아니라 컨벤션 학문을 독창적이고 창조적인 학문으로 만들기 위해서는 우리 모두 컨벤션 현상에 대한 새로운 사고의 틀을 가져야 한다. 일찍이 Kuhn(1970)[31)]은 패러다임은 "연구를 이끄는 '존재론적, 인식론적, 방법론적 전제를 형성하는 기본적 신념체제'"로 규정하였다. 컨벤션 연구의 진실된 접근을 위하여 우리는 상기의 3가지 전제를 음미할 필요성이 있을 것이다.[32)] 컨벤션의 실체를 파악하고, 이를 현상적으로 인식하고, 과학적 방법론을 통하여 실증분석하고, 새로운 이론체계를 창출하는 노력이 있어야 할 것이다. 실용적인 분야이지만 다양한 분야와 융복합화하면서 통섭을 요구하는 분야이기 때문에 학문적으로 연구의 가치가 높은 분야이다. 그래서 컨벤션은 관광학을 포함한 서비스 학문의 패러다임의 전환을 이끌 수 있는 분야이다.

미 주

1) 웹스터 사전(1994).

2) 옥스퍼드 사전(1984).

3) 관광용어 사전(1985).

4) Astroff, M. T., & Abbey, J. R.(1998). *Convention Sales and Services*. 5th ed. New Jersey: Waterbury Press.

5) Berkman(1984). *Conventions Management and Service*. AH and MA.

6) Weirich, M. L.(1992). *Meeting and Conventions Management*. Delmar Publishers, Inc. pp. 4-6.

7) 서승진 · 윤은주(2002). 『컨벤션 산업론－그 학문적 접근과 실무이해』. 영진닷컴.

8) 전라북도(2008). 『국제화 기반구축 중 · 장기 전략 및 대규모 국제행사 기본계획 수립』. p. 30.

9) Appadurai, Arjun(1990). Disjuncture and difference in the global cultural economy. *Public Culture*, 2(2), 1-23.

10) 김철원 · 박유미 · 이향정(2005). 컨벤션 개최지의 이미지가 만족도 및 사후반응에 미치는 영향. 『관광학연구』, 28(4), 273-294.

11) 전라북도(2008). 『국제화 기반구축 중 · 장기 전략 및 대규모 국제행사 기본계획 수립』. p. 30.

12) 김철원(2008a). 『컨벤션 마케팅』. 법문사.

13) 김철원(2008a). 『컨벤션 마케팅』. 법문사.

14) 한국관광공사(1993). 『컨벤션/인센티브 관광시장정보』.

15) Castex, J.(2001). Management of PCO Office and a Congress. 2nd IAPCO, AACVB Joint Seminar on Professional Congress Organization, Thailand.

16) Berkman(1984). *Conventions Management and Service*. AH and MA.

17) Howell, D. W.(1993). *Passport*. New York: South-West Publishing.

18) Var, T., Cesario, F., & Mauser, G.(1985). Convention tourism modeling. *Tourism Management*, 6(3), 194-204.

19) 한국관광공사(1993). 『컨벤션/인센티브 관광시장정보』.

20) Howell, D. W.(1993). *Passport*. New York: South-West Publishing.

21) Astroff, M. T., & Abbey, J. R.(1998). Convention Sales and Services. 5th ed. New Jersey: Waterbury Press.

22) Howell, D. W.(1993). *Passport*. New York: South-West Publishing.

23) 김철원(2008a). 『컨벤션 마케팅』. 법문사.

24) Liping, A., Cai, Bai, Billy, & Morrison Alastair M.(2001). Meeting and Conventions as a Segment of Rural Tourism: The Case of Rural Indiana. *Journal of Convention & Exhibition Management*, 3(3), 77-92.

25) Rittichainuwat, B. N., Beck, J. A., & Lalopa, J.(2001). Understanding Motivation, Inhibitors, and Facilitators of Association Members in Attending International Conferences. *Journal of Convention & Exhibition Management*, 3(3), 45-47.
Go, F. M., & Gover, R.(1999). The Asian Perspectives: Which International Conference Destination in Asia are the Most Competitive. *Journal of Convention & Exhibition Management*, 1(4), 33-50.

26) 한국관광공사(2007). 『2007 국제회의 참가자 실태조사』.

27) 김철원(2008a). 『컨벤션 마케팅』. 법문사.

28) 김철원 · 박유미 · 이향정(2005). 컨벤션 개최지의 이미지가 만족도 및 사후반응에 미치는 영향. 『관광학연구』, 28(4), 273-294.

29) 서승진 · 윤은주(2002). 『컨벤션 산업론－그 학문적 접근과 실무이해』. 영진닷컴.

30) 김철원(2007). 컨벤션학에도 바람이 부는가? 『컨벤션연구』, 16, 1-2.

31) Kuhn, T. S.(1970). *The Structure of Scientific revolutions*. 2nd eds. Chicago: University of Chicago Press.

32) 김철원(2008b). 컨벤션은 관광학을 포함한 서비스 학문의 패러다임. 『컨벤션연구』, 19, 5.

저자약력

김철원(金哲源) 현_경희대학교 호텔관광대학 컨벤션경영학과 교수

Texas A&M University에서 박사학위를 취득했다. 저자 김철원은 UNWTO 뉴스레터 편집장과 한국컨벤션학회에서 회장을 맡고 있으며 저서 『컨벤션마케팅』, *Acculturation and Leisure* 등과 다수의 논문을 통해 활발한 학술적 성과를 발표하고 있으며 후진 양성과 학회의 발전에 힘쓰고 있다.

실무자의 이야기

MICE 산업*의 세계적 현황과 한국의 성장전략

최 태 영**

최근 MICE 산업이 미래 한국을 이끌어나갈 신성장동력의 고부가 서비스 산업 중 하나로 선정되었다. 국제회의와 전시회를 중심으로 육성되어 오던 컨벤션 산업이 외국인이 대규모로 참석하는 MICE 산업이란 이름으로 국가적 차원에서 새롭게 각광받고 있는 것이다. 2000년에 들어 관광객의 수요가 다변화, 전문화되면서 생태, 공연 등 연관산업과 융복합된 다양한 융합관광상품이 등장하고 있고, 정부행사와 전문가집단(학회, 협회 등) 회의 쪽으로 흘러갔던 국제회의 산업이 기업회의와 보상관광(Incentive Tour) 등의 수요가 증가되면서 하나의 고부가가치 외화획득 산업으로 바뀌고 있는 흐름을 정확히 읽었다고 볼 수 있다. 신성장동력 발표와 함께 정부는 앞으로 해외 공공기관을 활용한 마케팅 등 민관 협력을 통한 주요 국제회의 유치와 시설인프라를 조성하겠다는 전략을 세웠다. 또한 자원, 지역 특성을 반영한 생태관광 시범지역 및 국가 대표 공연을 육성해 대한민국의 많은 볼거리를 창출하겠다는 계획이다. 이제 우리도 싱가포르, 홍콩, 호주 등의 해외국가들처럼 MICE 산업의 기반이나 규모가 더욱 튼실해질 것으로 전망된다.

오늘날 해외 MICE 산업 선두국가의 모습을 살펴보면, 우선 싱가포르는 MICE에 BT(Business Travel)를 합쳐서 BT MICE 산업을 전략적으로 육성하고 있다. 싱가포르는 2015년 외래 방문객 1억 7천 명 유치, 관광수입 300억 싱가포르달러(약 20조여 원) 달성이란 구체적이고 공격적인 목표를 설정하고 정부와 MICE 산업 관련 기업들이 파트너십을 구축해서 추진하고 있다. 그 대표적인 MICE 업계가 대형 기업회의나 컨벤션을 유치할 수 있는 경쟁력 있는 환경을 제공하기 위한 인센티브 프로그램인 BE(Business Events) in Singapore를 비롯하여 다양한 프로그램으로 BTMICE 관계자, 산업별 협회 및 기업, 정부가 네트워크를 형성하여 컨벤션 생태계를 구축하고 있다. 또한 거대시장 중국의 효과와 더불어 개방정책과 인재 양성에 주력하는 홍콩은 여행·호

* MICE 산업은 Meetings, Incentives, Conventions, Exhibitions(또는 Events)의 약자로 기업회의, 인센티브, 컨벤션 및 전시(또는 이벤트)를 망라하는 산업으로 특히 아시아태평양 지역에서 지난 십수 년간 컨벤션 시설 등 인프라 확충에 따라 관광산업 분야에서 급성장하고 있는 산업이다.

** 한국컨벤션산업협회 회장. (주)인터컴 대표이사

텔·항공업계 등이 주축이 되어 민관 합동으로 MEHK(Meetings and Exhibitions Hong Kong)를 출범시켜 홍콩을 단순한 쇼핑과 관광지가 아닌 인센티브여행과 기업연수, 전시·박람회 등 고부가가치 관광산업으로 육성하기 위한 발판을 마련했다.

도박의 도시에서 아시아 라스베이거스로의 발전을 꿈꾸는 마카오는 2002년 카지노 독점체제를 허물고 해외 자본을 유치하며, 2007년 종합카지노리조트 '베네시안 마카오(Venetian Macao)'를 오픈하는 등 전시·컨벤션의 메카로 급부상하고 있다. 호주의 경우는 MICE 산업의 집중공략 대상을 아시아로 선정한 후, 아시아 여러 곳에 사무실을 마련하여 공격적인 마케팅 활동을 펼치고 있다. 한편, 2008년 베이징올림픽으로 해외 관광객 유치에 본격적인 시동을 건 중국은 총 공사비용 180억 중국원(RMB)을 들여서 준비하고 있는 2010년 상해엑스포를 통해 아시아를 넘어 세계적인 전시컨벤션의 메카로 부상하기 위한 날갯짓을 하고 있다.

해외 각 국가들이 경쟁적으로 MICE 산업에 대한 인프라 투자와 정책적 지원을 강화하고 있는 것은 MICE 산업이 경제적 부가가치가 높다는 '객관적 통계자료'에 근거한 확신 때문이다. 국가별로 조사방법의 차이가 있긴 하나 미국, 싱가포르, 홍콩, 호주 등의 국가들은 MICE 산업의 경제적 효과를 꾸준히 측정하거나 평가하고 있으며, 이를 MICE 산업 정책의 기초자료로 활용하고 있다. 미국과 같은 경우 MICE 산업은 직접 소비액 약 1,223억 달러와 100만 명의 직접고용 창출효과를 유발한다고 평가했다. 우리나라도 MICE 산업을 신성장동력으로 선정하여 국제회의 개최건수 및 참가자 수가 연 30% 급성장하는 시장성을 갖춘 것으로 평가하였다. 더불어 현재 89만 명 수준인 관광산업고용 인원은 2012년 100만 명이 육박할 것으로 예상하면서 일자리 창출 등의 파급효과를 자료로 내세웠다. 또한 국가의 관광경쟁력은 낮으나 비즈니스 환경 및 인프라가 2007년 기준 세계 24위로 높아 관광산업의 잠재력이 충분하다는 측면에서 경쟁여건을 갖추었다고 평가하였다.

고수익 관광산업 육성을 통한 신성장동력화를 비전으로, 2012년 외래 관광객 1천만 명 유치와 130억 달러의 관광수입을 달성하겠다는 정부의 공격적인 목표를 달성하기 위해서는 어떠한 정책을 세워야 하는가? 신성장동력 발표 후 학계, 산업계, 정부에서 경쟁적으로 내놓은 의견들을 취합해 보면 다음과 같다.

1. 회의 및 전시 시설 확충

현재 서울만 보더라도 COEX는 가동률이 85% 이상이어서 행사장을 활용하기가 힘들다. 더구나 참가자가 1,000명만 넘어도 수용할 수 있는 행사장이 없다 보니 전시홀에 무대를 만들어 활용해야 하는 상황이다. 실제로 서울의 컨벤션 시설인 COEX와 서울무역전시컨벤션센터(SETEC) 2곳의 총면적은 4만 3천m² 규모이다. 이는 중국 베이징(22만m²)과 상하이(36만 4천m²)에 비해 시설 수나 규모 모두 크게 부족하고, 싱가포르(17만 5천m²)나 홍콩(12만 3천m²)에 비해 시설 수는 동일하지만 규모는 그 절반에도 미치지 못하는 실정이다. 이외에 다른 국가의 시설과 비교해 봐도 컨벤션 시설의 대안마련이 절실한 것으로 판단된다.

2. 엔터테인먼트적 요소를 접목한 신선하고 차별화된 관광상품 개발

태국에 가면 꼭 봐야 한다고 인식되어 있을 정도로, 태국의 관광 패키지 상품에서 빠지지 않는 것이 알카자 쇼다. 알카자 쇼는 성전환수술까지 마친 배우들이 나오는 트랜스젠더 쇼인데, 이는 태국 정부에서 정책적으로 지원하는 관광상품이다. 국가적 차원에서 전략적으로 이 쇼를 키우다 보니 알카자 쇼는 동서양 주요국의 전통 민속춤과 노래가 어우러진 세계적으로 유명한 버라이어티쇼 중 하나가 되었다. 우리도 이런 차별화된 볼거리 관광상품이 개발되어야 한다.

3. 산업 데이터베이스를 구축할 수 있는 지식정보 시스템 가동

현재 우리나라는 컨벤션, 전시산업에서 객관적인 데이터베이스를 구축할 토대조차 마련되어 있지 않다. 현재 컨벤션, 전시산업의 산업자원, 인력자원 등의 각종 통계자료 및 통계 시스템 구축을 통해 현재 위치를 파악할 수 있는 지표가 마련되어야 한다. 또한 산발적으로 진행되고 있는 각종 국제행사에 대한 파악이 이뤄져야 한다. 한국관광공사(컨벤션 뷰로)뿐만 아니라 각 도시별로 관광산업의 발전을 위해 마련되어 있는 컨벤션 뷰로에서조차 파악하지 못하는 국제행사들이 많이 있다. 이는 우리나라에서 한 해 동안 개최되는 국제행사 개최건수에 포함되지 못할 뿐만 아니라 각종 통계에도 빠지게 되어 객관적 수치 양산을 힘들게 한다.

국가적 차원에서 고부가가치산업으로 인식된 MICE 산업. 정부의 이러한 변화가 생기기 전 산업계에서는 작은 움직임들이 일어나고 있었다. 이는 컨벤션, 국제회의 전문기획사(PCO: Professional Convention Organizer)와 전시전문기획사(PEO: Professional Exhibition Organizer) 그리고 각종 행사를 기획·운영하던 이벤트사의 영역이 점점 무너지는 현상인데, 국제회의를 진행한다고 해도 규모가 큰 전시, 관광, 이벤트들이 복합적으로 이뤄지다 보니 점점 그 영역이 무의미해진 것이다. 각기 다른 독특한 성격을 갖고 있음에도 불구하고 융복합되었을 때 '부가가치창출' 및 '국가브랜드 제고'가 이뤄질 수 있기 때문에 이런 현상은 앞으로도 MICE 산업의 틀 안

에서 계속해서 벌어질 것이다. 이런 모습 때문에 자연스럽게 규모가 있는 컨벤션 행사에 PCO, PEO, 이벤트사뿐만 아니라 대형 광고회사들도 뛰어드는 무영역 다경쟁구도를 양산했고, 이 안에서 경쟁력을 갖추기 위해 대형 광고회사들과 컨소시엄을 이루려는 회사들이 늘어나고 있다. 국가의 성장산업으로 각광받고 있는 MICE 산업에 이 같은 모습이 도움이 될 것인지는 섣불리 판단할 수 없겠지만 전문성(Professional)을 잃지는 않을지 걱정스럽다.

지금 각광받고 있는 MICE 산업이 앞으로 보다 경쟁력을 갖추고 체계화된 시스템으로 무장하여 지속가능한 부가가치 창출 산업이 되기 위해서는 각종 하드웨어와 소프트웨어의 공급은 당연히 이뤄져야 한다. 뿐만 아니라 산업계에서도 보다 전문화된 시각을 키워야 할 것이다.

저자약력

최태영(tychoi@intercom.co.kr) 현_한국컨벤션산업협회 회장. (주)인터컴 대표이사

경희대학교 관광대학원 석사과정 수료(컨벤션경영학과). 한국컨벤션산업협회 회장. 한국PCO협회 이사. 서울특별시 국제회의산업육성협의회 위원. 국제행사 심사위원회 위원. 국제회의산업육성위원회 위원. 인천 송도컨벤시아 건립 자문위원. 계명대학교 정책대학원 전시컨벤션(MICE)학과 특임교수. 한림국제학대학원대학교 겸임교수 등

『관광학총론』 열여덟 번째 이야기

제18장

카지노 산업

이 충 기*

1 카지노 산업의 개요

1) 카지노의 개념

카지노의 어원은 귀족이 소유했던 별궁이나 저택을 가리키는 '카사(casa)'에서 유래되었다.[1] 그러나 오늘날 카지노는 휴양지에 있는 게임장이나 라스베이거스와 같이 테마장면을 연출하는 유흥의 도시를 의미한다. 오늘날 카지노는 단순한 게임제공에서 탈피하여 쇼·이벤트·쇼핑 등 다양한 여가활동을 제공함에 따라 리조트로 발전하고 있으며, 따라서 카지노 산업은 '관광객의 게임욕구와 다양한 여가욕구를 충족시켜줄 유·무형의 서비스를 제공하는 사업과 이를 간접적으로 지원해주는 카지노 관련사업'으로 정의될 수 있다.[2] 이러한 측면에서 카지노 산업은 핵심부문과 연관부문으로 구성되는데, 카지노 핵심부문은 관광객의 게임욕구를 직접 충족시켜주는 테이블게임 및 머신게임과 같은 카지노시설과 딜러와 같은 인적 서비스를 포함하며, 연관부문은 관광객의 게임욕구와 여가욕구를 극대화할 수 있도록 보조해주는 숙박·테마파크·이벤트·쇼·컨벤션·쇼핑 등을 포함한다.[3]

[그림 18-1]에서 보는 바와 같이 과거에는 전문갬블러를 위한 테이블게임과 시설관리에만 관심을 두었으나, 최근 카지노는 대중관광객을 위한 테마파크를 조성하고, 초보자도 즐길 수 있는 슬롯머신을 도입하였으며, 회의참가자들을 위한 컨벤션센터를 지원하고 있다.[4] 이와 같이 오늘

* 경희대학교 관광경영학과 교수. e-mail: cklee@khu.ac.kr

날 카지노는 전문 갬블링집단에서 일반대중관광객으로 시장을 확대하였으며, 이를 통하여 과거의 도박이란 부정적 측면에서 여가활동이란 개념으로 인식의 전환을 가져오고 있다.

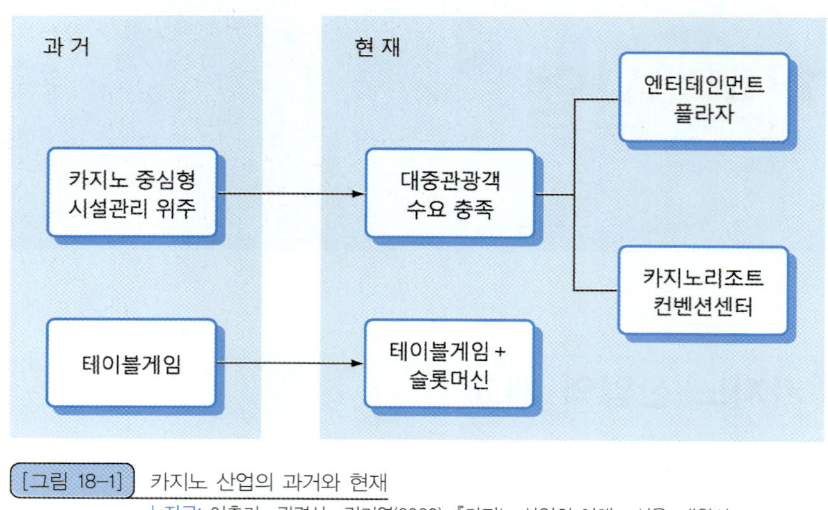

[그림 18-1] 카지노 산업의 과거와 현재

| 자료: 이충기 · 권경상 · 김기엽(2009). 『카지노 산업의 이해』. 서울: 대왕사. p. 19.

2) 카지노의 발전

역사적으로 볼 때 카지노는 중세유럽의 귀족사회에서 사교의 수단으로 출현하였고, 17~18세기에는 유럽 각지에서 소규모 카지노가 개장된 것이 근대 카지노의 시작이었으며, 19세기에는 멤버십 카지노가 유럽 각국에서 나타났다.[5] 1930년대 미국에 카지노가 도입되면서 네바다주에서는 대공황을 극복하기 위한 경제대책 및 광부들의 여가활동수단으로 카지노를 육성하면서 대규모 카지노 산업으로 발전하였으며, 라스베이거스가 새로운 카지노의 메카로 등장하게 되었다.[6] 따라서 미국의 상업적 카지노는 유럽 카지노의 소규모 클럽형태를 과감히 탈피하여 대규모 리조트형태로 발전하게 되었다.

1980년대 이후 카지노 산업은 전세계적으로 확산되어 사회주의국가에서도 외래 관광객 유치와 세수확보 차원에서 합법화가 가속화되는 추세이다. 특히 마카오에는 라스베이거스에 기반을 둔 대형 카지노업체인 Sands, Venetian, Wynn, MGM 등이 진출하여 리조트 형태의 카지노로 발전하고 있다. 또한 도덕적인 국가로 알려진 싱가포르에서도 관광객 유치를 위하여 두 개의 카지노를 허가하였으며, 이 중 하나는 라스베이거스 샌즈(Sands)카지노가 Marina Bay에서 운영할 계획이며, 다른 하나는 말레이시아 겐팅(Genting)카지노가 센토사(Sentosa) 섬에 각각 운영할 계

획이다.[7] 특히 Sentosa 섬 카지노에는 유니버설스튜디오, 아쿠아리엄, 초특급호텔 등이 들어선다. 일본도 카지노 합법화를 추진하는 법안들을 논의하고 있으며, 그 밖에 대만, 베트남, 캄보디아, 태국에서도 카지노 합법화를 추진하고 있다.

3) 카지노의 특징

카지노 산업의 특징을 살펴보면 다음과 같다. 첫째, 자연관광자원의 기후에 대한 한계성을 극복할 수 있는 대체 관광상품으로 실내공간에서 이루어지며, 야간 관광상품으로도 이용될 수 있는 장점이 있다.[8] 둘째, 카지노 산업은 일정한 시설만 갖추고 연중무휴로 영업하는 순수 인적 서비스 사업으로 다른 산업에 비해 고용창출효과가 높다. 카지노승수를 분석해 보면, 고용효과가 수출산업인 섬유·가죽업, TV부문, 반도체산업, 승용차산업에 비해 훨씬 높은 것으로 나타났다.[9] 또한 카지노 산업은 중앙정부나 지방자치단체에 제공하는 재정수입효과가 다른 산업에 비하여 훨씬 높다. 셋째, 카지노 산업의 외화가득효과(93.7%)는 일반 수출산업(반도체, TV, 승용차)에 비하여 높으며, 카지노이용객 20명을 유치하면 승용차 1대를 수출한 것과 동일한 효과를 갖는다.[10] 넷째, 카지노는 외래 관광객 1인당 지출액을 늘리고 체류기간을 연장시키는데, 카지노이용객 1인당 지출액(US$571[11])은 외래 관광객 1인당 지출액(US$892[12])의 약 64%를 차지할 정도로 단일 지출항목으로는 매우 높은 비중을 차지한다. 또한 카지노호텔에서 카지노이용객의 숙박 및 레스토랑 지출비용이 차지하는 비중은 매우 높으며, 라스베이거스와 같은 리조트 카지노에서는 쇼핑과 테마상품에 대한 지출비용이 매우 높다.

다섯째, 카지노는 위와 같은 긍정적인 측면뿐만 아니라 사회적 부작용을 일으킨다. 이러한 부작용으로는 도박중독, 재산탕진, 사행심 조장, 공금횡령 등을 들 수 있으며, 이러한 부작용을 저감시키기 위해서 카지노감독위원회를 설립하여 관리·감독하거나 도박중독센터를 설립하여 예방 및 치유활동을 하고 있다.

2 카지노 산업의 현황 및 분류

1) 카지노의 현황

현재 카지노는 전세계적으로 130여 개국에 걸쳐 2,400개소 이상 운영되고 있으며, 관광수입이 세계 10위권에 속하는 미국 · 프랑스 · 스페인 · 영국 · 독일 · 캐나다 등이 카지노업체 수에 있어서도 세계 10위권에 속하는 것으로 나타났다.[13] 이는 카지노에 대한 인식이 단순한 도박이라는 개념에서 여가활동의 일환으로 전환되고 있으며, 외래 관광객 유치를 위한 중요한 관광상품임을 지적해준다. 카지노에 대한 이 같은 인식변화는 카지노의 메카라고 불리는 라스베이거스가 미국인들이 선호하는 여름휴가지 중 두 번째로 손꼽히는 장소라는 점에서도 잘 알 수 있다. 오늘날 대부분의 관광대국에서는 관광객 유치와 외화획득을 통한 국제수지 개선뿐만 아니라, 관광인프라 구축, 지역경제 회생, 고용창출 및 소득증대, 세수증대 등을 위해 카지노를 부가가치가 높은 서비스산업으로 육성하고 있다.

2) 카지노 산업의 규정 및 발전과정

우리나라에서는 사행행위업으로 규제해오던 카지노 산업을 1994년 관광진흥법의 개정을 통해 관광사업으로 전환함에 따라 카지노 산업을 발전시키는 계기를 마련하였다.[14] 이러한 관광진흥법에 의한 카지노 관련법규의 개정은 카지노산업이 관광외화획득뿐만 아니라, 외래 관광객 유치에도 기여하는 바가 크므로 카지노산업의 건전한 발전을 도모할 수 있도록 카지노를 관광사업에 포함시켜 카지노 관련제도를 개선 · 보완하려는 데 그 취지가 있으며, 현재 카지노 허가와 관리 · 감독권은 문화체육관광부에서 담당한다.

한편 우리나라 카지노 산업의 역사를 살펴보면, 외래 관광객 유치를 위한 관광산업진흥책의 일환으로 카지노의 도입이 결정되어 1967년 인천 오림포스호텔 카지노가 최초로 개장되었고, 그 다음해에 주한외국인 및 외래 관광객전용 게임시설로 서울 워커힐호텔 카지노가 개장되었다. 그 후 1970~1980년대에 카지노가 주요 관광지에 확산되어 설악산, 경주, 부산, 제주 등에 카지노 개장이 줄을 이었다. 1995년 12월에 '폐광지역 개발지원에 관한 특별법'이 통과되어 강원도 폐광지역에 내국인 출입카지노를 설치할 수 있는 근거가 마련되어 2000년 10월 말 강원랜드 카지노가 개장되었다.[15] 이로써 내국인출입 카지노 시대가 개막되었다는 점에서 주목할 만하다. 또한 강원랜드는 2005년 골프장, 2006년 스키장을 개장하여 본격적인 복합리조트 카지노로 발전하게 되었다. 2006년에는 한국관광공사 계열사인 그랜드코리아레저가 서울(2개소)과 부산(1개소)에 세븐럭카지노를 각각 개장하였다. 이로써 현재 우리나라에는 총 17개의 카지노가 운영되고 있는데, 이 중에서 외국인전용 카지노는 16개소, 나머지 1개소는 내국인출입 카지노인 강원랜드이다. 이를 지역별로 살펴보면 제주도에 8개소, 강원도에 2개소, 서울에 3개소, 부산에 2개소, 그리고 인천과 경북에 각각 1개소가 있다. 2007년 현재 외국인전용 카지노의 입장객 수는

118만 명, 매출액은 6.7억 달러를 기록하였으며,[16] 같은 해 강원랜드 카지노의 입장객 수는 245만 명, 매출액은 1조 265억 원에 달하였다.[17]

3) 카지노 산업의 조직

카지노 산업의 경영조직은 일반 경영조직과는 달리 카지노의 특수성 때문에 다음과 같은 관리 · 판촉 · 영업부서 · 출납 · 안전관리 · 환전상 · 전산 등으로 구성된다.[18] 여기서 관리부서는 일반회사의 관리와 동일한 개념으로 인사 · 경리 · 총무 · 노무 · 기획 등을 포함하며, 영업장 지원업무와 외부에서 발생하는 모든 사항을 관장한다. 또한 판촉부서는 기존 고객과 좋은 관계를 유지하고, 새로운 잠재고객을 발굴하는 업무를 담당하며, 크게 내국인을 담당하는 국내 판촉과 해외고객을 담당하는 해외 판촉으로 나뉜다. 영업부서는 카지노영업장 내의 테이블게임과 머신게임에 배치되는 인력을 관리하며, 출납부서는 자금의 운영을 관리한다. 카지노영업은 넓은 의미에서 테이블과 현금을 다루는 출납으로 구분되는데, 테이블에서는 고객에게 칩을 교환해주고 딜러가 게임을 진행하거나 보조하고, 출납에서는 고객의 칩을 현금으로 교환해주는 일을 담당한다. 안전관리부서는 영업장을 감시하고 고객과 종업원을 보호하는데, 이곳은 안전관리과(security)와 운영관리과(surveillance)로 나뉜다. 안전관리과는 영업장과 주변지역을 감시하며, 칩이나 현금의 이동 시 동행하는 반면, 운영관리과는 테이블게임과 머신게임 주변에 설치된 카메라를 통해 종업원의 부정행위나 고객의 속임수 등 이상한 행동을 주시하고 감시한다. 이러한 이유로 운영관리과를 '하늘의 눈(eye in the sky)'이라 부르기도 한다. 환전상은 고객이 제시하는 외화를 원화로 환전해주고, 게임종료 후 남아 있는 원화나 게임결과 획득한 칩을 외화로 재환전해주는 업무를 담당한다. 마지막으로 전산전문요원은 카지노 전산시설을 관리 · 운영하는 업무를 담당한다.

3 카지노 실무 및 마케팅

1) 카지노 실무

카지노 실무는 크게 테이블게임과 머신게임으로 구성되며, 테이블게임에서는 가장 인기 있는 블랙잭, 룰렛, 그리고 바카라 게임에 대해서 설명하고, 머신게임에서는 슬롯머신과 비디오머신 게임에 대해서 설명하고자 한다.

(1) 테이블게임

테이블게임은 그 역사가 짧은 경우도 있지만 대부분 오랜 역사를 가지고 있으며, 수학적 확률이 계산될 정도로 정교하다. 테이블게임은 전세계적으로 30종에 이르고, 우리나라에서는 20종이 허가되어 있으며, 주요 인기 있는 테이블게임을 설명하면 다음과 같다.[19)]

- 블랙잭: 전세계적으로 가장 많이 알려진 카드게임으로 일명 '21(twenty-one)게임'이라 불리기도 한다. 그 이유는 처음 두 장의 카드 합이 21일 때 블랙잭이 되기 때문이며, 이때 베팅액의 1.5배를 받는다. 그렇지 않을 경우 플레이어는 21이 넘지 않을 때까지 카드를 계속 받을 수 있으며, 이때 플레이어의 카드 합이 딜러와 비교해서 21에 가까우면 이기게 된다.
- 룰렛: 돌아가는 작은 바퀴라는 뜻의 프랑스어에서 유래한 이 게임은 일반적으로 직경 19~25mm 크기의 볼을 시계방향으로 돌려 시계 반대방향으로 돌아가는 회전판 번호에 볼이 낙착되면 그곳에 베팅한 플레이어가 이기는 게임이다. 여기에는 유럽식(회전판에 1~36까지의 숫자와 '0'이 포함됨)과 미국식(1~36까지의 숫자와 '0'과 '00'이 포함됨)의 두 가지 형태가 있다. 베팅방법은 다양한데, 0에서 36까지의 어느 한 숫자에 맞추는 방법, 두 개의 숫자 중 하나를 맞추는 방법, 홀수나 짝수를 맞추는 방법 등이 있다.
- 바카라: 이탈리아 말로 '0'이란 뜻으로 유럽의 귀족들이 즐겼던 가장 전통 있는 게임이다. 플레이어(player)와 뱅커(banker) 가운데 카드의 합이 9에 가까운 쪽에 베팅한 경우 이기는 게임으로 어느 카지노에서나 찾아볼 수 있는 게임이다. 고객은 '플레이어' 또는 '뱅커' 중 원하는 곳에 베팅하며, 플레이어와 뱅커의 합을 비교하여 승자를 결정한다(또한 '타이(tie)'에도 베팅할 수 있음). 바카라게임의 규칙은 복잡하지만 플레이는 3군데 중 한 곳만 베팅하면 된다.

(2) 머신게임

오늘날 대중관광객들도 리조트 카지노를 방문함에 따라 머신게임의 선호도가 높아지고 있다. 머신게임은 무엇보다도 테이블게임과 같이 복잡한 규칙을 배울 필요가 없고, 다른 사람을 신경쓸 필요가 없기 때문에 인기가 있다. 또한 머신게임은 적은 돈으로 오랜 시간 즐길 수 있으며, 때로는 적은 돈으로 큰 행운(jackpot)을 잡을 수 있다는 기대감도 있다.

머신게임은 크게 슬롯머신과 비디오머신으로 분류되며, 이를 구체적으로 설명하면 다음과 같다.[20)] 슬롯머신은 기계에 부착된 핸들이나 버튼을 사용하면 기계의 릴(reel)이 회전하다 멈추게 되고, 그 결과에 따라 미리 정해진 배당표에 의해 시상금액이 정해지는 기계로 보통 릴 슬롯이

라 한다. 반면에 비디오머신은 기계에 릴 대신 모니터가 장착되어 있어 버튼을 눌러 게임하며, 여기에는 비디오포커 · 비디오슬롯 · 키노 · 비디오블랙잭 등이 있다. 미국 라스베이거스의 경우 전체 카지노 매출액 중 머신게임은 65% 이상을 차지하며, 지역주민의 출입이 많은 카지노 중에는 전체 매출액의 80%가 넘는 곳도 있다.

최근 머신기기에는 티켓(ticket)머신과 리스(lease)머신이 확산되고 있다.[21] 티켓머신은 동전 또는 현금 대신 기기에서 영수증이 출력되면 고객은 그 영수증을 환전소에서 현금으로 교환하게 된다. 따라서 티켓머신은 동전이 지불되는 시간에 고객이 게임에 더 참여할 수 있으며, 카지노업체 입장에서는 매출액 향상에 도움이 되고, 인력절감에도 효과가 있어 급속하게 확산되고 있다. 따라서 라스베이거스에서 동전 떨어지는 소리가 점차 사라지고 있다. 반면에 리스머신은 카지노에서 기기를 구입하지 않고 제작회사에서 카지노에 머신기기를 무료로 설치한 후 수익금의 일부분을 환수해가는 방법이다. 따라서 기기의 유지보수나 수리는 제작회사에서 책임지며, 광역 프로그레시브(progressive*)의 경우에는 최고 시상금도 제작회사에서 지불하는 관계로 카지노에서는 초기투자비용이나 잭팟시상에 신경 쓸 필요가 없어 인기가 높다.

2) 카지노 마케팅

카지노 산업이 효율적인 마케팅전략을 수립하고 마케팅활동에 집중하기 위해서는 카지노시장을 세분화한 후 이에 따른 표적시장을 선정하는 것이 바람직하다. 여기서 전체시장을 세분화한다는 것은 관련된 특성(베팅액수, 이용 동기)에 따라 동질적인 하위집단으로 나누는 것을 의미한다.

(1) 카지노의 마케팅믹스

카지노의 마케팅믹스(marketing mix)는 표적시장을 겨냥한 마케팅 목표를 효율적으로 달성하기 위해 4P's ― 상품(product), 가격(price), 촉진(promotion), 경로(place) ― 를 적절하게 구성하는 것을 의미하며, 구체적인 설명은 다음과 같다.[22]

- 상품전략: 카지노상품이란 카지노이용객의 욕구를 충족시키기 위해 고안된 물리적 · 상징적 서비스의 총체라고 말할 수 있다. 카지노의 주요 상품은 카지노시설(테이블게임 · 슬롯머신), 딜러의 숙련도, 실내분위기뿐만 아니라, 이를 보조해주는 테마시설, 쇼핑시설, 엔터테인먼트

* 여기서 프로그레시브란 여러 대의 머신기계들을 묶어 특정기계에서 잭팟이 당첨되었을 경우 여러 기계에서 누적된 배당금을 모두 지불하는 인기 있는 머신게임 운영방식이다.

시설, 이벤트 등도 포함되는데, 이는 가족 동반객을 포함한 일반대중관광객을 유치하는 데 결정적인 역할을 한다.

- 가격전략: 주요 가격전략은 카지노에서 제공하는 게임승률이다. 특정 카지노에서 머신게임의 배당률을 높게 하거나 테이블게임의 규칙을 조정하여 고객에게 유리하게 하여 운영하면 방문객을 증가시킬 수 있다. 카지노에서 항상 염두에 두어야 하는 것은 고객이 긴 시간 동안 게임을 즐길 수 있게 하여 소비한 돈의 가치를 느끼게 하는 것이다. 카지노 할인요금(casino rate)도 고객의 방문을 유도할 수 있는 가격전략의 한 방법이며, 이는 무료 숙박권을 제공받을 수 없는 고객이나 고액베팅자의 요구에 의해 동반자에게 제공되는 객실 할인요금으로 보통 공식요금의 25~50%를 할인받게 된다.
- 촉진전략: 촉진은 크게 광고·홍보·인적판매·판매촉진으로 세분되며, 특히 VIP고객을 유치하기 위해서는 인적판매가 바람직하다. 우리나라의 경우 일본과 중국에 해외 판촉사무소를 설치하여 기존고객을 관리하고, 새로운 잠재고객을 발굴하고 있다. 사내특별판촉은 카지노가 주관하여 진행하는 골프대회·사냥·블랙잭대회·바카라대회가 있으며, 외부특별판촉으로는 다른 카지노 또는 다른 지역에서 개최되는 특별 이벤트행사에 자사 카지노고객을 초청하여 보내주는 방법이다. 가령, 지난 2002년 월드컵 당시 일본 VIP를 초청하여 월드컵경기를 직접 관전하게 한 후 게임에 참여하게 하는 프로그램을 국내 카지노업체가 개발한 적이 있다.
- 경로: 카지노에서 경로의 예로 전문모집인과 여행사를 들 수 있다. 전문모집인은 카지노를 목적으로 방문하는 고액베팅자를 모집하며, 여행사는 관광코스의 일부로 카지노상품을 포함시킨다.

(2) 베팅액수에 따른 표적시장 선정

카지노이용객을 세분화하는 가장 보편적인 방법은 베팅액수를 기준으로 분류하고 있으며, 여기에는 다음과 같이 네 가지 세분시장으로 나눌 수 있다.[23)]

① 고액베팅자(high roller)

프리미엄 플레이어(premium player)라고도 부르며, 한 번에 많은 돈을 베팅하는 이른바 고액베팅자들이다. 우리나라 외국인전용 카지노의 경우 고액베팅자층의 매출액이 높은 비중을 차지하고 있으며, 이러한 계층으로는 일본 VIP고객이 대상이고, 중국관광객 중 일부도 새로운 VIP고객으로 부상하고 있다. 대규모 카지노에서는 하이롤러를 유치하기 위한 다양한 판촉활동을 벌

이고 있는데, 가령 게임하러 오겠다고 의사를 밝히면 특별 전용기나 무료 항공권을 보내주고, 카지노에 체류하는 동안 객실·식음료 등을 무료(콤프)로 제공하기도 한다.

② 소액베팅자(grind player)

소액을 베팅하는 고객층으로 여기에는 일반대중관광객이나 컨벤션참가자를 포함한다. 이러한 고객층은 가벼운 슬롯머신이나 소액 테이블게임을 선호하는 계층으로 카지노가 주목적이 아니라, 관광이나 휴양을 목적으로 카지노를 방문하는 사람들이다. 라스베이거스와 같이 대규모 리조트 카지노에서는 총 카지노이용객 중 소액 베팅자가 차지하는 비중이 높기 때문에 중요한 시장으로 인식되고 있다. 이러한 계층은 카지노상품이 대안 관광상품으로 대중관광객을 유치한다는 측면에서 매우 중요하며, 카지노의 분위기를 활성화하는 데 기여한다.

③ 당일고객(day visitor)

여행사에 의해 모집된 단체관광객으로 순수 카지노방문 목적이 아닌 단순한 여행 스케줄 상의 한 부분으로 카지노를 방문하는 고객이다. 따라서 이들은 비교적 적은 돈으로 베팅하는 사람들로 복잡한 테이블게임보다는 간단한 머신게임을 선호하며, 체류시간도 1시간에서 길게는 3~4시간으로 비교적 짧다. 이들은 또한 카지노 산업소의 분위기를 활성화시킬 수 있을 뿐만 아니라, 카지노게임에 대한 흥미를 유발시켜 장차 잠재고객으로 육성할 수 있다.

④ 정켓(junket)

정켓은 오로지 게임을 목적으로 카지노를 방문하는 사람들로, 적게는 2~3명에서 많게는 10명 내외의 팀 단위 고객으로 전문모집인에 의해 모집된다. 전문모집인은 고객들을 모집하고 그들로부터 예치금(front money)을 받아 카지노에 입금시킨 후 고객들이 게임할 수 있도록 도와준다. 전문모집인은 고객이 카지노로부터 신용대출을 받아 게임을 하고 떠났을 경우 고객으로부터 신용대출액을 환수받아 카지노에 상환하기도 한다. 특히 정켓은 비수기 타개책으로도 활용될 수 있는 시장으로 호주, 마카오, 필리핀에서 많이 활용하고 있으나, 우리나라에서는 아직 활발하게 이루어지지 않고 있다.

(3) 카지노동기에 따른 표적시장 선정

동기는 카지노 욕구를 확인하는 데 도움을 주고, 이를 통하여 만족도를 증진시킬 수 있다는 측면에서 시장세분화의 기준으로 사용되고 있으며, 이러한 동기를 토대로 카지노시장을 세분화하면 다음과 같이 크게 세 가지로 나눌 수 있다.[24)]

① 도전 · 승부 추구자(challenge · winning seeker)

방문동기가 주로 도전이나 승부를 목적으로 카지노를 방문하는 사람들이다. 이들 계층은 카지노 방문이 주목적이고, 혼자 방문하여 비교적 오랫동안 체류하면서 테이블게임을 즐기며, 소득이 비교적 높은 편이다. 이 세분시장은 주로 고액베팅자층(high roller)으로 카지노매출액에서 차지하는 비중이 높다. 그러나 이들 집단 중에는 도박중독의 가능성이 내포되어 있다.

② 다목적 갬블링 추구자(multi-purpose gambling seeker)

다목적으로 카지노를 방문하는 사람들이다. 이들 계층은 카지노를 주목적 또는 겸목적으로 방문하면서 슬롯머신과 테이블게임 모두를 선호하고, 가족이나 친구 · 친지와 함께 방문하는 경향이 있다. 중간 정도의 베팅을 하며, 카지노를 즐거움이나 사교수단으로 즐기는 경향이 있다. 카지노를 사교수단으로 가족이나 친구와 함께 즐긴다는 측면에서 건전한 세분시장이며, 고액과 저액베팅 사이를 구성하는 중간단계의 시장이라고 할 수 있다.

③ 단순 갬블링 추구자(light gambling seeker)

이들 계층의 방문 동기는 비교적 단순하며, 카지노를 주목적이 아닌 겸목적으로 방문하고 단순한 슬롯머신을 선호하며, 가족이나 친구 · 친지와 함께 방문하는 경향이 있다. 주로 소액으로 베팅하고, 카지노를 여가활동의 일환으로 즐기는 일반대중관광객이 이에 속한다. 단순 갬블링 추구자들은 카지노를 여가활동의 일환으로 이용하는 사람들이므로 건전한 게임문화를 선도하고 가족과 함께 즐긴다는 측면에서 대중시장을 개척하는 데 도움을 준다.

4 카지노 산업의 연구과제

1) 카지노 산업의 경제적 파급효과 분석

(1) 경제학적 접근

카지노이용객의 소비지출은 지역경제에 투입되어 카지노 산업 자체에만 영향을 주는 것이 아니라, 다른 연관산업에도 경제적 파급효과를 발생시키게 되는데, 이를 구체적으로 설명하면 다음과 같다.[25] 카지노이용객이 카지노 산업에 지출한 경우 카지노 산업 자체의 수입(收入)이 되는데, 이를 직접효과 또는 1차 효과라고 한다. 또한 카지노이용객 중에는 카지노 인근지역의 음

식점과 숙박업소를 이용함에 따라 비용을 지출하게 되고, 자가용 이용자의 경우는 주유소, 대중교통 이용객의 경우는 철도나 버스 또는 택시와 같은 운수업체를 이용하면서 비용을 지출하게 된다. 이러한 업체들의 수입도 직접효과 또는 1차 효과의 대상이 된다.

한편 카지노수입 중 일부는 다른 산업으로부터 식자재나 공산품 등을 구입하는 데 지출하게 되는데, 이러한 지출로 인하여 타 산업에 파급되는 경제적 효과를 간접효과라고 한다. 예를 들면, 카지노호텔에서 쌀, 야채, 생선, 고기 등을 구입함에 따라 카지노수입 중 일부를 농림수산업에 지출하게 되고, 전기・가스・수도 등을 공급받음에 따라 이 산업에 지출하게 된다. 또한 진입도로를 건설하고, 카지노호텔, 테마파크, 골프장, 스키장 등을 건설함에 따라 카지노수입 중 일부를 건설업체에 지출하게 된다. 그 밖에 공산품 구매에 따른 제조업, 자동차 구입에 따른 자동차산업뿐만 아니라, 금융업, 통신업, 도소매업 등에도 카지노수입 중 일부를 지출하게 된다.

이러한 간접효과는 여기에서 끝나지 않는다. 즉, 농림업은 카지노에 식자재를 공급하기 위하여 다른 산업으로부터 생산에 필요한 요소들을 구매하게 되고, 그 결과 카지노 산업으로부터 받은 수입 중 일부를 다른 산업에 지출하게 된다. 마찬가지로 제조업, 건설업, 자동차산업, 금융업, 전력・가스・수도업 등도 카지노 산업에 상품이나 서비스를 제공하기 위하여 다른 산업으로부터 생산에 필요한 요소들을 구입함에 따라 산업 간 연쇄파급효과를 발생시킨다. 일반적으로 이러한 연쇄파급효과는 산업 간 상호연관관계가 높을수록 강하게 나타난다.

마지막으로 카지노수입 중 일부는 카지노직원들의 급료로 지출되는데, 직원들은 생필품, 전자제품, 자동차, 세탁, 문화서비스, 주택 등을 구입하기 위하여 소득 중 일부를 타 산업에 지출하게 된다. 다시 말하면, 카지노직원들의 소득 증가로 인하여 소비가 늘어나고, 이러한 소비의 증가는 다시 농림수산업, 제조업, 건설업, 자동차산업, 금융업, 서비스업 등 다른 산업의 생산활동을 촉진시키게 되는데, 이를 유발효과라고 한다. 여기서 간접효과와 유발효과를 합쳐서 2차 효과라고도 부른다.

(2) 산업연관모델에 의한 경제적 파급효과 분석

산업연관모델은 산업 간 상호연관관계를 알 수 있을 뿐만 아니라,[26] 카지노 외화획득액을 포함한 수출의 증가로 국가 전체 산업에 파급시킨 경제적 효과를 평가하는데 유용한 기법이다.[27] 카지노 산업의 경제적 효과를 분석함에 있어서 우선 어떤 부문을 산업연관표상에서 카지노 산업으로 정의할 것인지가 중요한 관건이다. 카지노 산업을 비롯한 관광산업은 그동안 수요 측면에서 정의되어 왔기 때문에 제조업 등 타 경제부문과는 달리 산업연관표상에는 하나의 산업으로 명확히 분류되어 있지 않다. 따라서 카지노 산업이 속해 있는 부문을 분리시켜 하나의 독립된 부문으로 세분화시키는 작업이 필요하다.

카지노는 현행 관광진흥법상 '카지노 산업'으로 분류되어 있으나, 산업연관표상에는 기타문화오락서비스업으로 분류되어 있으며, 기타문화오락서비스업에는 유원지, 오락장, 카지노 등의 서비스활동과 오락장비 임대를 포함하고 있다. 카지노 산업의 경제적 파급효과를 분석하기 위한 연구방법을 제시해보면 다음과 같다. 첫째, 한국은행에서 발간한 산업연관표로부터 일반부문은 통합하고, 카지노 산업은 세분화한다. 둘째, 국산거래표로부터 투입계수를 산출하고, 이를 토대로 카지노 산업의 생산, 소득, 고용, 부가가치, 간접세 승수를 도출한다. 셋째, 카지노매출액 자료와 앞서 설명한 각종 승수를 고려하여 카지노 산업의 총 경제적 파급효과를 측정한다. 본 연구에서는 한국은행(2007)[28]에서 발간한 『전국산업연관표』를 이용하여 각종 카지노승수를 다음과 같이 도출하였다.

① 카지노 승수도출

- 생산승수: 최종수요 1단위가 발생했을 때, 각 산업부문이 이를 충족시키기 위해 전체 산업부문에 파급시킨 직간접 및 유발 생산효과를 나타낸다. 카지노 산업의 생산승수는 2.36으로 전체산업 평균치(2.69)를 밑돌고 있으며, 35개 산업부문 중 29위를 차지하고 있다. 한편, 카지노 산업의 생산승수가 2.36이라 함은 카지노이용객이 매 1달러를 소비할 때마다 우리나라 전체경제에 직간접 및 유발효과를 통하여 2달러 36센트의 생산효과를 발생시킨다는 것을 의미한다.
- 소득승수: 최종수요 1단위가 발생했을 때, 각 산업부문이 이를 충족시키기 위해 전체 산업부문에 파급시킨 직간접 및 유발 소득효과를 나타낸다. 소득은 지역주민에게 직접 지출되는 개인소득을 나타내기 때문에 매우 중요한 의미를 갖는다. 카지노 산업의 소득승수는 0.42로 전 산업 평균치(0.51)를 다소 밑도는 것으로 나타났다.
- 고용승수: 최종수요 1단위(100만 원당 고용자 수로 나타냄)가 발생했을 때, 각 산업부문이 이를 충족시키기 위해 전체 산업부문에 파급시킨 직간접 및 유발 고용효과를 나타낸다. 카지노 산업의 고용승수는 0.017로 전체 산업부문 평균치(0.018)와 거의 유사하며, 35개 산업부문 중 19위를 차지한다. 카지노 산업의 고용효과는 수출산업인 반도체(33위)와 승용차(26위)부문에 비해 높은 것으로 나타났다.
- 부가가치승수: 최종수요 1단위가 발생했을 때, 각 산업부문이 이를 충족시키기 위해 전체 산업부문에 파급시킨 직간접 및 유발 부가가치효과를 나타낸다. 카지노 산업의 부가가치승수는 1.28로 전체 산업의 평균치(1.20)를 웃돌고 있으며, 35개 산업부문 중 15위를 차지하고

〈표 18-1〉 카지노 산업의 승수

산업부문	생 산		소 득		고 용		부가가치		간접세	
	승수	부문 순위	승수	부문 순위	승수	부문 순위	승수	부문 순위	승수	부문 순위
쇼핑업(소매업)	2.686	18	0.601	11	0.027	6	1.435	6	0.107	24
음 식 점	2.868	14	0.537	12	0.024	9	1.282	14	0.233	3
숙 박 업	2.665	19	0.653	8	0.028	3	1.459	5	0.177	8
관 광 교 통 업	2.435	26	0.523	15	0.020	14	1.114	22	0.126	18
문화오락서비스	2.854	16	0.638	9	0.021	11	1.426	7	0.201	5
카 지 노 산 업	2.355	29	0.417	26	0.017	19	1.281	15	0.357	1
전 산업 평균	2.687	35	0.508	35	0.018	35	1.198	35	0.140	35

* 승수는 직간접 및 유발효과를 나타냄.

있어 매우 높은 부가가치효과를 창출하고 있는 것으로 나타났다. 카지노 산업의 부가가치효과는 수출산업인 반도체(34위)와 승용차(25위)부문에 비해 높은 것으로 나타나 수출산업을 능가하고 있음을 알 수 있다.

• 간접세승수: 최종수요 1단위가 발생했을 때, 각 산업부문이 이를 충족시키기 위해 전체 산업부문에 파급시킨 직간접 및 유발 간접세효과를 나타낸다. 카지노 산업의 간접세승수는 0.36으로 전체 산업의 평균치(0.14)를 크게 웃돌고 있으며, 35개 산업부문 중 1위를 차지하고 있어 매우 높은 재정수입을 창출하고 있음을 알 수 있다. 카지노 산업의 간접세효과는 수출산업인 반도체(35위)와 승용차(7위)부문에 비해 높으며, 관광산업에 비해서도 높은 것으로 나타났다.

② 카지노 산업의 총 경제적 파급효과 분석

지금까지는 승수효과 즉, 최종수요 1단위가 발생했을 때 전체 산업부문에 파급시킨 직간접 및 유발효과를 평가하였다. 여기서는 2007년 외국인전용 카지노 산업이 벌어들인 외화획득액인 6,242억 원(6억 7,194만 달러)[29]이 우리나라 전체 경제에 미친 총 경제적 파급효과를 평가하고자 한다. 카지노 산업의 총 외화획득액이 우리나라 전체 경제에 발생시킨 생산파급액은 1조 4,698억 원(15억 8,200만 달러), 소득파급액은 2,603억 원(2억 8,000만 달러), 부가가치파급액은 7,999억 원(8억 6,100만 달러), 간접세파급액은 2,228억 원(2억 4,000만 달러)으로 평가되었으며, 고용창출효과는 10,538명인 것으로 나타났다.

③ 카지노 산업의 수출대체효과 분석

카지노 산업의 외화획득에 대한 수출가치를 평가하기 위하여 소형승용차와 반도체의 대체효과를 분석하였다. 2007년 카지노이용객 1인당 지출액은 571달러, 총 지출액은 6억 7,194만 달러였다.[30] 또한 2008년도 소형승용차 1대의 수출가격은 11,985달러,[31] 반도체(8G 플래시 메모리)는 1.44달러[32]로 나타났다. 카지노 산업을 통한 외화획득액의 수출가치를 비교해볼 때, 카지노외래객 20명을 유치하면 승용차 1대를 수출한 것과 동일한 효과를 갖는다. 또한 카지노 산업의 총 외화획득액은 승용차 56,065대를 수출하거나 반도체(8G 플래시 메모리) 4억 6,663만 개를 수출한 것과 동일한 효과를 갖는다.

2) 사회적 영향 분석

카지노는 긍정적인 경제적 효과를 발생시키기도 하지만, 사회적 부작용을 동반한다. 이러한 사회적 부작용은 카지노지역의 명성과 전통을 변화시키기 때문에 지역개발정책에 관한 의사결정에 올바른 방향을 제시해주기 위해서는 카지노개발에 대한 지역주민의 인식을 평가하는 연구가 필요하다.[33] 또한 사회적 혜택이 열악하고 도박중독과 같은 사회적 부작용이 심각할 경우 지역주민의 삶의 질은 카지노 개장 전에 비하여 떨어질 수 있다.[34]

Mason과 Cheyne(2000)[35]은 관광개발에 대한 지역주민의 인식을 평가함에 있어서 특정시점 즉, 개발 후의 영향만을 평가한 연구들이 대부분이라고 지적하면서, 관광개발 전후의 영향을 모두 평가하는 연구가 필요하다고 주장하였으며, 이러한 측면에서 이충기(2001)[36]는 폐광지역 내국인출입 카지노 개장 전후에 따른 지역주민의 인식변화를 연구한 바 있다. 또한 Lee와 Back(2006)[37]에 따르면 카지노 영향에 대한 지역주민의 인식변화를 올바르게 평가하기 위해서는 일시적인 단기 연구보다는 종단연구(longitudinal study)가 필요하며, 이를 통하여 카지노 지역사회가 나아가야 할 방향을 제시하는 것이 바람직하다고 주장하였다.

카지노 지역주민에 대한 종단연구[38] 결과에 따르면, 첫째, 지역주민들은 전반적으로 카지노 개장 후(開場後)에 비하여 개장 전에 높은 기대감을 갖고 있는 것으로 나타났다. 이는 카지노개발에 대한 지역주민의 기대감이 높기 때문일 수도 있고, 다른 한편으로는 카지노개발이 지역주민들의 기대를 충족하지 못했기 때문일 수도 있다. 둘째, 도박폐해는 다른 영향요인과는 달리 카지노 개장 전에 비하여 개장 후에 계속 증가한 것으로 나타났다. 따라서 강원랜드에서는 지역주민의 출입을 월 1회로 제한하고, 일반인의 출입을 월 15회로 제한하고 있으며, 도박중독센터를 설립하여 도박중독에 대한 계몽활동과 일부 중독자들을 상담하고 치유병원에 연결해주고 있

다. 셋째, 카지노개발로 인한 긍정적 사회영향에 대해서도 지역주민들의 사전기대에 못 미치는 것으로 나타났다. 즉, 지역주민의 자부심, 교육환경, 삶의 질 향상 등에 있어서 개장 전 기대에 부응하지 못하는 것으로 나타났다. 따라서 강원랜드와 지자체는 지역환수금을 확대하여 자녀들의 교육환경을 개선하는 데 투자해야 하고, 지역주민의 자부심과 삶의 질을 향상시켜줄 지역복지정책을 모색해야 할 것이다. 넷째, 카지노개발로 인한 긍정적 경제영향에 대해서도 지역주민들은 사전기대에 못 미치는 것으로 나타났다. 비록 카지노 개장으로 인하여 지역경제가 활성화된 것은 여러 연구를 통하여 확인[39]되고 있지만, 지역주민이 피부로 느낄 수 있는 경제 활성화는 여전히 기대에 못 미치는 것으로 인식하고 있다. 따라서 민박, 황토방, 이벤트, 지역특산물, 전통음식점, 탄광테마 연출 등 지역주민의 소득창출과 직결될 수 있는 소규모 관광사업들을 개발할 필요가 있다. 또한 석탄테마파크를 조성하여 인근 폐광지역을 모노레일로 연결하고, 기존 갱도를 체험코스로 개발하며, 너와집과 고원지대에서 숙박하고 음식을 즐길 수 있는 관광개발이 바람직하다.

5 카지노 산업의 새로운 접근

1) 삶의 질에 관한 연구

카지노를 허가하는 목적은 관광객 유치, 세수확보, 지역경제 활성화 등에 있지만, 궁극적으로는 지역주민에 대한 삶의 질을 향상시키는 데 있다. 따라서 카지노정책은 주민들의 삶의 질을 제고시키는 데 우선적인 목표를 두어야 하며, 카지노개발이 주민들의 삶의 질에 어느 정도 기여했는지를 평가하는 연구가 필요하다. 그러나 삶의 질은 단순한 경제적 혜택만을 의미하는 것은 아니며, 사회적 혜택이 열악하고 도박중독과 같은 사회적 부작용이 심각할 경우 오히려 삶의 질은 감소할 수 있다.[40]

이봉구・이충기(2004)[41]는 카지노 지역주민의 삶의 질을 측정하기 위하여 선행연구를 통하여 32개 항목을 도출한 후 요인분석을 실시하여 최종 28개 항목을 선정하였다. 또한 이충기(2008)[42]는 위의 선행연구에서 개발한 32개의 측정항목을 토대로 강원랜드 카지노 지역주민의 삶의 질을 평가하였다. 그 결과 지역주민들은 카지노개발이 경제적 효과(세수증가, 고용창출, 경제 활성화, 생활수준 등)에는 기여하였으나, 부의 재분배와 소득증대에는 크게 기여하지 못했다고 인식하였다. 또한 지역주민들은 사회적 영향 중 여가 기회나 자긍심 고취, 외지인과의 교류를 활성화하는 데에는 기여하였으나, 계층·지역 간 갈등, 주민 간 신뢰, 공동체의식, 교육환경 등에 대해서는 향상되지 못한 것으로 평가하였다. 환경적 영향(교통망, 도시미관, 기반시설, 자연환경)에 대해서는 비교적 크게 기여했다고 평가하였다. 마지막으로 삶의 질에 관한 위의 분석 결과와 2003년[43] 조사를 비교한 결과, 카지노시설이 주류를 이룬 2003년에 비하여 골프장과 스키장 등 복합리조트로 발전한 2008년 조사결과가 지역주민의 삶의 질에 있어서 향상된 것으로 나타났다.

2) 갬블링열정척도에 관한 연구

최근 심리학 분야에 새로운 변화가 일어나고 있는데, 과거에는 인간의 정신적 질병을 규명하려는 연구가 주류를 이루어 왔으나, 최근에는 삶을 가치 있게 만드는 것이 무엇인가에 관심이 모아지고 있는데, 이는 열정과 관계가 있다고 한다.[44] 이러한 열정은 크게 강박적 열정(OP: obsessive passion)과 조화로운 열정(HP: harmonious passion)으로 나뉘는데, 전자는 특정 활동을 수행하도록 강압하는 내부적인 압력을 말하고, 후자는 특정 활동에 자유롭게 참여하도록 유도하는 동기를 말한다.[45] 카지노활동은 깊이 빠질 경우 도박중독과 같은 부정적 결과를 초래하지만, 적절히 통제할 수 있다면 즐거움이나 사교활동 등 긍정적인 결과를 가져올 수 있다. 따라서 Rousseau 등(2002)[46]은 긍정적인 측면과 부정적인 측면을 동시에 평가할 수 있는 갬블링열정척도(GPS: gambling passion scale)를 개발하고, 강박적 열정(OP) 5개 항목, 조화로운 열정(HP) 5개 항목을 각각 도출하였다.

이충기·이봉구(2009)[47]는 갬블링열정척도를 이용하여 인터넷 갬블러(스포츠토토)의 열정을 측정한 결과, 평균값(7점 척도)을 기준으로 할 때 강박적 열정은 2.63, 조화로운 열정은 4.13으로 조사되어 스포츠토토를 이용하는 인터넷 갬블러는 부정적인 측면보다는 긍정적인 측면이 상대적으로 높은 것으로 나타났다. 또한 강박적 열정과 조화로운 열정을 중심으로 집단을 세분한 결과, 네 개의 집단(低갬블링열정집단, 강압적 갬블링열정집단, 高갬블링열정집단, 조화로운 갬블링열정집단)으로 분류되었으며, 스포츠토토산업의 건전화를 최상의 목표로 설정할 경우 1차적으로는 강박적 열정이 낮고, 조화로운 열정이 높은 조화로운 갬블링열정집단을 표적시장으로 선정할 것을 제안하였다.

미 주

1) 위키백과(2009). Available at http://ko.wikipedia.org/wiki

2) 이충기 · 권경상 · 김기엽(2009). 『카지노산업의 이해』. 서울: 대왕사.

3) 이충기 · 권경상 · 김기엽(2009). 『카지노산업의 이해』. 서울: 대왕사.

4) 이충기 · 권경상 · 김기엽(2009). 『카지노산업의 이해』. 서울: 대왕사.

5) 이충기 · 권경상 · 김기엽 · 박창규(2006). 『카지노산업의 이해』. 서울: 일신사.

6) 이충기 · 권경상 · 김기엽 · 박창규(2006). 『카지노산업의 이해』. 서울: 일신사.

7) 이충기 · 권경상 · 김기엽(2009). 『카지노산업의 이해』. 서울: 대왕사.

8) 이충기 · 박창규(1996). 한국 카지노산업의 경제적 효과분석. 『관광학연구』, 19(2), 27-45.

9) 이충기 · 송덕종 · 송학준(2006). 산업연관모델을 이용한 카지노산업의 경제적 파급효과 분석. 『호텔경영학연구』, 15(4), 131-143.

10) 이충기 · 권경상 · 김기엽(2009). 『카지노산업의 이해』. 서울: 대왕사.

11) 한국카지노산업관광협회(2008). 카지노산업체별 이용객 및 매출액 현황.

12) 한국관광공사(2009). 한국관광통계: http://www.korean.visitkorea.or.kr

13) 이충기 · 권경상 · 김기엽(2009). 『카지노산업의 이해』. 서울: 대왕사.

14) 이충기 · 권경상 · 김기엽 · 박창규(2006). 『카지노산업의 이해』. 서울: 일신사.

15) 이충기(2001). 폐광지역 내국인출입 카지노 개장에 따른 開場前後의 지역주민 인식변화와 부작용 저감방안. 『관광학연구』, 25(2), 135-154.

16) 한국카지노산업관광협회(2008). 카지노산업체별 이용객 및 매출액 현황.

17) 강원랜드(2008). 카지노입장객 및 매출액 현황.

18) 이충기 · 권경상 · 김기엽 · 박창규(2006). 『카지노산업의 이해』. 서울: 일신사.

19) 이충기 · 권경상 · 김기엽(2009). 『카지노산업의 이해』. 서울: 대왕사.

20) 이충기 · 권경상 · 김기엽(2009). 『카지노산업의 이해』. 서울: 대왕사.

21) 이충기 · 권경상 · 김기엽(2009). 『카지노산업의 이해』. 서울: 대왕사.

22) 이충기 · 권경상 · 김기엽 · 박창규(2006). 『카지노산업의 이해』. 서울: 일신사.

23) 이충기 · 권경상 · 김기엽(2009). 『카지노산업의 이해』. 서울: 대왕사.

24) Lee, C. K., Lee, Y. K., Bernhard, B. J., & Yoon, Y. S.(2006). Segmenting casino gamblers by motivation: A cluster analysis of Korean gamblers. *Tourism Management*, 27(5), 856-866.

25) 이충기(2003). 『관광응용경제학』. 서울: 일신사.

26) Leontif, W.(1966). *Input-Output Economics*. New York: Oxford University.

27) Lee, C. K., & Kwon, K. S.(1997). The economic impact of the casino industry in South Korea. *Journal of Travel Research*, 36(1), 52-58.

28) 한국은행(2007). 2003년 산업연관표. 서울: 한국은행.

29) 한국카지노산업관광협회(2008). 카지노산업체별 이용객 및 매출액 현황.

30) 한국카지노산업관광협회(2008). 카지노산업체별 이용객 및 매출액 현황.

31) 한국자동차공업협회(www.kama.or.kr).

32) 지식경제부 일일경제지표(www.mke.go.kr).

33) Eadington, W. R.(1986). Impact of casino gambling on the community: Comment on Pizam and Pokela. *Annals of Tourism Research*, 13(1), 279-285.

34) 이충기 · 강세영(2004). 폐광카지노 지역주민 인식변화에 관한 종단연구. 『호텔경영학연구』, 13(1), 1-12.

35) Mason, P., & Cheyne, J.(2000). Residents' attitudes to proposed tourism development. *Annals of Tourism Research*, 27(2), 391-411.

36) 이충기(2001). 폐광지역 내국인출입 카지노 개장에 따른 開場前後의 지역주민 인식변화와 부작용 저감 방안. 『관광학연구』, 25(2), 135-154.

37) Lee, C. K., & Back, K. J.(2006). Examining structural relationships among perceived impact, benefit, and support for casino development based on 4 year longitudinal data. *Tourism Management*, 26(7), 466-480.

38) 이충기 · 강세영(2004). 폐광카지노 지역주민 인식변화에 관한 종단연구. 『호텔경영학연구』, 13(1), 1-12.

39) 이충기(2008). 강원랜드 개장으로 인한 강원남부 폐광지역 경제활성화 평가: 복합리조트 카지노 발전 단계를 중심으로. (주)강원랜드.

40) Perdue, R., Long, T., & Kang, Y. S.(1999). Boomtown Tourism and Resident Quality of Life: The Marketing of Gaming to Host Community Residents. *Journal of Business Research*, 44(3), 165-177.

41) 이봉구 · 이충기(2004). 강원랜드 카지노개발이 지역주민의 삶의 질에 미친 영향에 관한 연구. 『관광학연구』, 27(4), 289-309.

42) 이충기(2008). 강원랜드 개장으로 인한 강원남부 폐광지역 경제활성화 평가: 복합리조트 카지노 발전 단계를 중심으로. (주)강원랜드.

43) 이봉구 · 이충기(2004). 강원랜드 카지노개발이 지역주민의 삶의 질에 미친 영향에 관한 연구. 『관광학연구』, 27(4), 289-309.

44) Rousseau, F. L., Vallerand, R. J., Ratelle, C. F., & Provencher, P. J.(2002). Passion and gambling: On the validation of the gambling passion scale (GPS). *Journal of Gambling Studies*, 18(1), 45-66.

45) Mageau, G. A., Vallerand, R. J., Rousseau, F. L., Ratelle, C. F., & Provencher, P. J.(2005). Passion and gambling: Investigating the divergent affective and cognitive consequences of gambling. *Journal of Applied Social Psychology*, 35(1), 100-118.

46) Rousseau, F. L., Vallerand, R. J., Ratelle, C. F., & Provencher, P. J.(2002). Passion and gambling: On the validation of the gambling passion scale (GPS). *Journal of Gambling Studies*, 18(1), 45-66.

47) 이충기 · 이봉구(2009). 인터넷 갬블러에 대한 갬블링열정척도(GPS)의 적용. 『관광학연구』, 33(2), 53-72.

저자약력

이충기(李忠基) 현_경희대학교 호텔관광대학 관광경영학과 교수

Texas A&M University에서 박사학위를 취득했다. 저자 이충기는 해외저널(*Tourism Management, Journal of Travel & Tourism Marketing*)의 편집위원(Editorial Board Member)을 맡고 있다. 저서로 『카지노산업의 이해』 『관광응용경제학』 등이 있으며, 해외 저명저널(SSCI/SCI)에 25편 이상, 국내 전문학술지에 70편 이상의 논문을 게재해 왔다.

실무자의 이야기

카지노 산업의 세계적 현황과 한국 카지노 산업의 대응

김 기 엽*

1. 대형 리조트화로 관광산업을 선도하는 전세계 카지노 산업

현재 카지노는 전세계적으로 130여 개국에 2,500개소 이상이 운영되고 있으며, 많은 국가들이 미래 관광산업을 선도할 성장 동력산업으로 카지노 산업을 적극 육성하고 있다. 카지노 산업은 자국민의 레저욕구를 충족시키고 관광객을 유인하는 효과 이외에도 외화 획득을 통한 국제수지 개선에 높은 기여를 하고 있다. 그뿐만 아니라 지역경제 회생, 고용창출 및 소득증대, 세수증대와 같은 순기능적 역할을 한다. 따라서 우리나라에서도 다른 국가들과 마찬가지로 그 정책적 중요성이 날로 높아지고 있으며 제주도를 비롯한 여러 지자체에서 카지노허가를 적극 추진하고 있다.

'카지노' 하면 일반적으로 어둡고 담배연기 가득한 음침한 장소를 연상하기 쉬울지 모르나 현대의 카지노는 고유의 테마를 가지고 게임시설보다 가족이 함께 방문하여 즐길 수 있는 여가시설 중심으로 리조트화되고 있다. 2009년 말, 2010년 각각 개장 예정인 2개의 싱가포르 카지노 역시 카지노라는 이름 대신 '복합종합리조트(Integrated Resort)'라는 명칭 아래 5개의 대형 호텔과 과학전시관, 세계에서 가장 큰 수족관, 유니버셜스튜디오 및 컨벤션 센터를 건설하여 카지노는 복합종합리조트 내에 위치한 작은 시설에 불과하다. 카지노가 관광산업에 어떠한 긍정적 효과를 불러일으키는지 보여주는 가장 좋은 예는 물론 라스베이거스다. 1931년 카지노를 합법화한 이후 오랫동안 카지노마피아, 매춘, 도박 등 부정적인 이미지로 알려져 왔던 라스베이거스는 1970년대 효율적인 법제도화와 규제를 통해 마피아 자본을 카지노 산업에서 몰아내고 월스트리트의 적극적인 투자유치를 이끌어냈다. 그 결과 하와이의 불화산쇼와 열대우림을 테마로 세워진 미라지(The Mirage)를 필두로 이탈리아를 테마로 한 벨라지오(Bellagio)와 베네시안(Venetian)이 차례로 개장되었다. 또한 이집트의 피라미드를 본뜬 럭소(Luxor), 파리의 에펠탑을 그대로

* 강원랜드 레저게임산업연구소 부소장

재현한 패리스(Paris) 호텔 등 각종 쇼와 놀이시설, 주제공원이 포함됨으로써 단순히 게임을 하는 장소가 아닌 다양한 볼거리와 이벤트를 제공하는 휴식·오락 공간인 종합 리조트로 성장하였다. 이러한 라스베이거스 탈바꿈의 결과는 실로 놀랍다. 라스베이거스 관광청(Las Vegas Convention and Visitors Authority) 통계(www.lvcva.com)에 따르면 라스베이거스 방문목적(중복선택)이 Dining(62.5%), 게이밍(43.1%), 쇼 관람(17.4%), 스포츠이벤트(13.1%), 이벤트(10%)순으로 나타났다. 이 중 단순히 카지노 게임만을 하기 위해 방문한 관광객은 전체 방문객 수의 5%에 불과한 것으로 나타났다.

이처럼 도박도시에서, 온 가족이 즐기는 관광도시로 자리 잡은 이후 라스베이거스의 2007년 기준 카지노 매출액은 70억 달러를 초과하였으며 연간 방문객 수는 3,920만 명으로 집계되었다(www.visitlasvegas.com). 또한 라스베이거스의 호텔 객실 점유율은 90.4%로 미국 전체 호텔 객실 점유율 평균치인 60%를 훨씬 상회하고 있다. 특히 라스베이거스는 13만 2,947실(2007년 기준)에 이르는 호텔 객실 수와 전세계적으로 가장 많은 수의 5성급 레스토랑, 전세계로부터 접근성이 용이한 다양하고 편리한 교통환경을 바탕으로 최고의 컨벤션 개최지로도 각광을 받아왔다. 2007년에는 24,000여 건의 컨벤션을 개최하여 600만 명 이상의 컨벤션 참가자와 80억 달러를 초과하는 경제효과를 창출할 수 있었다(www.lvcva.com).

카지노산업이 관광산업을 주도하고, 나아가 국가 경제에 크게 기여한 선례는 우리나라에서 비행기로 불과 3시간 거리에 위치한 마카오에서도 찾아볼 수 있다. 세수를 확보하여 본국으로부터 경제적 자립을 하기 위한 목적으로 카지노를 허가한 이래 마카오의 카지노 산업은 40여 년 동안 스탠리 호(Stanley Ho)라는 마카오 출신 카지노 운영자에게 독점권을 허용해 왔으나, 지난 2002년 마카오를 관광목적지로 성장시키겠다는 목표 아래 카지노산업을 외부에 개방하였다. 카지노산업 개방의 결과 라스베이거스 카지노 운영업체인 샌즈(Sands), 윈(Wynn)을 포함한 엠지엠그랜드(MGM Grand), 호주의 크라운(Crown)카지노 등 다수의 서양 카지노회사가 마카오에 카지노를 설립하였고, 이들 회사들은 자국에서의 운영경험을 바탕으로 단순한 카지노가 아닌 다양한 쇼핑공간과 휴식공간, 엔터테인먼트와 컨벤션을 제공할 수 있는 종합리조트를 건설하였으며 이는 현재도 진행 중에 있다.

그 결과 마카오의 카지노 매출액은 1992년부터 연평균 15% 이상 성장하여 2007년에는 라스베이거스의 70억 달러 매출액을 훨씬 상회하는 100억 달러의 매출을 기록하였다. 방문객 수 또한 중국이라는 거대한 잠재수요를 토대로 2,700만 명을 기록하여 아시아 최대의 관광지로 급부상하여 카지노의 대중화에 큰 획을 그었다. 2010년에는 마카오의 관광객 수가 4,000만 명으로 라스베이거스를 상회하고 카지노 총매출액 역시 120억 달러로 네바다주 전체 카지노 매출액을 앞지를 것으로 예상되고 있다. 현재 마카오의 카지노 산업 규모는 국내 총생산(GDP)의 50%, 마카오 전체 세수의 70% 이상을 점유하여 마카오 주요 산업으로 부상하였다. 그뿐 아니라 지난 2005년 7월 15일 '역사의 중심, 마카오(The Heritage Centre of Macao)'로 명명된 마카오의 유적지들이 세계문화유산에 등록되는 등 역사유적에 대한 홍보 강화를 통해 복합 관광도시로서 새로운 이미지를 창출하기에 이르렀다. 이렇듯 사행산업으로 분류되어 부정적인 시선을 받아왔던 카지노 산업이 이러한 일련의 변화를 통해 최근에는 21세기 관광·레저산업의 핵심으로서 전세계적으로 매우 빠르게 확산되고 있다. 2008년 세계관광기구(United Nations World Tourism Organization)의 통계자료에 의하면 해외 관광수입 및 방문 관광객이 세계 10위권에 속하는 미국, 프랑스, 스페인, 영국, 독일 등은 카지노업체 수에 있어서도 세계 10위권에 속하는 것으로 나타났다. 이것은 카지노가 단순한 도박이라는 개념에서 벗어나 국가의 주요 전략사업으로서, 외래관광객 유치를 위한 중요한 관광상품임을 시사해주고 있음을 알 수 있다.

2. 한국 카지노 산업의 현주소

마카오의 카지노 산업이 폭발적으로 성장한 배경에는 13억 인구를 가진 중국이 있다. 중국 외래관광객은 현재 4,000만 명으로 집계되는데 2015년에는 1억 명의 중국인이 해외를 관광할 것으로 예상되고 있다. 현재 우리나라의 외래관광객 수는 700만 명에 불과하다. 라스베이거스 연간 관광객이 4,000만 명에 달하고 마카오의 연간 관광객이 2,700만 명인 것과 너무나 대조되는 부분이다.

지난해 중국 외래관광객 4,000만 명 가운데 100만 명 정도만이 한국을 찾은 것으로 나타났다. 물론 일본을 방문한 중국 관광객(98만 명)에 비하면 조금 높은 수치이나 아직까지는 적은 수가 한국을 찾고 있다. 그러나 이는 반대로 생각하면 한국 관광시장 성장이라는 측면에서 우리에게 더없이 좋은 기회일지도 모른다. 중국 관광시장의 성장 잠재력과 마카오 카지노시장의 성공신화가 자극제로 작용되어 사회주의 국가로 불릴 만큼 세계적으로 규제가 엄격하고 도덕국가를 자처하는 싱가포르가 현재 첫 번째 카지노 개장을 목전에 두고 있다. 싱가포르 정부에서는 2009년 말 개장하는 샌즈 마리나베이(Sands Marina Bay) 카지노와 2010년 센토사섬(Sentosa Island)에 개장 예정인 카지노를 바탕으로 외래관광객 수를 현재 수준의 3배로 증가시키고 35,000개의 일자리 창출과 싱가포르 국내 총생산(GDP) 1% 증가를 목표로 하고 있다. 잠재성장률이 5%를 넘지 못하는 국가에서 1% 성장이면 카지노의 역할은 매우 크다고 볼 수 있다.

일본과 대만, 태국, 베트남, 몽골 등 아시아 주요 국가들 역시 앞 다투어 카지노를 합법화하려 하고 있다. 우리나라에는 현재 1개의 내국인 출입가능 카지노와 16개의 외국인 전용 카지노를

포함 총 17개의 카지노가 운영되고 있다. 2008년도 외국인 카지노 이용자는 120만 명으로 마카오에 비하면 터무니없이 적은 숫자이나 고무적인 것은 마카오 시장의 성장에도 불구하고 우리나라 카지노를 이용하는 외국인 관광객 수도 매년 지속적으로 증가하고 있다는 점이다. 우리나라 역시 중국 주요 도시에서 3시간 이내에 위치하고 있다는 지리적 이점을 고려할 때 향후 1억 명에 달하는 중국 관광객을 얼마만큼 한국으로 유치하느냐가 우리나라 관광시장의 성패를 좌우한다고 해도 과언이 아닐 것이다.

앞서 싱가포르의 예를 보더라도 복합리조트 부지 면적 중 카지노장으로 사용되는 면적은 전체의 5% 정도로 구상되어 있고, 나머지 공간은 호텔과 쇼핑센터, 극장, 박물관, 공연장 등 각종 위락시설로 채워지는 게 현실이므로 단독 카지노 형태는 구식 사업모델이 된 지 이미 오래다. 복합리조트 총수입에서 카지노 매출이 차지하는 부분이 절반이 안 되는 경우가 세계적으로 더 흔하다. 그러나 안타깝게도 우리나라의 16개 외국인 전용 카지노는 모두 단독 카지노 형태이며 그 규모 또한 심각하게 영세하다. 게임을 가장 중요한 방문목적으로 하는 단순 관광객 위주로 운영을 하다 보니 도박중독, 가산탕진 등의 폐해를 발생시키고 이로 인해 심한 규제가 지속되는 악순환이 이어지고 있다. 그러므로 우리나라 역시 세계적인 추세에 따라 일반 대중과 가족단위 고객을 폭넓게 유치하기 위해 다양한 엔터테인먼트와 여가시설, 위락시설을 제공하는 카지노 선진국의 선례를 밟아 한국 카지노 산업의 경쟁력을 제고하여야 한다.

3. 21세기 국가 전략산업으로서의 관광산업과 카지노

우리나라 정부는 고용창출효과와 생산유발효과가 높은 21세기 최고의 전략사업으로 IT산업 및 환경개발산업과 더불어 관광산업을 선정한 바 있다. 관광산업 중에서도 24시간 운영이 가능하고 기후변화와 상관없이 영업이 가능한 카지노 산업은 가히 관광산업의 꽃이라고 할 수 있다. 카지노 산업의 부작용을 최소화하고 이를 관광산업의 핵심사업으로 발전시키기 위해서는 인식의 전환이 선행되어야 한다. 이러한 인식의 전환은 정부, 국민, 카지노사업자에게서 동시에 일어나야 한다. 라스베이거스가 1930년부터 1970년대까지 반세기에 이르는 도박도시라는 불명예를 씻고 세계가 주목하는 관광지로 성장하게 된 배경에는 이러한 세 주체의 인식변화가 있었기 때문이다. 그리고 이러한 인식변화의 주요 원인은 효율적인 규제이며 이를 통해 산업을 투명하게 유지시킴으로써 카지노 산업이 건전한 관광산업으로 뿌리내릴 수 있는 원동력이 되었다. 여기에서 중요한 점은 '효율적인' 규제정책을 실현하는 것이다. 이는 규제일변도가 아닌, 카지노 산업이 투명하고 건전하게 육성될 수 있도록 관계법령을 제정하고, 이를 준수할 수 있도록 관리·감독하는 기능을 의미한다.

이렇듯 정부의 규제와 카지노 산업의 발전 간 가장 효율적인 균형을 이룬 좋은 예는 물론 라스베이거스다. 세계적으로 가장 엄격하고 체계적인 규제를 갖춘 라스베이거스는 운영자에게 사업을 확장하고 영업하는 데 있어 최대한 자율을 보장하되, 관련 규정을 위반하는 카지노는 허가를 취소하는 강력한 처벌을 단행한다. 네바다주 카지노규정에는 카지노운영을 '취소할 수 있는 특권(Revokable Privilege)'으로 정의하고 있다. 다시 말하면 네바다주의 카지노규정은 카지노업체가 규정을 위반할 경우 네바다게임위원회(Nevada Gaming Commission)에서 카지노 라이선스를 언제든 취소할 수 있는 특권을 부여하고 있다. 라스베이거스에 자주 비교되는 대표적인 카지노 도시인 애틀랜틱시티(Atlantic City)의 경우 뉴욕 등 대도시 인근에 위치하여 지리적으로 라스베이거스보다 훨씬 유리한 상황에 있다. 그러나 운영대수, 영업시간, 객실 수 및 규격까지 제한하는 지나친 규제로 인해 1978년 초 카지노 개장 이후 현재까지도 카지노시설만 단독으로 존재하는 실패사례로 알려져 있다.

우리나라의 카지노 산업이 경쟁력을 갖추기 위해서는 공공자본의 투자를 통한 대형화, 고급화를 바탕으로 하여 세계적인 추세에 발맞춘 종합리조트를 설립하여야 할 것이다. 이를 통해 외래관광객을 유치할 뿐 아니라 내국인이 해외로 나가는 것을 함께 방지할 수 있어야 한다. 또한 카지노사업자에게 운영의 자율성을 보장하되, 카지노 산업이 투명성을 잃지 않도록 규제를 강화하여 행위의 결과에 대해 처벌을 강화하는 효율적인 규제가 선행되어야 할 것이다. 단순히 카지노에 오는 사람을 막고 게임을 많이 하지 못하도록 규제한다고 해서 카지노 산업의 부작용이 제거되지는 않는다. 해외 원정도박이 아직까지도 기사화되고 얼마 전 바다이야기 등 불법사행산업이 크게 성행했던 것을 기억할 때 무조건적인 규제는 또 다른 부작용을 야기함을 잊어서는 안 된다.

결국 카지노는 종합리조트 시설의 한 부분으로서 자국민의 욕구를 해소시키고, 동시에 다양한 위락시설과 엔터테인먼트 제공 공간으로서 가족구성원 모두가 즐길 수 있는 여가활동으로 자리잡아야 할 것이며, 이럴 경우 우리나라 카지노 산업은 마카오 등 주변국 카지노 산업에 대한 경쟁력을 갖추고 향후 우리나라 관광시장을 주도하는 원동력으로 제 기능을 다할 수 있다는 것을 우리 모두 깊이 인식하여야만 한다.

저자약력

김기엽(unlvone@naver.com) 현_강원랜드 레저게임산업연구소 부소장

미국 네바다주립대학교(Univ. of Nevada, Las Vegas) 호텔경영학과 졸업. 미국 네바다주립대학교 호텔경영학과 대학원 졸업. 라스베이거스 MGM Grand Hotel & Casino 인사부, 크레딧부 근무. 워커힐카지노 기획심사부, 영업기획부 근무. 강원랜드 카지노관리팀장, 머신영업팀장 근무. 현재 강원랜드 레저게임산업연구소 부소장. 『카지노산업의 이해-원리와 실제-』(공저, 대왕사)

『관광학총론』 열아홉 번째 이야기

제19장 테마파크

박 석 희*

1 테마파크의 개념

1) 다양한 정의

많은 사람들이 테마파크에 대하여 나름대로 이미지를 가지고 있을 것이다. 그렇지만 테마파크 개념을 명확하게 정의하기가 쉽지 않은 것이 사실이다. 모든 현상에 대한 개념을 정의할 때와 마찬가지로 테마파크의 개념도 시대나 상황에 따라 다르게 정의되고 있다. 1955년에 디즈니랜드가 기존의 유원지들과는 차별화된 테마(theme; 主題)를 가지고 성공하면서 테마파크가 등장하였다. 따라서 그 역사가 길지 않고, 서구식 놀이문화의 한 가지 형태이기에 우리에게는 그 개념이 모호할 수 있다.

그간에 많은 사람들이 테마파크에 대하여 개념을 정의하고 있다.[1)]

- John McEniff: 일반적으로 다양한 놀이시설과 어트랙션(attraction; 매력물)을 제공하여 위락과 즐거움을 체험하게 하는 곳이며, 모든 어트랙션이 특정한 테마를 중심으로 계획하고 운영하는 점이 유원지와 다르다.
- Ady Milman: 주변 지역과 다른 시대의 분위기를 창조하고 통상적으로 건축물, 전망, 특정 시대의 전통복장을 한 종사원들, 탑승물, 쇼, 식음료 서비스, 기념품 등이 통합되어 하나의 특정한 테마를 강조하는 어트랙션이다.

* 경기대학교 관광개발학과 교수. e-mail: shpark@kgu.ac.kr

- Lyon: 깨끗하고 높은 수준의 경관과 탑승물뿐만 아니라, 테마가 있는 구역들로 이루어진 건물이다.
- ULI: 특별하게 창출된 환경과 분위기 속에서 운영되는 가족위주로 즐기는 공원으로서 여기에는 독특한 역사적 배경이 있는 곳, 복원된 마을, 유서 깊은 철길, 전문 박물관, 전문 쇼핑센터도 해당되며, 그 가운데서 가장 인기 있는 것은 테마가 있는 탑승물파크(ride park)이다.
- H. Vogel: 즐거움과 흥미를 유발하고 체험을 판매하는 사업이다.
- J. Cameron: 방문자 유치사업에 포함되는 시설의 하나로서 일정지역에 만국박람회장, 유원지, 지역박람회장, 박물관, 동물원 같은 문화적이거나 기타 비영리적 시설까지 포함한다.
- Marriot사: 환상을 유발시키는 분위기를 만들기 위하여 위락적 요소, 상품, 풍속 및 건축양식을 조합한 특별한 테마나 사적지를 지향한 가족위락의 장소이다.
- 미쯔비시종합연구소: 특정 테마에 기초를 두고 통일적이고 비일상적 오락세계가 전개되는 오락중심의 레저파크이다.
- 일본개발은행연구소: 입장료를 받아 특정한 비일상적 테마하에 탑승물과 어트랙션을 도입하여 전체 환경을 만들고 공간 전체를 연출해서 고객에게 오락을 제공하는 사업체이다.
- 한국관광개발연구원: 단순히 탑승시설 중심이 아니라, 지역의 자원을 바탕으로 독특한 테마를 설정하고 이를 적절히 표현하여 방문자들에게 일상을 탈피한 경험을 제공하는 파크이다.

이들 다양한 개념 정의 중에서 테마파크가 갖추어야 할 몇 가지 사항이 적시되고 있다. 즉, 테마파크는 테마가 있고, 인공적으로 만들어진 시설이며, 방문자에게 즐거움을 제공하려는 위락시설이고, 분위기를 중시하며, 테마를 체험하게 하고, 가족중심의 위락시설이며, 놀이에서 휴식까지 포함하고 있는 여가공간이라는 점 등이다.

이러한 정의와는 달리 이토 마사미(伊藤正視)는 사람들이 모여드는 이유를 중심으로 테마파크를 정의하고 있다. 즉 "지상에서 가장 행복한 장소, 가족 모두가 하루 종일 즐겁게 지낼 수 있는 공원, 동심으로 돌아가서 편안함과 사랑을 끊임없이 받을 수 있는 곳, 단순하게 즐거움을 제공할 뿐만 아니라, 지역의 활성화에 공헌하고 새로운 문화를 계속하여 창조하는 곳"이라고 설명하고 있다.[2] 그리고 테마파크는 재방문이 매우 중요한데, 제1감성의 직감적인 재미와 제2감성으로서의 마음의 울림이라는 양축을 결합시키는 것이 사람을 감동시키고 흥분시킬 뿐만 아니라, 마음까지 빼앗기 때문에, 지속적인 재방문이 이루어진다고 주장하고 있다.[3]

테마파크도 상상력의 세계이다. 상상력은 놀이를 만들어내고, 놀이는 흥분을 유발하여 더욱더 상상력을 팽창시킨다. 테마파크는 명확한 테마를 즐겁게 연출한 도취경이며, 손님에게 끊임없이 상상력을 발휘하게 하는 연예(entertainment)의 종합집적체(綜合集積體)이다.[4]

2) 테마파크의 요건

테마파크는 공원 · 유원지 · 관광지 등과는 본질적으로 다르다. 테마파크가 여타 관광공간들과 확연하게 구별되는 핵심적 구비요건은 다음 두 가지를 들 수 있다.

첫째, 테마가 있어야 한다. 유원지에 즐거움은 있으나 테마가 없다. 유원지에 있는 어트랙션들은 일정한 테마를 풀어내는 스토리가 없이 단순히 방문자들을 즐겁게 해주는 데 이용되고 있다. 이에 반해 테마파크의 어트랙션은 고유한 것이다. 여기서 테마는 메시지를 지니고 있다. 이를테면 '권선징악'이라는 테마가 악한 일을 해서는 안 된다는 메시지를 지니고 있는 것과 같다. '디즈니랜드'의 경우에는 '모험의 나라' '개척의 나라' '환상의 나라' 그리고 '내일의 나라'라는 4개의 테마를 통하여 "나이든 사람들은 과거의 아름다운 추억을 더듬어 체험하고, 젊은이들은 미래에 대한 도전을 맹세한다. '디즈니랜드'는 미국을 창조한 이상과 꿈, 그리고 냉엄한 현실을 근간으로 하는 전세계 사람들의 행복과 영감의 원천이다."[5]라는 메시지를 던지고 있다.

둘째, 테마를 체험할 수 있어야 한다. 관광소비는 체험행위이고, 이러한 체험행위인 관광소비는 특정한 소비대상에 대하여 주관적, 정서적 반응에 초점을 맞추고 있다. 이러한 관광소비에서 추구하는 경험은 환상 · 느낌 · 재미를 지향하는 현상이다. 다시 말하면, 현대적 소비는 물질적 효용인 만족에 그치는 것이 아니라, 달콤한 한낮의 꿈이 가져다주는 즐거움의 쾌락적 추구를 지향하고 있다.[6] 스토리성이 강한 독특한 환경으로 테마가 구체화되어 있는 테마파크를 관광하면서 관광객은 그 테마를 체험을 통하여 소비한다. 이를 위해서 관광객은 그곳에 있어야 하고, 참여와 행위를 통하여, 그 과정에서 온몸으로 감각적으로 느끼게 된다. 이것이 곧 테마를 체험하는 것이다. 이와 같이 그곳에서 방문자가 테마를 체험할 수 있어야만 진정한 테마파크라고 할 수 있다.

3) 테마파크의 개념 정의

테마파크를 간단하게 정의하면, 어떤 테마를 근거로 하여 구성하고 공간을 연출해둔 여가시설이다. 이와 같은 정의는 보편적인 개념과 테마파크가 테마체험이라는 질적인 측면을 중시한 개념으로 구분할 수 있다.

먼저 테마파크의 보편적인 개념은 '테마파크는 테마 · 환상 · 분위기 · 감성 · 체험 · 상품 · 가족 · 즐거움 등을 키워드로 하는 관광사업의 한 가지 유형으로서 테마 속에 생동감 있게 스토리를 연출해두고 방문자의 감성을 자극하여 환상적인 분위기에 젖어 테마를 체험소비하게 함으로

써 가족중심의 방문자들에게 즐거움을 제공하는 비일상적 여가시설'이다.

다음으로 테마의 체험이라는 질적인 측면을 중시한 테마파크의 개념은, '테마파크는 직감적인 재미와 아름다운 것을 아름답게 느끼고, 사랑하는 기쁨을 나누며, 상상의 세계에서 창조의 세계로 변해가는 마음의 울림이라는 두 축이 결합됨으로써 감동과 흥분을 자아낼 수 있도록 테마 속에 스토리를 치밀하게 연출해둔 도취경이며, 방문자에게 테마의 체험소비를 통하여 끝없는 상상력을 발휘할 수 있게 하는 연예의 종합집적체(綜合集積體)'이다.

2 테마파크의 유형 · 특성 · 효과

1) 테마파크의 기준별 유형

테마파크는 기준에 따라 다양하게 분류되고 있다. 이들 분류기준은 공간성,[7] 테마(主題), 입지[8] 등이다.

(1) 공간성별 테마파크 유형

공간성에 따라 분류하면, 가로축에 테마형과 활동형, 세로축에는 자연공원과 도시공원을 대비시킨 매트릭스는 크게 4가지 유형으로 구분된다.

- 자연공간테마형: 동물 · 식물 · 어류 · 정원 테마파크
- 자연공간활동형: 리조트 · 바다 · 고원 · 온천 테마파크
- 도시공간테마형: 산업 · 과학 · 민속 · 구조물 테마파크
- 도시공간활동형: 스포츠 · 유기시설(amusement) · 건강 · 예술 테마파크

(2) 테마별 테마파크 유형

- 문화 · 역사 테마파크: 어느 시대, 어느 지역을 특징짓는 민가나 건축물 또는 분위기가 역사적 내용과 인물에 중심을 두고 당시의 상황을 재현한 테마파크로서 미국의 '하와이 폴리네시안 컬처센터' '한국민속촌' 등이 있다.
- 애니메이션 테마파크: 동화나 풍자소설 등의 캐릭터를 중심으로 이야기의 일부를 재생하거나 가공의 동물, 인물, 로봇세계 등을 테마로 한 테마파크로서 '디즈니랜드' '디즈니월드' 등

을 들 수 있다.

- 과학 · 하이테크(Science & Hi-tech) 테마파크: 우주, 통신, 바이오 등에 관한 과학기술을 전시하거나 시뮬레이터를 통하여 체험하게 하는 테마파크로서 미국의 '케네디우주센터', 프랑스의 'Futurescope' 등이 있다.
- 스튜디오 테마파크: 기존의 유명한 영화촬영 스튜디오를 이용하여 방문자들이 영화 속의 주인공이 되어 영화를 체험하게 하는 테마파크로서 미국의 '유니버설스튜디오'가 대표적이다.
- 정원 · 예술 테마파크: 다양한 꽃과 조명이 있는 정원에서 미술작품 전시와 음악이벤트 등을 개최하는 덴마크의 '티보리공원'이 대표적이다.
- 워터파크: 바다와 온천을 포함한 물을 소재로 하는 테마파크로서 미국의 'Adventure Island', 영국의 'Center Park', 용인의 '캐러비언베이' 등을 예로 들 수 있다.
- 복합형 테마파크: 두 가지 이상의 테마를 가지고 있는 테마파크로서 미국의 '디즈니월드'가 대표적이다.

(3) 입지별 테마파크 유형

대도시에 가까울수록 용지확보 비용이 증가하고 자연환경도 열악하지만, 시장규모가 커지고 접근성이 양호해진다.

- 대도시형 테마파크: 미국의 '유니버설스튜디오', 잠실의 '롯데월드'
- 대도시주변형 테마파크: 미국의 '디즈니랜드', 용인의 '에버랜드'
- 지방중핵권형 테마파크: 미국의 '부시가든', 대구의 '우방타워랜드'
- 지방권형 테마파크: 일본의 '하우스텐보스', 담양의 '대나무테마파크'
- 리조트형 테마파크: 미국의 '월트디즈니월드'

2) 테마파크의 본질적 특성

제대로 된 테마파크가 갖추어야 할 특성에는 테마성, 배타성, 이미지 통일성, 비일상성, 종합성 등이 있다.

(1) 테마성

테마파크는 특정한 테마를 스토리화하여 연출해둔 여가공간으로 공간 속에 테마가 녹아 있다는 점에서 종래의 단순한 놀이공간인 유원지와 구별된다. 따라서 테마성은 테마파크의 생명이라고 할 수 있다. 테마가 명확해야 방문자들이 테마파크에 쉽게 몰입할 수 있다.

테마성이 강한 사례로는 '디즈니랜드'를 들 수 있다. '디즈니랜드'에서는 익숙한 동화나 소설이 지니고 있는 스토리의 맥락을 해체한 후 재구성하여 모험의 나라, 개척의 나라, 환상의 나라, 내일의 나라라는 테마를 방문자들에게 쉽게 체험하게 해주고 있다. '디즈니랜드'에서는 영화가 지니는 완벽성과 연극이 지니는 현장감의 세계를 융합함으로써 방문자들이 테마 속에 몰입되게 하고 있다.

(2) 배타성

'디즈니랜드'에 일단 발을 들여놓으면, 바깥 세계는 전혀 보이지 않는다. 테마파크 내에서도 다른 테마구역은 서로 보이지 않게 해두고 있다. 물론 공원 전체를 조망할 수도 없다. 이는 꿈과 환상의 세계를 바깥 세계와 단절시키기 위함이다.[9] 그래야 방문자들의 주의가 집중될 수 있다. 따라서 차단이 어느 정도 이루어지느냐가 테마파크 성공의 주요한 관건이다.

이러한 배타성을 유지하기 위해서는 테마파크 안팎에 그 테마에 적당하지 않은 것은 두지 않는다. 이렇게 하기 위해서는 콘셉트에 어울리지 않는 것은 둘 수 없으므로 콘셉트 자체가 포용력이 있어야 하고, 광대한 공간이 필요하며, 시설이 독특성을 지녀야 하고, 우수한 운영도 필요하다. 이를 위해서는 비용도 유원지를 만드는 경우보다 많이 소요되고, 종사원의 매뉴얼화된 노하우 교육도 이루어져야 한다.

(3) 이미지 통일성

테마의 체험을 용이하게 하기 위해서는 방문자들에게 통일된 이미지를 느끼게 해야 한다. 어울리지 않는 것이 있거나 디테일(detail)에 충실하지 못한 것이 나타나는 경우에 사람들의 시선은 그 부분에 모아지게 된다. 그 순간에 몰입이 깨지기 쉽다. 테마의 체험을 쉽게 하기 위해서는 주의력 집중에 의한 몰입상태의 유지가 무엇보다도 중요하다.

조화로운 가운데 이미지의 통일성을 기하기 위해서는 주어진 테마에 맞는 공간연출이 필요하다. 이를 위해서는 건축양식, 조경, 위락내용, 등장인물, 식당의 음식, 판매하고 있는 상품, 종업원의 복장, 심지어 휴지통의 모양과 색깔까지도 서로 튀지 않고 통일성 있게 조화되도록 디자인되어야 한다.

⑷ 비일상성

테마파크에서 사람들은 제각각의 테마에 어울리게 조성·연출되어 있는 환경 속에서 2차원 세계인 영화의 구경꾼이 아니라, 3차원 세계의 연극배우인 참여자로 변신하게 된다. 이러한 참여 속에서 그들은 일상에서 벗어나서 비일상적 세계로 몰입하여 상상과 연상의 세계로 빠져들게 된다.

미국 '디즈니랜드'의 경우, 진입부 '메인스트리트U.S.A' 풍경의 이미지는 미국의 어떤 도시에도 있던 공통된 것으로 많은 방문자들에게 향수를 느끼게 하여 비일상성을 확보하고 있다. '도쿄디즈니랜드'의 경우에도 입구부분을 옛날 서부개척시대의 거리로 재현하여 서부영화에 빠졌던 방문자들에게 아메리카 향수를 불러일으킴으로써 비일상성을 확보하고 있다.[10)]

⑸ 종합성

영화는 종합예술이다. 테마파크는 이러한 2차원 영화의 세계를 3차원의 공간 속에 구체화하고 있다. 따라서 테마파크는 분명히 종합예술인 영화 + α(알파)의 세계이다. 즉 테마파크는 세분된 과정의 종합집적체이다. 이러한 과정은 기획단계(시장조사·자원조사·규제조사 등), 건설단계(탑승시설·놀이시설·디자인·조경·연출 등), 운영단계(종사원교육·입장객관리·회원관리 등), 지원기능(매점·레스토랑·청소 등)으로 구성된다.[11)] 이러한 과정상의 모든 것이 종합적으로 어우러져서 테마파크 체험이 생산·소비된다.

네모토 유우지(根本裕二)의 지적처럼[12)] 이러한 종합성은 테마파크 기획자에게는 매우 복잡하고 귀찮은 일이 될 수도 있다. 여기에 배타성 등의 본질적 특성을 제대로 녹여내려면 더욱 까다로워진다. 심지어 종사원의 의상과 행동에 이르기까지 이루 헤아릴 수 없이 많은 부분을 특정 테마에 알맞게 만들어낸다는 것은 탁월한 노하우(know-how)의 축적 없이는 불가능한 일이다.

3) 테마파크의 사업적 특성

기존의 대규모 테마파크를 중심으로 볼 때, 테마파크가 갖추어야 할 사업적 특성에는 시장중심 입지 의존성, 장치산업성, 높은 인적서비스 의존도, 체류시간과 객단가의 비례성, 물품판매로 돈을 버는 곳 등을 들 수 있다.

(1) 시장중심의 입지 의존성

'디즈니랜드'가 미국의 애너하임 허허벌판에 자리 잡고, '월트디즈니월드'가 플로리다 올랜도 주변의 광대한 늪지대에 자리 잡으면서 종래의 관광지 입지이론이 무시되는 듯하였다. 즉 종래에는 관광자원이 있는 곳에 필요한 시설과 서비스를 갖추어서 관광지를 만들었다. 그러나 그간의 테마파크들은 종래 자원중심의 입지의존에서 시장중심의 입지의존으로 전환되는 계기를 제공했다고 할 수 있다. 즉 배후에 대규모의 시장이 있고 접근성이 좋으며 방대한 면적을 확보할 수 있는 경우, 입지 자체가 지니고 있는 자원성은 중시되지 않는 것이 테마파크 입지의 특성이다.

(2) 장치산업성

기존의 대규모 테마파크에서는 탑승시설, 놀이시설과 같은 관광객 유인을 위한 시설(attraction)들을 경쟁적으로 도입하고 있다. 이러한 시설을 도입하기 위해서는 거액의 투자비가 소요된다. 대규모 테마파크 건설에는 조 단위의 비용이 소요되는 것이 보통이다. 입장객 층을 어느 정도 한정시켜 소규모로 건설한다고 하더라도 수억에서 백억 원은 최소한 소요된다. 이를테면, 2001년에 개장된 '도쿄디즈니시(Tokyo Disney Sea)'의 경우 투자비가 338조 원(3,380억 엔)이 투자되었으며, 경기도 양주의 '대장금테마파크'는 8억 원이 투자되었다.[13] 그리고 이러한 시설투자가 개장 초기에 요구된다는 점도 테마파크사업의 커다란 제약점이자 특성이다.

(3) 높은 인적 서비스 의존도

테마파크도 서비스산업으로서 특히 인적 서비스 의존도가 높아 운영과 관리에 많은 인력이 필요하다. 필요한 인력은 정규직원과 시간제 근무자를 적절하게 활용하고 경우에 따라서는 아웃소싱을 통하여 고정적 인건비를 낮추는 방향으로 인력관리를 하기도 한다. 테마파크 개장 후 매출액에서 차지하는 인건비의 비중은 25% 이하로 낮추는 것이 바람직하다. 특히 연중 계속 운영하지 않는 테마파크의 경우 인력을 탄력적으로 운영할 필요도 있지만, 이 경우 파트타이머의 교육훈련이 용이하지 않아서 서비스 질이 저하되거나 위험관리능력의 한계를 보이기도 한다.[14]

(4) 체류시간과 객단가의 비례성

테마파크 사업의 영업수입은 입장객 수와 객단가(客單價; 1인당 소비단가)가 상정되면, 그 곱셈으로 정해진다. 객단가의 구성요소는 입장료, 시설이용료, 식음료, 물품판매, 기타 등을 생각할 수 있다. 입장료와 시설이용료는 제공되는 시설규모와 내용에 따라 기존의 것들과 비교하여 요

금이 정해진다. 식음료와 물품판매는 테마파크의 성격에 따라 가장 차이가 나는 항목이다. 식음료단가는 체류시간이 길어지면 생리적으로 더 먹을 가능성이 높아지고, 테마파크의 분위기가 고객의 마음을 사로잡는 정도에 따라 물품판매도 좌우된다. 수입은 체류시간을 어느 정도 늘리는가에 달려 있다.[15)]

(5) 물품판매로 돈을 버는 곳

월트디즈니가 '디즈니랜드'를 만들면서 유토피아를 지향하였기에 테마파크가 돈을 버는 곳이라고 하면, 다소의 거부감이 들 수도 있다. 그러나 Fjellman이 지적하였듯이 테마파크는 돈을 버는 곳이다. 입장료, 주차료, 로열티, 호텔과 레스토랑 수입, 물품판매 수입, 클럽과 바 수입뿐만 아니라, 상점과 가판점에서, 기념품과 캐릭터 상품에서, 심지어 값비싼 특수 공예품에 이르기까지 모든 것을 판매하고 있다. 나아가서 '월트디즈니월드'의 경우 디즈니사의 사업을 위한 상징적 밑천이 되고 있다. 자신의 캐릭터들과 이야기들을 통해 디즈니사는 선량하고 순결하며, 유쾌한 기업이라는 이미지를 전세계 수많은 사람들의 의식 속에 주입해오고 있다.[16)]

4) 테마파크의 지역개발 효과

테마파크 건설에 따른 지역개발 효과에 대해서는 국내의 경우 구체적인 연구사례가 아직 없다. 따라서 일본의 '도쿄디즈니랜드(TDL)' 사례를 살펴보기로 한다.[17)] 이것은 철도 · 고용 · 세수 · 전력 · 호텔 등에 미친 경제적 효과와 지역이미지 향상이라는 경제외적 효과로 구분할 수 있다.

(1) 경제적 효과

① 철도부문 효과

TDL개장 당시만 해도 지하철 JR게이요선은 개통되지 않았고, 가장 가까운 역은 우라야스(浦安)역이었다. 개장 첫해인 1983년의 경우, 우라야스역의 승객 수는 개장 이전인 1982년 대비 82%나 증가하였다.

② 고용부문 효과

TDL 개장 당시 종업원은 총 6,500명으로 이 가운데 54%가 TDL이 있는 치바현 거주자였다. 그 후 TDL의 종업원 수는 1만 4천 명까지 증가하였는데 이 가운데 비정규직 인력의 현내 거주자는 55%에 달하여 지역민 고용에 큰 효과를 보이고 있다.

③ 세수증대 효과

1984년도 우라야스시의 고정자산세 수입은 48억 2천 엔으로 전년대비 28.5%나 증가하였는데, 이는 신데렐라성, 스페이스마운틴 등 고정자산이 1984년부터 과세대상이 되었기 때문이었다. 1984년도 우라야스시의 일반회계 예산이 전년대비 9% 증액되었는데, 1983년도 증가율이 1.3%, 현내 타 시군이 2~3% 증가에 머문 것과 비교해보면, TDL의 영향을 짐작할 수 있다.

④ 전력부문 효과

도쿄전력 이치가와 우라야스 영업소 관내의 업무용 전력 판매량은 TDL개장 전인 1982년의 경우 건설에 따른 사용량 증가로 전년대비 신장률 19.2%, 개장한 1983년도에는 전년대비 30.8%에 이르고 있다.

⑤ 호텔부문 효과

TDL 입장객의 1/3이 관동지방 이외의 지역에서 방문하였고, 숙박에서도 큰 수요가 발생하여 1983년 도쿄시내 주요 호텔의 연간 객실점유율이 증가한 것으로 나타났다. TDL 개장 당시 마이하마지구에는 호텔이 없었지만, 1986년 7월 선루트플라자 개업을 시작으로 5개 호텔이 개설되었고, 각 호텔의 객실점유율은 85%를 상회하는 수준이다.

(2) 경제외적 효과

지역이 테마파크를 기대하는 가장 큰 이유는 테마파크 건설이 지역이미지를 더 좋게 할 수 있다는 점 때문이다. 테마파크 건설로 지역이미지를 바꾼 대표적인 예로는 미국 올랜도의 '월트디즈니월드', 일본 우라야스의 '도쿄디즈니랜드'이다. 국내의 용인 '에버랜드'도 용인을 알리는데 크게 기여하고 있다. 일반적으로 우수한 테마파크가 가지고 있는 비일상성은 테마파크 주변의 일상성을 모두 바꾸어 지역에 새로운 콘셉트를 만들어낸다. 이것이 지역이미지를 향상시킨다. 더구나 테마파크는 그 지역의 상징물이 된다. 따라서 그 지역에 살고 있는 사람들이 긍지와 꿈을 갖게 된다. 이는 보통의 여가시설에서는 흔히 볼 수 없는 현상이기도 하다.[18]

3 테마파크의 발전사

1) 테마파크의 등장배경

테마가 없는 소설은 없겠지만, 독자들이 평가할 수 있는 명확한 테마를 지닌 소설은 많지 않다. 이와 마찬가지로 여가공간의 경우에도 테마가 없을 수는 없다. 다만 그 테마가 명확하지 않거나, 있더라도 그것을 체험할 수 없는 경우가 '디즈니랜드'가 등장하기 이전의 상황이었다. 따라서 제대로 된 테마파크인 '디즈니랜드'의 등장배경을 살펴볼 필요가 있겠다.[19)]

(1) 유원지의 번성

유원지는 인간과 인간의 교류의 장이다. 사람이 붐비는 곳에는 어떤 형태로든 자연스럽게 유원지가 등장하게 된다. 역사적으로 보면 경제교류가 활성화되면서 시장중심으로 도시가 이루어진 고대에서 그 시초를 발견할 수 있다. 유원지는 녹지·광장·화원 등이 정비되고 그 안에서 음악과 전시, 이벤트가 개최되고 있던 일종의 도시공원으로 '서민판 베르사유 궁전'이라고 생각하면 된다. 유럽의 고전적 공원은 이러한 형태로 만들어졌고, 그 후 몇 가지 유희기계가 탄생하면서 이른바 유원지가 만들어졌다. 유원지 수요가 증대되면서 유원지건설 기업이 성장하게 된다. 19세기 말에 근대적 유희시설인 롤러코스터(청룡열차), 대형 관람차 등은 종전까지의 유원지 이미지를 바꾸어 사람들을 적극적으로 끌어들임으로써 유원지산업 번성의 도화선이 되었다.

(2) 자동차와 영화의 등장

1930년대에 들어 유원지는 위기를 맞게 된다. 새로운 위락수단이 등장한 것이다. 종래의 유원지 이외에는 이렇다 할 위락거리가 없었던 서민대중에게 새로운 위락기회가 주어졌다. 자동차와 영화의 등장이다. 자동차의 즐거움은 드라이브를 하는 것이다. 자동차가 기존의 생활공간과는 다른 바다와 산을 새로운 위락의 장으로 만들어준 것이다.

영화의 등장은 유원지에 또 하나의 위협이었다. 유능한 인재의 등장과 다양한 기술이 개발되면서 영화관은 유원지보다 가벼운 마음으로 갈 수 있는 장소가 되었다. 동시에 영화는 수준 높은 위락으로서 고객에게 흥분과 감동을 주는 데 성공하였다.

(3) 흥분과 감동의 수용

사람들의 관심과 수준이 급속도로 높아지면서 영화관도 한계를 드러내게 된다. 영화관은 작고 폐쇄된 공간이다. 영화관에서는 영화를 보면서 모처럼 느낀 흥분과 감동을 발산할 수 없다. 따라서 이러한 흥분과 감동을 발산할 장소가 필요하게 된 것이다.

'디즈니랜드'는 개념과 기술적 측면에서 이러한 영화관의 한계를 극복하는 대안으로 등장한 것이다. 크고 폐쇄된 공간에 다양한 어트랙션, 레스토랑, 상점들을 설치해두고 어트랙션을 이용하고, 영상물을 보면서 발생한 흥분과 감동을 마음껏 발산하게 해주고 있다. 사람들은 테마파크에서 먹고, 마시고, 쉬고, 기념품을 구매하면서 자신이 주인공이 되어 유감없이 즐길 수 있게 된 것이다.

2) 테마파크의 발전과정

테마파크가 변천되어온 과정을 문화사적 입장에서 정리해보기로 한다. 그간의 과정에서 보면, 테마파크는 미국을 비롯한 서구에서 발생・번창한 여가문화이다. 따라서 지역의 구분은 유럽・미국의 경우를 먼저 살펴보고, 이를 도입하여 정착시킨 일본의 경우, 그리고 한국의 경우로 구분하여 살펴보기로 한다.[20]

(1) 유럽・미국의 경우

① 유원지의 원조 탄생: 보크스홀 가든스

1661년 영국 런던의 귀족정원을 개방하여 유원지가 개장되었다. 그 당시 영국은 찰스 1세가 처형되고 혁명이 한창일 때였다. 즉 1660년 공화제에서 다시 왕정복고를 의회에서 결정하고, 찰스2세가 즉위하여 불안정한 시대였다. 이러한 시기에 대중의 환심을 사기 위한 조치의 하나로 유원지의 원조가 탄생된 것이다.

보크스홀 가든스는 유희장과 정원을 합친 시설로 조성되고 개장 당시는 서커스와 곡예, 파노라마 쇼가 인기를 끌었는데, 무료이다가 1728년부터 1실링의 입장료를 받기 시작하였다.

② 플래저 가든(pleasure garden)의 양극화

덴마크의 티볼리공원(1843년)으로 대표되는 플래저 가든은 위락성이 강한 유원지와 도시공원의 두 가지 방향으로 발전하였다. 산책・뱃놀이・스포츠 등을 즐기고, 밤에는 볼거리로 흥이 나는 플래저 랜드(pleasure land)가 런던, 파리, 빈, 남유럽에 생겨난 것은 17세기 이후의 일이다.

귀족의 정원이 대중의 것이 되면서 쾌락주의파가 점차 유희시설을 늘리고 정원을 파괴하자 자연감상파는 쾌락주의에 압도되어 있었다.

미국에서도 비슷한 흐름이다. 한 예로 19세기 초 뉴욕 맨해튼 섬에 있던 '존스의 숲'의 경우 사격장 · 당구장 · 볼링장 · 당나귀타기 등으로부터 게임 · 음악 · 댄스 · 맥주 가든까지 있어 뉴욕 시민에게 친숙해졌다. 이것도 1860년경에 위락성이 강한 '코니아일랜드'와 도시공원인 '센트럴 파크' 같은 성격이 완전히 다른 형태로 나누어졌다.

③ 본격적인 유원지의 등장과 쇠퇴: 코니아일랜드

코니아일랜드는 미국 최초의 본격적인 유원지이다. 뉴욕 맨해튼 섬 남쪽에 위치한 이곳에 1860년대에 게임장 · 댄스홀 · 음식점 · 맥주홀 · 전시관 등이 들어서고, 1870년대에는 3개의 대형 호텔과 카바레가 지어졌다. 1882년에 코끼리 형상을 한 기상천외한 호텔이 등장하면서 코니아일랜드의 성격이 결정되었다.

연이어 1885년에는 담장이 있고 문에서 입장료를 받는 세계 최초의 탑승공원(ride park) '바다사자'가 설치되었는데 이는 획기적인 것이었다. 이때가 성장기였다. 그 후 1901년에는 타원형의 롤러코스터가 들어오고, 다시 1911년에는 좀더 길고 스릴 있는 '서커스 사이드 쇼'가 도입된다. 1920년대에 지하철이 개통되어 전성기를 맞는다. 그러나 비뚤어진 환락의 장은 사회질서를 조소하며 그야말로 황폐한 유원지로 치달렸다. 코니아일랜드 경영자는 강렬한 스릴과 흥분이야말로 대중의 요구라고 생각하였다. 이러한 위락공원은 보스턴, 필라델피아, 시카고, 샌프란시스코 등 미국 각지로 급속히 보급되고 있었다.

이윽고 1920년경을 정점으로 유원지는 영화와 자동차에게 자리를 물려주게 된다. 더욱이 계속되는 화재로 코니아일랜드 주변은 매춘부의 소굴로 변하였고, 1950년대에는 차마 보고 있기 힘든 공간으로 전락하였다.

④ 테마체험 위주의 본격적 테마파크 등장: 디즈니랜드

황폐한 유원지 코니아일랜드를 극도로 비난하던 월트 디즈니는 1955년 7월 17일(일)에 마침내 제대로 된 테마파크 디즈니랜드를 개장한다. 종래 유원지가 제공하던 재미와 스릴 추구에만 그치는 것이 아니라, 영화에서 본 내용이 공간 속에 연출되어 있는 테마를 체험하면서 가족이 함께 감동에 빠져들 수 있게 되었다. 개장 후 7주 만에 입장객 100만 명을 불러들이면서 화려하게 등장한 디즈니랜드는 54년이 지난 지금까지 입장객이 매년 1,000만 명을 상회하는 전무후무한 테마파크 자리를 지키고 있다.

디즈니랜드의 성공은 1982년 플로리다 올랜도에 '월트디즈니월드'로 확대 발전하고, 1983년에는 일본에 '도쿄디즈니랜드'를 수출하였으며, 1992년에는 프랑스 파리 근교에 '유로디즈니랜드'를 수출하였고, 다시 2005년에는 홍콩에까지 '디즈니랜드홍콩'을 수출한 바 있다. 그리고 1996년에는 '애니멀킹덤'을 개장하면서 디지털 발전에 부응하여 디즈니퀘스트 등이 등장하였고, 2001년에는 미국에 '디즈니리조트'가 탄생하였다.

한편, 디즈니랜드가 동화와 환상의 세계를 강조하는 데 비하여 영화촬영 스튜디오를 활용하여 스릴 넘치는 영화 속 세계를 체험하게 하는 테마파크도 있다. '유니버설스튜디오'가 그 대표주자이다. 유니버설스튜디오는 테마파크 입장객들의 숙박·쇼핑·오락을 제공하는 '유니버설 시티워크'라는 작은 도시공간까지 만들어냈으며, 2001년에 '유니버설스튜디오제팬(USJ)'을 일본 오사카 도시재개발을 위한 핵심시설로 수출하여 불과 5년 만에 1,300만 명의 입장객을 유치하는 대성공을 거두고 있다.

이상과 같이 테마파크의 경우 유럽에서 시작하여 미국에 와서 꽃 피었다가 이제는 아시아지역으로 전파되고 있다고 하겠다.

(2) 일본의 경우

① 테마파크의 수입

일본의 경우 1910년 '신세계 루나파크'가 조성되고, 그 후로 박람회문화를 중심으로 테마파크 도입을 위한 단계를 거치고 있었다. 그러다가 1983년 '도쿄디즈니랜드'를 개장하면서 일본에 본격적인 테마파크 시대를 열었다. 도쿄디즈니랜드의 수입은 놀이문화 분야에서는 상당히 획기적인 일이다. 한두 가지 시설을 도입하는 정도야 있을 수 있는 일이지만, 방대한 규모일 뿐만 아니라, 로열티 지불방식으로 성격이 생소한 여가문화 자체를 통째로 수입한다는 것은 상당히 모험적인 일임이 분명하다.

역시 외래문화에 대단히 개방적인 일본다운 결정이었는데, 다행히 운영도 상당히 성공적이었다. 그러다가 20년이 채 되지 않은 2001년에 도쿄디즈니랜드에 이어 디즈니랜드보다 한 단계 발전된 형태인 디즈니시를 개장한다. 디즈니랜드라는 상품도 벌써 일본화에 성공한 것이라고 볼 수 있겠다. 디즈니시의 개장도 많은 우려가 있었으나, 오히려 두 개가 서로 상승작용을 하고 있다. 디즈니랜드야 미국인의 향수를 자극하여 성공하였다고 하지만, 일본인들에게도 월트 디즈니의 작품이 성공한다는 것은 테마파크가 분명히 국제적 거래가 가능한 상품임을 입증한 좋은 사례로 볼 수 있겠다.

이에 자신감을 얻은 일본은 오사카지역 재개발을 위해 '유니버설스튜디오재팬'을 2001년에 개장한다. 이것은 미국의 '유니버설스튜디오'를 수입한 것이다. 이도 역시 많은 우려가 있었으

나, 현재 상당히 성공적으로 자리를 잡고 있다.

② 독자적인 세계적 테마파크 시도

군소 규모의 테마파크가 독자적인 시도로 성공한 경우는 많이 있다. 그러나 독자적 자본과 기술로 새로운 개념의 세계적 테마파크를 건설하겠다는 포부를 가지고 1992년 천년의 생태도시를 표방하면서 '하우스텐보스'를 개장한다. 네덜란드 문화의 핵심부분을 일본에 재현한다면서 시작한 프로젝트는 개장 후 10년 만에 경영상의 어려움을 극복하지 못하고 모든 경영진이 바뀌는 사태를 초래하고 말았다. 물론 테마파크는 그대로 존치되고 있으나, 원래의 포부가 실현될 수 있을지 현재로서는 크게 의문시되는 상황이다.

(3) 한국의 경우

① 독자적인 세계적 테마파크 시도

1909년 한일병합이 이루어지기 전해, 일본의 주도하에 창경궁이 창경원이 되고 일본 국화인 벚나무가 심기고 동물원도 만들어놓고 일반인에게 공개되었다. 이는 귀족정원이던 '보크스홀 가든스'가 일반 대중에게 공개되면서 유원지의 원조가 된 것과 맥을 같이하는 것으로 볼 수 있다.

그 후 오랜 시간이 경과한 1973년에 '어린이대공원'이 만들어지고, 이어 1974년에 '한국민속촌'이 개장되고, 1976년에 '용인자연농원'이 개장된다. 용인자연농원은 처음에 돼지를 기르고 그 분으로 산지를 비옥하게 하면서 과일나무 가꾸기가 주 사업이었으나, 시간이 지나면서 다른 꿈을 꾸기 시작한다. 1980년에 호랑이 사파리를 개장하고, 1987년에 눈썰매장을 개장하면서 겨울철 비수기문제를 해결한다. 그 후 1992년에 대규모 튤립축제 개최, 1996년 '에버랜드'로 명칭 변경, '캐러비언베이' 개장 등을 거치면서 2002년에 입장객 수 면에서 세계 6위의 세계적 테마파크로 인정받고, 2006년에는 다시 '에버랜드 리조트'로 명칭을 바꾸고, 세계 4대 테마파크가 된다.[21]

물론 테마성이 분명하고 테마를 체험하게 해주느냐 하는 측면에서 본격적인 테마파크라고 하기에는 분명히 무리가 있다. 독자적이라고 하지만, 이른바 디즈니방식의 조성·관리·운영 노하우를 배우려고 노력한 점도 부인할 수 없다. 그러나 2005년에 세계테마파크협회(IAAPA)로부터 퍼레이드 부문 대상을 받는 등 나름대로 노력한 결과 세계적 테마파크로 진입한 것에 점수를 주어야 할 것이다.

1989년에 개장된 '롯데월드'의 경우에도 테마파크답다고 하기에는 역시 무리가 있으나, 독자적이면서 세계적인 실내 테마파크 성공사례로 인정받고 있기도 하다.

② 세계적 테마파크 수입을 위한 노력

세계적 테마파크를 수입하면 세계적인 관광자원을 갖게 됨으로써 국제관광시장에서 국가의 관광이미지를 개선할 수 있고, 동시에 본격적인 테마파크 관련 기술을 배울 수 있다. 그간에 많은 노력을 기울인 결과 2009년 현재 경기도 화성시에 '유니버설스튜디오 코리아' 건설이 가시화되고 있는 상황이다.

3) 테마파크의 새로운 방향

앞으로 테마파크가 어떠한 방향으로 나아갈 것인가에 관해 언급한 주요 자료들을 중심으로 테마파크가 진화해갈 새로운 방향을 짚어보면 다음과 같다.

첫째, 이토 마사미(伊藤正視)는 테마파크도 진화한다고 하면서 앞으로는 엔트테인먼트 테마파크(entertainment theme park)가 부상할 것으로 예측하고 있다.[22] '디즈니랜드'도 그 특성을 강화하려고 라이브 쇼를 점차 늘려가고 있다. 여기서 엔트테인먼트란 손님에게 마음을 다하여 환대하는 장치, 환대하는 구성 등등의 의미이다.

둘째, 테마파크도 디지털화의 시류에 편승하여 미디어 복합체로 거듭나는 추세이다. 디지털기술은 아날로그 시대에서 상상할 수 없는 체험을 현실화할 수 있다. 이미 컴퓨터 세대들의 정서와 욕구에 부응할 수 있는 가상현실 체험관(virtual reality), 멀티미디어화한 게임센터 등이 등장하여 새로운 재미를 창조해내고 있다.

셋째, 전통문화에 바탕을 둔 테마파크 조성 가능성이 높아질 것이라는 주장이다.[23] 문화관광에 대한 수요의 증가로 테마파크도 조상들의 삶을 보여줄 수 있고 체험할 수 있는 테마에 대한 수요가 증가할 것으로 보고 있다.

넷째, 지역발전 수단으로써 다양한 지역형 테마파크 개발이 촉진될 것이라는 주장이다.[24] 앞으로의 테마파크는 국내뿐만 아니라, 전세계적으로 대형화와 탑승시설 중심에서 벗어나 리조트 등과 결합하거나 테마의 심도를 적극 살린 형태를 모색하여 엔터테인먼트 산업을 이끌게 될 것으로 전망하고 있다.

다섯째, 자연을 테마로 한 테마파크가 1위, 과학기술을 테마로 한 테마파크가 2위로 전망되고 있다.[25] 이는 일본산업소비연구소가 2001년 새로운 유형의 테마파크 전망에 관해 조사한 결과이다. 이는 하이테크 테마파크가 유행할수록 자연을 테마로 한 테마파크가 상대적으로 유행하게 되는 것이라고 해석되고 있다.

4 테마파크의 디즈니 방식

본격적인 테마파크로 등장하여 50여 년간 연간 천만 명 이상의 방문자들에게 사랑을 받고 있는 '디즈니랜드'에는 수많은 노하우가 숨어 있다. 월트디즈니사에서 발간한 책에서는 '디즈니 방식(the Disney way)'이라고 하여 한 장을 할애하고 있다. 여기서는 그것을 서비스와 솜씨, 어트랙션과 동물관리, 의상과 정원, 음악과 캐릭터 등으로 구분하여 살펴보기로 한다.[26)]

1) 서비스와 솜씨

(1) 보이지 않는 서비스

월트 디즈니는 공원 내에 한 점의 잘못도 없기를 주장하고 있다. "만약 당신이 한 장소를 깨끗하게 한다면, 사람들은 그곳을 존경하게 될 것이다."고 그는 이야기한다. 누구든 예외 없이 그것을 명심해야 한다. 월트의 주문사항은 일상적인 것이 되었다. 변한 것이라고는 공원을 깨끗하게 하기 위한 빗자루의 숫자이다. 빗자루가 1년에 1,000개를 넘고, 쓰레받기가 500개, 그리고 긴 자루 걸레가 1,000개 이상이다.

디즈니랜드에서 관리는 3개 팀이 관여한다. 쓰레기나 엎지른 것이 있는가를 살피며 공원을 순찰하는 청소원들, 많은 레스토랑에서 식당지역을 관리하는 남녀 종업원들, 그리고 공원 폐장시간 이후 매일 밤 공원 구석구석을 물로 씻어내는 소방호스와 스팀 청소원들. 여기에 더하여 바닥을 쓸고 닦고 왁스칠하고, 카펫을 진공청소하고, 샴푸로 씻어내고, 부엌과 휴게실은 물론이고 모든 어트랙션들도 깨끗하고 산뜻하게 한다.

한편, 전기기술자들은 전구의 예상수명이 80%에 이르면 전구를 교체하고, 페인트칠하는 사람들은 산뜻해 보이게 칠을 한다. 점원들은 그들의 선반에 물건을 보충하고, 레스토랑은 주문한 것을 받는다. 공원의 유지관리는 600여 명의 종업원들이 담당하고 있다.

(2) 공예가들의 솜씨(Craftsmanship)

품질은 결코 타협 대상이 아닌 디즈니의 품질증명(hallmark)이다. 지름길을 택해야 이익이 나는 경우라도 월트는 그것을 거절하였다. 그는 그의 명성의 힘과 그에게서 월급을 받는 개인들의 재능을 바탕으로 그의 회사를 건설하였다. 그 어느 누구도 월트만큼 숙련된 솜씨의 가치를 평가한 사람은 없다.

모든 종류의 재주가 '디즈니랜드'에서 실행되고 있다. 목공, 조각, 그림 그리기, 모델 만들기, 철가공, 장식, 석공, 뜨개질, 은가공, 쇠붙이 자르기, 그리고 안장 만들기 등 이루 헤아릴 수 없다. 장식가들은 창을 만들면서도 테마가 있고 예술적이게 하고, 인테리어를 설치하고, 그리고 실제로 보일 수 있는 모든 것에 적용한다. 오디오-애니메트로닉스(audio-animatronics)는 공원 전체를 꼼꼼하게 치장하고, 기술자들 팀이 세심하게 처리한다. 쇼는 퍼레이드가 만들어지면 끊임없이 다듬어지고, 각 댄서들의 최종 스텝까지 안무한다.

'아서왕의 회전목마'는 예술품으로 상을 받을 정도로 손으로 갈고, 새기고, 칠하여 고유성과 독창성을 유지하고 있다. 사소한 것에도 세심하게 주의를 기울인다. 마구와 안장 만드는 사람은 개척시대의 기술을 연마하고 있다. 이러한 잃어버린 예술을 감상하는 공원 방문자들은 도처에서 그러한 예술적 재능을 발견할 수 있다.

2) 어트랙션과 동물관리

(1) 독특한 기술과 전문성 교류

선박 조립공들과 마린 엔지니어들이 마크 트웨인 증기선과 범선 컬럼비아호를 유지관리하고 있다. 마크 트웨인호와 디즈니랜드 철도는 알려지지 않은 19세기 증기기술자를 보유하고 있다. 오토애니메트로닉 형상이 닳아 없어지는가를 정기적으로 점검하고 있다. 여기에는 머리 손질하는 사람, 화장하는 사람, 의상담당자들의 서비스가 필요하다. 이들의 전문기술은 오토애니메트로닉 형상들이 살아 있는 것처럼 보이게 만들고 있다.

디즈니랜드에서는 페인트조차도 책에 나와 있는 방식대로 칠하지 않는다. 다시 칠하라거나 도금하라는 지시가 떨어지면, 그것은 하나의 작은 세계가 된다. 조를 짜서 모든 하얀 벽면을 다양한 색깔로 칠하고, 14캐럿 금으로 재도금한다.

(2) 동물들의 기지

쇼에 등장하는 각종 동물들은 '서클디목장'에 산다. 그곳은 초창기부터 공원 모든 동물들의 기지로 사용되고 있다. 그곳은 개척의 나라 넘어 포장되지 않은 구석에 있다. 그곳에는 손님들이 갈 수 없다. 그러나 그곳은 아름다운 훈련장이면서 주민들이 좋아하는 곳으로 여겨지고 있다. 그곳에는 중심거리를 달리는 말들, 노새들, 농장의 동물들, 그리고 뒤뜰의 가금들이 있다.

원래부터 서클디목장은 포니농장으로 알려져 있었고, 그곳에는 약 200필의 말과 노새들이 있었다. 이들은 '개척의 나라'와 '미국 중심거리'에서 역할을 수행한다. '서클디목장'의 무대 코치는 4마리의 말이 끌면서 손님들을 태우고 물감으로 그린 사막을 가로질러 구경을 시켜주는 역할을 담당하고 있다.

그곳에 있는 동물들의 숫자는 계절에 따라, 퍼레이드나 특별 이벤트, 그리고 주말 어트랙션을 위해서 증가되기도 하고, 때로는 외국 동물들을 들여오기도 한다.

3) 의상과 정원

(1) 의상과 드레스 만들기

'마술의 왕국'에서 마술에 동원되는 수천 명의 캐스트들과 1,100여 개의 오디오애니메트로닉스 형상들을 위한 모든 유형의 화장 · 가발 · 모자 · 의상 · 외장은 '디즈니랜드'에서 생산된다. 의상담당 부서에는 세계의 디즈니테마파크에 서비스를 제공하는 350명의 전문가 직원들이 있다.

새로운 의상을 생산하기 위해서는 3개월에서 8개월간에 37단계를 거친다. 그 과정에는 디자이너, 컬러 전문가, 바이어, 재단사, 재봉사, 작업실 직원, 서기, 그리고 일의 부분 책임자 등이 포함되며 직물의 이용가능성과 품질이 중요하다. 디즈니랜드의상들은 밤에 세탁하고 다림질된다.

의상의 평균수명은 약 4개월이다. 캐스트들은 거리에서 필요한 옷을 입으러 의상보관소에 도착한다. 그리고 의상을 받아서 깨끗한 옷으로 갈아입는다. 의상은 크기별로 지급되고 의상들은 너무나도 잘 만들어서 맞춤 옷 같아 보인다. 의상은 일을 교대할 때 반납한다. 이때 필요하면 수선도 한다. 그리고는 신속하게 세탁소로 보내진다. 어림잡아 15만 벌의 의상이 매년 수선된다.

(2) 경관과 정원

디즈니랜드에서 가장 사진을 많이 찍는 창조물은 입구에 있는 미키마우스 초상이다. 그것은 화단으로 꾸민 정원의 전시물이고 1년에 7회 다시 심는다. 화단으로 꾸민 정원 파테어(parterre)는 프랑스어로 '지상에'라는 의미이다. 화단으로 꾸민 정원 파테어야말로 지상의 그림이고 장식 정원이다. 그 안의 꽃밭과 통로는 분명한 형태를 가지고 있다.

디즈니랜드는 한곳에 숲도 있고, 밀림도 있고, 강둑도 있는 원예적으로 희귀한 곳이다. '이야기책 나라'에 있는 높이 30cm의 난쟁이나무에서부터 공원의 북쪽 주변에 있는 높이 24m에 이르는 나무도 있다. 경관 파노라마는 4,500주 이상의 나무와 4만 주 이상의 다년생 덤불을 포함한다. 적절한 꽃과 식물이 공원의 테마성을 높여주고 있다.

디즈니랜드에는 40개국에서 가져온 800종이 넘는 식물이 있고, 그것들을 관리하기 위한 50여 명의 조경기술자가 있다.

4) 음악과 캐릭터

(1) 랜드를 메우는 음악

테마구역별로 그 테마에 어울리는 음악이 흘러나온다. 흥행사의 거장인 월트 디즈니는 사람들을 태평한 기분에 놓일 수 있게 하는 것은 음악이 가장 좋고, 빠른 방법이라는 것을 알고 있었다. 그래서 8개 왕국 각각에 어울리는 음악이 '마술의 왕국'을 가득 채운다.

'미국의 중심거리'를 걸어가는 방문자들은 다양한 곳에서 '중심거리에서 만나요'를 들을 수 있다. 그곳에서 연주하는 음악가들로부터, 모퉁이 카페 피아니스트로부터, 또는 가게에서 울려 나오는 것 등. '중심거리에서 만나요'는 1950년대 중반 이후부터 왕국의 비공식 주제가가 되고 있다.

뉴올리언스 광장에는 재즈, 블루스, 그리고 딕시랜드 음악의 뿌리가 된 랙타임이 울린다. '개척의 나라'에서는 포근하고 민속적인 음악이 들린다.

(2) 진짜 디즈니 캐릭터

디즈니랜드 영역의 시장(mayor)으로서 미키마우스는 경쟁자도 없고 문제 제기자도 없다. 거기서 미키마우스는 손님들 그리고 도널드 덕, 로저 래빗, 치픈데일(Chip'n Dale), 구피, 가제트, 플루토 등을 포함한 만화사회의 고수들과 어울리고, 물론 그의 오랜 연인인 미니마우스와도 어울린다.

공원의 다른 곳에서는 스노화이트, 일곱 난쟁이, 피터팬, 후크선장, 피노키오, 미녀와 야수, 알라딘, 자스민 공주, 자파, 그리고 그 밖의 애니메이트된 스타들이 나온다. 그들은 정말로 실재하는 것 같다. 이야기책 속의 캐릭터들이 살아 있는 것 같아 보인다. 손님들은 그들 캐릭터들과 마주칠 때 의심을 할 수 없게 된다.

미키는 해가 지나면서 변하였지만, 아직도 1928년 11월 18일에 태어난 큰 쥐의 모양을 하고 있다. 젊을 때는 작은 말라깽이로서 신발도 장갑도 없었는데, 나중에 장갑도 끼고 신발도 신었다. 미키는 조금 둥그스름하게 되었고, 지금은 사람처럼 컬러 넥타이도 매고 꼬리도 있다. 미키의 존재는 그의 연륜과 월트의 경륜이 풀 수 없이 뒤엉켜 있어서, 변함없고 상냥함을 생각나게 하는 사람이 되고 있다.

5 새로운 혁신을 기대하며

관광 분야에 테마파크가 등장하면서 종래에 우리가 사용하던 주제는 테마, 연예는 엔터테인먼트, 매력물은 어트랙션이라는 외래어를 사용하는 것이 더 적절한 것으로 인식되고 있다. 이는 그만큼 테마파크가 여가문화에 미치는 영향이 크다는 것을 나타내는 것으로 볼 수 있다. 그러나 전문가들은 아직도 우리나라에 테마파크다운 테마파크가 없다는 점에 의견을 모으고 있다.

이는 세계적 테마파크로 인정받고 있는 '에버랜드'와 '롯데월드'조차도 테마성이 명확하고, 테마를 체험할 수 있어야 한다는 측면에서 본다면, 부족하다는 지적이다. 물론 우리의 실정에 맞는 한국식 테마파크라는 주장이 가능할 수도 있겠으나, 우리의 세계적 테마파크들은 제대로 된 테마파크라고 하기에는 무리가 있다.

이러한 상황에 놓여 있는 것은 우리의 경우, '디즈니랜드'나 '유니버설스튜디오' 같은 본격적 테마파크가 지니고 있는 건설 · 연출 · 운영 등의 기술을 충분히 터득하지 못하고 있기 때문이라고 할 수 있다. 이는 우리가 일본처럼 외국문화를 소화하는 능력이 탁월한 것도 아니고, 일본과는 달리 테마파크를 아예 수입하지도 않은 상태로 독창적인 테마파크를 추구해온 과정이 낳은 당연한 귀결일 수도 있다.

전국 각지에서 관광을 통한 지역 활성화가 중요한 관심사항이 되고 있다. 그 내용을 살펴보면, 나름대로 콘셉트를 설정하고 테마를 제시하면서 관광공간을 만들고 있다. 이는 테마파크 만들기에서 사용하는 방법이다. 근년에는 스토리텔링이 이 대열에 또 다른 바람을 일으키고 있다. 그러나 어느 한 곳도 제대로 효과를 나타내지 못하고 있다. 이러한 상황을 초래하게 된 이유는 우리의 테마파크에 대한 이해가 부족하고 그것에 내재된 기술을 제대로 소화하지 못함에 가장 큰 원인이 있다고 볼 수 있다.

미국에서도 2002년 이후에는 테마파크와 관련하여 이렇다 할 새로운 혁신이 없다. 어쩌면 이제 테마파크가 침체기로 접어들고 있는지도 모른다. 출발이야 늦었지만, IT 강국인 우리가 테마파크 문화를 제대로 이해할 때 한국에서 테마파크와 관련된 새로운 혁신이 일어날지도 모른다. 새롭게 진화된 테마파크, 즉 인간의 혼이 담긴 새로운 관광공간이 이 땅에서 출현하기를 바라면서 테마파크에 대한 관심을 촉구해본다. 침체는 도약의 기반이 될 수 있기 때문이다.

미 주

1) 한국토지공사(2005). 지역발전수단으로써 테마파크 개발동향 및 지역개발 파급효과 분석. pp. 13-14.

2) 伊藤正視(1994). 『テ-マパ-クの秘密』. 日本經濟新聞社. [박석희 역(1995). 『테마파크의 비밀』. 일신사. p. 27].

3) 伊藤正視(1994). 위의 책. p. 206.

4) 伊藤正視(1994). 위의 책. pp. 231-232.

5) 伊藤正視(1994). 위의 책. p. 51.

6) 박석희(2005). 관광·체험·변화의 개념과 유형에 관한 철학적 천착. 『농촌관광연구』.

7) 綜合ユニコム(1989). テ-マパ-ク,テ-マリゾ-ト企劃開發實務資料集. p. 21.

8) 根本裕二(1990). 『テ-マパ-ク時代の到來』. ダイヤモンド社. p. 25.

9) 根本裕二(1990). 위의 책. p. 10.

10) 한국토지공사(2005). 위의 책. p. 18.

11) 根本裕二(1990). 위의 책. p. 15.

12) 根本裕二(1990). 위의 책. p. 14.

13) 한국토지공사(2005). 위의 책. pp. 106, 120.

14) 김창수(2007). 『테마파크의 이해』. 대왕사. p. 22.

15) 伊藤正視(1994). 위의 책. p. 256.

16) Fjellman, Stephen M.(1992). *Vinyl Leaves*. Westview. [박석희 편역(1994). 『디즈니와 놀이문화의 혁명』. 일신사. pp. 351-352].

17) 한국토지공사(2005). 위의 책. pp. 169-170.

18) 根本裕二(1990). 위의 책. pp. 136-138.

19) 根本裕二(1990). 위의 책. pp. 2-9.

20) 伊藤正視(1994). 위의 책. pp. 97-107.

21) www.everland.com

22) 伊藤正視(1994). 위의 책. p. 314.

23) 서울시정개발연구원. 2005년 내부자료.

24) 한국토지공사(2005). 위의 자료. p. 195.

25) 荒川剛史・秋山邦裕(2005). ファ-ムパ-ク運營の實態-「株式會社ファ-ム」の事例分析-. 鹿大農學術報告. 第55号, 55-67.

26) Shannon, Leonard. *Disneyland: Dreams, Traditions and Transitions*. The Walt Disney Company, pp. 149-167.

저자약력

박석희(朴石熙) 현_경기대학교 관광개발학과 교수

서울대학교에서 박사학위를 취득했다. 저자 박석희는 경기대학교에서 관광개발학과 교수로 재직하고 있으며 저서『신관광자원론』『관광조사연구 기법』『관광자원해설론』『나의 문화관광탐구』등과 논문 "관광 후 이미지와 만족도간의 관련성" "사랑의 관점에서 태산관광에 대한 탐색적 고찰" 등 다수의 논문을 통해 활발한 학술성과를 발표하고 있으며 후진 양성과 학회의 발전에 힘쓰고 있다.

실무자의 이야기

테마파크의 세계적 현황과 한국 테마파크의 대응

임 영 수*

1. 세계 테마파크의 현황과 성장

테마파크란 '독특한 주제를 가지고 이를 적절히 표현하는 소재를 이용하여 방문객들에게 일상을 탈피한 경험을 제공하는 공원'을 의미한다. 테마파크의 역사적 변화를 살펴보면 최초 정원(Garden)의 콘셉트(개념)에서 출발하여 위락공원(어뮤즈먼트 파크: Amusement Park)으로 진화하고 이후 본격적으로 테마가 설정되면서 테마파크(Theme Park)로 진화하였다. 또한 최근에는 대중화를 거쳐 고급화, 전문화, 복합화가 진행되고 있으며, 가족단위의 수요가 확대되면서 향후 성장성도 높을 것으로 전망되고 있다.

TEA(Themed Entertainment Association)/ ERA(Economics Research Associates)보고서에 따르면 북미(20개소), 남미(10개소), 유럽(20개소), 아시아태평양(10개소) 등 약 60개 테마파크의 연간 입장객 수는 2억 5,900만 명을 넘어섰고, 세계 상위 25위권 내 테마파크의 2008년 입장객 수는 세계경제위기의 영향으로 2007년 대비 0.3% 감소한 1억 8,960만 명으로 보고되고 있다. 세계상위권 테마파크 입장객 수는 증가하는 반면 아시아태평양지역 상위 테마파크의 입장객 수는 매년 감소하는 추세이다.

세계적인 테마파크들은 과거 북미지역에 집중되어 있었으나 최근 아시아 및 중동지역을 중심으로 전세계적으로 확산되는 추세에 있다. 또한 각 국가에서도 세계적인 테마파크를 유치하기 위해 많은 노력을 기울이고 있다. 일본의 경우 2001년 3월엔 오사카에서 '유니버셜스튜디오재팬(USJ)'이, 9월엔 도쿄에서 '도쿄디즈니시'가 성공적으로 개장되었으며, 2005년 9월 홍콩은 란타우 섬에 '홍콩디즈니랜드'를 개장하여 쇼핑홍콩에서 레저홍콩으로의 변신을 과감히 시도하고 있다. 반면 상해시는 유니버셜스튜디오를 유치하기 위해 많은 노력을 기울였으나 다양한 요구조

* E&P컨설팅 대표소장

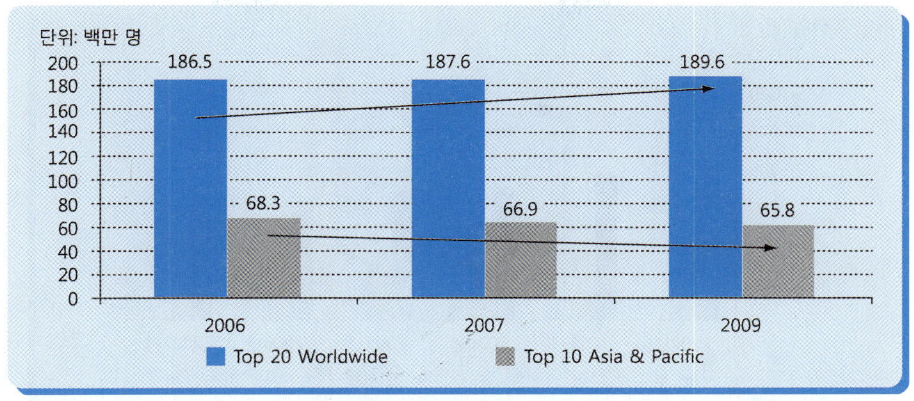

세계 상위 20위 및 아시아태평양 상위 10위 테마파크 입장객 수

| 자료 : TEA/ERA(2009), Attraction Attendance Report 2008.

건에 대한 중국 정부의 수용인식 부족으로 실패하였으며, 일본 후쿠오카시는 파라마운트사의 테마파크를 유치하기 위해 많은 노력을 기울였으나 지금까지 커다란 진전을 보이지 못하고 있다.

2. 국내 테마파크의 현황과 특징

국내에서는 1976년 에버랜드(前용인자연농원)의 개장과 더불어 본격적인 테마파크의 시대가 개막되면서 드림랜드(1987), 롯데월드(1989), 대전엑스포과학공원(1994) 등의 시설들이 순차적으로 개발되었다. 테마파크에 대한 선호는 지속적으로 증가하여 2008년 4월 기준으로 전국의 유원시설업체는 총 231개소가 등록되어 있다. 국내 테마파크 중 연간 50만 명 이상이 방문하는 12개 시설의 2007년 유료입장객 수는 2,070만 명으로 2002년 이후 매년 감소세를 나타내고 있다.

2007년 국내 테마파크 중에서는 에버랜드가 연간 815만 명으로 가장 많은 입장객 수를 나타냈으며 수도권에서는 롯데월드(240만 8천 명<6개월 휴장, 2006년 434만 4천 명>), 서울랜드(193만 9천 명), 한국민속촌(138만 7천 명) 등의 순서이며, 그 외 지역에서는 대구우방랜드(171만 명), 대전동물원(81만 9천 명), 광주금호패밀리랜드(77만 1천 명)로 수도권 테마파크와 입장객 편차를 나타내고 있다.

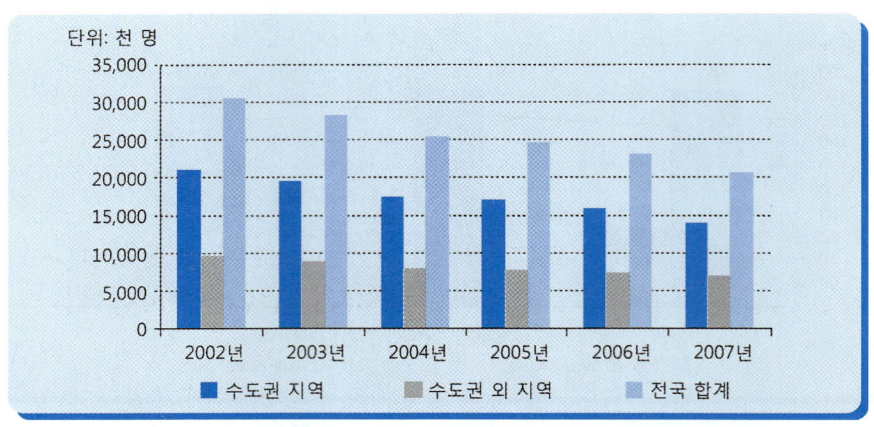

수도권 및 수도권 외 지역 테마파크 입장객 현황

| 주: 수도권 지역(4개소): 에버랜드, 롯데월드, 서울랜드, 한국민속촌.
수도권 외 지역(8개소): 대구우방랜드, 대전꿈돌이랜드, 대전동물원, 경주월드, 광주금호패밀리랜드, 통도환타지아, 부곡하와이랜드, 전주드림랜드.

3. 테마파크의 새로운 트렌드(Trend)

테마파크도 소비자의 요구에 따라 지속적으로 진화하였다. 대중공원(Garden)의 시대에서 라이드(Ride)시설 위주의 위락공원(Amusement Park), 테마파크(Theme Park)의 시대를 거쳐 최근에는 포스트 테마파크(Post Theme Park)의 시대로서 테마파크와 새로운 시설 간에 융복합(Convergence)을 통해 새로운 형태의 테마시설로 발전하고 있는 것이다.

테마의 시대

Garden	Amusement Park	Theme Park	Post Theme Park
정원, 산책로, 식음시설	라이드시설, 식음시설	어트랙션, 식음시설 테마가 있는 공원	디지털 하이테크, 영상 그리고 어트랙션과 쇼
정원형 대중공원 (플레저 가든, 티보리 가든 등)	'탈거리'가 있는 공원 (코니아일랜드)	테마성이 가미된 탈일상성 공간 (디즈니랜드 등)	영상테마를 소재로 한 멀티 엔터테인먼트의 하이터치 공간 (USH, USF, USJ 등)

High Tech
+
High Touch
(포스트 테마파크)

최근 테마파크와 연계된 테마형 상업시설 및 테마형 호텔과 연계개발하는 네트워크(Network)가 구축되고 있다. 디즈니의 경우에도 어드벤처(Disney Adventure)는 위락(Amusement)시설을 도입하여 소비자들의 만족도를 높여주고 있으며 테마파크와 연계한 테마형 상업스트리트(Disney Downtown)를 연계개발하였다. 일본의 USJ(Universal Studio Japan)도 Post Theme Park의 형태로 개발되었으나 롤러코스터(Roller Coster)를 도입하였으며, 테마파크와 상업시설(City Walk) 그리고 호텔을 종합적으로 연계개발하여 융복합화되는 최근의 테마파크 추세를 잘 반영하고 있다.

또한 최근에는 테마파크의 새로운 생명력을 강화하기 위해 테마시설 내 새로운 테마시설을 개발(Theme Park in Theme Park)하는 추세도 나타나고 있다. 하나의 주테마(Main Theme) 아래 여러 개의 보조테마(Sub Theme)를 설정하여 다양한 스토리 전개가 가능하도록 하는 이러한 방식은 다양한 계층의 소비자를 유치하는 전략으로 활용되고 있다. 디즈니의 툰타운(Toon Town), 에버랜드의 이솝빌리지 등이 이러한 트렌드의 대표적인 예라 할 수 있다.

디즈니의 툰타운(Toon Town)

에버랜드 이솝빌리지

4. 국내 테마파크의 유치경쟁

최근 국내 지방자치단체들은 지역의 경제활성화를 비롯하여 지역의 이미지 쇄신을 위해 테마파크의 유치를 적극적으로 추진하고 있다. 또한 테마파크를 새로운 사업영역으로 확장하려는 건설사 및 개발사의 의도가 더해져 이러한 분위기는 점차 확대되고 있는 실정이다. 국내 지자체들은 테마파크 중에서 특히 북미지역의 대규모 테마파크를 운영하고 있는 유니버설스튜디오(경기도 화성), 파라마운트(인천 송도, 제주), MGM스튜디오(부산, 인천) 등을 국내에 유치 · 개발하기 위해 많은 노력을 기울이고 있다.

이러한 테마파크들은 유치 · 개발에 대해서 국내의 시장규모, 소득수준, 지자체의 과도한 경쟁

심리 등을 고려하여 일부 우려의 목소리가 나오고 있는 것도 사실이다. 에버랜드를 비롯하여 롯데월드, 서울랜드 등의 국내 대표적인 테마파크들의 수요가 매년 감소하고 있다는 점을 고려할 때, 신규 테마파크 개발의 무리한 경쟁은 공급과잉의 새로운 문제점을 야기할 수 있을 것이다. 일본의 대표적인 테마시설인 하우스텐보스, 시가이야 오션돔 등의 부도사례는 타산지석으로 삼아야 할 것이다.

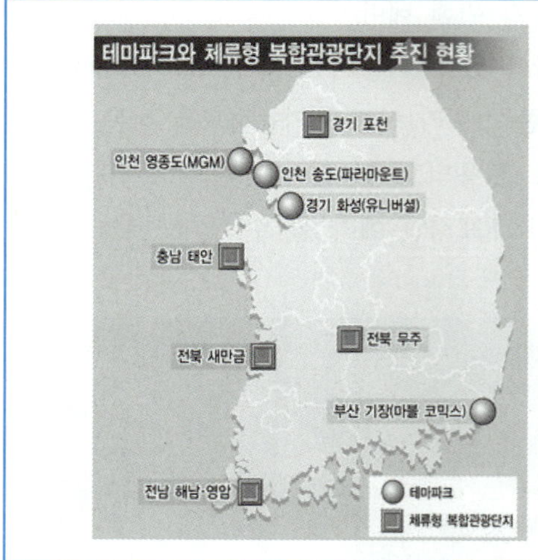

전국에서 추진되고 있는 주요 관광, 레저 단지 개발현황

이름	지역	사업비
동부산관광단지	부산광역시 기장군	8812억원
다대포 생태·해양관광단지	부산광역시 사하구	1400억원
가덕도 해양관광단지	부산광역시 강서구	2조 4000억원
광주어등산관광단지	광주광역시 광산구	3400억원
용유·무의관광단지	인천광역시 중구	80조원
보문관광단지	경북 경주시	9709억원
감포관광단지	경북 경주시	8500억원
김천온천관광단지	경북 김천시	5357억원
안동문화관광단지	경북 안동시	3989억원
J 프로젝트	전남 영암·해남군	35조원
해남화원관광단지	전남 해남군	1조631억원
새만금 산업·관광복합단지	전북 군산시, 김제, 부안	6조원
웅동 해양형복합휴양리조트	경남 진해시	5079억원
평창·봉평관광단지	강원도 평창군	9488억원
태안 관광레저형도시	충남 태안군	7조7000억원
안면도관광레저단지	충남 태안군 안면도 일대	9335억원

국내 테마파크 및 관광레저단지 개발현황

| 자료: 부산일보(2008. 06. 05), 조선일보(2008. 5. 20).

5. 한국 테마파크의 대응방향

테마파크는 개발 초기에 많은 사업비를 필요로 한다. 따라서 사전에 면밀한 사업계획 수립이 필요하다. 또한 테마파크는 소비자 트렌드(성향)에 따라 지속적으로 변화하여야 한다. 따라서 국내의 테마파크 산업이 지속적으로 성장하기 위해서는 다음 몇 가지 사항을 반영하여야 한다.

첫째, 사업목적의 명확한 설정이다. 테마파크 사업은 개발(Development)과 운영(Operation)을 동시에 복합적으로 고려해야 하는 전략적 사업이다. 따라서 사업추진의 목표와 목적을 명확하게 설정하여 올바른 방향설정을 해야만 개발에서 운영까지 일관성 있는 사업을 추진할 수 있다. 둘째, 정확한 마켓 설정이다. 도심형 또는 교외형 등 테마파크의 위치 및 특성에 따라 대상마켓 권역을 설정하고 이에 따른 타깃마켓(표적시장)을 명확하게 설정하여야 시설구성 및 타깃마케팅(표적시장 대응전략)을 효율적으로 구사할 수 있다. 셋째, 사업목적에 맞는 테마와 시설구성이

다. 막대한 초기투자비를 효율적으로 관리하기 위해서는 명확한 사업목적에 따른 차별화된 테마와 시설구성이 필요하다. 기획단계부터 테마파크의 생명인 테마를 설정하는 것은 무엇보다도 중요하며 이에 따른 하드웨어(시설)가 뒷받침되어야만 테마파크 고유의 특성이 연출될 수 있다.

넷째, 합리적인 사업성 분석이다. 테마파크 사업을 추진하기에 앞서 투자에 대한 수익성 분석에 있어서 다양한 위험요인들을 예측하고 이에 따른 탄력적인 분석이 이루어져야 운영단계에서 위험관리의 수준을 높일 수 있다. 다섯째, 사업을 위한 추진조직 및 재원조달 방안을 세부적으로 수립하여 사업추진을 위한 기초적인 인력 및 자금의 확보계획을 수립하여야 한다. 여섯째, 바람직한 운영계획과 마케팅전략 수립을 통해 개발뿐만 아니라 운영에 따른 준비를 철저히 하여야 한다.

세계적인 추세로 볼 때, 테마파크에 대한 수요는 지속적으로 증가하고 있다. 그러나 최근의 국내 동향과 같이 한정된 수요에 테마파크가 과잉공급될 경우, 테마파크 전반에 수익성 악화를 야기하고 전체 시장질서를 해칠 우려가 있다. 따라서 국내 테마파크 시장에서는 국제적인 경쟁력을 갖춘 대규모 테마파크의 개발과 더불어 지역적 스토리가 강조된 소규모 테마파크를 통해 경쟁력을 확보하는 것이 무엇보다 중요할 것이다. 경쟁력 확보를 위해서는 기획단계에서부터 개발과 운영을 동시에 검토하는 것이 필요하다. 테마파크의 중요성은 단지 개발에 머물러 있는 것이 아니라 효율적인 운영노하우를 축적하는 것이기 때문이다. 이러한 맥락에서 국내 테마파크 시장 활성화를 위해서는 규모성, 테마성을 강화함으로써 국제적인 경쟁력을 확보하여 방문객의 재방문을 적극적으로 유도하는 것이 필요할 것이다. 이러한 체계적이고 과학적인 노력을 통해 세계 10위권 테마파크를 보유한 우리나라의 테마파크 잠재수요를 이끌어낼 수 있을 것이다.

저자약력

임영수(yseim@enpcon.com) 현_E&P컨설팅 대표소장

고려대학교 경영대학원(MBA) 졸업. 경기대학교 일반 대학원 졸업(관광학박사). 삼성에버랜드(13년, 삼성그룹공채 26기) 근무. E&P컨설팅 설립. 제주국제자유도시개발센터(JDC), 한국농어촌공사, 한국철도공사 등 강의, 자문위원 역임. 현재 E&P컨설팅 대표소장, 세명대학교 호텔관광학부 겸임교수, 한국생산성본부 부동산 Developer 과정 강의

제3편

관광경영학의 이해

『관광학총론』 스무 번째 이야기

제20장

관광마케팅

김 홍 범*

1 관광마케팅의 이해

관광마케팅은 관광 분야에서 관광상품 및 서비스의 제공자와 이를 구매하고 이용하는 고객 간에 이루어지는 교환을 창출하기 위해서 행해지는 상품 및 서비스의 개발과 제공, 가격의 결정, 이와 같은 상품과 서비스를 고객들에게 효과적으로 전달하기 위한 각종 촉진 및 커뮤니케이션 활동을 말한다. 그리고 고객들이 관광서비스와 상품을 구매하기까지의 과정을 담당하는 예약 및 유통망에 대한 관리까지 광범위한 내용을 포함하고 있다. 최근에는 이러한 마케팅의 영역이 기존의 오프라인(Off-Line) 활동의 범위에서 더 나아가 온라인(On-Line)상에서 이루어지는 전자상거래나 인터넷을 활용한 마케팅 활동으로까지 넓어짐으로써 보다 광범위한 내용을 포함하게 되었다.

이와 아울러 관광마케팅은 관광 분야에서 이루어지는 마케팅 활동의 내용을 포함하고 있는데, 관광의 분야가 워낙 폭넓게 정의될 수 있어 이 또한 관광마케팅의 영역을 정의하고 규정하는 데 어려움을 더하고 있다. 관광 분야는 호텔이나 외식, 테마공원, 카지노, 축제 및 이벤트, 전시, 컨벤션, 그리고 항공 및 크루즈를 포함하는 관광교통, 관광목적지, 관광자원, 관광개발 및 계획에서부터 여가활동과 레저, 레크리에이션 활동에서 더 나아가 쇼핑이나 관광기념품, 여행업에 이르기까지 실로 광범위한 영역을 포함하고 있기에 이러한 각 부분에 해당하는 관광마케팅적 요소와 내용을 모두 포함하는 이론과 내용을 정리하는 것에는 어려움이 따를 수밖에 없다. 본 내용에서

* 세종대학교 호텔관광경영학과 교수. e-mail: kimhb@sejong.ac.kr

는 이러한 점을 감안하여 가능한 일반적으로 관광의 영역에 포함되어 통용되고 적용될 수 있는 내용들을 중심으로 유형의 상품적 속성이나 무형의 서비스적 속성, 그리고 오프라인이나 온라인상에서 이루어지는 마케팅활동들을 모두 포함할 수 있는 내용으로 정리, 제시하고자 노력하였다.

위에서도 언급되었듯이 관광 분야에서의 마케팅활동에 있어서도 가장 핵심적인 부분은 교환관계라고 볼 수 있으며, 이는 마케팅활동이 기본적으로 모든 형태의 교환관계 속에서 일어날 수 있다는 것을 가정하고 있다. 즉, 가장 기본이 되는 것은 관광상품과 서비스를 제공하는 측과 이를 구매하고 이용하는 고객들 사이에 일어날 수 있는 교환관계이며, 여기서 교환이란 쌍방 간의 교환을 통하여 가치를 증대시키고자 하는 노력의 일환으로 일어나는 활동이라 할 수 있다.

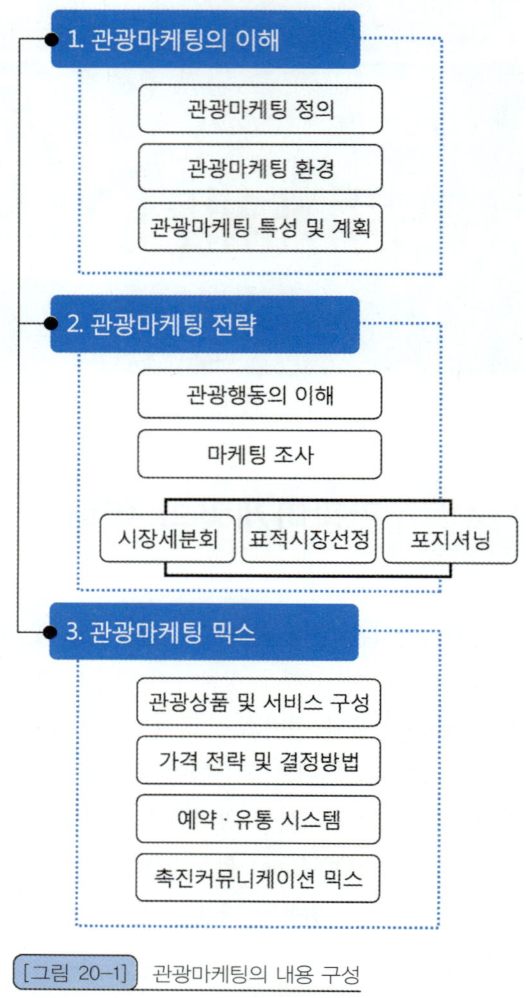

[그림 20-1] 관광마케팅의 내용 구성

1) 관광마케팅의 정의

(1) 마케팅의 정의

일반적으로 마케팅이란 용어는 고객을 이해하고자 하기보다는 새로운 고객을 가능한 많이 확보하고자 하는 희망과 노력으로 간주되고 있기에 어떤 제품이나 서비스를 판매하고 광고하는 것과 관련되는 것으로 이해되고 있다. 일반적으로 판매와 광고를 마케팅의 중요한 부분으로 여기고 있으나, 사실 이것은 마케팅활동을 이끄는 여러 가지 요소 중 일부이다. 마케팅은 고객의 욕구를 파악하고 수요를 결정하고자 하는 모든 전문적이고도 규칙적인 활동을 의미하며, 이러한 수요를 만족시킬 수 있는 제품이나 서비스를 개발하고 촉진, 전달하는 과정을 포함한다.

마케팅활동은 고객에게 모든 초점을 맞추어 목표가 설정되고 실행이 고안되는 것이며, 이러한 마케팅의 주된 목적은 고객을 창출하고 유지하는 것이다. 고객창출은 예를 들어 촉진활동이나 할인 등의 부분적인 행사를 통해서도 발생될 수 있지만, 고객의 창출과 유지는 마케팅을 정의함에 있어 기초가 되는 중요한 부분이라 할 수 있다. 기술의 발달은 고객들의 선택을 다양하게 바꾸며, 이러한 고객들의 선택은 결국 고객으로 구성되는 마켓시장을 더욱 역동적으로 만든다.

(2) 마케팅의 핵심원칙[1)]

① 마케팅 개념

관광산업의 경영자들이 마케팅 개념을 그들의 행동원리로 받아들일 때, 그들은 고객의 욕구와 필요를 충족시키는 것이 최우선이라는 믿음에 따라 행동하고 모든 경영활동의 초점을 여기에 맞추게 된다. 마케팅 개념에 입각하여 사고한다는 것은 끊임없이 고객의 입장에서 생각하고, 고객의 욕구와 필요를 충족시키기 위해 노력을 아끼지 않는다는 것을 의미한다.

이러한 마케팅 개념을 마케팅활동 측면에서 살펴보면 다섯 가지 관련 개념으로 정리될 수 있으며, 이는 생산지향적, 제품지향적, 판매지향적, 마케팅지향적, 사회지향적인 측면에서의 마케팅으로 정의될 수 있다. 첫째, 생산지향적 마케팅은 판매자의 지침이 되는 가장 오래된 개념 중 하나로 제품이나 서비스를 제공하는 측의 생산과 분배 효율성을 높이는 데 중점을 두는 개념이다. 둘째, 제품지향적 마케팅은 내부지향적이라고도 하며 소비자의 욕구에 대한 진지한 평가 없이 제품의 기능적 측면이나 새로운 가치창출 위주로 생산활동을 추구하는 것이다. 셋째, 판매지향적 마케팅은 가능한 많은 판매량을 달성하는 것에 초점이 있으며, 고객 만족이나 판매에 따른 장기적인 수익 기여도 등에 대해서는 그다지 염려하지 않는 것이다. 넷째, 마케팅지향성은 조직목표가 표적시장의 현재욕구 또는 잠재욕구를 만족시키는 데 최우선적으로 있으며, 이러한 활동이 모든 경영활동에까지 영향을 미치는 것을 의미한다. 마지막으로, 사회지향적 마케팅은 가장 최근에 제시된 개념으로, 표적시장의 현재욕구와 잠재욕구, 그리고 이를 통해 나타난 수요를 명확히 이해하고 이를 만족시키는 것을 우선으로 하되 일차적인 고객만이 아닌 고객을 구성하는 전체적인 사회구성원들의 복지와 혜택을 높이는 것을 중시하는 것이다.

② 마케팅지향성

마케팅지향성이란 경영자나 조직이 마케팅 개념을 받아들이고 그것을 최우선으로 사고하고 행동하는 것을 의미한다. 일례로, J. Willard Marriott 회장은 Marriott 호텔에서 머문 고객들이 작성한 고객의견카드를 항상 경청하여 이를 호텔경영에 반영하고자 노력했는데 이는 전형적인 마케팅지향성의 예로 볼 수 있다.

③ 고객의 욕구와 필요

관광산업에 종사하는 모든 기업이나 경영자들이 오늘날과 같은 격심한 경쟁체제에서 살아남기 위해서는 고객의 욕구와 필요를 지속적으로 충족시키는 것을 마케팅활동의 최우선 과제로 삼아야 한다. 기업은 마케팅활동을 수행하면서 고객의 욕구와 필요를 구체적인 판매로 전환시킬 수 있는 새로운 기회를 놓치지 않도록 항상 조심하고 경계해야 할 것이다.

④ 시장 세분화

시장 세분화는 시장을 구성하는 모든 고객들이 그들의 욕구와 특징에 있어서 똑같지 않다는 가정하에 제시된 용어이다. 특정 집단의 사람들 혹은 목표시장(target market)을 정하고 그들을 대상으로 집중적으로 마케팅활동을 실시할 수도 있고, 여러 세분시장을 대상으로 차별적인 마케팅활동을 실시할 수도 있다. 관광산업의 마케팅 담당자들은 마케팅활동의 비용과 자원이 제한되어 있기 때문에 가능한 그들이 목표로 해야 하는 하나 이상의 고객세분시장을 신중히 결정해서 이러한 세분시장에 모든 마케팅 노력을 집중하고 이를 통해 마케팅 목표를 달성하여야 할 것이다.

⑤ 가치와 교환과정

가치(value) 또는 화폐의 가치(value for money)는 오늘날 모든 비즈니스와 일상생활에서 자주 사용되는 용어이다. 이 용어를 명확히 정의 내리는 것은 쉽지 않은 일이나 일반적으로는 고객들이 어떤 제품이나 서비스를 통해 얻을 수 있는 모든 것을 총칭하는 것으로 볼 수 있다. 일례로, McDonald라는 기업을 성공으로 이끈 'QSCV' 전략에서도 이 가치(value)가 다른 품질(Quality), 서비스(Service), 청결(Cleanliness) 등과 함께 기업의 핵심적인 전략요소로 간주된 바 있다.

⑥ 수명주기

관광기업은 그들이 제공하는 제품이나 서비스가 도입기, 성장기, 성숙기, 쇠퇴기의 단계를 거치면서 시장에서 진화하게 된다는 가정하에 그들의 경영전략을 수립하고 수행할 수 있다. 이 경우, 수명주기의 각 단계별로 차별적인 마케팅활동을 수행하는 것이 일반적이며, 기업이 장기적으로 시장에서 생존하기 위해서는 가능한 수명주기의 마지막 단계인 쇠퇴기를 피해갈 수 있는 방안을 강구해야 할 것이다.

⑦ 마케팅 믹스

마케팅활동은 마케팅 믹스의 개념을 필요로 한다. 특정 고객 집단의 욕구를 충족시키는 데 적용되는 마케팅전략요인으로 제품(product), 유통(place), 촉진(promotion) 그리고 가격(price)이라는 4P적 요소를 고려할 수 있고, 이외에도 관광마케팅에서 중요하게 취급되는 인적요소(people), 패키징(packaging), 프로그래밍(programming), 그리고 파트너십(partnership)이라는 또 다른 4P를 추가적으로 고려할 수 있다. 이러한 요소들은 상호 보완성과 일치성을 유지하는 차원에서 일관성 있게 추진될 필요가 있으며 이를 위해서는 명확한 마케팅목표가 설정되는 것이 바람직하다.

2) 관광마케팅 환경

(1) 관광마케팅 환경의 구성요소

마케팅활동을 효과적으로 수행하기 위해서는 마케팅 환경을 이해하고 이러한 환경적 요소들이 마케팅활동에 미칠 수 있는 영향과 상호작용을 중요하게 고려하는 것이 바람직하다. 즉, 시시각각 변화하는 마케팅 환경을 올바르게 인식하며, 이렇게 변화하는 마케팅 환경에 맞추어 기업도 이에 대응하여 변화하고 또 새로이 나타나는 다양한 시장의 특성을 예측하고 분석하여 이에 맞는 제품과 서비스를 개발하고 마케팅 믹스활동을 적절히 수행하여야 한다. 기업의 마케팅 환경이란 기업 외부에 존재하면서 기업의 활동에 영향을 미치는 모든 요인들이 포함될 수 있으며, 이러한 요인들은 표적시장이나 고객과의 거래를 창출하고 개발, 유지하는 데 중요한 역할을 하게 된다.

이러한 마케팅 환경은 미시적 환경과 거시적 환경으로 나뉠 수 있으며, 여기서 미시적 환경이란 기업이 고객에게 제품과 서비스를 제공하는 내용과 능력을 결정하는 환경에 속하는 요인들로 기업의 내부 환경, 공급업자, 마케팅 중간업자, 고객, 경쟁자 등이 포함된다. 이에 반해 거시적 환경은 기업의 외적 요인들을 포함하는 광범위한 부분을 의미하며, 기업의 미시적 환경에 영향을 미치는 고객 및 공중(public)의 인구 통계적 요인과 경제적, 자연적, 기술적, 정치적, 법률적, 사회적, 문화적 환경요인 등을 포함한다. 이러한 요인들은 관광마케팅의 환경을 구성하고, 관광마케팅과 관련한 의사결정 시 중요한 고려 대상이 된다.

① 경쟁(Competition)

마케팅 관리자들은 자사와 경쟁관계에 있는 경쟁조직의 의사결정이나 행동에 영향을 미칠 수는 있지만 그것을 통제할 수는 없으며, 경쟁사의 수와 규모 역시 통제하기 힘들다. 관광산업에서 경쟁은 급속도로 심화되고 팽창해왔으며, 이는 숙박 및 레스토랑 체인, 항공사, 여행사, 관광 자원, 컨벤션, 카지노, 레저시설 등이 갈수록 수적인 면에서나 구조적인 측면에서 많아지고 복잡해지는 양상을 통해 잘 이해될 수 있다. 관광산업의 잠재성과 성장에 대한 기대는 경쟁을 더욱 심화시키는 주요 원인이 되었고, 많은 회사들이 국경을 넘어 국제적으로 다국적 기업의 형태로 또는 전략적 제휴 등의 형태로 사업을 확장해 나가면서 이제 경쟁은 점차 세계적이고 글로벌화된 양상으로 변해가고 있다.

② 법규 및 규제(Legislation and regulation)

마케팅활동은 직접적 혹은 간접적으로 여러 가지 법규와 규제의 영향을 받는다. 예를 들어 서비스와 상품을 어떻게 광고해야 하는지, 가격결정은 어떤 기준을 고려해야 하는지, 판촉활동은 어떤 규제를 받는지 등 다양한 마케팅활동을 수행하는 데 있어 반드시 사전에 고려해야 하는 구체적이고도 현실적인 규제와 법이 있다. 이러한 법규의 테두리 안에서 마케팅활동을 수행해야 하며, 이러한 법은 대개의 경우 기업의 통제범위를 벗어나게 된다. 기업들은 이러한 점을 감안하여 각종 로비와 선전 등의 활동을 통해 가능한 이러한 법규나 규제를 자사에게 유리하도록 하는 데 많은 노력을 기울이기도 한다.

③ 경제적 환경(Economic environment)

인플레이션, 실업, 불경기는 1970년대와 1980년대 선진국의 경제를 어렵게 만든 세 가지 경제적 환경인데, 이는 최근 다시 나타나 우리나라를 포함한 세계 경제를 어렵게 하고 있다. 이러한 경기침체와 극심한 불경기는 각국의 관광산업에도 큰 타격을 주고 있으며, 가능한 적은 돈으로 여행 및 관광활동을 하는 추세를 낳고, 외식에 있어서도 'dining-out' 지출을 강하게 억제시키는 역할을 하고 있다. 경제침체기에 고객들은 그들이 원하는 서비스나 상품보다 저렴한 가격경쟁력을 갖는 대체재를 찾는 경향이 있다. 경제적 환경은 지방이나 지역, 국가, 국제적인 범위에 따라 그 고려요인들이 달라지게 되고, 지역 경제의 변화는 해당 관광산업에 종사하는 기업들에게 매우 직접적인 영향을 끼칠 수 있다. 경기호황으로 인한 새로운 기업들의 진입이나 불황으로 인한 기존 기업들의 퇴출은 모두 관광산업의 경우에도 치명적인 영향을 미칠 수 있으며, 국제적인 경제상황의 변화 역시 관광산업에 종사하는 기업들에게는 항상 예민하게 주시해야 하는 요인이다.

④ 기술(Technology)

기술은 모든 산업의 모든 종류의 기업들에게 있어서 변화를 가져다주는 끈이고 열쇠이다. 관

광마케팅에 종사하는 관리자나 경영자들은 이러한 기술적 환경을 두 가지 측면에서 바라보는 것이 필요하다. 첫째, 새로운 기술은 해당 기업에게 경쟁적 우위를 가져다줄 수 있다. 숙박산업에서 위성을 통한 화상회의 시스템을 도입하는 것은 해당 호텔을 다른 기업과는 차별화된 경쟁적 우위에 설 수 있도록 하는 요인이 될 수 있다. 둘째, 고객들에게도 새로운 기술을 적용하여 새로운 가치를 창출하고 제공할 수 있다. 사람들은 기술적 변화의 홍수 속에 살고 있다. VCR, CD, DVD, 개인컴퓨터, 위성을 포함한 복잡한 홈 엔터테인먼트 시스템 등은 실외 엔터테인먼트나 여행, 관광활동의 실용가능한 대체재가 될 수 있으며, 다른 측면에서는 가정용품을 포함하는 주요 기기의 기술적 발전으로 인해 주부들에게 요구되는 시간이 줄고 이를 통해 실외 엔터테인먼트나 여행할 수 있는 시간을 늘려줄 수도 있을 것이다.

⑤ 사회 · 문화적 환경(Societal and cultural environment)

사회 · 문화적 환경에는 두 가지 측면을 고려할 수 있는데, 첫째, 기업은 사회 · 문화적 규범에 기초한 마케팅활동에 어떻게 어느 정도로 반응할 것인가를 고려해야 한다. 둘째, 고객들도 사회 · 문화의 변화에 의해 영향을 받게 되므로 기업은 이러한 고객들의 변화가능성을 항상 염두에 두고 그들의 마케팅활동 계획을 수립하고 실행해야 할 것이다. 예를 들어, 경제적 압박과 사회적 변화는 필수적으로 상호 연계되어 일반인들에게 영향을 미칠 수 있으며, 이는 관광과 여행의 패턴에도 중요한 영향을 미칠 수 있다.

⑥ 조직의 목표와 자원(Organizational objectives and resources)

조직의 목표와 자원은 마케팅의 영역에서는 주어진 가정으로 간주할 수도 있지만, 경우에 따라서는 이러한 목표나 자원을 통제가능한 요소로 보고 적절한 마케팅 활동이 이루어질 수 있도록 사전에 기업의 전체적인 목표를 정하고 가용자원을 구성할 수도 있다. 마케팅은 단지 조직의 일부 부서가 수행하는 활동이 아니라 조직의 전체 활동에 영향을 미치고 조직의 장기적인 성공과 생존의 열쇠로 인식하는 것이 바람직하며, 이를 위해서는 마케팅활동을 지원하는 각종 자원을 선점하고 이를 적절히 활용하는 방향으로 경쟁에 맞서 나가는 것도 중요한 전략이라고 할 수 있다.

(2) 관광마케팅의 중요성

관광산업은 최근 들어 여러 가지 측면에서 급속한 변화를 경험하고 있으며, 이러한 변화는 어찌 보면 불가피한 것이라 할 수 있다. 마케팅활동은 기업이 이러한 변화에 대처하는 데 핵심적인 역할을 수행할 수 있다. 또한, 갈수록 경쟁은 심화되고, 시장은 세분화되며, 고객들은 보다 많은 경험을 통해 다양한 욕구를 보여주고 있기 때문에 이러한 욕구를 충족시켜야 하는 마케팅의 중요성은 더욱 커지고 있다. 이에 따라 마케팅은 보다 전문적인 기법과 이론을 동원하여 공격적으로 시장과 고객에 대응하는 방향으로 변화하고 있으며, 마케팅활동은 시장 고객집단의 다양한 욕구를 충족시키고 이를 위한 마케팅 도구들을 효과적으로 수행해 나갔을 때 바라는 성공을 이룰 수 있을 것이다.

3) 관광마케팅 특성 및 계획

(1) 관광마케팅의 특성

관광산업은 은행, 법, 회계, 경영컨설팅서비스, 보험, 의료, 교육, 엔터테인먼트 등을 포함하는 서비스 산업의 한 부분이다. 서비스 상품의 중요한 특징은 무형성이지만, 대부분의 서비스는 무형성과 함께 유형적인 특징을 포함하고 있다. 일례로, 항공산업은 서비스산업의 한 부분으로 고려될 수 있는데, 항공기 내에서 받는 대부분의 서비스는 무형의 속성을 가지고 있지만, 항공기 내 좌석의 특징이나 편리성, 크기 등은 매우 유형적인 것이다. 관광산업이 제공하는 상품은 유형의 요소와 무형의 요소를 모두 포함하면서 다양한 상품 및 서비스적 요인을 포함하고 있기에 관광상품의 마케팅을 더 특별하게 만든다.

이처럼 관광서비스는 독특한 특징을 가지고 있다. 유형의 상품은 실제로 구입하기 전에도 다양한 방법을 통하여 그것을 평가할 수 있으나, 무형의 서비스는 구매하고 실제 경험하기 전에는 이를 느끼거나 알 수 없는 것이며, 이 때문에 무형성에서 나오는 불확실성을 줄이기 위해 구매자는 그 서비스에 관한 정보나 어떤 확신을 제공할 수 있는 유형의 증거를 찾게 된다. 둘째, 서비스의 불가분성은 고객도 제품의 일부라는 것을 의미하며, 관광서비스에 있어서도 서비스 제공자와 고객이라는 양자가 서비스의 구매와 사용을 위해서는 그 장소에 함께 있지 않으면 안 된다. 셋째, 서비스의 무형적 속성은 서비스를 제공하는 측에서 이를 변동하는 데 있어 매우 큰 융통성을 가질 수 있고, 실제로 이러한 서비스의 제공이 매우 빠르고 다양하게 변화하기 때문에 서비스의 질은 궁극적으로 그것을 누가, 언제, 어떻게 제공하는가에 달려 있다고 해도 과언이 아니다. 넷째, 무형의 재고의 개념으로 저장할 수 없으며 특정시점을 지나면 판매할 수 없는 소멸성을 지닌다. 이러한 소멸성으로 인해 시간이 지나면 항공사의 좌석이나 호텔 객실, 크루즈 상품, 렌터카 등은 판매할 수 없게 되는 것이다. 다섯째, 관광산업에서는 트럭이나 철도, 선박, 항공 등과 같은 물리적 운송수단이나 창고나 도, 소매상 등과 같은 유통, 물류체계, 재고시스템을 생각할 수 없으며, 이러한 물질적인 분배시스템이 없는 대신, 여행업체, 여행 매니저, 인센티

브 여행 플래너, 컨벤션 매니저 등과 같은 중개업자들을 통해 사전에 예약 구매되어질 수 있다. 여섯째, 가격결정 시에도 서비스는 변동가능하고 무형이기 때문에 사전에 어떠한 가격으로 고정해놓는다는 것이 어려울 수 있다. 관광서비스 상품은 계절, 위치, 날씨, 다른 관점에 따라서 다르게 나타나는 수요의 특징을 잘 파악하여 수요에 맞게 가격을 책정하는 것이 바람직할 수 있으며, 이는 수요와 공급의 두 가지 특성을 모두 고려하여 가격을 결정해야 하는 일반 제조업의 경우와는 다른 점이라 할 수 있다.

이외에도 관광산업의 마케팅은 내부 마케팅, 관계(상호작용)마케팅, 외부 마케팅의 세 가지 측면을 고려할 수 있다. 내부 마케팅은 기업과 내부 직원들과의 사이에 존재하는 관계를 통해 고려되는 마케팅활동을 의미하며, 관광기업의 경우 이러한 측면의 마케팅활동의 일환으로 직원들을 교육시키고 동기부여시키며, 그들에게 필요한 욕구를 파악하는 활동들을 하게 된다. 관계(상호작용)마케팅은 서비스를 제공하는 직원과 이를 구매·이용하는 고객 사이에 발생하는 관계성에 기인하여 기업측면에서 의도적으로 이러한 관계를 기업의 마케팅 목표로 설정하여 달성하고자 하는 마케팅활동을 의미한다. 고객들은 직원에 의해 제공된 서비스의 질을 판단하는 데 있어 직원들이 어떤 모습과 언행, 행동으로 대하며, 그들 사이에 어떤 관계성이 설정되는가를 중요한 기준으로 삼을 수 있으며, 이에 따라 관광산업에 속한 기업들은 직원들이 이런 관계마케팅을 통해 보다 장기적으로 고객을 확보하도록 요구한다.

(2) 관광마케팅 전략계획

마케팅 계획이란 특정 기간 동안 기업의 마케팅활동을 수행하고 관리하는 데 활용되는 기준을 의미하며, 이러한 마케팅 계획은 매우 세부적이고 구체적이어야 하고, 기업은 이를 통해 마케팅활동의 여러 단계와 이러한 역할을 담당하고 있는 직원들을 관리하게 된다.

모든 건물의 기초가 견고해야 하듯이 마케팅 계획도 세밀한 조사와 분석이 먼저 뒷받침되어야 한다. 기본적으로 마케팅 계획은 상황분석, 마케팅 조사, 시장세분화, 마케팅 전략수립, 포지셔닝 등 마케팅활동에 대한 구체적인 청사진(bluepoint)을 제공해야 하며, 마케팅 목표를 통한 일관성과 상호 보완성을 가지는 형태로 수립되어야 한다. 일반적으로 모든 청사진에는 몇 가지 보편적인 사실이 존재한다. 대부분의 건축가들은 초기의 청사진이 전혀 예기치 못한 상황으로 인해 수정될 수 있다는 사실을 잘 알고 있다. 또한 계획을 실제로 실행하기 위해서는 많은 사람들이 필요하며, 시기를 잘 맞추어 신중히 실행해야 한다는 것 또한 잘 인식하고 있다.

관광산업은 급속한 변화를 경험하고 있으며, 이러한 변화는 불가피한 것이다. 마케팅은 이러한 변화에 대처하는데 핵심적인 역할을 수행한다. 성공적인 마케팅 계획을 위해서는 많은 세부적인 준비과정과 단계를 거쳐야 한다. 실행계획의 기능은 이러한 필요한 모든 활동과 책임사항, 비용, 시간계획, 통제 그리고 평가절차를 구체화하는 것이다.

2 관광마케팅 전략

1) 관광 행동의 이해

고객은 관광상품 및 서비스를 구매하고 소비하고자 할 때 일련의 과정을 거치게 되며, 마케터들은 이러한 고객의 의사결정 과정을 잘 이해하고 고객의 행동과 서비스 전·후의 반응을 정확히 파악하는 것이 중요하다. 이러한 관광 행동은 유형의 제품에서 목격되는 일반적인 소비자 행동과는 다른 양상을 보일 수 있는데, 이는 관광이라는 상품 및 서비스가 무형성, 비저장성, 동시성, 이질성을 가지고 있기 때문이다. 특히, 관광산업에서는 일반적인 개인 소비자의 행동뿐 아니라 단체고객의 행동특성도 중요한 의미를 가지고 있는데, 이는 단체 구매고객의 특성상 비용, 서비스 편의 시설 등과 같은 객관적인 요인들이 감성적인 요인들보다 더 중요한 역할을 할 수 있기 때문이다.

(1) 고객행동 요인

고객행동은 넓게는 문화, 하위문화, 사회계층 등의 문화적 요인과 준거집단, 가족, 사회적 역할과 지위 등의 사회적 요인, 그리고 연령, 가족생애주기상의 단계, 직업, 경제적 환경, 라이프스타일, 개성, 자아개념 등 개인적 요인의 세 가지를 비롯하여 동기, 지각, 학습, 기억의 심리적 과정 등을 통해 영향받을 수 있다. 이러한 세 가지 요인은 개인의 심리적 특성과 관련된 개인적(personal) 요인과 개인에 영향을 미치는 외부적 영향인 개인간(interpersonal) 요인으로도 나눌 수 있는데, 이러한 영향요인들은 기업이 고객에게 효과적으로 상품과 서비스를 제공할 수 있는 방법을 모색하는 데 도움을 줄 수 있다.

① 개인적(personal) 요인

개인적 요인은 고객들이 기본적인 만족에 부족함을 느끼는 경우 욕구(needs)가 발생하고, 이러한 욕구를 충족시켜줄 수 있는 구체적인 것에 대한 필요(wants)를 느낄 때 나타나게 된다. 마케터들은 고객이 느끼는 필요를 충족하도록 동기를 부여하기 위해 노력해야 한다. 관광기업의

경우에도 기업이 제공하는 메시지를 고객은 오감을 사용하여 지각하게 되는데, 이렇듯 개인이 정보를 수집, 정리하고 해석하는 과정을 인지(perception)라고 하며, 인지과정은 인지/지각창을 통해 선택된 정보를 개인의 인지적 편견에 따라 받아들이고 이를 선택적으로 보유, 종결하는 단계를 거치게 된다. 마케터는 이러한 각 단계에 맞는 적절한 방법과 기술을 활용하여 그들이 원하는 방향으로 고객의 마음속에 포지션이 구축될 수 있도록 노력해야 한다. 이외에도 개인적 요인으로는 학습, 개성, 라이프스타일, 자아개념 등 다양한 요인이 있다.

② 개인간(interpersonal) 요인

개인간 요인은 다른 사람으로부터의 외부적 영향으로 공유되는 행동양식인 문화와 고객이 속한 준거집단, 고객이 속한 사회적 계층, 구성원들에게 정보를 전달하는 오피니언 리더, 가족 등이 포함되며, 이러한 요인 또는 개인적 요인과의 상호작용에 의해 관광상품 및 서비스의 구매결정에 영향을 미치게 된다. 뿐만 아니라, 관광을 비롯하여 관광산업에서 제공하는 사회적·상업적 정보도 중요하며, 특히, 무형성, 비저장성의 특성을 가진 관광상품 및 서비스의 특징을 고려할 때 이러한 정보에 대한 구전효과는 매우 크다고 할 수 있다.

(2) 구매의사결정 과정

고객의 구매과정은 문제(욕구)인식, 정보탐색, 대안평가, 구매결정, 구매 후 행동의 단계를 거치면서 나타날 수 있는데, 이러한 고객의 행동을 이해하고 영향관계를 파악하는 것은 기업이 올바른 마케팅활동을 수행해 나가는 데 있어 매우 중요한 역할을 한다. 무형의 서비스를 제공하는 관광산업은 여타의 산업보다 학습과 경험을 통해 형성된 태도와 신념에 기초한 상품에 대한 평가가 고객의 구매결정에 결정적인 영향을 미칠 수 있다. 또한, 타인으로부터의 구전이나 정보전달은 고객에게 영향을 주는 또 다른 중요한 요인이다. 이러한 구매결정 과정은 구매의 성격에 따라 일상적인 결정(routine decisions)과 이미 구매과정을 경험한 것을 활용하는 제한된 결정(limited decisions), 마지막으로 많은 정보를 가지고 필요한 모든 구매과정을 거치면서 이루어지는 광범위한 결정(extensive decisions)으로 분류할 수 있으며, 다양한 구매결정에 맞도록 잠재고객과 단골고객 등에 따라 적절한 마케팅활동을 수행하는 것이 바람직하다. 한편 이러한 구매의사결정 과정은 관광산업에 속하는 다양한 상품이나 서비스의 특성에 따라서도 달리 나타날 수 있으므로 각 상품이나 서비스별 특징에 대해서도 세심한 조사가 필요하다.

2) 마케팅 조사의 의의 및 과정

(1) 마케팅 조사의 중요성

교환이 이루어지는 시장이 판매자 중심에서 구매자 중심의 시장으로 변하면서 기업의 성패는 고객의 욕구 및 환경적 변화를 파악하기 위한 정보 수집 및 활용이 무엇보다 중요하게 되었다. 이러한 마케팅활동을 관리하기 위해 필요한 정보 관련 활동이 마케팅 조사이며, 기업은 이러한 마케팅 조사를 통해 합리적인 의사결정을 하고 목표에 효율적으로 도달할 수 있게 된다. 마케팅 조사는 시장과 고객에 대한 정보를 체계적으로 수집, 분석, 활용하는 총체적인 과정을 의미한다.

고객의 욕구를 이해하는 것은 마케팅의 출발점이며, 고객이 원하는 것이 무엇인지 알아내고 그것을 제공하는 것이 곧 기업의 사명이고 마케팅 조사의 목표이다. 이제는 고객의 구매의사결정에 있어 기능적인 속성보다도 감성적, 상징적 속성을 더 중요시하는 경향이 커짐에 따라 고객의 욕구가 까다로워지고 이를 이해하는 것이 한층 더 어려워지고 있다. 또한, 정보기술과 고객관계관리(CRM: Customer Relationship Management)의 발전에 따른 고객 정보의 양적 팽창은 질적으로 우수한 정보의 획득을 어렵게 하는 요인이 되기도 한다. 이러한 추세는 마케터로 하여금 정성적, 정량적 마케팅 조사를 포함하여 고객의 욕구와 마음을 읽어내는 효과적인 방법을 개발하고 적용하도록 하고 있다.

(2) 마케팅 조사과정

마케팅 조사는 기존 및 잠재고객에 대한 상세한 정보를 얻는 데 도움을 주며, 주요 경쟁자를 파악하고 경쟁기업의 장점과 약점을 분석할 수 있게 해주고, 마케팅 의사결정에 대해 확신을 줄 수 있다. 또한, 조사결과를 활용함으로써 기업의 마케팅활동에 대한 신뢰를 높일 수 있고, 국내·외 시장 및 고객의 변화를 마케팅 계획과 활동에 잘 반영할 수 있도록 해준다. 다만, 시간이나 비용, 신뢰성, 경쟁정보, 경영의사결정 등에 따라 직관이나 판단이 필요하기도 하고, 경우에 따라서는 마케팅 조사를 생략할 수도 있다.

마케팅 조사과정은 조사문제의 규정, 조사계획과 자료수집방법, 표본설계와 자료수집, 자료의 분석과 해석, 보고서 준비, 조사결과의 정리와 제시의 단계로 나타낼 수 있고, 이러한 일련의 과정은 조사를 체계적이고 효과적으로 수행할 수 있도록 해주고 유용한 정보를 획득할 수 있게 한다. 각 단계를 구체적으로 살펴보면, 먼저, 조사문제의 규정 및 공식화 단계에서는 문제를 정의하고 조사 목표와 연관된 문제들을 파악한다. 둘째, 조사계획과 자료수집방법은 1, 2차 자료수집

여부를 먼저 결정하고 조사계획과 분석방법을 결정한다. 셋째, 표본설계와 자료수집단계에서는 조사대상을 결정하고 표본추출에 있어 확률적 혹은 비확률적인 과정을 적용할지를 정하고 표본의 크기를 결정한다. 넷째, 자료의 분석과 해석 단계에서는 원자료를 편집(editing), 코드화(coding)한 후 도표작성(tabulating)이나 기초통계분석을 통해 자료의 기본적 특성을 파악하고, 통계적 검정 절차를 적용하여 결과를 도출한다. 그 후 조사 보고서에서 결론과 의견을 정리하고 보고서 형식으로 제시하여 마지막으로 조사 결과를 정리하여 의사결정자와 관계자에게 전달하면 마케팅 조사과정의 전체적인 과정이 수행된 것으로 볼 수 있다.

3) 시장세분화

차별화란 기업의 상품 및 서비스를 경쟁사들과는 다르고 특별하게 만드는 것을 뜻한다. 이는 고객이 자사의 상품 및 서비스가 타사의 그것에 비해서 더 큰 편익이나 가치를 지녔다는 관점에서 바라보는 것을 뜻하며, 마케터의 직무는 고객에게 이러한 차이점이 있다고 믿게 만드는 것이다. 차별화가 상품을 기준으로 특정 상품을 타사의 그것과는 다른 특색 있는 것으로 만드는 것을 의미한다면, 시장세분화는 고객의 특성을 고찰하여 기업의 마케팅활동에 대한 반응이 비슷한 고객집단으로 전체 고객시장을 나누는 것을 뜻 한다. 시장은 다양한 욕구와 필요를 지닌 여러 고객들로 형성되어 있는데, 대개 이러한 시장은 비슷한 특성을 가지는 고객들끼리 뭉쳐놓은 작은 하위시장들로 형성되어 있다. 상품 및 서비스는 이러한 여러 하위시장의 특성을 반영하여 이를 토대로 만들어지게 된다. 그러므로 마케팅 전략을 수립하는 데 있어서 첫 단계는 전체 시장을 비슷한 성향을 가지는 고객 세분시장으로 나누고 이를 분석하는 것이다. 시장을 세분화하는 근본적인 이유는 모든 잠재고객에게 상품 및 서비스에 대한 매력을 심어주고자 하는 것이 제한된 자원을 가정한다면 낭비라고 볼 수 있고, 보다 효율적인 것은 기업의 노력과 마케팅 비용을 한 곳에 집중시켜 더 큰 효과를 실현하기 위해서이다.

이러한 시장세분화는 절차적인 관점에서 이해할 수도 있는데, 시장세분화의 첫 번째 단계는 시장의 욕구 및 필요 파악이라고 볼 수 있다. 기본적으로 마케팅활동의 핵심은 시장, 즉 고객의 욕구 및 필요요소를 파악하는 것이다. 두 번째 단계는 시장 가능성 분석 단계인데, 이 단계는 고객의 욕구와 필요를 파악하는 수요 분석 위주로 고객들이 기업의 상품 및 서비스를 구매하기 위해 비용을 지불할 수 있는 능력과 의향을 파악하는 것이다. 즉, 전체 시장 중 기업의 현실적 수요가 될 수 있는 시장의 규모를 파악하는 것을 의미하며, 향후 시장의 성장 가능성에 대한 인식을 포함한다. 세 번째 단계는 시장과 기업의 수용능력의 조화단계는 기업이 과연 시장의 수요를 만족시키고 이를 위한 적절한 제품과 서비스를 제공할 수 있는 능력을 가지고 있는지를 파악하는 것을 의미한다. 기업의 능력이 뒷받침되지 않는다면 분류된 시장을 대상으로 마케팅활동을 한다는 것은 비현실적이라고 볼 수 있으며, 이러한 세분시장을 목표로 기업의 마케팅활동을 실행할 가능성은 재정적인 능력, 디자인, 장비, 기술, 인력 등의 요소로써 판단할 수 있다. 다음으로 네 번째 단계는 실질적으로 시장을 세분화하는 단계로 여기서는 앞서 제시한 모든 과정을 거친 후 시장을 분류하는 것으로 이렇게 분류된 각 시장을 세분시장이라고 한다. 분류된 세분시장 내에서는 구성원(고객)이 동질적인 특성을 가져야 하는데, 이때 동질적이라는 것은 기업의 마케팅활동에 대한 반응이 동질적이라는 것을 뜻한다. 다섯째는 표적시장의 선정으로 분류된 여러 세분시장 중 해당 기업의 상품 및 서비스를 제공할 표적(목표)시장을 선별해내는 단계이다. 기업이 세부적인 표적시장을 정할 때에는 가능한 잠재력이 크고 성장 가능성이 큰 세분시장을 선정하는 것이 바람직하다.

다음으로 시장세분화의 근거는 실제 기업이 시장을 나눌 때 활용하는 어떤 특성이나 기준을 의미한다. 최근 관광기업이 직면하고 있는 가장 어려운 과제 중 하나이며, 마케팅 효과 측면에서도 매우 중요하다. 기업이 시장을 세분화할 때 이용하는 다양한 근거요소로는 첫 번째, 지리적 기준을 들 수 있다. 지리적 시장세분화의 핵심은 장소가 비즈니스의 핵심이라는 것이다. 관광산업에서 가장 널리 이용되는 세분화 근거이며 예를 들어, 시장을 지리적 위치를 공유하는 고객집단으로 나누는 것을 의미한다. 이렇게 지역별로 세분화하는 것은 가장 쉬운 방법이긴 하지만 내면적인 다른 요인을 간과할 수 있다는 점에 있어서 세분화 노력으로부터 큰 실패를 유발할 수 있는 방법이기도 하다.

(1) 인구통계적 시장세분화(Demographic Segmentation)

인구통계적 시장세분화란 소득수준, 인종, 나이, 국적, 종교, 성별, 교육, 문화 등으로 구분하는 방법이다. 인구통계적 세분화는 통계자료가 즉시 이용가능하고 일률적으로 정의되어지고 손쉽게 이용할 수 있다는 점에서 보편적으로 사용되는 세분화 방법이다. 그러나 단순한 나이 및 국적, 직업이 고객의 심리적 상태 및 어떠한 성향을 갖고 있는지를 파악하기는 쉽지 않기에 마케터들은 인구통계적 세분화 근거와 다른 근거 요소들의 결합을 통해 형성된 세분화 방법을 이용하기도 한다.

(2) 사이코그래픽 세분화(Psycho-graphic Segmentation)

사이코그래픽 세분화란 고객의 심리적인 프로필을 개발한 것으로, 생활 및 라이프스타일에 대한 측정을 기반으로 한다. 즉, 고객의 라이프스타일은 AIOs, 사람들이 시간을 소비하는 방법(activity), 무엇을 중요시 여기는지(interest), 그들 자신과 그들이 살고 있는 세상에 대해 어떻게 느끼는지(opinion)에 의해 특징 지워지는 생활방식을 말한다.

(3) 추구편익 세분화(Benefit Segmentation)

추구편익 세분화는 시장세분화에 있어서 가장 예측이 가능하고 기본적인 이유가 될 수 있는 고객이 상품 및 서비스에서 찾는 혜택의 유사성에 의해 고객을 그룹화하는 방법이다. 추구편익 세분화는 또한 개별적인 편익보다는 총체적인 만족도와 관련이 있는데 이를 '편익 묶음(benefit bundle)'이라 부른다. 다른 세분화 방법은 단지 세분시장을 묘사한다는 데 반해서 추구편익 세분화 방법은 고객의 욕구와 필요를 이해함으로써 소비자행동에 영향을 끼칠 수 있다는 점이 다르다.

(4) 행동 세분화(Behavior Segmentation)

행동에 의한 세분화는 고객들을 상품 및 서비스에 대한 이용 상황이나 이용률, 충성도 등 구매와 관련된 상황에 의해 집단을 나누는 방법이다.

4) 표적시장의 선정

(1) 표적시장 전략

고객을 구성하고 있는 시장으로 세분화하고 나면, 다음으로 각 시장의 잠재성을 조사하고 이들 세분시장 중에서 가장 잠재력이 있고, 해당 기업의 자원과 경쟁력을 발휘하는데 적합하다고 판단되는 시장을 선별하여 해당 시장에 어필하기 위한 적절한 상품이나 서비스를 제공하여야 한다. 즉, 이미 세분된 시장에 대하여 각 시장별로 규모, 경쟁자, 자사의 목표나 자원과의 적합성 등을 고려하여 세분시장을 분석하고 이들 중에서 기업이 목표로 하는 표적시장(target market)을 선정하여야 하는 것이다. 표적시장을 선정하는 데에는 주로 세 가지 전략이 언급되고 있다.

첫째, 비차별화 전략으로 전체 시장을 하나의 표적시장으로 정하고 여기에 기업의 모든 마케팅 믹스활동을 집중하는 방법이다. 이 방법은 각 세분시장의 차이를 무시하고 전체 시장을 목표로 하는 하나의 통일된 상품이나 서비스로 마케팅활동을 추구하는 것이다. 비차별화 마케팅은 비용대비 경제적이고, 표준화 및 대규모 판매에 따르는 이익 등 주로 규모경제로 인한 마케팅 비용의 절감을 장점으로 들 수 있다. 일례로 초기에 McDonald사는 전체 메뉴를 햄버거, 프렌치 프라이, 파이, 밀크쉐이크를 포함하는 한정된 메뉴로 정해 모든 고객들에게 제공했으며, 주문을 받은 후 60초 안에 음식을 제공하기 위해 햄버거 생산라인을 표준화했다. 코카콜라사 역시 그들의 제품을 모든 고객시장에 비차별적으로 제공하는 마케팅 전략을 수행한 바 있고 이러한 전략은 지금까지도 유용하게 수행되고 있다.

둘째, 집중화 전략으로, 세분된 시장 중에서 가장 잠재력이 있다고 판단되는 하나의 표적시장만을 선정하고 이를 대상으로 집중적이고도 공격적인 마케팅활동을 수행하는 것을 의미한다. 기업의 자원이 제한되어 있는 경우 이와 같이 여러 세분시장 중에서 단 하나의 세분시장을 목표시장으로 정하고, 고객의 욕구를 만족시켜 특정 세분시장에서 높은 시장점유율을 확보하고자 하는 마케팅 전략으로, 경우에 따라서는 특정 기업이 추구하고자 하는 철학 및 운영방식에 의하여 특정시장을 선택하는 경우도 있다.

셋째, 차별화 전략으로, 이 방법은 시장을 상이한 욕구를 갖는 세분시장으로 파악하여 잠재력이 있다고 판단되는 두 개 이상의 세분시장을 목표로 정하고, 이들 표적시장의 특성에 맞도록 각각 서로 다른 마케팅활동을 전개하는 전략이다. 둘 이상의 표적시장을 정하고 각각 차별화된 마케팅활동을 적용하게 되므로 보다 다양한 고객의 욕구를 만족시킬 수 있다. 대표적인 예로는 서비스의 형태, 숙박기간, 위치 등 다양한 기준에 따라 서로 다른 유형의 숙박시설 브랜드를 운영함으로써 다양한 고객층을 확보하고 있는 메리어트 호텔체인을 들 수 있다. 이러한 차별화 마케팅은 일반적으로 비차별적 마케팅보다 효율적으로 다양한 고객층에게 다가갈 수 있다는 장점이 있을 수 있으나, 시장을 차별화함으로써 개발비용이나 관리비, 촉진커뮤니케이션 비용 등 여러 가지 측면의 비용 증가를 가져올 수 있기 때문에 이러한 마케팅 전략을 구사할 때에는 매출증가에 따른 비용증가를 신중히 고려하는 것이 바람직하다.

(2) 표적시장 결정 시 고려요소

기업이 마케팅 전략을 수립하려면 위 세 가지 표적시장 전략 중 하나를 선정하는 것이 바람직한데, 이러한 표적시장의 선정을 위해서는 반드시 고려해야 할 요소들이 있다. 이러한 요소에는, 첫째, 각 세분시장의 규모와 성장률을 들 수 있는데, 이러한 기준을 측정하기 위해서는 해당 산업을 구성하고 있는 기업들과 고객들에 대한 체계적이고도 광범위한 분석이 필요하며, 현재를 포함한 미래 추세에 대해서도 체계적인 예측이 필요할 수 있다. 둘째, 세분시장의 구조적 매력

성을 들 수 있는데 이는 세분시장의 매력성을 결정하는 요인으로 경쟁의 형태나 수 등 시장의 구조적 특징을 분석하는 것이다. 셋째, 기업의 목표와 자원요소를 들 수 있는데, 이 기준은 특정 세분시장이 적절한 규모와 성장률을 지니고 있으며 구조적으로도 매력적인 시장이라 할지라도 기업이 가지고 있는 목표와 자원에 적합하지 않으면 해당 기업은 그 세분시장을 선택하는 데 신중을 기해야 한다는 것이다. 넷째, 시장에 제공되는 상품 및 서비스가 갖는 동질성 또는 이질성의 정도를 나타내며, 이는 동일한 특성을 갖는 정도를 의미하는 것으로 대개 동질적 상품에 대해서는 비차별화 마케팅이 적합하고 이질적 상품의 경우에는 차별화 혹은 집중화 마케팅 전략이 적합하다고 볼 수 있다. 다섯째 기준으로는 제품의 수명주기, 그리고 마지막으로 경쟁업체의 마케팅 전략 등을 들 수 있다.

5) 포지셔닝 전략

포지셔닝은 기업이 표적시장 내 고객들의 마음속에 타 기업과는 다른 독특한 위치로 자리 잡기 위해 그들의 상품 및 서비스에 대한 마케팅활동에 집중하는 노력을 의미한다. 포지셔닝에서는 예를 들어 고객들이 특정 관광목적지를 어떻게 인지(perceive)하고 있는지가 중요하며, 이러한 인지 차원에서 고객들은 일정한 속성을 기준으로 경쟁 목적지와 비교하여 상대적으로 특정 관광목적지를 인지하게 된다. 효과적인 포지셔닝은 고객이 제공받을 수 있는 혜택에 대한 것을 약속할 수 있어야 하며, 그러한 혜택은 경쟁 기업이나 상품 또는 목적지와 차별화되면서 고객의 기대를 창출시킬 수 있어야 한다.

(1) 포지셔닝의 중요성

관광기업에 있어 포지셔닝이 필요한 이유는 치열한 경쟁환경 안에서 호텔이나 항공사, 테마공원, 관광목적지 등 상품 및 서비스가 동질성을 지닌 분야의 경우 타 경쟁기업과의 구별되는 특성을 제공함으로써 고객들로 하여금 자사의 상품 및 서비스를 기억하고 구매하도록 하는 차별적 이미지 구축이 필요하기 때문이다. 또한 기존의 관광상품 및 이미지가 이미 고객의 마음속에 구축된 이미지를 유지하고 강화하기 위해서도 이러한 포지셔닝 노력은 중요하다. 일례로, Marriott's Residence Inn은 집과 같은 편안한(home-away-from-home) 곳을 필요로 하는 고객들을 대상으로 해당 브랜드를 포지셔닝하였으며, 호텔 이름 자체가 표적시장의 본질을 나타내고 있으며 가정(home)이라는 단어와 이웃(neighborhood)이라는 단어가 포함된 광고를 빈번하게 내보내고, 주방, 거실, 그리고 벽난로까지 포함하는 물리적 설비를 집과 같은 편안함을 느끼도록 해줌으로써 고객들에게 명확한 포지셔닝 목표를 심어주었다.

또한, 기업은 리포지셔닝이라는 활동을 통해 고객의 마음속에 이미 자리 잡힌 기존의 상품 및 서비스에 대한 이미지를 특정한 방향으로 변화시키는 노력을 강구할 수도 있다. 예를 들어, 과거 Club Med사의 경우 고객들이 '젊은 독신 여행자들 위주의 리조트', 또는 '강제로 빌리지 활동에 참여해야 한다.'는 부정적 이미지를 갖고 있음을 파악하고 가족여행객들에게 소구하기 위해 'baby club'의 운영, 'mini club med' 개념의 가족단위 고객들을 위한 프로그램들을 제공하였으며, 'Rent-a-village'라는 광고를 통해 회의 및 인센티브 여행객들에게도 다양한 공간과 환경을 제공하는 등 그들의 기존 상품에 대한 적절한 리포지셔닝 노력을 수행한 바 있다.

(2) 포지셔닝 전략의 개발

기업은 포지셔닝 전략을 통해 그들의 상품 및 서비스를 고객 세분시장의 욕구에 맞도록 고객들의 마음속에 자리매김하여야 하며, 이를 위해 목표시장의 욕구를 만족시키는 그들만의 차이점을 명확하게 제공하여야 한다. 포지셔닝 전략의 유형은 크게 세 가지로 구분될 수 있는데, 먼저, 소비자 포지셔닝 전략(consumer positioning strategy)은 고객들의 마음속에 독특한 이미지를 심어주기 위해 각종 정보와 이미지를 일관성 있게 이용하는 방법이다. 이를 위해서는 하나의 특정한 고객 혜택을 선정하여 여기에 집중하는 방법과 하나 이상의 혜택을 고객들에게 약속하고 이들을 일관성 있게 마케팅활동을 통해 제시하는 방법이 있다. 고객들은 이용 가능한 혜택을 발견하기 위해 제시된 광고나 커뮤니케이션 메지시의 의미를 해석하게 된다. 이를 위해 기업은 명확하고 사실적인 정보를 포지셔닝 목표에 맞도록 일관성 있는 진술을 통해 고객들에게 전달함으로써 포지션(position)을 창조할 수 있으며, 이미지, 분위기, 상징 등의 개념이 이러한 포지셔닝 활동을 위해 활용될 수 있다. 일례로, Hyatt와 Four Seasons는 기존의 호화롭고 고급스럽다는 이미지를 활용해 최고 품질의 서비스를 제공한다는 이미지를 목표로 포지셔닝 활동을 전개하고 있다.

둘째, 경쟁적 포지셔닝 전략(competitive positioning strategy)은 포지셔닝 전략의 초점을 경쟁의 준거점으로 삼아 고객의 마음속에 경쟁상품 또는 서비스와 상대적으로 비교되는 차별적인 광고 및 커뮤니케이션 메시지를 전달함으로써 고객들이 경쟁기업과 비교해 자사의 상품이나 서비스를 자리매김하도록 하는 것이다. 이의 대표적인 예로는 미국 렌터카 회사인 Avis사가 Herz사를 대상으로 실시했던 포지셔닝 전략을 들 수 있다. 이러한 경쟁적 포지셔닝 전략의 경우에는 자사의 상품이나 서비스가 경쟁기업의 그것과 유사하거나 그것에 못 미치는 것으로 지각될 수 있고, 경우에 따라서는 오히려 경쟁사의 상품이나 서비스가 더 부각될 수 있다는 점을 유의해야 한다.

마지막으로, 앞서도 언급된 바 있는 리포지셔닝 전략(repositioning strategy)을 들 수 있는데, 이는 환경, 고객, 시장이 끊임없이 변하는 마케팅 환경하에서 아무리 성공한 포지셔닝이라 하더라도 기존의 포지션을 계속 유지하기는 불가능할 수 있으므로 그러한 환경적 필요나 요구에 맞도록 기존의 포지셔닝 전략을 수정하여 시행하는 것을 의미한다. 리포지셔닝 전략은 기존의 포지션이 성공적이지 못하거나 최상의 위치를 점유하지 못했을 때, 기존의 포지션에 경쟁기업이 너무 많이 진입했거나 이에 해당하는 강력한 경쟁자가 나타났을 때, 그리고 시장의 새로운 기회를 발견했을 때 수행하는 것이 적절할 수 있다.

3 관광마케팅 믹스

일반적으로 마케팅활동에 있어 마케팅 믹스란 마케팅 목표를 최적화하기 위한 마케팅 수단들의 최적 결합을 의미한다. 이는 설정된 마케팅 목표를 합리적으로 달성하기 위하여 마케팅 관리자가 일정한 환경적 조건을 전제로 일정한 시점에서 전략적 의사결정을 거쳐 선정한 제반 마케팅 수단들을 적절하게 결합하여 수행하는 것을 말하며, 특히 관광마케팅에서는 가격, 상품 및 서비스, 촉진 및 커뮤니케이션, 예약·유통 이외에 인적요소, 서비스 제공과정, 물리적 요인, 패키지(package)적 요소, 제휴(partnership)관련 활동 등을 추가적으로 고려하기도 한다. 일반적으로 기본적인 관광마케팅 믹스는 관광객이나 고객들과 의사소통을 하거나 이들을 만족시키기 위해 관광상품이나 서비스를 제공하는 당사자가 관리하는 핵심적인 결정변수로서 관광상품 및 서비스, 가격, 예약·유통, 촉진 및 커뮤니케이션 등의 활동으로 구성된다.

1) 관광상품 및 서비스의 구성

(1) 관광상품 및 서비스 믹스[2)]

상품 및 서비스 믹스란 목표시장의 고객들이 원하는 부분을 만족시킬 수 있는 상품 및 서비스의 속성들을 최적의 조합으로 결합하는 것을 의미한다. 일반적으로 이러한 의미를 마케팅 분야에서는 상품 또는 상품믹스(product mix)라고 언급하고 있으나, 관광산업의 경우에는 서비스 상품을 위주로 취급하므로 여기서는 상품 및 서비스를 의미하는 것으로 정의한다. 관광산업의 경우, 이러한 상품 및 서비스의 최적 믹스를 실현하기 위해서는 먼저 '고객에게 무엇을 제공하고자 하는가?'라는 판매관점에서의 정의가 아닌, '고객은 무엇 때문에 관광기업을 찾고 관광상품을 구매하고자 하는가?'라는 보다 고객 및 고객들이 추구하는 혜택 중심적인 관점에서 상품을 정의하고 이와 관련된 사고를 할 필요가 있다. 특히, 관광산업에 해당하는 서비스 상품의 경우에는 실제로 고객들에게 제공되는 것은 편익 또는 혜택의 묶음(bundles of benefits)인 경우가 대부분이므로 고객에게 제공되는 편익(상품속성) 중 어떤 것이 핵심적인 상품(core product) 요소가 될 수 있으며, 어떤 것이 이와 관련된 확장된 상품(augmented product)에 속하는 요소인지를 파악하고 이러한 핵심적 요소와 확장된 속성요소들을 적절히 조화시키는 것이 바람직하다.

보다 구체적으로는 관광상품의 유형을 다음과 같이 나누어볼 수 있다. 첫째, 고객이 실질적으로 구매하고자 하는 핵심 상품이다. 핵심 상품은 상품 그 자체를 의미하는 것이 아니라 상품이 고객을 위해 무엇을 제공할 수 있느냐를 의미하는 것으로 경험, 분위기, 휴식, 편의적 요소들이 핵심 상품의 구성요소가 될 수 있다. 즉, 고객은 상품을 소비하는 것이 아니라 상품이 주는 혜택을 소비하는 것으로 볼 수 있다. 둘째, 고객이 핵심 상품을 이용할 때 함께 제공되어야 하는 것으로 여기서는 이를 촉진상품(facilitating product)으로 정의하고자 한다. 일례로, 호텔상품의 경우, 예약, 룸서비스, 체크인 서비스 등을 들 수 있다. 셋째, 시장 내 경쟁기업 간의 차별화를 위해 지원되는 부가상품(supporting product)을 들 수 있고, 마지막으로는 앞서도 언급되었듯이 고객이 핵심 상품을 구매·이용하기까지의 모든 과정에서 제공되는 확장상품을 들 수 있는데, 여기에는 접근성 및 영업시간, 위치, 고객참여, 직원과 고객 간 상호작용 등이 포함된다.

(2) 파트너십

최근 들어 관계마케팅의 중요성이 부각되면서 관광산업에서도 다양한 마케팅 파트너십이 요구되고 있는데, 여기서 파트너십이란 관광기업이 서로 협력하여 공동 마케팅활동을 수행하는 것을 의미한다. 관광산업의 경우 타 산업에 비하여 매우 다양한 기업 형태를 가지고 있기에 파트너십의 기회는 거의 무제한적이라고 볼 수 있으며, 파트너의 유형도 다양하게 나타날 수 있다. 첫째, 고객과의 파트너십을 들 수 있는데, 이의 대표적인 예가 최근 관광산업에 속하는 거의 모든 기업들이 관심을 가지고 수행하고 있는 상용고객 우대프로그램이다. 이 방법은 기업에 대한 고객의 충성도를 높이기 위해 도입된 것이지만, 지금에 와서는 이러한 형태에서 더욱 발전하여 상용 여행객들 중에서 자문위원단을 선발하거나 기업의 변론인으로 고용하는 등 고객과의 관계를 기반으로 수행되는 형태가 매우 다양하게 나타나고 있다. 둘째, 비슷한 유형의 기업 사이에 나타나는 파트너십으로 항공산업에서 이루어지는 항공사 간 전략적 제휴의 개념으로 이해될 수 있다. 셋째, 서로 간에 직접적인 경쟁관계는 아니라 해도 관련 기업들 사이에 이루어지는 파트

너십으로 항공사, 호텔, 레스토랑, 렌터카 등의 기업들이 카드사나 통신사, 은행 등과 맺는 제휴프로그램을 들 수 있는데, 이들은 이러한 제휴프로그램을 통해 상호간 마일리지 프로그램을 공동으로 운영하거나 공동으로 프로모션을 실시하기도 한다. 마지막으로, 인터넷을 이용한 제휴를 들 수 있는데, 최근에 이러한 인터넷 기술이 도입되면서 나타나는 기업들 사이의 새로운 유형의 파트너십이라고 볼 수 있다.

(3) 패키징(Packaging)

제조업에서는 패키징이라는 용어가 포장의 의미로 사용될 수 있으나 관광산업의 경우에는 이러한 패키징의 의미가 여러 종류의 서비스를 적절히 조화시켜 고객들에게 매력적이고도 유용한 상품의 가치를 만드는 것을 의미하기도 한다. 관광상품은 다른 서비스 상품과 마찬가지로 소멸성을 지닌다고 할 수 있는데, 이러한 패키징을 통해서 예를 들어 관광산업의 애로점인 비수기에도 관광상품을 판매할 수 있는 핵심적인 역할을 할 수 있다. 관광산업에 속하는 기업들은 이러한 패키지 상품을 통해서 개별 상품가격의 총합계보다 낮은 가격으로 다양한 상품을 구성하여 판매할 수 있고, 경우에 따라서는 관광 서비스 상품에 추가적인 매력을 발산하는 흡인력을 가진 특별 이벤트나 활동 등을 개발할 수도 있다.

관광산업에서의 이러한 패키징은 다음과 같은 역할을 수행한다. 첫째, 특정한 시점에 판매되지 않으면 소멸되는 관광상품의 특성상 상품의 다양한 판매루트 개발이 절실한데, 이러한 패키징을 통해 사업패턴과 운영을 원활하게 할 수 있다. 둘째, 다양한 관광상품 패키지의 개발을 통해 수익성을 향상시킬 수 있고, 마지막으로 기존의 관광상품 및 서비스 믹스적 요소를 보완하는 역할을 할 수 있다. 관광산업은 패키징을 통해 여행사, 운송업자, 항공사, 호텔 등 다양한 기업들을 서로 연결시키며 이들 간에 시너지 효과를 창출할 수 있다.

이렇게 구성된 최종적인 패키지에는 그 구성에 따라 'All-Inclusive' 패키지, 항공-차량 패키지, 항공-크루즈 패키지, 항공-철도 패키지, 철도-차량 패키지, 숙박-식사 패키지, 이벤트 패키지, 특별관심사나 취미 등을 결합한 패키지 등 다양한 예를 들 수 있으며, 이를 표적시장에 따라 구분해보면 인센티브 패키지, 컨벤션/회의 패키지, 친목도모 패키지 투어, 가족휴가 패키지 등을 예로 들 수 있다. 또한, 패키지 상품이 대상으로 하는 시기에 따라 주말 및 미니휴가 패키지, 휴일(공휴일, 크리스마스, 신년 등)패키지, 계절 패키지, 비수기 패키지 등을 들 수 있다.

2) 가격전략 및 결정방법

마케팅에서 기업의 이윤추구라는 목표에 가장 근접해 있는 마케팅활동 중 대표적인 것으로는 가격결정을 들 수 있다. 관광산업에 포함되는 기업들의 경우 일반 제조업과는 다르게 무형의 상품 및 서비스를 고객들에게 제공하게 되며, 이러한 상품적 특성상 어느 시기에 판매하느냐에 따라 가격이 크게 차이가 날 수 있다. 이 때문에 관광산업에 있어서 가격전략 및 결정과 관련된 활동은 다른 마케팅활동보다 더욱 직접적으로 사업의 성패를 좌우하는 중요한 요소로 여겨지고 있다.

이러한 가격에 관한 전략적 의사결정방법에 대해 논하기 전에 먼저 가격이란 무엇을 의미하는지에 대해 보다 명확한 정의를 내리는 것이 필요하다. 가격은 고객과 기업이 보는 시각에 따라 그 의미를 달리할 수 있는데, 우선 고객의 관점에서 볼 때 가격이란 특정 상품이나 서비스를 얻기 위해 포기해야만 하는 것을 의미한다. 이때, 고객이 포기해야만 하는 것은 금전적인 것만을 일컫는 것은 아니며, 고객의 시간, 정신적인 노력 등을 포함할 수 있다. 반면, 기업의 입장에서 볼 때 가격이란 고객들이 그들의 욕구를 만족시키기 위해 포기하는 그 무엇에 해당하는 어떤 상품이나 서비스가 가지는 가치를 의미할 수 있으며, 이러한 가치를 화폐적 단위로 나타낸 것이 가격이라 할 수 있다.

(1) 마케팅 믹스로서의 가격

마케팅에서의 기본적인 활동 요소로 꼽히는 마케팅 믹스활동 중에서 기업의 매출(revenue)과 직접적으로 연관된 항목으로 가격을 들 수 있다. 가격은 시장의 수요와 공급을 맞추어 기업의 재정적인 목표를 달성하기 위해 필수적인 것이며, 상품 및 서비스 판매의 증가를 꾀할 수 있는 강력한 도구 중 하나이다. 또한 가격은 기업의 상품이 시장에서 적절하게 포지셔닝(positioning)될 수 있도록 할 수 있으며, 올바른 가격결정은 고객의 충성도에도 직접적인 영향을 미칠 수 있다. 이러한 이유 때문에 기업은 가격결정의 절차 및 전략에 관한 의사결정에 있어 신중한 행동이 요구되어진다.

(2) 가격전략

가격전략에 대한 이론은 경영학 및 경제학의 발전과정만큼이나 다양하고 복잡하다고도 볼 수 있으며, 적절한 가격과 상품의 조화는 결과적으로 기업의 이윤추구에 직접적으로 공헌할 수 있고, 앞서 언급한 바와 같이 올바른 가격전략의 선택 및 이에 관한 의사결정은 마케팅활동 중에서도 가장 중요한 것이라고 할 수 있다.

① 상품지향적 가격결정(Product Driven Pricing)

이 전략은 상품이나 서비스의 가격을 세분시장의 특성에 따라 결정하는 것이 아니라 상품이나 서비스의 가격을 미리 정해놓고 그에 부합하는 세분시장을 찾아 적용하는 방법이다. 따라서 방법을 상품지향적 가격결정 방법이라고 하며, 기업이 미리 가격을 정해놓는다 하더라도 결국에는 고객들에게 받아들여질 수 있는 가격을 결정한다는 원칙에는 변함이 없다고도 볼 수 있다.

② 비용에 근거한 가격결정(Cost-Based Pricing)

비용에 기반을 둔 가격전략은 과거 관광산업 분야에서 자주 사용되었던 방법 중 하나이다. 그 중, 비용가산, 비용비율, 균형점 가격, 공헌이익가격 등을 들 수 있는데, 먼저 비용가산법은 어떤 상품이나 서비스를 생산하는 데 소요된 직접적 비용의 총합에 간접비용을 포함하고, 여기에 사전에 정해진 이익을 더하여 최종 가격을 결정하는 방법이다. 이러한 방법은 가격결정에 있어 유연성을 갖지 못하고, 상품이나 서비스의 가치에 대한 고객의 견해는 배제된다는 점에서 한계를 갖는다. 비용비율 방법은 주로 외식업계에서 자주 사용되어 온 가격전략 중 하나인데, 이 방법은 상품에 소비된 다양한 재료비용의 이윤폭, 희망 재료비용의 %당 이윤폭, 또는 이 두 가지 모두를 고려하여 사용될 수 있다. 하지만 이 방법 역시 상품 및 서비스를 생산하기 위해 소모된 비용만을 고려하기 때문에, 고객의 입장은 고려하지 못한다는 한계점을 지닌다. 균형점 가격결정법은 비용이 매출액과 같아지는 점에서 가격을 결정하는 것을 나타내며, 공헌이익 가격결정 방법은 관광기업의 입장에서 변동가격을 초과하는 선에서 가능한 고객들이 수용할 수 있는 최대의 가격을 결정함으로써 고정비용을 상쇄하고 더 나아가서는 이윤을 실현할 수 있는 가격결정 방법이라 할 수 있다. 이제까지 살펴본 가격전략은 상품이나 서비스의 제공자입장에서 이루어지기 때문에 고객의 입장에 대한 고찰이 충분히 이루어지지 않는다고도 볼 수 있으며 이러한 전략을 통해 결정된 가격 역시 시장에서 고객의 욕구를 반영할 수 있는 유연성이 부족하다고 할 수 있다.

③ 가치에 근거한 가격결정(Value-Based Pricing)

가치에 근거한 가격결정은 위에서 제시한 비용에 근거한 가격결정과는 상반되는 개념이라고 할 수 있다. 이 방법은 목표시장의 고객들의 요구를 가늠하고, 어떻게 잠재 고객들이 기업의 상품이나 서비스에 대한 가치에 대해 인지하는지에 대해 평가하는 것에서부터 시작된다. 관광기업의 마케팅 담당자들은 기업의 상품이나 서비스에 대한 마케팅활동을 할 때 정확한 목표를 수립하고, 그 목표를 재검토하는 과정을 필수적으로 이행할 수 있어야 하며, 고객들의 필요와 기호에 대해서도 항상 주시하고 있는 것이 바람직하다. 이 방법의 경우에는 기업의 마케터들이 항상 고객의 필요에 귀를 열고 있기 때문에 가격결정에 있어 유연성이 크고, 그만큼 실패할 확률이 적다고 볼 수 있다. 이러한 결정에 있어 고객들이 생각하는 상품이나 서비스의 가치는 구체적으로는 재정적 가치, 시간적 가치, 기능적 가치, 경험적 가치, 감정적 가치, 신뢰, 기업에 대한 인지 등으로 구성될 수 있다.

④ 참고가격(Reference Pricing)

참고가격은 고객이 어떤 상품이나 서비스를 이용할 경우 그것에 합당하다고 생각하고 있는 가격을 의미하며, 기대가격(expected price)이라고 부르기도 한다. 이러한 참고가격은 고객의 경험으로부터 오는 경우가 많은데, 고객이 비슷한 구매를 위해 이미 지불했던 금액이나 비슷한 종류의 상품이나 서비스의 가격, 브랜드를 고려한 가격 등 고객의 개인적인 경험이나 정보력이 참고가격의 기준이 될 수 있다. 따라서 이러한 고객들의 기대치 역시 가격전략을 수립할 때 중요하게 고려해야 하는 요소라고 볼 수 있다.

⑤ 베블렌 효과(Vevlen Effects)

고가상품이나 서비스의 경우 고객들은 가격이 높기 때문에 그로 인해 더욱 사고 싶어하는 경우가 생기기도 한다. Mercedes Benz, BMW, Ritz Carlton, Four Seasons 등과 같은 상품의 경우 비싼 가격을 낮추는 것이 기업의 이윤추구 목표에 치명적일 수도 있다. 이런 경우에는 고가의 가격을 그대로 유지하는 가격전략이 오히려 고객들의 욕구를 충족시킬 수 있다.

⑥ 가치부가 가격결정(Value added service pricing)

가치부가 가격결정은 어떤 상품이나 서비스의 가치에 대한 고객의 인식을 향상시키기 위해 기본 상품이나 서비스에 추가적으로 어떤 가치를 부여하는 것을 일컫는다. 예를 들어 호텔 객실에 있는 비즈니스 시설을 이용할 경우 가끔 추가적으로 사용비용을 지불해야 하지만 이 경우 턴다운 서비스(turndown service: 고객의 수면시간을 위해 조명을 어둡게 하고, 침대를 정리해주는 서비스)를 무료로 해주는 경우가 이러한 가치부가 가격결정의 예라고 할 수 있다.

3) 예약 · 유통 시스템[3)]

마케팅 믹스 활동에 있어 예약·유통 시스템은 기업과 최종 고객 간에 존재하는 예약·유통망으로 이루어져 있으며, 이는 최종 고객에게 보다 효율적으로 상품이나 서비스를 소개하고 이들이 보다 편리하게 구매할 수 있도록 함으로써 고객의 상품구매 가능성을 높일 수 있다. 이러

한 예약 · 유통 채널(channel)을 고려할 때 중요한 점은 자사의 상품을 고객이 있는 곳으로 어떻게 전달하는가와 고객을 자사의 상품이 위치한 곳으로 어떻게 유인하느냐는 것이다. 이러한 예약 · 유통 시스템은 일반적으로 고객이 상품을 사용하거나 소비하는 과정에 있어서 관련된 여러 기업들을 의미하며, 예약 · 유통에 있어서 중요한 점은 상품을 미래 고객이 있는 곳에 효과적으로 전달하는 것이라고 할 수 있다.

관광산업에서의 예약 · 유통 전략은 제조업의 유통과는 큰 차이가 있을 수 있는데, 관광산업의 경우에는 특별히 기업이 고객들에게 상품 및 서비스를 인지시키고 예약 및 서비스를 제공하는 데 이용하는 직 · 간접적 예약 · 유통 채널의 결합을 의미한다. 관광기업에서의 직접 유통(direct distribution)은 기업이 고객들에게 예약, 촉진, 서비스를 제공하는데 있어 전적으로 책임이 있다고 가정할 때 발생하며, 간접 유통(indirect distribution)은 하나 이상의 다른 관광기업이 그 책임의 일부를 지는 경우를 의미한다.

호텔은 고객이 있는 곳에 위치해 있어야 하기 때문에 이러한 예약 · 유통의 구조는 호텔산업의 경쟁력을 결정하는 중요한 사항이다. 고객들은 자신들이 포인트 카드를 통하여 점수를 받거나 사용할 수 있는 장소에 호텔이 위치해 있어야 좀더 쉽게 가입을 할 것이며, 이러한 포인트 카드시스템이 성공적으로 이루어지려면 이에 필요한 예약 · 유통망은 매우 중요하다. 이러한 이유로 인하여 예를 들어 힐튼호텔은 'Promus chain'을 인수하게 되었는데, 이는 곧 힐튼호텔 그룹으로 하여금 수많은 호텔들을 자사의 사업을 확장하는 데 이용할 수 있게 되었다. 이러한 점은 관광기업들로 하여금 천천히 확장하면서 모든 사업체를 운영할 것인지, 또는 경영에만 몰두하고 소유는 않을 것인지, 프랜차이즈를 통해 다른 기업이 자사의 노하우(know-how)를 운영하도록 할 것인지, 전략적 제휴를 맺을 것인지 등에 대한 신중한 고려를 하도록 하고 있다.

(1) 소유직영 방식(Ownership of Facilities)

Host Marriott는 소유권은 행사하지만 경영에는 참석하지 않는 회사의 예이며, CNL Financial Group의 계열사인 CNL Hospitality Properties의 경우에는 금융기업이면서 미국 내 전국적으로 알려져 있는 다수의 호텔 브랜드를 보유하고 있다. 이러한 자산 관리 기업들은 전문 호텔경영인들을 고용하여 그들이 소유한 호텔들을 운영하기도 하고, 자사가 소유한 자산들을 전문적으로 관리하는 자산관리인들을 고용하여 그들의 자산을 운용하기도 한다.

(2) 위탁관리 및 일부 소유(Management and Ownership of One Facility or Multiple Facilities)

기업이 자사의 소유권도 가지고 있고 경영도 함께 한다면 고객들은 해당 기업의 상품으로부터 일관된 품질의 서비스를 제공받을 수 있게 되고, 이러한 품질은 모회사가 자금을 효율적으로 조절하고 서비스의 기준을 효과적으로 활용하게 한다. 일관적인 서비스 품질의 유지는 기업의 사명(mission statement), 믿음, 기업문화, 훈련 및 성과를 통해서도 비롯될 수 있지만, 사업의 확장은 기업이 소유권과 경영권을 모두 가지고 있는 경우에는 상대적으로 힘들어질 수도 있다. 따라서 기업은 브랜드를 성장시키기 위하여 다른 방도를 물색하기도 하는데, 일례로 앞서 언급한 Marriott호텔그룹은 회사를 둘로 나누어 한 회사는 호텔의 소유권에 집중하고(Host Marriott), 다른 회사는 제3자가 소유권을 가지고 있는 호텔들을(Marriott International) 대리 경영하는 것에 집중하는 방식을 취한 바 있다. 또한, 시장에서 경쟁적 우위를 유지하기 위해서 규모가 중요하듯이 많은 호텔과 레스토랑 기업들은 프랜차이즈라는 대안을 선택하기도 하는데, 예를 들어 Accor사의 경우 미국 내에서 가장 큰 호텔소유권자 중 하나인데 이 회사는 프랜차이즈 방식으로 많은 호텔과 이에 따른 객실들을 보유·운영하고 있다.

(3) 위탁관리(Management without Ownership)

소유권 및 경영권 모두를 가지는 것 이외에도 서비스 품질을 유지하기 위해 경영권만을 가지고 호텔을 운영하는 것도 가능하다. 오늘날 많은 호텔들은 소유권 방식을 떠나 운영관리만으로 사업을 하고 있으며, 이러한 기업들은 대개 소유권으로부터 발생할 수 있는 위험 요인으로부터 벗어나면서도 자사의 영역을 확대하기 위하여 이와 같은 방식을 선택하고 있다. 소유권을 가지지 않고 경영에만 치중하는 기업들은 대개 경영계약을 통해 실제 경영에 참여하게 된다. 이러한 계약은 대개 계약료, 계약 기간, 융자금 등에 대한 상호간 합의로 이루어져 있으며, 초기 계약과 갱신기간을 통해 계속적인 경영 여부를 결정하게 된다. 경우에 따라서는 초기 자본금을 투자하지 않고 매출의 일정 부분을 계약료로 받는 방식으로 계약을 하는 방식도 있으며, 이러한 경우에는 관습적으로 실적에 따른 인센티브를 받게 된다. 중저가 호텔의 경우에도 자본금에 관계없이 매출의 일정 부분을 커미션으로 받고 보너스가 더해지는 방식으로 계약을 맺을 수 있다. 하지만 비용만이 위탁경영 회사의 목표는 아니며, 앞서 언급된 바와 같이 예약·유통 채널을 확보하는 것 또한 중요하다.

(4) 프랜차이징(Franchising)

프랜차이징은 자사의 네트워크를 증가시키기 위해 보편적으로 사용되는 방법이며 이는 매출 증진과 다양한 지역으로 사업을 확장하기 위한 방법으로도 사용된다. 이러한 프랜차이징 방법은 보편적으로 정해진 기간 동안 사업을 하면서 해당 산업의 전문성, 브랜드, 특허권, 상표 및 홍보와 마케팅 등을 이용하여 수익을 창출하게 된다. 호텔산업의 경우, 이러한 프랜차이징의 선두주자로 세계 각국에 차별화된 자사 브랜드의 이름으로 막대한 객실을 보유하고 있는 InterContinental(IHG)을 들 수 있고, Cendant Corporation도 세계에서 가장 큰 프랜차이저 중 하나로 자사가 소유권을 보유하는 대신 브랜드를 운영하는 방식으로 사업을 운영하고 있다.

이러한 프랜차이징의 장점으로는 기존 브랜드에 대한 고객들의 인지도를 들 수 있다. 고객들에게 지명도가 없으면 고객들이 어떠한 브랜드의 수준이나 품질 등에 대해서 파악하기 힘들고 이를 통해 해당 브랜드의 가치를 지각하는 것 또한 쉽지 않을 수 있다. 따라서 프랜차이징을 통한 브랜드 전략을 수행함으로써 그들의 사업을 운영하는 데 있어 어느 정도 위험수위를 낮출 수 있다. 숙박업의 경우 프랜차이징은 기존의 프랜차이저가 가지고 있는 포괄적인 예약 네트워크를 활용할 수 있다는 장점이 있다. 하지만 국제적 시스템에 연결되어 있지 않은 독립적인 호텔들은 이러한 포괄적이고 방대한 글로벌 예약네트워크에 접할 수 없으므로 폭넓은 고객 확보가 어려울 수 있다.

(5) 전략적 제휴(Strategic Alliances)

전략적 제휴는 특정한 목적을 공유하는 기업들이 일정한 기간에 걸쳐 서로 간의 장점을 상호 교환하면서 시너지효과를 창출하는 기업 간 협력체제를 의미한다. 관광산업의 경우, 이러한 전략적 제휴는 호텔이나 레스토랑, 여행사, 항공사, 렌터카회사, 그리고 전화사나 신용 카드사 등이 서로 간에 상호 보완적인 협력관계 구축을 통해 상호간 시너지 효과를 창출하는 것을 나타낸다. 항공사 간에 활발히 이루어지는 전략적 제휴는 이미 잘 알려져 있으며, 이러한 항공사 간 제휴는 각 항공사들이 항공기 구입이나 새로운 고객 확보에 많은 투자를 하지 않고 다른 항공사의 강점을 활용하여 이러한 부분을 해결하는 데 유용하게 활용되고 있으며, 이러한 항공사 간 제휴는 이제 전세계적인 추세가 되었고, 대부분의 항공사들이 이런 제휴를 활용하여 자사의 시장 범위를 넓히고 항공기의 운용 효율화를 모색하고 있다.

4) 촉진커뮤니케이션 믹스

관광산업의 경우에도 상품이나 서비스를 구매하는 고객들은 매순간 TV, 라디오, 신문, 잡지, 간판, 그리고 인터넷과 같은 다양한 매체를 통해 기업들의 수많은 촉진메시지에 노출된다. 이러한 기업의 촉진활동은 마케팅의 커뮤니케이션에 해당되는 부분으로 고객들에게 논리적이고도 설득적인 방법으로 정보와 지식을 제공하고 이를 통하여 상품 및 서비스를 효과적으로 판매하고자 하는 기업활동의 일환으로 볼 수 있다.

(1) 광 고

광고는 가장 널리 그리고 잘 알려진 촉진커뮤니케이션 믹스의 구성요소이며, 많은 기업들이 대부분의 촉진예산을 여기에 사용하고 있다. 광고는 특정 대중 또는 고객들에게 정보를 제공하거나 이들을 설득하고자 하는 목적으로 회사, 비영리 조직, 개인 등이 다양한 매체를 통해 실시하는 비인격적인 커뮤니케이션 방법 중 하나로 기업들은 스스로의 비용으로 이러한 광고를 수행하게 된다. 광고의 주요 목적은 광고 메시지를 수신하는 고객들에게 정보를 제공하고, 설득하고, 상기시키고, 궁극적으로 이러한 메시지를 받는 고객들에게 기업이 원하는 행동을 하도록 유발하는 것이다.

관광산업에서 이상적인 광고를 실현하기 위해서는, 첫째, 고객들이 인지할 수 있도록 제공되는 서비스 요소를 유형화하는 것이 중요하며, 둘째, 고객들에게 제공되거나 전달되는 혜택을 광고 메시지를 통해 명확히 약속해야 한다. 셋째, 다른 경쟁기업으로부터 상품 및 서비스를 차별화하고, 마지막으로, 이러한 광고메시지를 통해 나타나는 구전효과(word-of-mouth effect)를 극대화하는 방안을 강구하여야 할 것이다.

이러한 목적을 위해 가장 효과적인 광고방법을 선택하기 위해서는 마케팅조사 과정을 거쳐 관련 정보를 수집하고 이를 분석하는 것이 필요하고, 이를 통해 신중하게 계획을 수립하는 것이 마케팅의 모든 측면에서 볼 때 가장 효과적인 광고의 핵심이다. 광고의 계획단계에서는 광고목표의 설정, 예산수립, 광고메시지/매체 결정, 광고효과 측정 등의 과정을 거칠 수 있으며, 이 중에서도 광고매체를 평가하기 위해서는 매체의 비용, 접근범위, 빈도, 리드타임(lead time) 및 융통성, 메시지의 영속성 등의 요소를 심층적으로 분석하는 것이 바람직하다.

광고매체는 TV, 라디오, 신문, 잡지, 간판, 교통수단이나 역, 정거장, 브로셔나 카탈로그, 그리고 인터넷 등 다양한 매체들이 존재하며, 기업은 이러한 다양한 매체들이 가지는 장단점을 면밀하게 분석·파악하여, 해당 기업에게 가장 적절한 매체를 선정하는 것이 매우 중요하다.

(2) PR 및 홍보

PR(Public Relation)은 관광산업이 다른 기업이나 개인들과의 관계를 호의적으로 유지하고 개선시키는 것과 관련된 모든 활동을 의미하며, 홍보(publicity)는 기업이나 상품 또는 서비스에 대해 매체들이 비용을 부과하지 않고 관련 정보를 고객이나 다른 공중(public)에게 전달해주는 것과 관련된 활동을 나타낸다. 즉, 기업들은 매체들이 자사의 상품이나 서비스에 대해 먼저 호의적으로 관련 내용을 그들의 매체를 통해 알려주도록 자사의 내용을 뉴스거리로 만들어 이를 매체에게 설득시키는 작업이 필요하며, 대개 이를 위해 기업들은 홍보실 같은 부서를 설치하고 이러한 홍보활동을 전문적으로 담당할 수 있는 전문가를 선발, 운영하고 있다.

또한, 최근 관광산업에서 중요시되고 있는 위기관리(crisis management)도 PR 프로그램의 하나로 볼 수 있다. 여기서 위기관리란 기업 경영에 막대한 영향을 미칠 수도 있는 여러 종류의 위기에 대하여, 또는 기업에 중대한 문제를 야기시킬 수 있는 여러 종류의 영향 요소들에 대하여 일련의 지속적이고도 체계적인 관리, 평가, 감독시스템을 말한다. 기업은 이러한 위기관리 프로그램을 통해 일련의 사건·사고로부터 발생하는 부정적 효과를 줄일 수 있게 되는데, 특별히 관광기업이 직면할 수 있는 위기의 종류로는, 첫째, 갑작스런 위기(sudden crisis)로 아무런 경고도 없이 찾아오는 것으로 지진이나 홍수와 같은 자연 재해, 식중독이나 화재의 발생 등을 들 수 있다. 이러한 위기는 사전에 발생 가능성이 있는 위기를 판단하여 그것이 일어날 경우의 대처 계획을 미리 세워두는 것이 바람직하다. 둘째, 누적된 위기(smoldering crisis)로 직원 간 성희롱이나 벌금, 법적 제재를 받는 안전규칙 위반, 건강이나 화재에 대한 법규 위반 등을 들 수 있는데 이러한 위기는 발생하기 전에 경고신호를 포착하여 적절히 관리함으로써 제거될 수 있다.

(3) 판매촉진

판촉활동은 기업이 제공하는 상품이나 서비스에 대하여 고객들이 즉각적인 구매를 하도록 고객들에게 단기적인 자극을 주는 방법들로, 광고나 인적판매, PR 등의 방법은 여기에서 제외된다. 대표적인 방법인 머천다이징(merchandising)은 구매시점에서 판매를 자극하기 위해 관광기업이 자체 업장에서 사용하는 각종 자료(메뉴, 텐트카드, 포스터, 전시물, 기타 부착물 등)를 의미하는데, 이러한 머천다이징의 또 다른 예로는 호텔의 비즈니스 센터 및 미니바 운영을 들 수 있다.

판촉[4)]은 광고와 마찬가지로 비인적 커뮤니케이션에 속하며, 구체적으로는 샘플, 쿠폰, 경연·경품, 프리미엄, 가격할인 등을 들 수 있다. 관광기업은 이러한 판촉을 여러 가지 목적으로 활용할 수 있는데, 첫째, 시장에 새로운 관광상품 및 서비스를 소개하기 위해서 활용할 수 있다. 둘째, 관광산업은 상품 및 서비스의 공급에 있어 상당한 비탄력성을 갖고 있으며, 계절, 시간적으로 수요가 불규칙한 특성이 있는데, 이러한 수요가 급격히 줄어드는 비수기를 극복하기 위해서 이러한 다양한 형태의 판촉방법을 활용하며, 그중에서도 가장 흔히 이용되는 것이 가격할인 방법이다. 셋째, 여행사 및 다양한 여행중개업자들의 서비스 판매를 용이하게 하기 위해서도 이용될 수 있는데, 이러한 방법에는 여행사 및 중개업자들에게 팸투어 형식의 무료여행 및 숙박권 등을 제공하거나 중개업자들의 판매를 지원하기 위해 포스터, 팸플릿, 판촉물 등을 제작해주는 것을 들 수 있다.

일반적으로 판촉에 사용되는 수단은 이외에도 다양하기 때문에 판촉을 계획함에 있어서 시장의 특성이나 유형, 판매촉진의 목적, 경쟁 특성이나 환경, 비용대비 효율성 등을 신중하게 고려하여야 하며, 단기적으로 사용되는 것이 보다 효과적일 수 있다. 이러한 판촉방법의 수행과정은 우선 목표(시장도입, 성숙기 탈피 등) 및 대상(신규고객, 기존고객, 경쟁사고객, 중개업자 등)을 규정하고, 둘째, 촉진목표를 달성하기 위한 시장형태, 판촉목표, 경쟁, 비용 효율성 등을 고려하여 어떤 판촉수단이 가장 효과적인지를 선정해야 한다. 그리고 셋째, 판촉 프로그램을 위한 예산을 결정해야 하고, 넷째, 판촉 프로그램을 실제 실시하기 전에 사전테스트를 실시할 수 있으며, 다섯째, 기업은 일정한 준비기간(lead time)을 가지고 판촉의 집행과 통제를 위한 실행계획을 수립해야 한다. 마지막으로는 결과에 대한 평가단계로 가장 필수적인 단계라고 볼 수 있지만, 결과로 나타나는 판매가 기타 다른 마케팅활동의 결과에 의해서도 나타날 수 있으므로 판촉활동의 평가를 실제로 정확히 실행하기는 쉽지 않을 수 있다.

(4) 인적판매

인적판매란 기업이 개인 판매원(salesman)을 활용하여 이들이 고객에게 구두(oral)대화 형태의 커뮤니케이션 활동을 통해 상품이나 서비스와 관련된 메시지를 전달하고 이를 통해 판매를 수행하는 방법을 일컫는다. 이러한 인적판매는 판매원들이 향후의 잠재고객들을 발굴하는 단계부터 시작되는데, 이러한 잠재고객 또는 가망고객(prospects)들을 발굴하기 위해 판매원들은 전화나 직접적인 접촉을 통해 고객과의 의사소통을 시작하게 된다. 일반적으로 인적판매는 다른 촉진활동보다 고객 일인당 접촉 비용이 상대적으로 높으므로, 마케터는 이러한 상당한 비용이 정당화될 수 있는지, 아니면 마케팅 목표를 달성하기 위해 잠재 고객과 개인적이 아닌 집단으로 의사소통을 하는 방법을 강구해야 하는지를 결정해야 한다.

관광산업의 인적판매는 현장판매(field sales), 전화판매(telephone sales), 내부판매(inside sales)

로 나누어질 수 있는데, 이들 세 가지 방법은 모두 함께 이용될 수도 있고 상황에 따라 적절한 방법이 선택적으로 이용될 수도 있다. 현장판매는 사업장 밖에서 잠재 고객들을 직접 대면하고 판매하는 것으로 방문 판매(sales calls)로 불리기도 한다. 그 예로는 여행 대리점의 외부판매원, 기업이나 컨벤션/회의 기획사 등을 방문하는 호텔 판매 담당자, 여행대리점을 방문하는 항공사, 크루즈 회사, 여행 도매업 그리고 렌터카 회사의 판매 담당자 등을 들 수 있다. 한편, 전화판매는 판매원들이 전화를 통해 직접적 또는 간접적으로 판매활동을 하는 전화를 통한 의사소통 방법이다. 전화는 잠재 고객을 규명하고 그들의 가치와 그 순위를 결정하는 데 효과적인 방법이 될 수 있다. 내부 판매는 기업의 사업장 내에서 판매 가능성이나 고객의 평균지출 수준을 높이기 위한 노력의 일환으로 흔히 활용되며, 예로는 권유판매(suggestive selling)나 업셀링 판매(up-selling) 등을 들 수 있다.

이러한 인적판매가 효과적으로 수행되기 위해서는, 첫째, 잠재 고객의 탐색 및 선정과정이 사전에 체계적으로 수행되어야 하고, 둘째, 텔레마케팅(telemarketing)과 같은 방법을 통해 고객들에게 사전 접근을 하고 이후 현장 판매를 할 수 있다. 이를 위해서는 판매 담당자가 각 잠재 고객의 파일과 관련 정보를 충분한 정보수집 과정을 거쳐 준비하는 것이 필요하다. 셋째, 협상단계에서는 AIDA(attention, interest, desire, action)의 개념을 활용하여 고객의 욕구와 필요, 그리고 문제점 등을 면밀히 파악한 후 이를 토대로 가장 적절한 상품이나 서비스의 혜택을 내세우는 접근이 필요하다. 넷째, 협상완료 단계에서는 거래형성이나 대안상품 판매 또는 재협상 등 여러 가지 상황이 전개될 수 있는데, 여기서도 기업은 고객의 반응과 당시 상황에 따라 적절한 접근을 취하는 것이 바람직하다. 마지막으로, 일단 거래가 성립되면 거래 관련 모든 사항에 대한 재확인 및 약속된 사항에 대한 철저한 이행을 준수할 수 있도록 만반의 준비를 하는 것이 중요하다.

미 주

1) Morrison, A. M.(2006). *Hospitality and Travel Marketing*. Thomson.

2) Kotler, P., Bowen, J. T., & Makens, J. C.(2006). *Marketing for Hospitality and Tourism*(4th ed.). New Jersey: Pearson Education.

3) Shoemaker, S., Lewis, R. C., & Yesawich, P. C.(2007). *Marketing Leadership in Hospitality and Tourism*(4th ed.). Pearson Education.

4) Nykiel, R. A.(2003). *Marketing in the Hospitality Industry*. Michigan: AHLA.

저자약력

김홍범(金洪範) 현_세종대학교 호텔관광경영학과 교수

연세대학교 상경대학 응용통계학과를 졸업하고, KAIST에서 경영과학, 마케팅으로 각각 석사, 박사학위를 취득하였다. 세종대학교 호텔관광대학장, 관광대학원장을 역임하였고, 한국관광학회 편집이사, Journal of Hospitality and Tourism의 editorial review board 등을 포함하여 다수의 국내외 학회에서 편집위원으로 활동하였다. 그동안 "Journal of Marketing" "International Journal of Marketing Research" "Technovation" "Cornell Hotel and Restaurant Administration Quarterly" "Annals of Tourism Research" "International Journal of Hospitality Management" "Tourism Management" 등 국제학술지를 포함하여 국내 학술지에 다수의 논문을 게재하였다. 저서로는 『다변량분석』(공저), 『호텔관광마케팅』(역서) 등이 있으며, 호텔관광 분야의 연구와 후학 양성, 학회 발전을 위해 힘쓰고 있다.

제21장

관광인적자원관리

전 병 길*

1 관광인적자원관리의 개요

1) 관광인적자원의 중요성

21세기는 '인적자원 전쟁' 시대라고 할 수 있을 만큼 인적자원의 확보, 육성 및 보유는 기업 경쟁의 핵심이슈가 되고 있다. 이러한 시대적 흐름에는 시장경쟁의 심화와는 별도로 인적자원 자체에 대한 기업의 가치인식이 연관되어 있다. 과거 기업들은 인적자원을 기업성과와 부가가치 창출을 위한 단순 생산요소로 다루어 왔지만, 지금은 인적자원을 생산요소로서의 노동력이 아닌 기업의 전략목표를 달성하기 위한 핵심역량으로 인식하고 있는 것이다.

인적자원은 기업이나 국가경제의 주요 생산요소임과 동시에 동기, 기대 및 목표 등을 지니는 생명체라고 볼 수 있다. 따라서 인적자원은 타 생산요소와는 달리 매우 역동적이며 창조적인 주체이며 다른 생산요소를 활용하여 조직의 목표달성은 물론 생존까지도 결정하는 핵심적 자원인 것이다. 인적자원에 대한 인식변화는 기업의 투자행동에도 변화를 주고 있다. 기업들은 단기간의 성과를 위한 유형적 투자에 집중하기보다는 오히려 장기적으로 자신들을 위해 창의적 아이디어를 제공하는 것은 물론 고부가가치를 창출해줄 수 있는 인적자원개발에 대한 투자를 늘리고 있다.

특히 산업 특성상 인적의존성이 높은 관광기업의 경우 기업의 가용자원 가운데 인적자원의

* 동국대학교 호텔관광경영학부 교수. e-mail: bgchun@dongguk.ac.kr

역할이 기업의 성패에 큰 영향을 미치게 된다. 제조업체와는 달리 관광서비스를 제공하는 관광기업들은 눈에 보이지 않는 서비스의 품질이 경쟁력의 중요한 요소로 간주된다. 유형적인 제품의 품질과 다양성, 적정한 가격은 물론 고객이 만족할 수 있는 우수한 품질의 인적 서비스가 함께 제공될 때 비로소 경쟁 우위에 설 수 있다. 고객들에게 관광종사자들은 관광상품의 하나로 인식되어진다. 즉, 관광종사자는 관광서비스를 친절하고 효과적으로 제공해주는 역할도 수행하지만 종사자의 전문성, 태도 및 행동은 고객들에게 차별화된 상품의 하나로 인식된다. 또한 관광종사자들은 서비스접점에서의 고객관계를 통해서 고객만족과 조직성과를 결정할 수 있는 핵심주체이기도 하다. 따라서 관광인적자원의 개발과 관리는 관광기업의 성패를 좌우할 정도로 매우 중요한 경영활동이라고 할 수 있다.

2) 관광인적자원관리의 정의와 내용

관광기업이 경쟁력 있는 재화나 서비스를 창출하는 데 있어서 관광인적자원은 가장 핵심적인 역할을 수행한다고 볼 수 있다. 관광인적자원관리란 관광기업의 목표달성을 위해 조직원들의 잠재된 능력을 개발하고 동시에 개발된 능력이 조직 목표달성에 기여할 수 있도록 전략적으로 운영하기 위한 관광인적자원계획, 관광인적자원개발, 관광인적자원유지 및 활용 등의 조직적 활동으로 정의할 수 있다. 이러한 일련의 조직적 활동은 관광기업 내 인적자원관리자에 의해서 수행되는데, 인적자원관리자는 관광인적자원계획, 관광인적자원개발, 관광인적자원유지 및 활용 등에 있어 전략적인 의사결정을 내리게 된다. 관광인적자원관리활동에 대한 개략적인 내용을 소개하면 다음과 같다.

(1) 관광인적자원계획활동

관광인적자원계획은 인적자원개발과 인적자원의 활용에 앞선 기초활동으로 관광인적자원의 계획 및 직무분석이 핵심활동이 된다. 관광인적자원계획이란 관광기업의 목표달성을 위한 인적자원의 획득 및 활용에 대한 예측과 대책을 수립하도록 지원하는 활동이다. 관광인적자원계획은 해당 관광기업의 전략에 기초하여 조직의 각 부문에 대한 조직원의 양과 질적 수준을 예측할 수 있도록 도와주며, 이러한 자료를 토대로 관광기업은 인적자원의 모집, 선발, 교육훈련, 인사고과, 보상 등에 대한 계획을 수립할 수 있다.

직무분석(job analysis)은 조직 내 개인의 역할을 규정하는 단위인 직무(job)의 내용을 식별, 기술하는 활동을 말한다. 통상적으로 관광기업에서는 직무분석을 통해 해당 업무의 내용을 포함

하여 직무수행에 필요한 요건(requirement)과 직무로부터 얻게 되는 보상(rewards) 등에 대한 내용을 구체적으로 명시할 수 있다. 예를 들어 호텔의 프런트 오피스에 대한 직무분석을 통해 외국어 구사능력, 호텔정보시스템에 대한 지식, 그리고 긍정적 마인드 등의 직무요건과 책임감, 인정 등의 직무보상이 확인될 수 있다. 직무분석을 통해 얻은 직무정보는 관광기업의 인적자원관리를 위해 유용하게 활용된다. 즉, 직무정보는 직원 선발, 교육훈련 개발 및 실행, 인사고과, 보상정책 등에 대한 기준 계획수립 및 실행을 위한 준거가 된다.

(2) 관광인적자원개발활동

관광인적자원개발활동을 통해 관광기업의 목표달성을 위한 인적자원이 조직 내에 적절하게 공급된다. 인적자원개발의 첫 단계는 조직에 적합한 인적자원을 확보하는 것이다. 인적자원의 확보는 조직이 필요로 하는 인재를 모집, 선발, 배치하는 활동을 통해서 이루어진다. 두 번째 단계로 조직의 목표달성을 위해선 확보된 조직원의 직무성과를 극대화시키기 위한 교육훈련 및 경력개발활동이 이루어져야 한다. 교육훈련 및 경력개발은 현 조직원들의 현재는 물론 미래의 직무성과까지도 향상시킬 목적으로 수행된다. 인적자원개발의 마지막 단계는 성과평가관리이며, 정기적인 성과평가결과를 토대로 조직원들의 교육훈련 및 개발의 수요를 결정하고 직무수행능력을 개선해 나갈 수 있게 된다. 성공하는 관광기업이 되기 위해선 이와 같은 일련의 인적자원개발활동을 통해 조직이 보유한 인적자원의 역량을 극대화할 수 있어야 한다.

(3) 관광인적자원유지 및 활용활동

관광인적자원유지활동을 통해 관광기업조직 내 구성원들의 고객지향적인 태도 및 행동을 유발하고 조직의 경쟁력을 지속적으로 담보해 나갈 수 있게 된다. 관광인적자원을 유지하기 위한 기초활동으로써 관광기업은 효과적인 보상활동을 설계하고 실행하여야 한다. 보상활동은 직접보상인 임금에 관한 관리는 물론 간접보상의 일환인 복리후생의 관리를 포괄한다. 종업원이 보유하고 있는 역량과 성과에 따라 공정한 임금체계와 임금수준을 실행하고 동시에 부가적인 후생증진을 위한 복리후생관리를 효과적으로 결합하는 것이 관광인적자원의 역량을 십분 활용하고 이들을 유지할 수 있는 기초가 된다. 물론 보상활동은 조직의 지불능력과 경쟁기업의 보상제도를 고려하여 실행되는 것이 바람직하다.

3) 인적자원관리의 목적과 흐름

(1) 인적자원관리의 목적

기업이 기업으로 존재하기 위해서는 효율과 합리성을 기초로 하는 생산성과 수익성의 달성이 제일의 목표가 된다. 다시 말해 매출의 극대화를 기반으로 생산성과 수익성이 담보되지 않는다면 기업으로서의 지속가능성이 낮다. 따라서 인적자원관리 역시 기업의 경영도구로서 기업의 생산성과 수익성을 담보하는 것을 목표로 하게 된다. 그러나 동시에 기업조직은 조직의 목표를 위해 협력해야 하는 공동체로서 그 내부 구성원 간의 인간적인 관계는 물론 조직의 배려와 보상이 중요하다.

따라서 인적자원관리의 목적은 경영성과로서 생산성 및 수익성을 목표로 함과 동시에 공동체 내부 구성원의 만족을 목표로 해야 한다. 즉, 인적자원관리의 목적은 서로 양면성을 지니고 있다고 볼 수 있다. 이러한 측면에서 인적자원관리 담당자의 과제는 두 개의 목적을 조화시켜 나가는 것이 된다.

최근 호텔 및 중소여행사 등 관광업체들의 종업원 급여가 타 서비스산업에 비해 낮아 필요한 인재들의 이직률이 높아지는 현상이 자주 목격된다. 이는 기업생존차원에서 기업의 성과 못지않게 조직 구성원들의 만족이 고려되어야 함을 나타내주는 것이다. 다른 조직에 비해 생산성 대비 불충분한 보상이 제공되거나, 낮은 생산성에도 불구하고 조직원의 만족만을 높이고자 하는 것은 모두 문제가 된다. 인적자원관리 목적의 양면성과 관련하여 양자의 균형이 이루어지게 하는 시스템의 설계가 수반되어야 할 것이다.

(2) 인적자원관리의 흐름

① 생산성 강조

근대적 의미의 인적자원관리는 테일러(F. W. Taylor)의 과학적 관리에서 그 뿌리를 찾을 수 있다. 근로자들의 교육수준이나 체계적인 조직관리 지식이 부족했던 시대에 공장의 현장감독이었던 테일러는 원칙 없이 진행되고 있는 작업방식에 문제의식을 갖고 현장경험을 통해 합리적이고 과학적인 관리방식을 창안하게 된다. 테일러의 과학적 관리법은 그 당시 경영관리에 있어 가히 혁명적이었다. 과학적 관리법의 중요한 내용은 다음과 같다.

- 과학적 작업방법으로 시간연구(time study)와 동작연구(motion study)에 의해 표준 작업량을 측정하고 결정

- 과학적 관리를 통해 작업에 맞는 근로자를 선발, 훈련 및 개발
- 생산량에 따른 차별적 성과급제도를 도입하여 적정작업의 목표량을 달성한 근로자와 그렇지 않은 근로자에게 차별적 임률(pay rate) 적용
- 관리자와 근로자의 기능을 구분하고 각자에게 전문화된 역할 부여

테일러의 이러한 과학적 관리는 초기 생산성을 강조하던 시기에 작업을 과학화하여 생산성을 획기적으로 향상시키게 된다. 그러나 테일러의 과학적 관리법은 생산성과 작업능률만을 지나치게 강조한 결과 근로자의 인간성이 무시되었다는 점에서 새로운 불만을 초래하게 되었다. 즉, 근로자들을 인간으로서 간주한 것이 아니라 단순한 생산도구인 노동력 그 자체로 취급하였기 때문에 테일러의 과학적 관리법에 대해 비판의 목소리가 나오게 되었다.

② 인간성 강조

테일러의 과학적 관리방식 이후 인간성을 중시해야 한다는 새로운 인적자원관리의 패러다임이 등장하게 된다. 미국 시카고 근교의 서부 전기회사인 호손공장에서 지금까지 호손실험(Hawthorne experiment)으로 알려져 있는 연구가 시도된다. 1927년부터 약 5년간 실시된 호손실험의 결과는 인간관계론이 발전하게 되는 계기를 만들게 되었다. 요약하자면 근로자는 임금 및 작업환경 등 외적요인에 의해서만 반응하지 않고 근로자 만족 등 내적요인에 의해서도 영향을 받는다는 것이다. 근로자의 사회·심리적 동기를 충족시키는 요인들이 기업의 생산성에 밀접한 관련이 있고, 이에 따라 경영자들은 공식적 조직에서 충족되지 않는 근로자들의 내면적 욕구들을 비공식조직을 통해서 해결, 관리하는 것이 필요하다는 사실을 인식하게 되었다.

그러나 인간관계론적 접근방법 역시 인간적 요소만을 지나치게 강조한 나머지 능률과 합리성이 무시될 수 있다는 점에서 비판받게 된다.

③ 생산성과 인간성의 동시추구

생산성이 강조되었던 전통적 관리시대에는 근로자의 인간성이 무시된 반면 인간성을 중시하였던 시대에는 지나치게 인간적인 요소만을 강조한 결과 성과와 능률이 무시된 측면이 있었다. 인적자원관리의 과제가 양자를 적절히 조화시켜 나가는 것이라고 할 때 어느 일면만을 강조할 경우 인적자원관리의 균형과 조화를 잃게 된다.

현 시대의 인적자원관리는 생산성 및 인간성의 일면만을 강조하던 시기를 지나 생산성과 인간성의 균형과 조화를 시도하는 데 초점을 두고 있다고 할 수 있다. 즉, 합리성 및 생산성을 기초로 한 경영성과와 인간성 및 만족을 토대로 하는 노사공동체의 조화가 인적자원관리의 핵심과제가 된다.

2 관광인적자원계획활동

1) 직무분석 및 설계

(1) 직무의 정의 및 특성

직무(job)는 조직 내 구성원 개인의 역할을 규정하는 기본 단위이다.[1] 개인의 역할은 조직의 구성원에 대한 기대이며, 구성원들에게 계획적으로 부여된 직무의 수행을 통해 달성된다고 볼 수 있다. 이때 직무의 내용은 조직 내 구성원의 역할을 정의하는 데 핵심적인 요소가 된다.

직무는 다양한 조직에 걸쳐 공통적인 특성을 갖는다. 첫째, 직무는 조직 구성원과 조직을 연결하는 연결핀으로써 구성원의 역할(직무의 내용)을 토대로 조직과의 관계가 설명된다. 이는 구성원 개개인이 부여받은 직무에 기초하여 조직과 연관된다는 것을 의미한다. 예를 들어 호텔 프런트 오피스의 예약담당직무를 수행하는 직원은 개인이 아닌 예약담당직무 수행자로서 조직관계를 형성하고 보상, 인사고과 등에 있어서도 해당 직무와 직무성과를 기초로 평가받게 된다.

둘째, 직무는 형성 및 설계에 있어 합리적으로 계획된 결과라는 것이다. 즉, 조직은 주어진 조직의 환경과 자원을 고려하여 의도적인 직무설계를 통한 조직의 효율화를 실현하고자 한다. 셋째, 모든 직무는 서로 상호작용하는 관계를 형성하며, 특히 모든 직무는 권력, 책임 및 보상 등에 있어 차이가 있으며 계층적이기도 하다. 가령 호텔 마케팅팀의 프로모션 담당자의 직무는 행사수행에 필요한 자재를 공급하게 되는 구매팀 소속 구매담당자의 직무에 영향을 미친다.

(2) 관광산업의 주요 직무

카지노업, 여행업, 외식업, 호텔업, 컨벤션업 등 대표적인 관광산업에서 분류하고 있는 직무를 소개하면 다음과 같다.[2]

① 카지노업

딜러(dealer), 플로어퍼슨(floor person), 핏보스, 카지노 영업팀장(shift manager), 머신어텐던트(machine attendant), 머캐닉(mechanic), 안내데스크, 업장판촉, 모니터요원, 보안요원, 환전(take), 캐셔(cashier)

② 여행업

발권담당, 항공사관리 담당, 현지수배 담당, 영업 담당(wholesaler), 현지가이드, 인솔자(tour leader), 항공사 티켓관리 담당, 인바운드 담당

③ 외식업

매장매니저, 호스트(host), 서버(server), 바텐더(bartender), 메뉴개발 담당자, 조리사, 조리보조

④ 호텔업

프런트 데스크(front desk), 벨서비스(bell service), 오퍼레이터(guest information service), 비즈니스센터 담당, 게스트 릴레이션(guest relation) 담당, 헬스클럽 트레이너, 헬스클럽 어텐던트(health club attendant), 룸메이드(room made), 퍼블릭 에어리어 클리닝(public area cleaning), 론드리(laundry), 플로리스트(florist), 웨이터/웨이트리스, 호스티스(hostess), 바텐더(bartender), 캡틴(captain), 매니저(manager), 쿡헬퍼(cook helper), 일반요리사(first/second/third cook), 파트주방장(chef), 총주방장(sous chef), 소믈리에(와인감별사)

⑤ 컨벤션업

프로젝트 매니저(project manager), 마케팅/유치담당, 학술담당, 등록담당, 수송/의전담당, 숙박/관광담당, 행사 및 식음료담당, 홍보담당, 전시담당, 인력관리담당, 재정담당

(3) 직무분석

직무분석(job analysis)은 직무내용에 대한 정보수집, 분석, 통합 및 보고하기 위하여 직무를 연구하는 일련의 과정으로 조직 내 구성원들의 역할을 이해하는 데 도움을 준다. 여기서 직무내용은 직무요건(job requirement)과 직무보상(job rewards)의 두 요소로 정의된다.[3] 해당 직무수행에 필요한 지식, 스킬, 능력 및 기타 특성 등이 직무요건에 해당되며 이 직무요건을 명확하게 규정하는 것이 직무분석에서 중요하다. 한편 직무보상은 직무의 매력적 또는 비매력적 결과를 의미하며, 직무 그 자체 및 직무를 둘러싼 환경/조건 등의 결과를 포함한다. 결론적으로 직무요건과 직무보상에 대한 정확한 정보를 토대로 직무분석의 과정이 이루어진다고 할 수 있다.

① 직무분석의 직무요건접근법

직무요건을 중심으로 하는 직무분석은 직무의 결과를 생산하는 데 필요한 특정 업무와 행위에 초점을 맞추는 분석법인 업무위주접근법(task-oriented approach)과 업무수행이나 행위에 필요한 지식, 스킬, 능력 및 기타 특성(KSAOs) 등에 초점을 맞추는 KSAO위주접근법(KSAO-oriented approach)이 있다.[4)]

업무위주로 접근한 직무분석의 결과로 직무기술서(job descriptions)를 얻을 수 있는 반면, 단순히 업무 및 업무환경의 식별을 넘어 업무를 성공적으로 수행하는 데 요구되는 지식, 스킬, 능력 및 기타 특성(KSAOs) 등을 추론하여 직무명세서(job specification)를 도출할 수 있다. 예를 들어 직무기술서와 직무명세서가 항공사의 구인광고에 활용될 경우 다음의 형태가 된다.

- 직무기술서 기반 항공사 채용정보: 승무원들은 고객들의 안정과 편안함을 최우선적으로 약속드리며, 기억에 남는 여행이 되도록 친절하고, 적극적이며, 재미있는 서비스를 제공한다.
- 직무명세서 기반 항공사 채용정보: 호의적이고 친절한 성격. 위급한 상황을 처리할 수 있는 역량. 세계 각지의 사람들과 효과적으로 소통할 능력. 동료와의 협력심. 긴급상황에서도 침착함과 효율성을 유지할 수 있음. 자립성과 독립성. 모든 사람을 인격적으로 대할 자세

② 직무분석의 직무보상접근법

모든 직무는 직접 혹은 간접적으로 직무와 관련된 다양한 보상을 제공한다. 가령 임금, 승진 및 감독형태 등은 직무 외적으로 주어지는 외재적 보상(extrinsic rewards)의 유형인 반면 자율성, 성취감 및 성장감 등은 직무 자체에 내재되어 있는 내재적 보상(intrinsic rewards)이다.

직무분석의 직무보상접근법은 직무와 관련된 내재적 및 외재적 보상에 초점을 맞추어 해당 직무가 지니는 외재적/내재적 조건 및 환경을 식별하는 것이다. 통상적으로 외재적 보상은 식별이 쉽지만 내재적 보상은 상대적으로 식별이 쉽지 않다. 이러한 내재적 보상 측정방법으로는 개별 직무 담당자로부터 직무보상 만족을 평가하는 방법과 상급자 등이 개별 직무가 제공하는 보상을 추론하도록 하는 방법이 있다.

(4) 직무분석의 활용

직무분석은 인적자원관리에 활용될 유용한 정보를 제공하는 것을 목적으로 수행된다. 직무분석의 산출물들은 다양한 형태로 나타나는데 대표적으로 직무기술서, 직무명세서, 성과기준, 보상요소 및 직무분류 등이 있다. 이러한 직무분석 산출물들에 의해 도움을 받을 수 있는 인적자원관리활동은 다양하다. 우선 직무설계 담당자에게 구성원의 직무만족과 조직성과 달성을 위한 직무의 설계가 이루어지도록 기본적인 직무정보를 제공해준다. 직원 모집과 선발 시에도 직무분석 산출물들은 직무에 적합한 인재를 선발하기 위한 직무정보(지식, 스킬, 능력 및 기타 특성 등)를 제공해주며 나아가 선발도구의 타당성을 검증하는데도 활용될 수 있다. 직무명세서나 직무기술

서는 구성원의 역할을 명확히 하기 때문에 구성원의 훈련 및 개발 필요성과 방향을 설정하는 데 직접적인 도움을 제공한다.

(5) 직무설계

직무설계(job design)는 조직목표 달성과 개인욕구 충족을 위하여 구조적 측면 및 인간관계적 측면을 동시에 고려하여 구성원들의 직무관련 활동을 설계하는 과정이다.[5] 관광기업의 인적자원관리 담당자는 직무설계에 대한 이해를 바탕으로 자신이 속한 조직 내 직무를 효과적으로 설계함으로써 조직원의 만족은 물론 조직의 성과를 향상시켜 나갈 수 있다. 직무설계방법은 시대의 흐름에 따라 변천되었는데 주요 내용은 다음과 같다.

① 과학적 관리법

최초의 직무설계방법으로 조직 내 업무요소를 단순화, 표준화 및 전문화하여 업무능률을 향상시키고자 하였다. 과학적 관리법은 업무수행시간과 방법에 대한 기준을 설정함으로써 성과에 대한 경제적 보상을 제공하게 되고 조직적 차원에서 업무능률의 향상과 원가절감을 가져왔다. 하지만 구성원들은 단조로운 업무를 반복함에 따라 지루함과 직무불만족을 야기하게 되고, 궁극적으로는 결근 및 이직률을 증가시키게 되었다.

② 직무확대와 직무충실화

직무확대(job enlargement)는 직무를 재설계함으로써 직무의 단순화, 표준화 및 전문화로부터 발생된 문제점을 개선하고자 시도되었다. 직무확대는 직무의 범위를 수평적으로 확대하는 것으로 구성원에게 다양한 업무를 제공하려고 이루어졌다.

반면 Herzberg에 의해 제안된 직무충실화(job enrichment)는 직무가 구성원들에게 성취감, 책임감 및 발전성 등과 같은 직무경험을 제공할 경우 동기를 유발할 수 있다는 전제에서 출발한다. 즉, 직무충실화란 직무수행을 통해 직무 담당자가 개인적 성장감 및 성취감 등을 느낄 수 있도록 직무를 설계하는 방법이다. Herzberg에 의하면 충실한 직무는 다음 여섯 가지 요소에 의해서 평가된다.[6]

- 책임감(accountability): 종사원에게 자신의 성과에 대한 책임을 부여
- 성취감(achievement): 종사원에게 의미 있는 성취감을 가질 수 있는 기회 제공
- 통제(control): 종사원에게 업무수행에 대한 통제권 부여
- 피드백(feedback): 종사원에게 작업효과성에 대한 정보 제공

- 개인성장/개발(personal growth & development): 새로운 기술습득의 기회 제공
- 작업속도(work pace): 종사원에게 작업속도에 대한 통제권 부여

③ 직무특성모형

Hackman & Oldham은 직무특성모형(job characteristic model)을 통해 직무특성이 어떻게 종사원의 반응(태도와 행동)에 영향을 미치는지에 대해 설명하며 직무설계방법에 있어 커다란 공헌을 한 바 있다.[7] 직무특성모형에 의하면 핵심 직무차원과 종사원의 중요 심리상태, 종사원의 성장욕구 강도 등이 업무성과에 영향을 미친다.

구체적으로 스킬 다양성, 업무 정체성, 업무 중요성, 자율성, 피드백 등 다섯 핵심직무특성은 종사원의 중요 심리상태에 영향을 주게 되는데, 이때 종사원의 중요 심리상태는 업무의 의미충만성(meaningfulness) 경험, 업무결과에 대한 책임 경험, 그리고 업무활동의 실제 결과에 대한 지식/지각 등 세 가지로 분류된다. 다시 세 가지의 중요 심리상태에 의해서 동기유발, 업무성과, 업무 만족도 및 이직/결근 등의 결과가 나타난다는 것이 직무특성모형의 내용이다. 직무특성모형에 따르면 직무의 특성이 다양한 기술과 재능을 발휘할 것을 요구한다면 종사원은 해당 직무수행을 통해 업무의 의미충만성을 충분히 경험하게 되어 동기유발과 직무만족이 증가한다.

한편 직무특성모형에서는 개인의 성장욕구 강도(growth-need strength)가 핵심직무특성 및 중요 심리상태의 효과를 조절하는 역할을 한다. 성장욕구 강도란 종사원이 복잡하고 도전적인 업무를 열망하는 정도로 정의되며, 종사원이 어느 정도의 성장욕구를 지니는지에 따라 핵심직무특성이 중요 심리상태에 미치는 영향과 중요 심리상태가 종사원의 업무결과에 미치는 영향이 달라진다. 즉, 성장욕구가 강한 종사원이 높은 자율성을 부여받을 경우 업무에 대한 책임감을 강하게 가지게 되며, 이러한 높은 수준의 심리상태는 보다 향상된 업무결과를 창출하게 된다.

2) 관광인적자원계획

(1) 관광인적자원계획의 중요성

관광인적자원계획이란 관광기업의 목표달성과 전략방향에 맞추어 인적자원을 효과적으로 배치하는 관리활동이라고 할 수 있다. 관광인적자원계획은 다양한 변수의 존재로 인해 예측이 힘들고 기대효과가 명확하지는 않지만 관광기업에 있어 인적자원관리의 출발점이 되기 때문에 중요하게 고려되고 있다.

첫째, 관광인적자원계획은 기업의 사업전략과 상호작용하여 사업계획을 성공시키도록 인적자

원관리활동을 이끈다. 즉, 관광인적자원계획은 조직의 인적자원관리가 사업전략과 일관된 방향으로 이루어지도록 한다. 둘째, 관광인적자원계획은 다양한 관광인적자원활동들이 조화롭게 수행될 수 있는 가이드라인을 제공할 뿐만 아니라 계획에 기반을 둔 인적자원의 통제가 효과적으로 진행될 수 있도록 한다. 관광인적자원계획을 통해 관광인적자원관리활동들이 조직의 사업전략과 일관성 있는 방향으로 통합되고 각각의 인적자원관리활동들 사이에 시너지 효과를 기대할 수 있다. 셋째, 관광인적자원계획을 통해 관광기업은 적정인력규모를 유지할 수 있다. 적절한 인적자원계획수립은 고용의 과잉/과소를 방지하고 적재적소에 적합한 인력을 배치, 유지할 수 있도록 도와준다.

(2) 관광인적자원계획의 과정

① 내부 및 외부환경 탐색

외부환경 탐색은 인적자원관리에 영향을 미칠 수 있는 관광기업 외부환경을 식별하여 정확한 인적자원계획의 수립이 가능하도록 해준다. 대표적인 외부환경으로는 경제적 환경, 노동시장 환경 그리고 법규 및 규제 등이 있다. 가령 글로벌 경제 위기에 따른 기업실적 악화, 원-달러환율 상승, 가계부채 증가 등은 인바운드 및 아웃바운드 관광수요 모두를 감소시키게 하고 결과적으로 관광기업의 인력수요 감소를 초래하게 된다. 비정규직 보호법과 같은 법규 역시 관광기업의 비정규직 인적자원계획에 변화를 가져올 수 있는 외부환경변수이다.

한편 외부환경과는 별도로 관광기업은 조직 내 인적자원과 제반 관리에 영향을 미치는 내부환경변수들을 탐색할 필요가 있다. 현재 조직의 인력구조, 인적자원관리 프로그램의 결과 그리고 내부 종사원들의 욕구를 파악함으로써 내부 인력의 손실과 획득에 관한 정보를 확보하고 예측할 수 있다. 예를 들어 내부 인력의 기능별, 연령별 그리고 직급별 구조에 대한 분석을 통해 구성원들의 경력개발 방향을 예견할 수 있다. 또한 기업에서 교육훈련 및 개발 프로그램을 통해 특정 직무에 적합한 구성원들을 양성하고 있다면 해당 직무에 대한 인력공급이 늘어날 것이며, 이러한 내부 인적자원획득 활동의 결과도 향후 인적자원계획에 반영되어야 한다.

② 인적자원 소요량 예측

인적자원 소요량 예측은 향후 관광기업이 사업계획을 실천해 나가기 위해 필요한 인력의 수와 유형을 예측하는 것이다. 따라서 인력 소요량 예측은 사업계획에 근거해야 한다. 가령 인적자원 소요량은 매출액과 생산성은 물론 관광기업이 제시하고자 하는 서비스품질 기준과 고객만족 정도에 대한 목표치에 의해서 영향을 받게 된다.

③ 인적자원 가용량 예측

인적자원 가용량 예측은 현재 관광기업의 인력구조에 대한 분석을 토대로 이루어진다. 일반적으로 대부분의 조직에서 구성원들은 조직구조 안에서 상향(승진), 수평(전환배치), 하향이동을 하게 되며 이직을 통해 조직을 떠날 수 있다. 따라서 조직의 인력구조는 항상 변화하게 된다. 관광기업은 현재의 조직구조에서 인력감소를 예측하여 시간의 흐름에 따른 인적자원 가용량을 예측할 수 있다. 예를 들어 승진율과 이직률 등은 통계적 분석을 통해서 어느 정도 일정한 패턴을 예측할 수 있고, 승진율과 이직률에 대한 예측정보를 토대로 공석인 직무와 잔존 인력을 사전에 파악할 수 있다.

④ 소요량과 가용량의 조정

미래에 예측된 인적자원 소요량과 가용량을 근거로 관광기업은 인력에 대한 부족 혹은 잉여에 대한 차이를 파악할 수 있다. 관광기업은 예상되는 인력의 잉여 혹은 부족에 대한 대책으로 적극적인 관광인적자원활동을 전개해야 한다.

⑤ 실천계획(action plan)의 개발

소요량과 가용량의 차이분석을 토대로 관광기업은 둘 사이의 갭을 감소시키기 위한 실천계획을 개발해야 한다. 실천계획은 다양한 관광인적자원활동들을 포함한다. 예를 들어 인력부족에 대한 실천계획으로 관광기업은 모집과 선발을 통한 외부충원을 실시하여 신규인력을 확보할 수 있다. 이때 외부충원활동을 촉진하기 위하여 임금수준과 복리후생을 타 경쟁사에 비해 경쟁력 있게 재설계할 수 있다. 이와는 반대로 관광기업은 인력부족에 대한 대처방안으로 신규인력 채용보다는 현 인력의 업무성과를 향상시킬 수도 있다. 현 인력의 업무성과를 배가시키기 위해 교육훈련 및 개발활동의 전개와 업무성과에 따른 보상시스템을 구축할 수 있다. 이와 같이 실천계획을 효과적으로 수립하기 위해서는 다양한 인적자원관리활동을 유기적으로 통합할 필요가 있다.

⑥ 평가 및 모니터링

관광인적자원계획의 마지막 절차로써 인적자원관리활동에 대한 평가 단계를 거친다. 평가와 모니터링을 통해 실천계획이 재수립되고 개선된다.

3 관광인적자원개발활동

1) 모집과 선발

(1) 모집활동의 정의 및 중요성

모집활동이란 조직의 관광인적자원계획에 의거 인력 소요량을 충원하기 위하여 외부로부터 지원자를 식별하고 유인하는 활동이다. 모집활동은 이후 인사선발에 앞서 수행되는 인적자원개발활동으로 인적자원결과에 직접적인 영향을 주게 되는 중요한 과정으로 간주된다.[8] 다양한 모집방법에 따라 지원자의 자격수준도 달라지며, 결과적으로 신규 인력의 직무능력에 영향을 미친다. 또한 모집방법의 선택이 잘못되어 모집활동이 부실하게 전개될 경우 기업에 비용부담을 높이게 되는 결과를 초래한다. 가령 적정수준의 자격을 갖춘 충분한 지원자 풀(pool)을 창출하지 못할 경우 선발기준을 낮추어서 선발이 이루어질 수 있으며, 채용 후 만족스러운 직무성과를 유도하기 위한 교육훈련 및 개발 비용을 상승시키게 된다. 궁극적으로 모집은 직무만족, 직무성과, 이직 등과 같은 인적자원결과에 영향을 미친다고 볼 수 있다.

한편 모집활동에서 중요하게 고려해야 하는 사항으로 구직자와 구인기업 간 커뮤니케이션이 있다. 구직자는 자신이 지원할 구인기업에 대한 정보를 원하며 반대로 구인기업은 구직자의 잠재적 능력에 대한 정보를 얻으려고 한다. 쌍방의 의사소통과정에서 구직자나 구인기업은 서로에게 가능한 매력적인 정보를 제공함으로써 실질적인 지원이 이루어질 수 있는 환경을 조성하게 된다. 하지만 구직자나 구인기업은 서로에게 과장된 정보를 제공하여 향후 인적자원활동에 부정적 영향을 주기도 한다. 가령 구인기업이 과장된 직무정보(예를 들어, 과장된 보상수준)를 제공하는 경우 구직자는 조직에 대한 과도한 기대를 형성하게 되고 채용 후 기대 불일치 지각을 통한 이직행위가 발생하게 된다. 따라서 구직기업은 직무에 대한 정확한 정보 제공을 통해 구직자가 직무에 대해 합리적이고 현실적인 기대를 형성할 수 있도록 하는 것이 중요하다. 이와 같은 현실적인 직무소개(RJP: realistic job preview) 방법의 하나로 국내 관광기업들은 인턴십프로그램을 적극적으로 활용해오고 있다.[9]

(2) 모집과정

① 모집계획

관광기업은 인적자원계획과 필요한 직무정보를 토대로 세부적인 모집계획을 수립해야 한다. 모집계획은 모집활동을 조직적 차원에서 어떻게 수행할 것인지 또한 효율적인 모집활동이 이루어질 수 있도록 지원자의 수, 모집 시기 및 예산 등을 어떻게 조정할 것인지를 포함한다. 구체적으로 모집계획을 통해 다음의 사항들을 조정하고 결정하게 된다.

첫째, 모집활동의 기능을 관광기업 스스로 수행하거나 반대로 외부 모집기관에 의뢰할 수 있다. 둘째, 모집에 대한 권한문제로 관광기업은 모집을 중앙집권적으로 인적자원관리 담당자가 수행할 수 있으며 반대로 개별 사업단위별로 모집활동을 분권적으로 수행할 수도 있다. 셋째, 지원자 수에 대한 목표를 설정한다. 통상적으로 채용인원보다 많은 지원자를 유인해야 하며 적정한 지원자 수를 결정하기 위해 과거의 정보나 담당자의 경험을 활용하게 된다. 넷째, 모집시기와 예산을 결정한다. 최종적으로 지원자가 채용을 수락하기까지는 상당한 시간이 소요된다. 따라서 인적자원관리 담당자는 채용결정까지 진행되는 의사결정단계(모집광고, 선별, 면접 및 시험 등)들을 모두 고려하여 모집 시기를 결정해야 한다. 한편 모집활동은 비용을 수반한다. 효율적인 모집활동이 이루어질 수 있도록 예산을 신중히 수립해야 한다.

② 모집전략의 개발

모집전략은 원하는 지원자들을 어디에서 어떠한 방법으로 확보할 것인지를 결정하는 것으로 다양한 모집원과 모집방법이 고려될 수 있다. 모집원은 기업의 잠재 지원자가 존재하는 세부 노동시장이라고 말할 수 있으며, 정확한 모집원의 설정은 모집비용 감소를 가져올 뿐만 아니라 의미 있는 지원자의 창출을 이끌어낸다. 모집원을 결정하기 위해선 직무에 필요한 자격요건(학력, 전공 등), 인구통계적 변수(나이, 성별, 경력 유무 등), 지리적 범위(국지적, 전국적, 국제적 등) 등을 고려해야 한다.

관광기업은 다양한 모집방법을 통해 모집활동의 경쟁 우위를 점할 수 있다. 관광기업이 활용하고 있는 모집방법으로는 직접지원, 인터넷 모집, 대중매체 광고, 대학방문, 고용알선기관, 채용박람회, 헤드헌터(head hunter), 직원 추천 등 다양하다. 이때 관광기업은 모집 기간, 예산, 지원자 수와 수준, 그리고 과거의 경험 등을 고려하여 적합한 모집방법을 선택하는 것이 중요하다.

③ 모집활동: 커뮤니케이션

모집전략이 개발되면 관광기업은 실제로 잠재 지원자를 탐색하는 과정을 실행해야 한다. 지원

자를 탐색하기 위해 관광기업은 직무정보(직무의 자격조건 및 보상내용)를 특정 매체를 통해 잠재 지원자들에게 전달할 필요가 있다. 이때 전달되는 직무정보는 잠재 지원자들의 지원 여부를 결정하게 된다. 따라서 직무정보는 구체적이고 명확하게 전달되어야 하며 긍정적인 정보뿐만 아니라 직무와 관련된 부정적인 정보까지도 함께 제공되는 것이 바람직하다. 과장된 정보나 잘못된 정보는 지원자들의 합리적인 의사결정을 방해한다. 또한 커뮤니케이션 매체의 신뢰성이 모집내용의 효과를 결정하기도 한다. 가령 대중 매체는 신뢰성이 낮게 인식되는 반면 친인척 등에 의한 구전의 경우 신뢰성이 높다.

④ 선 별

선별(screening)은 직무에 부적절하다고 판단되는 지원자를 선발 전 단계에 제거하는 것으로 효과적인 선별은 이후 선발과정에 소요되는 비용과 시간을 절감시킨다. 관광기업들은 주로 이력서나 지원서 등에 대한 서류전형을 통해 초기 선별을 실시하고 있다.

(3) 선발의 정의와 원칙

모집활동을 통해 형성된 지원자 풀은 실제 채용할 인원보다는 많다. 따라서 지원자들 중 일부에게는 고용의 기회를 제공하지 않는 대신 다른 몇몇에게는 고용을 제공해야 한다. 선발은 모집된 지원자들에 관한 정보를 수집하고 사용하여 그들 중 누가 고용제의(employment offer)를 받을 것인지를 선택하는 것으로 정의된다.[10)]

선발은 공석인 직무의 자격요건과 보상을 근거로 지원자의 자격조건과 동기(motivation)를 평가하는 것이다. 즉, 선발은 조직이 제공하는 직무와 개인 사이의 적합 정도를 결정할 목적으로 직무요건과 지원자의 자격요건, 직무에 대한 보상과 지원자의 동기 간에 조화가 이루어지는지를 평가하는 과정이다. 선발과정 동안 관광기업은 지원자들의 자격조건(지식, 기술 및 능력 등)과 동기를 평가하여 부여받을 직무를 성공적으로 수행할지를 예측하게 된다.

선발은 '예측'을 기본 전제로 한다.[11)] 예측을 전제로 하는 선발이 제대로 수행되기 위해선 지원자들의 효율성을 효과적으로 예측할 수 있는 선발도구가 존재해야 한다. 관광기업에서 활용되고 있는 선발도구들은 성적표, 경력증명서, 추천서, 공인자격증, 필기시험, 실기시험, 적성검사, 인성검사, 면접, 건강검진(체력검사) 등이 있다. 이 선발도구들이 갖추어야 할 요건에는 신뢰성(reliability)과 타당성(validity)이 있다.

신뢰성은 선발도구가 지원자들에게 적용되었을 때 안정적이고 일관성 있는 결과를 얻을 수 있는가의 문제이다. 가령 토익성적표라는 선발도구를 활용하여 수차례 고득점 지원자를 선발하였을 때 채용 후 지원자들 간의 업무성과가 평균적으로 큰 차이가 없다면 토익성적표를 선발도구로 신뢰할 수 있다고 볼 수 있다.

반면 타당성은 선발도구가 지원자를 올바르게 평가할 수 있는 내용으로 구성되었는지 여부를 의미한다. 만약 항공사의 스튜어디스를 선발하고자 할 경우 지원자의 외모, 친절한 태도와 행동, 낙천적 성격, 서비스정신, 그리고 어학능력 등을 종합적으로 테스트할 수 있는 면접시험을 선발도구로 선택해야 한다. 그러나 반대로 조리사 자격증 취득 여부나 워드프로세스 활용능력 등 직무 관련성이 낮은 선발도구는 스튜어디스의 선발도구로써 타당성이 매우 낮다고 할 수 있다.

(4) 선발기법

직무의 자격요건과 보상에 근거하여 지원자의 역량과 동기를 평가하기 위해 다양한 선발기법들이 활용되고 있다. 일반적으로 선발과정은 초기선별, 실질적 선발 및 재량적 선발 등 3단계의 흐름으로 진행된다. 초기선별은 모집활동으로 형성된 지원자 풀(pool) 가운데 추후의 선발과정에서 고려할 만한 최소 자격요건을 갖춘 지원자를 식별하는 과정으로 지원서, 이력서, 추천서 및 초기면접 등의 선발기법이 활용된다. 실질적 선발은 최소 자격요건을 지닌 지원자를 대상으로 조직에 적합한 지원자를 식별하는 과정으로 인/적성검사, 능력검사, 실무능력검사 및 면접 등의 선발기법을 통해서 이루어진다. 마지막으로 예비 합격자에게 시행되는 신체검사는 재량적 선발에 해당되며 기업에 따라 이를 생략하는 경우도 있다. 이 가운데 관광기업에서 실질적 선발기법으로 비중 있게 활용되고 있는 면접과 실무능력검사는 다음과 같다.

① 면 접

면접은 대부분의 관광기업에서 직원채용 시 실시하고 있는 선발기법이다. 면접은 지원자의 의사소통능력 등과 같이 타 예측수단에 의해 얻어질 수 없는 독특한 정보를 추구하며, 또한 지원자에게 직무와 조직에 대한 정보를 제공해줌으로써 지원자를 설득할 수 있는 선발기법이다.[12)]

면접기법으로는 구조화된 면접(structured interview)과 비구조화된 면접(unstructured interview)이 있다. 구조화된 면접은 사전에 만들어진 질문항목을 중심으로 모든 피면접자가 동일한 질문을 받도록 하는 방식인 반면 비구조화된 면접은 사전에 준비된 질문항목 없이 면접자가 피면접자로부터 정보를 얻기 위해 심문적 질문을 행하는 방식이다. 특히 비구조화된 면접은 면접자의 대인지각능력이 높을 경우에만 효과가 있을 수 있고, 면접자에 따라 면접과정에 편견이 개입될 여지가 높아 주의를 기울여야 한다.

그 외에도 지원자의 리더십이나 문제해결능력을 파악하기 위한 집단토의식 면접, 후광효과를

줄이고자 하는 블라인드 면접, 그리고 팀워크 능력을 파악하는 데 도움을 주는 스포츠면접 등 다양한 면접방법들이 도입되고 있다.

② 실무능력검사

실무능력검사는 작업표본검사(work sample test)의 일종으로 실무능력이 중요한 관광기업에서 관련 직무의 실무작업을 지원자에게 제시하여 수행하도록 요구하는 선발기법이다. 특히 지원자가 별도의 교육훈련 없이 실무에 투입되어야 할 경우 실무능력검사는 보다 의미가 있다. 가령 호텔에서 바텐더를 선발하고자 할 때 실무능력검사는 바텐더로서의 태도, 지식 및 스킬 등을 종합적으로 평가할 수 있도록 해준다. 전통적으로 실무능력검사는 높은 직무성과를 예측하는 데 타당성이 높다고 알려져 있다.

2) 성과평가와 관리

(1) 성과평가의 정의와 목적

성과평가(performance appraisal)는 조직이 구성원의 성과를 체계적으로 측정하는 과정이다. 성과는 조직 구성원 개개인의 조직목표에 대한 기여이며, 구성원들이 맡은바 직무를 얼마나 효과적으로 수행하였는가를 의미하는 것이다. 이때 성과가 높은 구성원은 자신의 직무를 성공적으로 완수함으로써 조직목표 달성에 기여한 것으로 간주된다.

성과평가는 조직의 관리자에게 유용한 정보를 제공한다. 이는 성과평가가 구성원들의 노력을 측정하여 당사자들에게 피드백을 제공하기 때문이며, 관리자는 평가결과를 활용하여 조직 구성원들에게 동기를 부여하고 조직성과를 향상시키고자 한다. 구체적으로 성과평가는 다음과 같은 목적을 갖는다.

첫째, 성과평가의 결과는 승진, 구조조정, 보상결정(임금인상) 및 전환배치 등 인적자원관리 의사결정에 활용된다. 둘째, 성과평가의 결과로부터 구성원 개인에 대해 피드백이 제공되기 때문에 성과평가는 인적자원의 개발에 활용된다. 셋째, 성과평가의 결과는 조직의 인적자원정책 및 프로그램에 대한 평가도구이다. 예를 들어 조직이 새로운 교육훈련 프로그램을 도입, 실시할 경우 피훈련자들에 대한 성과평가 결과를 통해 해당 훈련의 효과성을 진단할 수 있다.

(2) 성과평가기법

성과평가기법은 성과기준이 상대적 혹은 절대적인가에 따라 상대평가와 절대평가로 구분된다.

상대평가는 동료 구성원과 비교해서 평가하는 기법인 반면 절대평가는 직무의 절대적 성과기준에 의해 구성원을 평가하는 기법이다.

상대평가기법으로는 일직선 서열매기기와 강제분포법이 대표적이다. 반면 절대평가기법은 행동위주평가형식인 행위기준척도법과 행동관찰평가, 또한 결과위주평가형식인 직접지표방식과 목표관리 등이 있다.

3) 교육훈련 및 개발

(1) 교육훈련 및 개발의 중요성

신규직원에 대한 효과적인 모집활동과 타당한 선발과정을 통해 조직과 직무가 요구하는 직원을 확보하게 되지만 그렇다고 신규직원이 직무에 100% 적합하기는 힘들다. 또한 급격한 조직 내부 및 외부환경의 변화는 기존 직원들에게 그들의 능력과 스킬을 업그레이드시킬 것을 요구한다. 따라서 관광기업은 현재와 미래의 직무요구에 직원들이 효과적으로 대응할 수 있도록 직원들의 능력, 지식, 스킬을 끊임없이 개발하고 이에 대한 투자에 적극적으로 나서야 한다.

관광기업들은 교육훈련과 개발을 통해 자신들이 보유한 인적자원을 개발할 수 있다. 교육훈련(education & training)은 현재나 가까운 장래에 필요한 능력의 개선을 의미하며 주로 직원의 지식과 스킬의 증대를 통한 특정 직무상의 성과향상을 주목적으로 한다.[13] 구체적으로 교육훈련은 신규직원에 대한 실무능력 향상, 기술발전이나 조직의 직무 재편성으로 인한 새로운 직무능력 배양, 조직의 서비스 품질 및 생산성 향상, 그리고 승진 등으로 인한 새로운 실무능력 습득 등의 요구에 의해서 이루어진다. 반면에 교육훈련과 달리 개발(development)은 장기간에 걸쳐 능력을 개선시키고자 이루어지는 학습으로 미래에 수행될 역할에 대한 준비이다. 개발을 통해 직원들은 조직의 성장과 변화에 적응하게 되며 기술 진보와 외부환경 변화와도 보조를 맞출 수가 있다.

교육훈련과 개발을 통한 인적자원개발은 인적자원관리 결과에 영향을 미친다. 통상적으로 이직의 주요 원인 중 하나는 경력개발의 기회부족이다. 직원들은 조직이 자신들에게 새로운 직무능력을 획득할 수 있는 기회를 제공해주길 바라며, 따라서 대부분의 직원들은 경력개발을 할 수 있는 교육훈련 및 개발 기회를 제공해주는 기업을 선호하게 된다. 관광기업의 교육훈련 및 개발 정책은 신규직원의 유인은 물론 기존 직원들의 이직행동에도 영향을 미치게 된다.

나아가 교육훈련과 개발은 직접적으로 조직성과에 기여한다. 교육훈련 투자를 통한 직원들의 직무수행 능력 향상은 순차적으로 서비스품질, 고객만족, 그리고 고객충성도에 대한 향상으로 이어져 궁극적으로 기업의 재무적 성과향상을 가져온다.

(2) 교육훈련 및 개발의 시행

① 교육훈련 및 개발의 필요성 판정

교육훈련 및 개발의 필요성을 판정하는 것은 조직의 기대와 실제 성과 사이의 차이를 식별하는 과정이라고 볼 수 있다. 첫째, 조직적 차원에서 필요성을 판정할 수 있다. 가령 조직의 목표를 달성하는 데 비효율성이 존재할 경우 이를 제거하고 조직적 차원의 교육훈련 및 개발을 통해 목표달성의 가능성을 높이고자 할 것이다. 둘째, 직무 차원의 필요성 판정으로 현재 및 미래의 직무에 필요한 특정 업무기술과 지식을 식별하는 것이다. 셋째, 개인 차원에서도 필요성을 판정할 수 있는데 개인의 현재 능력과 필요하거나 바람직한 능력 간의 차이를 식별할 수 있다.

② 교육훈련 및 개발 시스템의 설계

교육훈련 및 개발의 필요성이 식별되면 훈련의 목적을 명시해야 한다. 훈련의 목적은 기대효과와 훈련 후 성과수준 등을 중심으로 명시되어야 하며, 이후의 훈련 프로그램 내용 및 방법에 대한 선택에 영향을 미친다.

다음 단계에서는 훈련 프로그램의 내용을 결정하게 된다. 보통 프로그램내용은 가능한 실제적인 직무의 내용과 연관성이 높아야 한다. 직무내용과의 유사성이 높을수록 교육 후 직무수행 시 '훈련의 전이(transfer of training)' 효과가 높아진다.

훈련의 목표와 내용이 확정되면 훈련기법의 선택을 통해 누가, 어떻게 훈련시킬 것인지를 결정한다. 훈련기법의 선택 시 피훈련자의 학습능력을 고려하여 적극적 참여와 동기를 유도할 수 있고, 가능한 실습의 기회를 제공하며, 학습 성과에 대한 피드백을 제공할 수 있고, 또한 시간과 비용 효율성 등을 고려하여야 한다.[14)]

훈련기법으로 직무 외 훈련(off-the-job training)과 직무상 훈련(on-the-job training)기법이 있다. 직무 외 훈련기법에는 다수의 피훈련자에게 단시간에 많은 정보를 제공하는 정보전달기법, 토론방식에 의해 소수의 피훈련자를 대상으로 지식강화를 유도하는 정보처리기법, 그리고 학습자를 참여시키기 위해 업무환경을 모방하여 이루어지는 모의기법이 있다. 특히 모의기법(simulation technique)은 역할연기(role playing), 경영게임과 같이 실무적인 스킬을 향상시키는 데 효과적이다.

반면 직무상 훈련은 직무를 수행하는 동안 직접 피훈련자의 직무행위를 변화시키기 위해 이루어진다. 학습결과를 직무에 적용시키기 쉽지 않다는 직무 외 훈련의 낮은 '훈련의 전이' 문제를 보완하기 위해 직무상 훈련이 도입되기도 한다. 관광기업 등에서 이루어지고 있는 직무상 훈련기법으로는 인턴십, 코칭(coaching) 및 직무순환 등이 있다.

③ 교육훈련 및 개발 프로그램에 대한 평가

훈련프로그램은 반응(reaction), 학습(learning), 행위(behavior), 그리고 결과(results) 등에 의해서 평가된다.[15] 첫째, 반응은 훈련프로그램의 내용과 효과 여부에 대한 피훈련자의 지각이며, 통상적으로 훈련프로그램에 대한 만족/불만족으로 나타난다. 긍정(부정)적 반응은 해당 프로그램에 대한 구성원들의 참여(회피)를 촉진한다.

둘째, 학습은 피훈련자가 의도했던 것을 습득했는지의 여부이다. 학습에 대한 평가기준은 지식습득, 스킬향상, 태도 및 동기향상 등을 포함한다. 셋째, 행위는 훈련을 통해 습득한 내용을 실제 직무에 활용하는지 여부이다. 이는 직접적인 직무행위를 관찰함으로써 평가된다. 마지막으로 결과는 훈련으로 인해 조직의 효과성(생산성, 수익 및 고객만족 등)이 향상되었는지 여부이다.

4 관광인적자원유지활동: 보상관리

1) 보상관리의 중요성

보상(compensation)은 기업이 신규 지원자를 유인하고, 현 구성원을 유지하며 구성원의 직무성과를 향상시키기 위해 전략적으로 활용할 수 있는 도구이다. 보상은 고용계약에 있어서 기업과 개인 간의 거래이며, 경제적 대가 이외에 심리적, 사회적인 측면을 포괄한다.[16] 보상은 기업의 입장에서 비용이지만 조직 구성원들에게는 조직에 만족하고, 성공적으로 직무를 수행하며, 조직에 남아 있고자 하는 동기를 높이도록 하는 경제적, 심리적 소득의 원천이기도 하다.

보상의 순기능을 강화시키기 위해선 효율적인 보상정책에 대한 수립이 전제되어야 한다. 만약 조직의 보상정책이 경쟁우위를 갖지 못하거나 기업의 사업전략 달성을 지원하지 못한다면 조직의 입장에서 무의미한 비용이 지출되는 것이다. 관광산업의 특성상 고객중심의 사업전략을 추구하는 관광기업이 많다. 따라서 관광기업들은 고객과의 관계증진과 고객문제해결 등을 위주로 사업방향을 전개하게 된다. 이때 보상정책이 고객만족 증대에 대한 인센티브 제공이나 고객접점 직원의 스킬에 대한 보상을 강화하는 내용으로 설계됨으로써 사업전략과 일관성을 유지해 나가야 한다.

2) 보상제도의 유형

(1) 직접보상제도

단기 및 장기보상제도가 있다. 단기보상제도는 조직의 중장기전략보다는 1년 이내의 단기적이고 일상적인 성과에 대한 보상에 초점을 두고 있다. 대표적인 단기보상제도로는 임금(salary)과 보너스(bonus)가 있다. 임금은 조직과 개인의 계약에 의한 노동의 대가로 지급되는 현금이다. 아직까지 관광산업 내 직업들은 타 산업에 비해 임금이 높지 않은 것으로 알려져 있다. 가령 2007년 산업별·직업별 고용구조조사 기초분석보고서에 의하면 음식 및 숙박업 종사자의 월평균 소득은 1,481,000원으로 전체 산업평균 1,913,000원을 크게 밑도는 것으로 보고되고 있다.[17] 한편 보너스는 조직과의 계약에 의해 특정 단기성과를 달성하였을 경우 지급되는 변동성 현금이다.

장기보상제도는 기업이 장기적이고 전략적인 측면의 성과에 중점을 둔 보상제도로 성과측정이 1년 이상의 장기간을 통해 이루어진다. 대표적인 장기보상제도로 스톡옵션(stock option)이 있다. 하지만 주식시장에 상장되어 있는 관광기업이 많지 않음을 고려할 때 스톡옵션제도는 관광산업에서 흔히 볼 수 있는 보상유형은 아니다.

(2) 간접보상제도

복리후생이라고 불리며 조직 구성원의 생활수준 향상을 위해 시행하는 임금 이외의 간접적인 제급부를 말한다. 현재는 노사관계의 변화로 인해 국가의 입법에 의해 강제되는 제도적 성격이 강해지게 되었다. 복리후생의 유형으로는 각종 연금(pension), 건강보험, 각종 공제 및 대부, 산재보험, 급식 및 사택, 연월차 및 각종 유급휴가 등이 있다.

3) 보상전략의 선택

관광기업은 처해 있는 상황에 따라 직접보상과 간접보상의 구성비율을 적절하게 혼합하는 전략적 포트폴리오를 구성함으로써 구성원들의 사기가 진작될 수 있도록 해야 한다. 가령 시장에 진입하는 신규 관광기업의 경우 공격적인 경영전략을 선택해야 하기 때문에 구성원들의 의식, 태도 및 행동도 성과지향적인 방향으로 전환되어야 한다. 따라서 신규 관광기업의 보상전략은 성과에 연동된 직접보상의 비율을 높이고, 연공에 기반을 둔 간접보상의 비율은 과감하게 낮추어야 한다. 반대로 시장에서 확고한 위치를 차지하고 있는 관광기업은 시장에서 안정적 위치를 유지하기 위해 구성원들의 조직몰입과 충성심을 키우는 것이 중요하다. 따라서 성과와 연공을 적절하게 혼합하는 구성 비율을 선택할 수 있다.

한편 경제, 사회 및 정치적 환경의 변화 속도가 빨라지게 됨에 따라 관광기업은 환경변화에 효과적으로 반응할 필요가 있다. 따라서 보상전략도 환경변화에 따라 반응적으로 수립함으로써 개인에 대한 보상을 조직의 목표와 성과에 유기적으로 접합시켜 나갈 필요가 있다. 유기적 보상전략은 임금의 기준을 연공이 아닌 스킬, 집단 및 개인성과에 두며 임금의 구성에 있어서 높은 인센티브 비중의 유지, 장기보상 활용, 분권적이고 공개된 임금정책, 유연한 보상프로그램을 강조한다.[18)]

미 주

1) Ghorpade, J. V.(1988). *Job analysis: A handbook of human resource director*. NJ: Englewood Cliffs.

2) 한국직업능력개발원(2005). 호스피털리티 산업의 직업구조 특성과 인적자원개발 전략(보고서 2005-13). pp. 99-152.

3) Heneman Ⅲ, H. G., & Heneman, R. L.(1994). *Staffing organization*. WI: Mendota House Inc.

4) Heneman Ⅲ, H. G., & Heneman, R. L.(1994). *Staffing organization*. WI: Mendota House Inc. p. 144.

5) Griffin, R. W.(1982). *Task design: A integrative approach*. Scott: Foresman and Company. p. 4.

6) Herzberg, F.(1968). One more time: How do you motivate employees? *Harvard Business Review*, Jan.-Feb., 53-62.

7) Hackman, J. R., & Oldham, G. R.(1975). Development of the job diagnostic survey. *Journal of Applied Psychology*, 60, 159-170.

8) Heneman Ⅲ, H. G., & Heneman, R. L.(1994). *Staffing organization*. WI: Mendota House Inc.

9) Ko, D. W., Chun, B. G., & Murdy, J. J.(2007). The effect of internship on hotel employees in Korea. *International Journal of Tourism Sciences*, 7(1), 29-42.

10) 이재훈 · 이종준(2005). 『신인적자원관리』. 서울: 경문사. p. 156.

11) Heneman III, H. G., & Heneman, R. L.(1994). *Staffing organization*. WI: Mendota House Inc. p. 336.

12) 황규대(2004). 『인적자원관리』. 박영사: 서울. p. 305.

13) Gilley, J. W., & Eggland, S. A.(1989). *Principle of human resource development*. Addison Wesley Publishing Co. p. 6.

14) Wayne, F. C.(1998). *Applied psychology in human resource management*(5th ed.). Prentice-Hall. p. 281.

15) Kirkpatrick, D. L.(1994). *Evaluating training programs: The four levels*. San Francisco: Berrett-Koehler Publishers.

16) 정재훈(2005). 『인적자원관리』. 경기도: 학현사. p. 463.

17) 한국노동연구원(2008). 유통・서비스산업 고용관계. pp. 35-36.

18) 황규대(2004). 『인적자원관리』. 서울: 박영사. pp. 483-484.

저자약력

전병길(全炳吉) 현_동국대학교 호텔관광경영학부 교수

서강대(경제학사)와 Florida International Univ.(호텔외식경영학석사)를 거쳐 경기대학교에서 관광학박사학위를 취득했다. 저자 전병길은 한국관광학회 호텔외식경영분과학회 학술심포지엄위원장을 맡고 있으며 최근 "호텔외식산업관련 실습강좌 교육품질 평가척도 개발" "The Effect of Internship on Hotel Employees in Korea" "대학생의 관광산업분야 직업평가에 관한 연구" "카지노딜러의 직무스트레스원에 관한 정성적 연구" 등의 논문을 통해 관광인적자원관리 분야의 학술적 성과를 발표하고 있으며 후진 양성과 학회의 발전에 힘쓰고 있다.

제22장

관광 회계와 재무

김 기 태*

1 관광기업 회계와 재무제표

1) 관광기업 회계와 재무의사결정

관광기업은 영리조직으로서 기업가치 극대화 및 이윤추구라는 본래의 목적을 달성하기 위해 상품기획, 마케팅, 인적자원관리, 재무, 경영정보시스템에 관한 수많은 의사결정을 행한다. 관광기업회계(accounting)란 관광기업의 이러한 과거 경영의사결정의 성과가 어떠하였는지를 나타내고, 재무제표(financial statement)를 통해 이에 관한 정보를 관광기업의 이해관계자에게 제공하는 것을 의미한다. 반면 관광기업재무(finance)는 관광기업의 재무제표를 토대로 관광기업의 투자(investment), 자본조달(financing), 운전자본관리(working capital management) 등 '돈'과 관련된 미래 경영의사결정을 효과적, 효율적으로 시행하기 위한 방법론을 다룬다는 측면에서 차이가 있다. 또한 관광기업재무는 관광기업재무예측 및 재무전략을 수립하는 일련의 과정을 포괄하며, 21세기 들어 관광기업을 둘러싼 경영환경이 글로벌화되어 위험요인이 양적, 질적으로 증가함으로 인해 선물(futures), 옵션(option), 스왑(swap) 등 부외금융(off-balance-sheet financing)을 활용한 위험관리(risk management)도 관광기업재무의사결정에서 매우 중요한 요소로 부각되고 있다. 특히 여행사, 항공사 등 환율, 유가 등의 변화에 따라 경영성과가 민감하게 반응하는 관광기업에서는 위험관리 또는 위험헤지(hedge)팀을 별도로 운영하고 있는 실정이며, 이러한 경향은 점차 확대되고 있는 추세이다.

* 경주대학교 관광경영학과 교수. e-mail: dk2t@gju.ac.kr

2) 관광기업 재무제표

관광기업 재무제표는 관광기업의 회계순환과정(accounting cycle)을 통해 작성된 관광기업의 과거경영의사결정에 관한 요약보고서이다. 회계순환과정이란 관광기업에서 발생하는 거래를 기록하고 요약하여 재무제표를 작성하는 과정으로, 거래의 발생, 거래의 분석(분개), 분개장 기입, 원장부기, 기말결산(장부마감과 재무제표의 작성)의 순으로 이루어진다. 회계기간의 과정에 따라 계속기업의 수명을 1년 등과 같은 회계기간으로 인위적으로 구분한 후, 각 회계기간마다 수없이 발생하는 거래들을 장부에 일일이 기록한 후 기말에 이를 몇 페이지의 재무제표로 요약하는 과정을 반복적으로 수행한다. 이와 같은 회계순환과정을 거쳐 작성되는 재무제표로는 대차대조표, 손익계산서, 현금흐름표 등이 있다.

(1) 대차대조표

① 대차대조표의 내용

대차대조표(balance sheet; B/S)는 특정 시점에 관광기업의 재무상태, 즉 자산, 부채와 자본(자기자본)에 관한 정보를 제공해 주는 회계보고서로, 대차대조표일 현재 관광기업이 소유한 모든 경제적 자원(자산)과 그 자원에 대한 청구권(부채와 자본)을 나타내는 스냅사진이라고 할 수 있다. 대차대조표 차변인 자산은 관광기업이 과거에 행한 투자결정 결과에 대해 보여주고, 대변인 부채와 자본은 관광기업이 과거에 행한 자본조달결정 결과에 대해 보여준다. 대차대조표의 차변과 대변, 즉 자산과 부채와 자본 사이에는 다음의 관계가 성립하며, 대차대조표라는 말도 바로 이 등식(균형)에서 유래된 것이다.

자산 = 부채 + 자본

이를 대차대조표등식 또는 회계등식이라고 하는데, 이 식에 의하면 기업이 소유한 경제적 자원인 자산은 그 자원에 대한 청구권자인 채권자와 주주의 청구권의 합으로 나타난다. 이와 같이 대차대조표는 경영자의 투자결정 결과, 기업이 소유하고 있는 자산형태(예를 들어, 유동자산, 고정자산)와 자산취득에 필요한 경영자의 자본조달결정 결과, 자산에 대한 청구권을 갖는 주체(예를 들어, 채권자, 정부, 주주 등)에 대해 보여주고 있다. 대차대조표의 기본적인 구조는 다음과 같다.

〈표 22-1〉 대차대조표

대차대조표(요약계정식)

200×년 12월 31일

(주)한국관광 (단위: 원)

자 산		부 채	
Ⅰ. 유동자산		Ⅰ. 유동부채	×××
(1) 당좌자산	×××	Ⅱ. 고정부채	×××
(2) 재고자산	×××	부채총계	×××
Ⅱ. 고정자산			
(1) 투자자산	×××	자 본	
(2) 유형자산	×××	Ⅰ. 자본금	×××
(3) 무형자산	×××	Ⅱ. 자본잉여금	×××
		Ⅲ. 이익잉여금	×××
		Ⅳ. 자본조정	×××
		자본총계	×××
자산총계	×××	부채와자본총계	×××

자산은 과거 사건의 결과로 특정 기업실체에 의해 지배되며 미래의 경제적 효익을 창출할 것으로 기대되는 경제적 자원이다. 여기서, 미래의 경제적 효익이란 관광기업의 미래 현금유입액을 말하는 것으로, 주로 경영자의 투자결정 결과 발생한다. 투자결정 결과 발생하는 관광기업의 자산은 유동성(liquidity)의 정도에 따라 유동자산과 고정자산으로 구분된다.* 여기서, 유동성이란 자산의 현금전환 용이성을 나타내는 지표로, 유동성이 높은 자산은 큰 가치손실 없이도 현금으로 쉽게 전환할 수 있지만, 유동성이 낮은 자산은 가치손실 없이는 현금으로 쉽게 전환할 수 없다.

대차대조표 대변은 관광기업의 자본조달결정 결과 발생한 타인자본인 부채와 자기자본인 자본으로 구성된다. 부채는 과거 사건의 결과로 특정 기업실체가 부담하는 현재 시점에서의 의무를 말한다. 한편 자본은 특정 기업실체의 자산에서 부채를 차감한 후의 잔여지분을 말한다.

② 관광기업경영에 있어 대차대조표 고려사항

대차대조표는 결산일에 관광기업의 재무상태를 파악하는데 유용한 자료이며, 관광기업의 투자 및 자본조달결정 결과에 대해 보여주고 있다. 그러나 대차대조표는 보고되는 항목의 인식과

* 대차대조표 형식에 있어, 우리나라와 미국은 유동성이 높은 것부터 낮은 순서로 자산과 부채를 배열하지만, 독일이나 프랑스의 경우는 반대이다.

측정방법에 따라 차이가 발생하므로, 관광기업의 재무관리자가 필요한 재무정보를 얻기 위해서는 다음과 같은 점에 유의해야 한다.

첫째, 유동성의 확보이다. 유동성에 따라 대차대조표 구성항목이 배열될 정도로 기업의 유동성 확보문제는 중요한데, 관광기업의 일상적인 영업활동에 필요한 유동자산을 충분히 확보한 기업일수록 재무적 곤경에 처하게 될 가능성은 작아진다. 그러나 기업의 유동성 확보차원에서 유동자산을 무한정 많이 보유하는 것도 기업입장에서는 바람직하지 않다. 왜냐하면 유동성이 높은 자산일수록 수익은 대체로 낮기 때문이다. 예를 들어, 유동성이 가장 큰 현금의 경우 수익은 거의 발생하지 않는다. 따라서 관광기업의 재무관리자는 유동성과 수익의 상충관계를 고려한 재무의사결정을 통해, 기업의 일상적인 영업활동에 필요한 유동성을 충분히 확보하는 동시에 수익도 적절히 창출할 수 있어야 한다.

둘째, 장부가치 대 시장가치의 고려이다. 대차대조표상의 자산과 부채는 과거에 발생한 역사적 원가로 기재되기 때문에 현재의 시장가치를 충분히 반영해 주지는 못한다. 특히, 자산과 부채의 장부가치와 시장가치 사이에 차이가 클 경우, 대차대조표는 더 이상 기업의 경제적 실체를 나타내는 적절한 정보로 이용될 수 없다. 예를 들어, 어떤 관광기업이 3년 전에 1억 원을 지급하고 기계를 구입했을 경우, 이 거래로 인해 기업의 대차대조표상에는 자산의 취득원가로 1억 원이 계상되었다. 그러나 이는 어디까지나 3년 전의 자산가치일 뿐 현재의 자산가치라고는 할 수 없다. 또한 회계실무에서는 시간이 경과함에 따라 발생하는 자산가치의 감소분을 감가상각비로 계상하여 자산의 취득원가에서 차감한 것을 현재의 자산가치로 인식한다. 이러한 회계관행은 일반적으로 타당한 것으로 받아들여지지만 자산 사용에 따른 실질적 가치감소분을 정확하게 나타내지는 못한다. 이와 같이 자산과 부채의 장부가치와 시장가치의 차이로 인해 자본의 장부가치와 시장가치 사이에도 차이가 나는데, 이 경우 관광기업의 재무관리자는 역사적 원가인 자본의 장부가치보다는 경제적 실체를 보다 잘 반영해 주는 자본의 시장가치, 즉 주식의 시장가치를 기준으로 재무의사결정을 행해야 한다. 또한 투자자도 기업의 과거 자산가치보다는 미래의 경제적 이익을 기준으로 기업에 투자를 하며, 기업의 경영자도 미래의 경제적 이익을 창출하기 위해 자산에 투자하기 때문에, 관광기업 재무관리자는 의사결정기준으로 장부가치보다는 시장가치를 채택하는 것이 바람직하다. 따라서 재무관리에서 기업의 가치 또는 자산의 가치라고 할 때, 가치는 장부가치가 아닌 시장가치를 말하며, 이러한 시장가치는 궁극적으로 경제적 이익인 현금흐름으로 실현된다.

⑵ 손익계산서

① 손익계산서의 내용

대차대조표가 특정 시점에 관광기업의 재무상태를 나타내는 스냅사진이라면, 손익계산서(income statement; I/S 또는 profit & loss statement; P/L)는 특정 기간 동안에 관광기업의 경영성과를 기록한 녹화필름이라고 할 수 있다. 즉, 손익계산서는 특정 회계기간 동안 관광기업의 경영활동과 관련된 경제적 자원의 이동에 관한 정보를 제공해 주는 회계보고서로, 관광기업의 영업의사결정 결과와 이에 따른 주주의 이익(손실)에 대해 보여준다. 이와 같이 손익계산서에 나타난 이익(손실)은 기업의 경영성과평가와 더불어 대차대조표의 주주지분 증감을 파악하는데 필수적인 정보를 제공해 준다.

〈표 22-2〉 손익계산서

손익계산서(요약보고식)

200×년 1월 1일 부터 200×년 12월 31일 까지

(주)한국관광	(단위: 원)
Ⅰ. 매 출 액	×××
Ⅱ. 매 출 원 가	(×××)
Ⅲ. 매 출 총 이 익	×××
Ⅳ. 판매비와 관리비	(×××)
Ⅴ. 영 업 이 익	×××
Ⅵ. 영 업 외 수 익	×××
Ⅶ. 영 업 외 비 용	(×××)
Ⅷ. 경 상 이 익	×××
Ⅸ. 특 별 이 익	×××
Ⅹ. 특 별 손 실	(×××)
Ⅺ. 법인세비용차감전순이익	×××
Ⅻ. 법 인 세 비 용	(×××)
XⅢ. 당 기 순 이 익	×××
(주당경상이익 : ×××원)	
(주당순이익 : ×××원)	

손익계산서는 특정 회계기간 동안 인식된 수익(매출액)과 수익에 대응되는 원가나 비용에 대해 보여준다. 손익계산서에서 기업의 이익은 다음과 같이 계산하는데, 이를 손익계산서등식이라고 한다.

이익 = (수익 − 비용) + (이득 − 손실)
▲ 영업부문 ▲ 영업외부문

우리나라 기업회계기준에서는 손익항목을 매출총손익, 영업손익, 경상손익, 법인세비용차감전순손익과 당기순이익으로 구분하여 표시하도록 규정하고 있으며, 손익계산서의 기본적인 구조는 <표 22-2>와 같다.

② 관광기업경영에 있어 손익계산서 고려사항

손익계산서는 특정 회계기간 동안에 발생한 관광기업의 경영활동성과를 파악하는데 유용한 자료이며, 관광기업의 영업의사결정 결과 발생한 손익발생과정에 대해 보여준다. 그러나 대차대조표와 마찬가지로 손익계산서도 수익과 비용의 인식과 측정방법에 따라 차이가 발생하므로, 기업의 재무관리자가 필요한 재무정보를 얻기 위해서는 다음과 같은 점에 유의해야 한다.

첫째, 회계적 이익 대 현금흐름의 차이이다. 손익계산서의 회계적 이익과 현금흐름이 일치하지 않는 이유로는 다음의 세 가지를 들 수 있다. 먼저, 손익계산서의 회계적 이익은 실현주의에 의해 인식되는 수익과 수익비용대응원칙에 의해 인식되는 비용에 따라 측정되기 때문에 현금흐름과 일치하지 않는다. 예를 들어, 수익으로 인식되어 당기순이익을 구성하는 항목일지라도, 매출채권처럼 실제현금유입으로 이어지지 않는 경우가 있고, 비용으로 인식되어 당기순이익을 차감하는 항목일지라도, 미지급비용처럼 실제현금유출로 이어지지 않는 경우가 있기 때문에 회계적 이익과 현금흐름은 일치하지 않는다. 다음으로, 손익계산서 항목에는 비현금성 비용(non-cash expenses)이 존재하기 때문에 회계적 이익과 현금흐름은 일치하지 않는다. 예를 들어, 감가상각비의 경우처럼 실질적인 현금유출이 없는데도 비용으로 차감되는 항목이 있기 때문에 회계적 이익과 현금흐름은 일치하지 않는다. 마지막으로, 손익계산서는 회계처리방법의 선택 여하에 따라 비용이 과대 또는 과소평가되어 결과적으로 이익이 과소 또는 과대평가될 가능성이 있기 때문에 회계적 이익은 현금흐름과 일치하지 않는다. 예를 들어, 재고자산평가방법에 따라서도 회계적 이익은 달라질 수 있기 때문에 회계적 이익과 현금흐름은 일치하지 않는다. 관광기업의 재무관리자는 손익계산서상의 당기순이익이 많다고 해서 자금사정까지도 좋다는 것을 의미하지는 않는다는 사실을 명심해야 한다. 왜냐하면 기업의 회계장부상에는 엄청난 흑자를 기록했음에도 불구하고 심각한 자금난에 빠져 있는 기업이나 심지어는 흑자도산에 이르는 기업의 경우도 종종 있기 때문이다. 따라서 관광기업의 재무관리자는 회계적 이익과 현금흐름 중 보다 객관적 가

치평가기준인 현금흐름추정에 주력해야 하는데, 손익계산서를 통해 미래현금흐름을 추정할 경우에는, 일반적으로 특별손익항목이 포함되어 있지 않은 영업이익이나 경상이익을 통해 미래현금흐름을 추정한다.

둘째, 기회비용의 인식이다. 손익계산서의 회계적 이익에는 자기자본의 기회비용에 대해 고려해 주지 못하고 있다. 관광기업의 채권자들이 이자수익을 기대하는 것과 마찬가지로 주주들도 자신이 투자한 자금에 대해 배당수익을 기대하는데, 손익계산서에서는 채권자에게 지급된 타인자본비용(이자비용)만 계상할 뿐, 주주에게 지급된 자기자본비용에 대해서는 계상하지 않는다. 왜냐하면, 보수주의에 입각한 회계원칙에서는 추정을 필요로 하는 항목에 대해서는 인식하지 않기 때문에, 추정이 불가피한 자기자본비용에 대해서는 계상하지 않는다. 그러나 주주 자신이 투자한 자금에 대해 적절한 수익을 기대하는 권리는 채권자가 이자를 지급받을 권리만큼이나 정당한 것임을 감안해 볼 때, 타인자본비용과 마찬가지로 자기자본비용도 기업의 경제적 성과측정에 고려되어야 한다.* 따라서 관광기업의 재무관리자는 회계적 이익이 자기자본의 기회비용을 고려하고 있지 않기 때문에 진정한 의미의 성과측정치로는 적합하지 않으며, 합리적인 재무의사결정을 행하기 위해서는 자기자본비용 추정에도 각별한 관심을 기울여야 한다.

(3) 현금흐름표

① 현금흐름표의 내용

관광기업의 현금흐름과 관련된 재무정보는 관광기업의 이해관계자들에게 중요한 정보가 된다. 특히, 관광기업의 경영자, 채권자, 주주 입장에서는 회계적 이익보다도 현금흐름에 대한 정보가 더욱 중요하다. 따라서 손익계산서의 내용이 기업의 이해관계자들에게 유용한 정보가 되기 위해서는 기업의 현금흐름 특성과 변동원인에 대한 분석이 추가적으로 필요하다. 현금흐름표(statement of cash flows)는 특정 회계기간 동안에 기업의 현금흐름(현금유입과 유출내용)에 대한 정보를 제공해 주는 회계보고서로, 우리나라에서는 1995년부터 재무상태변동표 대신 현금흐름표를 작성해오고 있다. 재무상태변동표와 현금흐름표의 가장 큰 차이점은 자금(funds)의 정의를 어떻게 내리느냐에 있다. 재무상태변동표는 순운전자본 관점에서 자금의 조달과 운용내역을 파악한 것이고, 현금흐름표는 현금흐름 관점에서 자금의 조달과 운용내역을 파악한 것이다. 현금흐름표에서 현금이란 현금 및 현금등가물을 말한다.

* 이러한 맥락에서 볼 때, 최근 기업의 경영성과측정기법으로 각광받고 있는 경제적 부가가치(economic value added; EVA) 개념이 바로 주주지분의 기회비용을 고려한 이익개념이라고 할 수 있다.

현금흐름표에서는 현금흐름을 영업활동으로 인한 현금흐름, 투자활동으로 인한 현금흐름, 재무활동으로 인한 현금흐름으로 구분하여 회계기간 동안의 현금흐름의 증감을 계산한 후, 기초의 현금을 가산하여 기말의 현금을 산출하는 형식으로 표시한다. 또한 현금흐름표는 영업활동으로 인한 현금흐름의 표시방법에 따라 직접법 또는 간접법으로 작성할 수 있는데, 실무에서 많이 이용하고 있는 현금흐름표는 간접법에 의해 작성된 현금흐름표로, 기본적인 구조는 <표 22-3>과 같다.

〈표 22-3〉 현금흐름표(간접법)

현금흐름표

200×년 1월 1일 부터 200×년 12월 31일 까지

(주)한국관광	(단위: 원)
Ⅰ. 영업활동으로 인한 현금흐름	×××
1. 당 기 순 이 익(손 실)	×××
2. 현금의 유출이 없는 비용 등의 가산	×××
3. 현금의 유입이 없는 수익 등의 차감	(×××)
4. 영업활동으로 인한 자산·부채의 변동	×××
Ⅱ. 투자활동으로 인한 현금흐름	×××
1. 투자활동으로 인한 현금유입액	×××
2. 투자활동으로 인한 현금유출액	(×××)
Ⅲ. 재무활동으로 인한 현금흐름	×××
1. 재무활동으로 인한 현금유입액	×××
2. 재무활동으로 인한 현금유출액	(×××)
Ⅳ. 현금흐름의 증가(감소)(Ⅰ+Ⅱ+Ⅲ)	×××
Ⅴ. 기초의 현금	×××
Ⅵ. 기말의 현금	×××

② 관광기업경영에 있어 현금흐름표 고려사항

현금흐름표는 특정 회계기간 동안에 기업의 현금흐름을 파악하는데 유용한 자료이며, 관광기업의 영업, 투자, 자본조달결정과 관련된 현금흐름에 대해 보여준다. 그러나 기업의 재무관리자는 회계실무에서 작성하는 현금흐름표와는 달리 현금흐름등식에 입각한 현금흐름을 파악함으로써, 가치평가에 적합한 재무정보를 얻을 수 있다. 대차대조표등식으로부터 기업의 자산가치는 채권자의 타인자본가치와 주주의 주식가치의 합이라는 것을 알 수 있다. 이와 같이 기업의 자산

으로부터 발생하는 현금흐름도 자산에 대한 청구권자의 현금흐름인 채권자 현금흐름과 주주 현금흐름의 합과 일치해야 한다.

자산으로부터 발생하는 현금흐름 = 채권자 현금흐름 + 주주 현금흐름

이를 현금흐름등식이라고 하는데, 이 식에서 자산으로부터 발생하는 현금흐름, 채권자 현금흐름, 주주 현금흐름은 각각 순현금흐름을 의미한다. 또한 이를 통해 관광기업의 다양한 경영활동으로부터 현금흐름이 창출되고, 이렇게 창출된 현금흐름은 자본제공자인 채권자나 주주에게 지급된다는 것을 알 수 있다.

2 관광기업 재무

1) 관광기업 재무의사결정

관광기업은 경영활동을 수행함에 있어, 재화나 용역을 생산하기 위해 기계설비나 공장 등과 같은 유형고정자산이 필요할 뿐만 아니라 관광기업의 상표권이나 특허권 등과 같은 무형고정자산도 필요한데, 이러한 유・무형자산을 실물자산(real assets)이라 한다. 또한 관광기업의 경영활동에는 실물자산을 뒷받침해 줄 수 있는 주식이나 채권 등과 같은 금융자산(financial assets)도 필요한데, 이러한 금융자산은 실물자산 투자에 필요한 자본조달원천이 된다. 관광기업 재무는 관광기업목표를 효율적으로 달성하기 위해 실물자산의 투자결정을 행하고, 투자에 필요한 자본을 금융자산을 통해 조달하고, 투자결정결과 발생한 이익을 분배하고, 일상적인 영업활동에 필요한 자금을 지급하거나 회수하는 일련의 재무의사결정과정이다. 따라서 관광기업의 재무활동은 다음과 같이 투자의사결정(investment decision), 자본조달결정(financing decision), 운전자본관리(working capital management) 등으로 나눌 수 있다.

첫째, 투자의사결정과 관련하여 투자는 미래의 경제적 자원을 획득하기 위해 현재의 경제적 자원을 희생하는 행위로 기업활동에 필요한 실물자산과 관련된 의사결정이다. 따라서 기업에서는 실물자산투자로 발생하는 미래현금흐름의 규모, 시기, 위험 등을 고려하여 최적자산믹스(optimal asset mix)를 구성하여야 한다. 이러한 투자의사결정은 주로 기업의 장기적인 투자안을

계획하고 평가한다는 점에서 자본예산편성(capital budgeting)이라고 한다.

둘째, 자본조달결정과 관련하여 실물자산투자에 필요한 자본은 금융시장을 통해 조달할 수 있으므로, 기업에서는 자본조달결정에 따른 주식이나 채권의 발행비용, 규모, 형태 등을 고려하여 최적자본믹스(optimal financing mix)를 구성하여야 한다. 이러한 자본조달결정은 주로 기업의 장기적인 자본조달을 계획하고 평가한다는 점에서 자본구조(capital structure)라고 한다. 또한 투자와 자본조달결정으로 발생하는 기업의 이익에 대한 배당결정은 기업의 내부자본조달결정문제로 광의의 자본조달결정에 포함시킬 수 있다.

셋째, 운전자본관리와 관련하여 관광기업의 운전자본관리는 유동자산과 유동부채로부터 발생하는 단기현금흐름과 관련된 일상적인 의사결정을 말한다. 따라서 기업에서는 단기현금흐름의 규모, 시기, 위험 등을 고려하여 최적운전자본을 구성하여야 한다. 지금까지 살펴본 관광기업의 재무의사결정을 대차대조표상에 나타내면 다음과 같다.

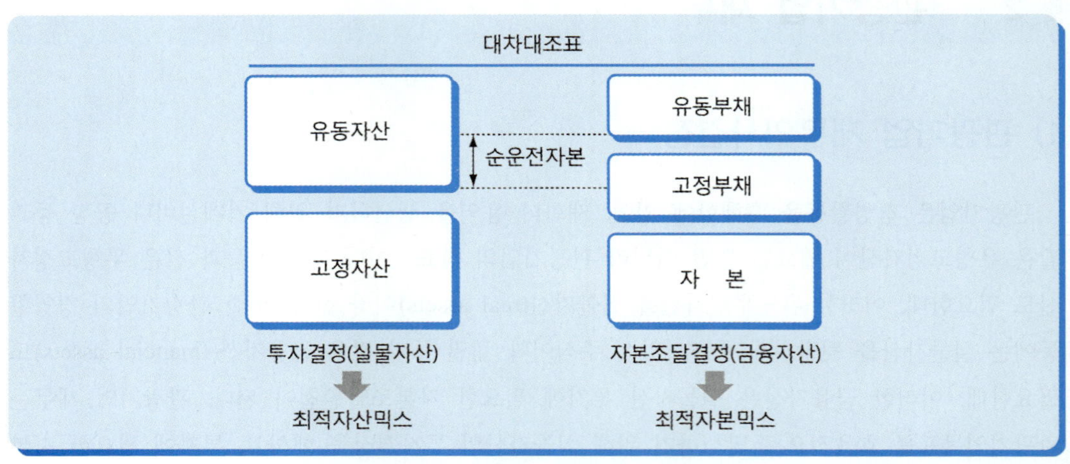

[그림 22-1] 대차대조표상에 나타난 관광기업의 재무의사결정

[그림 22-1]에서 실물자산과 관련된 투자의사결정은 대차대조표 차변, 금융자산과 관련된 자본조달결정은 대차대조표 대변에 나타낼 수 있다. 또한 유동자산과 유동부채와 관련된 운전자본관리는 대차대조표 차변과 대변 양쪽에 걸쳐 나타낼 수 있다.

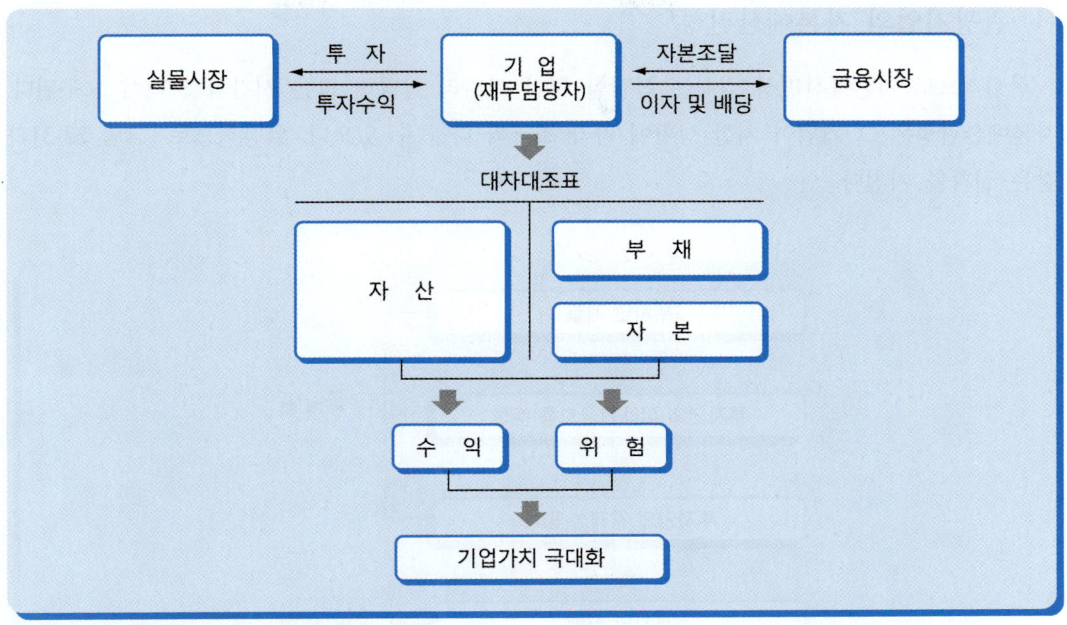

[그림 22-2] 관광기업 재무의 목표

2) 관광기업 투자의사결정

관광기업에서 행하는 투자의사결정은 미래에 보다 큰 경제적 이익을 실현하기 위해 관광기업 활동에 필요한 여러 자산에 자금을 투입하는 것으로, 오늘날과 같이 급변하는 경영환경 속에서 수익성 있는 자산에 대한 투자의사결정문제는 관광기업의 중요한 재무의사결정이다. 특히, 거액의 자금이 소요되고 그 효과가 1년 이상 지속되는 고정자산 취득과 관련된 기업의 투자는 더욱 중요한데, 이러한 투자결정과정을 자본예산편성(capital budgeting)이라고 한다.

자본예산편성은 투자효과가 1년 이상인 장기투자와 관련된 총괄적인 계획수립과정으로, 투자기회를 개발한 후 각 투자안의 현금흐름을 추정하고, 경제성을 비교·분석하여 최적투자안을 선택하는 과정이다. 물론, 자본예산편성도 기업의 목표인 기업가치 극대화에 부합되어야 하므로, 관광기업의 재무관리자는 투자로부터 발생하는 기대현금흐름과 위험을 적절히 고려하여 관광기업의 가치를 극대화시킬 수 있는 최적투자수준을 결정할 수 있어야 한다.

(1) 관광기업의 자본예산편성

현실적으로 자본예산편성 절차는 복잡할 뿐만 아니라 상당히 많은 시간과 노력이 요구된다. 자본예산편성은 그 기업이 처한 상황에 따라 조금씩 다를 수 있으나, 일반적으로 [그림 22-3]과 같은 절차를 거친다.

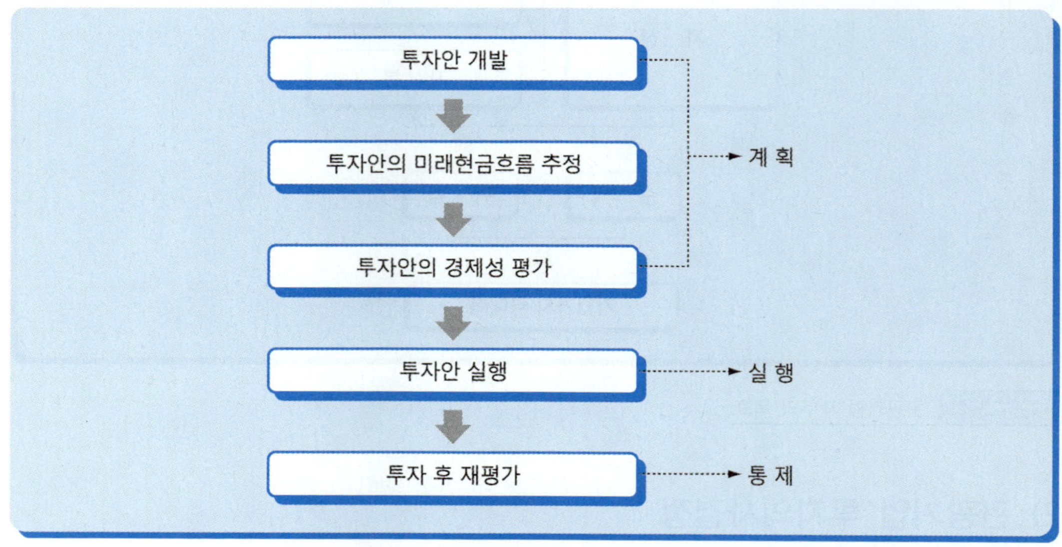

[그림 22-3] 자본예산편성 절차

첫째, 기업의 경영전략이나 투자방침에 부합되는 투자안을 개발해야 한다. 따라서 투자안 개발단계에서는 재무관리자뿐만 아니라 연구개발, 생산, 마케팅관리자 등도 새로운 투자안 개발에 동참한다. 둘째, 선택가능한 각 투자안에 대한 정보수집을 통해 미래현금흐름을 추정한다. 셋째, 투자안으로부터 기대되는 미래현금흐름에 대해 시간과 위험을 고려하여 투자안의 경제성을 분석한 다음, 이를 근거로 기업가치를 극대화시킬 수 있는 최적투자안을 선택한다. 재무관리자는 자본예산편성 절차 중 주로 투자안의 현금흐름추정이나 경제성 평가단계에 관여한다. 넷째, 최적투자안으로 선택된 투자안을 계획대로 집행해 나가야 한다. 이 단계에서는 주로 투자의 진행상황을 감독·지휘하는 일선관리자(line manager)나 예산집행과 관련된 회계관리자 등이 관여한다. 다섯째, 투자안의 실행결과가 기업목표 달성에 어느 정도 기여했는가를 평가하여 적절한 후속조치를 취해야 한다.

(2) 관광투자안의 현금흐름추정

① 투자시점의 현금흐름

투자시점에서는 아직 영업활동을 시작하지 않았기 때문에 영업활동으로 인한 현금흐름은 발생하지 않는다. 한편 대체투자안의 경우, 구자산 대체에 필요한 신자산의 구입가격과 이와 관련된 부대경비는 신자산의 취득원가이므로, 투자안의 현금유출로 처리한다. 만약 투자세액공제혜택이 주어진다면, 관광기업에서는 납부해야 할 법인세에서 투자금액의 일정비율만큼의 법인세를 공제받을 수 있기 때문에, 투자세액공제액만큼을 투자안의 현금유입으로 처리한다. 또한 투자안에 있어, 신자산 구입과 동시에 구자산을 처분할 수 있을 경우에는 구자산 처분과 이에 관련된 세금효과를 감안하여 투자안의 현금흐름에 반영해 주어야 한다. 마지막으로, 투자안과 관련된 순운전자본 투자액이 있을 경우에는 순운전자본 투자액을 투자안의 현금유출로 처리한다. 따라서 투자시점의 현금흐름은 다음과 같다.

$$CF_0 = -I + ITC + DV_0 - (DV_0 - SV_0)t - NWC$$

위에서 CF_0는 투자시점의 현금흐름, I는 신자산의 취득원가, ITC는 투자세액공제, DV_0는 구자산의 처분가치, SV_0는 구자산의 잔존가치, t는 법인세율, NWC는 순운전자본 투자액을 나타낸다.

② 투자기간 동안의 현금흐름

관광기업에서는 투자안 실행에 따라 투자기간 동안에 영업현금흐름이 발생하는데, 이러한 영업현금흐름은 앞서 살펴본 세후증분영업현금흐름에 관한 식 (6-3)을 이용하여 추정할 수 있다. 또한 투자기간 동안의 추가적인 순운전자본 증감도 투자안의 현금흐름에 반영해 주어야 한다. 따라서 투자기간 동안의 현금흐름은 다음과 같이 추정해 볼 수 있다.

$$\Delta CF_{1\sim(n-1)} = (\Delta R - \Delta C)(1-t) + \Delta Dt \pm \Delta NWC$$

위에서 $\Delta CF_{1\sim(n-1)}$는 투자기간 동안의 증분현금흐름, ΔR은 증분매출액, ΔC는 현금지출이 수반된 증분영업비용, ΔD는 증분감가상각비에 대한 절세효과, ΔNWC는 증분순운전자본을 나타낸다.

③ 투자종료시점의 현금흐름

관광기업에서는 투자종료시점인 마지막 투자연도에도 영업활동을 수행하므로, 이로부터 발생하는 현금흐름인 세후증분영업현금흐름은 투자안의 현금유입으로 처리한다. 또한 잔존가치는 증분개념이 적용되므로 신자산의 잔존가치에서 구자산의 잔존가치를 차감해 준 값을 투자안의 현금유입으로 처리한다. 물론, 잔존가치와 처분가치가 다를 경우에는 이에 대한 세금효과도 투자안의 현금흐름에 반영해 주어야 한다. 그리고 투자에 따른 순운전자본은 투자종료시점에 전액 현금유입되는 것으로 처리한다. 따라서 투자종료시점의 현금흐름은 다음과 같이 추정해 볼 수 있다.

$$\Delta CF_n = (\Delta R - \Delta C)(1-t) + \Delta Dt + \Delta DV_n - (\Delta DV_n - \Delta SV_n)t + \Delta NWC$$

위에서 ΔCF_n 는 투자종료시점의 증분현금흐름, ΔDV_n는 투자종료시점의 자산처분가치의 증분(신자산의 처분가치－구자산의 처분가치), ΔSV_n: 투자종료시점의 자산잔존가치의 증분(신자산의 잔존가치－구자산의 잔존가치)을 나타낸다.

(3) 관광투자안의 경제성 평가

관광투자안의 경제성 평가는 위와 같이 추정된 현금흐름을 토대로 회수기간법(payback period method), 할인회수기간법(discounted payback period method), 순현가법(net present value method; NPV), 수익성지수법(profitability index method; PI), 내부수익률법(internal rate of return method; IRR) 등을 활용하여 의사결정할 수 있으나, 이 중 순현가법을 활용하는 방법이 대표적이다. 순현가법은 관광투자로부터 기대되는 미래 현금유입액을 자본비용으로 할인한 현금유입액의 현가에서 현금유출액의 현가를 차감한 순현가를 기준으로 관광투자안의 경제성을 평가하는 방법으로 다음과 같이 계산한다.

$$NPV = \sum_{t=1}^{n} \frac{\widetilde{CI}_t}{(1+k)^t} - CO_0$$

위에서 NPV는 관광투자안의 순현가, $\widetilde{CI_t}$ 는 관광투자로부터 발생하는 t시점의 기대현금유입액, CO_0는 관광투자안의 현금유출액, k는 관광투자안의 자본비용. n은 관광투자안의 기대내용연수를 나타낸다. 순현가법을 이용한 관광투자결정에서는 고려 중인 관광투자안의 순현가를 계산하여 그 값이 0보다 크거나 같으면 채택하고, 0보다 작으면 기각한다. 이 경우, 고려 중인 투자안이 상호독립적이라면 순현가가 0 이상인 투자안은 모두 채택하고 그렇지 않은 투자안은 모두 기각한다.

투자안의 $NPV \geq 0$ ⇨ 관광투자안 채택
투자안의 $NPV < 0$ ⇨ 관광투자안 기각

한편 관광기업에서 고려 중인 투자안들이 상호배타적이라면 다음과 같이 순현가가 0 이상인 투자안들 중 가장 큰 순현가를 갖는 관광투자안을 채택한다.

투자안의 $NPV \geq 0$ ⇨ 투자안들 중 순현가가 가장 큰 투자안 채택

3) 관광기업 자본조달결정 및 운전자본관리

(1) 관광기업의 자본조달결정 및 자본구조이론

관광기업에서 행하는 자본조달결정의 결과는 자본구조의 형태로 나타난다. M&M(M. H. Miller & F. Modigliani)은 1958년의 자본구조 무관련이론을 수정하여 1963년에 법인세를 고려한 자본구조이론을 발표하였다. 그들에 의하면 완전자본시장 가정에서 법인세를 고려할 경우, 기업에서는 부채사용에 따른 법인세 절세효과가 발생한다. 따라서 기업에서 부채를 많이 사용할수록 기업가치도 증가한다고 주장하였는데, 이를 M&M의 수정이론이라고 한다. 여기서는 법인세를 고려할 경우, 기업의 레버리지 변경에 따른 기업가치 변화를 살펴본다. 완전자본시장에서 법인세를 고려할 경우, 수정된 M&M의 제1명제와 제2명제는 다음과 같으며, 재무적 곤경비용을 고려할 경우, 자본조달결정에 따른 기업가치는 [그림 22-4]와 같다.

M&M의 제1명제: 부채기업의 가치는 무부채기업의 가치와 법인세 절세액의 현가를 합한 것이다.

M&M의 제2명제: 부채기업의 자기자본비용은 무부채기업의 자기자본비용과 부채사용에 따른 세후위험프리미엄의 합이다.

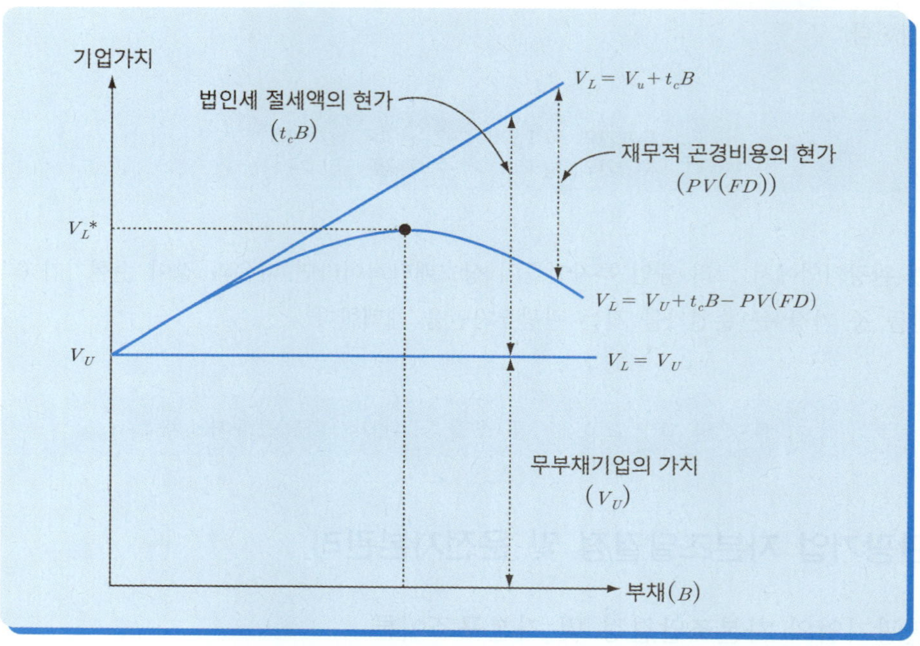

[그림 22-4] 재무적 곤경비용과 기업가치

(2) 관광기업의 운전자본관리

관광기업의 투자의사결정, 자본조달결정이 1년 이상의 장기재무의사결정인 반면 1년 이내의 투자와 자본조달에 관련된 단기재무의사결정을 운전자본관리라고 한다. 장기 재무의사결정은 현금 및 시장성유가증권, 재고자산, 매출채권 등과 같이 1년 이내에 현금으로의 전환이 용이한 유동자산의 투자와 관련된 의사결정인 동시에 매입채무, 단기차입금 등과 같이 상환기간이 1년 이내에 도래하는 유동부채의 조달과 관련된 의사결정을 의미한다. 관광기업의 재무관리자가 수행하는 대부분의 일상업무가 유동자산과 유동부채에 관련된 단기재무의사결정이라는 점을 고려할 때, 단기재무의사결정은 장기재무의사결정 못지않게 중요하다는 것을 알 수 있다. 그리고 이러

한 단기재무의사결정의 중요성은 최근에 기업의 수익성뿐만 아니라 유동성 측면이 부각되면서 더욱 강조되고 있으며, 이러한 현상은 중소기업으로 갈수록 더욱 현저하게 나타난다. 왜냐하면 중소기업의 경우, 일정기간 동안 임차료를 지급하는 리스계약을 통해 고정자산의 투자문제는 해결할 수 있으나 일상적인 영업활동에 수반되는 유동자산의 투자문제는 해결할 수 없기 때문이다. 따라서 상대적으로 규모가 열악한 중소기업이 대다수인 관광기업에서는 유동자산 투자와 관련된 단기재무의사결정이 상대적으로 중요하다. 또한 장기부채를 통한 자금조달이 용이하지 않은 중소기업으로서는 유동부채에 대한 의존도가 높을 수밖에 없으므로 중소기업에서의 유동부채 조달과 관련된 단기재무의사결정도 대기업에 비해 상대적으로 중요하다. 한편 기업의 매출액이 증가하면 현금, 매출채권, 재고자산 등이 증가할 뿐만 아니라 이에 따른 매입채무, 단기차입금 등도 증가하기 때문에 단기재무의사결정의 중요성은 더욱 부각된다.

이 중 현금관리는 20세기 후반부터 이자율 상승으로 인해 현금보유에 따른 기회비용이 증가하고 컴퓨터 정보통신의 발전으로 인해 효율적인 현금관리가 가능해지면서 재무관리자의 주요 업무 중 하나가 되었다. 현금은 기업의 영업활동 수행에 반드시 필요한 자산임에도 불구하고 현금 자체는 수익이 없는 무수익성 자산이다. 따라서 현금관리의 목표는 현금이 필요할 때 즉각적으로 대처할 수 있으면서도 현금보유에 따른 기회비용을 최소화시키는 최적보유수준을 결정하는 것과 현금흐름주기를 단축시킴으로써 유동자산 투자에 필요한 자금조달액을 감소시키는 방법을 모색하는 것으로 요약할 수 있으며, 관광기업의 현금유입과 유출과정을 살펴보면 [그림 22-5]와 같다. [그림 22-5]에서 현금유입은 대차대조표의 차변항목이 감소하는 경우와 대변항목이 증가하는 경우로 나누어 볼 수 있다. 대차대조표의 차변항목이 감소하는 경우는 시장성유가증권 처분, 고정자산 처분, 제품 판매, 매출채권 회수 등을 들 수 있고, 대변항목이 증가하는 경우는 채권이나 주식의 발행, 금융기관으로부터 차입 등을 들 수 있다. 한편 [그림 22-5]에서 현금유출은 대차대조표의 차변항목이 증가하는 경우와 대변항목이 감소하는 경우로 나누어 볼 수 있다. 대차대조표의 차변항목이 증가하는 경우는 고정자산 투자, 재고자산 투자, 시장성유가증권 매입 등을 들 수 있고, 대변항목이 감소하는 경우는 원리금 지급, 배당금 지급 등을 들 수 있다.

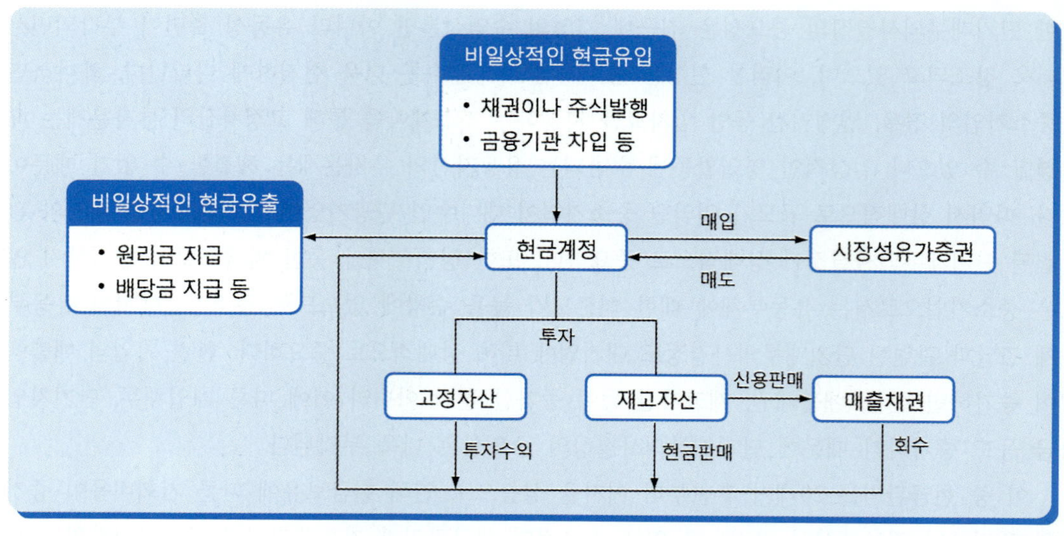

[그림 22-5] 현금유입과 유출과정

관광기업의 재무관리자는 기업의 영업활동에 지장을 초래하지 않는 범위 내에서 현금보유수준을 낮춤으로써 효율적인 현금관리를 행할 수 있다. 이와 같이 기업의 현금보유수준이 낮을수록 효율적인 현금관리가 가능한 이유는 무수익성 자산인 현금의 보유수준이 낮을수록 기업에서는 현금보유에 따른 기회비용을 감소시킬 수 있기 때문이다. 이를 위해 첫째, 관광기업 재무관리자는 현금지급주기와 현금회수주기를 일치시킴으로써 현금관리를 효율적으로 행할 수 있다. 예를 들어, 어떤 기업에서 원재료 구입대금을 1주일 단위로 현금지급하고 제품의 신용판매에 의한 현금회수도 1주일 단위로 이루어진다면 이 기업의 현금회수주기와 현금지급주기는 일치하므로 현금흐름을 동시화시킬 수 있다. 이와 같이 현금흐름을 동시화시킨다는 것은 현금흐름주기가 0이 된다는 의미이다. 이를 통해 기업에서는 현금보유수준을 낮출 수 있으므로 현금보유에 따른 기회비용을 감소시킬 수 있다. 둘째, 관광기업의 상품판매는 모두 현금결제되지 않고 수표나 카드 등 신용을 통해서도 결제된다. 따라서 재무관리자가 효율적인 현금관리방법을 마련하기 위해서는 이와 관련된 현금회수 촉진방법과 현금지급 통제방법에 대해서도 고려해야 한다. 관광기업의 수표결제과정(check clearing process)은 대체로 다음과 같이 이루어진다.

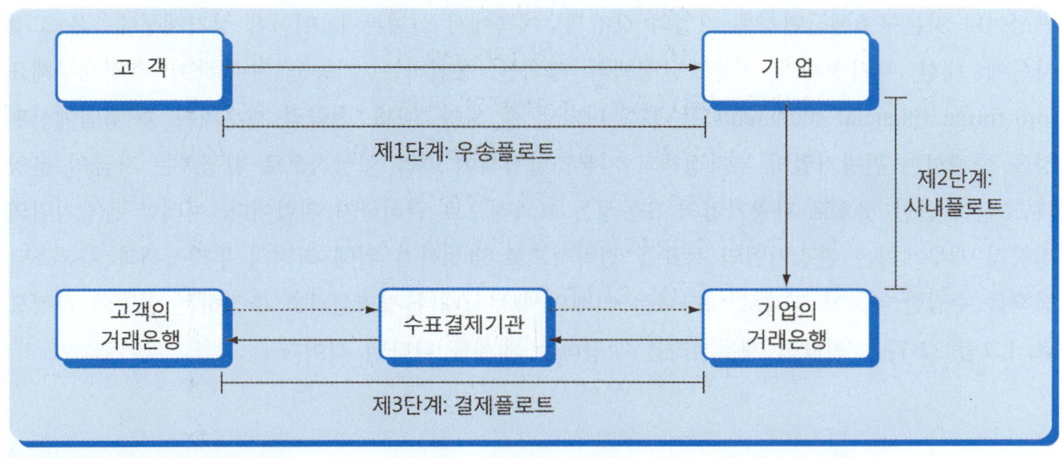

[그림 22-6] 수표결제과정

3 관광기업 재무전략과 재무예측

1) 관광기업 재무전략

관광기업의 가치 극대화라는 목표를 달성하기 위해서는 관광기업에 적합한 재무전략을 수립한 후, 이에 따라 투자, 자본조달, 영업계획 등의 전략적 재무계획을 마련하여 이를 실행하여야 한다. 기업의 전략적 재무계획은 투자정책과 자본조달정책을 통합하여 관리하는 활동이다. 재무관리자는 기업의 새로운 투자기회, 부채조달능력, 현금보유수준 등을 고려하여 기업의 목표를 효과적으로 달성할 수 있는 투자결정, 자본조달결정, 운전자본결정 등의 전략적 재무계획을 수립해야 한다. 이와 같이 관광기업의 투자정책과 자본조달정책에 근거하여 수립하는 전략적 재무계획은 투자결정과 관련된 자본예산편성, 자본조달결정과 관련된 자본구조예산편성, 운전자본결정과 관련된 영업예산편성 등으로 구성된다.

첫째, 전략적 재무계획 중 자본예산편성을 통해서는 관광기업의 투자정책에 따른 투자기회의 경제성을 평가함으로써 기업의 목표를 효과적으로 달성할 수 있다. 둘째, 전략적 재무계획 중 자본구조예산편성을 통해서는 관광기업의 자본조달정책에 따른 자본조달의 원천, 규모, 시기 등을 평가함으로써 기업의 목표달성에 기여할 수 있다. 한편 기업의 전략적 재무계획 중 자본예산편성이나 자본구조예산편성은 기업의 장기재무예측에서 살펴본다. 이러한 장기재무예측은 고정자산에 대한 투자정책과 자본조달정책의 결과를 통합하는 기능을 수행하며 추정재무제표(pro-forma financial statements)를 통해 나타낼 수 있다. 셋째, 전략적 재무계획 중 영업예산편성을 통해서는 관광기업의 투자정책과 자본조달정책에 따라 일상적으로 발생하는 자금의 운영과 조달에 관한 것으로 관광기업의 유동성을 효과적으로 관리하기 위함이다. 이러한 관광기업의 전략적 재무계획은 관광기업의 목표를 전략적으로 달성하기 위해 최적의 투자정책과 자본조달정책을 수립한 후, 그 결과로 나타나는 미래의 재무상태나 경영성과를 추정하는 일련의 과정으로, [그림 22-7]은 전략적 재무계획을 수립하는 체계를 나타낸 것이다.

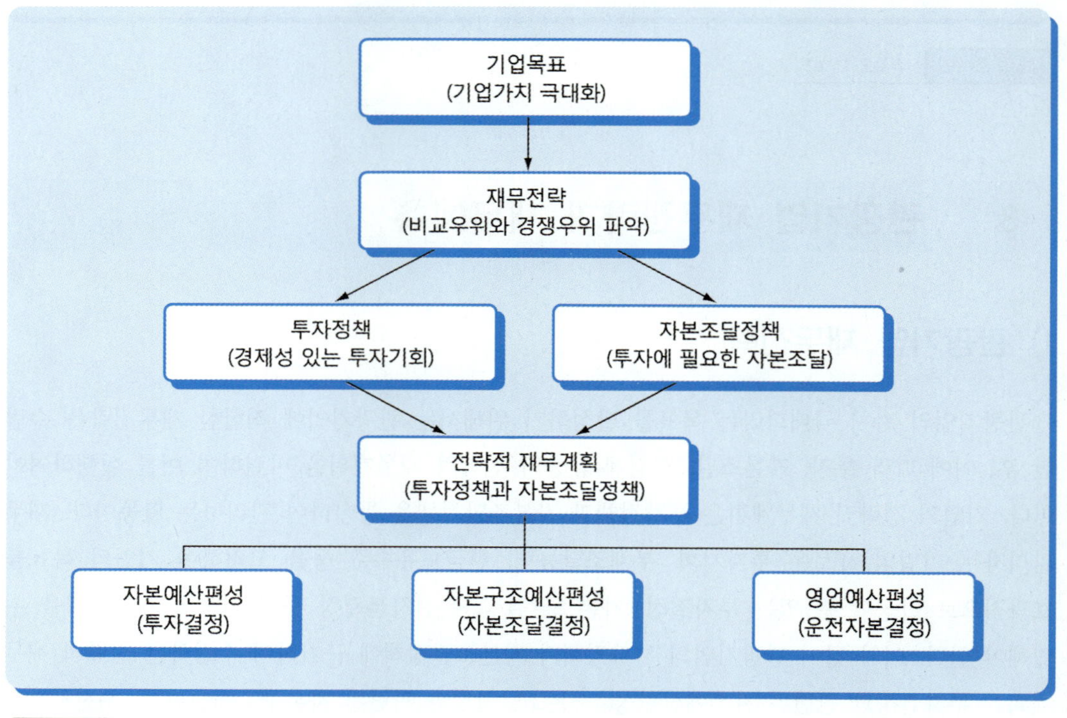

[그림 22-7] 전략적 재무계획의 수립

관광기업의 전략적 재무계획은 기본적으로 미래의 경제여건에 대한 예측에 근거하여 수립한다. 따라서 경제여건이 예상과 다를 경우에 대비하여 재무계획을 탄력적으로 수립할 필요가 있다. 예를 들어, 경제여건이 호황일 경우, 현재 수준으로 유지될 경우, 불황일 경우 등으로 세분

화하여 각각의 경우에 적합한 재무계획을 수립하는 것이 바람직하다. 또한 관광기업의 장기 재무전략은 매출액 백분율법(the percentage of sales method)에 토대한 추정재무제표(pro-forma financial statement)를 활용하는 방법이 널리 활용되고 있으며, 매출액 백분율법의 제1단계는 추정재무제표 작성에서 가장 중요한 매출액을 추정하는 것이다. 또한 제2단계는 과거의 재무자료를 이용하여 계정과목 중 매출액 변화와 관계가 있는 계정과목과 그렇지 않은 계정과목으로 구분하는 것이며, 제3단계는 추정된 매출액을 기준으로 재무제표의 계정과목 중 매출액 변화와 관계가 있는 계정과목을 추정하는 것이다. 그리고 마지막으로 제4단계는 투자에 필요한 자금조달액을 추정하고 자금조달방법을 결정하여 추정재무제표를 작성하는 것이다. 일반적으로 관광기업에서는 매출액이 증가함에 따라 자산에 대한 투자액도 증가한다. 그리고 자산에 대한 투자액이 증가함에 따라 부채나 자본도 증가해야 하므로, 이에 상응하는 자금을 추가적으로 조달해야 한다. 그리고 자금을 단기차입금으로 조달하거나 사채 또는 보통주를 발행하여 조달할 수 있을 뿐만 아니라 단기차입금, 사채, 보통주를 적절히 결합하여 조달할 수도 있다. 한편 이러한 자금조달방법은 관광기업의 위험과 수익에 영향을 미치기 때문에 재무관리자는 관광기업의 경영환경에 적합한 자금조달방법을 결정해야 한다.

2) 관광기업의 장기재무예측

관광기업 재무관리자는 기업의 미래 매출액성장률을 추정한 후, 이를 바탕으로 적합한 재무정책을 수립해야 한다. 이러한 관광기업의 재무정책수립에 기초가 되는 미래 매출액성장률 추정과 관련하여 내부성장률(internal growth rate; g_I)은 기업에서 외부자금을 전혀 이용하지 않고 달성할 수 있는 최대한도의 매출액성장률이다. 즉, 내부성장률은 기업에서 유보이익(내부금융)으로만 자금조달했을 경우에 달성할 있는 최대한도의 매출액성장률을 의미하는 것으로 다음과 같이 나타낼 수 있다. 아래에서 ROA는 총자산수익률, b는 배당성향을 나타낸다.

$$g_I = \frac{ROA \times b}{1 - ROA \times b}$$

또한 지속가능성장률(sustainable growth rate; g_S)은 기업에서 부채비율을 증가시키지 않고 달성할 수 있는 최대한도의 매출액성장률이다. 즉, 지속가능성장률은 기업에서 부채비율(＝부채총계/자본총계)을 일정하게 유지하면서 달성할 수 있는 최대한도의 매출액성장률을 의미하며,

다음과 같이 나타낼 수 있다. 아래에서 ROE는 자기자본수익률을 의미한다.

$$g_S = \frac{ROE \times b}{1 - ROE \times b}$$

※ ROE: 자기자본수익률

3) 관광기업의 단기재무예측

관광기업 재무관리자는 장기재무예측 시 추정재무제표를 통해 관광기업의 투자와 자본조달정책을 수립함으로써 매출액성장률 달성에 필요한 재무정보를 얻을 수 있었다. 그러나 장기재무예측을 통해서는 관광기업의 투자와 자본조달정책에 따라 발생하는 일상적인 자금소요액이나 자금조달방법과 관련된 재무정보는 얻을 수 없다. 단기재무예측은 1년 이내의 일정기간 동안 관광기업의 현금 유・출입이 어느 정도 발생할 것인가를 예측하고, 이를 근거로 유동자산 투자정책과 유동부채 조달정책을 수립하는 일련의 과정이다. 재무관리자는 단기재무예측을 통해 일상적인 자금소요액을 예측함으로써 잉여자금의 투자규모나 시기뿐만 아니라 부족한 자금의 조달규모나 시기를 결정할 수 있다. 나아가 단기재무예측을 통해 유동성 부족으로 인한 재무적 곤경의 가능성도 추정할 수 있기 때문에 단기재무예측은 운전자본관리와 밀접한 관계가 있다. 이와 같이 관광기업 재무관리자는 장기재무예측을 통해 매출액성장률을 지속적으로 유지함과 동시에 단기재무예측을 통해 매출액성장률을 유지하는데 필요한 유동자산의 규모를 추정하여 자금소요액이나 자금조달방법을 결정함으로써 관광기업의 가치를 극대화시켜야 한다.

이를 위해 관광기업에서 활용할 수 있는 방법이 현금예산(cash budgeting)으로, 이를 이용하여 기업의 기간별 현금유입액과 현금유출액을 예측하여 현금잔고와 자금부족액을 분석하는 단기재무예측을 행한다. 현금예산(cash budget)은 미래 일정기간 동안 발생하는 현금유입액과 현금유출액을 예측하는 것으로, 재무관리자의 의도에 따라 1년, 반기별, 분기별, 월별, 주별, 일별 등의 단위로 작성할 수 있다. 이를 통해 재무관리자는 관광기업의 일상적인 영업활동에 필요한 자금의 크기를 파악함으로써 잉여자금이나 부족한 자금을 효율적으로 관리할 수 있다.

미 주

1) Liaquat. A.(2009). *Lords of Finance*. Penguin USA.

2) Griffin(2009). Kaplan MBA: Accounting and Finance. Kaplan.

3) Jegers, Marc(2003). The Sustainable Growth Rate of Non-Profit Organizations: The Effect of Efficiency, Profitability and Capital Structure. *Financial Accountability & Management*, 19, 309-313.

4) Conrad, Jennifer, & Gautam Kaul(1998). An Anatomy of Trading Strategies. *Review of Financial Studies*, 11, 489-520.

5) Vasiliou, Dimitrios, & John, Karkazis(2002). The Sustainable Growth Model in Banking: An Application to the National Bank of Greece. *Managerial Finance*, 28, 20-26.

6) Ardalan, & Kavous(2008). On the Role of Paradigms in Finance. Ashgate.

7) Olson, Gerard T., & Michael S. Pagano(2005). A New Application of Sustainable Growth: A Multi-Dimensional Framework for Evaluating the Long Run Performance of Bank Mergers. *Journal of Business Finance & Accounting*, 32, 1995-2036.

8) Eckbo, B. Espen(2008). Handbook of Corporate Finance, Empirical Corporate Finance. Elsevier.

저자약력

김기태(金己台) 현_경주대학교 관광경영학과 교수

저자 김기태는 경북대학교 경영학 학사, 경영학 석사, 경영학 박사 수료 및 경주대학교 관광학 박사학위를 취득하였다. 대한건설환경학회 이사 및 한국관광학회 편집간사를 역임하였으며, 저서 『관광기업경영분석』『사이버관광벤처창업론』『관광이벤트조사이해』『항공예약실무론』 등과 "관광산업의 FDI유치 활성화를 위한 경제적 요인 분석" "한국관광산업의 지속가능성장률에 관한 연구" "Fuzzy AHP모형에 의한 관광자원 가치평가에 관한 연구" "Study of Optimal Risk Management Strategy in Korean Culture & tourism Industry" 등의 논문을 통해 활발한 학술적 성과를 발표하고 있으며 후진 양성과 학회의 발전에 힘쓰고 있다.

『관광학총론』 스물세 번째 이야기

제23장

관광정보

구 태 회*

1 관광정보의 개요

1) 관광 정보기술의 필요성

지난 1990년대 초반부터 관광산업에서 관련 기업들로부터 집중적인 관심을 받고 또 중요한 수단으로 인식되기 시작한 정보기술은 그 기술을 도입하는 관광기업의 내적 운영 효율성 향상에 기여하였다. 더 나아가서 정보기술이 여행 목적지라는 특정 지역의 경쟁력 향상, 목적지 내에서 활동하는 이해 당사자들(가령, 관광기업, 기관 및 NGO 등) 간의 효율적인 협력, 또 사업영역 확장 수단의 제공이라는 핵심적 역할을 함으로써 관광 사업 경영자들에게 그 전략적 필요성을 각인시켜왔다. 따라서 여타의 산업과 마찬가지로 관광산업에서도 정보기술은 사업 경영에서의 성과 향상을 위한 핵심역량으로 자리매김하였다. 이를 계기로 관광산업의 상품 유통과 거래 활성화를 위한 생명선이 되어 차별화된 정보기술을 효율적으로 사용하지 못하거나 관련 기업 상호간에 필요한 정보를 적절히 이용하지 못하는 경영자는 결국 도태될 수밖에 없는 첨예한 경쟁환경을 불러왔다.[1)]

이러한 주장을 할 수 있는 근거는 관광기업 경영자들이 경제활동을 수행할 때 사업의 소중한 자원이 되는 정보를 수집하고, 그 정보를 적절히 가공 및 응용하여 기업 성장을 위한 새로운 발전 방안을 제시하였고, 또 정보내용을 상호 교환함으로써 기업의 경영성과에 공헌했다는 학술적

* 안산공과대학 호텔외식산업과 교수(현 대한관광학회 편집위원). e-mail: ts9823085@hanmail.net

검증이 지속적으로 선행되어 왔다는 데서 찾을 수 있다.

관광상품 거래의 경우, 유형의 상품과 달리 소비행위가 그 상품을 실제로 소비하는 시점보다 한참 전에 발생하고 또 상품 구매 초기에 소비자는 실제 소비 장소로부터 먼 곳에 거주하는 경우가 많기 때문에 과거에는 상품 소개를 위해 인쇄물이나 시청각 자료 등에 크게 의존하였다. 이런 상품의 특징으로 인해 관광기업 경영현장에서 고객의 욕구를 충족시키기 위해서 신속하고 정확한 상품정보를 제공할 수단을 확보하는 것은 경영자들의 중요한 관심사였다. 오늘날 여행 경험이 많은 관광객은 차별화된 독특한 관광상품을 선호할 뿐 아니라 맞춤 상품을 직접 창출하고 또 구매하기 위해 인터넷 기반의 정보기술 예약시스템에 의존하고 있기 때문에 정확한 정보와 그 정보 전달기술의 확보는 과거의 매체에 의존하던 시절보다 훨씬 더 기업 경쟁력과 관계가 있다. 이와 같은 현상은 지난 2008년 북미 지역의 여행 통계를 보면 정확한 판단이 가능하다. 즉, 2008년 미주 지역에서 발생한 순수 관광 예약 가운데 55%가 정보기술 기반인 온라인 수단을 통해 이루어졌고, 상용 관광 예약은 총 규모의 40%가 온라인에서 진행되었다.[2] 이러한 까닭에 관광 정보기술이 관광 관련 기업의 효과적 경영, 부가가치 창출 그리고 심지어 종업원 업무 매뉴얼 구성 및 교육 방법에까지 지대한 영향을 끼칠 수 있다[3]는 선행 연구자들의 주장은 매우 합당하다고 할 수 있다.

2) 관광 정보기술의 등장과 전망

관광 정보라는 개념이 일반화되기 시작한 것은 1990년대에 등장한 인터넷과 World Wide Web의 확산에서 비롯된다. 다시 말해서 관광기업들이 그러한 정보기술을 기반으로 다양한 다중매체와 interface를 통해 실시간으로 또 장소의 한계를 초월하여 상품과 서비스를 소개할 수 있게 되면서부터라 할 것이다.[4] 물론 일반적으로 알려진 개방형 네트워크 즉, 인터넷 기반의 정보 개념은 그리 먼 옛날의 이야기는 아니다. 그러나 뒤에서 언급할 폐쇄형 관광 전문 네트워크인 GDS(Global Distribution System)의 사용을 정보기술 도입기로 보면, 관광산업에서의 정보기술 등장은 그 시기가 훨씬 더 전으로 거슬러 올라간다. 따라서 이미 오래 전부터 이 GDS를 적극적으로 개발하고 또 그 기술을 효과적으로 사용하였다는 점으로 평가할 때, 관광산업의 정보기술 발전은 타 산업에 비해 더 빨리 시작되었다고 해도 과언이 아닐 것이다. 이처럼 관광기업들의 정보기술에 대한 획기적 투자에 따라 고객은 일찌감치 온라인 환경에서 더 많은 정보를 검색하고, 자신이 필요로 하는 관광상품을 신속히 구매할 수 있게 되었다. 그리고 관광기업들도 기업 상품을 세계적으로 알리면서 동시에 고객과 직접적인 거래 관계를 돈독히 형성할 기회를 포착

하게 되었던 것이다.

정보기술은 관광산업의 핏줄과 같아서, 그 기술을 효과적으로 사용하는 기업이 글로벌 환경에서 경쟁우위 확보를 선점할 수 있을 것[5]이라는 주장은 아무리 강조해도 지나치지 않다. 또한 정보기술은 관광산업 전반에 걸쳐 급속히 확산됨에 따라 관련 기업들 대부분이 정보기술이라는 키워드로부터 동떨어질 수 없음 또한 사실이다. 특히 지난 15년여에 걸쳐 급격히 진행된 정보기술의 혁명은 관광기업들 간의 효율적인 협력과 고객의 용이한 구매행동을 가능하게 하여 관광기업 경영에 긍정적인 비전을 제시하고 있다.

관광기업들이 정보기술 도입을 중요하게 고려해야 하는 이유를 Hoffman(1995)[6]은 매우 체계적으로 설명하고 있다. 첫째, 세계적으로 첨예한 경쟁 상황이 기업으로 하여금 핵심역량의 확보를 필요토록 한다. 이는 기업이 비용우위나 차별화 중 어떤 전략을 선택하더라도 해당되는 것이다. 둘째, 정보기술 분야의 발전이 급속히 이루어지고 있다. 이제는 정보기술에 이동 통신기술이 접목됨으로써 발전의 속도는 상상을 초월할 정도가 되었고 그 이용 범위가 어디까지 확산될지 예측이 어려울 정도다. 셋째, 정보기술에 사용된 자본에 비해 생산성이 월등히 높아졌고 그로 인해 정보기술의 비용과 성과 간 비율에서 높은 이익이 발생하고 있다. 다시 말해서 기업이 정보기술 역량을 구축함에 따라 내적·외적으로 정보수집, 정보 분석과 공유, 그리고 정보관리에 소요되는 비용뿐 아니라 주문화에 익숙해진 고객의 요구를 충족시킬 방안 마련에 충당되는 비용이 상당히 절감되었다. 넷째, 고객이 더욱 세련된 관광상품에 익숙해짐으로써 기대심리가 계속 상승하고 있다. 이는 오늘날 웹 2.0시대의 고객들이 인터넷과 같은 정보기술 사용에 능숙하다는 데서 충분히 확인할 수 있다. 그리고 그들은 유튜브와 같은 customer-generated media를 적극 활용하고 있어서 관광상품에도 새로운 매체의 등장에 부응할 변화가 발생할 수밖에 없는 상황이다.

이상의 주장을 근거로 볼 때 결국 관광산업의 관련 기업들은 정보기술 도입에 있어서 무엇보다도 전문화된 기업 조직을 수립하여 고객의 요구에 보다 신속하고 주도적으로 대응함으로써 경쟁 환경 변화에 대한 적응력을 키워야 할 것이다.

선행연구자들의 주장을 벗어나 현실적으로도 정보기술은 관광 관련 기업 운영에 필요한 인원을 줄임으로써 운영비용을 낮추고 또 탄력적이고 경쟁적인 가격정책을 통해 수익관리의 편의성을 제공할 것이 확실하다. 따라서 기업 경영자들은 정보기술의 신뢰성, 정보 처리 속도 그리고 정보처리 용량의 발전을 도모하기 위해 항상 변화에 유연한 기업조직을 수용할 준비를 갖추고 있어야 한다.

2 관광 정보기술의 발전과 효과

1) 관광 정보기술의 발전

일반적으로 통용되는 정보기술 기반의 온라인 기업이 본격적으로 등장하기 전 오프라인에서 관광상품과 서비스를 유통시키는 역할을 주도적으로 담당한 기업으로 여행 대리점을 꼽을 수 있다. 이 여행 대리점은 고객에게 특정 상품과 가격에 대한 정보와 지식을 전달하거나 구매자와 판매자가 서로에게 필요한 상품과 서비스를 교환할 수 있도록 상품과 서비스의 제공에 있어서 물리적 거리에 대한 한계를 극복하는 데 일조하였다. 그러나 인터넷을 통해 구매자와 판매자가 실시간으로 연결됨으로써 상품과 서비스가 유통되는 데 필요한 오프라인의 장소나 거리는 온라인 개념으로의 전환을 필요로 하였다. 그렇기 때문에 GDS라고 하는 폐쇄형 온라인 수단이 유일한 정보기술 기반의 예약 시스템이던 1970년대부터 1980년대 당시, 그 GDS와 직접 거래할 수 있었던 여행 대리점들은 호텔 예약이나 항공권 예약과 같은 관광상품 판매에 필요한 가장 강력한 협력자였고 또 차별화된 정보기술의 수혜자였다. 지난 30여 년간 관광상품 판매의 주도적 역할을 담당했었고 또 대형 여행 대리점들과의 우호적 협력관계를 형성하고 있는 GDS는 판단컨대 앞으로도 그 영향력이 쉽게 수그러지지 않을 것으로 생각된다. 물론 북미 지역에서 발생한 호텔예약 실적에서 GDS가 과거에 보여주었던 강력한 예약 시스템으로서의 위용이 차츰 약화되는 것은 인정할 수밖에 없는 현실이지만, 미주 지역의 범위를 벗어나서 세계 각국의 관광 예약 실적을 감안한다면 대형 여행 기업들과 전략적으로 연결되어 있는 GDS의 영향력을 결코 무시할 수는 없을 것이다. 그러므로 관광산업의 정보기술을 명확히 이해하기 위해서 GDS관련 정보기술 시스템과 GDS 환경의 네트워크에서 발생하는 거래의 기제를 우선적으로 설명하는 것이 그 출발점이라 하겠다.

인터넷이 활성화되기 이전까지는 초기 정보기술 환경이라 할 GDS 환경에서 상품을 판매하려는 호텔이나 기타 관광기업들을 연결해주는, 다시 말해서 관광상품을 온라인 환경에서 유통시키는 중간매개 역할을 Switch Company나 Representation Company가 담당하였다(이들 Switch Company와 Representation Company의 역할은 제3절에서 설명하고 있으므로 여기서는 생략한다). 이 기업들은 인터넷이라는 완전 개방형 온라인 정보기술이 등장하기 전에 GDS 환경에서 관광상품 거래를 활성화시키는 데 크게 기여하였다. 공교롭게도 GDS의 운영 현황이나 기타 기술력에 대해 상세히 파악하지 못하고 있는 경영자들은 인터넷의 등장이 GDS와 그 네트워크에

서 활동해 왔던 Switch Company 같은 기업들의 역할을 완전히 무력화시킬 것이라는 성급한 판단을 하고 있다. 그러나 GDS는 인터넷에서 운영되는 여행 사이트와 그 이외에 호텔 예약을 수행하고 있는 관련 사이트들과 연합하여 막대한 자금력과 기술력을 바탕으로 신속한 예약방법을 제공하고 있다. 또 인터넷 여행사가 고객과 일대일로 거래를 수행하는 반면에 GDS는 일반 여행사뿐만 아니라 관광상품을 구매하는 기업들과 제휴하여 훨씬 광범위한 거래관계를 수립하고 있고 수년간 보유해온 기술력을 바탕으로 인터넷 환경에 적합한 기업을 재탄생시키기도 하였다(예를 들면 GDS 기업 Sabre에 의해 탄생한 Travelocity.com이 그 보기다).

GDS 다음으로 두 번째 등장한 관광 정보기술이 인터넷이다. 그리고 인터넷을 기반으로 하는 대표적인 관광기업은 바로 온라인 여행사들로 흔히 닷컴 회사라고 일컫는 Travelocity, Expedia 및 Orbitz가 그 부류에 속한다. 이들 기업은 주로 항공권 예매, 호텔 예약 및 기타 여행 관련 상품을 판매하는 데 그 목적이 있다. 이들 인터넷 여행사들의 주 수입원은 사용 고객으로부터 받는 사이트 사용료(예: 예약 변경이나 취소 시 벌금 부과) 외에 호텔 객실 예약 실적에 따라 호텔로부터 받는 객실 매출당 커미션과 항공권 예매를 위해 항공사로부터 할당받는 특별 할인 요금 및 예약권 마진에 있다.[7)]

인터넷 기술을 기반으로 하는 여행사 이외에 온라인에서 활동하는 기업으로는 호텔과 같이 관광상품 소유 기업들이 직접 운영하는 호텔 예약 사이트가 있다. 가령, 지난 1996년 Holiday 호텔그룹은 최초로 호텔의 CRS와 인터넷(www.holiday-inn.com)을 연결한 호텔로 기록되었다.

그러나 온라인 환경의 직접적인 예약 수단이 지니고 있는 비용 절감이라는 장점에도 불구하고 온라인 사이트를 보유하고 있는 판매기업이 인터넷을 상품판매 수단으로 사용하는데 몇 가지 개선해야 할 문제점들이 있으며, 그 내용은 다음과 같다.

첫째, 고객이 특정 상품 예약에 필요한 정보를 찾기에 인터넷이라는 환경은 너무 넓다. 물론 검색 포털이 있으나 키워드를 이용해서 고객이 원하는 정보를 찾기에는 아직도 그 양이 많다. 둘째, 고객은 자신들의 사생활을 인터넷이라는 환경 속에 무작정 노출시키고 싶어하지 않는다. 가령, 예약을 하기 위해서 자신의 신상을 비롯하여 신용카드와 관련된 내용을 상세히 기록하기에는 여전히 보안상 위험이 따른다. 셋째, 관광기업의 입장에서도 역시 상품과 가격에 대한 데이터를 비롯하여 기업 내부 정보가 타 기업에게 노출되는 불리함과 외부로부터 발생할 수 있는 시스템 손상과 같은 안전문제가 항시 도사리고 있다. 따라서 기업의 지속적 성장과 고객 서비스의 향상을 위해 관광기업들은 지금까지 이어져 온 관광 정보기술의 발전에 머물러서는 안 될 것이며, 보다 진보적이고 혁신적인 아이디어를 접목시켜 정보기술 발전의 속도를 높이고 또 그를 통해 기업 경영성과 향상을 도모해야 할 것이다.

2) 관광기업의 정보기술과 효과

현재 관광산업에서 통용되는 GDS를 개발하여 관광산업의 정보기술 발전계기를 마련하고 또 그 기술을 통해 관광기업들 간의 네트워크를 형성할 수 있게 도움을 준 주체는 항공사라 해도 과언이 아닐 것이다. 이 GDS라는 시스템을 통해서 서로 관련된 기업군은 항공사, 호텔, 여행사, 렌터카 그리고 크루즈까지 매우 광범위하게 확산되어 있다. 그러므로 관광산업에서 상품판매과정, 즉 호텔 객실 예약, 항공권 판매, 그리고 렌터카 사용 예약 등의 업무가 관광 정보기술의 발전과 더불어 어떤 효과를 얻었는지 확인하는 과정이 있어야 할 것으로 보인다. 다음의 내용은 GDS라는 시스템이 개발되기 전부터 개발된 후까지 그리고 오늘의 인터넷이 등장하기까지 어떤 과정을 거쳐서 관광기업들의 정보기술 발전이 이루어졌는지 그리고 효과는 어떻게 나타났는지에 관한 설명이다.

(1) GDS 이전의 정보기술 현황

선행연구[8)]에서 설명하는 GDS의 정의를 보면 "GDS란 관광에 관련된 서비스를 제공하기 위해 컴퓨터 예약시스템을 운영하는 회사이며, 동시에 컴퓨터 시스템으로 연결된 여행사, 항공사, 호텔 및 기타 관광 관련 기업을 특별히 개발한 공유 네트워크를 통해서 연결시키는 사용자의 공동체"라고 정의하고 있다. 결국 그 정의는 GDS가 단순한 하나의 정보기술 시스템이 아니라 관광기업들을 전략적 네트워크로 연결하는 통합적 정보수단임을 설명하는 것이다. 그러므로 GDS는 시스템, 기술, 통신, 인적자원, 그리고 전략의 집단으로서 이들 모두가 조화롭게 작용할 때 호텔의 객실, 항공권, 기타 관련 여행상품을 판매하는 효과적인 도구가 될 것이다.

관광 정보기술이 활성화되기 이전 즉, GDS 등장 전인 1950년대까지는 고객이 호텔 예약과 같은 관광상품을 구매할 때 여행 대리점을 통하거나 혹은 직접 예약 의뢰 편지를 써서 호텔에 보냄으로써 예약이 가능했다. 그 이후 전보, 텔렉스, 팩스, 또는 전화와 같이 한층 발전된 커뮤니케이션 도구가 등장함으로써 호텔 예약을 더 빨리 진행할 수 있게 되었다. 최소한 1960년대 초반까지는 대부분의 관광상품 구매자들이 이상에서 언급한 방법 가운데 하나를 이용해서 상품구매를 했다. 그 당시 여행사, 항공사, 그리고 호텔이 '예약'이라는 판매 성과를 이루기 위해서 상호 협조체제에는 있었지만 이들 기업을 연결시켜 일관성 있는 거래를 성사시킬 획기적인 기술적 발전은 전혀 기대할 수 없는 환경이었다.

(2) 항공산업의 정보기술 발전과 효과

항공사는 상품의 무형성으로 인해 정확한 항공권 판매예측과 신속한 항공권 판매를 저렴한 비용으로 수행할 수 있을 때 매출 극대화를 이룰 수 있다는 것을 일찍부터 인식하고 있었다. 지난 1950년대에는 고객의 이름이 기록되어 있는 수동 게시판에 예약 현황이 등록되어 있었다. 그래서 여행사는 고객을 위하여 OAG(Official Airline Guide)나 World Airways Guide ABC와 같은 안내서를 이용하여 가장 빠른 항로와 저렴한 요금을 검색해야 했고 또 예약이 가능한지 확인하고 최종적으로 예약과 예약 확정을 하기 위해 다시 전화를 이용해서 항공사와 접촉해야 했다. 그러다가 1962년에 이르러서 American Airlines는 SABRE CRS(Computer Reservation System)를 개발·도입하였는데 그 계획은 그 회사가 보유하고 있던 보잉707 기종을 기존 보유량보다 약 50% 추가구매(8대에서 12대로)하기로 결정하면서, 증가된 항공권 판매 부담을 신속히 해결하려는 대안으로 진행되었다. 당시 이 SABRE 도입 계획은 NASA의 Mercury 프로젝트에 필요한 암호화 작업을 능가하는 놀라운 프로그램 기술로 인정받았다. 이 CRS가 발전된 결과가 오늘의 GDS라고 보면 타당할 것이다. 그리고 1970년대 후반에 이르러 미국의 항공교통 규제 완화와 항공교통의 성장으로 인해 대형 항공사들은 경쟁력 강화 차원에서 hub and spoke 시스템을 도입하였고, 그와 더불어 항로와 항공권의 요금 구조는 그 전보다 훨씬 더 복잡하고 불안정하게 형성되기 시작하였다. 이러한 환경의 변화로 항공요금, 스케줄, 그리고 항로가 자율화되었고, 대형 항공사들은 CRS를 도입하여 수요에 부응하는 스케줄 관리와 항공 요금 조정 시기를 적절히 선택할 때 경쟁력이 높아진다는 것을 인지하였다.

항공사 시장 환경 변화에 따라 CRS가 활성화되면서 이 정보기술은 우선 항공권 예약에 적극 활용되기 시작하였다. 또한 항공사들은 그 기술에 추가하여 광범위한 지역을 담당할 예약 센터를 설립하여 고객의 발권 요청을 처리하기 시작하였다.

이때 항공사들이 비록 CRS라는 정보기술을 갖추고 있었지만, 일반 개별 고객이 여행에 필요한 항공권이나 호텔을 예약할 경우 CRS와 같은 정보기술을 직접 사용할 수 없었다. 따라서 고객 스스로 각자 여행에 필요한 관련 회사에 직접 전화를 걸어서 예약을 요청해야 했다. 반면 고객이 자신의 여행에 필요한 다양한 상품구매 즉 예약 업무를 스스로 진행하는데 불편을 느낄 경우에는 대행 기관인 여행사를 통해 모든 여행 일정 예약 업무를 진행시켰다. 항공사는 이상의 두 가지 방법으로 접수되는 수요 즉, 고객의 직접 예약 의뢰와 여행사에 의한 예약 대행의뢰를 문서로 접수하고 최종적으로 고객이 원하는 예약 내용을 회사 자체 CRS에 별도로 기록함으로써 상품 판매를 완료하였다. 즉, 오늘날과 같이 여행에 관련된 상품과 서비스의 예약 진행과 확인과정이 정보 시스템 속에서 실시간으로 이루어질 수 없는 환경이었다. 따라서 당시에 항공사

이외 호텔이나 기타 여행 관련 예약은 모두 전화, 팩스 및 텔렉스로 진행해야만 했다. 비록 호텔과 같은 관광기업의 정보기술에는 아직 큰 변화가 없었지만 항공사는 CRS라는 정보기술을 일찌감치 확보한 덕택에 최소한 항공권의 예약만큼은 항공사 내부적으로 신속히 처리할 수 있었다. 하지만 공교롭게도 CRS에 의한 정보기술은 항공사의 항공권 판매를 위한 정보기술 환경을 마련하여 항공사의 내부 업무 효율성은 높였으나 실질적으로 고객이 느낄 수 있는 서비스 상승효과까지 기대하기 어려웠다. 물론 CRS라는 정보기술이 관련 관광산업의 변화를 가져오는 시발점이 되었다는 점은 부인할 수 없다.

이미 언급하였듯이 항공규제 완화로 항공 여행은 급격한 증가 추세를 보였고 항공사의 예약센터로 고객의 주문이 쇄도하였다. 따라서 항공사는 예약 센터의 수를 늘려서 고객의 주문 요청에 부응해야 했는데 그러한 예약 센터의 설립과 그에 필요한 인력 고용에 소요되는 비용의 문제가 그리 만만치 않았다. 이 문제를 극복하기 위한 자구책으로 항공사들은 자사의 항공권을 가장 많이 판매하는 여행사에 한해 CRS터미널을 설치해주고 시스템을 공유함으로써 예약 업무의 효율성을 높이고 또 우려하고 있었던 내부 비용 문제를 해결하려는 시도를 하였다. 마침내 1970년대 중반에 이르러 항공사는 컴퓨터를 이용하여 아웃소싱(outsourcing)한 여행사의 예약 시스템과 항공사 내부 시스템을 연결함으로써 항공권의 예약과 티켓 판매에 있어서 전화나 그 밖의 수단을 이용하는 것보다 더 큰 효과를 얻을 수 있다는 것을 확인하였다. 즉, 항공사들은 정보기술의 원천인 CRS를 통해 동종 항공사들 간의 정보공유를 가능케 하였고, 대형 여행사들과 네트워크를 형성함으로써 고객으로부터 오는 비행 스케줄과 항공 요금 문의 그리고 실제 항공권 판매에 신속 대응할 채비를 갖추었던 것이다. 이와 같은 현상으로 볼 때 관광산업에서 아웃소싱이라는 전략적 개념을 도입한 시기는 타 산업에 비해 상당히 빨랐음을 쉽게 발견할 수 있다.

마침내 1990년대 후반 인터넷과 World Wide Web(WWW)의 등장은 항공사에게 새로운 시장개척과 성장가능성이라는 기회를 제공하기 시작했다. 인터넷 기술을 바탕으로 1998년도까지 대부분의 항공사들은 자사의 web site를 구축하였고 고객은 그것을 이용해서 정보를 제공받았을 뿐 아니라 여행 일정 설계, 필요 요금 설정 및 예약까지도 할 수 있게 되었다. 인터넷 기반의 정보기술은 고객과의 상호작용을 활발하게 하였을 뿐 아니라 온라인에서 새로운 구매 경로 구성을 원활하게 함으로써 항공권 판매에 관련된 오프라인 중간 업체의 권한을 약화시키고 또 그 업체에게 지불해왔던 비용을 절감하는 계기를 제공하였다. 항공사의 정보기술 발전은 기업의 실질적 실적으로 나타나기 시작하였으며, 그 수혜자의 본보기는 영국의 EasyJet(www.easyjet.com)으로 1998년도에 24시간 동안 인터넷을 통해 13,000개의 좌석(당일 전체 항공권 예약의 10%)을 판매한 바 있다.

항공사의 정보기술과 인터넷의 결합으로 고객과 직접적인 의사소통이 가능해 짐에 따라 여행산업 내 협력 기업 간 비용의 변화가 극명하게 나타났다. 미국의 항공사들을 비롯하여 세계적으로 많은 항공사들이 오프라인 여행사에 제공하던 수수료를 대폭 절감하였으며(10~20%에서 7~5%로), 또한 '수수료 상한선 제도'를 도입함으로써 항공사 비용부담 감소를 시도하였다. 이를 계기로 대형 항공사들은 수백만 달러까지 비용절약을 할 수 있었다. 또한 온라인 예약으로 인해 항공권을 발권하지 않음에 따라 항공권 유통비와 인건비를 동시에 절약할 수 있었다. 아울러 인터넷이라는 정보기술을 통해 항공권 판매 종료시점이라는 난제를 해결할 소중한 수단도 획득하게 된다. 즉, 소멸성의 한계를 가지고 있는 항공기 좌석을 판매 종료가 임박한 시점에 신속히 판매하여 이익을 창출하는 것이야말로 항공사 수익관리의 중요한 부분이다. 항공사는 단골 고객의 e-mail과 영향력 있는 경매 사이트를 통해 항공권 판매를 신속히 실행할 수 있었는데 그것이 항공사에게 있어서 수익관리의 소중한 수단이었음은 더 이상 설명의 여지가 없는 것이다.

정보기술은 항공사의 글로벌 네트워크에도 지대한 영향을 끼쳤다. 'Star Alliance' 'Skyteam' 그리고 'One World' 등과 같은 세계적인 항공사들 간의 전략적 네트워크는 정보기술을 기반으로 한 동종기업들의 강력한 협력체제라 일컬을 수 있다. 이는 항공사 간에 code-share 협정을 비롯하여 온라인을 통한 hub and spoke 시스템의 개발을 촉진시킴으로써 결과적으로 고객들에게 상용 고객 우대 제도의 공유와 같은 혜택을 제공하게 되었으며, 항공사들은 전략적 파트너 선택과 효율적 협력관계라는 새로운 경영 전략을 간과할 수 없는 입장에 서게 되었다.

(3) 여행산업의 정보기술 발전과 효과

여행사의 규모에 따라 차이가 있을 수 있으나 일반적으로 여행사들은 상용 여행객이나 기타 개별 여행객을 위한 여행상품을 판매하는 외에도 패키지 상품을 개발하여 단체 여행객을 위한 항공권, 호텔 및 교통수단을 일괄적으로 판매하는데 수익의 상당부분을 의존하고 있다.

정보기술의 발달로 인해 이들 여행사는 고객에게 짧은 시간 동안에 복잡한 여행 계획서를 작성해 주고, 가장 업데이트된 여행 일정, 요금 그리고 항공사 및 숙박업소의 이용 가능성에 대한 데이터를 제공해줄 기반을 마련할 수 있었다. 내적 효율성과 고객 편의 제고를 위해 여행사는 항공사나 호텔과 같은 다양한 여행 공급자의 데이터베이스에 신속히 접속하여 필요한 정보(이용 가능성과 요금)를 확인하며 또 예약을 확정지어야 했고 그러한 목적을 달성하는 데 정보기술은 매우 소중한 수단이 될 수밖에 없었다.[9] 특히 GDS의 증가와 그 GDS와의 연결은 여행사의 주요 업무에 소요되는 시간을 감소시키는 데 큰 역할을 하였다. 가령, 세계적으로 그 네트워크의 확산 범위가 큰 SABRE 및 Galileo와 같은 GDS를 통해서 항공사, 호텔, 렌터카 그리고 다양한 부수적인 여행상품 정보로 접근할 수 있게 되었다.

인터넷의 발전에 따라 고객이 온라인 환경에서 직접 여행 정보로 접속하여 예약을 할 수 있게 하는 기업들(Expedia, Travelocity, TravelWeb 등)이 등장하기 시작했고 그러한 기업의 성장 속도 또한 매우 빨랐다. 예를 들어 Microsoft에 의해 설립된 인터넷여행사 Expedia의 경우 설립 후 불과 3년 만에 미국의 상위 25개 여행사 가운데 하나로 그 위치를 확립할 만큼 신속한 성장을 이루었다.[10] 물론 이러한 정보기술 기반 여행사의 성장 배경은 단지 기업의 기술발전뿐 아니라 고객이 컴퓨터 및 인터넷과 같은 정보기술의 사용에 능숙해짐에 따라 스스로 원하는 여행상품을 찾아서 직접 구매할 수 있는 역량을 갖추었기 때문이기도 하다. Hospitality eBusiness Strategies의 2008년도 보고서에 따르면 2009년도의 총 여가여행이 약 1.3%가량 하락될 것으로 예측하고 있으나 온라인 수단을 이용한 여행의 총 수는 10.5%가량 증가할 것으로 내다보고 있다. 이를 미국 달러화로 환산하면 대략 1,160억 달러에 달하며 결과적으로 많은 고객이 이미 오프라인 예약에서 온라인 예약으로 전환하고 있음을 보여주고 있는 것이다. 국내 여행산업과 관련된 온라인 기반 실적은 정확히 파악되고 있지 않기 때문에 가장 최근의 자료는 미국의 여행산업에 의해 확인해야 할 수밖에 없고 그 내용은 위의 기관에서 발표한 다음의 <표 23-1>의 내용과 같다.

〈표 23-1〉 북미 지역 여행산업 예약 규모(전체 여행산업에서 차지하는 온라인 예약 비율)

연 도	2004	2005	2006	2007	2008	2010(예상)
온라인 예약	20%	25%	29%	33%	37%	45%

| 자료: HeBs, 2009.

이 보고서는 2008년 예상 온라인 예약규모를 지난 2007년도의 33%를 상회하는 37% 정도의 규모로 예상하고 있다.

정보기술은 여행사의 외적 성장뿐 아니라 내부 운영조직을 개선하는 데 중대한 기여를 하였다. 여행사의 'back office(회계, 수수료 감사, 인사관리)'와 'front office(고객 약력 조사, 여행 일정 작성, 발권, 공급자와의 커뮤니케이션)'의 업무가 통합되어 내부업무의 시너지 효과, 효율성, 그리고 비용절감이 달성되는 계기를 마련하였다. 특히 지역 예약 사무소에서 이루어지는 거래가 실시간으로 본사에 보고되기 때문에, 빈틈없는 고객관리 및 재무관리가 가능해졌다. 또한 정보기술로 인해 시장조사에 필요한 소중한 data를 얻을 수 있는데 그 data로 시장의 현황을 신속히 보고하고 또 효과적인 전략 결정을 할 수 있게 되었고, 특히 예약 사무소의 위치가 광범위

하게 확산되어 있는 여행사들은 고객으로부터 접수되는 여행문의에 대한 응답을 비롯하여 전략적 경영과 마케팅 기능을 용이하게 수행할 수 있었다.[11] 그러나 정보기술을 통한 업무의 혁신성을 향상시키는 여행사들도 그보다 더욱 혁신적인 회사에 의해 계속적으로 도전을 받고 있기 때문에, 그에 상응하는 조치를 취하지 못할 경우 경쟁우위를 상실할 가능성이 높다. 특히 항공사나 호텔과 같이 탄력적이고 현실적인 요금과 예약기능을 제공하는 공급자들의 정보기술 기반구조(가령, internet 사이트 내지는 intranet)와의 네트워크가 활발히 이루어지지 못할 경우 그 여행사는 정보기술 경쟁력에서 뒤처질 수밖에 없을 것이다.

경영전략의 차원에서 조명할 때, 결국 두 가지 형태의 여행사가 시장 경쟁력을 유지하고 또 지속적으로 생존할 것으로 예상된다. 첫 번째는 비용 지향형에 입각하여 저렴한 비용으로 여행상품을 판매하는 여행사가 이에 해당된다. 이런 여행사는 자체적으로 상품의 구매 대상을 확보하고 또 저렴한 가격에 여행관련 상품과 서비스(호텔, 항공사, 렌터카 등)를 제공할 능력 있는 공급업체와 제휴하기 위한 수준에서 정보기술에 자본을 투입할 것이다. 아울러 저렴한 가격으로 낮은 질의 대형 여행업체의 패키지 상품을 유통시키는 데 집중할 것이다. 두 번째 형태의 여행사는 고급 틈새시장의 욕구를 만족시키기 위해서 차별화된 여행상품을 제공할 혁신적인 여행사들이다. 이들은 여행수요를 만족시킬 특별상품을 개발하기 위해서 회사 내부의 핵심 자원을 구축한다는 취지하에 정보기술에 집중적인 투자를 할 것이다. 그리고 그 정보기술을 기반으로 시장 세분화, 고객 정보 기록, 관련 기업과의 협력 마케팅, 그리고 여행상품에 대한 부가가치 부여를 시도할 것이다. 다행스럽게도 정보기술은 원가 절감과 차별화를 선별하여 구사하는 두 회사 모두에게 핵심요소가 될 것이다. 왜냐하면 전자의 경우 기술로 인해 효율성을 높이면서 또 비용을 절약할 수 있고, 후자의 경우에는 시장에서 원하는 신규 상품을 검색하고, 수집하고, 최종적으로 신속히 그 상품을 구성하여 제공함으로써 상품 가치를 높일 것이기 때문이다.

(4) 호텔의 정보기술 발전

이미 언급한 바와 같이 지난 1960년대 초 GDS라는 방대한 정보기술 네트워크를 통해 여행사와 항공사 간 정보기술 및 상품 데이터 공유가 이루어짐에 따라 이들 두 기업들은 상호 협의하에 구축한 예약 시스템을 다른 관련 관광산업으로 확산시켜 새로운 수익 창출을 계획하기 시작한다. 이때 그와 같은 시도를 간파한 호텔 경영자들은 온라인 환경에 있는 여러 여행사를 이용해서 자사 상품을 고객에게 알리고 판매하는 것이 경영성과 향상에 유리하리라는 확신을 가지기 시작하였다.

그 당시 세계적인 체인호텔들은 항공사의 전철을 밟아 개별적으로 각 호텔로 오는 고객의 전화, 팩스 및 텔렉스에 의존하던 상품 판매 절차를 탈피하여 자체 예약 사무소 다시 말해서 각 호텔 고유의 CRO(central reservation office)를 설립함으로써 자사 브랜드 호텔의 객실을 예약할 접점을 마련하기 시작했다. 애초에 이들 호텔 CRO의 역할은 세계 도처에 있는 동일 브랜드 호텔의 객실 예약을 총괄할 기능을 구축하려는 의도에서 출발하였다. 그러나 초기 CRO의 기술적 기반은 여전히 toll free 전화 서비스(수신자 부담 전화)라는 제한적 기반에 의존할 수밖에 없었다.

그러다가 마침내 1970년대 초에 이르러 United Airlines의 자회사였던 Western Hotel(현재는 Starwood그룹 산하의 Westin Hotel)이 호텔 예약 전문 정보기술을 개발하기 시작하여 1974년 12월 Westron이라는 이름의 예약 프로그램을 가동시키기 시작했다.* 그 이후 이 시스템의 소프트웨어는 다른 호텔들 즉 Hilton, Marriott, Quality Inns, Ramada Inns, 그리고 Holiday Inns 등에게도 그 사용이 인가됨으로써 다국적 체인호텔을 중심으로 객실 예약을 위한 정보기술 확산의 기틀이 마련되기 시작하였다. 이 Westron은 개발된 후 약 15년간을 호텔 예약 시스템의 대표적인 정보기술로 자리 잡았고, 마침내 항공사의 GDS와 연결되어 호텔 예약업무의 범위를 온라인 환경으로 확장시켰다.

대형 체인호텔들이 CRO와 정보기술기반의 수단을 도입하고 있을 때 정보기술력을 갖출 수 없었던 독립 호텔(로컬 브랜드 호텔)들과 기타 소규모의 체인호텔들은 세계 시장에서 자사상품 판매를 대행해줄 기업과의 전략적 네트워크 형성을 시도한다. 이들 지역 독립 호텔들이 원하는 정보기술 서비스를 제공하는 회사를 Hotel Representation Company라고 불렀는데 그 회사들은 세계 체인호텔의 컴퓨터 예약 기술과 경쟁할 자체 시스템을 보유하고 있었다. 세계적으로 유명한 Representation Company로는 Utell International, Leading Hotels of the World, 그리고 Steigenberger Reservation Service 등이 있다. 필자는 이러한 정보기술 중심의 관광산업 환경 변화를 보면서 관광산업의 경영자들이 이미 수십 년 전부터 요즈음 많은 학자와 실무자들이 중요시 인식하고 있는 전략적 네트워크의 개념을 무의식적으로 도입하고 있었다는 확신을 하게 된다.

미국의 관광 정보관련 연구조사 기관 Hospitality eBusiness(2008)**에 따르면 2008년도 한 해만 미국 호텔산업의 인터넷에 의한 예약이 전체 예약의 25% 정도를 차지하는 것으로 확인되었다. 또한 GDS를 통한 호텔 예약이 전체 정보기술 기반 예약 규모의 32%가량이었던 반면, 인터넷에 의한 직접 예약은 전체 정보기술 예약규모의 47%를 차지하였다. 최근 국제 메이저 브랜드 호텔들이 정보기술을 활용하여 달성한 예약 실적은 다음의 <표 23-2>와 같다.

---

* 미주 8)의 Burns, J. D.(1998) 참조.

** 미주 2) 참조.

〈표 23-2〉 2008년 1/4분기 브랜드 호텔 예약 기반(Reservation Sources for Major Hotel Brands)

CRS 기반 호텔 예약	CRS 기반 예약 비율 ('08년 1/4분기)	CRS 기반 예약 비율 ('07년1/4분기)	'08년 대비 '07년 1/4분기 증감 비율
인터넷 기반 • 호텔 브랜드 웹사이트 • 해외 여행 대리점사이트	47.0% 37.6% 9.36%	41.8% 31.8% 10.0%	20.2%
GDS 기반 여행대리점	32.2%	34.1%	0.7%
총 정보기술 기반 예약	79.2%	75.9%	11.4%
음성기술 기반 예약	20.8%	24.1%	-7.7%
총 CRS 기반 예약	100%	100%	6.8%

| 자료: HeBs, 2008.

또한 호텔의 인터넷사이트는 객실 상품을 판매할 수 있는 직접적인 정보기술 수단이기 때문에 오프라인에서 여행사라는 중간매개를 사용할 때 호텔이 지불해야 했던 예약 한 건당 발생하는 추가 비용을 절약할 수 있게 되었다. 자체 인터넷사이트를 확보함으로써 호텔이 기대할 수 있었던 비용 절감효과는 한 개 객실당 약 100달러가량(여행사 커미션 40~60달러, GDS비용 15~20달러, 신용카드 수수료 15~20달러)으로 상당한 금액에 해당한다.[12)]

3 관광 정보기술 기업과 전략적 네트워크

1) 관광 정보기술 기업

GDS와 인터넷으로 비롯된 관광산업에서의 정보기술 발전과 세계 관광시장 확대는 관광산업의 협력적 네트워크에 다양한 변화를 가져왔다. 특히 정보기술에 내재된 여러 속성에는 기존의 항공사 GDS, 호텔의 CRS, 그리고 인터넷, 인트라넷, 엑스트라넷 등을 모두 포함하는 ADS (Alternative Distribution Systems)가 혼합되어 있어서 기업 경영자들은 새로운 전략모델을 모색해야 할 입장에 처하기 시작하였다. 따라서 관광산업의 정보기술 특히 온라인 기술 중심의 기업간 네트워크를 호텔과 같은 관광기업에서 도입해야 할 전략, 즉 기업의 혁신적 기술에 기반을 둔 미래 전략[13)]으로 이해할 것을 경영자들에게 요구하기 시작하였다. 특히 관광산업은 정보기술의 급격한 발전으로 인해 새롭게 등장하는 여러 중간 기업이 거래의 대상으로 포함된 네트워크 자체이므로 그러한 중간 기업과의 전략적 우호관계를 배제한 기업의 성과는 기대할 수조차 없는 경지에 이르렀다. 이들 중간 기업은 폐쇄형(GDS) 및 개방형(인터넷) 정보기술을 총망라한 전체적인 온라인 네트워크 환경에서 관광상품 판매를 수행하는 기업들로 GDS, CRS, Representation Company, Switch Company, 인터넷 여행사 및 호텔과 같은 관광기업의 자체 홈페이지 등이 해당된다. 이들은 각자 내부에 구축하고 있는 정보기술의 하부구조 역량에 따라서 구매자와 공급자 간의 연결 편리성과 신속성에서 차이가 있고 결국 그러한 차이가 기업의 경쟁력 차이로 확대될 수 있음을 예상할 수 있다. 이와 같은 관광산업의 정보기술 기반 거래 기업의 역할은 다음의 <표 23-3>과 같다.

〈표 23-3〉 관광 정보기술 기업과 역할

구성요소	역 할
CRS(Computerized Reservation Systems)	호텔 및 항공사와 관련된 모든 정보(객실형태, 요금, 이용가능성 등)가 종합되는 컴퓨터 시스템. 대형호텔은 자체 CRS를 가지고 있고 또 GDS와 연결되어 있어서 실시간으로 예약이 가능하다.
GDS (Global Distribution Systems)	세계적으로 4개의 GDS회사가 있다(Amadeus, SABRE, Galileo, Worldspan). GDS를 통해서 여행대리점들은 정확한 호텔정보를 실시간으로 확인하여 객실 예약업무를 실행한다.
관광 인터넷사이트	체인호텔 및 독립호텔(세계 약 8,000개), 여행사, 기타 여행관련 기업이 자체 website를 통해서 세계 고객들과 시간 및 장소의 한계를 넘어서서 연결되어 있고, 또한 미래의 호텔 유통 네트워크의 커다란 변수로 자리 잡아가고 있다.
Representation Co.	호텔과 GDS를 연결해주는 정보기술 브로커의 역할을 수행하는 기업으로서, 특히 자체 CRS를 가지고 있지 않은 독립호텔의 상품을 온라인 환경에서 판매하는 데 중요한 역할을 한다. 대표적 기업으로 Utell과 Leading Hotels of the World가 있다.
Switch Co.	호텔의 내부시스템인 CRS와 외부의 GDS 간에 공유가 가능하도록 중간에서 시스템 연결을 하는 기업으로서, 대표적으로 THISCO와 Wizcom과 같은 기업이 있다.
온라인 여행 대리점	호텔상품 판매를 대행해주는 회사. 대부분 예약 건수에 대한 수수료(객실판매요금의 약 10% 정도)에 의존하는 경우가 많다. Travelocity와 Expedia가 대표적 기업이다.

반면, 관광 정보기술 기반 가운데 완전 개방형 네트워크인 인터넷 환경에서 운영되는 기업들을 기술적 차이에 따라 상세히 분류하는 것은 학자나 실무자에 따라 다를 것이다. 그러나 필자가 지금까지 확인한 바로는 O'Connor(2002)[14]의 연구가 인터넷 정보기술을 기반으로 하는 관광기업의 특징을 매우 체계적으로 설명하고 있기에 그의 연구를 통해서 구성된 정의를 한번 더 언급하는 것이 바람직할 것으로 사료된다.

그는 인터넷 기술을 기반으로 하는 온라인 관광기업의 종류를 각 기업이 설계한 정보기술의 하부구조 및 도입한 기술적 차이에 따라 다음과 같이 크게 네 가지로 나누었다.

- Sabre와 같은 GDS를 기반으로 data와 예약 엔진을 제공받는 채널 기업(예: Travelocity; 모기업의 자체 GDS인 Sabre의 하부구조를 기반으로 운영)
- 외부 GDS인 Worldspan의 하부구조를 기반으로 운영되는 기업(예: Expedia; GDS가 외부와의 아웃소싱에 의해 연계됨)
- Pegasus에서 운영하는 Switch Company, 즉 THISCO를 통해 데이터와 예약 엔진을 제공받는 기업(예: Travelweb; Switch Company의 하부구조와 연계)
- Web을 기반으로 고객관련 정보와 예약엔진 기능을 구성하고 있는 기업(예: Worldres; 순수웹기반 하부구조)

2) 관광 정보기술 기업의 전략적 네트워크 현황

관광산업에서 특히 호텔 산업의 경우 국제적 인지도가 높은 유명체인 호텔들은 자신들이 소유한 호텔의 상표를 글로벌시장으로 진출시킴으로써 호텔 네트워크를 통한 성과 증대를 추구하고 있다. 세계화된 체인망, 즉 글로벌 네트워크의 주류를 이루고 있는 위탁경영 및 프랜차이즈 형태의 호텔뿐만 아니라 국내에서 독자브랜드로 경쟁에 임하는 호텔들 간에는 각자가 소유하고 있는 기업 내부의 자원과 산업 내에서 형성하고 있는 네트워크 파트너들의 구성에서 상이한 부분들을 발견할 수 있다. 예를 들어서, 체인호텔은 세계를 단일 시장으로 인식하여 자사 상표 호텔이 진출해 있는 지역에서 표준화를 추구하고 또 그 표준화를 바탕으로 고객의 신뢰를 유발시키고 자사의 특화된 브랜드 경쟁력을 유지하려고 한다. 이에 반하여, 지역 내의 독자 상표를 소유한 독립 호텔들은 강력한 글로벌 네트워크를 기반으로 현지 시장을 공략하려는 체인 호텔과 경쟁하기 위하여 지역 정서에 부합하는 상품이나 서비스의 특화를 시도하고 있다.

여러 차례 언급한 바와 같이 세계 관광산업에서의 상품 거래 구조는 구매자 영역인 여행사와 판매자 영역인 호텔, 항공사 및 렌터카 회사 등으로 나뉘고 있는 상황이다. 따라서 호텔산업의 경우, 경쟁력 향상을 위해 유형의 상품(객실내부에 비치된 비품, 객실 디자인, 침대, amenity 등) 개발, 호텔 내부의 비용(유형상품 구매 비용과 그것들을 제공하는 데 소요되는 인건비 등) 절감, 그리고 무형의 상품(서비스, 온라인 환경의 상품 유통 채널) 개발을 통해 사업효과를 얻으려 한다.[15] 이러한 상품 차별화 추구와 더불어 끊임없이 변하는 산업환경 속에서 높은 수익성을 달성하기 위해서는 다양한 정보기술 채널기업들과의 전략적 네트워크를 형성하여 상품을 판매하고 또 매출 극대화를 달성할 정교한 수익관리 방안을 확보하는 것이 매우 바람직한 전략이 될 것이다. 특히 고객의 수요에 부응하는 가격과 상품판매 경로를 선점한다는 점에서 타 기업과의 네트워크는 더욱 소중한 수단인 것이다.

온라인 환경에서 활동하는 여러 중간 기업들의 상이한 정보기술 기반에서 호텔 객실과 같은 관광상품을 판매하기 위해서 호텔은 그 기업들과 네트워크를 강도 높게 형성함으로써 경쟁우위를 선점할 기회를 확보할 수 있다. 그러나 정보기술 기반 중간 기업과의 네트워크를 통해서 회사의 경쟁우위가 장기간 유지되기 위해서는 효과적이고 효율적인 시스템의 설계와 경영이 선행되어야 한다.

정보기술을 기반으로 하는 관광기업들이 국내 호텔의 영업에 기여한 결과를 보여주는 연구에 참여하였던 필자는 국내 호텔들 역시 정보기술을 기반으로 하는 관광기업들과의 네트워크를 통해 세계시장에서 구매자들과의 지속적인 접촉을 하고, 또 구매자에 대한 편리성과 정보제공의 신속성을 제공함으로써 거래의 효율성을 향상시킬 수 있음을 여러 차례 확인한 바 있다.

지난 4년간에 걸쳐 진행한 연구들을 바탕으로 필자는 정보기술 기반 환경의 관광기업 네트워크의 현상을 간략히 설명하기 위해 [그림 23-1]을 강의실과 실무현장에서 그 본보기로 사용하는 경우가 많다. 그리고 이 그림이 관광정보 기술 기반 시장 환경을 매우 간명하게 설명하고 있음을 확신하였다.

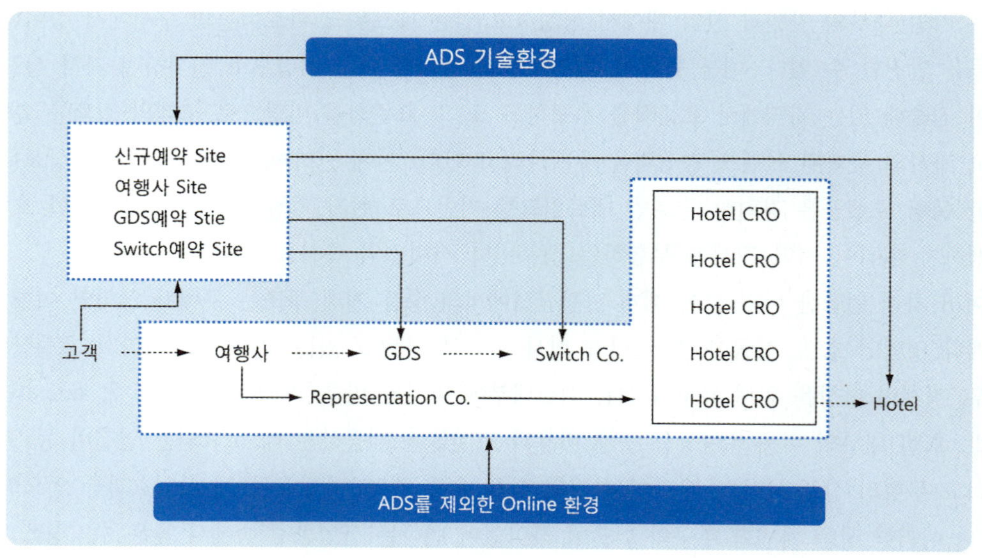

[그림 23-1] 관광 정보기술 기반 기업과 거래 네트워크 현황

3) 관광산업의 전략적 네트워크와 성과

관광산업 내에서 발생하는 전략적 네트워크가 그 네트워크에 개입하고 있는 기업의 성과에 영향을 미친다는 사실을 확인하기 전에 먼저 전략적 네트워크 이론에 대한 근본적인 설명이 선행되어야 할 것이다.

(1) 전략적 네트워크의 개념

일반적으로 네트워크 이론에 관한 연구는 그 시작이 사회학 분야에서 비롯된다고 할 수 있을 것이다. 그러나 그 영역이 점차 확장되어 경영학과 경제학 분야에서 지속적으로 진행되고 있다.[16] 특히 기업들이 형성하고 있는 전략적 네트워크는 한 기업이 다른 파트너 기업들과의 관계 속에 자리매김(embedded)[17]할 때 경쟁력의 원천을 제공한다는 주장이 강력하게 대두됨에 따라, 네트워크 이론이 경영 전략적 차원에서도 연구의 가치가 있을 것으로 확신하는 학자들은 국내외서 쉽게 찾아볼 수 있다. 이처럼 연구 영역의 확장 그리고 사회 네트워크 이론과 분석방법이 수행할 수 있는 장점 즉, 구조와 행위자 간의 논리적 연결을 통한 특정의 현상을 설명할 수 있다는 그 장점[18] 때문에 기업의 전문 경영자들은 경쟁우위 획득을 위한 전략적 네트워크에 관심을 가져야 할 것이다.

물론 기업 간의 전략적 네트워크 관계는 호텔산업과 같은 관광산업에서도 매우 활발하게 이루어지고 있다. 오늘의 호텔산업은 행정당국, NGO 단체, 협회, 교육기관 그리고 교통업 및 음식업과 같은 관련 관광산업과 적극적으로 네트워크를 형성하고 있다(Pavlovich, 2003).[19] 그러므로 호텔과 관련된 선행연구는 네트워크 수립에 필요한 전략들이 호텔 기업의 성공에 유의한 공헌을 하고 또 파트너 기업과의 전략적 네트워크가 호텔의 경쟁우위 창출 수단[20]임을 강조하였다. 다른 산업에 비해 경쟁 기업의 자원에 관한 정보를 시장 환경에서 쉽게 발견할 수 있으며 또한 그 자원을 단기간 내에 흉내내기가 용이한(easy-to-copy)[21] 호텔과 같은 관광상품의 특징(새로운 기능의 객실 종류, 고객에 대한 객실제공물품(amenity) 및 신규 메뉴 등)을 고려할 때, 단지 기업의 특화된 핵심역량 개발에만 집중할 경우 지속적인 경쟁우위 확보는 보장하기 어렵다. 그러나 Okumus(2002)[22]는 전략경영개념과 관련된 관광산업 관련 연구들이 산업 조직론[23]과 자원거점론[24]의 개념을 토대로 진행되어 왔던 반면, 전략적 네트워크와 같은 개념의 도입은 아직도 시작단계에 있다고 주장하였다. 마찬가지로 네트워크 이론을 바탕으로 진행된 국내 호텔 분야의 선행연구 역시 양적・질적으로 그리 풍부하지 않다고 하겠다. 드물게 관광산업과 호텔산업을 연구하는 학자들 및 전문가들이 자신의 연구 분야에 전략적 네트워크 이론을 적용하려는 시도를 하고 있지만 공교롭게도 대부분의 연구가 기업과 또 기업이 구축하고 있는 네트워크를 동태적 주체로 간주한 연구라기보다는 그 기업과 관련된 인물들을 대상으로 하는 데 집중하는 경향이 있다. 이러한 학술적 환경에서 필자는 지난 2002년부터 매년 호텔산업을 대상으로 하여 과연 관광산업에서 전략적 네트워크가 기업의 경영성과에 영향을 미치는지 연구하였고 2008년도에 이르기까지 지속적인 선행연구 고찰과 실증연구를 통해 전략적 네트워크가 호텔의 경영성과 향상에 지대한 영향을 끼치고 있음을 입증하였다. 그 결과 지금과 같이 기업 간에 활발한 네트워크가 이루어지는 시대에는 보다 미래지향적인 연구를 위해 기업의 동태적 상황을 감안한 기업 자체에 대한 연구가 매우 필요한 시점에 이르렀다고 본 필자는 강력히 믿고 있다.

네트워크 이론을 전략적으로 관광 및 호텔산업에 적용하기 위해 먼저 구체적 개념을 설명할 필요가 있다. 즉, 일반적으로 네트워크 이론의 대가들 사이에 통용되는 개념의 정리가 선행되어야 한다. 다음은 네트워크 이론들 가운데 가장 기본적이면서 또 매우 중요한 개념을 정리한 내용이다. 지면 관계상 복잡한 네트워크 이론을 설명하는 데 필요한 수학적 공식들은 모두 생략하고 이론적 개념만을 간단히 설명하였기 때문에 더욱 상세한 내용을 알고자 한다면, 사회학의 네트워크 이론 관련 문헌을 참고할 것을 적극 추천한다.

① 네트워크 밀도

Coleman(1988)[25]에 따르면, 밀도가 높은 네트워크일수록 그 네트워크 구성인자들 간에 신뢰와 협력의 정도를 더욱 높인다고 한다. 다시 말해서, 밀도가 높은 네트워크에서는 기업들이 공통의 규정화된 기대를 가지게 되어 가능한 한 네트워크 내부에서 발생할 수 있는 불복종에 대한 억제 능력을 갖춘 파트너들과 관계를 맺게 된다. 그러므로 높은 밀도의 네트워크는 감시활동을 통해서 소속 행위자들 간에 이익을 공유하기 위하여 신뢰와 협력을 추구하고 또한 네트워크 집단의 협력규정에 동의하는 파트너들끼리 서로 의지함으로써 경쟁우위를 차지하게 된다.

② 네트워크의 구조적 공백

Coleman(1988)*의 네트워크 개념과 달리, Burt(1992)[26]는 네트워크에 자리매김하고 있는 기업들이 중복되지 않은 정보를 교환함으로써 네트워크 내에서의 효율성과 강한 중재자의 장점을 확보할 것이라고 주장하였다. 여기서 말하는 강력한 중재자의 위치를 소위 '구조적 공백'이라고 일컫는다. 구조적 공백을 보유하고 있는 기업은 중복된 연결을 허용하지 않기 때문에 서로 연결되어 있지 않은 네트워크 내부의 다른 행위자들을 위한 중간매개로서의 통제혜택을 지니게 된

* 미주 25) 참조.

다. 그러므로 구조적 공백은 그 위치에 있는 기업으로 하여금 다른 행위자들이 필요로 하는 자원을 통제하게 해주고 또 그 기업의 가치를 향상시키도록 한다. 결국 구조적 공백을 확보한 기업은 네트워크 내부에서 자원을 교환하기 위해 자신에게 의지하는 경쟁자들에 대해 경쟁우위를 확보하게 되는 것이다.

③ 중앙성

중앙성은 크게 세 가지로 분류된다. 첫째, 연결정도 중앙성은 중앙성 측정지수 가운데 가장 간단하면서도 도출하기 용이한 지수에 해당한다.[27] 연결정도 중앙성은 네트워크에서 직접적으로 연결되어 있는 점들의 합으로 산출할 수 있다. 즉 한 행위자가 네트워크의 국지적(local) 범위 내에서 다른 행위자들과 얼마나 많이 또 직접(direct) 연결되어 있으면서 중앙에 위치하는지를 계량화한 지수로서, 결국 이 연결정도 중앙성이 높은 행위자는 네트워크에서 가장 활동적인 행위자가 됨을 의미한다.[28] 둘째, 인접 중앙성은 네트워크 내에서 각 행위자 간의 거리를 근거로 측정하는 방법이다. 인접 중앙성은 직접 연결된 다른 행위자뿐 아니라 네트워크에서 간접적으로 연결된 행위자들 간의 경로거리(geodesic distance)를 계산하여 측정한다는 점에서 연결정도 중앙성과 차이가 있다.* 인접 중앙성에 위치한 행위자는 다른 행위자의 통제로부터 벗어나 있고 또 네트워크 내에서 소규모의 특정 집단에 치우치지 않은 전 범위(global)에서 중앙에 위치해 있다.** 이는 중앙에 있는 행위자의 효율성을 나타내는 것으로서 네트워크에서 가장 적은 수의 행위자를 거쳐서 다른 행위자로 도달할 가장 짧은 경로를 보유한 위치가 된다. 셋째, 사이 중앙성은 네트워크에서 다른 행위자와 연결해주는 중재자의 역할에 위치한 중앙성을 측정하는 방법이다. 사이 중앙성은 행위자의 의사소통과 자원에 대한 잠재적 통제권을 측정하는 지수로 유용하게 사용되는데, 즉 네트워크 내에서 다른 행위자에 대한 리더로 인정되는 위치를 나타내는 지수라고 볼 수 있다.* 이는 네트워크 내부에 소속된 행위자들의 경로거리가 아니라 모든 관계를 고려하여 네트워크의 효과를 측정하는 지수라 할 수 있다.

(2) 관광 정보기업과의 전략적 네트워크와 성과

앞에서 설명한 네트워크 개념 외에도 네트워크 연구자들 사이에서 언급되는 네트워크 개념의 종류가 많이 있지만 지면상 기본적이고 일반적 내용을 소개하는 것으로 만족해야 할 것이다. 본 절에서는 저자가 지난 5년 동안 지속적인 실증연구를 통해 관광기업이 정보기술 기반의 기업들

---

* 미주 28)의 Freeman, L. C.(1979) 참조.

** 미주 27) 참조.

(GDS, 온라인 여행사 및 Representation Company)과 전략적 네트워크를 형성하여 기업의 성과를 높이는 데 기여한 결과를 설명함으로써, 관광기업이 더욱 미래지향적인 경영 전략을 수립할 수 있는 방향을 제시하고자 한다.

선행연구에서는 네트워크 이론을 접목하여 호텔산업의 경영성과를 측정하기 위하여 온라인과 오프라인에서 호텔이 형성하고 있는 여러 종류의 네트워크를 수집하였다. 수집한 네트워크들을 다시 개념별로 정리하여 각 네트워크의 지수들 즉, 밀도, 구조적 공백, 그리고 중앙성 등을 측정하였다. 이러한 온-오프라인에서 형성된 네트워크의 종류 그리고 도출한 각 네트워크의 지수들이 호텔의 경영성과 향상에 기여하는지를 실험한 결과 가장 주목할 만한 점은 정보기술 기반 기업들(GDS, 온라인 여행사 및 Representation Company)과 온라인 환경에서 형성되는 전략적 네트워크가 객실 수익 상승에 매우 중요한 기여를 하고 있다는 것이었다.

호텔상품을 구매하는 고객은 컴퓨터를 통해 온라인 여행사의 웹사이트에 접속하거나 또는 여행사의 온라인 예약 담당직원과 접촉해서 그들이 제공하는 상품정보, 가령, 호텔의 객실 점유율이나 요금 등의 정보를 실시간으로 확인하고 또 즉시 예약을 할 수 있는 환경에 처한 지 오래되었다. 그렇기 때문에 호텔상품 정보와 판매를 실시간으로 할 수 있는 정보기술 기반의 예약시스템은 호텔로 하여금 상품 특히 호텔의 주력 상품인 객실 상품판매시점과 요금변동을 효과적으로 조정하도록 하여 객실 요금과 점유율을 동시에 극대화시키고 그에 따라 높은 수익을 보장할 방편을 제공해줄 수 있다. 더욱이 호텔상품은 소멸성이 높아서 온라인 예약 수단을 기반으로 한 신속한 수익관리가 호텔 수입에 지대한 영향을 끼치고 있는 것이다.

그러나 호텔 전문 경영인들은 내부 정보기술 기반을 통해 외부의 정보기술 기반 기업들 즉, 온라인 여행사 및 GDS 기업들과 네트워크 수립 시 유명 기업이라고 해서 무작정 네트워크 파트너로 선택해서는 안 될 것이다. 반드시 호텔이 보유하고 있는 내부의 특화 자원과 외부 네트워크 파트너 기업의 특화 자원에 대한 장단점을 분석해야 하고 또 쌍방 간에 필요한 자원을 교환할 수 있는 최적의 네트워크 형태가 과연 무엇인지 확인하여 가장 효과적인 네트워크로 자리매김하는 데 집중해야 할 것이다. 즉, 전략적 차원에서 온라인 여행 기업들과 네트워크를 수립할 때, 다른 경쟁 호텔보다 직접적이고 또 신속한 자원 공유의 가능성이 있는지를 확인하기 위해 파트너 기업의 업계 인지도, 판매 채널 범위, 정보기술 수준, 정보 보유 및 분석 능력, 상호자원 공유에 따른 비용과 공유 범위, 그리고 특화 자원 보유 현황 등을 확인하는 데 주안점을 두어야 한다. 그리고 전략적 네트워크 형성 시기에 앞서 호텔 내부의 하부 시스템이 파트너 기업들의 시스템과 효과적으로 연동될 수 있는 수준에 도달하도록 호텔의 인적 및 물적 자원을 확보하고 있어야 한다. 그 외에도 타 경쟁 기업이 자신과 동일한 정보기술 기반 파트너 기업과의 네

트워크를 형성하였거나 시도하려 할 경우, 그들 간의 교환조건을 철저히 분석하여 타 경쟁사보다 전략적 네트워크 내부에서 유리한 위치 확보(가령, 네트워크의 밀도, 구조적 공백, 중앙성 가운데 어떤 형태를 확보할 것인지 선택해야 함)가 가능하도록 자사와 파트너 기업 간 자원 교환의 내용을 실시간으로 수정·보완해야 할 것이다. 물론 그 저변에는 호텔 경영자가 기업 간 전략적 네트워크의 기제를 확실히 인식하고 그것을 전략 수립에 반영할 준비가 되어 있어야 함을 내포하고 있다.

미 주

1) Buhalis, D.(1995). The impact of information telecommunications technologies on tourism distribution channels: Implications for the small and medium sized tourism enterprises' strategic management and marketing. A thesis submitted in fulfillment of the requirements for the Award of Ph.D. Degree.
Poon, A.(1993). *Tourism, Technology and Competitive Strategies.* Wallingford: CAB International.
Sheldon, P.(1997). Information Technologies for Tourism. Oxford, CAB.

2) Hospitality eBusiness Strategy(2008). 2009 Internet Marketing and Strategy Brief. *HeBS.* [On-line], Available: http://www.hospitalityebusiness.com

3) Alford, P.(1999). Database marketing in travel and tourism. *Travel and Tourism Analyst*, 1, 87-104.
Buhalis, D.(1998). Strategic use of information technologies in the tourism industry. *Tourism Management*, 19(3), 409-423.

4) Smith, C., & Jenner, P.(1998). Tourism and the internet. *Travel and Tourism Analyst*, 1, 62-81.

5) Wayne, S.(1995). Tourism and technology: Approaching the 21st century. *WTO News*, 2, 7-10.

6) Hoffman, J.(1995). Tourism and end consumer networks: The message in the living room: Presentation in ENTER '95 conference: information and communication in tourism, Innsbruck January. pp. 18-20.

7) Moon, D., & Hempell, C. E.(2000). Hospitality e-distribution in the new economy: Redefining the value chain for consumers. [On-line], Available: http://www.hotel-online.com

8) Burns, J. D.(1998). The HEDNA GDS Educational Kit, Module 1: Introduction to Global Distribution Systems. PA: HEDNA.
Dombey, A.(1997). Onward Distribution of Hotel Information via the Global Distribution Systems: The HEDNA White Paper. Pittsburgh, PA: The Hotel Electronic Distribution Network Association.
구태회・이윤철(2000). 기술적 발전이 산업의 네트워크 구조에 끼친 영향에 대한 연구. 『경영연구』, 7(2), 59-690.

9) Inkpen, G.(1998). *Information Technology for Travel and Tourism.* Second edition. London: Addison Wesley Longman.

10) Wardell, D.(1998). The impact of electronic distribution on travel agents. *Travel and Tourism Analyst*, 2, 41-55.

11) Bennett, M.(1993). Information technology and travel agency: A customer service perspective. *Tourism Management*, 14(4), 259-266.

12) Rice, K.(2001). GetThere.com builds travel supplier network, WebTravel News. [On-line], Available: www.webtravelnews.com/588.htm

13) 구태회 · 이윤철(2004). 호텔기업의 내부 자원과 전략적 네트워크가 경영성과에 미치는 영향에 관한 실증연구. 『관광학연구』, 27(4), 235-253.
구태회 · 이윤철(2005). 호텔산업의 전략적 네트워크: 네트워크 밀도, 구조적 공백, 그리고 성과. 『관광학연구』, 28(4), 67-86.
구태회 · 이윤철(2006). 호텔 전략적 네트워크의 구조적 공백이 호텔 경영성과에 미치는 영향. 『관광학연구』, 30(4), 67-86.
구태회 · 이윤철(2008). 글로벌 네트워크 중앙성이 호텔 경영성과에 미치는 영향에 대한 연구. 『관광학연구』, 32(1), 141-162.

14) O'Connor, P.(2002). An analysis of the online pricing strategies of the international hotel chains. ENTER'S 2002 Conference, Innsbruck, Austria, January. pp. 23-22.

15) Connolly, D., Olsen, M. D., and Moore, R. G.(1997). Competitive Advantage Luxury Hotels and the Information Superhighway. Ithaca, NY: Center for Hospitality Research, School of Hotel Administration, Cornell University, September 30.

16) Tallberg, C.(2004). Testing centralization in random graphs. *Social Networks*, 26, 205-219.

17) 김용학(2003). 『사회연결망 분석』. 서울: 박영사.

18) 손동원(2002). 『사회네트워크분석』. 서울: 경문사.

19) Pavlovich, K.(2003). The evolution and transformation of a tourism destination network: the Waitomo Caves, New Zealand. *Tourism Management*, 24, 203-216.

20) Chathoth, P. K., and Olsen, M. D.(2003). Strategic alliances: a hospitality industry perspective. *International Journal of Hospitality Management*, 22, 419-434.

21) Mattila, A. S.(2006). How affective commitment boosts guest loyalty (and promotes frequent-guest programs). *Cornell Hotel and Restaurant Administration Quarterly*, 47(2), 174-181.

22) Okumus, F.(2002). Can hospitality researchers contribute to the strategic management literature? *International Journal of Hospitality Management*, 21, 105-110.

23) Porter, M. E.(1985). *Competitive Advantage*. New York: Free Press.

24) Barney, J.(1991). Firm resources and sustained competitive advantage. *Journal of Management*, 17(1), 99-120.

25) Coleman, J. S.(1988). Social capital in the creation of human capital. *American Journal of Sociology*, 94, 95-120.

26) Burt, R. S.(1992). *Structural Holes: The Social Structure of Competition*. Cambridge, MA: Harvard University Press.

27) Zemljic, B., and Hlebec, V.(2005). Reliability of measures of centrality and prominence. *Social Networks*, 27, 73-88.

28) Borgatti, S. P.(2005). Centrality and network flow. *Social Networks*, 27, 55-71.
Freeman, L. C.(1979). Centrality and social networks: conceptual clarification. *Social Networks*, 1, 215-239.

저자약력

구태회(具太會) 현_안산공과대학 호텔외식산업과 교수

한국항공대학에서 박사학위를 취득했다. 저자 구태회는 대한관광학회에서 편집위원을 맡고 있으며 저서『호텔산업의 글로벌 경영 전략』과 논문 "호텔기업의 내부 자원과 전략적 네트워크가 경영성과에 미치는 영향에 관한 실증연구" "호텔산업의 전략적 네트워크: 네트워크 밀도, 구조적 공백, 그리고 성과" "호텔 전략적 네트워크의 구조적 공백이 호텔 경영성과에 미치는 영향" "글로벌 네트워크 중앙성이 호텔 경영성과에 미치는 영향에 대한 연구" 등을 통해 활발한 학술적 결과를 발표하고 있으며 후진 양성과 학회의 발전에 힘쓰고 있다.

제24장

관광산업의 안전과 위험경영

로예석(Eugene Y. ROH)*

1 관광산업의 위험경영의 중요성

최근의 많은 사람들이 관광산업에 관련된 직업을 갖고자 한다. 관광산업과 관련된 직업은 매우 동적인 분야를 포괄하고 있으며 그 중심에는 마케팅, 인간자원, 전략경영 등의 복합적인 성격이 포함되어 있다.[1] 이러한 다양한 특징 가운데서도 주목할 만한 사항은, 지난 십 년간 경영학자들은 기업의 운영에 있어 발생할 수 있는 안전, 보안, 위험경영의 중요성을 강조하여 왔다는 것이다. 과거와 달리 이러한 위험경영의 중요성은 미래 관광경영에 있어서 더욱 중요한 부분을 차지하게 될 것이다.

따라서 관광산업의 경영자는 미래 경영자의 역할로서 위험경영과 연관되는 수많은 과제를 준비해야 하고, 그것은 기업의 성공과 생존을 결정짓는 중요한 요소이다. 또한 관광산업 경영자는 기업에 종사하는 종업원뿐만 아니라 관광시설을 이용하는 손님에게도 안전한 환경을 부여해야 할 의무가 있다.

만약 관광산업 종사자들이 이러한 의무를 다하지 못하였을 경우와 그에 따른 사고발생 시 그 주된 이유가 사업자의 부주의로 판명되었을 경우에는 법적인 책임을 져야 한다.[2] 다른 산업에서 발생할 수 있는 응급상황과 마찬가지로, 관광업계에 종사하는 전문인 역시 관광산업의 안전성이 위험에 노출될 경우 전문성을 발휘해 대처할 필요가 있다.

관광산업이 포함하는 안전의 개념은 회사의 자산과 종업원 및 고객 귀중품의 보호뿐만 아니

* Central Michigan University, College of Business의 Department of Marketing and Hospitality Management(센트럴 미시간대학교 경영대학 환대경영 · 마케팅학과) 교수. e-mail: roh1y@mail.cmich.edu

라 직장 내의 폭력사건과 절도, 식품 안전과 테러까지도 속해 있다. 이 장에서는 안전과 보안 경영에 관련된 관광산업의 중요성을 설명하고 기존의 관련사례가 제시될 것이다. 이러한 사례들은 일부의 호텔과 외식산업을 중심으로 이루어지고 있지만, 이는 모든 관광산업에 적용될 수 있는 사건이다. 또한 이 장의 끝부분에는 관광산업 경영자의 경영진로를 제시할 것이다.

2 관광산업의 안전과 위험

1) 고객을 위한 관광산업체계의 향상

영국의 보통법에 따르면, 호텔을 운영하는 호텔업자는 여행자를 위해서 고객의 잠자리 마련뿐만 아니라 그들의 안전 역시 책임을 져야 하는 의무가 있다. 그 주된 이유는, 과거 영국의 지방도로에는 강도나 도둑으로 가득 차 있었기 때문에 여행자들의 신변이 안전하지 못했다.[3] 그로 인해 호텔업자의 잠자리 제공은 그 위험으로부터 보호의 차원에서 중요한 임무를 띠고 있었다. 현재의 호텔산업 종사자들은 여행자의 보험업자로서의 역할을 맡고 있는 것은 아니지만, 손님에게 발생할 수 있는 예기치 않은 사고에 대하여 충분한 대비를 해야 할 의무가 있다.

만약 호텔 매니저가 객실 잠금장치의 고장 여부를 인지한 후에도 개선을 위한 즉각적인 조치를 취하지 않음으로 인하여, 외부인의 부적합한 접근이 허락되어 고객의 상해나 소유물의 분실 같은 불이익이 발생되었을 경우라면 누구의 책임을 묻겠는가? 다음의 예시는 이와 관련한 코니 프랜시스(Connie Francis)의 호텔 관련 안전성에 있어서 호텔에 부여되는 고객의 안전과 보안환경의 중요성에 관련한 가장 좋은 예라고 할 수 있다.

"1974년 11월 8일, 미국의 대중가수 코니 프랜시스는 뉴욕 롱아일랜드에 있는 제리코 턴파이크 하워드 존슨 호텔(Jericho Turnpike Howard Johnson's Lodge)에서 외부 침입자로부터 성폭행을 당한 사례가 있었다. 그 당시의 용의자는 체포되지 않았고, 이 사건의 충격으로 코니 프랜시스는 그 후 수년간 활동을 하지 못했다. 그녀는 사건이 발생한 때로부터 일 년이 지난 후에도 하워드 존슨 호텔이 그 방의 잠금장치를 수리하지 않았음을 알게 되었고, 뿐만 아니라 그녀의 사건이 발생하기 이전에도 그 호텔에서는 열한 번의 외부인 침범사례가 있었음을 확인하게 되었다. 또한 호텔 측은 충분한 조명시설을 설치하지 않음으로써 범행의 소지를 야기하는 등의 무성의한 태도가 확인되었다. 이와 같은 사실을 확인한 그녀는 호텔의 안전과 보안에 관련한 부주의에 대해 법적 소송을 제기하였고, 250만 달러의 배상금과 함께 소송에서 이길 수 있었다. 이는 그 당

시에 호텔관련 보상금 최고 액수를 기록하게 되었다." 이 사례는 타 호텔의 좋은 본보기로 작용하여 그들이 책임져야 하는 보안과 고객 보호의 중요성에 대해 각인시킬 수 있는 계기가 되었다.

(1) 번호재입력 장치(Recordable Locks)

객실의 잠금장치는 손님의 안전을 위한 가장 기본적인 방어시설이다. 이 보안체계를 강화시키기 위해서 호텔은 상당한 노력을 기울여 왔다. 최근의 잠금장치와 관련한 가장 눈에 띄는 변화는 열쇠의 변형이다. 과거 금속열쇠를 바탕으로 한 잠금장치는 도태되었고, 현재는 카드형태의 열쇠를 사용하고 있다. 카드형태의 열쇠는 오늘날 거의 모든 호텔에서 찾아볼 수 있다. 간단히 말해서, 이와 같은 장치를 사용하지 않으면 현 시대의 호텔경향에 뒤처진다 할 수 있겠다.

이러한 변화의 주된 이유는, 과거의 호텔관련 사고의 사례들을 바탕으로, 기존 금속열쇠의 문제점을 해결하려는 방안에서 비롯된 것이다. 예를 들면, 기존의 열쇠는 잠금장치가 설치된 이후에 장치의 변형이 쉽지 않음으로 인하여 같은 종류의 침입사고가 반복되어 왔고 호텔은 이에 대응하여 문제를 해결할 필요가 있었다. 고객이 객실 열쇠를 분실하였을 경우, 호텔 측은 해당 객실의 모든 잠금장치를 새로운 것으로 교체해야 하는 법적 의무가 있다. 이로 인한 잠금장치의 전반적인 교체는 호텔 측의 경제적 손해에 상당한 부분을 차지해 왔고 그 대안으로서 번호재입력 장치(Recordable Locks)가 도입되었다. 이는 암호의 변형이 쉬운 카드열쇠(Card-based keys)를 필요로 하는 형태였고 이러한 이유로 현 시대의 많은 호텔들은 카드시설의 잠금장치를 선호하게 되었다.[4)]

카드는 운전면허증의 크기 정도이고 카드에 부착된 마그네틱선에 의해 객실의 인식이 가능하다. 이와 같은 시스템의 최대 장점은 고객이 새로이 체크인(Check-in)할 때마다 새로운 번호의 입력이 가능하다는 것이다. 다시 말하면, 한 번 체크아웃한 고객의 경우 동일한 카드를 사용하여 같은 객실에 재입실할 수 없다는 것이다. 이 카드열쇠의 생산비용은 장당 10센트 이하지만 그에 상응하는 고객의 마음의 평화는 돈으로 계산할 수 없을 것이다. 이 마그네틱 카드의 시스템은 대부분의 프랜차이즈 호텔에서 사용되고 있다. 이러한 마그네틱 카드의 또 다른 장점은 같은 코드를 가진 카드의 복제 역시 가능하다는 것이다. 하나의 객실에 다수의 고객이 투숙할 때 고객 수에 의존하여 카드의 발급이 가능하다는 것이고, 이는 고객 편의의 차원에서 기존의 금속열쇠 체계보다 훨씬 진보한 것이라 할 수 있겠다. 게다가 이러한 마그네틱 카드는 호텔 부대시설의 이용에도 사용할 수 있어 고객의 편의를 도모할 수 있다. 예를 들면, 카드를 이용하여 호텔이 운영하는 피트니스클럽이나 세탁시설, 수영장의 출입이 가능하고, 심지어 엘리베이터 사용에도 제한을 둠으로써 고객의 편의뿐만 아니라 호텔 측 역시 외부인의 침입을 차단할 수 있는 좋은 장치가 될 수 있다.

카드열쇠의 보안관련 최대의 장점은 카드를 사용한 사람의 분별이 가능하고 사용자의 입실시간 및 머무른 시간 등의 기록이 남는 것이다. 호텔에 근무하는 종업원들은 그들의 작업장소에 관련된 카드열쇠를 지급받게 되는데, 이 카드에는 종업원 각자의 고유번호가 인식되어 있어 카드의 소유자를 판별할 수 있는 도구로 사용되고 있다. 이러한 장치는 종업원에 의하여 발생할 수 있는 사고에 대해서도 대처가 가능하다. 호텔의 운영자는 모든 종업원의 근무장소 및 해당 장소의 입출입시간의 기록을 보관할 수 있기 때문에 고객에게 한층 심화된 보안서비스를 제공하게 된다.

그 외에도 최근 들어 호텔산업에 도입되고 있는 잠금장치 시설은 지문인식시스템(Biometrics' scanning system)이다. 이것은 고객이 호텔체크인 시에, 그들의 엄지손가락 지문을 스캔하여 이를 키의 대용품으로 사용하는 방법으로서, 객실 및 편의시설의 출입을 가능하게 해준다.[5)] 그러나 이 지문인식시스템은 고가의 초기 설치비용을 요구하며 손님 개개인의 지문을 호텔 측에서 저장함으로써 신분 도난(Identity theft)의 가능성이 있다. 또한 많은 투숙객이 하나의 객실에 입실할 경우 고객 개개인의 지문을 채취하는 데 따르는 불편 등 여러 가지 단점이 있어 아직 널리 보급되지 못한 실정이다.

⑵ 감시장치(Surveillance System)

대부분의 대규모 호텔은 보안부서를 개별적으로 운영하고 있는데 이로 인한 호텔 운영자 측의 재정부담은 상당히 크다. 그리하여 호텔은 최근 감시, 경보장치와 인력을 합병한 보안경영을 도모하고 있다. 실내경보장치와 감시장치 등은 호텔 내에서 행해질 수 있는 범죄행위와 도난사고를 방지하는 데 주된 역할을 한다. 감시장치의 대표적인 예로 감시카메라를 들 수 있는데 이것은 호텔산업에 있어서 큰 비중을 차지한다. 이는 재정적인 부분에 있어서 수십 명의 인력을 대신할 수 있기 때문에 유지비는 초기 설치비용을 뛰어넘을 만큼의 비용을 절감할 수 있게 해준다. 이러한 감시장치는 인력을 고용할 시에 발생할 수 있는 여러 가지 문제점 및 비용에 관하여도 부분적인 해결방안이 될 수 있다. 고용인의 보험, 휴가, 퇴직으로 인한 비용절감이 가능한 것이 하나의 예라고 할 수 있겠다.

CCTV(closed-circuit-television)의 경우에는 출입구가 많은 큰 호텔에서 보다 유용하게 사용되고 있다. CCTV사용의 최대 이점은 모든 출입구와 사고다발지역에 설치가 가능하여 같은 보안체계를 인력으로 대신할 때와 비교하여 볼 때 비용절감이 가능하다는 것이다. 이러한 기계의 또 다른 장점은 CCTV의 여러 가지 발달된 기능으로 인해 범죄의 예방 및 대응이 보다 정확할

수 있다는 것이다.[6] 만일 의심할 만한 상황이 카메라에 포착된다면, 이를 확대하여 관찰할 수 있고 카메라의 각도를 조절하여 여러 방면의 촬영 역시 가능하기 때문에 보다 세부적인 상황 파악을 할 수 있다. 보안상의 사고발생 시에 이러한 기록들은 증거자료로 제시할 수 있으며 이로 인해 사고 후의 대책마련에 유용하다. 일부 CCTV의 경우에는 모조제품(Dummy Camera)을 사용하기도 하는데, 이러한 기계는 실제로 작동하지는 않지만 시각적인 효과를 발휘하여 고객에게 심리적인 효과를 제공하며 범죄를 일으킬 수 있는 소지를 미연에 방지할 수 있는 수단이 된다. 그러나 CCTV로 인한 사생활의 노출 논란이 야기될 수 있기 때문에 CCTV의 설치 전에 법률 전문가의 의견을 듣는 것이 현명하다. 호텔에서는 보안을 위해 CCTV 외에도 방범순찰대를 고용하거나 경고문구 등을 부착함으로써 부가적인 효과를 노리기도 한다.

2) 공공장소에서의 안전

경영자는 호텔에 속한 수영장과 주차장, 계단 등의 공공장소에도 관심을 가질 필요가 있다. 이러한 장소는 대부분 인적이 드물기 때문에 비용절감 차원에서 호텔 측은 충분한 조명시설을 제공하지 않는 경우가 있다. 이는 호텔 운영자가 손님의 안전과 관련된 비용을 호텔 측이 부담해야 하는 부가적인 지출이라고 간주하고 있기 때문이다. 하지만 작은 비용의 절감을 위한 이러한 방법은 훗날 더 큰 손해를 불러올 소지가 될 수 있다는 걸 명심해야 한다. 호텔 운영에 있어서 손님의 안전에 관한 시설들은 항시 강화해야 하며 비효율적인 부분과 잠재적인 위험의 노출에 대한 대비를 게을리해서는 안 된다. 호텔 운영에 있어서 반드시 주의해야 할 부분은 호텔관련 규정법을 준수해야 한다는 것이다. 아래의 내용은 이와 같은 법을 따르는 것에 대한 중요성을 잘 보여주는 예라 하겠다.

1971년 6월, 워싱턴 D.C.에서 토마스 훅스(Thomas Hooks, 18세)는 그의 부모와 함께 쉐라톤 파크 호텔(Sheraton Park Hotel)에 묵게 되었다. 그곳에서 토마스는 호텔 내의 수영장을 이용하였는데 다이빙 보드에서 뛰어내리던 그는 수영장 바닥에 머리를 부딪히게 되었고 이 사고로 인하여 목 이하의 영구적인 사지마비환자(Quadriplegic)가 되었다. 그가 이용하였던 다이빙 보드는 듀라플렉스(Duraflex)라 불리는 알루미늄 제품으로 이는 기존 나무 재질의 다이빙 보드보다 탄성이 강화된 것으로서, 이러한 알루미늄 제품의 다이빙 보드를 사용하려면 법으로 정한 일정 깊이의 수심을 지켜야 했다. 그의 부모는 호텔 수영장의 수심이 알루미늄 보드의 사용을 위한 수심의 깊이에 미치지 못한다는 것을 알게 되었고 이는 Washington District of Columbia의 규정을 위반한 것으로 판명되었다. 토마스의 부모는 쉐라톤 호텔과 호텔의 모회사인 ITT를 상대로 소송을 걸었고, 배심원은 호텔 측과 ITT에게 사고 당사자인 토마스와 그 부모에게 각각 600만 달러와 100만 달러를 지불하도록 결정하였다. 이 소송으로 인해 미국 전역의 호텔들은 고객에게 발생할 수 있는 모든 잠재적인 위험에 대해 다시 한번 고려하는 계기가 되었다. 이 특별한 사례는 미국 내 모든 호텔 수영장에서 다이빙 보드를 제거하게 만드는 계기가 되었다. 이 예를 통해 볼 수 있듯이 호텔 운영에 있어서 정해진 법과 규정을 정확하게 준수하는 것은 아주 중요한 일이다.7)

3) 음식과 안전

음식과 건강, 그리고 위생은 프랜차이즈 음식점을 운영함에 있어서 그 품질관리와 일관성을 유지하는 수단으로서 매우 중요하다. 음식과 건강에 관련된 중요성은 특히 프랜차이즈 운영체계에 있어서 커다란 비중을 차지하는데, 이는 어느 한 프랜차이즈 매장의 실수가 기업 전체의 이미지와 경제적인 손실을 가져다 줄 수 있기 때문이다. 이러한 중요성 때문에 기업에서는 비단 의료법에 의존하는 것에 만족하지 않고, 음식과 음료를 직접 접하는 종업원에 대해서는 기업 자체 내에서 철저한 위생관리와 건강검진을 행하여야 한다. 특히 한국의 음식 소비자들은 건강문제와 직접적인 연관이 있는 식품의 출처와 음식의 조리법 등을 검열하는 데 있어서 매우 민감하다. 그러한 이유로, 음식에 관한 위생은 한국 식당문화에 있어서 지속적으로 중요한 역할을 할 것이다.

아래의 예문은 음식의 위생과 안전에 있어서의 중요성을 보여주고 있다.

"1993년 1월 13일, 워싱턴 보건국(WDOH: Washington Department of Health)은 시애틀과 그 주변의 병원으로부터 E. Coli 박테리아에 감염되었을 경우와 비슷한 증상을 보이는 Hemolytic Uremic Syndrome(HUS)에 감염된 어린이 집단이 응급실에 접수되었다는 사실을 통보받게 되었다. 보건당국은 HUS에 감염된 어린이들의 숫자가 시간이 흐를수록 증가하고 있다는 것을 알게 되었고, 이러한 어린이들은 피가 많이 섞인 설사를 하는 증상을 보였다. 보건당국은 해당 증상을 보이는 환자들의 부모와의 인터뷰를 통해서 그들이 하루 전 Jack in the box에서 식사를 했다는 사실을 알게 되었다. 보건국은 총 73개의 Jack in the box 매장에서 판매된 햄버거에서 HUS 증상의 원인이 제공되었음을 확인하였고, 이 매장들은 San Diego의 Jack in the box 본사로부터 요구되었던 적정 조리법을 따르지 않았음이 판명되었다. 이 매장들은 햄버거에 사용되는 고기의 질이 딱딱해지는 것을 줄이기 위해 68.3℃(155°F)보다 낮은 온도에서 조리하였기 때문에 박테리아가 살균되지 않았던 것이다. 특히 증세가 심한 환자들의 대부분은 어

린 아이들부터 청소년들의 나이대가 많았고, 그중 네 명은 사망하였다. 이 사고로 인하여 Jack in the box는 사고가 난 이후 18개월 동안 160만 달러의 손실을 보았을 뿐만 아니라 손님과 주주로부터 수백 건의 소송을 당하게 되었다. 결국 이러한 모든 집단소송들은 500억 달러로 합의가 되었고 이 소송은 음식과 관련된 가장 커다란 사건 중 하나였다."

4) 외부위험 및 내부위험

(1) 외부위험

관광산업에 있어서의 잠재적인 위험요소는 외부 및 내부 요소 둘 다를 포함하고 있다. 외부적인 위험요소 중 우리가 주시해야 할 부분은 자연재해와 천재지변, 테러리즘과 같이 예측이 불가능하고 미연에 방지가 어려운 것들이라 할 수 있다. 국가 간이나 지역 차에서 오는 갈등과 테러리즘, 장기간의 천재지변 같은 이 모든 것들은 관광산업에 역효과를 가져다 준다. 이러한 외부에서 오는 위협이 직접적으로 미치는 시간은 짧을 수 있지만 이로 인한 관광산업의 손해는 막대하다.

북미 지역에서 자주 발생하고 있는 캘리포니아의 지진 및 산불, 플로리다와 걸프코스트(Gulf Coast)의 허리케인, 캔자스(Kansas)의 토네이도 같은 자연재해들은 관광산업의 대표적인 외부위험 요소라 할 수 있다. 이러한 지역과 관련된 관광산업 종사자는 사고발생 시에 고객과 종업원을 사고현장으로부터 안전하게 피난시킬 수 있는 철저한 훈련을 해야 한다.

관광산업과 연관된 또 다른 외부위험 요소는 테러리즘이다. 근래에는 테러리즘이 부르는 안전 여부에 관련된 여행자들의 걱정 수위가 높아지고 있다.[8)] 테러리즘은 정치적인 목적을 달성하기 위해서 체계적으로 폭력 행사하는 것을 말한다. 인도네시아 발리에서 일어난 테러사건과 영국 런던, 그리고 최근의 인도 뭄바이(Mumbai) 및 다른 여러 도시의 호텔에서 일어난 테러리즘의 예에서 볼 수 있듯이 이러한 테러사건으로 인하여 여행자들은 신변의 안전에 대한 걱정이 과거에 비하여 급증하게 되었다. 여행자들은 과거보다 테러리즘이 발생할 확률이 높아졌다고 느끼는 탓에 여행에 대한 두려움이 증가하게 된 것이다. 그로 인해서 여행자들은 계획했던 여행을 취소한다거나 목적지를 보다 안전한 곳으로 바꾸고 있다.

(2) 내부위험

내부위험 요소에는 호텔 종업원과 호텔 시설로부터 문제가 야기되는 경우 등이 해당된다. 이러한 위험에 대한 대처방법은 외부요소로부터 받을 수 있는 위험요소의 경우보다 사고 발생 이전의 예방이 더욱 쉽다. 호텔 운영자는 직원 고용 시 그들의 범죄사실 등이 기록된 신분확인절차를 밟음으로써 종업원에 의해 발생할 수 있는 문제를 예방할 수 있다. 또 다른 위험요소는 수영장 및 공공장소 혹은 호텔 내부 수리 시에 발생할 수 있는 안전에 관련한 것이다. 미끄러운 바닥에 의해 발생할 수 있는 수영장 등에 관련한 사고와 호텔 내부 수리 시에 필요한 위험한 기계나 물질 등은 고객과 종업원이 접하지 않는 안전한 곳에 배치하는 등의 조치를 통해 호텔 측에서 사전에 사고를 철저히 예방해야 한다.

3 미래의 대응

관광산업에 종사하는 모든 사람들은 고객과 종업원, 기업 자신의 안전이 최우선이 되어야 한다. 그들은 기업의 이익산출을 위한 노력뿐만 아니라 손님의 안전과 연관된 사항에 대하여 충분한 고찰을 필요로 한다. 그렇기 때문에 관광산업에 있어서의 위험경영의 중요성은 보다 많은 관심과 재인식이 필요한 것이다. 따라서 현 시대에 관광산업과 관련된 직업 종사자들은 발생 가능한 위험요소들에 대한 보다 즉각적이고 효율적인 대처능력이 필요하다. 관광산업 경영자의 불완전하며 체계적이지 못한 대처방안은 무고한 생명을 앗아갈 수 있을 뿐만 아니라 기업의 커다란 손실 역시 초래할 수 있다. 이러한 사고가 부를 수 있는 손해를 최소화하기 위하여 경영자는 사고 발생 시에 일어날 수 있는 모든 문제점에 대해 세부적으로 정확히 분석해야 하며, 이를 실현할 수 있도록 미연에 준비하는 것이 중요하다.

사고의 발생을 줄일 수 있는 가장 확실한 방법은 발생 가능성이 있는 문제의 각 사례마다 근본적인 해결책을 사전에 제시하는 것이다.[9] 이는 문서로 작성되어야 하며 관광산업과 관련된 종업원이라면 누구라도 미리 숙지하도록 하여 그들 자신과 고객을 보다 안전하게 보호하는 데 지침서가 될 수 있도록 해야 한다. 이러한 문서들은 사고가 발생한 이후에 법적 대응이 필요할 경우 제출할 수 있어야 하며, 그들이 수행하고 있는 안전사고에 대비한 기업의 노력을 보여줄 수 있는 좋은 자료가 되어야 할 것이다. 안전을 위한 훈련은 모든 종업원을 대상으로 지속적으로 행해져야 하며 새로운 방법이 제시될 때마다 새로운 문제에 대처할 수 있도록 개정해야 한다. 또한 관광산업의 책임자는 모든 종업원들의 원활한 의사소통을 위하여 충분한 훈련의 장을 마련해야 한다. 이러한 대응방안들이 현실적으로 이행 가능해야 하며 모든 이가 이해하기 쉽도

록 구성되어야 할 것이다. 즉, 사고가 일어난 후의 수습의 차원이 아닌 사고 전에 미리 대처할 수 있는 체계가 구축되어야 한다는 것이다.

때로는 관광산업에서 발생할 수 있는 잠재적인 위험에 대한 사전의 대안이 경영자로 하여금 문제의 발생 시에 보다 효율적으로 대처할 수 있는 혁신적이고 창조적인 생각을 낳을 수 있는 계기가 되기도 한다. 이러한 위기를 슬기롭게 대처할 수 있는 발판을 마련하기 위하여 관광산업에 종사하는 경영인들은 고객과 종업원, 그리고 기업 자신의 안전한 경영을 위해 전반적이고 전문적인 안전과 위험에 관한 객관적인 평가를 해야 할 것이다. 이러한 정확한 평가가 이루어진 후에는 보다 체계적이고 합리적인 기업의 발전을 위해 기업의 위험경영과 안전에 관한 노력이 모색되어야 한다.

미 주

1) Lundberg, D. E.(1994). Hotel and Restaurant Business. Van Nostrand Reinhold, New York.

2) Cournoyer, N., & Marshall, A.(1998). Hotel, Restaurant and Travel Law. Delmar, Albany, New York.

3) Hayes D., & Ninemeier, J.(2004). *Hotel Operations Management*. NJ: Pearson Prentice Hall.

4) Adams, B.(2003). Lock industry evolves, diversifies as market narrows. *Hotel and Motel Management*, 218(11), 46. Duluth.

5) Wright., A.(2009). Thwarting Lawsuits－One Fingerprint at a Time. *HRMagazine*. Alexandria. p. 57.

6) Liu, M.(2009). The Empty-Nest Syndrome. *Newsweek*, 153(13). New York.

7) Cournoyer, N., & Marshall, A.(1998). Hotel, Restaurant and Travel Law. Delmar, Albany, New York.

8) Atkins, B., Chew, J., Gschwind, D., & Parker, A.(2003). The impact of terrorism on tourism and hospitality business: An online debate by experts in the field. *Tourism and Hospitality Research*, 4(3), 262-267.

9) Hall, R.(2006). Detecting Early Signs of Trouble. *Security Management*, 50(11), 50-52.

저자약력

로예석(Eugene Y. ROH) 현_Central Michigan University, College of Business의 Department of Marketing and Hospitality Management(센트럴미시간대학교 경영대학 환대경영 · 마케팅학과) 교수

저자 로예석은 The Pennsylvania State University에서 박사학위(1996)를 받았고, 전공관련 서적 세 권과 약 40편의 논문 및 프레젠테이션을 국제학술지 및 회의에서 발표하였다. 주된 전공 분야는 Franchising 및 Hospitality Real Estate Investment and Hospitality Management이며, 현재 센트럴미시간대학교의 종신(Tenure) 교수로 재직 중이다.

제4편

관광자원개발과 관광정책의 이해

『관광학총론』 스물다섯 번째 이야기

관광자원개발

양 광 호*

1 관광자원의 개념, 분류, 가치

1) 관광자원의 개념

관광자원(tourism resources)은 일상적인 삶을 살고 있는 일반인들이 그들의 거주지를 벗어나 관광활동을 하게 하는 가장 중요한 유인인자라고 할 수 있다. 관광객들은 가능하면 보다 가치 있고 매력 있는 관광자원을 방문하고자 하며, 또 관광자원을 보유한 지역은 그들 지역 내 매력 있는 자원을 찾아내 가치를 높여 보다 많은 관광객들의 지역방문을 유도하려고 노력한다. 관광객, 지역, 관광사업체 등 관광과 관련된 모두에게 관광자원은 찾아내 가치를 높여야 하는 대상으로 인식된다. 세상의 모든 현상과 사물 중 무엇을 관광자원으로 볼 것이냐에 대한 개념규정은 개발대상을 명확히 함으로써 효율적인 자원활용과 의사소통 및 정보교류를 가능하게 한다.

관광자원의 개념규정을 위해 그동안 많은 시도들이 있어 왔으나(津田昇, 1969; Gunn, 1978; 이장춘, 1983; 김홍운, 1989; 김병문, 1990; 박석희, 2000; 권용우 · 김선희, 1994; 김사헌, 2003; 김성기, 2005), 그 범위가 넓고 기준이 모호하여, 통일된 개념을 도출하지 못하고 있다. 이하에서는 개념규정에 대한 논의를 전통적인 관점, 서비스 생산요소로 보는 관점, 법제도적 관점을 중심으로 살펴보기로 한다.

일반적으로 관광자원의 개념규정에는 두 가지 접근이 있다. 먼저, 관광욕구를 직접적으로 충

* 공주영상대학 항공관광과 교수(현 한국관광학회 이사). e-mail: yangho@pro.ac.kr

족시켜 주는 요소인 자연자원, 인문자원 등 주 자원만을 관광자원으로 보는 협의의 관점이다. 또 다른 접근은 주 자원 외에 관광자원의 가치와 유인력을 높이기 위하여 수반되는 접대시설, 기반시설 등 제반요소를 포함하여 관광자원으로 보는 광의의 접근이다.[1)]

이들 관점은 시대에 따라 변화하고 있는데, 과거에는 관광자원을 협의의 개념* 으로 보는 관점이 우세했으나, 최근에는 광의의 개념으로 해석하는 추세이다. 이는 관광행태가 과거 단순히 보는 관람형에서 직접 체험하는 동태적 행태로 변함에 따라, 자연자원은 물론, 인문, 시설자원 등 복합적 이용의 필요성이 증대하고 있기 때문이다. 또한, 과거 관광대상** 이 자연관광자원에 편중되었던 반면에 최근, 다양화된 관광수요를 충족시키기 위한 창조적인 관광시설의 증대 등도 그 원인이라 할 수 있다.[2)]

전통적인 개념은 주로 우리나라 및 일본학자들에 의하여 제안된 개념으로 관광자원의 특성을 토대로 한다. 관광자원의 개념정의에 사용된 기준들은 학자마다 다르지만, 공통적으로 많이 언급되는 특성들로는 '매력성과 유인성' '욕구충족 및 동기유발' '보전보호의 필요성' '가치의 변화성(시대변화, 관광자 간)' '비소모성' '범위의 다양성' '비이동성' 등을 들 수 있다(津田昇, 1969; 이장춘, 1983; 김홍운, 1989; 서태양, 1998; 박석희, 2000; 김성기, 2005).

또한 관광자원은 서비스 요소적 측면에서 설명되기도 한다. 박석희(2000)는 관광자원을 관광이라는 서비스를 생산하는 데 소요되는 투입요소로 보았다. 이 개념에 의하면 관광행위는 관광서비스의 생산과 소비활동으로 관광행위는 재화, 시간, 여행의 함수 즉, 관광행위=f(재화, 시간, 여행)로 정의할 수 있다. 다시 말해, 관광행위는 자연적 매력, 인문적 매력, 관광시설 매력, 공급처리시설, 편의시설, 인력, 시간, 여행의 8가지 생산요소가 적절히 배합됨에 따라 성립되는 것으로 설명된다.

법제도적으로는 주로 개발 혹은 관리수단으로의 활용을 목적으로 관광자원을 개념규정을 하고 있다. 우리나라의 대표적인 자연 및 인문자원을 개발 및 관리하기 위한 목적으로, 법·제도

* 일본교통공사와 한국관광협회가 발간한 『현대용어사전』에 의하면, 관광자원에 대한 개념을 "관광자원(tourism resources)은 산업자원이 아닌 생활자원에 해당하며, 관광사업체가 관광자에게 공급하는 재화와 서비스를 포함하지 않는 그 밖의 것으로서 … 중략 …"라고 매우 좁게 해석하고 있다(김성기, 1997: 55 재인용).

** 관광자원(tourism resources)은 때로는 관광대상(tourism objects), 관광매력물(tourism attractions), 관광시설(tourism facilities) 혹은 관광재(tourism goods) 등의 개념과 혼재되어 사용되기도 한다. 이들 개념들은 관광객들을 유인하는 목적물이라는 공통점이 있으나, 각 개념이 아우르는 범위 및 해당자원의 성격에 따라 차이를 보인다. 곧, 관광대상은 가장 포괄적인 개념으로 관광객들의 욕구충족 대상 모두를 의미하며, 관광자원은 개발에 의하여 관광대상이 된다. 관광자원은 광의적으로 해석하면 관광대상과 동일시되기도 하고, 협의적으로 보면 관광시설과 함께 관광대상의 구성요소가 되기도 한다. 관광매력물은 관광객을 유인하는 주 자원을 의미하며, 관광자원을 협의의 개념으로 보면 동일한 개념이다. 관광시설은 인공적으로 만들어진 시설을 의미한다. 관광재는 경제적인 시각에서 관광소비의 대상으로서 관광자원 또는 관광대상을 일컫는 말이다.

에 의해 규정하고 있기 때문에, 통상 관광객들에게 관광자원으로 인지되는 자원은 법·제도에 의해 규정되는 관광자원 개념*이라고 할 수 있다.

이상을 종합해 볼 때, 관광자원**이란 관광객의 관광동기를 유발하고 관광욕구를 충족시킬 만한 가치와 매력이 있는 유형·무형의 제 관광대상을 총칭하며, 개발과 관리라는 인간의 계획되고 의도된 노력에 의하여, 그 가치가 높아지는 특성을 지닌 대상이라고 개념규정할 수 있다.

2) 관광자원 분류

(1) 개념적 특성에 의한 분류

분류체계는 자원의 체계적인 연구 및 이용, 관리목적으로 식물학 분야에서 발달하기 시작하였다.[3] 관광자원의 분류목적은 첫째, 미래의 관광수요에 대처할 수 있는 잠재적 관광자원의 유형과 수용력을 객관적으로 평가하려는 데 있다. 둘째, 관광객들이 관광지의 특성을 이해하고, 욕구충족을 위한 관광활동의 목적지를 선정하는 데 유용한 기초정보가 되기 때문이다.[4] 셋째, 관광계획 측면에서는 관광행태변화에 따른 관광지 신규 공급여부를 파악하기 위한 수급분석 등을 효과적으로 하기 위해서 필요하다.

지금까지 관광자원의 분류에 이용되어 온 기준은 크게, 개념적 특성에 의한 분류, 입지 및 이용 측면에 따른 분류, 기타 분류로 나눌 수 있다.

관광자원의 개념적 특성에 의한 분류는 연구자가 다양한 관광자원 중에서 중요하다고 판단하는 자원의 개념적 특성에 따라 임의로 정의하고 분류하는, 주로 우리나라와 일본학자들에 의해 이루어진 분류체계이다. 이 분류방식은 그 존재형태, 형성원인, 자원특성, 관광행동패턴, 자원의 이용, 자원정보체계 구축 등을 기초로 분류하고 있다. 첫째, 관광자원을 존재형태에 따라 유형관광자원과 무형관광자원으로 대별하고 거기에 세부항목을 설정한 시도이다(이장춘, 1974; 한국관광공사, 1987). 둘째, 형성원인에 따라 자연관광자원과 인문관광자원으로 유형화한 시도이다(末武直義, 1974; 김병문, 1984; 이근, 1996; 김성기, 1997). 셋째, 관광행동패턴에 따라 주유형 관광자원과

* 자연자원은 자연공원법에 의해 국립공원, 도립공원, 군립공원으로 규정·관리되고 있다. 또한, 문화자원의 경우는 문화재보호법에 의해 형태상 유형문화재, 무형문화재, 기념물, 민속자료로 구분하고, 지정 여부에 따라 지정문화재(국가지정, 시·도지정)와 비지정문화재로 구분하고 있다. 인위적으로 새로이 개발하는 관광단지, 관광지, 리조트와 테마파크, 관광레저도시는 관광진흥법과 기업도시 특별법에 의해 규정·개발·관리되고 있다.

** 하늘의 별도 관광자원성을 가지고 있으며, 관광객들의 관광동기를 유발하여, 관광자원 및 관광대상이 되기 위해서는 별을 볼 수 있는 천체망원경 등의 시설, 별을 가장 잘 볼 수 있는 장소까지의 이동수단이 마련될 때(곧, 개발될 때) 비로소 유인성 있는 관광자원 및 관광대상이 되는 것이다. 실례로 강원도 영월군의 '별마로천문대'는 매력 있는 관광자원으로 영월을 방문하는 관광객들의 주요 관광대상이 되고 있다.

체재형 관광자원으로 구분한 시도이다(Gunn, 1978). 넷째, 자원이용 형태에 따라 동적 이용자원과 정적 이용자원으로 구분한 사례이다(김홍운, 1986; 김사헌, 2003). 다섯째, 자원정보체계 구축을 위한 인위적 계통분류(박석희, 2000), 여섯째, 자원특성에 따라 자연적 관광자원과 문화적 관광자원, 사회적 관광자원, 산업적 관광자원 등으로 유형화한 시도이다(津田昇, 1964; 김진섭, 1981; 김상훈, 1982; 김홍운, 1989; Gunn, 1994). 마지막 여섯 번째 분류체계는 지금까지 가장 일반화된 분류체계로 이용되고 있으며, 특히 대부분의 유형화에서 2차적 분류나 세부항목의 지표로 사용되고 있다.[5]

(2) 입지 및 이용 측면에 따른 분류

이 분류는 구미지역 학자들에 의해 주로 제안되는 분류방식으로, 입지 및 지역특성에 따라 수용 가능한 관광활동행태가 달라지므로, 관광개발계획 수립 시 유용하게 활용될 수 있는 분류기준이다.

Clawson(1960)은 자원입지에 따라 관광자원을 분류하고 있는데, 입지, 이용시기, 활동유형, 지역규모, 관리유형, 이용 정도 등의 분류기준으로 관광지역을 이용자중심형, 중간형, 자원중심형으로 분류함으로써 관광자원을 공간적인 연속체로 파악하고자 하였다(박석희 재인용*).

미국 산림청이 개발한 ROS(recreation opportunity spectrum)라는 관리모형에 의한 분류체계로, 이는 관광객은 관광경험의 만족을 위해 선호관광활동을 결정하고, 그 활동을 위한 최적장소를 선택한다는 가정하에, 관광환경의 특성에 따라, 야생지역, 자동차 진입이 불가능한 준야생지역, 자동차 진입이 가능한 준원시지역, 도로가 있는 자연자원지역, 농촌지역, 도시지역으로 ROS 등급체계를 설정하고 있다.[6] 수용력 개념을 고려한, 이용 측면에 따른 대표적 분류방식이다.

3) 관광자원 가치

(1) 관광자원의 경제적 가치

관광수요자뿐만 아니라 관광공급자 입장에서도 관광자원의 고유가치를 파악하는 문제는 각 개별주체의 합리적인 의사결정을 위해 필요한 과제이다. 그러나 관광자원의 가치평가는 관광자원의 다양성, 관광수요, 활동형태, 시대 등에 따라 자원가치가 변화되는 특성 및 가치개념의 복합성 때문에 자원가치 도출은 매우 어려운 문제이다.

* 박석희(2000). 『신관광자원론』. 서울: 일신사.

그동안 관광자원의 가치를 평가하고자 하는 시도는 주로 경제학적인 접근을 통해 이루어져 왔다.* 이하에서는 상대적으로 많은 연구가 이루어져 온 경제적 가치평가의 기초이론에 대하여 살펴본다. 또한, 관광자원의 인식론적 접근시도도 살펴보기로 한다.

① 가치개념

관광자원의 가치를 논의하기 전에 일반적인 가치의 개념과 효용, 가격 등 유사개념 간의 관계를 살펴보는 것이 필요하다. 먼저 효용(utility)이란 개념을 살펴보면, 효용이란 개인의 어떤 욕구에 대한 주관적 만족도를 의미하며, 가치란 어떤 행위나 사물의 상대적 중요성을 나타내는 척도라고 할 수 있다. 특정재화에 대한 효용(만족도)도 가치와 마찬가지로 사람에 따라 혹은 주어진 외부환경에 따라 각각 다르게 나타난다. 이 효용의 크기에 따라 가치가 부여되고 이 가치에 따라 가격(즉, 재화획득에 대한 대가)이 결정된다.[7)]

② 관광자원의 가치

공공재적 성격을 지닌 자원의 가치는 크게 이용가치(use value)와 그 자원을 이용하지 않는 사람들로부터 발생되는 비이용가치(non-use value)로 나눌 수 있다.** 이용가치는 다시 실제 그 재화를 구매할 때 지불한 시장가치와 소비자가 그 가격을 지불하지 않고도 무료로 얻는 소비자 잉여(consumer surplus)***로 나누어 볼 수 있다. 또한 비이용가치 또는 보전가치는 다시 선택권가치(option value), 존재가치(existence value), 유산가치(bequest value)로 나눌 수 있다.[8)]

즉, 자원의 가치 = 이용가치(사용가치) + 비이용가치(보전가치)
= [시장가치(교환가치) + 소비자 잉여] + [선택권가치 + 존재가치 + 유산가치]

* 주요 자연관광자원인 계룡산 국립공원의 가치는 돈으로 환산하면 얼마나 될까? 지금은 입장료가 폐지되었지만, 입장료가 국립공원의 가치를 제대로 평가하고 있는 것일까? 또 불행히 화재로 소실되었지만 국보 1호인 숭례문의 가치는 얼마나 될까? 이런 근본의문을 해소하는 데 관광자원의 경제적 가치평가는 어느 정도 해답을 줄 수 있다.

** 자연관광자원과 인문관광자원은 그 성격상 사적재와는 구별되는 공공재적 특성을 가지고 있다. 공공재는 "일단 생산되면, 그 소비가 공동으로 집합적으로 이루어지며, 불특정 다수에게 똑같이 편익이 돌아가는 재화"(김대식 외, 1992: 468–469)를 의미한다. 공공재는 소비에 있어 배제불가적 특성(non-exclusiveness)과 소비에 있어 비경합성(non-rivalness)이라는 특성 때문에, 무임승차자(a free rider) 등의 문제가 발생하여, 시장기구에 의해 가격이 산정되지 않는 시장실패문제를 야기한다(김사헌, 1997: 102–108).

*** 소비자 잉여는 마셜(Alfred Marshall, 1930)에 의하여 이론화된 경제개념의 하나로서 한 개인이 소비하는 어떤 재화의 확보를 위하여 최대한 지불하고자 하는 지불용의의 합과 실제로 그것을 구입하는 데 지불한 비용의 차이를 말한다(조순, 1987). 다시 말해, 특정소비자들이 어떤 재화를 향유하기 위해 시장가격보다도 더 높은 가격을 지불할 용의가 있다면, 이보다 낮은 가격을 지불한 소비자들은 그만큼의 초과효용, 즉 소비자 잉여를 누리게 된다는 것이다.

여기서 이용가치란 일명 사용가치 또는 교환가치로도 불리는데, 실제 관광객들이 재화나 서비스를 구매하기 위하여 지불하고자 하는 가격이나 지불용의액(willingness to pay)을 말한다.

새로이 주목받는 비이용가치란 보전가치라고도 하며, 아름다운 관광자원이나 수질, 동식물, 환경 등이 보전되고 있다는 그 자체를 앎으로써, 잠재 이용자들이 받게 되는 편익 또는 효용, 무형의 가치이다.[9] 보전가치는 자연자원의 가치평가에서 주로 존재가 확인되었는데, 최근에는 문화유산자원과 같은 인문관광자원에서도 그 가치의 존재를 인정받고 있으며, 심지어 문화유산자원의 경우 독특한 역사성을 대체할 수 있는 자원이 없기 때문에 매우 큰 보전가치를 예상할 수 있다는 주장도 제기되고 있다.[10] 따라서, 자연 및 인문관광자원의 진정한 총가치는 이용가치와 비이용가치(보전가치)의 합이라고 할 수 있다.[11]

비이용가치 중 선택권가치(option value)란 현재는 사용하고 있지 않으나 미래에 사용할 가능성을 보고, 미래의 선택을 위해 지불할 용의가 있는 일종의 보험료와 같은 기대가치를 의미한다. 존재가치(existence value)는 특정재화를 현재 이용하고 있지 않으며, 미래에도 이용할 가능성이 없지만 존재한다는 사실만으로도 얻는 효용을 말한다. 또한 유산가치(bequest value)란 후대에게 물려주기 위한 보존을 전제로 한 지불의사액을 의미한다.[12]

따라서, 자연 및 인문관광자원의 경우는 자원의 특성상 이와 같은 보전가치가 존재하기 때문에 자원의 전체 가치를 평가할 때, 이들이 포함되어야만 진정한 자원의 가치평가라고 할 수 있다. 만약 이들 보전가치가 고려되지 않는다면, 관광자원의 가치는 필연적으로 저평가되게 될 것이다.

관광자원의 경제적 가치평가는 자원의 개발과 보전의 의사결정(예를 들면, 갯벌을 보전해야 하는지 갯벌을 매립하여 해양리조트를 개발해야 하는지 등)을 위한 편익·비용분석의 중요한 기준이 된다.

(2) 인식태도에 의한 접근

우리 주변의 가치 있는 자원을 찾아내어 가치를 높이고, 적절하게 활용하는 것은 관광객뿐만 아니라 관광과 관련된 이해당사자 모두에게 매우 중요한 과제이다. 이를 위해 우리가 기본적으로 습득해야 하는 능력은 우리의 감각기관을 통해 전달되는 다양한 정보 중 가치있는 관광자원을 인식하는 인식론적 태도이다.*

* 사물을 지각하는 과정에 대해, 헤이워드(Hayward)는 붓다(Budda)의 5단계 지각과정을 중심으로 설명하고 있다. 그는 감각기관을 통해 전달된 외부자극은 처음에 무엇이 있구나 하고 외부물질 세계를 최초로 느끼는 '인식단계', 대상의 자원에 대한 긍·부정성을 평가하는 '긍·부정평가단계', 평가를 통하여 대상의 특징을 추출해 내는 '특징추출단계', 대상에 의미를 부여하는 '의미부여단계', 아름다움을 맛보기 위해서는 이러 이러한 대상을 접하면 된다고 하는 '이야기 줄거리 형성단계'를 거친다고 한다. 이상의 5단계 지각과정은 약 1/75초 만에 이루어진다고 한다(Hayward: 59-60, 140,

이근(1996)은 관광자원의 인식태도를 아래 <표 25-1>과 같이 관광가치의 인식기준으로 제시하고 있다. 그는 상상에 의하여 인간의 내면에 어떤 심상을 만들어 가는 주관적 인식 또는 직관적 태도를 '예술성'과 '종교성'으로, 지성에 의하여 사물의 개념을 산출시키는 논리적 인식 또는 지적 태도를 '유용성'과 '학문성'으로 나누어 제시하고 있다. 관광자원이 관광자에게 안겨주는 관광가치는 실로 다종다양하다. 예술적 경관미, 종교적인 신비성, 유용한 스포츠레저, 학문적 확대성 등 다양한 관심과 관광욕구가, 이와 같은 관광대상의 가치인식에 의해 충족될 수 있다.[13)]

〈표 25-1〉 관광가치의 인식기준

구 분	내 용
예술성	경관유형, 정신적 주제, 직관적 감동
종교성	신의 창조성, 신앙성, 초월적 신비
유용성	스포츠레저, 실천적 이용성
학문성	자료모집, 관련학문, 지식 확대

| 자료: 이근(1999). 『신관광자원론』. 서울: 학문사. p. 51.

김성기(1997)는 관광자원의 가치평가를 크게 절대적 조건과 부수적 조건으로 나누고, 절대적 조건으로 위락성, 관상성, 다양성, 계절성, 희소성을, 부수적 조건으로 교육성・역사성, 경제성, 안락성・편의성, 안전성・위생성, 기타의 조건을 들고 있다. 이외, 엄서호(2005)는 가치있는 명소가 되는 기준으로 정통성, 차별성, 상징성, 보편성, 탈일상성, 의외성, 희소성, 화제성, 효용성, 경제적, 지속성을 제시하고 있다.

148–152 재인용).

2 관광개발 및 관광개발계획

1) 관광개발 개념 및 전략

(1) 관광개발의 개념 및 목적

관광개발은 관광자원을 대상으로, 관광객 만족증대, 지역활성화 등의 목적으로, 자원의 가치를 높이기 위해, 인간이 지닌 지혜와 노력을 의도적으로 기울이는 활동 또는 과정이라고 할 수 있다.

관광개발의 개념도 관광개발 대상의 범위를 어떻게 보느냐에 따라, 협의로 해석하는 접근과 광의적으로 해석하는 접근으로 나누어 볼 수 있다. 협의의 개념은 관광자원개발 즉, 관광유인력을 갖는 자연 및 인문관광자원 등 주 자원의 개발로 보는 관점이다. 반면 광의의 접근은 관광욕구를 충족시키기 위하여, 관광자원 및 시설의 활용뿐만 아니라, 관광만족에 기여하는 무형의 상품 및 서비스개발까지 포괄하는 개념이다.

과거 물리적 개발위주의 관광자원개발로 인식하던 전통적, 협의의 관점에서, 최근에는 물리적 개발뿐만 아니라 상품 및 서비스개발까지 포함하는 광의의 개념으로 해석하는 추세이다. 또한 과거에는 관광개발을 지역개발의 수단으로 보던 인식에서 지역개발과 관광개발의 통합화, 더 나아가, 지역사회관광개발로 그 개념이 확대되어 가고 있다.

이는 관광의 구성요소를 관광주체(관광객), 관광매체(관광산업), 관광객체(관광자원)로 볼 때, 개발의 대상을 관광객체로 보던 관점에서 관광객체 외에 관광매체를 개발의 대상에 추가함으로써 대상을 확대하였다. 최근에는 관광의 구성요소에 관광객, 관광산업, 관광자원 외에 지역사회를 새로이 포함시켜, 지역민의 인적역량강화까지 개발의 대상으로 확대시키고 있다. 또한 경제적 효과뿐만 아니라 사회문화적 측면도 고려하는 방향으로 변해가고 있다.

관광경험단계로 보았을 때, 기대단계, 가는단계, 현지단계, 오는단계, 회상단계의 5단계 관광경험단계 중, 현지단계 개발만이 아니라 이동단계(가는, 오는), 회상단계까지 개발의 대상으로 보는 방향으로 개념이 확대되고 있다. 따라서, 관광개발을 관광경험단계 전 과정에 걸쳐 관광객들의 관광욕구를 충족시켜 주기 위하여, 현존하는 자원에 인간의 지혜와 노력, 자본을 투입하여 자원의 가치를 증대시키는 활동으로 폭넓게 이해하는 것이 필요하다.

최근에 주목받는 지역사회관광개발(community-based tourism development)은 지역사회를 구성하고 있는 관광자원과 인적요소의 개발을 통해 지역성을 높이고 지역활성화 및 주민복리 증

진에 기여하는 동시에 관광객의 욕구를 만족시키는 개발전략이다. 이는 지역개발과 관광개발 일체화를 추구하고, 지역사회 참여를 전제하며, 지역주민의 의식과 생활영역까지 개발의 대상을 확대한다. 공간적으로 관광과 주민의 생활이 함께 공존, 관광산업과 지역연고산업과의 연계를 추구한다.14)

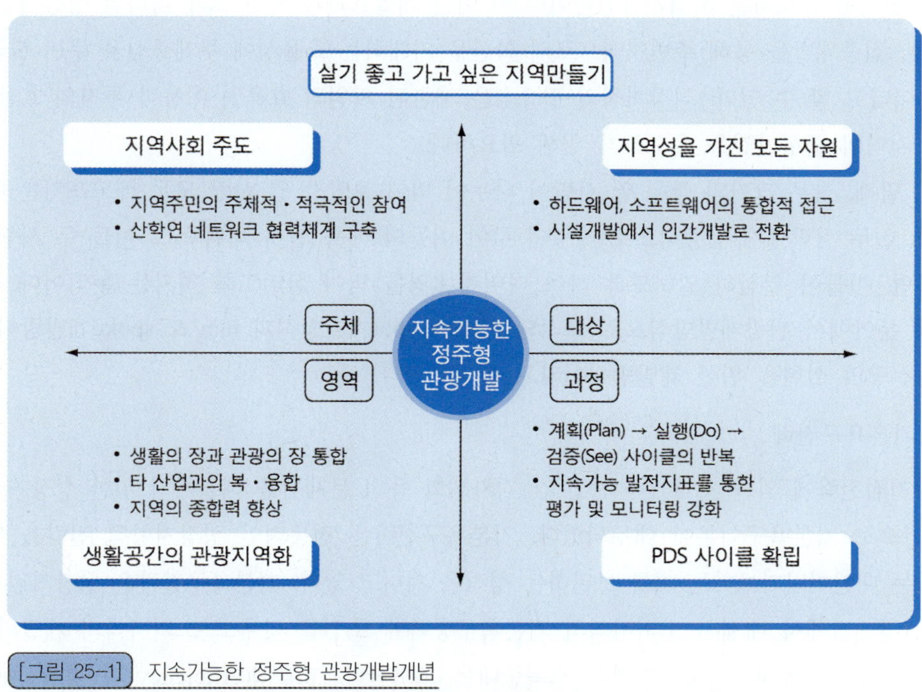

[그림 25-1] 지속가능한 정주형 관광개발개념

| 자료: 김성진(2006). 『지속가능한 정주형관광개발체계연구』. 한국문화관광연구원. p. 55.

관광개발의 목적은 첫째, 관광자원의 가치를 증진시키고 둘째, 관광자원이용자를 보호하고, 셋째, 지역경제를 발전시키고, 넷째, 관광공간을 제공하고 국토의 합리적인 이용과 지역 간의 균형적인 개발 및 효과적인 활용, 다섯째, 관광객 만족증대를 위함이다.15)

(2) 관광개발전략 및 방식

① 관광개발전략

관광개발 목표를 달성하기 위해, 고려되는 전략은 성장거점전략과 기본욕구전략을 들 수 있다. 1990년대 이전까지는 관광개발 시 관광거점을 설정한 후 그 개발효과가 주변으로 확산되는 효과에 주목한 성장거점전략이 주로 채택되어 왔다.

가. 성장거점전략

성장거점전략이란, 개발에 투자할 수 있는 재원이 한정되어 있는 경우, 비교우위가 있고 성장 잠재력이 높은 지역을 집중 투자·개발하여, 그 개발효과가 주변지역으로 확산되게 하여 지역 전체의 발전을 유도하는 지역개발전략이다.[16] 이는 개발효과가 가장 크게 나타날 성장거점을 선정한 후, 집중개발을 통해 주변지역으로의 확산을 기대하는 효율성에 무게중심을 두는 불균형성장전략이라고 할 수 있다. 성장거점의 필요성은 제한된 자원의 효율적 이용과 투자의 효율성 제고 및 지역의 균형발전을 유도하기 위해 필요하다.

다시 말해, 작은 크기의 빵을 열 사람이 나누어 먹어 보았자 열 사람 모두 배고프기는 마찬가지이니, 한두 사람에게 집중적으로 나누어 주어 이들의 배를 먼저 채워주고, 이들 두 사람이 윤택해지면, 이들이 열심히 일하도록 하여 나머지 8명을 먹여 살리도록 하자는 논리이다.

관광 분야에서 관광개발방식으로 고려되는 honey-pot개발방식과 hub & spoke개발방식도 성장거점전략의 실현을 위한 개발방식이라고 할 수 있다.

나. 기본욕구전략

성장거점전략에 의한 지역 간·산업 간 격차심화 등의 문제점을 해결하기 위한 성장거점전략의 대안으로 기본욕구이론이 대두되었다. 기본욕구전략은 전통적인 성장지향적 전략을 완전히 대체하는 대안이라기보다는 이를 보완하는 성격을 지니고 있다. 기본욕구전략은 성장거점전략에 의한 관광개발에서 배제된 소외지역의 기본욕구충족에 초점을 맞추고 소외지역의 개발과 고용기회의 확대, 이에 따른 소외지역의 소득증대를 도모한다. 효율성(efficiency)과 형평성(equity) 중 형평성에 관심을 둔다.

② 관광개발방식

가. 허니포트(honey-pot)개발방식

honey-pot개발방식* 은 원래 이용자에 의해 쉽게 훼손될 수 있는 지역의 이용압력을 경감시키거나 포화상태에 도달한 관광수요를 줄이기 위해 다른 지역을 개발하거나 교통의 흐름을 다른 곳으로 돌리게 하는 방식을 뜻한다.[17] 이 방식은 개발되지 않은 지역을 선정하여 개발함으로써 관광으로 인해 발생한 부정적인 영향을 줄일 수 있을 뿐만 아니라 경제적 편익을 확산시킬 수

* 허니포트(벌통형)개발방식은 관광객은 벌이고, 관광자원은 꽃이며, 거점은 벌통이 될 수 있다. 벌꿀은 지역민들이 가질 수 있는 개발이익이 될 것이다(엄서호, 2009: 5).

있는 효과를 창출할 수 있다. honey-pot개발방식은 한 지역으로의 과도한 관광수요를 차단하여 새로운 관광매력물로 돌리게 할 때 특히 효과적일 수 있다.[18)]

나. 허브 앤드 스포크(hub & spoke)개발방식

hub & spoke 개발방식은 원래 물류 항공운송 분야에서 사용된 용어로 운송할 화물을 한 지역(hub)에 집결하게 하고 이를 다시 자전거 바퀴살(spoke)의 형태처럼 다른 지역으로 운송한다는 의미에서 비롯된 개념이다. 이는 성장거점(hub)을 설정하고 주변 자원을 연계시켜 허브를 통해 시장을 빨아들이고 주변으로 확산시키는 전략이다. 이 전략은 남해안권 관광개발계획(2007) 수립 시 채택된 개발방식이기도 하다.

다. 네트워크개발방식

이는 특정한 성장거점을 설정하지 않고 기존 자원들의 여건, 위상 등에 따라 기능과 역할을 조정, 다양한 사업들을 네트워킹하여 공간과 사업이 유기적으로 조화를 이룰 수 있도록 하는 개발방식이다.

네트워크 개발방식은 지역 간 수평적 개발방식을 도입함으로써, 기존의 거점개발방식에서 관광거점기능을 담당하던 자원 및 시설 등을 지역에 분산시켜 다기능 소규모 개발방식으로 개발을 추진한다.

금강을 접한 6개 시군의 금강권 관광개발계획(2008) 수립 시 제안된 개발방식이기도 하다.

<Honey-Pot방식>

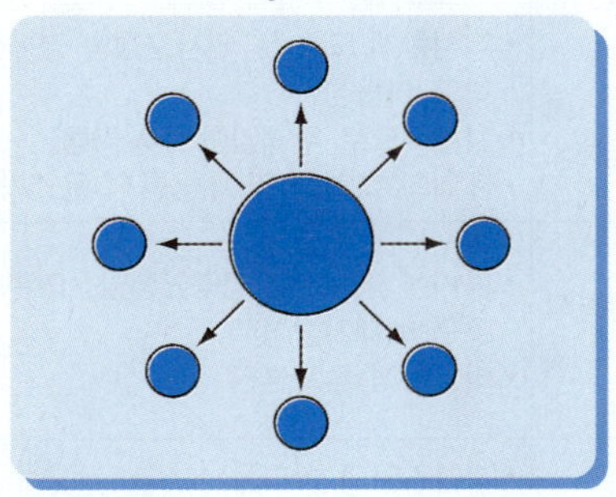

<네트워크개발방식>

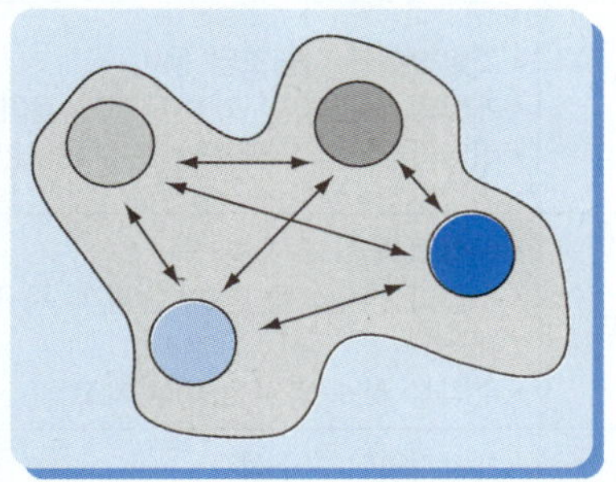

[그림 25-2] Honey-Pot방식 및 네트워크개발방식

〈표 25-2〉 거점개발방식과 네트워크개발방식의 비교

구 분	거점개발방식	네트워크개발방식
주요 특징	기능집중, 집적경제, 확산	기능분산, 가상집적, 네트워킹
접근방법	사업중심적 개발	지역중심적 개발
개발유형	하드웨어개발방식 중심	하드웨어와 소프트웨어의 병행
규 모	규모의존성	규모중립성
주변자원과의 관계	종주성과 종속성	상호보완성
계층구조	수직적	수평적
추진주체	중앙정부주도형	중앙과 지방의 상호협력형

| 자료: 김용창(1997). 산업재구조화와 도시공간구조 변화: 네트워크 도시. 『국토』, 191호 재구성.

(3) 관광개발 추진체계

① 관광개발주체

관광개발의 주체는 크게 공공부문과 민간부문, 민·관 합동부문으로 구분할 수 있다. 공공부문은 정부기관, 지방자치단체, 공기업 등이 해당되며, 민간부문은 민간기업을 말한다. 민·관 합동

〈표 25-3〉 주체별 관광자원개발방법의 특성

	장 점	단 점
공공주체 (중앙)	• 개발착수와 자금조달 용이 • 개발의 일관성, 신뢰성 유지가 용이 • 비영리부문의 투자가능(기반시설, 환경보호 등)	• 책임한계 모호 및 의사결정의 경직성으로 시행착오 가능성 • 사회적으로 무책임한 투자가능 • 계획의 획일성 및 비능률적 운영가능성
민간주체	• 탄력적 투자와 계획가능 • 사업의 창의성을 통한 관광객 욕구에 신축적 대응 • 수익성 및 운영의 능률성 제고	• 공익성 확보 및 지역균형발전미흡(지역주민의 요구 배제가능성) • 비영리적 투자부진
지방자치단체	• 개발지역의 자주성 • 이익의 지역환원	• 자금조달의 어려움 • 전문기술과 정보수용의 어려움
민관합동, 혼합형 (제3섹터)	• 공공의 추진력과 민간 창의성의 조화로 사업시행능력의 안정성 확보 • 관련행정업무의 원활한 지원 • 단독형태의 단점 보완	• 역할분담이 불명확할 경우 경영책임 불확실 및 능률저하 우려 • 설립을 위한 제도적 조치의 선행필요(신규입법 또는 조례제정 등)

| 자료: 한국관광공사(1995). 『지방화시대의 관광개발기법』. pp. 490-494 재구성.

부문은 정부, 공공기관, 민간단체, 지역사회(지자체 및 주민) 간의 공동출자로 설립되는 별도의 개발조직이다. 민・관 합동부문은* 복합적인 속성을 갖는 관광개발사업의 각종 문제점을 사전에 보다 효과적으로 해소하여 사업목표를 달성하기 위한 목적으로 설립된다.

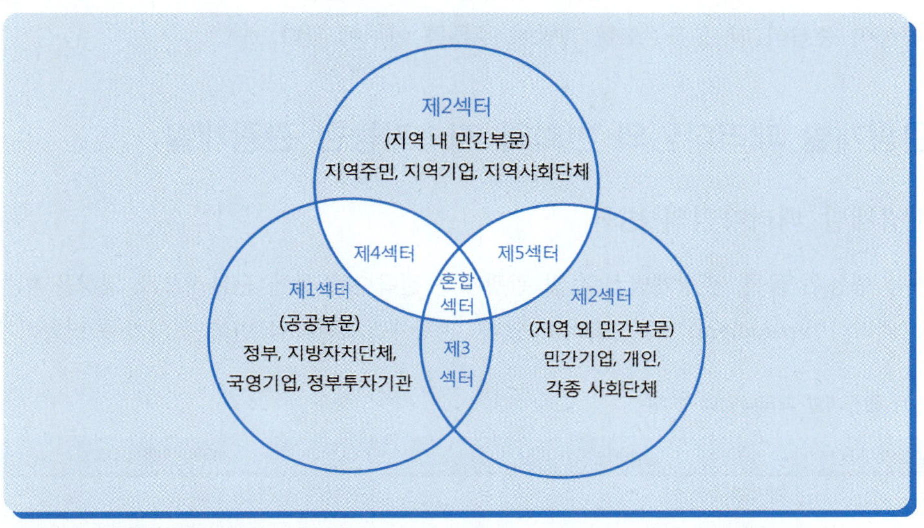

[그림 25-3] 민・관 합동부문

| 자료: 공공저널사 편(1989). 제3섹타: 설립운영의 지침. p. 50(신동주(2005). p. 166에서 재인용).

② 추진방식

관광개발추진방식[19)]은 다음과 같은 세 가지 유형이 있다.

가. 공공개발방식

국가, 지방자치단체 등 사업추진 주체가 공공이면서 관광자원의 매력도를 높이고 관광객의 이용편의 제고 등 영리성보다는 공익성을 강화할 목적으로 공공재원을 투입하는 추진방식

나. 공영개발방식

국가, 지방자치단체 등 공공부문에서 개발의 주체가 되어 토지를 매입하여 부지를 조성한 후, 민간에 분양하는 추진방식

* 제3섹터, 제4섹터, 제5섹터로 구분된다. 제3섹터가 가장 일반적인 형태로 강원도 태백시의 O_2리조트 개발 주체가 이에 해당한다. 제3섹터는 다시 주식회사형과 공사형으로 나눌 수 있는데, 주식회사형은 민이 주식을 51% 이상 점유한 형태이고, 공사형은 관이 주식의 51% 이상을 소유한 형태이다.

다. 민영개발방식

대규모 자본이 동반되어 토지매입, 부지조성, 개발 및 운영 등 개발사업 추진 일련의 과정이 민간부문에 의해 이루어지는 추진방식

기존 관광개발 추진방식은 공공개발과 공영방식으로 추진된 사업이 전체의 95% 내외를 차지하여 공공이 중심이 된 공공주도형 개발이 주류를 이루어 왔다.

2) 관광개발 패러다임의 변화와 지속가능한 관광개발

(1) 관광개발 패러다임의 변화

관광객 행동은 물론, 관광개발정책 및 관광개발 전략수립 등에 근본적으로 영향을 미치는 관광개발 패러다임(paradigm)*이 변화하고 있다. 관광개발패러다임 변화의 시기를 명확하게 구분

〈표 25-4〉 관광개발 패러다임의 변화

개발전략/시기	1990년대 이전	1990년대 이후
이 념	개발과 보전의 대립	개발과 보전의 조화
계획 및 개발주체	• 중앙정부, 민간 • 계획가: 70년대까지 도시계획 등 물리적 계획 관련 전공자가 주요 역할	• 지방정부, 민간, 민관합동 • 계획가: 관광전문가 등에 의한 계획수립 • 민의 참여와 역할강화
개발목적	• 국제관광진흥(외화획득) • 국민 관광수요에 대응한 공급	• 지역소득 증대 • 국민 및 지역민 관광레크리에이션 수요에 대응한 공급
개발전략 및 방식 • 관광개발전략 • 관광개발방식	• 불균형 성장전략(성장거점이론)	• 기초수요전략(균형성장전략)
	• 하향식 접근방식(top-down approach) • 외발적, 타율적 개발	• 상향식 접근방식(bottom-up approach) • 내발적 개발, 자율적 개발
개발내용	• 시설중심 • 대규모 개발	• 콘텐츠 중심 • 소규모, 지속가능개발(콘텐츠융합형 관광개발사업, 협력적 관광개발사업 등)
개발 장소	• 자원중심지	• 시장 인근 • 기존관광자원 개발사업의 내실화와 리모델링

| 자료: 양광호(1999). 지역활성화를 위한 관광개발전략: 충청남도를 중심으로. 『공주영상대학논문집』. pp. 232-233 수정보완.

* 패러다임(paradigm)이란 토마스 쿤(Thomas Khun)에 의해 제시된 개념으로, 어떤 한 시대 사람들의 견해나 사고를 근본적으로 규정하고 있는 테두리로서의 인식체계, 또는 사물에 대한 이론적 틀이나 체계를 말한다. 즉, 하나의 패러다임이 나타나면, 이 패러다임에서 나타나는 갖가지 문제점들을 해결하기 위해 과학자들의 계속 연구 · 탐구 활동을 통해 일정한 성과가 누적되다 보면 기존의 패러다임은 차츰 부정되고, 새로운 패러다임이 나타난다. 따라서 하나의 패러다임이 영원히 지속될 수는 없고, 항상 생성 · 발전 · 쇠퇴 · 대체되는 과정을 되풀이한다(http://ko.wikipedia.org/wiki).

하는 것은 복합적 특성 때문에 어려움이 있으나, 일반적으로 1990년대 전후를 기점으로 구분하여 살펴볼 수 있다. 이와 같은 구분은 이 시기를 전후해서, 환경적으로 건전한 지속가능한 개발(environmentally sound and sustainable development)에 대한 논의가 본격적으로 공론화되었고, 지방화시대를 촉발하게 된 지방자치제의 논의와 시행이 이루어진 시기이기 때문이다. 또한, 최근에는 우리나라도 저탄소 녹색성장을 국가비전으로 선포하는 등 저탄소 녹색관광개발 패러다임이 대두되고 있다.

관광개발 패러다임의 변화를 이념과 관광개발전략, 내용 및 방식 등을 기준으로 살펴보면 <표 25-4>와 같다.

1990년대 이전은 개발이 보전보다 중요시되고, 개발과 보전이 대립의 관계로 인식되었다. 관광전략에 있어, 정책환경과, 국가 경제적 자원동원 능력의 한계 등으로, 한정된 자원으로 개발효과를 극대화할 수 있는 성장거점전략(불균형 성장전략)이 주로 채택되었다.

<표 25-4>에서 볼 수 있는 것처럼, 계획 및 개발주체, 개발목적, 개발전략 및 방식, 개발내용, 개발장소에 있어, <표 25-4>와 같은 선택들은, 관광자원의 개발에 있어, 자원 가운데 매력성이 가장 뛰어난 지역을 성장거점(관광거점)으로 선정하여 대규모로 개발을 추진하게 하였다(예를 들면, 경주보문관광단지, 제주중문관광단지 등). 또한 개발내용에 있어서도, 물리적 대상(시설중심)을 위주로 개발이 이루어졌고, 당연한 귀결로서 대규모시설을 개발하기에는 부족한 지역자본과 지역인재가 아닌, 외부인에 의한 외부자본에 의한 외발적 개발을 시행하는 결과를 낳았다. 이로 인해 관광개발의 문제점으로 지적되는 소득의 역외 누출뿐만 아니라 개발에서 지역민들은 소외되고, 고용인으로 전락하는 결과를 가져오게 되어 관광개발을 부정적으로 인식하는 결과를 가져왔다.

물론 그 당시 이와 같은 관광개발전략은 당시의 상황(중앙집중체제, 개발에 이용가능한 자원의 부족, 전문계획가의 부족 등)에는 불가피한 선택이었다 하더라도, 이러한 문제를 해결할 수 있는 새로운 접근방식이 필요하다 하겠다.

1990년대 들어서는 개발과 보전을 대립의 관계로 보는 것이 아니라, 상호 조화를 이루어야 한다는 지속가능한 관광개발에 대한 공론화가 이루어졌고, 본격적으로 각 지방이 지방의 목소리를 내는 시대가 되었다. 따라서 관광개발의 전략도, 불균형 성장전략인 성장거점전략 외에 기본욕구전략에 의한 시도가 본격적으로 이루어지는 시기이다. 물리적 시설중심 개발에서 지역의 소재를 활용한 다양한 축제가 개발되는 등 상품과 프로그램 개발과 같이 아이디어 중심의 소프트한 상품들이 본격적으로 만들어지기 시작하였다. 개발의 내용도 시설중심이 아닌 콘텐츠 중심, 콘텐츠 간에도 연계를 유도하는 사업*들이 기획・집행되기 시작하였다.

---

* 문화체육관광부가 기획・집행하고 있는 콘텐츠융합형 관광개발사업은 기존의 관광 기반시설과 콘텐츠가 어우러지고, 기존의 관광기반시설에 최적의 콘텐츠가 개발・연계되도록 인력 및 프로그램 개발을 지원하는 사업이다. 협력적 관광

최근에는 지속가능한 관광개발과 지구온난화에 의한 저탄소 녹색성장 패러다임이 대두되기 시작하였다.

(2) 지속가능한 관광개발

관광과 환경의 관계는 관광이 우수한 환경을 매력요소로 활용하고, 환경은 관광자원으로서의 가치를 인정받음으로써, 그 가치를 유지하기 위한 보호관리를 받을 수 있는 상호보완의 관계에 있다. 그러나 이런 공생의 관계가 관광객 수의 증가 및 부적절한 관광개발로 인하여, 불균형을 이루게 되면서 관광이 환경을 파괴하는 결과가 빈번하게 나타나게 되었고,* 따라서 관광 분야에도 지속가능한 개발의 원칙을 적용한 '지속가능한 관광'의 개념이 등장하게 되었다.[20)]

지속가능한 개발에 대한 논의는 1987년 환경과 개발에 관한 세계위원회(WCED: World Commission on Environment and Development)의 브룬트란트 보고서(Brundtland Report)를 통해 "미래세대의 욕구를 저해하지 않으면서 현세대의 욕구를 충족시킬 수 있는 개발"이라고 정의 내려지면서 관심받기 시작했다. 이후, 1992년 브라질 리우에서 개최된 유엔환경개발회의(United Nations Conference on Environment and Development)에서 리우선언에 의해 실행전략인 의제 21이 채택되면서부터 본격적으로 공론화되기 시작하였다.[21)]

지속가능한 관광과 관광개발은 관광 분야에 지속가능한 개발의 개념을 적용한 것이다. 지속가능한 개발은 지속성, 형평성과 미래지향성의 특성을 가지고 있다. 지속가능한 관광개발에서 가장 중요한 개념은 지속성의 개념이다. 지속성은 환경적 지속성, 사회문화적 지속성, 경제적 지속성으로 나누어 볼 수 있다.

다음의 [그림 25-4]는 이런 세 가지 지속성의 기본적인 틀 속에서 교육과 모니터링, 지속가능한 관광을 위한 정책과 제도, 통합적 관광계획, 의견교환과 협력, 지역사회의 참여보장 등이 지속가능한 관광개발의 개념에서 중요한 요소임을 보여준다.[22)]

관광 분야에서 지속성의 개념도 '관광자원의 보전'으로 보던 초기의 개념에서, 최근에는 '경쟁력의 지속가능성'으로 변화되어 왔다. 즉, 초창기에는 자원의 보전개념이 지배적이어서, 관광객들에게 도덕적 · 윤리적 책임감과 행동을 요구하고, 행동지침이나 윤리강령을 만들어 준수를 요

개발사업은 정부 부처별로 분산되어 추진되는 농 · 산 · 어촌 마을 사업들을 주변의 자원과 연계되도록 구슬을 꿰듯이 다양한 관광자원 및 사업들을 엮어 매력을 높여나가도록 지원하는 사업이다.

* 관광의 부정적 영향은 고밀도의 관광개발로 지역의 자연자원에 대한 고려가 적고 환경보전 문제에 민감하지 않은 관광객을 대상으로 저가의 숙박, 서비스를 제공하는 질보다는 양적 개념인 대중관광에 대부분의 원인이 있었다. 기존의 관광에 대한 새로운 접근법과 철학으로 접근한 대안관광은 대중관광의 문제점에 대한 인식과 새로운 목적지와 새로운 관광상품을 찾는 관광객의 등장에 맞춰 생태관광, 녹색관광, 농촌관광, 모험관광과 같은 대안관광도 새로운 관광상품으로 등장하게 되었다(김성일 · 박석희 편, 2005: 27–28).

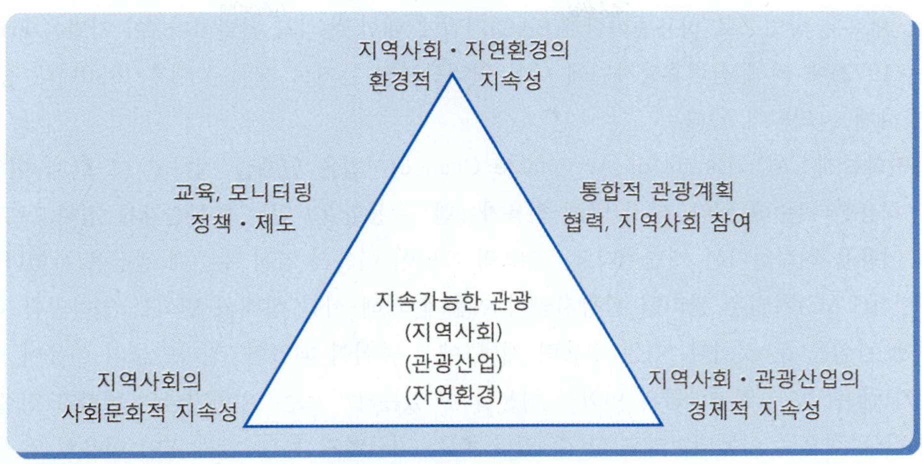

[그림 25-4] 지속가능한 관광개발의 개념

| 자료: 김성일 · 박석희(2005). 『지속가능한 관광』. 서울: 일신사. p. 21.

구하며, 관광지에서 환경교육 및 관광상품에서 교육적 요소를 강화하는 등 관광객의 관광행동을 통제, 조절하려는 접근들이 있어왔다. 그러나 이러한 자원보전 위주의 개념이해에서 관광자원이 관광객으로부터 외면당하면, 자원의 지속성을 담보할 수 없기 때문에, 관광자원을 보전하면서도 관광수요를 유지하고 창출할 수 있는 '경쟁력의 지속성' 개념으로 변화하고 있다.[23)]

또한, 자원의 합리적 이용을 위한 도덕과 형평성의 문제도 제기된다. 형평성은 개발로 인한 경제적 · 환경적 혜택이 세대 간, 그리고 세대 내에서 고루 나뉘어야 함을 강조하는 것이다. 형평성은 환경의 질에 대한 기회의 균등을 의미하는 것으로, 현세대를 위한 개발이 후세대가 향유할 환경적 가치를 떨어뜨려서는 안 된다는 점을 강조하고 있다. 셋째, 미래지향성은 개발에 따른 단기적 그리고 장기적 영향을 고려하여 사전에 예방조치가 필요함을 강조하고 있다.[24)]

지속가능한 관광의 불변조건은 관광자원의 지속성을 위해 관광영향은 수용능력 또는 환경용량 이하로 제한되어야 한다는 것이다. 그러나 자원의 적정수용력을 파악하고자 하는 수용력 개념은 그동안 관광학자들로부터 매력적인 연구주제로 인식되어 수많은 연구들이 수행되었으나, 다양한 영향요인에 의하여 실체는 정확하게 파악하기 어려운 마의 숫자(magic figure)로 인식되기도 한다. 따라서, 최근에는 자원수용능력의 결정은 이용자 · 관리자 등 관광자원 관리 관련자들의 가치판단 문제라고 보는, 새로운 관점이 되고 있다. 이제 수용능력은 기술적으로 정량적인 수치로 판단할 대상이 아니라 자원관리목표를 먼저 설정한 후 가치판단의 대상으로 보는 것이 더 타당하다는 주장이다.[25)]

이에, 새로운 방법으로 허용변화한계(LAC)기법에 대한 논의가 활발하다. 이 기법은 Frissel과 Stankey(1972)에 의해 산림휴양자원에 대한 관리목표의 논거로 제시된 이후 1980년대 중반 이후 활발하게 논의되어 왔다.

허용변화한계(LAC: Limits of Acceptable Change)기법은 한계를 정하고 그 한계 이하에서 이용을 허용한다는 데 있다. 다시 말해 허용가능한, 수용할 수 있는 변화한계를 정하고 그 범위 내에서 이용을 허락한다는 개념이다.[26] 수용력 개념이 이용의 양과 수준에 관심을 두었다면, 허용변화한계(LAC)기법은 관리될 관광지역이 이용에 의해 어떤 상태의 변화를 얼마만큼 허용할 것인가에 관심을 둔 것이다. 이는 수용력 개념*에서 중심이 되었던 '얼마만큼의 이용이 적절한 수준인가'란 관점이 '얼마만큼의 변화를 허용할 수 있는가?' 또는 '얼마만큼의 변화가 적절한 수준인가'란 관점으로 이동되었다고 할 수 있다. 이는 지금까지 관광수용능력이 이용의 양과 수준을 결정하기 위한 개념틀로써 활용되었다면, 앞으로의 관리전략은 관리할 관광자원이 이용에 따라 어떤 변화를 얼마만큼 허용할 것인가를 수용능력으로 보았다는 점에서 차이가 있다.

최근에는, 지구온난화의 영향 등으로 저탄소 녹색성장이 지배적인 새로운 패러다임으로 나타나고 있다. 저탄소 녹색성장은 환경지속성(Environmental Sustainability)과 경제지속성(Economic Sustainability)을 동시에 이루는 상생, 공존전략이다. 기존의 지속가능개발패러다임에서의 환경지속성이 환경오염을 위협(threat)이라고 평가하는 데 반하여, 저탄소 녹색성장패러다임은 기후변화와 환경오염문제를 기회(opportunity)로 보는 개념이라고 볼 수 있다.[27]

지속가능한 관광을 이념적 차원에서 실무적 차원으로 실현시키는 방안에 대한 지속적 논의가 필요하다.

---

* 수용력(carrying capacity)의 개념은 원래 생태적 수용력 개념에서 발달하였는데, 이는 어떤 동식물이 그것이 속한 생태계 또는 서식처가 회복 불가능한 상태로 훼손되지 않은 가운데 그 동식물이 생존할 수 있는 최대 개체군밀도(maximum population density)를 가리킨다(Hendee et al.: 171-72, 박석희, 175 재인용). 수용력은 아래의 4가지 유형으로 구분할 수 있다.
  - 물리적 수용력(physical carrying capacity): 해수욕장이나 유물, 유적지, 사찰 등 물리적 경계개념이 확정되어 있는 장소(건물 등) 내에서 특정활동에 종사할 수 있는 이용자의 최대 허용수준
  - 사회적 수용력(social carrying capacity): 이용자 만족이 극대화되는 이용밀도, 또는 이용자가 다른 대체지역으로 가버리지 않을 정도의, 즉 이용자가 묵인할 수 있는 정도의 만족도를 유지하는 수용력
  - 경제적 수용력(economic carrying capacity): 관광지 경영자의 입장에서 관광지의 질(만족도)이 낮아 신규수요가 줄거나 기존 재방문자가 다른 대체지역으로 가버리지 않을 정도의 질적수준을 유지하여, 장기적으로 최대수입과 이윤을 보장받을 수 있는 수준의 수용력
  - 환경적 · 생태학적 수용력(environmental & ecological carrying capacity): 환경 또는 생태계가 심각하게 파괴되어 자기 치유능력을 상실하는 정도 이내의 이용수준(김사헌, 2003: 268-269).

3) 관광개발계획

관광개발은 관광개발계획수립이라는 과정을 거쳐 개발목표, 전략, 개발내용 등이 결정되고, 계획에 의거 시행되게 된다. 아래에서는 관광개발계획의 개념, 유형, 계획수립과정에 대하여 살펴보기로 한다.

(1) 개 념

관광계획*이란 관광현상을 대상으로 바람직한 미래의 목표를 달성키 위해 합리적이고 효과적인 수단과 방법을 마련하는 일체의 행위를 의미한다.

(2) 유 형

관광계획은 계획의 공간적, 시간적, 법적, 단계 및 성격 등의 기준에 따라 다음의 <표 25-5>와 같이 유형분류가 가능하다.

〈표 25-5〉 관광개발계획의 유형

공간적 기준	단계 및 성격기준	시간적 기준	법적 규정기준
국제계획	구상(개념)계획	장기계획	상위계획
전국계획	기본(종합)계획	중기계획	하위계획
도, 권역계획	실시계획	단기계획	–
지구, 관광지 계획	관리계획	–	–

계획은 목표달성의 시간적 범위에 따라 장기계획(통상 10년 이상 목표기간), 중기계획(목표기간이 5년에서 10년까지), 단기계획은 1년에서 5년까지가 목표기간인 계획이다. 공간적 범위에 따른 구분은 한 국가단위를 넘어 2개국 이상이 공간적 범위인 국제계획과 우리나라 전 국토가 계획의 공간적 범위인 전국계획, 동질적인 일정지역이 공간적 범위인 권역계획,** 특정 관광지가

* 관광계획과 관광개발계획을 비교할 때, 일반적으로 관광개발계획은 하드웨어개발 곧, 물리적 개발을 의미하며 관광계획은 하드웨어개발 외에 소프트웨어개발 내용을 포괄하는 보다 광범위한 계획이라 할 수 있다. 그러나 오늘날은 관광개발계획의 내용이 관광지의 물리적 개발만을 의미하는 것이 아니라, 관리운영방안, 마케팅계획 등 소프트웨어 개발을 포괄하는 광의의 개념으로 인식되고 있어, 관광계획과 관광개발계획을 동일한 의미로 파악하고 있다.

** 관광권역이란 전 국토를 지역이 지닌 자원성, 시장성, 접근성, 행정구역 등 관리 및 운영 측면을 기준으로, 각 지역이

공간적 범위인 관광지 계획으로 나눌 수 있다. 법적 규정기준에 의한 구분은 계획 간 상대적인 법적 구속력에 따라 상위계획과 하위계획으로 구분할 수 있다.

단계 및 성격에 따른 구분은 계획목표 달성을 위해 계획내용을 구체화시켜 가는 단계와 단계별 계획의 성격에 따라 구분한 것으로 구상계획, 기본계획, 실시계획, 관리계획의 4가지 유형으로 나눌 수 있다. 일반적인 계획은 이들 구분단계순으로 계획을 구체화시켜 가게 된다. 구상계획은 계획의 초기에 하는 계획으로 세부적 사항보다는 계획의 방향 및 지역설정, 계획안의 성격 결정 등에 치중하는 것이 보통이며, 비교적 장기적인 입장에서 넓은 지역을 대상으로 하는 계획으로 개념계획이라고도 한다. 기본계획은 구상계획을 보다 구체화하는 계획으로 계획목표 달성을 위해 고려해야 할 여러 중요부문에 대한 검토와 시행이 가능하게끔 구체적인 내용의 기본방향이 제시되어야 한다. 이는 계획의 기본적 사항이 망라되므로, 총괄, 통합, 혹은 종합계획이라고도 한다.

실시계획은 보통 기본계획을 현지조건 및 실제 추진여건에 맞게 구체화·현실화하기 위한 계획으로, 계획내용의 추진과 관련된 계획내용의 추진방법, 재원조달방안 등의 세부적 계획과 설계가 포함된다. 관리계획은 보통 최종단계에 작성되는 것으로, 계획이 현실화된 다음, 지속적 운영이 가능하도록 시설, 인원, 자금, 기타 운영과 관련된 모든 관리방안 등을 대상으로 하는 계획이다.

관광개발계획은 실제 계획수립 시 <표 25-5>에서 살펴보았던 유형구분기준과 같이, 각각의 개별 기준에 의해 구별되어 수립되는 것이 아니라, 이들 기준들이 복합적으로 고려되어 수립되게 된다. 곧, 관광 분야의 대표적인 관광개발계획인 '전국관광장기종합개발계획'은 공간기준으로는 전국계획, 시간기준 장기계획, 단계 및 성격기준 종합계획의 내용을 갖는 계획이다.

동질성을 갖도록 나누어 지역균형발전 도모, 용이한 관광정책수립, 행정효율성 제고, 효율적인 관광활동이 이루어질 수 있도록 지역특성에 따라 합리적으로 적정화한 지역을 말한다(전국관광종합개발계획, 1989: 196–198).

(3) 계획수립과정

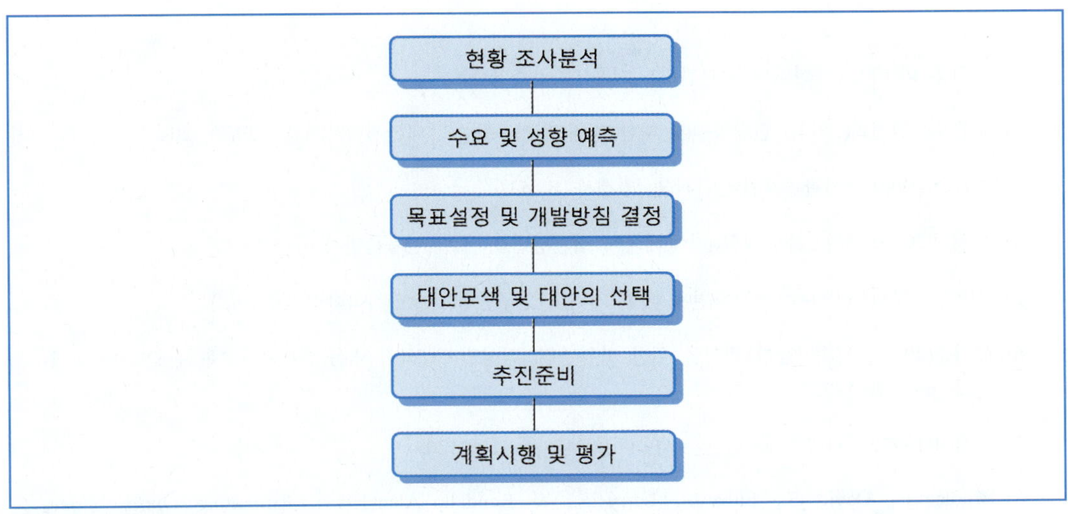

[그림 25-5] 관광개발계획 과정

| 자료: The University of Missouri(1986). *Department of Recreation and Park Administration*. University Extension, Tourism USA; Guidelines for Tourism 재구성.

관광개발계획을 수립하고 시행하는 과정은 계획의 성격과 대상, 목적 등에 따라 다소의 차이는 있으나, 일반적으로 [그림 25-5]와 같은 6단계의 과정을 순차적으로 거쳐 수립·시행하게 된다.

계획의 수립과 시행의 첫 단계는 계획목표 달성을 위해 계획대상에 대한 사회적·경제적·정치적·물리적 환경의 조사를 통하여 문제점과 잠재력을 도출하는 '현황조사분석' 단계이다. 두 번째 단계인 '수요 및 성향 예측' 단계에서는 현황분석을 바탕으로, 미래 관광객의 규모와 이용 행태를 파악하게 된다. 세 번째 단계는 이를 토대로 세부적인 계획목표설정과 개발방침을 결정하는 '목표의 설정과 개발방침 결정' 단계이고, 이러한 방향에 의하여 계획목표를 효율적이고 효과적으로 달성할 수 있는 대안의 모색을 통한 개발대안을 선택하는 '대안모색 및 대안의 선택'이 네 번째 단계이다.

다섯 번째인 '추진준비' 단계에서는 확정된 개발내용을 추진할 수 있는 추진방법을 검토하며, 마지막 단계에서는 확정된 계획내용을 시행한 후 이에 대한 평가를 거쳐 다시 계획을 보완수정하는 '계획시행 및 평가' 단계를 거치게 되며, 이러한 일련의 순서를 거쳐 계획 및 계획시행이 이루어지게 된다.

미 주

1) 정태홍 외(1993). 『한국의 자연관광』. 서울: 백산출판사.

2) 권용우 · 김선희(1994). 관광자원에 대한 지리적 연구동향. 『대한지리학회지』, 29(2), 204.

3) 박석희(2000). 『신관광자원론』, 서울: 일신사, p. 53.

4) 김성기(2005). 『관광개발계획론: 생태학적 접근방법』. 서울: 한올출판사. p. 97.

5) 권용우 · 김선희(1994). 관광자원에 대한 지리적 연구동향. 『대한지리학회지』, 29(2).

6) 유기준(2001). 지속가능한 관광을 위한 자원관리. 김성일 · 박석희 엮음. 『지속가능한 관광』. 서울: 일신사. pp. 276-277.

7) 김사헌(1997). 『관광경제학신론』. 서울: 일신사. pp. 118-120.

8) Brookshire, David S., Eubanks, Larry S., & Randall, Alan(1983). *Estimating Option Prices Existence Values for Wildlige Resources*. Land Economics. 59(1).

9) Walsh, R. G.(1986). Recreation Economic Decisions: Comparing Costs and Benefit Venture Publishing, Inc.

10) 한상현(2007). 이중양분선택형 조건부 가치추정법을 이용한 문화유산 관광자원의 가치평가, 『관광학연구』, 31(1), 443-464.

11) Sutherland, Ronald J., & Walsh, Richard G.(1985). *Effect of Distance on the Preservation Value of Water Quality*. Land Economics. Agust. 61(3).

12) 이희찬(2003). 문화예술제의 가치평가: 조건부 시장가치평가법의 적용. 『관광학연구』, 26(4), 131.

13) 이근(1996). 『신관광자원론』. 서울: 학문사. pp. 49-51.

14) 김성진(2006). 『지속가능한 정주형관광개발체계연구』, 서울: 한국문화관광연구원.

15) 박석희(2000). 『신관광자원론』. 서울: 일신사.

16) 최승담 · 조광익. 지역관광개발과 거점개발전략: 강원도 지역에의 적용. 『관광개발논총』. pp. 6-1.

17) Pearce, D.(1989). Tourist Development. 2nd Ed. NY: Longman Scientific & Technical. 9. p. 263(김남조, 2004 재인용).

18) 김남조(2004). 관광거점의 개발방향과 과제. 『관광연구논총』. 한양대학교 16, 41.

19) 김성진(2006). 『지속가능한 정주형관광개발체계연구』. 서울: 한국문화관광연구원.

20) 김성일(2001)・박석희 엮음. 『지속가능한 관광』. 서울: 일신사.

21) 김성일(2001)・박석희 엮음. 『지속가능한 관광』. 서울: 일신사. p. 14.

22) 김성일(2001)・박석희 엮음. 『지속가능한 관광』. 서울: 일신사. pp. 20-21.

23) 조용현(2003). 관광에서의 지속성 개념변화에 따른 새로운 관광개발전략에 관한 연구. 대한국토・도시계획학회지. 『국토계획』, 38(6), 128-129.

24) 최영국(2005). 환경용량과 지속가능한 관광개발. 지속가능한 관광. 김성일・박석희 편. 서울: 일신사. pp. 95-96.

25) 최영국(2005). 환경용량과 지속가능한 관광개발. 지속가능한 관광. 김성일・박석희 편. 서울: 일신사. pp. 108-110.

26) Stankey, Cole, Lucas, Petersen, & Frissel(1985). p. 2(정정의・고동완. p. 294에서 재인용).

27) 크리스 최(2009). 저탄소 녹색성장 관광부분 국제동향과 해외대응 및 완화사례. 『한국관광정책』, 35, 한국문화관광연구원, 21.

저자약력

양광호(梁光鎬) 현_공주영상대학 항공관광과 교수

경기대학교에서 박사학위를 취득했다. 저자 양광호는 한국관광학회분과자원개발학회 부회장 겸 학술심포지엄위원장을 역임했으며, 현재 한국관광학회 이사를 맡고 있다. 문화체육관광부 생태・녹색관광자원개발 평가위원을 역임하고, 현재, 충청남도 정책자문교수, 축제육성위원회 위원, 지역혁신협의회 위원, 시책발굴자문위원 등으로 활동하고 있다. 저서 『관광개발론』 등과 논문 "공간마찰력이 관광수요에 미치는 영향분석" "관광개발계획에 있어서 수요예측 개선방안에 관한 연구" "관광자원 보전가치의 편익비용분석에의 적용에 관한 연구" "관광안내정보체계 확립방안" 등을 통해 활발한 학술적 성과를 발표하고 있으며 후진 양성과 학회의 발전에 힘쓰고 있다.

『관광학총론』 스물여섯 번째 이야기

제26장

관광자원개발계획

장 성 수*

1 개 요

1) 관광자원개발계획의 의의

(1) 관광자원개발계획의 개념

계획은 계획안(plan)과 계획(planning)이란 두 가지 의미가 함축된 개념이다. 계획안으로서 계획은 목적의 달성을 위해 가장 필요한 것이라고 판단되어 장래에 취할 수 있는 수단을 의미하고, 계획으로서의 계획은 계획안을 수립하기 위한 선택과 결정의 과정을 말한다.

이처럼 계획이란 계획안을 수립하는 과정과 그 결과를 가리킨다. 따라서 관광자원개발계획은 관광자원과 관련된 사항을 대상으로 하여 계획을 수립하고 그 결과 수립된 계획안이라는 두 가지 의미가 내포된 것으로 개념지을 수 있다.[1)]

계획의 일반적 개념을 관광자원개발과 관련지어 살펴보면, 관광자원개발계획은 관광이란 욕구(needs)를 요인으로 한 추상적 요소와 관광자원이란 구체적 형태를 갖는 자연적·물리적 실체와 공간이라는 요소로 구성된다. 따라서, 관광자원개발계획은 사회적·경제적·자연적·물리적 계획 모두를 포함하는 복합적인 성격을 갖게 마련이다.[2)]

이러한 까닭에 관광자원개발계획은 관광활동의 주체인 관광객의 욕구를 충족시키기 위해 관광자원을 매력적으로 개발하려는 종합적인 개발계획으로 정의된다.

* 제주대학교 관광개발학과 교수(현 한국관광학회 관광자원개발분과학회장). e-mail: jangss54@jejunu.ac.kr

관광자원개발계획은 계획대상의 선정과 분석에서 시작하여 개발방침을 결정하고 인적·물적 흐름(flow)을 조직화하는 형태로 나타나며, 인위적 공간형태를 창출하는 물리적·비물리적 표현과정이란 하나의 과정으로 해석된다. 대개의 경우 관광자원을 개발하기 위한 개발계획은 개발 이전에 수립되는데, 일정한 시간규모(time scale) 내에서 그 과정(process)이 이루어진다.

(2) 관광자원개발계획의 목적

관광자원개발계획은 개발대상지역이 속해 있는 국가 또는 지역에 거주하는 각계각층의 국민과 주민이 쾌적한 생활환경에서 풍요로운 삶을 영위하도록 세심한 구도 아래 효과적으로 추진될 필요가 있다. 관광산업은 타 산업에 비해 파급효과가 다양하고 광범위하여 국가와 지역사회 전반에 걸쳐 그 영향이 폭넓게 나타나기 때문에 국가 및 지역의 개발효과를 극대화시키는 수단이 된다.

최근 국내외를 막론하고 국가 및 지자체에서는 지역 내 관광자원을 활용한 관광산업 육성을 통해 지역경제 활성화를 꾀하고자 막대한 자금과 노력을 투입하고 있다. 하지만 개발계획 수립 시 가장 중요한 개발계획의 목표와 이념이 무시된 채 무분별한 개발이 이루어짐으로써, 지역의 건강하고 쾌적한 환경을 파괴하는 결과를 초래하는 사례도 나타나고 있다.

따라서 관광자원개발계획은 관광객의 욕구를 충족시킬 수 있는 공간창출뿐 아니라 국민과 지역주민이 쾌적한 환경에서 고유의 문화를 누리면서 안정된 생활(well-being)을 영위하는 데 필요한 기초생활환경의 토대를 구축할 수 있도록 수립되어야 한다. 이는 선진국의 유명관광지가 그러하듯이 지역주민들이 안정된 일상생활을 영위하는 지역일수록, 쾌적한 환경과 다양한 경험을 제공할 수 있는 각종의 자연 및 문화자원이 잘 보존되어 있어 관광객들의 호기심을 끌기 때문이다.[3)]

결국 관광자원개발계획은 지역 내 자연적·사회문화적 자원을 보존하면서 국민과 지역주민의 경제적 이익을 창출할 수 있는 다양하고 쾌적한 물리적 환경조성을 통해 관광객의 욕구를 충족시킬 수 있어야 한다.

2) 관광자원개발계획의 유형

관광자원개발을 위한 계획은 각자의 입장에 따라 서로 다르게 유형화할 수 있으나, 일반적으로 대상지역의 개발규모, 개발기간, 단계·성격에 따라서 크게 다음과 같이 구분된다.

(1) 개발규모에 따른 구분

① 전국·국토 계획: 축척 1/10만 이상
② 광역계획: 축척 1/5만~1/10만
③ 지역계획: 축척 1/2만 5천~1/5만
④ 지구계획: 축척 1/1,200~1/5만
⑤ 시설계획: 축척 1/100~1/1,200

(2) 개발기간에 따른 구분

관광자원개발계획은 실행에 소요되는 계획의 시간적 범위에 따라 아래와 같이 구분된다. 다만, 이러한 시간적 구분도 절대적인 것은 아니며 계획의 편의를 위하여 일반적으로 적용되는 기간이다.

① 장기계획: 10~20년 사이의 관광자원개발계획
② 중기계획: 5~10년 사이의 관광자원개발계획
③ 단기계획: 1~5년 사이의 관광자원개발계획

(3) 단계·성격에 따른 구분

관광자원개발계획은 단계에 따라서 각기 다른 성격을 갖게 되는데, 이것을 기준으로 하면 계획은 다음 네 가지 유형으로 구분된다.

① 구상계획(Conceptual Plan)

계획의 초기단계로 세부사항보다는 계획방향과 지역설정, 계획안 성격 등에 치중하는 것이 보통인데, 이것을 개념계획 또는 구상계획이라고 한다. 이것은 주로 장기적 입장에서 광의의 지역을 대상으로 하며, 개발주체의 목표지향적 의지를 표명하는 것이다.

② 기본계획(Master Plan)

이 단계에서는 계획을 구체화하는 데 고려해야 할 여러 가지 주요 항목이 명시되고, 이에 따라 시행이 가능하도록 문제해결의 방향이 구체적으로 제시된다. 이러한 기본계획은 대개 광의의 지역에 대한 총체적 계획안이란 형태로 나타난다.

③ 실시계획(Action Plan)

이는 집행계획이라고도 불리며, 기본계획을 현지조건에 맞게 구체화・현실화하기 위한 계획으로 여기에는 세부계획과 설계가 포함된다.

④ 관리 · 운영계획(Management Plan)

일반적으로 최종단계에서 작성되는데, 계획이 현실화된 이후 시설・인원・자금・기타 재산관리 측면을 대상으로 하는 계획으로서 종합위락단지 개발에서는 특히 중요시된다.

3) 관광자원개발계획의 구성 및 전개

(1) 관광자원개발계획의 구성요소

관광자원개발계획의 구성요소들은 대략 다음과 같은 세 가지 요소로 구분해 볼 수 있다.

첫째, 인적조건에 기인되는 요소로서 넓은 의미에서 볼 때 관광객과 지역주민이 거주하는 곳의 경제적・사회적・문화적 배경이다. 좁은 의미로는 관광객 개체가 갖는 성별・연령별・소득수준별 등의 특성에 따라 노출되는 관광활동의 욕구(needs)와 동기(motive), 그리고 관광행태와 개발에 대한 지역주민의 인식 등에 관한 것이다.

둘째, 관광환경을 제공해주는 관광유인적 요소로서 이는 문화유산, 기후, 분위기 등의 무형자원과 토지와 강, 바다 등과 이에 부수되는 자연적・물리적 환경 등의 유형자원을 말한다. 이러한 관광유인적 요소들은 관광객의 욕구를 유발하고 장소에 대한 차별성을 형성하는 데 중요한 요소로서 기능을 한다.

셋째, 계획공간의 구획화를 중심으로 도입기능의 배분・조화를 통한 시설의 형태적 표현, 곧 설계다. 이는 인적조건에 기인되는 요소와 관광유인적 요소 간의 조화와 균형을 표현하는 매체로서 기능한다. 설계는 관광객의 욕구를 최대한으로 충족시키는 물리적 공간을 제공하며, 또한 점차 사라져가는 자원의 기능을 되살려 새로운 자원으로 변화시키는 등 약점을 강점으로 전환하는 기능을 지니고 있다.

(2) 관광자원개발계획의 특성

관광자원개발계획의 유형에 대한 이론적 접근에서는 주로 파루디(A. Faludi)의 계획이론이 자주 인용된다. 파루디의 계획이론은 크게 청사진적 접근방식 대 과정적 접근방식, 합리적・종합적 접근방식 대 단편적・점진적 접근방식, 규범적 접근방식 대 기능적 접근방식으로 구분된다.[4)]

이러한 구분에 근거하여 살펴보면 관광자원개발계획은 과정적 계획(Process Planning)이고, 합리적 · 종합적 계획(Rational & Comprehensive Planning)인 동시에, 규범적 계획(Normative Planning)의 성격을 갖는다.[5)]

관광자원개발계획은 다양한 외부적 요인과 내부적 요인을 슬기롭게 반영해야 한다는 제약조건 아래, 특히 지역주민의 의견수렴을 바탕으로 시장수요의 변화에 따라 관광자원을 어떻게 공급할 것인가에 대한 노력이 적시에 발휘되어야 한다는 특성을 지닌다. 따라서 처음부터 완벽한 계획안을 마련해 추진하는 청사진적 접근방식보다는 목표와 대안을 수정할 수 있는 과정적 접근방식이 적합하다.

또한 관광자원개발계획은 관광자원개발의 효과를 염두에 둔 일련의 과정이므로, 조금씩 계획을 수립해 나가는 단편적 · 점진적 접근보다는 합리적 · 종합적 접근을 필요로 한다. 관광자원개발계획을 위해서는 지역에 존재하는 유 · 무형의 다양한 자원에 대한 정보를 수집하고 분석해야 한다. 아울러 급변하는 시장과 수요에 대한 예측을 비롯하여 관광자원개발로 인한 영향, 지역특성의 유지와 수요자 중심의 관광시설 및 프로그램 개발, 효과적인 마케팅, 합리적인 관리운영방안 등을 종합적으로 분석함으로써 최적의 대안을 찾는 일련의 합리적 · 종합적 의사결정과정으로 파악된다.

그리고 관광자원개발계획은 규범적 성격이 강하다. 관광자원개발계획은 계획주체가 최종의 목표를 수립하고, 수립된 최종목표를 실현하기 위해 실천을 위한 세부 하위목표가 설정된다. 이러한 목표들은 최종목표에 준거하여 연관성 있게 수립되어야 하며, 최종목표가 변경되면 하위목표들 또한 연이어 최종목표의 달성을 위한 방향으로 변경될 수밖에 없다.

여하간 이와 같은 계획에 대한 접근방식들은 상호 배타적이기보다는 상황에 따라 적절하게 조합하여 활용함으로써, 계획의 효용성과 경제성을 극대화할 수 있다.[6)]

한편 관광자원개발계획은 여타 개발계획과 달리 다음과 같은 차별적인 특성을 지니고 있다.[7)]

첫째, 관광자원개발계획은 부존 관광자원에 적합하고 지역주민들의 관광욕구를 충족시키는 사회적 · 경제적 목표의 한 표현이다.

둘째, 관광자원개발계획은 무형적 인간욕구를 공간상에 형태화하는 과정으로, 여기서의 계획기준은 심리적 욕구변화와 물리적 환경여건에 따라 다양한 형태를 가질 수 있는 매개변수로서 동적인 성질을 갖고 있다.

셋째, 관광자원개발계획은 관광지개발에서 공간질서를 부여하는 동시에 개발방침에 대한 의사결정을 위해 합리성을 추구하는 하나의 방편이며 수단이다.

넷째, 관광자원개발계획에 따라 계획된 환경은 현존 환경체계에 긍정적 · 부정적 영향을 미친다. 덧붙여 말하자면, 현재 환경에 대한 변화 정도를 감지하고서 새로운 관광자원개발을 추진하는데, 이는 새로운 관광활동욕구와 동기를 부여하여 더 높은 위계로의 관광행위를 일으키는 것이 보통이다.

(3) 관광자원개발계획의 전개

관광자원개발계획에 대한 접근시각은 단계적 관점에서 '거시적 단계' '과정적 단계' '미시적 단계'로 구분해 볼 수 있다. 아울러 지역규모에 따라서는 '전국단위' '광역단위' '지역단위' '지구단위' 계획 등으로 구분된다.

이러한 단계적 접근과 지역규모를 고려한 접근이 관광수요와 조화를 이루도록 하는 합목적적 전개과정이 바로 관광자원개발이다. 그리고 이것은 두말할 나위 없이 국토종합개발계획 등 국가의 상위계획에서 추구된 계획목표 및 이념과 연관지어 짜임새 있게 추진될 때 성공을 기할 수 있다.

관광자원개발계획이 과정적 단계(transitional-phase)를 거쳐 미시적 단계로 이행되면 계획대상지구가 설정된다. 이 경우 관광입지에 작용하는 자연적·경제적·사회적·문화적 요인들뿐만 아니라 지역주민의 참여와 지역문화의 보존 등 지역애(regional egoism)에 관련된 요인들을 비롯해 계획지구의 지역적 적합성과 입지적 타당성에 관한 세심한 분석이 전제되어야 한다. 만일 이러한 과정이 소홀히 취급된다면 관광자원개발계획의 전개과정이 어떻든 간에 개발이익의 지역사회 환원을 통한 지역발전의 추구라는 이상은 결코 실현될 수 없을 것이다.[8)]

2 관광자원개발계획 시스템

1) 관광자원개발계획 수립 시 전제조건

관광자원개발계획 수립단계에서는 계획가의 창의성(creativity)이 절대적으로 필요하다는 점과 단순한 소재라도 결합을 통해 관광자원화 할 수 있다는 점 두 가지가 우선 전제되어야 한다.[9)]

창의성이란 무(無)에서 유(有)를 만들기보다 기존에 존재하는 다양한 유를 또 다른 유와 융합해 이전의 개별 구성요소들이 갖고 있지 않은 새로운 의미나 가치를 창출하는 활동 또는 아주 익숙한 것을 다른 맥락에 놓아 새롭게 느끼게 하는 능력이라 할 수 있다.[10)] 하에펠(J. W.

Haefele)은 이를 마음속에 있는 두 가지 이상의 개념에서 새로운 것을 결합해내는 능력이라고 간명하게 정의하였다. 즉, 기존에 존재하는 것들에서 벗어나 차별적인 특성을 끊임없이 추구하는 것을 의미한다.[11)]

이러한 창의성(creativity)은 과학 또는 발명, 그리고 예술부문에 종사하는 사람에게 필요한 것으로 일반적으로 인식되어 왔으나, 귄(Gunn)은 창의성을 기존의 예술부문에 종사하는 사람뿐만 아니라 전문적 계획가에게도 요구되는 자질의 한 가지라고 정의하였다. 또한 Koivunen(2005)은 창의성은 예술과 문화, 과학에만 관련된 것이 아니라 인간 활동의 모든 것과 관련된다고 하였다.[12)]

그러므로 관광자원개발계획 수립 시 지역의 차별화를 통한 매력성 증대를 위해서는 계획가 및 개발주체의 창의성이 발휘되어야 한다. 관광은 시대적 흐름에 따라 변화하고 진화하는 동태적(dynamic) 특성을 지닌다. 다시 말해서, 오늘의 것을 단순히 연장시켜서는 이러한 동태적 현상에 부응할 수 없기 때문에, 계획가는 자신이 지닌 창의적 재능을 발휘하려고 부단히 노력하여야 한다.

어떠한 자원들은 각각의 개별요소로서는 매력이 없더라도 이들 요소를 잘 결합시키면 향후 훌륭한 관광자원이 될 수도 있다. 한국관광공사(1988)의 연구에서도 지적하고 있듯이 바위 · 사막 · 폐허 · 언덕 등은 분자단위로서는 자원가치가 없지만 이들을 창의적으로 적절히 결합하면 훌륭한 관광자원이 될 수 있다.[13)] 분자단위로서의 관광자원은 자원으로서의 역할을 충분히 할 수 없거나 한계가 있지만, 이들의 결합을 통해 수요를 창출하고 시장성을 높일 수 있다.[14)] 따라서 계획가는 자원이 지닌 잠재력을 어떻게 살릴까 하는 것뿐만 아니라, 창의성을 발휘하여 어떻게 하면 자원의 결합을 통해 잠재력을 확대시킬 수 있을 것인가를 부단히 추구해야 한다.

2) 관광자원개발계획 수립과정

관광자원개발계획의 단계는 학자와 계획가들에 따라 다소 다르게 구분되고 있다. 귄(Gunn)은 계획과정을 '목표설정단계' '조사 · 분석단계' '종합단계' '창의성발휘단계' '정리단계' 등 5가지 단계로 구분[15)]하였고, 일본 락구계획연구소에서는 '시장 및 자원분석단계' '개발방침설정단계' '개발시설규모결정 및 배치단계' '개발주체 및 우선순위결정단계' 등 4가지 단계로 나누고 있다. 한편 미주리대 연구팀은 '자원조사' '수요 및 성향예측' '목표 및 방침설정' '대안연구' '대안선택' '시행준비' '시행' '평가' 등 8가지로 단계화하였는데, 그 과정은 다음 [그림 26-1]에서 보는 바와 같다.

미주리대 연구팀은 관광자원이 지역사회와 조화롭게 발전하기 위해서는 자원조사, 목표 및 방침설정과 대안모색(대안연구 및 대안선택), 시행준비와 평가단계에서 각각 이용자 및 주민의 의견이 반영되어야 한다고 주장하였다.

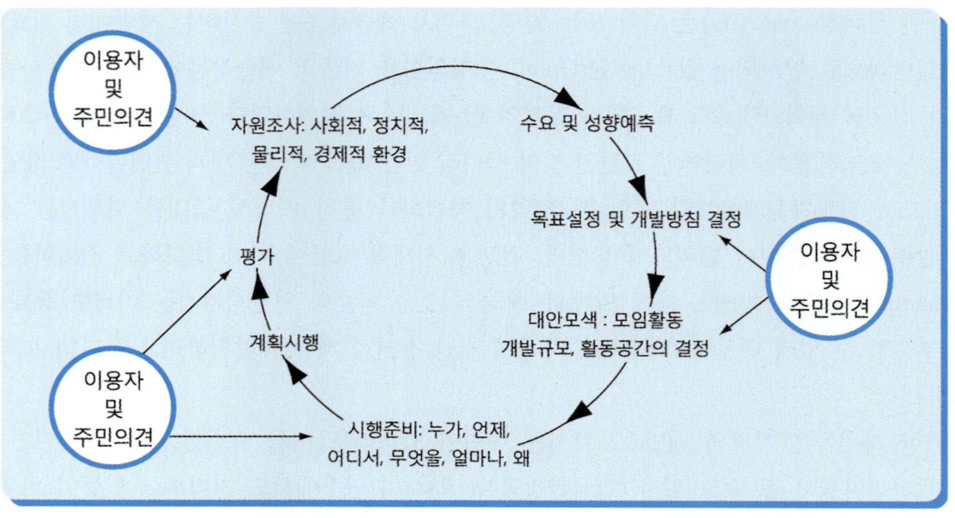

[그림 26-1] 미주리대 연구팀의 관광자원개발계획 과정

| 자료: The University of Missouri, Department of Park Administration(1986). Tourism USA: Guidelines for Tourism Development(일부 보완).

이봉석 등(2001)은 관광자원개발계획 수립과정을 예비적 사업타당성 검토 및 기본구상에 따라 개발방침을 설정하는 '개발방침 설정단계(decision stage)', 개발방침에 따라 개발기본계획과 설계를 추진하는 '계획 · 설계단계(design stage)', 공사계획 및 단계별 개발계획에 의해 시행되는 '집행단계(delivery stage)'의 3가지 단계로 구분하였다.

또한 진병렬 · 유수현(2004)은 '목적과 목표설정' '현황조사 및 분석' '개발계획단계' '개발수행단계' '개발결과의 평가'라는 5가지 단계로 관광자원개발계획의 과정을 구분하였다.[16)]

이와 같은 견해들을 종합해 보면, 관광자원개발계획의 수립과정은 [그림 26-2]에서 보는 바와 같다.

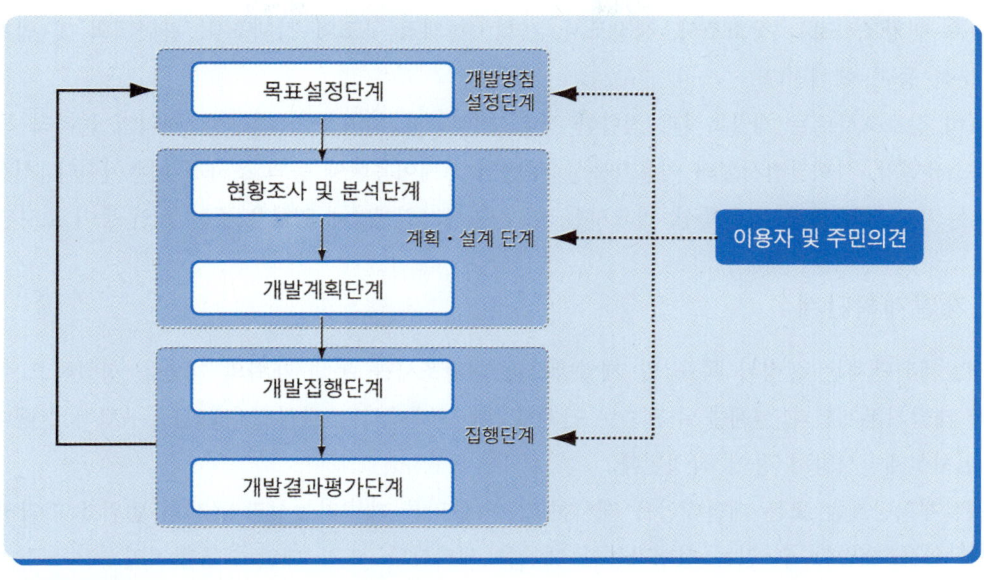

[그림 26-2] 관광자원개발계획의 과정

(1) 목표설정단계

관광자원개발계획은 관광자원개발로 인한 경제적 편익을 극대화하고 계획 간의 원활한 수행이 이루어지도록 한다. 또한 관광자원개발로 인한 관광자원의 훼손을 최소화하는 것이다.[17] 이를 위해서는 계획목표의 정립작업이 반드시 필요하다. 목표는 개발의 방향을 나타내며, 이러한 목표는 이해하기 쉽고 차별성을 지녀야 한다.

이 목표설정 단계는 개발방침설정단계로 예비적 사업타당성을 검토하여 계획의 기본구상에 따른 개발방침을 설정하는 단계이다. 그 내용으로는 개발계획 팀의 구성, 사회 · 경제적 타당성 검토, 부지선정 및 토지매입, 운영방법 결정, 개략적 건설비용 추정 및 개략적 구상과 개념설계, 재원조달 계획 등 관광자원개발의 전개방침이 마련되는 단계이다.

(2) 현황조사 및 분석단계

현황조사 및 분석단계는 '계획환경 · 여건분석'과 '관광여건분석' '관련 상위계획 · 법규의 검토'의 3가지로 구분된다. 계획환경 · 여건분석에는 광역환경 · 여건분석 및 부지환경 · 여건분석이 이루어지고, 관광여건분석에서는 자원현황분석 및 관광행태분석, 관광시장 여건분석이 행해진다. 또한 자원의 개발과 관련된 상위계획 및 법규의 검토가 이루어져야 한다.

주요 현황조사로는 장소조사, 시장조사, 사회·경제적 구조와 정책조사, 관련계획 및 법제도의 분석 등이 행해진다.

특히 장소조사로는 개발목적과 적합한 장소, 기본적인 지역정보, 접근성, 지역의 물리적 특징, 토지소유현황, 사회간접시설의 이용가능성, 주변의 토지이용현황 등의 조사가 이루어진다. 시장조사로는 관광객의 특징, 방문특성, 필요시설, 미래 관광자원개발에 영향을 주는 요인 등이 조사된다.

(3) 개발계획단계

개발계획단계는 설정된 목표 및 개발방침과 현황조사를 통해 계획의 개념을 정립하고 이에 따라 개발기본계획과 설계를 추진하는 단계로, 이 단계에서는 재원조달방안의 구체적 실행대책과 실시설계·시방서 등이 작성된다.

개발계획단계는 모든 개발대안을 제시하고, 이에 따른 개발가능성과 규제의 범위를 파악하며, 규제요인을 해결할 수 있는 선택가능한 대안을 제시한다. 또한 대안의 종합적인 조사·분석을 통하여 개발목적과 일치하거나 근접하는 몇 개의 대안을 검토해 최종안을 선택하게 된다.

(4) 개발집행단계

개발집행단계에서는 우선 접근수단이나 보호자원과 개발자원의 선정, 주변 관광지의 확인, 독립시설의 확인, 주요 장소의 잠재이용 확인 등 주요 요소의 확인이 이루어져야 한다.

이를 위한 전략으로서 개발관련 부문과의 상호 협력전략이 필요하며, 실행을 위한 재정과 경영, 종사원교육, 시설의 통제, 접근성의 확보, 관광상품화에 따른 촉진(promotion), 토지와 개발에 대한 각종 규제 등이 고려되어야 한다.

(5) 개발결과평가단계

관광자원개발계획의 마지막 단계로서 개발결과에 대한 적절한 모니터링(monitoring)과 이의 환류(feedback)가 이루어져야 한다. 또한 개발단계 전 과정에 대한 적절한 모니터링 시스템을 재구축하여 계획목표의 달성을 위한 수정과 보완이 지속적으로 이루어져야 한다.

모니터링에는 관광활동에 대한 결과를 기록하고, 이들의 결과와 개발계획의 목적이 일치되고 있는지를 비교하며, 차이점이 발생했다면 이에 대해 내생적 원인과 외생적 원인을 분석한다.

이렇게 분석된 자료는 개발계획의 각 단계별로 수용가능 여부를 검토하여 반영하게 된다. 또한 개발도중이나 개발 후 관광경쟁환경이 변하였다면 이것을 고려하여 재기획절차에 따라 개발

계획을 수정 또는 보완한다.

오늘날 세계 각국은 환경의 보전과 보호를 위하여 각종 규제를 실시하고 있으며, 관광자원개발 이전과 이후에 별도의 환경영향평가를 시행하고 있다. 이를 위한 주요 환경영향평가 항목에는 대기오염, 상수도오염, 소음공해, 동식물군 등의 생태계 파괴, 개발지역 내 토지이용과 순환, 경관미의 훼손문제 등이 포함된다.

3 관광자원개발계획의 문제와 과제

관광자원개발계획은 물리적 시설 이외에도 홍보, 재정, 마케팅과 경제적 · 사회적 · 문화적 · 환경적 고려가 적합하고 종합적으로 이루어졌을 때 그 효과가 극대화될 수 있으며, 훌륭한 계획과 체계적 관리를 통해서 성공적인 최종목표를 달성할 수 있다.[18)]

〈표 26-1〉 관광자원개발의 문제점

구 분	문제점
개발과 보존의 부조화	• 관광지개발에 필요한 기초조사의 부족으로 인한 주변경관과의 부조화 및 환경 훼손 • 고유문화에 대한 관심부족으로 나타난 전통문화자원의 소멸
관광지 지정기준의 미설정	• 관광자원의 특화를 위한 과학적인 관광지 지정기준의 부재
국립공원지정과 개발의 불균형	• 여가 · 관광공간으로서의 국립 · 도립 공원 지정과 개발의 지역적 불균형
관광유형의 단순화 및 관광지 개념의 미정립	• 하향식 · 급조식 개발로 인해 관광지 유형이 단순화되고 관광지 개념이 정립되지 않아 지역적 특성을 부각시키지 못함
역사 · 문화의 관광자원화 미흡	• 구시대적이고 과학적이지 못한 문화재의 보수 및 관리 • 행정적 절차 및 예산의 부족으로 인한 문제 • 지나친 인공화로 인한 자연미 훼손의 문제 • 유형문화재에 대한 관심 집중으로 무형문화재의 개발 미흡
산지와 해안중심의 개발 미흡	• 내륙과 평지중심의 개발을 우선순위로 함으로써 산지 및 해안지역의 잠재력에 대한 인식 부족과 개발 미흡
관광단지개발의 적정규모 미설정	• 지역에 관련된 제반특성이 고려되지 않은 부적절한 규모의 개발
미지정관광자원에 대한 활용 미흡	• 미지정 관광자원에 대한 활용방안을 모색하지 않음으로 인해 조화롭지 못한 불균형적 개발
비무장지대의 절대보존과 민통선 지구의 환경친화적 개발	• 생태관광 · 자연관광 · 모험체험관광으로 적합한 지역이나 절대보존지역으로 지정함에 따라 그 잠재력을 활용하지 못함

| 자료: 이장춘(1998). 『최신관광자원학』. 서울: 대왕사. 99. 306-311을 바탕으로 재정리.

〈표 26-2〉 우리나라 관광개발의 문제점과 과제

구 분	문제점	과 제
관광개발과 환경보존	• 환경을 고려하지 않은 시설개발 • 자연환경의 훼손으로 인한 관광지 매력 감소	- 자연친화적 개발계획의 수립 · 이용과 보전을 고려한 차별적 관광지 개발 필요 - 자연환경을 그대로 활용한 건축물과 동선을 조화시킬 수 있는 방법 모색
관광개발과 지역주민	• 지역주민들의 수동적인 특성으로 인하여 개발에 미참여	- 관광지 개발에 지역주민이 참여할 수 있는 제도적 개선 및 방안 모색 - 지역의 문화를 바탕으로 한 차별화 모색
관광개발과 사업타당성	• 치밀하고 정확하지 못한 사업타당성 검토 - 사업주체의 입맛에 맞는 사업타당성 검토 - 합리적이고 효과적인 수요예측기법의 부재 - 시설중심의 엔지니어링 접근 - 관리운영에 대한 고려 미흡	- 공정하고 객관적인 사업타당성 검토 - 기초자료를 바탕으로 한 논리적이고 계량적인 수요예측기법의 개발 - 다수의 소프트웨어 인력을 보유한 컨설팅과 엔지니어링의 컨소시엄 구성 - 외국 컨설팅회사의 참여 유도
관광개발의 사회적 이슈	• 콘텐츠 연구와 연계되지 않은 개발 • 문화유산의 보존과 활용 • 외지인중심의 표적시장 선정	- 지역의 매력을 부각시킬 수 있는 콘텐츠 발굴 및 개발 필요 - 관광을 통한 문화재의 보존과 그 가치를 이해하는 접근 필요 - 관광객과 지역주민을 구분하지 않고 모두를 행복하게 할 수 있는 관광개발 필요

| 자료: 엄서호(2007). 『한국적 관광개발론: 한국관광 제 빛 살리기』. 서울: 백산출판사. pp. 53-69를 바탕으로 재정리.

관광자원개발계획의 유용성에도 불구하고, 오늘날 우리나라 관광자원개발에서는 숱한 문제점들이 드러나고 있다. 이장춘(1998)은 우리나라 관광자원개발은 역사성 · 문화성이 있는 관광잠재력을 살리지 못하고 있는 실정이라고 지적하면서 관광자원개발의 문제점들로 ① 개발과 보존의 부조화, ② 관광지 지정기준의 미설정, ③ 국립공원지정과 개발의 불균형, ④ 관광유형의 단순화 및 관광지 개념의 미정립, ⑤ 역사 · 문화의 관광자원화 미흡, ⑥ 산지와 해안중심의 관광자원개발 미흡, ⑦ 관광단지개발의 적정규모 미설정, ⑧ 미지정관광자원에 대한 활용방안 미흡, ⑨ 비무장지대의 절대보존과 민통선지구의 친환경적 개발 등 9가지를 지적 · 제시한 바 있다.

또한 엄서호(2007)는 우리나라 관광개발의 과제로 크게 ① 관광개발과 환경보존, ② 관광개발과 지역주민, ③ 관광개발과 사업타당성, ④ 관광개발의 사회적 이슈 등 4가지를 제시하였다. 아울러 공급자 중심의 고품질 관광을 위해서는 관광개발과 자연환경보존이 동시에 고려되어야 하며, 궁극적으로 관광개발이 아닌 관광자원개발이 이루어져야 한다[19])고 주장하였다.

시대적 변화에도 불구하고 관광 및 관광자원개발의 문제점으로 끊임없이 등장해 온 것들은 환경과 문화의 보존과 활용, 지역 내 자원을 활용한 지역의 차별화, 과학적이고 전문가적인 접

근, 지역주민의 의견수렴 등으로 요약할 수 있다. 따라서 관광자원개발계획은 이러한 문제점들을 해결할 수 있는 방향으로 수립되는 것이 바람직하다.

앞에서 제시한 관광자원개발의 문제점에 대한 세부내용은 다음 <표 26-1>, <표 26-2>에서 보는 바와 같이 요약·정리된다.

〈표 26-3〉 관광개발계획의 문제점과 과제

구 분	문제점	과 제
계획정립의 문제	• 계획의 추상성과 하위목표의 비구체화 • 개발주체의 획일적 목표체계 • 종합적 시설도입과 화려한 배치중심	– 집행을 위한 세부적 계획과 구체적인 하위목표 수립 – 지역사회의 발전과 수요전망이 반영된 환류과정(feedback) 필요 – 관광지 특성에 맞는 시설과 이용자 서비스의 통합적 계획 필요
현황조사·분석의 문제	• 계획작업의 비연계화 • 계획안의 객관성 문제 • 물리적 시설중심의 계획	– 개발대상지의 환경여건을 종합적으로 고려한 계획마련 – 자료의 분석과 해석의 명확한 설명과 신빙성을 높이기 위한 노력 – 이용자 수요와 파급효과에 대한 종합적 조사·분석과 계획에의 반영
개발개념의 문제	• 지역차원의 개발개념 미정립 • 독자적 관광지 개발개념 도입 • 주변 관광지와의 유기적 개발개념의 문제 • 개발주체별 관리운영방안의 개념 미정립 • 프로그램연출의 개발개념 미정립 • 지역특성적 계획·설계개념의 미시행	– 지역의 특성이 반영된 지역자원의 활성화 방향으로의 개념 정립 – 주변지역과 연계한 체재거점형 관광개발계획 필요 – 주변관광지와 유기적 관련성의 설정과 이를 통한 지역이미지 형성 – 개발주체별 적정한 개발과 관리운영방안을 고려한 개발개념 정립 – 시설과 프로그램의 조화롭고 균형적인 관광개발개념의 정립 – 지역문화를 배경으로 한 특화된 공간형태의 조성 필요
개발절차의 문제	• 실적위주의 결과주의적 사고 지향 • 단계별 연계기구의 부재 • 지역주민과의 의견수렴의 문제 • 실행계획, 준비미흡, 비구체화	– 장기적 전망과 충분한 시간을 가진 점진적 개발 필요 – Turn-key Base 개발 또는 Team Approach에 의한 개발 필요 – workshop 운영 및 투자설명회 개최 등 실질적 참여유도 방안 모색 – 사업시행의 우선순위와 개발단계별 사안에 대한 구체적 검토 필요
계획기법의 문제	• 자연관경을 고려하지 않은 설계기법 • 도입활동과 시설의 특성 부재 • 관광지적 특수공간 이미지연출의 부재 • 환경이미지 배치기법의 낮은 비중도	– 자연환경과의 조화를 위한 방향으로의 공간결정 등의 계획설계 필요 – 창조적 기법을 이용한 특화된 도입시설 계획 필요 – 개별시설중심의 세분화된 공간의 구분과 배분에 의한 토지이용계획 필요 – 자연지형과 기후조건을 활용한 시설배치 및 구조, 외관조성 등의 기법 필요

| 자료: 정석중·이미혜(2002). 『관광개발론』. 서울: 대왕사. pp. 166–174를 바탕으로 재정리.

한편 정석중·이미혜(2002)는 관광자원개발계획의 문제점으로서 ① 관광개발계획 정립의 문제, ② 관광개발 현황조사·분석의 문제, ③ 관광개발개념의 문제, ④ 관광개발절차의 문제, ⑤ 관광개발 계획기법의 문제 등 크게 5가지를 제시하였다.

관광자원개발계획은 관광개발을 실현시키기 위한 하나의 과정으로 이는 다양한 분야에 걸쳐 파급효과가 나타나기 때문에, 계획과정상에서 나타나는 이들 문제점을 어떻게 해결해 나가느냐에 따라 성패가 엇갈리는 문제해결의 과정으로 볼 수 있다.

관광자원개발계획의 문제점 및 향후 과제들에 대한 세부내용은 앞면의 <표 26-3>과 같이 요약·정리된다.

4 관광자원개발계획 우수사례

1) 관광자원개발계획 우수사례와 성공요인

강원도 인제군과 호주의 카카두 국립공원, 강원도 토고미마을과 일본의 유후인 등의 지역들은 천혜의 자연자원을 바탕으로 하여 지속적으로 차별화된 테마 발굴과 브랜드 개발을 통해, 새로운 지역 이미지 구축 및 관광객 증대라는 효과를 거두었다. 또한, 안동과 미국 길로이 지역은 지역의 전통문화 및 대표 농산물을 관광자원으로 활용하여 지역만의 차별적이고 독특한 축제 개발에 성공함으로써, 많은 관광객을 유치하고 있다. 독일 루르지역은 기존의 폐허화된 공업지역을 재활용하는 창의적 관광개발을 통해 지역 전체를 유명한 관광지로 재탄생시켰다.

이 밖에 경북 안동은 안동간고등어·안동소주·안동찜닭 등 지역음식을 브랜드화함으로써 전통음식의 재해석과 체계적인 개발과정을 거쳐 지역의 대표상품으로 거듭나게 되었다. 광명지역은 오랜 역사적 문화자원이나 특별한 자원 없이 '아싸(ASSA)' 노래방 기기의 본사라는 지역자원을 기반으로 하여 2004년 '인디락 페스티벌'과 2005년 '대중음악축제'를 개최함으로써 대중음악의 중심지로 탈바꿈했다. 즉, 지역 내 차별적인 자원이 없더라도 다른 지역의 자원을 이용해 지역 내 산업과의 연관성을 찾아내 지역자원으로 탈바꿈시킨 우수사례라고 생각된다.

이처럼 관광자원개발계획에서 귀감이 될 만한 국내외 사례들을 통해, 다음과 같은 공통적인 특징을 찾아볼 수 있다.

첫째, 좋은 테마를 선점하였고 기존의 것과는 차별화했다.

둘째, 과거에 집착하거나 유행에 휩쓸리지 않았다.

셋째, 다른 지역 또는 여타 산업과의 연관성을 찾아내고 공동마케팅을 실시했다.

넷째, 급변하는 요구에 부응할 수 있도록 아이템을 유연하게 활용했다.

그러나 치밀하지 못한 계획을 무리하게 추진했던 대구의 '밀라노 프로젝트'와 지역의 잠재자원을 활용하지 못하고 유행을 좇았던 해남 공룡기념관의 사례는 대표적인 실패사례로 손꼽힌다.[20)]

2) 관광자원 유형별 개발사례

(1) 자연적 관광자원 개발사례

① 강원도 인제군 내린천

강원도 인제군은 인제읍 내린천 일원에 1998년부터 2005년까지 국비 35억 7,500만 원, 지방비 59억 2,500만 원의 총 95억 원을 투입하여 번지점프장, 래프팅, 산악자전거, 패러글라이딩, 모험연수시설 등을 조성함으로써 모험레포츠 수요자의 기대에 부응하고 있다.[21)]

특히 인제군은 CJ인터넷과의 협력을 통해 세계 최초로 온·오프라인을 연계한 '배틀필드 2008 서든어택 얼라이브'라는 명칭으로 서바이벌 게임을 유치[22)]하는 등 '모험관광'이라는 테마를 중심으로 타 지역과 차별화를 꾀함으로써 '모험관광의 일번지' '활력의 도시'라는 인제군의 지역 이미지 구축을 위해 지속적으로 노력하고 있다.

인제군의 관광수요 증대로 인한 지역 내 소득원 창출은 개발사업에 대한 지역주민의 호응도를 높이고 지역에 대한 지역주민의 자부심을 증대시켰다.

인제군의 성공요인을 종합해 보면 천혜의 자연조건과 교통의 중심에 위치한 지리적 이점, 타 지역과 차별화된 테마의 선정 및 새로운 관광자원의 지속적인 발굴 및 육성, 지역주민과 함께하는 적극적인 마케팅이라 할 수 있다.

내린천 래프팅

배틀필드 2008 서든어택 얼라이브

② 호주 카카두 국립공원

호주의 북쪽지역에 위치하고 있으며, 다윈(Darwin)시로부터 동쪽으로 약 250km 떨어져 있는 카카두 국립공원은 호주 최대 규모의 국립공원이면서 세계에서 3번째로 큰 국립공원이다.[23)]

카카두 국립공원은 관광객 정체현상을 해소하고 기존의 자연중심적인 이미지를 복합적 세계 문화유산의 이미지로 변화하기 위한 리포지셔닝 계획과 다양한 재정적 지원을 통해 관광시설 및 프로그램과 원격 가이드 교육프로그램 등을 개발하였다.

카카두 국립공원은 차별적 특성을 지닌 강력한 브랜드에 대한 필요성을 인식하고 '브랜드 카카두'를 개발하여 프로모션 및 마케팅 도구에 활용하였다. 소규모 그룹 관광객들에게 반영구적 캠핑시설을 공급하기 위해 트레일러와 캠핑용 텐트, 식사를 위한 안식처 등 소규모 관광기반시설을 개발하였을 뿐 아니라 습지 야생동물 중심의 여행을 보완하기 위해 문화적 차별성을 강조하고 독특한 원주민 문화 경험이 가능한 굴루얌비 원주민 문화 크루즈, 옐로 워터 미 습지 크루즈를 개발하였다.

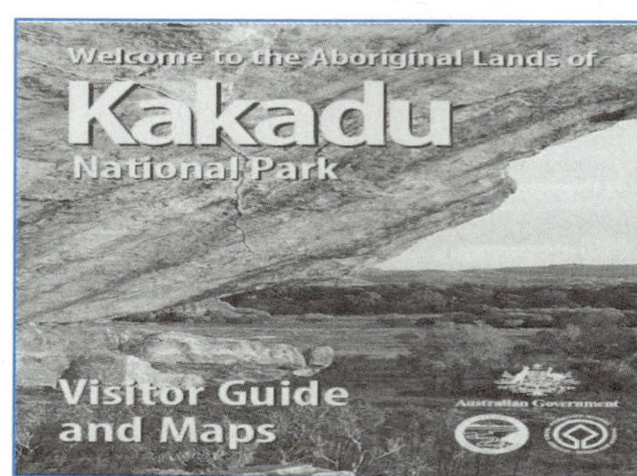

카카두 국립공원 안내책자

Mamukala 습지

Gagudiu Crocodile Holiday Inn Hotel Jabiru

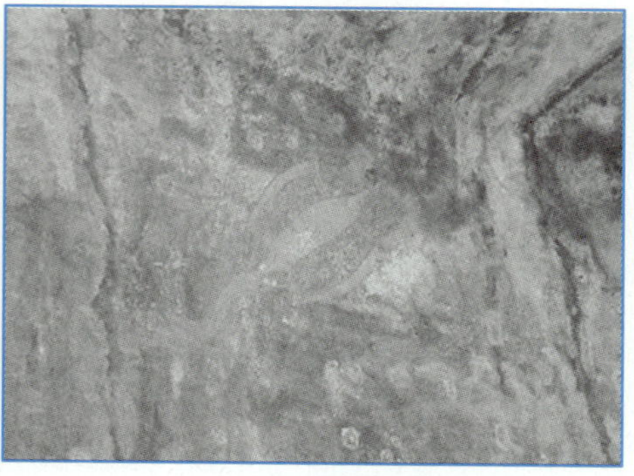

우비르에 있는 유명한 벽화

이를 통해 카카두 국립공원의 매력도가 증가되었을 뿐 아니라 지역 원주민의 고용촉진과 사업의 여건을 마련하게 되어 국립공원 관리단의 지역사회 공헌의 목적을 달성하게 되었다. 또한 현재 크루즈 모델은 카카두를 방문하는 관광객들이 꼭 해야 하는 필수적인 활동으로 인식될 정도로 성공적인 사례로 평가되고 있다.

(2) 산업적 관광자원 개발사례

① 강원도 화천군 토고미마을[24)]

강원도 화천군 상서면 신대리는 '고향 만들기'를 통해 연간 4천 명의 도시민을 유치하여 어려움을 극복한 산골마을이다.

토고미마을의 농촌체험모습

토고미마을은 새로운 친환경농법의 유기농 재배, 웰빙개념이 강조된 기능성 농산물 생산, 도시민을 만족시키는 체험농업으로 성공적인 도농교류의 모습을 보이고 있는 농촌마을로 1999년 토고미 환경농업작목반에서 무농약 오리쌀 재배를 시작하여 도시민과 함께 농사를 지으며 생산된 농산물은 나누어 먹는 방법, 즉 '나눔의 농사가족'을 운영하기 시작하였으며, '나눔의 농사가족'은 도시회원이 3만 원을 내면 추석에 무공해 오리쌀 한 말을 보내주는 전략으로 토고미 오리쌀 브랜드를 만들었으며 무공해 이미지를 강조하기 위해 광목과 한지로 쌀 포장지를 제작하였다.

도시민과의 지속적인 교류를 통해 농산물의 안정적 판로를 개척하였으며 이는 마케팅에 눈을 뜬 주민, 헌신적인 공무원, 20여 명의 농촌관광 전문가들이 참여한 자문단의 협력으로 가능했다.

마을의 리더, 농특산물 판매를 중심으로 한 사업모델, 농촌관광의 기본정신인 도시민과의 교류라는 점을 주민 모두 공감하고 도시민과의 지속적인 교류를 통해 농산물의 안정적 판로를 개척하였으며, 주민과 공무원, 농촌관광 전문가 간의 네트워크 구축이 성공요인이라 볼 수 있다.

② 일본 오이타현 유후인[25)]

유후인은 일본 남부 기타큐슈 지역의 오이타현 중심부에 위치하고 있는 인구 11만 명의 소도시이다. 이곳은 일본 지역 활성화 운동의 대표적 성공사례인 농촌마을 관광지로 연간 400만 명이 넘는 관광객들이 찾고 있다.

유후인은 전통적인 농촌풍경의 어메니티와 일반적인 온천관광지와 차별화된 체류보양지 온천을 지역 어메니티로 만들어내는 데 성공하였다. 즉 발상의 전환에 의해 창출된 인공적 어메니티로 농촌경관과 지역 고유의 관습, 생활양식 등이 온천과 융합되어 50년 전의 일상적인 전원생활을 관광객들에게 보여줌으로써 비일상적인 매력과 감동으로 타 지역의 전형적인 온천관광지와 차별화하였다.

특히 벳부지역 온천이 남성중심, 밤, 대형여관 중심으로 특성화되었다면, 유후인은 여성중심, 낮, 민박, 문화적 환경 등의 대조적 이미지를 갖는 '전원과 맛의 고향'을 구호로 차별화하였다.

또한 다양한 이벤트 개최 및 향토요리 개발, 다품종 소량의 지역특산물을 생산하면서 유후인 브랜드를 창출하였다. 유후인에서 개발한 포도를 발효·숙성시켜 만든 유후인 브랜드인 와인은 널리 알려져 있다.

지역주민 중심의 '지역 내 일촌일품운동'과 '마을 만들기 운동', 지역 고유의 관습 및 생활양식 등의 문화자원과 온천자원의 융합, 문화산업과 연계한 다양한 이벤트 개최, 자연보호조례, 숙박시설에 대한 건축규제 조례, 주변 환경보전조례 등 자원의 보호와 경관관리를 위한 여러 조례 제정 등의 노력을 성공요인이라고 볼 수 있다.

유후인 마을 전경

유후인 노천온천

(3) 사회·문화적 관광자원 개발사례

① 안동국제탈춤페스티벌[26)]

1997년부터 개최되어 온 안동국제탈춤페스티벌은 안동의 역사성과 음식문화, 하회마을의 장소성, 탈춤이라는 예술의 독특성을 잘 결합한 우리나라 대표 문화관광축제이다.

안동국제탈춤페스티벌은 국내외 탈춤단체들이 서로의 신명을 함께 느끼며 문화적 교류를 꾀

하는 탈춤인의 진정한 축제의 장으로서 축제기간 중 국내 중요문화재 지정 탈춤 13개가 공연되고 세계 여러 나라의 민속탈춤과 민속축제 및 각종 부대행사가 열린다.

메인행사로는 탈춤공연(태국, 부탄, 한국, 중국, 인도네시아, 하회, 일본, 터키 등), 인형극, 마임, 길놀이 등의 프로그램이 있으며, 선유줄불놀이 등의 체험행사, 전통문화콘텐츠박물관의 전시행사, 기타 부대행사로는 하회탈춤 배우기, 러시아춤 배우기, 판소리극, 마임 & 마술, 나의 탈 나의 마스크 등의 탈춤 따라 배우기 등으로 다양하게 구성되어 있다.

안동탈춤페스티벌은 세계적으로 알려져 많은 외국관광객들이 참여하고 있으며, 한국의 유교문화 및 정신문화와 안동 및 하회마을의 장소성, 그리고 탈춤이 결합되어, 독특하고 개성있는 한국전통문화브랜드로 자리매김되고 있다.

특히 하회민속마을의 정취와 자연환경이 잘 보존되고 문화적으로 활용됨으로써, 자연환경, 민속생활환경, 관광환경의 결합이 돋보인다.

탈춤공연

선유줄불놀이

② 미국 길로이 마늘축제

길로이 마늘축제는 가빌란 대학(Gavilan college) 학장인 루디멜론 박사가 1978년 11월 중반 지역 마늘산업의 중요성을 부각시키기 위해 계획하여 1979년 8월 1회를 시작으로 매년 7월경에 축제를 개최하고 있다.

현재 길로이 마늘축제는 미국의 인기 있는 10대 축제로 손꼽히며, 캘리포니아의 작은 마을 '길로이'는 마늘 하나로 200여 가지의 상품을 개발해 참가자들에게 큰 인기를 모으고 있다.[27)]

길로이 갈릭페스티벌의 축제프로그램은 크게 4가지 주제로 구성되어 있는데 미국 전역 100여 명의 순수예술 및 공예가의 작품을 전시 및 판매하는 Arts & Crafts, 어린이 및 전 연령층 대상의 게임, 공예품 만들기, 이야기 듣기, 음식체험하기 등 체험프로그램 중심의 Childrens Area, Caju에서 태국음식, 마늘아이스크림에서 에스카르고까지 전세계의 마늘과 관련된 다양한 음식을 요리하고 시연하여 경연하는 프로그램인 Food, Beverage, 다양한 장르의 음악공연이 열리는 Music · Entertainment 등이다.28)

이는 장기적이고 단계적인 개발계획의 수립과 지역의 마늘을 이용한 다양한 상품 개발, 지역주민이 주체가 되어 운영되고, 미국인들에게 마늘에 대한 인식을 전환시키는 노력, 마늘관련 상품을 인터넷 등 다양한 판매경로를 구축함으로써 경제적 파급효과를 확대 재생산하는 체제 구축이 성공요인이다.

축제장 전경

마늘요리 경연대회

음악공연

마늘모양의 자기

(4) 기존 자원을 활용한 창의적 관광개발사례

① 독일 루르지역의 엠셔파크(Emscher Park) 프로젝트

엠셔파크는 흔히 말하는 공원이 아니라 독일의 루르공업지대 중심부 17개 도시를 합쳐서 부르는 이름으로 과거 독일 최대의 공업지역인 루르지역의 엠셔파크 프로젝트는 도시재생을 위한 프로젝트이다. 비록 관광개발 프로젝트는 아니지만 관광은 지역의 장기적 계획과 역사 그리고 자원의 활용 등 복합적으로 연계되는 특성을 지니고 있어 엠셔파크 프로젝트의 추진과정과 결과물은 관광과 밀접하게 관련되어 나타난다.

엠셔파크 프로젝트는 엠셔파크 국제건축전시회(IBA: International Bauaustelling Emscher Park)가 핵심이며, 초기 IBA는 지역재생이라는 큰 주제에서 이루어졌으나 그 초점이 문화적 측면으로 이동하면서 그것은 다시 축제와 이벤트, 관광, 지역이미지 구축을 위한 전략의 일부가 되었다.

IBA 프로젝트의 가장 특징은 과거 공업과 관련된 가스탱크, 석탄광산, 제철소 등의 운영하지 않는 시설들에 창의성을 발휘하여 유명한 관광명소로 재탄생시켰다는 것이다. 유럽 최대의 높이 120m, 폭 67m의 거대한 가스탱크가 다양한 전시회가 열리는 전시센터로, 유럽 최대의 석탄광산인 촐페라인탄광이 회의, 여가, 관광 그리고 디자인센터로, 뒤스부르크의 제철소가 스킨스쿠버, 암벽등반, 콘서트장 등으로 변화하였다.[29)]

IBA 프로젝트를 통해 낙후된 지역의 환경 극복, 지역주민의 여가공간 조성, 관광수익의 증가로 인한 지역경제 활성화, 일자리 창출로 인한 지역 내 고용문제 해결 등의 긍정적 효과가 나타나고 있다.[30)]

IBA 프로젝트 지역의 야경

제철소공장을 활용한 콘서트장

② 경상북도 안동 전통문화콘텐츠박물관

경상북도 안동시 동부동에 위치한 전통문화콘텐츠박물관은 안동의 선사문화 및 민속문화, 불교·유교문화 등 유무형 생활문화의 의례문화를 바탕으로 디지털콘텐츠를 만들어 전시한 우리나라 최초의 디지털박물관이다. 이곳은 문화유적지를 방문하지 않고도 각종 디지털 매체를 통하여 안동의 독특한 문화를 관람할 수 있을 뿐 아니라, 80석 규모의 영상관에서는 4D 입체영상을 관람할 수 있고 야외에는 넓은 공원을 조성하여 자연과 문화를 만끽할 수 있는 시민들의 문화·교육공간이자 휴식공간으로 조성되어 있다.

안동 전통문화콘텐츠박물관의 특징은 실제 문화를 전시하지 않고 최첨단 디지털콘텐츠만으로 전통문화의 가치와 내용의 체험이 가능하고 문화유산의 정보에 디지털기술을 적용하여 관람객이 능동적으로 체험을 통해 상호작용할 수 있도록 조성된 것이다. 또한 기존 오프라인 박물관의 한계를 넘어 홈페이지를 통해 각종 영상 및 디지털콘텐츠 이용하게 함으로써 언제 어디서나 이용할 수 있다.

영상을 통해 교육과 정보, 교류와 오락을 즐기는 과정에서 자연스럽게 전통문화의 가치를 체험할 수 있는 에듀테인먼트 박물관으로 조성되어 있다. 실제 안동 전통문화콘텐츠박물관에서는 안동이라는 지명 탄생의 배경이 된 고창전투를 4D영상으로 관람할 수 있을 뿐 아니라 장원급제를 놀이를 통해 체험하게 함으로써 오락시설로 제공하고 있을 뿐 아니라 가상유물체험전에서는 기존의 진열된 유물을 마음대로 만져 보거나 작동시켜 볼 수 없는 단점을 허공에서 실제 움직여 볼 수 있게 함으로써 에듀테인먼트의 효과를 극대화하고 있다.[31)]

박물관 전경과 문화쉼터

디지털콘텐츠 중심의 박물관 내부

미 주

1) 박석희(2003). 『신관광자원론』. 서울: 일신사. p. 180.

2) 이봉석 등(2001). 『관광자원론』. 서울: 대왕사. pp. 165-166.

3) 김성기 등(2005). 『관광개발계획론: 생태학적 접근방법』. 서울: 한올출판사. pp. 139-141.

4) Andreas Faludi(1976). *Planning Theory*. New York: Pergamon Press.

5) 이장춘(1998). 『최신관광자원학』. 서울: 대왕사. pp. 262-263.

6) 신우성(2004). 『관광자원의 이해』. 서울: 기문사. p. 232.

7) 정석중 · 이미혜(2002). 『관광개발론』. 서울: 대왕사. pp. 156-157.

8) 이장춘(1998). 『최신관광자원학』. 서울: 대왕사. pp. 262-265.

9) 박석희(2003). 『신관광자원론』. 서울: 일신사. p. 199.

10) 유영만(2008). 『상상하여 창조하라』. 서울: 위즈덤하우스. p. 41.

11) 정진홍(2007). 『인문의 숲에서 경영을 만나다』. 서울: 21세기북스. p. 57.

12) Greg Richards, & Julie Wilson(2007). *Tourism, Creativity and Development*. London: Routledge.

13) 한국관광공사(1988). 『2000년대 관광환경분석과 전망』.

14) 한국관광공사(1986). 『국민관광의 이론과 실제』.

15) Gunn, Clare, A.(1979). *Tourism Planning*. New York: Russak & Company, Inc.

16) 진병렬 · 유수현(2004). 『관광자원론』. 서울: 대왕사.

17) Inskeep, Edward(1991). *Tourism Planning: An Intergrated & Sustainable Development Approach*. New York: Van Nostrand Reinhold.

18) Charles R. Goeldner, & J. R. Brent Ritchie(2003). *TOURISM: Principles, Practices, Philosophies*. 9th ed. New Jersey: John Wiley & Sons, Inc.

19) 엄서호(2007). 『한국적 관광개발론: 한국관광 제 빛 살리기』. 서울: 백산출판사. pp. 53-69.

20) 문화관광부 · 한국문화관광정책연구원(2006). 『2006 관광아카데미 관광개발과정 교육교재』. pp. 237-273.

21) 한국문화관광연구원(2005). 『국내외 관광개발사례연구 I』(특별연구 2005-9). p. 49.

22) 강원발전연구원(2008). 『강원도 모험레포츠 활성화 방안』(연구보고: 08-08). p. 19.

23) 카카두국립공원 홈페이지(http://www.kakadunationalpark.com).

24) 한국문화관광연구원(2005). 『국내외 관광개발사례연구 I』(특별연구 2005-9). pp. 79-81.

25) 제주발전연구원(2008. 6). 『제주지역 농촌어메니티자원 활용방안에 관한 연구』. pp. 45-48.

26) 문화체육관광부(2008). 『2007 문화관광축제 종합평가보고서』. pp. 311-315.

27) 박현주(2008. 9). 길로이 마늘 페스티발(Gilroy Garlic Festival). 『비틀맵트래블(Beetlmap Travel)』, 08년 9월호.

28) 제주특별자치도 서귀포시(2009.1). 『서귀포시관광자원발굴조사 및 개발타당성 연구』. p. 165.

29) 문화관광부 · 한국문화관광정책연구원(2006). 『관광아카데미 관광개발과정 교육교재』. pp. 67-68.

30) 곽수정(2007). 유휴공간의 문화공간화를 위한 콘텐츠 연구. 국민대학교 박사학위청구논문.

31) 전통문화콘텐츠박물관 홈페이지(http://www.tcc-museum.go.kr).

저자약력

장성수(張聖洙) 현_제주대학교 관광개발학과 교수

제주대학교 관광개발학과를 졸업하고, 서울대학교 환경대학원에서 도시계획학 석사학위 그리고 경기대학교 대학원 관광개발학과에서 경영학 박사학위를 수여받았다. Hawaii대 한국학연구소와 Kentucky대 지리학과의 연구교수를 역임하였으며, 현재 한국관광학회 관광자원개발분과학회장을 맡고 있다. 『최신관광법규』(2008), 『제주관광가이드』(1995) 등의 공저와 박사학위논문인 "관광지 개발잠재력 평가요인과 투자결정경로에 관한 구조분석"을 비롯해 다수의 논문과 연구보고서를 집필하였다.

『관광학총론』 스물일곱 번째 이야기

제27장

관광자원의 상품화

한 상 현*

1 관광자원의 개념과 분류

1) 관광자원의 개념

(1) 자원의 개념

자원의 범주는 매우 넓으며 구체적으로 한정하기가 매우 힘들다. 산업사회의 초기에는 자원의 범위를 자연에서 채취할 수 있는 자연적인 것으로만 인식하였으나, 오늘날에는 자연뿐만 아니라 인문적인 것에서 무형적인 자원에 이르기까지 포괄적이고 총체적인 의미가 되었다. 자원(resource)이란 말의 어원은 라틴어의 종교용어인 re-surgere에서 유래되었는데, 즉, 하나의 창조물은 반드시 그 이전에 창조된 것을 기반으로 한다는 의미로서 창조론적 시각에서 신이 만물을 창조한 일련의 과정을 상징하는 것이다. 이와 같은 관점은 현대적인 의미의 자원의 개념과도 많은 부분에서 연결되고 있다. 일반적으로 자원이란 협의적 관점에서는 자연자원에 국한될 수 있겠지만, 광의의 관점에서는 생산에 이용되는 모든 것을 의미하고 있다.[1] 이러한 관점은 경제적 의미가 강조되는 것이기도 한데, 자산을 창출하기 위한 재원으로서의 의미가 내포되어 있다. 오늘날 시장에서 거래되고 있는 모든 재화들은 자연에서 그대로 채취한 것이든, 공장에서 생산된 것이든 몇 단계의 가공과 유통단계를 거쳐야만 한다.

학자들의 자원에 대한 정의 또한 이러한 관점에서 크게 벗어나지 않는다. 박석희는 2000년에

* 동의대학교 관광경영학과 교수, e-mail: shan@deu.ac.kr

학자들의 견해들을 종합하여 자원을 "자연에서 비롯된 것으로서, 기술의 발달, 시간 및 소득의 증감에 따라 변화하며, 인간의 욕구를 충족시키는 것으로 경제성을 가지고 있고, 이용되는 것을 전제로 한 것"이라고 정의한 바 있다. 또한, 김병문은 1990년에 자원을 "인간에게 이용가치가 있는 사물의 대상"이라고 정의하며, 자연물과 인간 사이의 동적인 상호작용에 의하여 만들어지는 것이라고 전제하였다. 즉, 아무리 좋은 물질이라도 현재 인간의 기술방법으로서 활용하지 못할 때 그것은 자원으로서의 위치를 점하지 못한다. 그러나 시・공간이 변해 인간이 활용할 수 있게 되면 자원으로 전환될 수 있는 것이다. 결론적으로 현대적 의미에서의 자원은 자연적인 속성을 가지고 있으면서, 기술의 발달과 시간의 흐름, 기호의 변화 등에 따라 변화할 소지가 있으며, 경제성을 가지고 있고, 인간의 욕구를 충족시킬 수 있는 것이다.

(2) 관광자원의 개념

자원과 관광자원은 사실은 같은 개념이라고 할 수 있다. 자원이 인간의 욕구를 충족시키는 것이 전제가 되는 것과 같이 관광자원은 인간의 욕구충족 방법의 하나로서 관광활동을 전제로 한 자원이다. 따라서 관광자원은 관광의 주체인 관광객의 욕구・동기의 대상이며, 관광행동의 목표물이 되는 유・무형의 관광대상을 총칭하는 것이라고 할 수 있다. 관광자원은 관광사업적 측면에서는 경제적 가치를 가지고 있으며, 관광객의 측면에서는 위락적・문화적・교육적 가치를 갖는 관광대상물로서의 매력성과 유인성이 있어야 하고, 동시에 관광수입을 올릴 수 있는 경제성을 가지고 있어야만 한다.

학자들의 관광자원에 대한 정의는 큰 틀에서는 일맥상통하고 있는 것을 알 수 있다. 안종윤은 1972년에 "관광자원은 개발함으로써 관광의 대상이 될 수 있는 소재로서 보존・보호하지 않으면 훼손되고 감소되는 것"이라 하였고, 이장춘은 1974년에 "관광자원이란 인간의 관광동기를 충족시켜 줄 수 있는 생태계 내 유・무형의 제 자원으로서 보존・보호하지 않으면 가치를 상실하거나 감소할 성질을 내포하고 있는 자원"이라고 정의하였다. 김홍운은 1988년에 "관광자원은 매력성을 지니고 있고, 유인성을 지니고 있으면서, 개발을 통하여 관광대상이 된다는 점, 관광자원은 자연과 인간의 상호작용의 결과이며, 범위가 자연자원과 인문자원, 유형자원과 무형자원 등 아주 다양하고 사회구조나 시대에 따라 가치가 다르며 보존・보호가 필요하다"고 언급하였다. 박석희는 2000년에 "관광자원이란 관광자의 관광동기나 관광행동을 유발하게끔 매력과 유인성을 지니고 있으면서, 관광자의 욕구를 충족시켜 주는 유형・무형의 소재와 관광활동을 원활히 하기 위해 필요한 제반요소인데, 보존・보호가 필요하고, 관광자원이 지닌 가치는 관광자와 시대에 따라 변화하며, 비소모성과 비이동성을 지닌다"고 정의하여 핵심적인 개념에는 큰 차이가 없다.

한편으로는 관광자원을 관광서비스의 생산요소로서 바라보는 인식도 있다. 관광서비스는 생산과 동시에 소비되는 특성을 지니고 있으므로 관광행위는 관광서비스의 생산과 소비활동이라고 할 수 있다. 이런 관점에서 자연적 매력, 인문적 매력, 관광시설매력은 협의적 관점에서의 관광자원이 되고, 공급처리시설, 편의시설, 인력, 시간, 여행 등은 광의의 관광자원의 개념이다.

앞서 살펴본 자원의 정의를 고려해 볼 때, 그것이 무엇이었든 관광활동의 대상이 되지 못할 경우에는 관광자원이 아니며 인간의 관광욕구에 의해 관광활동의 대상이 될 때 비로소 관광자원이 되는 것이다. 즉, 예상되는 관광활동의 대상이 잠재적인 관광자원이 될 수는 있지만 관광자원이라고 규정될 수는 없다. 결론적으로 관광자원이란 자연적·인문적인 유·무형의 형태를 가지고 있으면서 관광객의 관광욕구와 동기를 충족시켜 줄 수 있는 관광행동의 객체 즉, 관광행동의 대상 또는 목적물이 되는 제 자원이라고 할 수 있다.

2) 관광자원의 분류

(1) 관광자원 분류의 필요성

오늘날 관광자원의 종류는 관광객들의 수요가 다변화되고 있는 만큼이나 수적·질적으로 매우 다양하며 그 범위는 무한히 확대일로에 있다. 산업사회가 고도화되고 시장의 요구가 다변화되면서 사회적으로 새로운 형태의 관광자원이 끊임없이 요구되고 있으며, 세계 각국에서 끊임없이 이루어지고 있는 각계각층의 관광활동들은 새로운 관광대상물들을 창출해내고 있다. 이러한 자원들을 모두 고려하는 관광자원의 체계적인 분류는 매우 복잡하고 난해한 일이 될 수밖에 없다.

관광자원의 분류 역시 학자들의 관점과 기준이 무엇인가에 따라 매우 다양하게 이루어져 왔으며, 하루가 다르게 급변하고 있는 관광시장 환경의 변화는 어느 관점의 분류라고 해도 모든 자원들을 완벽하게 분류한다는 것은 불가능에 가까운 일이 되어 버렸다. 이러한 상황임에도 관광자원의 분류가 필요한 이유는 본 장의 대주제인 관광자원 상품화를 위한 시금석이 되기 때문이다. 이와 같은 분류작업을 통해 각종 관광자원들의 현재의 역할을 평가하고 이해할 수 있으며, 앞으로의 관광수요에 대처할 수 있는 잠재적 관광자원들을 예측하고 효율적인 자원관리의 토대가 될 수 있기 때문이다. 관광자원의 유형을 분류할 때에는 기존의 관광자원뿐만 아니라 현재는 관광활동의 대상이 되고 있지는 않지만 앞으로 그럴 가능성이 있는 잠재적 관광자원들까지도 포함할 수 있어야만 한다. 이들에 대한 체계적인 연구가 이루어지지 않고서는 새로운 수요의 예측과 이러한 수요에 맞는 관광자원의 개발 또한 현실적으로 어렵기 때문이다.

⑵ 관광자원의 분류기준과 사례

그동안 관광자원의 분류는 다양한 연구목적에 의해서 여러 학자들에 의해 이루어져 왔다. 해외의 자료들을 살펴볼 때, 학자들에 의해 가장 많이 분류기준으로 사용된 것이 관광자원의 유형(type)이다. 그러나 이 유형(type)이라는 것이 학자들에 따라 일관성이 없고, 매우 다양하여 명확한 기준을 도출하기가 힘든 면이 있다. 따라서 본 장에서는 국내외 선행연구들을 고려하여 좀더 세밀하게 분류기준과 사례들을 살펴보고자 한다. 국내외에서 지금까지 이루어져 온 관광자원의 분류기준과 관점들은 ⑴ '외형적인 형태'를 기준으로 분류하려는 관점, ⑵ '관광자원의 규모'에 따라 분류하려는 관점, ⑶ 관광자원의 '생성기원과 과정'을 기준으로 분류하려는 관점, ⑷ '관광자원의 입지'를 기준으로 분류하려는 관점, ⑸ '관광활동의 형태'에 따라 분류하려는 관점, ⑹ 관광객들의 '관광자원에 대한 이용수준'에 따라 분류하려는 관점, ⑺ 관광객들의 '관광활동의 목적'에 따라 분류하려는 관점 등 모두 일곱 가지로 정리할 수 있다.

첫 번째의 분류기준은 관광자원을 '외형적인 형태'를 기준으로 분류하려는 관점이다. 이 관점은 해당자원의 물리적인 외형이 유형인지 아니면 무형인지에 우선적인 관심을 갖는다. 분류사례로서 이장춘은 1974년에 '유형관광자원'과 '무형관광자원'으로 관광자원을 크게 나누고, 이를 다시 세분화하여 유형관광자원은 '자연관광자원'과 '인문관광자원'으로, 무형관광자원은 '인적자원'과 '비인적자원'으로 분류하였는데, 관광학연구의 초기시각을 보여주고 있어 주목할 만하다. 이외에 1981년 당시 관광산업의 주무 부처였던 교통부에서도 관광자원을 '유형관광자원'과 '무형관광자원'으로 분류한 바 있다. 두 번째로는 '관광자원의 규모'에 따라 분류하려는 관점이 있다. 이 관점에서는 '대규모 관광자원'과 '소규모 관광자원' 등으로 분류가 가능하다. 이들 두 가지의 분류기준과 관점은 가장 기본적이고 단순한 접근이라고 할 수 있다. 그러나 이러한 관점으로는 오늘날의 다변화된 관광자원의 특징을 대변하기에 어려움이 많다.

다음 세 번째로 '관광자원의 생성기원과 생성과정'을 기준으로 분류하려는 관점을 들 수 있다. 이것은 관광자원이 어떤 기원과 과정을 거쳐 생성되었는가에 따라 자원을 분류하고자 하는 시각으로서, 이 관점에서는 관광자원을 크게 '자연관광자원'과 '인문관광자원'으로 분류하곤 한다. 최초에 특정 관광자원이 자연자원으로부터 기원하였다고 해도 관광객들이 관광활동의 대상으로 이용하는 상태가 가공된 것인지 자연 그대로인지를 주요한 기준점으로 삼는다. 이 관점에서 관광자원을 분류한 사례로는 우선 건(Gun)의 분류사례를 살펴볼 수 있다. 그는 관광자원을 '자연자원 의존형 관광자원' '문화자원 의존형 관광자원' '인공시설자원 의존형 관광자원'으로 분류하였다. 아울러 쿠퍼(Cooper), 플레처(Fletcher) 등도 1998년에 관광자원을 '자연자원'과 '인문자원'으로 분류하였는데, 이들은 인문자원을 문화, 전통, 스포츠 또는 문화 이벤트로 세분하여 추가적으로 제시하였다. 국내의 경우 1970년도 초반에 안종윤이 관광자원을 '자연자원' '문화자

원' '인적자원' '새로운 관광자원 및 기타'로 분류하였다. 이 중에서 '인적 자원'은 국민생활, 풍습, 습관 등을 의미하고, '새로운 관광자원'은 산업시설, 음식, 토산품 등이 제시되었다. 이 경우 무한히 확대되어 가고 있는 관광자원의 현실을 반영하여 분류의 범주가 느슨해진 장점이 있다고 할 수 있다. 김진섭은 1981년에 '자연적 관광자원' '문화적 관광자원' '사회적 관광자원' '산업적 관광자원' 등 관광자원을 네 가지로 구분한 바 있고, 김병문은 1990년에 '자연관광자원'과 '인문(문화)관광자원'으로 분류한 바 있다. 2005년도에는 서태양이 '자연적 관광자원' '인문적 관광자원', 자연적인 것과 인문적인 것이 결합하여 형성된 '복합적 관광자원'으로 분류하여 자연자원과 인문자원의 성격을 함께 가지고 있는 자원들을 강조하기도 하였다. 다음 네 번째 분류기준으로 '관광자원의 입지'에 따른 분류를 들 수 있다. 이와 관련하여 클로슨(Clawson)은 '이용자중심형 관광자원' '중간형 관광자원' '자원중심형 관광자원'으로 분류한 바 있고, 버카르트(Burkart)와 메들릭(Medllik)은 '자원중심형 관광자원'과 '이용자중심형 관광자원'으로 구분한 사례가 대표적인 것이라고 할 수 있다.

지금까지 첫 번째부터 네 번째까지의 분류관점은 관광자원 자체의 성격을 기준으로 한 것이라고 할 수 있지만, 학자들에 따라서는 관광활동의 주체인 관광객들의 특성을 기준으로 분류하려는 경향도 찾아볼 수 있다. 지금부터의 분류관점들은 이러한 시각을 반영하고 있다. 다섯 번째는 관광객들의 관광자원을 대상으로 하는 '관광활동의 형태'에 근거하여 분류하는 관점이다. 이 관점에서는 관광자원이 '주유형 관광자원'과 '체재형 관광자원'으로 분류되기도 하고 '동적 관광자원' '정적 관광자원'으로 분류되는 사례도 있다. 여섯 번째의 분류기준은 관광객들의 '관광자원에 대한 이용수준'에 따라 분류하려는 관점이다. 이 관점에서는 '고밀도 관광자원'과 '저밀도 관광자원' 등으로 분류가 가능하다. 마지막으로 일곱 번째 분류기준은 관광객들의 '관광활동의 목적'에 따라 분류하려는 관점을 들 수 있다. 이 분류기준은 어떤 관광활동을 통하여 어느 정도 다양한 관광경험이 제공되고 있는가에 따라 관광자원을 분류하려는 시각이다. 2000년 골드너(Goeldner), 리치(Ritchie), 매킨토시(McIntosh) 등은 관광자원을 '문화적 자원' '자연적 자원' '이벤트자원' '레크리에이션자원' '위락자원'으로 구분하여 오늘날 다양한 관광자원의 범주를 세부적으로 분류하여 제시한 바 있다. 이 관점은 오늘날 관광객들의 관광동기와 목적이 매우 다변화되고 있는 상황에서 이에 대한 적극적인 대처를 시도한다는 점에서 주목할 만하다.

오늘날의 관광환경을 가장 잘 반영한 관광자원의 분류는 앞서 언급된 분류기준들이 복합적으로 적용된 경우라야 가능할 만큼 관광자원의 종류가 다양화되어 가고 있다. 앞서 다룬 분류기준 외에도 관광자원의 소유자(ownership)에 따른 분류, 수용력(capacity), 시장(market), 자원의 영속력(permanency)에 따른 분류들을 찾아볼 수 있다.[2)]

2 관광자원 상품화의 개념과 성공사례

1) 관광자원 상품화의 개념

(1) 상품 및 관광상품의 개념

상품은 판매를 목적으로 생산된 재화이며, 상거래와 교환의 대상이 된다. 상품이란 인간의 기본적 욕구를 충족시켜 줄 수 있는 편익을 발생시키는 경제재화로서 시장에 출시되어 관심과 획득, 사용 또는 소비의 대상이 되며 외형적으로는 물리적 대상뿐만 아니라 서비스, 사람, 장소, 조직, 아이디어 등이 포함된다. 이와 상대적으로 제품은 원료를 사용하여 만들어낸 물건 그 자체를 의미한다. 따라서 생산된 그대로의 제품은 상품이라고 할 수 없으며, 제품이 시장에서 교환의 대상이 될 수 있도록 유통과정상에 있는 것을 비로소 상품이라고 할 수 있다. 상품은 '자연적인 생산물'과 '기술적인 생산품'을 포함한 것으로 상업활동의 객체가 되는데, 자연적인 생산물은 자연에 의해 생산되는 재화를 말하며, 기술적인 생산품은 자연적인 생산물을 원료나 재료로 해서 인간이나 기계가 기술을 이용하여 재생산한 경제재화를 의미한다. 따라서 상품은 판매대에서 서비스가 포함되어 판매될 수 있는 그 시점에서 비로소 완전한 상품이 되는 것이다.[3)]

관광상품 또한 이러한 일반상품의 범주에서 이해할 수 있다. 관광상품의 개념은 학자들에 따라 다양하게 정의되고 있는데 한국관광공사에서는 '여행상품과 관광에 관련된 일체의 서비스이고 관광사업자가 관광자원을 바탕으로 판매할 것을 전제로 이를 상품화한 것'으로 정의하고 있다. WTO는 관광상품을 '관광지, 숙박이용시설, 교통수단과 시설, 서비스와 매력이 결합된 공급물'로 정의하고 있으며, 미들턴(Middleton)은 '관광객이 집을 떠난 후 다시 돌아온 시간까지의 경험과 관계되는 것으로서 관광지 매력과 시설, 관광지에의 접근성과 같은 구성요소의 결합물'이라고 정의하였다.[4)] 국내 학자들의 경우 윤대순은 '관광기업이 관광자의 욕구를 유발시키고 충족시켜 줄 관광대상을 바탕으로 각종 서비스를 제공하는 유·무형의 상품'이라고 정의하였다. 즉, 관광상품은 항공기 좌석과 호텔 또는 해변가에서의 휴식뿐만 아니라 다양한 관광적 구성요소의 결합체라는 것이다. 이미혜는 2006년에 관광상품의 정의를 설명하면서 관광상품의 특징을 다음과 같이 설명하였다. 첫째, 관광상품이란 관광객 욕구를 충족시켜 주기 위한 것이어야 하고, 둘째, 유·무형의 실체성과 비실체성을 지니고 있으나 무형적 속성이 강하며, 셋째, 독특하고 유인력 있는 매력을 지녀 관광활동상 구매가치가 있는 것이어야 하며, 마지막으로 경제적 재화와 서비스의 결합물이어야 한다는 것이다. 결론적으로 관광상품이란 '관광객의 욕구를 충족시켜 주

는 유·무형의 속성을 지녔으며, 관광활동상 구매가치가 있는 매력 있는 경제적 재화와 서비스의 결합물'을 말한다.

이와 같이 관광상품의 개념이 정립되어 있지만 정작 관광자원의 상품화에 대한 개념정립은 아직 제대로 이루어지지 않은 상황이라서 두 개념이 상호간에 혼돈되어 사용되고 있는 모습도 쉽게 찾아볼 수 있다. 관광상품은 관광객이 관광활동을 하는 데 있어 연관되는 모든 산업적 기능을 총괄하여 포함하는 반면, 관광자원의 상품화는 관광자원을 일반적인 제품의 하나로서 보았을 때, 이 제품의 상품화를 의미하는 것으로서 관광상품의 개념에 비해서는 상대적으로 특정화된 개념이다.

(2) 관광자원 상품화의 개념

관광자원의 상품화를 논의하기에 앞서 일반적인 상품화의 개념을 먼저 살펴보지 않을 수 없다. 앞서 살펴본 바와 같이 자연이나 인공적인 과정을 거쳐서 생산된 제품은 아직 상품이 아니다. 이 제품이 소비자들이 구매할 수 있는 조건과 상황이 되었을 때 이를 상품이라고 한다. 따라서 일반적인 상품화란 제품이 시장에서 매매될 수 있는 조건이 되도록 만들어 주는 것을 의미한다. 관광자원의 상품화는 관광자원을 하나의 제품의 관점에서 해석한다는 것을 전제로 하는 것인데, 관광자원에 관광객들이 찾아오고, 관광활동을 하는 행위를 상품에 대한 구매행위와 동일시할 수 있다. 따라서 특정 관광자원이 여행상품의 여행목적지로 포함되는 것이 관광자원이 상품화되는 과정이라고 볼 수 있다. 결국 관광자원의 상품화는 관광객의 욕구 및 동기를 충족시키는 것을 목적으로 특정 관광자원에 대한 관광객들의 방문 또는 구매행위가 용이하도록 하거나, 관광업체의 상품을 구성하기 위한 소재 또는 재료로서 최적의 상태가 되도록 하는 제 활동을 의미한다.

이러한 관점에서 관광자원의 상품화 개념은 협의적 관점과 광의적 관점으로 나누어 고려할 수 있다. 협의적인 관점에서의 관광자원의 상품화는 자원의 기본적인 성격은 유지한 상태에서 관광객들의 방문수요를 증진시키고 대상 자원에서의 관광활동을 용이하게 하는 것을 말한다. 이러한 관점에서의 상품화는 시장 변화를 미리 예측하고 해당 자원의 상품화 콘셉트를 개발하여 경제적 수익창출이 가능하도록 하는 것이 핵심적인 사항이다. 즉, 관광객이 관광자원을 방문하도록 적극적으로 유치하며 교통시설, 숙박시설, 식음료시설 등을 경영함으로써 관광활동을 보다 용이하도록 하여 관광자원에 대한 방문욕구를 상승시키는 등의 상품성을 극대화하는 관리적인 측면을 의미한다. 이에 비해 광의적 의미에서의 관광자원의 상품화는 앞서 언급한 협의의 상품화 방법에 추가하여 관광자원을 하드웨어적으로 개발하는 방법까지 포함하는 것으로서 자원의 물리적인 관광개발을 중심으로 관광자원을 상품화하는 방안이다.[5] 관광자원 가운데는 인간의 손을 가하지 않아도 되는 것도 있지만 대부분은 자연 및 인문관광자원만으로 관광객을 유치하기에 충분치 않다. 거기에 놀이시설, 숙박시설, 편의시설 등 각종의 관광시설과 도로 등과 같은 접근성 확보 등이 적절하게 추가되어 관광활동을 향유하기에 불편함이 없도록 하여 관광수요를 늘리고 더 많은 관광활동이 소비될 수 있도록 하는 것이 바로 광의적 의미의 상품화라고 할 수 있다.

그동안 관광자원의 상품화 개념을 명쾌하게 설명한 학자는 많지 않다. 그중에서도 박석희의 언급을 주목하지 않을 수 없다. 그에 따르면 특정지역이 보유하고 있는 자원이 관광객들의 관광활동의 대상이 되면서 관광자원이 되고 관광자원이 다시금 시장에서 판매 가능한 상태의 관광상품이 된다. 여기서 자원이 관광자원이 되는 과정이 관광자원화이고, 관광자원이 관광상품이 되는 과정이 관광상품화이다. 박석희가 제시한 관광상품화의 개념은 관광자원에 관광자의 시간을 투입하여 생산되는 관광서비스를 소비하는 과정 및 소비행위를 설계하고 여기에 적절한 가격을 결정하여 관광이 지닌 기호가치, 사용가치와 교환가치를 구현하게 하는 작업 즉, 관광상품개발을 의미한다. 그는 여기에 반드시 관광자의 여행이 전제된다고 하였다.[6] 박석희는 관광자원을 방문하는 여행상품의 개념을 강조한 것으로 보인다. 그러나 상품학적인 관점에서 관광자원이 제품의 의미를 갖는다면 관광자원의 상품화는 시장에서 매매가 가능한 상태로의 개발을 의미한다고 할 수 있다. 따라서 이러한 관점은 그의 개념과 일정부분에서 부딪히는 면이 있는 것이 사실이다.

2) 관광자원의 상품화 성공사례

(1) 템플스테이 관광상품화

관광자원 상품화의 대표적인 성공사례로서 우선 템플스테이 프로그램을 들 수 있다. 템플스테이는 한국불교문화체험 프로그램으로 일본에도 이와 비슷한 형태가 있지만 사찰에서 일반인에게 숙박 비용 등을 받고 제공하는 것으로 한국의 템플스테이와는 성격이 다소 다르다. 기존의 사찰생활은 불교신자들에게만 접근이 가능한 신비 속에 감춰진 것이었다. 이것이 관광자원으로서의 성격을 갖게 된 것은 현대 도시생활에 염증을 느끼고 산사에서의 생활을 동경하는 호기심 많은 몇몇 관광객들의 방문에 의해 이루어졌다고 할 것이다. 관광자원으로서의 사찰생활이라는 재화가 시장에서 매매가 이루어지는 상품으로서의 성격을 본격적으로 갖게 된 것은 2002년경부터 조계종 산하의 한국불교문화사업단이 중심이 되어 템플스테이 프로그램을 개발한 이후라고

볼 수 있다. 그 후 2009년 현재에는 전국 87개의 사찰에서 템플스테이가 실시되고 있으며, 2004년 3만 7천 명이던 전국의 참가자 수가 2007년에는 8만 1,600여 명으로 늘어나고, 외국인 참가자만 1만 3,500명에 달하여 매년 40% 이상의 증가율을 보이고 있다. 이러한 성과는 참가자 수에서뿐만 아니라 2008년에는 서울관광대상 최우수 여행상품상을 수상하기도 하고, 세계 최대 규모인 독일 베를린 국제관광박람회에서는 템플스테이를 주제로 한 한국관이 최우수 부스로 선정되기도 하여 국내외적인 관심을 끌고 있다.

일반적으로 템플스테이는 1박 2일에서 2박 3일의 기간 동안 사찰에서 수행자들의 일상과 수행의 일부를 경험하는 사찰문화 체험 프로그램이다. 프로그램에 포함되어 있는 주요 체험으로는 예불, 참선, 108배, 발우공양 등의 불교관련 체험활동과 다도, 선무도 등의 체험, 염주만들기, 절에서 하는 공동 노동인 울력 체험 등이 있다. 대표적인 템플스테이 프로그램의 하나인 부산 금정산 범어사 프로그램을 살펴보면, 정기템플스테이, 산행템플스테이, 어린이템플스테이, 청소년템플스테이, 가족템플스테이 등 참가자들의 성향에 맞춰 구성된 참가 프로그램들이 있다. 참가금액은 2박 3일 프로그램을 기준으로 초등학생 7만 원, 청소년 8만 원, 성인 9만 원으로 정해져 있으며 단체할인과 일찍 예약한 사람들에 대한 할인혜택이 주어지고 홈페이지가 있어 이와 같은 정보가 체계적으로 제공되고 있다.

오늘날 템플스테이 프로그램은 발전을 거듭하여 다양한 불교 외 체험활동과 결합되어 관광상품의 성격이 더욱 강해지고 있고, 상품으로서의 경쟁력과 상업성도 더욱 커지고 있다. 전국에서 일반인이 참가할 수 있는 독특한 프로그램의 템플스테이는 다음 몇 가지로 나누어지는데 먼저, 불교문화의 체험과 우리나라 전통문화 체험이 결합된 형태로 사찰의 문화자원과 지역의 문화, 특산물 체험활동이 결합되어 있다. 예를 들어 여주 신륵사 템플스테이 프로그램에는 지역의 목아박물관과 명성황후 생가, 영릉을 방문하는 프로그램이 포함되어 있다. 경주 기림사의 경우에는 경주 역사문화유적지를 탐방하는 코스가 포함되어 있고, 김천 직지사의 경우에는 천연염색 체험 프로그램이 포함되어 있기도 하다. 문경 대승사의 경우에는 전통 장작가마에서 구워낸 항아리에 지역의 전통 특산물인 '오미자 칠장된장'을 집어넣는 행사를 하고 있기도 한데, 오미자 칠장된장은 문경에서 생산된 햇콩을 원료로 죽염과 오미자, 표고버섯 등을 넣어 만드는 것으로 장작가마에 구워 만든 항아리에 넣어 숙성해야만 제맛을 낸다고 전해진다. 행사 참가자들은 사찰에서 불교적 체험과 함께 된장을 담가서 집에 가져갈 수도 있다. 두 번째로는 생태체험형 프로그램과 결합된 사례들로 사찰이나 주변의 자연환경을 활용하는 경우이다. 부안 내소사의 프로그램에는 능가산 트레킹이 포함되어 있으며, 서산 부석사의 경우는 천수만 철새 탐조 프로그램이 포함되어 있다. 서귀포 약천사의 경우에는 제주도 오름 생태체험 활동이 개설되어 있고, 밀양 표충사는 폭포참선 및 폭포체험을 할 수 있는 프로그램을 운영하고 있다. 이외에도 매우 현대적인 특징을 보여주고 있는 프로그램들도 발견할 수 있는데 강원도 지역의 사찰들은 참가자들의 트렌드를 고려하여 계절 및 지역적 특성을 살린 체험, 관광, 휴양이 혼합된 템플스테이를 운영하고 있기도 하다. 오대산 월정사는 스키캠프와 사찰체험을 결합한 템플스테이를 운영하고 있는데, 참가자들은 예불, 요가, 참선 등 기존 불교문화 체험 프로그램을 수행한 후 용평리조트로 옮겨 특별 할인금액으로 스키를 즐기는 프로그램이다. 동해 두타산 삼화사의 경우는 주변 자연자원과 연결하여 아침공양 후 동해 일출을 감상하고, 바닷가를 걷는 프로그램을 운영하고 있다. 이상에서 살펴본 바와 같이 템플스테이 프로그램은 단순한 산사체험을 넘어서 본격적인 관광상품화의 특징을 보여주고 있으며, 계속적으로 변화를 모색하고 있다.

(2) 농촌체험자원 관광상품화

농촌체험관광이란 농촌의 생산환경, 생활환경, 역사문화적 환경, 자연 및 사회환경을 유인요소로 활용하여 도시인을 농촌지역에 유치하여 체험, 여가, 위락활동이 이루어지도록 하는 관광형태이다. 농촌 그 자체는 과거 크게 주목받는 관광대상지가 아니었다. 그러나 정부의 정책적 지원과 무엇보다 도시화의 확대로 도시민들의 농촌생활에 대한 동경과 호기심, 체험학습 욕구의 증가 등이 맞물려 오늘날 대표적인 주말여가 및 관광활동의 하나가 되어 가고 있다. 해외의 경우 1960년경에 유럽의 영국, 프랑스 등의 국가들을 중심으로 시작되었으며, 1985년경에 정착되기 시작하였다. 아시아권에서는 일본에서 1970년경에 도입되어 1990년대 중반에 이르러 정착되기 시작하였고, 국내의 경우는 1980년대 중반에 처음 도입되었으나 아직까지 정착단계에 도달하였다고 말하기는 어렵다. 외국의 경우 농업입지가 불리한 지역의 개별 농가를 중심으로 시작되었으나 수요창출에 한계가 있어서 사업규모가 마을단위로 바뀌었고, 오늘날의 테마마을 형태가 등장하였다. 그러나 유럽의 경우 농가의 형태가 대농가로서 규모가 크기 때문에 개인경영의 테마공원이 많고, 일본의 경우는 소농형태가 주로서 지역단위의 테마마을 형태가 많아 국내환경과 유사하다고 볼 수 있다. 농촌체험관광은 오늘날 농업정책의 일부 개념에서 벗어나 도시인의 다양한 관광욕구를 충족하기 위한 방향으로 전환되고 있다. 국내의 농촌체험관광은 도입 초기에는 도시 근교의 음식점 형태로 난립하여 문제가 된 시기도 있었다.

대표적인 농촌체험관광 상품화 사례로 농촌마을의 과일이나 채소 수확체험을 관광상품화한 것을 들 수 있다. 대표적인 것은 딸기, 사과, 포도 따기 체험 등이 있는데 과일을 따는 행위는 노동의 하나이지만 오늘날 도시인들에게는 농촌생활을 체험하기 위한 목적으로 돈을 지불하고 과일을 따서 그 자리에서 먹거나 집에 가지고 오는 것이다. 즉, 관광객들이 찾게 되면서 단순한

노동행위가 관광활동의 대상이 되고 관광자원이 된 것이다. 이러한 단순 노동행위를 관광상품으로 판매하기 위해서는 농원에 차량진입이 용이하도록 도로와 주차장을 개설하고, 숙박을 원하는 관광객들을 위한 숙박시설을 설치하거나 식사를 제공하는 등의 농원 고유기능 외의 서비스 준비가 필요하다.

일본 고지현(高地縣) 남국시(南國市)에 있는 서도(西島)원예단지 프로그램은 메론과 수박을 주로 재배하는 농원으로서 연간 18만 명의 관광객들이 찾아 연간 6억 엔의 매출을 올리고 있는 성공적인 농촌체험관광 사례이다. 이 농원은 '보고, 먹고, 배운다'는 주제 아래 운영되고 있으며, 일본 전역에서 연중 수박, 멜론의 재배상태를 관찰하고 열대식물이 무성한 온실정원에서 시식을 할 수 있는 곳은 이곳이 유일하다. 현재 농원에는 3ha, 1만m²의 하우스단지가 있으며 농원 한편에 200여 종의 진귀한 열대식물들이 재배되고 있는 2,000m² 크기의 가든하우스(온실)가 관광객센터 역할을 하고 있다. 열대온실인 가든하우스 앞에는 대형버스 30대, 승용차 1백 대가 동시에 주차할 수 있는 주차장도 조성되어 있다. 관광객들은 멜론과 수박하우스를 견학한 뒤 열대성 식물이 무성한 가든하우스 안에서 채취한 신선한 멜론과 수박을 시식한다. 아울러 이곳에는 멜론, 수박으로 만들어진 가공식품, 과일아이스크림, 셔벗 등도 함께 판매되고 있다. 농원 안의 딸기하우스에서는 딸기를 직접 따서 그 자리에서 먹거나 가져갈 수도 있다. 이 농원에서는 멜론 표면에 이름이나 글씨를 새겨 넣고 나중에 이것을 기념품 또는 선물로 보내주는 서비스도 하고 있다. 멜론 표면에 상처를 낸 후 생장시키면 자연스럽게 상처가 껍질의 일부로 성장하는 성질을 상품화한 것이다. 특히 크리스마스·발렌타인데이 시즌과 생일·경로잔치 등에 축하문구가 새겨진 멜론을 주문하는 사람들이 많다. 현재 이 농원은 중국 관광객들이 새로운 수요층으로 등장하고 있으며, 여행사 관광코스의 일부로 편입되어 단체관광객들을 유치하고 있다. 마케팅 활동도 활발하게 하고 있는데 TV와 신문에 지속적인 광고를 하고 있다. 본 사례는 멜론 관련 생산활동을 관광자원화하고 관광시장에서의 원활한 판매를 위해 접근성을 확보하고, 재미있는 놀거리와 먹을거리를 가미하여 관광상품화에 성공한 좋은 사례라고 할 것이다. 이외에도 일본에는 사과농장에 송어낚시터와 숙박시설을 개발해 관광객 유치에 성공한 사례나 양돈농장을 체험관광상품으로 개발한 사례 등 다양한 농촌체험관광자원의 상품화 사례를 찾아볼 수 있다.

3 상품화를 위한 관광자원 가치평가의 중요성과 방법

1) 관광자원 가치평가의 중요성과 의의

오늘날 지역을 불문하고 수없이 많은 관광자원들이 존재한다. 아무리 볼품없는 대상일지라도 그것이 특별한 계기로 인해 관광객들의 관광활동을 불러일으키게 되면 관광자원이 된다. 문제는 정부나 민간이 이렇게 수많은 관광자원들 중에서 옥석을 취사선택하여 관광상품을 만들어야 한다는 것에 있다. 한정된 시간과 예산을 고려할 때 지역 내 모든 관광자원을 상품화하기 위해 노력할 수는 없으며 우선순위를 두어 가장 시급하고 최고의 효과를 거둘 수 있는 관광자원을 선정하고 집중적으로 관광상품화하는 과정이 필요하다. 아울러 관광자원의 관광상품화는 이미 유명해진 관광자원을 대상으로 한다기보다는 잠재적인 수요를 가지고 있는 관광자원을 선정해 이루어진다는 점에서 어려움이 있다. 수많은 관광자원들 중에서 관광상품화를 통해 관광객들의 관심을 성공적으로 끌어내고 관광객들을 유치할 수 있는 자원을 알아내는 방법은 무엇인가. 관광자원의 경제적 가치를 평가하는 방법이 이러한 문제에 대안이 될 수 있다.

관광자원의 경제적 가치를 평가하는 것에서 해당 자원의 비시장가치를 평가하는 것은 매우 중요하다. 경제학적인 관점에서 경제적 가치는 시장가치와 비시장가치로 이루어져 있다.* 따라서 관광자원의 비시장가치를 평가하여 시장가치와 합하면 해당자원의 경제적 가치를 구할 수 있다. 일반적인 상품은 매매가 이루어지는 시장이 존재한다. 이 시장에서 소비자는 공급자들이 판매하는 상품의 가치만큼 돈을 지불하고 구매한다. 이때 상품의 가격은 그 상품의 시장가치를 대변한다. 일반적인 상품은 이 시장가치가 그 상품의 경제적 가치의 대부분을 차지한다. 그러나 관광자원의 경우 공공재적인 성격이 강하다. 국립공원, 하천, 공기 등과 같은 공공재는 재화가 거래되는 시장 자체가 형성되어 있지 않아 시장가치보다는 매우 큰 비시장가치를 갖게 된다. 관광자원은 이러한 공공재적인 성격과 사유재적인 성격을 동시에 가지고 있는 경우가 많기 때문에 역시 상대적으로 비시장가치의 비중이 크다.** 관광자원의 상품화는 자원을 시장에서 거래될 수 있도록 여러 가지 기능들을 보완하거나 추가하여 그 가치를 높여주는 것이 핵심사항이기 때문에 관광자원의 비시장가치가 크다는 점은 세심하게 고려되어야 하는 부분이다. 즉, 관광자원

* 시장가치는 특정 재화나 서비스가 실존하는 시장 안에서 거래되는 가치로서 가격과 같은 교환가치를 의미한다. 비시장가치는 시장 자체가 형성되기 어려운 경우의 재화와 서비스가 가지고 있는 가치를 의미한다.

** 관광자원의 경우 공공재의 성격이 크지만 입장료를 가지고 있는 경우 사유재적인 성격을 동시에 가지게 된다. 그러나 이 입장료가 해당 자원의 가치를 모두 대변할 수 없기 때문에 비시장가치의 성격이 크다.

이 직접적으로 시장에서 거래되기보다는 관광자원에 관광객들이 방문하는 것이 판매되는 것이라고 볼 때, 해당 관광자원의 시장가치뿐만 아니라 비시장가치를 크게 만들어주는 방법이 바람직한 상품화 방안이라고 할 수 있다.

관광자원의 가치를 평가한 결과는 다양한 분야에 사용될 수 있다. 관광자원의 상품화 방법은 그 정도와 방향에 따라 수많은 대안들이 설정 가능하다. 이들 대안들이 창출 가능한 잠재가치를 비시장가치 평가방법을 이용해 추정하면 최적의 대안을 선택할 수 있는 객관적인 기준이 될 수 있다. 아울러 각 관광자원들에 대한 경제적 가치를 추정한 값은 관련예산의 배분이나 관련사업의 우선순위를 정하는 데 적절한 자료가 될 수 있다. 이와 같은 방법은 물리적 개발을 이용한 상품화 방안이나 관리적 방법을 이용한 상품화 방안에 모두 유용하게 적용될 수 있다.

2) 관광자원 가치평가 방법과 실례

(1) 관광자원 가치평가 방법

관광자원의 비시장가치 평가에는 환경재의 비시장가치를 평가하는 방법들을 차용하여 사용할 수 있다. 환경재의 비시장가치 평가방법은 1970년대부터 사회・경제적인 요구에 의해 등장한 이후 현재까지 꾸준히 발전하여 왔다. 비시장가치 평가방법은 학자들에 따라서 다양하게 분류되고 있으나, 이들 중에서 가장 널리 받아들여지고 있는 분류방법은 직접/간접선호 가치추정방법(direct/indirect preference evaluation methods)이다.[7] 직접선호 가치추정방법은 재화에 대한 사람들의 선호 정도에 관한 정보를 직접적인 방법으로 얻어내 비시장가치를 추정하는 방법이다. 선호 정도를 알아내는 직접적인 방법으로는 주로 설문방식이 이용되는데, 설문에 참여한 응답자들에게 재화에 대한 선호 정도를 질문하여 정보를 얻게 된다. 따라서 정보의 취득이 매우 쉽고 아직 발생하지 않은 미래선호에 대한 정보까지도 얻을 수 있어 적용대상과 범위가 매우 넓다. 그러나 근본적으로 응답자의 진술을 토대로 한 정보(stated data)라는 점에서 오류가 발생할 우려가 있다는 점이 단점으로 지적되고 있다. 대표적인 직접선호 가치추정방법으로는 조건부 가치추정방법(CVM: contingent valuation method)이 있다. 간접선호 가치추정방법은 특정 재화의 비시장가치를 추정하기 위해 해당 재화의 가격대리변수(proxy variable)를 이용하여 수요함수를 도출하고 경제적 가치를 추정하는 방법이다. 앞서 언급된 바와 같이 비시장가치가 존재한다는 것은 측정이 가능한 가격이나 교환시장이 존재하지 않는다는 것을 의미하기 때문에 시장이 형성되어 있는 다른 재화를 대리변수로 사용하게 되는 것이다. 대리변수에는 토지나 회원권의 가격, 또는 방문자의 방문횟수, 여행비용, 입장료 등이 사용되며 어떤 대리변수가 어떤 형식으로 모형의 추정에 사용되느냐에 따라 다양한 방법들로 구분되어진다. 이 방법은 간접적으로 사람들의 선호를 추정하기 때문에 응답자들의 진술에 의한 오류는 적은 반면 적용할 수 있는 상황과 재화가 매우 한정적이고 이미 일어난 과거나 현재의 정보만을 사용하게 된다는 점에서 한계가 있다. 간접선호 가치추정방법의 대표적인 기법으로는 여행비용모형(TCM: travel cost method), 헤도닉가격모형(HPM: hedonic price method) 등이 있다. 그동안 관련 연구들에서 사용된 비시장가치 평가방법들에 여러 종류가 있지만 이들 세 가지 방법이 현재 가장 많이 사용되고 있으며 그 안정성이 검증된 기법들이다.[8)]

CVM은 1960년대 중반 초기모형이 처음 제시된 이후 지금까지도 계속적으로 개량되어 오고 있으며, 현재 미국 및 영국정부, World Bank, UN 등의 국제기구에 의해서 공식적으로 자원가치평가를 위해 사용되고 있다.[9)] CVM 연구는 가상적인 상황을 설정해 교환시장이 설정될 수 있도록 유도하고 이러한 가상적인 시장하에서 응답자들의 지불의사가격(willingness to pay price)을 묻고 이 결과를 이용해 수요모형을 추정하는 방법이다. TCM은 비시장가치 평가방법들 중에서 기초적인 개념이 가장 먼저 제안된 기법으로 1960년대에 처음 등장한 이후 야외휴양과 관련한 자연자원의 경제적 가치추정에 사용되어 왔다. 오늘날 TCM은 많은 변형모형들이 개발되어 있지만 일반적으로 지역별 모형(zonal model)과 개인별 모형(individual model)으로 구분되어진다. 지역별 모형은 여행목적지를 중심으로 나누어진 여러 개의 공간단위(zone)가 분석에 이용되는데, 이 공간단위에 거주하고 있는 거주자들의 대상지에 대한 방문율과 여행비용의 대리변수인 거리비용 변수와의 수요함수를 구하고 이 함수식을 이용해 비시장가치를 구하게 된다. 개인별 모형은 목적지에 대한 개인별 연간 방문횟수, 여행비용과 응답자의 사회·인구 통계학적 자료들을 이용하여 비시장가치 계산을 위한 수요함수를 구하게 된다.[10)] 여행비용, 관광지 특성, 소득, 교육, 취업여부 등의 변수들과 대상지의 수요 사이의 함수식을 도출해서 비시장가치 평가에 이용한다. HPM은 주로 주택이나 토지의 거래가격을 분석하여 환경자원의 가치를 평가하는 방법이다. 동일한 규모나 특성을 가지고 있는 주택·토지의 가격은 주변여건의 영향을 받는다. 따라서 자연환경이나 교통편 등 주거환경이 양호한 지역에 위치한 주택이나 토지일수록 가격이 더 높다는 기본적인 전제하에 특정자원 인근의 주택·토지 가격을 분석하여 해당 재화의 경제적 가치를 평가하는 방법이다.

지금까지 살펴본 비시장가치 평가방법들은 주로 환경재를 대상으로 적용되어 왔다. 앞에서 다루어진 세 가지의 주요 평가방법들을 이용해 해당자원의 수요함수를 성공적으로 추정해 내기만 하면 비교적 손쉽게 관광자원의 경제적 가치를 추정하는 것이 가능하지만, 관광자원이 가지고 있는 독특한 특성으로 인하여 HPM의 경우에는 실질적으로 적용하는 것이 매우 제한적일 수 있

다. HPM을 이용해 관광자원의 가치를 추정하기 위해서는 시장가격을 가지고 있고 직접 거래가 되고 있는 부동산 가격과 같은 대리변수가 필요하다. 그러나 관광자원의 경우 일반적인 환경재의 경우처럼 우수한 환경질을 가지고 있는 자원에 인접해 있는 부동산의 가격이 상대적으로 열악한 환경지역의 부동산 가격에 비해 크다는 HPM의 기본가정이 쉽게 위배되고 만다. 왜냐하면 문화유산이나 국립공원의 경우 보통 보존지역으로 설정되어 있어 해당지역에 거래되는 부동산이 존재하기 어렵거나, 문화유산 인근에 거래되고 있는 주택이나 토지가 있다고 할지라도 보존지역으로 인한 개발행위 제한 등을 이유로 오히려 가격이 하락하는 현상을 국내에서는 쉽게 찾아볼 수 있기 때문이다. 따라서 HPM 기법을 관광자원에 적용하는 데에는 상당부분 제약이 따른다.

(2) 관광자원 가치평가 실례

해외연구를 살펴보면 1980년대 이후 자연관광자원에 대한 연구가 주로 이루어져 왔고, 90년대 들어 문화관광자원을 중심으로 한 연구가 시작되었다. 그러나 관광자원에 대한 경제적 가치평가결과를 실제 정책이나 의사결정에 이용한 사례는 많지 않다. 다만 최근 들어 유럽 국가들을 중심으로 문화유산을 대상으로 비시장가치를 평가하여 복원여부나 규모를 결정하고, 관련 정책에 대한 의사결정을 한 사례들을 찾아볼 수 있다. 대표적인 사례로는 먼저, 노르웨이에 있는 니다로스(Nidaros) 성당에 대한 복원계획을 볼 수 있다. 1990년대 초 니다로스 성당은 대기오염으로 인한 검은 때가 미관상 매우 좋지 않아 조속한 청소 복원작업이 요구되고 있었다. 그러나 한편에서는 성당 표면에 도포되어 있는 검은 때가 성당의 역사성을 잘 보여주고 있는 것이라는 주장이 제기되었다. 양측은 첨예한 의견 차이를 보였으나 결국 두 가지 주장을 대상으로 비시장가치 평가방법을 적용한 경제적 가치평가가 이루어졌고, 연구결과 현재의 상태를 유지하는 쪽이 복원작업을 하는 쪽보다 잠재가치가 더 큰 것으로 나타나 복원작업이 무기한 연기되는 결과를 낳았다.[11] 본 사례에서 볼 수 있는 바와 같이 문화유산을 비롯한 관광자원과 관련한 정책결정을 위해서 기준이 될 수 있는 적절한 계량적 정보의 중요성이 대두되고 있다. 두 번째로, 영국의 스톤헨지(Stonehenge)는 문화유산 관련 대규모 사업의 의사결정을 자원의 비시장가치를 평가하여 결정한 대표적인 사례이다. 스톤헨지는 선사시대에 만들어진 거석유적으로 유네스코가 지정한 세계문화유산이다. 현재 이 유적의 주변으로는 매우 번잡한 두 개의 국도가 지나가고 있는데, 90년대 초반, 내셔널 트러스트, 잉글리시 헤리티지 등과 같은 시민단체에 의해 이들 국도들이 스톤헨지의 역사적인 경관을 심하게 훼손시키고 있으며 자동차 소음이나 배기가스로 인한 직접적인 피해도 매우 심각하다는 문제제기가 이루어졌다. 이들 조직들은 자체적인 조사결과에 근거해 스톤헨지 옆을 지나가는 두 개의 국도 중 가까운 위치에 있는 한 개의 도로는 영구히 없애고, 나머지 한 개의 도로는 2km에 달하는 지하터널을 뚫어 지나가게 하는 방법을 제안하였다. 1997년 영국정부에 의해 해당자원에 대한 경제적 가치평가가 CVM 방법을 이용해 이루어졌으며, 연구결과 현재의 도로를 폐쇄하고 터널로 대체할 경우 복원되는 역사적 경관의 가치가 연간 한화 2,500억 원에 달해 터널공사에 필요한 건설비용보다 더 큰 것으로 나타났다. 결론적으로 영국정부는 2km짜리 터널공사 계획을 정식으로 채택하게 되었으며, 현재 예산확보 중에 있다.[12)]

국내의 경우도 2000년대 중반 이후 관광자원을 대상으로 한 비시장가치 평가에 관한 연구가 크게 늘어났는데, 실질적인 관련 정책이나 사업과 관련해 이루어진 사례로서는 경주역사문화도시 조성계획에 대한 국토연구원의 타당성조사 사업을 들 수 있다. 경주역사문화도시 조성계획은 정부 주도로 2005년부터 2034년까지 30년에 걸쳐 총 3조 3천억 원을 들여 경주지역의 문화유산을 정비복원하고 문화예술의 활성화, 관광진흥을 도모하고자 하는 국책사업이다. 그러나 개발 또는 복원규모와 관련한 사회적 합의가 아직 이루어지지 않은 상태로서 국토연구원에서는 2007년도에 본 사업에 대한 타당성 조사를 수행하였다.[13)] 이 연구의 결과를 살펴보면, 본 사업으로 2035년까지 발생 가능한 비용을 현재의 가치로 계산한 금액이 1조 6,700억 원에 달하는 반면, 발생 가능한 시장가치는 1조 150억 원 정도에 불과하다. 그러나 CVM으로 추정한 비시장가치의 규모가 1조 980억 원에 달해 둘을 합하면 예상되는 비용보다 커 전체사업의 경제성이 있는 것으로 나타났다.

지금까지는 관광자원을 대상으로 한 경제적 가치평가 결과를 직접적인 관련 의사결정에 적용한 경우가 많지 않았다. 그러나 최근 들어 국내외적으로 적용사례가 늘어가고 있으며, 대형사업의 의사결정에도 사용되고 있다는 점은 매우 고무적이다. 아울러 물리적인 개발뿐만 아니라 관련 정책의 결정에 효과적으로 사용될 수 있다는 것이 검증되고 있는 만큼 보다 적극적으로 관광자원의 상품화 과정에서 자원의 경제적 가치평가에 적용하는 것이 필요하다. 이를 통해 상품화 과정의 위험성과 불확실성을 줄이는 효과가 클 것으로 판단된다.

4 관광자원 상품화의 과제와 전망

1) 관광자원 상품화의 과제

세계적으로 관광산업은 매년 큰 폭으로 성장하고 있는 변화가 심한 분야이다. 관련 산업뿐만

아니라 사회 또한 급변하고 있으며 이에 따라 관광객들의 욕구 또한 다양하게 변화하고 있다. 따라서 다양한 관광자원들이 새롭게 시장에 등장하고 있으며 새로운 관광자원의 개발 및 상품화는 우리나라를 비롯한 많은 국가들의 당면과제가 되고 있다. 관광자원은 상품화에 있어 다양한 과제들이 산재해 있으나 본 장에서는 당장에 필요한 몇 가지 과제들을 고려해 보도록 한다. 관광자원 상품화 과정에서 고려되어야 할 과제를 다음과 같이 (1) 관광자원의 브랜드화, (2) 관광상품의 특성이 고려된 상품화, (3) 관광상품의 수명주기 관리, (4) 관광자원의 합리적 배분, (5) 관광자원의 공공재적 특성이 고려된 상품화, (6) 관광자원의 효용 극대화, (7) 관광자원 상품화의 수준과 범위에 대한 고려 등 모두 일곱 가지의 관점에서 고려해 보도록 한다.

먼저, 관광자원의 '브랜드화'이다. 현재 관광자원의 상품화에 있어 가장 미흡한 것 중의 하나가 관광자원의 브랜드화이다. 미국마케팅학회(AMA)의 정의에 따르면, 브랜드란 '어떤 판매자의 상품이나 서비스를 다른 판매자의 그것과 상이하게 식별하도록 하기 위한 명칭, 용어, 디자인, 심볼 혹은 그 외의 특징'이다. 결국 상품이나 서비스를 식별하고 차별화하는 수단 그 자체가 브랜드이다.[14] 최근 들어 특정 관광지나 축제의 브랜드화에 대한 관심이 커지고 있으나 실제로는 비슷한 모양의 심볼마크나 슬로건, 마스코트를 개발하는 정도에 그치고 있어 실효성을 거두지 못하고 있다. 관광자원이 더욱 큰 상품성을 갖기 위해서는 해당 자원의 특징을 잘 뽑아낸 브랜드화 작업이 우선적으로 이루어져야 한다.

두 번째로, '관광상품의 특성'이 고려된 관광자원의 상품화가 이루어져야 한다는 점이다. 관광상품은 무형적 성격의 서비스에 대한 비중이 크므로 유형재의 상품적 특성과는 다르다. 관광자원의 상품화에 있어 관광상품이 가지고 있는 무형성, 생산과 소비의 동시성, 비저장성과 소멸성, 수요의 계절성, 서비스 이질성, 효용의 주관성 등의 성격을 극복하는 것이 매우 중요한 과제가 된다. 특히 관광상품의 가장 기본적인 특성으로서 형태가 없어 눈에 보이지 않는 무형성의 특성과 생산과 소비가 동시에 발생하는 특성, 비저장성, 그리고 생산과 동시에 소멸되는 특성은 자원의 상품화에 있어 매우 독특한 과제가 된다. 일반상품의 경우 생산과 소비가 분리되어 있어 생산 후 장기간 사용이나 보관이 가능하며 재고처리가 가능한 반면 관광상품은 이러한 부분에 있어 제약이 많다. 아울러 관광자원의 상품화에 있어서 수요의 계절성 및 성수기, 비수기 구분 등의 문제 또한 극복되어야 할 과제이다. 일반 제품의 상품화에 있어 재고관리와 같은 문제가 관광자원의 상품화에서는 고려되지 않고 재고화되지 않는 특성이 고려되어야 한다는 점에서 독특한 특성을 가지고 있다. 또한 관광상품에 있어 서비스로 대변되는 인적부분이 차지하는 비중이 큰 점도 관광자원의 상품화에 있어 극복해야 할 독특한 과제가 될 수 있다.

다음 과제는 앞서 언급된 관광상품의 특성과 연계하여 생각해 볼 수 있다. 세 번째 과제는

'관광상품의 수명주기' 관리를 상품화 과정에서 고려해야 한다는 점이다. 관광자원 상품화에 있어 관광상품의 수명주기 관리가 중요한 과제로 지적될 수 있다. 관광상품의 수명주기(TPLC: Tourism Product Life Cycle)란 '관광상품으로 개발되어 관광시장에 도입된 후 성장기 · 성수기 · 쇠퇴기의 단계를 밟는 과정'을 의미한다.[15] 관광상품은 개발 후 탄생에서 상품으로서의 생명력이 끝나는 쇠퇴기에 이르는 동안에 각 단계마다 관광시장에서 경쟁적 환경을 거치게 된다. 일반상품과 마찬가지로 관광상품도 수명주기를 적극적으로 관리하지 않으면 관광시장에서의 수익 저하는 물론이고, 쇠퇴기가 생각보다 빨리 도래하여 시장에서 일찍 도태될 수 있다. 따라서 관광자원의 상품화 과정에서 관광시장에서의 수명을 미리부터 결정하여 이에 맞는 전략이 수립되어야만 한다. 상품화 과정에서 이와 같은 관광상품의 수명주기가 고려되지 않는다면 관광상품의 특성상 상품수명이 매우 짧을 수 있으며 시장의 변동에 유연하게 대처하기 힘들다.

네 번째 관광자원 상품화의 과제로서 '관광자원의 합리적 배분'이 이루어져야 한다는 점을 들 수 있다. 관광자원은 여느 자원과 마찬가지로 양적 · 질적 · 공간적인 제약이 있다. 이러한 제약 속에서 사회적 관광욕구를 최대한 충족시키기 위해서는 관광자원을 최대한 효율적으로 이용할 수 있어야 한다. 적절한 자원의 배분이 이루어지기 위해서는 일정한 기준이 필요하다. 관광자원의 상품화는 이 배분과 직접적인 연관관계를 갖는다. 관광이 시장에 상품으로 진출하는 것이 상품화의 개념이라고 볼 때, 어떤 방향으로 상품화가 이루어지는가 하는 점은 자원의 배분에 결정적인 영향을 미치는 일이기도 하다. 이때 자원의 배분과정이 경제성과 수익성만 강조된 상품화로 진행될 경우 심각한 문제가 발생할 수 있다. 즉 사회적으로 합리적인 배분이 이루어지지 않고 구매력이 있는 일부 계층의 요구에 부합되는 상품화가 이루어지고, 배분 또한 특정계층에 편향될 수밖에 없다. 이것은 당장의 수익성은 좋게 할 수 있겠지만 장기적으로는 잠재시장을 놓치고, 사회 전체의 효용은 줄어드는 결과를 낳게 된다. 이와 같은 문제의 효율적인 해결을 위해 공공부문과 민간부문의 관광자원 상품화가 명확한 역할분담에 의해 이루어져야만 한다. 관광자원을 시장에서 매매 가능한 상태로 개발하는 데 있어 단순히 화폐를 이용해 사고 팔 수 있는 자원의 시장가치만을 고려해서는 안 된다. 관광자원의 종류와 특징에 따라 시장에서 실질적으로 거래되기는 힘들지만 공공의 가치를 창출하는 관광자원의 존재를 인정하고 공공부문에서는 이들 관광자원의 상품화에도 관심을 가져야만 한다. 공공 분야에서의 상품화는 시장에서의 거래가 가능한 상태로의 개발만이 상품화의 본질이 아니라는 관점에서 시장에서 직접적으로 거래가 이루어지지는 않을지라도 관광자원의 가치를 관광객들이 원활히 향유할 수 있도록 개발하는 것이 되어야 한다. 이를 통해 이 문제가 시장에서 거래 당사자들 간의 편익의 극대화뿐만 아니라 사회 전체 편익의 극대화라는 측면에서 다루어져야만 한다.

다섯 번째의 과제로는 앞선 내용의 연장선상에서 관광자원의 특성상 '공공재적인 특성'이 고려된 상품화 접근이 필요하다는 점을 들 수 있다. 관광자원의 경우 공공재적인 특성이 강해 사용가치는 크지만 교환가치가 상대적으로 작은 특징을 가지고 있다. 따라서 이러한 특성은 시장에서의 매매를 전제로 하는 상품화에 있어 부정적인 요인으로 작용한다. 공공재는 경제학적인 관점에서 비경합성(non-rivalry)과 비배재성(non-excludability)의 특성을 갖는 재화와 서비스를 말한다.* 그러나 관광자원은 일반적인 공공재(환경재)에 비해 독특한 특성을 보인다. 예를 들어 문화유산의 경우 보존의 차원에서 하루 또는 특정시간 동안의 관람객을 제한해야 하는 경우를 쉽게 찾아볼 수 있다. 예를 들어 창덕궁의 경우도 하루 관람객의 수를 제한하고 있으며 이러한 사례는 쉽게 찾아볼 수 있다. 즉, 문화유산은 보존과 관리적인 측면에서 환경재와 같은 일반적인 공공재에 비해 배재성과 경합성의 특성을 가지고 있다고 할 것이다. 관광자원은 이런 면에서 공공재의 특징과 사유재의 특징을 동시에 가지고 있는 경우를 쉽게 찾아볼 수 있다. 관광자원은 순수한 공공재와는 달리 방문 시 소액의 입장료를 지불하는 사례가 많다. 그러나 일반적인 사유재와 같이 문화유산, 박물관, 공원 등 관광자원의 입장료가 해당자원의 가치를 모두 대변하는 것이라고 볼 수는 없다. 관광자원의 입장료는 비록 시장에서 거래되는 가치라고 볼 수 있으나 관광자원이라는 재화의 가치를 온전히 대변하지는 못할뿐더러 그 가치를 돈으로 지불하였다고 하여 해당 자원을 개인이 소유할 수도 없다. 따라서 관광자원은 공공재와 마찬가지로 경제적 가치로서 시장가치와 시장에서 직접 거래되지는 않지만 해당 재화의 실존하는 가치를 의미하는 비시장가치를 동시에 가지고 있다. 일반적인 자원의 상품화는 시장에서 거래되는 시장가치의 극대화를 목표로 하고 있지만, 관광자원의 경우 공공재의 성격을 고려하여 비시장가치의 극대화를 고려해야만 한다. 이 부분은 앞서 자원의 비시장가치 평가방법에서도 다룬 바와 같이 관광자원 상품화에 있어 매우 중요한 과제가 될 수 있으며, 적절한 자원의 가치평가가 전제되어야만 할 것으로 판단된다. 이때 공공재적 성격의 관광자원 상품화에 있어 공공부문의 역할이 매우 중요하다. 예를 들어 자갈치시장은 오늘날 부산의 대표적인 관광자원으로 부각되고 있다. 그러나 몰려드는 관광객들과 시장상인들 간에 크고 작은 마찰이 끊임없이 발생하여 문제로 지적되고 있다. 실제 자갈치시장을 찾는 단체관광객들이 자갈치시장에서 식사를 하거나 물건을 사는 경우가

* 비경합성이란 집단 안에서 한 사람이 더 소비한다고 해서 다른 사람이 소비할 재화의 양이 줄어들지 않는 현상을 말하고, 비배재성이란 어떤 사람이 특정 재화와 서비스를 소비하지 못하도록 배제할 수 없는 성질을 의미한다. 사유재의 경우는 반대로 경합성과 배재성의 특성을 갖는다. 소비자가 상점에서 구입하는 상품들은 일반적으로 공급량에 한계가 있다. 따라서 누군가가 구입한다면 다른 소비자들은 그만큼 해당 상품을 구입할 수 있는 기회가 줄어든다는 것을 의미한다. 아울러 배재성의 경우는 일정 액수만큼의 비용을 지불하지 않으면 해당 재화나 서비스를 획득할 수 없게 함으로써 부과될 수 있다.

많지 않고 단지 구경만을 즐기기 때문이다. 시장상인들은 실제 회를 먹으러 오는 사람들은 관광객들에게 밀려 자갈치시장을 기피하고 있다는 것을 잘 알고 있다. 이러한 문제가 분란의 원인이 되고 있다고 해서, 관광객들의 입장을 통제하는 것은 더 큰 문제를 야기할 것이다. 따라서 정부나 관련 이해관계자들은 자갈치시장이라는 관광자원을 상품화하는 데 있어 외부경제효과의 내부화 방안을 적절히 제시함으로써 이 문제를 해결할 수 있을 것이다.*

여섯 번째 과제로서 '관광자원의 효용'을 극대화하는 방향으로 상품화가 이루어져야 한다는 것이다. 이 문제를 고려하기 위해서는 19세기 말 신고전주의 경제학자인 멩거(Menger), 마셜(Marshall) 등이 개발한 한계효용의 개념을 생각해 봐야 한다. 이 이론은 오늘날 시장가격 결정에 관한 미시경제이론의 기초를 구성하고 있는데, 현실시장에서 재화의 가격을 결정하는 것은 총효용이 아니라 한계효용이다.** 따라서 한계효용을 극대화하고 관광자원에 대한 방문횟수에 따른 한계효용 체감률을 최소화하여 총효용을 극대화하여야 한다. 이러한 방향으로 관광자원의 상품화가 이루어지기 위해서는 관광객이 관광자원에 방문할 때마다 매번 뭔가 새로운 것이 있어야만 한다. 이를 위해서는 관광자원과 관련한 소규모 축제의 활성화, 설명기능 등의 이벤트화와 같은 노력들이 필요하다.

마지막으로 관광자원의 '상품화 수준과 범위'에 대한 고려가 필요하다는 점이다. 국립공원은 매우 중요한 관광자원이 될 수 있지만 보존과 보호에 심각한 문제가 있을 경우에는 관광자원으로서의 역할과 활용이 제한되어야만 한다. 기본적으로 관광자원이라 함은 현재의 이용을 전제로 하지만 미래의 후손들이 사용할 기회를 주는 유산가치가 현재의 사용가치보다 더 큰 자원들은 관광자원의 상품화 대상에서 과감히 제외하거나 제한하여야만 한다. 그렇다면 우리는 이와 같은 기준은 무엇을 근거로 정할 것인가의 문제에 봉착하게 된다. 여기에 앞서 살펴본 비시장가치 평가방법들이 효과적으로 이용될 수 있다. 이를 통해 각 자원의 가치들을 평가하면 해당 관광자원들의 이용 정도나 수준, 방향 등을 결정하기가 용이해진다. 무분별한 관광자원의 상품화는 심각한 부작용을 발생시킬 수 있다. 이와 같은 문제는 국립공원, 문화유산과 같은 자원에만 국한된 것이 아니다. 2009년 초에 사회적으로 큰 화제가 된 '워낭소리'라는 독립다큐멘터리 영화와 이를 둘러싼 사건을 주목해 보자. '워낭소리'는 순제작비 1억 원에 마케팅 비용 1억 원이 소요되어 총제작비가 불과 2억 원에 불과한 소형 독립영화로서 촌부와 늙은 소의 우정과 삶을 그린 다큐멘터리 영화이다. 2009년 1월에 7곳의 스크린에서 개봉되었는데 이것이 불과 수개월 만에

* 외부경제효과란 재화의 거래에 있어 직접적인 거래 당사자들이 아닌 제3자에게 이익이 돌아가는 것을 의미하고, 외부불경제효과는 이와 같은 상황에서 제3자에게 불이익이 돌아가는 것을 의미한다.

** 효용은 소비자의 재화에 대한 만족도이다. 한계효용은 재화 한 단위를 소비하였을 때 소비자가 얻게 되는 효용의 양이며, 총효용은 특정재화 소비로 얻게 되는 전체 효용을 의미한다.

200만 명의 관람객을 끌어들였고 수백 개의 스크린에서 확대 상영되는 보기 드문 성공을 거두기에 이른다. 대도시의 현대인이 누리지 못하는 순수하고 느린 삶에 대한 동경과 경제위기가 맞물려 자신과 자신의 부모세대를 돌아보고 과거를 그리워하는 정서가 한꺼번에 터져 나온 것으로 평가받고 있다. 우리가 주목할 부분은 여기서부터이다. 일반 상업영화를 빗대어 고려해 본다면 2천만 명 이상의 관람객을 동원한 정도의 대성공이라고 일컬어지는 이 영화의 성공 이후 영화의 주인공 최씨 할아버지와 소가 실제 거주하고 있는 경북 봉화군 일대는 연일 관광객들로 북적거리고 있다고 한다. 뿐만 아니라 경북에서는 '주말테마여행' 상품으로 적극 개발하는 등 상품화에 열을 올리고 있다. 그동안 관광자원은 고사하고 일반적인 자원의 의미도 없었던 한 촌부와 가족들의 삶의 모습이 관광자원이 되고 급속도로 관광상품화가 진행되고 있는 것이다. 그러나 우리는 여기서 본의 아니게 관광자원이 되어버린 최씨 할아버지 가족들의 사생활을 생각해 보지 않을 수 없다. 이들에게 어떠한 경제적인 보상도 주어지지 않는 상태에서 단지 희생만이 강요되는 관광상품화가 어떤 부작용을 초래할지는 불을 보듯 뻔하다. 이들의 생활은 그리 오랜 시간이 지나지 않아 파괴되고 관광자원으로서의 생명력도 잃을 것이 뻔하며, 관광객들이 떠나간 후 돌이킬 수 없이 파괴된 최씨 할아버지 가족들의 생활만이 남게 되는 수순을 밟을 것이 확실하다. 이런 면에서 관광자원의 상품화가 초래할 파급효과에 대한 면밀한 검토와 고려가 반드시 선행되어야 하며 적절한 방법으로써 외부효과의 내부화 방안이 강구되어야만 상품화된 관광자원의 수명주기를 극대화할 수 있는 계기가 될 수 있을 것이다.

2) 관광자원 상품화의 전망

본 장에서는 자원의 개념 규정을 통해서 관광자원의 개념과 특징을 고찰하였고, 이를 통해 관광상품의 개념을 규정할 수 있었다. 관광자원은 일반상품학의 관점에서 제품에 해당하며 이것은 아직 시장에 출시되지 않은 상태를 말한다. 관광자원이 관광객들에게 소비되기 위한 상태가 된 것을 관광상품이라고 할 수 있다. 관광상품화는 관광자원이 시장에서 매매 가능한 상태로 만드는 것을 의미한다. 일반적인 관광자원에 있어 소비자들에게 구매된다는 것은 여행상품의 일부로 구성되어 판매되는 것도 해당하지만, 기본적으로는 관광객들의 방문을 의미한다. 관광객들은 일반소비자들이 상점에서 상품을 구입하는 것과 동일하게 관광자원을 방문하기 위해 교통비, 숙박비, 입장료 등의 비용을 지불한다. 이 비용의 총 합이 결국 일반 상품의 가격에 해당한다. 결론적으로 관광상품화는 관광자원이 관광객들의 선호를 받고 보다 많은 사람들이 만족스럽게 해당 관광자원을 찾도록 하는 것에 있다.

시대적인 요구에 따라 다양한 체험관광자원의 상품화, 문화관광자원을 비롯한 SIT 자원의 상품화 등은 당장의 우리가 풀어야 할 현안문제이다. 앞으로 국내외적으로 관광객들이 관광활동을 통해 얻고자 하는 것들은 더욱 다양해지고 그 절대적인 수요 또한 계속적으로 성장할 것이다. 그러나 모든 관광자원을 상품화한다고 해서 그 효과가 동일하게 발생하는 것은 아니다. 따라서 한정된 자원을 보다 효율적으로 사용하기 위해서는 다양한 관광자원들을 보다 면밀하게 분석하고 선정하여 관광상품화 과정이 진행되어야만 한다. 앞으로도 새로운 관광자원들이 끊임없이 등장할 것이며 우주여행과 같은 지금으로서는 생각하기도 힘든 관광자원들도 현실로 나타날 것이 분명하다. 따라서 관광자원의 상품화에 있어 다양성만 커지는 것이 아니라 소용되는 예산 규모 또한 더욱 커질 것으로 판단된다. 그러나 상품화를 통해 시장에 출시하는 과정에서 위험성은 더욱 커질 것으로 예상된다. 따라서 이에 대한 대비 또한 필요하다.

미 주

1) 김종은 · 이상춘(2007). 『관광지리자원론』. 서울: 백산출판사.
2) Cooper, C., Fletcher, J., Gilbert, D., & Wanhill, S.(1998). *Tourism Principles and Practice*. Harlow: Pearson Education.
3) 김재하(1984). 『상품학』. 진명출판사.
4) 유영준 · 송재일 · 임진홍(2005). 『관광상품기획론』. 서울: 대왕사.
5) 박석희(1997). 관광상품화에 대한 개념정립 및 그 전략. 『경기대학교 논문집』, 40(1), 541-570.
6) 박석희(2000). 『신관광자원론』. 서울: 일신사.
7) Hanley, N., Shogren, J., & White, B.(1997). *Environmental Economics*. London: Macmillan Press.
8) Tisdell, C.(2001). *Tourism Economics, the Environment and Development: Analysis and Policy*. Cheltenham: Edward Elgar.
9) Alberini, A., & Cooper, J.(2000). Applications of the contingent valuation method in developing countries. Rome: Food and Agriculture Organization of the United Nations.
10) English, D., & Bowker, J.(1996). Sensitivity of whitewater rafting surplus to Pecuniary Travel Cost specifications. *Journal of Environmental Management*, 47, 79-91.
11) Navrud, S., & Strand, J.(2002). Social costs and benefits of preserving and restoring the Nidaros Cathedral. In Navrud, S., & Ready, R.(eds.). *Valuing Cultural Heritage: Applying Environmental Valuation Techniques to Historic Building, Monuments and Artifacts*. Cheltenham: Edward Elgar Publishing.
12) Maddison, D., & Mourato, S.(2002). Valuing different road options for Stonhenge. In Navrud, S., & Ready, R.(eds.). *Valuing Cultural Heritage: Applying Environmental Valuation Techniques to Historic Building, Monuments and Artifacts*. Cheltenham: Edward Elgar Publishing.
13) 문화관광부 · 문화재청 · 경상북도 · 경주시(2007). 『경주역사문화도시조성 타당성조사 및 기본계획』. 서울: 국토연구원.
14) 구경모 · 강명주(2006). 『고객가치를 창조하는 제품개발과 브랜드구축』. 서울: 한경사.
15) 이미혜(2006). 『관광상품론』. 서울: 대왕사.

저자약력

한상현(韓祥鉉) 현_동의대학교 관광경영학과 교수

영국 서리대학교(Univ. of Surrey)에서 박사학위(Ph.D.)를 취득했으며 현재 한국관광학회 출판위원과 대한관광경영학회 편집위원을 맡고 있다. 국토연구원, 대구경북연구원, 서울시정개발연구원 등에서 관광관련 자문활동을 하고 있으며, 해양수산부, 제주시, 울주군 등의 관광개발용역에 참여하였다. 최근 문화관광자원의 경제적 가치평가 관련 논문을 중점적으로 발표하고 있으며, 관광경제 · 관광자원개발 · 문화관광 분야에 관심이 많다.

『관광학총론』 스물여덟 번째 이야기

제28장

관광정책

장 병 권*

1 관광정책의 개념과 특성

1) 관광정책의 개념

관광정책의 개념을 파악하기에 앞서 정책의 개념을 먼저 살펴볼 필요가 있다. 정책의 의미를 사전적으로 보면, '정부에 의해 채택되고 추구되는 행동방식'으로 정의하고 있다. 학문적인 관점에서도 이와 유사한 개념이 보편적으로 이루어지고 있는데, '정부기관에 의하여 결정된 미래의 행동지침',[1] 나아가 '바람직한 사회 상태를 이룩하려는 정책목표와 이를 달성하기 위한 정책수단에 대하여 권위 있는 정부기관이 공식적으로 결정한 기본방침'[2]으로 정의되기도 한다.

그러나 정책은 정부기관뿐만 아니라 단체, 집단, 개인들에게도 적용되며, 이 경우 정부기관의 정책을 공공정책이라 부르기도 한다. 관광정책에 대한 정의도 공・사 부문을 포괄하여 논의되는 경우도 있다.[3] 일반적으로 관광정책은 공공부문에 의해 추진되는 관광진흥활동이라는 점에서 공공정책으로서의 관광정책에 초점을 두고 논의하고자 한다.

관광정책(tourism policy)에 대한 정의는 시대별로 발전해오고 있다. 1930년대 뵈르만(Börmann)은 "관광정책은 관광산업의 진흥을 목적으로 하는 것으로 그의 본질적 내용은 선전이며, 관광정책에는 선전 이외에도 조직에 관한 문제, 사회적 의미를 갖는 문제, 행정상의 문제가 포함되고 국외정책과 국내정책으로 구별된다"[4]고 하고 있다. 한편 비슷한 시기에 글뤽스만(Glücksmann)

* 호원대학교 호텔관광학부 교수(현재 한국관광학회 편집부위원장). e-mail: pkchang@howon.ac.kr

은 "관광정책은 관광을 촉진하기 위해 조직체가 취하는 여러 시책의 총체이며, 그 내용은 정치정책, 문화정책, 사회정책, 경영정책, 상업정책, 교통정책의 6개의 정책"[5)]이라 하고 있다.

1970년대로 들어와 관광에 대한 정부의 역할과 기능, 그리고 관광정책에 대한 논의가 활발히 전개되었으며, 그중 카스퍼(Kasper)는 "국가 또는 공공단체가 관광에 관련된 사항에 대하여 영향을 미치는 의사결정의 형성을 의미하는 것을 관광정책"이라고 하였다. 일본의 경우에도 오카니와(岡庭博)는 관광정책을 "국가나 공공단체가 관광에 대해 취하는 정책"으로 정의하였으며,[6)] 스즈키 타다요시(鈴木忠義)는 "관광정책을 한 나라의 관광행정활동을 종합적으로 조정하고 추진하기 위한 지침과 방향을 설정하는 여러 방책"으로 규정하였다.[7)]

1980년대로 들어와 스페인의 세사(Sessa)는 관광정책을 "결정된 여러 목표를 달성하기 위해 한 나라의 여러 가지 중심기능에 의하여 창출되는 활동"으로 보았다.[8)] 그리고 관광정책은 경제효과에 있으므로 합리적인 기반과 여러 목표를 합리적으로 설정하고 합리적·보편적·경제적으로 추구되어야 한다고 보고 있다. 최근 들어 굴드너(Goeldner)는 관광정책을 "관광개발과 관광지에서의 활동에 직접적으로 영향을 주는 집합적 그리고 개별적 결정의 틀을 제공하는 일련의 규제, 규칙, 지침, 지시, 그리고 개발·촉진목표와 전략"으로 정의하고 있다.[9)]

한국의 경우 구미 및 일본에서 제시된 관광정책에 대한 논의를 종합적으로 검토하여, 우리의 상황에 맞게 관광정책을 정의하고 있다. 먼저 안종윤 교수는 "관광정책은 국가나 지방자치단체가 관광사업의 적절한 효과를 얻는 일을 목적으로 하여 관광사업의 진흥을 꾀하기 위한 여러 정책"으로 규정하였고,[10)] 권순 교수는 관광정책을 "자연경관 및 관광자원, 관광조직체, 관광업 종사원들을 관광목표, 관광환경, 관광전략 및 관광효과 등의 요인에 의거 가장 적절히 배치하고 운용하는 것"으로 정의하고 있다.[11)] 즉, 경제적·사회적·정치적·문화적인 수요에 맞추어 일반대중이 필요로 하는 건전하고 아름다운 생활환경을 지향하는 것이다.

이상에서 관광정책의 개념과 관련된 구미, 일본, 그리고 한국의 논의를 간략히 살펴보았다. 이들의 개념을 종합해볼 때, 관광정책을 정의하는 데 있어서는 다음의 요소들이 고려되어야 한다. 첫째, 관광정책의 환경대응성이다. 둘째는 관광정책의 추진주체(정부 및 지방자치단체)이다. 셋째는 관광정책의 수혜대상(관광수요요소와 공급요소)이다. 넷째는 관광정책의 추진방법(조정·촉진·규제)이다. 다섯째는 관광정책의 추진목표(관광발전)이다. 끝으로 관광정책의 과정(일련의 행동)이다. 따라서 공공정책(public policy)으로서의 관광정책은 '관광환경의 변화에 대응하여 중앙정부 및 지방자치단체가 관광의 수요 및 공급요소를 종합적으로 조성·촉진·규제하여 관광발전을 도모하기 위한 일련의 행동'으로 정리할 수 있다.

2) 관광정책의 특성

(1) 역동성

관광정책은 이해당사자 간의 직·간접적인 소통과 상호작용을 통하여 정책이 수립된다는 점에서 역동적이다. 그러므로 관광정책이 결정되어 가는 과정은 다양한 이해당사자들의 이해구조가 재구성되어 합의를 도출해 나가는 과정으로도 볼 수 있다. 관광정책의 이해당사자는 관광객과 관광기업, 지역주민은 물론 언론기관, 이익집단, 시민단체, 전문가집단 등 다양하다. 따라서 관광정책 결정과정에 누가 참여하느냐의 문제나 참여시점, 관심도, 정보 등에 따라서 그 과정은 다양한 양상으로 변화될 수 있고, 이에 따라 정책갈등이 새로이 나타나기도 하고 변화하기도 하며 갈등은 증폭되거나 완화되기도 하는 것이다.

(2) 규범성

정책은 공적 권위를 가지고 있으며 공권력에 의해 강제성을 가지는 경우가 많다. 인위적으로 설정한 행동방안이기 때문에 반드시 실행해야 할 것으로 생각하는 당위적 성격과 함께 규범성을 가지고 있다. 즉 관광정책은 관광객과 지역주민의 정신적·물질적 욕구를 동시에 충족시키고 그들과 관광기업을 둘러싼 자연적, 사회문화적 환경에 해를 가하지 않도록 한계를 설정하는 대안을 마련하며 이를 전략화하는 규범적 의사결정이다. 그리하여 관광정책은 불확실성과 타협하면서 한정된 자원을 이용하여 관광수급을 균형화하고 자원배분의 적정화를 도모하는 권위있는 공적기관의 미래 관리수단으로 불린다.[12)]

(3) 공공성

관광정책은 그 추진주체가 개인이나 사적 집단이 아니라 공공기관이라는 점에서 공공성을 지니고 있다. 공공기관이 관광정책을 통해 성취하고자 하는 것은 관광문제에 대한 해결이나 공익의 달성이다. 관광정책의 궁극적 이념으로 국제친선 및 상호이해 촉진, 국민경제의 향상과 복지증진 등이 거론되고 있다. 따라서 관광정책은 사회 및 경제활동에 대한 공적 개입이고 그 개입내용은 정부 또는 지방자치단체 등 공적 기관 자체에 의해 관광사업 활동의 규제, 조정, 유도, 조성 및 각종 관광사업 활동에 영향을 미치는 정보제공 등이다.[13)]

⑷ 복잡성

관광현상이 다양한 사회현상과 밀접한 관련을 맺고 있듯이 관광정책도 다양한 요소가 결합되어 나타나고 있다. 학문적 차원에서 보면 학제성(interdisciplinary nature)과 같은 성격을 지니고 있다. 관광은 다양한 경제적, 심리적, 사회문화적, 기술적, 법・정치적, 생태적 요소 등 복잡한 환경에 의해서 영향을 받고 있다. 따라서 관광정책은 이들 다양한 환경요소들과 그것들의 변동현상을 적극 반영해야 한다는 점에서 개방체계(open system)라고 할 수 있다.

⑸ 순환성

관광정책은 주변환경으로부터 야기되고 있는 각종 지지와 요구를 통하여 발생하는 문제를 정부가 해결하기 위해 선택하는 일정한 유형의 행동과정을 나타내는 지침이라고 할 수 있다. 따라서 이러한 정책은 형성, 결정되어 그 목적을 달성하는 일련의 과정을 거치게 된다. 그러나 이러한 관광정책과정은 순환적 특성을 가지게 된다. 관광정책의 과정을 정책의제형성, 정책결정, 정책홍보, 정책집행, 정책평가 및 환류로 구분할 때 그 과정은 단일방향적인 과정이 아니라 순환적인 관계가 있다. 즉 관광정책의 평가 및 환류를 통해 다음 정책의 형성이 영향을 받는 것이다.

⑹ 미래지향성

관광정책은 관광현상이 소망스러운 방향으로 이루어지도록 질서를 유지하고 여건을 조성하는 촉진 또는 지도 역할을 수행하는 것이다. 그러한 점에서 관광정책은 관광사업의 진흥을 통해 국가 및 지역사회의 경제・사회・문화적 발전을 도모하고자 하는 공공기관의 미래지향적 활동방침이다. 따라서 관광정책을 수립한다 함은 단기든 장기든 일정한 기간을 염두에 두고 미래상황을 예측하면서 대응전략을 수립하는 것이다. 정부차원에서 수립・시행 중인 '관광진흥 5개년계획'이 대표적인 예이다.

⑺ 가치지향성

관광정책에는 그 시대에 두드러지게 나타나는 가치(value)가 반영되고 있다. 따라서 가치는 공공정책은 물론 관광정책의 핵심이며, 관광정책활동에 대하여 지침과 방향을 제시해준다. 예를 들어, 어떤 지역을 채광지역으로 허가하지 않고 야생공원으로 지정하는 것은 경제적 가치보다 환경적 가치에 더 중요성을 부여하였기 때문이다. 가치는 또한 시대가 변화하면서 변동하고 있다. 우리나라의 경우 초기에는 관광정책의 가치로 경제적 가치가 가장 중요시되었으나 최근 들

어서는 관광의 정치적, 사회문화적, 생태적 가치제고를 위한 노력이 정책과정의 모든 단계에서 나타난다.

2 관광정책과정과 영향요인

1) 관광정책의 과정

일반적으로 정책은 주어진 결과이기보다는 주변환경과의 상호작용을 통해 만들어가는 일련의 행동과정이다. 그동안 관광정책의 단순성으로 인하여 과정적 접근이 주목을 받지 못하였지만 1990년대 이후 관광현상의 복잡성과 이해집단의 양적 증가로 인하여 관광정책의 과정도 세분화되고 있는 상황이다. 최근 들어 관광정책을 과정적 측면에서 논의하게 된 배경으로 다음의 네 가지를 들 수 있다.[14]

첫째, 모든 관광문제가 관광정책의제가 될 수 없다는 점이다. 정부의 개입이 필요한 경우와 필요치 않은 경우가 공히 존재하며, 이에 대한 합리적 판단과 선택과정이 필요하다. 둘째, 관광정책결정에서 다양한 대안들이 존재한다는 점이다. 정책목표와 정책수단을 결정하는 과정에서 합리적인 판단이 중요하며, 이에 기초하는 최선의 대안채택과정을 충분히 인식하는 것이 필요다. 셋째, 관광정책집행의 중요성을 크게 인식해야 한다는 점이다. 정책결정으로 정책문제가 모두 해결된 것은 아니며, 합리적 정책집행이 수반되어야 한다. 넷째, 관광정책평가를 통해 관광정책에 대한 성과 검토가 반드시 필요하기 때문이다. 관광정책으로 목표한 결과가 달성될 수도 있으나 그렇지 못한 경우도 있어 이에 대한 평가와 모니터링을 통하여 정책의 변동과 조정을 모색해야 한다. 이 밖에도 관광정책의 효율적 집행을 위해 정책홍보가 필요하기 때문이다.

관광정책과정(policy process)은 관광발전의 목표를 달성하기 위하여 정책쟁점의 발생으로부터 시작하여 일련의 단계를 과정적으로 행동화하는 것을 말한다. 그런데 이러한 관광정책과정은 학자들에 따라 다양하게 제시되고 있다. 예를 들어 이장춘 교수는 관광정책의 과정을 ① 문제의 제기, ② 정책의제의 설정, ③ 정책정보수집, ④ 정책현황 분석과 문제파악, ⑤ 정책목표설정, ⑥ 정책목표달성을 위한 대안탐색, ⑦ 정책결정－정책실시, ⑧ 정책집행결과의 분석과 효과측정, ⑨ 새로운 정책개발 등으로 세분화하고 있다.[15] 물론 이는 관광정책이 고도로 복잡하고 합리적이어야 하며, 중요한 관광정책문제를 대상으로 할 경우에 가정할 수 있는 모든 단계이다.

한국의 경우 1990년대까지는 관광정책과정에 대한 과학적 접근이 일천하여 관광정책과정이

정책형성, 정책집행, 정책평가로 단순화되었으나 이후 정책형성이 의제형성과 정책결정으로 세분되어 관광정책의제형성, 관광정책결정, 관광정책집행, 관광정책평가의 4단계로 확대되었다. 여기에 정책평가단계 이후에 관광정책종결단계가 포함되기도 한다. 2000년대로 들어와서는 정부정책의 효과적 추진 및 국민적 공감대 형성과 지지확보 차원에서 '홍보'가 중요한 비중을 차지하게 되면서 관광정책홍보를 정책과정의 한 단계로 추가하는 경향을 보이고 있다.

물론 모든 유형의 관광정책이 정해진 순서대로 전개되는 것은 아니다. 어떤 관광정책은 형성과정에서 일어난 피드백에 의해서 진행과정이나 방향이 수정될 수도 있고, 심지어 그 자체가 폐기될 수도 있다. 또한 정책결정과정이나 집행에서도 예기치 못한 변수나 부작용에 의하여 피드백이 일어날 수 있다.[16] 현재까지 관광정책 학 분야에서는 정책의제형성, 정책결정, 정책집행, 정책평가라는 네 단계 관광정책과정이 주를 이루고 있으나, 최근 관광정책에 있어서 홍보의 중요성이 커지고 있다는 점에서 관광정책홍보를 포함하여 다섯 단계로 간단히 기술하고자 한다.

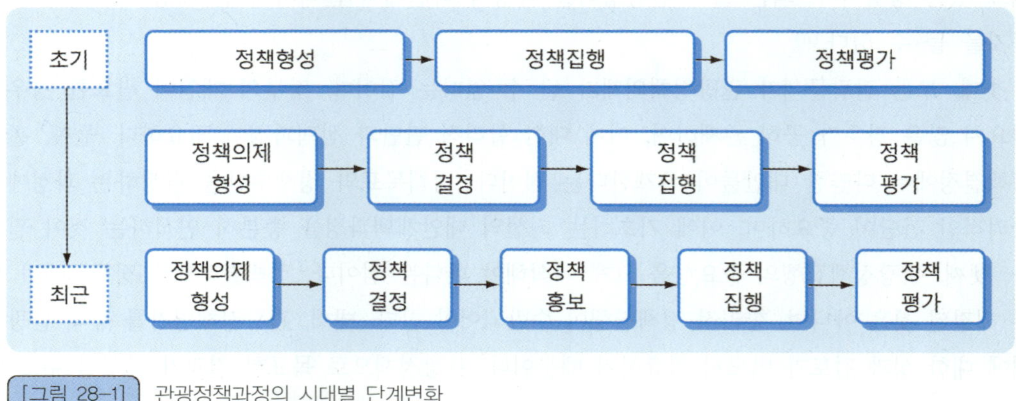

[그림 28–1] 관광정책과정의 시대별 단계변화

(1) 관광정책의제형성 단계

관광정책의제형성은 관광에 관련된 많은 문제 중 정부가 해결하기로 규정하여 정책의제로 전환시키는 과정을 의미한다. 정책의제형성은 각종 개인이나 집단의 요구가 정부에 의해 정책문제로 채택되어 공식적으로 표명되어가는 과정을 말한다. 모든 관광의 문제를 정부가 정책대상으로 삼을 수는 없다. 국가적 중요성이나 관광산업의 발전에 긴요한 경우 정부차원에서 적극적인 해결을 위한 정책적 관심을 기울이게 된다.*

* 예를 들어 정부의 한식세계화 프로젝트 추진에도 불구하고 2000년대로 들어와 서울시내 특1급 호텔 내 한식당의 점진

관광정책의제형성의 유형은 정책관계자에 의해 추진되는 내부주도형과 정부 밖의 관계자에 의해 주도되는 외부주도형이 있다. 내부주도형은 대통령, 장·차관, 관광국·과장 등 정책결정자에 의해서 과정적 절차를 생략하고 바로 정책의제로 채택되는 경우를 말한다. 외부주도형은 언론, 노동조합, 여론, 관광관련 이해집단 등의 제기에 의해 사회문제가 정책의제로 전환되는 것을 말하며, 외부주도형일수록 정책의제형성 시 절차적 과정을 거치게 된다. 또한 정책의제형성 현상을 보면 특정한 관광문제를 인식하고도 이를 정부의 공식적 정책의제로 다루지 않는 경우가 많으며, 이 경우 무(無)의사결정 현상이 나타나게 된다.

(2) 관광정책결정 단계

관광정책결정은 관광과 관련된 여러 가지 사회문제의 바람직한 해결방향을 정하는 행위이다.* 관광정책결정은 이해당자자 간 협상, 경쟁, 명령, 분쟁, 협조 등의 상호작용을 통하여 이루어지며 정책결정에는 공식적인 주체로서 대통령, 국회의원, 장관, 관광국장 등 공식적 정책결정자와 이익집단, 정당, 언론기관, 전문가집단, 일반대중 등 비공식적 정책결정자로 구성된다. 따라서 공식적 정책결정자에 의해 관광정책이 결정될 경우 구성원이나 외부의 참여 없이 일방적으로 결정하고 나머지는 복종을 요구받는 권위적 정책결정으로 흐를 수 있다. 반대로 공식적 정책결정자 외에 전문가, 이익집단 등을 참여시켜 그들의 의사를 반영하는 참여적 정책결정이 있으며, 현대로 들어와 권위적이기보다는 참여형 정책결정의 비중이 확대되고 있는 추세이다.

그리고 관광정책결정의 방법으로 정책결정자의 감정이나 충동에 의해 결정되는 직감적 정책결정, 습관에 따라 결정하고 행동하는 점변적 정책결정, 이지적이고 합리적인 관점에서 접근하는 합리적·포괄적 정책결정, 구성원의 의사와 지혜를 활용한 담론적 정책결정, 정책환경의 변화에 따라 가변적인 상황적 정책결정으로 구분되고 있다.[17] 이 가운데 합리적·포괄적 정책결정을 통하여 정책의 효과를 극대화하기 위한 노력이 최근 활발히 모색되고 있다. 이는 정책결정을 하기 전에 사전 타당성조사 등 완벽한 분석을 통하여 대안을 탐색하고 선정하는 방식이다.

적 폐쇄(2009년 현재 17개 호텔 중 4개 호텔만 한식당 운영)는 한국음식의 세계화라는 정부의 목표와 배치되고 있다. 이러한 현상에 대해 그동안 언론이 지속적인 문제제기를 하면서 정부차원에서 이를 정책의제로 삼게 되었고, 특1급 호텔 한식당 지원을 위한 관광정책을 수립하기에 이르렀다.

* 정책결정과 유사한 용어로 의사결정이 있다. 의사결정(decision-making)은 보통 조직체의 구성원이 목표를 달성하고 문제를 해결하기 위하여 두 개 이상의 대안 가운데 하나를 선택하는 행위를 말한다. 그러나 의사결정은 공공기관뿐만 아니라 민간기관에서도 이루어진다는 점에서 정책결정과 구분된다. 또한 정책결정(policy-making)은 공적 문제해결이라는 목적과 공식적으로 표명하는 공익추구 등의 특성을 지니고 있으므로 대안의 선택이라는 의사결정과 구별되기도 한다(유훈(2002). 『정책학원론』. 법문사).

(3) 관광정책홍보 단계

정책홍보는 정부가 국민에게 정부의 정책과 그 의도하는 바를 알림으로 해서 국민들의 이해를 구하고 정부시책에 대한 협력을 구하는 행정활동을 말한다.* 우리나라의 경우 2000년대로 들어와 정부PR은 정책홍보와 동일한 개념으로 받아들여져 정부가 하는 일을 국민들에게 사전에 정확하고 소상하게 알리고 국가 여론을 수렴해 국정에 반영하기 위해서 정책과정의 주요 단계로 부상하게 되었다. 또한 문화체육관광부 등 각 부처는 관광관련 정책결정 사항과 정책내용을 정책집행 이전 또는 정책집행과 동시에 관광정책 대상에게 알리는 역할을 담당하고 있다.

따라서 관광정책과정에 있어서 관광정책홍보는 정부나 행정기관이 관광정책을 이행해 나가는 데 있어 소기의 목적을 효과적으로 달성하기 위해 국민들에게 그 내용을 이해시키고 협조를 구하는 과정 또는 정부와 국민과의 쌍방 커뮤니케이션을 이끌어내기 위한 노력의 과정이다. 그리하여 관광정책홍보는 관광정책을 입안할 때부터 국민의 의견을 수렴해 정책에 반영하고, 구체적인 정책발표 이전부터 적절한 홍보전략을 구사함으로써 국민, 이해당사자, 정책수요자 등의 이해를 구해 정책수행에 차질이 없도록 도모하는 고도의 전략인 것이다.

관광정책홍보는 관광정책에 대한 보도자료 제공, 언론보도에 대한 대응, 관광이슈관리 커뮤니케이션, 관광위기상황 시 커뮤니케이션, 관광정책에 대한 여론조사, 디지털 관광홍보, 관광정책 고객에 대한 서비스, 인터넷 국정브리핑, 홍보물 제작 활용, 건전 관광캠페인 전개 등의 형태로 추진되고 있다.

(4) 관광정책집행 단계

일반적으로 정책집행이란 정책목표를 달성하기 위하여 구체화된 사업계획이나 정책의 효과가 발생하기 위한 의도적이고 순차적인 활동이다. 관광정책집행은 보통 '정책집행에 대한 권위가 부여된 기관이 관광정책결정에서 산출된 정책을 환경의 변화에 대응하면서 목표 또는 정책문제를 실현하고 해결하는 반복적·순환적 과정의 총체'로 정의되고 있다.[18)]

또한 관광정책집행이란 정부가 관광의 문제를 해결하거나 미래의 여건에 대응하기 위하여 결정된 정책을 구체적으로 실천하는 것을 말한다. 그리고 관광정책집행의 단계는 이전의 과정까지 거치면서 구성된 관광정책의 내용을 실현시키는 단계이며 정책의 내용을 실현시키는 과정은 일

* 정책홍보는 기존에 정부PR(Public Relations in Government), 정부홍보 행정, PR, 행정공보 등 다양한 용어로 사용되어왔다. 특히 본래 정부PR은 "국가정책을 수립 · 집행하는 정부가 정책의 대상이 되는 국민과의 관계를 개선하고자 하는 의도적 행위로 국민들이 국가와 국가기관에 대해 관심과 신뢰를 갖도록 하는 커뮤니케이션 행위"라고 정의된다(이준일(1993). 정부홍보의 이론과 실제. 『세계의 공보정책』. 한국언론연구원).

련의 활동으로 이루어지게 된다. 즉 정책이 결정된 이후부터 정책이 종결될 때까지 자원의 배분과 행정 등의 활동을 통해 정책의 목표를 달성해 가는 과정이다.

관광정책집행의 구체적 단계를 관광정책 지침개발, 관광정책 자원확정, 관광정책 실현활동, 관광정책 감독 · 통제로 세분하기도 한다.[19] 관광정책집행이 충실히 이루어지기 위해서는 집행을 담당할 조직의 구성, 집행할 내용에 대한 해석, 그리고 구체적으로 추진할 수 있는 자원의 확보와 배분이 이루어져야 하며, 그렇지 못할 경우 정책집행이 원활히 이루어질 수 없다.

(5) 관광정책평가 및 환류단계

일반적으로 정책평가는 '어떤 정책의 과정이나 결과를 이해하고 그 가치를 판단하는 사회적인 과정'이라 하고 있다.[20] 따라서 정책평가는 일반적으로 정책이 집행되는 과정에서 또는 집행되어 완료된 이후에 의도한 목적을 성공적으로 달성했는지를 평가하는 지적활동인 것이다. 정부가 추진했던 주요 관광정책에 대해 최근 활발한 평가활동이 이루어지고 있다. 예를 들면 관광지 및 관광자원 개발사업평가, 관광특구사업평가 등이 그것이다. 이러한 평가는 기존 정책의 평가를 통하여 새로운 정책개선방안을 강구한다는 점에서 의의가 있다.

관광정책평가는 각 정책과정에서 합리적인 정책결정을 할 수 있도록 유용한 정보를 제공해주고, 정보의 분석을 통하여 사업계획의 수정 · 변경과 자원의 재배분을 가능하게 하며, 정책집행자로 하여금 행정활동의 방법을 개선토록 하기 위하여 실시된다. 그럼에도 관광정책평가는 평가의 대상이 정책목표의 달성과 관련이 있는 산출에 한정되어 있다. 그러나 최근 들어서는 정책평가의 개념이 확대되고 있다. 즉 정책평가는 성과뿐만 아니라 노력, 즉 투입의 분석까지도 포함해야 한다고 주장한다. 나아가 목표의 달성도뿐만 아니라 정책이 직면하고 있는 문제점과 정책이 조성하고 있는 부작용까지도 포함하는 개념으로 이해하고 있다.

관광정책평가의 방법은 과정평가와 결과평가, 단기 및 장기영향평가, 내부평가와 외부평가, 사전평가 · 집행과정평가 · 사후평가 등으로 나눌 수 있으며,[21] 각각의 평가 시 중요하게 검토되는 평가기준으로는 관광정책 목표달성도, 관광객의 만족도, 일반국민의 대응성, 관광기업인의 대응성, 사회적 형평성, 공익성, 관광조직발전도, 관광환경의 질 개선도, 합법성 등을 들 수 있다.[22]

2) 관광정책과정의 영향요인

관광정책의 개방성으로 인하여 주변의 다양한 요인들이 영향을 받는데, 이를 정책환경(policy environment)이라고 할 수 있다. 정책환경은 '정책체계의 외부에 있는 객관적인 환경'을 의미한다.[23] 관광정책과정을 일종의 개방체계로 보았을 때 정책환경은 그것을 둘러싸고 부단한 상호작용을 하고 있는 일체의 외부요소를 말하며, 환경은 체계에 대하여 자극의 근원이기도 하며 동시에 정책체계의 반응대상이기도 하다. 따라서 관광정책환경이라는 것은 보통 공공부문의 관광정책과정에 영향을 주는 모든 외부적 요인으로 미시환경과 거시환경으로 구분할 수 있다.

(1) 미시환경: 관광정책참여자

앞서 관광정책의 특성으로 '역동성' '복잡성' 등을 들었듯이, 관광정책은 다양한 이해당사자들이 관여하고 있는데 이를 정책참여자(policy participant)라고 한다. 관광정책이 공공부문의 고유한 권한이라는 점에서 민간부문의 참여가 제약을 받는 것이 아니며, 정책과정에 많은 전문가나 민간단체 등이 참여하고 있다. 다른 한편으로 관광정책에 대한 공공참여는 지역사회에 독자적 결정을 할 수 있는 권력을 주는 수단이 아니라 그들을 달래기 위한 수단이라는 측면도 제기되고 있다. 정책참여자는 공식적 참여자와 비공식적 참여자로 구분되고 있다. 이를 자세히 살펴보면 다음과 같다.

① 공식적 정책참여자

관광정책의 공식적 참여자는 국회, 행정수반, 행정부처, 지자체를 들고 있다. 첫째, 국회는 법률을 제정하는 입법기관이며 예산의 심의기관이며, 정부의 정책에 대한 비판통제 기관이다. 그리하여 국회는 관광진흥법 등 관광관련 입법활동과 국정감사, 국정조사, 대정부질문, 관광연차보고 등을 통하여 정책과정에 참여하고 있다.

둘째, 행정수반은 대통령을 의미한다. 대통령은 말할 것도 없이 국가의 원수이며 행정부의 수반이다. 동시에 국정의 최고심의기관인 국무회의의 의장이다. 이러한 지위로 관광정책의 형성과 결정에도 중요한 영향을 주고 있다. 또한 대통령실에 관광담당비서관을 둠으로써 관광정책에 지속적인 영향력을 행사하게 된다.

셋째, 행정부처는 정부 내 관광행정 최고기관을 의미한다. 우리나라의 경우 건국 이후 1994년까지 관광행정은 교통부에서 담당하였으나 그 후 문화체육관광부가 관광정책을 담당하고 있다. 문화체육관광부 장관의 가치관과 관광에 대한 인식 정도, 그리고 조직문화, 예산규모 등이 관광정책과정에 영향을 주게 된다.

넷째, 지자체는 과거 중앙집권적 시대에는 중앙정부에 예속되어 정부지시사항을 위주로 관광정책에 순응해왔다. 그러나 1990년대 지방의원 및 지방자치단체장 선거를 계기로 지역활성화 차원에서 독자적인 관광정책에 높은 관심을 보여왔다. 그 결과 정부의 관광정책 수립에 지역의

이익을 극대화하기 위한 지자체의 역할이 점차 커지고 있으며, 나아가 지자체도 자체 지역관광 정책을 수립·시행하고 있다.

② 비공식적 정책참여자

관광정책과정의 비공식적 참여자로 국제기구, 언론기관, 이익집단, 전문가집단, 일반국민 등을 들 수 있다. 첫째, 국제관광기구는 회원국의 관광정책과 행정에 지대한 영향을 미친다. 예를 들어 세계관광기구(UNWTO), 경제협력개발기구(OECD), 유네스코(UNESCO), 국제민간항공기구(ICAO) 등이 해당된다. 이들 기구는 각국 정부가 관광관련 규정을 단순화하고 출입국 수속을 간소화하며, 국제여행에 대한 장벽을 철폐하고, 사회복지관광과 청소년·노인관광을 발전시키며, 관광사업의 발전을 지원하고 있다.

둘째, 언론기관이 관광정책과정에서 지니는 의의는 보도할 사건의 선별, 그에 대한 해설, 나아가 정보제공 및 여론형성과 정부에의 요구투입을 담당하는 소위 여론주도자(opinion leader)로서 사회문제의 집결 및 표명의 대표적 장치라는 데 있다. 즉 언론은 사회문제를 확산시켜 이슈화하고 공중의제화하는 데 결정적인 역할을 한다. 또한 언론은 정부의 관광정책홍보나 집행, 평가에도 비판적 기능을 담당한다.

셋째, 이익집단(interest group)이란 관직을 위한 후보자의 지명이나 선거운동의 참여 혹은 정부의 완전한 장악 등을 꾀함이 없이 특정한 공공정책의 결정과 집행을 위하여 노력하는 결사체를 말한다. 관광협회, 상공회의소, 노동조합 등과 같은 관광사업자단체나 소비자단체와 같은 이익집단의 영향력은 정치체제가 민주적이고 자본주의적일수록 정책의제형성과 집행단계에서 크게 작용하는 것이 일반적인 현상이다.

넷째, 전문가집단은 특정한 사회문제의 해결책을 제시하거나 해결책이 없다고 판단함으로써 그 문제의 정책문제로서의 선택에 커다란 영향을 준다. 즉 이들은 정책분석가나 전문적 지식을 갖춘 조언자로서 관광정책과정에 관여한다. 관광정책과정이 좀더 다원화·민주화되어 있는 경우 전문가집단의 정책참여가 더욱 활발하다. 한편 전문가나 학자들은 전문지식과 과학기술적 전문 연구기능을 갖추고 있으므로 관광정책문제의 심각성을 홍보, 고발, 규명하는 데 중요한 역할을 한다.

다섯째, 일반국민 개개인은 관광정책에 실질적인 영향력을 행사하지 못하나 여론조성을 통하여 관광정책에 중요한 역할을 담당한다. 또한 관광개발사업과 같은 정책을 추진하는 데 있어서 지역주민들의 의사가 점차 크게 반영되고 있다. 이러한 추세에 힘입어 일반국민이 자기의 이해와 관련된 정책문제에 직접 접근하려는 요구와 관심이 늘어나고 있다. 물론 일반국민의 관광정책과정에 투입되는 의견의 강도나 압력의 정도는 특정사안의 성격, 사안을 보는 관점과 인식의 정도 등에 따라 달라진다.

(2) 거시환경: 국내외 환경

① 정치적 환경

관광과 관련된 정치적 환경에는 정치지도자의 철학과 가치관, 법, 정부계획, 국제정세, 그리고 정치적 안정이나 불안 등의 요소가 포함된다. 먼저 정치지도자의 통치철학과 가치관은 관광정책과정에 커다란 영향을 주게 된다. 가치관은 관광에 대한 신념이나 편견, 태도 등을 말한다. 이러한 가치관은 정책결정자들에게 영향을 주어 관광에 대한 규제 내지 진흥정책의 결정 시 판단기준으로 작용하게 된다. 많은 개도국의 정치가들에게서 발견되고 있듯이, 관광이 실질적인 효과를 가져온다는 신념을 갖게 되면 잠재적으로 나타날 수 있는 부정적 효과를 도외시하게 될 수도 있다.

둘째, 정부의 관광정책과정은 법률이 정하는 테두리를 벗어나서는 그 효과성을 인정받을 수 없다. 이것은 민주적 법치국가의 기본이념이기도 하다. 따라서 관광정책을 결정하고 집행하는 데에는 법률에 관한 정확한 지식을 보유한 사람이나 법률가가 직접 참여하는 것이 요구된다. 한국의 경우 관광에 직접적으로 연관되어 있는 법규는 관광기본법, 관광진흥법, 관광진흥개발기금법, 한국관광공사법 등이 있다.

셋째, 정부의 종합적 계획과 정책방향도 관광정책과정에 영향을 주게 된다. 관광에 대한 개발은 막대한 규모의 사회간접자본과 거대한 투자가 요구되는 것이 보통이다. 정권이 바뀌면서 새롭게 수립되는 각종 정부계획이나 국토계획, 광역경제권 계획 등은 관광정책은 물론 관광계획 수립에 있어서 정합성을 요구하게 된다.

넷째, 현대의 세계는 각국이 정치, 경제 등 제 측면에서 긴밀한 상호의존관계를 지니고 있기 때문에 관광정책은 국제정세에 의해서도 깊은 영향을 받는다. 국제관계에서 가장 극단적인 사태는 국가 간의 전쟁이지만 이외에도 이념적 유사성, 상호교류를 추구하는 외교적 의지, 돌발적 테러 등이 정치적 요소로 관광정책과정에 작용한다.

다섯째, 한 나라가 처해 있는 정치사회적 안정성 여부는 관광정책에 커다란 영향을 준다. 외래관광객을 끌어들이는 데 있어서 폭동이나 내란, 테러, 인권침해 등은 상당한 마이너스 작용을 하게 된다. 정치적 불안은 전략적・재정적・인적 손실을 가져오는 위험이나 관광기업의 거래를 막거나 방해하고 계약상에 변화를 초래하는 정치세력이나 정부의 활동에 따른 위험을 말한다.

② 경제적 환경

경제적 환경은 관광 및 관광정책에 직접적인 영향을 미치는 경제시스템 전반을 말한다. 경제적 환경은 관광이 경제안정 및 성장여부와 밀접한 관련이 있다는 점에서 관광정책목표 및 사업 추진방향 등에 커다란 영향을 주고 있다. 역으로 관광정책과정은 대개 효율성을 지향한다는 점에서 경제적 요인에 민감하게 대응하지 않을 수 없다. 그 대표적 요인은 에너지 사정, 산업구조의 변화, 정부의 경제정책, 정부규제 등이다.

첫째, 각국의 에너지 사정은 관광산업에 직접적인 영향을 미친다. 1973년과 1979년 두 차례의 석유파동이 초래한 세계경제에의 영향은 엄청난 것이었으며 그에 따른 관광정책에의 파장도 기록적이었다. 석유의 전량을 수입하는 우리나라는 유가상승으로 인하여 경제성장 둔화, 무역수지 악화, 물가 및 실업률 상승은 물론 국내외 여행의 감소현상을 겪어야 했다. 지난 2006~2008년간 국제유가의 급상승은 국제관광수입을 증가시키되 관광지출을 감소시켰다.[24)]

둘째, 산업구조의 변화도 관광행정에 영향을 준다고 볼 수 있다. 산업생산구조의 변화는 정부의 의도적인 노력의 결과라고도 볼 수 있으나 어쨌든 그러한 변화는 정책적 고려를 요하는 새로운 문제를 야기할 수 있다. 현대사회로 들어와 두드러진 특징은 3차 산업의 증가이며, 그중에서도 관광산업은 전세계적으로 가장 빠른 성장산업의 하나로 지목되고 있다. 또한 관광산업의 비중이 확대되어감에 따라 관광산업을 육성하려는 정부정책도 강화될 수밖에 없다.

셋째, 정부의 경제정책도 관광정책의 추진에 영향을 준다. 경제정책이란 일반정치의 한 영역으로서 경제 분야에 있어서의 국가의 행위를 말하며, 경제활동의 흐름을 어떤 특정 목표를 실현하는 방향으로 조성하고 영향을 미치도록 하는 데 있다.[25)] 특히 그중에서도 인·허가정책이나 세제정책 등은 관광에 직접적인 영향을 미치기도 한다.

넷째, 정부규제는 '사기업의 경영이나 국민생활에 어떠한 식으로든 영향을 미치는 정부활동'을 말한다.[26)] 이로 인해 관광산업도 종전의 정부주도형보다는 민간주도형으로 전환되는 추세에 있다. 물론 모든 규제완화가 항상 바람직한 것은 아니다. 관광산업의 발전을 위해서는 경제적 규제의 완화는 계속 필요하지만 소비자의 보호나 환경오염방지, 삶의 질 향상을 위해서 사회적 규제는 오히려 강화되어야 한다는 견해도 있기 때문이다. 그러나 한국의 경우 여전히 관광산업에 대한 규제장벽이 높아 관광산업의 발전은 물론 국제경쟁력을 제고하는데 제약이 되고 있다.[27)]

③ 사회문화적 환경

사회문화적 환경은 사회를 구성하고 있는 개인의 행동에 영향을 미치는 문화, 가치관, 전통 내지 관습과 같은 사회제도나 사회적 태도를 말한다. 각국마다 관광에 대한 사회적 시각이나 가치관의 변화, 그리고 문화적 전통이 상이하다는 점에서 사회문화적 환경을 관광정책에 적극적으로 반영하지 않을 수 없는 상황에 이르렀다. 그 대표적 영향요인으로는 노령화, 인구구조의 변화, 소비자주의, 여성의 역할증대, 노동과 여가의식 등을 들 수 있다.

먼저 노령인구의 증대는 미국이나 일본, 서유럽 등의 국가에서 나타나는 두드러진 인구통계적 추세 중의 하나이다. 예를 들면 미국의 50세 이상 인구는 전 가계의 42.8%이나 금융자산 측면에서는 76.4%, 순자산 측면에서는 69.5%를 차지한다.[28] 인구의 규모와 구성의 변화는 전쟁, 정치, 경제상황, 사회적 가치관을 변화시켜 모든 사회현상과 간접적으로 연관을 맺고 있는 요소이다.

둘째, 현대사회에서 출생감소와 만혼현상, 그리고 이혼증가 등은 가구규모의 축소와 평균 기대수명의 증가가 특징으로 나타나는 인구구조를 이끌어낸다. 의학의 발달은 질병을 예방하고 고령화를 확대시켜 준다. 이렇듯 인구구조의 변화에 따라 관광산업에도 커다란 영향을 주고 있다. 즉 핵가족화가 확대될수록 여행활동에 참여할 수 있는 가처분소득과 시간, 이동범위가 확대되며, 또한 수명연장에 따라 고령자의 여행참여 비중이 늘어날 것이다.

셋째, 소비자주의는 소비자에게 불이익이 된다고 간주되는 문제에 대해 대항하는 활동이며, 소비자들이 생활수준의 취득과정에서 누적되어온 불만의 회복, 보상, 구제를 원하는 소비자들의 조직적인 노력이다. 특히 관광산업은 다른 산업에 비하여 여행소비자를 보호하려는 인식이 결여되어 그동안 상품의 질 문제, 과당경쟁문제, 가격문제, 정보제공문제 등을 유발시켜 소비자의 불만을 팽배시키고 있다. 이러한 소비자문제의 적극적인 해결은 역시 정부에 책임이 있다는 점에서 소비자주의의 확산에 적극 대응할 필요가 있다.

넷째, 향후 여성의 가정 내 및 사회적 역할변화도 관광정책을 추진하는 데 크게 영향을 줄 것이다. 그동안 관광정책을 추진하는 데 있어서 노동자나 청소년에 비하여 여성을 위한 정책개발에는 미흡하였지만 여성들의 사회참여확대 및 독신여성의 증가, 가구원수의 증가에 따른 여성여가의 증가는 여성들의 여가·관광활동의 질을 증진할 수 있는 정책을 새로이 요구하게 된다.

다섯째, 노동과 여가에 대한 인식변화도 중요한 영향을 주고 있다. 여가에 대한 전통적 의식구조는 동양의 유교윤리와 서양의 프로테스탄트 윤리(protestant ethic)에 얽매여 부정적인 영향을 받아온 것이 사실이다. 여가에 대한 인식의 변화는 관광정책의 역할강화 및 위상제고에도 커다란 영향을 주게 된다. 많은 미래학자들은 인류의 미래는 이전의 시대와는 달리 늘어나는 여가시간을 어떻게 효율적으로 관리하는가에 달려 있다고 주장하고 있다.

④ 기술적 환경

기술적 환경도 관광정책과정에 영향을 준다. 기술이란 상품이나 서비스의 생산을 위해 유용한

지식이나 기법을 이용하는 것이다. 기술적 환경의 요소로는 신기술의 등장, 정보사회화, 컨버전스의 가속화, 관광기술의 등장, 교통기술의 발달 등을 들 수 있다.

먼저 기술은 대략 10년마다 두 배로 증가하고 있으며 관광산업에서도 새로운 기술들이 급속히 보급·활용되고 있다. 커뮤니케이션 및 교통부문에서 신규 첨단기술의 발전은 지역 간 이동을 손쉽게 하여 전세계적인 관광산업의 발전을 촉진시키고 있다. 그런데 화상회의의 도입이 만약 상용여행을 대체할 경우 하나의 위협요소가 될 것이다. 반면 로봇공학이나 다른 기술들은 향후 관광산업의 노동력 부족문제를 해결해줄 것이다.

둘째, 정보사회로의 진전은 관광정책에 커다란 영향을 미치고 있다. 정보사회의 진전이 가속화됨에 따라 관광정책담당자들도 정보기술을 도입·활용하는 과제, 정보관리에 관련된 과제, 정보사회의 기반을 조성하는데 관련된 과제, 정보사회의 사회변동에 대응하기 위한 과제를 적극적으로 강구할 필요가 있다.

셋째, 정보기술(IT)의 발전과 이를 바탕으로 한 문화기술(CT)의 축적은 관광기술(tourism technology)의 발전에도 크게 영향을 미치고 있다. 관광기술은 관광산업의 환경변화에 부응하기 위해서 한국관광공사를 중심으로 개발을 모색하였으며, '한국관광 브랜드를 강화하는 기술' '고객감동(customer delight) 실현을 위한 하이터치 휴먼서비스 기술'이라는 개념으로 파악되고 있다.[29]

넷째, 정보기술의 발전은 산업 간 경계를 허물고 컨버전스를 가속화시킨다. 컨버전스(convergence)는 산업 간 복융합을 의미한다.[30] 특히 관광산업과 같이 복융합적 성격이 강한 산업의 경우 새로운 산업의 성장아이템 확보를 위한 관광테크놀러지 개발에 초점을 두어 시장차별화 상품을 지속적으로 개발하여야 한다. 스포츠, 산업기반, 자연환경, 문화, 역사, 방송, 영화, 도서 등 모든 영역이 관광의 영역이 될 수 있기 때문에 이종(異種)산업과의 융합을 통해 관광산업과 연계될 수 있는 토대를 만드는 것이 무엇보다 중요하다.[31]

다섯째, 교통기술의 동향도 관광정책에 커다란 영향을 주고 있다. 과학기술의 발달에 따른 첨단교통수단(예: 초음속 여객기, 고속철도, 해저유람선 등)의 등장이나 교통망의 확대, 새로운 교통수요의 등장은 관광정책적 차원에서 적극적인 대응을 요구하고 있다. 우리나라의 경우에도 최근 국제크루즈는 물론 연안크루즈가 도입되고 요트산업이 각광을 받고 있으며, 4대강을 중심으로 리버크루즈(river cruise) 사업도 적극 모색되고 있다.

⑤ 생태 · 위생적 환경

생태적 환경은 관광의 직접적인 대상이라는 점에서 생태적 환경의 변화는 관광정책에 커다란 영향을 주고 있다. 그 대표적 영향요인으로는 도시화 및 인구증가, 정부의 환경정책, 환경오염,

위생문제 등을 들 수 있다.

먼저 도시화 현상은 산업화과정에서 나타나는 필수적인 산물이다. 우리나라의 경우 2008년 현재 도시지역을 기준으로 할 경우 도시화율은 90.5%에 이르고 있다. 물론 도시화 자체보다도 도시집중화 현상으로 인한 생활환경의 악화는 여가공간의 부족, 교통혼잡, 범죄의 증가 등을 야기한다는 점에서 관광정책을 수행하는 데 커다란 영향을 줄 수 있다.

둘째, 정부의 환경정책도 관광자원개발 등 관광정책에 영향을 줄 수 있다.* 일반적으로 환경정책은 국토의 지상, 지표 및 주변해양의 인간생태학적 질을 관리하는데 초점을 두고 있다. 그 동안의 추세로 볼 때 환경정책의 강도와 수단은 시대에 따라 달라져 왔으나 전세계적으로 점차 엄격한 환경정책을 추진하고 있다. 이에 따라 우리나라의 경우에도 전과는 달리 관광행정기관 및 공기업이 관광자원의 개발이나 관광지 조성, 관광단지의 개발 등을 추진하는 데 있어서도 환경영향평가를 거쳐야 하는 부담을 안고 있는 실정이다.

셋째, 환경오염의 문제는 국가차원의 문제가 아니라 최근 들어와서는 국제적 차원의 문제로 부각되어 환경선언의 등장을 가져오게 되어 자연스럽게 관광자원의 개발에 있어서도 이러한 원칙이 준수되어야 할 필요성이 증대되고 있다. 특히 유엔에 의한 '유엔환경선언'(1972년)과 '세계자연보호헌장'(1982년), 그리고 1992년의 '리우선언'은 각국의 환경정책뿐만 아니라 관광정책에도 커다란 영향을 미치고 있다. 이들 선언을 계기로 관광정책에 있어서 자연환경에 대한 지속가능한 개발을 도입하고 나아가 저탄소 녹색관광산업의 육성을 추구하게 하고 있다.

넷째, 위생요인도 관광정책과정에 있어서 두 가지 중요한 역할을 한다. 그 첫째는 여행 중 관광객의 건강을 보호해줄 필요가 있으며, 둘째는 관광이 종종 위생수준을 향상시키는 매우 적절한 수단이 되기 때문이다. 외국인 관광객을 유치하기 위해서는 여행자의 건강을 보호해주는 방향으로 정책을 추진하도록 유도하게 된다. 전세계적으로도 2002년에 발병한 급성 중증호흡증후군(SARS)이나 2003년에 발병한 조류 인플루엔자 바이러스 AI(일명 조류독감), 그리고 2009년 멕시코에서 발생한 인플루엔자 A/H1N1(일명 돼지독감, Swine flu)은 국제관광에 부정적 영향을 주게 되어 국제적 차원에서의 해결방안을 모색하게 하고 있다.

* 최근 정부는 에너지와 환경문제뿐만 아니라 일자리와 성장동력 확충, 기업경쟁력과 국토 개조, 생활혁명을 포괄하는 종합적인 국가비전으로 '저탄소 녹색성장' 정책을 적극 추진하고 있다. 여기에서 녹색성장(green growth)이란 환경(green)과 경제(growth)의 선순환 구조를 통해 양자의 시너지를 극대화하고 이를 새로운 동력으로 삼는 것을 말한다. 즉, 경제성장 패턴을 환경친화적으로 만들어 새로운 성장 기회를 확보하자는 개념으로 선진사회 실현을 위한 원인요법에 착안한 구체적 정책해법이다. 이에 따라 국토공간의 녹색공간 조성 확대방침은 관광정책과정에도 영향을 주게 되어 녹색관광발전을 위한 의제형성과 정책결정을 활발히 모색하게 하고 있다.

3) 관광정책과정과 영향요인 종합

이상에서 관광정책과정을 정책의제형성, 정책결정, 정책홍보, 정책집행, 정책평가 및 환류로 단계화하고 관광정책과정을 둘러싼 환경을 거시환경(국제 및 국내 관광환경)과 미시환경(관광정책참여자)으로 구분하여 논의하였다. 중요한 것은 정책과 환경은 서로 영향을 주고받는다는 점이다. 즉 어떤 정책의 실시는 그 정책환경에 변화를 가져오게 되고, 정책을 둘러싼 거시 및 미시환경도 정책과정에 끊임없이 영향을 미치고 있다. 이를 종합적으로 정리하면 [그림 28-2]와 같다.

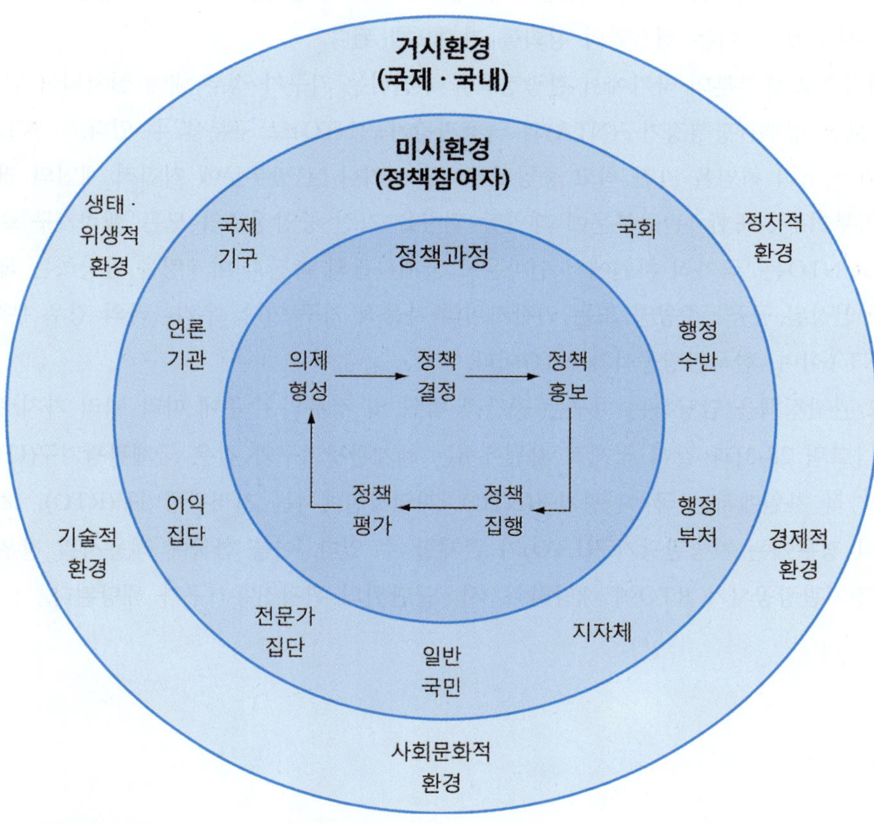

[그림 28-2] 관광정책과정과 영향요인 종합

3 관광정책의 추진조직과 역할

1) 관광정책의 추진기구

일반적으로 관광정책의 추진기구, 즉 관광행정조직은 정부 내에 관광에 관련된 행정을 담당하는 조직의 위상, 조직구조 등을 말한다. 통상 여기에는 중앙정부와 지방자치단체, 그리고 공기업을 포함시킬 수 있다. 관광정책을 담당하는 정부조직은 행정기능의 확대와 행정수요의 증가에 따라서 증대되었고, 이는 행정권의 강화를 가져오게 된다.*

전세계적으로 대부분의 국가에서 관광정책을 추진하는 기구가 정부 내에 설치되어 있는데, 이를 크게 보면 정부관광행정기구(NTA)와 국책관광기구(NTO)로 구분할 수 있다.[32] NTA는 '관광에 대해 행정적 책임을 가진 최고 중앙정부기구'이거나 '관광부문에 직접적 개입의 권한을 가진 중앙정부기구', 또한 '관광부문에 개입할 권한을 가진 중앙정부의 모든 행정기구'로 정의된다. 그리고 NTO는 '국가적 차원에서 인바운드 국제관광의 촉진과 마케팅을 담당하는 국가에 의해 설립·인정된 공공·준공공 또는 민간지위의 자율적 기구'이다. 우리나라의 경우 문화체육관광부가 NTA이며, 한국관광공사가 NTO이다.

그리고 관광정책을 담당하는 기구는 공간적 범위 및 정부의 수준에 따라 여러 가지로 구분할 수 있다. [그림 28-3]과 같이 국제적 차원에서는 세계관광기구와 같은 국제관광기구(ITO)가 있으며, 국가적 차원에서는 국책관광기구(NTO), 지역차원에서는 지역관광기구(RTO), 보다 소규모 지역의 경우에는 지방관광기구(LTO)가 존재할 수 있다. 이를 한국에 적용시킬 경우 인천관광공사, 경기관광공사가 RTO에 해당하며, 시·군단위의 관광진흥기구가 해당된다.

---

* 관광행정조직에 대한 개념정의는 아직 확립되어 있지 않으나, 다음의 몇 가지 특징을 지니고 있다. 첫째, 관광행정조직은 대외적인 면에서 그 나라의 관광정책과 행정을 대표하는 기관이다. 둘째, 관광행정조직은 전국단위, 또는 지역단위의 관광행정을 담당하는 기관이다. 셋째, 관광행정조직은 행정적 차원에서 공식적인 관광행정업무를 관장하는 기관이다. 각국마다 관광행정을 담당하고 있는 조직의 규모나 지위에 따라 여러 가지의 관광행정조직을 가지고 있는 게 사실이다. 또한 관광행정조직이 독립된 부서에서 수행되지 않을 경우에는 관광행정의 성격을 어떻게 규정하느냐에 따라 여러 조직으로 흡수될 수도 있다(장병권(1996). 『한국관광행정론』. 일신사).

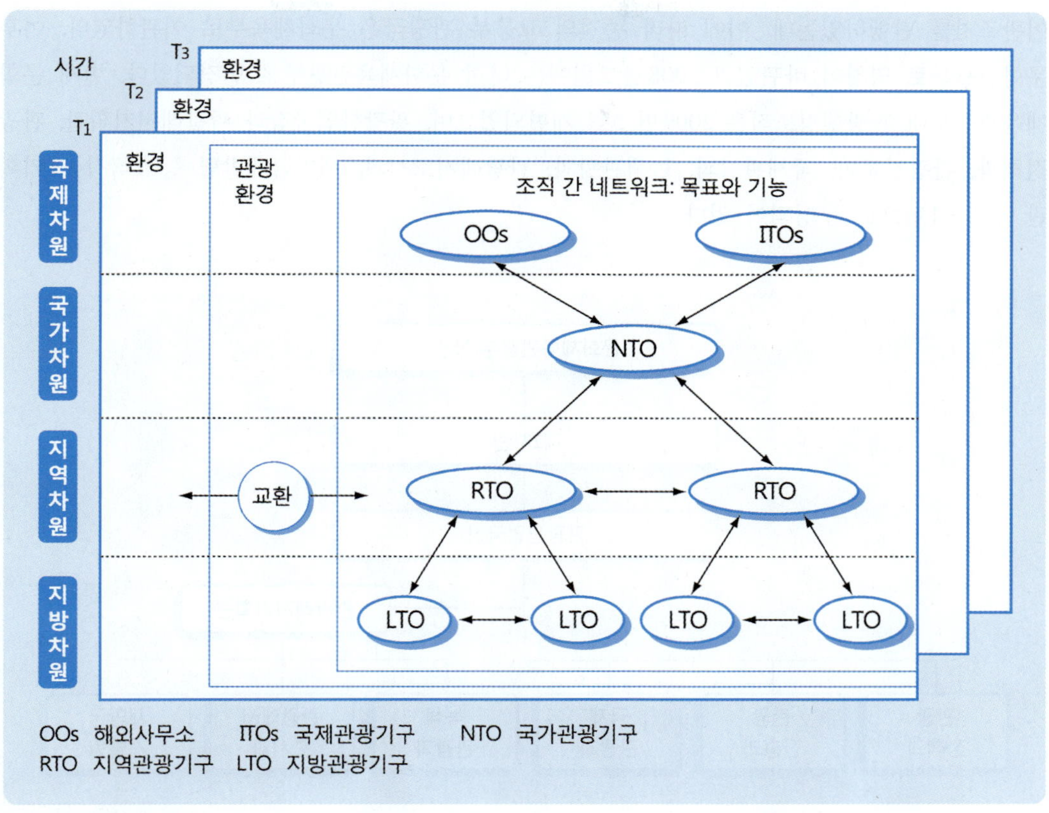

[그림 28-3] 관광정책추진기구의 위계 및 네트워크

2) 한국의 관광행정기구와 역할

(1) 중앙정부

중앙정부의 NTA는 현재 문화체육관광부이다. 중앙정부 차원에서 관광에 대한 행정적 개입은 정부수립 이후 1948년 교통부 육운국 운수과에서 시작되었다고 보는 견해가 있으나, 엄밀한 의미에서의 관광행정은 1950년 12월에 신설된 교통부 총무과 소속의 관광계가 1954년 교통부 육운국에 관광과가 승격되면서 시작되었다고 보는 것이 타당할 것이다. 1961년에는 육운국에 소속되어 있던 관광과가 관광공로국으로 승격되었으며, 1963년에 관광국으로 분리·독립되면서 본격적인 관광행정이 시작되었다고 볼 수 있다.

1994년 12월 세계화, 지방화시대에 행정이 적극 부응하기 위하여 대대적인 조직개편 및 업무이관조치를 단행하였는데, 이에 따라 종전의 교통부 관광국은 문화체육부로 이관하였다. 이후 문화관광부로 명칭이 바뀌었고 2008년 2월에는 다시 문화체육관광부로 변경되었다. 현재 문화체육관광부내 관광행정조직은 2009년 5월 개편되었으며, 관광산업국장과 관광레저기획관, 관광정책과, 관광진흥과, 국제관광과, 녹색관광과, 관광레저도시과, 새만금개발팀 등 1국장・1기획관・5과・1팀으로 구성되어 있다.

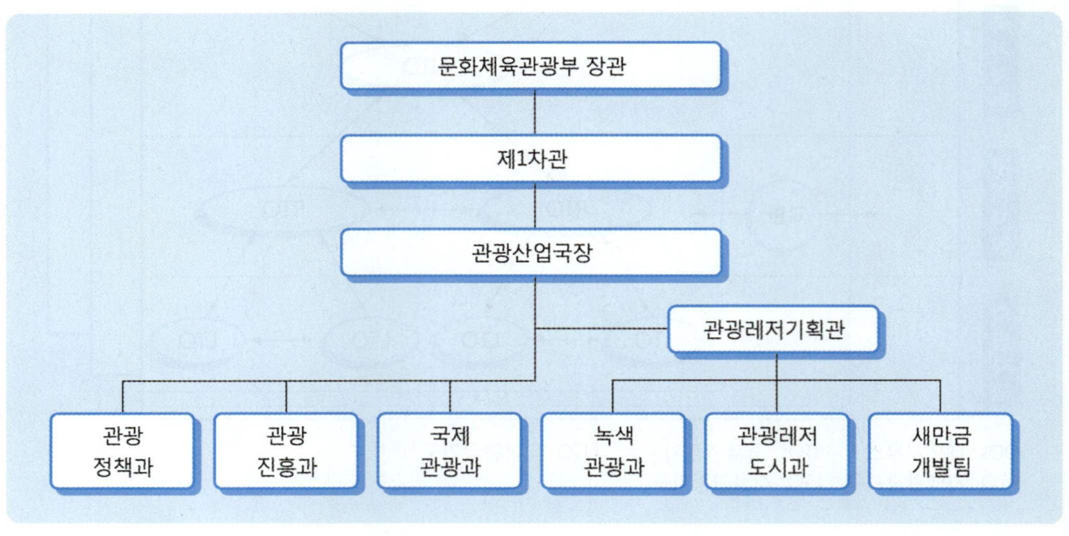

[그림 28-4] 중앙정부 NTA의 조직구조

한편 NTO인 한국관광공사는 1962년 6월 한국 관광발전을 위한 선도사업을 담당하기 위하여 설립되었다. 1970년대로 들어와 영업중심의 조직기구에서 사업기능이 축소되면서 진흥체계로 개편되었고, 1975년에는 공사법 개정에 따라 개발과 홍보업무조직을 추가하였다. 1982년에는 대폭적인 조직개편을 통하여 국민관광부를 자원개발부와 국민관광부로 확대 개편한 바 있다. 그러나 2008년 12월에는 공기업 구조조정에 의해 사장, 전략경영본부, 글로벌마케팅본부, 관광산업경쟁력본부, 코리아컨벤션뷰로 등 4본부, 5개 국내지사, 5개 협력단, 15개국 27개 해외지사로 구성되어 있으며, 총 765명의 인력으로 이루어져 있다.

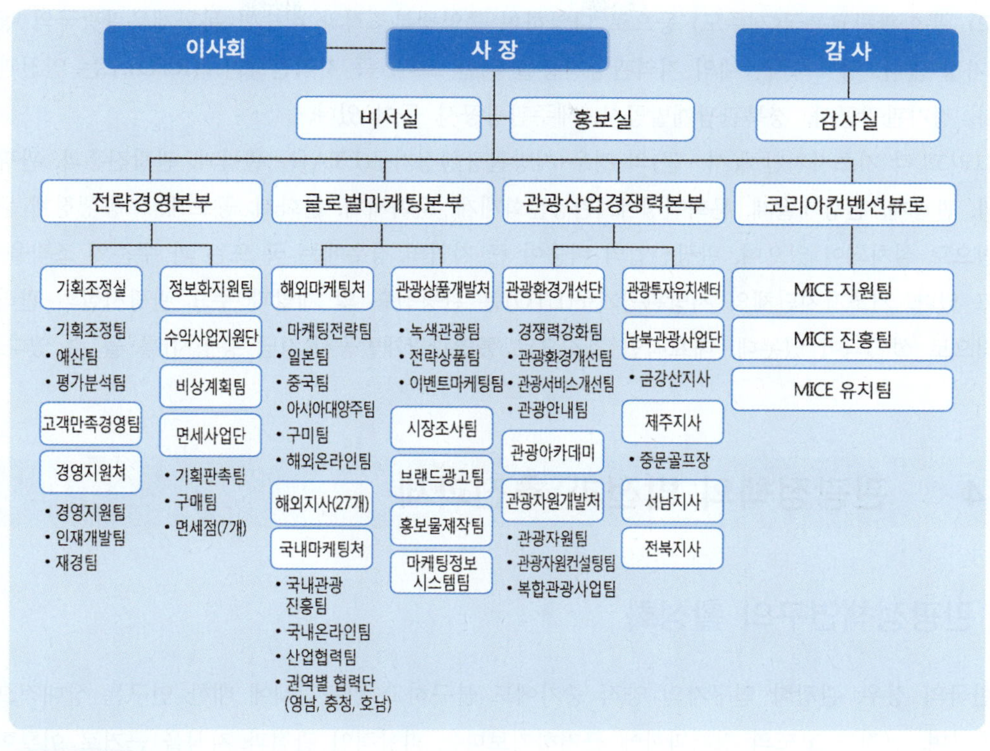

[그림 28-5] 한국관광공사의 조직구조

(2) 지방자치단체

중앙 관광행정조직이 관광에 대한 대외적 · 전국적 차원의 정책을 수립, 조정하는 역할을 한다면, 지방 관광행정조직은 관광행정의 집행기능을 주로 담당하고 있다. 한국에 있어서 지방 관광행정조직은 관광자원의 분포, 관광사업체의 수, 관광사업의 지역산업에 대한 기여도 등에 따라 시도별로 조직규모와 성격을 달리하고 있다.

광역자치단체의 지역관광행정기구(RTA)는 1960년대에 교통행정의 차원에서 서울특별시 관광운수국에 관광과가 가장 먼저 설치된 이후 부산광역시, 제주도, 경남의 순으로 관광과가 설치되었다. 관광행정이 국 단위 수준으로 승격된 것은 1979년으로 제주도에 관광국이 신설되었다. 2009년 5월 현재 지역관광행정조직의 명칭은 경쟁력강화본부(서울시), 문화체육관광국(부산시, 대구시, 대전시, 충남도, 전북도), 문화관광체육국(인천시, 경남도), 도시마케팅본부(광주시), 문화체육국(울산시), 문화관광국(경기도, 강원도, 전남도), 문화관광환경국(충북도), 관광산업국(경북도), 문화관광교통국(제주도) 등으로 다양하며 중앙정부조직과 비슷한 문화체육관광국의 형태가 가장 많다. 광역자치단체의 지역관광진흥을 위한 조직, 즉 지역관광기구(RTO)로는 인천관광공사, 경기관광공사, 경북관광개발공사, 제주관광공사 등이 있다.

그리고 각 기초자치단체(시 · 군)의 경우 지방관광행정기구(LTA)는 관광과, 관광진흥과, 관광산업과, 관광계, 관광개발계, 문화관광계, 관광문화재계, 문화재계, 문화계, 공보계, 교통행정계 등의 명칭으로 설치되어 있으며, 관광산업의 비중이 큰 지역의 경우에는 국 또는 과 수준의 조직을 갖추고 있다. 기초자치단체의 지방관광기구(LTO)는 관광진흥 및 개발과 주요 관광시설의 관리를 목적으로 설립되어 있는데, 대표적인 조직으로 통영관광개발공사(경남 통영시)를 들 수 있다.

4 관광정책의 발전과 추진과제

1) 관광정책연구의 활성화

한국의 경우, 관광학 연구자의 양적 증가에도 불구하고 관광정책에 대한 연구는 상대적으로 부족하며, 그것도 고도의 정책과학에 근거하기보다는 피상적인 관점과 지식을 근거로 이루어지고 있다. 또한 정부관광정책에 대해 심층적 분석과 비판적 시각이 부족하여 결과적으로 관광정책의 합리성, 공익성을 제고하는 데 도움을 주지 못하고 있다.*

최근 정책평가 등 관광정책연구가 점차 확산되고 있다. 그러나 정부가 관광목표를 효율적으로 달성하기 위해서는 관광정책에 대한 체계적인 접근이 필요하다. 특히 관광정책연구에 있어서도 관광정책 결정과정의 정치적 속성, 관광기획 및 정책과정에 대한 공공의 참여, 관광정책결정에 있어서 권력과 가치, 복잡한 정책환경에서 정책이해관계자들의 행동, 관광정책의 효과에 대한 인식에 대한 연구가 활발히 이루어져야 한다.

* 홀(Hall)은 관광 분야에서든 정치학이나 정책분석에 있어서 관광의 정치적 측면이 부각되지 못한 이유가 다음의 상황에서 기인한다고 하고 있다. 첫째로 정부나 민간부문의 많은 의사결정자 중 상당수가 관광의 정치적 특성에 대해 제대로 인식하지 못하였다. 둘째로 관광의 정치학에 대한 연구수행에 대한 공적 관심이 부족했다. 셋째로 관광이 아직도 진지한 학문적 연구대상으로 인정받지 못하였다. 넷째로 관광에 대한 정치 · 행정적 연구를 수행하는 데 있어서 많은 방법론적 문제가 있다(Colin, M. Hall(1994). *Tourism and Politics: Policy, Power and Place*. London: Belhaven Press).

2) 정부 간 · 조직 간 협력적 관광정책의 추진

관광정책은 다양한 이해당사자 및 이익집단이 관련된 복잡한 현상이다. 이에 따라 관광정책을 원활히 추진하기 위해서는 정부 간 그리고 조직 간의 상호이해와 협력이 필요하다. 여기에서 정부 간 관계(intergovernmental relation)는 '모든 수준과 모든 형태의 정부 간에 일어나는 상호작용과 행위의 총체' '상급정부가 하급정부와 재정을 포함한 여러 가지 자원을 나누어 쓰는 재정 및 행정과정'으로 정의된다.[33)]

아직 많은 나라에서 정부의 각급 차원에서 강구되는 정책과 사업들은 서로 잘 통합되어 있지 못하다. 간단히 말해 관광정책과 행동에 있어 상호조정이 결여되어 있다는 점이다. 정부의 한 수준에서 수립된 정책은 다른 수준의 정책과 배치될 수 있으며, 또한 간혹 두 수준 간에 아무런 협의 없이 각기 집행될 수 있다. 따라서 중앙정부 내 관광행정조직과 관련 조직 간의 상호협력은 물론, 중앙정부와 지방자치단체 간의 협력을 통하여 관광정책의 발전을 도모해야 한다.

또한 관광과 관련된 조직 간 관계(inter-organizational relation)를 새롭게 정립하고 다양한 협력사업을 추진해야 한다. 관광부문에 있어서 조직 간 관계가 성립하게 된 원인은 한 조직을 운영하기 위한 자원(예: 인력, 정보, 돈, 물자, 고객, 시장 등)을 타 조직에 의존할 수밖에 없기 때문이다. 특히 관광정책을 원활히 추진하기 위해서는 공 · 사 부문 간 협력이 전제되어야 한다는 점에서 특히 민간관광조직(협회, 학회, 노조, NGO 등)에 대한 배려와 지원이 필요하다.

3) 관광정책과정의 참여자 확대

관광정책을 공공부문이 주도적으로 추진하는 것은 당연하다. 그러나 정책의 합리성을 증대하고 효율적으로 제고하기 위해서는 민간부문의 정책참여도 매우 중요한 과제이다. 민간부문의 참여기회를 확대함으로써 정부관광정책에 대한 이해와 자발적 협력을 이끌어낼 수 있다. 정책과정의 참여란 특정한 정책에 직 · 간접적으로 영향을 받는 일반 국민, 정책대상집단 등의 비공식 참여자나 정책과정상의 주체인 공식적 참여자가 제반의 자원을 동원하여 정책형성, 정책결정, 정책홍보, 정책집행, 정책평가 등의 각 단계에 개입하는 것을 의미한다.[34)]

따라서 관광정책과정에 참여하는 공식적 · 비공식적 정책참여자의 구성요소와 행태 등에 대한 적극적인 연구 · 검토가 필요하다. 특히 기존의 공식적 정책참여자 중심에서 공식적 · 비공식적 정책참여자 간 협력을 도모하기 위해서는 비공식적 정책참여자(정당, 이익집단, 언론기관, 전문가집단, 일반국민, 시민단체 등)의 폭을 확대하고 각 분야의 실무전문가를 정책에 참여시키는 노력이 필요하다.

4) 관광정책추진을 위한 제도적 장치 개선

관광정책은 합법성과 공공성에 기초하여 추진되어야 한다. 따라서 관광정책이 활성화되기 위해서는 관광관련 제도적 장치를 확립하고 지속적으로 개선해 나가야 한다. 이 제도적 장치는 국가에 따라 다르며, 한 국가 내에서도 정책부문에 따라 매우 다양하다. 우선 관광에 관련된 법규는 시대에 맞게 지속적으로 개선되어야 한다. 특히 관광기본법은 1970년대의 시대적 가치와 정신을 그대로 담고 있어 21세기의 관광정책여건을 충분히 감안하지 못한다는 점에서 개선이 필요하다. 특히 관광정책의 이념과 목표, 추진방향, 추진방법(지원조치) 등에 대한 추진체계를 적절히 구축하는 것이 필요하다. 또한 관광정책을 추진할 수 있는 행정조직 간 상호 협의와 조정을 위한 관광정책조정기구가 부재하여, 중앙정부 내 부처 간 이기주의가 발생하고 각기 산발적·중복적 관광정책이 추진되고 있다. 2000년 관광기본법 개정 당시 활동의 미비로 관광정책심의위원회가 폐지된 적이 있으나 국가적 차원에서 관광산업의 중요성이 점차 증대되고 있는 상황에서 관광정책심의위원회 조항의 부활·재설치가 적극 고려되어야 할 것이다.[35)]

5) 관광정책의 시대적 당면가치 구현

관광정책을 추진하는 데 있어서 중요한 것은 시대적으로 요구되고 있는 가치를 적극 수용함은 물론 나아가 트렌드선도형(trend-setting) 가치를 적극적으로 모색하는 것이 중요하다. 그동안 관광정책의 바람직한 방향은 국제적인 관광기구들이 주도해왔으며, 회원국 정부로 하여금 정책추진의 지침이 되고 있다. 우리나라도 세계관광기구, 경제협력개발기구, 유네스코, 아시아태평양경제협력체 등 다양한 국제관광기구에 참여하고 있으나 여전히 관광선언 및 행동강령을 충실히 실천하지 못하고 있는 실정이다.

이들 국제 관광선언의 내용은 시대별로 관광산업에 부여된 가치와 정신을 담고 있다. 1980년대까지는 주로 여가·관광권의 강화, 관광참여의 저변확대, 관광산업의 경제적 중요성 등을 강조하였다면, 1990년대 이후에는 관광환경의 보전과 지속가능한 관광개발, 관광객의 안전과 편의증진, 관광지역주민의 삶의 질 향상, 국제관광협력 강화, 지방관광발전 등이 핵심화두로 등장하였다.[36)] 따라서 관광정책이 활성화되기 위해서는 국내외적으로 새롭게 부각되고 있는 당면과제나 미래지향적인 관광발전의 미래상을 적극 검토하고 제기된 이슈를 적극 반영하려는 노력이 필요하다.

미 주

1) Dror, Y.(1983). *Public Policy Making Reexamined.* New Brunswick: Transaction, Inc.

2) 노화준(2006). 『정책분석론』. 서울: 박영사.

3) 안종윤(1997). 『관광정책론』. 서울: 박영사.

김원인(1999). 『관광학원론』. 서울: 학문사.

4) Börmann, Arthur(1931). *Die Lehre vom Fremdenverkehr.*

5) Glücksmann Robert(1935). *Allgemeine Fremdenverkehr.*

6) 岡庭博(1971). 『觀光學概論』. 京都: 法律文化社.

7) 鈴木忠義編(1974). 『現代觀光論』. 東京: 有斐閣.

8) Alberto Sessa(1983). *Lo sviliuppo del turismo: ricerca, teoria, formanzione, politica.*

9) Charles R. J., Goeldner, R., Brent Ritchie, & Robert W. McIntosh(2006). *Tourism: Principles, Practices, Philosophies.* 10th ed. New York: John Wiley & Sons, Inc.

10) 안종윤(1997). 『관광정책론』. 서울: 박영사.

11) 권순(1998). 『관광정책론』. 서울: 백산출판사.

12) 송재호(1996). 지방정부의 관광정책 이익집단간 갈등관리에 관한 연구. 경기대학교 대학원 박사학위논문.

13) 김성혁(2000). 『관광학원론』. 서울: 형설출판사.

14) 이연택(2003), 『관광정책론』. 서울: 일신사.

15) 이장춘(2001). 『관광정책학』. 서울: 대왕사.

16) 김광근(2008), 『관광정책론』. 서울: 대왕사.

17) 안종윤(1997). 『관광정책론』. 서울: 박영사.

18) 최승이(2001). 『국제관광론』. 서울: 박영사.

19) 고석면 · 이재섭 · 이재곤(2008). 『관광정책론』. 서울: 대왕사.

20) 노화준(2006). 『정책평가론』. 서울: 법문사.

21) 장병권(1996). 『한국관광행정론』. 서울: 일신사.

22) 이장춘(1998). 『관광정책학』. 서울: 대왕사.

23) 유종해 외(1984). 『행정학사전』. 서울: 고시원.

24) 박상곤(2008). 환율 및 국제유가 변화에 따른 관광부문 영향분석. 한국문화관광연구원.

25) 김적교(2008). 『경제정책론』. 서울: 박영사.

26) 손의영 외(1994). 교통 · 관광부문의 규제완화 추진방안. 교통개발연구원.

27) 심원섭(2008). 한국관광산업 규제개혁 종합연구. 한국문화관광연구원.

28) 리차드 티어 · 마이클 올슨 엮음(1999). 이연택 외 옮김. 『국제관광산업전략』. 서울: 일신사.

29) 한국관광공사(2005). T2(Tourism Technology) 비전 및 중장기 전략수립.

30) 장병권(2008). 신 관광시대의 정책키워드, 관광테크놀로지. 『관광학연구』, 32(4).

31) 한국관광공사(2005). 관광산업의 새로운 패러다임 창출을 위한 2010 중장기 경영전략.

32) David Jeffries(2001). *Government and Tourism*. Oxford: Butterworth.

33) 콜린 M. 홀, & 존 M. 젠킨스(2002). 장병권 역. 『관광과 공공정책』. 서울: 일신사.

34) 안해균(2000). 『정책학원론』. 서울: 다산출판사.

35) 신용석 · 심원섭(2006). 관광법제 체계화 및 개선방안. 한국문화관광정책연구원.

36) 신용석 · 장병권(2007). 관광정책 환경변화와 관광기본법의 개선방안. 『관광학연구』, 31(2).

저자약력

장병권(張秉權) 현_호원대학교 호텔관광학부 교수

한양대학교에서 문학박사학위를 취득했다. 저자 장병권은 한국관광학회 편집부위원장 및 사단법인 한국스포츠관광학회 회장(2009~2010)을 맡고 있으며 저서 『한국관광행정론』 『관광과 공공정책』 『신 관광시대 국민관광』 『레저관광심리학』 등과 논문 "한국 관광행정체계 발전모형 연구" "국내관광 정책평가와 활성화방안" "관광기본법의 개선방향과 추진방안" "미래형 관광레저도시의 개발모형" 등을 통해 활발한 학술적 성과를 발표하고 있으며 후진 양성과 학회의 발전에 힘쓰고 있다.

제5편

오락 · 스포츠 · 문화관광의 이해

『관광학총론』 스물아홉 번째 이야기

제29장

관광과 엔터테인먼트의 신지평을 향하여

손 대 현*

1 머리말: 열린 마음과 재미

철학자 칼 포퍼의 『열린사회와 그 적들』에 의하면 사람이 금수와 다른 점은 닫힌 마음에서 열린 마음(open mind), 열린 세계(open world)에 사는 것이라 했는데 이 열린 세계의 가장 두드러진 특징 중의 하나가 인간의 이동성(mobility)이다. 고도 산업사회에 살고 있는 현대인들은 뜨거운 이동 욕망에 사로잡혀 있으며 세계의 지구촌화 · 글로벌화는 상호이해 · 상호침투 · 상호발전을 맹렬히 촉발하고 있다. 심지어 21C는 삼류(三流)의 시대, 즉 인류(人流), 물류(物流), 신류(信流)가 크게 융성할 것으로 예측하고 있다. 오늘날 이 같은 신 방랑적 유목사회(new nomadic society)를 맞아 국민들은 해외에 나가 놀거리 + 먹을거리 + 할거리 + 살거리 + 배울거리에 많은 돈을 쓰고 돌아오지만 쓰는 돈 이상으로 많은 것을 배우고 두 눈이 열리면(開眼) 국부의 원동력(觀光國富論)이 된다는 것을 발견하였다. 본고에서는 놀이 · 레저 · 레크리에이션 · 여행 · 관광(PLRTG)과 엔터테인먼트(재미) 간 기본 콘셉트의 통섭(consilience)이 콘텐츠와 창의성으로 유발된다는 신지평을 제안하고자 한다.

* 한양대학교 관광학부 교수. sohndh@hanyang.ac.kr

2 놀이 · 레저 · 레크리에이션 · 여행 · 관광에 대하여

실용주의란 신사고의 철학을 확립한 미국의 철학자 존 듀이가 말하기를 사람이 동물과 분명히 다른 점 한 가지는 놀 줄(play) 아는 능력이라 했다. 호이징하의 명저 『호모 루덴스』에서 사람은 놀기를 즐기는 본능을 통하여 비로소 문화예술을 소유하게 되었다고 한다.[1] 그는 철학, 정치, 법률, 예술, 축제, 과학과 학문, 경기 등의 기원이 놀이의 원시적 토양 속에 뿌리를 박고 있어 놀이의 자양에서 문화가 잉태하였다고 했다. 그 놀이의 본질은 재미이다. 그리스의 교육개념은 자유와 연결되어 있고 그들의 자유개념은 레저(leisure)와 맞물려 있다. 그리스어의 레저인 scholē는 영어의 school을 뜻하는 것으로 교육, 조용함, 평화 등을 의미하고 있다.[2] 그리스어 아레테(ârétè)라는 말은 자유, 교육과 레저가 결합된 말로 이는 고상한 행동과 고상한 생각이 함께 있는 상태로 그리스인 생활양식의 기초가 되었다. 관광도 레저의 한 형태로서 레저는 자신의 진정한 즐거움의 추구와 보람된 일을 할 수 있는 자유시간이란 뜻이다. 구미인들이 일하는 목적은 행복한 레저를 얻기 위해서라고 한다. 1일 3분법에서 즉 24시간 중 8시간은 노동시간, 8시간은 잠을 비롯한 생리시간이고 나머지 8시간은 레저의 시간이다. 이 시간이야말로 여유의 시간이요 사람의 시간이다. 레크리에이션(recreation)은 위락(慰樂)을 통한 재창조 · 재충전의 뜻을 강하게 내포하고 있으며 무릇 교육의 목적은 유익한 레크리에이션(재창조) 활동을 할 수 있는 사람을 만드는 데 있다.[3]

15C는 르네상스 시대로 대항해가 시작되었고 16C에는 종교개혁의 시대, 17C는 과학혁명의 시대, 18C는 산업혁명과 인간해방의 시대, 19C는 민족해방의 시대, 20C는 빈곤 해방의 시대요, 과학기술 문명의 시대라 한다면 21C는 대여행의 시대를 예견하고 있다. 인생은 나그네이다(homo viator). 영화계의 철학자 테오 앙겔로플로스 감독의 '율리시스의 시선'에서 신이 만든 첫 번째 작품은 여행(travel)이다. 모든 여정의 끝은 새로운 여정의 시작이라는 말은 우리의 인생살이를 잘 압축하고 있다. 존 듀이의 실험을 통한 학습(learning by doing)이 있다면[4] 여행을 통한 학습(learning by traveling)은 이미 화랑도의 산수유오사상에서도 잘 나타난다. 교육은 자신이 잘 모른다는 것을 깨달아가는 과정이듯 깨달음을 찾아 떠나가는 순례자가 여행자의 참모습이다. 그래서 가능한 여행은 자주 떠나 보는 게 좋고 많이 보는 자가 승리한다는 다시최량사상(多視最良思想)이란 술어가 일본에서 쓰이고 있다. 많은 지식은 여행을 통해서 얻게 되며 사람은 누구나 아는 것을 통해 관대해진다. 많이 알면 더 관대해진다. 사실 여행은 언제나 들어도 즐겁고 재미있고 설레며 건강한 사람치고 여행을 싫어하는 사람은 없다.

관광(GwanGwang)*이란 소박하게 말해서 어쨌든 보는 것이며 인간은 보아야 하는 무엇인가를 찾아서 여행을 떠나지 않고는 살 수 없다. 사람의 본질은 움직임(動物)이고 움직임(動)은 보는 것(觀)이요 보는 것은 변화(變)이자 즐거움(樂)이요 즐거움은 자연(然)이다. 즉 動・觀・變・樂・然인 것이다. 그리스어의 보는 것이 영어의 이론(theory)의 어원인데 이론이란 단순한 사변이 아니라 철저하게 봄으로써 얻어지는 것을 시사하고 있으니 보는 것은 참으로 의미심장한 일이다. 관광이란 말은 2500여 년 전에 쓰인『주역(周易)』의 "관국지광(觀國之光)"에서 나온 말로[5] "타국의 문물(文物)을 보고 임금의 덕이 어떠한지를 꿰뚫어(觀徹) 보는 것"으로 이는 선비 정도의 안목이 있는 사람이라야 볼 수 있다고 했다. 관국지광 정신에 따르면 관광은 물리적인 햇빛을 보는 것이 아니라 한 국가의 정신문화적인 빛을 단순히 보는(見이나 視가 아님) 것이 아니고 식견이나 통찰력을 가지고 보아야 한다는 것이다. 보는 법, 즉 착안법(着眼法)은 정밀함과 거칢, 짙음과 옅음이 양극을 이루고 있는데, '유람'은 놀면서 걷는 기분 정도로 보고 '소요'는 무목적으로 한가로이 보는 것이며 '관찰'은 사물을 자세히 보는 것이라면 '탐검(探檢)'은 손을 더듬어서 조사하는 수준이다.[6] 이렇듯 보는 법에도 대체로 유람・소요・관찰・탐검이 있다. 일반 곤충이나 나비도 여행(生存方式)은 하지만 관광은 사람(生活方式)만이 할 수 있다. 그래서 사람은 '관광하는 동물'이라 부를 수 있다. 관광행동에도 표층(유람과 소요)과 심층(관찰과 탐검)이 한 덩어리가 되어 상호작용하는 것인데 심층만 좋고 표층은 안 좋은 것이 아니라 양쪽 다 필요한 것이다.

관광의 이념이 자유와 평화라면 관광의 본질은 문화행동과 문화접촉이라 할 수 있는데[7] 결국 관광의 탁월한 매력은 인간을 만나 이문화체험(cross-cultural experience)을 하는 데 있다. 이렇듯 관광의 본래 뜻은 '관찰하며 보는 것'이다. 국민들이 해외에 나가 놀거리 + 먹을거리 + 할거리 + 살거리 + 배울거리에서 많은 돈을 쓰고 돌아오지만 쓰는 돈 이상으로 두 눈이 열리면(開眼) 국부의 원동력(觀光國富論)이 되는 것이다. 관찰은 국력이다. 무릇 관찰력과 사고력은 같이 가는 법. 사물을 관찰하는 힘을 키우는 것이 국력이요 경쟁력이다. 따라서 관광은 관광－관심－관찰－창조로 이어지는 법이다. 또한 관광은, 관광 = 체험산업 + 엔터테인먼트산업이기도 하다. 200년 전에 산업혁명이 일어났고 20년 전에 제조업에서 서비스업으로, 10여 년 전에 서비스업에서 감성산업인 체험경제(experience economy)로 이동하였다.[8] 고도의 정서산업이요 고감성을 요하는

* 관광(觀光)이란 말을 한자 풀이 없이는 도저히 이해할 수 없으며 서양의 tourism 용어로서는 관광(GwanGwang)의 의미론(semantics)을 담아낼 수 없다. tourism이란 말은 17C에 웹스터 사전에 처음 등장되고 tour의 어원은 라틴어 tornus에서 나온 말로 영어의 turn에 해당, 즉 make a turn 하면 순회한다(패키지 투어의 성격)는 뜻이다. 고로 위에서 말한 관국지광의 관광이란 말이 tourism으로 쓰이는 것은 매우 부적절한 표현이다. 서양의 것을 무조건 따라 하기보다 우리는 달리 써야 한다. 관광이란 술어의 home town은 동양이고 GwanGwang이란 술어를 당당히 국제어로 사용하는 것이 바람직하다.

관광 비즈니스는 ⓔ요소 ⓢ요소와 ⓕ요소 없인 업의 존립이 어렵다. ⓔ요소인 entertainment element란 문화와 예술을 비즈니스화한 것이고 ⓢ요소인 showmanship element란 연출과 재미와 감동이다. 관광객의 2박 3일 체류는 마치 2시간 이내의 쇼 공연과 같이 드라마틱해야 한다. ⓕ요소인 funship element란 fun은 인간 행복의 core 요소요 21C의 중요한 화두란 뜻이다.[9)]

사람은 일차적으로 의식주와 같은 요구(要求)충족적인 생의 본능을 추구하지만 거기에 그치지 않고 그 바탕 위에서 좀더 좋은 삶의 추구와 빛의 발견, 즉 문화의 발견을 확보하는 것이 사람의 바람직한 삶의 경지이다. 그래서 사람이란 자연적인 존재인 동시에 문화적인 존재이다. 이 사회적 상호작용(social interaction)의 촉발요인이 매력(콘텐츠)이고 만나고 상호작용하는 것이 인간의 본질이라면 바로 유기체 간 상호작용(interorganismal)이 곧 진정한 문화(文化)이다. 그래서 인(人)과 간(間) 사이에, 즉 인간은 문화라고 하는 공유된 생활경험을 통하여 상호작용이 가능한 것이다. 이 상호작용과 문화가 바로 관광의 으뜸 원리이다.

3 엔터테인먼트에 대하여

엔터테인먼트(entertainment, 이하 en)는 우리가 흔히 쓰는 오락·여흥이란 뜻의 어뮤즈먼트(amusement)보다는 한 차원 높은 것으로, en은 사람에게 즐거움(재미)과 감동(의미)을 주는 것이다. 그래서 엔터테인먼트의 키워드는 재미와 의미이다. 인간은 엔터테인(entertain)을 통해 생명을 유지(maintain)하고 삶을 지속(sustain)하여 결국 사람의 영역에 도달(attain)한다. 결국 엔터테인먼트는 사람이 사람의 자리에 도달케 하는 것이다.[10)]

- Entertainment ≠ Amusement
- Entertainment + Maintainment + Sustainment = Attainment

우리나라의 en연구는 아직 태동기에 있고 en용어에 대한 우리말은 쾌락(快樂)이나 유락(遊樂)이란 말도 괜찮으나 뉘앙스가 그다지 바람직하지 못해 하나의 조심스런 대안으로써 정락(情樂)이란 용어를 제안하고자 한다.[11)] 정락이란 정(인간관계의 정)에 의한 즐거움, 정보에 대한 즐거움의 충족이란 뜻이다. IT의 핵심은 얼음인 ICE로 표현되는데 이 말은 Information + Communication + Entertainment의 머리글자로 얼음(ice)처럼 냉랭한 현대인에게 '사람냄새 나는 사회'를 지향하는 뜻을 담고 있다.

단적으로 말해서 en이란 사람의 심리가치인 喜·怒·哀·樂 중 기쁨(喜)과 즐거움(樂)이 en의

기본 개념인데 이 즐거움과 기쁨이란 재미가 문화가치와 경제가치란 엄청난 고부가가치(재창조)를 창출하기[12] 때문에 최근 현대인에게 각광을 받고 있다(해리 포터의 소설과 쥬라기 공원의 영화 블록버스터 참조). 이 인간 본원적 욕구의 결합인 en은 최근 정보미디어의 발달로 en상품(情樂商品), en산업(情樂産業)이 각광을 받고 있다. 인간이 지닌 능력 중 하나가 정보공간(사람과 사람 간의 커뮤니케이션)에서 놀 수 있는 것이다. 영화, 드라마, 애니메이션과 게임 등은 인간에게 정보를 전달하여 인간으로 하여금 그 정보공간으로 유입되어 기쁨을 추구할 수 있게 하는 것이다. 이 같은 세계의 트렌드에 맞춰 기업이 존속하기 위한 패러다임으로써 엔터테이닝성(entertaining)이란 즐겁고 기쁜 사명감을 갖는 것이 곧 기업의 정체성이 된다는 발상의 전환이 필요하다. 그 이유는 유저에게 en의 재미는 바로 그 느낌을 통해 진가를 아는 진리(truth)이며, 감동은 엄청난 부를 창조하는 큰 힘을 가진 권력(power)이요 en은 정과 사랑이란 측면에서 밝고 즐거운 것이므로 마땅히 사람이 추구해야 되는 옳은 길인 정의(justice)이기 때문이다.[13] 단지 종래의 소비자 지향이나 소비자 만족을 넘어 진정 소비자가 좋아하는 것을 발견해야 하는 en법칙을 터득해야 생존할 수 있을 것이다. 한류의 본류에도 en-factor, 즉 엔터테인먼트 팩터가 탑재되어 있기 때문에 그 파급효과가 세상에 편만(遍滿; ubiquitous)하였고 고환율의 여파를 타고 일본인의 급격한 방한 증가도 아직 한류의 영향이 미치고 있다는 증거이다.

en의 영역은 문화원형 + 예술 + 미디어 + 레저 · 관광 + 전산업으로 파급, 총체적 파이는 확대일로이고 콘텐츠 내용도 실로 광범위하다. 특히 인터넷과 디지털 혁명에 힘입어 en은 벌써 자이언트 산업의 반열에 들어섰고 다원 en의 초고속 네트워크와 콘텐츠의 링크로 en의 잠재력은 무한 확장이 가능하다. en의 주요 장르와 시장은 다음과 같다. 문화원형으로써 단군문화, 4국 시대 문화, 한마당 · 풍류도, 종교문화 등이 있으며 예술에는 영화, 음악, 공연, 연주, 미술, 패션, 애니메이션, 캐릭터와 만화 등이 있으며 미디어에서는 지상파와 케이블TV, 신문과 잡지, 책, 인터넷, 모바일 등이 있으며 레저 · 관광 부문으로는 스포츠, 게임, 관광, 항공, 테마파크, 리조트, 레스토랑, 카지노 등이다. en은 전산업으로 확대일로에 있는데 예컨대 교육락(教育樂)이란 edutainment(교육 + 엔터테인먼트), shoppertainment(쇼핑), eatertainment(식도락), healthtainment(건강), sportainment(스포츠), politainment(정치) 등이 해당된다.

4 PLRTG와 en의 통섭에서 창의성 + 콘텐츠로

앞서 설명한 PLRTG와 엔터테인먼트 행동을 유발하고 또한 이들이 지향하는 핵심 목표는 즐거움과 기쁨, 재미와 의미, 체험 등이다. 이들 요소가 곧 콘텐츠(매력창출)이며 이 콘텐츠 요소가 바로 상상력과 창의력으로 연결되는데 그 이유는 창조는 우뇌 사용과 깊은 관계가 있기 때문이다. 21C의 생존무기는 창의력이다. 독선과 독재의 시대는 이미 가고 독창의 시대가 꽃 피었기 때문이다. 그 개화의 힘은 단순한 지식의 통합(integration)과 융합(convergence)에서 인문학과 자연과학의 다양한 접학과 연관성을 가지는 통섭(統攝; consilience)으로 발휘되며[14] 이것이 창의로 유도된다.

현대를 콘텐츠(contents)의 전쟁시대라 부른다. 콘텐츠란 각종 미디어에 들어간 정보내용을 일컫는데 그 정보란 디지털 방식으로 제작해 유통하는 각종 자료 또는 지식의 집합이라 정의된다. 관광과 en산업과 같은 고감성적 정서상품의 본질은 창의성 + 콘텐츠이다. 관광업은 관광자가 찾는 진정한 정보내용이 무엇인가를 꿰뚫어야 한다. '콘텐츠'는 HW와 SW를 빛나게 하는 실체인데 그 빛나게 하는 것이 무엇인가? 관광자에게 소구력(訴求力) 있는 콘텐츠란 재미 + 스토리텔링(의미) + 체험 등의 '매력'이 그 본질이요 생명이다.[15] 이 매력이 바로 빛이다. 지금은 대박을 쳤던 블록버스터, 즉 대장금과 겨울연가와 같은 킬러콘텐츠(killer contents)를 대망하는 시대이다. 그리고 새롭고 신기한 콘텐츠의 '창의성'에 대해 대중들은 쉽게 싫증을 내는 변덕스러움이 가장 큰 숙제이다. 지금은 모든 것이 엔터테이닝성(entertaining)을 지녀야 하는데 재미있는 콘텐츠가 잘 팔리며 호황일 때 곧 닥칠 불황(변덕, 변화)에 대비하는 실리콘밸리 스타일인, 부정개념 반대개념인 안티테제(antithesis) 등을 미리 연구 · 고안해야 하기 때문이다. 모든 산업에 대변혁을 몰고 온 멀티미디어가 '방아쇠'라고 한다면 콘텐츠는 마케팅 전쟁에서 '실탄'과도 같다. 현대 소비경쟁시대의 최대 관건을 압축적으로 표현하면 'contents war'라 할 수 있다. 관광콘텐츠는 고객을 끄는 힘 콘텐츠, 즉 문자, 음성, 영상 등 미디어를 통하여 고객을 즐겁게 하고, 웃게 하며, 고객의 흥미를 끌고, 고객에게 정보를 제공하는 일 등이 재미, 스토리텔링, 체험(기방문자의)의 형태로써 경제적 가치, 문화예술 가치를 창출하는 모종의 실탄인 것이다. 과거가 콘텐츠의 빈곤시대라 한다면 지금은 창의적 콘텐츠의 빈곤시대라 할 수 있다.

앞에서 말한 바와 같이 관광은 새로움과 콘텐츠가 본질이요 생명인데 이 '새로움'에 대해 대중들은 쉽게 '싫증'을 내는 변덕스러움이 가장 큰 문제라고 했다. 몸 길이 2~3mm, 10일도 못사는 '초파리'는 끊임없는 진화로 도태되지 않고 생존하고 있다. 비즈니스라는 세계에 발을 디

더본 이라면 강한 자가 약한 자를 누른다는 정글의 법칙, 승자가 모든 이익을 취한다는 게임의 법칙, 생과 사의 운명이 갈린다는 전쟁의 법칙 등이 지배하고 있음을 잘 알 것이다. 제품의 기획→제조→마케팅→유통에 이르는 전 과정을 클록스피드(clock speed: 컴퓨터 용어로 처리속도)라 하고 이 진행과정을 감독, 디자인 하는 것을 '공급사슬망설계(SCD: supply chain design)'라 한다. 초파리 같은 기업의 생존을 연장시켜주는 것은 SCD에 달렸다.[16)] 전세계의 클록속도·진화속도가 매우 빨라짐에 따라 지배기간은 더욱 짧아지므로 기업의 초핵심역량의 해법은 SCD이고 관광콘텐츠의 프로바이더(providers)가 SCD이다. IBM의 잘못된 의사결정은 인텔지배에 결정적인 단서를 제공하였다. '반지의 제왕'이 3년에 걸쳐 완성되어 3년 동안 관객에게 선보였지만 디지털 기술이 없었더라면 제작기간은 10년 이상 늘어날 수 있었을 것이다. 과거 10년의 클록속도를 가진 영화산업이 3년으로 줄어든 것이다.

이 같은 산업 진화속도의 단축은 관광, 자동차, 대학에서도 고속화가 일어나는데 이는 바로 현대 소비자의 싫증과 유관한 것이다. 자동차의 부품 수는 3만 개이다. 이 제품은 항상 품질 향상과 코스트 다운이 요구되며 자동차라는 플랫폼을 둘러싸고 부품 메이커끼리의 극심한 경쟁이 전개된다. 여기서도 오디션(audition)이란 공개 경쟁선발이 적용된다. 관광산업은 고도의 '감성상품'과 같은 감성경쟁력의 속성과 고변화를 요하므로 창의성 + 콘텐츠가 생명이다. 리빙투어리즘(living tourism)의 말대로 관광은 살아있는 생명체이다. 왜냐하면 방한 관광객의 연령층을 보면 40세까지가 전체 방문객의 60%가 넘는 젊은층 고객이며 이들은 늘 새로움(창의성)을 찾으며 쉽게 싫증을 내는 매우 변덕스러운 손님이라는 사실을 명심해야 한다. 그러므로 창의성과 콘텐츠의 무장이 급선무이며 관광산업계는 관광콘텐츠 마인드가 어떠하냐 따라 성패가 결정된다고 할 수 있다. 한국 관광제품에 대해 그들이 싫증을 느끼기 전에 우리는 새로운 콘텐츠 카드를 내놓아야 한다.

5 맺음말: 한국문화·관광의 창조론

PLRTG와 엔터테인먼트 행동을 유발시키는 이들이 지향하는 핵심목표는 즐거움과 기쁨, 재미와 의미, 체험 등의 사냥이다. 이들 요소가 콘텐츠(contents)이며 이 콘텐츠 요소가 곧 상상력과 창의력으로 꽃피는데 이 개화의 힘은 인문학과 자연과학의 통섭으로 발휘되는 것이다. 오늘날 기업과 정부, 또 어떤 조직을 막론하고 끊임없이 새로운 매력과 활력과 비전(飛展)을 주기 위해서 '스스로 재창조하지 않으면 안 된다.' entertainment economy에서 가장 위대한 wild card는 창의성이다. 무릇 모든 아이디어와 상상력은 여유 · 재미 · 즐거움을 느낄 때 생겨난다. 글로벌 산업인 관광을 통해 세계인이 다 좋아하고 존경할 수 있도록 독특한 한국문화와 한국관광의 창조론이 필요하다. 전세계가 클록속도로 진화속도가 빨라지고 지배기간이 짧을수록 새로운 콘텐츠를 송출하는 프로바이더(provider)가 돼야 할 것이다.

미 주

1) 김윤수 역(1984). J. 호이징하. 『호모 루덴스』. 서울: 까치.

2) Jaeger, Werner(1943). *Paedia: The Ideals of Greek Culture*, Vol. 1, NY: Oxford University Press. p. 5.

3) Nash, Jay B.(1932). *Spectatoris*. NY: Dodd, Mead and Co. p. 65.

4) Shivers, Jay S.(1981). *Leisure and Recreation Concepts: A Critical Analysis*. MA: Boston, Allyn and Bacon. p. 150.
손대현(2008). 『한국문화의 매력과 관광이해』. 서울: 백산출판사. p. 56.

5) 채수암 역(1981). 安岡正篤. 『易學入門』. 서울: 일한문화출판사 한국지점. p. 133.

6) 高井薫(1991). 『観光の構造』. 京都: 行路社. pp. 77-167.
손대현(1995). 사람은 관광하는 동물이다: 관광의미론. 『관광학연구』, 제18권 제2호, 200-203.

7) 손대현(2008). 위의 책. p. 107.

8) 손대현 편저(2005). 『문화를 비즈니스로 승화시킨 엔터테인먼트산업』. 서울: 김영사. pp. 56-100.

9) 손대현(2009). 『재미』. 서울: 산호와진주.

10) 손대현(2005). 위의 책. p. 10.

11) 손대현(2007). 한국엔터테인먼트산업과 한류분석. 『관광・레저연구』, 제19권 제2호(통권 제39호). p. 344.

12) 山根節(2001). 『エンタテインメント發想の經營學』. 東京: ダイヤモンド社.

13) 손대현(2005). 엔터테인먼트 담론. 『관광과 엔터테인먼트연구』, Vol. 4.

14) Wilson, Edward O.(2008). The UB interview with Wilson. interviewed by 이나경 *Unitas Brand*, Vol. 7, p. 41.

15) 손대현. 손대현 관광이야기: 싫증과 contents war(www.korea.kr).
손대현(2007). 한국관광산업 50년 연구. 『관광학연구』, 제31권 제6호, 387.

16) Gladwell, Malcom(2005). 『첫 2초의 힘 블링크』. 21C북스.

저자약력

손대현(孫大鉉) 현_한양대학교 사회대학 관광학부 교수

마드리드국립관광대학 졸업. 고려대학교 대학원 경영학박사. 한국관광학회장(1994~96), 한양대학교 사회대학장(1999~2001), 한양대학교 국제관광대학원장(2000~2004) 역임. 현재 한국슬로시티본부 위원장이며 『강원도 관광보물창고 뒤지기』(형설출판사, 2009) 외 저서 22권이 있으며 "한국엔터테인먼트산업과 한류분석"(2007) 등 논문 129편이 있다.

『관광학총론』 서른 번째 이야기

제30장

놀이와 관광의 새로운 접근

이 훈*

관광과 여가는 놀이로부터 비롯된 행동양식이다. 관광은 일상권을 벗어나는 공간적 차원과 시간적 차원에서 더 적극적인 여가활동으로 규정할 수 있으며, 그 본질에는 놀이특질과 특성이 존재한다. 관광과 여가가 다른 외재적 보상이 아니라 내재적 보상을 위한 행위라는 측면도 이런 놀이적 속성을 제시해주는 예이다. 따라서 관광의 본질을 이해하기 위해서는 놀이의 본질에 대한 이해에서부터 시작하는 것이 필요하다. 본 장에서는 놀이의 개념, 놀이이론, 놀이역할 분석을 통해 심층적으로 관광현상과 행동을 이해하고자 한다.

1 놀이의 개념화

1) 놀이의 개념

놀이는 인간에게 있는 본능적 특질이며 인간을 특화시키는 요소이다. 일이 인간의 생존을 위한 직접적인 물질생산과 관계된다면, 놀이는 인간의 삶을 영위하기 위한 질적 상태와 과정을 의미한다. 호이징하(Huizinga, 1981)[1)]는 놀이가 인간의 독특한 특징이며, 문화보다 오래된 원형(原形)으로서 우리 삶에 스며들어 있다고 생각하였다.

호이징하(1981)가 이야기한 대로 다른 동물들도 놀이를 하지만 인간만큼 두드러지고 본격적인 놀이행동과 경험을 겪지는 않는다. 인간은 놀이를 통해 즐거움, 재미를 얻을 뿐만 아니라 사

* 한양대학교 관광학부 교수. e-mail: hoon2@hanyang.ac.kr

회적 관계와 지식을 습득하는 방법을 익혀왔다. 실제로 놀이는 그 자체의 내재적 목적성(internal auto-telic)을 가지고 있으면서 한편으로는 학습동기를 이끌어내고, 창의성을 높이며,[2] 일의 성과를 증진시키는 역할을[3] 하기도 한다.

흔히 놀이는 아이의 방식이고 여가를 어른의 방식으로 간주하기도 한다.[4] 놀이가 어린이다움에서 더 두드러지게 나타나고 성인은 상대적으로 사회적 성장과 적응과정에서 호기심이나 유치함(childish)이 줄어드는 경향이 있다. 하지만 어른이 되어도 어린이다움(childlike) 또는 놀이성(playfulness)은 존재한다. 다만, 개인의 내재적 조건과 환경적 상황에 의해 두드러질 수 있다. 놀이에 대한 정의는 다양한 시각에서 다양한 의견을 제시하고 있다. 놀이에 대한 개념을 고전적 개념과 현대적 개념을 중심으로 살펴보고자 한다.

(1) 고전적 놀이개념

놀이에 대한 다양한 해석 중 고전적 개념은 주로 생리적·신체적 측면에서 강조되어 왔다. 잉여에너지 이론(Surplus Energy Theory)에서는 스펜서(Spencer)가 놀이는 남는 에너지의 소비로 표현하고 있다. 생존욕구를 충족하기 위한 에너지 활동 후에도 남아 있는 잉여에너지를 발산하기 위한 행동으로서 놀이를 간주하는 것이다. 라자러스(Lazarus)는 휴식이론(Relaxation Theory)을 통해 피로로부터 회복하기 위한 휴식의 개념으로서 놀이를 설명하였다. 즉, 활력과 에너지의 부족이 놀이를 발생시키는 것으로 생각하였다. 반복이론(Recapitulation Theory)은 홀(Hall)이 다윈(Darwin)의 진화론을 바탕으로 제안한 것이다. 인간의 진화과정에서 원시의 경험이 현대 아동기를 겪는 발달과정을 거치며 나타나고 있다는 생각이다. 따라서 원시 활동으로서 나무에 올라가거나 사냥 등의 놀이가 반복되는 것으로 여기고 있다. 연습이론(Practice Theory)은 그루스(Groos)가 제안하는 것으로, 놀이는 성인기의 삶을 위한 연습활동으로 학습수단이 된다고 한다. 놀이과정에서 1차적이고 본능적인 행동의 숙련을 통해 지적행동으로 변화할 수 있게 된다고 제안한다(이광욱, 2007, 재인용; Bammel & Barmmel, 1982, 재인용).[5]

(2) 현대적 놀이개념

프로이트(Freud)는 정신분석학의 측면에서 놀이에 대한 관점을 제시하였다. 놀이를 통해 불만이나 부족한 감정을 충족하고 문제를 해결하여 정서적 안정을 얻을 수 있다. 놀이는 카타르시스이고 긴장을 감소시키는 방안이 될 수 있다고 한다. 인지이론(Cognitive Development Theory)에서는 놀이를 정보처리의 메커니즘 기능으로 간주하고 있다. 피아제(Piaget)의 경우 이런 관점

에서 놀이는 정서적 측면보다는 지적 발달을 촉진시킨다는 것을 제시하고 있다. 각성조절이론(Arousal Modulation Theory)에서는 놀이가 적절한 각성상태를 유지하기 위한 필요에서 비롯된 것으로 생각하고 있다. 놀이활동은 각성이 지나쳐서 공포스러워지거나 각성이 부족하여 무료하게 되는 것을 보완하게 된다(이광욱, 2007 재인용; Bammel & Barmmel, 1982 재인용).[6)]

현대적 놀이에 대한 논의 중 호이징하(Huizinga)와 카이와(Caillois)의 놀이개념과 특성은 대표적인 시사점을 제시하고 있다.

(3) 호이징하(Huizinga)의 놀이개념

호이징하(1955)는[7)] 문화이론 측면에서 놀이에 접근하였다. 그는 놀이를 문화의 부차적 존재로서가 아니라 문화를 형성하는 주요한 주체로 평가하고 있다. 법, 전쟁, 철학, 지식, 시, 예술 등과 같은 문화와 문명의 다양한 면에서 놀이형태를 분석하였다. 예를 들면, 시는 암시와 환상, 압운과 리듬 그리고 운율을 지닌 단어들과 의미들로 놀이를 하는 형태와 다름없다고 한다. 또한 시는 종교적 의식, 뽐내기와 조롱하기에 대한 논쟁, 익살과 재치, 결혼 등의 통과의례에서 생겨났다고 제시하고 있다. 놀이는 공간과 시간의 제약을 받기 때문에 일상생활의 바깥에 있으며, 그 자체만의 목적구실을 하기 때문에 비합리적이다. 놀이는 단순히 일상생활의 밖에 있다기보다는 일상생활을 초월한다. 어떤 이득이나 물질에 대한 관심이 없기 때문에 그것은 순수하다. 놀이는 특별한 것이기에 마음을 빼앗기게 하며, 놀라움과 매력으로 가득한 것으로 표현된다(Goodale & Godbey, 1995).[8)]

또한 호이징하는 몇 가지로 놀이의 특성을 제안하고 있다. 첫째, 놀이는 자유롭고 자발적인 행위로 표현하고 있다. 과제나 의무로서가 아닌 즐거움과 놀이 자체가 목적인 행위는 자발적인 행위이다. 둘째, 놀이는 현실의 삶을 벗어난 활동의 영역이다. 아이들도 놀이는 단지 재미로 하거나 또는 '하는 척하는 행위이다. 하지만 이런 행위과정에도 몰두와 헌신과 진지함이 있고 이것이 놀이 속에 푹 빠지는 황홀경으로 변하여 즐거운 행위를 하게 된다. 셋째, 놀이는 장소의 격리성과 시간의 한계성이 있다. 놀이는 제한된 시간과 장소 속에서만 놀아지는 것으로 설명한다. 놀이의 시간성은 되풀이되거나 일정 간격을 두고 반복될 수도 있다. 또한 놀이는 관념적이든 실제적이든 놀이공간에서 이루어진다. 놀이시간과 공간의 제한성도 놀이가 가진 특징으로 표현하고 있다. 이러한 놀이공간에도 고유한 질서가 지배하며, 질서를 통해 놀이가 유지되고 생명력을 불어넣어 준다.

⑷ 카이와(Caillois)의 놀이개념

카이와[9] 역시 놀이는 자유롭고 자발적인 활동이며 즐거움과 재미의 원천으로 여기고 있다. 그는 여섯 가지의 특징으로 놀이를 정의하고 있다. 첫째, 자유로운 활동이다. 놀이는 강요되는 것이 아니라 마음이 이끄는 즐거움의 성질을 가지고 있다. 둘째, 분리된 활동으로 놀이를 위한 공간과 시간의 범위 내에서 행해지는 특성이 있다. 셋째, 규정되지 않은 활동이다. 놀이가 어떻게 진행될지 결정되어 있지 않으며, 결과를 알 수도 없다. 따라서 놀이자에게는 자유로움이 존재한다. 넷째, 비생산적인 활동이다. 놀이는 그 결과로 가시적인 물질적 생산물을 만들어내지 않는다. 오히려 호이징하가 제시한 것과 같이 물질적 관점에서는 소비적 활동이다. 다섯째, 규칙이 있는 활동이다. 놀이 속에서는 새로운 규칙과 법을 창출하고 그 규칙이 통용된다. 규칙은 놀이를 존재하게 하고 긴장하게 하며 생명력을 넣어준다. 여섯째, 허구적인 활동이다. 현실 삶에 비해 이차적인 현실 또는 비현실적인 행동과 의식을 드러낸다. 실제의 삶과 다름은 놀이의 특성에서도 두드러진 것이다.

카이와는 놀이의 한편에는 파이디아(Paidia)의 경향이 있고 다른 편에는 루두스(Ludius)의 경향이 있다고 제시한다. 파이디아는 기분전환, 소란, 자유롭고 즉흥적인 것으로 통제되지 않은 일시적인 기분이 표출되는 경향을 의미한다. 상대적으로 루두스는 이런 파이디아에 비해 놀이과정을 점점 어렵게 만드는 난이도를 제공하고 규칙을 제공함으로써 결과를 얻기 위해 노력, 인내, 재주를 늘리도록 한다. 따라서 파이디아가 놀이의 원초적 측면을 의미한다면 루두스는 놀이상태를 지속시키거나 상승시키는 역할을 하고 문화적 의미와 창조성을 지닌 요소로 표현하고 있다.

한편 놀이의 유형은 경쟁, 우연, 모의(模意), 현기증이라는 네 개의 역할을 중심으로 어떤 것이 주요한가에 따라 분류할 수 있다고 제시한다. 아곤(Agon)은 축구, 구슬치기, 체스 등 경쟁하는 놀이를 의미한다. 알레아(Alea)는 제비뽑기 요행, 우연을 의미하는데 라틴어로는 주사위 놀이를 의미한다. 아곤이 스스로 주체가 되어 놀이를 결정하는데 비해 알레아는 우연성 자체가 놀이의 중심축이다. 따라서 아곤은 결과를 결정하는 실력보다는 운명에 맡기며 행운에 대한 소원과 간절함이 놀이과정이 된다. 미미크리(Mimicry)는 흉내내기 놀이를 의미한다. 흉내나 가장이 중심이 되는 놀이로 다른 사람이 되거나 다른 사람으로 여겨지는 것이 즐거운 행위가 되는 놀이이다. 가면으로 다른 인격체로 가장하거나 연극을 통해 다른 인물이 되어 행하는 것도 미미크리적인 놀이로 이해되고 있다. 마지막으로 일링크스(Ilinx)는 회전이나 낙하 등으로 현기증을 기초로 하는 놀이로 기분좋은 패닉상태를 일으키려는 놀이이다. 회전목마, 공중곡예, 미끄럼 같은 놀이들이 해당된다. 이러한 현기증은 황홀경에 빠지게 하며 반복적으로 놀이를 경험하게 만든다.

〈표 30-1〉 놀이의 개념

분 류	내 용	비 고
고전적 개념	생리적 · 신체적 측면 강조 • 잉여 에너지이론(Surplus Energy Theory) • 휴식이론(Relaxation Theory) • 반복이론(Recapitulation Theory) • 연습이론(Practice Theory)	
현대적 개념	과학적 접근 • Freud: 정신분석학적 접근 • Piaget: 인지이론(Cognitive Development Theory) • Berlyne: 각성조절이론(Arousal Nodulation Theory)	
호이징하의 개념 (Huizinga)	문화이론 측면에서 접근 • 자발성 • 일탈성 • 장소의 격리성과 시간의 한계성	놀이가 문화형성의 기본
카이와의 개념 (Caillois)	즐거움과 재미의 원천 • 자발성 • 분리성 • 비규정성 • 비생산성 • 규칙성 • 허구성	놀이의 특성과 유형 제시

2 유아의 놀이와 성인의 놀이

1) 유아의 놀이와 특성

유아의 놀이에 대한 접근은 주로 유아교육의 측면에서 시도되었다. 일반적 유아교육기관에서도 생활 중 많은 부분을 놀이가 차지하며, 국가의 유치원교육과정에서도 유아교육이 놀이중심으로 수행되기를 권고하고 있다.[10] 놀이는 유아에게 있어서 삶의 중요한 과정이고 사회적 교육과정에서도 중요한 방법이 되고 있기 때문이다. 유아에게 놀이는 외부환경과 자신과의 관계를 탐색하고 시험하고 알아가는 자발적 활동과 관련된다. 놀이를 통해 유아는 인지적 능력, 사회적 능력, 정서적 능력이 발달하게 된다고 한다.[11]

유아에게 놀이는 삶이고 일상이다. 놀이를 통해 세상과 자연스럽게 접하고 언어, 관계, 질서 및 표현방식을 익힌다. 따라서 유아는 놀이가 그 자체의 목적으로 수행되는 즐거운 행위이지만 한편으로는 자연스러운 삶의 내용이고 소통의 방법이다. 따라서 유아에게 놀이는 중요하다기보다는 유아기의 행동, 관계, 사고, 표현, 경험, 능력 등 유아의 전체를 드러내고 대표하는 핵심이자 총체에 해당된다.

2) 성인의 놀이와 특성

놀이는 유아의 영역으로 여겨지고 있고, 일반적으로 성인의 놀이적 개념은 여가와 관련되는 것으로 평가하고 있다(Rojeck, 2000).[12] 하지만 여가가 사회적 환경과 상대적으로 더 관련된다면, 놀이는 내재적 본질에 더 충실한 개념으로 볼 수 있다. 대체적으로 성인으로 성장하는 과정에서 놀이 역시 사회적 관계를 가지게 되며 유아의 놀이와 구별되는 특성을 지니게 된다. 이런 과정을 통해 대부분의 놀이가 여가로 전화되는 결과를 도출하며 사회생활 속에서 나타나는 성인의 놀이적 특징은 여가화로 결과되어진다. 하지만 성인의 놀이 자체가 사라지는 것은 아니며 일정한 공간과 기회에서는 놀이 자체의 본질이 드러나기도 한다. 예를 들어, 노래방과 같이 친밀한 놀이관계의 동행인과 함께, 일정하게 외부와 차단된 공간에 있을 경우, 일상과 다른 놀이특성이 나타나는 경우가 많다. 그 순간에는 다소 유치하고 유머스러우며 우스꽝스러운 행위가 놀림이나 비난의 대상이 아니라 즐거움과 기쁨을 높여주게 된다. 따라서 성인에게도 놀이특질은 지속적으로 유지되고 있으며 적절한 기회에서만 다시 나타난다. 성인에게 놀이는 일상의 질서잡힌 사회에서 겪는 긴장과 권위를 해소하고 원초적인 카오스적 경험을 통해 이완과 풀어짐 및 해소를 겪게 된다.

성인의 놀이는 일상적으로는 인정되거나 바람직하게 여겨지지 않는다. 따라서 성인에게는 사회적이고 제도적인 측면에서 제공되는 여가활동 또는 관광활동으로 표현되고 소비된다. 여가와 관광의 사회적 합의성과 산업적 성격은 놀이를 표현하는 성인의 활동방식을 규정하는 방식이 되기도 한다.

이러한 놀이행동은 놀이적 조건과 환경을 가진 여가관광 활동에서 뚜렷하게 드러난다(Staempfli, 2007).[13] 그동안 여가관광 경험에 대한 연구가 주로 경제적 목적을 실현하기 위해 '소비행위'적 관점에 집중되는 경향을 보였다. 오히려 여가관광의 본질적 측면은 놀이성(playfulness)의 맥락과 연관되어 있으며 '놀이성'이 외연되는 과정으로서 여가관광 경험을 분석함으로써 보다 근본적인 여가관광 행동과 경험을 이해할 수 있을 것이다.

특히 놀이특질은 성인보다 아이들에게서 확연하게 나타나고 있다. 따라서 놀이는 아이들의 행동 또는 교육과정을 살펴보기 위한 인기 있는 과학적 탐구 분야였다. 최근에 청소년과 성인에 대한 놀이성이 일부 연구되고 있지만, 아직 매우 제한적이다. 또한 일부 온라인 게임행동을 분

석하기 위해 놀이성 척도를 개발하였지만, 현장에서 직접체험(hands on experience based on onsite)을 전제로 하는 여가관광 현상의 놀이성과는 다소 차이가 있다.

성인의 놀이는 아이의 놀이와 다르며 아이들과 같이 일상생활에서 항상적으로 놀이성을 유지할 수 있는 조건(conditions)에 있지 못하다. 성인은 이미 사회적 의무와 역할 속에서 놀이적 본질(playful reality)보다는 비놀이적 본질(non-playful reality)에 더 속해 있기 때문이다. 하지만, 성인에게도 '여가관광 활동'은 다른 활동과 달리 '놀이적 본질'에 더 가깝게 접근하고 있기 때문에 아이들과 같이 놀이성을 드러낼 수 있는 기회이다. 즉, 성인에게 있어서도 여가관광 활동의 경험을 한다는 것은 일의 상황과 다른 공간과 시간을 의미하는 환경적 특징과, 일의 상황이 규정하는 권위와 지위 등의 사회적 틀을 벗어나 놀이본능에 충실한 경험적 특징을 갖는 것이다.

3) 놀이의 역할과 영향

놀이는 기능적이거나 유용하기 때문에 행해지는 것은 아니며 유용한 결과보다도 활동 그 자체가 동기유발을 해주며 기운을 북돋워준다(Goodale & Godbey, 1988).[14] 그렇다고 하여도 놀이가 주는 역할과 혜택은 고려의 대상이 된다. 첫째 놀이는 신체적 건강과 발달을 위해 중요한 활동이다. 놀이는 흔히 신체적 활동과 결합되는 경우가 대부분이기 때문에 활동의 민첩함, 활동의 기술들이 개발된다. 놀이환경을 통해 뇌성장, 신경계의 발달 등이 이루어지며 다양한 신체적 자극, 시각과 청각의 발달을 가져온다(Bammel & Bammerl, 1982).[15]

둘째, 놀이는 사회적 발달을 높이는 역할을 한다. 놀이는 놀이행위자들의 공유된 이해와 의사소통을 통해 발생하며 조화와 협동이 필요하다. 극히 개인적 놀이를 제외하고는 함께 놀이하는 사람들 사이에 질서를 유지하며, 일정한 놀이를 위한 명령, 금지, 규칙, 그리고 벌칙들이 있다. 따라서 이런한 놀이과정은 사회화의 주요과정이다(Goodale & Goodbey, 1988).[16] 다른 사람에 대한 고려는 타고난 인간특성이라기보다는 학습된 기술의 측면이 강하다. 놀이집단은 또래집단을 만들고 행동규율을 습득하게 하며 다양한 사회적 기술을 시험해볼 수 있게 한다. 놀이를 통해 소속감이 생기고 자아가치의 기준이 형성되며, 갈등을 해소하고 협동이 이루어질 수 있도록 한다. 또한 역할놀이를 통해 다른 사람의 입장에서 생각해볼 수 있는 기회를 통해 자아정체감을 만든다. 즉, 놀이를 통해 부모와 자녀의 관계, 여성과 남성의 관계, 남편과 아내의 관계, 고용자와 피고용자의 관계에 대한 체험과 이해를 하고 이를 통해 다른 입장의 이해과정에서 형성될 수 있다(Bammel & Bammerl, 1982).[17]

셋째, 놀이는 지적발달을 가져온다. 17세 소년기 학습의 80%는 8세경에, 50%는 4세경에 획

득되어진다. 즉, 유아의 놀이시기는 학습활동과 밀접히 관련되어 있다. 유아는 놀이를 통해 환경에 대해 처음 보기, 듣기, 촉감 등의 지각적 지식을 얻고, 점차 읽기 등의 방법을 통해 추상성에 도달할 수 있다(Bammel & Bammerl, 1982).[18] 놀이자는 '만일 무엇을 한다면, 무엇이 발생할 것이다' 식의 놀이 시뮬레이션을 전제하며 그런 가설을 검증한다. 따라서 놀이하는 행위자들은 지적 기술을 배우고 개발시켜 나감에 따라 그 과정에서 더 높은 수준의 추상성과 복잡성을 추구할 수 있다. 흔히 놀이과정에서 우리는 어느 정도 숙달된 수준에 도달하면 다음 단계의 더 높은 장애물과 복잡성을 추가함으로써 놀이에 대한 호기심과 도전심을 지속하게 된다(Goodale & Godbey, 1988).[19]

김우길(2006)은[20] 디어든(Dearden)과 듀이(Dewey)의 관점을 비교하여 놀이와 교육의 관계를 분석하고 있다. 디어든은 놀이를 아동의 발달을 이해할 수 있는 수단으로 보고 있어, 본질적으로 순수한 놀이는 그 자체이며 교육과정에 직접 활용할 수 없다고 한다. 하지만 듀이는 놀이를 학습방법으로 생각하고 있으며 교육목적을 달성할 수 있는 효과적인 수단으로 여긴다. 두 사람의 관점을 세 가지 측면에서 비교하고 있다. 첫째, 놀이에 심각성이 있느냐에 대한 관점의 차이이다. 디어든은 놀이를 심각한 활동이라고 생각하지 않는다. 놀이에서는 목적이나 책임의 완수와 같은 객관적인 심각성을 가지고 있지 않다고 보기 때문이다. 반면, 듀이는 놀이에서도 활동목적을 달성하기 위해 여러 수단을 고려하고 사고가 개입하게 되어 정도의 차이는 있지만 사회적 의무감이나 신중한 고려 등이 반영되어 있다고 생각한다. 둘째, 목적성이 있는가에 대한 관점의 차이이다. 목적성의 여부는 놀이와 일의 관련성과 관련된다. 디어든은 놀이와 일을 엄격히 구분하면서 놀이는 놀이 자체이기 때문에 일이 가진 목적성이 존재하지 않는다고 한다. 하지만 듀이는 일에서 나타나는 심각성이나 목적성을 놀이도 가지고 있다고 생각한다. 듀이는 놀이와 일이 상호작용을 하는 것으로 파악하기 때문에 놀이를 통해 교육목적을 성취할 가능성이 있음을 제시한다. 셋째, 놀이는 자기 충족적이냐 또는 사회성을 가지느냐에 대한 관점의 차이이다. 디어든은 놀이는 경제적 활동과 무관하기 때문에 놀이와 사회적 활동을 구분한다. 듀이는 놀이가 경제적 활동과는 차이가 있지만, 일과 놀이가 상호관련된 것으로 보고 있다. 따라서 놀이에 지적이고 사회적 가치가 반영되어 있는 사회적인 활동이라고 생각한다. 이러한 디어든과 듀이의 관점은 놀이개념과 적용에서 시사하는 바가 크다. 즉, 놀이와 일의 관계에서 듀이의 관점과 같이 상호관련성을 가지고 있어 놀이를 활용한 일의 성취를 가져올 수 있다고 하더라도, 디어든의 관점에서 보면 놀이만으로 결과를 달성하기보다는 놀이적 동기와 흥미와 함께 일에 대한 몰두와 전념 및 인내력 등 심각성이 동반되어야 한다는 것을 제시해주고 있다.

4) 놀이를 통한 관광의 재해석

(1) 놀이와 관광의 차이와 관계

관광은 일반적으로 일상의 공간과 시간적 한계를 벗어나고 일정한 경험을 주목적으로 하며 다시 일상공간에 합류한다는 개념을 포함하고 있다. 따라서 '일상생활권을 떠나 즐거움을 추구하며 다시 돌아오는 활동'으로 규정할 수 있다. 일상생활권을 떠난다는 개념은 일상공간에서도 이루어지는 놀이와 여가보다 공간적 · 시간적으로 확대된 측면이며, 다시 돌아온다는 것은 일반적 이동 또는 여행(travel)과 구분되는 개념이다. 또한 즐거움을 추구한다는 것은 경제적 이익 등 외재적 동기나 목적이 아니라 내재적 동기와 목적에 한정되는 것을 의미한다. 즉, 그 자체가 목적이 되는 활동(autotelic)이다.

따라서 놀이의 내재적 특성은 관광에서도 공유하면서 놀이보다는 확대된 외형과 경향을 갖는 것으로 특징지어진다. 관광이 놀이와 차별화되는 특성을 네 가지로 설명하면 다음과 같다. 첫째, 관광은 공간과 시간 및 활동의 측면에서 놀이보다 확대된 형식을 갖는다. 앞에서 설명하였듯이 관광현상은 일상생활권을 떠나는 공간의 확대와 시간의 확대 및 활동 역시 범위와 정도에서도 확대된 형태를 보인다. 관광의 일반적 현상인 국제관광은 공간, 시간, 활동의 범위가 일상을 포함하는 놀이현상 중에서도 한층 적극적인 형식을 보여준다.

둘째, 관광은 놀이보다 현실적 삶과의 관계가 상대적으로 높다. 놀이의 잉여에너지설에서 제기하듯이, 유아를 전제로 한 놀이는 사회적, 개인적 의무나 책임 정도가 상대적으로 약한 반면, 관광은 어린이를 포함한 성인의 활동으로서 사회적 환경과 상황 또는 노동환경과 상황에 밀접히 상호관련되어 있다. 따라서 상황 또는 환경에 의한 작용, 반작용의 영향을 주고받는다. 예를 들면, Willensky가[21] 제시한 잉여효과(spillover effects)와 같이 노동에 대한 자율적 통제가 가능하고 노동에서 성취감이 높을 경우 여가활동도 그와 유사하게 나타나는 경향을 보일 수 있다. 한편, 보상효과(compensatory effects)와 같이 노동에서 상실, 소외, 소진을 경험하는 경우 놀이 과정을 통해 회복하려는 경향을 보인다. 이런 면에서 여가관광은 현실적 삶과 밀접하며 관광행동은 내재적 요인과 함께 현실적 환경에 의존하는 정도가 높다.

셋째, 관광활동을 위한 전제조건은 놀이보다 엄격하다. 같은 맥락에서 관광활동은 공간적, 시간적, 경제적 제약을 더 많이 받는다. 일상공간에서도 놀이공간과 시간을 구분해낼 수 있는 놀이특성이 존재하지만, 관광은 일상을 벗어나는 확장된 시간과 공간범위를 갖기 때문에 그것을 위한 심리적, 사회적, 경제적 준비를 반드시 필요로 한다. 이런 전제는 관광활동과 놀이활동의 빈도의 차이를 가져오기도 한다.

넷째, 관광은 관광활동이 일어나기 위한 서비스를 필요로 한다. 정보, 숙박, 교통, 인적 서비스의 외부 협력관계를 통해 관광량과 정도를 규정한다. 놀이도 관련 도구, 시설, 서비스를 필요로 하는 경우가 역시 많지만 관광과 같이 필수요건은 아니다. 또한 관광행위는 놀이에 비해 서비스에 대한 의존 정도가 높은 편이다. 따라서 관광은 산업과 연관되거나 상업적 요소를 많이 포함하는 경향을 드러내기 쉽다.

이렇듯 놀이와 관광이 특징지워질 수 있는 차별성이 존재하지만 거시적으로 관광은 놀이본질과 특성 및 행동유형에서 비롯된 것으로 여겨진다. 따라서 관광을 이해하기 위해서는 놀이에 대한 이해가 기본적으로 필요하다.

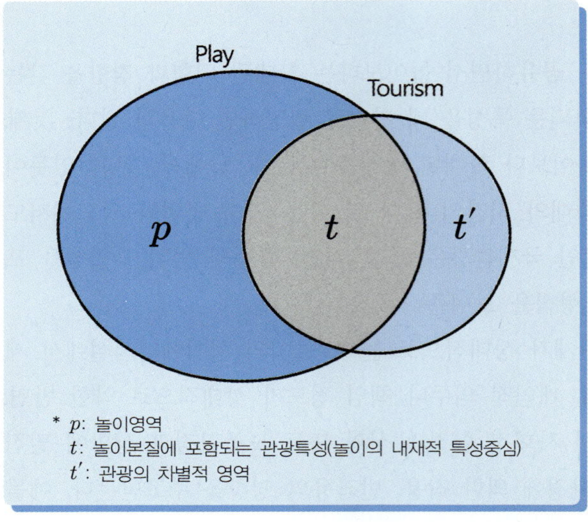

[그림 30-1] 놀이와 관광의 관계

(2) 놀이이론의 접목을 통한 관광학의 확대

관광은 이제 보편적 현상이 되었고 관광학은 이제 많은 학교와 교육기관에서 주요 학습의 대상이 되고 있다. 하지만 그동안 관광학은 체계성이나 논리구조에서 편협화 경향이 나타나고 있다. 즉, 응용학문으로서 다른 학문의 이론을 적용하려는 시도에 치우치는 경향이 나타나고 있다. 특히 경영학적 관점의 과도한 적용은 관광학 자체의 의미보다는 산업적 측면에 대한 집중으로 다학제적이고 종합학문적 정체성의 부족을 나타내고 있다. 따라서 학문적 체계를 정립하기 위해서는 관광의 본질인 놀이와 여가에 대한 탐색을 통해 이론의 풍성함과 논리성을 체계화하려는 시도가 필요하다.

따라서 놀이현상으로서 관광현상에 대한 인식, 놀이경험으로서 관광경험에 대한 접근, 놀이행동으로서 관광자와 관광활동에 대한 접근을 통해 관광학을 위한 시사점을 제시할 수 있다.

① 놀이현상으로서 관광현상에 대한 체계화와 이론화

놀이는 인간의 특성 중 하나이다. 관광현상의 중심은 인간의 욕구와 실현을 중심으로 발생되는 현상이라고 볼 수 있다. 따라서 인간 특성에 대한 이해는 관광에 대한 이행의 전제조건이다. 관광학은 이런 관광현상을 논리화하고 보편적 진리를 정리하여 체계를 갖추는 학문이다. 그런데 실제로 관광활동과 관광자 자체에 대한 정리가 충분하지 못하여, 산업적·마케팅적 응용과 활용에 치우친 경향이 나타난다. 대체적으로 경영학적 관점에서 관광에 접근하려는 시도도 이런 맥락 중 하나로 볼 수 있다. 또한 독자적 이론체계보다는 다른 분야 모형을 적용하여 활용하려는 시도가 많다. 이런 경우 다른 이론이 관광현상에 적용되는지를 검증하기에는 용이하지만 '관광학'의 학문적 독자성이나 논리체계를 형성하는 것은 여전히 부족하게 된다.

관광은 특히 다른 학문과의 연관관계가 높고 일정부문 설명될 수 있는 있지만, 그것만으로는 여전히 체계화된 이론체계를 갖추기에 부족하다. 따라서 관광현상에 대한 심층적 연구와 함께 관광학의 원류이자 유사내용을 가진 '놀이' '여가' '레크리에이션' 등에 대한 관심과 적용을 높이는 연구가 필요하다. 관광의 수단화, 상업화 및 자본화 위주의 단순함을 극복하고 관광이 가진 의미, 본질, 존재가치에 대한 설득력을 높이기 위해 놀이현상에 대한 기초로부터 관광현상을 체계화하는 노력이 필요하다.

예를 들어, 카이와가 제시한 놀이의 양극으로서 파이디아와 루두스의 경향은 관광에서도 나타난다. 유희 또는 쾌락중심의 즉흥적인 순수관광의 경향이 한 축을 형성한다면, 다른 한편에는 윤리나 책임이 중시되며 학습 또는 사업 등과 결합되어 무겁고 진지한 관광형태가 나타나고 있다. 대량관광으로 나타난 형식이 유희중심이었다면, 대안관광으로 생태관광(ecotourism), 지속가능한 관광(sustainable tourism), 책임관광(responsible tourism)의 형식은 계획되고 규칙을 넣은 진지함 중심의 관광이다. 관광에서 이러한 경향은 놀이와 같이 관광도 개인중심적 의미와 사회문화적 의미를 포함하여 체계화할 수 있다.

② 놀이경험으로서 관광경험에 대한 이해

본질적 놀이경험은 특히 성인에게 사회적이고 제도적으로 제공되는 여가활동과 관광활동으로 표현되고 체험된다. 따라서 관광경험은 놀이의 개인적 내적조건을 바탕으로 사회적 환경, 제도, 서비스 등 외적조건이 결합되어 발생되는 경험특징이 강하다. 경험의 측면에서, 관광경험은 놀이경험의 범주 내에 존재하며 더 적극적이고 확대된 경험의 경향을 갖는다. 즉, 관광경험은 놀이를 할 때 느끼는 재미, 즐거움, 기쁨, 몰입 그로부터 얻어지는 기분전환, 회복, 창의, 의욕, 행복감 등의 결과와도 대부분 일치한다. 이와 함께 일상권을 벗어나는 공간적 괴리, 심리적 자유로움, 익명성의 조건 등은 일상의 놀이보다 더 적극적인 놀이경험을 겪도록 한다.

그런데 실제 관광활동 등이 적극적인 관광경험을 얻기 위해서는 관광콘텐츠와 프로그램으로 구성되어야 한다. 유아는 일에서 놀이로의 전환이 상대적으로 단순하고 쉽지만 성인의 경우는 제약을 극복하기 위한 매개체와 촉진체가 더 필요하다. 따라서 관광경험을 위해서는 놀이적 내용을 담은 콘텐츠와 프로그램이 구성될 필요가 있다. 예를 들어, 중국의 만리장성을 보기 위한 관광활동은 단순 경관과 역사유적을 확인하는 활동에 국한될 수 있다. 카이와가 제시하듯이 아곤(Agon)적인 놀이를 결부시킨다면, 만리장성 방문과정에서 가이드의 해설과 해설표지판을 중심으로 역사퀴즈를 경쟁놀이화할 수 있다. 관광과정에서 아곤적 놀이는 몰입과 진지함 및 도전의욕을 자극하여 재미, 기쁨, 성취감을 높여줄 수 있다. 미미크리(Mimicry)적인 놀이인, 가면축제 관광에서 관광객이 다른 주체가 되어 흉내를 내거나 자기가 아닌 것처럼 가장하는 활동도 일탈성을 통해 행위와 분위기에 푹 빠지는 경험을 하도록 도와준다. 알레아(Alea)와 일링크스(Illinx)는 라스베이거스나 마카오의 카지노 관광이나 어뮤즈먼트 또는 주제공원의 놀이기구 등 그 자체로 관광목적이 되거나 그 수준을 높임으로써 관광경험의 매력을 높일 수 있다.

③ 놀이행동으로서 관광자행동의 이해

관광자는 '소비자'이기보다는 '놀이자'에 가깝다. 놀이에 대한 이해는 관광자 행동을 이해하게 만드는 요인이다. 평소행동과는 다른 행동이 관광지에서 드러나는 경우는 놀이자로서의 성향과 성격이 나타나기 때문이다. 평소와는 다른 유치한 행동이 나오고 무의미하게 생각되는 행동을 하거나 같이 간 사람들과 마치 놀이의 또래집단 같은 강한 결속력을 보이기도 한다. 한편에서는 사회적 규칙이나 윤리에서 벗어난 프로이트의 원초자아(id) 같은 본능적 일탈행위가 일어나기도 한다. 이런 행동은 관광자가 관광상품을 소비하는 소비자라기보다는, 관광을 매개로 유아가 놀이를 하듯이 놀이공간과 놀이기회에 참여하는 '놀이자'적 특징을 더 많이 갖기 때문이다.

성인을 포함한 관광자의 관광행동은 놀이적 특성에 의해 나타난다. 인간의 내적성향을 제시하는 '놀이성'에 대한 연구는 관광행동을 직접적으로 알 수 있게 해주는 방안이다. 놀이성은 인간의 내재적 특질로서 인간을 나타내는 대표적인 특성의 하나이다. 그동안 아이들의 경우에 놀이성에 대한 관심과 연구가 진행되었지만 성인에 대한 관심은 상대적으로 부족하였다. 앞에서 밝힌 바와 같이 성인의 경우도 아이들과는 다르지만 내재적으로 놀이성을 지니고 있으며 이 특성은 인간의 행동과 정서에 영향을 미치는 것임이 밝혀지고 있다(O'Connell, Gerkovich, Bott, Cook,

& Shiffman, 2000).[22] 놀이와 놀이성은 관광자의 인구통계적 특성, 성격적 특성보다도 행동특성을 설명할 수 있는 방법이다. 따라서 놀이성이 높은 사람은 관광행동도 적극적이고 동적으로 나타날 가능성이 높다.

놀이는 인간의 특성을 나타내며 관광행동과 현상을 설명하기 위한 기초개념이다. 관광이 사회적 요구와 산업적 수용과정에서 응용의 관점으로 치우친 경향이 있다. 관광현상을 정리하고 체계화하여 관광학으로 정립되기 위해서는 놀이자로서의 관광자, 놀이경험으로서 관광경험, 놀이행동으로의 관광행동 등 놀이와 관광의 관계를 분석하고 밝히는 작업이 지속적으로 수행되기를 기대한다.

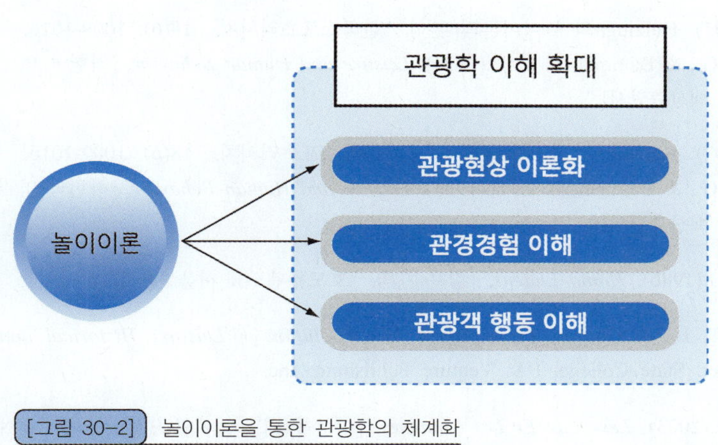

[그림 30-2] 놀이이론을 통한 관광학의 체계화

미 주

1) Huizinga, J.(1986). *Homo Ludens*. [김윤수 역. 『호모루덴스』. 서울: 까치].

2) Tegano, D. W.(1990). Relationship of tolerance of ambiguity and playfulness to creativity. *Psychological Reports*, 66, 1047-1056.

3) Starbuck, W. H., & Webster, J.(1991). When is play productive? *Accounting, Management, and Information Technology*, 1, 71-90.

4) Rojek, C.(2000). *Capitalism & Leisure Theory*. [김문겸 역. 『자본주의와 여가이론』. 서울: 일신사].

5) 이광욱(2007). Huizinga의 놀이이론의 분석. 『한국스포츠리서치』, 18(6), 1009-1016.
Barmmel, G., & Bammel, L. L. B.(1993). *Leisure and Human Behavior*. [하헌국 역. 『여가와 인간행동』. 서울: 백산출판사].

6) 이광욱(2007). Huizinga의 놀이이론의 분석. 『한국스포츠리서치』, 18(6), 1009-1016.
Barmmel, G., & Bammel, L. L. B.(1993). *Leisure and Human Behavior*. [하헌국 역. 『여가와 인간행동』. 서울: 백산출판사].

7) Huizinga, J.(1986). *Homo Ludens*. [김윤수 역. 『호모루덴스』. 서울: 까치].

8) Goodale, T. L., & Godbey, G. C.(1995). *The Evolution of Leisure: Historical and Philosophical Perspectives*. State College, PA: Venture Publishing, Inc.

9) Caillois, R.(2003). *Les Jeux Et Les Mommes*. [이상률 역. 『놀이와 인간』. 서울: 문예출판사].

10) 지성애(2007). 유아놀이척도 타당화 연구. 『유아교육학논집』, 11(1), 65-84.

11) 이광욱(2008). 놀이의 개념과 이론적 변천과정. 『유아교육학논집』, 18(5), 199-208.

12) Rojek, C.(2000). *Capitalism & Leisure Theory*. [김문겸 역. 『자본주의와 여가이론』. 서울: 일신사].

13) Staempfli, M. B.(2007). Adolescent playfulness, stress perception, coping and well being. *Journal of Leisure Research*, 39(3), 392-412.

14) Goodale, T. L., & Godbey, G. C.(1995). *The Evolution of Leisure: Historical and Philosophical Perspectives*. State College, PA: Venture Publishing, Inc.

15) Barmmel, G., & Bammel, L. L. B.(1993). *Leisure and Human Behavior*. [하헌국 역. 『여가와 인간행동』. 서울: 백산출판사].

16) Goodale, T. L., & Godbey, G. C.(1995). *The Evolution of Leisure: Historical and Philosophical Perspectives*. State College, PA: Venture Publishing, Inc.

17) Barmmel, G., & Bammel, L. L. B.(1993). *Leisure and Human Behavior*. [하헌국 역. 『여가와 인간행동』. 서울: 백산출판사].

18) Barmmel, G., & Bammel, L. L. B.(1993). *Leisure and Human Behavior*. [하헌국 역. 『여가와 인간행동』. 서울: 백산출판사].

19) Goodale, T. L., & Godbey, G. C.(1995). *The Evolution of Leisure: Historical and Philosophical Perspectives*. State College, PA: Venture Publishing, Inc.

20) 김무길(2006). 놀이의 교육적 성격: 듀이와 디어든을 중심으로. 『교육철학』, 35, 167-188.

21) Wilensky, H.(1960). Work, careers, and social integration. *International Social Science Journal*, 12, 543-560.

22) O'Connell, K. A., Gerkovich, M. M., Bott, M., Cook, M. R., & Shiffman, S.(2000). Playfulness, arousal-seeking and rebelliousness during smoking cessation. *Personality and Individual Differences*, 29, 671-683.

저자약력

이훈(李勳) 현_한양대학교 관광학부 교수

미국 Pennsylvania State University에서 박사학위를 취득했다. 한양대학교 관광연구소 소장, 문화부·서울시 등의 정책자문위원을 맡고 있으며, '한국을 움직일 차세대 리더'(시사저널, 2008), '최우수 교수상'(한양대, 2007), '최우수논문상'(2004), '문화부장관표창장'(2004) 등을 수상하였다. 공저 『여가』 『지속가능한 관광』, *Festival and Tourism: Marketing, Management and Evaluation* 등과 논문 "Crowding at an arts festival: extending crowding models to the frontcountry" "여가활동과 제약요인 구조모형" "축제체험의 개념적 구성모형" 등을 통해 학술적 성과를 발표하고 있다.

『관광학총론』 서른한 번째 이야기

제31장

스포츠관광

차 석 빈*

1 스포츠관광의 개요

1) 스포츠관광의 정의

현대인의 생활방식은 소득수준의 향상, 교통 및 통신수단의 발달, 언론매체의 발달 등 사회현상의 변화로 다양화되고 있다. 우리나라는 주 5일제 근무제도가 사회적으로 정착되면서 사람들의 여가참여는 중요한 소비 형태이자 문화현상(박유진, 2002)[1]으로 받아들여지고 있다. 그리고 사람들의 여가활동은 과거의 단순한 관광지 관람과 같은 정적인 패턴으로부터 신체활동을 수반하는 레저스포츠, 이벤트 등 동적인 패턴으로 변화해가고 있다. 사람들이 여가활동으로 스포츠에 참여하는 이유는 다른 활동보다 변화의 과정이 많고, 자신의 노력과 추구목적에 따라 활동 그 자체에서 최적의 경험을 자주 할 수 있기 때문이다(정용각 · 정용승, 1998).[2]

이러한 여가활동 중 한 분야인 스포츠관광은 비교적 최근에 주목받기 시작하고 있다. 즉, 과거 사회적으로 우월한 지위에 있던 사람들이 즐기던 스포츠나 관광 혹은 이 둘을 결합한 스포츠관광이 현대에 와서는 대중 스포츠와 대중 관광의 발전으로 괄목할 만한 성장을 하고 있는 것이다(김철우 · 이재형, 2004).[3] 스포츠관광은 이제 대중에게 주목받고 급속도로 성장하는 한 현상이 되었으며, 다양한 사람들과 연관되어 널리 확대되고 있다(Standeven and De Knop, 1999).[4]

이러한 스포츠관광은 일반적으로 스포츠와 관광의 결합된 형태로 받아들여지고 있으며, 스포

* 순천향대학교 관광경영학과 교수. e-mail: sbcha@sch.ac.kr

츠관광의 정의를 살펴보면 다음과 같다. 먼저 Gibson(1998)[5]은 스포츠관광을 "사람들로 하여금 잠시 집을 떠나 육체활동을 하거나 관람하게 하는 혹은 이러한 활동과 관련된 매력물을 즐기도록 하는 여가에 기반을 둔 여행"으로 정의하고 있다. Hinch and Higham(2001)[6]은 스포츠관광을 "제한된 시간에 일상생활을 벗어난 스포츠중심의 여행"으로 정의하며, 여기에서 스포츠는 독특한 규정, 신체적 능력에 관련된 경쟁, 그리고 놀이적 특성을 지닌다고 주장한다. 또한 세계 관광기구(WTO)(2001)는 스포츠관광을 "일상적인 주거환경에서 벗어나 여행 또는 체재 도중 스포츠경기나 스포츠 여가활동에 적극적으로 또는 소극적으로 참가하는 개인 또는 단체의 활동"으로 정의하고 있다.

이와 더불어 관광은 Hinch and Higham(2001)[7]의 주장처럼 공간적 범위, 시간적 범위, 그리고 활동영역으로 구분될 수 있다. 그러나 스포츠관광을 정의함에 있어 추가해야 할 부분은 여행의 동기나 목적이 상업적 또는 직업에만 관련되어 있는 일로서의 활동 성격이 배제된 즐거움의 영역이 있어야 한다는 것이다. 이러한 입장에서 Hall(1992)[8]은 스포츠관광을 "사람들이 집을 떠나 스포츠 활동에 참가하거나 관람하려는 비상업적인 이유를 가진 여행"으로 좁게 정의하는 반면, De Knop & Standeven(1998)[9]은 스포츠관광을 "스포츠 활동을 관람하거나 참여하는 데 있어서 비상업적이거나 상업적인 동기로서의 관광"으로 폭넓게 정의하고 있다.

이러한 스포츠관광의 여러 정의들을 볼 때 스포츠관광은 활동영역, 경험영역, 시간적 범위 및 공간적 범위를 통해 개념화할 수 있다(이훈, 2002).[10] 여기서 활동영역은 여행 동안 관련된 스포츠 여가행위를 의미하며, 경험영역은 상업적이거나 일에만 관련되지 않은 관광활동에서 추구하고자 하는 즐거움을, 시간적 범위는 일시적이며 24시간 이상 등의 여행을, 공간적 범위는 거주지의 일상 생활권을 벗어난 여행을 의미한다. 따라서 본서는 이러한 개념들을 종합하여 스포츠관광을 '비상업적이거나 혹은 상업적인 동기로 일정기간 동안 가정을 떠나 거리를 이동하여 스포츠 활동을 관람하거나 참여하는 관광'이라고 폭넓게 정의하고자 한다.

2) 스포츠관광의 성장요인

스포츠관광은 지난 10년 동안 관광 분야에서 가장 빨리 성장하는 분야 중 하나로 인식되고 있다. 세계 관광기구(2001)에 의하면 스포츠가 선진국의 국내총생산에 기여하는 정도는 1~2%이며, 관광의 기여도는 4~6%라고 한다(Ritchie and Adair, 2002 재인용).[11] 비록 전세계적으로 스포츠와 관광패턴의 영향을 측정하기가 어렵지만 스포츠관광의 성장률은 1년에 약 10% 정도로 추정되고 있다(Hudson, 2003).[12]

최근 스포츠와 관광은 서로 밀접한 관계를 확대해 오고 있으며, 스포츠 이벤트가 관광에 미치는 기여도는 스포츠와 관광 간의 명백한 파트너십을 보여주고 있다. 한 예로 슈나이더출판사(1999)[13)]는 『스포츠관광잡지(*Sport Travel Magazine*)』 구독자를 토대로 스포츠관련 여행과 관광시장 규모는 미국 시장에서만 적어도 1,183억 달러가 된다고 추정하고 있다. 또한 '스포츠관광잡지' 구독자들은 매년 스포츠관련 호텔방을 1,210만 실 예약하며, 각 구독자들의 조직은 매년 평균 852,037달러를 여행에 지출하고 있다고 한다.

국내의 경우 한 광고대행사의 보고서에 따르면 2003년 스포츠 활동과 관련된 1인당 월평균 지출액은 한 달에 2만 원 정도였으나 2006년 조사에서는 월 5만 원 정도로 3년 사이에 2배 이상 늘어난 것으로 나타나고 있다. 또한 주 5일제가 시행된 2004년부터 2006년까지의 카드 사용 내역을 보면 스포츠 의류나 장비를 사는 데 지출한 금액이 2년 사이에 43% 증가하였으며(이병태, 2006. 7. 4),[14)] 이러한 스포츠 활동과 관련된 사람들의 관심과 1인당 월평균 지출액은 향후 더 늘어날 전망이다.

이와 같이 스포츠와 관광이 결합되어 한 구성체가 되게 된 이유를 Kurtzman and Zauhar(1995)[15)]는 다음의 다섯 가지로 설명하고 있다. 먼저, 올림픽과 같은 스포츠 이벤트는 전세계적으로 관광스포츠를 대중화시켰다. 둘째, 모든 연령대의 신체적 활동을 통한 건강에 대한 관심은 사람들로 하여금 다양한 신체적 활동참가에 흥미를 불러일으켰다. 셋째, 스포츠와 관광의 상호작용 역할, 즉 개발계획의 수행, 지역적 · 국제적 친선 그리고 사람들과 공동체 사이의 이해 촉진 등은 리더들로 하여금 구체적인 스포츠관광활동을 진흥시켰다. 넷째, 한정된 휴가기간의 활동에서 연중 분산된 휴가기간을 이용하는, 즉 연중 자유시간을 몇 개의 짧은 시간으로 나누어 쓸 수 있는 추세에 따라 스포츠 관람객이나 참가자는 휴가시기를 나누어 연중 서로 다른 지역에서 개최되는 스포츠 활동을 즐길 수 있게 되었다. 다섯째, 언어소통의 다양한 형태, 운송수단의 변화, 컴퓨터와 인터넷관련 기술 등 의사소통의 네트워크는 스포츠를 즐기려는 사람들로 하여금 언어와 문화, 믿음, 지리적 장소 등에 구애받지 않고 즐길 수 있도록 해주었다.

향후 스포츠관광은 올림픽이나 월드컵과 같은 국제 스포츠 이벤트의 인기 상승, 선수와 관중을 모두 만족시키는 양질의 다양한 스포츠 이벤트의 증가, 사이클링, 하이킹, 골프 등 건강증진 목적의 적극적 스포츠 활동 인구의 증가, 교통망 발달(관광인구 증가)과 전파기술 발달(세계 스포츠인구 증가)로 인한 스포츠관광 인구의 증가, 스포츠를 통한 경제성장과 국제관계 개선을 도모하려는 국가의 증가, 그리고 특정 환경을 필요로 하는 익스트림 스포츠 인구의 증가 등으로 현재보다 더 활성화될 전망이다.

2 스포츠관광의 분류

스포츠관광은 학자들마다 다양한 기준에 의해 분류되고 있어 아직까지 스포츠관광의 명확한 분류체계는 이루어지지 않고 있다. 그러나 기존연구들을 종합해 볼 때 스포츠관광의 분류는 크게 수요자관점과 공급자관점에서 분류되고 있음을 알 수 있다. 아래에서는 이들 두 가지 관점에 따른 스포츠관광의 분류를 살펴보기로 한다.

1) 수요자관점에서의 스포츠관광의 분류

여러 학자들에 의해 분류된 수요자관점에서의 스포츠관광은 두 가지에서 네 가지 형태로 나타나고 있다.

(1) 두 가지 형태

스포츠관광은 스포츠관광 참여형태 또는 여행목적 중 스포츠 활동의 비중에 따라 참여형 스포츠관광(능동적 스포츠관광)과 관람형 스포츠관광(소극적 스포츠관광)으로 나눌 수 있다. 참여형 스포츠관광은 관광객이 관광지에서 스포츠에 직접 참여하는 데 주목적이 있으며, 그 이외의 시간은 부수적으로 관광을 하는 형태이다. 여기에는 골프, 스키, 요트, 마라톤 참가자의 예가 있다. 즉, 해외마라톤 참가자들의 경우 마라톤대회 참가를 주목적으로 하고, 마라톤대회 이후의 시간은 마라톤대회 지역 주변을 관광하게 된다. 관람형 스포츠관광은 스포츠에 직접 참가하지 않고 스포츠를 관람하며, 스포츠관람 이외의 시간은 주변 지역을 관광하는 형태이다. 여기에는 스포츠 애호가들이 여행을 통해 올림픽경기, 월드컵, 윔블던 테니스대회 등 각종 스포츠대회를 관람하는 예들이 있다.

이외에도 스포츠관광은 그 주체와 관광지역에 따라 스포츠 국민관광과 스포츠 국제관광, 숙박여부에 따라 숙박형 스포츠관광과 당일치기형 스포츠관광(한철언, 2001),[16] 휴일여부에 따라 휴일 스포츠관광과 비휴일 스포츠관광(Standeven and De Knop, 1999)[17] 등으로 나눠지기도 한다.

(2) 세 가지 형태

몇몇 학자들은 위의 스포츠관광의 두 가지 분류기준에 제3의 요소를 넣어 스포츠관광을 분류

하기도 한다. Gibson(1998)[18]은 스포츠관광을 활동형 스포츠관광(active sport tourism), 이벤트형 스포츠관광(event sport tourism), 노스탤지어형 스포츠관광(nostalgia sport tourism)으로 분류하고 있다. 활동형 스포츠관광은 스포츠에 참가하기 위해 여행하는 형태이며, 이벤트형 스포츠관광은 스포츠 이벤트를 관람하기 위해 여행하는 형태로 앞의 참여형 스포츠관광이나 관람형 스포츠관광과 유사한 의미를 가지고 있다. 노스탤지어형 스포츠관광은 사람들이 올림픽 경기장, 스포츠박물관 및 각종 스포츠 스타나 팀의 업적을 기리는 명예의 전당 등을 방문하는 형태이다.

Smith(2001)는 스포츠관광분류에 참가형 스포츠관광과 관람형 스포츠관광을 스포츠관광의 큰 요소로 하면서 어떤 도시에 체재하여 행하는 스타디움 투어와 같은 스포츠시설 견학과 전시(예: 야구의 명예전당과 스포츠박물관) 등 도시목적지로서의 스포츠인프라 관광도 포함해야 한다고 주장하고 있다(原田宗彦 저, 이호영 외 역 2007, 재인용).[19] 原田宗彦은 이를 바탕으로 스포츠관광의 세 가지 형태로 참가형 스포츠관광, 관람형 스포츠관광과 더불어 도시 인프라로서의 스포츠박물관과 스타디움을 견학하는 방문형 스포츠관광을 제시하고 있다.

한편, 몇몇 국내 학자들 역시 제3의 요소를 넣어 스포츠관광을 분류하고 있다. 조윤식(2002)[20]은 스포츠관광을 참가형 스포츠관광, 관람형 스포츠관광 및 스포츠 이벤트가 포함된 패키지관광으로 제시하고 있다. 스포츠 이벤트가 포함된 패키지관광은 관광이 주목적이며, 관광패키지 중에 스포츠 이벤트 관람이 일부 포함된 형태이다. 이러한 예로 미국 라스베이거스 호텔투숙객들은 기본적으로 카지노게임을 즐기는 순수관광객들이지만 호텔 측에서 유치한 프로복싱이벤트가 있을 때 이를 선택적으로 관람하는 경우이다. 이에 비해 이주형 · 이재섭 · 이재곤(2006)[21]은 스포츠관광을 참여형, 관전형, 강습형 스포츠관광으로 나누었다. 참여형 스포츠관광과 관전형 스포츠관광은 위의 참가형 스포츠관광이나 관람형 스포츠관광과 동일한 의미이며, 강습형 스포츠관광은 참여형과 관전형 스포츠 이벤트가 혼합된 형태로 특정 스포츠에 대한 지식을 습득하기 위해 강습회나 스포츠교실 등에 참여하는 것을 의미한다.

(3) 네 가지 형태

이훈(2002)[22]은 스포츠관광의 동기 또는 목적과 활동중심으로 스포츠관광을 다음의 네 가지 형태로 분류하고 있다. 제1 유형은 관광목적지에서 스포츠만을 즐기는 형태로 스포츠 행위 이외에 다른 활동에는 관심이 없으며, 제2 유형은 스포츠관광에서 스포츠가 주요 활동이고, 그 밖의 다른 레저관광활동이 부차적인 형태이다. 제3 유형은 스포츠와 다른 레저관광활동의 비중이 비슷한 형태이며, 제4 유형은 다른 레저관광활동 중에 부차적으로 스포츠관광을 하는 형태로 리조트 등에서의 테니스나 비치발리볼로 하는 활동이 포함된다.

이외에도 스포츠관광의 분류로 스포츠축제 참가, 스포츠시설 참관, 스포츠박물관 관람, 스포츠시설중심 리조트 이용 등의 기준을 제시한 경우도 있다.

2) 공급자관점에서의 스포츠관광의 분류

학자들에 의해 제시된 공급자관점에서의 스포츠관광은 세 가지와 다섯 가지 형태로 나눌 수 있다.

(1) 세 가지 형태

Redmond(1991)[23]는 국립공원의 스포츠 매력물을 중심으로 스포츠관광을 리조트(resort & vacation), 스포츠박물관(sport museum), 스포츠축제와 스포츠시설(multisport festivals & sports facilities) 등 세 가지로 분류하고 있다. 이에 비해 김종 · 박진경(1999)[24]은 스포츠관광의 요소를 관광상품화와 연계하여 월드컵축구대회나 각종 수영대회와 같은 스포츠 이벤트, 스키리조트나 골프장과 같은 스포츠시설, 해외 관광상품 중 박찬호 선수 경기관람이나 스포츠 스타를 이용한 간접홍보 및 광고와 같은 스포츠 스타 및 프로그램 등 세 가지 형태로 분류하고 있다.

(2) 다섯 가지 형태

Kurtzman and Zauhar(1997)[25]는 관광이 스포츠 매력물에 중요함을 인식하면서 다섯 개의 주요한 상품 측면에서 스포츠관광을 분류하였다. 즉 이들은 올림픽게임, 스포츠 페스티벌, 마라톤 등의 스포츠관광 이벤트(sport tourism event), 스포츠박물관, 스포츠 테마파크, 골프코스 등의 스포츠관광 매력물(sport tourism attractions), 프로스포츠 경기여행, 사이클링, 트레킹 투어, 스쿠버 다이빙 투어 등의 스포츠관광 투어(sport tourism tour), 마리나리조트, 골프리조트, 스키리조트 등의 스포츠관광 리조트(sport tourism resort), 세일링 크루즈, 골프 크루즈, 스포츠 낚시 등의 스포츠관광 크루즈(sport tourism cruises) 등 다섯 가지 형태를 제시하였다.

Glypsis(1982)는 스포츠관광을 스포츠 트레이닝, 고급시장(up-market) 스포츠 휴가, 야외 모험활동으로서의 활동적인 휴가(activity holidays), 일반 휴일의 스포츠 기회, 스포츠 관람 등의 다섯 가지로 제시하고 있다. 비록 그녀의 이러한 분류는 수요와 연관되어 제시되었지만 근본적으로는 공급 측면의 분류에 가깝다고 할 수 있다(Weed and Bull, p. 74 재인용).[26]

Weed and Bull(2004)[27]은 Glypsis(1982)의 분류를 기반으로 스포츠관광 제공자입장에서 다섯 가지의 스포츠관광상품형태를 제시하였다. 첫째, 스포츠 활동이 포함된 관광(tourism with sports contents)으로 이는 사람들이 여행 중에 우연히 관광지에서 만나는 스포츠행사에 참여하

광상품에서 취급하는 스포츠 활동은 즉흥적이며, 비조직화된 특징을 지닌 예는 관광객이 미국 플로리다로 여행을 갔는데 여기에서 외국인에 대 리다 여행이 불가능할 경우 여행일정을 변경하여 교외에 있는 골프장 우이다. 둘째, 스포츠 참가 관광(sports participation tourism)으로 사람 활동에 참가하는 관광상품이다. 여기에는 여행의 목적이 스키여행이 포츠를 즐기기 위한 단일스포츠여행(single-sport trips)과 클럽메드 다양한 스포츠와 여행, 오락들이 포함된 복합스포츠여행(multi- 째, 스포츠훈련(sports training)으로 관광의 주목적이 스포츠 강습이 다. 이러한 예로는 한국의 프로야구팀이 정기리그 후 괌이나 하와이 등의 석을 찾는 경우와 스키나 스쿠버다이빙 등 스포츠 전문가들을 위해 훈련과정 참가자들을 일정기간 동안 훈련 또는 교육시키고 자격증을 발급하는 단체나 도시 가 있다. 넷째, 스포츠 이벤트(sport events)로 이 여행의 주목적은 올림픽이나 마라톤 같은 크고 작은 스포츠 이벤트에 참가자(선수나 임원, 기자단, 자원봉사자 등)나 관중으 참가하는 것이다. 마지막 형태는 고급스포츠관광(luxury sports tourism)으로 여기서 고급의 의미는 여행에 포함된 스포츠의 특성에 따라 정의되는 것이 아니라 이러한 형태의 스포츠관광에 제공되는 숙박, 참가시설, 서비스 수준에 따라 결정된다. 이러한 예로는 대부분의 경우 고급 호텔과 품위 있는 식사 등 고급서비스가 제공되는 해외골프여행이나 요트리조트 또는 고급 스키휴양지에서 휴가를 보내는 여행이 있다.

3 스포츠관광의 효과

스포츠관광이 국가, 지역, 그리고 사회에 미치는 효과는 크게 경제적, 사회문화적, 정치적, 그리고 환경적 효과로 대별해볼 수 있으며, 이러한 효과에는 각각 긍정적인 측면과 부정적인 측면이 있다. 각각의 효과를 살펴보면 다음과 같다.[28)]

1) 스포츠관광의 경제적 효과

긍정적인 스포츠관광의 경제적 효과로 직접적 경제효과, 소비관련효과, 관광산업의 발전효과, 고용촉진의 효과를 생각해볼 수 있다. 먼저 스포츠관광의 직접적 효과로 스포츠관광과 관련된 상품판매를 위한 레저문화시설들의 건립 또는 확충은 지속적인 관광수입의 원 민들의 스포츠 활동을 용이하게 하며, 스포츠산업 활동의 촉진으로 이어져 스 기반이 된다. 둘째, 스포츠관광의 소비효과로 스포츠관광 참가자와 관람객들이 지 비하는 숙박, 음식, 쇼핑, 교통, 오락비용 등은 지역경제와 국가수익을 증가시켜 상에 도움을 준다. 셋째, 스포츠관광으로 인한 관광산업의 발전효과로 스포츠관광은 련 관광용품판매와 더불어 지역이미지를 홍보할 수 있는 기회를 제공하고, 관광정보가 관광교통체제 확립으로 새로운 관광벨트의 구축 및 관광 시너지효과 등 관광산업 전 반 전에 기여한다. 넷째, 스포츠관광은 고용촉진의 효과가 크고, 간접적 연계산업에서도 파 용을 창출하게 된다. 스포츠관광의 활성화는 스포츠관광지 개발 및 이용시설 확충으로 장·단기적 고용기회와 고용촉진 및 인재축적의 장이 되어 사회적 자원이 된다.

한편, 스포츠관광은 경제적으로 부정적인 효과도 지닌다. 첫째, 스포츠관광 관련 행사 개최지 역의 물가상승을 가져올 수 있다. 둘째, 스포츠행사로 인해 개최지역 내 빌딩 가격이 높아지고, 이에 따른 부동산 투기현상이 나타날 수 있다. 셋째, 스포츠관광으로 인한 지역사회의 수익이 지역에 남지 않고 외부로 나가는 유출 현상(leakage effect)이 나타날 수 있다. 넷째, 스포츠관광을 위해 건립 혹은 사용되었던 각종 스포츠시설에 대한 사후 활용방안의 미흡으로 해당 지자체의 유지관리비용 부담을 가중시킬 뿐만 아니라 지역 균형발전의 장애요인으로 작용할 수 있다.

2) 스포츠관광의 사회문화적 효과

스포츠관광의 긍정적인 사회문화적 효과로 첫째, 스포츠관광은 스포츠관광객과 지역주민 간의 문화교류를 통해 상호 생활습관을 이해하고 증진시켜 사회적 편견 해소에 도움을 준다. 둘째, 스포츠관광과 관련된 향토 스포츠, 문화행사 등에 지역주민의 관심과 참여의식을 고취시킨다. 셋째, 스포츠관광 관련 분야의 국제화와 질적 향상뿐만 아니라 지역주민 혹은 자국민의 자부심을 고취시킨다. 넷째, 지역주민이나 국민들에게 전통문화와 문화재를 보존하고 향상시키는 효과를 가져온다. 다섯째, 지역사회의 인지도와 지명도를 세계에 알려 이미지를 높이는 데 공헌한다. 여섯째, 지역주민들이 그들의 문화를 진흥하기 위해 서로 뭉치게 하여 국가유산, 정체성, 그리고 지역사회 분위기 조성에 이바지한다.

이에 비해 스포츠관광은 다음과 같은 부정적인 사회문화적 효과를 지닌다. 첫째, 외래에서 오는 수많은 스포츠관광객들로 교통 혼잡과 인구밀집의 문제가 발생한다. 둘째, 스포츠관광객들의 행동에서 기인되는 문제, 즉 입장권의 부족으로 인한 암시장의 형성, 도둑질, 야만행위, 성폭행

사건, 마약 복용 그리고 폭력의 문제가 발생하여 지역주민들과 관광객들 간의 긴장관계를 유발시킬 수 있다. 셋째, 보다 수익성이 높은 스포츠관광과 관련된 일자리는 기존의 전통적 고용구조와 지역사회에 혼란을 주어 지역경제의 균형에 문제를 야기시킨다. 넷째, 스포츠관광을 위해 방문하는 외부인들의 기호에 맞추기 위해 전통적인 문화적 요소를 변형시킬 수 있으며, 이로 인해 문화적 정체성과 문화유산을 상실할 수 있다.

3) 스포츠관광의 정치적 효과

스포츠관광의 긍정적인 정치적 효과로는 먼저 사람들로 하여금 민족주의 정신을 고취시키고, 국민화합을 하게 하는 기능을 한다. 둘째, 국가 간 스포츠 교류를 통한 우호, 협력촉진을 도모한다는 측면에서 비공식적인 외교정책수단이 될 수 있다. 셋째, 지역사회나 특정 개인의 정치적 지위 및 이미지 향상 또는 이데올로기의 고양과 부산물 등 대내적으로 다양한 정치적 목적달성에 기여할 수 있다.

한편, 스포츠관광의 부정적인 정치적 효과로는 첫째, 스포츠관광은 국민의 정치적 무관심을 활용하여 정치권력을 유지, 확장시키는 효율적인 수단이 될 수 있다. 둘째, 특정집단의 저항수단이나 피지배계급에 대한 억압과 지배계급의 모순을 은폐하는 수단이 될 수 있다. 셋째, 각국의 정치적 상황이 스포츠와 결부되어 국제 갈등의 원인이 될 수 있다.

4) 스포츠관광의 환경적 효과

스포츠관광의 긍정적인 환경적 효과로 첫째, 환경보호의 측면을 들 수 있다. 스포츠관광객을 위해 정비된 등산로, 산악자전거 코스 개발, 동굴 탐험로 개설, 케이블카 설치 등은 자연보호와 보존에 기여한다. 둘째, 미개발지역에서 용수문제의 해결, 위생 및 쓰레기 처리 시설, 불량주택 등의 개선과 자연재해를 사전에 방지할 수 있는 시설의 보완에 기여한다. 셋째, 지역사회 생활환경의 개선효과로 관광개발에 의해 도로망, 상수도, 통신시설 등과 같은 편의시설이 개선되고, 거리 및 주거환경과 주변의 경관이 개선된다.

이에 비해 스포츠관광의 부정적인 환경적 효과로는 환경파괴와 훼손 및 확산을 들 수 있다. 스포츠관광시설은 개발을 통한 지역환경의 개선이라는 측면보다 개발이익이라는 부수적 산물에 대한 기대감으로 환경훼손이 예상보다 클 가능성이 있다.

미 주

1) 박유진(2002). 여가경험과 여가정체성 현출성이 여가 및 생활만족에 미치는 영향. 중앙대학교 대학원 박사학위논문.

2) 정용각 · 정용승(1998). 여가운동 참가자의 스포츠 참여 동기와 각성추구의 관계. 『한국체육학회지』, 37(4), 275-287.

3) 김철우 · 이재형(2004). 스포츠관광 참가동기가 목적지 속성평가와 지각된 가치에 미치는 영향. 『한국스포츠리서치』, 15(6), 977-990.

4) Standeven, J., & De Knop, P.(1999). *Sport Tourism*. IL: Human Kinetics.

5) Gibson, H.(1998). Sport tourism: A critical analysis of research. *Sport Management Review*, 1, 45-76.

6) Hinch, T., & Higham, J.(2004). *Sport Tourism Development*. Buffalo: Channel View Publications.

7) Hinch, T., & Higham, J.(2004). *Sport Tourism Development*. Buffalo: Channel View Publications.

8) Hall, D. M.(1992). Adventure, sport and health tourism. In *Special Interest Tourism*. Weiler, B., & Hall, C. M. London: Belhaven Press. pp. 141-158.

9) De Knop, P., & Standeven, P.(1998). Sport tourism: A new area of sport management. *European Journal for Sport Management*, 5(1), 30-45.

10) 이훈(2002). 스포츠의 관광매력: 개념적 접근. 『관광연구논총』, 14, 47-62.

11) Richie, B. W., & Adair, D.(2002). *Sport tourism: Interrelationships, impacts and issues*. Clevedon: Channel View Publications.

12) Hudson, S.(2003). *Sport and Adventure Tourism*. New York: Haworth Hospitality Press.

13) Schneider Publishing(1999). Economic impact of sports-related travel and tourism. *Sports Travel Magazine*, 3(10), 10.

14) 이병태(2006. 7. 4). 『스포슈머를 잡아라』. Retrieved July 17, 2006, from http://news.sbs.co.kr/section_news/news_read.jsp?news_id=N1000138405

15) Kurtzman, J., & Zauhar, J. (1995). Tourism Sport International Council. *Annals of Tourism Research*, 22(3), 707-708.

16) Standeven, J., & De Knop, P.(1999). *Sport Tourism*. IL: Human Kinetics.

17) 한철언(2001). 『21C 스포츠관광』. 서울: 백산출판사.

18) Gibson, H.(1998). Sport tourism: A critical analysis of research. *Sport Management Review*, 1, 45-76.

19) 原田宗彦 저, 이호영 · 천명재 · 백승혁 · 정민수 역(2007). 『스포츠 매니지먼트』. 서울: 시간의물레.

20) 조윤식(2002). 스포츠관광의 연구체계. 2002년 한국호텔경영학회 추계 국제학술심포지엄 및 학술연구 발표 논문집. pp. 149-162.

21) 이주형 · 이재섭 · 이재곤(2006). 『관광과 스포츠』. 서울: 대왕사.

22) 이훈(2002). 스포츠의 관광매력: 개념적 접근. 『관광연구논총』, 14, 47-62.

23) 이훈(2002). 스포츠의 관광매력: 개념적 접근. 『관광연구논총』, 14, 47-62.

24) 김종 · 박진경(1999). 스포츠산업 발전을 위한 스포츠관광 상품화 전략. 『한국체육학회지』, 38(3), 776-784.

25) Kurtzman, J., & Zauhar, J.(1997). A wave in time－The sports tourism phenomena. *Journal of Sports Tourism*, 4(2), 7-24.

26) Weed, M., & Bull, C. J.(2004). *Sports tourism: Participants, policy and providers*. Boston: Elsevier.

27) Weed, M., & Bull, C. J.(2004). *Sports tourism: Participants, policy and providers*. Boston: Elsevier.

28) Lim, S., Lee, J., & Sun, D.(2005). Host population perception of the impacts of mega-events. The 11st APTA Conference Proceedings. pp. 238-248.
윤득헌(2005). 『현대스포츠의 이해』. 서울: 무지개사.
신우성(2008). 『관광 · 레저 · 스포츠경영』. 서울: 대왕사.

저자약력

차석빈(車碩彬) 현_순천향대학교 관광경영학과 교수

저자 차석빈은 미국 Virginia Tech에서 호텔관광경영학 박사학위를 취득했다. 그는 한국관광학회 호텔외식경영분과학회 회장을 역임했으며, 한국능률협회컨설팅 고객만족대상 심사위원 등 산학에서 다양한 활동을 하고 있다. 또한 그는『사례를 통해 본 다변량 분석의 이해』등 5편의 저서와 "Travel Motivations of Japanese Travelers: A Factor-Cluster Segmentation" 외 90여 편의 논문을 통해 활발한 학술적 성과를 발표하고 있으며, 후진 양성과 학회의 발전에 힘쓰고 있다. 이러한 산학활동의 노력으로 그는 2006년 이후 Marquis Who's Who In the World/ In America/ In Asia 등 세계 인명사전에 등재되었다.

『관광학총론』 서른두 번째 이야기

제32장

문화유산관광

오 익 근*

관광지를 방문하는 이유 중 가장 중요한 것은 지역문화를 경험하는 데 있다. 국내나 해외여행의 목적지는 대부분 독특한 문화유산을 지닌 곳인데, 특히 해외관광은 지역문화를 맛보고자 하는 동기가 가장 강하다. 문화유산은 다양한 관광객을 끌어들이는 요인이 되지만, 특히 교육수준이 높은 집단에서 인기 있는 관광자원이다. 학창시절에 경복궁으로 소풍을 간다거나 경주 불국사로 수학여행을 다녀오거나 하면서 우리는 다양한 문화유산관광을 경험한 적이 있다.

문화유산관광은 과거에 대한 향수와 다양한 문화적 정취와 양식을 경험하기 위한 욕망에서 출발한다. 넓은 의미에서 '유산'이란 과거로부터 전해 내려오는 인공유물뿐만 아니라 문화전통 같은 것을 단순히 서술하기 위해서도 사용될 수 있다. 건축물, 고대유적지, 기념비, 그리고 박물관에 전시된 문화적 유물 등은 문화유산 관광의 주요 구성요소이다. 이와 대비하여 자연유산(natural heritage)은 정원, 아름다운 풍경의 자연보호구역, 가치가 높은 문화적인 풍경 등을 일컫는다.

이번 장에서는 과연 문화유산이란 무엇이고 거기에 속하는 자원들에는 어떤 것이 있으며, 문화유산이 관광과 어떤 관계가 있는 것인지를 소개한다. 본 장을 3개 절로 나누어 제1절은 문화유산의 개념과 범위를 제시하고, 제2절에서는 문화유산과 관광의 관계를 설명하고, 마지막으로 문화유산 관광의 성공사례와 실패사례를 통하여 우리가 배울 점을 제시하고자 한다.

* 계명대학교 관광경영학과 교수. e-mail: ickoh@kmu.ac.kr

1 문화유산의 개념과 범위

유산(遺産)은 과거 세대로부터 다음 세대로 '물려받은 것(the inherited)'을 뜻한다. 문화와 유산을 구분하는 기준은 시간인데, 문화는 과거, 현재, 미래를 포괄하는 개념인 데 비하여 유산은 과거지향적이다. 유산은 시간이 지나면서 일정한 과정을 거치면서 변한 것이라고 할 수 있다.[1) 문화유산은 인간에 의해 만들어져 전해 내려오는 풍습, 철학, 가치, 민속, 문학 등의 문화유산과 산, 바다, 동식물, 자연공원 등의 자연유산으로 분류할 수 있다.

문화 속에 포함되는 유산(heritage)과 예술은 관광목적지의 매력을 높이는 역할을 한다. 특히 문화는 문화유산이나 예술을 찾는 관광객들을 유치하는 중요한 마케팅 도구로서 재발견되고 있다.[2) 유적지, 고대 유물, 건축물 등은 더 이상 주변적이거나 부가적인 매력이 아닌 주된 관광매력이 되었다. 유산은 조상들의 소중한 정신적 가치가 담겨 있는 전통적인 산물이다. 대개 문화유산은 국보나 보물처럼 값으로 따질 수 없는 가치를 지닌 것으로 생각하지만, '네거티브 문화유산'이라는 것도 있다. 이것은 특정 민족에게 부정적인 영향을 주었던 건물이나 장소를 말하는데, 조선총독부 등 일제에 의해 완성된 건물이나 아우슈비츠 유태인 수용소가 이에 해당한다. 이러한 문화유산은 후대에게 이런 참극을 알리고 더 이상 발생해서는 안 된다는 교훈을 남겨준다.

국내의 주요 문화유산은 문화재보호법에 의해 관리되고 있다. 문화재보호법 제2조에 의하면 "문화재라 함은 인위적, 자연적으로 형성된 국가적, 민족적, 세계적 유산으로서의 역사적, 예술적, 학술적, 경관적 가치가 큰 것"이라고 하였다. 그러나 문화재의 정의를 자연의 미적 가치로까지 넓혀야 한다는 주장도 있다.[3) 문화재는 문화적 가치를 지닌 산물이나 보존할 가치가 있다고 판단되는 것으로서, 산업혁명 이후 영국에서 천연자원 개발에 따른 자연파괴와 역사적 문화유산의 손상 · 파괴 및 소멸을 우려한 데서 일어난 보호운동과정에서 생겼다. 영국에서 1907년부터 '자연과 문화재 보호를 위한 내셔널트러스트(National Trust) 운동'이 시작되었고, 마침내 유네스코도 제17차 총회(1972)에서 문화

전주한옥마을은 유일하게 도심 속에 약 700여 채의 한옥들이 군락을 이루고 있는 한국의 대표적인 문화관광 명소이다.

유산 및 자연유산을 문화유산운동에 포함시킴으로써 전세계 인류에게 문화유산보존운동의 중요성을 알리기 시작하였다.

유네스코는 유산을 문화유산과 자연유산으로 구분하고 정의하고 있다. 문화유산의 구성요소는 다음과 같다.

① 기념물: 기념적 의미를 가지고 있는 조각 및 회화작품과 고고학, 역사, 미술 또는 과학 분야에서 특별한 가치를 가지고 있는 구조물인 것

② 건축물: 역사상, 미술상 또는 과학상 특별한 가치를 가지고 있는 것

③ 유적지: 인공미와 자연미의 결합에 의한 것이나 과학, 역사, 민족학 또는 인류학적 가치를 가진 것

또한 자연유산의 구성요소는

① 무기적 및 생물학적 생성물 또는 생성군으로 이루어져 있는 자연물로 특별한 가치를 가지고 있는 것

② 지질학적 및 지문학적 생성물 또는 희귀동식물 등의 생식지가 명확히 한정되어 있는 구역으로 보존상 특별한 가치를 가지고 있는 것

③ 명확히 한정되어 있는 자연구역으로 과학적으로나 자연경관상 특별한 가치가 있는 것

세계문화유산위원회(WHC: The World Heritage Committee)는 기념물, 건축물, 유적지 등 3개의 유형으로 세계문화유산을 분류하고, 유네스코(UNESCO)를 통해 홍보하고 있다. 세계문화유산에 등록되면 국제사회에서 문화국가로서의 지위 향상, 세계인과 내국인의 관심제고를 통한 관광홍보효과, 세계유산기금을 통한 유산의 보존·관리에 대한 기술적·재정적 지원 확보, 정기적인 조사를 통한 보존·관리 등의 혜택을 받게 된다.

유네스코는 1970년대 문화재(cultural properties)로 정의했지만 heritages라는 용어는 최근에 유네스코, ICOMOS(국제기념물유적협회), 유럽에서 사용하고 있다. ICOMOS는 세계문화유산의 보존 및 활용을 위한 비정부국제기구로 유네스코의 세계문화유산 등록과 관련해 각 국가로부터 신청된 문화유산에 대한 현지조사를 실시하고 결과를 보고하는 등 세계문화유산 등록의 실질적 평가를 담당하는 유네스코의 공식자문기구다. UNESCO의 세계문화유산에 대한 내용은 www.unesco.org에 소개되어 있고, 문화유산에 대한 360도 회전 이미지는 www.world-heritage-tour.org에서 찾을 수 있다.[4)] 국가별로는 인도, 프랑스, 스페인이 가장 많은 세계유산을 보유하고 있으며 미국, 영국, 독일, 중국, 그리스, 이탈리아 등도 세계문화유산을 보유하고 있다(<표 32-1> 참조). 인도를 비롯하여 역사가 깊은 나라들은 세계유산 중 대부분이 문화유산이며 미국, 캐나다, 호주 등 천혜의 자연을 간직하고 있는 나라들은 자연유산이 큰 비중을 차지하고 있다.

한국은 대표적인 문화유산 중 종묘, 해인사의 팔만대장경판 및 판고, 불국사 및 석굴암, 수원 화성 등이 세계문화유산으로 등록되었다.

〈표 32-1〉 UNESCO가 2007년 분류한 세계문화유산[5]

지 역	자연유산	문화유산	혼 합	총	%	관련국가
아 프 리 카	33	40	3	76	9	27
아 랍	4	60	1	65	7	16
아시아 태평양	48	125	9	182	21	27
유럽 및 북미	54	372	9	435	49	49
중 남 미	35	82	3	120	14	25
총 계	174	679	25	878	100	144

2 문화유산과 관광

유산관광(heritage tourism)은 옛 운하, 철로, 전투지 등의 역사적인 장소나 산업이 번성했던 곳을 포함한다. 과거에 대한 감사의 마음을 느끼게 하는 것이 궁극적인 목적이다. 경우에 따라 고향을 떠나 외지에서 흩어져 살고 있는 후손들에게 특정장소를 마케팅하는 것을 의미하기도 한다. 식민지에서 벗어나 독립을 하거나 이민을 간 경우에 원래의 문화가 현대 유산관광의 주요 배경이 된다. 종교여행이나 종교순례도 하나의 유산관광이라고 볼 수 있다. 전세계의 가톨릭 신자들이 바티칸이나 파티마(Fatima)를 방문하거나 유태인들이 이스라엘을 방문하거나 유태인 학살장소나 기념관을 방문하는 것, 이슬람 교도들이 성지인 메카(Mecca)로 하지(hajj)를 가는 것도 유산관광의 대표적인 사례이다.

문화유산관광(cultural heritage tourism)은 관광지역의 문화유산을 바탕으로 하는 관광의 한 분야이다. 즉, 문화적 자원을 관광대상으로 하는 것을 의미한다. 관광대상으로서의 문화자원에는 박물관, 전시관, 궁궐, 전투 격전지, 역사 유적지, 종교 순례지 등이 있다. 문화유산관광은 지역의 문화적인 전통을 포함한다. 가족형태, 종교의식, 세련된 전통의 미묘한 맛이 건축이나 고고학 유적지에 포함되어 특색 있는 지역문화유산을 구성한다.[6] 지역문화유산은 민속, 미술, 공예, 지역의 생활양식, 지역관습, 축전 등을 포함하는데 심지어 가족생활, 연회행사, 지역정신 등도 이

에 속한다. 이와 같은 유산관광은 과거의 유적과 자연경관을 살펴보는 관광으로부터 지역의 문화적인 전통을 경험하는 것까지 다양한 특수관심 분야를 포함한다.

문경새재 제1관문 주흘관

문화를 추구하는 여행동기는 옛날부터 중요한 관광의 요소였다. 서양에서는 16세기와 17세기에 유행한 상류사회의 관광 대장정(The Grand Tour)에서는 부유층 엘리트인 영국인들이 프랑스나 이태리의 주요 도시를 찾아다니며 문화와 교육을 익히면서 즐거움을 추구하였다. 유럽도시의 고대 유적지나 르네상스 지역을 방문하고, 고전 미술품을 감상하는 것이 주요 목적이었다. 19세기 들어 풍경을 감상하는 관광패턴이 주류를 이루었으나 유적지나 고전 미술품을 감상하는 여행은 나름대로 주된 여행형태였다. 그러나 한때 유행했던 품격 있는 문화유산여행은 교통의 발달, 사회경제적인 변화, 그리고 관광의 상업화로 대중화되기 시작하여 오늘날과 같이 문화유산관광이 발전하게 된 것이다.

세계문화유산에서부터 지역의 정체성을 담고 있는 매력까지 모든 수준에서 문화의 매력은 관광에서 매우 중요한 역할을 한다. 문화, 유산, 예술은 관광목적지의 매력에 오랫동안 기여해 왔지만, 문화에 관심이 많은 관광객을 유치하는 마케팅 도구로서의 역할로 재발견되고 있으며 가장 급속하게 성장하고 있는 분야이기도 하다. 왜냐하면 요즈음의 관광객들은 전문성을 높이려는 경향이 있기 때문이다. 이 같은 추세는 역사, 고고학, 모험 등 문화적인 특수관광(SIT: Special Interest Tourism) 분야를 찾는 수가 증가한 데서 기인한다.

피어스(Pearce)는 관광을 경험할 때의 상황(context)은 영향력이 있다고 하였다. 관광목적지(host)의 사회문화적 특징은 그 지역의 관광매력, 발전과정, 영향의 본질과 정도에 영향을 미치지만 어떤 특정한 문화가 특정한 그룹에 더 감동을 주는지는 모른다. 사회계급이나 정치적 구조는 관광개발의 유형을 결정할 수 있는데, 관광객이 어느 정도로 세련되었는가는 방문지의 생활양식과 어느 정도로 융합되는지를 보면 알 수 있다. 따라서 방문자의 교육정도에 따라 그들에게 제시될 문화수준이 결정된다고 말하고 있다.

터너(Turner)와 애쉬(Ash)는 관광은 어디서나 정통성(authenticity)과 문화적 정체성(cultural identity)의 적이라고 하였다. 말하자면, 관광이 너무 상업적으로 흘러가면 지역고유의 문화적 특색이 사라진다고 경고한 것인데, 문화유산에 대한 관광객의 니즈를 충족시키려고 하면 전통문화의 가치를 하찮은 수준으로 떨어뜨리는 상업화 경향이 나타난다고 경고하였다. 예를 들어, 미국의 인디언보존구역을 방문하는 관광객들에게는 인디언들이 평소 사용하던 활, 칼, 의복, 장식품, 생활도구 등을 살펴보고, 만져보고, 사고 싶어하지만 대부분의 경우, 정통성 있는 진품은 없고, 그 지역과 관계없는 싼값의 외국산 상품들이다. 이것이 바로 그들이 경고했던 문화적 정통성의 적이라고 할 수 있다. 국내 관광지의 관광상품만 보더라도 문화유산의 상업화가 매우 뿌리 깊은 것임을 알 수 있다. 제주도의 하르방은 제주도에서만 생산되고 판매되어야 문화의 정통성을 인정받을 수 있는데, 이 하르방은 인천공항 기념품점, 서울 인사동 골동품점, 부산, 대구의 기념품점에서 구매할 수 있을 정도로 고유문화유산의 상품화가 대중화되어 있다.

문화유산관광은 다음과 같은 이유로 중요하다. 우선, 경제적으로나 사회적으로 긍정적인 효과가 있다. 지역의 정체성을 정립하거나 강화하는 효과가 있으며, 문화유산을 보전하는 데 기여를 한다. 문화는 인간을 이해하고 인간 간의 조화를 촉진하는 도구로서 기능하기 때문에 관광을 새롭게 하는 데도 기여한다. 문화유산관광은 지속가능한 개발이라는 측면에서 달성해야 하는 몇 가지 목표도 있다. 즉, 문화자원의 보존, 정확한 자원해설, 정통성 있는 문화경험, 문화자원을 통한 수입 증진 등이다. 문화유산관광은 유산의 가치를 발견하거나 유산관리와 보호에만 관심을 두어서는 안 되며, 문화유산의 마케팅과 홍보뿐만 아니라 지역사회에 미치는 영향을 이해하고 경제사회적인 혜택을 추구하며, 자원보호에 필요한 재원을 확보해야 하는 목표도 있다.

문화유산에는 성, 농촌가옥, 성당, 전투지 등이 있고, 국내외 관광객을 유치하는 매력이 있다. 영국의 경우, 역사를 자랑하는 교회를 방문하는 관광객 수는 매년 1,000만 명에 달하는데 이 중 외국인은 30%에 달한다. 특히 박물관과 미술관에는 연간 7,000만 명이 방문하는데, 런던박물관에는 45%가 관광객일 정도로 박물관이 가장 인기 있는 관광자원이 되었다. 대표적으로는 British Museum과 National Gallery, Science Museum, Westminster Abbey and Canterbury Cathedral, Tower of London 등이 있다. 영국의 문화유산관광은 고대유적이 있거나 산업혁명시대의 지역을 박물관(on-site historical museum)으로 개발하는 데 초점이 맞추어졌다. The Jorvik Viking Center at York and Ironbridge

Tower of London

Gorge가 대표적이다. 이러한 곳은 방문객에게 더 많은 역사적 경험을 제공하고 교육이나 여가 목적으로 방문하는 트렌드를 반영하기도 한다.

역사가 오랜 호텔들도 문화유산관광의 대표적인 자원이다. 미국 미시간주 북부에 위치한 맥키낵 섬(Mackinac Island)은 시키고, 몬트리올, 디트로이트, 에리 등 대도시 주민의 여름 휴가지로 1887년에 개장하였다. 호텔 정면의 180m짜리 현관은 이 섬에서 중요한 만남의 장소 역할을 하였고, 노인들이 산책하거나 연인들의 데이트 장소로도 애용되었던 곳이다. 1998년 서쪽 건물에 6개의 방을 오픈했는데 부시, 존슨, 포드, 카터, 레이건 등 역대 대통령 영부인들의 이름을 따서 명명하였다. 식민지 시절에 영국해군의 공격에 대항하여 원주민들이 지켜낸 역사가 있는 섬으로 병사들의 병영생활, 교회, 성벽 등이 잘 보존되어 있어 섬 전체가 문화유산인 셈이다. 문화유산 보호차원에서 자동차는 운행이 금지되어 있고, 마차나 자전거는 허용된다.

문화유산관광의 목표는 원형과 정통성 보존에 있다. 우리나라에서도 문화재보호법에 "문화재의 보존·관리 및 활용은 원형 유지를 기본원칙으로 한다"라고 하였다. 따라서 문화유산을 관광상품화할 때는 방문객 숫자만 따지면 실패하는데, 그 이유는 관광객이 많으면 문화자원의 훼손 가능성이 높아지기 때문이다. 적정 숫자의 입장객을 받아들여 관광체험의 질을 높이고, 환경과 문화자원의 훼손을 최소화하면서 수익을 올리는 방안이 필요한 것이다. 정통성이란 진품(the original)을 말하는데, 관광객의 진정한 문화경험은 문화자원의 정통성과 관련이 있다. 여행지에서 구입하는 기념품이 상업용으로 대량 생산된 것이라면 관광객의 경험도 가짜라는 느낌을 받게 된다. 국제관광객들은 외국의 이질적인 문화체험을 기대하면서 정통성 있는 고유문화에 관심이 있다. 국제관광차원에서 정통 문화유산의 보존이 필요한 이유도 바로 여기에 있는 것이다.

전문연구기관인 포커스라이트(PhoCusWright)는 미국에서만 문화유산 관광객이 8,000만 명에 달하고, 연간 700억 달러를 국내에서 지출한다고 보고하였다. 2003년에 실시된 미국의 관광청(TIA: Travel Industry Association of America)과 스미소니언 잡지의 연구[7)]에 의하면 문화유산 관광객들의 특징은 나이가 많은 편이며, 40%가 베이비붐 시대에 탄생하였고(1946~1964), 60%가 대학교육을 받았는데, 평균보다 자주 여행을 하는 편이다.

그 외 특징으로는 ① 미국 성인의 81%가 역사/문화관광객이고 ② 이들은 보통 관광객($457)보다 더 많이 지출하고($623) ③ 관광목적지를 결정할 때 30%는 특별한 역사/문화 이벤트에 영향을 받았고(일반관광객은 평균 3.4박), ④ 25%가 1년에 3~4회 여행을 하고, ⑤ 44%가 쇼핑을 하였다(보통 여행자는 33%가 쇼핑 참여).

문화유산인 고궁은 우리나라를 대표하는 문화유산 관광자원으로서 외래 관광객들이 흥미를 갖고 있다. 서울을 방문하는 외래 관광객의 47.4%가 고궁을 방문하고, 21.2%가 고궁을 가장 인

상 깊은 관광지로 꼽고 있다.[8)]

세계 각국은 자국의 문화유산을 인류공동의 유산으로 보존키 위해 유네스코의 세계문화유산 목록에 등재, 문화유산의 훼손과 방지, 영구보존에 힘을 쏟으면서 관광상품화에도 노력을 기울이고 있다. 문화유산은 보전하고 보존하는 것만으로 관광상품화되는 것은 아니다. 또한 문화유산 자체만을 목적으로 여행객을 끌어들이기에는 한계가 있다. 문화유산에 대한 접근이 용이하고 숙박시설을 비롯한 편의시설이 갖추어져야 하며, 문화유산과 연계될 수 있는 관광자원이 개발되어야 한다. 특히 문화유산은 세계 각국이 문화대국의 입지를 강화하기 위해 자국의 유산을 세계문화유산으로 등록하고 관광수입 증대와 고용기회 확대를 꾀하고 있다. 세계문화유산을 보유하고 있는 국가들은 자국민은 물론 외래객 유치수단으로 문화유산관광 상품화 방안에 심혈을 기울이고 있으며, 일반관광객의 편의도모를 위해, 시장성, 접근성, 연계성 등을 고려해 개발하고 있다.

3 문화유산 관광의 사례

문화유산의 관광상품화는 여행업계에 새로운 관심 분야로 등장, 치열한 시장개척이 이뤄질 것으로 전망되고 있다. 국내에서는 아웃바운드 여행사가 세계문화유산 방문을 목적으로 한 상품을 언론사와 손잡고 문화유산기행 형식으로 개발하기도 한다. 즉, 세계 각국의 문화유산을 권역별로 구분해 체계적으로 관광상품을 개발한다. 예를 들어, 캄보디아의 앙코르와트를 비롯해 진시황릉, 피라미드, 수코타이, 보로부두르 불교사원 등을 상품화하고 있다. 알람브라 궁전, 코르도바의 회교사원 등 유네스코에 등록되어 있는 세계문화유산을 전문으로 상품을 개발하는 여행사도 생겨나고 있다. 세계문화유산을 관광상품화하려면 문화유산에 대한 충분한 자료를 확보하고 코스개발을 하여 고객에게 감동적인 경험을 제공하는 것이 관건이다. 문화유산상품은 현지관광 운영자(tour conductor)가 전문적인 지식을 얼마나 갖추고 관광객에게 충분한 설명을 할 수 있느냐가 상품의 성공여부를 판가름하는 가장 중요한 요소로 작용한다.

1) 문화자원의 관광상품화 원칙[9)]

문화유산을 문화관광상품으로 개발하는 데는 다음과 같이 지향해야 할 원칙들이 있다. 첫째, 문화자원의 지나친 상업화를 경계해야 한다. 관광객의 유치에만 몰두하여 문화가치를 스스로 비

하시키면 문화를 체험하러 오는 관광객의 외면을 받게 된다. 이렇게 되면 방문 목적지로서의 생명도 오래 유지하기 어렵다. 관광객이 꾸준히 다녀갈 수 있게 지속 가능한 자원으로 개발개념이 정해져야 한다. 둘째, 관광객이 단순히 보고 느끼는 대상으로서의 문화가 아니라 적극적으로 문화를 체험하게 하여 문화지식을 전수할 수 있어야 한다. 관광객들이 지역의 전통을 존중하게 하고 문화를 깊이 있게 체험한다면 문화지식기반을 확대하는 효과를 이끌어 낼 수 있다.

2) 관광상품 선정기준과 관광상품화 사례

대표적인 문화자원 중에서 평가·선정기준을 적용하여 상품화 가능성이 높은 소재를 선정하는 작업이 필요하다. 선정은 전래성, 특이성, 상품화 가능성을 기준으로 하지만 관광마케팅 관점에서는 이 기준 외에도 지역대표성, 차별성, 경쟁 우위성, 고객 구매의도 등도 고려해야 한다. 우선 지역대표성이 갖춰져야 하는데, 문화자원이 많고 그에 얽힌 재미있고 관광객의 관심을 끌 수 있는 이야기가 많은 지역에서는 대표적인 상품개발이 필요하다. 지역대표성을 갖는 상품을 선정하여 핵심 관광상품으로 부각시킨다. 그 외의 것은 보조상품으로 개발하여 대표상품과 함께 관광객을 끌어들이는 유인력을 높이도록 한다.

둘째, 정통성이 필수인데, 예를 들어 하회마을은 민속마을로 지정되었지만 분명 용인 민속촌이나 제주 성읍마을과 비교하여 차별성이 있다. 전시를 위한 가옥이 아니라 실제 그 안에서 일상적인 삶이 영위되고 있다는 점이다. 비슷한 자원은 여러 곳에서도 존재한다. 김치는 어느 곳에든 있고 헛제사밥은 서울에서도 먹을 수 있다. 그러나 풍산김치는 안동지역에서만 생산되고, 헛제사밥은 안동에서만 먹을 수 있어야 차별성이 있고, 소위 문화의 정통성(authenticity)을 유지할 수 있어 관광객을 꾸준히 유인하는 매개체로써 기능을 하게 된다.

상품개발의 예를 들자면, '예(禮)' 교육으로서 유교의 의례를 교육할 수 있는 기회를 체험관광상품으로 개발하면 유교를 널리 알림과 동시에 외국인들에게 우리 문화의 전통 '예'사상을 통하여 전통적인 유교의 '예'를 전파할 수 있다. 전통적인 유교문화지역에 이러한 '유교의례' 및 '예절교육'이 실시되고 이를 프로그램화하여 일반인들에게 공개하는 것은 당연한 것이라 할 수 있다. 청학동은 초·중학생 위주로 인성교육, 예절교육 등을 중점교육내용으로 하고 있는데, 각지에서 교육받고자 하는 사람들이 쇄도하고 있다. '청학동 예'와 안동 유교 '의례'는 상이한 점이 있다. 현재 안동예절학교에서 실시하는 프로그램처럼 일반인에게는 전통예절교육, 유교의례를 전하고, 초, 중, 고등학생에게는 전통예절교육 프로그램을 제공하고 있다.

문화유산을 활용한 관광기념품으로는 퇴계의 성학십도를 이용한 병풍제작(소형장식품과 대형), 퇴계 선생 청려장(지팡이)이 꼽을 만하다. 청려장과 같은 품질과 형상을 표방하되 청려장 사용과 관련된 일화를 소개하면 상품에 생명력을 불어넣게 된다. 문경지역의 지팡이와 비교하여 원조라는 강점이 있기 때문에 경쟁력을 확보할 수 있다. 경로상품(가볍고 튼튼한)으로 이미지화 되어 상품의 인지도를 높인다. 유생들이 사용하던 생활용품을 활용한 기념품은 퇴계 의복, 갓, 필통 같은 문구류 등을 개발하되 '퇴계'라는 브랜드를 사용하여 기념상품과 학문과의 연계성을 높인다. 상기의 기념품에 대한 특허를 출원하고, 특히 퇴계 선생 관련 상품의 판매는 예절교육의 장이나 하회마을, 도산서원 등에서 한정적으로 판매하도록 제한하여 흔하게 얻을 수 있는 것이 아닌 기념품임을 강조하여 상품의 가치성을 스스로 높이도록 한다.

3) 문화유산자원의 해설[10)]

문화와 관련된 지식의 습득은 바로 해설(interpretation)과 관련이 있다. 'Interpretation'은 사전적 의미로 '해석, 설명, 통역'의 뜻을 가지는데, 해설은 19세기 말에 미국의 자연주의자들이 시작하였다. Enos A. Mills(자연주의자, 최초의 환경해설가)는 1889년부터 1922년까지 미국의 로키산맥 국립공원에서 많은 사람들을 안내한 것으로 시작되었다(이주희, 2003). 지난 25년간 아마도 가장 많은 기관과 미국과 캐나다 지역의 대학에 의해서 사용된 해설의 정의는 "문화, 자연유산의 의미와 관계를 알리기 위해 특정 대상물, 인공물, 그리고 경관 또는 지역을 대상으로 고안된 하나의 의사전달과정"이다. 즉, 해설의 전달은 단순히 정보를 제공하는 것이 아니라, 방문객들이 일상적으로 사용하는 알기 쉬운 용어로 바꾸어 방문객에게 정보를 해설해 주는 특별한 커뮤니케이션 전략이다.

해설은 방문객에게 단순한 즐거움을 주는 활동이 아니라 방문객으로 하여금 적극적인 참여를 이끌어내고, 이러한 과정에서 현재 방문한 곳의 역사문화적 특성을 알게 하고, 이를 통해 지역 문화자원의 존재가치를 알게 할 수 있는 매우 중요한 활동이다. 문화관광해설사는 한국의 전통문화에 대한 폭넓은 이해와 관심을 가지고 소정의 전문교육을 받은 자로서, 문화유산의 현장에서 관람객들에게 수준 높은 해설을 제공하는데 문화체육관광부에서는 2001년부터 시작되어, 2005년에 문화유산해설사에서 문화관광해설사로 이름을 바꾸었으며, 문화유적지 및 관광지에 찾아오는 관광객들에게 보다 전문적인 해설을 제공하는 것을 목적으로 하고 있다. 체계적인 환경해설 프로그램을 행하고 있는 외국에 비해 우리나라는 아직 시작의 단계에 불과하다.

박정희 전 대통령 생가와 학창시절 공부방 모습

앞으로 다가올 미래에는 지역의 역사문화자원을 포함한 관광자원이 여타 산업보다도 중요시 될 것이다. 한 국가의 문화재, 문화유산, 관광지, 생태·녹색관광자원, 농·어촌 관광자원은 문화관광해설의 대상이 되며, 지속적인 문화유산해설 프로그램의 개발과 문화관광해설가의 양성, 문화유산의 현장에서 수준 높은 문화해설을 제공하는 것은 우리나라 관광산업에 기여하는 바가 매우 클 것이다.

[사례 1] 역사공원(Historic Park): Old Town, San Diego, California

미국 캘리포니아 최남단 해안도시인 샌디에이고의 올드타운은 캘리포니아를 특별한 곳으로 만드는 문화적인 힘을 자랑하는 곳으로 원주민인 인디언, 스페인, 멕시코, 그리고 미국 문화가 혼재한 문화유적지이다. 1821~1872년 사이 샌디에이고 중심부에 세워진 건물들을 재건축하거나 복원하여 현재는 박물관, 상점, 식당으로 활용하여 그 당시 올드타운의 저력을 보여주고 있다. 오른쪽의 사진은 옛 건물이 현재는 FLANCHO라는 멕시코 레스토랑이 된 경우이다.

El Fandango 레스토랑(샌디에이고, 미국 캘리포니아주)

원래 이곳은 Kumeyaay이라는 원주민들이 살고 있었는데 서부로 이주한 백인들과 처음에는 친하게 지냈으나 백

인문화의 유입으로 그들의 전통과 믿음이 상당한 갈등을 초래하게 되어 이주민들에 의한 질병 전염으로 원주민 마을과 문화가 통째로 사라졌다. 1769년 스페인은 샌디에이고에서 프레시디오(Presidio)를 건설함으로써 식민지 통치를 시작하였고, 21개 캘리포니아 가톨릭 미션 중 첫 번째 미션을 샌디에이고에 만들었다. 목회자들이 이끄는 미션 인디언들은 작물을 재배하고, 담요와 옷을 만들었으며, 건설 노동력을 제공하고, 가축을 키웠다. 스페인의 무역제재가 심했지만, 목회자들은 수달 가죽, 쇠가죽, 쇠기름을 미국, 유럽, 중국의 제조품과 향료, 보석 등과 교환하였다.

멕시코가 1821년 스페인으로부터 독립하면서 멕시코 군대가 샌디에이고를 점령하였고, 자연스럽게 군대막사로 사용된 presidio 주변으로 주거지역이 형성되었다. 노동인력인 Kumeyaay 인디언들은 6마일 떨어진 곳에서 생활하였고, 샌디에이고 항구에서의 선상무역은 중단되었다. 스페인 군인들은 목재가 귀하여 햇빛에 말린 진흙벽돌을 사용하여 건물을 지었으며 1825년까지 중앙의 광장을 중심으로 질서정연한 거리를 형성하였다. 현재도 그대로 남아 있는 중앙광장은 축제, 소싸움, 게임, 위락활동의 무대였다.

1846년 미국이 멕시코에 선전포고를 함으로써 멕시코의 샌디에이고 지배는 종말을 고하였다. 뺏고 뺏기기를 수차례 거듭한 결과 해군제독 Stockton은 샌디에이고를 영원히 탈환하였고, 그로부터 2년 후 미국과 멕시코 간에 국경이 그어졌다. 1848년에 불어닥친 캘리포니아 금광러시는 샌디에이고를 중간기착지로 만들었으며 광부는 물론 많은 이민자들도 이곳으로 몰려들었다. 1850년에 캘리포니아가 합중국의 주(state)로 가입했으며, 샌디에이고는 시(city)로 출발하였다. 1867년 Alonzo Horton이 샌프란시스코에서 건너와 New Town에 새로운 건물을 짓기 시작하였고, Old Town의 건물들이 불에 타 없어짐에 따라 Old Town은 경제기반을 New Town에 내주게 되었다. 그러나 1869년 Julian에서 발견된 금광으로 주택, 식료품, 서비스 등에 대한 수요가 급증하여 샌디에이고 경제에 큰 발판이 되었다.

1907년 설탕 부호인 John Spreckels는 Casa de Estudillo의 유적을 사들였고 Old Town을 복원하려는 시도를 하였다. 인기작가인 Helen Jackson의 낭만소설인 *Ramona*는 라모나 결혼식장이라고 알려진 건물들을 복원하는 단초가 되었고, 이런 노력들이 샌디에이고에서 스페인과 멕시코의 문화적 뿌리를 지키는 데 공헌하였다. 1930년대에 스페인 마을 모습을 형성할 정도로 많은 건물들이 지어졌으며, 1968년에 캘리포니아 역사공원으로 지정되면서 많은 관광객들이 방문하게 되었고, 역사가 깃든 타운을 재발견하고 보전하는 과정은 새로운 장을 맞이하게 되었다.

[사례 2] 맥도날드 1호점

미국 중부의 도시 시카고에서 빼놓을 수 없는 관광 명소는 박물관으로 보존된 1955년 4월에

개점한 맥도날드 1호점이다. 지금은 세계 121 개국에 3만여 개의 점포를 가지고 있는 맥도날드 1호점에서는 햄버거를 먹을 수 없다. 캘리포니아 맥도날드사의 식당건물은 맥도날드 형제가 경영하던 초기 점포들 중 하나였다. 그러나 1994년에 맥도날드사의 경기부진과 '드라이브 인 서비스'식 건물로 개조하려는 움직임으로 인해 이 건물은 중요한 훼손위기에 몰리게 되었다. 개조계획이 발표됨에 따라 정부의 보전지원을 광범위하게 받게 되었고 맥도날드사는 이 길가의 건물을 복원하기로 방향을 바꾸게 되었다. 1996년 12월 이 건물은 박물관과 기념품가게를 포함하여 레스토랑으로 재개장하였다. 맥도날드사의 이 보전계획은 1997년 미국 내셔널트러스트보전장려상(National Trust Preservation Honor Award)을 받았다. 이 맥도날드건물은 이제 유명한 관광 명소가 되었다.

맥도날드 1호점 박물관(Des Plaines, Illinois, 미국)

[사례 3] 일본 히메지성과 장왕당

히메지성은 1601년부터 8년에 걸쳐 도쿠가와 이에야스의 사위 이케다 테루마시가 축조한 성으로 일본 목조성곽건축의 걸작으로 예술성과 치밀성이 돋보인다. 적으로부터 함락당하는 것을 막기 위해 5중 7층(외관은 5층, 내부는 지상 6층과 지하 1층)의 완벽한 구조로 축조되었으나, 단 한번의 침략도 겪지 않아 400년이 지난 지금도 당시의 내부구조를 그대로 간직하고 있다. 14.85m 높이의 이 성 전체를 둘러보는데 약 1시간 30분이 소요됨에 비추어 성 전체의 규모를 짐작할 수 있다. 히메지 역에서 도보로 15분 정도 거리에 있어 누구나 쉽게 찾아갈 수 있다.

목조건축임에도 불구하고 외관이 흰 벽으로 돼 있는 것이 눈길을 끄는데, 이는 목조를 보존하기 위해 회벽을 칠해

히메지성(일본)

놓은 것이다. 이 회벽은 외부의 영향으로 망가지고 색이 변질되므로 30년마다 새로 칠한다. 이 흰 벽으로 인한 히메지성의 또 다른 명칭이 백로성이다.

장왕당(자오도)은 일본인들에게 가장 사랑받는 벚꽃 명소로 유명한 요시노 산의 상징으로 알려진 금봉산사(긴푸센지)의 본당으로 가장 최근인 2004년 7월에 세계유산 목조건축물로 지정됐다. 목조건축물로는 동대사(도다이지)에 이어 두 번째로 큰 규모(27.7m)이자, 법륭사(호류지)에 이어 세계에서 두 번째로 오래된 사찰(8세기 축조)이다. 일반인들의 참배는 엄격히 금해왔으나 세계유산으로 등재됨을 기념해 1년간 한시적으로 참배를 허용하였다.

문화유산은 특히 기존의 일반 해외여행 패키지와 달리 상품에 목적을 부여하고 있고 주변관광지를 연계하고 있는 만큼 한 차원 높은 여행상품으로 인식되고 있다. 문화유산이 관광객을 모으는 주요 자원이지만 세계의 그 많은 문화자원들로부터 어떻게 뚜렷하게 차별화할 수 있을까? 어떤 특징을 부각시켜야 잠재시장에 어필할 것인가라는 질문은 항상 연구해야 할 과제이다.

미 주

1) Poria, Butler, & Airey(2003). The core of heritage tourism. *Annals of Tourism Research*, 30(1), 238-254.

2) Zeppel, H., & Hall, M.(1992). Arts and heritage tourism. In Betty Weiler, & Michael Hall(ed.). *Special Interest Tourism*. London: Belhaven Press.

3) 황평우(2006). 근대문화유산 보존정책의 개혁과제 및 개선방향. 문화유산정책연구소.

4) UNESCO: http://whc.unesco.org

5) http://www.en.wikipedia.org/wiki/heritage_tourism

6) Collins, R.(1983). Tourism and heritage conservation−the Pacific experience. *Heritage Australia*, 2(2), 58-59.

7) National Trust for Historic Preservation(2008). Heritage tourism facts and figures. *Heritage Travel*, December 8.

8) 이훈(2008). 고궁에 대한 관광학적 접근: 실존적 진정성과 문화유산관광. 한국문화유산정책연구소.

9) 오익근(2000). 향토지적재산의 관광마케팅 전략. 안동대학교 안동지역사회개발연구소.

10) 이주희(1995). 우리나라 국립공원의 환경해설프로그램의 적용을 위한 방문객 센터: 환경 해설 프로그램을 제공하는 방문객 센터란 무엇인가? 『아름다운 국립공원』, 가을호. 국립공원관리공단.

저자약력

오익근(吳益根) 현_계명대학교 경영대학 관광경영학과 교수

서강대학교에서 사학을 전공하고, 미국 미시간주립대에서 여가관광자원학으로 박사학위를 취득하였다. 미국 Georgia Southern University에서 조교수를 역임하고 1995년부터 계명대에서 재직하고 있다. 한국관광학회 학술지인 관광학연구 편집위원장을 지냈으며, 2009년 현재 수석부회장직을 맡고 있다. 저서로는 『향토지적재산을 활용한 지역경제 활성화』(공저, 2000), 『관광서비스관리론』(공저, 2001)이 있고, 지자체 웹사이트 구축 전략, 관광PR활동 평가, 지자체 슬로건 이미지, 관광홍보 전략, 컨벤션 경제효과 측정, 문화자원의 관광상품화 등에 관한 논문이 있다. 지역의 관광홍보나 마케팅 전략, 브랜드 전략, 농촌체험관광, 문화관광 등에 대한 연구와 강연을 하고 있다.

『관광학총론』 서른세 번째 이야기

제33장

음식문화 · 와인관광

고 재 윤*

1 음식문화 · 와인관광의 등장배경과 의의

1) 음식문화관광의 등장배경과 의의

음식문화는 식음(食飮)에 관한 문화로서 그리스 · 로마시대까지 거슬러 올라가 폼페이 벽화 속에서 잘 표현되고 있다. 음식문화는 인간의 문화양식 중 실제적이고 의미 있는 행동으로서 고유의 문화 속에서 전승되고 계승되어온 것으로 환경의 변화로 새로운 요구에 전통이 혼합되어 형성된 역사의 산물이다. 세계 각국의 여러 민족이 제각기 독특하게 발달시켜온 식음료의 종류와 만드는 방법, 식사의 예절 등은 각 민족의 역사적 · 문화적 소산이 되었으며, 현대에 와서는 관광을 하는 사람들에게 상품이 되면서 음식문화관광이라는 새로운 패러다임을 가져오게 되었다.

인류가 이 세상에 모습을 드러낸 350만 년 이래로 음식문화는 단순한 생명을 연장하는 수단으로 지루하게 발전해왔으나[1] 기원전 2000년부터 그리스 · 로마를 중심으로 귀족들이 부를 상징하는 음식문화로 발전을 하였고 나아가 지역에서 국가 간의 식음을 즐기기 위한 음식문화관광이 시작되었다. 서기 322년 이후에는 기독교식 식사와 포크와 나이프가 등장하면서 식사 예법이 탄생하였고, 각국의 사절단에게는 식사의 향연이 힘을 과시하는 것으로 인식되었다. 중세 말에는 은(銀)접시가 선보이고, 코스별 요리가 개발되어 나오면서 요리는 예술이자 과학으로 승화되면서 요리책이 탄생하는 계기가 되었으며 품질 좋은 와인이 소개되었다.[2] 르네상스시대에는 한

* 경희대학교 외식산업학과 교수(현 사단법인 한국외식경영학회 회장). e-mail: jayounko@hanmail.net

와이너리 레스토랑에서의 식사

층 세련된 음식은 물론 와인이 풍족함과 사치를 과시하는 새로운 왕정시대에서 권력과 지위를 나타내는 격식 있는 음식문화로 발전하였으며, 후에 궁중의 왕들이 즐기는 신비롭고 은밀한 음식문화로 바뀌게 되었다. 17세기에는 고급 레스토랑에서 프랑스식 서비스 방법이 탄생되었고, 러시아식 서비스방법도 선보이면서 음식문화는 시간과 공간의 예술을 표현하는 동경의 장소가 되었다. 19세기 프랑스가 왕정에서 공화정으로 바뀌면서 음식문화는 사교와 미식의 대명사로 대중화되기 시작하면서 음식문화에 대한 동경이 귀족사회에서 평민사회로 이동하게 되었고 음식문화는 단순하게 먹고 마시는 것이 아닌 새로운 관광상품으로 인식하게 되었다.[3)]

또한 종래에는 말, 낙타, 범선에 의해 의지하던 교통수단이 18세기 후반의 산업혁명으로 증기기관차가 발명되어 이동이 자유로워지고, 20세기에 접어들면서 고속제트항공기, 고속철도 등으로 전세계가 1일 생활권이 되었고, 인터넷 정보의 발달과 함께 국민소득이 높아지면서 음식문화관광은 급속도로 성장하게 되었다. 이제는 현지의 전통적이고 토속적인 음식을 찾아 해외로 떠나는 관광 자체가 상품화되고 현실화되었다.

최근 세계가 글로벌화되면서 음식문화관광에 대한 필요성과 가치를 인정하게 되었고, 유럽, 미국 그리고 싱가포르, 홍콩, 일본 등의 국가에서는 전략적인 관광육성과 함께 세계 각국 관광객들의 취향과 입맛에 맞은 식음료를 개발하고 음식문화를 관광산업화하고 있다.[4)]

예를 들면 일본은 1964년 동경 올림픽을 일본문화와 일본의 음식문화를 알리는 무대로 적극 활용하여 일본 음식문화의 세계화에 크게 기여함으로써 세계 5대 음식으로 부상시켰다. 일본은 일식 세계화를 위해 해외 주재 일본상사에 근무하는 주재원들에게 일본 음식 민간 외교관 역할을 부여하여 일본 기업인들이 최고의 접대 장소로 현지 내 일본식당을 이용하게 함으로써 일본 음식문화관광에 크게 기여하였다. 특히 지역의 미식가 여행프로그램, 도시락 천국, 소바선수권대회 등을 예로 들 수 있다. 홍콩은 당 · 송 · 청의 전통음식과 5월에는 세계적인 홍콩음식축제와 거리음식축제를 개최하고 있으며, 싱가포르는 퓨전을 가미한 싱가포르 음식축제 등을 개최하여 음식문화관광산업이 새로운 성장 동력으로 떠오르고 있다. 또한 유럽에서는 독일의 감자축제와 뮌헨 맥주축제 등이 대표적인 음식 관련 관광축제로 손꼽히고 있다.

우리나라도 하루 세끼를 먹은 것으로도 행복했던 시절이 불과 1970년대 후반의 일이었다. 1990년대 해외여행 자유화 이후에 국민들이 해외로 여행을 떠나면서 전혀 다른 세계의 음식문화를 접하게 되었으며, 비로소 음식문화관광이라는 인식을 하게 되었고, 세계 각국의 음식문화관광의 중요성을 알게 되었다.[5] 우리나라는 1986년 아시아올림픽, 1988년 서울올림픽 그리고 2002년 한일 월드컵 대회를 치르면서 김치, 전주비빔밥이 관광상품화되어 외국인들에게 한식문화를 알리는 계기가 되었다. 한류와 더불어 2007년도에 '대장금'이라는 드라마가 아시아 지역에 방영되면서 많은 외국인들이 한국음식에 더욱더 관심을 갖고 우리나라로 음식문화관광을 체험하러 오고 있다.[6]

음식문화관광의 의의는 다양한 방면에서 찾을 수 있다. 첫째, 음식문화관광은 국가를 대표할 수 있는 역사성뿐만 아니라 국가의 이미지와 브랜드 파워를 키워 갈 수 있다. 둘째, 음식문화관광은 지역별로 차별화하는 다양한 음식과 전통주로서 지역을 대표하는 음식문화이면서 관광객들에게 먹는 즐거움의 차원을 떠나 지역주민들의 정서와 참 모습을 지속적으로 느낄 수 있도록 해주는 중요한 가치와 의의를 갖게 된다.[7] 셋째, 지역의 향토음식과 전통주를 보존, 계승, 발전시키면서 향토애가 높아지고 식자재, 식기류 등 관련 산업의 발전으로 경제적 효과가 극대화된다. 넷째, 국가별 그리고 지역별 독특한 음식문화 브랜드는 지역 명소화와 더불어 음식문화관광 산업화를 통해 고부가가치형 관광산업이 되고 있다.

2) 와인관광의 등장배경과 의의

와인은 7000년의 오랜 역사를 가지고 있으며, 그리스 · 로마시대부터 시작하여 유럽인들의 문화를 통합하는 역할을 하였다. 역사적인 와이너리가 관광의 매력물이 되었지만 와인관광에 대한 인식과 개발은 1980년에 시작되었다.[8] 와인관광을 뒤늦게 인식하게 된 이유는 와이너리가 개인의 소유라서 대중들에게 개방하지 않았기 때문이다.

와인관광은 와인생산지의 지역주민들에 의해 소극적인 면을 보였으나 19세기 중반 철도교통 수단의 발달과 함께 품질 높은 와인 맛을 찾아 유럽을 여행하는 소수 귀족들에 의해 발달하게 되었고[9] 본격적인 와인관광은 프랑스 보르도에서 와인생산업자들이 자신들의 와인을 마케팅하는 수단으로서 등장하게 되었다. 프랑스는 1980년 이후 경기가 침체되어 와인 거래량이 크게 감소하자 소비자들에게 직접 판매하는 방법을 물색하고 찾게 된 것이 와이너리 개방이었다. 그들은 역사적인 와인 생산시설과 건물에 투자를 하였고, 숙박시설과 와인 시음 프로그램을 개발하게 되었다. 이후 보졸레 지역에서는 보졸레누보 와인관광이 개발되었고, 부르고뉴 지역에서는 와인경매, 음식과 와인의 조화라는 와인관광 프로그램을 만들었으며, 알자스 지역에서는 182개의 와이너리와 12개 와인 박물관을 상품화하여 와인관광 활성화에 성공하였고, 와인관광의 대명사가 되었다. 특히 알자스는 프랑스 와인관광의 선두주자로서 50년의 역사를 가지고 있으며, 현재도 와인관광 인프라 구축, 서비스 품질 그리고 와인 품질 등의 개선을 위해 노력하고 있다.

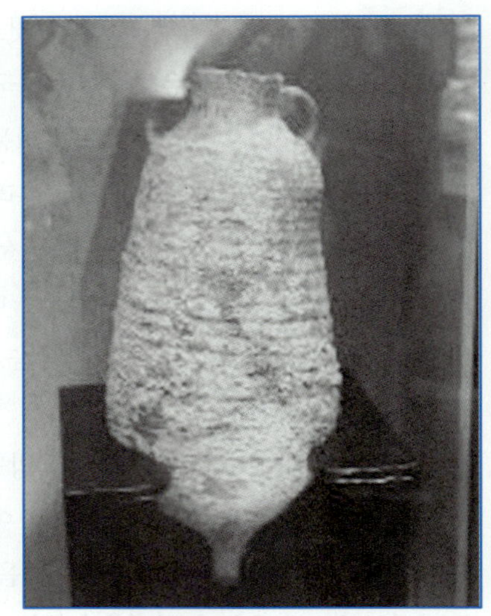
호주 아들레이드 와인박물관에 소장된 암포라

스페인은 1990년에 리오하 지역에서 음식과 와인을 상품화하여 미식가 관광 프로그램을 개발하여 성공하였고, 이어 셰리 지방 등으로 확산되었다. 1996년에는 포르투갈 도우르 지역의 와인 생산업자가 포트와인 생산공정을 관광상품화하였다.[10] 독일은 1990년에 『독일의 와인』이라는 책을 발간하여 와인 관광객들에게 자세한 정보를 제공해주면서 와인관광이 활성화되었다. 그러나 이미 1955년부터 팔츠지역 와인관광 루트에는 13개 와인 타운 마을이 연결되어 있었고, 27개의 전통호텔에서 전통 음식과 와인을 제공하였다.[11]

미국은 1990년에 1,000개 이상의 소규모 연회 와이너리를 설립하였으며, 특히 몬다비 와이너리가 나파밸리의 와인관광상품화에 성공한 이후, 2001년에는 와인, 음식, 예술, 세미나, 전시 등을 할 수 있는 다목적 시설을 개관하였다.[12] 캐나다는 1989년부터 나이아가라 지역에 와이너리를 확장하면서 와인과 향토음식을 접목시키는 와인관광 루트를 개발하면서 미국 캘리포니아의 나파밸리와 경쟁을 하고 있다.[13] 호주는 1980년 중반부터 1990년까지 국가의 전략적인 차원에서 와인관광이 시작되었다. 호주 정부는 해외 관광객들에게 와인관광상품의 다양화를 통해 국가의 이미지를 개선하고자 하였다. 1998년 10월에 호주 정부는 와인관광개발전략을 중요한 국가과제로 공표함으로써 와인관광의 중요성을 인식하게 하는 계기를 만들었고 세계 와인관광의 선두주자로 입지를 구축하고 있다.[14]

그리고 최근 남아프리카공화국도 와인관광상품을 활성화하는 데 성공하였으며, 일본도 야마나시 지역을 중심으로 와인관광이 활발하게 이루어지고 있으며, 중국은 연태지역 중심으로 와인관광이 서서히 자리를 잡아가고 있으며, 우리나라는 충북 영동지역과 대부도지역이 와인관광에 관심을 갖기 시작하였다.

오늘날 와인관광은 유럽의 와인 종주국인 구세계 국가뿐만 아니라 신세계 국가에서도 많은

관광객을 유치하는 중요한 매력요인으로 자리를 잡아가고 있다.[15)]

와인관광의 의의는 첫째, 해마다 늘어나는 와인관광 방문객들에게 와인 생산지역의 이미지와 명성 그리고 고품질의 와인을 판매함으로써 경제적인 부가가치를 창출할 수 있다. 둘째, 잠재적 와인 소비자를 와인교육을 통해 유인할 수 있으며, 와인상품의 신뢰성을 높일 수 있다. 셋째, 와인의 직접 판매와 레스토랑과 협력관계를 구축하여 환대산업의 유통채널을 확대할 수 있다. 넷째, 와인이 지역의 자연경관, 음식, 문화와 함께함으로써 지역 브랜드가치를 높여주고 있다. 다섯째, 와인관광 방문객이 지역경제 활성화에 도움을 주며, 새로운 와인관광 관련 시설 투자를 유도하게 한다. 여섯째, 와인생산 지역주민들과 와인생산업자들의 적극적인 참여로 지역 내 새로운 관광상품 개발을 창출할 수 있다.[16)]

2 음식문화 · 와인관광의 개념과 정의

1) 음식문화관광의 개념과 정의

각 국가별 문화의 특징을 나타낼 수 있는 지역만의 매력이 있으며, 각국의 지역별 문화를 대변할 수 있는 여러 관광자원 중에 가장 쉽게 접할 수 있고, 피해갈 수 없는 것이 음식이며, 또한 그 지역의 고유한 문화를 체험할 수 있는 것 역시 음식이라고 할 수 있다.[17)]

음식문화관광의 정의는 관광 외 주된 목적이 음식과 주류에 관련된 활동을 말한다. 이것은 전통음식과 전통주가 생산되는 생산지역을 방문하고, 음식축제에 참여하면서 특산물 생산지역의 특성을 체험해보는 것이 여행 동기를 자극하는 중요한 요소로 작용하는 것이다.[18)] 다시 말하면 음식문화관광은 1차적 혹은 2차적 음식생산자 방문, 음식축제, 레스토랑과 특정한 장소 등 특정한 음식과 특정한 지역의 생산에 대한 문화체험을 하고 싶은 열망이 여행의 주요 동기가 되는 것을 말한다.[19)]

음식문화관광은 식재료를 조리하고 가공하는 체계와 식사행동의 체계를 통합한 의미로 식재료의 획득과정과 종류, 조리 또는 가공하는 방법, 식기류의 모양과 재료, 상차림과 음식을 먹는 방법 등에 대한 정보를 이해하며, 각 국가별 현지 주민들의 음식문화를 통해 역사, 관습, 전통, 종교, 국민성 등을 보다 쉽게 이해하는 데 있다.[20)]

최근 음식문화관광의 중요성이 대두되고 있다. 이것은 세계화로 인해 지구촌이 1일 생활권으로 묶이고, 영어가 국제적인 언어로 의사소통되면서 개인이나 국가 간의 우호적인 관계의 틀을 유지하기 위해 노력한 결과이며, 또한 자국에 세계 각국의 음식문화를 적극적으로 소개하기 때문이다. 그러므로 많은 사람들이 음식의 본고장에서 직접 체험하고자 하는 여행 욕구가 더욱 발생하면서 음식문화관광은 계속 늘어나고 있는 추세에 있다. 각국은 수천 년 동안 다듬어 전수시켜온 자국의 고유한 음식문화를 상품화하였고, 관광객들은 낯선 음식을 먹으면서 여행의 즐거움을 누리는 동시에 관광하는 것이 보편화되었다. 음식문화관광을 하는 사람들에게는 음식문화가 여행의 즐거움이 되고, 여행목적이 된다. 음식과 전통주에는 그 나라 사람들의 과거와 현재의 이야기가 담겨 있으며, 민족성과 풍습이 고스란히 담겨 있기 때문이다.[21] 음식문화관광을 떠나는 사람들은 맛으로 꼽은 세계의 유명한 음식, 즉 송로버섯, 철갑상어알, 거위간, 식용 달팽이요리, 훈제연어, 파르마햄, 상어지느러미요리, 제비집요리를 찾아 나서며, 아시아의 미각여행으로는 싱가포르의 논야 요리, 인도의 커리 요리, 베트남의 포와 라이스 페퍼 요리, 인도네시아의 나시고랭 요리, 일본의 스시, 우동, 태국의 톰 얌 쿵요리, 중국의 베이징 오리구이, 동파육 요리 등을 꼽는다. 낯선 음식에 대한 호기심으로 출발하는 지중해식 부야베스, 서양김치 슈크루트, 이탈리아의 리조트, 송아지 넓적다리 요리인 오소부코, 영국의 피시 앤드 칩스, 알프스 지방의 치즈 퐁뒤, 아르헨티나의 목동들이 즐기는 아사도 등의 음식도 있으며, 식탁에서 누리는 작은 즐거움에는 각국의 와인, 차(茶), 맥주, 커피 등이 있다.

국가별 특정지역에서 생산되는 치즈들

2) 와인관광의 개념과 정의

최근 와인관광에 대한 정의는 관광의 개념 속에서 학문적으로 접근하고 있으며, 와인관광은 특별관심 분야 관광(SIT: special-interest tourism)의 한 분야로서 인정받게 되었다.[22]

와인과 와인 생산지 방문은 관광상품으로써 오랫동안 알려져 왔으나, 와인 마케팅이나 겸용관광에 거의 영향을 미치지 못하였다. 그러나 최근에 와인관광은 현장학습, 와인 테이스팅 그리고 저렴한 가격으로 와인을 구입할 수 있는 다양한 이점으로 이미 신세계 와인 생산국들에서는 주요 마케팅 도구로 사용되고 있으며, 구세계 와인 생산국들도 새로운 관광산업으로써 인식하기 시작하여 정부차원에서 관심을 가지고 정책을 펴고 있다.[23]

와인관광은 그 경제적 효용과 함께 와인 생산국을 중심으로 하여 전세계적으로 매우 중요한 이슈로 떠오르고 있다.[24] 와인관광은 여행을 좋아하여 세계 여러 국가의 와인 생산지를 방문하거나 와인축제나 이벤트에 참여하고, 고풍스럽고 역사가 있는 와이너리를 찾아가는 일련의 활동을 말한다. 즉, 와인관광은 와인이라는 특수한 동기로 표현되는 여행 혹은 방문의 목적이며, 일상생활지인 거주지역을 떠나 와인관광 목적지에서 체재하며, 와인에 대한 역사, 와인 품종, 토양, 기후, 양조자의 철학, 양조기법, 와이너리 건축물과 역사성, 시음, 와인축제 참여, 와인박물관 관람 등을 수행하는 것이다.[25]

와인관광은 와인을 시음하거나 와인 지역의 특성을 경험하기 위하여 포도밭, 와이너리, 와인축제, 와인박람회 등을 방문하게 하는 것이 관광객을 유치하기 위한 주된 동기 요인이라고 하였으며,[26] 또한 레크리에이션을 목적으로 와이너리와 와인 양조장, 와인축제와 와인박람회 등을 방문하는 등 관광객의 관광 동기와 체험에 초점을 맞추고 있다.[27]

헝가리 로열 토카이의 와인투어

와인관광은 여행을 사랑하고 세계의 여러 와인 생산지역을 방문하는 것을 좋아하는 와인 소믈리에, 미식가, 와인애호가, 와인수집가, 와인 양조업자 등이 와인을 생산하는 지역의 테루아, 양조시설, 와인셀러, 와이너리 건축양식 등을 직접 보고 경험하는 것으로서 특히 그 지역의 향토음식과 진귀한 와인을 시음하는 데 목적이 있다. 또한 와인관광은 시각적인 것 외에도 후각과 미각을 경험하게 하는 독특하고 차별화된 관광이다.

다음의 그림처럼 와인관광은 관광지와 활동이 오직 와인으로 국한되는 특징이 있다.

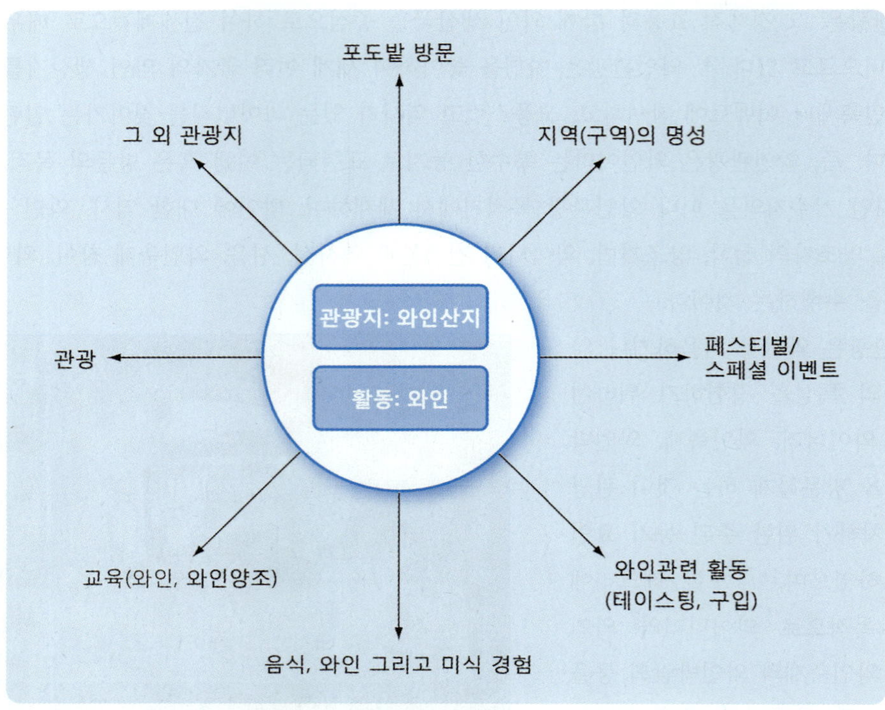

| 자료: Butler R., Hall M. C., & Jenkins John(1997), p. 199.

와인관광은 프랑스의 보르도, 부르고뉴, 론, 알자스, 루아르, 이탈리아의 피에몬트, 투스카니, 독일의 라인가우, 모젤, 팔츠, 스페인의 리오하, 헝가리의 토가이 등 유럽의 구세계 와인과 미국의 나파밸리, 호주의 바로사 밸리, 야라 밸리, 남아공화국의 스텔렌보쉬, 파알, 남미 칠레의 센트럴 밸리, 아르헨티나 등의 신세계 와인, 그리고 일본, 중국 등 아시아 와인 지역 등에서 행해지고 있다.

3 음식문화 · 와인관광의 분류와 특징

1) 음식문화관광의 분류와 특징

음식문화관광은 관광객 방문 동기와 관련하여 음식문화에 접근하는 방식을 여섯 가지로 요약

할 수 있다. 첫 번째 접근은 '관광명소의 음식문화'로서 관광지로 잘 발달된 서구지역을 관광장소로 삼는 서구관광에 초점을 맞추고 있다.[28] 두 번째 접근은 '매력물과 방해물인 관광지의 음식'으로 낯선 장소에서 지역 요리를 관광객이 체험하는 어려움과 장애를 강조하고 있다.[29] 세 번째의 접근은 '관광상품으로서의 관광식품'으로서 식품의 양과 소비구조에 영향을 미치는 다양한 요소들이 있다.[30] 네 번째 접근법은 '관광 안에서의 음식문화 경험'으로 관광객의 아침, 점심, 저녁의 영양학적인 측면과 미식가들의 입맛을 만족시켜 주는 경험에 관련된 것이다.[31] 다섯 번째 접근법은 '문화 안에서의 음식의 역할'로 음식 섭취를 관광지 마케팅에서 가장 중요한 요소 중의 하나로 여기는 것으로서 토속적인 음식, 음식 페스티벌이 있다.[32] 여섯 번째 접근법은 '관광과 음식 생산의 연결'로서 각국은 다양한 음식문화를 갖고 있으며, 많은 사람들은 다양한 음식문화를 경험하기 위해 음식문화관광상품을 찾게 된다.

음식문화관광의 분류는 크게 주식(主食)에 따른 음식문화관광, 먹는 방법에 따른 음식문화관광, 종교에 따른 음식문화관광으로 나누며,[33] 대륙별(아시아, 오세아니아, 서유럽, 동유럽, 중남미, 북미, 미국, 중동, 아프리카) 그리고 국가별로 음식문화관광을 구분하며 각각의 특징을 갖고 있다.

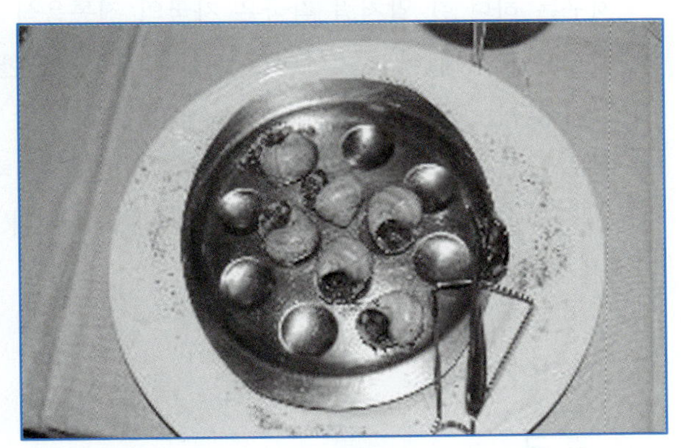

프랑스 부르고뉴의 달팽이요리

첫째, 주식에 따른 음식문화관광은 밀을 주식으로 하는 음식문화권인 인도 북부, 파키스탄, 중동 북부, 북아프리카, 유럽, 북아메리카 등이며, 건조한 지역적 특성으로 인하여 목축을 하므로 동물성 식품을 상대적으로 많이 선호한다. 쌀을 주식으로 하는 음식문화권은 인도, 동북아시아, 동남아시아, 한국, 일본이며, 주로 밥을 선호한다. 옥수수를 주식으로 하는 음식문화권인 미국 남부, 멕시코, 페루, 칠레, 아프리카는 수프 또는 죽을 선호한다. 서류를 주식으로 하는 음식문화권인 동남아시아, 태평양 남부의 섬에서는 감자, 고구마, 토란, 마 등을 선호한다.

둘째, 먹는 방법에 따른 음식문화관광은 수식(手食)문화권인 동남아시아, 서아시아, 아프리카, 오세아니아의 일부로 전세계 40%인 24억 인구가 있으며, 주로 이슬람교와 힌두교가 주종을 이룬다. 저식(箸食)문화권은 한국, 일본, 중국, 대만, 베트남 국가이며, 전세계 30%인 18억 인구가 있다. 나이프 · 포크 문화권은 유럽, 러시아, 북아메리카, 남아메리카 등으로 전세계 30%인 18억 인구가 있다.

셋째, 종교에 따른 음식문화관광은 신의 초인간적인 행동이 신화로서 전해지고, 숭배의 일정한 형식인 의례가 행해지면서 신앙적 공동체를 가지고 있으며, 금기된 음식들이 나타나고 있다. 여기에는 불교의 채식인 사찰음식, 이슬람교의 사원에서 기도를 드린 할람미트(hallam meat)요리, 힌두교의 채식요리 등이 있다.

넷째, 대륙별에 따른 음식문화관광은 아시아, 오세아니아, 서유럽, 동유럽, 중남미, 북미, 미국, 중동, 아프리카 등으로 구분하며, 대륙별 내 공통점이 있지만 국가별로 음식문화관광이 발달하였다.

2) 국가별 음식문화관광

'지구는 하나'란 말처럼 각국은 자국의 전통음식 외에 다양한 음식들을 판매하고 있다. 정부는 한식당을 세계 어느 곳에서든 접할 수 있도록 한식 세계화에 앞장서고 있다. 음식에는 국경이 없어졌다는 것을 피부로 느낄 수 있다. 그렇지만 각국의 음식문화를 모두 접할 수 있는 기회는 매우 드물며, 현지에서의 전통적인 맛과 문화를 체험하는 것에는 차이가 있기 때문에 현지의 음식문화를 찾아 나서며 관광의 욕망을 채우게 된다. 대표적인 국가별로 미지의 음식문화관광의 여정을 찾아보자.[34)]

(1) 아시아

① 중 국

대륙의 자존심으로 황제가 먹던 음식이 대표적인 것이 많으며, 불로장수 사상과 오미팔진(五味八珍)에 의해 세계적인 맛을 창조하고 있으며, 크게 북경요리, 상해요리, 사천요리, 광동요리가 4대 요리에 속한다. 중국의 7대 명물 요리로 제비집 요리, 상어지느러미 요리, 뱀 요리, 곰발바닥 요리, 거북이 요리, 누에 탕수육, 개구리 탕수육이 있으며, 그 외 북경 베이징 덕, 양고기 샤브샤브, 동파육 등이 있다. 술로는 지역별 백주, 오량에 고량주가 유명하다. 특히 홍콩은 쇼핑과 식도락의 천국으로 광동 요리의 진수를 맛볼 수 있으며, 딤섬이 유명하다.

② 인 도

세계 4대문명 발상지의 하나지만 카스트제도와 힌두교 등의 종교에 많은 영향을 받아 향신료인 마살라 채식문화를 형성하였다. 대표적인 음식으로 차파티, 난 등이 있으며, 커리 라이스, 탄두리 치킨, 비리야니, 달, 파니르, 라시 음식도 유명하다.

③ 인도네시아

300종족의 수백 개 언어와 수많은 섬으로 인한 다양한 문화에도 불구하고 흔들림 없이 일체감을 형성하고 있으며, 열대작물과 다양한 향신료, 그리고 이슬람교의 음식문화를 형성하였다. 대표적인 음식은 나시 우둑, 나시 쿠닝, 나시 람스, 나시 고렝, 아얌, 아얌 고렝, 가도가도 등이 있다.

④ 일 본

섬 국가로 생선요리가 유명하다. 일본음식에는 혼젠 요리, 가이세끼 요리, 쇼징 요리가 있으며, 대표적인 음식으로 스시 초밥, 돈부리, 우동, 자루소바, 아키모도, 니모노, 덴부라, 나베모노 등이 있으며, 대중술집 이자카야도 있지만 세계적인 술로는 사케가 유명하다.

⑤ 말레이시아

다원화된 사회이며, 다양한 종교가 있는 복합민족국가로 식문화도 독특한 종교적 철학과 토착문화가 함께 어우러져 있다. 대표적인 음식으로 나시 다강, 로띠 니우르, 뿔룻 인띠, 사테, 나시 르막 등이 있으며, 캄벨, 론당, 코르마도 유명하다.

⑥ 몽 골

한민족을 닮은 칭기즈칸의 후예로 초원의 유목생활 속에서 음식문화를 꽃피워 양고기 음식이 대표적이다. 대표적인 음식으로 보도크, 보르츠, 만토, 탈흐, 부즈, 호쇼르, 사마르, 타락 등이 있다.

⑦ 필리핀

축제, 가무를 좋아하는 국민들로 140개의 다양한 언어와 수많은 섬으로 인해 다양한 문화를 공유하면서 스페인 식민지시대에 붙여진 스페인 풍의 음식과 중국인의 이민으로 중국요리가 접목되었다. 대표적인 음식은 아도보, 아도봉 푸싯, 룸피아, 시니강이며, 레친, 팬싯 등도 유명하다.

⑧ 싱가포르

녹색 그리고 청결의 정원도시로 다양한 종교와 다양한 민족이 함께 살면서 다국적 음식이 유명하다. 또한 1998년부터 6월에 개최되는 싱가포르 음식 페스티벌이 있으며, 중국요리, 인도요리, 말레이시아 요리, 프랑스 요리, 이탈리아 요리도 있으며, 특히 해물요리가 유명하다.

⑨ 태 국

성스러운 아침과 야한 밤의 문화가 공존하고 불교문화의 영향을 받아 불교 공양음식이 있으며, 인도, 포르투갈, 중국의 영향을 받아 독특한 음식문화를 발달시켰다. 대표적인 음식은 톰얌, 솜땀, 남, 카오팟, 쌀국수, 커리 등이 있다.

⑩ 베트남

전쟁을 이긴 은근과 끈기의 나라이며, 불교의 영향을 받은 음식문화로 세계적으로 쌀국수 포가 유명하다. 대표적인 음식은 포, 고아 쿠온, 라우제, 짜조, 티트 초 등이 있다.

(2) 오세아니아

① 호 주

끝없는 산호해변과 수많은 이민자들이 유입되어 다양한 민족의 고유 음식을 맛볼 수 있으며, 부쉬터커(원주민 음식)의 전통적인 음식문화가 있으며, 풍부한 쇠고기와 해산물 요리가 발달하였다. 대표적인 음식은 미트 파이, 키드니 파이, 배지마이트, 캥거루 스테이크, 악어 크림파이, 에뮤 스테이크 등이 있으며, 특히 시라즈 와인이 유명하다.

② 뉴질랜드

신의 선물인 천혜의 풍광이 있으며, 호주처럼 수많은 이민자들이 유입되어 다양한 민족의 고유 음식을 맛볼 수 있으며, 낙농국가이기 때문에 육류음식문화가 발달하였다. 대표적인 음식은 사슴고기 요리, 양고기 요리, 미트파이, 파블로마, 마오리족의 항기요리 등이 있으며, 특히 소비뇽 블랑 화이트 와인이 유명하다.

(3) 유 럽

① 프랑스

문화, 예술 그리고 음식의 나라로 불리며, 지방별 요리의 특색뿐만 아니라 오감을 만족시키는 독특한 음식문화를 가지고 있다. 이탈리아 문화를 수용하여 소스와 향신료로 음식문화를 꽃피웠다. 대표적인 음식은 거위 간, 캐비아, 달팽이 요리, 송로버섯 요리 등이 있으며, 세계적인 명품 와인으로 유명하다.

② 독 일

뿌리 깊은 장인정신이 깃든 나라로 소시지를 이용한 음식과 감자를 주식으로 한 다양한 음식이 있으며, 독특한 돼지 요리 문화를 가지고 있다. 대표적인 음식으로 사우크라우트, 학센, 아인 토프 등이 있으며, 특히 뮌헨의 맥주 페스티벌이 전세계적인 축제로 유명하고 리슬링 화이트 와인과 아이스바인으로도 유명하다.

토속적인 햄과 와인의 조화

③ 영 국

전통과 첨단이 공존하는 나라이면서 귀족적인 음식문화와 함께 생선요리, 감자 요리가 발달하였으며, 영국식 아침식사 그리고 홍차 티타임으로 유명하다. 대표적인 음식은 로스트비프, 피시 · 칩스, 스테이크 · 키드니 파이, 도버 솔, 요크셔푸딩 등이 있으며, 특히 스카치위스키가 유명하다.

④ 이탈리아

나라 전체가 역사박물관이며, 고대 그리스 로마시대의 음식문화와 기독교문화가 접목된 음식문화를 통해 서민들의 음식이 꽃을 피웠다. 대표적인 음식은 파스타, 피자, 리조토, 치즈 등이 있으며, 특히 전통적인 양조방법의 네비올로, 산지오베제 와인이 유명하다.

⑤ 스페인

투우와 정열의 나라로 로마인과 아랍인들의 영향을 받은 음식문화는 새롭고 신선한 음식으로 승화되었다. 대표적인 음식은 파에리랴, 가스초바, 하몽하몽, 추로스, 파바다, 사르수엘라 등이 있으며, 스페인 풍의 템프라니뇨 와인이 유명하다.

⑥ 포르투갈

천혜의 휴양지이지만 로마, 아랍 등 외세 침입의 영향으로 다양한 식재료를 통한 새로운 음식문화를 형성하였다. 대표적인 음식은 정어리구이, 바칼하우 대구요리, 훈제 소시지, 염소구이 등이 있으며, 포르투갈의 정통적인 포트 강화와인이 유명하다.

⑦ 네덜란드

강인함이 내재된 풍차의 나라로 소박하지만 영양가가 많은 음식뿐만 아니라 빈곤과 풍요가 함께하는 음식문화를 형성하였다. 대표적인 음식으로 올리볼, 고다치즈, 더치헤링, 훈제 장어요리 등이 있으며, 또한 노간주 열매로 양조한 진이 유명하다.

⑧ 러시아

국토면적이 가장 큰 나라로, 코카시스의 독특한 음식문화가 있으며, 귀족들의 우아한 음식과 분위기가 있지만 서민들의 고유한 음식이 전해오고 있다. 대표적인 음식은 시치, 불린, 갸샤, 자꾸 스캬, 샤술릭, 피로그, 펠메니, 훈제연어, 철갑 상어알 요리 등이 있으며, 무색무취의 보드카가 유명하다.

⑨ 핀란드

설국의 나라, 호수에 사는 사람들이라는 이름에서 나타나듯이 생선요리가 유명하며, 순록고기 등의 스테이크도 유명하다. 대표적인 음식은 시카, 실락카, 라프, 칼라쿠코, 카레리안 피라카, 카렐리아식 스테이크 등이 있으며, 5S인 수오미, 시벨리우스, 사우나, 시수, 사미 등이 있다.

⑩ 체 코

동유럽의 역사를 간직하고 있는 나라이며, 다양한 축제 음식이 있고, 내륙국가로서 고기 중심의 음식문화와 민물고기요리가 유명하다. 대표적인 음식은 팔라친키, 콜라흐, 크네들리크, 베프로 크네들로 젤로 등이 있으며, 세계 최초의 라거 맥주인 필스너가 유명하다.

체코 토속음식과 와인

(4) 아메리카

① 미 국

거대한 부와 다양성이 혼재한 기회의 나라이며, 통조림 등의 가공식품과 햄버거, 핫도그 등의 패스트푸드가 발달하고, 미국 내 소수민족들의 고유한 전통음식문화와 접목하여 독특한 미국음식문화를 만들고 있다. 대표적인 음식은 팬케이크, 베이글, 오트밀, 샌드위치, 비프스테이크 등이 있으며, 캘리포니아의 진판델 와인이 유명하다.

② 멕시코

중남미 고대문명의 발상지로 스페인 음식문화의 영향을 받았으며, 자연의 식재료를 이용한 음식문화를 형성하였고, 요리의 중심에는 옥수수와 콩이 있다. 대표적인 음식은 타코, 부리토, 엔

칠라다, 치미창가, 타코 샐러드, 화이타 등이 있으며, 용설란으로 양조한 데킬라가 유명하다.

③ 브라질

광대한 땅에 낙천주의가 가득하며, 인디오의 음식문화가 살아 숨쉬고 있다. 포르투갈인이 지배하면서 흑인을 노예로 데려오면서 유럽, 아프리카, 인디오의 음식문화가 어우러져 있다. 대표적인 음식은 페이조아다, 슈라스코, 엠파다, 쿠스쿠스, 바타파 등이 있으며, 사탕수수로 양조한 카사와 가리파가 유명하다.

④ 아르헨티나

라틴아메리카 내의 유럽으로 쇠고기, 양고기, 파스타 등의 요리가 유명하며, 대표적인 음식은 아사도, 쵸리조, 모르칠야, 엠빠나다, 푸체로, 둘세 데 레체, 추라스코 아 라 파리야 등이 있으며, 전통차인 마테차가 유명하다.

(5) 중동 아프리카

① 이집트

피라미드의 나라로 홍해와 지중해의 영향으로 생선요리가 발달하였고, 향신료를 넣은 샐러드를 좋아하지만 육류는 사치로 생각하는 식문화를 가지고 있다. 대표적인 음식은 토르시, 자바디, 파소리아, 쿠프타, 샤쿠슈카, 바끌라와, 무사아, 케프타, 케바브, 샤미, 모삿카아 등이 있다.

② 터 키

유럽과 아시아의 징검다리로 프랑스, 중국요리와 함께 세계 3대 요리로 선정될 만큼 맛과 다양한 음식을 자랑한다. 대표적인 음식은 케밥, 초르바, 파스티르마, 요구르트 등이 있으며, 커피와 차가 유명하고, 토속주인 라키도 있다.

③ 남아프리카공화국

천혜의 자연과 신이 축복을 주는 나라로 독특한 기후와 역사를 지닌 에스닉한 흑인 아프리카 요리와 유럽 그리고 아메리카의 음식이 혼합된 새로운 음식문화를 형성하였다. 대표적인 음식은 빌통, 브리디, 보보티, 브라이, 보어워스, 포체스코, 라이피시, 스모스누크, 피클드 피시 등이 있으며, 남아프

남아공 음식과 와인

리카공화국이 독자적으로 개발하여 유명해진 피노따주 와인은 여자의 혀와 사자의 심장이라는 의미를 가지고 있다.

3) 와인관광의 분류와 특징

와인관광은 관광객 방문 동기와 관련하여 와인문화에 접근하는 방식을 다섯 가지로 요약할 수 있다. 첫 번째 접근은 '와이너리 관광명소의 샤토'로서 와이너리의 역사성, 건축의 매력물, 포도밭, 와인저장고가 있지만 명품와인으로 잘 발달된 유럽지역 와인 생산지의 샤토 관광에 초점을 맞추고 있다.[35] 두 번째 접근은 '와인과 음식의 조화'로 와인 생산지의 전통음식과 와인의 절묘한 궁합을 맛보고 체험하는 데 있다. 예를 들면 프랑스의 거위 간 요리와 소테른 와인, 달팽이요리와 샤블리 와인, 스페인의 하몽하몽 요리와 리오하 와인, 독일의 학센요리와 리슬링 와인 등이 있다.[36] 세 번째의 접근은 '이벤트 상품으로서의 와인관광'으로 프랑스 보르도의 와인축제, 보졸레의 보졸레누보 축제, 부르고뉴의 오스피스 드 본 축제, 와인 엑스포 등이 있다. 네 번째 접근법은 '와인 지식의 학습동기'로 자국에 수입되지 않은 특별한 와인 시음과 함께 와인에 대한 다양한 전문지식을 넓히기 위한 것으로서 현지의 와인 교육기관과 연계된 와이너리 체험이다.[37] 다섯 번째 접근법은 '비즈니스 안에서의 와인관광'으로 수입하고자 하는 와이너리의 방문을 통해 와인 정보 입수, 와인 시음 그리고 와인 메이커와의 회의이다.[38]

와인관광의 분류는 크게 구세계 와인과 신세계 와인지역 관광으로 구분하며, 세분화하면 국가별, 지역별로 나누어진다. 국가와 지역별 특색은 지역의 토양, 지형, 기후, 포도품종에 따라 와인의 맛과 품질이 모두 다르기 때문에 나타난다. 또한 주제별로 분류하면 레드와인과 화이트와인, 스파클링 와인으로 구분할 수 있으며, 와인의 색과 맛의 차이를 느낄 수 있다.

4) 국가별 와인관광

전세계에서 와인을 생산하지 않는 지역은 거의 없을 정도로 와인은 생활의 일부가 되었지만 국가와 지역별로 와인의 맛과 향은 모두 다르다. 와인에는 국경이 없어졌다는 것을 피부로 느낄 수 있으며, 각국의 문화 그리고 음식과 어우러져 다양한 지역적 특성을 함축해내고 있기 때문에 와인관광이 성장 · 발전하고 있다. 대표적인 국가별로 미지의 와인관광을 떠나기 전에 최대 관광기업 Trip Advisor가 선정한 세계 10대 와인관광 성지를 살펴보면 세계에서 가장 맛있는 명품와인뿐만 아니라 관광객들에게 가장 좋은 시설의 호텔, 고급 레스토랑, 와인관광 루터가 잘 개

발된 곳이다. 10대 와인관광지는 프랑스의 보르도, 상파뉴-아르덴, 미국의 나파 밸리, 소노마 밸리, 이탈리아의 토스카나, 호주의 바로사 밸리, 스페인의 리오하, 칠레의 센트럴 밸리, 남아프리카공화국의 스텔렌보스, 뉴질랜드의 말보로 지역이다.[39)]

(1) 구세계 와인

① 프랑스

프랑스는 카베르네 소비뇽, 메를로, 시라, 피노누아, 가메, 샤르도네 등의 포도품종이 유명하며 와인관광지로 보르도, 부르고뉴, 루아르 밸리, 알자스, 랑그독, 프로방스, 론 밸리, 남프랑스, 샹파뉴 등이 있다. 보르도는 샤토 오브리옹, 샤토 라투르, 샤토 라피트, 샤토 무통 로칠드, 샤토 마고, 샤토 패트뤼스, 샤토 디켐이 유명하며, 부르고뉴는 로마네 꽁띠, 코르통, 샹베르탱, 포마르, 몽라쉐 와인 등이 유명하다. 2개 지역(보르도, 부르고뉴)은 세계에서 가장 유명한 와인의 성지로 이곳에서 생산되는 와인은 세계에서 가장 비싸고 가장 맛있는 와인으로 알려져 있다.

로마네 꽁띠 포도밭

② 독 일

독일은 리슬링 화이트 와인 산지로 모젤, 라인가우, 나헤, 팔츠, 라인헤센, 바덴 등이 유명하다. 라인강과 모젤강변에 이어지는 환상적인 포도밭과 함께 중세문화가 고스란히 남아 있는 전형적인 와인마을이 인상적이다. 특히 독일만이 갖고 있는 아이스바인은 와인관광에 특별한 의미를 주고 있다. 명품와인으로 바인긋 닥터 루젠, 바인긋 프리드리히 빌헬름 김나지움, 바인긋 율리우스슈피탈 와인이 있다.

③ 이탈리아

와인의 땅인 이탈리아는 네비올로, 산지오베제 포도품종이 유명하며, 로마유적과 함께 피에몬트, 토스카나, 에밀리아 로마냐, 베네토, 시칠리아 등이 유명한 와인관광지이다. 특히 토스카나에서 생산되는 키안티 레드와인과 브루넬로 몬탈치노 레드와인은 모르는 사람이 없을 정도로 유명하다. 특히 토스카나 지역은 음식과 자연풍경, 많은 유적지들이 눈길을 끌기 때문에 관광객들이 붐비고 있다. 명품와인으로 안젤로 가야, 산귀도 사시까이아, 바바 와인이 있다.

④ 스페인

스페인은 세계에서 가장 많은 포도나무 재배 면적을 갖고 있으며, 템프라니뇨의 포도품종으로 유명하다. 리오하, 까탈루니아, 레반토 메세타 등이 유명한 와인관광지이다. 특히 리오하는 프랑스 레드와인과 어깨를 견줄 수 있는 와인뿐만 아니라 와인관광지로도 유명하다. 명품와인으로 무가, 베가 시실리아 우니코 와인 등이 있다.

⑤ 포르투갈

포르투갈은 북부의 비뉴 베르데, 다옹, 베이라다, 남부의 리바떼쥬, 알렌떼쥬 등의 명성 있는 와인관광지가 많다. 특히 도오루 지역에서 생산되는 포트와인의 유명세에 힘입어 1996년에 개발한 포트와인 관광루트는 와인관광의 표준이 되고 있다.

샤토 와이너리

⑥ 헝가리

기원전 4세기의 역사를 가진 헝가리는 푸르민트, 하르쉬레벨루 포도품종이 유명하며, 토카이, 에게르, 솜로 등의 명성 있는 와인관광지로 유명하다. 특히 명품 로열 토카이 와인은 프랑스, 러시아 황제들이 즐겨 마셨던 황제 와인이며, 특히 여름철에도 16℃를 유지하고 있는 지하 와인 저장고의 끝없는 미로 체험은 평생 잊을 수 없는 기억으로 간직될 만큼 가치가 있다. 로열 토카이 와인 외에 오레무스 토카이 와인도 유명하다.

(2) 신세계 와인

① 미 국

신세계 와인의 대명사로 진판델 포도품종이 유명하며, 캘리포니아의 나파 밸리, 소노마 밸리와 오레곤의 월러메트 밸리 등이 명성 있는 와인관광지로 손꼽히고 있다. 특히 로버트 몬다비 와인은 와인관광지의 메카로 불리고 있으며, 오퍼스 원 명품와인도 크게 한몫을 하고 있다. 특히 캘리포니아는 비행선 등을 이용한 와인관광도 성행하고 있다.

② 호 주

와인관광의 선도적인 국가로서 시라즈 포도품종이 유명하며, 에들레이드의 바로사 밸리, 멜버른의 야라밸리, 시드니의 헌터밸리 등이 대도시에 근접한 덕분에 청정 자연환경과 더불어 와인관광은 지역주민들이 생활 그 자체가 되었다. 특히 펜폴드 그랜지 명품와인도 와인관광에 한몫을 하고 있다.

③ 칠 레

칠레는 품질 좋은 와인을 생산할 수 있는 테루아의 장점과 프랑스 보르도 스타일인 카베르네 소비뇽, 메를로 와인이 유명하다. 센트럴 밸리, 마이포 밸리, 카사블랑카 밸리, 라펠 밸리, 쿠리코 밸리 등이 유명한 관광지이며, 특히 명품와인인 콘차 이 토로, 몬테스 알파 엠, 알마비바 와인 등이 유명하다.

④ 뉴질랜드

뉴질랜드는 소비뇽 블랑 포도품종이 유명하며, 말보로, 오클랜드, 마틴버러우, 기스본 등이 와인관광지이다. 뉴질랜드는 특히 휴일에 지방의 토속적인 음식과 와인을 테이스팅하면서 와인마을을 관광하는 것이 생활화되어 있다. 명품와인으로 세이트 헬레나, 바비치, 몬타나 말보로 마투아 와인 등이 있다.

⑤ 남아프리카공화국

남아프리카공화국은 피노따주 포도품종이 유명하며, 스텔렌보스, 콘스탄티아, 파알, 워커베이 등이 유명한 와인관광지이다. 특히 테이블 산 아래 포도밭이 위치하여 장관을 이루며, 청정기후, 명품와인, 다이아몬드 보석, 사파리 등을 즐길 수 있는 와인관광 천국이다. 명품와인으로 페어뷰, 해밀톤 러셀, 워익와인 등이 있다.

⑥ 중 국

중국은 카베르네 게르니쉬트, 벨슈리슬링 포도품종이 유명하며, 1892년에 장유와인이 설립되면서 와인역사가 시작되었다. 산동성의 연태지역은 400개의 와이너리가 있으며, 나바 밸리가 와인관광지의 메카이다. 와인관광 루트는 장유와인 박물관, 장유 카스텔 와이너리, 장성 와이너리 등이 있으며, 특히 장성 와이너리는 리조트를 겸한 미래지향적인 와인관광지이다. 명품와인으로 120년의 역사와 품질을 자랑하는 장유와인, 2008년 북경 올림픽 공식와인으로 선정된 장성와인 등이 있다.

⑦ 일 본

일본은 고슈 포도품종이 유명하며, 1874년에 와인양조가 시작되었고 홋카이도, 큐슈, 야마나시현, 나가노현, 야마가타현이 대표적인 와인관광지이다. 후지산 자락에 위치한 야마나시현과 『설국』으로 유명한 홋카이도가 주 와인관광지이다. 명품와인으로 가츠누마 메르시앙, 사카오리, 산토리 와인 등이 있다.

4 음식문화 · 와인관광의 새로운 접근과 발전방향

1) 음식문화관광의 새로운 접근과 발전방향

국민소득이 높아지고, 세계의 경제 · 문화 · 정치가 글로벌화되면서 일상생활 속에서 서로를 이해하는 음식문화가 발전하면서 각국은 음식문화관광에 대한 필요성과 가치를 더욱더 인정하게 되었다.

어떤 관광형태이든지 관광객들은 음식이 생리적인 욕구를 충족시키는 수단으로 인식하지 않고, 한 끼의 식사라도 이색적인 음식, 평소에 먹고 싶었던 에스닉 음식을 찾게 되면서 유럽, 미국 그리고 아시아 국가에서도 전략적인 관광육성과 함께 세계 각국의 관광객들의 취향과 입맛에 맞는 식음료 상품을 개발하고, 음식문화를 관광산업화하고 있는 추세이다.

특히 음식문화관광은 타 관광상품과 달리 지역의 특성을 대변해주고, 새로운 관광상품으로서 가치를 더해주고 있다. 관광객들이 해외로 여행을 가면 세계의 진미가 있는 음식, 이야기가 있는 음식, 낯선 음식에 대한 호기심과 음식문화의 매너 등에 많은 관심을 갖게 되므로 음식문화관광을 위한 새로운 접근법과 방향을 제시하고자 한다.

첫째, 각국은 지역별 특성 있는 전통 조리법과 고유한 맛을 지속적으로 계승 · 발전시키고 유지시켜 지역 음식문화인 명절음식, 통과의례음식, 향토음식축제 등과 접목된 상품을 개발해야 한다.

둘째, 각국은 지역의 전통적인 음식과 특산물이 관광객들에게 주는 편익, 즉 건강, 미용, 식사예절 등이 접목되어 체험할 수 있고 참여할 수 있는 부문까지 확대하고, 정부, 지방자치단체, 음식업협회, 관광협회 등이 공동으로 지속가능한 음식관광상품 개발과 홍보를 해야 한다.

셋째, 음식문화관광을 위해서는 지역의 명소를 브랜드화해야 하므로 음식과 관련된 다양한 축

제, 그리고 숙박시설, 레저시설도 함께 개발하고 특히 위생관리와 서비스의 차별화도 바람직하다.

끝으로 관광학문도 순수관광에서 겸용관광으로 전환되고 있다. 최근에는 주제별관광으로 세분화되어 감에 따라 새로운 관광상품에 대한 연구도 필요한 시점에 있다.

2) 와인관광의 새로운 접근과 발전방향

와인관광산업은 와인생산국가에 있어서 경제적인 효과뿐만 아니라 사회·문화적인 영향에 크게 기여하고 있다. 특히 유럽과 구미에서는 와인관광이 관심 분야 관광에서 벗어나 독자적인 영역으로 구축되고 있는 시점에서 활발한 연구가 진행되고 있다. 와인생산국들은 더 많은 관광객들이 자국을 방문하도록 홍보를 강화하고, 관광산업의 경제적 부가가치를 창출하는 외에 농촌지역을 지속가능한 청정관광지로 활성화하면서 와인관광상품이 새롭게 부상하고 있는 추세이다.

음식문화관광은 한 지역에 국한되어 지역을 방문하는 사람들이 즐길 수 있는 현지 관광상품이지만 와인은 전세계로 수출되어 새로운 시장을 형성하고, 전세계 와인 마니아들에게 호기심을 유발시키는 독특한 매력이 있다. 와이너리를 찾은 국내외 관광객들에게는 역사가 오래된 와이너리만으로도 관광 매력물이 되지만 여기에 아주 신선하고 개성 있는 와인시음을 통해 더욱 환상적인 체험을 할 수 있는 즐거움을 주고 있다. 또한 와인을 주제로 하는 축제는 많은 관광객들에게 관심의 대상이 되고 있으며, 국가별·지역별로 좋은 이미지를 형성하고, 브랜드화하는 데 크게 기여하고 있다.

와이너리 숍에서 와인구매

특히 와인관광은 방문지역의 역사문화적인 관광 매력물을 접하는 것 외에도 와인을 통해 와인생산 지역의 특성을 대변하면서 새로운 와인정보, 와인교육, 와인시음을 경험할 수 있기 때문에 블루관광시장으로 떠오르고 있다. 또한 관광객들이 해외에 여행을 가면 그 지역에서 생산된 맥주, 위스키, 사케, 고량주, 보드카, 럼주 등은 단순하게 마시면서 즐기는 술로 인식하지만 와인은 음식과의 조화를 통해 매력을 더해주고, 와인마다 다양한 역사와 맛을 느끼게 해주기 때문에 더욱더 가치 있는 술로 받아들이고 있다.

그러면 와인관광을 위한 새로운 접근법과 방향을 제시하고자 한다.

첫째, 각국은 지역별 특성이 살아 있는 와인양조법과 환경으로 와인의 개성적이고 고유한 맛을 지속적으로 계승 · 발전 · 유지시켜 지역 음식과 조화를 이루는 음식상품도 함께 개발해야 한다.

둘째, 각국은 지역의 역사적인 와이너리를 상품화하면서 박물관, 와인저장고 속의 레스토랑, 샤토 숙박시설, 와인 스파, 와인화장품 등 관광객들에게 주는 다양한 편익을 고려하고, 정부, 지방자치단체, 와인생산협회, 관광협회 등이 공동으로 지속가능한 와인관광상품개발과 홍보를 해야 한다.

셋째, 와인관광을 위해서는 지역의 와인 명소를 브랜드화해야 하므로 와인과 관련된 다양한 축제, 포도 따기, 포도 아가씨 선발대회, 자신의 와인 양조하기, 올드 빈테이지 와인 시음하기, 와이너리에서의 결혼식, 와인교육 등 자연친화적 관광상품을 개발해야 한다.

끝으로 국내에서는 와인관광학문이 생소하지만 이미 호주와 미국을 중심으로 학문적 연구가 상당히 이루어져 있으므로 와인관광을 새로운 학문영역으로 정착시켜 학문적 연구가 필요한 시점에 와 있다.

3) 결 론

음식문화관광과 와인관광은 상호 보완적인 관계에 있으므로 음식문화관광과 와인관광을 통섭하는 전통음식과 지역의 역사적인 와이너리를 중심으로 관광루트를 개발하는 것이 바람직하다.

또한 국내에서는 생소한 음식문화관광과 와인관광을 관광학문 분야로 새롭게 수용하여 경제적인 영향과 함께 국가 이미지 창출의 영역으로 인식해야 하고, 새로운 성장동력 관광산업으로 육성해야 한다. 음식문화관광과 와인관광을 축으로 하는 관광객 유치는 관광객의 관심을 끌 수 있으며, 지역경제 활성화와 더불어 고용 창출이 가능해진다. 숙박, 레저, 스파, 웰빙 음식, 와인교육 등과 연계되므로 국내관광객들에게도 새로운 체험의 장이 될 수 있다.

미국, 호주, 프랑스, 이탈리아 등 선진국들은 이미 음식과 와인관광에 관심을 갖고 관광상품으로 개발하여 각광받고 있는 사실도 인지해야 한다. 국민소득이 높아갈수록 새로운 문화관광에 호기심을 갖게 된다.

우리나라에서도 이제 눈을 뜬 음식문화관광과 와인관광이 통섭적인 관광상품으로서 새로운 패러다임을 열어가야 할 시점에 와 있다고 생각한다.

미 주

1) 금순 · 한재숙 · 정외숙 외 7인(2004). 『세계의 음식문화』. 도서출판 효일.
2) 이스토롱 저. 김주현 역(2005). 『권력자들의 만찬』. 넥서스Books.
3) 로이스토롱 저. 김주현 역(2005). 위의 책.
4) 문두현(2008). 글로벌 경쟁력 이젠 음식관광이다. 관광행정(http//blog.daum.net/moontsts).
5) 문두현(2008). 앞의 책.
6) 문두현(2008). 앞의 책.
7) 장해진 · 양일선 외 2인(2004). 국내외 전통음식관련 관광상품의 현황분석. 『한국식생활문화학회지』, Vol. 19(4), 392-398.
8) Donald, Getz(2000). *Explore Wine Tourism*. Cognizant Communication Corporation.
9) Hall, C. M., Sharples, L., Cambourne, B., & Macionis, N.(Eds.)(2000). *Wine Tourism*.
10) Gilber, D.(1990). Touristic Development of a Vinicultural Region of Spain. *International Journal of Wine Marketing*, Vol. 4(2), 25-32.
11) Donald Getz(2000). op. cit.
12) Donald Getz(2000). op. cit.
13) Chidley, J.(1998). Grape White North: Canada is now a Producer of Exquisite, Prize-Winning Wine, Macleans. *Canada's Weekly Newsmagazine*. pp. 42-43.
14) Donald, Getz(2000). op. cit.
15) 고재윤 · 정미란 · 박성수(2006). 와인관광동기와 관광지 선택행동에 관한 연구. 『관광학연구』, Vol. 30(4), 109-129.
16) Donald, Getz(2000). op. cit.
17) 원융희(1999). 『관광과 문화』. 학문사.
18) 문두현(2008). 앞의 책.
19) Hall, M. C., & Michell, R.(2001). Wine and Food Tourism, in Douglas, N. Douglas, N., and Derret, R.(Eds.). *Special Interest Tourism*, Sydney: Wiley.
20) 우문호 · 엄원대 외 4인(2006). 『글로벌 시대의 음식과 문화』. 학문사.
21) 한복진 · 황건중(2000). 『해외여행가서 꼭 먹어야 할 음식 130가지』. 시공사.
22) Yuan, J., Cai, L., Morrison, A., & Linton, S.(2004). An Analysis of Wine Festival Attendees' Motivations: a Synergy of Wine, Travel and Special Events? *Journal of Vacation Marketing*, Vol. 11(1), 41-58.
    Bruwer, J.(2002). *The Role and Importance of the Winery Cellar Door in Australian Wine Industry: some Perspectives, Australian and New Zealand Grape Grower and Winemaker*, 463, 96-99.
23) Delphine, Waller(2006). *Wine Tourism: The Case of Alsace, France*. UK: Bournemouth University.

24) Ravenscroft, N., & Westering, J.(2001). *Wine Tourism, Culture and the Everyday: a Theoretical Note*, Vol. 3(2), 149-162.

25) Donald Getz(2000). op. cit.

26) Hall, M., & Macionis, N.(1998). Wine Tourism in Australia and New Zealand. *Tourism And Recreation*. Wiley.

27) Johson, G.(1998). Wine Tourism in New Zealand－a National Survey of Wineries. Unpublished Dip., Tour Dissertation, Dunedin: University of Otago.

28) Hjalager, A., & Richards, G.(Eds.)(2002). *Tourism and Gastronomy*. London: Routledge.

29) Cohen, E., & Avieli, N.(2004). Food in Tourism, Attraction and impediment. *Annals of Tourism and Research*, Vol. 31(4), 755-778.

30) Meler, M., & Cerović, Z.(2003). Food Marketing in the Function of Tourist Product Development. *British Food Journal*, Vol. 105(3), 175-192.

31) Cohen, E., & Avieli, N.(2004). Food in Tourism, Attraction and impediment. *Annals of Tourism and Research*, Vol. 31(4), 755-778.

32) Quan, S., & Wang, N.(2004). Toward a Structural Model of the Tourist Experience: an Illustration from Food Experience in the Tourism. *Tourism Management*, Vol. 25, 297-305.

33) 우문호・엄원대 외 4인(2006). 위의 책.

34) 원융희(2001).『지구촌 음식문화기행』. 신광출판사.
박금순・한재숙 외 8인(2004).『세계의 음식문화』. 도서출판 효일.

35) 고재윤・정미란・박성수(2006). 앞의 책.

36) 고재윤(2008). 음식과 와인의 절묘한 조화. 경희대학교 관광대학원 와인소믈리에 특별과정 교재.

37) 고재윤・정미란・이영남(2006). 와인관광지의 교육적 체험이 관광만족에 미치는 영향.『와인소믈리에 연구』. Vol. 2(2), 5-19.

38) 고재윤・정미란・박성수(2006). 앞의 책.

39) 고재윤 외 8인(2007).『세계의 명품레드와인』. 세경출판사.
고재윤 외 8인(2008).『세계의 명품화이트와인』. 세경출판사.

저자약력

고재윤 현_경희대학교 호텔관광대학 외식산업학과 교수(현 사단법인 한국외식경영학회 회장)

경희호텔경영전문대학 호텔경영학과 졸업. 세종대학교 경영대학원 호텔관광경영학과 석사. 스위스 HIM호텔대학 식음료경영 및 컨벤션경영 PG과정 졸업. 세종대학교 대학원 호텔관광경영학과 박사(국내 1호 컨벤션박사학위 취득).

현재 경희대학교 호텔관광대학 외식산업학과 교수. 와인소믈리에과정 주임교수. 산자부/한국표준협회의 국가서비스품질 심사위원. 사단법인 한국외식경영학회 회장. 농림수산식품부 식품산업진흥자문위원. 컨벤션・외식・와인관련 논문 80여 편 발표. 식음료, 와인전문서적 10여 편을 저술하여 외식・와인학문을 구축하였으며, 신문・잡지 등에 와인칼럼니스트로도 활동함

『관광학총론』 서른네 번째 이야기

제34장

영상미디어관광

이 후 석*

1 영상미디어 관광의 개념과 유형

1) 영상미디어 관광의 개념

(1) 영상과 영상미디어

영상이란 사전적인 의미로 "빛의 굴절이나 반사에 의하여 물체의 상(像)이 비추어진 것, 혹은 영화·TV 등에 비추어진 상, 그리고 머릿속에 그려지는 모습이나 광경"으로 정의되고 있다. 그것은 물리적, 매체적, 이미지적 의미가 함축되어 있는 것이다. 본래 '영상'은 이미지(image)와 같이 추상적인 의미이지만 매체적, 물리적 차원의 개념은 '필름(film)'처럼 구체적이다. 영상물이란 필름처리로 가공되어 기계적 장치에 의해 전달되기 때문에 영상의 대표적 메커니즘의 산물이 카메라를 통해 이미지로 표현되는 것이다.[1)]

영상미디어는 작품을 영상으로 전달하는 매체를 뜻하며, 영화·비디오·TV 등이 이에 속한다. 영상미디어는 특정 내용(contents)을 기계적인 수집, 제작, 처리를 통하여 생산된 콘텐츠를 다시 광학적, 전자적 장치로 재생하여 일정시간과 공간에서 불특정 다수의 수용자들이 이용할 수 있는 것을 말한다.[2)]

오늘날은 영상미디어가 확산되어 영상물의 활용이 일상화되고 매스미디어와 컴퓨터 테크놀러지의 화려한 결합을 통하여 그 어느 시대보다 대중문화 창달이 활발하다. 영상미디어는 '상징의

* 한세대학교 국제관광학과 교수. e-mail: husuklee@hansei.ac.kr

영역'이라는 점에서 보면 '이미지의 영역'보다도 넓은 의미의 커뮤니케이션 수단이 되며, 영상의 생산과 해석은 문자보다 더 큰 영향력을 발휘할 수 있다. 영화 혹은 TV 드라마의 영상미디어에 나타난 아름다운 자연환경, 특징적인 시설뿐만 아니라 흥미로운 줄거리, 주제(theme), 주인공의 매력(attractions) 등이 상징적(symbolic)으로 인식되어 관광 동기의 유인요소로서 작용한다.[3] 이와 같이 상징적 이미지에 크게 영향을 미치는 매스미디어는 대중문화와 관련되어 후기산업사회에서 수많은 일상생활 중 주요한 부분을 차지함으로써 레저 · 관광에서 그 위치를 확고히 하고 있다.[4]

(2) 영상미디어와 관광

대중매체를 통한 영상물은 시청자들을 감동시키고 학습시켜서 그것을 통해 형성된 관광이미지가 관광행동을 유발하기 때문에 영향력이 강한 관광매체로 부각되고 있다. 특히 근래에 드라마나 영화의 배경지로 사용된 장소가 관광명소로 발전되는 경우가 증가함에 따라 영상미디어를 통한 관광이미지 형성에 대한 관심이 커지고 있다. 더욱이 문화경쟁시대인 21세기에는 대중문화가 급속도로 성장하여 영화, TV 드라마 등의 대중매체의 영향으로 곳곳에 촬영지를 중심으로 하는 새로운 관광지가 형성되고 있다.[5]

미래에는 앞으로 보다 많은 사람들이 인쇄미디어 정보보다 시각적인 미디어를 통한 정보에 더 의존해갈 것이다. 이러한 추세는 관광객의 의사결정과정 측면에서 중요한 의미를 부여한다. 영화, TV, 비디오 등과 같은 영상물을 통하여 사람들은 대리경험(anticipation)을 한 결과로서 그 장소에 대한 관심과 친밀성을 형성, 지속시켜주기 때문에 향후 관광목적지로 선택할 가능성이 높다.[6]

한편 포스트모던 사회에서 관광은 소비되는 하나의 일용품이 되었으며, 항상 시각적이고 극적인 특성과 관련되는 경향이 있다. 포스트모더니즘 시대에는 지속적인 이미지 자료를 제공하는 영상미디어들의 구성된 이미지(framed image)를 통해서 포스트 관광객(post-tourist)들이 세상을 경험하게 된다. 포스트 투어리스트는 영화와 TV 드라마 등을 통해 온갖 종류의 장소를 체험하며, 장시간에 걸쳐 반복적으로 그 장소를 체험한다.[7] 영화나 TV 드라마에서 보여지는 장소는 잠재적 관광자가 될 수 있는 시청자들을 유인하는 요소(pull factor)들이 풍부하다. 관광지에 대한 이미지 형성과정에서 영화, TV 프로그램 같은 영상미디어는 짧은 시간에 목적지에 대한 상당한 영향력을 미칠 수 있다. 게다가 사람들은 관광지 광고와 비교했을 때 비교적 편견이 없는 이러한 정보를 바탕으로 평가하는 것을 선호한다.[8]

(3) 영상미디어 관광

영상미디어 관광이라는 용어가 영어권에서는 'movie induced tourism' 또는 'film(induced) tourism' 'screen tourism' 등으로 주로 쓰고 있는데, 그 단어는 일반적으로 영화뿐만 아니라 TV 드라마나 비디오까지 포괄하는 넓은 의미로 사용되고 있다.

Beeton[9]은 영상미디어 관광의 범위를 영화나 TV 프로그램의 실내 및 야외촬영지의 방문 그리고 영상과 관련된 테마파크, 촬영 스튜디오의 방문까지도 포함시키고 있다. Connell과 Meyer[10]는 영상미디어 관광이라는 용어를 영화, TV 프로그램, 비디오, DVD 등 크고 작은 스크린 제작물에 의해 발생된 관광으로 정의한다. 영국 관광청은 영상미디어 관광(Film Tourism)이란 영화와 TV 드라마로 알려진 후 이에 영향을 받은 관광객들이 촬영지를 방문하는 경우를 의미한다. 스코틀랜드 관광청은 영화, TV 드라마, 비디오 등의 촬영지에 대한 스토리를 통해서 관광객을 유치하는 것을 영상미디어 관광이라고 하였다.[11]

최정수[12]는 일반적으로 영상미디어 관광은 영화, TV 드라마, 비디오, DVD, 광고 등 다양한 영상물 속에 나타난 장소로 관광객을 유인하는 것이라 말하고, 이의 대표적 사례로 한류관광을 들고 있다.

박양우[13]는 영상미디어 관광이란 영화, TV 드라마, 비디오, 광고 등 영상물 속에 나타난 장소, 매력물, 이야기 등을 활용하여 이와 연관되는 직간접의 장소에 관광객을 유치하기 위한 제반활동으로 정의한다.

따라서 영상미디어 관광은 영화나 TV 드라마, 비디오, DVD, 광고, 기타 영상물에 노출된 장소 및 매력물을 대상으로 하는 관광객의 관광활동을 통해서 형성되는 새로운 의미의 관광현상으로 그 개념을 정의할 수 있다.

2) 영상미디어 관광의 유형

영상미디어 관광은 다양한 방식으로 유형화할 수 있다.

Beeton은 영상미디어 관광을 촬영장소로 이용된 곳뿐만 아니라 스토리 배경이 되는 장소, 촬영지를 이용한 투어프로그램, 타 지역 안내프로그램 등 보다 폭넓은 시각으로 바라보면서 야외촬영지 관광, 상업적 관광, 스튜디오(테마파크) 관광, 무대촬영지 또는 스토리 배경지 관광, 영상이벤트관광, 간접체험 관광 등 6개의 유형으로 분류하고 16개 세부유형으로 구분하고 있다(<표 34-1> 참조).

〈표 34-1〉 영상미디어 관광의 유형과 특징

구 분		내 용	예
야외 촬영지 관광	관광동기 부여자	영화촬영지는 관광동기가 될 수 있을 정도로 충분한 유인 매력물임	Mull 섬(영화 Balamory)
	휴양의 일부 활동	비교적 장기간 휴가 기간 중 영화촬영지나 스튜디오의 방문이 관광활동 중 하나로 포함됨	
	영화촬영지 순례	영화에 대한 경의를 표하기 위해 영화촬영지를 방문함	Doune 성(반지의 제왕 촬영지)
	명사 또는 명성지 영상관광	명사의 집이나 영화촬영지가 명성을 갖고 있던 곳 관광	할리우드 가정들
	향수적 영상관광	다른 시대를 대표하는 영화 속의 촬영지 방문	영화 방황의 도시 (Heartbeat)의 1960년대 촬영지
상업적 관광	영상관광매력물의 건축	영화촬영 이후에도 관광객을 유인하기 위한 시설물 건축	영화 방황의 도시 촬영지 경험(영국 Whitby)
	영상촬영지 기획관광	다양한 영상물 촬영지 기획관광	촬영지 관광형태
	영상로케이션 세트장 안내관광	특정 촬영지(가끔 사유지) 방문	반지의 제왕의 호빗마을
스튜디오(테마파크) 관광	영화 스튜디오 관광	영화제작 스튜디오 관람하며, 실제 영화제작과정을 관광함	파라마운트스튜디오
	테마파크로서 촬영 스튜디오	대개 스튜디오에 인접한 곳에 관광객을 위하여 시설을 만드나 실제로 영화가 촬영되지는 않음	유니버셜스튜디오
무대 촬영지 또는 스토리 배경지 관광	영화스토리 배경지가 아닌 촬영지 관광	한 장소에서 촬영했으나 재정적 이유로 다른 장소, 가끔 다른 나라처럼 보이게 하는 영화나 TV 시리즈	Deliverance, Clayburn Country (영화배경은 Appalachia였지만 실제로 촬영된 장소)
	촬영지가 아닌 영화 스토리 배경지 관광	이야기의 배경이 되지만 실제로 촬영되지는 않은 특정한 국가, 지역 또는 장소에 대한 관심을 야기시키는 영상물	Braveheart, 스코틀랜드 (실제로는 아일랜드에서 촬영)
영상 이벤트	영화초연 및 특별개봉	할리우드와 같은 전통적인 촬영지 외의 장소에서 개최	반지의 제왕: 왕의 귀환(뉴질랜드) 미션임파서블(시드니)
	영화축제	다양한 도시에서 펼쳐지는 영화축제	칸영화 축제, 베니스영화제
간접 체험	텔레비전 여행 프로그램	여행 가이드북이나 여행영화의 후속 프로그램	Getaway, Pilot Guides
	음식기행 프로그램	세계 다양한 음식을 시청자에게 제공함	Cook's Tour 프로그램

| 자료: Beeton(2005). *Film-Inducud Tourism*. Clevedon, UK: Channel View Publications.
박양우(2006). 영상관광의 현황과 활성화 방안. 『한국관광정책』, 통권 제24호, 한국문화관광정책연구원.

영상미디어 관광의 유형은 그 분류 기준에 따라 다양하게 구분할 수 있다. 그러나 영상미디어 관광은 영상차원에서 관광자로 하여금 어떤 이미지와 동기를 부여했는가 하는 점이 관건이 될 것이다. 그러므로 그 유형 구분의 기준은 첫째로, 작품의 스토리와 관련하여 형성된 경관이미지에 유인된 것. 둘째로, 스토리와 관련되어 이미지화된 시설과 관련하여 방문하는 것. 셋째로, 한시적인 영상 관련행사에 이끌려 방문하는 것. 이와 같은 세 가지 차원에서 영상미디어 관광의 유형은 ① 영상경관형, ② 영상시설형, ③ 영상이벤트형으로 분류할 수 있다(<표 34-2> 참조).

〈표 34-2〉 영상미디어 관광의 유형

유 형	세부 유형	작품명, 시설명	장 소	지 역
① 영상경관형	영상 자연경관	올인 모래시계 가을동화	섭지코지 정동진 예천	제주도 강원도 경상북도
	영상 인문경관	궁 친구 실미도 겨울연가 서편제	안압지 부산 실미도 역사현장 춘천 완도	경상북도 부산 인천 강원도 전라남도
② 영상시설형	영상 세트장	남양주 종합촬영소 영상문화단지 판타스틱 스튜디오 KBS촬영소 MBC촬영소 SBS촬영소	양수리 파주 부천 문경 양주문화동산 제천	경기도 경기도 경기도 경상북도 경기도 충청북도
	영상 주제공원	불멸의 이순신 해신 대조영 주몽 태왕사신기	부안영상테마파크 완도 설악씨네마 삼한지테마파크 파크써더랜드	전라북도 전라남도 강원도 전라남도 제주도
③ 영상이벤트형	영화제	부산국제영화제 부천영화제 전주국제영화제 광주영화제	부산 부천 전주 광주	부산 경기도 전라북도 광주
	문화관광축제	서동요	여산 오픈세트	충청남도

| 자료: 한국관광공사 홈페이지 영화, 드라마 촬영지 관광명소 137개소를 분석하여 저자가 작성한 것임.

2 영상미디어 관광의 발달과 이미지

1) 영상미디어 관광의 발달

(1) 영상미디어 관광의 등장

오늘날 사람들의 레저활동 가운데 TV 시청이 가장 높은 빈도로 나타나고 있다. 그것은 후기 산업사회에서 대중의 일상생활에 매스미디어가 밀접하게 관련되고 있다는 점을 말해준다. TV 드라마나 영화를 통해서 간접 경험된 그 영상촬영지에 대하여 시청자들의 관심이 집중되는 것

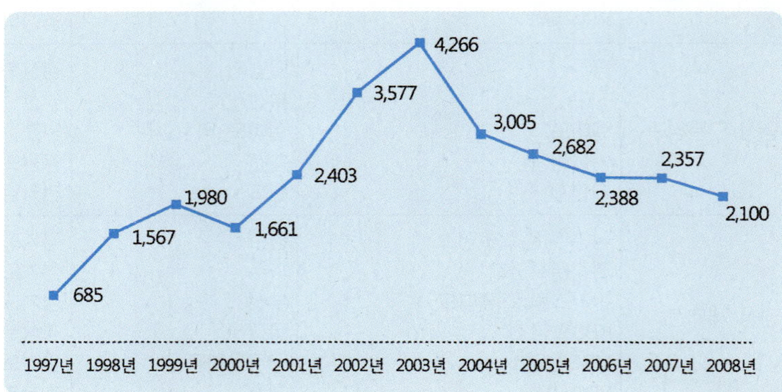

[그림 34-1] 정동진 연간 관광객 수(천 명)

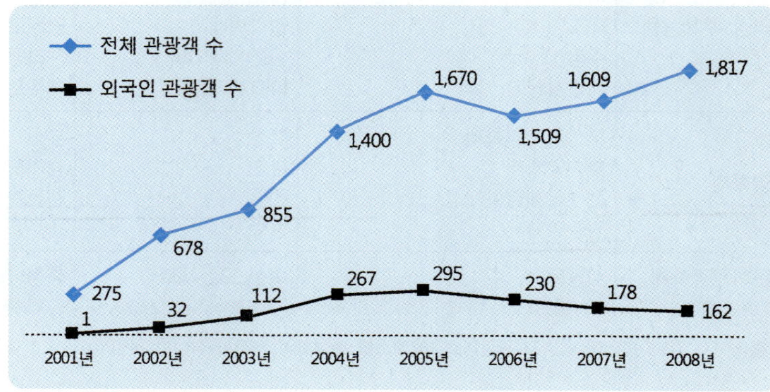

[그림 34-2] 남이섬 연간 관광객 수(천 명)

을 계기로 영상미디어 관광이라는 새로운 차원의 관광이 등장한다. 특히 2000년대 들어 한국 드라마와 영화의 경쟁력이 강화되면서 국내관광뿐만 아니라 인바운드 관광에서도 영상미디어 관광의 중요성은 매우 증대되고 있다.

SBS에서 1995년에 방영된 모래시계 촬영지인 정동진이 관광명소화된 시점이 영상미디어 관광의 시발점으로 볼 수 있다. '남이섬'을 주 무대로 2002년에 방영된 KBS드라마 '겨울연가'는 국내 관광객뿐만 아니라 일본 중고령 여성을 중심으로 하는 외래객을 유치하여 드라마의 종영 후에도 지속적으로 관광객이 증가하고 있다([그림 34-1~2] 참조).

(2) 영상미디어 관광의 발달

한국에서는 21세기를 맞이하면서 본격적으로 영상미디어 관광이 활기를 띠게 된다. 예를 들면 KBS에서 계절 시리즈 드라마로 방영한 가을동화(2000년)는 아바이마을, 겨울연가(2002년)

[사진 1] 청산도(봄의 왈츠 촬영지)

[사진 2] 보성다원(여름향기 촬영지)

[사진 3] 아바이마을(가을동화 촬영지)

[사진 4] 남이섬(겨울연가 촬영지)

| 사진출처: 한국방송공사(http://www.kbs.co.kr)의 각 드라마 홈페이지 자료실.

는 남이섬, 여름향기(2003년)는 보성 녹차밭과 무주리조트를, 봄의 왈츠(2006년)는 완도의 청산도를 관광명소로 만든다([사진 1~4] 참조).

외국의 경우 영화촬영지가 관광명소화되어 그곳에 관광객 수가 증가하는 사례가 많다. '꿈의 구장(Field of Dreams)'이라는 영화의 촬영지인 미국 아이오와주의 옥수수 농장은 1989년 영화 개봉 이후에 방문객 수가 증가하였다. '늑대와 함께 춤을' '델마와 루이스'는 각각의 촬영지인 캔자스주, 유타주에서도 1990~1991년에 관광객 수가 증가하였다. 일본 영화 '러브레터'의 촬영지인 오타루의 경우에는 영화상영 전인 1998년 백만 명에서 2001년에 천만 명으로 10배 이상의 관광객 증가를 보였다.

호주영화 '크로커다일 던디(Crocodile Dundee)' '매드 맥스(Mad Max)' 등의 잇따른 흥행 성공은 미국인의 호주 관광에 상당한 영향을 미쳤다.[14] '매디슨 카운티의 다리'의 촬영지는 1995년 영화 개봉 후 상당한 관광자들이 방문하였으며 '라이언 일병 구하기'의 촬영지인 프랑스의 노르망디 해변에 미국인 관광객 수가 큰 폭으로 증가한 사례도 있다([사진 5] 참조).[15]

[사진 5] 영화 '델마와 루이스' '러브레터' '크로커다일 던디'(왼쪽부터)

(3) 영상미디어 관광지

TV 드라마나 영화의 세트장 및 로케이션 장소를 관광자원으로 활용하여 관광지로 개발하는 것은 21세기 관광요구 및 여가패턴에 부합된다. 더욱이 영상미디어 작품이 흥행에 성공하면 촬영지역이 새로운 관광명소로 떠오르게 되기 때문에 지방자치단체가 주도하는 방식으로 촬영장 유치 경쟁이 치열해졌다. 그 결과 전국 곳곳에 오픈세트촬영장 등이 건립되고 바로 그곳이 영상

미디어 관광지로 발달하고 있다. 오픈세트촬영장은 다양한 건축미와 시대상을 보여주는 매력물로서 테마파크 관광지로 발전하고 있다. 한편, 아시아를 대표하는 부산국제영화제를 계기로 부산은 영화촬영지 및 국제적인 영상미디어 관광도시로 자리매김하고 있다.

전국적으로 드라마 오픈세트촬영장 건립 현황을 보면, 29개 시・군에 36개가 건립되었으며 충북 단양군과 영동군, 전북 김제시 등 3곳에선 2009년 현재 건설이 추진 중이다. 건립이 완료된 곳 중에서 29곳은 지방비 및 국비가 투입되었고, 나머지 7곳은 방송사나 제작사에서 자체 건립된 시설이다(<표 34-3> 참조).

〈표 34-3〉 주요 드라마 오픈세트촬영장

방송사	드라마	지방자치단체
KBS	불멸의 이순신(2004)	부안군
	해신(2004)	완도군
	대조영(2006)	강원도 속초시/한화국토개발
MBC	대장금(2003)	양주시
	주몽(2006)	나주시
	태왕사신기(2007)	제주시
SBS	야인시대(2002)	부천시문화재단
	올인(2003)	제주시
	사랑과 야망(2006)	순천시

| 자료: 행정안전부 자료를 참고로 저자 재작성.

2) 영상미디어의 관광이미지

(1) 장소 이미지

관광자는 영상미디어를 통하여 나름대로 장소에 대한 시선을 형성하게 되고, 그 이미지가 축적되어 관광지 방문욕구가 발생하게 된다. 그것은 미디어의 표현을 통해 대중들의 상상 속에서 장소에 대한 이미지와 정체성이 형성되기 때문이다.[16)]

TV나 영화와 같은 영상미디어를 통해서 보여지는 장소는 잠재적 관광자로 하여금 관광지에 대한 긍정적인 기대를 형성케 하여 관광지로 그들이 실제로 유인되도록 한다. 장소 이미지가 영화나 TV로 인해 기존의 전통적인 관광 홍보활동보다 장기간 노출될 수 있고, 특별한 기술 효과 그리고 유명한 배우와의 관련성, 매력적인 배경 등을 통해서 보는 사람의 기억 속에 오래 남게 되며, 스토리 역시 흥미진진하여 독특한 관광경험의 토대가 된다. 무엇보다도 영화 혹은 TV 드라마의 스토리를 통해 관광객들이 그 장소에 대한 간접 경험을 할 수 있다.[17] 영상물 속의 배경은 관광자의 관광욕구를 형성하기에 충분한 아름다운 자연환경, 음식, 호텔, 호스피텔러티, 편안히 휴식을 취할 수 있는 장소로 인식된다.[18] 다시 말해서 영상미디어가 사람들의 장소에 대한 이미지, 정보 그리고 인식을 통해 관광동기를 부여한다.

(2) 관광목적지 이미지

관광목적지 이미지란 장소를 중심으로 이루어진 하나의 연상체계로서 장소에 관한 감정을 포함하기 때문에 소비자들이 영상미디어를 통해 느낀 감정은 관광목적지 이미지에 영향을 미칠 수 있다.[19] 영화나 TV 프로그램은 관광목적지의 지리학적 장소에 관한 정보만을 제공하는 것이 아니라, 관광목적지의 긍정적 이미지, 가보고 싶은 흥미와 친숙성까지 제공함으로써 관광자의 의사결정과정 측면에서 중요한 의미를 갖는다.[20] 관광목적지로서의 하와이의 이미지는 1920년대부터 시작된 하와이에 대한 여러 가지 영화, TV 영상 등 다양한 영상미디어에 의해서 만들어진 이미지이다.

잠재 관광자들은 영상미디어라는 커뮤니케이션 수단을 통해 직접적인 방문에 앞서 미리 특정 장소를 체험하고 이미지를 형성하여 실제 방문계획을 세우게 된다.[21] 관광목적지를 인식하는 관광자의 관점은 대중매체에 의해서 길들여진 결과로서, 자연적으로 완전한 관광지는 없으며, 관광지란 인간의 개입을 통해 사회 · 문화적으로 구성되는 것이다.[22] 그러므로 영상미디어의 내용과 소재는 관광목적지 이미를 형성하여 관광목적지에 대한 이미지를 긍정 또는 부정으로 바꿀 수 있으므로 관광목적지 이미지를 지속적으로 개발 · 발전시켜야 한다.[23]

(3) 이미지의 국제화

한국의 TV 드라마나 영화를 통한 영상미디어 관광지에 대한 이미지의 국제화 산물이 이른바 한류현상으로 나타나고 있다. 1990년대 대만과 중국지역에서 한국드라마의 진출과 더불어 생성되기 시작한 한류열풍은 홍콩, 베트남, 싱가포르, 태국, 몽골 그리고 러시아지역까지 확산되고 있으며 다양한 분야에 걸쳐 확대되고 있다. 한류현상은 한국을 방문하고자 하는 욕구를 높일 뿐만 아니라 한국에 대한 국가이미지를 제고시켜 한국제품에 대한 구매의욕을 높이고 나아가 국제문화교류는 물론 국가경제 발전에 큰 동력이 되고 있다. 따라서 한류현상은 해외관광마케팅

활동에 있어 대단히 효율적인 수단이 되고 있다. 한류를 활용한 관광홍보활동은 결과적으로 한류열풍이 심화, 지속화되는 순환작용을 통해 그 시너지 효과가 크게 나타나고 있다.

한류는 우리나라의 위상을 높여 역전된 문화 흐름 구조를 만들어내고 있다는 점에서 그 의의가 큰 것이다. 한류는 문화적 현상이지만 문화적 효과에 의해 산업적 효과로 연결된다. 문화는 사람들의 의식과 생활에 영향을 주며 문화 수출이 활성화되면 한국의 국가이미지와 신뢰도가 상승하게 된다. 영상미디어 관광상품은 상품 그 자체뿐만 아니라 그것을 둘러싸고 있는 이미지의 파급효과가 크기 때문에 한국상품의 국제경쟁력 향상을 도모할 수 있다.

한류의 파급효과는 국가이미지 제고를 통해 한국 상품수출 확산에 영향을 줄 뿐만 아니라 외래객 유치에 도움을 주고 있다. 한류의 영향력이 미치는 지역에서 한국에 대한 이미지 중 많은 부분이 한국에서 수출된 한류상품, 즉 영상미디어를 통해 형성되고 있다는 사실은 시사하는 바가 크다.

3 영상미디어 관광의 영향과 과제

1) 영상미디어의 관광영향

(1) 관광매력물 창출

영상촬영지에서 가공적인 스토리와 상징적 의미는 중요한 관광매력물이 된다.[24] 영상미디어 특히 TV나 영화의 시청각적 특성은 현실감이나 현장감 표현에 있어서 강한 호소력이 있기 때문에 잠재적 관광자로 하여금 특정 장소에 대한 친근감과 매력 등 긍정적인 기대를 형성케 하여 그들에게 영향을 미친다.[25] 영상물이 제작되는 TV 드라마나 영화촬영지는 작품이 대중에게 공개되면서 자연스럽게 작품 속의 배경이 되는 장소가 유명세를 얻게 되어 관광객이 증가한다. 영상미디어를 통한 관광은 다른 매체로 인한 광고보다 잠재적 관광객에게 더 큰 영향을 미칠 수 있는데, 영화를 비롯한 매스미디어에 의해 소개되는 잠재관광객시장에 기대 이상으로 큰 영향을 미칠 수 있다.[26] 특히 영화와 같은 영상미디어는 보는 사람으로 하여금 암묵적으로 등장인물과 자신을 동일시함으로써 그 지역에 대한 캐릭터를 통해 대리경험을 느끼게 한다.[27] 이러한 대리경험은 공감이라는 개념을 통해 이해될 수 있는데, 이는 영화 속 인물의 삶에 관객이 참여함으로써 얻어지는 본능적인 감각이라 할 수 있다.[28]

관광산업 분야에서는 관광목적지를 홍보하기 위하여 대중문화에서 추출한 이미지의 사용이 점차 확대되어 가고 있다. 관광객을 유도하기 위하여 활용되는 홍보매체로서 영상미디어는 현재의 글로벌화되고 미디어화된 사회에서 점점 더 관광의 촉진제 역할을 하고 있다.[29]

(2) 지역관광 진흥

미디어에 노출된 영상물은 사람들로 하여금 로케이션 장소에 대한 관심 및 흥미를 유발시켜 그 장소를 방문하게 함으로써 지역관광을 활성화시킨다. 즉, 관광목적지가 아니었던 곳을 관광목적지로 만들기도 하고 기존의 관광목적지가 가지고 있던 유무형의 자원과 결합하여 관광효과를 증대시킨다.

영상미디어가 관광객에 미치는 효과와 그 크기는 다양하다. 그리고 이들이 미치는 영향은 관광객의 수, 소비, 그리고 관광산업 등을 통해 나타난다. 관광객의 증가가 영상미디어 관광지에 경제, 환경, 그리고 사회문화적 영향을 미치고 있다.[30] TV 드라마나 영화 같은 영상미디어는 관광객 증대에 영향을 미치고 있기 때문에 지방자치단체들이 지역의 새로운 관광개발 전략으로서 그것을 활용하게 된다. 그것은 특정 장소의 이미지를 매력적으로 보이게 해서 관광객을 유치하고자 하는 하나의 마케팅전략으로 볼 수 있다. 지방자치단체에서는 지역경제 활성화와 지역 정체성 및 이미지, 지역브랜드 마케팅과 지역주민의 자긍심 등 지역 진흥을 위해 영상촬영을 유치하여 지역 자산으로 활용하고자 하고 있다.

대중과 지방자치단체의 촬영지에 대한 관심과 지원은 촬영지의 관광명소화 가능성을 보여주는 것이며, 나아가 우리나라 관광산업의 새로운 성장 동력으로서 역할을 기대할 수 있게 한다. 서울과 부산 그리고 전주 등지에서는 영상위원회(FC: film commission)*를 조직하여 각종 영화나 드라마 촬영에 필요한 지원을 하고 있다. 그 지원은 TV 드라마(영화)가 흥행에 성공할 경우 지역경제에 크게 도움이 된다는 확신에서 비롯된다.

(3) 국제관광 진흥

우리나라에서 수출하고 있는 주요 문화상품 중에서 영화와 TV 드라마는 아시아 최고 수준이다. 이 영향은 한국의 외래객 수 증가에 공헌하고 있다. 영국을 방문하는 외래객 가운데 20%는 영상미디어를 통해 유도된 관광객이며, 경제효과는 약 16억 파운드의 가치로 확인되고 있다.[31]

* FC(film commission)란 영상미디어의 촬영을 적극적으로 유치 · 지원하여 지역 이미지 제고를 통한 관광 및 연계산업의 진흥과 지역주민의 통합에 중요한 역할을 담당하는 비영리기관을 뜻한다.

뉴질랜드는 '반지의 제왕' 영화의 영향으로 미국인을 위시한 외래객이 연평균 5.6% 증가하여 소위 프로도 경제효과*를 낳았다.[32] 일본 다이이치생명 경제연구소는 2004년 한국에서 '겨울연가'로 인한 일본관광객 증가로 총 1,072억 엔(1조 1,906억 원)의 경제효과가 나타났다고 발표했다. 산업별로는 한류관광객으로 인한 직접효과 가운데 운송(1,613억 원), 도소매업(1,440억 원), 호텔・음식점(1,379억 원) 등이 가장 큰 수혜 산업이었다고 발표한 바 있다.[33]

한류의 사회・문화적 효과는 우리나라가 문화 트렌드 리더(trend leader)로서 위상 제고와 함께 한국문화에 대한 동경심을 확대시키는 것이다. 한류는 또한 미래의 국제관광에서 주류를 이룰 것으로 전망되는 특수목적 관광객(SIT)을 유치하여 한국 인바운드 관광상품의 다양화 및 품질향상에도 기여할 수 있다. 특히 한류의 경제적 파급효과는 측정이 불가능할 정도이다. 영화, 드라마 등 TV 프로그램, 현지 콘서트, 영화, 게임 등 한류의 중심에 있는 장르의 직접적 효과 외에도 연관산업의 후방효과 같은 간접효과도 크기 때문이다(<표 34-4> 참조).

〈표 34-4〉 한류의 효과

	주요내용
문화・사회적 효과	아시아 지역 문화트렌드 리더, 문화관광 이미지 형성에 따른 상품 다양화 특히, 한국문화 관심 확대(대중문화에서 전통문화)로 문화교류・홍보파급효과
경제적 효과	음반・드라마・영화 수출 등 직접 관련 산업의 후방연관효과 컴퓨터・가전제품・이동통신・패션 등 연관산업에 대한 경제효과
관광산업 발전 효과	특수방한(訪韓)목적에 따른 외래객(SIT)의 증가

| 자료: 심재권(2001). 한류(韓流): 신기원인가, 신기루인가-한류를 통해 진단해 본 우리 대중문화의 나아갈 바, 문화관광위원회 자료를 참고하여 저자 재작성.

2) 영상미디어 관광의 과제

(1) 영상미디어 관광마케팅

영상촬영지를 문화관광자원으로 개발하는 것은 관광산업의 성장・발전을 위한 전략적 차원에서 큰 의미를 갖는다. 따라서 영상미디어 관광지에 대한 관광매력성을 지속적으로 증대시킬 수 있는 장기적인 활용방안 및 기존 관광상품과의 연계 등 새로운 관광마케팅 전략이 필요하다. 즉, 관광객들의 성수기, 비수기를 위한 프로그램, 주중, 주말 연계 프로그램, 상시 지역주민들이 활

* 영화촬영지의 관광수입 증가 및 고용창출효과. 프로도(frodo)는 영화 '반지의 제왕' 주인공의 이름이다.

용할 수 있는 프로그램 등 다양한 마케팅을 통해 활용가치를 높일 때 영상미디어 관광지의 가치가 유지될 수 있을 것이다. 지역 명소와 볼 만한 체험거리, 행사, 문화제, 먹을거리, 즐길거리 등 다양한 관광프로그램을 개발하여 단순히 세트장만 보고 가는 것이 아닌 여러 가지 지역관광을 통해 일회성이 아닌 체류형 관광이 되고 지속성 있는 관광이 되기 위한 사전계획이 필요하다.

서동요의 오픈세트장은 '서동축제' 등을 통해서 세트장을 활용하고 드라마를 기억할 수 있도록 연계된 홍보를 함으로써 오픈세트장의 활용가치를 높이고 있다. 영화 '쉬리'는 제주신라호텔과 공동마케팅을 통해서 제주신라호텔의 벤치를 PPL* 하여 이곳을 관광명소로 만들었다. 2004년에는 한국관광공사가 '한류관광의 해'로 정하고 아시아권 국가를 대상으로 한국의 영상미디어 관광의 해외마케팅을 본격적으로 시도하였다. 디즈니사의 미키마우스나 일본 산리오사의 '헬로키티', 아사히방송국의 상징이 된 '도라에몽'과 같이 만화를 원작으로 한 캐릭터 산업은 시간이 지나도 변함없는 인기를 갖고 있다. 만약 지속적인 마케팅과 홍보에 소홀했다면, 드라마나 만화의 종영 이후 관광객들의 기억에 남아 있지 않을 수도 있다.

드라마 오픈세트 활용을 위해 시설적인 차원에서 로케이션 장소 또는 세트장과 함께 문화시설을 계획한다면 다양한 문화시설로서 가치를 갖게 될 것이며 테마파크, 스포츠센터, 영화관 등과 함께 멀티 콤플렉스 복합시설이 될 수도 있다.

(2) 영상미디어 관광의 국제화

영상미디어는 전 지구적 기호와 상징, 자료와 정보의 순환을 창조한다. 어디에서나 영상은 전자적 망 속으로 끊임없이 입력되고 전송된다. 네트워크 시대에서는 세계 어디서나 동시에 해독될 수 있는 동시대성을 지니고 있으며 새로운 시간지도에 의해 시간관계가 새롭게 형성되고 있다.[34)]

2000년대 들어 한국의 영상미디어 산업은 국내시장뿐만 아니라 국제시장에서도 비약적으로 발전하고 있다. 영상미디어 산업의 성장은 관광산업, 캐릭터산업, 문화상품 제조업 등 관련 산업의 성장을 이끌고 있다. 이러한 동반성장은 지방자치단체 및 일반 국민들로 하여금 영상미디어 산업에 대한 시각을 새롭게 하는 계기가 되었다. 특히 한국 영화와 드라마의 경쟁력이 강화되면서 수출이 빠르게 증가하였고, 그 결과로서 나타나는 영상미디어 관광에 대한 국제화의 중요성은 매우 증대되었다.[35)]

한류의 지속과 소멸에 대해 엇갈린 주장이 있지만 그 운명이 정해져 있다기보다는 가능성이 열려 있는 상태라고 보는 것이 바람직할 것이다. 한류의 지속 여부는 영상미디어 작품에 대중문

* PPL: Balasubramanian(1994)은 "영화나 텔레비전 프로그램 속에 브랜드 제품의 등장을 계획적으로 그리고 눈에 띄지 않게 하여 영화나 텔레비전 오디언스에게 영향을 줄 목적으로 하는 대기성의 제품 메시지"로 정의하고 있다.

화와 더불어 전통문화콘텐츠를 투영하여 제공하고, 상호간의 문화교류가 활성화될 때 지속가능하다고 볼 수 있다.

(3) 영상미디어 관광의 지속성

영상미디어 관광은 영화나 TV 드라마의 종영, 종방 이후에 관광객이 급감하여 그 지속성을 기대하기 어려운 측면이 있다.[36] 영상미디어 관광의 대상인 TV 드라마, 영화촬영지가 흔적도 없이 사라지거나 애물단지가 되고 급기야 흉물로 변하는 사례도 있다. 실제로 영상촬영지에 대한 관리문제와 그 지속성 부분에 대해 위험성도 드러나고 있다. 또한, 전국 곳곳에 비슷한 형식의 오픈세트촬영장이 우후죽순처럼 늘어나는 데 대하여 중복 투자 논란도 일고 있다. 결과적으로 빈약한 볼거리와 부실시공, 드라마 종료 후 사후관리의 미흡으로 그 활용도가 점점 떨어져 흉물로 방치되는 사례도 빈번히 발생하고 있어 지속적인 관광객 유치에는 실패하는 곳들이 늘어나고 있다. 한편, 산림 훼손으로 인한 자연생태계 파괴나 각종 문화재 훼손, 주변 지가 상승 등의 부가적인 문제들이 발생하고 있어 이에 대한 대책 마련도 시급한 실정이다.

미 주

1) 김택환(1997). 『영상미디어론』. 서울: 커뮤니케이션북스.

2) 박치형(2003). 『텔레비전 영상과 커뮤니케이션』. 서울: 커뮤니케이션북스.

3) Hanefors, M., & Larsson, L.(1993). Video strategies used by tour operations; What is really communicated? *Tourism Management*, 14(1), 27-33.

4) 이후석 · 오민재(2005). 드라마촬영지 관광동기유형에 따른 시장세분화에 관한 연구. 『관광연구저널』, 19(1), 297-311.

5) 이후석 · 오민재 · 이승곤(2006). 드라마촬영지 관광객의 관광동기와 이미지간 관련성 연구. 『관광학연구』, 30(1), 271-293.

6) Connell, J., & Meyer, D.(2008). Balamory revisited: An evaluation of the screen tourism destination-tourist nexus. *Tourism Management*, 30, 1-14.

7) Pretes, M.(1995). Postmodern tourism: the Santa Claus industry. *Annals of Tourism Research*, 22(1), 1-15.

8) Kim, H., & Richardson, S. L.(2003). Motion picture impacts on destination images. *Annals of tourism Research*, 30(1), 216-237.

9) Beeton, S.(2005). *Film-induced tourism*. Clevedon, UK: Channel View Publications.

10) Connell, J., & Meyer, D.(2008). Balamory revisited: An evaluation of the screen tourism destination-tourist nexus. *Tourism Management*, 30, 1-14.

11) Scottish Tourist Board(1997). Film tourism: business guidelines for the tourist industry. STB.

12) 최정수(2008). 경북 영상관광의 현황과 발전방안. 『한국경제지리학회지』, 11(2), 203-215.

13) 박양우(2008). 영상관광 정책네트워크 체계에 관한 연구. 『관광학연구』, 32(2), 295-317.

14) Riley, R. W., & Doren, C. V.(1992). Movie as tourism promotion: a 'pull' factors in a 'push' location. *Tourism Management*, Sep., 267-274.

15) Busby, G., & Klug, J.(2001). Movie-induced tourism: The challenge of measurement and other issues. *Journal of Vacation Marketing*, 7(4), 316-332.

16) Urry, J.(1995). *Consuming places*. London: Routledge.

17) Tooke, N., & Baker, M.(1996). Seeing is believing: The effect of film on visitor numbers to screened locations. *Tourism Management*, 17(2).

18) Riley, R., Baker, D., & Doren, C. V.(1998). Movie induced tourism. *Annals of Tourism Research*, 25(4), 919-935.

19) 권유홍(2005). TV 드라마가 관광목적지 이미지 형성에 미치는 영향: 드라마에 대한 감정반응 및 태도를 중심으로. 『관광학연구』, 28(4), 335-356.

20) Butler, R. W.(1990). The influence of the media in shaping international tourist pattern. *Tourism Recreation Research*, 15(2), 46-53.

21) Lee, S., Scott, D., & Kim, H.(2008). Celebrity fan involvement and destination perceptions. *Annals of tourism Research*, 35(3), 809-832.

22) Iwashita(2003). Media construction of Britain as a destination for Japanese tourists: Social constructionism and tourism. *Tourism and Hospitality Research*, 4(4), 331-340.

23) Kim, H., & Richardson, S. L.(2003). Motion picture impacts on destination images. *Annals of tourism Research*, 30(1), 216-237.

24) Hanefors, M., & Larsson, L.(1993). Video strategies used by tour operators: What is really communicated? *Tourism Management*, 14(1), 27-33.

25) Lee, S., Scott, D., & Kim, H.(2008). Celebrity fan involvement and destination perceptions. *Annals of tourism Research*, 35(3), 809-832.

26) Beeton, S.(2005). *Film-induced tourism*. Clevedon, UK: Channel View Publications Press.

27) Metz, C.(1982). *The Imagery Signifier: Psychoanalysis and the cinema*. Bloomington, IN: Indiana University Press.

28) Stern, B.(1994). Classical and vignette television advertising dramas: structural model, formal analysis and consumer effects. *Journal of Consumer Research*, 20, 601-615.

29) Iwashita(2003). Media construction of Britain as a destination for Japanese tourists: Social constructionism and tourism. *Tourism and Hospitality Research*, 4(4), 331-340.

30) Kim, S. S., Agrusa, J., Lee, H., & Chon, K.(2007). Effects of Korean television dramas on the flow of Japanese tourists. *Tourism Management*, 28, 1340-1353.

31) Connell, J., & Meyer, D.(2008). Balamory revisited: An evaluation of the screen tourism destination-tourist nexus. *Tourism Management*, 30, 1-14.

32) Riley, R. W., & Doren, C. V.(1992). Movie as tourism promotion: a 'pull' factors in a 'push' location. *Tourism Management*, Sep., 267-274.

33) 매일경제, 2004. 7. 9.

34) 김택환(1997). 『영상미디어론』. 서울: 커뮤니케이션북스.

35) 고정민 · 김진혁 · 하송(2004). 『영화관광의 부상과 성공조건』. 삼성경제연구소.

36) 김광남(2006). 지역 활성화 수단으로서 스크린마케팅의 허와 실. 『Issue & Vision』, 2006년 1월호.

저자약력

이후석(李厚錫) 현_한세대학교 국제관광학과 교수

동국대학교 지리학과에서 "한국의 산사관광취락에 관한 연구"라는 논문으로 1991년에 박사학위를 취득했다. 1990년 3월부터 2001년 2월까지 광주대학교 관광학과에서 전임강사 및 부교수를 역임했고, 2001년 3월 이후 현재까지 한세대학교에 재직하고 있다. 학생처장, 평생교육원장 등 교내봉사뿐만 아니라 대통령직인수위원회 자문위원을 비롯한 정부 및 지방자치단체의 관광 분야 자문위원, 심사위원 그리고 연구소장, 부소장, 연구위원 등의 교외봉사활동에도 활발히 참여했다. 한국관광연구학회 회장, 한국관광학회 부회장, 한국컨벤션학회 부회장을 역임하는 등의 학회활동에도 적극 참여하고 있다.
저서: 『관광개발론』 『관광학세미나』 『관광지조사방법』 『관광통계분석』 『관광자원의 이해』, 역서: 『도시관광』 『생태관광』 『신관광과 지역사회』 『지속가능한 관광』, 연구논문 70여 편, 보고서 30여 편 등이 있다.

제35장

문화콘텐츠와 관광

권 유 홍*

1 문화콘텐츠와 관광

1) 문화콘텐츠의 개념

문화의 시대를 맞이하여 문화의 중요성과 활용성이 크게 부각되고 있다. 특히 문화산업이 한국경제를 이끌어갈 새로운 성장 동력으로 각광받으면서 문화콘텐츠라는 용어가 등장하였다. '문화콘텐츠'란 '문화'와 '콘텐츠'를 결합하여 한국에서 만들어진 용어이다. 따라서 문화콘텐츠는 문화적 특성과 콘텐츠적 특성을 함께 지녀야만 한다.

문화의 의미는 다양하게 해석되나 '교양 + 오락'의 차원으로 이해할 수 있으며,[1] 콘텐츠는 '내용물'로서 "문자, 영상, 소리 등의 정보를 제작하고 가공해서 소비자에게 전달하는 정보 상품"[2]으로 정의하는 것이 일반적이다. 콘텐츠(contents)는 한국과 일본에서만 's'가 붙어 복수형으로 사용되기 때문에 일부 신문 등에서는 '콘텐츠'가 아니라 '콘텐트'로 표기하기도 한다.

초기에는 문화콘텐츠가 디지털 시대의 신조어이며, 각종 대중매체에 담긴 내용물이라는 측면에서 '디지털'과 '대중적 코드'를 강조하였으나, 점차 이러한 구분마저 희미해지고 있다. 순수예술과 대중문화를 혼합한 일종의 '퓨전'문화가 유행하고, 콘텐츠를 디지털 기술이 응용된 분야로 국한시킬 필요가 없다는 주장이 힘을 얻으면서 최근 문화콘텐츠는 "문화적 요소가 체화되어 경제적 가치를 창출하는 문화상품"이라는 보다 광의의 의미로 사용되고 있다. 하지만 문화콘텐츠

* 한림국제대학원대학교 컨벤션이벤트경영학과 교수. e-mail: yoohong@hallym.ac.kr

는 '문화'와 '콘텐츠'가 생산적으로 결합된 형태이기 때문에 문화적 가치(예술성)와 재화적 가치(상품성)를 동시에 구현하여야 하며,[3] 모든 형태의 미디어에 담기는 내용물 전반을 가리킨다는 의미에서 one source multi-use(OSMU), 즉 다양한 활용가능성을 핵심적인 가치로 지닌다.

OSMU는 스토리텔링에 의해 가능하다. 스토리텔링은 "사건에 대한 진술이 지배적인 담화형식"[4]으로서 스토리와 그것을 담아내는 매체의 특성까지 포함하는 개념이다. 따라서 스토리에 너무 집착하기보다는 상호작용성이 강화되고 매체환경의 특성을 반영한 스토리텔링이 필요하다. 문화콘텐츠에서 스토리텔링을 중심으로 한 기획과 마케팅을 강조하는 것도 이 때문이다.

문화콘텐츠산업은 '문화콘텐츠의 기획, 제작, 유통, 소비 및 이에 관련된 산업'[5]으로 정의할 수 있으며, 주요 문화콘텐츠산업으로는 영화, 애니메이션, 만화, 게임, 캐릭터, 음악, 모바일콘텐츠, 방송 등을 들 수 있다. 하지만 문화산업과 문화콘텐츠산업은 혼용하여 사용되고 있으며, 문화콘텐츠산업의 영역에 대하여도 통일된 견해가 존재하지 않는다. 다만 콘텐츠가 부각되는 분야를 문화콘텐츠산업이라고 한다면, 문화산업은 이를 포함한 보다 포괄적인 개념이라는 데에 의견이 일치되고 있다.

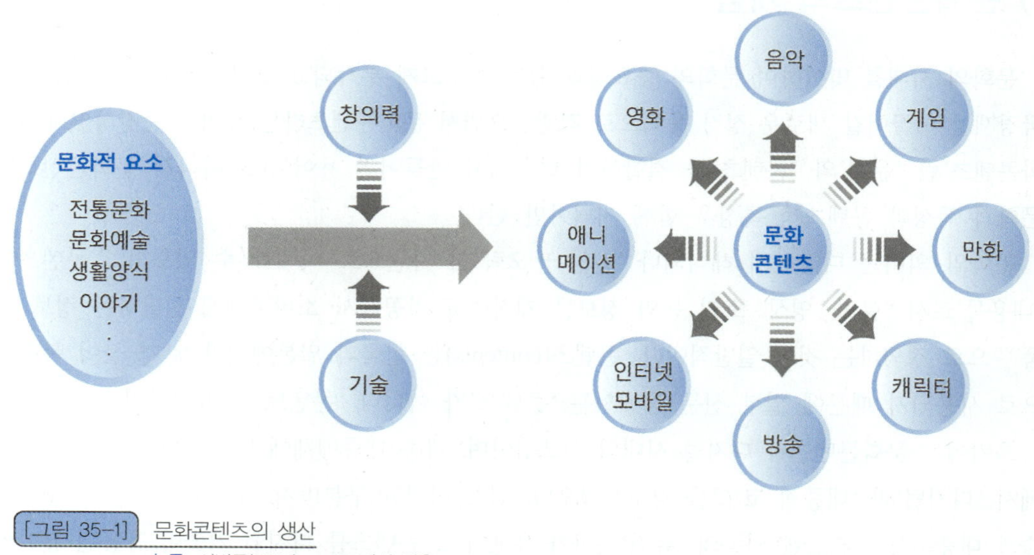

[그림 35-1] 문화콘텐츠의 생산

| 주: 서병문(2004). p. 127에서 인용.

2) 문화콘텐츠와 관광

문화가 관광에서 차지하는 비중은 매우 크다. WTO(2004)에 따르면, 문화관광은 국제관광에 있어서 가장 비중이 크고 빠르게 성장하는 분야이다.[6] 또한 문화는 관광목적지를 알리고 지역의 이미지를 창조하는 데 있어서 핵심적인 역할을 하고 있으며, 최근에는 지역경제를 활성화시키는 원천으로서도 크게 주목받고 있다.

좁은 의미에서 문화관광*은 문화유산관광과 예술관광으로 구분할 수 있다.[7] 문화유산관광은 역사적 건물이나 장소, 또는 박물관이나 미술관을 방문하는 활동이며, 예술관광은 공연을 보기 위하여 극장을 방문하는 것이 대표적이다. 대개 미술전시나 공연관람이라고 하면 유명한 화가의 미술작품이나 연극, 클래식 음악회와 같은 순수예술을 떠올리지만 근래에는 대중문화의 발달과 함께 문화콘텐츠를 활용한 다양한 형태의 관광활동이 생겨나고 있다. 이러한 맥락에서 문화관광부(2006)[8]는 문화관광을 문화유산관광**과 대중문화관광으로 분류하기도 하였다.

문화콘텐츠는 문화적 가치와 함께 상품으로서의 속성도 아울러 지니고 있다. 즉 '콘텐츠화'라는 현실적 필요에 의하여 만들어졌기 때문에 대중의 기호와 잘 맞는다는 본질적 특성이 있다. 이러한 측면에서 문화콘텐츠는 순수 문화예술과 달리 심각한 의미보다는 살아 있는 경험이나 감각, 즐거움을 중시하며, 다양성을 강조하는 포스트모던 사회의 산물이라고 할 수 있다.

또한 문화콘텐츠는 문화유산과 달리 기존의 순수예술이나 문화는 물론 전통문화, 생활양식 등 다양한 문화적 요소를 재구성하여 만들 수 있으며, 창의력과 상상력을 통해 새로운 문화원형을 발굴하는 등 자원의 한계가 없다는 무한한 확장성을 갖는다. 따라서 문화콘텐츠를 활용한 관광은 신기성과 노스탤지어를 불러일으키는 새로운 원천으로서 각광받고 있다(Richards & Wilson, 2006).

2 문화콘텐츠 활용 관광의 분류

문화콘텐츠를 활용한 관광은 문화콘텐츠가 관광매력물로 사용되는 경우와 관광목적지를 위한 마케팅에 문화콘텐츠를 활용하는 형태로 크게 나눌 수 있다.

---

* 넓은 의미에서의 문화관광이 '다른 사회의 삶의 방식을 경험하는 관광'을 의미하는 데 반해, 좁은 의미에서의 관광은 '다른 사회의 예술적이거나 지적인 활동을 경험하는 관광'을 말한다(Hughes, 2000: 52).

** 여기에서 문화유산은 역사문화유산은 물론 '피카소 회화 전시회'와 같은 순수예술 관련 장소의 방문을 포함한다.

1) 문화콘텐츠를 활용한 관광매력물

문화콘텐츠를 관광매력물로 사용하는 경우는 영상촬영지, 박물관, 이벤트, 테마파크, 테마타운 등으로 구분하여 살펴볼 수 있다.

(1) 영상촬영지

문화콘텐츠가 관광매력물로 사용되는 가장 대표적인 사례로는 '영상촬영지 관광'을 들 수 있다. 영상촬영지 관광은 영화나 TV 프로그램이 알려진 후 이에 영향을 받은 관광객들이 촬영지를 방문하는 것으로서, 영화 '반지의 제왕'에 나오는 '중간계(Middle Earth)'를 찾아 뉴질랜드를 방문하고, TV 드라마 '겨울연가' 이후 남이섬의 방문객이 폭발적으로 증가한 데서 관광에 미치는 영화나 TV 드라마의 영향력을 알 수 있다. 최근에는 스코틀랜드에 있는 작은 섬 Mull에 위치한 Tobermory 마을이 'Balamory'라는 영국 BBC 유아용 프로그램의 촬영지로 유명해져 매년 40만 명의 관광객이 찾는 것으로 화제가 되기도 하였다.[9] 영상촬영지는 일반 장소인가 단위 시설인가 또는 기존에 알려진 곳인가 그렇지 않은 곳인가에 따라 <표 35-1>과 같이 구분할 수 있다.

〈표 35-1〉 영상촬영지의 분류

유 형		특 징	사 례
장 소	촬영지 → 영상 노출 → 관광지화	원래 관광개발 목적 없이 촬영장소로 이용되었으나, 노출 이후 방문객 증가	집으로(영동 황간마을) 박하사탕(제천 진소마을)
	무명 관광지 → 영상 노출 → 유명 관광지	영화나 드라마로 인해 관광지로서 인기를 얻게 된 경우	모래시계(정동진) 겨울연가(외도)
	유명 관광지 → 영상 노출 → 유명세 강화	영화나 드라마로 인해 관광지로서의 명성을 더욱 높인 경우	쉬리, 올인(제주도) 겨울연가(남이섬)
시 설	영상 > 관광	전문 영상제작시설이면서 관광지로서의 역할도 하는 경우	공동경비구역 JSA(서울영화종합촬영소)
	영상 = 관광	영상제작시설과 관광지로서의 역할이 균형을 이루는 경우	한국민속촌(용인시)

| 주: 최인호 · 손대현(2004).[10] p. 108에서 인용.

(2) 박물관

문화콘텐츠와 관련된 박물관 또는 기념시설도 관광매력물로서 활용된다. 박물관에는 해당 문화콘텐츠 장르 전반에 관한 자료나 유명한 작품, 작가, 가수, 배우 등에 관한 희귀 자료가 전시

되는 것이 보통이다. 이러한 박물관은 주로 작가나 가수의 생가나 고향, 또는 활동무대에 설립되는 경우가 많으며, 유명 관광지나 해당 장르의 산업을 전략적으로 육성하려는 도시에 위치하는 경우도 있다(<표 35-2> 참조).

〈표 35-2〉 문화콘텐츠 관련 주요 박물관

유형		사례
장르 전반	관광지	신영 영화박물관(제주)
	기타 도시	한국만화박물관(부천), 애니메이션박물관(춘천)
특정 주제	작가(가수)의 고향 또는 활동무대	김유정 문학촌(춘천) 데츠카 오사무 기념관(일본 다카라스카시) 앨비스 프레슬리 생가(미국 Graceland) Beatles Story(영국 리버풀)
	작품의 무대	황순원 문학촌(양평 소나기마을)
	관광지	어린왕자박물관(일본 하코네), 테디베어박물관(제주)
	기타 도시	지브리미술관(일본 미타카시)

| 주: 저자 작성.

부천 한국만화박물관의 내부 모습

(3) 이벤트

문화콘텐츠를 주제로 한 대형 이벤트가 증가하고 있다. 이러한 이벤트는 전통적인 축제와 비교할 때 해당 지역 문화콘텐츠산업의 활성화 등 상업적인 측면이 강하다는 특징이 있으며, 장르의 특징에 따라 공연이나 대회, 코스튬 플레이 등 이벤트의 내용이 달라진다. 또한 장르별로는 최신 작품을 소개하고 작품에 대한 거래가 활발하게 이루어지는 세계적인 전시회들이 있어 비즈니스 겸 목적 관광객들과 마니아층의 관심을 끌고 있다(<표 35-3> 참조).

〈표 35-3〉 문화콘텐츠 관련 이벤트

유 형		사 례
장르 전반	축제, 이벤트	부산국제영화제, WCG(서울-게임경연대회), Angouleme FIBD(프랑스 앙굴렘-만화축제)
	전시회	서울 캐릭터 페어, 동경 게임쇼
특정 주제	축제, 이벤트	라그나로크 페스티벌(서울-라그나로크 게임 팬축제), Star Wars Celebration(미국 덴버)

| 주: 문화관광부(2006)를 참조하여 저자 작성.

(4) 테마파크

애니메이션, 영화, 만화 장르 가운데 인지도가 높은 작품은 테마파크의 소재로 활용되고 있다. '미키마우스' '라이온킹' 등 디즈니사가 제작한 애니메이션을 주요 소재로 한 디즈니계열의 테마파크(디즈니랜드, 디즈니월드, 디즈니시, 캘리포니아 어드벤처 등)가 대표적이며, 유니버셜스튜디오(미국 LA와 일본 오사카)에서는 '스누피'와 같은 만화 캐릭터는 물론 '백투더퓨처' '워터월드'와 같은 영화의 주요 장면들을 체험할 수 있다. 이 밖에 '헬로키티' 등 산리오사의 캐릭터들을 만날 수 있는 실내형 테마파크 '퓨로랜드', 그리고 로마에 대항하는 프랑스 민족을 다룬 만화 '아스테릭스'를 주제로 한 '아스테릭스 테마파크'(프랑스)도 유명하다(<표 35-4> 참조).

〈표 35-4〉 문화콘텐츠 관련 테마파크

유 형	사 례	
애니메이션 + 영화	디즈니 계열 테마파크	디즈니 애니메이션과 '인디애나존스' 등 영화를 주제로 한 테마파크
	유니버셜 스튜디오	'스누피', 애니메이션 '슈렉', 어린이 교육 프로그램 '세사미 스트리트'의 캐릭터는 물론 '죠스' 등 영화를 소재로 한 테마파크
	무비월드	'루니툰' 등 애니메이션, '배트맨' '슈퍼맨' 등 영화를 소재로 한 워너브라더스의 테마파크
캐릭터	퓨로랜드	'헬로키티' 등 산리오사의 캐릭터를 소재로 한 실내형 테마파크
	세사미 플레이스	미국 어린이 프로그램 '세사미 스트리트'의 캐릭터를 소재로 한 테마파크
만화	아스테릭스	프랑스 만화 '아스테릭스'를 주제로 한 테마파크

| 주: 저자 작성.

(5) 테마타운

문화콘텐츠가 관광객을 유인하는 핵심적인 관광매력물이 되는 경우는 영화촬영지나 테마파크, 박물관, 전시회 등 특정 장소에서만 볼 수 있는 것이 아니라 마을이나 도시 전체 등에 걸쳐 폭넓게 이루어질 수 있다. 예를 들면, 할리우드는 영화의 메카로서 많은 관광객이 방문하고 있으며, 부산은 부산국제영화제의 성공을 기반으로 영화의 기획, 제작, 유통 및 소비가 함께 이루어지는 영화도시를 지향하고 있다. 또한 기념관 중심의 소규모 개발이 갖는 한계를 극복하고 지역의 관광매력도를 제고하기 위하여 박물관 등 관련 문화시설의 집중 배치는 물론 거리에 각종 조형물을 설치하는 등 문화콘텐츠를 지역발전의 동력으로 활용하는 경우도 목격된다(<표 35-5> 참조).

〈표 35-5〉 문화콘텐츠 관련 테마타운

유 형	사 례	
도 시	부산	부산국제영화제의 성공을 기반으로 영화 클러스터를 구축하고 영화도시로 발전
	부천	한국만화박물관, 둘리거리, 부천국제만화축제 등을 통하여 공장도시에서 만화 등 문화콘텐츠 도시로 변신
	할리우드	전세계적으로 유명한 영화산업의 메카
마 을	미즈키시게루 로드	만화 인기작가 '미즈키시게루'의 기념관은 물론 그의 대표작 '게게게의 키타로'를 테마로 한 800미터의 테마거리 조성
	이시노마키 만가 로드	JR 이시노마키역에서 '이시노모리 만화관'까지 약 1킬로미터를 대형 캐릭터 기념물, 만화 벤치 등의 테마거리로 조성

| 주: 저자 작성.

2) 문화콘텐츠를 관광목적지의 마케팅에 활용

WTO(2002)는 관광목적지의 마케팅이 3E(entertainment, excitement, education)를 지향해야 한다고 하였다.[11] 문화콘텐츠는 엔터테인먼트의 내용적 기반으로서 대중의 기호에 적합하기 때문에 관광목적지를 위한 마케팅에 다양한 형태로 활용되고 있다. 여기에서는 그 대표적인 경우를 살펴보기로 한다.

(1) 관광목적지 직접 홍보

영화배우나 인기가수와 같은 대중스타는 물론 인기 캐릭터까지 관광목적지를 홍보하는 영상물이 많이 등장하고 있다. 관광목적지들은 지역에 대한 관심을 유발하고 좋은 이미지를 구축하기 위하여 이들의 긍정적 이미지를 활용하는 것이다. 대중스타는 주로 지역적인 연고나 해당 지역이 추구하는 이미지와의 적합성에 따라 선정되고 있으며, '홍보대사'로 위촉되는 경우도 많다(<표 35-6> 참조).

〈표 35-6〉 문화콘텐츠를 활용한 관광목적지 직접 홍보

유 형	사 례	
대중스타	한국관광홍보영상	가수 비, 배우 이영애, 최지우 등의 한류스타가 출연
	호주관광홍보영상	골프선수 그렉노먼, 배우 박근형 출연
	LA 홍보대사	가수 동방신기, 보아를 홍보대사로 위촉
캐릭터	제천 지역 홍보 캐릭터	지자체 캐릭터 '금봉선녀' '박달신선' 개발
	장성 지역 홍보 캐릭터	지자체 캐릭터 '길똥클럽' 개발

| 주: 문화관광부(2006)의 내용을 재구성.

왼쪽은 한국관광공사에서 제작한 한국홍보동영상, 오른쪽은 장성군 캐릭터인 길똥클럽(http://www.gildongclub.com)에서 발췌

(2) 관광목적지 간접 홍보

문화콘텐츠를 통하여 관광목적지를 간접적으로 홍보하는 것은 앞서 설명한 바와 같이 특정 도시가 영화나 TV 드라마의 배경으로 노출되어 세간의 이목이 집중되는 사례에서 쉽게 찾아볼 수 있다. 영화 '로마의 휴일'이 촬영된 이태리 로마나 '냉정과 열정 사이'의 아름다운 영상미를 통하여 유명해진 이태리 피렌체가 그러하며, 방문욕구를 크게 자극하여 촬영지 방문으로 연결되

는 경우 '영상촬영지 관광'으로 불리고 있다. 이러한 예는 소설 『빨강머리 앤』의 배경으로 유명한 캐나다의 프린스 에드워드 섬이나 일본 애니메이션 '플란더스의 개'의 무대로서 많이 알려진 벨기에 호보켄 등 다른 장르에서도 목격되며, 음악의 경우에는 <표 35-7>과 같이 노래 제목이나 연주자 그룹명에 지역명이 포함되어 관광목적지가 홍보되기도 한다.

〈표 35-7〉 대중음악을 통한 관광목적지 간접 홍보

유 형	지 역	곡 명	가 수
노래 제목	부 산	돌아와요 부산항에	조용필
	뉴 욕	New York, New York	프랭크 시내트라
가수 출신지	스웨덴	Dancing Queen	아바
	리버풀	Yesterday	비틀스
가수명	한 국	The Victory	코리아나
	일 본	Endless Rain	X-재팬
장 르	이태리	Il Mare nel Cassetto	밀바(칸초네)
	프랑스	La Vie En Rose	에디트 피아프(샹송)
영화음악	필라델피아	Streets of Philadelphia	필라델피아
	몽생미셸	St. Michel	라스트콘서트

| 주: 최인호(2005).[12] p. 40에서 발췌. 영화음악은 가수 대신 영화 제목 사용.

(3) 관광상품 개발

최근 문화콘텐츠에 대한 관심이 높아지면서 이를 활용한 다양한 관광상품이 개발되고 있다. 문화콘텐츠 활용 관광상품은 개별 여행기업의 수준에서 기획되는 경우가 많으나 한류스타 합동공연이나 인기가수 콘서트와 같은 대규모 이벤트의 경우에는 한국관광공사와 같은 대형 마케팅 기관이 행사의 전반적인 기획과 조정 역할을 맡기도 한다. 특히 우리나라의 관광상품 가운데 문화콘텐츠를 활용한 많은 기획상품은 특정 대중스타의 마니아층을 대상으로 하며, 촬영지 방문이나 공연, 팬 미팅 등의 스타 프로그램과 일부 체험 및 관광지 방문의 부대 프로그램으로 구성된다는 특징이 있다. <표 35-8>은 대표적 한류콘텐츠라고 할 수 있는 '겨울연가'와 '대장금'을 활용하여 일본인 관광객을 대상으로 만들어진 관광상품을 비교한 것이다.

〈표 35-8〉 겨울연가 · 대장금 일본 관광상품 비교

구 분		촬영지 투어	스타 프로그램	체험 프로그램	기 타
겨울연가	춘 천	춘천명동거리, 중도, 공지천, 준상의 집, 유진이 달려 나오는 골목, 버스정류장, 약국, 꽃집, 드라마 카페 '연가', 춘천역, 춘천고등학교 등	• 최지우와의 만남 • 겨울연가 콘서트 (출연: 윤석호, 류, 박용하, 박솔미, 유열) • 윤석호 감독과 해설자와의 토크쇼 관람	• 한증막 체험	• 난타공연 • 역사유적 탐방 • 한옥마을 • 동대문시장 • 영화 스튜디오 견학 • 맛집 탐방 • 허브랜드 농원 • 강릉국제관광민속제
	남이섬	첫 키스의 벤치, 메타세콰이어 길 등			
	용 평	드래곤밸리, 드래곤피크 레스토랑			
	서 울	중앙고등학교, 마르시안(드라마에 나오는 사무실), 프라자호텔 등			
	동 해	추암해수욕장			
	외 도	해상공원			
대장금	양 주	대장금테마파크	• 양미경 사인회 및 촬영회	• 한증막 체험 • 전통요리 만들기 • 전통 민속의상체험	• 난타공연 • 역사유적 탐방 • 한옥마을 • 동대문시장 • 경동약령시장 • 한류관 견학 • 온천
	수 원	화성, 화성행궁			
	용 인	한국민속촌			
	제주도	협재해수욕장, 외돌개, 제주민속촌			
	서 울	창덕궁, 남한산성			

| 주: 한국관광공사(2005).[13] p. 35에서 인용.

문화콘텐츠를 활용한 관광상품 개발 사례는 해외에서도 많이 찾아볼 수 있다. 비틀스의 고향인 리버풀에서는 매년 8월 말 '비틀스 위크'라는 음악축제가 개최되어 많은 대중음악 애호가들을 불러들이고 있으며, Thomsons와 같은 대형 여행사들까지 젊은이들의 댄스음악에 대한 인기를 활용, 유명 DJ가 있는 클럽과 연계한 특별휴가패키지를 만들었다.[14] 또한 Hip-Hop은 관광매력물로서의 발전 가능성이 높으며, Hip-Hop관광을 위한 ① 관심의 유도, ② 사업화와 세계화, ③ 고유성(authenticity)의 확립이라는 3단계 발전전략이 제시되기도 하였다.[15]

3 문화콘텐츠 활용 관광의 사례

문화콘텐츠를 활용한 관광에 대하여 얘기할 때면 디즈니계열의 테마파크와 유니버셜스튜디오 사례가 많이 언급된다. 여기에서는 이미 잘 알려진 내용을 반복하여 소개하기보다는 국내 및 해

외에서 각기 다른 장르에 걸쳐 문화콘텐츠가 활용된 사례를 살펴보고자 한다. 먼저 TV 드라마를 통하여 쇠락하던 유원지에서 일약 국제적인 관광명소로 부각된 '남이섬' 사례를 알아보고, 이어서 어린이 교육 방송프로그램을 테마파크화한 '세사미 플레이스', 마지막으로 일본 애니메이션을 체감할 수 있는 '지브리 미술관'이 어떻게 만들어졌고 운영되는지 살펴보기로 한다.

1) 남이섬* 16)

남이섬은 2002년 1월 14일부터 3월 19일까지 KBS 2TV에서 총 20회 분량으로 매주 월요일과 화요일에 방영되었던 미니시리즈 '겨울연가'의 주요 촬영지 가운데 하나이다. 이 섬은 1943년 청평댐을 만들 때 생긴 북한강 상류의 하중도로서 행정구역상으로는 강원도 춘천시 남산면 방하리에 속해 있지만(<표 35-9> 참조), 일반 관광객들은 경기도 가평군 이화리에 있는 선착장을 통하여 접근하기 때문에 남이섬으로 인한 경제적 파급효과는 춘천시보다 가평군에서 더 크다고 할 수 있다.

〈표 35-9〉 남이섬 개요

구 분		내 용
사업개요	위 치	강원도 춘천시 남산면 방하리 198번지
	사업주체	(주) 남이섬
	개장시기	1966년
	면적	약 13만 평(약 39,394m^2)(섬 둘레 약 6km)
시설현황	전시시설	안데르센홀, 레종갤러리, 유니세프홀, 그때그시절전시관
	박물관	남이섬 생태역사박물관, 노래박물관
	예술공간	공예체험공방, 공예관, 작가의 집, 예술인의 집, 초옥공방(작업공간)
	숙박시설	남이아일랜드호텔(40실), 콘도형 별장(6동), 투투 별장(5동), 오막별장(3동), 리듬별장(5실), 메이하우스커
	편의 및 위락시설	아일래나호 등 선박, 대여용 자전거, 유모차, 트라이커 유니세프 나눔열차, 모노레일 하늘 자전거

| 주: 문화관광부(2006), p. 56에서 인용.

---

* 남이섬 사례는 권유홍 · 손대현(2004), 문화관광부(2006)를 참조하여 작성하였음.

남이섬은 경춘관광개발주식회사가 매입하여 유원지로 운영하였는데, 특히 1980년대 중반에는 '강변가요제'가 열리는 곳으로 유명하였으며, 최인호 원작의 영화 '겨울나그네'가 촬영된 곳이기도 하다. 그러나 1980년대 후반부터 관광지 간의 경쟁이 심화되면서 입장객이 점차 감소하였으며, '겨울연가'가 방영되기 바로 전 해인 2001년에는 연간 약 27만 명이 이용하는데 그쳤다. 하지만 드라마가 방영된 2002년에는 67만, 2003년 85만, 2004년 140만, 2005년에는 167만 명이 방문함으로써 TV 드라마 노출에 따른 관광객의 급격한 증가가 목격된 곳이다.

남이섬의 이러한 재도약을 '겨울연가'의 영향으로 다 설명할 수 있는 것은 아니다. 이 섬은 북한강에 위치하여 아침 물안개가 피어오르는 모습이 아름다운 등 독특한 분위기를 지니고 있을 뿐만 아니라 초기에는 대중골프장으로 운영될 만큼 메타세콰이어, 은행나무, 잣나무 길 등이 잘 조성되어 있고, 코스모스, 국화를 비롯한 총 200여 가지의 수목이 번식하고 있다. 또한 강우현 대표이사가 취임한 이래 아트숍(2002년), 레종갤러리(2003년), 유니세프홀 · 안데르센홀(2004년), 이슬정원(2005년)과 같은 다양한 문화시설이 세워졌을 뿐만 아니라 각종 음악회, 문학전, 그리고 '세계책나라축제'나 '불바다축제'와 같은 이벤트를 개최함으로써 남이섬을 단순한 '겨울연가'의 촬영지가 아니라 '낭만의 섬' '연인의 섬' '문화의 섬'으로 인식하도록 하였다. 특히 2006년 4월에는 자연과 생태, 문화와 예술, 그리고 관광이 복합된 청정정원을 목표로 동화의 나라, 노래의 섬, '나미나라'로 문화적 독립을 선언하였으며, 상형문자와 우표, 화폐를 만들고 이를 관광기념품으로 판매하는 등 남이섬의 지속적 성장을 위한 다양한 노력을 경주하고 있다.

'겨울연가' 촬영지임을 알리는 'Winter Sonata(겨울연가 일본명)' 및 '나미나라' 공화국 입간판

2) 동경 세사미플레이스*

동경 세사미플레이스(Sesame Place)는 (주)동경 Summer Land가 기존 테마파크(실내 워터파크인 Summer Land와 동물원)를 보완하기 위하여 미국 세사미플레이스와 라이센스 계약 체결 후 추가적인 시설로서 개발하였다(<표 35-10> 참조). 세사미플레이스는 미국 PBS에서 방영하고 있는 어린이 교육 프로그램인 '세사미 스트리트(Sesame Street)'를 테마파크로 구현한 곳으로서 미국 펜실베이니아에 위치하고 있다.

〈표 35-10〉 동경 세사미플레이스 개요

구 분		내 용
사업개요	위 치	동경도 아키루노시
	사업주체	(주) 동경 Summer Land
	개장시기	1990년
	면적	약 3천 평(약 909m²)
	사업비	약 12억 엔(토지, 라이선스, 시설비 모두 포함)
시설 및 인력	시설구성	8개 시설지구를 중심으로 세사미 스트리트 놀이기구, 어니와 바트의 플레이룸, 참깨 스튜디오, 워터 미로 등 설치
	인력운용	총 고용인력 40~60명(정직원 약 10명, 계약직 약 20명, 아르바이트 약 10~30명)

| 주: 문화관광부(2006). p. 85에서 인용.

세사미 스트리트는 비영리교육기관인 '세사미 워크숍'의 대표적 프로그램이다. 세사미 워크숍은 이 세상 모든 어린이들이 배우고 성장할 기회를 가져야 한다는 모토 아래 빈곤층 어린이들을 위한 다양한 활동을 벌이고 있다. 특히 빈민가 아동들의 주 놀이공간이 길거리(Street)라는 점에 착안하여 캐릭터들이 길거리 담벼락과 쓰레기통을 주요 소품 삼아 출연하는 '세사미 스트리트'라는 교육 프로그램을 만들었으며, 이러한 설정 자체가 그대로 테마파크화된 곳이 바로 세사미플레이스이다.

동경 세사미플레이스는 유아부터 12살까지의 어린이들과 그 가족들이 신체를 사용하여 할 수 있는 여러 가지 놀이시설과 쇼로 구성되어 있다. 공원은 시설의 성격에 따라 입구지역, 중앙지역, 1-2-3 세사미 스트리트 지역, 공연지역, 건설지역(construction area) 등 총 8개의 지역으

* 동경 세사미플레이스 사례는 문화관광부(2006)를 참조하여 작성하였음.

로 구성되어 있다. 이 가운데 어린이 전용 열차와 작동 건설 장비가 있는 건설지역을 제외하면 모든 시설은 아이들이 직접 만지고, 체험하는 시설로서 다른 아이들이나 가족들과 함께 창조성, 판단력, 순발력 등을 기를 수 있도록 되어 있다.

세사미 스트리트는 또한 월별로 어린이들을 위한 특별한 생일파티를 기획하고 있으며, 아이들이 직접 그린 그림엽서를 전시하는 등 여러 가지 이벤트를 하고 있다. 하지만 어린이들이 스스로 놀면서 배우고 성장한다는 취지로 운영하기 때문에 프로그램이 다양하지 않으며, 3천 평 규모의 작은 공간에서 미취학아동들을 대상으로 하기 때문에 어른들이 쉽게 지루해한다는 단점이 있다. 특히 동경 중심에서 약 3시간이 소요되는 반면 주변에는 유명한 관광지가 없어 연간 약 15만 명이 방문하는 데 그치고 있다.

동경 세사미플레이스 모습

3) 지브리미술관* 17)

지브리미술관(Ghibli Museum)은 일본 애니메이션의 거장 미야자키 하야오 감독의 작품세계를 접할 수 있는 체험형 미술관이다. 미야자키 하야오는 '빨간머리 앤' '미래소년 코난' '바람계곡의 나우시카'를 통해 일본 애니메이션의 대표적 감독이 되었으며, 다카하타 이사오와 함께 '지브리 스튜디오'를 설립한 이후에도 '천공의 성 라퓨타' '이웃의 토토로' 등으로 그 명성을 이어나가고 있다.

지브리미술관은 미타카시의 문화시설 건립 구상과 지브리 스튜디오의 미술관 구상, 그리고 주

* 지브리미술관 사례는 문화관광부(2006), 김희경 외(2008)를 참조하여 작성하였음.

식회사 도쿠마 서점의 지원으로 시작되었다(<표 35-11> 참조). 미타카시는 시내 도립 이노바시라공원 내에 문화시설 건설을 조건으로 동경도로부터 토지사용허가를 받았으며, 미쟈아키 하야오의 자연친화적인 철학을 반영하여 공원의 풍경을 해치지 않는 범위 내에서 지브리 스튜디오의 캐릭터로 건물의 외관과 실내 인테리어를 구성하였다.

〈표 35-11〉 지브리미술관 개요

구 분		내 용
사업개요	위 치	동경도 미타카시 이노바시라공원 내
	개발주체	(주)도쿠마 서점, 스튜디오 지브리, 일본 텔레비전 (토지 출자: 동경도)
	운영주체	(재) 도쿠마 기념 애니메이션 문화재단
	개장시기	2001년 10월
	시설규모	• 지하 1층, 지상 2층 • 부지면적 약 4,000m^2(약 1,210평) • 건축연면적 약 3,500m^2(약 1,060평)
	사업비	약 50억 엔(건축공사비 25억 엔, 내부 공사비 25억 엔)
시설구성		센터 홀, 전시실, 영상전시실, 숍, 카페, 고양이버스룸, 옥상정원 등

| 주: 문화관광부(2006). p. 63에서 인용.

지브리미술관은 지하 1층, 지상 2층의 건물로서 지브리 스튜디오가 제작한 애니메이션들의 아이디어 스케치 단계부터 완성된 필름까지를 전시하는 것은 물론 애니메이터들의 작업공간을 그대로 재현하고, 애니메이션 제작원리를 다양하고 독특한 방법을 통해 보여주고 있다. 예를 들면, 어지럽혀진 책상, 피우다 만 담배꽁초 등을 통해 마치 밤샘 작업을 하는 애니메이터가 잠시 화장실이라도 간 것 같은 생생한 모습을 보여준다. 특히 이곳은 지브리 스튜디오의 최신작품에 대한 일러스트 전시회 및 시사회, 미야자키 하야오의 미발표 애니메이션 상영 등을 통해 작지만 살아 숨 쉬는 미술관으로서 역할을 수행하고 있다.

지브리미술관의 캐치 프레이즈는 "미아가 됩시다. 다 함께!"이다. 이곳은 규격화된 질서가 아니라 왁자지껄하고 우스꽝스러운 '뒤죽박죽'을 지향한다. 이러한 콘셉트를 실현하려는 듯 미술관에는 어린이들만 다닐 수 있는 통로와 문이 있으며, 2층에는 어린이들을 위한 고양이버스 룸이 있다.

미술관은 마니아들은 물론 일반인들에게도 매우 인기가 높다. 미술관 운영은 미타카시와 주식회사 도쿠마 서점, 일본 텔레비전이 공동으로 출현한 재단법인 도쿠마 기념 애니메이션 문화재단이 하고 있으며, 방문객 규모에 비해 시설 규모가 작기 때문에 사전 시간대별 예약제(일일 2,400명)로 운영하고 있다. 연간 방문객은 약 66만 명으로 알려져 있다.

지브리미술관은 소액의 공공 보조금을 받고 있지만 유기농 식재료만으로 음식을 만드는 카페와 이곳에서만 살 수 있는 기념품, 자료 등을 판매하여 거의 자립적으로 운영되고 있다. 지브리미술관은 이제 일본을 대표하는 메이저급 스튜디오의 위상을 굳건히 하는 데 그치지 않고 일본 애니메이션 산업을 활성화시키는 '요지'가 되고 있으며, 미타카 지역 자체를 애니메이션 도시로 발전시키는 데 크게 기여하고 있다.

지브리미술관 입구 및 옥상정원

21세기는 문화의 시대이다. 문화콘텐츠는 특히 '디지털'과 '대중적 코드'로 주목 받았지만, 이제는 그 영역을 넘어 예술성과 상품성을 함께 지닌 문화상품이자 미디어에 담기는 내용물 전반을 가리키는 용어로 받아들여지고 있다.

문화콘텐츠가 갖는 다양한 활용가능성(OSMU)은 관광산업에서도 크게 주목받고 있다. 디즈니랜드나 유니버셜스튜디오와 같은 테마파크는 물론 영화 촬영지가 주요한 관광지로 부각되고 있으며, 문화콘텐츠를 활용한 박물관·이벤트·테마타운 등도 관광객들의 관심을 끌고 있다. 특히 미국의 할리우드나 프랑스의 앙굴렘은 도시 자체가 각각 영화 및 만화라는 문화콘텐츠의 도시로서 명성을 크게 높인 경우이다.

문화콘텐츠는 관광목적지를 위한 마케팅에도 다양한 형태로 활용되고 있다. 대중스타를 활용한 관광목적지의 직접 홍보는 물론 각종 영상물에 노출됨으로써 관광지가 간접적으로 알려지고

있으며, 팬 미팅 등 문화콘텐츠를 활용한 다양한 관광상품도 등장하고 있다.

관광에서 차지하는 문화콘텐츠의 비중이 커진다고 해서 관광과 문화콘텐츠의 관계를 일방적인 관계로 잘못 이해해서는 안 된다. 관광은 기본적으로 국가 간에 문화의 교류라는 중요한 역할을 담당할 뿐만 아니라 다양한 형태의 관광상품이 판매됨으로써 문화콘텐츠산업의 발전에 기여하기 때문이다. 따라서 문화콘텐츠산업이 발달함으로써 관광은 신기성, 노스탤지어 등이 담긴 새로운 관광자원을 확보할 수 있으며, 관광산업의 발전에 의해 질 높은 문화콘텐츠의 생산과 해외에서의 인지도 제고가 가능하다는 점을 인식할 필요가 있다.

미 주

1) 인문콘텐츠학회(2006). 『문화콘텐츠 입문』. 서울: 북코리아.

2) 콘텐츠비즈니스연구소(2000). 『콘텐츠비즈니스 아는 만큼 돈이 보인다』(*Contents Business*). 조선일보 출판부 역. 서울: 조선일보사.

3) 박기수(2008). 문화콘텐츠 정전 구성을 위한 시론. 『문학교육학』, 25, 131-152.

4) 이인화 외(2003). 『디지털 스토리텔링』. 서울: 황금가지.

5) 서병문(2004). 문화콘텐츠는 엔터테인먼트 산업의 핵심. 『문화를 비즈니스로 승화시킨 엔터테인먼트산업』. 손대현 편저. 서울: 김영사.

6) Richards, G., & Wilson, J.(2006). Developing creativity in tourist experiences: A solution to the serial reproduction of culture? *Tourism Management*, 27, 1209-1223.

7) Hughes, H.(2000). *Arts, entertainment and Tourism*. Oxford: Butterworth-Heinemann.

8) 문화관광부(2006). 한국 문화콘텐츠 · 관광 연계 프로그램 개발방안.

9) Connell, J.(2005). Toddlers, tourism and Tobermory: Destination marketing issues and television-induced tourism. *Tourism Management*, 26, 763-776.

10) 최인호 · 손대현(2004). 영상 촬영지 관광객의 체험: '바보선언' 사례. 『관광레저연구』, 16(1), 105-120.

11) Dwyer, L., Edwards, D., Mistilis, N., Roman, C., & Scott, N.(2009). Destination and enterprise management for a tourism future. *Tourism Management*, 30, 63-74.

12) 최인호(2005. 12). 한류관광소재의 스토리텔링 활성화 방안. 한류관광 세미나: 한류, 아시아를 넘어 세계로! 한국관광공사.

13) 한국관광공사(2005). 대장금 활용 관광마케팅 전개방안.

14) Sellars, A.(1998). The influence of dance music on the UK youth tourism market. *Tourism Management*, 19(6), 611-615.

15) Xie, P., Osumare, H., & Ibrahim, A.(2007). Gazing the hood: Hio-Hop as tourism attraction. *Tourism Management*, 28, 452-460.

16) 권유홍 · 손대현(2004). TV 드라마 촬영지의 포스트모던한 관광체험: 미니시리즈 '겨울연가'의 촬영지 남이섬을 사례로. 『관광학연구』, 28(2), 175-192.

17) 김희경 · 김현정 · 민세희 · 장해라(2008). 『이야기를 파는 나라 일본』. 서울: 미래의창.

저자약력

권유홍(權裕弘) 현_한림국제대학원대학교 컨벤션이벤트경영학과 교수

미시간주립대학에서 석사, 한양대학교에서 박사학위를 받았다. 한화국토개발과 삼성에버랜드에서 쌓은 실무경험을 바탕으로 안산공과대학을 거쳐 현재 한림국제대학원대학교에서 후진을 양성하고 있다. 주요 관심 분야는 관광개발과 관광마케팅이며, 특히 영화 · 드라마 · 애니메이션과 같은 문화콘텐츠를 활용한 새로운 관광상품의 개발에 관심이 많다.

제6편

관광의 새로운 발견

『관광학총론』 서른여섯 번째 이야기

제36장 지속가능관광

민 창 기*

1 지속가능관광의 발생 배경

지속가능관광(sustainable tourism)이 무엇인지 알기 위해서는 발생 배경을 이해하는 것이 중요하다. 지속가능관광은 과거의 경제성장 패러다임에 오류가 있었다는 깊은 반성으로부터 출발하여 등장하게 된 '지속가능한 발전(sustainable development)'의 개념과 밀접한 관련이 있다. 따라서 다음에서는 지속가능한 발전이 등장하게 된 배경으로서 경제성장주의 한계를 살펴본 후, 관광 분야에서 지속가능한 발전이 주목받게 된 배경을 살펴보기로 한다.

1) 경제성장주의의 한계

2차 세계대전 이후 세계가 경험하였던 변화를 한마디로 요약하면 '개발과 성장'일 것이다. 전쟁에서 승전한 미국과 러시아, 유럽의 각국뿐 아니라 전쟁에서 패전한 국가, 개발도상국들도 경제성장에 최우선 목표를 두었다. 그 결과 세계 각국의 경제는 비약적인 발전을 하였다. 우리나라의 경우에도 1960년대 초반 100달러 미만이었던 일인당 국민소득이 2000년 초반에는 만 달러를 넘어섰다. 이러한 경제성장의 동력은 산업생산이었으며, 이러한 생산을 위해 자연자원을 최대한 활용하고 소비가 미덕시되는 사회가 도래하기도 하였다.

이러한 경제성장 제일주의는 세계적으로 많은 문제점을 낳았다. 국가 간 빈부의 격차뿐 아니

* 동서대학교 관광학부 교수. e-mail: ckmin@gdsu.dongsoe.ac.kr

라 한 국가 내에서도 사회계층의 격차가 심화되고, 물질주의의 팽배로 인간성이 점차 상실되어 가는 부작용을 낳았다. 그러나 무엇보다 가장 큰 문제점은 개발과 성장으로 인한 환경파괴와 자연자원의 고갈이었다. 자연은 시장의 원리가 잘 작용되지 않는 분야로 자연자원의 가격이 상승하여 소비가 줄더라도 상품처럼 원래의 상태를 회복하기 힘든 경우가 많다. 그것은 자연의 회복속도가 매우 느리고, 한 번 파괴된 자연은 회복이 불가능한 경우가 많기 때문이다.

자연환경의 파괴에 대한 우려는 1960년대부터 일부 저작들을 통해 알려지기 시작하였고* 세계적인 차원에서 이러한 우려가 표출되기 시작하였다. 1972년 출간된 로마클럽의 보고서는 1970년대 초반까지의 경제성장 추세가 계속될 경우 인류는 자원의 고갈로 미래에 큰 재앙을 맞게 될 것이라고 경고하였다. "성장의 한계(The Limits To Growth)"라는 제목의 이 연구보고서는 인구, 산업화, 환경오염, 식량생산, 자원소비 등 다섯 개의 성장요소에 대한 미래의 우려를 밝히고 있는데, 특히 자원고갈의 문제와 관련해 향후 100년 이내에 재생불능한 자원은 완전히 고갈될 것임을 경고하였다.

환경보전에 대한 문제는 이후 범세계적인 관심사로 발전하였다. 특히 UN을 중심으로 1972년 스톡홀름에서 개최된 유엔인간환경회의에서는 자연자원의 보존과 경제개발이 양립할 수 있는 방안을 모색하기 위해 선·후진국이 함께 노력한다는 선언문을 채택하였다. 이로부터 환경과 개발의 조화가 중요한 국제이슈가 되었으며, 1987년 '환경과 개발에 관한 세계위원회'(WCED)는 3년의 연구기간을 거쳐 "우리 공동의 미래(Our Common Future)"라는 보고서를 통해 '환경적으로 건전하고 지속가능한 발전'을 그 대안으로 제시하였다.

이후 지속가능한 발전은 구체적인 실천방안 모색을 위해 1992년 '리우선언'으로 발전되었으며, 이때 채택되었던 '의제21(Agenda 21)'은 현재 각국이 실천계획을 세우고 그 이행 성과를 유엔지속가능발전위원회에 보고하고 있다. 2002년 요하네스버그에서는 세계환경정상회의가 개최되었으며 리우회담 이후 10년의 성과와 향후 과제를 논의하였다. 이 회의에서는 지속가능한 발전의 실천적 과제를 주로 논의하였으며 각국의 지속가능한 발전에 대한 실천의지를 확인하였다.

이러한 일련의 과정을 통해 인류는 성장제일주의 경제정책에 한계가 있으며, 환경에 대한 고려 없이는 진정한 미래 발전이 어렵다는 인식을 공유하게 되었다. 그러나 자연자원을 활용해 빈곤 등 산적한 사회문제를 해결해야 하는 후진국의 입장과 환경보전을 우선시하려는 선진국의 입장이 대립하면서 구체적 실천방안에 대한 합의를 찾는 데 어려움을 겪고 있다. 환경문제는 인류생존 문제라는 인식이 확산되면서 이러한 문제는 점차 해결돼 나갈 것으로 예상되며, 향후 국

* 그 대표적인 예가 1962년 출간된 카슨(Carson)의 『침묵의 봄(*Silent Spring*)』과 1968년 하딘(Hardin)의 『공유지의 비극(*The Tragedy of the Commons*)』이다.

제회의 및 협약 등을 통해 경제발전과 환경보전을 동시에 달성할 수 있는 방안이 계속 모색될 것이다.

2) 관광패러다임의 변화

(1) 대중관광의 폐해

제2차 세계대전 이후 1970년대까지 관광을 움직여온 기본 원리는 대중관광(mass tourism)이었다. 대중관광은 관광의 경제적 효과를 극대화하는 패러다임으로 관광현상을 지배하는 기본 틀로 작동하였다. 그러나 이러한 성장위주의 관광패러다임은 점차 한계에 부딪쳤다. 더 많은 관광객을 끌어들이려는 대중관광의 발전 방식은 오히려 관광객 수를 줄게 하는 원인이 되기도 하였으며, 관광으로 야기되는 문제점을 해결하는 데 한계를 드러내기 시작하였다.

대중관광이 가져온 문제점 중 가장 심각한 것은 대중관광으로 인한 관광자원의 파괴였다. 대규모 관광객을 수용하기 위해 대규모 숙박시설 건립 등 막대한 시설투자가 불가피하였다. 이로 인해 관광지 자연환경은 훼손되는 경우가 많았다.

또한 지나친 관광상품화로 지역문화가 그 본래의 의미를 상실하고 생명력을 잃게 되는 경우도 발생하였다. 이 밖에도 대규모 관광객의 방문은 사회적 교란을 야기하여 관광이 지역사회로부터 배척당하기도 하였다.

이러한 자연자원과 문화자원의 파괴는 '관광이 관광을 파괴한다(Tourism destroys tourism)'는 우려를 낳게 하였다.[1] 이러한 문제점은 대중관광이 급속히 확산되었던 1970년대 여러 관광개발 사례에서 나타났다. 이러한 배경에서 이 분야의 많은 학자와 관광산업 관련자들은 관광의 지속적 발전을 위해 새로운 패러다임을 모색할 필요성이 있음을 지속적으로 제기하여 왔다.

(2) 새로운 패러다임의 모색

관광 발전을 위해 대중관광이 야기한 여러 문제점을 해결해야 한다는 인식은 1980년 '세계관광에 대한 마닐라선언'을 통해 종합적으로 표출되었다. 세계관광기구(UNWTO)가 주도한 이 선언문은 과거의 관광이 오직 경제적 활동으로만 접근되었음을 인식하고 다양한 관점에서 관광의 본질을 밝힐 필요가 있으며, 관광발전을 위해 각국이 책임지고 노력할 것을 선언하였다. 이러한 맥락에서 선언문은 '조화롭고 지속적인 관광개발'을 강조하였으며, 관광개발이 환경, 자연자원 및 역사·문화관광자원에 해를 끼쳐서는 안 된다고 밝히고 있다.

이후 1987년 "우리 공동의 미래"라는 보고서를 통해 '지속가능한 발전'의 개념이 UN을 통해 공식 도입되었으며, UNWTO는 이 개념을 관광 분야에 적용하기 위한 방안을 모색하였다. 1989년 UNWTO는 세계국회연맹(IPU)과 공동으로 '관광에 대한 헤이그선언'을 채택하였다. 이 선언문은 관광개발이 자연, 문화, 인간환경을 오염시키지 말아야 하며, 모든 관광개발계획이 지속가능한 발전에 기초하여 이루어져야 하고, 이 원칙을 준수하는 가운데 자연환경과 문화환경의 보호가 이루어져야 함을 강조하였다.

이러한 일련의 발전과정은 경제개발을 중심으로 구축된 관광패러다임이 새로운 변화를 수용할 필요성이 있음을 촉구하고 있다. 이것은 인류 생존을 위해 지속가능한 개발이 필요하다는 범세계적 성장패러다임의 변화와 흐름을 같이하는 것이다. 그렇지만 관광 분야에서 새로운 패러다임이 더욱 요구되는 이유는 환경파괴가 미래세대뿐 아니라 현세대에도 영향을 미쳐 관광지 파괴로 인한 관광객 감소로 이어졌기 때문이다. 이러한 현상을 극복하기 위해 관광 분야는 새로운 패러다임을 보다 절실히 요구하게 되었다.

관광패러다임의 변화 필요성은 관광객의 가치관 변화와도 밀접한 관련이 있다. 현대 관광객은 대중관광이 제공하는 패키지 형태의 규격화된 관광에서 탈피하여 보다 개별화된 여행을 추구하는 성향을 보이고 있다. 때문에 다양한 형태의 대안적 관광이 필요하게 되었다. 또한 현대 관광객은 환경에 대한 인식, 건강에 대한 관심, 전통문화에 대한 관심이 증대하고 있어 자연자원, 문화자원의 보존 및 보호가 그 어느 때보다 중요한 요소가 되고 있다. 과거의 대중관광으로 충족시킬 수 없는 이들 현대관광객의 다양한 관광욕구를 충족시키기 위해서도 관광 분야에서는 새로운 성장패러다임이 요구되고 있다.

2 지속가능관광의 개념

인류의 생존을 보장하기 위한 새로운 패러다임은 '지속가능한 발전'에서 찾을 수 있다. 다음에서는 지속가능한 발전의 개념을 먼저 살펴본 후 지속가능관광의 개념을 살펴보기로 한다.

1) 지속가능한 발전의 개념

경제성장 위주의 발전이 가져온 환경파괴와 자원고갈의 문제가 인식되면서 1970년대 이후 지속가능한 발전에 대한 논의가 꾸준히 이루어져 왔다. 그러나 무엇이 지속가능한 발전인지에 대

해서는 분명한 개념적 정의를 내리지 못하였다. 그것은 지속가능한 발전이 경제발전과 환경보전을 함께 달성해야 하는데, 이 두 개의 목표는 서로 상충되는 것으로 이해됐기 때문이다.

지속가능한 발전에 대한 개념적 정의가 처음으로 공식 채택된 것은 '환경과 개발에 관한 세계위원회(WCED)'가 UN총회에 보고한 "우리 공동의 미래"에서이다. 이 보고서는 지속가능한 발전을 "미래세대가 그들의 필요를 충족시킬 수 있는 가능성을 손상시키지 않는 범위에서 현세대의 필요를 충족시키는 개발(Sustainable development is development that meets the needs of the present without compromising the ability of future generation to meet their own needs.)"이라고 정의하고 있다.[2)]

이 정의는 미래세대의 발전을 위해 현세대가 자원을 제한적으로 사용해야 함을 강조하고 있다. 즉 현세대가 자원을 개발하되 미래세대에 대한 충분한 배려를 해야 한다는 것이다. 이것은 현세대의 경제발전을 보다 중시한 개념으로 해석될 수 있다. 그러나 경제발전을 위한 전제조건으로서 자원의 지속가능성을 강조하고 있기 때문에 경제발전과 환경보전을 동등하게 강조한 개념으로 보는 것이 타당할 것이다. 따라서 '지속가능한 발전'은 보고서에 나타난 '환경적으로 건전하고 지속가능한 발전(environmentally sound and sustainable development)'이라는 비교적 긴 용어가 줄여져 사용된 것으로 보아야 할 것이다.

지속가능한 발전의 개념에서 경제성장과 환경보전 외에도 중요하게 강조되고 있는 또 하나의 구성요소는 형평성(equity)이다. 보고서는 지속가능한 발전이 빈곤과 불평등이 존재하는 곳에서

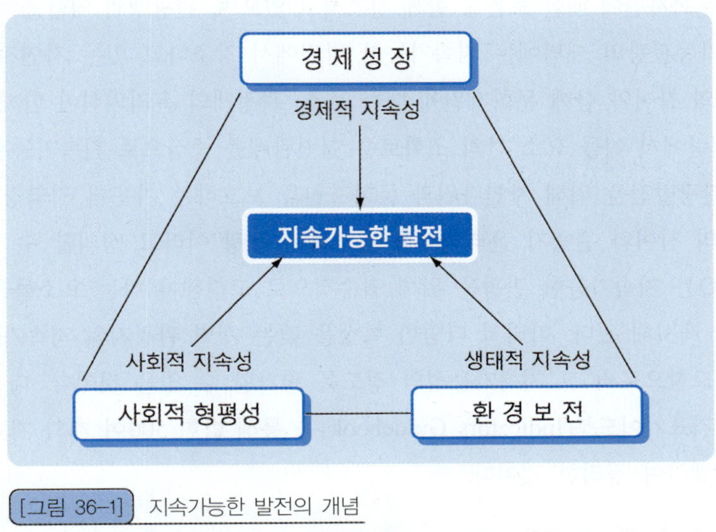

[그림 36-1] 지속가능한 발전의 개념

| 출처: Harry Coccosis(1995). *Sustainable Tourism? European Experiences*, CAB International. p. 10에서 필자 재구성.

는 실현될 수 없음을 강조하고 있다. 즉 사회 내에 경제권력과 정치권력의 불균형이 있는 곳에서는 자원고갈과 환경압박이 생겨 환경파괴가 일어날 가능성이 높음을 지적하고 있다. 예를 들어 경제개발로 인해 환경파괴가 발생하더라도 이로 인해 직접 피해를 보게 되는 지역의 가난한 사람들은 이를 저지할 만한 힘이 없는 경우가 많다. 이 형평성의 원리를 지속가능한 발전의 주요 개념에 포함시켜 지속가능한 발전의 개념적 구성을 살펴보면 앞의 [그림 36-1]과 같다.

2) 지속가능관광의 개념

"우리 공동의 미래"에서 밝혀진 지속가능한 발전의 개념은 관광 분야에 적극 도입되었다. 이로 인해 새롭게 등장한 용어가 지속가능관광(sustainable tourism)이다. 사실 관광의 지속가능성은 1970년대 이후 관광지 수용능력, 관광지 생명주기와 같은 개념을 통해 간접적으로 소개되어 왔다.[3] 그러던 것이 UN을 중심으로 지속가능한 발전이 강조되고 이의 실천을 위해 리우선언이 채택되면서 1990년대 이후 지속가능관광에 대한 개념적 논의가 활발히 전개되었다.

지속가능관광의 개념적 정의는 "우리 공동의 미래"에 제시된 지속가능한 발전의 개념을 그대로 적용하여, "미래 관광발전의 기회를 보호하고 강화하는 가운데 현재 관광객과 관광지의 요구를 충족시키는 관광"이라고 간단히 정의할 수 있을 것이다.[4] 그러나 지속가능관광에는 몇 가지 다른 요소들이 추가로 강조되고 있다. 즉 지속가능관광은 자연자원에 대한 보존뿐 아니라 전통문화를 포함한 문화자원에 대한 보존을 함께 강조하고 있으며, 관광객의 역할을 중요시하고 있다.

따라서 지속가능관광의 개념에는 지속가능한 발전에서 강조하고 있는 자연자원보존, 경제발전 및 지역주민의 참여와 함께 문화자원에 대한 보호, 관광객의 윤리의식이 함께 포함될 필요가 있다. 이러한 맥락에서 이들 요소 간의 조화로운 협력관계를 중심으로 지속가능관광을 정의하게 되면 "미래의 관광발전을 위해 자연자원과 문화자원을 보호하는 가운데 지역경제 발전을 도모하며, 지역주민의 참여와 관광자 윤리의식을 강조하는 관광"이라고 정의할 수 있을 것이다.

한편 UNWTO는 지속가능한 관광을 위해 필수적으로 고려해야 하는 요소들을 지속가능관광의 지표(指標)로 제시해 왔다. 따라서 다양한 특성을 갖는 개별 관광지의 지속가능성은 이들 중 해당 지표를 체크함으로써 그 지속가능성의 정도를 평가할 수 있을 것이다. 다음의 <표 36-1>은 UNWTO가 지표가이드북(Indicators Guidebook)을 통해 밝힌 500여 개의 지표 중 일부 핵심적인 내용을 발췌하여 정리한 것이다.[5]

〈표 36-1〉 지속가능관광의 주요 이슈 및 관련 지표

주요 이슈	관련 지표(Indicators)
지역주민 만족도	• 관광에 대한 지역주민 만족도
지역에 미친 관광영향	• 지역주민과 관광객의 비율 • 새로운 기반시설 및 서비스 도입 • 사회적 서비스 증가
관광객의 만족도	• 관광객의 만족도 • 소비한 돈의 가치에 대한 인식 • 재방문객 비율
관광의 계절성	• 월별, 분기별 관광객 수 • 성수기 월별, 분기별 객실 점유율 • 비수기 월별, 분기별 객실 점유율 • 1년간 지속적으로 영업을 한 사업체 수와 비율 • 임시직이 아닌 정규직의 수와 비율
관광의 경제적 편익	• 지역주민의 수와 남녀 비율 • 지역 총 수입에서 관광수입의 비율
에너지 관리	• 1인당 1일 에너지 소비량 • 에너지 보존프로그램에 참여한 업체의 비율 • 재생가능한 자원으로 생산된 에너지 비율
물 조달 및 관리	• 전체 물 사용량과 관광객 1인당 1일 물 사용량 • 물 절약(감소, 재사용 등)
식수의 질	• 국제 음수기준에 맞게 물 처리를 한 업체 비율 • 식수관련 질병의 발생 빈도
하수 처리(폐수 관리)	• 1차, 2차, 3차 오물의 비율 • 하수처리 시스템을 갖춘 관광시설의 비율
쓰레기 관리	• 관광지에서 배출된 쓰레기 양(월별, 톤) • 재활용된 쓰레기의 양(m^3) • 공공장소에 버려진 쓰레기의 양
개발 관리	• 토지사용, 개발계획 절차의 존재 여부 • 통제의 대상이 된 지역의 비율(밀도, 디자인 등)
과밀 관리	• 총 관광객 수(평균, 성수기, 월별) • m^2, km^2 당 관광객 수(해변, 주요 관광지)

| 출처: Final Report(2006). Seminar on Tourism Sustainability and Local Agenda 21 in Tourism Destinations and Workshop on Sustainability Indicators for Tourism Destinations. UNWTO. pp. 89-90.

3 지속가능관광의 유형

지속가능관광에는 다양한 유형이 있다. 본 장에서 소개되고 있는 문화유산관광, 문학예술관광, 녹색관광, 해양과 섬관광, 교육관광, 음식관광, 다크 투어리즘 외에도 탐험관광, 야생관광 등은 지속가능한 발전이 중시되는 관광형태이다. 다음에서는 지속가능관광의 대표적 유형으로 거론되고 있는, 생태관광, 녹색관광, 문화유산관광을 관광의 지속가능성에 초점을 맞추어 살펴보기로 한다.

1) 생태관광

지속가능관광을 표방하는 관광의 형태는 다양하지만 그중 가장 주목을 받고 있는 것이 생태관광(ecotourism)이다. 생태관광은 관광의 새로운 트렌드로 주목받고 있으며, 현대관광이 지향해야 할 관광유형으로 간주되고 있다. 생태관광의 성장속도는 다른 형태의 관광보다 빠르며 인간의 환경에 대한 관심이 높아지면서 더욱 각광받게 될 것으로 예상된다.[6)]

생태관광은 넓은 의미에서 자연을 대상으로 한 모든 유형의 관광을 지칭한다. 이 경우 산악관광, 해변관광, 농촌관광, 리조트관광 등 자연을 기반으로 한 모든 관광이 생태관광에 포함되게 된다. 그러나 일반적으로 생태관광은 생태적으로 민감한 자원을 대상으로 한 관광을 일컫는다. 즉 갯벌, 산호초 등을 대상으로 한 해양관광, 희귀동물과 멸종위기 동식물을 관찰하는 야생관광, 원시림 등의 생태지역을 방문하는 탐험관광 등이 이 범주에 속한다.

지속가능관광의 대표적 유형인 생태관광은 다음 세 가지 요소를 강조한다. 첫째, 생태관광은 생태적으로 민감한 자연자원을 대상으로 하며 이를 보존하기 위한 관리시스템이 작동하는 관광유형이다. 둘째, 생태관광은 지역주민이 주도가 되어 그 이익이 지역에 환원됨으로써 지역발전에 기여하는 관광이다. 셋째, 생태관광은 생태지역을 방문한 관광객에게 생태계에 대한 이해를 높이고 생태계에 대한 태도 변화를 유도하는 관광이다. 이러한 생태관광은 생태자원의 민감성에 따라 관광객 수용규모가 커질 수도 있으나 지역 내 생태자원을 기반으로 한 비교적 소규모의 형태로 이루어지는 관광이라고 할 수 있다.

2) 녹색관광

녹색관광(green tourism)은 농촌, 어촌, 산촌 등 회색 도시를 벗어난 지방의 녹색지역을 대상으로 한 관광형태이다. 따라서 녹색관광은 전원관광, 농촌관광(rural tourism), 농업관광(agritourism, farm tourism) 등으로도 불린다. 최근에는 정부의 녹색성장정책이 강조되면서 저탄소 녹색관광이라는 용어와 함께 기후변화에 적극 대응하는 관광으로 그 개념이 확대되고 있다. 녹색관광은 친환경적 관광으로서 지속가능한 발전에서 강조하는 여러 요소들이 융합되어 있다.

녹색관광이 지속가능관광의 한 유형으로서 갖는 가장 큰 특징은 녹색관광이 지방의 자연자원과 문화자원을 주요 관광대상으로 하며, 이의 활용과 보존을 강조하고 있다는 것이다. 녹색관광을 주도하고 있는 지역은 지역 내 관광자원을 활용하여 도시주민들에게 휴양과 농촌경험의 기회를 제공하며, 지역의 자원과 문화를 개발하고 보존하는 데 노력을 기울이게 된다.

녹색관광은 또한 지역 발전에 기여하는 관광이라는 측면에서 지속가능관광으로서의 특징을 갖는다. 세계 각국의 정부 및 지방자치단체가 녹색관광에 주목하고 있는 이유는 녹색관광이 지역발전에 기여한다는 점이다. 많은 농촌들이 농업의 쇠퇴, 인구 유출 등으로 경제적 활로를 찾지 못하고 있는 상황하에서 녹색관광은 지역자본의 투자를 촉진시켜 지역경제를 활성화시킬 수 있는 새로운 대안으로서 각광받고 있다.

선진국에는 이미 1960년대 이후부터 녹색관광이 시작되었으며, 프랑스, 독일, 이태리, 영국, 일본 등지에서는 이를 지원하는 공공, 민간기구가 확립되어 상당히 발전된 형태를 보이고 있다.[7] OECD는 유럽에서 이미 활성화된 농촌관광이 지속적으로 성장하기 위해서는 지역의 특수성에 기반을 두고 자원보존의 측면을 특히 강조하여야 할 것이라고 밝히고 있다.[8]

3) 문화유산관광

문화유산관광(heritage tourism)은 문화관광의 한 형태로 특정 지역 내에 존재하는 문화자원뿐 아니라 자연자원을 기반으로 한 관광을 말한다.[9] 한 지역의 자연유산은 그 지역의 문화 형성과 밀접한 관계가 있기 때문에 자연자원은 문화자원과 함께 문화유산관광의 주요 관광대상이 된다. 문화유산관광은 1990년대 이후 관광객이 꾸준히 증가하면서 대중관광시대의 틈새시장으로서 각광받고 있다.[10]

지속가능관광의 한 유형으로서 문화유산관광은 지역 내 문화유산 및 자연유산의 보존을 강조한다. 문화유산자원은 과도하게 관광객에 노출되었을 경우 훼손될 우려가 있으며, 적절히 관리되지 못할 경우 원형이 손상될 수 있기 때문에 자원의 보존이 특히 중요하다. 특히 전통문화와 같은 문화유산은 관광상품화 과정에서 진정성(authenticity)이 사라져 원래의 문화적 의미를 상실할 수 있기 때문에 전통문화의 보전을 위해 지나친 상품화는 지양하는 것이 좋다.

문화유산관광이 지속가능관광의 한 유형으로 분류되는 또 다른 이유는 이 관광 형태가 지역경제 발전에 직접 기여한다는 것이다. 문화유산관광은 외부로부터 대규모 자본을 끌어들이지 않고서도 지역 내 소규모 자본만으로 운영이 가능하기 때문에 관광수입의 외부 유출이 최소화될 수 있다. 따라서 오랜 역사를 갖고 있는 지역이지만 경제적으로 낙후된 지역, 독특한 문화유산을 갖고 있는 소규모 지역에 적합한 관광형태로서 주목을 받고 있다.

4 지속가능관광의 주요 행위자

지속가능관광이 성공을 거두기 위해서는 이해당사자 간의 역할 분담과 역할의 전체적인 조화가 요구된다.[11] 특히 지속가능관광은 자원의 보존이 강조되고 자본, 기술력이 약한 소규모 지역을 기반으로 추진되는 사업이기 때문에 지역사회뿐 아니라 관광자, 관광사업자, 중앙 및 지방정부의 파트너십이 매우 중요하다. 이들 중 어느 한 분야의 역할이 미비할 경우 지속가능관광의 발전은 성공을 거두기 어렵다.[12]

1) 관광자

지속가능관광에서 관광자의 역할은 매우 중요하다. 일반적으로 지속가능관광을 하는 관광자들은 환경에 대한 관심이 높으며, 지역의 문화를 존중하고, 지역에 미치는 영향에 대해 책임 있는 행동을 하는 것으로 알려져 있다. 이러한 관광객의 태도는 환경친화적이고 지속가능한 관광상품을 개발하는 데 많은 영향을 미치게 된다.[13] 또한 이들은 지역주민과의 직접적인 접촉을 통해 자신을 새롭게 발견하려는 욕구도 높은 것으로 나타나 지역문화의 유지, 발전과 관광문화 발전에 기여하게 된다.

지속가능관광이 미래 관광의 유형으로 각광받는 주요 이유는 관광객이 다양한 관광상품을 원하며, 환경 및 지역주민 복지에 관심을 갖는 관광객들이 더욱 증가할 것이라는 예상에 기초하고 있다. Krippendorf는 이러한 관광객을 '후기산업사회형 관광객(post-industrial tourists)'이라 명명하고 자신의 지평을 넓히고, 다른 사람과 함께 배우며, 보다 단순한 것과 자연으로 회귀하고,

창조성, 개방성, 실험성 등 삶의 모든 영역에서 자아실현을 추구하는 관광객이 향후 21세기에는 크게 증가할 것이라고 예측하였다.[14)]

그동안 지속가능관광의 주요 행위자로 관광기업과 지역사회, 정부가 주로 거론되었으나 관광객도 지속가능관광을 실현하는 중요한 주체로 부각되고 있다. Ryan은 지속가능관광에서 관광객의 핵심적 역할을 강조하며 이들이 추구하는 경험에 따라 관광지가 변모해가고 지역, 기업, 정부 등 다른 관광의 주체들도 많은 영향을 받는다고 밝히고 있다.[15)] UNWTO도 과거 대중관광의 폐해가 대중관광객에서 비롯된 점을 인식하고 '관광권리장전과 관광객윤리강령'의 제정을 통해 관광객이 지역사회의 자연자원과 문화유산을 존중할 것을 촉구하고 있다.[16)]

2) 관광기업

지속가능관광이 실현되기 위해서는 관광기업의 개발 및 운영 방식이 중요한 역할을 한다. 과거 대중관광시대에 관광개발로 인한 관광자원의 훼손이 심각했던 이유는 기업이 이에 대한 배려 없이 오직 투자에 대한 이익금 환수와 더 높은 이윤 창출에 주력하여 가능한 모든 자원을 활용했기 때문이다. 이 과정에서 자연자원의 파괴는 물론 지나친 문화상품화로 지역의 전통문화가 왜곡되는 등 지역의 관광자원이 훼손된 경우가 많았다.

지속가능관광에서 관광기업은 이윤 창출과 함께 사회, 환경적 요인을 함께 고려해야 할 필요성이 증가하고 있다.[17)] 즉 새로운 상품개발에 있어 환경친화적인 상품과 서비스를 관광객에게 공급하고,[18)] 기업운영에 있어서도 환경적인 부담과 위험을 감수할 준비가 되어 있어야 한다. 또한 관광개발의 경우 지역사회에 대한 세심한 배려도 필요하다. 그렇지 못할 경우 지역사회와의 마찰로 사업이 난관에 부딪칠 가능성이 매우 높기 때문에 관광기업은 사회적, 환경적으로 지역사회에 책임을 지는 윤리경영을 할 필요가 있다.

지속가능관광에서 기업이 담당하게 될 역할의 중요성은 지속가능한 발전과 관련된 국제협약에서 여러 차례 강조되어 왔다. 지속가능한 발전의 모태가 된 리우선언의 'Agenda 21'은 책임 있는 기업가정신이 자원 활용의 효율성을 높이고, 쓰레기를 최소화하며, 환경과 문화자원의 질을 보존하는 데 주요한 역할을 한다고 밝히고 있다. 'Agenda 21'을 관광 분야에 실현하기 위해 작성된 'Agenda 21 for Travel and Tourism'에서도 관광기업의 자원보존을 위한 실천적 측면을 강조하고 있다.[19)]

3) 지역사회

지속가능관광이 되기 위해서는 지역사회의 참여가 무엇보다 중요하다. 과거 대중관광시대의 대규모 관광개발이 실패로 돌아간 많은 사례는 개발과정에서 지역주민의 참여가 배제되었기 때문이었다. 지역의 참여가 배제될 경우 지역주민은 경제적 기회를 상실하고 물가상승 등으로 인한 어려움을 겪게 되며, 새로운 문화의 유입으로 전통문화가 파괴되고, 관광객과 갈등을 빚기도 한다. 이렇게 하여 지역의 관심으로부터 멀어진 관광은 지속가능관광을 불가능하게 한다.

따라서 지속가능관광이 되기 위해서는 개발과정에 주민의 의사가 반영되고, 관광사업에 지역자본이 최대한 참여하도록 유도하며, 상품개발, 친환경적 프로그램개발, 홍보 등에 있어서도 지역주민의 주도적 역할이 요구된다. 이 경우 지역주민은 관광을 통해 수익을 창출하며, 삶의 질을 향상시킬 수 있는 기회를 갖게 된다. 특히 지속가능관광은 지역의 독특한 자연자원과 문화자원을 활용한 것이기 때문에 관광의 활성화는 지역주민의 자긍심을 고취시켜 자연자원을 포함한 지역의 문화적 정체성을 유지, 발전시키는 데 기여하게 된다.[20]

지속가능관광에서 지역사회의 역할이 중요한 또 하나의 이유는 지속가능한 발전의 개념에서 핵심적 요소가 되는 지역 간 형평성을 달성할 수 있기 때문이다. 경제적으로 낙후된 지역이 지역 내 관광자원을 활용하여 지역경제의 활성화를 도모하는 것은 지속가능한 발전의 핵심이 된다. 지속가능관광이 21세기를 전후하여 새로운 대안관광의 형태로서 주목을 받고, 세계 각국의 중앙정부 및 지방정부가 지속가능관광에 많은 관심을 갖게 된 것은 이 관광형태가 지역 발전을 가져올 수 있는 동력으로 인식되기 때문이다.

4) 정부 및 민간단체

지속가능관광에서 중앙정부와 지방정부의 역할은 매우 중요하다. 먼저 정부는 지속가능관광을 위해 필요한 기반시설을 제공하는데 핵심적인 역할을 한다. 도로의 정비와 상하수도 시스템 구축, 전기시설 공급 등 지역의 관광활성화를 위해서는 정부의 투자가 요구된다. 지속가능관광은 지역을 기반으로 소규모로 이루어지는 경우가 많기 때문에 막대한 비용이 드는 기반시설에 대한 투자는 정부에 의해 주도될 필요가 있다.

정부는 또한 지속가능관광이 지역에서 일어날 수 있도록 기업환경을 조성하는데 중요한 역할을 한다. 환경관련 각종 규제에 대한 적절한 가이드라인 설정, 지역주민의 투자를 촉진하기 위한 세제 혜택, 금융지원을 비롯한 각종 행정서비스 제공 등을 통해 지속가능관광이 지역에서 이

루어질 수 있도록 하는 역할을 담당할 수 있다. 또한 지속가능관광에 대한 연구·개발에 투자하고 관련 시장에 대한 정보를 제공함으로써 환경친화적인 상품과 서비스 개발을 지원할 수 있다.

한편 신뢰성 있는 공공기관 또는 민간단체를 통해 '녹색인증제(Green Certificate)' 등을 실시함으로써 지속가능관광의 질적 향상과 관광객 유치 제고를 도모할 수 있을 것이다. 이 인증제는 '에코라벨(eco-label)'과 같이 일정한 평가기준을 확립하여 인증마크를 부여하는 것으로써 관광객의 신뢰와 방문을 이끌어낼 수 있는 방법으로 호주 및 유럽의 일부 국가에서 시행되고 있다.[21] 그러나 이 제도는 인증기준에 대한 폭넓은 합의가 필요하고, 인증서 발급에 엄격성이 요구되는 등 운영상 많은 주의가 요구된다.

5 지속가능관광의 정책적 과제

우리가 살고 있는 세계는 가뭄, 홍수 등 이상 현상이 잦아지고 있으며 아열대기후의 확산으로 생태계 교란도 심각한 상황이다. 이러한 기후변화는 이미 단순한 환경문제 차원을 떠나 인류가 직면한 최대의 위기가 되어 있다. 이제 세계 각국은 탄소배출량에 있어 제한을 받게 될 것이며 다양한 측면에서 지구의 온난화 방지와 지구생태계 보존을 위한 국제적 노력이 계속될 것이다.

이러한 세계적 흐름 속에 우리나라 정부는 녹색성장이라는 정책목표를 설정하여 주요 정책과제로 추진하고 있다. 그동안 세계적으로 양적 성장모델은 많았으나 성장과 환경생활의 질을 동시에 높일 수 있는 질적 성장모델은 거의 없었다. 정부의 녹색성장정책은 이런 질적 성장모델을 추구하는 시도라 할 수 있으며, 지속가능관광의 발전에 긍정적 영향을 미칠 것으로 기대된다. 녹색성장정책의 일환으로 지속가능관광이 활성화되기 위해서는 다음과 같은 정책과제를 해결해 나가야 할 것이다.

첫째, 지속가능관광의 개발 및 관리 체계를 확립해야 한다. 이를 위해 지속가능관광을 정의하고 이에 맞는 지표를 개발하며, 이를 통해 과학적인 관리가 이루어지도록 해야 할 것이다. 또한 이러한 노력은 법제도화와 함께 추진되어야 한다. 관련법규의 정비 없이는 관광지 개발을 위한 예산 확보뿐 아니라 관광지 지정에서 운영, 평가에 이르기까지 확립된 기준이 없어 관광지의 체계적인 육성이 어렵게 된다. 현재 정부에 의해 시행되고 있는 문화자원 개발사업과 생태·녹색관광자원 개발사업은 법제도의 정비가 미비하여 효율적인 운영이 저해되고 있다.[22]

둘째, 지속가능관광을 주도할 전문인력 양성 방안을 마련해야 한다. 지속가능관광은 자연자원 및 문화자원을 보존하면서 이를 관광상품화할 수 있어야 하며, 운영상 난제가 많기 때문에 고도의 전문성이 요구된다. 따라서 이러한 능력을 갖춘 전문인력을 양성할 프로그램 개발이 필요하다. 특히 지속가능관광은 교육적 효과가 성공에 중요한 요소이기 때문에 관광지 자연자원과 전통문화를 소개할 수 있는 교육프로그램의 개발과 함께 지역주민이 중심이 된 전문가이드 육성이 필요하다.

셋째, 지속가능관광의 추진체계 강화가 요구된다. 지속가능한 자원의 관리 및 운영은 환경부, 국토해양부, 농림수산식품부, 문화체육관광부, 행정안전부, 산림청, 문화재청과 관련이 있으며, 특정지역의 경우 국방부와 통일부가 관련되어 있다. 여러 부처가 사업을 추진하다 보면 효율성이 떨어지기 때문에 추진 주체를 명확히 정의하여 역량을 강화할 필요가 있다. 지속가능관광은 자원의 종합평가와 지원체계의 확립이라는 측면에서 환경부와 문화체육관광부가 주도적 역할을 담당할 수 있을 것이다.

넷째, 다양한 정책 간의 유기적 연계를 강화해야 한다. 지속가능관광은 관광지 개발계획을 중심으로 운용되지만 이 개발계획은 다른 계획과 상충되어 문제점을 야기하거나 상호 조화를 이루지 못할 가능성이 있다. 따라서 관광개발계획이 도시계획이나 환경계획 등과 같은 다른 분야의 계획과 조화를 이룰 수 있도록 상호 검토 및 조율이 요구된다. 이런 관점에서 최근 문화체육관광부와 환경부가 생태관광협력에 관한 양해각서를 체결한 것은 매우 바람직한 현상이다.

다섯째, 중앙정부와 지방정부의 역량 강화가 필요하다. 중앙정부는 지속가능한 관광정책 매뉴얼을 제작하여 전체적인 가이드라인을 제시할 필요가 있으며, 지속가능한 관광마을 모델설정 등을 통해 사업지원체계를 확립할 필요가 있다. 또한 지방정부는 지역 사정에 맞게 이를 구체적으로 적용할 수 있는 다양한 방안을 강구해야 할 것이다. 특히 지방정부는 지속가능관광이 지역주도로 이루어지는 것이기 때문에 핵심적 역할을 담당해야 한다. 최대한 지역 참여를 유도하고 지역 특성에 맞게 지속가능관광 인증제를 도입하는 등 차별화된 관리운영계획을 수립해야 할 것이다.

미 주

1) Krippendorf, J.(1987). *Holiday Makers*. Oxford, UK: Heinemann Professional Publishing.

2) The World Commission on Environment and Development(1987). *Our Common Future*. [조형준 · 홍성태 역. 『우리 공동의 미래』. 서울: 새물결].

3) Hardy, A., Beeton R. J. S., & Peason L.(2002). Sustainable Tourism: An Overview of the Concept and its Position in Relation to Conceptualisations of Tourism. *Journal of Sustainable Tourism*, 10(6), 475-496.

4) Inskeep, E.(1991). *Tourism Planning: An Integrated and Sustainable Development Approach*. New York: Van Nostrand Reinhold.

5) UN Department of Economic and Social Affairs, Division of Sustainable Development(2009). *Strengthening the role of business and industry. Agenda 21-Ch. 30*. Internet web-site(http://www.un.org/esa/sustdev/documents/agenda21/english/agenda21chapter30.htm, accessed on 25 February, 2009).

6) 현대경제연구원(2009). 『VIP Report: 관광산업 5대 트렌드 변화와 육성을 위한 시사점』, 통권386호(2009. 2. 10).

7) 야마자키 미쓰히로 · 오야마 요시히코 · 오오시마 준코(1993). 『グリ-ン · ツーリズム』. [강시겸 · 김정연 역. 『녹색관광』. 서울: 일신사].

8) OECD(1994). *Tourism Strategies and Rural Development*. Paris.

9) Zeppel, H., & Hall, C. M.(1992). Arts and Heritage Tourism. In Weiler, B., & Hall, C. M.(Eds.). *Special Interest Tourism*. London, UK: Belhaven Press.

10) Nicholls, S., Vogt, C., & Jun, S. H.(2004). Heeding the Call For Heritage Tourism. *Park & Recreation*, 39(9), 38-47.

11) Vernon, J., Essex, S., Pinder, D., & Curry, K.(2005). Collaborative Policymaking: Local Sustainable Projects. *Annals of Tourism Research*, 32(2), 325-345.

12) Bjőrk, P.(2000). Ecotourism from a conceptual perspective, an extended definition of a unique tourism form. *International Journal of Tourism Research*, 2(3), 189-202.

13) Williams, P. W., & Ponsford, I. F.(2009). Confronting tourism's environmental paradox: Transitioning for sustainable tourism. *Futures*, article in press, 9.

14) Krippendorf, J.(1987). Ecological approach to tourism marketing. *Tourism Management*, 8(2), 174-176.

15) Ryan, Chris(2001). Equity, management, power sharing and sustainability-issues of the 'new tourism'. *Tourism Management*, 23(1), 17-26.

16) UNWTO(1985). *Tourism Bill of Rights and Tourist Code Adopted in Sofia.*

17) Lordkipanidze, M., Brezet, H., & Backman, M.(2005). The entrepreneurship factor in sustainable tourism development. *Journal of Cleaner Production*, 13, 787-798.

18) Sigala, M.(2008). A supply chain management approach for investigating the role of tour operators on sustainable tourism: the case of TUI. *Journal of Cleaner Production*, 16, 1589-1599.

19) WTTC, UNWTO, & Earth Council(1996). *Agenda 21 for Travel and Tourism.*

20) Hughes, G.(1995). The cultural construction of sustainable tourism. *Tourism Management*, 16(1), 49-59.

21) 김성진(2002). 『생태관광 진흥방안 연구』. 한국문화관광정책연구원.

22) 최승묵(2006). 『문화 및 생태 · 녹색 관광자원 개발사업 제도 개선 방안』. 한국문화관광정책연구원.

저자약력

민창기(閔昌基) 현_동서대학교 관광학부 교수

한양대학교에서 박사학위를 취득했다. 저자 민창기는 한국관광학회 편집위원을 역임하였으며 저서 『우리나라 우리문화 영어로 소개하기』, 역서 『현대관광정책』 등과 논문 "생태관광을 통한 국제이해교육 활성화 방안" 등을 통해 활발한 학술적 성과를 발표하고 있으며 후진 양성과 학회의 발전에 힘쓰고 있다.

『관광학총론』 서른일곱 번째 이야기

제37장

실버관광

변 우 희*

1 실버관광의 개념과 등장배경

1) 실버관광의 개념

실버관광에서 '실버(Silver, 銀)'란 1970년대 말, 2차 세계대전 일본군 참전 퇴역 군인을 일컫는 말인 동시에 공직자출신 장·노년층의 집단거주 지역을 Silver Land로 지칭한 데서 그 유래를 찾을 수 있다. 한국에서의 노인 즉 '실버세대'는 법률에서도 노인 연령이 명확하지 않고 50세에서 65세까지 다양하다.[1) 경로연금, 생업지원, 경로우대, 건강진단 등의 복지대상은 <국내노인복지법> 및 <생활보호법> 기준 고령자, 연금수급연령 기준은 65세 이상이지만,[2) <국민연금법>에서 경로연금 수급자, 노인복지회관, 노인교실, 노인휴양소의 이용대상자, 대한노인회 가입연령은 60세 이상이다.[3) <고령자고용촉진법시행령>의 고령자인 55세 이상은 상업적 정년, 일반기업체의 정년 연령 등 사회에서 주로 통용되고 있는 실버연령대이다.[4)

따라서 실버관광은 일반적으로 경제력이 있는 노년인구 계층 및 노후대책을 준비하는 예비노인인구 계층 및 장·노년층 등 다소 젊더라도 정신·신체적 이유로 노인들의 생활과 유사한 생물학·사회학적 특성을 보이는 사람들로서 관광목적지에서 행하는 여가 및 관광활동으로 정의될 수 있다. 또한 대상연령의 관점에서는 고령친화산업의 경향에 비추어 55세 이상 인구의 여가활동을 실버관광 층으로 보는 것이 보다 합리적일 수 있을 것이다.[5) 그 이유는 은퇴기 이후 구

* 경주대학교 관광경영학과 교수(현 한국관광학회 부회장, 출판위원장). e-mail: byunwh2000@paran.com

매력이 있는 관광활동이 확대되는 반면 70세 이상 노인은 관광활동이 어려운 질병·노약 혹은 심리적 불안정 상태일 가능성이 크기 때문이다.[6] 또한 고령화시대의 실버세대의 증가와 함께 실버 특유의 특성에 적합한 주거, 의료, 금융, 생활(식생활 포함)과 여가 등을 고려한 실버산업(silver industry)이 실버관광의 필수요소로 등장하기 때문이다.

한국 실버관광의 법적인 근거는 고령친화산업 진흥법에서 찾을 수 있으며 다만 실버관광에 대한 용어는 노인관광, 실버산업, 노인여가활동 등으로 다양하게 표현되고 있다. 따라서 실버관광의 현시적(現時的) 개념은 "55세 이상의 장·노년층 사람으로서 특별한 정신·신체적 이유로 노인들의 생활과 유사한 생물학적, 사회학적 특성을 보이는 사람들을 대상으로 한 관광목적지에서 행하는 여가 및 관광활동"으로 정의할 수 있다. 이것은 물론 표본대상을 명확히 하고 한국기업에서의 조기은퇴 성향, 경제적 상황 등을 전제로 한 불가피한 선택이라는 전제를 고려하여야 할 것이다. 향후 국가적 차원에서의 저출산·고령화의 새로운 패러다임에 대응한 정책적 실행(Sen & Mayfield, 2004)과 국민의 의식변화에 의해 실버관광에 대한 개념도 새로운 관점에서의 개념적 접근이 필요하다. 그리고 조작적 정의가 유동적으로 변할 것으로 보이며 시대에 맞는 보다 합리적인 개념으로 정립될 것이다.[7]

그러나 국내의 실버관광은 최근까지도 공공 분야의 복지서비스 특히 노인 복지관광 정도로만 취급되다가 2006년 문화관광부가 국민관광환경 기반 조성사업의 일부로 제안하면서 장기적인 정책 방향 설정 및 실행계획수립이 이루어지고 있다. 이러한 관점에서 실버관광의 대상은 아직은 관광산업 측면에서 영리목적사업으로 분류하기에는 많은 어려운 점을 내포하고 있으나,[8] 장기적인 관점에서는 상당히 매력 있는 부가가치산업이 될 것으로 전망된다.

2) 고령화 사회에서의 실버관광

실버세대의 여가는 노인기의 여가와 동일시되며 실버관광은 현대사회에서의 노인 여가 대책의 하나로 이해된다. 현대사회에서의 여가의 역할은 개인적으로 건강유지와 체력 향상, 스트레스 해소, 노동의 재창조, 사회생활의 적응력 배양 등을 통해 자아실현의 욕구를 충족시켜 준다. 그리고 사회적으로도 사회 통합의 유지와 응집력을 강화시키고 건전한 여가활동은 일탈행위 예방효과도 크다.

노인기의 대부분을 보내는 시간과 활동은 보편적으로 노인 여가로 규정할 수 있다. 여기서 노인기란 노인들이 그동안의 직업적 활동이나 노동으로부터 벗어난 시기를 뜻한다.[9] 의료기술의 발달과 안정적인 영양공급으로 인간의 평균 수명이 급속하게 증가하면서 그만큼 노인기도 증가

하게 되는 것이다. 한국의 경우 정년 시기는 보통 55세에서 60세 사이인데 비해, 평균수명은 78세 정도이다. 그러므로 정년퇴직 후의 20여년을 실버세대의 여가시간으로 볼 수 있으며,10) 이것은 고령화 사회에서의 실버관광의 필요성을 역설해 주고 있는 것이다.

특히 오늘날 많은 노인들이 정년퇴직 후의 어쩔 수 없이 주어진 과다한 여가시간을 의미 없이 소일하고 있는 실정에 있어 실버관광의 필요성은 어떤 측면에서는 시대적인 과제로 보아야 할 것이다. 또한 여전히 신체적, 사회적 능력이 있음에도 불구하고 노인으로서의 업무나 사회적 역할이 전혀 제시되지 못하고 있다는 것이다. 이것은 어떤 측면에서는 고령화시대가 현대사회에서의 여가가 갖고 있는 문제와 동일한 공통점을 안고 있어 실버관광은 실버여가와의 상관성 고찰을 통한 새로운 개념적 접근이 시도되어야 한다는 것을 의미한다. 즉, 대부분의 한국인들이 여가주체로서의 가치관을 확립하지 못한 채 통상적으로 소극적, 수동적 여가 의식을 지니고 있다. 또한 여가활동들이 단순히 휴식, 비생산적이면서 향락적인 활동으로 많은 부분소모하고 있기 때문에 노인여가와 실버관광도 자칫 본래의 의미를 상실할 위험을 갖고 있다. 마찬가지로 노인의 여가활동 측면에서도 현실적으로 다양하게 즐길 프로그램이 부족하여 실제 여가를 향유할 여가시설과 공간도 태부족하며 여가에 대한 정보나 홍보도 매우 부족한 실정이다.

이제 평균수명의 연장과 함께 노인들의 여가 시간은 증가하고 있으나 이러한 실버세대들에 대응한 다양한 여가 프로그램들의 개발이나 정부차원에서의 대응책은 여전히 미비한 실정에 있어 근본적인 대책이 필요한 실정이다. 또한 대안의 하나로 제안된 노인전문 요양시설이나 전문기관들에서 시행되는 노인여가 프로그램 등은 여전히 형식적이며 실버관광 역시 아직은 답보상태에 머물고 있다.

따라서 국내외를 막론하고 본격적으로 고령화 사회로 접어들고 있는 현 추세에 비추어 우선적으로 여가의 시간적, 질적 포괄적인 개념을 실버여가와 연계한 정의론 적 개념체계가 형성되어야 할 것이다. 이러한 실버여가개념의 기초하에 고령화 사회에서의 실버관광의 방향성 정립이 이루어져야 될 것이며 국가적 차원에서의 새로운 정책적인 대응이 필요한 시점이기도 하다. 궁극적으로 한국에서의 고령화 사회에 대응한 실버관광은 현실적인 여러 상황을 고려해 볼 때, 아직은 국가가 선행 지원하는 복지관광의 정책적 차원에서 접근되어야 하는 부분도 있다. 그러나 얼마 지나지 않아 실버관광은 국가 관광정책결정의 우선순위에 반드시 두어야 할 대상이라는 점을 명심하여야 한다. 왜냐하면 실버세대들의 급격한 증가로 인해 연금 등 가처분소득의 증가와 개별여행시간의 확대 등에 따라 실버관광시장의 급성장과 함께 관광공급자의 전략적인 측면에서도 관광목적지의 중요한 수익원이 될 수 있기 때문이다.11)

3) 실버관광의 등장배경

정부는 급속한 고령화에 따라 새롭게 제정한 <고령사회기본법>을 통해 인구 고령화에 따른 변화에 대응하기 위한 고령사회 정책의 기본방향수립과 추진체계 구축에 나서고 있다. 이 법은 <노인복지법>에 포함된 노후 소득보장, 건강증진과 의료제공이 포함되어 있을 뿐만 아니라 고용, 여가와 문화, 교육과 정보격차 해소, 취약계층 노인을 분명한 법률적 대상으로 포함하고 있다. 따라서 실버관광은 아래에 서술한 실버보건관광과 실버의료관광과 연계하여 새로운 관점에서의 국가나 지방정부 차원에서 중점적으로 육성하여야 할 중요한 수익사업이자 국민 복지를 위한 발전적인 대안산업으로 급격한 성장을 예고하고 있다.

(1) 실버보건관광

국내의 우수한 보건자원과 관광자원을 연계하여 새로운 대안관광으로서 보건관광이 탄생하였다. 특히 보건관광[12]이 지향하는 광의적인 개념은 보건 분야에서 관광자원으로 활용 가능한 부문을 개발, 생산하여 이를 관광 상품화함으로써 판매 가능한 산업으로 발전시키는 것을 의미한다. 이 산업의 목적은 보건자원과 관광자원의 연계를 통한 보건관광산업을 창출할 뿐 아니라, 지역관광개발 차원에서는 우수한 보건의료서비스와 지역고유의 문화관광자원을 활용한 중요한 관광자원으로서의 활용이 가능하다는 데에 있다. 이러한 보건관광은 지역관광마케팅의 전략적인 대안으로 활용함으로써 해당지역의 문화관광자원의 홍보 및 보건산업과 관광산업이 통합된 패키지 상품 등장으로 지역경제발전에 크게 기여할 수 있는 고부가가치의 산업이 된다는 차원에서 그 중요성을 인식하여야 한다. 특히 실버세대가 급속도로 증가하고 있는 현실에 있어 이제 노인층도 의료에 대한 인식이 치료보다는 예방차원의 관심이 증가하고 있어 실버관광객을 위한 보건관광의 발전도 상당한 잠재력이 있을 것으로 예견된다.

따라서 우수한 보건 서비스와 실버관광이 결합된 보건관광프로그램이나 상품을 개발하여 국내뿐 아니라 외국인(재외 한국인 포함)에게도 양질의 상품을 제공하는 것이 실버보건관광의 주요 내용이다. 세부적으로는 실버세대를 겨냥한 보건관광자원의 발굴·개발, 보건관광사업체(보건의료기관, 관광업체 등)의 육성, 인터넷에 보건관광 사이트 운영, 보건관광업체의 보건관광서비스 제공 지원, 경쟁력 있는 고유의 한방·양방 의료서비스 제공, 건강에 도움이 되는 보건휴양 제공, 건강증진제품 제공 등이 제안되어 일부 시행 중에 있다.

2000년 최초 보건관광사업체 지정 분야는 주로 한방 분야(한방병원)였으나 점차 일반 보건사업으로 확장되고 있다. 구체적인 내용으로는 사업 참여업체 신청·접수·평가와 보건관광사업체

지정·관리를 통한 지침, 평가기준, 서식 등 개발 등을 실시하는 동시에 보건관광프로그램으로 보건관광코스, 패키지 운영 등에 보건관광사업체, 관광업체 참여 등을 수행하고 있다. 이러한 보건사업은 속성상 일반인보다는 실버층이 시간적으로나 건강상의 이유뿐 아니라 현실적인 수요나 예방차원에서 당연히 중요한 표적시장으로 등장하게 되었다. 이것이 실버보건관광이라는 새로운 분야가 탄생하는 계기가 되었으며 노인들의 건강을 위한 일차적인 보건사업은 실버관광의 기본적인 방향과도 일치되는 보편적인 개념으로 접근할 수 있는 것이다. 더욱이 관광목적지의 관광자원과 보건관광이 연계되어 실버관광객의 체재일수를 증가시키고 관광목적지의 매력 증대로 인하여 재방문과 연결되는 실버보건관광은 관광 분야에서도 보완해야 할 분야인 것이다. 또한 지속적인 지역관광발전을 이루고자 할 경우 실버보건관광은 가장 중요한 유인요인이자 수익사업으로서의 그 역할을 수행하게 되는 것이다. 아직은 한국에서는 태동산업인 실버보건관광산업은 이미 일부 국가에서는 부가가치가 높은 관광산업으로 간주하여 건강증진산업과 연계한 특화된 산업으로 육성·발전시키고 있다. 따라서 최근에 각광받고 있는 의료관광과도 밀접한 관련을 지어 상호 연계성을 가진 발전적 대안을 모색하는 방향으로 그 가능성을 타진해 보아야 할 것이다.

(2) 실버의료관광

실버의료관광[13]이란 정부의 노인복지를 위한 소득보장 및 의료보장 프로그램에 대한 지원노력과 관광부문에 대한 정부의 대응전략에 의해 민간기업의 참여 프로그램의 하나로 발전되었다. 세계적으로는 의료기기산업과 바이오산업과도 밀접한 연관이 있다. 실버의료관광의 발전배경을 살펴보면 다음과 같다.

첫째, 노인대상의 보건의료시장 즉, 실버의료산업의 폭발적인 증가를 의미한다. 노령인구 증가는 암, 당뇨, 심장질환, 근골격질환 등 만성질환(chronic disease)의 높은 발병률과 함께 의료관리비용 상승을 가져왔다. 이는 OECD 국가에서 65세 이상의 노인이 비노인층에 비해 1인당 의료비용이 2~5배에 달한다는 통계를 통해서도 알 수 있다. 또한, 이전세대에 비해 경제력을 갖춘 노인들이 증가함에 따라 노화를 그저 자연현상으로 받아들이지 않고 있으며 죽기 전까지 건강한 삶의 유지와 삶의 질(quality of Life) 향상을 위해 많은 비용을 지불하게 되는 것이다. 따라서 웰니스(wellness)와 같은 건강관리시장과 노화방지시장이 급성장하고 있으며, 줄기세포(stem cell)를 비롯한 재생의학(regenerative medicine)과 같은 기술적 진보도 이러한 시장을 성장시키는 주요 요인이 되고 있다.

둘째, 전세계적으로 실버인구들은 의료비용을 줄이려는 노력을 강화할 것이다. 미국의 경우

이미 GDP의 약 16%를 의료비용으로 지불하고 있으며 2030년에는 30%에 육박할 것이라는 예측까지도 나와 있으며 실버층이 상당부분의 몫을 차지하고 있다. 이에 따라 미국 민간의료보험 조직인 HMO(Health Maintenance Organization)에서는 급증하고 있는 의료비용을 낮추기 위해 의료서비스 선택을 제한한다거나 제네릭(generic) 의약품의 시장진입을 촉진시켜 약가를 낮춘다거나 하는 다양한 노력들이 이루어지고 있다. 한국도 고령화에 따라 노동인구는 상대적으로 감소하는 반면 노인을 위한 사회적비용 중 의료비용이 기하급수적으로 증가하고 있어 의료비 부담을 낮추어야 할 것이다. 따라서 정부는 이러한 사회적비용을 감당하고자 전 국민 의료보험에 이어 사회복지 확대, 맞춤형방문건강관리사업, 노인 장기요양보험도입 등을 통해 65세 이상 노인 건강증진 기반구축에도 적극적이다.

셋째, 예측(Predictive), 예방(Preventive), 맞춤(Personalized) 의학인 3P's 시대가 열릴 것이다. 현재의 치료중심의 의료체계에서 이보다 훨씬 비용 면에서 효과적(cost-effective)인 웰니스(wellness), e-health, 백신접종 등과 같은 예방중심으로 전환되고 있는 추세이다. 이는 실버층의 인구가 늘어나면서 자연히 예방차원의 의료체계가 보편화되는 현상과 맥을 같이하고 있다. 그러나 미국의 경우는 전체보건의료비 중 95%가 치료에 투입되고 5%가 건강증진 및 예방에 투입되고 있다. 반면 효과는 치료중심의 의료활동으로 사망률을 낮추는 비율이 10~15%에 지나지 않는 반면, 건강증진에 5%를 투자했음에도 불구하고 약 40%의 사람들이 건강위해적인 행태 사망을 예방하는 것으로 나타났다. 마찬가지로 보건사회연구원의 연구결과에서도 국내의 경우 치료중심의 의료체계에서 예방중심의 의료체계로 전환된다면 연간 약 15조 원의 비용이 절감될 것으로 보고 있다. 우리나라에서도 의료비용을 절감하려는 정부와 민간의료보험 등의 이해가 맞아 떨어지면서 자연스럽게 예방 의료체계가 강화되는 추세이다. 이러한 추세는 당연히 예방을 위한 처방적 대안으로서 경쟁력 있는 실버의료관광 목적지를 찾는 관광이 보편화될 수 있는 여건들이 조성되어 가는 것이다.

한국의 고령화는 이미 심각한 수준에 이르러 2015년부터 인구가 감소하여 경제성장률 저하, 부동산값 폭락 등 사회적 파급효과가 심각할 것으로 예상되며, 2026년에는 1명 벌어 1명 부양하는 시대가 도래할 것이라는 예측들이 나오고 있다(유엔미래포럼). 2006년 국내 GDP 대비 의료비 비중은 6.4%로 OECD 평균보다 낮은 수준이나, 이러한 고령화 추세가 지속된다면 2020년에는 11.4%, 2050년에는 26.5%에 달할 것으로 예상되고 있어 많은 우려를 낳고 있다. 최근 실버층을 위한 의료비 문제를 비용절감 중심의 정책으로 해결하려는 노력은 지속되고 있지만 단기적인 처방에 그칠 가능성이 높다. 근본적으로는 현재 치료중심의 의료시스템을 예방 과 맞춤의학 중심으로 개선하려는 노력과 바이오기술과 산업의 혁신과 확산을 촉진하는 노력이 병행되

어야만 실버의료비용의 장기적인 절감을 기대할 수 있다.

현재 민간·공공부문 간의 적절한 재정 부담과 질 높은 서비스 제공할 수 있는 보건의료체계 구축을 목표로 하는 오바마 미국 새 정부의 보건 및 의료산업정책이 민간보험사들의 비용절감형 상품의 개발을 유도할 것으로 예상하고 있다. 이것은 미국의 입장에서는 자국에서 외국으로 실버관광객을 의료목적으로 송출하는 결과를 갖게 할 수 있다. 이것은 역설적으로 한국 등 실버의료관광의 목적지차원에서는 발전적인 영향을 받게 될 것이며 미국에서 이루어지는 실버의료관광은 자연히 축소될 것이다. 이는 보수적인 미국 보험사들의 해외 진료를 커버하는 상품 개발 확대 가능성 때문이다. 이미 미국의 유명 의료보험회사가 인도에서 비급성수술(Elective Surgery)을 할 수 있는 보험 상품을 만들어 실버의료관광을 포함한 건강보험 상품에 대한 테스트 마케팅을 실시한 바 있다.

실버의료관광이 활성화되면 일본이나 미국 등 의료기관의 높은 의료비용들로 인해 상대적으로 가격경쟁력이 있는 한국, 동남아시아 등에서는 실버의료관광객의 욕구를 충족시킬 수 있는 관광 상품개발에 박차를 기하게 되며 실질적으로 많은 관광객을 유치하게 될 것이다. 그러나 중요한 것은 실버의료관광객들이 만족할 수 있는 양질의 의료서비스가 제공되지 못하고 예상치 못한 큰 의료사고가 발생할 경우, 국제분쟁이 될 소지가 있다. 이에 국가적 차원에서 합법적이고 최대한 안정성을 고려한 실버의료관광의 대응책이 있어야만 장기적인 관점에서의 실버관광의 성공을 보장받을 수 있을 것이다. 그리고 국내 실버의료관광 목적지에서의 진료가 대형 의료사고 및 병원유래 질병이 발생하지 않도록 실버의료관광 환경 조성과 체재정비도 반드시 필요하다는 사실을 명심해야 할 것이다.

⑶ 한국의 실버관광 전망

<표 37-1>에 제시된 국내 장래인구 특별 추계에 따르면, 65세 이상 인구가 2005년 9.1%에서 2050년에 37.3%로 가파른 증가가 예상된다. 즉, 21세기를 전후하여 한국의 고령화 추세가 확연히 가속화되면서 관광마케팅 측면에서도 실버층을 대상으로 하는 관광수요가 급격히 증가할 것으로 예상되고 있으며 주요 마케팅공략 대상시장으로 떠오르고 있다. 특히 실버관광의 발전적인 측면에서는 기존의 일방적인 공급자 중심의 관광마케팅 전략차원을 벗어나 실제로 실버층이 원하는 관광상품개발이 우선시되어야 할 것이다. 이것은 앞에서 언급한 실버보건관광이나 의료관광 등과 연계된 새로운 통합적인 실버관광 상품의 등장이 요구된다는 것을 의미한다. 따라서 한국의 실버관광전망은 단순한 양적인 측면에서의 비교우위적인 발상에서 벗어나 정확한 관광시장세분화에 의한 표적시장의 욕구(needs)나 요구(wants)에 실질적으로 대응하였을 경우에 그 발

〈표 37-1〉 국내 장래인구 특별 추계 (단위: %)

연도 \ 연령	2005	2010	2020	2030	2040	2050
65세 이상	9.1	10.9	15.7	24.1	32	37.3
15~64세	71.8	72.8	71.7	64.1	57.9	53.7
0~14세	19.1	16.3	12.6	11.2	10.1	9.0

| 자료: 통계청(2006). 『장래인구 특별추계』.

전 가능성은 높아질 것이다. 문제는 관광목적지에서의 실버관광 발전전략도 중요하지만 이제는 급격히 늘어나는 실버관광수요에 국가정책적인 관점에서 능동적인 대응책이 필요한 시점에 있다는 인식의 전환이 필요하다. 기존의 실버관광은 어떠한 측면에서는 단순한 정부지원이나 일시적인 예산 편성에 기인하였으나 이제는 실버관광이 오히려 관광개발이나 정책적 차원에서 가장 중요한 관광현상으로 받아들여 공격적인 대응전략을 구사하지 않을 수 없는 상황에 놓여 있다는 사실을 직시해야 할 것이다. <표 37-2>에 제시되고 있는 실버인구 개관도 전국의 경우, 2001년도 국내 55세 이상의 실버인구가 전국이 744만 9천 명에서 2010년 1,038만 9천 명으로 빠른 속도로 증가하고 있어 새로운 실버관광수요에 대하여 적극적으로 대응하는 관광목적지는 상당한 부가가치를 창출할 수 있는 절호의 기회이기도 하다.[14] 특히 서울의 실버인구분포가 20%를 상회하고 있어 지방정부차원에서는 지역의 고유한 관광자원과 연계한 새로운 특화된 실버관광 브랜드를 개발하고 이를 이미지화하여 관광목적지의 중요한 유인요인으로 활용함으로써 보다 경쟁력이 있는 실버관광 사업이 될 것이다. 따라서 실버보건관광이나 실버의료관광 등은 관광목적지를 활성화시켜 주는 중요한 대안이 될 것이다.[15]

〈표 37-2〉 국내 55세 이상 실버인구 개관 (단위: 천 명, %)

연도 \ 연령	전국	서울	대구	경북
2001	7,449	1,403	670	604
2007	9,216	1,777	455	668
2010	10,389	2,025	519	718

| 자료: 통계청(2006). 『주민등록 인구』에 근거하여 논자 재구성.

<표 37-3>은 노인의 국내 및 해외여행 자료이다. 표의 결과에 의하면, 65세 이상 인구 중 국

내여행자 비율은 47.6%, 해외여행자 비율은 8.0%로 나타났다. 2004년 65세 이상 인구의 47.6%가 관광을 목적으로 국내여행을 하였으며, 65세 이상 인구 1인당 여행횟수는 1.7회로 2000년 여행자비율 42.4%와 1인당 여행횟수 1.4회보다는 증가하였다. 그리고 15세 이상 인구의 여행자 비율인 58.4%, 여행횟수는 2.9회와 비교하면 각각 10.8%와 1.2회 낮은 수준이며, 성별로는 남자 여행자 비율이 51.8%로 여자 44.7%보다 7.1% 높았고, 여행횟수도 남자가 2.2회로 여자 1.4회보다 0.8회가 많게 나타났다. 한편, 비숙박 여행자 비율은 38.0%로 숙박여행자 비율 23.1%보다 많게 나타났다. 이러한 실버관광의 추이를 볼 때, 향후 실버층의 국내여행 구성비는 고정적인 수요로써 장기간 확정적인 범주를 가진다고 볼 때 서울 등 대도시 실버층들의 지역나들이는 매우 중요한 아동현상으로 파악되어야 할 것이다.

〈표 37-3〉 노인의 국내 및 해외여행

(단위: 천 명, %)

연령 / 연도	국내관광						해외여행			
	국내관광 여행자 비율	1인당 여행 횟수	숙박 여행자 비율	1인당 여행횟수	비숙박 여행자 비율	1인당 여행 횟수	해외 여행자 비율	관 광	가 사	업 무
2000년	58.2	2.6	37.4	0.8	44.0	1.7	5.9	69.1	7.2	29.2
65세 이상	42.4	1.4	20.8	0.4	33.2	1.0	4.7	81.9	16.3	6.3
남 자	48.3	1.7	24.4	0.5	37.5	1.2	6.4	79.0	16.3	11.3
여 자	38.6	1.1	18.6	0.4	30.4	0.8	3.6	85.3	16.2	0.6
2004년	58.4	2.9	40.4	1.0	41.7	1.9	10.2	67.1	15.2	29.1
65세 이상	47.6	1.7	23.1	0.5	38.0	1.2	8.0	79.1	24.8	4.3
남 자	51.8	2.2	25.9	0.6	41.8	1.6	10.1	84.2	18.2	6.7
여 자	44.7	1.4	21.3	0.4	35.4	1.0	6.7	74.0	31.4	1.9

| 자료: 한국관광공사(2006). 『국민여행실태조사』에 근거하여 논자 재구성.

또한 2004년의 경우 65세 이상 인구 중 해외를 다녀온 경험이 있는 사람의 비율은 8.0%로 2000년 4.7%에 비해 3.3% 증가하였으며, 주된 목적이 관광으로 79.1%를 나타내고 있다. 성별로는 남자가 10.1%로 여자 6.7%보다 많으며, 여행목적별로는 관광, 업무의 비중이 남자는 높았지만 가사목적의 여행은 여자가 31.4%로 남자의 18.2%보다 높게 나타났다.[16] 따라서 실버관광의 경향이 당분간 남성위주의 상품들이 발전할 것으로 예상되나 점진적으로 여성위주의 여행패턴으로 변화할 것으로 추정된다.

2 실버관광의 현대적 특성과 정책

1) 실버관광의 현대적 특성

그동안 한국의 노인층은 관광정책의 관점에서 중요한 대상영역으로 고려되어 오지 못한 것이 사실이다. 그러나 최근 들어 노인층이 급격히 늘어날 뿐 아니라 새로운 수요시장으로 부상함에 따라 기존의 실버세대에 갖고 있는 고정관념을 바꾸어야 할 뿐 아니라 새로운 패러다임의 전환을 가져야 할 것이다. 이러한 관점에서 실버관광연구의 중요성은 현대적인 관광추세에 비추어 매우 필요한 과제이며 누차 강조한 바와 같이 국가적 차원에서도 실버관광의 발전을 위한 획기적인 방향성을 설정하여야 한다. 또한 실버관광의 궁극적인 목표는 노년층의 여가 및 관광활동의 향상을 통해 삶의 질을 증진하고자 하는 것이다. 특히 그동안 관광에서 소외된 계층으로 인식되어온 실버층이 이제는 개인의 자아를 실현하고 적극적인 관광향유층으로 인식되면서 조만간 한국관광시장을 주도하는 집단으로서 괄목할 만한 성장이 예상된다. 이것은 곧, 개인의 건강 향상으로 인한 수명증가, 연금의 증가 등 실버관광의 발전을 뒷받침할 수 있는 구조적인 잠재요인들이 존재하고 있기 때문이며 선진외국의 경우와 같이 직접적으로 수요가 가시화될 수 있다는 측면에서 현대적 관광현상을 주도할 가능성이 높다고 할 수 있다.

또한 베이비 붐 세대들이 세월이 지나 고령화시기에 있는 현재의 한국 노인층의 인구비율이 지난 2000년부터 65세 이상 인구가 7.4%에 도달함으로써 서서히 고령화 사회(Aging Society)로 진입하게 되었다. 특히 2005년 인구주택 총 조사 결과에서는 9.3%로 증가하였을 뿐 아니라,[17] 향후 2018년도가 되면 14.3%로 증가할 것으로 예상됨으로써 본격적인 고령화 사회로 접어들게 되고, 2026년에는 20.8%로 초고령화 사회로 진입할 것으로 예상[18]되고 있다.[19] 더구나 베이비 붐 세대들은 전후 국가경제 주역으로 청·장년기에 건강관리와 여가활동의 중요성 및 체계적인 노후생활 대비가 거의 없는 특성을 지니고 있다. 이에 실버관광 측면에서 국가적 차원에서의 지원책이 필요한 이유이기도 하다. 그러나 최근 한국도 선진국의 경우와 마찬가지로 산업화로 인한 지역 간의 빈번한 이동, 자녀의 부양의식 변화, 동거형태의 노인부부 증가 등 실버관광이 발전할 수 있는 구조적인 요인들이 심화되고 있고 특히 점진적으로 경제력 있는 독립노인층이 늘어나고 있다는 데에 주목해야 할 사안으로 받아들여져야 할 것이다. 과거 노인들이 고령의 병약하고 수동적인 중요보호 대상세대로서 소극적 소비활동을 하였다면, 현대적 실버관광객의 특성은 점차 자녀, 가족에 의해 부양되던 경향에서 벗어나 관광비용을 스스로 부담하는 경

제력을 갖춘 노인들이 증가하고 독립적인 의사결정이 가능해짐으로써 실버관광의 발전적인 수요의 요구도 그만큼 증가하고 있으며 발전 속도도 빠르다는 사실을 직시해야 할 것이다.[20)]

실버관광객의 현대적 특성은 크게 네 가지로 요약하여 살펴봄으로써 실버관광의 발전을 위한 방향성을 탐색할 수 있을 것이다.

첫째, 실버관광객들의 신체적 특성은 대부분이 신체 노화를 겪은, 하나 혹은 다수의 만성질환을 지녔거나 혹은 신체활동 장애로 인한 건강상의 보호를 필요로 하는 집단적 특성을 갖고 있다.[21)] 그러므로 실버관광객 중 대부분은 만성질환을 앓는 노인들이 겪는 생리·기능상의 노화 경험을 이미 겪었거나 겪을 위험을 갖고 있다.

둘째, 실버관광객들이 경험하는 급격한 노화현상* 은 강한 보수성과 소외감 및 고독감으로 인한 우울증 경향, 타인에 강한 의존성 등의 정서·심리적 특성으로 나타나고 있다.[22)] 전채근(2002)은 한국의 60세 이상 노인들의 2/3 이상이 자녀를 동반하고 병원을 방문하는 경우가 1년에 1회 이상인 것으로 보고하였다. 이들 대부분의 자녀들이 당사자뿐만 아니라 부모를 함께 돌봐야 하는 스트레스 등으로 적절한 의료 및 복지 관련 서비스를 받는 것을 중요한 사안으로 인식하고 있다.[23)]

셋째, 자녀와 동거함으로써 노년기 경제문제가 해결되었던 과거 노인들과는 다른 사회적 변화가 일부에서 일어나고 있다.[24)] 이미 Digiovanna(1994)는 실버관광의 중요한 증대요인으로서 노인 인구의 수와 구성 비율 증가로 인한 실버노인들의 영향력 증대뿐 아니라 그들의 경제력이 증가하면서 중요한 소비자로 입지를 굳히고 있으며 정치적 입지도 향상되고 있다고 지적하고 있다. 그러나 이러한 외국의 성향과 달리 아직은 한국의 실버관광객들이 정도의 차이는 있겠으나 대부분 한 사회의 구성원에서 은퇴경험을 지니고 있고 수입이 줄고, 소외되거나 고립됨으로써 의존적 성향이 증가하고 있다. 또한 지위 약화와 사회적 손실을 강하게 경험한 노인이란 공통적인 사회·환경 특성을 가지고 있다.[25)]

넷째, 실버관광객이 신체적 노화로 인한 행동상의 잦은 위험과 부적응 경험 정도에 따라 행동특성이 결정된다. 가능한 한 신체의 안전을 보장받을 수 있는 범위 내에서 관광서비스와 상품 수요도 매우 다양하고 큰 차이를 보이고 있는 것이다.[26)] 또한, 노인들의 일상 여가활동분야에 대한 욕구는 독신노인이나 가구소득이 떨어지면 종교·사교·문화·스포츠·봉사 활동과 노인대학 등 사회단체 활동 욕구도 현저히 떨어지거나 상대적으로 낮아지는 경향을 보였다.[27)] 더불어 망설임(hesitation)과 안정성 및 편리성 추구, 선택의 기회 선호 경향 및 특별한 배려, 체험적

* 청년기로부터의 장·노년층으로의 변화과정에서 경험하게 되는 치아, 골격, 근육, 신장, 심장 등 신체기능상의 약화와 피부, 두발, 체형 등 외형상의 변화 및 노화된 기능으로 인한 2차적 질병의 증가.

이고 다양한 신체활동에의 갈망 등으로 나타난 노인들의 소비행동 성향 등도,[28] 실버관광 마케팅 전략이 별도로 세워져야 할 실버관광객 행동 특성의 결정요인이 된다.[29]

따라서 현대사회의 실버관광객이 지닌 네 가지 특성은 여가나 관광활동에 있어 급격한 신체노화 경험으로 인한 제약으로 인해 특별한 보호가 필요하며, 만성질환과 관련한 예방, 치료, 재활 등의 건강 활동 등의 요구로 자녀 등 가족에의 강한 의존성을 가진다. 이것은 바로 전술한 실버보건관광이나 의료관광이 실버관광에서 중요한 비중을 차지하고 있는 필요조건이 될 수 있을 것이다. 그리고 노인부부, 독거노인 세대가 늘어나고 일부가 구매력을 가진 독립노인층으로서 보호위주의 복지관광보다는 청장년기의 경험을 연장하는 각종 관광요구적인 특성도 아울러 나타내고 있다. 물론 실버관광객은 관광목적지 활동에서도 망설임, 안정 및 편리성, 선택의 기회 선호, 특별한 배려, 안정과 보장 욕구와는 상반되는 체험적이고 다양한 신체활동 선호 등의 특징을 보인다.

향후의 실버관광은 이와 같은 현대적인 특성을 고려한 발전적인 대응정책이 필요할 것으로 사료되며 실버마케팅의 전략차원에서도 규모나 내용에서 많은 변화가 요구된다. 때문에 별도의 실버관광객을 위한 차별화 된 마케팅전략과 대응 방안도 강구되어야 할 것이다.

2) 실버관광의 정책

앞에서 살펴본 실버관광의 현대적 특성에 따라 실버관광의 목적을 달성하기 위하여 우리가 찾을 수 있는 실천방안과 구체적인 실버관광정책의 예는 다양하며 그 폭이 넓어 모든 국가정책의 영역에 걸쳐져 있다고 봐야 할 것이다. 실제로 실버관광의 주 관심 분야인 여가활동은 음악/영화/게임, 여행/취미, 오락, 고령자 음식점, 애완동물관련 서비스, 자서전 집필대행 비즈니스 등으로 분류되고 있다. 생활관련 분야로는 금융서비스, 민간보험, 이주지원서비스, 인터넷 통판, 노인 촌락, 노인 의복, 식사택배서비스, 장의서비스, 묘지서비스 등과 관련되어 있어 이러한 모든 분야에 대응하는 실버정책도 당연히 다양한 관점에서 논의 되어야 한다. 또한 현대 노인의 특성에 따라 추가되는 정보/학습 부분은 문화정보시장, 노인대학, 자격비즈니스, 서적/잡지, e-Health 또는 u-Health 등이 있다. 실제로 실버관광에서 확산되는 실버산업은 '노인들과 노후를 준비하는 사람이 대상인 생활의 안정과 편의, 건강유지 등에 필요한 재화와 서비스를 공급하는 산업'으로 정의될 수 있다. 특히 건강상의 문제가 있는 사람들을 위해서는 노약자들이 요양과 휴식을 동시에 즐길 수 있도록 하는 시설의 확보가 구체적인 산업으로 발전할 수 있어 이에 대한 방향성 타진도 매우 중요한 정책과제로 간주되어야 할 것이다.

또한 기존의 정부가 주도하는 관위주의 정책적인 실현보다는 민간위주의 적극적인 경영합리화 전략을 도입하여 관민의 장점이 상호 보완된 협력체계의 구축을 통한 실버관광정책의 미래 지표설정도 역시 매우 중요한 선결 정책과제이다. 즉, 위락공간의 합리적 재배치, 도입비용의 합리화, 도시공원 조성 및 대중위락시설 건설, 여행대상 및 여행수단의 대중화(국민숙사 등), 관광환경의 통제 등이 민간기업과 중앙정부 및 지방정부가 적극적으로 상호 연계시스템을 활용한 실버관광개발 방향이 정립되어야 할 것이다. 따라서 현대적인 실버관광의 발전전략은 기존의 시설위주의 하드웨어적 인프라에 치중할 것이 아니라, 매력적인 실버관광 상품개발, 적극적인 차별화 마케팅전략, 저탄소 녹색관광, 의료관광 등 최근 화두가 되고 있는 대안관광과의 연계 등의 소프트웨어적인 요소와 상호 조화된 실버관광의 정책적 방향성이 강구되어야 하는 것이다. 결국, 실버관광의 방향성은 실버층의 특징상 소비자와 가까운 곳에 대한 적극적인 개발지원과 실버상품의 다양화 전략이 필요하나 보다 광역적 차원에서의 실버관광정책들이 실현되어야 할 것이다. 특히 한국도 미국이나 유럽 등의 선진국의 경우와 마찬가지로 빠른 시일 내에 모든 관광목적지에 실버층이 주도할 것으로 예상된다. 이것은 서구사회가 젊은 시절에는 일 중심에서 노년에는 여가중심으로 전환되는 경향과 마찬가지로 한국도 급격히 서구사회의 패턴으로 바뀔 것이기 때문이다. 따라서 발 빠르게 이러한 추세에 적극적으로 대응한 관광목적지는 경쟁력이 확보되어 실버관광객을 발길을 모으게 되나, 그렇지 못할 경우 상당한 기간 관광목적지로서의 기능을 상실할 우려가 있다는 사실도 간과해서는 안 될 것이다.

3 실버관광산업의 과제와 전망

1) 실버관광산업의 과제

현대적 실버관광의 정의가 55세 이상의 장·노년층 사람들이라고 한정하고 있으나 장차 노인의 수명이 연장됨에 따라 조작적정의도 빠른 시일 내에 범주가 바뀔 것으로 예견된다. 특히 실버관광이 '다소 젊더라도 특별한 정신·신체적 이유로 노인과 유사한 생물학적, 사회학적 특성을 지닌 사람 대상의 여가활동 중 관광활동'으로 정의되는 것은 보편적인 개념이나 기존 연구동향을 보면 오히려 실버층이 젊은층보다 더욱 동적이고 체험적인 관광을 선호 하는 것으로 나타나고 있다. 이것은 이제 실버관광에 대한 새로운 관점의 연구가 필요하다는 것을 의미하며 관광목적지의 입장에서는 재방문을 유도하기 위한 지속적인 데이터베이스를 구축하여야 한다는 것을 의미한다. 이어서 정확한 실버관광시장분석을 통하여 최적의 합리적인 의사결정을 내릴 수 있는 시스템의 정비가 가장 중요한 선결과제임을 명심해야 할 것이다. 특히 사업적 측면에서 실버관광객 대상의 영리목적 사업이 주가 되는 실버산업은 동남아 등지에서 성공한 사례들이 많이 발견되고 있으며 이것은 주로 경제적인 여유가 있는 선진국에서 상당한 비중을 갖고 동남아 지역을 선호하고 있다. 실례로 태국의 경우 국가적 차원에서 실버의료관광객을 확보하기 위한 모든 정책적인 지원을 아끼지 않으며 해당되는 관광목적지의 병원도 양질의 저렴한 의료비용과 관광패키지를 제공하고 있다. 따라서 태국은 실버의료관광 측면에서는 타 지역보다 상당히 앞서 선진화 시스템을 갖추고 있으며 인바운드 활성화에 직접적인 공헌을 하고 있다. 한국의 경우도 이제 이러한 실버관광산업의 성공사례를 벤치마킹하여 한국만의 독창적인 실버관광산업모델을 창출하여야 하는 국가적, 시대적 과제를 안고 있다. 이러한 실버관광산업은 중상층 이상 노인 대상의 생활에 적합한 상품과 서비스를 공급하는 수익자부담 산업 즉, 실버산업과 동일시되므로 그 발전 가능성은 매우 높다고 할 수 있다.[30]

그러나 최근까지도 국내 실버관광산업은 노인복지 분야에서조차 부족한 공공분야의 복지서비스를 지원하는 복지관광 정도로만 취급되고 있다.[31] 대부분이 의료・요양서비스 정도를 갖춘 사회복지 개념의 거주지 성향의 실버타운 개발에 집중하는 정도이며, 2008년 7월 노인 장기요양 보험제도의 시행에 따라 요양기관이 증가하는 정도에 그치고 있는 실정이다.

따라서 향후 한국의 실버관광산업은 고령화 사회의 노인 인구 중 실버관광객의 증가속도가 급증하는 현시적인 추세에 따라 특단의 획기적인 조치가 선행되어야 한다. 그러나 보다 중요한 것은 실버관광관련 이해관계당사자인 주체, 객체, 매체로서 수요자 측면의 실버관광객, 공급자 측면의 실버산업 종사자 및 정책당국자들이 실버관광의 발전에 의지와 공감대 형성이 되어야 한다는 것이다. 특히 국내뿐 아니라 국제관광의 측면에서 실버관광산업의 발전전략을 강구하여야 하며 실버관광을 제공하는 국내 관광목적지의 경우 국가, 지역, 지방이 상호 연계된 시너지 효과를 창출하는 관광 상품개발이 실질적으로 이루어져야 할 것이다. 물론 아직은 시기적으로 볼 때 복지관광 차원에서의 정책을 강화하는 것이 현실적인 대안이며 실버관광이 목적지가 되어야 하는 현실적 상황도 인식해야 할 것이다. 그러나 빠른 속도로 변하고 있는 실버관광의 변이 현상에 따라 국가가 하루라도 빨리 중, 장기적인 정책방향을 설정하고 실행계획을 수립을 통한 실버관광 프로그램개발과 환경사업조성의 실현이 시급한 실천과제이다. 향후 실버관광산업은 정확한 성장규모를 예측할 수 있어야 할 것이며 지속적인 실버관광 시장세분화를 통한 표적시장의 공략을 위한 공격적인 실버관광마케팅 전략수립과 실천이 가장 중요한 과제이다. 또한 이해관계자들이 실버관광에 대한 공유된 인식이 제대로 실천될 경우 실버관광산업의 성공이 보장될 수 있다.

2) 실버관광의 산업적 전망

흔히 말하는 선진국형 실버관광산업의 영역은 여가와 관광활동의 주체인 실버관광객의 경제적, 사회문화적 동향이나 성향에 의해 자동적으로 실버관광산업의 대상 영역이 어느 정도 확보된다. 현재 실버관광은 노인의 여가활동보장을 위해 정부 지원의 복지관광이 모태가 되며 노인촌락(silver town) 등은 실버산업에서 중요한 분야이다. 우리나라 실버산업 중 경기도 실버산업의 시장규모 전망을 보면, 실버산업에서 여가 분야의 점유율은 20.7%로 주거(23.4%)와 의료(23.4%)에 이어 세 번째였으며 60세 이상과 65세 이상의 2005년 시장규모는 각각 7,303억 원과 5,101억 원으로 <표 37-4>에 제시되고 있다. 이러한 노인들의 여가활동 분야에 대한 서비스의 증가로 61세 이상 고령화 계층의 경우 2010년에 1조 원 이상의 큰 시장이 형성될 것이며, 65세 이상 노인의 시장도 7,500억 원 이상으로 예상된다. 그에 따른 여가활동 분야는 취미, 스포츠, 관광 등의 활동이 활발해질 것이며 노후생활이 보다 적극적인 모습으로 변모하게 되어 민간기업의 사업 참여가 요망된다. 또한 식품 분야의 규모도 비교적 낮은 수준이었으나 중요한 요소로 안정적인 시장으로 동반 상승하는 경향을 보인 바 있다.[32)]

〈표 37-4〉 실버산업 분야별 시장 규모 (단위: 10억 원)

분야	점유율(%)*	60세 이상			65세 이상		
		2000년	2005년	2010년	2000년	2005년	2010년
주 거	23.4	536.68	825.64	1,216.75	354.23	576.66	855.22
의 료	23.4	536.68	825.64	1,216.75	354.23	576.66	855.22
식 품	12.7	291.27	448.10	660.37	192.25	312.98	464.16
여 가	20.7	474.75	730.37	1,076.35	313.36	510.12	756.54
금 융	17.6	403.65	620.99	915.16	266.43	433.73	643.24
생 활	2.2	50.46	77.62	114.40	33.30	54.22	80.41
합 계	100.0	2293.49	3,528.37	5,199.77	1,513.81	2,464.37	3,654.79

| 자료: 이현기 · 김진욱(2001). 『경기도 실버산업의 시장규모 전망』.

국내의 실버관광산업은 고령친화형 여가개발을 지향해야 되며 영리 및 비영리 부문의 균형을 갖춘 대응방향으로 가닥을 잡아야 한다. 이것은 이제 실버산업이 노인촌락 중심의 노인거주 관련 실버타운을 넘어 비록 공공부문에서 앞서고는 있지만 연관 산업을 포함하여 상당한 부분 민

간 기업측면에서 담당해야만 되는 방향으로 실버관광산업이 확장되고 있기 때문이다. 특히 현대적 실버관광산업은 그 범주가 확대되고 있으며 단순한 은퇴노인의 여가대책차원을 벗어난 노인보건·복지서비스를 포함하는 넓은 의미의 실버관광산업이 개발, 운용되어야 한다. 이것은 관광목적지에서의 관광마케팅의 전략적 차원에서 실버관광산업이 이제는 고부가가치 사업으로의 전환을 강요하고 있는 실정에 놓여 있다는 사실적 인식이 절대로 필요하기 때문이다.[33] 이러한 실버관광산업은 절대 수요자인 실버층의 관광활동에 대한 가치관의 변화와 경제적인 향상으로 인하여 고령친화산업 분야뿐 아니라 여가·관광·문화 및 건강서비스를 뺀 나머지 주거, 금융, 용품 등의 실버산업 분야의 발전에도 직, 간접적인 영향을 미치고 있다. 특히 실버관광산업 주거분야에도 민간의 투자도 늘고 있으며 휴양형 유료주거단지 조성 및 지원, 의료 분야의 유료민간노인요양병원의 설립이 최근 매우 활성화되고 있다.[34] 산업정책적 측면에서의 실버산업의 경제적 가치도 매우 높게 나타나고 있으며 현재 실버관광목적지에서 가장 부족한 부분인 노인형 편의주택과 노인복지용품 생산유통 체계 등의 인프라 부분들도 향후 지역 내 실버관광이 본격화되면 매우 유망한 산업 분야로서 성장이 기대된다.

앞에서 언급한 바와 같이 실버관광의 주 소비층인 노인과 예비노인들은 기존 관광객과는 다른 의사결정 및 소비행태를 가지고 있다.[35] 특히 실버관광의 특성이 기존의 관광패턴과 달리 여가문화를 향유하는 선호도가 매우 높은 관계로 이와 연계한 실버문화관광산업이 매우 각광받을 것으로 전망된다. 따라서 미주의 경우와 마찬가지로 자동차로 먹을 것을 싣고 이동하는 관광 형태보다는 관광목적지에서 충분한 보건이나 의료서비스를 받으면서 적절한 강도의 레저나 간단한 생필품의 쇼핑 등을 하면서 장기 휴양형 레저관광을 즐기는 방향으로 실버관광산업이 발전할 것으로 예상된다. 따라서 실버관광산업의 전제는 접근성이 매우 좋으면서도 종합적인 문화관광레저를 즐길 수 있는 복합적인 실버관광타운의 형성이 바람직할 것으로 판단된다. 노르웨이 등 실버관광 선진국은 은퇴한 고소득 실버세대를 위하여 의료, 스포츠, 오락 등 모든 여가활동을 망라한 실버관광타운을 건설하여 실버관광객의 천국으로 만들어 요람에서 무덤까지의 복지관광 이념을 실버관광에 그대로 적용하여 상당한 성공을 이루고 있다.

현대적 실버관광산업은 증가된 여가시간을 위한 영화, 연극산업, 프로스포츠, 식 음료업, 식당산업 등과 항공사, 유람선, 버스와 철도, 여행사와 여행 도매업, 호텔산업, 기타 산업 등 연관 산업들, 그리고 광고와 마케팅, 교통, 관광객을 끄는 매력, 숙식, 음식, 오락과 즐거움, 교육활동 등 다양한 부문을 포괄하고 있다. 또한 원활한 교통과 현지 이동수단, 지속적이고 연계된 서비스, 이용방법의 용이성 등 실버층에 적합한 별도의 관광 프로세서를 가진 인프라 구축도 중요한 발전요소가 됨으로써[36] 이러한 여가시간과 연관된 실버관광산업들의 발전도 가속화될 것으로 전

망된다. 이들 분야 중 국내 노인주택 편의시설이 확대되고 노인복지의 시설 등이 증가하고 있으며,[37] 시설 현대화도 활발하게 추진되고 있다.[38] 주거 외에 의료, 금융, 생활을 포함한 실버타운은 가장 먼저 실버산업 분야로 정착되고 있다.[39]

한편, 실버산업의 한 분야로 실버관광을 정의할 때 주거, 의료, 금융, 생활을 포함하는 노인촌락(silver town)은 흔히 영어명인 실버타운으로 불리기도 한다. 이들 노인촌락은 노인들이 의식주 및 기본의료관리를 주목적으로 체류하는 통합형 노인주거시설로서 촌락 내 시설의 규모와 형태가 다양하다. 현재 미국 전역에는 600여 개의 장기체류 노인거주지역(CCRC: continuing care and retirement community)이 있으며, 일본은 사단법인 실버산업진흥회(Elderly Service Providers Association)에서 추진 중인 '건강장수마을'이 이에 해당된다.

일찍이 "2001-2002 정부보고서"에서 질적 사회복지 향상(quality welfare for all)을 2015년까지의 비전으로 제시하였다. 이 가운데 고령친화산업(주거, 의료, 금융, 생활과 여가 분야) 분야의 하나인 고령자여가인 실버관광이 장기적인 산업으로까지 확대하고자 계획한 바 있다. 물론 고령친화모델 지정시범단지조성사업이나 광역시도 차원에서의 역사문화연계 실버타운조성사업 등과 같은 지역별 차별화된 실버산업 분야의 개발도 전략으로 채택되었다. 또한 현재 개발 중인 사업으로는 민간실버타운시설로 '창녕 서드에이지', 농림부 은퇴자마을 프로그램 등이 있다.

결국, 전술한 바와 같이 향후의 실버관광산업은 국내뿐 아니라 국제적인 관점에서도 빠른 성장이 예고되는 산업이며 어떤 측면에서는 여가나 관광활동의 영역분류나 개념체계를 전반적으로 재편할 정도의 획기적인 새로운 연구 분야로 등장하게 되었다. 특히 초고령 사회를 눈앞에 두고 있는 한국의 경우 지역관광의 개발방향성도 실버관광을 중요한 발전요소로 전제하지 않고는 상당한 부분 경쟁력을 상실할 수도 있다는 사실이 현실화되고 있이 이에 대한 근본적인 대응책이 강구되어야 할 것이다.

미 주

1) 신주영(2002). 실버소비자의 여가태도영향요인에 관한 연구. 『관광호텔경영연구』, 2(3): 132-149.
이인수(2000). 『노년기 주거환경과 실버산업』. 서울: 도서출판 하우.

2) 김진탁(1997). 도시노인의 여가활동 성향과 관광 인식도에 관한 조사연구. 『대한관광경영학회지 논문집』, 9(1), 81-122.
김대경(1998). 21세기 제주지역 실버서비스산업의 정책진흥방안. 『제주관광대학 논문집』, 4, 180-214.
황태수(2002). 『노인복지와 실버타운에 관한 연구』, 19, 240-276.

3) 고정자(2005). 노인과 실버산업에 관한 연구. 『동아대학교 대학원논문집』, 30, 407-432.

4) 김지인(2002). 실버넷 운동본부. 『정보과학회지』, 20(1), 40-41.
김상현(1997). 노인소비자 시장의 특성과 실버마케팅 전략. 『한국경상학회지』, 12, 97-118.

5) 이인수(2000). 『노년기 주거환경과 실버산업』. 서울: 도서출판 하우.
김상현(1997). 노인소비자 시장의 특성과 실버마케팅 전략. 『한국경상학회지』, 12, 97-118.

6) 윤현숙 · 이미진(2006). 은퇴가 심리적 안녕에 미치는 영향에 관한 종단적 연구. 『한국사회복지학』, 58(4), 197-217.

7) 법제처(2005). 『저출산고령사회기본법』.

8) 이재모(2005). 대구시 노인복지현황과 정책과제. 『복지행정논총』, 15(1), 11-26.
신정식(2004). 복지관광증진을 위한 관광사업의 전략적 발전방안. 『복지행정논총』, 14(2), 154-174.
이현기 · 김진욱(2001). 경기도 실버산업의 시장규모 전망. 『소비문화연구』, 4(1), 127-146.

9) 오경석 · 서미경(1996). 노인종합복지타운의 모형개발-노인이용시설을 중심으로. 『한국보건사회연구원 정책연구자료』, 96-01.

10) 엄수원 · 임구원(2006). 한국의 고령사회 대비에 따른 실버산업 활성화 방안연구. 『부동산학보』, 28, 261-277.

11) 전채근(2002). 재가노인복지서비스 발전방안. 『노인복지연구』, 16(1), 129-148.

12) 한국보건산업진흥원(2000), 보건관광사업추진결과보고서.

13) 연합뉴스(2009.04.16), http://yonhapnews.co.kr

14) 통계청(2005). 『고령자 통계』. 정부정책자료.

15) 변우희(2000). 관광목적지 활성화를 위한 문화엑스포 영향도 평가. 『관광학연구』, 24(1), 25-40.

16) 문화관광부(2006). 관광동향에 관한 연차보고서.

17) 통계청(2005), 인구주택총조사, 국가통계포털(http:://www.kosis.kr).

18) 삼성경제연구소 연구보고서(2007).

19) 황은경 · 문수영(2006). 우리나라 노인주택 편의시설 실태분석 연구, 『대한건축학회 학술대회논문집』, 26(1), 5-8.
이지숙(2003). 대전시 거주노인이 선호하는 거주환경특성에 관한 연구. 『대한건축학회논문집 계획계』, 20(6), 61-68.
고정민 · 정연승(2002). 고령화 사회의 도래에 따른 기회와 위협. 『삼성경제연구소』.

20) 문현상 · 정우진 · 김유경 · 김동배(1996). 실버산업의 현황과 정책과제. 『한국보건사회연구원 연구보고서』, 96-05.
Kertzer, Guest, D. I., Blau, & Series, Z, S.(1986). *Current perspectives on aging and the life cycle(2)*. London: Jai press.

21) 곽재용 · 하정선(2006). 관광지 선호속성 세분화에 따른 노인관광자의 관광특성에 관한 연구: 대구시를 중심으로. 『국토연구』, 51, 39-56.
장인협 · 최성재(1997). 『노인복지학』. 서울: 서울대학교출판부.

22) 이인수(2000). 『노년기 주거환경과 실버산업』. 서울: 도서출판 하우.
정경희(1998). 전국 노인생활실태 및 복지욕구조사. 『서울: 한국보건사회연구원 연구보고서』, 98-04.

23) 이현정(2006). 싱가포르의 노인주거복지정책 및 노인주택 특성 분석. 『대한건축학회 논문집- 계획계』, 22(11), 135-142.
윤정득 · 이창석(2005). 실버산업활성화 방안에 관한 연구. 『부동산학보』, 24, 147-161.
전미영 · 윤은자 · 류은정(2001). 중년기 성인과 노인의 피로와 대처유형. 『한국보건간호학회지』, 15(2), 387-397.

24) 이금룡(2004). 연령별 노인에 대한 태도비교를 통한 세대통합 프로그램의 전략적 방안모색. 『노인복지연구』, 26, 143-164.
이금룡 · 홍성태 · 이윤경(2004). 라이프스타일에 따른 세분집단별 노후 주거선호에 관한 연구. 『노인복지연구』, 24, 215-237.
김태희 · 서은(2005). 노인 소비자의 경제적 독립성이 외식 구매 의사 결정 과정에 미치는 영향에 관한 연구. 『동아시아 식생활학회지』, 15(4), 475-482.
한희경 · 오덕성(1999). 실버타운 시설계획 특성과 사용자 요구에 관한 연구. 『대한건축학회논문집 계획』, 15(12), 13-22.

25) 지은정(2006). 중고령자의 퇴직전환 및 노후소득보장과 점진적 퇴직지원. 『한국사회복지학』, 58(3), 135-168.

26) Shimizu, & Hidetada(2001). *Japanese frames of mind: cultural perspectives on human development.* Cambridge, New York: Cambridge University Press.
Park. K. S.(1997). Understanding the social network structure of Korean older adults tourist behavior: A Preiminary step in tourism development. unpublished doctoral dissertation, the Pennsyvania state University, state College.

27) 한국보건산업진흥원(2000). 보건관광사업추진결과보고서.

28) Kardes, & Frank R.(1999). Consummer behavior and managerial decision making. Reading, Mass.: Addison-Wesley.

29) 유봉노 · 이동철(1999). 우리나라 실버마케팅을 위한 시장수요 조사. 『학술대회 발표논문집』, 10, 13-176.

30) 엄수원 · 임구원(2006). 한국의 고령사회 대비에 따른 실버산업 활성화 방안연구. 『부동산학보』, 28, 261-277.
윤정득 · 이창석(2005). 실버산업활성화 방안에 관한 연구. 『부동산학보』, 24, 147-161.
장석인(2005). 산업적 측면에서 본 우리나라 실버산업의 미래와 발전전략. 산업연구소.

31) 이현기 · 김진욱(2001). 경기도 실버산업의 시장규모 전망. 『소비문화연구』, 4(1), 127-146.

32) Kuo N. W., Hsiao T. Y., & Lan C. F.(2005). Tourism management and industrial ecology: a case study of food service in Taiwan. Tourism Management, 26(5), 503-508.

33) 박명순(2006). 실버타운 수요자 분석을 통한 개발모델과 마케팅 전략수립에 관한 일고. 한국부동산학회. 『부동산학보』, 5, 92-103.

34) 박은주 · 오세규(2003). 도시형 유료노인주거시설의 건축계획에 관한 연구. 『대한건축학회 학술발표논문집』, 23(2), 111-114.

35) Zimmer, Z., Brayley, R. E., & Searle, M. S.(1995). Whether to go and where to go: Identification of important influences on seniors decisions to travel. *Journal of Travel Research*, 33(3), 3-10.

36) 서강(2007). 실버관광객의 관광인식도 분석을 통한 실버관광활성화에 관한 연구. 경주대학교 박사학위논문.

37) 김현주 외(1992). 노인복지의 시설과 현황. 『이화행정』, 2, 63-79.

38) 박은주 · 오세규(2003). 도시형 유료노인주거시설의 건축계획에 관한 연구. 『대한건축학회 학술발표논문집』, 23(2), 111-114.
이지숙(2003). 대전시 거주노인이 선호하는 거주환경특성에 관한 연구. 『대한건축학회논문집 계획계』, 20(6), 61-68.

39) 홍연숙(2006). 실버타운 입주의도 예측요인에 대한 분석. 한국사회복지학』, 58(3), 313-340.
권오정(2005). 예비노인층의 실버타운에 대한 선호경향: 서울과 수도권의 50대를 중심으로.『대한건축학회논문집』, 21(2), 21-30.
하성호 · 이경희(1992). 한국형 실버타운 모형의 개발방안에 관한 연구.『대한건축학회논문집 계획계』, 12(2), 261-264.

저자약력

변우희(卞優熙) 현_경주대학교 관광경영학과 교수

경기대학교 대학원 관광경영학과 졸업(경영학박사). 한국관광학회 편집위원장 역임. 현재 한국관광학회 부회장 겸 출판위원장.『관광사업론』등 다수의 저서와 "관광학 연구동향 및 교육과정 분석과 관광학 총론의 구성체계(2008)" 등 다수의 논문이 있음.

『관광학총론』 서른여덟 번째 이야기

제38장

복지관광

이 봉 구*

“*Injustice anywhere is a threat to justice everywhere.*” – Martin Luther King, Jr.

1 복지관광의 개요

1) 복지관광의 태동 및 발전

관광은 인간으로서의 존엄과 가치 그리고 삶의 질을 향상시킬 뿐 아니라 사회적 통합 달성에 기여한다. 이와 같은 관광의 효용성을 고려할 때 모든 국가나 공공기관은 사회 구성원들의 관광활동 참여를 촉진하는 환경을 적극적으로 조성하여야 할 것이다. 제2차 세계대전 이후 일반 대중의 관광 참여 기회는 획기적으로 확대되었으나 경제적·신체적·시간적인 제약요인으로 인해 관광활동에 참여하지 못하는 소외계층이 존재하는데, 복지관광(social tourism 또는 welfare tourism)은 이들에 대한 관광 참여 기회 확대와 관련되어 있다. 즉 복지관광은 복지국가실현을 위한 사회복지정책의 일환이며 그 대상을 사회적 약자로 두고 있다.

복지관광은 1936년 프랑스 프롱(Front) 정부의 노동자 휴가권을 인정한 복지법(Lois Sociales) 채택과 국제노동기구(ILO)에 의한 유급휴가 원칙에 대한 국제적 협약체결로부터 시작되었다.[1)]1948년 선포된 권리장전(Universal Declaration of Human Rights)은 ILO의 원칙을 반영하여 ‘모든 사람은 근로 시간의 합리적 단축과 정기적 유급 휴가를 통해 여가를 즐길 수 있는 권리를

* 동의대학교 관광경영학과 부교수(현 한국관광학회 편집위원). e-mail: bongkoo1@deu.ac.kr

가지고 있다'라고 명시함으로써 노동자의 유급휴가(paid holiday)에 대한 기반을 마련하였다. 스위스정부는 1939년 여행금고협동조합 창설, 특별입법조치 제정, 스위스관광협회를 통한 여행경비 보조 등과 같은 정책을 통하여 관광의사가 있어도 관광활동에 참여하지 못했던 계층의 관광 참여기회를 확대하였다.[2)]

제2차 세계대전 이후 많은 나라는 복지관광과 직간접적으로 관련된 건축물에 대한 정책(예: 각종 건축물과 기간시설 신 · 개축 등을 위한 보조금 지급) 및 사람에 대한 정책(예: 휴가 지원 정책)을 마련함에 따라 복지관광의 기반을 점차 갖추기 시작하였다. 또한 이 시기는 산업협회 및 노동조합 주도로 복지관광을 장려하고 확산시키는 것을 주요 목표로 삼은 많은 단체(예: 국제캠핑 · 캐러배닝연맹, 국제유스호스텔연맹 등)가 창설되었다. 이후 1956년 스위스에서 개최된 제1회 국제복지관광대회에서는 ① 휴가제도, ② 여행 및 휴가자금의 지원, ③ 수송수단, ④ 숙박 · 식사 및 사회적 요양시설, ⑤ 여행 및 휴가기간에 관한 조언, ⑥ 선전 등 복지관광이 지향해야 할 정책방향을 제시하였다. 1959년 오스트리아에서 열린 제2회 국제복지관광대회에서는 복지관광에 대한 국제적 정의를 도출하였으며, 1963년에는 A. Haoulot의 주도로 복지관광의 국제적 확산을 목적으로 한 국제 소셜투어리즘기구(BITS: International Bureau of Social Tourism)가 창설되었다. 한편 1978년 세계관광기구(WTO)는 복지관광을 휴양권 행사가 극히 어려운 사람들을 위해 국제사회가 추구해야 할 목표로 선정하였다.[3)]

1980년 국제관광에 관한 마닐라선언에서는 관광을 인간생활의 기본적이고 필수적인 생활현상임을 강조하였다. 이 선언은 휴가 · 여가 · 여행에 대한 개인의 권리와 자유는 인간의 기본권으로서 각 국가는 실정법에 의거 보장함과 동시에 "만인을 위한 관광(Tourism for All)"을 각 국가 관광정책에 있어 우선순위에 둘 것을 권고하였다.[4)] 1982년 세계관광대회에서는 여가, 휴가 및 유급휴가의 권리와 함께 모든 사회계층의 휴가 참여를 촉진하는 사회 환경조성 및 법률제정을 촉구하였다. 1996년 캐나다 몬트리올에서 채택된 BITS선언은 복지관광을 인본주의적 및 사회적 관점을 반영한 현상임을 강조하면서 복지관광이 가지는 가치는 ① 사회 형삭반(形削盤), ② 경제적 성장 조력자, ③ 지역의 개발과 발전에 기여, ④ 세계 개발 프로그램의 파트너 등과 같은 역할에 있음을 제시하면서 그 필요성을 주창하였다.[5)] 1999년 9월 칠레 산티아고에서 개최된 제13차 세계관광기구(WTO) 총회에서는 가족, 청소년, 학생, 노인, 그리고 장애인을 위한 관광을 장려하고 촉진할 것을 세계관광 윤리강령 제7조 '관광에 대한 권리'에 명시함으로써 공공기관의 책임을 강조하였다.[6)] 역사적으로 초기에는 복지관광에 대한 논의는 노동자 휴가권에 한정되었으나 오늘날 여가 및 관광은 인간의 기본권이라는 점에 대한 인식과 경제적 발전은 사회적 정의와 균형을 이룰 때 진정한 가치가 있다는 인식이 확산됨에 따라 다양한 관광 취약계층을 중심으로 이루어지고 있다.

2) 복지관광의 개념

(1) 복지관광의 개념

복지관광은 <표 38-1>에서와 같이 다양하게 정의되고 있다. 2006년 유럽경제사회위원회(European Economic and Social Committee)는 복지관광을 ① 경제적 여건, 신체적·정신적 장애, 개인·가족 소외, 이동곤란, 지리적 오지, 기타 등과 같은 원인으로 관광권 행사가 전체 혹은 일부 불가능할 것, ② 관광권 행사를 저해하는 원인을 제거 또는 감소하기 위한 일련의 노력을 취하는 주체(공공부문, 민간부문, 노동자단체, 혹은 개인들의 집합)가 존재할 것, ③ 그 행동은 지속가능성, 접근성, 그리고 화합 등과 같은 가치를 존중하면서 취약계층의 관광활동 참여기회 확대에 효과적이고 실질적인 도움을 제공할 것 등과 같은 조건을 충족시키는 경우를 복지관광이라 정의하였다.[7]

〈표 38-1〉 복지관광에 대한 정의

학 자	정 의
Hunziker, W. (1959)[8]	저소득층에 의해 행해지는 관광의 한 유형으로 가능한 모든 도움과 서비스를 완전히 제공받는 관광의 유형
국제소시얼투어리즘 기구(BITS)(1971)[9]	국민의 기본권인 여가·관광권 행사에 필요한 실질적인 기회제공을 위해 국가, 지방자치단체, 각종 사회단체 등이 신체적, 정신적, 금전적, 기타 등의 이유로 여행에 제한을 받는 취약계층에게 여행경비 또는 여행정보를 직접 제공하거나 그들을 수용하는 비영리 여가시설에 자금을 지원함으로써, 개인의 개성과 취미를 발전시키고 다른 사람을 보다 잘이해할 수 있도록 공공의식과 책임감을 습득할 수 있는 장을 마련해주는 사회정책적 조치
Lundberg, D. E. (1980)[10]	정부 또는 기타 조직들이 여러 가지 방법으로 휴가를 지원하거나 또는 노동계층을 위하여 휴가시설에 대해 보조하는 것
Metalka, C. J. (1981)[11]	경제적 혹은 신체적 이유 때문에 관광에 참여하지 못하는 사람들에게 비상업적 경험을 갖게 하기 위하여 정부가 보조금을 지급하여 관광에 참여케 하는 것
한국관광공사(1992)[12]	저소득층이 자비로 넉넉히 여행을 할 수 없는 경우에 외부의 행정적·경제적 도움으로 여행을 하거나 휴가를 보내도록 하는 것 또는 국가나 기업이 시민 또는 종업원들에게 장소·시설·재정보조 등의 수단을 통해 관광 참여기회를 확대시켜 주는 것
김철원(2001)[13]	자기능력으로 자활할 수 없는 사회적 취약계층에게 여가 관광 기회를 확대하기 위하여 즉 'Tourism for All(모두를 위한 관광)' 사회를 달성하기 위하여 행해지는 정책적 조치

결국 관광환경의 우호적 변화와 함께 자연발생적으로 등장한 대중관광과는 달리 복지관광이란 청소년·가족·노인·신체적 장애인·저소득층 등 관광취약계층의 여가 및 관광권 실현을

목적으로 국가나 사회가 인위적 · 정책적 · 제도적으로 추진하는 모든 프로그램, 성과물, 그리고 활동이라 하겠다.

(2) 복지관광의 이념

물질성장 위주의 효율성이 강조되는 현대에서는 사회적 취약계층과 타 계층 간 격차가 확대된다. 대중관광시대 이후 뚜렷하게 나타나고 있는 관광 소외계층의 등장은 이를 반영하고 있다. 그러나 전술하였듯이 경제적 성장과 사회적 정의 사이의 균형과 사회정책결정자들의 정책 입안 및 집행에 대한 변화 필요성에 대한 요구는 점차 증가하여 왔으며 복지관광은 이러한 요구가 반영된 모습이라 하겠다.

복지관광의 목표는 여가 및 관광권을 행사할 수 없는 관광 소외계층에게 사회 · 정책적 지원을 제공함으로써 개인의 자아실현, 행복권 향상, 삶의 질 향상, 사회적 형평성을 실현하는 데 있다. 이러한 관점에서 복지관광은 형평성, 민주성, 공익성, 문화성을 그 이념으로 하고 있다.[14] 형평성은 복지관광의 핵심 개념으로 여가 및 관광권의 양과 질이 어떠한 이유로든 침해받지 않도록 노력해야 함을 의미한다. 민주성은 일방적 강요가 아닌 참가 의지 및 선택에 있어서의 자율성을 의미한다. 공익성은 복지관광이 공공이익을 목표로 비영리적으로 운용되어야 함을 의미한다. 문화성은 복지관광으로부터 얻을 수 있는 교육적, 문화적 가치를 고려하여야 함을 의미한다.

(3) 복지관광의 구성 요소와 특성

복지관광은 <표 38-2>와 같은 고유한 특성을 가진 요소들로 구성되어 있다.[15] 정부는 복지관광에 필요한 법적 · 행정 · 제도적 기반을 조성하고 복지관광 시설 및 대상자들에 대한 재정적 지원을 행할 뿐 아니라 국가 간 네트워크 구축 등과 같은 역할을 담당한다. 기업은 복지관광 관련 상품 및 서비스를 제공하는 유형과 종업원의 복지관광에 대한 지원을 제공하는 유형으로 구분할 수 있다. 노동조합은 복지관광 대상자인 노동자들의 권익을 보호할 뿐 아니라 기업을 대리하여 복지관광 관련 시설 또는 프로그램을 운영하기도 한다. 복지관광 대상자는 복지관광 관련 상품/서비스의 소비자이며 각 나라마다 상이하긴 하지만 가족, 노인, 청소년, 장애인 등을 포함한다. 단체는 복지관광의 활성화에 직간접적으로 영향을 미치는 모든 조직을 의미하며, 복지관광에 대한 후원, 조정, 홍보 역할을 담당하는 국제 혹은 국가의 복지관광기구에 소속된 형태 혹은 독립적인 형태(예: 청소년 단체, 환경 단체, 소비자 단체 등)로 존재한다.

〈표 38-2〉 복지관광의 구성 요소와 특성

구성 요소		특 성
정 부		• 법적 · 행정 · 제도적 기반 구축 • 청소년 · 노인 · 장애인 · 저소득층에 대한 재정적 지원 • 국가 간 다양한 형태의 호혜 프로그램 마련
기 업		• 유급휴가 및 '휴가 바우처'제도를 통한 재정적 지원 • 노동자들을 위한 휴양소 운영 • 복지관광 상품 · 서비스 제공
노동조합		• 노동자의 복지 증진 수단으로서 복지관광에 관심 가짐 • 물리적인 시설들, 휴양촌, 게스트 하우스 건립 • 특화된 서비스 적극 권장
단 체		• 다양한 형태(예: 청소년 단체, 환경 단체, 소비자 단체 등) 포함 • 독립적인 형태와 복지관광에 대한 후원, 조정, 홍보 역할을 담당하는 복지관광기구에 소속된 형태 존재
대상자	가 족	• 가족중심 휴가형태는 핵가족화, 양친 가족 붕괴의 심화, 직장 관련 별거의 증가 등과 같은 가족 구조의 변화로 인해 변화되었으나 가족 간의 결속을 재확인 · 강화하는 특별한 기회를 제공하기 때문에 중요함 • 다양한 연령대의 아이들에게 적합한 활동과 가족의 욕구를 충족시킬 수 있는 휴가촌(holiday resorts), 캠핑장 등 필요
	청소년	• 제2차 세계대전 이후 세계평화를 도모하기 위한 청소년운동에 의해 강한 영향을 받은 현상 • UNWTO의 통계에 의하면 오늘날 청소년 여행객은 국제여행객의 20% 이상 차지 • 교육수준의 향상, 다른 문화에 대한 지적 욕구 및 다른 언어 습득 욕구, 청소년층에 적합하게 개발된 제품 · 서비스의 증가 및 홍보 등과 같은 요인으로 청소년층 관광 활성화됨 • 청소년의 관심을 끌 수 있는 어학연수, 문화교류, 인턴십, 봉사활동 등을 다양한 교통수단 및 보험 제도를 통해 저렴하게 제공 필요
	노 인	• 노령화사회는 점차 심화될 것으로 예상 • 노인층은 연령, 건강상태, 경제적 능력, 사회적 능력 등의 차이로 인해 이질적인 특성을 가지고 있는 거대한 시장임 • 노인층을 대상으로 한 여행은 민간부문과 협력하여 사회경제정책 틀 속에서 장려되어야 함
	장애인	• 물리적인 시설뿐 아니라 부정적 태도 혹은 행동과 관련된 각종 장애물(obstacles)에 의거 관광 분야에서는 비가시적(invisible)임 • 비장애인과 동일한 관광 욕구 가짐 • 장애인의 규모(전세계 인구의 약 10%), 여행 동반자 수반, 비수기 여행 가능, 사전 예약 성향 등과 같은 특성으로 인해 새로운 틈새 관광시장으로 부각됨 • 장애인들의 욕구와 관심에 적합한 다양한 상품 및 서비스 개발 필요 • 관광산업 종사자들에게 장애 유형별로 나타나는 특수한 욕구 인식 방법, 장애인의 접근성 향상 방법, 장애인에게 적절한 서비스를 제공하는 방법 등에 대한 교육 실시 필요 • 접근가능한 관광(accessible tourism) 환경은 개선되었으나 국가별로 상이한 장애인 관련 법령과 접근성 관련 규범 · 표준의 통일 필요

2 복지관광정책과 과제

1) 우리나라의 복지관광정책

우리나라 복지관광정책은 관광을 통한 국민복지증진을 목적으로 한 관광기본법제정(1975)으로 출발하였으나 관광소외계층에 대한 관광기회 부여·확충이라는 법 취지와는 달리 1982년 공사법 개정으로 국제관광공사가 한국관광공사로 명칭이 변경되어 국제관광과 국민관광을 동시에 육성하는 다양한 정책이 마련되기 전까지 이렇다 할 성과가 없었다.

특히 계층·지역 간 이해증진과 화합도모를 목적으로 장애인, 고아원생 및 소년소녀가장 등 관광소외계층에 대한 초청관광행사를 1980년대 중반 이후부터 실시함으로써 전 국민에게 관광의 중요성을 고취시키고 취약계층에 대한 사회적 관심을 제고하는 등 복지관광의 틀을 갖추게 되었다.[16] 2000년 문화관광부는 관광부문 10대 중점추진과제 중 하나로 복지관광 확대를 선정하고, 국내관광 신규 수요창출을 통한 국내관광 및 지역경제 활성화와 관광소외계층을 위한 복지관광 행사의 재원 마련을 목적으로 국민관광상품권을 발행하였다. 이는 2001년 6월부터 한국관광협회중앙회 주관하에 (주)코리아트래블즈가 발행 및 운영하고 하나은행이 판매한 것으로 숙박·교통·쇼핑·레저·식당·여행사 등 한국관광협회중앙회 산하 회원사(관광사업체) 및 가맹점에서 관광과 관련된 상품 및 서비스 구입에 사용가능한 상품권을 의미한다. 국민관광상품권의 수익을 통한 복지관광 행사는 한국관광협회중앙회 주관으로 2001년도부터 진행되어 왔으나 <표 38-3>에서 볼 수 있는 바와 같이 2004년까지 프로그램별 참여 배정 인원이 100명 내외로써 그 규모나 내용 면에서 제한적이었다.

이후 참여정부는 관광정책 18대 과제 중 하나인 소외계층에 대한 관광기회확대를 위한 다양한 사업을 추진하였다. 주요 내용은 ① 고령자·장애인·저소득층·외국인 근로자 대상 복지관광 프로그램 확충(연간 5천만 원→10억 원), ② 소년소녀 가장·기초생활수급대상자 등에 대한 관광지·역사유적지 입장 요금 할인제도 확대, ③ 고령층 관광 모델지구 조성 및 자원 봉사자 프로그램 운영, ④ 기업의 근로자 휴양시설 건설 시 인센티브 부여(세제, 자금 지원 등), ⑤ 박물관·전시관·미술관 등 문화관광 시설 이용 촉진 유도, ⑥ 국공립 시설의 연간회원권 또는 종합이용권 지원 검토 등이다.[17]

〈표 38-3〉 국민관광상품권 복지관광 프로그램 현황[18)]

구 분	행사명	장 소	대 상	일 정	인 원
제1회	가족의 사랑	제주도	모범소방공무원	2001. 11. 28~11. 30	100명
제2회	가족의 사랑	제주도	척수장애인	2002. 5. 30~6. 1	120명
제3회	가족의 사랑	제주도	모범소방공무원	2002. 11. 27~11. 29	100명
제4회	장애인 사랑	금강산	정신지체장애인	2003. 4. 14~4. 16	60명
제5회	서울 도시문화체험	서울	강원 최북단 초등학교 전교생	2003. 10. 28~10. 29	35명
제6회	희망찬 미래를 향하여	제주도	애육원 및 소년소녀가장	2004. 4. 21~4. 24	100명

한편 문화관광부는 『생활 속에 스며드는 국민관광』이라는 기치 아래 관광진흥 5개년 계획(2004~2008년)[19)]을 수립하면서 ① 기업의 노동자 휴양시설 건설 지원 및 기업 인센티브 개발, ② 청소년 여가관광 체험프로그램 개발 지원, ③ 실버계층을 위한 관광휴양시설 확충 지원, ④ 소외계층 문화관광시설 이용 지원, ⑤ 소외계층 초청관광프로그램 확대, ⑥ 노약자 관광서비스 지원체계 구축, ⑦ 문화관광시설 내 장애인 편의시설 설치확대 등을 주요 과제로 제시함으로써 관광소외계층의 관광기회확대에 필요한 기반을 구축하고자 하였다. 2005년 이후 우리나라 복지관광의 주요 정책은 첫째, 관광진흥개발기금법에 복지관광 활성화 근거 명시 및 여행경비 일부를 지원(여행경비의 40%, 15만 원 이내)하는 '여행바우처'제도 도입(2007년 폐지), 둘째, 복지관광 참여 대상 및 인원 확대, 셋째, 전국 관광지 장애인 편의시설에 대한 매뉴얼 작성 및 배포, 넷째, 관계부처·기관과의 협력강화를 통한 최적 지원 대상 선정 및 대상별 특성화 프로그램 개발, 다섯째, 관련기관(지자체 및 민간기업 등)의 참여 독려, 사회적 지원분위기 유도 등을 들 수 있다.

한편 보건복지가족부는 2008년부터 3년간 한시적으로 신체장애인 및 전국가구 월평균 소득(2008년 기준 370만 5,000원/월, 4인 가구) 이하 노인 등 특화된 취약계층 8,000명을 대상으로 '장애인·노인 Respite Plus Program 사업'을 추진하고 있다.[20)] 이 사업은 총 경비의 10%인 2만 5천 원만 부담하면 간호사·사회복지사·요양보호사 등 전문케어서비스를 제공받으면서 여행을 즐길 수 있다는 점이다. 이 사업은 ① 지속적으로 증가하는 장애인, 노인 가정의 욕구해소에 기여함으로써 사회적 취약계층의 삶의 질을 높여 사회통합에 기여하는 것은 물론 사회서비스 시장의 새로운 일자리를 창출, ② 국내관광을 통한 지역경제 활성화 및 대상자의 신체적 특성에 맞는 화장실, 숙박시설 등의 설치를 통해 여행목적지의 편의시설 및 인프라 환경 개선 등에 그 목적을 두고 있다.

〈표 38-4〉 2006~2007년 대상별 복지관광 내용[21)]

대 상	2006년			2007년
	주요 프로그램	프로그램 개최지	횟수/참여 인원	횟수/참여 인원
아동	병영체험, 도자기만들기체험, 땅굴방문	강원 양구, 충남 공주	6/431	12/485
노인	건강 및 문화체험	강원 양구, 전남 함평, 경남 통영	5/310	27/1,333
장애인	한림공원 관광, 코끼리랜드(공연 관람), 승마체험, 감귤따기체험, 서귀포유람선관광 등	제주	2/157	25/1,207
가족여행				19/761
외국인근로자 및 국제결혼 이주여성 가족	국립공주박물관 및 무령왕릉 견학, 스텐실/탁본/부채 및 제기 만들기, 나라별 제기차기 시합(즉석경연), 계룡산 도예촌(도자기만들기 체험) 등	충남 공주	1/117	18/748

2) 외국의 복지관광정책 사례

(1) 프랑스[22)]

프랑스 복지관광정책은 관광산업을 단순히 외화획득수단이 아닌 내외국민 모두가 관광을 통해 행복을 추구할 수 있는 권리를 보장하는 데 철학적 기반을 두고 있으며, 모든 자국민이 4박 이상의 바캉스를 갈 수 있는 권리를 국가가 보증하는 체크바캉스제도로 대변되어진다. 이 제도는 소득이 일정금액 이하인 근로자 또는 공무원, 민간인, 군인 등 여행을 가지 못하는 사람들의 여행기회 확대를 위해 도입되었다. 근로자들은 매달 최저 임금의 2~20% 범위 내에서 4개월 이상 적립하면 혜택을 받을 수 있는데, 기업체는 관련법(법률명 article 3 de l'ordonnance du 26 Mars 1982)에 의거 업체의 사정에 따라 근로자들의 적립 금액의 20%에서 80%까지 부담해야 한다. 체크바캉스제도 수혜자는 여행상품권을 배부 부서에서 수령한 후 여행상품권 담당기구(ANCV: Agence National des Cheques Vacance)와 계약을 통해 회원이 된 교통수단, 호텔, 식당, 캠핑장소 등에서 발행 날로부터 2년 이내에 사용할 수 있으며, 미사용 여행상품권은 유효기간 만료 후 3개월 내에는 현금으로 환불받을 수 있다.

(2) 캐나다 퀘벡주[23)]

퀘벡주 정부는 복지관광 활성화를 위해 다음과 같은 노력을 기울이고 있다.

첫째, 광범위한 네트워크 구축 및 다양한 활동 전개이다. 퀘벡여가위원회(the Quebec Leisure Council)는 45개 지방에 분포되어 있는 7,000여 개의 문화, 옥외레크리에이션, 과학, 사회-교육, 관광 관련 단체의 대표 기관으로 회원 간 협력, 공동 유산 관리, 인력 교육, 접근성과 서비스의 질 보증 등과 같은 업무를 담당하고 있다. 회원인 각 단체는 단체의 특성을 살려 퀘벡주의 관광상품 및 서비스 공급에 일익을 담당하고 있다. 한편 퀘벡주의 비영리단체 및 일부 민간 기업들도 복지관광의 가치이며 몬트리올 선언에서 제시된 인본주의 및 사회적 비전에 따라 접근가능한 관광 및 사회적 책임을 다하는 관광 촉진을 위해 적극적으로 노력하고 있다. 둘째, 주 정부의 복지관광에 대한 관여이다. 주 정부는 지난 30년 동안 정부 소유 토지를 주민의 옥외레크리에이션을 위해 제공, 복지관광 활성화에 기여하는 단체 발굴 및 재정적 지원, 휴가캠프나 유스호스텔에 대한 재정적 지원, 신체적 장애인의 접근성 향상을 위한 특별 지원 등을 해 오고 있다. 셋째, 모든 계층의 관광활동을 장려하기 위해 다양한 활동을 시행하고 있다. 특히 퀘벡여가위원회는 다른 단체들과 공동으로 '접근가능성, 지속가능성, 그리고 화합(solidarity)에 기반을 둔 관광'을 주제로 컨퍼런스를 개최하고 ① 관광 기회에 대한 모든 사람들의 접근성 향상, ② 최소 휴가기간 연장, ③ 고객의 다양성을 반영한 관광시설 제공, ④ 저소득층에 대한 재정적 지원, ⑤ 관광지 및 지역주민에 대한 사회적·경제적 혜택 증진, ⑥ 관광 공급자의 구체적이고 혁신적인 방안 마련 적극 유도(예: 휴가카드 실행, 접근가능한 루트 개발, 하부구조의 내구성 향상 등) 등을 제안하였다.

(3) 러시아[24)]

과거 소비에트연방공화국은 자유, 형평성, 사회적 정의 등의 이념에 따라 노동, 휴식, 주거, 의료 및 은퇴, 모성(母性) 및 아동 등과 같은 영역에 있어 국민에게 확고한 권리를 부여하였다. 관광기회를 통한 문화, 역사, 자연 그리고 기타 자원에의 접근성 측면에도 예외는 아니어서 국민들은 1918년에 도입된 유급휴가제도 덕분에 사회적으로 보장된 여가기회를 향유할 수 있었다. 공산주의체제 붕괴 이후 나타난 정치·사회·경제적 환경 변화로 인해 러시아의 관광정책의 기본 방향이 인바운드에 초점이 맞추어짐에 따라 복지관광 토대는 많이 손상되었으나, 오늘날에도 사회보장기금(Social Insurance Fund)에 의해 복지관광은 그 명맥이 유지되고 있다. 2004년 현재 약 6백만 명의 아동과 장애인 및 병원치료 이후 재활 중인 사람들 100만 명 이상이 기금을 통해 다양한 혜택을 받은 것으로 나타났다. 한편 러시아국제관광아카데미(Russian International

Academy for Tourism)는 각종 회의, 세미나 등을 통해 복지관광 관련 연방 법률 제안 및 '레크리에이션 휴가체크(Recreation Leave Cheques)' 도입을 추진한 바 있으며 동 아카데미가 설립한 러시아 관광협회(ANTS: All-Russia National Tourist Society)는 복지관광 관련 공적 대변인 역할을 담당하고 있다.

(4) 벨기에[25)]

제2차 세계대전 이후 벨기에는 가족 및 청소년들의 관광활동 촉진에 필요한 기반시설을 장려하는 법률을 제정하였다. 오늘날에도 관광정책의 대부분을 청소년 및 가족을 위한 복지관광에 중점을 두고 추진한 결과 유스호스텔, 직종별 노동조합이 관리하는 복지관광센터가 해변, 역사적 도시 도처에 건립되어 청소년과 가족들에게 제공되고 있다. 또한 과거에는 주로 건물에 대한 지원에 중점을 두었으나 최근에는 저소득층과 장애인 등 사람에 대한 지원에 더 중점을 두는 한편 새롭게 부각되는 이용객의 특성에 기존 시설들을 변용하는 방향으로 추진되고 있다.

(5) 헝가리[26)]

헝가리의 복지관광정책은 아동과 청소년 중심이며, '아동과 청소년을 위한 관광 및 휴식프로그램 개발 계획(2001－2006)'에서 아동과 청소년의 관광 참여기회 확대를 위해 장애인 등 특정

〈표 38-5〉 헝가리 아동 및 청소년 대상 복지관광 프로그램 과제

주요 과제	세부 과제
아동과 청소년의 관광 및 휴양 기회 확대	• 법적 · 경제적 기반 구축 • 아동 및 청소년의 관광 촉진을 위한 세제 도입(소득세, 부가가치세, 운동세 등) • 선정된 프로그램 외 다양한 형태의 관광 및 휴식 프로그램 개발 지원 • 특정 계층 아동 및 청소년의 관광 및 휴식 기회 제공에 대한 체계적인 재정 지원 • 아동 및 청소년에 대한 교육 실시
아동 및 청소년의 관광 및 휴양 제공 전문가에 대한 훈련 및 기술 향상	• 아동 및 청소년을 위한 관광을 장려하는 비정부기관의 직원에 대한 전문적 훈련 지원 • 관광의 학교 교육 접목을 위한 교사용 훈련 프로그램 정교화(예: 위생과 건강 문제)
관광 및 휴양 관련 시설에 대한 개발 지원	• 국립공원 및 주립공원 내 관광-교육 시설 확충 • 농촌 지역 내 숙박시설 개발
아동 및 청소년 관광에 있어 안전성 확보	• 휴양 프로그램 및 관광지에서 아동 및 청소년의 안전성 향상 • 아동 및 청소년의 관광 및 휴양 관련 다양한 측면(예: 적절한 위생상태 및 건강상태, 화재예방 등)에 대한 점검 • 알코올 또는 마약 중독과 같은 사회적 병리현상 예방 • 아동 및 청소년 관광 관련 윤리 강령에 대한 지식 확산

계층의 아동 및 청소년을 위한 협회, 관광 개발 관련 단체, 학교, 학교 스포츠클럽, 교사 등과 협력 관계를 구축하는 한편 구체적으로 <표 38-5>와 같은 과제를 설정하였다. 한편 다른 계층을 위한 복지관광정책으로 ① 사회기금마련을 통해 국내 여행을 하는 노동자 및 그 자녀, 은퇴자들에 대한 재정적 지원, ② 국가 건강기금을 통해 건강상태에 따라 온천 치료 제공, ③ 장애인 및 후견인의 치료목적 여행 시 장애인재활기금을 통한 재정적 지원, ④ 장애인을 위한 세금 감면 등을 추진하고 있다.

(6) 영국[27)]

영국 정부는 관광의 편익은 모든 계층에게 관광 기회를 제공할 때 극대화된다는 인식하에 마련된 관광진흥전략 '미래지향적인 관광(Tomorrow's Tourism 2001)'에서 ① 새로운 관광시장 개척, ② 유럽 내 최고의 접근성 제공, ③ 각종 자원에 대한 접근성 확대, ④ 소외계층의 관광부문 고용기회 확대 등을 우선순위로 선정함으로써 관광 소외계층을 고려한 복지관광 방향을 제시하고 있다. 이러한 전략에 따라 공공기관, 민간기관, 자원봉사 단체는 관광 소외계층 욕구 충족에 기여하는 다양한 관광상품을 개발해 오고 있다.

예를 들어 ETB(England Tourism Bureau)와 HCS(The Holiday Care Service)는 1989년 연령 혹은 능력에 관계없이 누구나 관광활동에 참여할 수 있는 환경창출 목적으로 '만인을 위한 관광(Tourism for All)' 캠페인을 실시하였다. 또한 FHA(The Family Holiday Association)는 주요 관광사업체로부터 기부금 및 상품・서비스 무료 제공 유도 등을 통해 평균 소득의 50%에 미치지 못하는 저소득층 자녀 460만 명에게 관광기회를 제공하는 등 저소득층 자녀들의 여행기회 확대를 위해 힘쓰고 있다. 한편 영국 정부는 2002년부터 3년간 2억 2,400만 파운드를 국립박물관, 전시관, 아트센터 등에 지원해줌으로써 이러한 시설에 대한 어린이와 노인들의 접근성을 향상시켰다. 한편 HLF(The Heritage Lottery Fund)는 박물관 및 전시관 접근성 제고 펀드로 7백만 파운드를 조성하여 사회취약계층의 박물관에 대한 접근성을 확대하고 있다.

3) 우리나라 복지관광의 문제점

1930년대부터 복지관광에 대한 관심과 지원이 이루어진 유럽과는 달리 1980년대 후반부터 추진된 우리나라 복지관광정책은 최근 들어 관광 취약계층을 대상으로 한 관광기회 확대를 위해 복지기관, 민간단체 및 관련 기관 등과 상호유기적인 협조체제를 구축하여 공동으로 추진하는 방향으로 발전해 오고 있다. 복지관광은 관광 소외계층의 삶의 질 향상뿐 아니라 사회적 통합(social integration)과 생산적 복지(productive welfare)를 실현할 수 있는 토대이나 우리나라의 경우는 한마디로 공공기관 및 민간부문 모두에게 있어 복지관광에 대한 토대가 미약한 실정이다. 공공기관의 경우 복지관광에 대한 인식과 정책 우선순위는 낮은 편이어서 복지관광에 필요한 제반 환경 조성은 걸음마 단계에 머물고 있다. 즉 복지관광 활성화를 위한 법적 기반 및 장기적인 종합계획이 수립되어 있지 않은 상태에서 체계적인 연구조사, 재원확보, 기반시설 확충, 인력확충, 대상별 다양한 프로그램 개발, 관련 기관과의 유기적 협조, 이해당사자 간 네트워크 구축 등과 같은 정책이 단편적이며 단기간의 성과 중심으로 이루어져 왔다. 예를 들어 사회취약계층 복지관광 프로그램이 2001년부터 매년 시행되고 있으나 참가 규모의 한정성으로 인해 대다수의 관광소외계층은 여전히 관광기회를 얻지 못하고 있다.

또한 우리나라 복지관광은 1980년대 후반부터 저렴한 숙박시설의 공급, 시범 야영장 개발, 소외계층을 위한 여행지원 등과 같은 형태로 실행되어 왔으나 대부분 공공부문을 중심으로 이루어져 왔으며 민간부문의 경우 직원 복지를 위한 휴양소 운영이 대기업을 중심으로 일부 운영되고 있는 실정이다. 또한 공공·민간단체들에 의한 복지관광도 YMCA, YWCA, 보이 스카우트, 걸 스카우트 등 청소년 단체의 유료단체여행 정도가 있을 뿐 외국의 예와 같이 소외계층까지 포함하는 폭넓은 여행 조직 활동이 전혀 이루어지지 않고 있다. 특히 복지관광은 관광기업들에게 틈새시장(niche market)으로서의 역할을 담당할 수 있음에도 불구하고 인식 부족, 사회 취약계층에 대한 부정적 태도 및 편견, 관광 소외계층이 가진 관광 욕구 충족에 필요한 종업원에 대한 교육 및 훈련 부족 등과 같은 문제를 해소하고자 하는 관광기업 및 관련 협회의 노력은 미미한 실정이다.

3 복지관광의 새로운 접근

다양한 제약 또는 걸림돌(barriers)로 인해 관광활동에 참여할 수 없는 관광 소외계층에게 관광 기회를 제공함으로써 관광 관련 불평등 문제 해소, 삶의 질 향상, 사회 통합에 기여할 수 있는 복지관광은 인간의 기본권이며, 도덕적으로 바람직할 뿐 아니라 모든 국가들이 법적·제도적으로 요구하는 사항이다. 그러나 많은 나라에서 실행되고 있는 복지관광은 개인의 취약한 여건을 개인적 상황으로 인식하는 패러다임(paradigm)에 기반을 두고 있으며 따라서 진정한 의미의 형평성 달성과는 거리가 먼 상황이다. 이 패러다임에 의하면 '사회적 약자'라는 여건은 당사자

스스로 만들었다는 것이다. 그러나 비록 사회적 약자라 하더라도 그렇지 않은 사람들과 동등한 삶을 살아가기를 열망하나 이들의 취약한 여건은 삶의 질을 저하시키며 관광을 포함한 일상생활 영위에 있어 불리한 요소로 명백하게 작용한다는 것이다. 따라서 사회와 정책담당자는 이들이 직면한 취약한 부분이 무엇인지 식별・이해하여 좀더 인간다운 삶을 살아가도록 각종 지원을 제공하여야 할 의무가 있다는 것이다. 사회 취약계층을 대상으로 한 지금까지의 복지관광정책은 이러한 패러다임에 기반을 두고 이루어져 왔으며, 따라서 여행 보조금 지급, 저렴한 시설 제공, 무료 초청, 무료입장 등과 같은 '시혜 중심적'인 접근법이 보편적이었다. 결과적으로 오늘날 복지관광 실태는 외형상 확대는 이루어졌으나 관광 소외계층은 자유선택권을 행사할 수 있는 기회를 배제당한 채 사회 및 정책당국자에 의해 결정된 사항(예: 한정된 인원, 한정된 프로그램, 한정된 공간 등)을 수용할 수밖에 없었다. 즉 복지관광의 핵심인 '형평성'의 부분적 실현만이 이루어져 왔다. 따라서 '형평성'을 최대한 실현하기 위해서는 복지관광에 대한 패러다임의 변화가 요구되어진다.

사회적 취약성에 대한 새로운 패러다임으로는 개인의 취약성 원인을 사회에서 찾는 패러다임을 들 수 있다. 이는 일부 계층의 취약성은 그들의 개인적 상황에 의한 것이 아닌 그들이 살고 있는 사회가 의식적 혹은 무의식적으로 형성한 장애물, 편견, 그리고 배타성에 의해 조성되었다는 것이다. 이 패러다임은 일부 사회 취약 계층도 사회 구성원의 일부로서 가치를 존중받아야 할 뿐 아니라 일부 계층의 사회적 취약성을 사회가 수용하고 포용한다면 사회적 취약성은 더 이상 존재하지 않는다는 관점에 기반을 두고 있다. 결국 이 패러다임은 모든 사회 구성원들에 대한 선택권 보장, 충분한 지원 제공, 네트워크의 확대, 가치 인정 등을 핵심으로 하고 있다. 이와 같은 패러다임에 의하면 복지관광의 정책 방향은 일반적으로 사회적 규범(societal norms)이라고 인정되는 관광활동에 관광 소외계층이 스스로 선택하고 참여할 수 있도록 관광자원 및 시설에 대한 접근성 확대, 사회자본(social capitals) 확충, 그리고 의사소통 수단 확충 등에 역점을 두어야 함을 시사하고 있다.[28] 또한 관광 소외문제 해결을 위해 공공부문, 민간부분, 당사자, 그리고 지역사회가 강력한 파트너십을 구축하는 한편 법적 근거 마련, 세제 혜택 등 각종 제도 정비, 재원 확보, 인력양성, 다양한 상품 및 서비스 개발, 연구 등과 같은 측면에서 공동 노력을 경주해야 할 필요성을 제시하고 있다.

미 주

1) http://www.bits_int.org

2) 국제관광공사(1981). 『국민숙사설립요강』. pp. 4-5.

3) McIntosh, R. W.(1972). *Tourism: Principles, Practices, Philosophies*. Grid, Inc.: Michigan. p. 47. http://www.bits_int.org

4) http://www.bits_int.org

5) 장병권(2005). 『국민관광론』. 서울: 기문사. pp. 67-68.

6) http://world-tourism.org/code_ethics/eng.html

7) http://eesc.europa.eu

8) McIntosh, R. W.(1972). *op. cit*. p. 47.

9) http://www.bits_int.org

10) 이장춘(2001). 『관광정책학(3판)』. 서울: 대왕사. p. 355 재인용.

11) 이장춘(2001). 전개서. p. 355 재인용.

12) 한국관광공사(1992). 국민복지관광 활성화 방안: 소시얼 투어리즘의 현황과 과제.

13) 김철원(2001). 『복지관광 활성화』. 한국관광연구원.

14) 이장춘(2001). 전개서. pp. 357-363 재인용.

15) http://www.bits_int.org

16) 문화관광부(2003). 2002년 관광동향에 관한 연차보고서.

17) 문화관광부(2003). 참여정부의 관광정책 18대 과제. 문화관광부 내부 자료.

18) 문화관광부(2005). 2004년 관광동향에 관한 연차보고서.

19) 문화관광부(2004). 관광진흥 5개년 계획.

20) http://www.mw.go.kr

21) 문화관광부(2007). 2006년 관광동향에 관한 연차보고서.
문화관광부(2008). 2007년 관광동향에 관한 연차보고서.

22) 김향자 · 유지윤(1999). 『여행바우처 제도 도입방안』. 한국관광연구원.

23) http://www.bits_int.org

24) http://www.bits_int.org

25) http://www.bits_int.org

26) Molski, C.(2006). Tourism program for young people. Paper presented at the 2006 International Conference "Tourism for All: State of the play and existing practice in EU". European Commission. Brussels, Belgium.

27) Department for Culture, Media, & Sport(2001). Tomorrow's tourism: A growth industry for the new Millennium, UK.

28) Minnaert, L., Maitland, R., & Miller, G.(2006) Social Tourism and Its Ethical Foundations. *Tourism, Culture & Communication*, 7, 7-17.

저자약력

이봉구(李奉求) 현_동의대학교 관광경영학과 부교수

Texas A&M University에서 박사학위를 취득한 저자는 한국관광학회 편집위원을 맡고 있으며 "장애유형에 따른 관광 제약요인 및 관광활동 참여 시 고려사항 차이에 관한 연구" "관광 관련 제약요인이 장애인의 관광 참여 의도에 미치는 영향에 관한 연구: Seligman의 무력감이론의 적용" "Examining relationships among perceptions of self, episode-specific evaluations, and overall satisfaction with a leisure activity" 등 활발한 학술적 성과를 발표하고 있으며 후진 양성과 학회의 발전에 힘쓰고 있다.

『관광학총론』 서른아홉 번째 이야기

제39장

문학관광

이 장 주*

1 문학관광의 개요

1) 문학관광의 개념

문학이란 행동보다는 현실과 추상적인 언어를 매개로 하여 지구상에서 발생될 수 있을 것 같은 유·무형의 체계적이고 가치 있는 인간의 생활 모습을 구체적으로 형상화한 예술이다. 이러한 문학의 개념과 연계하여 문학관광은 자유와 평온을 찾아 떠나는 사람들이 자연에 동화됨은 물론이고 픽션과 논픽션을 재현시키며 옛것과 현실세계를 상상하고 관람할 수 있는 관광이라 할 수 있다. 특히 과거 수백 년 역사 속 우리 민족들은 풍류의 내면적 세계를 정체되지 않은 시간 속 글들로 채워왔다는 것이다. 또한 문학은 인식의 주체와 대상과의 일정한 관계의 체계로 존재하는데 문학은 그동안 전래되어온 국내·외 문학들이 그 나라의 전통과 민족주의의 혼을 내포하고 있다. 따라서 대중관광이 유희와 소비행위를 중심으로 한다면 문학관광은 역사적 흐름을 암시하고 인간의 삶의 모습을 자연스럽게 표출시키고 있어 정적인 동시에 동적인 관광을 유발할 수 있다.

문학관광은 문학에 관광이, 관광에 문학이 곁들여지는 여정이다. 이효석의 <메밀꽃 필 무렵> 속 배경인 강원도 봉평으로 여행을 떠나고, 제임스 조이스의 <더블린 사람들>에 매혹돼 더블린으로 날아가는 여정 모두가 문학 여행이 되는 것이다. 최근의 문학 여행은 작가가 여정에 동행

* 국립목포대학교 관광경영학과 교수. e-mail: jjlee6840@mokpo.ac.kr

해 더욱 높은 인기를 누린다. 고전을 테마로 한 문학 여행이 여행자의 일방적인 상상과 더듬기라면, 동시대를 함께 사는 작가가 직접 동행하여 책 속 문장과 작품에 관해 조곤조곤 이야기하는 여정은 쌍방향의 대화고 이해다.

외국에서도 문학 여행은 큰 인기를 누린다. 해외도, 우리나라도 결국 여행을 하는 주체는 사람인데 사람은 결국 '사람 이야기'에 가장 많은 관심과 애정을 갖는 것이다. 일본인에게는 무라카미 하루키가 저술한 『노르웨이의 숲』에 나오는 그리스의 미코노스 섬이 유독 높은 인기를 누리고, 헤밍웨이의 작품을 좋아하는 전세계의 독자들은 그가 낚시하고, 럼주 마시며 가장 행복한 순간을 살았던 쿠바로 구름처럼 몰려간다. 특히 괴테의 체취를 따라가는 여정은 전세계적으로 인기다.

이제 문학 여행의 종류가 많아지고 그 내용이 충실해지면서 문학 여행만 고집하는 마니아도 점점 많아지고 있는 실정이다.

"작가들과 함께 여행을 하다 보면 제 마음이 감성적으로 바뀌는 것 같아 좋아요. 잔잔해지는 것 같고, 착해지는 것 같은 느낌이 들거든요. 작가들은 어떻게 그렇듯 눈부신 언어를 생각해낼 수 있는지 놀라울 뿐이에요. 혼자 여행을 했더라면 무심코 지나칠 수 있는 풍경, 숨결에 관해서도 자세히 설명해 주시니 이 또한 좋은 공부가 되는 것 같아요. 평소 김주영 선생을 좋아해서 그런지 처음 그분과 문학 기행을 떠날 때 얼마나 설레고 흥분되던지요."

우리나라에서는 1990년대 초반부터 문화유적을 대상으로 한 문화관광이 주류를 이루었는데, 이때 매개가 된 대중미디어는 여행(답사)기류의 교양서적이었다. 이중 대표적 답사기가 바로 1993년에 출판된 유홍준의 『나의 문화유산답사기』이다. 1990년대 이전의 여행기는 주로 지식인을 독자로 삼았던 고급 교양서의 성격이 강했지만, 1990년대 이후 따라 여행기 자체가 매우 대중적인 여행안내서로서 자리매김할 수 있었다. 이러한 변화는 문화유적답사라는 새로운 대중적인 문화관광의 출현과 접합되었다. 이 결과 전국의 소규모 공간들이 '답사' '답사여행' '문화답사' '역사문화기행' '테마여행' 등의 이름으로 새롭게 문화적 관광공간으로 변모하게 되었다.[1)]

문학관광객들은 탈출과 오락을 추구하는 관광객들과는 달리 교육수준이 높은 전문직 또는 관리직 종사자들이 많다고 보고하고 있다.[2)] 이러한 결과는 문학관광과 비슷한 성격의 유산(heritage)관광객들에 대한 기존의 경험적 연구들[3)]과 사회학자인 부르디외(Bourdieu, 1984)[4)]의 취향에 대한 연구결과와도 맥을 같이하는 것으로서, 문화자본(cultural capital)을 소유한 고학력자들이 학력이 낮은 자들에 비해 문화유산과 문예에 대한 취향을 더 많이 가지고 있음을 보여주

고 있다.

국제신문 2008년 1월 9일 월요일 | 기획 | 문화, 풀뿌리가 주인이다 | 17

책 밖으로 나와 문학의 뿌리 찾아 나선 독자들

한 가지 사실은 분명하다. '문학기행'은 이제 보통명사가 되었다. 문학기행은 원래 고유명사였다. 그 유래는 1980년대 중반으로 거슬러 올라간다. 지금은 유명한 소설가가 된 김훈 씨와 한국언론재단 이사장을 지낸 중진 언론인 박래부 씨가 한국일보 문화부 기자 시절 지면에 '문학기행'이라는 연재물을 반든 것이 효시다. 당시엔 기자와 작가가 문학작품의 고향을 찾아가 '현장과 작품'의 상관 관계를 실감 나게 들려주고 그것을 기행문 형식으로 써내던 것이 주된 형태였다. 그러던 것이 2000년대 접어들면서 커다란 변화가 시작됐다. 단순히 '읽는 것'에서 벗어나 문학의 향유 방식을 더욱 다채롭고 폭넓게 하고 싶다는 독자의 요구가 터져나온 것이다.

(2) 문학기행

1. 문학기행 명소로 떠오르고 있는 경남 거제시 청마 유치환 생가의 청마기념관.
2. 지난해 11월 국제신문이 마련한 소설가 김주영 씨의 문학기행 장면.
3. 강원도 원주시 단구동 박경리문학공원에서 영상물을 보는 문학기행 참가자들.

수동적으로 읽는 시대 가고 작품 잉태한 곳 직접 찾아서 작가와 교감·향유 새로운 권리

새로운 문학 향유를 위한 독자들의 권리선언

독자들은 왜 문학의 현장 속으로 떠나나

[그림 39-1] 문학관광 관련 신문기사[5)]

2) 문학관광의 특성

문학관광은 다음과 같은 특성을 가지고 있다.

우선 첫째로, 역사와 설화를 매개로 한다는 점에서 다른 장르의 관광과 다르다고 볼 수 있다. 즉, 인간의 내면적인 생활상을 시대적으로 형상화하여 관광객 스스로가 다양한 형태의 경험을 만들도록 한다.

둘째, 문학관광은 언어를 중심으로 구성된다. 천혜의 자연조건을 언어로 구사하는가 하면 산과 강, 바다 등이 조화를 이루도록 구사한다는 것이다. 그러한 배경이 곧 관광지화로 구성된다.

셋째, 문학관광은 심리적 교훈을 주는 예술관광이다. 즉 문학관광은 교육적 효과가 매우 크다는 것이다. 대중적인 관광이 되지는 않으면서 새로운 자아실현의 도움을 주는 것이 문학관광이다. 아울러 순수함을 얻고 종교관광 속의 템플스테이처럼 쉽게 도취될 수 있다.

넷째, 문학관광의 중심에는 삶의 도덕과 윤리적인 모습을 담고 있으며, 이 중 국내외 순수문학 대부분은 인간의 애환을 담고 있다. 특히 한국 전통문학 속의 가족관 즉, 효와 예향중심이다.

다섯째, 문학관광은 휴양중심형의 활력소 역할을 수행한다. 전라남도 장흥군이 전국 최초로 기획하고 있고 조성 중인 '문학관광기행특구'가 좋은 예라 할 수 있다.

全南日報

jnilbo.com

2008년 4월 26일

광양 교육·매실–장흥 문학관광 '특구'

전남 3곳 추가지정…전국 102곳으로

규제 특례로 지역특화 발전 앞당겨

광양시의 국제화·평생교육 특구 및 매실산업특구가 지역특화발전 특구(지역특구)로 최종 확정돼 명품 교육도시 육성과 매실산업 기반 조성에 탄력을 받게 됐다. 또 장흥군도 정남진 문학관광기행특구 지정으로 관광객 유치에 따른 지역경제 활성화가 기대된다.

정부는 25일 이윤호 지식경제부 장관 주재로 제14회 지역특화발전특구위원회를 개최해 광양 2곳, 장흥 1곳을 비롯해 △충북 제천 에코세라피건강특구 △충북 충주 수상레포츠특구 △충남 천안 국제화교육특구 등 6개 지역특구를 신규로 지정했다. 이로써 지역특구는 종전 96개에서 102개로 늘었다.

지역특구는 기초지방자치단체의 지역특화 발전 사업을 지원하기 위해 일정 지역을 특구로 지정, 선택적으로 규제 특례를 적용하는 지역이다.

광양 국제화·평생교육 특구는 광양시 중동 98만8745㎡의 부지에 광양시청과 주민자치센터, 학교, 평생교육시설이 건립돼 학생과 시민들에게 외국어 능력을 향상시킬 수 있는 교육기회를 제공하고 도·농 교육격차 해소를 위한 다양한 교육시스템 구축을 목표로 하고 있다.

5년간 492억원의 시비가 투자돼 교육환경 개선, 외국어교육 강화, 평생교육 지원사업 등 3개 분야에 걸쳐 추진되며, 특히 영어 교육의 경우 민간 전문기관에 위탁해 수준별 표준 커리큘럼에 따라 1차 온라인 영어학습, 2차 원어민과의 화상을 통한 대화형 교육을 실시한다. 1, 2차 과정 이수자는 영어타운에 입소해 교육효과를 극대화 할 계획이다.

광양시는 교육특구 지정으로 각종 사업에 있어 규제특례법 적용을 받게 돼 교육감의 인가로 공립학교 설립과 교원임용의 자율성을 확보하며 외국인을 교원과 강사로 임용하고 체류기간을 3년으로 연장할 수 있게 됐다.

광양 매실산업특구는 다압면 도사리 등 관내 58개리 616만6767㎡가 선정돼 5년간 국비 36억원, 도비 11억원, 시비 134억원, 민자 28억원으로 총 209억 원의 사업비를 투자해 매실 생산기술 및 가공식품 개발, 유통시설 확충, 매실축제 활성화 사업 등이 추진된다.

시는 특구 지정을 계기로 전문인력 역량 강화사업을 통해 명품 매실을 생산해 농가소득 증대와 지역경제 활성화를 꾀한다는 전략이다.

장흥 정남진 문학관광기행특구는 장흥군 대덕읍 연지리, 관산읍 삼산·방촌리, 안양면 기산리 일대 57만8517㎡에 문학테마파크 및 문학패밀리파크 조성, 작가 생가 복원 및 문학현장 개발 사업, 문화예술교육지원센터 조성 및 청소년 문학캠프 운영 등의 특화사업이 전개된다.

장흥군은 가사문학의 발원지이며, 최다수의 현대문학 작가 배출지라는 지역 특성을 살려 유서 깊고 방대한 문학유산과 지역출신 작가 생가를 문학 현장화해 문화테마 관광객과 교육생 유치로 주민 소득 증대를 꾀할 계획이다.

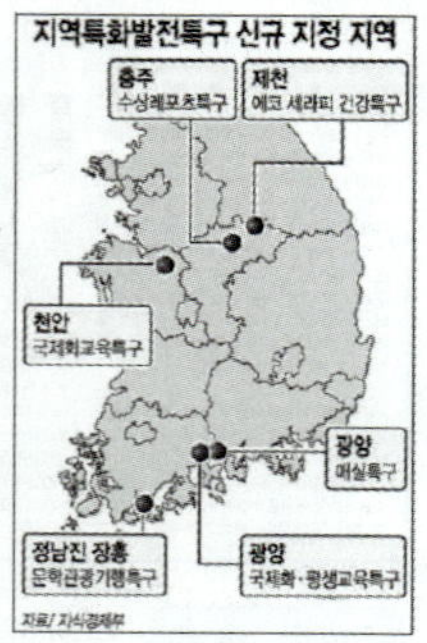

한편 이날 회의에서는 이미 고추·구기자 특구로 지정된 충남 청양은 고추문화마을 사업을 늘리고, 장류산업특구인 전북 순창은 전통 장류 제2생산단지를 조성하는 등 관련 산업을 확대키로 한 계획변경안도 심의·의결했다.

박성원 기자 swpark@jnilbo.com

[그림 39–2] 전남 장흥의 문학관광기행특구 관련 기사[6)]

2 문학관광의 유형

1) 명소 마케팅적 문학관광

각 지역이 자신들의 상징이 되는 대표 작가와 대표 작품을 잡아 이를 문학적 관광 명소로 만들어내고 있다.

지방자치단체들이 그 지역에서 태어났거나 인연을 지닌 문인들, 혹은 그 지역을 배경으로 쓰여진 작품들을 찾아 이를 지역의 상징으로 삼으려고 한 시도는 2000년대 들어 본격적으로 이뤄졌다. 문화 콘텐츠의 상업적 가치에 눈을 뜬 지자체들이 작가와 문학작품을 지역의 대표 이미지로 부각시켜 이를 관광 등 실질적 이익으로 연결시키려는 시도였다. 특히 1997년 문학관 건립에 국고가 지원되면서 문학인을 기리는 문학관 개관이 이어졌다.

자원의 특성이나 사업주체의 특성과 소비자의 욕구를 동시에 고려함으로써 지속적으로 명소를 유지하기 위한 형태를 흔히 명소마케팅이라 하는데 문학관광은 주변자원과 주요문학 내용의 중심지역을 명소화하는 것이다. 국내 몇몇 대표적인 지역으로는 강원도 원주시의 경우 박경리의 옛 집터에 기반을 둔 박경리 문학공원 일대가 문화 및 관광명소로 관광객들에게 인기를 끌고 있으며, 경상북도 영양군에서는 문학자원을 지역의 전통마을, 고가, 유적지, 휴양지와 연계하여 소설가 이문열의 고향인 두들마을에 광산문학연구소를 열어 이문열과 관광객이 함께 체험할 수 있는 '소설교실'을 열고 있다. 또한 시인 오일도의 고향인 영양읍 감천마을에 시비공원과 생가를 조성하고 있으며 이 밖에 전라남도 강진의 영랑생가 등은 명소마케팅적 문학관광지로 각광받고 있는 사례들이다.

그리고 전남 보성군은 조정래씨의 대하소설 『태백산맥』이 시작되는 벌교읍, 무당 소화네 집 부근에 태백산맥 문학관을 만들었고, 제석산을 '태백산맥' 등산로로 조성 중이다. 태백산맥 문학관에는 평일 400~500명, 주말에는 1,500명이 넘는 관람객들이 몰려들고 있다.

東亞日報

dongA.com

2009년 1월 2일

원주 박경리 문학공원 관광명소로 각광

작년 7만 7000여 명 방문… 현장학습-문학기행 등 인기

대하소설 '토지'의 작가 고 박경리 선생의 옛 집터에 만들어진 '박경리 문학공원' 일대가 문화 및 관광명소로 인기를 끌고 있다. 강원 원주시에 따르면 1999년 단구동 일대 1만 641m² 에 조성된 박경리 문학공원에는 지난해 관람객 7만 7,000여 명이 찾아 2007년 5만 4,000여 명에 비해 2만3,000여 명이 늘었다.

박경리 선생이 2008년 5월 세상을 떠난 뒤 초중고교의 현장학습 및 수학여행 · 문학기행 코스로 인기를 끌면서 관람객이 크게 늘고 있기 때문이다. 기축년 새해에 들어서도 수학여행과 문학기행 등 탐방 예약이 잇따르고 있다. 박경리 문학공원은 전문 해설가를 새로 확보하고 야생화 2,500그루를 심는 등 새롭게 꾸며 관람객들을 맞이할 계획이다. 박경리 문학공원은 박경리 선생의 집필도구 등을 기증받아 옛집(211m²) 1층에 집필실을 복원했고 2층에는 문인 사랑방을 마련했다. 소설 '토지'에 등장하는 '평사리 마당'과 '홍이 동산'도 조성해 놓았다.

문학공원 관계자는 "문학공원을 찾은 학생들에게 역사와 문화를 되새길 수 있는 기회를 제공하고 이어 걸맞은 다양한 프로그램을 운영하겠다"고 말했다.

[그림 39-3] 강원도 원주시의 박경리 문학공원 관련 기사[7)]

이 같은 문학관은 작가의 유품 등을 정리, 전시하는 공간을 마련했다는 점에서 하드웨어 중심의 시도로 볼 수 있는데, 지역과 작가가 함께 떠오르면서 전국적 명소로 자리 잡은 곳으로는 박경리의 토지문화관(원주), 김유정의 김유정 마을(춘천), 이외수의 감성마을(화천) 정도가 꼽힌다.

토지문화관은 소설가 박경리씨가 생전에 후배 작가들을 위한 집필공간을 내주며 베푼 작가의 힘으로 명성을 얻었고, 소설가 전상국씨가 촌장으로 있는 김유정 마을은 다양한 문학행사와 이벤트로 전국적인 명소로 자리 잡았다. 2006년 강원도 화천군이 이외수씨에게 집필실을 제공하면서 조성된 화천 감성마을은 이외수씨가 대중 스타로 떠오르면서 결과적으로 인기가 높아졌다. 결국 결과는 소프트웨어에 좌우됐다고 할 수 있다.

'물고기가 보는 방향으로 달리면 감성마을.'

소설가 이외수(62)가 촌장을 맡고 있는 화천 '감성마을'을 찾아가다보면 이색적인 이정표가 눈길을 사로잡는다. 감성마을 입구 곳곳마다 들어선 이색 이정표는 '새가 바라보는 방향으로 0㎞', '물고기가 보는 방향으로 0㎞', '달팽이가 기어가는 곳으로 0㎞' 등 다채롭다. 문학을 사랑하는 사람이면 한번쯤은 다녀가야 하는 필수코스가 된 감성마을은 접경지 청정자연과 어울려 개성 있는 문화예술 공간으로 운치를 더하고 있다.

● 화천 '감성마을'

모든 교육과 특강이 진행되는 모월당 전경.

청정자연속 문학 벗하며 '감성충전'

소설가 이외수 2006년부터 작품 활동

독자·수강생 등 관광객 방문 증가

2010년말 감성테마문학공원 '탈바꿈'

#감성마을, 그 곳에 가고 싶다

화천군 다목리 접경지역에 위치한 감성마을은 유명 문학가들의 집필공간으로 출발했다.

화천군은 젊은 시절 춘천에서 작품 활동을 해 온 인기작가 이외수를 삼고초려 끝에 2006년 화천군 상서면 다목리로 모셔갔다.

그동안 방문객 교육시설인 모월당을 비롯해 문학 산책로, 모월교, 생태주차장 등 다양한 시설물들이 들어섰다.

2010년 말 감성테마문학공원으로 탈바꿈하는 마을에 올해만 5000명이 넘는 관광객이 방문했다.

감성마을은 다목리에서 비포장 산길을 도보로 30여분을 오르면 만날 수 있다. 주말이면 독자 모임을 비롯해 200여개가 넘는 온라인 동아리 모임 회원들로 북적인다. 평일에도 모월당 강의실은 이외수 정기 강좌를 들으려는 수강생이 넘쳐난다.

전국 최고의 문화관광코스로 인기를 얻고 있는 감성마을 지킴이 이 촌장은 '장수하늘소', '벽오금학도' 등의 소설과 근래 '하악하악' 같은 산문집으로 적지 않은 독자층까지 확보해 탄탄대로다. 지역의 산품이든 이미지든 브랜드를 만들어 권역을 알리는 마케팅을 꾸준히 추진한 화천군의 노력도 한몫했다.

감성마을을 찾아 '감성충전'을 마치고 다목 1리 '쀨떡약수'도 찾아보자. 강원도 산골의 천연스러움을 간직한 자연환경으로 등산객들 사이에 입소문으로 알려진 명소다.

최근 완공한 모월당과 집성목 교량, 산책로 등 기반시설이 마무리되면 전국 30만 독자들의 방문도 기대되고 있다.

❶ 올해 말 완공 예정인 감성마을 문학 산책로.
❷ 정기적으로 교육 받는 지역 주둔 군 장병.
❸ 철원도서관 문학기행 팀원들이 특강을 듣고 있다.

#지역과 함께 한다

감성마을은 지역 알리기와 경제 활성화의 전초기지다.

이외수 촌장은 감성마을을 방문하는 사람들에게 차 이외에는 대접하지 않는다. 식사와 숙박 등은 감성마을 아래 다목리에서 해결해야 한다는 원칙을 지키기 위해서다. 감성마을에는 숙박시설이나 음식점이 없다. 관광객의 숙박과 식사를 인근 마을로 유도해 지역경제 활성화는 물론 지역의 특산품, 대표음식 등도 알리기 위해서다.

장기간 연수를 목적으로 감성마을을 찾는 수강생들도 하숙이나 여관을 이용해야 한다. 방문객의 요청에도 감성마을에선 특정한 식당이나 숙박시설을 추천하지도 않는다. 입주 초기 이방인의 출현으로 경계했던 다목리 주민들도 이제는 감성마을 구성원들을 이웃사촌으로 생각하는 한 이유다.

반면 이외수 촌장이 진행하는 모든 강좌는 전액 무료다. 수십 명의 문하생이 권역에 장기거주하고 있는 것을 비롯해 공공기관, 대기업 등이 참여하는 단체연수도 잇따르고 있다.

모월당은 이외수의 정기 강좌를 들으려는 독자와 수강생, 관광객들로 휴일과 주말이면 북새통을 이루고 있다. 주민보다 주둔 군 장병이 많은 접경지 특성을 이해한 이 촌장의 군부대 사랑도 특별하다. 감성마을 인근에 주둔하고 있는 승리부대의 경우 이 촌장을 부대명예홍보대사로 위촉했을 정도다.

최근 이 촌장의 연기자 도전을 비롯해 다양한 TV프로그램과 광고 출연 등으로 감성마을이 알려지면서 권역을 연결하는 관광 상품도 주목을 받고 있다. 지역과 동행하는 감성마을이 맺은 결실이다. 화천/윤수용 ysy@kado.net

이외수 촌장

지역문화 홍보대사 앞장

테마 있는 문화마을 인기

화천 감성마을에서 작품 활동을 하고 있는 소설가 이외수는 신작 에세이 '하악하악'이 베스트셀러 1위를 차지하며, 인기몰이를 하고 있다.

촌장 이외수가 감성마을에 입주한 것은 지난 2006년 봄.

제2의 전성기를 맞이한 이외수 촌장이 '영혼의 연금술사', 지역문화홍보대사 역할을 담당하면서 감성마을도 전국적인 테마가 있는 문화마을로 인기를 얻고 있다. 이 촌장은 특강이나 언론 인터뷰에서 "성공하거나 변하고 싶다면 반드시 책을 읽어야 한다"고 강조하며 요즘처럼 오프라인 매체가 힘을 잃어가는 게 안타깝기만 하다고 언급하고 있다.

풍부한 감성을 충전하고 고즈넉한 분위기를 만들어내는 다목리 오솔길을 걷는 행복한 감성마을의 매력과 함께 이 촌장의 미소가 손짓을 하고 있다.

이외수 촌장은 "마음이 부자인 사람이 진정한 부자다"며 "독서를 많이 해 풍부한 감성을 키우는 것이 자신을 사랑하는 것"이라고 말했다. 화천/윤수용

[그림 39-4] 강원도 화천군의 감성마을 관련 기사[8)]

2) 테마파크형 문학관광

테마기행가사문학의 효시 기봉 백광홍 선생의 "관서별곡"이 세상에 빛을 발하고 가사문학관광의 모태가 되기 시작한 것은 불과 10여 년 전이다. 전라남도 장흥군의 천관산문학테마파크 조성으로 이 지역이 국내문학관광의 시작을 알려주었다. 국내에 주 5일 근무제가 실시되면서 각종 교통수단의 발달, 소득증대, 휴양, 웰빙, 건강레저 등에 대한 일반인들의 관심이 높아지면서 사람들은 여행에 대한 의미를 찾기 시작하였다. 수백 년의 전통과 그 속에서 감춰져 있던 오랜 역사 속의 문학관광은 현대사회에 와서 설화나 이야기 등을 구성하여 만든 스토리텔링 형태에서 체험과 휴양을 겸한 스토리관광 형태의 테마파크형 문학관광을 탄생시킨 것이다.

이처럼 테마파크형 문학관광은 이미 유럽에서 많은 관광객들이 선호하고 있으나 국내에서는 이제 시작에 불과하다고 할 수 있다. 특히 관광에서 말하는 '테마파크'는 일정한 주제에 맞는 전체 환경과 환상을 유발시키는 분위기를 만들기 위하여 오락과 편익시설, 공연과 이벤트, 식음료 및 상품 등의 소재를 이용하여 주제에 따른 공통의 스토리를 연출함으로써 방문객에게 흥미와 즐거움을 제공할 수 있는 비일상적인 '종합문화공원'[9]으로 분류되는데, 이제는 문학이 중심이 되는 테마파크가 국내 지자체에서 조성 중에 있다. 지자체의 문학을 테마로 한 테마파크 형태는 문학의 이야기성에 주목해, 작가와 작품의 이야기를 다양한 체험, 놀이로 풀어냄으로써 일종의 커다란 문학적 체험 공간으로 만들고 있다.

황순원의 소설 『소나기』를 주제로 한 소나기마을은 문학관뿐 아니라 소나기 애니메이션이 상영되는 옛날 교실 스타일의 영상실, 소나기 광장, 소설 속 소녀와 소년이 만났던 징검다리, 돌다리, 오두막, 수숫단 등이 재현돼 있으며, 예를 들어 사람들이 수숫단 속에 들어가면 소나기가 쏟아지는 식의 소나기 체험도 할 수 있다.

경북 청송군에 들어설 객주 문학 테마파크 역시 체험 풍물공간, 이벤트 광장, 체험놀이 마당, 옛날 장터, 영상관, 문학의 숲, 문학학교 등을 구비해 사람들이 몸으로 소설을 즐길 수 있도록 했다.

한편 군 전체가 문학관광기행특구로 지정된 장흥군은 소설가 이청준, 한승원, 송기숙, 이승우 씨 등의 고향이고, 이청준의 소설 30여 편의 무대가 된 곳이다. 이 같은 문학적 가치를 살려낸 특구 안에는 문학공원, 문학테마파크, 작가 집필실 등이 들어선다. 장흥군의 천관산문학테마파크는 한국문학공원, 문학식물원 조성과 함께 이 지역에 많은 문인들의 배출과 함께, 특별한 삶의 의미를 부여하고 있다. 또한 여기에는 관광객들을 위한 숙박시설, 콘도미니엄, 담수호보트장, 해수탕 등의 편의시설은 물론 다목적운동장, 자연체험 및 관람장, 축제광장 등 가족단위 관광객들의 휴식과 배움을 함께할 수 있는 공간으로 조성된다.

3 문학관광의 현황과 과제

1) 문학관광의 현황

문학을 대상으로 하는 관광객들은 집필 장소나 출생지와 같은 작가의 삶과 관련된 장소를 방문함으로써 향수를 느끼거나 경의를 표현할 수 있고, 관광객들이 문학관광지에 관심을 가지게 되는 것은 그곳이 어떤 소설의 배경이 되었기 때문이다. 특정한 작품의 배경이 되었던 곳에서는 실제와 허구가 섞여 있고 이것은 그 장소에 특별한 의미를 부여하며 사람들로 하여금 상상력을 유발시킬 수 있다. 또한, 관광객들은 특정한 작가나 이야기보다 색다르고 깊이 있는 감정을 경험하기 위하여 문학관광지를 찾을 수 있으며, 문학작품 자체보다는 작가가 자신의 삶에서 어떤 극적인 사건을 경험한 곳을 둘러보고 싶기 때문에 특정한 장소를 방문하기도 한다.[10)]

최근 여행은 자연을 즐기는 데서 한 걸음 나아가 우리 땅 구석구석을 깊이 있게 느끼는 차원으로 확산돼가는 추세로 이와 더불어 지역이 낳은 문학작품과 작가들의 자취에 대한 관심도 높아지고 있다. 이에 따라 지자체들도 문학관 건립이나 문학테마파크 조성에 경쟁적으로 뛰어들고 있는 상태이다.

이에 한국관광공사에서도 관광객들에게 홈페이지를 통해 테마관광의 한 유형으로 문학작품의 배경지에 대하여 2009년 5월 현재 총 15개소의 문학관광지에 대한 정보를 제공하고 있다([그림 39-5] 참조).

이효석의 대표적 작품인 <메밀꽃 필 무렵>은 문학사적 가치를 지니고 있으며, 지역문학으로 높이 평가받은 작품이다. 특히 작가의 문학활동 공간과 작품 속 배경공간을 함께 체험할 수 있고, 강원도 평창에 이효석 문화마을이 조성되어 있어 관광객들의 관심과 흥미를 유발시키고 있다.

『메밀꽃 필 무렵』의 무대가 된 강원도 평창군에서는 봉평면 창동에 가산공원(10,489m²)을 조성하고 작가 이효석의 흉상, 문학비를 세우는 한편 벤치, 화장실, 음수대 등 편의시설을 갖추고 소설 속에 등장하는 충주댁 집, 물레방앗간 등을 건립하는 한편, 작가 이효석의 생가 복원과 기념관을 건립하고 지역 특산물 메밀과 관련한 향토자료관 등 시설을 건립하였다. 매년 8~9월 개최되는 효석문화제는 문학과 지역특산물 메밀을 소재로 한 향토적 색채가 강한 지역 축제로서 많은 사람들로부터 호응을 얻고 있다.

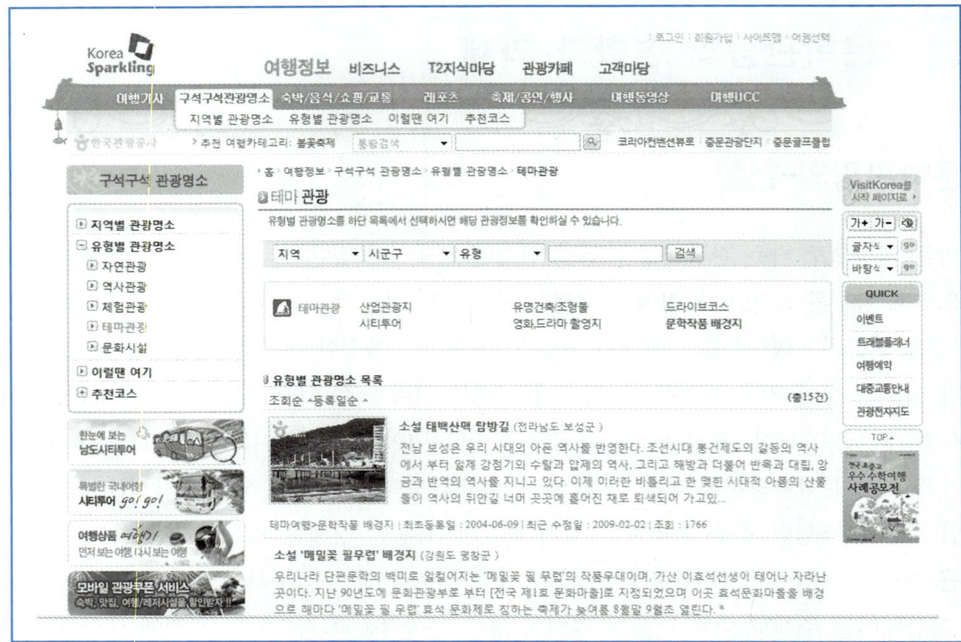

[그림 39-5] 한국관광공사 홈페이지에서 소개되고 있는 문학관광지[11)]

이효석문학관의 성공은 다른 지방자치단체에 영향을 주었는데, 먼저 자극받은 곳은 경기도 양평군이었다. 양평군은 경희대와 손잡고 114억 원의 예산을 들여 '황순원문학촌-양평 소나기마을'을 조성하고 있다. 『메밀꽃 필 무렵』에 못지않은 '국민 소설'인 황순원의 『소나기』를 활용해 또 하나의 문학관광 명소를 만든다는 방침이다. 두물머리에서 멀지 않은 서종면 수능 1리에 징검다리, 섶다리 개울, 수숫단 오솔길 등 소설 『소나기』 속 주요배경이 재현된다. '업고 건너는 길'에서는 인공 소나기가 뿌려지는 가운데 남자가 여자를 업고 지나는 소설 속 체험을 할 수도 있다.

조정래의 대하소설 『태백산맥』의 무대인 전남 보성 벌교에는 '태백산맥 문학관'과 문학공원이 조성되었으며, 경남 하동에도 '이명산 문학예술촌-이병주문학관'이 들어선다. 이 밖에도 김승옥문학관(전남 순천), 신동엽문학관(충남 부여), 이문구문학관(충남 보령) 등이 계획되어 있다. 작가와 문학작품이 관광자원으로 각광받는 시대라고 할 수 있다.

소설가 김주영의 고향 경북 청송에서도 '객주 문학테마타운' 조성이 추진되고 있다. 『객주』는 김주영씨의 대표작으로 꼽히는 대하소설이다. 조선 후기 보부상을 중심으로 백성들의 애환을 다루면서 그들의 눈높이에서 본 역사를 유장하게 풀어나간다. 경상북도와 청송군이 중심이 되어

강원도 평창의 이효석문학관

경기도 양평의 소나기마을

전남 보성의 태백산맥문학관

강원 춘천의 김유정문학촌

추진하고 있는 '객주 문학테마타운' 구상은 문학과 독자의 거리를 좁히는 한편 지역사회의 관광수입 증대에도 이바지할 것으로 기대된다. 구체적으로는 장터거리를 재현하여 보부상들의 삶을 체험할 수 있게 하고, 『객주』와 김주영 문학 관련 자료를 전시하여 문학교육의 장으로 이용하게 한다는 계획이다.

'객주 문학테마타운' 구상 역시 강원도 평창의 이효석문학관과 효석문화제의 성공에 고무되어 추진되고 있는데, 평창은 소설 『메밀꽃 필 무렵』의 작가 이효석 덕분에 연간 200만 명의 관광객을 유치하여 100억 원에 가까운 부가가치를 얻고 있다. 강원도 춘천의 김유정문학촌 역시 『동백꽃』과 『봄·봄』의 작가 김유정을 내세운 문학관광 프로그램을 성공적으로 운영하고 있다.

지자체의 이와 같은 문학관광 상품화와 더불어 문화체육관광부에서도 박경리의 토지길 등 7개 지역을 '스토리가 있는 문화생태 탐방로'로 선정하였으며, 선정된 사업지 가운데 경북 영주와 충북 단양 지역을 잇는 소백산 자락길(34km)은 고려가요와 함께하는 '문화생태 탐방길'과 1000년 역사가 숨쉬는 '죽령 명승길'로 정비·운영하기로 하였으며, 전남강진·영암 지역의 삼남대로를 따라가는 '정약용의 남도 유배길(55km)'은 역사문화형 테마 길로 강진군 다산수련원에서 출발해 월출산자락 웰빙기(氣)도로를 거쳐 구림마을로 이어진다. 경남 하동지역의 섬진강을 따라가는 '박경리의 토지길'은 화개길과 연계해 총 31km에 이른다. 이 구간은 예술문화형 탐방로로 소설 토지의 배경이 된 최참판댁과 섬진강변, 화개장터 등 도보로 5시간이 소요되는 코스로 조성될 예정이다. 아울러 하동지역의 축제인 '야생차 문화축제' '벚꽃축제' '메밀꽃 축제' 등과 연계, 다채로운 이벤트를 병행하기로 계획하였다.12)

박경리의 소설 『토지』의 배경이 된 경남 하동 평사리의 최참판댁 전경

2) 문학관광의 과제

경남 하동 평사리는 박경리씨의 대하소설 『토지』 의 무대다. 10여 년 전만 하더라도 안내판 하나 없을 정도로 한적했는데, 『토지』 가 텔레비전 드라마로 방영되면서 평사리는 세트장으로 탈바꿈했고 주말이면 전국 각지에서 몰려든 수십 수백 대의 승용차와 버스들로 북적이는 관광지가 되었다. 한 집 건너 한 집 꼴로 가게가 들어서면서 동네 분위기도 흥청거리는 시장처럼 바뀌었다. 지역 주민들의 수입은 증대되었지만, 예전과 같은 호젓함을 맛보기는 어렵게 되었다. '객주 문학테마타운'과 '소나기마을'을 비롯해 현재 추진 중인 문학관광 프로그램이 타산지석으로 삼아야 할 대목이라 본다. 관광의 지속가능성적 측면에서 지역사회의 이익을 도모하면서도 문학 본연의 향기는 잃지 않는 관광목적지로서의 관리가 필요한 시점이라 할 수 있다.

향후 문학과 예술테마가 관광시장의 중요한 상품화 대상이 될 것으로 예상하고 지역출신 유명작가의 출생지나 문학관 또는 그들의 작품 속에 등장했던 지역의 명소를 인근 관광자원과 연계한 패키지 상품으로 개발하는 등 문학테마관광 상품을 집중 육성할 필요가 있다.

한국문학사에서 큰 족적을 남긴 걸출한 작가들을 다수 배출한 지역으로 대표적인 문인으로는 박목월, 김동리(경주), 이육사(안동), 이호우(청도), 이문열, 조지훈, 오희병(영양), 김주영(청송) 등이 있고, 이들의 생가와 문학관 등이 있다. 최근 동호회, 마니아를 중심으로 한 문학테마 여행이 급증하는 추세이고 오프라인·온라인 서점 및 출판업계를 중심으로 작가와 함께하는 문학테마여행을 활용한 출판기념 마케팅이 활성화되고 있어 풍부한 문학관련 콘텐츠가 기존의 관광자원과 효과적으로 연계될 경우 관광객 유치에 크게 기여할 전망이다.

문학인이 태어나고 자란 고향은 문학인의 뼈와 살을 물과 바람으로 키운 곳이다. 작품을 잉태한 모태(母胎)이자 영감의 원천, 정화와 치유의 공간이다. 문학인은 몸과 마음에 새겨진 고향에 대한 기억의 저 먼 곳을 불러내 눈부신 상상력으로 복원하고 채색하고 작품으로 형상화한다. 고향이 아니더라도 국토의 구석구석을 찾아다니면서 국토에 혼을 불어넣고 이야기를 만들어낸다. 문학관과 테마타운을 만들 수 있는 원천을 제공해 이 땅을 더욱 빛내기도 한다.

이미 영국에서는 세익스피어나 조앤 K. 롤링의 작품 무대를 문화관광상품으로 개발하여 세계적인 관광명소가 된 사실만을 보더라도 문학작품을 대상으로 하는 관광상품이 지역을 관광명소화하는 데 기여한다는 사실을 알 수 있다.

문학인들은 문장의 역동성을 여행에서 찾고, 창작의 조건으로 '독만권서(讀萬卷書), 행만리로(行萬里路)'라 하여 '만 권의 책을 읽고, 만 리 길을 다녀야 한다'고 했다. 여행을 더욱 강조하기 위해 '독만권서(讀萬卷書), 불여행만리로(不如行萬里路)'라 하여 '만 권의 책을 읽는 것은 만 리 길을 다니는 것보다 못하다'고 말했다.

서머셋 몸은『달과 6펜스』에서 여행을 떠날 수밖에 없는 예술가의 운명을 말했다. 여행은 일상에서 잃어버린 자아를 만나러 가는 행보라는 것이다.

우리나라에서도 불후의 명작인 연암 박지원의『열하일기』나 김창업의『연행일기』는 다 여행의 산물이다. 이렇듯 밀접한 연관이 있는 문학과 관광이 만나 아름다운 문화관광상품이 되려면 문학정신을 훼손하지 않으면서 관광이 지녀야 할 가치를 잘 나타내야 한다. 그래야 문학관광이 새로운 트렌드로 자리 잡을 수 있다.

문학작품 속에 나타난 공간이나 관광 공간은 다르지 않다. 지금이라도 문학관광을 문화의 세기에 걸맞은 특수목적형 관광(SIT)의 일종으로 개발하기 위해서는 정부의 정책입안자, 지방자치단체 공무원, 문학단체, 서점, 여행사 등이 머리를 맞대고 한국 작가의 고향이나 작품의 무대를 브랜드화하는 것이 필요하다. 또한 독자나 여행애호가들도 문학인이나 작가의 고향, 작품의 무대에 대해 애정과 관심을 지속적으로 가질 때 문학도 살고 관광도 사는 길이 될 것이다.

미 주

1) 심승희(2000). 문화관광의 대중화를 통한 공간의 사회적 구성에 관한 연구. 서울대학교 대학원 박사학위논문.

2) Herbert, D.(2001). Literary places, tourism and the heritage experience. *Annals of Tourism Research*, 28(2), 312-333.

3) Prentice, R.(1993). *Tourism and Heritage Places*. London: Routledge.

4) Bourdieu, P.(1984). *Distinction: A Social Critique of the Judgement of Social Taste*. London: Routledge.

5) 국제신문(2009년 1월 5일). 문화, 풀뿌리가 주인이다.

6) 전남일보(2008년 4월 26일). 광양 교육매실-장흥 문학관광 특구.

7) 동아일보(2009년 1월 2일). 원주 박경리 문학공원 관광명소로 각광.

8) 강원도민일보(2008년 11월 28일). 청정자연속 문학 벗하며 감성충전.

9) 김창수(2007), 『테마파크의 이해』. 대왕사.

10) 이진형(2004). 문학기행객의 사회・인구학적 특성과 참여동기에 따른 마케팅적 함의. 『관광학연구』, 28(3), 103-122.

11) 한국관광공사(http://kto.visitkorea.or.kr).

12) 문화체육관광부, 이야기가 있는 문화생태탐방로 7곳 선정(http://mcst.korea.kr/gonews).

저자약력

이장주(李章柱) 현_국립목포대학교 관광경영학과 교수

경기대학교에서 박사학위를 취득했다. 저자 이장주는 한국관광학회 자원개발분과학회장을 역임했으며, 저서 『농촌관광론』 『생태관광론』 등과 논문 "지역축제 참여동기에 관한 비교연구" "세분시장별 축제 이미지의 차이에 관한 연구" "국립중앙박물관 방문객의 특성에 관한 분석적 연구" 등을 통해 활발한 학술적 성과를 발표하고 있으며 후진 양성과 학회 발전에 힘쓰고 있다.

제40장

의료관광

하 동 현*

1 의료관광의 등장배경과 의의

사람들은 관광을 통하여 휴식을 취하고 즐거움을 느끼며 웰빙(Well Being)과 건강의 증진을 취한다. 문화관광의 증가와 관광의 개념이 학습체험으로 귀결되는 경우에도 학습은 휴식을 취하고 강의실의 기억과는 상당히 다르다. 관광객들은 쾌락주의자일 필요는 없으나, 이러한 혜택을 기대한다. 휴일 동안 휴식, 운동 혹은 온천에의 방문을 통하여 건강을 도모하려는 시도는 의료관광이라는 관광산업에서의 새롭고 확실한 틈새시장을 등장하게 만들었다.

관광의 일부 초기 형태는 건강과 웰빙의 도모와 직접적으로 관련이 된다. 즉, 전세계적으로 많은 온천이 생겨났으며, 일부의 경우는 지역관광의 출발이 되었고, 18세기까지는 온천욕이 대중화되었다. 19세기에는 비교적 한적한 지역에도 온천이 생겨났으며, 열대지역에서의 철도역개설은 관광과 레크리에이션의 치료가 강조되었다.[1] 그 후 레크리에이션과 관광은 선진국에서 바닷가로 이동하였으며, 엘리트계층으로부터 근로자로 확대되었고, 해수욕이 건강추구 레크리에이션의 한 형태가 되었다. 이와 유사하게 골프, 자전거 타기, 걷기 및 등산 같은 스포츠도 관광객 체험의 일부분이 되었으며, 이러한 것들은 관광과 웰빙을 동시에 추구하는 관광객들이 즐기는 형태가 되었다. 최근에는 관광객들이 요가와 명상을 찾아 여행하고 있다. 이러한 모든 유산은 건강상의 혜택을 얻을 목적으로 관광객이 온천을 방문하는 보건관광(Health Tourism)의 형태 등으로 나타나고 있다.

* 동국대학교 호텔관광경영학부 교수(현 대한관광경영학회 회장), e-mail: hhg@dongguk.ac.kr

21세기 들어 웰빙의 개념은 더욱 확대되고 있다. 즉, 힘든 일로부터 벗어나 더욱 깨끗하고 혹은 더욱 따뜻한 기후를 가진 장소에의 이동 혹은 온천의 이용은 더 이상 휴일에만 즐기는 현상이 아니며, 따라서 의료관광의 등장은 관광의 주요 테마가 되었으며, 관광산업에서 새로운 틈새시장이 되었다. 일부 연구자들은 건강에 관련된 관광의 모든 형태를 포함시키기 위해 보건관광이라는 용어를 사용하고 있으나,[2] 구체적인 의료행위를 포함하는 용어로써 의료관광(Medical Tourism)을 보건관광으로부터 구별하는 것이 더욱 유용하다. 틈새시장으로써 의료관광은 하나의 산업으로서 급속한 성장가능성이 있는 분야로 등장하였다. 이러한 의료관광산업에서 사람들은 전통적인 의미에서 휴일을 즐김과 동시에 의료처치를 받기 위해 해외로 여행한다. 의료관광은 선진국에서의 높은 치료비용, 긴 환자대기목록, 해외항공여행 이용가능성의 증가, 환율의 유리한 방향으로의 변화 및 부유한 베이비 붐 세대의 노년화 등으로 인하여 최근 급격하게 증가해 왔다. 의료관광은 부유한 환자가 부유한 지역에 여행을 하는 초기의 형태와는 반대 방향으로 나가고 있다.

의료관광의 성장은 보건전문가가 아닌, 외국인 환자와 병원 간의 중개인인 인터넷의 성장과 신기업의 탄생에 의해 용이하게 되었다. 또한 의료관광은 새로운 기술이 적용된 일부 주요국가에서 급격하게 개선된 보건제도에 의하여 성장하여 왔다. 무엇보다도 의료치료가 공공부문에서 민간부문으로 점차적으로 이동함에 따라 관광 분야와 연합하여 정교한 마케팅 기법을 수반하였는데, 이러한 이동으로 인해 특히 선진국이나 미국 같은 나라에서 점점 더 많은 국민들이 의료처치를 위해서 상당한 비용을 감수해야 한다. 마지막으로 미용외과에 대한 관심의 증가는 새로운 수요를 창출하였다. 다양한 형태의 치과성형수술, 특히 미용치과수술을 포함하는 치과수술들은 영국이나 호주 같은 나라에서 의료보험으로 치료가 되지 않는다. 따라서 치과의료관광이 특별히 의료관광에서 보편화되었는데, 아시아에서는 보편화 추세의 초기 단계에 있다. 즉, 테러리즘의 소멸, 아시아 경제의 쇠퇴, 가격정보에 대한 인터넷에의 접근성, 보건 서비스의 글로벌화 등으로 인하여 아시아에서 보편화 추세의 초기현상에서 발생하고 있는 것이다.[3]

의료관광이 현재 직면하고 있고 계속 직면할 가장 큰 저해요인 중의 하나는 개발도상국에서의 의료처치가 결과와 안전 면에서 관광객 송출국가의 그것들과 대등하다는 것을 그들에게 확신시킬 수 없다는 데 있다. 이러한 사실은 인도 같은 나라에서의 의료처치 시스템이 서구사회의 관점에서 부적절하다고 간주될 때 더욱더 문제가 된다. 독일 라디오 방송국인 Deutsche welle는 인도가 건강과 위생에서 검증되지 않은 나라로 지적하였음에도 불구하고 인도는 여전히 독일을 주요시장의 하나로 기대하고 있는 실정이다.[4] 이러한 문제 외에 또 다른 문제점은 지불하는 만큼 치료받는다는 개념에 의거하여, 값을 적게 지불하는 만큼 값싼 의료처치를 받는다는 개념으

로 의료관광을 열등한 것으로 만들고 만다. 비록 이러한 상황은 많이 바뀌었지만, 의료관광에 대해 부정적은 시각은 그대로 남아 있는 실정이다.

따라서 의료관광에 대한 광고는 변함없이 기술, 품질 신뢰성 및 관련 종사들의 선진국 해외연수를 강조하고 있다. Mauritius 항공 기내 잡지인 *Challeng*의 Hair Dan's의 모발 이식 클리닉 광고는 유럽 고객의 수술전후 사진을 제공하면서 다음과 같이 강조하고 있다.

전세계에서 5개의 가장 발달된 클리닉 중 하나는 Mauritius에 위치하고 있다. 이 국제 의료팀은 성형외과의사, 프랑스 파리 의사 출신으로 수상경험이 있는 의사 및 마취과 의사로 구성되어 있는데 모두 의료협회 회원이다. … 유럽에서 인증을 받고 보건성이 승인한 이 클리닉은 첨단기술을 갖추고 있다.[5)]

쿠바는 성형외과와 치과에서의 전문성에 관한 품질에서 세계보건기구가 보여주는 건강지수를 보여줌으로써 의문의 여지가 없다고 강조하고 있다.[6)] 이러한 국가들 내에서와 이 국가들과의 사이에 새로운 기업들이 환자, 병원, 잠재적인 의료관광객 및 관광목적지를 연결하기 위하여 만들어졌다. 또한 호주 같은 관광객 출발국가에서도 태국과 말레이시아에서의 미용외과를 전문으로 취급하는 Goregeous Getaways 같은 새로운 기업들이 탄생하였다.

2 의료관광의 개요

1) 의료관광의 개념

의료관광이란 건강을 위한 병원치료와 휴양 및 여가, 문화체험 등 다목적 관광을 일컫는 관광용어로서 싱가포르, 태국, 인도 등 동남아시아 국가로부터 시작되어 최근 21세기 각국의 전략산업으로 삼고 있는 새로운 관광상품 트렌드이다.[7)] 따라서 의료관광에 대한 정의는 시간적으로 짧은 학문적 배경으로 인하여 다양하게 정의되고 있다.

우선 학문적인 관점에서의 의료관광을 Connell[8)]은 특정한 치료가 개입된 관광행위로, 수술, 치과치료 등과 같은 의료서비스를 받는 동시에 휴가를 즐기기 위하여 하는 장거리 여행으로, Laws[9)]는 자신의 건강상태를 개선시킬 목적으로 집을 떠나 행하는 레저 활동으로 정의하고 있다. Gupta[10)]는 의료관광을 수술과 같은 여러 형태의 전문적인 치료를 필요로 하는 환자들에게 관광산업과 결합하여 저렴한 비용으로 효과적인 의료서비스를 제공하는 것으로 정의하여 앞의 두 학자들보다 더욱 좁은 관점을 나타내고 있다.

이 밖에 Goodrich[11]는 의료관광을 건강관리 서비스 및 시설과 일반적인 관광시설이 결합된 것으로 정의하고, 이러한 결합을 홍보함으로써 관광객을 관광시설과 목적지로 유치하는 시도도 의료관광에 포함시키고 있다. Medlik[12]은 보건관광(Health Tourism) 또는 보건관리관광(Healthcare Tourism)도 의료관광에 포함시키고 있는데, 보건관광은 보건의료관광으로 알려져 있고, 건강리조트와 건강치료, 여러 가지 병에 대한 치료에서부터 건강과 휴양프로그램까지를 포함하는 것을 주된 목적으로 다른 장소를 방문하고 여행하는 것으로 정의된다.[13] 이러한 정의는 Hall[14]이 의료관광을 특별한 흥미관광(Special Interest Tourism) 중 하나로서 건강을 주요 동기로 삼는 관광으로 정의한다는 점에서 의료관광과 일맥상통한다고 할 수 있다.

국내에서는 한국보건산업진흥원[15]이 의료관광을 미래 21세기 국가전략산업군, 의료산업과 관광산업의 접목으로 새로운 틈새시장, 의료산업과 관광산업의 결합으로 시너지효과 극대화, 의료관광의 새롭고 색다른 즐거움을 주는 신관광산업 분야로 특징짓고 있다. 따라서 의료관광을 종합적으로 정의하면[16] 해외여행과 의료서비스 선택의 자유화로 인해 건강·요양·치료 등의 의료혜택을 체험하기 위한 목적으로 세계 일부 지역을 방문하면서 환자 치료에 필요한 휴식과 기분전환이 될 수 있는 그 지역 주변의 관광·레저·문화 등을 동시에 체험하는 관광활동이다. 의료관광을 산업에 적용한 의료관광산업은 의료산업에 관광산업을 접목시킨 새로운 산업으로 의료 분야에서 관광자원으로 사용할 부문을 추출하여, 이것과 함께 높은 수준의 서비스를 판매하는 산업으로 볼 수 있다. 따라서 의료관광산업은 의료업, 운송업, 숙박업, 여행업, 항공업, 호텔업, 식당업, 통역업, 의료관광 전문가 육성 교육원, 광고업, IT산업 및 서비스업 등을 포함한다.

2) 의료관광상품의 구성요인

의료관광상품은 다음과 같은 요인으로 구성된다.[17]

(1) 의료관광 인프라 시설

의료관광의 인프라 시설은 우선 병원 및 의료시설과 고객이 진료받는 동안 체류할 수 있는 숙박시설이 필수적이며 건강관리 및 요양에 필요한 마시지, 스파시설, 운동기구시설 등과 같은 보조시설이 필요하다. 또한 병원이 있는 장소까지의 접근성을 위한 교통시설도 중요한 요소 중 하나이다.

(2) 관광자원

의료관광상품에서 관광의 매력은 부수적 요소이지만 의료시설이나 의료진과 같은 주요소와 동등한 개념으로 제고할 대상이다. 고객은 단지 병원에서의 치료만을 목적으로 하는 것이 아니라 병원이 위치한 지역을 대상으로 관광행동을 진료 후 또는 진료와 같은 기간 내에 원할 수 있기 때문에 의료시설이 위치한 지역의 다양한 관광매력을 필요로 한다.

(3) 음 식

의료관광 고객은 건강을 위한 진료와 더불어 집을 벗어난 타지에서의 관광행동을 하게 된다는 면에서 지역적 특색을 음미할 수 있는 전통음식이나 별미가 관광매력으로 작용할 수 있으며 유기농 소재의 건강식, 각자의 체질에 맞춘 맞춤건강식, 치료를 목적으로 하는 보양음식, 한방음식 등과 같이 건강을 증진하고 에너지를 보충할 수 있는 음식이 부수적 역할을 한다.

(4) 고객맞춤 비용

의료관광의 성공은 표적시장의 분석과 라이프스타일 분석을 통한 마케팅전략 수립에 있다고 할 수 있다. 특히 마케팅전략 요소 중 고객에게 적절한 가격을 제시하여 고가격/고품질을 원하는 고객에게는 고가격전략으로, 일반대중에게는 고객의 거주지와 경쟁력 있는 가격을 구성하는 융통성 있는 마케팅 믹스 전략을 구사할 필요가 있다. 의료관광 고객층은 주로 시간적, 경제적 여유계층이 참가하는 특성이 있는 관계로 일반적인 관광상품과는 달리 고객의 특성에 알맞은 가격정책을 적용해야 한다.

(5) 접객 서비스 마인드

의료시설과 종사자들은 환자에 대한 권리를 보장하고 환자에 대한 친절한 서비스로 환자에게 진료와 의료시설에 대한 만족도를 상승시키기 위하여 노력할 의무가 있다. 의료관광의 주체인 환자는 의료산업 측면에서 볼 때 환자이지만 의료관광산업 면에서 볼 때 관광의 주체인 고객에 해당되어 고객으로서 권리를 보장받아야 한다.

3) 의료관광상품의 분류

한편, 의료관광상품은 다음과 같이 분류될 수 있다.[18)]

(1) 질병치료 관광상품

특정 질병이 있는 불특정다수의 환자들이 질병 치료의 명의를 찾아 전문 의료인의 치료를 받고 치료의 전후 인근의 관광지를 방문하거나 관광행위를 할 수 있도록 구성한 관광상품으로써 외국의 경우 관광객 또는 환자와 동반가족이 치료와 관광 기간 동안 체류할 수 있는 법적 허가와 진료를 받을 수 있는 인프라의 구축이 필요하다.

(2) 미용성형의료 관광상품

외모를 가꾸기 위한 성형수술이나 미용, 마사지, 온천, 스파 등을 목적으로 주로 여성들이 애용하는 관광상품으로써 자국에서 체험하지 못한 특별한 미용관련 서비스체험이나 의료기술이 뛰어난 국가에서 성형미용을 받고 관광을 겸하는 관광상품을 의미하며 의료기술이 뛰어난 경우와 상대적으로 자국에 비하여 경제적인 비용이 미용의료 관광상품의 동기가 된다.

(3) 휴양의료 관광상품

휴양지에 적합한 자연환경과 건강을 위한 의료서비스의 인프라가 갖추어진 곳을 방문하여 체류하는 관광상품으로써 경제적, 시간적 여유를 가진 관광객이 주 고객이며 대부분 휴양지 내에서 건강과 의료, 휴양에 필요한 시설을 갖추고 장기체류하는 관광객이 많은 것이 특징이다.

(4) 전통의료 관광상품

방문국의 전통의학에 의한 치료와 관광을 목적으로 하는 관광상품으로써 서양의학과는 반대의 개념인 인도의 아유베다나, 한국의 한방치료와 같은 특정 국가의 전통의학을 활용한 환자 개인의 체질을 분석하여 자연적 치유를 목적으로 하며 개인맞춤형 건강생활법이라고 할 수 있다.

3 의료관광정책

1) 외국의 의료관광정책

(1) 싱가포르

싱가포르는 세계적인 첨단의술로 의료관광객의 이목을 집중시키고 있다. 싱가포르는 의료관광에 상당한 국가의 지원이 이루어지고 있고 싱가포르 메디슨(Singapore Medicine)과 같은 회사를 정부가 주관하고 있다. 싱가포르 메디슨은 싱가포르를 세계 최대의 의료관광국가로 만들고자 하는 정부관련 기관으로 2012년까지 10억의 의료관광객을 유치하는 계획을 세우고 있다.[19]

싱가포르 관광청은 건강관리(Health Care) 부서를 신설하여 외국인 환자를 유치하는 병원에 대해 대폭적인 지원을 하고 있고 싱가포르의 의료시스템과 각 여행사를 연계한 건강여행 패키지 등의 상품개발을 하고 있다. 또한 싱가포르 정부는 사이언스 프로젝트를 통해 미국 존스홉킨스 의대 연구소와 머크, 릴리 등 세계 굴지의 다국적 제약회사의 리서치센터를 유치, 복합생명과학단지를 조성 중에 있다. 또 매해 14억 원가량의 예산을 들여 해외 의료 서비스 홍보에 투자할 계획이다. 민간병원에 대한 영리법인화를 허용하여 주식상장이 가능하고 자유로운 마케팅활동을 허용하고 있으며 환자 가족을 위한 아파트 임대, 환자 및 가족 전용 비즈니스 센터 운영 등 호텔 수준의 서비스를 제공하며 특히, 유럽 및 중동의 대부호와 왕족을 위한 특급 진료실을 운영하는 등 귀족 마케팅을 시행하고 있다.[20]

(2) 인 도

2002년부터 보건정책개정(National Health Policy Reforms)을 통해 타국에 비해 높은 비용우위를 자본화하기 위해 외국에서 온 환자들의 치료비에 할인혜택을 주어 인도의 의료서비스 공급의 확대를 유도하는 데 노력을 집중하고 있다. 또한 정부는 의료투어를 전세계적으로 홍보하기 위해 국가적 관광소개 안내책자에 각종 의료투어 패키지에 대한 소개를 상세하게 추가시켰으며,[21] 외국으로부터 수입되고 있는 많은 의료장비들에 대한 관세를 대폭 낮추어 세계적인 의료선진국으로서의 발전을 모색하고 있다.[22]

(3) 말레이시아

말레이시아 정부는 의료관광산업에 대해 적극적인 홍보와 지원을 행하고 있다. 정부는 병원이 의료서비스에 대해 홍보를 할 수 없는 법 조항을 폐지해 병원들이 적극적으로 마케팅할 수 있는 길을 텄고 그 후 말레이시아 내의 의료관광사업은 급속히 발전하고 있다.

말레이시아 보건관광부는 말레이시아 대사관을 중심으로 의료관광에 대한 정보를 제공하고 책자를 배포하고 있으며, 주요 병원들과의 연결도 대행해 주고 있다. 또한 Hospital과 Hotel을 합친 개념인 Hospitels를 소개하며 싱가포르와 태국에 비해 20~50% 낮은 비용으로 관광객의 증가를 유도하고 있다.[23)]

(4) 필리핀

필리핀은 '레저와 함께하는 보건(Healthcare With Leisure)'이라는 모토를 걸고 국가적 홍보를 펴고 있는데, 웰빙과 온천 아이템을 중심으로 의료관광을 진행하고 있다. 필리핀 의료관광프로그램은 관광청을 중심으로 보건부와 필리핀 전통 대체의학협회 등과의 연계를 통해 최고의 의료관광지로서의 모습을 만들어내고 있다.[24)]

2) 한국의 의료관광정책

이명박 정부가 출발하면서 선진 의료관광정책을 추진하기 시작했으며, 2007년부터 국회에 상정해온 의료법 개정안이 2008년 11월 국무회의 심의를 통과하고 2009년 1월 20일 의료법 일부 개정안을 공포하여 2009년 4월부터 외국인 환자 유인·알선 행위가 합법화되었다. 정부가 의료산업화 정책의 일환으로 의료관광산업을 핵심전략산업으로 추진하기로 하는 가운데 각 지자체마다 의료관광 활성화를 위한 조치를 시작했다. <표 40-1>은 각 지자체의 의료관광 마케팅 동향을 나타내고 있다.[25)]

〈표 40-1〉 각 지자체 의료관광 마케팅 동향

구 분	의료관광 마케팅 동향
제 주 특별자치도	의료관광 육성 계획, 제주형 의료관광 모델을 추진하는 등 동북아 의료관광의 메카로 도약하겠다는 청사진, 서귀포 인근 약 990,000m2(30만 평) 부지에 건강검진센터 · 재활센터 · 스파 워터파크 · 숙박시설을 갖출 제주 웰빙 테마타운 조성(서울대병원 참여), 서귀포시 상효동 약 1,221,000m2(37만 평)에 병원(100병상), 아트센터(300석), 골프장(18홀), 콘도미니엄 등을 가진 토털 헬스케어 공간 '우리들 웰니스 리조트'가 2008년 말 완공(우리들 병원)
서울특별시	서울대병원 강남센터와 2007년 9월 14일 서울시 의료관광 활성화를 위한 양해각서(MOU) 조인식
경 기 도	수원 화성행궁 내 한의학 문화사업 추진, 정조대왕과 4권의 한의학서적을 집필한 정약용 선생의 업적을 재조명, 한의학 문화사업의 역사적 고증과 타당성을 검증받는 학술세미나 개최, 화성행궁 안에 전통한방진료소와 전통한의학문화체험관, 한의학 홍보관 설치, 한의학 건강증진강좌와 건강교실을 운영계획
대전광역시	첨단의료 단지를 추진하는 등 우수한 의료자원과 관광자원을 적절히 활용한 의료관광을 중심으로 의료관광산업 발전계획
대구광역시	의료인들이 잘 갖추어진 인프라를 체계적으로 활용, 의료와 관광을 연계한 다양한 여행상품을 개발하는 등 부가가치창출에 대한 인식, 진료비가 서울, 부산에 비해 20~30% 싼 가격 경쟁력, 최고수준의 모발이식술을 체계적으로 발전시켜 이 분야의 세계적 메카로 자리매김할 계획, 마이크로 임플란트에 대한 가치제고
경 상 북 도	포항과 경주 양성자 가속기와 천년고도의 역사 · 문화 · 관광 인프라를 비롯하여 동해안 온천, 골프장, 휴양림 등 관광자원과 연계한 첨단의료 휴양타운 조성 계획
경 상 남 도	웰빙라이프(well-being life)도 계획, 웰빙의료, 가정, 생활체육, 문화운동으로 도민들의 의료관광에 대한 인식 확산
강 원 도	원주시에 첨단 의료관광단지 조성 계획, 의료 건강도시에 걸맞는 신개념의 관광단지를 조성, 자립 도시로 만든다는 구상
전 라 남 도	녹색지킴이, 보건위생에 대한 환경 인식, 동북아 관광중심지 육성, 지역특성을 살린 문화관광산업 육성
전 라 북 도	문화와 전통이 살아 숨쉬는 고장, 쾌적한 자연환경, 생태공원 조성 등, 전통문화와 의료관광을 접목

| 자료: 김도영 · 김맹선(2008).

4 한국의료관광산업의 활성화 방안

의료관광은 국내 관광산업의 주요 경쟁국인 싱가포르, 태국, 인도, 중국에서는 의료서비스와 휴양 · 레저 · 문화 등의 관광활동이 결합된 새로운 형태의 블루오션(blue ocean) 전략으로서의 의료관광을 외화획득을 위한 21세기 국가전략산업으로 선정, 대규모의 예산과 정부차원의 적극적인 지원정책을 펼치고 있다.[26] 또한 미국을 비롯한 세계 각국에서도 민간주도로 의료서비스

및 건강증진 식품을 관광산업과 연계하여 발전시키는 등, 의료관광은 급격한 성장을 하고 있다.[27)]

우리나라의 의료관광은 이 분야의 선진국에 비해 약 5~10년 정도 뒤져 있지만 정부가 의료관광의 파급효과에 대해 중요하게 인식하면서 의료관광산업의 육성을 위해 한국관광공사 내에 전담조직을 두고 있고, 의료관광 및 의료타운 건설을 추진하고 있으며, 대학병원들을 포함한 의료기관들 역시 외국인 환자 유치에 적극적으로 나서고 있는 실정이다. 지방자치단체들 또한 의료관광사업의 수익성에 눈을 돌리면서 의학회, 지역 대학병원들과 공동으로 의료관광마케팅을 펼치고 있다. 서울시에는 성형의학회와 공동으로 '성형의료관광' 컨소시엄을 결성하였으며 협의회를 통해 서울관광마케팅주식회사를 설립하고 참여 의료기관을 더욱 확대한 뒤 본격적인 사업을 개시할 예정이라고 밝혔다. 또한 대구지역 대학병원들도 대구시와 공동으로 의료관광 유치사업에 관한 노력을 기울일 것이라고 공표하였다. 뿐만 아니라 각 시·도에서도 의료관광개발 및 첨단의료복합단지 조성에 관심을 가지고 추진할 계획을 발표하고 있다. 이는 최근 들어 우리나라 의학기술의 우수성이 널리 알려지면서 의료서비스를 받으러 오는 외국인들이 다소 증가하고 있는 통계가 나오고 있을 뿐만 아니라 의료산업이 고부가가치 산업으로 인지되고 있기 때문이다. 특히 성형부분의 의술은 세계적 수준이라고 할 만큼 높은 수준을 유지하고 있으며 한류의 영향으로 일본, 중국을 포함한 동남아시아 국가 대부분은 성형 및 한방 의료에 관해 많은 관심을 가지고 있다.

따라서 정부에서는 다음과 같은 의료관광산업의 활성화 방안이 필요하다.[28)]

1) 인프라 구축과 우수 의료인력의 확보

우리나라는 여건상 태국이나 싱가포르, 인도 같은 기존의 의료선진국과 가격 경쟁력으로 승부하기에는 어려울 것으로 사료된다. 최첨단의 선진 의료시설과 시스템 등으로 차별화하기 위해서는 인프라 구축을 서둘러야 할 것이다. 또한 우수한 의료인력도 필요하다. 따라서 국내 의료인력 양성에 있어 양적은 물론 질적인 추구가 필요하며, 필요하다면 외국의 우수한 인력의 도입이나 외국 우수 의료기관이나 학교와 협력을 통하여 최고 수준의 의료인력을 확보해야 할 것이다.

또한, 국내 의과대학 및 의학전문대학원의 교육수준도 강화할 필요가 있으며 우리나라의 강점인 IT와 BT 분야 기술을 활용한 차별화 내지 특성화된 의료서비스, 즉 의료기술 경쟁력으로 나가야 할 것이다. 인도가 의료관광 분야에서 IT와 BT산업을 적극 활용하고 있음을 주지할 필요가 있다.

2) 법적 정비 및 규제 완화

우리나라 대형병원의 경우 국내 의료 수요가 충족되고 있는 관계로 외국인 환자 유치의 필요성을 크게 느끼지 못하고 있는 실정이며, 의료사고나 보험 관련에서 국제법규와 국내법규가 상충되지 않고 해결될 수 있도록 법규를 정비해 나가야 할 것이다.

3) 시장 확보와 의료관광상품 개발

국가별로 특화된 의료관광상품을 제공할 필요가 있다. 미국의 경우 교포들의 고국방문과 연계한 한국 입국 진료 및 치료가 가능하도록 하고, 건강검진과 중증질환 위주의 고가 상품을, 일본과 중국의 경우 성형 치과미백, 라식 임플란트 등과 관련한 상품을 주로 제공하는 등 국가별 또는 지역별 특화된 상품이 개발되는 것이 바람직 할 것이다.

의료관광활성화를 위해서 한국형 의료관광 모델을 확립하는 것이 시급하다. 우리나라는 태국 및 인도 등에 비해 의료비용이 고가인 관계로 비용우위전략보다는 고급화 및 특성화 모델을 개발하여야 한다. 즉 고급화 전략에는 성형이나 치과 진료 등이 적합하고 특성화 전략에는 위암, 간암, 간이식, 척추 치료 등이 가능하다. 한방치료도 특화가 가능하다.

4) 선진의료 시스템과의 연계

우리나라 의료기관이 외국인 환자를 유치하기 위해서는 공인된 국제기구에 의해 객관적인 기술적 평가를 받음으로써 국제 수준의 신뢰도를 확보하는 것이 필요하다. 이를 위해서는 '국제의료평가원'으로부터 JCI인증을 획득하는 것이 지름길이다. 또한 의료관광의 선도국가들은 미국 등의 유수한 병원이나 의료기관과 긴밀한 협력관계를 유지하고 있다. 우리 병원들도 외국의 병원과의 협력 내지 국내유치에 대하여 긍정적인 입장에서 적극적으로 활용하여야 할 것이다.

5) 마케팅

외국인 환자를 유치하기 위해서는 여러 분야의 합동 노력이 전제되어야 한다. 정부기관, 의료기관, 항공 및 여행 등 관광업계, 홍보 및 마케팅 업계 등의 통합된 노력이 필요하다. 이러한 노력들 중 한국의 의료관광에 대한 인지도를 높이기 위해 적극적인 홍보와 마케팅의 중요성이 강조되어야 한다. 예를 들어, 줄기세포 등 생명과학 관련 연구 분야나 신약개발 등에 관한 홍보 등은 의료관광지에 대한 한국의 위상을 제고할 것으로 사료된다.

6) 서비스 강화

외국인 환자에 대한 편리하고 신속한 출입국 및 장기 체류관련 절차, 대기시간이 길지 않은 입원 및 효과적인 치료, 외국인 환자와의 원활한 언어소통 문제, 환자와 보호자들을 위한 편안한 거주환경 등 세심한 배려와 친절한 서비스가 정착되어야 한다.

7) 국내 병의원 간의 과도한 경쟁 지양

외국의 환자를 유치하기 전에 국내 의료기관 간의 협력체제가 우선적으로 수립되어야 의료의 양극화 현상이 발생하는 것을 방지할 수 있을 것이다. 의료기관별로 특성화된 분야를 개발하여 전문적인 진료를 하는 것도 병원 간의 불필요한 경쟁을 해소하는 방안이 될 것이다.

미 주

1) Smyth, F.(2005). Medical geography: Therapeutic places, spaces and networks. *Progress in Human Geography*, 29, 488-495.

2) Garcia-Altes, M.(2005). The development of health tourism services. *Annals of Tourism Research*, 32(1), 262-266.

3) Levett, C.(2005). A slice of the action. *Sydney Morning Herald*, 29 October, 27.

4) Connell, J.(2006). Medical tourism: Sea, sun, sand and surgery. *Tourism Management*, 27, 1093-1100.

5) Ibid.

6) www.cubanhealth.com

7) 전명숙(2007). 의료관광 활성화 방안 연구. 한국항공경영학회 2007년 추계 학술발표대회. pp. 225-236.

8) Cornell. op cit.

9) Laws, E.(1996). Health Tourism: A business opportunity approach. In S. Cliff, & S. J. Page(eds.). *Health and the International Tourists*. London: Routledge.

10) Gupta, A.(2004). Medical tourism and public health. *People's Democracy*, 25(7), 19-20.

11) Goodrich, R.(1993). Socialist Cuba: A study of health tourism. *Journal of Travel Research*, 32(1), 36-42.

12) Medlik, S.(1996). Dictionary of Travel, Tourism and Hospitality. British Library Cataloging in Publication Data, 125.

13) 유인평 · 국중을(2008). 의료관광마케팅 연구. 『관광경영학회』, 12(3), 1-20.

14) Hall, C. M.(1992). Adventure, Sport and Health Tourism. in Weiler, B., & Hall, C. M.(eds.). *Special Interest Tourism*. London: Bellhaven Press. pp. 141-158.

15) 한국보건산업진흥원(2002). 『보건관광자원 조사 및 상품화 방안 연구』.

16) 유인평 · 국중을. 전게서.

17) 전명숙. 전게서.

18) Ibid.

19) 황여임(2006). 한국 의료관광시장 확대를 위한 마케팅 전략에 관한 연구. 경희대학교 경영대학원 석사학위논문.

20) 백광(2005). 외국의 의료관광 추진현황 및 시사점. 한국관광공사.

21) Kulshurestha, T.(2005). Detailing a prescription for medical tourism. Financial Express.

22) Singh, G.(2003). Medical Tourism in India: Strategy for its development. India Institute of Management, Bangalore.

23) 황여임. 전게서.

24) Ibid.

25) 김도영 · 김맹선(2008). 의료관광 마케팅 전략 모형에 관한 연구. 『관광연구저널』, 22(2), 261-281.

26) 조구현(2006). 한국 의료관광 활성화 방안에 관한 탐색적 연구. 『한국호텔경영학회』, 15(4), 189-203.

27) 유지윤(2006). 관광산업 복 · 융합화 촉진방안. 『한국문화정책연구원』, 13.

28) 신윤숙(2008). 한국의료관광의 전망과 활성화 방안. 『문명연지』, 21, 41-70.

저자약력

하동현(河東賢) 현_동국대학교 호텔관광경영학부 교수

세종대학교에서 박사학위를 취득했다. 저자 하동현은 대한관광경영학회에서 회장을 맡고 있으며 저서 『관광학원론』『신호텔경영론』『관광사업론』 등과 논문 "패밀리 레스토랑에서의 브랜드 증거가 감정, 브랜드 만족 및 고객애호도에 미치는 영향" 등 70편을 통해 활발한 학술적 성과를 발표하고 있으며 후진 양성과 학회의 발전에 힘쓰고 있다.

『관광학총론』 마흔한 번째 이야기

제41장

녹색관광

강 신 겸*

1 녹색관광의 개념과 의의

1) 녹색관광의 개념

(1) 녹색관광과 농촌관광

녹색관광이란 용어는 프랑스에서 관광활동이 일어나는 지역의 특성에 따라 녹음이 짙은 전원지역에서의 관광 즉, 농촌관광을 그린투어리즘(green tourism)이라 부른 데서 비롯되었다. '그린투어리즘'을 번역하는 과정에서 '녹색관광'으로 명명한 것으로 내용적으로는 농촌관광(rural tourism)을 지칭한다.[1] 녹색관광은 이외에도 연구자에 따라서는 농업관광(agri tourism), 농장관광(farm tourism) 등 다양한 명칭과 개념으로 이해되고 있다.

그린투어리즘이란 용어는 일본이 1990년대 초 유럽의 농촌관광정책을 받아들이면서 보편화되었다. 일본에서 '농촌관광' 대신 '그린투어리즘'으로 부른 이유는 21세기 환경의 시대를 맞이하여 그린투어리즘이라는 용어가 공급자들에게는 친환경적인 농촌개발이라는 이미지를 줄 수 있으며, 소비자들에게는 대중관광과 달리 친환경 관광활동이란 인상을 줄 수 있기 때문이었다. 그런 점에서 그린투어리즘이라는 용어는 다소 정책 지향적이며 마케팅 지향적인 요소를 담고 있다.[2]

그린투어리즘은 기존의 명소를 탐방하거나 관광지, 유명리조트에서 체류하는 관광과는 달리

* 전남대학교 문화전문대학원 교수(현, 한국농촌관광학회 이사, 한국관광학회 정회원). e-mail: tourlab@jnu.ac.kr

녹음이 풍부하고 자연이 아름다운 장소에서 휴양, 자연관찰, 지역전통문화와의 만남, 농촌생활체험, 농촌사람들과의 교류를 추구하는 여행이다.[3] 그린투어리즘은 지역의 자원과 전통, 문화를 활용한 친환경적 관광개발의 형태를 말하며 도농교류를 통하여 지역 활성화를 추구한다는 점에서 농촌관광과 동일한 개념으로 사용된다. 물론 유럽의 농촌관광이 민간주도에 의해 농가단위의 비즈니스로 추진되어 온 반면 일본의 그린투어리즘은 지방자치단체를 중심으로 한 농촌지역 활성화 전략으로 추진되었다는 점에서 약간의 차이는 있다.

한편 농촌관광(rural tourism)은 프랑스와 영국, 독일 등 유럽을 중심으로 농촌지역을 활성화시킬 목적으로 농업이라는 전통적인 기능에 서비스적 요소 즉, 관광을 결합한 형태로 도입되었다.[4] OECD에서는 농촌관광을 '농촌에서 일어나는 관광'으로 정의하면서 농촌다움(rurality)이 농촌관광의 핵심적인 부분이라고 하였다.[5] Sharpley and Sharpley는 "공간적 혹은 기능적으로 농촌을 목적지로 하여 기존의 관광지에서 벗어나 농촌의 문화나 자연환경, 역사 등을 대상으로 하는 관광형태"라고 정의한 바 있다.[6] 따라서 농촌관광은 농촌의 자연경관과 전통문화, 생활과 산업을 자원으로 한 도시민과 농촌주민 간의 체류형 교류활동이며, 도시민에게는 휴식 · 휴양과 새로운 체험공간을 제공하고 농촌에는 농산물 판매(1차), 가공산업(2차), 서비스(3차)를 연계하여 새로운 소득원을 제공하는 지역 활성화 전략이다.[7]

국내에서 녹색관광은 농촌관광이란 용어와 함께 사용되며, 정책으로는 지난 2001년부터 시작되어 전국적으로 약 650개 마을이 농촌체험마을로 지정되어 마을 자체를 매력 있는 체험여행지로 만들기 위해 노력하고 있다. 각 농촌체험마을에서는 친환경농산물 생산과 농촌민박, 농사체험과 축제 등 도시민들이 농촌에서 쉬거나 농업 · 농촌을 이해할 수 있는 다채로운 프로그램을 선보이고 있다.

(2) 녹색관광과 생태관광

녹색관광과 유사한 개념이 생태관광이다. 생태관광(ecotourism)은 생태 · 문화환경이 우수한 대상지의 자원 보전 및 유지에 적극적으로 기여하는 것이 특징으로 대상지 내에서의 휴식 · 체험 · 교육 등의 활동을 포함하는 관광형태이다.[8] 자연자원의 보전이 곧 지역주민에게 이익이 될 수 있도록 경제적 기회를 만드는 동시에 생태계의 균형을 깨뜨리지 않도록 주의를 기울이면서, 지역의 자연과 문화를 이해하기 위하여 자연지역으로 떠나는 의미 있는 여행이다.[9] 생태관광의 대상은 주로 산간지역, 하천, 늪, 해안, 도서지역으로 야생동식물 및 그 서식지, 식물 군락지, 철새도래지, 아름다운 경관이나 특이한 자연현상이 포함된다. 생태관광은 자연지역을 주요 탐방대상으로 하지만 자연자원이 마을과 인접한 경우 농 · 산 · 어촌관광과 문화관광의 특징을 일부 포

함하기도 한다.

그러나 녹색관광이 농촌의 사람, 생활, 생산, 자연 등을 기반으로 하는 관광활동인 반면 생태관광은 자연과 생태 그 자체에 대한 관찰, 학습과 교육, 보전 등을 목적으로 한다는 점에서 농촌관광과 분명히 구별된다. 생태관광은 잘 보전된 생태계를, 녹색관광은 농촌다움을 보유한 농촌지역을 주요 관광대상으로 한다는 점에서 차이가 있다. 또한 생태관광은 자연, 경관, 환경 등의 보전과 교육적 경험을 강조하지만, 상대적으로 녹색관광은 농가의 소득증대나 농촌·농업체험을 강조한다는 점에서도 구별된다. 다만 관광자원 보호에 기여하고 지역사회가 주도적으로 참여하는 소규모 관광개발이라는 원칙에서는 본질적으로 차이가 없으므로 지속가능한 관광(sustainable tourism)의 유형으로 분류되는 것이 일반적이다.[10)]

한편 관광 분야에서는 농촌관광이라는 의미와는 달리 '환경친화적인 관광'이란 의미로 그린투어리즘을 사용하면서, 자연관광(nature tourism)이나 생태관광 등의 관광형태를 지칭하는 경우도 있다.[11)] 관광산업에서는 환경훼손을 최소화하는 관광개발이나 환경영향을 감소시키는 경영기법의 도입 등 환경친화적인 경영(environmental management)을 의미하는 경우 그린투어리즘이란 용어를 사용하기도 한다.[12)]

2) 녹색관광의 특징과 의의

(1) 녹색관광의 특징

녹색관광, 즉 농촌관광에 초점을 맞춘 개념을 중심으로 특징을 살펴보면 다음과 같다. 녹색관광은 도시민들이 농촌다움이 보존된 농촌에 머물면서 그곳의 생활을 체험하고 여가를 즐기는 것을 의미한다. 녹색관광은 기존의 대중관광과는 달리 '환경친화적인 체험관광'의 의미가 강하며, 이 때문에 농촌의 문화, 자연경관과 생태, 조용함과 따뜻함을 느낄 수 있도록 시설과 상품, 서비스를 개발하는 것이 중요하다. 녹색관광의 주요활동은 도시민들에게 농촌생활을 체험하고 이해를 높이는 것으로 휴양, 체험, 학습, 교류활동 등으로 이루어진다.

농촌마을에 관광이 도입된다는 것은 전통적인 농업생산 이외에 유통과 서비스, 문화가 부가되는 것을 의미한다. 단순히 지역에 관광시설이나 여가공간을 조성하는 것으로 그치지 않고 지역전체에 활력을 불어넣는 것을 의미한다. 시설 일변도의 개발에서 벗어나 관광 서비스와 소프트웨어를 접목하여 농업·농촌의 가치와 경쟁력을 높이려는 것이다.

농촌마을을 대상으로 한 녹색관광개발은 경제·사회·환경적 측면에서 부정적 영향을 최소화하고, 긍정적 편익을 극대화하도록 개발하는 지속가능한 개발을 지향한다. 경제적 측면에서는 도시와 농촌의 교류를 활발히 추진함으로써 차별화된 관광시장을 형성하고, 농촌의 소득 향상에 기여하며, 사회적 측면에서는 주민의 창의적인 능력계발과 자발적인 참여로 지속적인 농촌지역 활성화를 유도할 수 있도록 일련의 시스템을 구축하는 것이다. 환경적 측면에서는 농촌다움을 보전함으로써 도시환경과 차별화된 쾌적하고 아름다운 환경을 조성하는 것이다.

이처럼 넓은 의미에서 녹색관광은 환경적 지속성, 사회문화적 지속성, 경제적 지속성을 추구하는 지속가능한 관광의 목표와 원칙을 지향한다. 녹색관광은 환경이 잘 보전된 자연을 찾아가는 여행으로 구체적으로 자연에 대한 이해를 높이고 지역을 풍요롭게 하는 여행패턴으로 나타난다. 따라서 기존의 관광개발방식과 비교할 때 지속가능한 녹색관광개발의 특징은 다음과 같이 요약할 수 있다.

개발목표는 지역주민의 복리증진과 관광객 만족에 있으며, 관광개발을 통해 지역의 소득증대 및 생활환경을 개선하는 효과에 있다. 개발주체는 지역주민의 참여를 중요시하며, 가능한 한 지역 내 자본으로 개발한다. 개발대상은 지역성(locality) 또는 농촌다움(rurality)을 나타내는 모든 자원과 자연적·역사적 환경으로 이를 최대한 활용하는 것이다. 개발내용 면에서는 생산 및 생활시설의 확충, 특산품 개발, 이벤트 개최 등 지역의 고유한 문화·산업·자연 등 다양한 요소를 연계·개발하게 된다. 개발의 성격은 소규모 투자를 장기간 계속하는 환경친화적 개발로서 단기적인 성과보다 지속가능한 성장을 추구한다.

(2) 녹색관광개발의 의의

녹색관광은 대안관광시장을 형성할 뿐만 아니라 주민참여가 강조되는 지역사회 중심의 관광개발이자 소프트웨어 중심의 개발이라는 점에서 의의를 찾을 수 있다.

첫째, 대안관광으로서 새로운 관광시장을 형성한다. 국내관광의 주요형태가 명승지·견학 등 단체관광형태의 대중관광(mass tourism) 위주에서 자연·생태관찰, 전통문화체험 등 다양한 대안관광(alternative tourism)으로 변화되고 있다. 전원적인 삶에 대한 도시민의 동경과 안전한 친환경농산물에 대한 소비자의 관심 증대로 녹색관광에 참여하고자 하는 수요가 지속적으로 늘어나고 있다.[13)]

둘째, 지역사회중심의 관광개발이다. 녹색관광의 가장 큰 특징은 마을이나 커뮤니티 자체가 관광목적지로서 시설과 서비스를 제공하게 되며, 이는 관광기능만을 제공하는 관광단지 개발과는 차별화된 개발방식을 요구한다. 지역사회중심의 관광개발(community-based tourism development)은 "지역사회를 구성하고 있는 관광자원과 인적 요소를 개발하여 지역성을 높이고, 지역 활성화 및 주민복리 증진에 기여하는 동시에 관광객의 욕구를 만족시키는 관광개발 전략"이라 할 수 있

다.[14] 이것은 농촌 마을 등 지역사회가 관광개발의 계획단위가 된다는 것을 의미하며, 생활공간의 관광자원화 즉, 우리가 사는 모습을 있는 그대로 관광객들에게 보여주는 생활관광을 의미한다.

셋째, 녹색관광에서는 개발주체로서 지역주민 참여를 강조한다. 주민들은 관광상품과 서비스 제공의 주체이기도 하고, 관광으로 인한 편익뿐만 아니라 비용까지 부담하게 된다. 녹색관광개발은 주민이 주체가 되는 종합적인 지역 가꾸기 활동으로서 자연·문화·역사·산업 등 지역의 모든 자원을 활용하여 관광객과의 교류를 확대하고, 이를 지역발전에 활용하는 것을 말한다.[15] 이 때문에 주민참여형 관광개발은 주민의 자치의식을 높이고, 개발의 이익을 지역사회로 파급시킴으로써 지역 활성화를 이룰 수 있다는 점에서 의미가 있다.

넷째, 소프트웨어중심의 개발과 환경친화적인 개발이다. 관광개발이라고 할 때 일반적으로 물리적 개발과 자원개발에 국한하는 경우가 많지만 녹색관광은 관광자원에 시설과 소프트웨어를 부가시켜 관광객이 구매(체험)할 수 있는 관광상품으로 만드는 것이다. 지역특성을 활용한 체험프로그램과 양질의 서비스 등 소프트웨어를 제공하여 방문객에게 농촌과 자연에 대한 이해를 높이게 된다. 또한 녹색관광은 관광객과 지역주민들이 쾌적하고 활력있는 생활을 영위할 수 있도록 '생산 및 생활공간'을 조성하는 것이다. 따라서 지역의 고유한 특성과 잠재력을 살릴 수 있도록 자원과 이용객관리가 이루어지며 어메니티(amenity)를 높이는 방향으로 환경정비가 자연스럽게 이루어진다.

2 녹색관광의 개발과 경영

1) 녹색관광의 개발

(1) 녹색관광 개발과정

녹색관광은 농가민박에서부터 펜션, 체험관, 전시관, 생태관찰로에 이르기까지 다양한 시설과 농가단위에서 농촌체험마을과 권역, 지역에 이르기까지 다양한 공간범위로 개발되고 있다. 녹색관광 사업을 추진할 경우 일정한 절차를 거치게 되는데 현재 추진되는 마을단위 체험마을조성사업의 경우 다음과 같이 6단계로 개발과정을 구분할 수 있다.

제1단계는 사업추진을 준비하면서 협력하는 분위기를 형성하는 단계이다. 주민 중심의 추진위원회와 외부 전문가들로 자문단을 구성한다. 녹색관광에서는 주민들의 자율적인 개발역량과 창의적인 아이디어가 성공요소이므로, 참여자들이 회의와 토론, 교육, 선진지 견학 등을 통해 사업에 대한 이해를 높이는 것이 중요하다. 이때 TV, 신문, 인터넷 등 미디어를 활용하여 주민들의 관심을 환기시키고 공감대를 넓혀가게 된다.

제2단계는 현황을 분석하고 목표를 설정하는 단계이다. 주민 참여를 바탕으로 마을의 현안과제와 자원 및 환경 분석을 통하여 타 마을과는 차별화되는 독특한 매력을 찾아내고 사업화한다. 마을여건을 종합적으로 분석하여 마을의 가용자원, 잠재력을 이용할 수 있는 사업목표와 기본방향을 도출하며, 목표를 달성하기 위하여 장기적으로 마을 전체 입장에서 바람직하다고 판단되는 사업을 선정한다.

제3단계는 사업 타당성을 분석하는 단계이다. 개략적인 사업계획을 세우고 이를 바탕으로 사업의 기본방향과 대상고객, 기본전략을 검토하여 마을주민들 간에 사업의 목적과 의의, 사업의

〈단계별 추진 내용〉

1 단계 가능성 탐색 및 공감대 확산

- 사업설명회 개최, 인식 제고
- 주민의견 수렴, 협정서 작성
- 추진위원회/자문단 구성
- 언론매체의 활용

2 단계 현황분석과 목표 설정

- 마을과제의 파악
- 마을여건 분석, 추진역량 검토
- 사업목표의 설정
- 사업 분야 및 후보아이템 선정

3 단계 사업타당성 분석

- 사업 기본구상 설정
- 시장분석(경쟁자, 시장요구, 잠재력)
- 재원조달 및 경영능력
- 경제성 · 수익성의 검토

4 단계 사업계획수립

- 최적 사업아이템 선정
- 기본계획수립
- 사업방식의 결정
- 사업 추진조직 및 운영계획

5 단계 사업추진 및 관리운영

- 시설 및 설비 시공
- 사업운영조직의 설립
- 고객유치를 위한 홍보 · 마케팅
- 프로그램 운영 및 수익 창출

6 단계 경영성과 분석 및 평가

- 평가시스템 구축 및 경영성과 분석
- 사업 확장 및 조정

이미지, 사업주체에 따른 사업범위 및 역할분담을 명확히 하는 단계이다. 마을이 충분한 경영노하우와 기술력을 갖추고 있는지, 해당 사업의 국내외 동향, 수급상황, 소비자 니즈, 시장 규모 등을 분석한다.

제4단계는 사업계획수립 단계이다. 사업 아이템에 대한 타당성 검토 이후 타당성이 인정되는 사업에 대하여 사업의 구체적인 내용 및 절차를 결정하는 단계이다. 사업계획에서는 도입하는 기능 및 시설의 내용과 규모를 상세히 검토하고 필요하다면 토지이용이나 시설배치계획도 포함된다. 사업주체 및 사업방식의 결정, 재원의 조달, 인력의 확보, 필요한 설비에 관한 계획이 상세히 포함된다.

제5단계는 사업추진 및 관리운영단계이다. 검토된 사업내용과 방식에 따라 사업 및 운영주체를 설립하며, 시설과 설비를 갖추고 실질적인 경영활동이 이루어지는 단계이다. 경영 노하우는 단시일 내에 배양될 수 없으며 장기적인 비전하에 교육훈련 계획을 수립하여 전문능력을 개발하고 지속적으로 동기를 부여하는 것이 중요하다.

마지막 단계는 경영성과 분석 및 평가 단계이다. 책임 있게 일할 수 있는 권한을 부여하는 대신 사업의 실적과 성과를 철저히 진단하여 객관적으로 평가하는 단계이다. 사업효과는 장기적인 안목에서 안정적인 성장이 지속 가능한지를 평가하는 것이 중요하다. 경영평가결과 도출된 문제점에 대해 분석 후 개선활동을 전개하거나 사업 축소 또는 확장이 필요할 경우 적절한 조치를 취하게 된다.

(2) 환경친화적인 자원의 이용과 관리

자원이 양호한 곳이 녹색관광 대상지로 개발될 경우 접근성이 개선되고 관련 인프라가 갖춰지면서 도시 자본에 의해 숙박, 음식 시설이 급격히 늘어나 결과적으로 지역 전체의 공간구조와 경관을 훼손하는 경우가 많다. 녹색관광을 통해 농촌의 새로운 가치를 발굴하는 과정은 지속가능한 개발을 전제로 자원 계획, 개발, 관리체계를 확립해야 한다. 시설 및 공간 개발과 이용 시 자연자원 및 생태계의 적정수용력을 고려하여 개발 및 활동을 일정수준으로 관리해야 하며, 친환경적 입지 선정과 개발, 사후 관리운영 계획, 주민소득 증대방안을 포함한 종합적인 영향관리체계(impact management system)를 구축해야 한다. 녹색관광개발에서는 무분별한 투자와 개발을 방지하기 위하여 어느 정도의 규제가 불가피한 경우도 있다.

올바른 자원관리는 개발이익이 지역사회로 돌아가고, 나아가 자원 자체의 보전에 개발이익이 사용될 수 있도록 순환체계를 구축할 때 가능하다. 지역주민들은 향후 개발가능성과 지가상승에 대한 기대로 보호지역 지정, 건축제한 등 각종 개발규제에 반발하여 훼손을 방치하거나 조장하는 경우도 없지 않다. 따라서 관광사업에 지역주민들이 참여할 수 있는 기회를 보장하여 직간접적인 혜택을 제공함으로써 오히려 자원관리에 적극적으로 참여하도록 유도할 필요가 있다.

녹색관광은 지역의 고유한 특성과 잠재력을 살릴 수 있도록 농촌자원 및 공간을 개발해야 하며, 양호한 경관요소와 불량한 경관요소를 파악하여 정비하며 이때 지역의 생태적 환경에 적합한 사업 추진이 필요하다. 특히 체험관, 방문객센터와 같이 관광객 체류시설 조성과 돌담, 수목, 경관식물 등 마을경관 정비, 안내판·표지판 등 공동시설 정비 시 마을의 생태환경과 지역 여건을 감안한 시설 정비가 필요하다.

2) 녹색관광의 경영

(1) 매력적인 녹색관광상품의 개발

녹색관광에서는 관광객이 자원의 가치를 이해하고 구매할 수 있도록 개발하는 상품화 전략이 필요하다. 녹색관광의 경우 도시민들을 유치하여 '유무형의 농촌자원'을 체험하고 소비하도록 하면서, '농업의 전 과정'을 상품화하는 것이다. 따라서 녹색관광으로 수익을 창출할 수 있는 수익원을 검토하고 마을과 농가의 입지, 경영조건, 시장여건 등을 고려하여 수익성 높은 상품과 서비스를 기획하게 된다.

녹색관광 수요를 지속적으로 창출하고 타당성 있는 수익모델을 개발하며, 수익의 일정부분을 자원 보호에 환원하는 시스템이 필요하다. 녹색관광의 주요 사업대상은 지역 내 자원을 이용한 탐방 및 체험프로그램의 운영, 지역사회와 연계한 민박 경영, 농특산물 연계 판매, 식사와 음료 제공, 기념품 판매 등으로 구분할 수 있으며 각각 지역 여건에 맞게 사업계획을 수립하게 된다.

체험 및 탐방프로그램은 지역특성을 최대한 활용하여 타 지역과 차별화함으로써 수익성을 높이고 지속적으로 방문할 수 있도록 한다. 참가자들의 특성과 관심 분야를 파악하여 참가자의 만족도를 향상시키며 체험의 강도를 조절하고 여유시간을 확보하는 등 참가자를 배려하도록 한다.
민박은 숙박업소가 아닌 일반 가정에서 숙박하는 것을 말한다. 우선 민박경영을 계획하기 전에 적합한 공간과 입지, 기술과 능력, 재정조건 등이 민박사업에 적합한지 평가한 후에 객실, 욕실, 가구, 편의시설, 조경, 안내·표지판, 소화장비 등 민박경영에 필요한 각종 시설과 설비는 각 기능에 맞도록 조성한다. 민박에서 제공하는 식사와 음료, 주류도 수익성에 중요한 요소이다. 지역에서 생산되는 신선한 재료를 사용하여 토속적인 식단을 개발하는 것 그 자체가 매력이 될 수 있다.

(2) 녹색관광과 지역산업의 연계

관광의 중요한 특징 가운데 하나가 바로 종합성 또는 복합성이다. 단위시설 개발만으로 시설 자체의 운영은 물론 지역경제파급효과를 극대화하기 어렵다. 녹색관광은 지역 내 농림수산업, 제조업 등 1, 2차 산업에 관광이라는 3차 산업적 요소를 부여함으로써 상품의 부가가치를 높이고 나아가 지역경제 파급효과를 높일 수 있다. 기존 지역산업에 관광서비스라는 영점오차 더하기(+0.5차)를 통해 새로운 사업을 창출함으로써 지역 내 일자리를 확대하고 소득증대는 물론 관광콘텐츠를 풍부하게 만드는 전략이다.

농촌관광의 경우 소비자가 마을이나 농가를 방문하여 직접 체험하면서 농산물을 맛보고 구매하는 일종의 직거래방식이다. 생산과 가공 과정 전체를 상품화하여 도시민들이 머물면서 이해하고 구매할 수 있도록 민박, 체험프로그램과 연계하는 것이 중요하다. 이때 소비자가 원하는 상품과 선호도, 경쟁상품의 브랜드와 가격을 파악하는 시장조사를 실시하고 그 결과를 바탕으로 지역에서 생산되는 농산물 또는 농산물에 기능성과 차별성을 부가하여 농특산물을 상품으로 개발한다. 녹색관광은 지역사회에 있었지만 상품화하지 못했던 자원을 발굴하여 상품화하는 계기가 된다.

(3) 주민참여와 협력

지역관광은 특정 시설이나 장소만 관광대상이 되는 것이 아니라 지역 전체가 관광대상이며, 관광상품이 된다. 따라서 한 지역의 관광개발은 지역구성원 전체의 총체적인 노력과 지원 없이는 그 효과를 기대하기 어렵다. 따라서 녹색관광에서는 지역사회 내 이해관계자의 참여와 협력이 필요하며, 주민들의 자율적인 개발역량과 창의적인 아이디어가 중요한 성공요소이다.

일반적으로 주민들은 새로운 일에 대한 부담과 실패에 대한 두려움, 지식과 노하우 부족으로 참여율이 낮다. 주민이 주체가 되어 부가가치를 창출하기 위해서는 주민의식을 높이고 필요한 역량을 갖추어야 한다. 이 때문에 주민참여과정은 곧 역량개발(capacity building)과정이다. 주민의식전환과 참여, 공감대 형성, 인재육성 등에 중점을 두고 점차 전문가 교육이나 선진사례 벤치마킹 등을 실시하여 우선 주민들이 새로운 변화를 수용하고 자신감을 회복하도록 해야 한다. 리더를 양성하여 리더십(leadership)과 기업가 정신(entrepreneurship)을 갖추도록 교육한다.

관광산업만큼 관련 이해당사자 간 협력이 중요한 산업도 없다. 관광산업은 시스템산업이다. 주민참여가 강조되는 녹색관광에서는 주민들과 파트너십을 가지고 일할 수 있는 전문조직과 민간부문(NPO)의 육성이 더욱 필요하다. 녹색관광 상품을 기획하고 마케팅할 민관협력조직을 정비하고 이러한 협력적 네트워크를 중심으로 다양한 아이디어와 운영능력을 창출해야 한다. 주민과 자치단체, 관광사업체, 기타 관련단체 등 지역사회 내 이해관계자들의 협력을 바탕으로 할 때 관광을 통한 지역활성화라는 목표는 달성될 수 있다.

3 녹색관광의 전망과 과제

1) 저탄소 녹색성장과 녹색관광

이명박 정부가 2008년부터 정책비전으로 저탄소 녹색성장을 제시하면서 관광 분야에서는 '저탄소 녹색관광'이란 정책용어가 등장하였다. 여기에서 녹색성장은 '에너지·환경관련 기술과 산업 등에서 미래 유망품목과 신기술을 개발하고, 기존 산업과 융합하면서 새로운 성장동력과 일자리를 얻는 것'을 말한다.[16)]

이러한 정책이 등장한 배경에는 기후변화로 상징되는 '환경' 위기와 고유가로 대표되는 '자원' 위기가 자리 잡고 있다. 특히 기후변화 문제는 연이은 기상재해를 유발하는 것은 물론 생태계 질서를 근본적으로 뒤흔들며 인류의 생존을 위협하고 있다. 이러한 위기를 극복하기 위하여 선진국들은 이미 자원의 효율적·환경친화적 이용에 국력을 집중하고 있으며, 녹색산업과 녹색기술이 새로운 성장엔진으로 자리 잡아 가는 것도 같은 맥락이다.

'녹색성장(green growth)'이란 단어는 '환경(green)'과 '성장(growth)' 두 가지 가치를 모두 포괄하고 있다. 녹색성장의 핵심은 경제성장을 추구하되 자원이용과 환경오염을 최소화하고, 이를 다시 경제성장의 동력으로 활용하는 선순환구조 즉, 지속가능한 성장에 있다. 녹색성장은 에너지·환경문제뿐만 아니라 일자리와 성장동력 확충, 기업 경쟁력과 국토 개조, 생활혁명을 포괄하는 종합적 국가비전이다. 교통, 건축, 문화 등 모든 사회·경제활동과 시스템뿐만 아니라 개인의 라이프스타일도 포함되는 광범위한 개념인 셈이다.

그러나 관광 분야에서 지속가능한 성장 개념은 이미 1990년대 이후 '지속가능한 관광'으로 구체화되어 왔다. 지속가능한 관광의 대표적인 유형이 바로 농촌관광과 생태관광이다. 다만 녹색성장이라는 국가비전하에서 최근 논의되는 '저탄소 녹색관광'의 개념은 농촌관광을 지칭하던 기존의 녹색관광과는 달리 '기후변화에 대응하여 탄소 배출을 완화 또는 저감하는 관광시설 개발과 관광활동의 확대, 관광산업 육성 등을 의미'한다. 저탄소 녹색관광은 지속가능한 관광이 지향하는 개념과 원칙을 지향하지만 기후변화에 영향을 미치는 탄소 저감방안을 핵심 전략으로

하면서 경제적 성장에 초점을 맞춘다는 점에서 차별화된다. 농촌관광, 생태관광은 환경을 보전하면서 지역 활성화를 추구한다는 점에서 저탄소 녹색관광과 관련이 있으며 녹색성장의 비전을 구체화하는 전략으로 주목받을 전망이다.

2) 여가환경 변화와 녹색관광

일상생활에서 벗어나 자연 속에서 여가를 즐기려는 녹색관광에 대한 관심이 높아지고 있다. 사회가 복잡해지고 경쟁이 치열해질수록 일상에서 벗어나 좀더 여유롭고 즐거운 여가를 꿈꾼다. 건강과 식품안전에 대한 불안, 자녀의 성장과 교육에 대한 관심이 높아지면서 생활 가치관이 변화하고 있다. 자연 속에서 여유를 추구하는 생활방식, 이른바 그린 라이프스타일(green lifestyle)은 여가시간의 확대와 함께 더욱 확산될 것으로 예상된다.

자연으로의 여행은 도시민에게는 지역의 생활과 문화를 맛보고 이해를 넓히는 동시에, 자연과 접촉함으로써 인간성을 회복하는 자기실현 여행이 될 수 있다. 21세기 지식기반사회를 맞아 여가는 재충전(recreation)을 통해 또 다른 부가가치를 만들어내는 창조력의 원천이다. 온갖 생명체가 나름대로의 질서 속에 생명을 이어가는 자연은 우리 아이들에게 상상력과 창의력을 키워줄수 있는 더없이 좋은 학교인 셈이다. 그래서 자연은 그 자체로 거대한 '체험학교'이자 '상상력 창고'이며, 자연으로 떠나는 녹색관광은 우리 시대 문화운동이기도 하다.

녹색관광의 개념이 확대되면서 농촌체험뿐만 아니라 농촌의 자연환경을 자원으로 한 다양한 여가행태와 활동이 등장할 것으로 예상된다. 최근 시도되고 있는 슬로시티(slow city), 제주 올레길 걷기여행, 우포늪 생태관광, 백두대간 트레킹, 농어촌체험마을 등이 대표적인 예이다. 녹색관광은 단순히 농촌의 생태와 문화자원을 활용한 관광상품과 서비스를 개발하여 제공한다는 차원에서 벗어나 마음의 풍요로움을 추구하는 여행, 자연과 조화된 여유 있는 여행을 즐기는 새로운 여행형태의 등장을 의미한다.

녹색관광은 국내 관광산업 육성이라는 측면에서도 새로운 성장의 기회로 주목받고 있다. 특히 녹색관광 자원에 대한 지속적인 투자로 인프라와 소프트웨어가 개선되고 관광상품과 서비스의 질이 향상된다면 국내외 관광객을 유치하여 지역경제 활성화에도 기여할 수 있다. 지역발전을 위한 대안으로써 지역의 고유한 자연·역사·문화자원을 활용한 관광산업이 주목받으면서 녹색관광을 통해 지역주민의 삶의 질을 향상하고 생활환경을 개선하려는 지방자치단체도 늘어날 전망이다.

3) 농업 · 농촌과 녹색관광

우리 농업·농촌은 그동안 많은 투자에도 불구하고 도·농 간 소득불균형과 농촌공동화로 인해 총체적 위기에 직면해 있다. 농업은 개방화·국제화 물결 속에서 경쟁력을 잃어가고, 농가는 부채와 불안정한 소득구조 속에서 생존이 위협받고 있으며, 농촌환경은 난개발과 환경오염으로 훼손되고 있다. 1990년대 이후 농업·농촌에 대한 투자가 확대되면서 농업생산성이 향상되고 농업기반시설 확충과 농촌주민의 생활환경이 개선되는 등 긍정적인 변화가 있었음에도 불구하고 여전히 농업 경쟁력 약화와 농촌인구의 급격한 감소와 노령화는 계속되고 있다.[17)]

녹색관광은 시장개방 등 격변하는 글로벌 사회·경제 환경 변화 속에서 우리 농업·농촌이 생존하기 위한 전략으로 주목받고 있다. 농촌을 둘러싼 환경이 시장경제와 개방화라는 큰 틀 속에서 빠르게 변하고 있어 그동안 가지고 있던 '농업=생산', '농촌 활성화=농가소득 증대'라는 고정관념과는 다른 발상이 필요하다.[18)] 따라서 농촌관광으로 농촌은 단순한 농산물 생산 공간에서 벗어나 농산물의 가공과 유통, 자연관찰과 체험에 의한 육체적·정신적 재충전, 아름다운 농촌경관에서의 휴식, 개성 있는 지역문화와의 만남 등 농촌의 새로운 가치를 발굴해 나갈 전망이다.

녹색관광은 농업·농촌에 서비스, 문화, 감성을 덧붙여 새로운 가치를 창출하는 전략으로서 농업을 변화시키고 나아가 농촌지역의 활력을 되찾을 수 있는 근본적인 전략으로 인식되고 있다. 녹색관광은 농업·농촌을 시장과 연결시키고 소비자 니즈를 이해하는 메커니즘으로서 농촌 소득증대에 기여한다. 농촌 어메니티 자원을 시장가치 즉, 소득으로 전환시키는 수단이 바로 관광이다. 녹색관광은 관광객의 욕구를 충족시키는 한편 지역주민 스스로는 자신감을 회복하고 삶의 질을 높일 수 있다는 점에서 농촌을 활성화시키는 미래전략으로 각광받을 전망이다.

미 주

1) 강신겸 · 김정연 역(1997). 『녹색관광』. 일신사.
2) 강신겸(2002). 마을단위 녹색관광개발의 추진과 과제. 『관광농업연구』, 9(1).
3) 中村攻 外 3人(1999). 『地域經營型グリーンツーリスム』. 東京: 都市文化社.
4) Page & Getz(1997). *The Business of Rural Tourism: International Perspectives*. Thomson Business Press.
5) OECD(1994). *The Contribution of Amenities to Rural Development*. Paris: OECD.
6) Sharpley, R., & Sharpley, J.(1997). *Rural Tourism: An Introduction*. 1st edition. Thomson Learning.
7) 강신겸(2007). 『농촌관광』. 대왕사.
8) Ross & Wall(1999). Ecotourism: towards Congruence between Theory and Practice. *Tourism Management*, Vol. 20.
9) The Ecotourism Society(1991). *A Collection of Ecotourism Guidelines*. The Ecotourism Society, North Bennington.
10) 강신겸(2007). 『농촌관광』. 대왕사.
11) Fennell, David A.(1999). *Ecotourism: an Introduction*. Routledge.
12) Beeton, Sue(1998). *Ecotourism: A Practical Guide for Rural Communities*. LANDLINKS PRESS.
13) 김용렬 · 박시현 · 최경은(2007). 농촌관광의 수요와 공급전망 및 발전과제. 『농촌관광연구』, 14(2).
14) 강신겸(2007). 『농촌관광』. 대왕사.
15) 김성진(2002). 『생태관광 진흥방안 연구』. 한국문화관광정책연구원.
16) 국무총리실(2008). 기후변화대응 종합기본계획.
17) 강신겸(2007). 농촌공간의 부가가치창출의 길. 『한국농업이 가야 할 제3의 길』. 해남.
18) 강신겸(2007). 『농촌관광』. 대왕사.

저자약력

강신겸(姜信謙) 현_전남대학교 문화전문대학원 교수

서울대학교 환경대학원을 졸업했고, 한양대학교에서 관광학 박사학위를 받았다. 삼성경제연구소 수석연구원을 거쳐 현재 전남대학교 문화전문대학원 교수로 있으며, 저서로는 『녹색관광』(공역), 『그린투어리즘 이론과 실제』(공저), 『농촌관광』 『지속가능한 관광개발』 등이 있다. "관광지 지역주민의 지역사회 애착도 측정척도 개발" 외 20편의 학술논문과 "관광활성화를 위한 소프트경쟁력 강화방안" 외 40여 편의 연구보고서, "농촌관광프로그램개발" 외 30여 건의 연구프로젝트를 수행한 바 있다. 2004년부터 농촌관광 분야 전문인력 양성을 위하여 '한국농촌관광대학'을 설립 · 운영하고 있기도 하다.

『관광학총론』 마흔두 번째 이야기

제42장

해양과 섬관광

이정열(Timothy Lee)*

1 해양과 섬관광의 등장배경과 의의

1) 섬관광의 등장배경과 의의

기술혁명, 항공교통의 등장과 혁신적 발달로 19세기 중반 이후 대륙에서 보다 먼 거리에 위치한 도서들이 독특한 매력성과 더불어 관광개발 대상의 목적지로 등장하게 되었다. 이러한 상황하에서 태양, 바다, 모래사장의 이미지로 대변되는 섬은 관광객들에게 가장 매력 있는 관광지 중의 하나로 부상하였다.[1] 전세계에는 수십만 개의 섬이 있고, 세계 총인구의 9~10%가량이 섬에 거주하고 있다.[2] 섬은 모든 바다, 그리고 거의 모든 국가에서 내륙과는 다른 크기와 특성을 지니며 위치하고 있다. 특히 섬이 지니고 있는 지리적 고립성, 독특한 문화, 매력적인 기후와 환경 등은 휴양객들이 섬을 방문하게 하는 주요 요인들로 작용하고 있고, 섬 특유의 자연생태계와 독특한 생활문화로 인해 상이함, 소규모성, 고유문화, 야생생태계, 삶의 여유, 원시적인 환경들은 곧 도서의 특징으로 나타난다.[3] 특히 지리적인 격리로 인한 고립성에서 섬관광의 본원적인 매력이 시작된다.[4] 그러므로 섬관광은 공간적으로는 내륙으로부터 완전히 벗어나 해양의 전초기지나 어업 생산기지인 도서지역에서 도서만이 지니고 있는 격절성(隔絶性)을 최대한 이용하여 기존 생활공간 및 방식과는 완전히 다른 도서 자원을 활용한 다양한 체험활동을 함으로써 새로운 관광욕구를 충족해가는 것으로 정의할 수 있다.[5]

* 호주 University of Queensland(퀸즐랜드대학교) 관광대학 교수. e-mail: timothy.lee@uq.edu.au

지금까지 섬이라고 하면 우리나라의 경우는 경제나 생활수준 등 모든 면에서 육지보다는 뒤떨어져 있다는 이미지가 강하고,[6] 각종 영화나 드라마에서 그려지는 이미지 역시 가난하고 시대의 흐름에 뒤처져 있으며 옛 추억이나 향수 정도를 나타내는 듯한 이미지가 일반적이었다. 사실 오랜 역사를 통해 보더라도 섬은 유배, 귀향, 격리, 수용, 고통, 한(恨) 등의 의미로 많이 그려졌으며, 바다는 거친 자연, 태풍, 위험, 외국의 침략창구라는 이미지가 강했던 것이 사실이다. 이에 비해 외국의 도서는 일상적인 삶에서의 도피, 파라다이스, 낙원, 레저, 스포츠와 공간, 해양생산기지, 광활한 영토의 이미지가 강하여 우리나라에서의 섬의 이미지와는 큰 차이를 보이고 있다.[7]

2) 해양관광의 등장배경과 의의

해양은 지구표면의 70%를 점유하며 인류의 경제, 사회, 문화 활동에 있어서 미치는 영향력이 매우 크다. 바다는 그동안 주로 어업의 대상이었으나, 여가와 관광의 기능이 활성화되면서 그 영역이 내륙 중심에서 해양으로 점차 확장되고 있다. 그중에서도 해양자원의 관광산업화는 오늘날 해양관광자원의 확충이라는 측면에서 그 중요성이 크다.

해양관광지의 발전과정은 휴양의 발전과정을 중심으로 파악해 볼 수 있다. 휴양성인 해양관광 활동은 먼저 유럽의 관광활동에서 시작되었다. 먼저 16세기 이전에는 기독교 순례자들이 순례도중 온천장을 숙소로 이용하였고, 18세기 이전에는 독일의 바데바덴(Baden Baden)과 영국의 바스(Bath) 등이 상류계층의 휴양지로 이용되었다. 특히 18세기에는 영국이 최초로 체육보건향상에 효과가 큰 수영을 일반화시키고 대상지를 바다로 강조하면서 해수욕을 중심으로 해양관광이 본격화되었다.[8] 해양관광 활동은 초기의 상류계급 전용에서 철도의 발달 및 산업화와 함께 중산계급, 노동계급으로까지 대규모로 발전되기 시작하였다. 특히 1950년대 후반부터는 소득증대, 자유시간 증가, 교통망의 정비 등에 의하여 수요가 증대되고, 최근에는 단순 휴식, 휴양형에서 보다 적극적이고 모험적인 활동형, 체험형 등으로 진화되고 있다.[9]

해양관광은 넓은 개념의 일반적인 관광산업과 공통점이 있지만 또한 다른 면도 동시에 존재한다.[10] 일반적인 관광산업의 관점에서 볼 때, 바다를 기반으로 둔 관광의 인기는 급격한 상승세를 보이고 있다. 이러한 급격한 성장은 지역 및 국가에 큰 영향을 주고 있다. 하지만 해양관광은 인간과는 다른 환경에서 발생한다는 것이 일반적인 관광과 다른 점이라고 할 수 있다. 이러한 점은 해양관광 활동의 특징에 중대한 영향을 미친다. 대부분의 활동들은 보트 같은 장비에 의존하고 안전문제를 중요하게 여기기 때문이다. 스쿠버 다이빙과 서핑, 낚시, 요트, 수상스키, 바다카약 그리고 윈드서핑 같은 해양관광 활동을 볼 때, 해양관광은 자연관광이라고 주장할 수도 있다. 그러나 몇몇의 해양관광 활동들만을 빗대어 해양관광을 자연관광이라고 정의하는 것은 분명하지

않다. 예를 들면, 수천 명의 승객들이 크루즈에서 휴가를 즐기는 크루즈 관광은 자연과의 접촉이 매우 적다. 따라서 해양관광은 '해양과 도서, 어촌, 해변 등을 포함하는 공간의 부존자원을 활용하여 일어나는 관광 목적의 모든 활동'이라고 정의할 수 있다.[11)]

쿠웨이트에서 수상스키 타는 사람

해양관광은 일상생활을 벗어나 스포츠와 휴양 및 오락을 통해 정신적, 육체적 변화를 추구하는 레크리에이션적 요소, 직간접적으로 해양공간에 의존하거나 연관된 활동으로써의 해양공간적 요소, 그리고 연안 해변은 바다와 육지가 만나는 생태적인 점이지대로서 많은 생물종이 서식하고 파괴되기 쉬운 생태환경을 가지므로, 환경친화적인 개발과 활동이 필요한 생태관광적 요소로 이루어진 해역과 연간에 접한 단위 지역 사회에서 일어나는 관광목적 활동이다.

해양관광자원은 크게 자연자원과 인문자원으로 구분되며 이 중 자연자원은 백사장, 천연적인 바다낚시터, 철새도래지, 해안 경관지, 갯벌 등이 있다. 인문자원에 포함되는 해양관광자원으로는 지역의 해양관련 생활양식이나 가치관, 문화 등을 반영하는 해양박물관, 해양관련 지역 축제, 지역 고유의 바다음식 등이 있고 산업자원으로는 어항, 어장, 항만, 수산시장 등을 들 수 있다.[12)]

2 해양과 섬관광의 개요

1) 해양관광의 현황

3면이 바다로 둘러싸여 있는 우리나라는 육지면적의 3배가 넘는 345,000km²에 달하는 대륙붕과 3,200여 개의 부속도서를 지니고, 약 12,800km에 이르는 해안선과 수심 20m 내외의 해역만도 국토의 1/3에 해당되는 풍부한 해양자원을 보유하고 있어 많은 개발가능성을 내포하고 있다.[13)] 이에 따라 우리나라에서 해양관광이 전체 관광에서 차지하는 비중은 2001년 약 35%에서 2011년에는 39%, 2013년에는 40%로 증가할 것으로 전망된다.[14)] <표 42-1>과 <표 42-2>는 우리나라의 풍부한 해양관광자원의 현황, 그리고 국내 해안별 개발여건을 보여주고 있다.

〈표 42-1〉 국내 해양관광자원의 분류 및 현황

분 류		자 원	내 용	비 고
자연자원		해수욕장	총 354개소(서해 110, 남해 97, 동해 147)	
		철새도래지	국제적으로 중요한 철새 3종 이상 연안 도래지 20개소	생태관광
		갯벌	2,815km^2(세계 5대 갯벌의 하나)	생태관광
		해안경관지	해상(안) 국립공원 2,648.54km^2, 일출/일몰지, 도서(3,200여 개), 기암괴석 등	
		바다낚시터	전국 연안	
		기타	바닷길 갈라짐(전국 13개소), 고래관광	
인문자원	사회문화자원	수족관 해양전시관	수족관 3(완공 2), 해양수산과학관 3(완공 2), 어촌민속관 3(준비중), 목포 해양유물전시관 등	
		지역축제	각 연안지역별 72개	해양축제, 영등제, 풍어제 등
		바다음식	각 연안지역별 소재 다양	
		어구/어법	각 연안지역별 소재 다양	
		어촌 사적지	각 연안지역별 소재 다양	해양문화 지표조사 중
		어촌	4,000여 개의 자연부락 어촌	
	산업자원	어항	지정 어항 415개소, 소규모어항 2,000여 개	
		어장	각 연안지선(수산자원보호구역, 양식신란장, 회유로 등)	
		유어선	2,800여 척	어선 총계 77,000여 척

| 자료: 해양관광진흥을 위한 종합계획 수립연구(해양수산부, 2000. 4)의 내용을 중심으로 정리.

〈표 42-2〉 국내 해안별 개발여건 비교

구 분	동해안	남해안	서해안
해 변	이용가능한 평탄지가 비교적 협소하고 파도 파랑의 영향이 다소 큼	평탄한 배후지가 지역에 따라 다소 협소하고 태풍의 영향권에 있는 지역이 많음	평탄한 배후지가 넓어 개발과 이용에 유리 갯벌이 발달하여 체험학습장 개발에 유리
해 상	수심여건은 양호하나 파도, 파랑의 영향으로 방파제 등 구조물 설치에 비용이 많이 소요	적절한 수심과 도서, 만이 발달하여 개발에 유리	낮은 수심이 제약이 되는 경우도 있으나 상대적으로 파고, 파랑이 작아 유리
해중해저	수심이 깊고 급경사로 다소 개발이 어려우나 수질이 양호하고 시야 확보가 용이	특히 양식장이 발달하여 활동에 따른 지역주민과의 마찰 우려	낮은 탁도로 인하여 해중, 해저활동은 다소 어려운 경우도 있음

| 자료: 해양관광진흥을 위한 종합계획 수립연구(해양수산부, 2000. 4)의 내용을 중심으로 정리.

그러나 우리나라는 3면이 바다로 둘러싸여 있고 천혜의 해양관광자원을 보유하고 있음에도 불구하고 지금까지 우리나라 국민들의 관광은 육지중심의 관광에 치우쳐 왔으며,[15] 해양관광을 위한 공간 및 기반시설이 부족할 뿐만 아니라, 해양관광자원의 개발이 해수욕, 바다낚시, 갯벌체험 등 단순관광과 해양레저형 관광위주의 단편적인 상품개발에 치중되어 왔다. 또한 최근 다양한 여가수요의 증가와 함께 해양관광의 중요성이 커지고 있으나 해양관광자원에 대한 체계적인 조사와 평가, 해양관광시설의 확충, 해양레포츠의 저변확대 및 차별성 있는 해양관광상품의 부족으로 인해 국민의 해양관광 욕구에 부응하지 못하고 있는 실정이다.[16]

2) 해양관광의 여건변화

국제 해양관광산업의 경우 메가요트(80피트 이상)의 증가는 1996년에 2,800척에서 2000년 5,500척으로 2배가량 늘어났다. 또한 미국의 경우 1999년에 전국의 1,000여 개 워터파크에서 6,800만 명의 입장객이 방문하여 7년 연속 증가치를 나타냈다. 2000년에 크루즈 산업은 전년대비 52%의 성장률을 보여 17,500개 이상의 새로운 선석(berth)을 추가하였다. 또한 WTO체제하의 국가 간 교역증가로 꾸준한 경제성장이 예상되고, 21세기 주도산업으로서 관광산업이 부상되어, 해양관광산업이 전략적으로 육성될 경우 해양관광 분야의 수요가 급증할 것으로 예상된다. 2010년경 1인당 국민소득이 15,000달러를 넘어서면 본격적인 'My Yacht'시대가 도래하게 되고, 20,000달러를 넘어서면 해양레포츠가 대중화될 것으로 전망하고 있다. 이로 인해 해양레저 참여인구가 다변화 · 고도화되며, 해양스포츠 보유장비도 확대되어 계속 증가할 것이다. 또한 장기체류형 휴가패턴이 정착화되고, 노령층을 대상으로 하는 크루즈 등의 시장이 형성되며, 환경생태관광에 대한 관심이 대두된다. 크루즈가 본격화될 경우, 2010년 이후 연간 20만 명 이상의 관광수요가 발생할 것으로 예상되고 있다.[17]

우리나라는 국민소득의 지속적인 증가로 인해 골프 등 고급 레포츠를 즐기는 인구는 더욱 늘어나고 새로운 유형의 모험적이고 활동적인 레포츠를 즐기는 문화가 정착되고 있는데, 이의 중심에 해양스포츠가 있다고 볼 수 있다.[18] 특히 고급차를 가지는 것이 부의 상징이던 시대에서 고급 요트를 가지는 것이 부의

파도타기 하는 사람들

상징이 되는 시대가 도래하고 있고, 바다를 이용한 윈드서핑, 요트타기, 고급 해상유람 등에 대한 수요가 크게 늘어날 전망이다. 이러한 해양관광 수요증대에 대비하기 위한 각종 인프라의 정비가 요망된다. 특히 선진국에서는 마리나 등의 시설이 해양관광의 중심이 되고, 일본만 해도 전국에 50여 개의 마리나가 있는데 반해 우리나라는 현재 10개 정도만 존재한다.[19] 앞으로 이러한 해양관광중심 인프라는 정부, 지자체, 민간을 중심으로 체계적으로 준비해 나가야 할 것으로 생각된다. <표 42-3>은 세계 수상스포츠 패키지관광 종류의 시장점유율을 나타낸다. 5가지의 수상스포츠 활동 중 해안에서의 활동과 다이빙 해양관광은 두드러진 성장을 나타냈다.

〈표 42-3〉 조직화된 세계 수상스포츠 관련 관광의 변화(1994~2000)

	1994	1996	1998	2000
총 수상스포츠 관련 관광객 수(백만 명)	0.75~1	1~1.5	1.5~2.5	2.5~5
수상스포츠 활동의 시장점유율(%)				
나용선(Bareboat)	40	33	30	25
소함대(Flotilla)	9	10	10	10
Crewed	3	4	5	5
다이빙	14	20	25	30
해안에서의 활동(Shore based)	34	33	30	30

| 자료: Smith & Kenner(1994).

우리나라의 경우, 1997년 해양관광 참여인구는 약 7,400만 명으로 우리나라 총 관광참여 인구 3억 2천만여 명 중 약 23%를 점하여 참여구조의 패턴이 단순하여 대부분 해수욕이 차지하는 형편이었다. 주 5일 근무로 인한 여가시간의 증가, 건강 중시 경향 및 교통망의 개선 등으로 해양관광자원에 대한 접근성이 높아짐으로써 해양관광상품도 지금까지의 단순한 패턴에서 점차 다양화될 것으로 예상된다. 우리나라의 해양관광이 전체 관광수요에서 차지하는 비중은 2001년 약 35%에서 2011년에는 39%, 2013년에는 40%로 증가하여 선진국형 체제로 변화할 것으로 전망되며 레저 참여구조도 보다 다변화되고 고도화될 것으로 판단된다.

〈표 42-4〉 국내 해양관광 참여인구 전망과 해양레저기구 변화 추이

	1997	2000	2003	2010
인구(천 명)	45,991	47,280	48,430	50,620
1인당 연평균 관광참여 횟수	6.9	6.9	7.1	7.3
총 관광참여 횟수(천 명, 회)	317,337	326,232	343,853	369,526
해양관광 총 참여 횟수(천 명, 회)	74,143	84,404	92,060	116,431
백분율(%)	23.4	25.9	26.8	31.4
해양레저기구, 보유척수(대/천 명)	0.07	0.1	0.2	0.45
해수욕	56,579	63,643	68,741	83,080
바다낚시	5,200	5,849	6,578	8,658
해양스포츠	1,034	1,574	2,394	6,368
해양 연관형(어촌관광 등)	11,330	13,338	14,347	18,325

| 자료: 해양관광진흥을 위한 종합계획 수립연구(해양수산부, 2000. 4)의 내용을 중심으로 정리한 것임.

〈표 42-5〉 해양관광 형태의 변화

구 분	1980년대 이전	1990년대 이후
여행거리	근거리	장거리화(벽지, 도서, 해외까지 연장)
활동성	정적 행동(관광, 휴식, 감상)	동적 행동(레포츠, 모험)
여행수단	대중교통 수단(기차, 버스)	고가 교통수단(항공기, 고급 열차), 승용차, 여객선(크루즈관광)
내구성 도구 이용	내수면 낚시, 등반, 뱃놀이 등에 도구와 장비 이용	수상, 해상, 공중, 레포츠 도구 발달 및 이용 대중화
자연활용	자연감상형	자연이용형
활동공간	평면적 공간(해변)	입체적 관광(해상, 해중, 해저)

| 자료: 신동주 · 손재영(2007).

3) 해양관광의 분류

<표 42-6>은 해양 분야에서 사용할 수 있는 레크리에이션 활동의 다양한 범위와 설정을 자연환경의 물리적 특성, 레크리에이션 경험 그리고 인간의 영향의 정도로 나누어 나타내었다. 육지에서의 거리는 활동가능한 경험과 환경의 유형에 가장 강하게 영향을 미치는 요인이므로 해양

레크리에이션의 분류는 육지에서의 거리에 따라 분류되었다. 해변과 가까운 환경에서는 관광객들이 해변을 이용한 접근하기 쉬운 다양한 활동들을 할 수 있고, 그러한 환경은 대부분 인조건물에 의해 영향을 받는다. 한편, 해변에서 멀리 떨어진 바다에서는 바다로 가는 배 또는 선박을 이용하는 활동들을 한다. 이러한 활동들은 흔히 고요하고 자연과 더 가까이 할 수 있으며 타인과의 접촉이 적다. 이 해변과의 거리에 따른 두 가지 종류의 활동들 사이에 있는 다양한 특징들은 사회적 접촉의 감소와 인간 영향력의 감소, 그리고 해안에서 점점 더 가까워지는 일반적인 패턴을 보여주고 있다.[20]

〈표 42-6〉 해양 레크리에이션 기회의 범위/ 스펙트럼

특징	Class I 접근성이 매우 높은 지역	Class II 접근성이 용이한 지역	Class III 접근성이 쉽지 않은 지역	Class IV 육지에서 접근하기 먼 지역	Class V 소외되고 멀리 떨어진 지역
경험	많은 타인과의 사회적 접촉 높은 수준의 서비스 및 지원 항상 붐빔	타인과의 잦은 접촉	약간의 타인과의 접촉	평화롭고 조용함 자연에 가까움 안전구조 가능 타인과 가끔 접촉	한적한 곳, 외딴 곳 고요함 자연과 가까움 자급자족
환경	많은 인공구조물과 영향을 미치는 요인들 낮은 품질의 자연환경	인공구조물 / 유형물들의 영향과 근접함	약간의 주변의 인공구조물-약간의 유형물	다른 사람의 활동 증거 해안의 조명, 계류부이(mooring buoys)	고립됨 높은 품질 약간의 인간구조물과 영향
위치	주변이나 도시지역 해안과 조수간만(inter-tidal) 영역	조수간만 영역 100미터 거리	해안으로부터 100미터 1km 거리	고립된 해안 해안으로부터 1~50km 거리	무인 해안지역 해안으로부터 50km 이상 떨어진 지역
예	일광욕, 사람 구경, 수영, 게임, 식사, 스킴보드 타기, 구경	수영, 스노클링, 낚시, 제트스키, 보트, 서핑, 패러세일 비행, 윈드서핑	보통 보트 형태 세일링, 낚시, 스노클링/스쿠버다이빙	일부 스쿠버 다이빙, 잠수, 모터 보트, 큰 요트 세일링	앞바다 항해 근해 보트낚시 원격 해안 카약

| 자료: 사용의 정도와 인간의 영향(Orams, 1999).

4) 해양관광의 성장

해양관광산업의 성장은 해양 레크리에이션의 기회를 증가시킬 뿐 아니라 일반적인 해양환경에 관한 관심을 증가시킨다. 바다의 관광명소로서의 중요성과 해양관광의 지역경제에 끼치는 영향들은 몇 개의 사례로 설명할 수 있다. 인도양 북부에 자리하고 있는 작은 섬나라 Seychelles에서는 외화수입의 약 70%가 관광수입이고, 이러한 관광수입은 전적으로 해양관광에 의해 벌어지

고 있다.[21] 버뮤다(Burmuda) 공공매출의 약 40%가 관광산업에서 생성되고, 관광사업은 12억 2,200만 달러가 넘는 이익을 창출해내고 있다.[22] 미국 해변의 가치에 대한 연구[23]에서 해변은 미국의 관광산업에서 가장 중요하며, 유적지나 공원, 그리고 다른 관광 목적지보다도 상대적으로 매우 중요한 관광 목적지라고 서술하였다. 해변을 가지고 있는 주(coastal states)들은 해변의 엄청난 인기 때문에 미국에서의 관광 관련 이익에 85%를 벌어들이고 있다. 예를 들어, 마이애미에 위치한 비치 하나가 옐로스톤공원(Yellowstone Park), 그랜드캐년(the Grand Canyon)이나 요세미티국립공원(Yosemite National Parks)보다도 연간 방문자 수가 많았다. 한편, 근래 들어와 해양관광의 개발에 있어서 관광지 주민의 경제적 이익뿐만 아니라 환경까지도 고려하는 지속 가능한 개발을 중시하는 경향을 보이고 있다. 특히 1998년에 세계관광기구는 지속 가능한 해양관광개발의 중요성을 제시하였다. 그 후 유엔지속가능개발위원회(UNCSD)는 환경과 조화된 지속 가능한 관광을 적극 추진하기로 하였고, 각국 정부에 2002년까지 이에 대한 지침을 마련하여 총회의 승인을 받도록 권고하였다.[24]

해안선을 가지고 있는 많은 나라들은 잘 개발되지 않은 관광산업과 관광산업을 지원하는 약간의 인프라를 가지고 있다. 그러나 이러한 많은 나라들은 관광을 국가의 경제와 사회 발전을 위한 촉매제로 보고 있다.[25] 특히 몇몇의 섬나라들은 그들 고유의 미개발되고 손상되지 않은 자연환경과 그것에 대한 막대한 가치와 관심을 기반으로 그들의 관광산업을 발전시키고자 노력하고 있다.[26] 해초와 해양동물은 해양관광에서도 특히 여행객의 관심을 받고 있다. 즉, 섬나라의 관광 성장은 자연환경의 특징과 관련된 것으로 보인다. 해양관광의 큰 성장과 범위에도 불구하고, 해양관광산업은 아직도 일반적인 육지 활동보다 더 많이 날씨의 영향을 받고 있지만,[27] 해양관광에 대한 잠재력은 세계적으로 엄청나다.

3 해양과 섬관광의 새로운 접근

1) 해양관광의 문제점

해양관광 진흥을 위해서는 다음과 같은 문제점을 지적할 수 있다. 첫째, 해양관광의 개발체계 및 해양관광시설의 미비를 들 수 있다. 또한 육지 중심적인 관광개발로 해양관광 분야에 대한 국가적인 관심소홀로 인해, 아름다운 해안과 도서 등 해양관광자원을 보유하고 있으나, 내륙역사, 문화 중심의 관광개발로 인해 해양생태 및 경관의 관광자원화에는 미흡한 실정이다. 그리고 국민레저공간으로서 해양이 담당해야 할 기능분담에 대한 광역적 시각이나 계획이 수립되지 못한 것도 문제점으로 지적된다. 둘째, 해양관광 시설에 대한 등록이나 관리기준 등 법률, 제도상 지원체계가 미흡하다고 할 수 있다. 셋째, 연안에 각종 산업시설 및 어업시설의 산재로 해양레저, 스포츠 활동이 제약되고, 해양관광지에 대한 접근체계와 인프라가 부족하다. 넷째, 최근 바다와 관련된 다양한 유형의 레저관광 수요가 급증하고 있으나, 이에 부응할 해양관광상품 및 프로그램개발은 여전히 부진한 실정이다. 다섯째, 자연발생적 해수욕장의 재정비와 유입되는 수질개선, 계절적 편중성을 극복할 프로그램의 개발이 필요하다.[28]

2) 국내의 해양관광 활성화 방안

향후의 해양관광 활성화를 위하여 국민의 해양의식 고취, 새로운 테마의 발굴, 연안 환경을 고려한 지속 가능한 개발, 주민의 적극적 참여, 기본적인 법제도 개선이 요망되고 있다. 일본에서도 해양관광진흥과 홍보에 의해 진흥이 이루어지는 데 몇 십 년이 소요되었음을 인식하여 해양관련 문화, 유적 발굴, 케이블 TV, 관련축제 등 이벤트 유치, 각종 해양연수시설의 강화로 다양한 해양체험기회 부여, 해양교육 기회 및 시설 강화, 관련 교재 및 교보재의 편찬 강화 등 정부의 지속적인 진흥정책추진이 필요하다. 그뿐만 아니라 최근 연안 및 어촌에서 갯벌 및 어촌체험관광, 해수탕/해수요법 등의 해수건강욕, 해돋이관광 등의 새로운 관광이 진흥되고 있어 이를 적극 활용해야 한다.

프랑스 랑독루시옹 해양관광단지 조성, 워터프런트의 재개발 성공사례 등 선진국의 각종 선례에서 보듯이 향후 우리나라의 해양관광사업에서도 정부나 지자체의 역할이 보다 증대되어야 할 것이다. 우리나라의 해양관광은 바다 특유의 기상 및 해상의 영향과 계절성이 강하여 해수욕 등이 한여름에 집중되어 이용일수가 짧아 영업 수지상의 문제와 교통, 환경 등 각종 문제가 야기된다. 한여름의 해수욕철에 이용자가 집중되는 반면 연중 시설 이용도는 떨어져 수익성의 제고가 어려우므로 이를 극복하기 위해 계절에 관계없이 지속적으로 관광객을 유치할 수 있는 해양간접체험시설이나 미국의 Seaworld와 같은 해양 테마시설 등의 다계절 이용 가능한 시설의 도입이 필요하다. 또한 IMF 이후 위축된 민간투자를 확대하기 위한 각종 시책이 요망된다. 해양과 육지가 만나는 연안공간은 군사적으로나 환경적으로 상당히 취약한 지역일 뿐 아니라 그 지역의 개발은 지역민의 생활과 소득에 밀접하게 연관되어 있기 때문에, 반드시 지역주민의 역동적 참여하에, 지속 가능한 개발과 체계적인 관리가 이루어지도록 해야 할 것이다.

미 주

1) Lockhart, D. G., & Drakakis-Smith, D.(1997). *Island tourism: Trends and prospects*. London: Pinter.

2) Royle, S. A.(2001). A geography of islands: Small island insularity. New York: Routledge.

3) Baum, T.(1997). The fascination of islands: A tourist prospective. In D. G. Lockhart, & D. Drakakis-Smith(Eds.). *Island tourism: Trends and prospects*. London: Pinter. pp. 21-35.

4) 송재호(2002). 국내관광시장의 유형별 마케팅 전략 수립. 제주발전연구원.

5) 손대현 · 장희정 · 김민철(2004). 우리나라의 해양관광 활성화를 위한 도서관광개발정책 개선방안－백령도와 사량도의 개발사례를 중심으로. 『관광연구논총』, 16, 3-24.

6) 손대현 · 한지숙(2004). 활동별 접근을 통한 현대레저의 동기, 만족의 비교분석. 관광과 엔터테인먼트연구원.

7) 손대현 · 한지숙(2004). 활동별 접근을 통한 현대레저의 동기, 만족의 비교분석. 관광과 엔터테인먼트연구원.

8) 김성귀 · 홍장원(2006). 다기능어항에서의 마리나 조성 방안 연구. 한국해양수산개발원.

9) 김성귀 · 홍장원(2006). 다기능어항에서의 마리나 조성 방안 연구. 한국해양수산개발원.

10) Orams, M.(1999). *Marine tourism: Development, impacts and management*. London: Routledge.

11) 김성귀 · 홍장원(2006). 다기능어항에서의 마리나 조성 방안 연구. 한국해양수산개발원.

12) 김성귀 · 홍장원(2006). 다기능어항에서의 마리나 조성 방안 연구. 한국해양수산개발원.

13) 조재기(2006). 한일 해양관광 산업의 비교 연구: 스포츠관광 산업을 중심으로. 『한국스포츠리서치』, 17(1), 735-745.

14) 신동주 · 손재영(2007). 해양관광 발전을 위한 여건분석과 정책과제. 『해양정책연구』, 22(2), 1-27.

15) 최도석 · 심미숙(2004). 부산의 해양관광 실태분석 및 발전방안에 관한 연구. 부산발전연구원.

16) 해양수산부(2006). 해양관광 기반시설조성 연구용역.

17) 해양수산개발원(2000). 해양관광진흥을 위한 종합계획 수립연구. pp. 14-16.

18) 김성귀 · 홍장원(2006). 다기능어항에서의 마리나 조성 방안 연구. 한국해양수산개발원.

19) 김성귀 · 홍장원(2006). 다기능어항에서의 마리나 조성 방안 연구. 한국해양수산개발원.

20) Orams, M.(1999). *Marine tourism: Development, impacts and management*. London: Routledge.

21) Gabbay, R.(1986). Tourism in the Indian Ocean Island States of Mauritius, Seychelles, Maldives and Comoros. Perth: University of Western Australia and National Centre for Development Studies.

22) Archer, B. H.(1989). Tourism and island economies: impact analyses. In C. D. Cooper(Eds.). *Progress in tourism, recreation and hospitality management*, London: Belhaven Press.

23) Houston, J. R.(1996). The economic value of U.S. beaches. In J. Auyong(Ed.). *Abstracts of the 1996 World congress on coastal and marine tourism*. Oregon Sea Grant, Oregon. State University, Coravllis, OR.

24) 문화관광부(2001). 관광동향에 관한 연차보고서.

25) Pattullo, P.(1996). *Last Resorts: The Cost of Tourism in the Caribbean*. London: Cassell.

26) Lockhart, D. G., & Drakakis-Smith, D.(1997). *Island Tourism: trends and prospects*. London: Pinter.

27) Orams, M.(1999). *Marine tourism: Development, impacts and management*. London: Routledge.

28) 양위주(2003). 경쟁력 제고를 위한 부산의 해양관광 진흥 방안에 관한 연구: OC21 계획을 중심으로. 『신라대학교논문집』, 52, 145-155.

저자약력

이정열(Timothy Lee) 현_호주 University of Queensland(퀸즐랜드대학교) 관광대학 교수

저자 이정열은 국립서울대학교에서 삼림환경학 학사학위를 받은 후, 미국 뉴욕의 Long Island University에서 MBA과정을 수료하고, 7년간 맨해튼의 관광산업 분야에서 근무했다. 그 후, 영국 University of Surrey에서 국제호텔경영학 석사와 관광개발학 박사학위를 취득했으며, 한국관광학회 이사로 재직하면서 영국과 한국에서 관광개발자문위원으로 활동했다. 최근 2년간 스위스, 이탈리아, 독일, 일본 등 8개국에서 특별강사로 초대되어 특강을 하기도 했다. 저명한 국제적 학술지에 다수의 논문을 실었고, 현재 4개의 국제학술지의 종신 논문심사위원으로서, 국제관광개발 활동과 연구에 참여하고 있다.

『관광학총론』 마흔세 번째 이야기

제43장

교육관광

최 규 환*

1 교육관광의 등장과 성립 배경

1) 교육관광의 시대적 · 역사적 배경

(1) 중세 유럽의 시대적 상황

이집트 및 그리스시대로 대표되는 고대관광은 로마시대로 접어들면서 공화정, 제정 양 시대를 통한 국가의 법체제가 정비되고 사회적, 정치적으로 안정기를 맞이하면서 관광의 전성기를 누리게 되었다. 고대 로마시대에는 그리스시대의 아폴로(Apolo), 제우스(Zeus)신전에 이어 쥬피터(Jupiter), 비너스(Venus) 등 전국 각지에 많은 신전들이 건설됨으로써 신전참배를 목적으로 하는 종교관광을 비롯하여 요리기술의 발달에 따른 식도락관광과 미식으로 인한 비만증 환자들이 늘어남에 따라 비만치료를 목적으로 하는 요양관광 등이 성행하였다. 특히, 고대 로마시대에 이러한 신앙과 예술, 식도락, 요양 등의 다양한 관광이 활성화된 배경에는 도로망의 정비, 숙박시설의 증가, 치안 유지, 화폐경제의 발달 그리고 여행자에 대한 환대정신의 존중 및 실천 등 사회적으로 안정된 체제를 확립하고 있었기 때문이었다.[1] 하지만 중세시대에 들어오면서 A.D. 476년 로마제국이 멸망하게 되자 유럽 제국은 분열과 항쟁을 반복하게 되고 자연히 치안의 악화, 도로의 파괴, 화폐경제 정지 등의 사회적 불안정을 초래하게 되었다. 더욱이 근면과 검소를 강조한 엄격한 종교철학이 사람들의 일상생활을 지배하게 되어 관광에 대한 부정적인 인식이 확

* 동아대학교 관광경영학과 교수(현 한국관광학회 사무국장). e-mail: kwchoi@dau.ac.kr

산됨에 따라 1000년에 가까운 관광의 암흑시대를 맞이하게 되었다.

따라서 중세시대에는 일반인들의 순수한 즐거움을 목적으로 하는 여행은 현실적으로 불가능하였으며 순례자들에 의한 순례관광이나 십자군원정 등 군사적인 목적의 여행 그리고 실크로드(Silk Road)로 대표되는 상인들을 중심으로 하는 동서 간의 교류 등에 의하여 그나마 명맥을 유지하고 있는 수준이었다.

(2) 문예부흥운동(르네상스)과 관광의 부활

중세 유럽을 강타한 관광의 암흑시대는 16세기에 들어오면서 일대 전환기를 맞이하게 된다. 오랫동안 중세의 어둠 속에 있던 유럽은 암흑시대 이전 찬란한 문화를 꽃피웠던 그리스, 로마시대로 되돌아가고자 하는 동경심이 사회 전반적으로 뿌리 깊게 자리 잡고 있었으며 이러한 동경심이 결국 유럽 전체로 확산, 보급되면서 하나의 문화운동으로 계승, 발전되었는데 이것이 바로 문예부흥운동(르네상스운동)이다. 이탈리아에서 시작된 르네상스운동은 중세 유럽에서 근대 유럽으로 가는 매개역할을 하였고 당시 유럽의 정치, 사회, 문화, 경제 등 다방면에 걸쳐 영향을 미쳤는데 관광 분야에서도 관광부활의 서막을 알리는 계기가 되었다.

사회 전반적으로 생산성의 향상, 도시의 부활, 교역증대, 예술문화의 발전 등으로 인문주의에 입각한 인간중심의 가치관과 자유사상 등이 만연하게 되었고 종교분야에서도 종래의 초자연적인 사상에서 합리주의와 실용주의를 중시하면서 관광에 대한 시각이 소비적, 향락적인 부정적 입장에서 창조적, 재충전적인 긍정적인 시각으로 바뀌게 되었다. 이러한 종교개혁의 영향으로 성지에의 순례관광은 감소하고 대신에 르네상스의 영향을 받은 지식을 추구하는 관광이 성행하기 시작하였다. 특히 귀족, 작가, 시인 등이 자신들의 견문을 넓히고 지식을 심화하기 위하여 유럽 제국을 돌아보는 여행이 성행하였는데 이를 그랜드 투어라고 불렀다.

2) 교육관광의 기원과 그랜드 투어(Grand Tour)

(1) 그랜드 투어의 성립과 사회적 여건

일반적으로 교육관광의 기원을 그랜드 투어(Grand Tour)에서 찾아볼 수 있는데, 이는 교육의 일환으로 이루어지는 관광을 교육관광이라고 할 때, 그랜드 투어의 성격이나 내용이 교육이라는 목적에 가장 잘 부합하고 있기 때문이다. 그랜드 투어의 역사는 16세기에 시작되어 19세기 중반까지 계속되었는데 그랜드 투어의 등장 배경으로서 이 시기에 본격적으로 사람들의 이동에 필

요한 기초적인 여건이 조금씩 정비되어 가고 있었다.

우선 산업혁명의 진전에 따라 경제활동이 활성화되어 상업에 종사하는 사람들의 왕래가 증대하였으며 이들을 수용하기 위한 숙박시설이 정비되었다. 초창기 순례자들을 위하여 일반인들의 민박이나 수도원 등이 숙박시설을 대신하던 상황에서 상업 활동이 번창해감에 따라 상인들의 편의를 도모하기 위한 전문적인 숙박시설이 생겨나기 시작하였다. 다음으로 도로망이 정비되어 누구나 손쉽게 마차여행이 가능하게 되었으며 때를 같이하여 여행안내서 등이 제작, 보급되었다. 이러한 저작물들은 당시 유럽 각지의 명소나 유적지에 대한 자세한 설명과 해설을 담아 많은 사람들의 여행에 대한 욕구를 자극하는 역할을 하였다. 그리고 가장 중요한 여건의 변화로서, 대량수송기관의 발명을 들 수 있다. 증기를 동력으로 하는 증기기관차나 증기선의 발명은 영국, 독일, 프랑스, 이탈리아 등 유럽제국을 잇는 매개기능을 하였으며 사람과 물자의 이동시간을 대폭 단축시켜 주었다.[2)]

이렇듯 당시 유럽에서는 여행을 위한 사회적 제반 여건이 조금씩 정비되어 갔으며 영국에서 시작된 산업혁명으로 노동생산성의 향상, 도시화 진전, 높은 교육수준, 여가시간의 증대 등과 맞물려 일반인들의 여행 참가가 두드러졌으며 이와 동시에 귀족이나 시인, 문호 등의 일부 특권층들 사이에서는 자신들의 견문과 지식을 넓히기 위한 그랜드 투어가 등장, 발전하는 계기를 마련하게 되었던 것이다.

(2) 그랜드 투어의 유래 및 등장 배경

16세기 초 영국에서 시작된 그랜드 투어는 18세기 후반부터 19세기 중반에 걸쳐 전성기를 맞이하는데 투어의 내용적인 측면에서 보면 영국의 귀족 자녀들이 유럽을 중심으로 여행을 하던 '대주유여행'을 의미한다 할 수 있겠다. 처음에는 유럽제국의 문화와 문물을 경험하기 위하여 정치가, 공무원, 외교관을 대상으로 실시해오다가 귀족, 시인, 문호 등 그 대상을 점차 넓혀가게 되었고 급기야는 특권층 자녀들의 통과의례로서의 성격을 지니게 되었다. 당시 영국은 산업혁명의 시작과 주변국과의 계속되는 전쟁에서 승리하게 되자 경제적·군사적으로 '해가 지지 않는 나라'로서의 강대국 입지를 굳건히 지키고 있었다. 하지만 유럽과의 관계에서는 힘은 강하지만 문화적으로는 뒤떨어진 섬나라로서의 평가가 지배적이어서 이러한 부정적 이미지를 바꿀 필요가 있었던 것이다. 그래서 영국 개혁의 중심에 있던 귀족들이 자신들의 자녀들을 향후 국제사회에서 통용될 수 있는 인재로 육성하기 위하여 앞다투어 문화적 선진국이었던 유럽으로 교육목적의 여행을 보내게 되었던 것이다.[3)]

시기적으로는 자녀들이 대학에 진학하기 전이나 혹은 대학 졸업 후 취업을 앞두고 짧게는 1

년에서 길게는 5, 6년에 걸쳐 유럽 대륙을 여행하였다. 주요 방문지는 프랑스와 이탈리아였는데, 프랑스에서는 당시 유럽의 국제공용어였던 프랑스어와 화술, 매너 등을 배우고 이탈리아에서는 로마제국의 문물과 유적, 미술품 등 예술적 감각을 습득하였다.

(3) 그랜드 투어의 의의 및 효과

그랜드 투어는 점점 영국 귀족사회의 신사로서 인정받기 위한 통과의례로 간주되면서 참가자들의 수도 증가하기 시작하였다. 그중에는 여행기간 중 참가자들끼리만 어울리고 지역 주민과 문화에 전혀 융화되지 못해 빈축을 사는 경우도 있었다고 하지만, 기본적으로 그랜드 투어 참가자들이 영국에 미친 영향은 매우 큰 것으로 평가되고 있다. 예를 들면 이탈리아에서 미술에 관심을 가지게 되어 귀국 후 예술가로서의 길을 걸으면서 당시 미술이나 건축 분야의 새로운 조류였던 신고전주의를 전파하여 영국인들의 미적 감각을 고양시키기도 하였다. 이러한 노력의 결과, 프랑스 혁명 시에는 영국풍의 패션, 생활양식, 정원 등이 오히려 프랑스 상류계급에서 대유행하기도 하였다. 결국 그랜드 투어에 참가한 그들이 정치가, 실업가, 외교관, 군인 등으로 활약함으로써 19세기 대영제국의 기틀을 마련할 수 있었던 것이다.

또한 그랜드 투어는 젊은이들이 장기간 여행하게 됨으로써 여러 가지 유혹과 위협이 각지에 도사리고 있었다. 그래서 그들의 부모들은 자녀들의 안전을 위하여 하인과 가정교사역을 동반하게 하였다. 특히 가정교사역에는 학식 높고 신용할 만한 사람들을 고용하였는데 사상가로 유명한 토마스 홉스(Thomas Hobbes), 경제학자 애덤 스미스(Adam Smith), 시인 바이런(George Gordon Byron) 등 당대 저명한 작가, 사상가, 학자들이 젊은이들의 그랜드 투어에 동행하여 유럽 각 지역의 문화나 문물, 미술작품 등을 감상하며 자신들의 지식이나 경험을 쌓는 데 많은 도움을 받았다고 한다.[4)]

3) 그랜드 투어의 특징

(1) 그랜드 투어의 참가 연령, 소요 기간 및 경비

[그림 43-1]에서 그랜드 투어에 참가하는 사람들의 연령층이 시간이 지날수록 높아지고 있음을 알 수 있다. 초창기에는 20대 초반이 주를 이루던 연령층이 18세기 중반에는 40대까지 올라가고 있는데 이는 중반 이후 귀족 자제들의 여행 안전을 위하여 동반하기 시작한 가정교사들의 연령대를 포함하였기 때문인 것으로 풀이할 수 있다. 이후 연령층이 감소하였다가 다시 그랜드

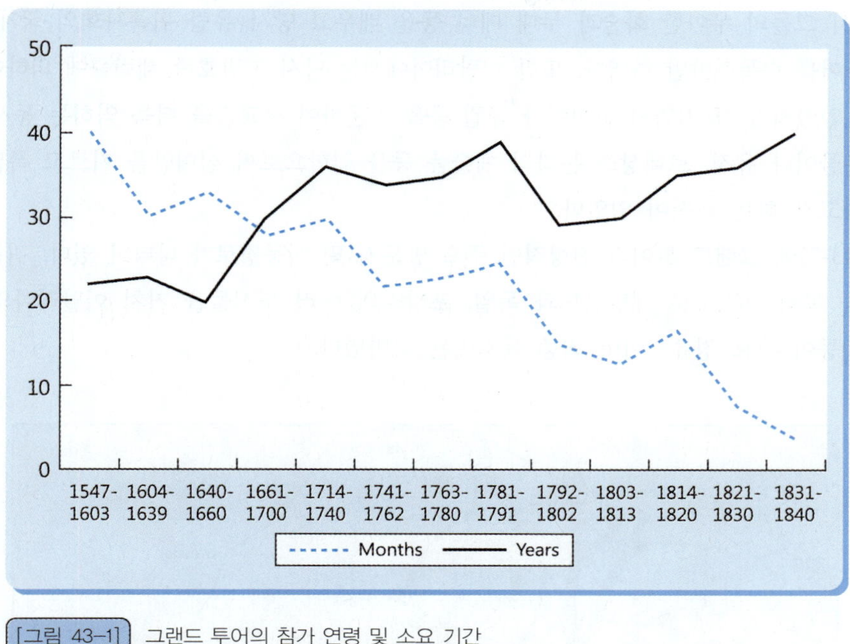

[그림 43-1] 그랜드 투어의 참가 연령 및 소요 기간

| 자료: J. D. Fridgen(1996). *Dimensions of Tourism*. pp. 14–15.

투어 말기인 19세기 중반에 연령층이 높아짐을 알 수 있다. 그랜드 투어 소요 기간을 보면, 전체적으로 시간이 지날수록 감소하고 있음을 알 수 있다. 기본적으로 짧게는 1년에서 길게는 6～7년 정도 걸리는 그랜드 투어는 말기보다는 초창기에 많은 기간이 소요되었음을 알 수 있다. 초창기 소요 기간은 대체적으로 40개월 이상이었으며 그랜드 투어 절정기였던 18세기 중반에는 30개월로 감소하다가 말기인 19세기 중반에는 3～4개월 수준으로 대폭 감소되었음을 알 수 있다.[5)]

한편, 그랜드 투어에는 적지 않은 경비가 소요되었는데 한 명의 젊은 귀족이 외국 여행을 하려면 매년 3~4천 파운드(약 20만 달러)를 부담해야만 하였다. 그러나 거액임에도 불구하고 점점 더 많은 사람들이 여행길에 나섰으며 이러한 여행의 매력은 급기야 미국과 서인도제도 부호들의 호기심을 불러일으켜 18세기 말에는 영국, 독일, 스칸디나비아 등지에서 귀족들뿐만 아니라 부르주아 계급까지 그랜드 투어에 참가하게 되었다고 한다.

(2) 그랜드 투어의 방문지 및 이동 경로

그랜드 투어는 유럽 전역을 일주하는 일정을 소화해야 했는데 그 주요 방문지로는 단연 프랑스와 이탈리아였다. 프랑스에서는 루이 14세 이후 유럽 귀족사회의 중심이었던 프랑스 귀족들과

교류하면서 그들의 우아한 화술과 무대 매너 등을 배우고 당시 유럽 귀족사회의 국제공용어였던 프랑스어를 습득해야만 하였다. 또한 이탈리아에서는 당시 지방호족 세력들에 의하여 국가가 분열되어 있었지만 각 지역의 궁전이나 궁궐 등을 방문하여 사교술을 더욱 익히는 동시에, 로마제국의 유물이나 유적, 르네상스 문화의 예술품 등을 접함으로써 심미안을 기르고 폭넓은 교양을 습득하고자 하는 목적이 있었다.[6)]

[그림 43-2]에 그랜드 투어의 전형적인 주요 방문지 및 이동경로가 나타나 있다. 귀족 자제들의 교양을 목적으로 주로 네덜란드와 독일, 프랑스의 여러 도시들을 거쳐 이탈리아의 피렌체, 베네치아 등이 주요 경유지이며 최종 목적지는 로마였다.[7)]

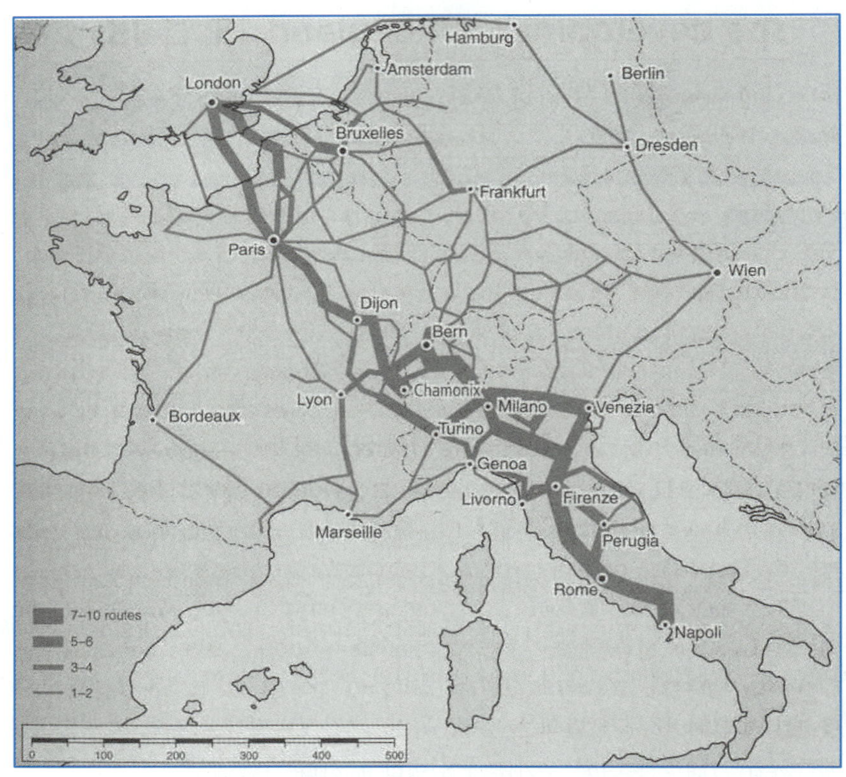

[그림 43-2] 그랜드 투어의 이동 경로

| 자료: S. J. Page(2007). *Tourism Management: Managing for Change*. p. 35.

(3) 그랜드 투어의 이동 수단

이동 수단은 여행객들의 가장 큰 관심사 중의 하나이며 그랜드 투어는 조선기술, 지리학적 분석기술, 항해술, 지도제작술 같은 과학의 힘을 빌려 안전한 장거리 여행이 가능하였다. 당시에 알프스 산을 넘는 여행은 가장 모험적이며 열정적인 여행객들에게조차 매우 어려운 코스였다. 여정 중 부딪치게 되는 늪, 수로, 열악한 도로 등은 여행객들에게 큰 고통을 안겨주었을 뿐만 아니라 노상강도나 도둑들로부터의 위험도 도사리고 있었다. 그랜드 투어의 중심적 이동 수단은 말과 작은 선박이었으며 이는 이후 19세기 중반에 발명된 증기기관차와 증기 선박에 대체되면서 서서히 그랜드 투어의 시대도 막을 내리게 되었다.

그랜드 투어 시대의 육로여행은 말을 빌려 여행하는 방법으로 발전하여 더욱 쉽게 여행할 수 있게 되었다. 이는 이후 포괄임대(All-inclusive Rent) 여행으로 발전하여 영국의 여행객들은 유럽의 여러 국가에 도착하여 운송 수단을 임대하여 보다 손쉽게 여행할 수 있었다.

대륙에 도착한 여행객들은 탈것들을 빌리거나 구매하였으며 이후 다시 반납하거나 판매자에게 되팔기도 하였다. 1820년대에는 오늘날과 같은 렌터카의 형태로 유럽여행객에게 호텔에서 탈것을 빌려주기도 하였다. 1892년 16일 동안 스위스로 여행하는 런던의 상인에게 교통과 음식, 숙박까지 모든 것이 포함된 여행이 최초로 제공됨으로써 패키지여행의 시초가 되었다.

(4) 그랜드 투어의 숙박시설

그랜드 투어의 초창기, 귀족 자녀와 가정교사, 하인들은 이전에 순례자를 위해 제공되었던 훌륭한 숙박시설을 이용하는 것이 일반적이었다. 17세기와 18세기를 거치면서 유명한 관광지의 몇몇 도시들은 우수한 호텔과 서비스로 이름을 알리기도 하였다. 하지만 그들이 이동하는 대부분의 유럽 시골에서는 상황이 달라, 여행객들의 기호에 맞는 시설을 이용할 수는 없었다. 그리고 숙박시설 이외에 이용 가능한 서비스로서 행상인들에 의하여 제공되는 기념품이 있었으며 선술집과 여관 등지에서는 음식과 음료를 제공하였다. 또한 하인과 짐꾼들을 고용하여 호텔에서의 보조 업무와 강을 건너고 산을 넘는 데 도움을 받았다고 한다.[8)]

2 교육관광의 개념 및 특징

1) 교육관광의 정의 및 의미

(1) 교육관광의 정의

현재까지 교육관광(Educational Tourism)에 대하여 통일된 개념 정립이 이루어지지 않고 있으며 연구자에 따라 다양한 의미로 정의되고 있는데, 일반적으로는 광의와 협의로 구분할 수 있다. 먼저 광의의 교육관광이란 교육의 일환으로서 실시되는 관광활동의 총칭을 말하며 여기에는 그랜드 투어나 수학여행 등이 포함된다. 협의의 교육관광이란 관광객의 교양이나 자기계발을 주 목적으로 하는 관광을 말하며 특별한 관심, 흥미 중심의 SIT(Special Interest Tourism: 특별흥미 관광)나 시찰여행(Familiarization Trip: Fam. Trip) 등이 포함된다.

(2) 관광의 교육적 의미

관광에는 다양한 사회적 · 문화적 의미가 내포되어 있는데 특히 교육적인 측면에서의 의미가 크다고 할 수 있다. 관광이 지니는 교육적 의미는 관광의 역사와 발전과정에서 다양한 형태로 나타나는데 전형적인 예가 바로 '통과의례'로서의 여행을 말한다. 통과의례란 개인이 새로운 상태 · 장소 · 지위 · 신분 · 연령 등으로 통과할 때 치르는 의례나 의식을 말하는데, 개인이 속한 집단 내에서의 신분 변화와 새로운 역할의 획득을 의미한다.

일반적으로 통과의례는 과거에서 현재까지 지속되어온 상태(지위 · 신분)로부터의 분리기, 여러 가지 장애와 시련을 극복하는 수행기, 마지막으로 새로운 지위를 인정받아 사회로 복귀하게 되는 재생기 등 3개의 시기로 구분된다. 이러한 통과의례는 젊은이들이 소속집단으로부터 떨어져(분리기), 미지의 장소에서 조우하게 되는 위험과 시련들을 극복함으로써 개인의 자질과 인격을 함양한 후(수행기), 또다시 자신의 집단으로 돌아오게 되는(재생기) 여행의 한 패턴으로 볼 수 있으며 특히 수행기에서 관광이 지니는 교육적 의미를 찾아볼 수 있는 것이다. 교육적 의미를 내포한 통과의례로서의 여행은 고대에서 중세로 넘어오면서 하나의 사회현상으로 자리 잡게 되는데 그 대표적인 예가 바로 영국을 중심으로 하는 그랜드 투어이다. 귀족, 부호, 학자, 예술가 등 상류계층의 자녀들을 교육의 일환으로서 유럽여행을 경험하게 하는 것이 사회적 관례로 인식되면서 제도화 및 정착화되어 갔던 것이다.[9)]

관광을 교양이나 교육으로서 간주하는 문화적인 현상은 현재 대중관광 시대에 있어서도 폭넓게 계승되고 있다. 최근 우리나라에서도 풍부한 여행의 경험이 자녀들의 인격형성에 도움이 된다는 인식하에, 가족단위로 자연이나 생태 등 체험중심의 여행이 성행하고 있으며 학교교육에 있어서도 관광의 교육적 의미가 강조되면서 수학여행과 같은 교육적 특성을 살린 관광이 지속적으로 실시되고 있기도 하다.

2) 교육관광의 특징

교육관광은 일반적인 관광과 비교해 볼 때, 다음과 같은 특징을 가지고 있다.

첫째, 교육관광에서는 그 목적에서 알 수 있듯이 관광을 통하여 의식적, 계획적, 체계적으로 학습하고자 하는 동기가 강하다. 물론 일반적인 관광에서도 여러 가지 의미의 학습효과가 있긴 하지만 그 학습효과가 수반적인 것인 데 반하여, 교육관광에서는 체계적, 조직적 학습 자체가 관광의 목적으로 되어 있다.

둘째, 교육관광은 체계적인 학습목적을 달성하기 위하여 지도자를 동반하게 된다. 지도자의 역할은 그 성격상, 일반 관광가이드의 역할과는 확연히 구별된다. 이들은 교육목적에 적합한 강사, 학자, 대학교원 등의 전문가들을 말하는데 관광 자체를 위한 가이드가 아니라 학습목적 달성을 위한 가이드로서 인식해야 한다.

셋째, 교육관광의 제공자는 대부분의 경우 대학, 박물관 등 교육관련 기관이나 조직, 비영리단체, 기업 등이며 일반적인 관광과 같이 여행업자가 제공자인 경우는 매우 드물다. 교육의 목적이나 테마를 기획하고 이를 관광과 함께 조직적으로 운영하는 주최자가 교육관광의 제공자가 되는 것이다.[10)]

3) 교육관광의 대상 및 자원

교육관광은 대상이 되는 관광자원의 특징에 따라 크게 두 가지 유형으로 구분할 수 있다. 첫번째는 자연이나 역사적 유적지와 같은 자생적인 매력을 지닌 관광자원을 대상으로 하는 '체험·감상형 교육관광'이 있는데 주로 문화관광, 에스닉 투어리즘(Ethnic Tourism), 생태관광 등이 포함된다. 이러한 관광에는 전문적인 지식과 경험을 가진 가이드나 강사가 동행하는 경우가 많으며 종래의 패키지 투어와 차별화된 관광을 추구하는 사람들이 이러한 교육관광의 주요 시장층을 형성하고 있다.

또 하나의 유형으로서 인위적인 매력의 관광자원을 대상으로 하는 '참가형 교육관광'이 있는데 테마파크를 비롯하여 박람회, 각종 이벤트 등에 참가하는 것을 말한다. 연수 목적으로 관광지나 관광 관련 시설에서 실시하는 사회교육도 이러한 교육관광의 일종으로 볼 수 있다.[11)]

3 교육관광의 유사 개념 및 유형

1) SIT(Special Interest Tourism: 특별흥미관광)

관광 이외의 특별한 목적을 가진 관광으로서, 개인의 특정 관심이나 흥미 분야를 충족시키기 위하여 실시되는 관광을 의미한다. SIT는 종래의 전형적인 패키지 투어(Package Tour)로는 만족하지 못하는 관광객들의 새로운 수요를 흡수하고 또한 기존의 정형화된 여행상품에 대한 차별화를 도모하기 위하여 기획되었다.

문학, 예술 등의 교양목적 여행이나 식도락 등을 비롯하여 최근에는 생태계 파괴, 기후변화 등 자연을 대상으로 학습하고 체험함으로써 자연보호의 중요성을 일깨우는 생태관광이나 농촌관광 등이 SIT의 대표적인 예라고 할 수 있겠다.

2) 시찰여행(Familiarization Trip: Fam Trip)

일반적으로 여행은 관광객을 대상으로 하여 여행사가 관광지 선정에서 시설, 서비스, 일정 등을 조합하여 여행상품을 기획하게 되는데 이와는 달리 관광관련 기관이나 매스미디어 관련 단체를 대상으로 하여 여행상품을 기획하는 경우가 있다. 이를 일반 여행과 구분하여 시찰여행이라고 부르는데 기본적으로는 판매촉진의 한 부분으로서 관광산업을 활성화하기 위하여 등장하였다.

시찰여행은 여행 관련 상품이나 서비스를 촉진, 유통시킴으로써 잠재수요를 창출하는 것이 목적이라 할 수 있겠다. 예를 들면 새로운 여행 상품이 출시되었을 때, 일반관광객을 대상으로 판매하기 전, 관광관련 기관이나 단체, 방송, 신문 등 매스미디어 관계자들을 초대하여 미리 여행을 실시하는 것을 말한다. PR(Public Relations) 측면 즉, 홍보차원에서의 역할과 기능에 주안점을 두고 있어 무료로 제공되는 경우가 많으며 산업시찰 등 교육적인 측면에서 이루어지는 것이 특징이라 할 수 있겠다.[12)]

3) 수학여행

교사의 인솔하에 학생들을 대상으로 평소 학교생활에서 접할 수 없는 다양한 경험이나 체험을 목적으로 하는 여행을 말한다. 주로 자연이나 역사, 문화 유적지를 탐방하고 현장 견학이나 단체 활동을 통한 협동심과 자율적 도덕 능력의 함양 등을 목적으로 초등학교에서 고등학교까지 전국적인 규모로 실시되고 있으며 여행 기간은 3일에서 1주일 정도가 일반적이다. 특히 최근에는 해외학교와의 자매결연이 많아짐에 따라 목적지가 국내에서 해외로 바뀌고 있는 것이 특징이라 하겠다.

수학여행은 지역 사회에서 얻을 수 없는 것에 대한 직접 경험의 기회를 부여하여 교과학습의 흥미를 제고시키고, 타인과의 공동생활을 통하여 예비 사회인으로서 요구되는 예절, 매너, 도덕 등에 대한 훈련의 기회를 가지며, 일시적이나마 번잡한 생활의 틀에서 벗어나 휴식 및 재충전의 기회를 가짐으로써 보다 충실한 학교생활을 영위할 수 있다는 점 등에서 교육적 의의는 매우 크다 하겠다.

4) 졸업여행

전문대학 및 대학교 등의 고등교육기관에서 졸업을 앞두고 소수 그룹을 중심으로 실시하는 기념여행을 의미한다. 졸업하기 전, 대학생활을 마감하고 하나의 추억거리를 만들기 위하여 동료 학생들과 교수와의 친목도모를 목적으로 실시해오던 졸업여행은 1980년대 말 여행자율화와 항공기의 대형화를 계기로 국내보다는 외국으로 여행하는 것이 두드러진 현상이라 할 수 있다.

1990년대에 들어오면서 봄, 가을을 중심으로 졸업여행이 전 대학으로 보급, 확산되면서 각 여행사들이 졸업예정자라는 새로운 학생시장을 겨냥하여 패키지 투어에 의한 저렴한 가격으로 적극적인 마케팅을 펼치고 있다. 하지만 2000년대 이후에는 계속되는 경기불황과 취업난 등이 심리적 부담감으로 작용하여 수요가 조금씩 감소하고는 있지만 여행목적지를 해외에서 국내로 바꾸는 등 졸업여행의 명맥은 계속 유지되어 오고 있다.

5) 어학연수 여행

단순한 관광에서 벗어나 어학능력의 향상을 목적으로 기획된 여행을 의미한다. 어학연수 여행에는 기본적으로 어학연수형과 생활체험형 등 2가지 유형이 있다. 어학연수형은 일반가정이나 대학 기숙사에 체재하면서 어학 관련 학원이나 대학에서 주관하는 국제교실에서 '어학공부'를 하는 것을 말하며, 생활체험형은 일반가정에 머무르면서 현지 사람과의 교류나 이문화체험을 통하여 어학을 배우는 것을 말한다.

또한 홈스테이는 체재비를 참가학생이 부담하는 유료 홈스테이와 현지 주민의 호의와 봉사활동 차원에서 이루어지는 무료 홈스테이 등이 있다.[13)]

4 교육관광의 과제와 전망

1) 국민관광으로의 승화 및 보급

국민관광은 관광이 전 국민의 생활의 일부로 정착하고 관광활동을 통해 자기 확대와 자기 발전 그리고 국민적 일체감 조성이라는 측면에서 매우 중요하다. 이러한 국민관광은 우리 생활의 중요한 영역으로 범국가 차원의 적극적이고 지속적인 관심과 지원이 필요하다. 주 5일제 근무와 초·중·고등학교의 격주제 주 5일수업 실시 등으로 여가 시간의 증대는 이러한 교육관광을 국민관광으로 승화시킬 좋은 기회라고 생각된다. 국민관광에서 지속적으로 제기되어 온 관광의 질서유지, 퇴폐관광의 일소, 관광도덕의 고양과 강화 등 건전한 관광풍토의 조성은 교육관광의 실현과 정착으로 해소 가능할 것으로 보인다. 왜냐하면, 교육관광이 역사, 유적, 문화 등을 대상으로 하여 교육이라는 순수한 목적을 위하여 이루어지며 참가자 역시 학생, 교원, 가족 등 일반 패키지 관광과는 확연히 구별되기 때문이다.

따라서 교육관광 활성화를 위해서 SIT 등 특별목적의 관광상품, 권역별 역사, 문화상품 등을 개발·제공함으로써 국민관광으로서의 인식 정립을 위한 교육관광의 조기 실시 등 국가적 차원에서의 계획적 여가활용 교육이 필요할 것으로 판단된다.[14)]

2) 친환경형 교육관광 상품 개발

최근의 관광형태가 종래의 패키지 투어를 지양하고 소규모 가족단위로 자연과 생태, 학습 중심의 관광으로 전환되고 있는 시점에서, 친환경형 교육관광에 초점을 맞춘 상품을 개발·보급하는 것이 중요하다 하겠다. 지구환경의 오염과 환경보호, 자연보호에 대한 시대적 경향에 맞추어 새로운 관광 분야로 등장한 생태관광이나 녹색관광, 농촌관광 등이 좋은 예가 될 수 있을 것이다.

이러한 관광은 환경교육의 기회로서도 중요한 역할을 한다. 도시에 살고 평소 자연과 접할 일이 적은 대다수의 관광객들이 관광을 통해 자연의 훌륭함이나 즐거움, 아름다움, 자연과 연관되어 온 사람들의 지혜나 노력과 만날 수 있고 환경보전의 중요함을 배우며 자신들이 할 수 있는 일을 생각해 보게 한다. 특히 앞으로의 시대를 책임지는 자녀들이 이와 같은 환경교육을 받는 것은 인격형성을 하는 데에도 중요한 의미를 가진다고 할 수 있다.[15)]

따라서 자연을 대상으로 자연 속에서 인간의 내면적인 충실, 정서, 건강 등을 증진시킬 수 있으며 동시에 야생동물 서식지, 생태계를 관찰하여 자연의 이치와 섭리를 배움으로써 자연에 대한 올바른 이해와 자연보전의 필요성을 인식시킬 수 있다는 점에서 교육관광을 연계할 수 있는 가능성이 매우 크다 하겠다.

3) 이문화 교류 중심의 계승 및 발전

관광이 가지는 본래의 목적은 사람과 사람과의 교류를 통한 상호 이해 증진에 있으며 오래 전부터 타 지역의 문화나 문물에 대한 동경과 이문화 교류가 관광의 주요 동기로 자리매김하여 왔다.[16)] 이문화 교류를 목적으로 하는 관광을 문화관광이라 부르는데 학습, 예능감상, 축제·문화 이벤트, 유적 방문 등 광범위한 활동을 포함하게 된다. 역사유적, 박물관 방문 등의 역사 관광이나 자신들과는 다른 민족의 문화를 체험하고 감상하는 에스닉 투어리즘(Ethnic Tourism)이 대표적 예라 할 수 있다.[17)]

그랜드 투어에서 알 수 있듯이 교육관광은 유럽 각지의 역사유적이나 궁전 등을 방문하여 문화적 교류를 높이는 활동이 주목적이었다. 이 같은 역사유적, 궁전, 미술관, 역사적 건축물 등은 오늘날에 있어서도 관광에 있어서 중요한 매력요인이 되어 있다. 따라서 향후에는 예로부터 관광 동기로 자리매김하고 있던 이문화 교류를 보다 활성화시키고 타 지역의 문화를 체험하고 학습하는 교육적 측면을 강조한, 이문화 교류 중심의 교육관광을 계승, 발전시켜 나가야 할 것이다.

미 주

1) 前田 勇(1996).『現代觀光總論』. 東京：學文社.

2) 전게서 1).

3) 前田 勇(1998).『現代觀光學キーワード事典』. 東京: 學文社.

4) 전게서 3).

5) Fridgen, J. D.(1996). *Dimensions of Tourism*. Michigan: Educational Institue.

6) 長谷政弘(1997).『觀光學辭典』. 東京: 同文館出版.

7) Page, S. J.(2007). *Tourism Management: Managing for Change*. Burlington, MA: Elseier Ltd.

8) 전게서 5).

9) 전게서 1).

10) 전게서 3).

11) 전게서 1).

12) Medlik, S.(1996). *Dictionary of Travel, Tourism and Hospitality*. Oxford: Butterworth-Heinemann.

13) 전게서 6).

14) 김도희(2002). 국민관광의 실패와 활성화 방한에 관한 연구.『여가레크리에이션연구』, 20(1), 19-39.

15) 최규환(2003).『관광학입문』. 서울: 백산출판사.

16) Klooster, E. V., Wijk, J. V., Go, F., & Rekom, J. V.(2008). Educational Travel: The Overseas Internship. *Annals of Tourism Research*, 35(3), 690-711.

17) Ashworth, G. J., & Larkham, P. J.(1996). *Building A New Heritage: Tourism, Culture, and Identity in the New Europe*. London: Routledge.

저자약력

최규환(崔圭桓) 현_동아대학교 관광경영학과 교수

저자 최규환은 2000년도에 일본 릿쿄대학에서 관광학 박사학위를 취득하였다. 현재 한국관광학회에서 사무국장을 맡고 있으며『관광학 입문』(2003),『관광학의 이해』(공저, 2006) 등을 비롯하여 논문 "관광학술지 연구논문에 관한 내용분석"(2003), "호텔종사원의 팔로워십을 도입한 직무만족도 평가연구"(2005), "관광분야 대학교육서비스 평가에 관한 구조적 관계연구"(2008) 등을 통해 활발한 학술적 성과를 발표하고 있으며 후진 양성과 학회 발전에 힘쓰고 있다.

『관광학총론』 마흔네 번째 이야기

제44장

슬로시티와 관광

장 희 정*

1 왜 지금 우리에게 슬로(Slow)가 필요한가

최근 미국발 경제위기, 환경문제, 각종 전염병의 확산 등은 크게 보면 그 맥을 같이하고 있다고 할 수 있다. 이는 인간의 끝없는 욕망과 그 욕망을 채우기 위한 속도전에서 유래되었다고 할 수 있다. 한편 오랫동안 인류는 '빠른 성장' '고효율성'이 미덕이었다. 물론 이러한 미덕으로 인해 국가적, 인류적 성장과 풍요를 이룬 것도 사실이다. 사실 단순한 경제성장이라는 측면만을 고려하면 대지진으로 인한 복구비용의 증가나 전쟁으로 인한 손실도 때로는 외형적 경제성장을 이끌 수도 있다. 또한 거대한 외부자본의 유입을 통해 고용의 창출과 지역경제의 활성화를 이룩할 수도 있다.

그러나 하드웨어중심의 경제성장, 물질중심의 성장을 위해 우리는 환경을 훼손하게 되었고 자연환경의 회복을 위해 우리는 더 큰 경제적 대가를 치르게 되었다. 또한 급속한 물질 중심의 경제성장으로 인해 빈부격차와 분배갈등으로 인한 내부구성원 간의 반목과 갈등, 정신적 빈곤의 대가를 치르게 되었다. 또한 고효율성의 측면으로 인해 우리의 정체성과 고유한 것들이 사라지게 된 것도 사실이다. 지역민의 지역에 대한 자긍심, 지역의 문화콘텐츠, 지역소상공인의 상권, 수대를 걸쳐 농사를 지어온 농부는 가업을 포기해야 하는 대가를 치르게 된다. 이제는 지역민의 자긍심은 물론이며 그들의 행복과 즐거움을 수반하는 경제만이 진정한 의미의 경제성장과 지역발전이라는 점을 우리 모두 인식하고 있다.

* 신라대학교 국제관광경영학과 교수. e-mail: hjjang@silla.ac.kr

고효율과 속도의 관점에서 보면 '느림'이나 '슬로'의 콘셉트는 다분히 '뒤처짐' '후진적 의미'를 담고 있다. 그러나 '느림'은 단순한 '느림'(속도)을 의미하는 것이 아니다. 천천히 전체를 살펴보면서 뒤처지는 사람은 없는지, 빠뜨리고 가는 고유한 정체성은 없는지, 좋은 결과를 위해서는 자연과 인간을 기다릴 줄 아는 철학이기도 하다.

2 슬로시티란 무엇인가

슬로시티란 무엇인가를 언급하기 전에 슬로시티운동의 직접적인 배경이 된 슬로푸드운동에 대한 설명이 먼저 필요하다. 1986년에 유럽을 중심으로 미국식 패스트푸드(맥도날드의 유럽진출)에 반대하는 슬로푸드운동이 시작되었다.

미국식 식문화, 거대자본에 의해 식자재가 좌지우지되면서 이로 인해 각 지역이 갖고 있는 고유음식문화와 토종품종 식자재의 소멸위기를 우려하여 슬로푸드(Slow Food)운동이 시작되었다.

맥도날드의 세계적 확산에 대한 우려는 단순히 미국문화의 세계적 확산에 대한 거부만은 아니었다. 맥도날드와 같은 먹을거리의 산업화는 식자재의 효율적 생산과 소비라는 미명 아래 대량생산체제로 접어듦을 의미하게 되고 이는 유전자변형, 농약의 남발로 이어지게 된다. 이로 인해 결국 상품화되기 용이한 품종만 남고 각 지역이 갖고 있는 고유한 토종품종의 멸종으로 이어지고 이는 곧 국가 간 식자재의 무기화는 물론이며 엄청난 생태계균형의 파괴를 초래하게 됨을 의미하게 된다는 것이다. 각 국가나 지역들이 고유의 전통음식을 먹는 것이야말로 생태계균형을 유지하고 국가 간, 지역 간의 평등한 관계를 유지할 수 있게 되는 근본적 이유가 됨을 강조하는 것이 이른바 슬로푸드운동이라고 할 수 있다.

슬로푸드운동이 확산되면서 한편에서는 먹을거리의 문제는 먹을거리만으로 해결할 수 없는 부분이 있음을 인식하게 되었다. 인간의 생각과 생활 그리고 나아가서 개인단위가 아닌 지역사회 중심의 커뮤니티가 함께 변화해야 한다는 것을 인식하게 되었다. 이렇게 시작된 것이 슬로라이프, 슬로시티운동의 시초라고 할 수 있다.

결국 하나뿐인 지구를 지키기 위해서는 각 지역이 지닌 고유의 정체성을 유지해야 하는데 이는 결국 지역민 스스로 해결할 수밖에 없다는 점을 인식하게 된 것이다. 이렇게 해서 슬로시티운동 즉 지역커뮤니티운동을 통한 지역발전을 도모하고자 하는 작은 운동이 1999년에 시작되었다.

1980년대 중반 미국 맥도날드의 상륙으로 시작된 유럽 국가들의 획일화된 초기 슬로시티운동

은 슬로라이프의 철학을 바탕으로 중소도시와 농어촌 지역에 있어서의 새로운 모델의 역발상적 관점에서 시작되었다고 할 수 있다. 이는 그 지역이 원래 가지고 있던 고유성과 정체성(자연과 전통문화)을 최대한 부각시키고 활용하면서 지역민이 중심이 되어 지역발전으로 인한 혜택이 그 지역으로 흡수될 수 있는 장치를 통해 지역의 지속가능한 발전으로 이어질 수 있도록 하는 주민 주체운동이라고 할 수 있다. 다시 말하면 지역커뮤니티 운동이다.

슬로시티가 추구하는 가장 중요한 가치는 지역민에 의한 지역의 정체성과 고유성의 확보이다. 지역의 자연환경과 문화유산, 전통이 모두 포함되며 전통적 생산방식의 특산품과 친환경적 농수산물 재배 또한 중요한 가치이기도 하다. 단순히 개발억제나 옛것에 대한 향수로 인한 현대문명의 거부가 아니다. 고유성을 살려내어 다른 마을과의 차별성을 부각시키면서 자연과 인간이 건강하게 공존하면서 건강한 불편함을 즐기자는 의미이기도 하다.

3 슬로시티를 통한 작은 마을의 기적

슬로시티를 세계 최초로 시작했던 작은 마을의 사례를 통해 슬로시티의 의미를 구체적으로 살펴볼 필요가 있다.

이탈리아의 피렌체에서 자동차로 약 1시간여 정도 떨어진 조그마하고 보잘것없는 산촌마을이 있었다. 대도시 피렌체의 그늘에 묻혀 사는 인구 14,000여 명의 그저 그런 작은 마을, Greve in Chiantti 역시 우리네 농어촌의 문제점을 그대로 안고 있었다. 젊은 인구의 대도시로의 유출, 소득의 감소 등으로 인해 마을은 활기가 없었으며 이렇다 할 대표산업도 대표관광지도 없었다. 주산업은 해발 500 내지 700미터 산간의 계단식 경작을 하는 포도원과 올리브 농장이라고 할 수 있다. 특히 포도주 생산과 판매는 이웃 도시와 함께 이 도시의 주요한 생산품이기도 했다.

1999년 당시 시장을 역임하고 있던 파울로 사투르니니(Paolo Saturnini) 시장은 지역발전을 위한 다양한 시도를 궁리한 끝에 이 마을이 갈 길은 두 가지라고 생각했다. 대도시를 표방하여 대도시처럼 되려고 노력을 하거나 혹은 차라리 대도시와는 정반대로 아주 시골스럽고, 아주 예스러운 것을 표방하는 것 중 하나를 선택해야 한다고 생각했다.

파울로 시장은 대도시가 가지고 있지 않은 정신적 풍요와 여유, 자연환경을 최대한 발휘할 수 있는 마을로 가꾸어 나가기로 결심하고 이를 위한 구체적 행동방침과 정책을 주민들에게 하나하나 설득하기 시작했다. 물질과 기계의 속도에 맞추어 인간이 살아가는 마을이 대도시 즉 패스트시티라면 이와는 정반대로 인간과 자연환경의 속도를 존중하는 삶이 유지될 수 있는 마을 즉 슬로시티(치따슬로)를 주창한 것이다.

슬로푸드운동과 아울러 파울로 시장은 슬로푸드는 단순히 먹을거리만을 따로 분리하여 생각하기보다는 인간 삶의 방식과 환경조성의 전환이 필요하다고 판단하였다. 먹을거리야말로 인간 삶의 총체적 부분을 나타내는 것이므로 우선 지역사회의 정체성을 찾는 것이 진정한 슬로푸드 운동이라고 생각한 것이다. 결국 그는 이탈리아 키안티지역의 슬로푸드 관계자들과 인근의 오르비에토, 브라 등 몇 지역과 함께 슬로시티운동을 전개하게 되었다.

마을의 모든 행정과 정책의 초점을 여기에 두고 실천방안을 수립하였다. 마을의 토착 상점가를 살리기 위해 우선 외부자본의 대형 슈퍼마켓 등의 유입제한과 아울러 외부인의 부동산소유 제한 법률, 각종 농축산물의 전통적 방식에 의한 재배와 사육에 관한 법률제정, 마을 내 가내수공업자들에게는 모든 생산품을 옛날 방식으로 생산할 것을 호소했다. 스파게티의 수제 생산, 전통방식의 와인생산 등이 그것이다. 그리고 자연환경의 훼손방지와 공해배출을 감소시키기 위한 자동차 출입과 주차 제한, 산책로의 확보 등도 조례제정을 통해 하나하나 실천해 나갔다.

이 과정에서 마을주민들은 강하게 반발했다. 자신들도 대도시적이고 현대적인 편리함을 추구하고 싶다는 것이다. 이에 파울로 시장은 중소도시들이 모두 대도시를 표방한다면 그 도시의 정체성은 물론이며 대도시에 예속되는 경제체제로 가게 되고 결국 경제개발로 인한 혜택은 지역주민에게 돌아가지 않음을 설득했다. 그리고 슬로라는 것은 단순한 속도가 아닌 자연과 인간에 대한 즐거운 기다림이란 것을 알렸다.

주민들의 반발에 대한 파울로 시장의 끈질긴 설득, 체계적이며 일관성 있는 정책과 행정으로 인해 이러한 커뮤니티 운동은 인근 지역으로 급속하게 퍼져나갔으며 이러한 정책과 행정 자체가 유럽 내에서 큰 이슈를 불러일으키기 시작했다. 또한 1986년부터 급속하게 번져가던 슬로푸드운동과 서로 상승효과를 일으키며 작은 마을에 기적이 일어나기 시작했다. 전 유럽에서 관광객이 몰려들기 시작했다. 상권이 활기를 띠게 되고 농작물과 와인의 가치가 올라가기 시작했다. 이와 동시에 전 유럽에 이 마을들의 이야기는 화제가 되고 슬로시티운동에 동참을 희망하는 도시들이 유럽 내에서 확산되기에 이르렀다. 급기야 유럽의 몇몇 도시들이 서로 간의 규약과 실천강령을 만들고 이를 서로 일관성 있게 실천해나가기 위해 연맹체를 만들었다. 이것이 슬로시티(치따슬로 인터내셔널 네트워크)국제연맹이다.

2000년대 들어 서유럽을 중심으로 슬로시티에의 가입이 늘면서 현재는 노르웨이, 스웨덴 등 북유럽으로까지 확산되기에 이르렀다. 2009년 2월 기준으로 우리나라를 포함하여 16개국 115개의 도시가 가입되어 있고 계속적인 증가추세에 있다.

〈표 44-1〉 세계의 슬로시티들

국 가	도시명
이탈리아(55)	아비아테그라소, 아쿠아라냐, 아쿠아펜덴테, 아말피, 아메리아, 바르가, 보르고 발 디 타로, 브라, 부치네, 카아아조, 카살벨트라메, 카스텔 산피에트로 테메, 카스텔누오보 네 몬티, 카느텔누오보베라르뎅가, 키아베라노, 씨스테르니노, 폰타네라토, 프란카빌라 알 마레, 그레베 인 키안티, 레반토, 트라니, 트레비, 칼레타 등
독일(5)	슈바르젠브르크, 발트릭, 위버링겐, 위딩하우젠, 비르스버그
영국(8)	루드로, 아일섬, 디스, 원체서터, 칸터버리, 퍼스, 토트네스, 킨로스
노르웨이(3)	손드칼, 레방게르, 아이드트코이
폴란드(4)	레스젤, 비스쿠피크, 비스치네크, 리드바르크 바르민스키
포르투갈(4)	타비라, 라고스, 사오 브라, 실베
스페인(8)	뭉기아, 팔스, 팔라프루겔, 베구르, 비가스토로, 레케이티오, 루비에로스 드 모라, 포조 알콘
호주(2)	굴와, 카툼바
뉴질랜드(1)	마타카나
벨기에(3)	실리, 레나, 에딩겐
대한민국(5)	완도군, 신안군, 담양군, 장흥군, 하동군
스웨덴(1)	팔셰핑

4 한국적 슬로시티의 모델과 슬로시티를 통해 얻어질 교훈

현재 우리나라는 신안, 완도, 담양, 장흥, 하동 등 5곳의 슬로시티가 있다. 2007년 12월 1일자로 아시아 최초로 전남의 4곳 마을(신안 증도면, 완도 청산면, 담양 창평면, 장흥 유치면)이 가입하게 되었으며 2009년 2월 새롭게 하동이 슬로시티에 가입하게 되었다. 이들 도시는 치따슬로(슬로시티의 이탈리아 공식명칭)의 공식마크를 유럽의 가입도시들과 함께 지자체 마크로 활용할 수 있게 되었다. 이들 5곳 마을이 슬로시티에 가입했다는 것은 향후 많은 정책들을 대도시의 선부른 흉내가 아닌 지역이 원래 갖고 있는 자연, 전통산업, 슬로푸드, 그리고 삶의 여유를 누릴 수 있는 방향으로 이끌어 갈 것임을 세계를 향해 약속했다고 할 수 있다.

최근 이들 지역의 관광객 수가 상당히 증가하는 성과와 아울러 외국인 관광객을 유치할 수 있는 가능성을 보이고 있다. 또한 슬로시티를 통해 우리나라 농어촌 지역의 브랜드를 세계화한 계기가 되고 있다. 다만 아직도 많은 과제가 남아 있는 것이 사실이다. 우리는 슬로시티에 가입되었다는 그 자체만으로 향후 나름의 가시적 성과를 올려야 한다는 중압감을 가질 수 있다. 그러다 보면 또 하나의 관주도형 일회성 농촌지원사업(농어촌 체험마을)으로 끝날 수도 있다.

슬로시티활동이라고 하는 것은 원래 하드웨어적인 측면보다는 소프트웨어적 면이 중시되어야 하고 상업적 관광 등의 비즈니스보다는 지역민의 삶의 질 향상이라는 측면이 더 중시되어야 한다. 그리고 지속적인 지역커뮤니티 콘텐츠의 개발과 품질 유지, 지역민의 적극적인 참여를 어떻게 유도할 것이며 이를 또 어떻게 지역의 경제발전으로 이어지게 할 것인가 하는 것이 남은 숙제라고 할 수 있다.

작은 군단위의 마을들이 물적, 인적 네트워크를 형성하여 시너지효과를 낼 수 있도록 하는 메커니즘의 구축도 필요하다. 예를 들어 슬로시티 내의 먹을거리(슬로푸드)를 보더라도 장흥군 유치면 일대를 한국의 대표적인 유기농 메카로 발전시키고 전통 먹을거리 식당이 많은 담양은 대표적 맛고을로, 완도군의 청산도는 아름다운 섬경관과 아시아 수산물의 보고로, 신안군 증도는 미네랄 섬으로 특징지을 수 있다. 그리고 야생차와 섬진강, 문학의 마을인 하동은 세계적 다원마을로 브랜드화할 수 있다. 그리고 지역의 주민들을 그 분야의 스타로 키워 주민의 생업활동 그 자체를 하나의 중요한 콘텐츠로 키워나가도록 해야 한다.

또한 슬로시티 마을 간에도 서로의 마을컨텐츠를 유기적으로 연결시켜야 시너지효과를 기대할 수 있다. 예를 들면 슬로시티 마을들을 서로 걷거나 자전거로 갈 수 있는 세계 최초의 슬로로드(새로운 생태길 잇기)로 연결하여 또 하나의 워킹 투어코스를 만들 수 있다.

한편 우리나라의 슬로시티들이 각각의 색깔로 상호시너지효과를 거두기 위해서는 우선적으로 이루어져야 하는 것이 주민들 의식교육과 지역만들기를 바라보는 새로운 시각이라고 할 수 있다. 앞서도 언급하였듯이 슬로시티란 한마디로 21세기형 녹색문화커뮤니티운동이라고 할 수 있다.

지역민에 의한 커뮤니티 운동이 우선되어야 한다. 우리 마을이 어디를 향해 가야 하는지? 우리 마을을 우리 후손에게 어떤 모습으로 물려줄 것인지에 대한 진지한 고민이 있어야 하고 이런 고민과 논의가 상시적으로 이루어질 수 있는 시스템 구축이 무엇보다도 필요하다고 하겠다. 그리고 관에서는 주민활동을 뒤에서 지원하고 후원하는 행정시스템을 갖출 필요가 있다.

슬로시티란 결국 그 지역과 지역민의 정체성을 최대로 이끌어내어 이를 통해 지역의 경제부흥을 도모하는 것이라고 할 수 있다. 그리고 이런 의미에서 반드시 농어촌만이 슬로시티를 할 수 있는 것은 아니다. 서울, 부산과 같은 거대도시에서도 이러한 콘셉트는 필요하고 가능하다. 예를 들면 도시 내에 사는 사람들이 주인공이 되는 문화가 조성되어야 한다.

아파트 내의 사람들 한 사람 한 사람이 스타(名人)가 되고 도시 내 지역상권이 관광지(名所)로 도시사람들의 문화가 관광매력물(名物)로, 거리의 먹을거리가 슬로푸드가 되어야 하는 것이다. 그 도시가 아니면 어디 가도 만날 수 없는 콘텐츠를 먼저 만들어가는 작업이 최우선되어야 하겠다.

이를 위해서는 우선 우리지역바로알기운동이 먼저 이루어져야 할 것 같다. 골목 한 귀퉁이 정도는 도심 속의 '작은 여유마을 만들기 운동'을 해봄직하다고 생각한다. 도시의 수백 년 전 혹은 수십 년 전 옛 정취를 느낄 수 있는 거리와 '골목만들기운동'은 슬로시티를 통해 그려볼 좋은 구상 중의 하나라고 할 수 있다. 서울을 비롯한 수도권은 뉴타운조성에 혈안이 되어 있는 듯한 느낌이 든다. 뉴타운조성을 통해 과연 누가 행복한가? 외견상 멋진 첨단도시의 모습으로 바뀌기 위해 토착민의 생업과 문화가 매몰되는 뉴타운보다는 우리네 삶의 진솔한 모습을 그대로 보이면서 낮고 작은 행복마을 대도시 내의 '올드타운 조성'도 필요한 시대이다.

〈표 44-2〉 우리나라 슬로시티 인증지역과 특징

	담양군	신안군	장흥군	완도군	하동군
지 역	창평면	증도면	유치면 우산지구	청산면	악양면
슬로푸드	죽염된장, 한과	소금, 함초식품	버섯	전복, 해초 해산물	야생차, 대봉곶감
전통산업	죽공예 및 대나무소재의 바이오산업/한과/발효식품	염전/함초 발효식품	지렁이농법 표고버섯 생산 생약초	전통적 어업 및 가공산업	야생차 가공 및 곶감생산
주요특징	향교, 가사문화 남도문학의 본향 죽세공품	염전 갯벌 생태계	생약초 한방특구	돌담과 오솔길 전통경관보존 유일	양생차밭, 넓은 평야와 섬진강, 문학의 배경(최참판댁)
인 구	4,300여 명	2,100여 명	1,200여 명	2,500여 명	3,800여 명

5 관광과 슬로시티: 슬로투어리즘

오랫동안 관광산업은 굴뚝 없는 산업, 녹색산업, 무공해산업으로 불리었다. 그러나 대량관광, 대중관광의 형태로 진행되면서 관광의 대중화, 관광 인프라 확충 등을 콘텐츠보다는 하드웨어 중심의 개발지향으로 가면서 환경오염, 환경훼손, 지역문화 및 지역정체성 소멸, 지역주민의 일방적 희생강요 등의 부정적 결과를 초래하게 되었다.

그러나 사회 환경에 대한 인식이 변하고 무분별한 개발로부터 환경을 보호해야 한다는 목소리가 커지면서 21세기에는 생태 지향적 패러다임으로 전환되었다. 현대산업사회에서 환경문제는 더 이상 선택의 문제가 아닌 생존을 위한 필수적 과제가 되고 있으며 특히 관광은 환경의 영향을 받으며 환경이 관광의 근본이 되기 때문에 환경보존과 관광개발의 조화가 중요한 과제로 등장하고 있다(WTO, 1997).

또한 관광에 대한 수요도 변화하여 자연환경과 지역전통문화의 체험위주의 관광활동을 추구하고 있다. 이러한 수요의 증가로 인해 자연환경과 지역문화 보존의 중요성도 증가되었지만 반면 이들의 방문을 통해 훼손의 가능성도 커졌다고 할 수 있다(이승우, 2004).

이러한 추세에 최근 속도지향의 사회 대신 느리게 사는 삶을 지향하고, 지역요리의 맛과 향 재발견, 생산성 지상주의 탈피, 환경을 위협하는 바쁜 생활태도 배격 등의 현대문명을 거부하고 과거로 회귀하여 인간적인 삶을 추구하는 철학(손대현, 2008)에서 출발한 슬로시티(slow city)가 주목을 받고 있다. 특히 현재 우리나라 정부가 추진하는 저탄소 녹색성장의 관광 분야에 대표적 콘텐츠라는 점(정진수, 2008)에서도 그 가능성은 주목받고 있다. 슬로시티는 지역환경과 지역문화 보존을 바탕으로 지역 자체를 매력물로 만들기를 추구한다(장희정, 2007). 무분별한 난개발을 막고 지역의 생산품을 이용하여 지역의 상권을 활성화시키고 이를 통한 교류 인구의 증대로 지역주민들이 자생적으로 살아갈 수 있는 자생력을 가지는 것을 목적으로 한다. 이때 교류인구의 증가가 자연스럽게 관광이라는 활동으로 연결될 수 있으며 이는 지역의 정체성과 고유성을 지키면서 관광객의 유치를 가져올 수 있는 것이다.

슬로투어리즘(Slow Tourism)에 대한 개념은 농촌관광, 슬로푸드, 슬로무브먼트 운동 등의 개념과 연관되어 시작되었다(장희정, 2007; 신명석 2007). '도시가 아닌 바다나 산 그리고 농촌지역을 무대로 전개되는 관광' 전체를 농촌관광이라고 하며(강신겸, 2000), 신명석(2007)은 슬로투어리즘은 slow food에서 앞단어 slow를 가져왔고 rural tourism에서 뒷단어 tourism을 가져와 Slow Tourism이 합성되었다고 정의 내렸다. 슬로투어리즘은 새로운 패러다임의 관광형태로 현

재 시행 중인 관광형태인 농촌관광의 일부이며 패스트푸드와 반대되는 우리나라 고유의 발효음식을 기본으로 하는 전통건강 음식을 중심으로 한 슬로푸드를 생산, 판매하는 농촌관광 마을에서 도시민들이나 학생들이 농촌체험관광을 할 때 이 행위를 슬로관광이라고 한다. 관광객들이 슬로푸드를 눈으로 직접 보고, 손으로 만들어 보고, 먹어 보고, 구입하고, 느끼고, 생각하는 모든 행위와 농업을 중심으로 한 농촌문화와 인근 지역의 전통문화재 탐방을 비롯한 일체의 활동을 현장에서 직접 체험하는 모든 관광 일체를 포함하는 관광을 말한다(신명석, 2007). 손대현(2008)은 인간사회의 진정한 미래를 위한 두 가지는 자연과 전통문화의 보호이며 이를 구현하기 위한 다섯 가지로 철저한 자연생태 보호, 전통문화에의 자부심, 슬로푸드 구현, 특산품・공예품 지킴이, 충분조건적 주민 참여와 태도를 들고 있다. 이는 슬로시티의 이념 철학이며 이에 부응하는 관광을 슬로투어리즘이라고 하였다. 획일적인 세계화에 편승하는 대중관광=Mass Tourism에서 벗어나 고유성(originality), 진정성(authenticity), 다양성(variety)을 느끼게 하는 관광이 Slow Tourism이라고 정의하고 있다(손대현, 2008).

6 맺음말

최근 정부에서는 녹색성장, 녹색관광의 콘셉트에 무게를 두고 정책을 펼치고 있다. 매우 바람직한 일이다. 그런데 문제는 이 또한 속도전이며 성장중심이라는 것이다. 녹색의 대표격이고 상징인 나무는 속도로 자랄 수 없다. 충분한 햇살과 수분과 그리고 자연의 시간이 필요하다.

인간이 자연의 리듬에 맞추고 자연을 기다리는 것이 진정한 슬로이다. 슬로시티운동도 마찬가지다. 좀 더디더라도 지역민들의 자연스러운 전통의 속도에 맞추고 눈높이에 맞추어가는 것이 슬로시티운동의 궁극적 철학이기도 하다.

미 주

1) 강신겸(2005). 농촌관광과 문화마케팅 전략. 『문화경제연구』, 8(1), 81-95.

2) 손대현(2008). 슬로시티와 지속가능한 GNH(Gross National Happiness). 『한국관광정책』, 32, 59-61.

3) 신명석 · 서정태(2007). 슬로우 투어리즘(Slow Tourism)의 전망과 과제. 『관광연구저널』, 21(3), 23-28.

4) 이승우(2004). 지속가능한 어촌관광의 도입과제. 『해양수산동향』, Vol. 1160. 한국해양수산개발원.

5) 장희정(2007). 슬로시티 도입을 통한 대안관광 방안모색. 『엔터테인먼트연구』, 12(8), 89-110.

6) 정진수(2008). 4 슬로시티 新 에코투어를 보여준다. 제1회 슬로시티글로벌포럼.

저자약력

장희정(張喜貞) 현_신라대학교 국제관광경영학과 교수

한양대학교 대학원 관광학과에서 박사학위를 취득했다. 저자 장희정은 한국슬로시티본부에서 사무국장, 신라대학교 인력개발 실장직을 맡고 있으며 글로벌비즈니스 코스 미국 UCLA Anderson School과 University of Waterloo Canada Visiting Scholar 등을 수료하였다. 공저 『레저』 『관광학』 『디지털세계와 E-비즈니스』 『부산의 이해』 『이벤트컨벤션 관리론』 『웹사이트 관광산업론』 『강원도 관광명소보물창고 뒤지기』 등과 논문 "여행업의 전자상거래진출에 관한 연구" "우리나라 관광산업 진흥을 위한 카지노업 발전에 관한 연구" "슬로시티 도입을 통한 대안관광 모색" "지속가능한 관광으로서 슬로시티 가능성 연구" 등을 통해 활발한 학술적 성과를 발표하고 있으며 후진 양성과 학회의 발전에 힘쓰고 있다.

제45장

다크 투어리즘

서 철 현*

1 다크 투어리즘의 개념과 등장배경

1) 다크 투어리즘의 개념

다크 투어리즘(dark tourism)이란 휴양이나 관광을 주목적으로 하는 일반 여행과는 달리 역사적으로 비극적이거나 잔학무도한 사건이 일어났던 곳 또는 그런 사건과 관련이 있는 참사현장을 방문하여 반성과 교훈을 얻는 여행이라는 점에서 '참사현장여행'이라고 할 수 있다.

다시 말해 역사의 참사현장을 돌아보면서 자기반성을 하고 또한 교훈을 얻는다는 점에서 학자들에 따라 'Dark Tourism' 'Thanatourism' 'Black Spots' 'Grief Tourism' 등과 같이 다양하게 불리고 있다. 국내의 경우, 다크 투어리즘을 국립국어원의 외래어 순화작업을 통하여 재난현장이나 참상지 등 역사적인 비극의 현장을 방문하는 여행이라고 지칭하고 있다. 또한 '역사교훈여행'이라는 용어가 사용되고 있으나 정확한 개념을 반영하여 사용치 않고 있다.[1] 따라서 다크 투어리즘을 본격적으로 공부하기에 앞서 다크 투어리즘의 개념과 유사하게 사용되고 있는 용어들의 개념을 먼저 이해하는 것이 필요하다.[2]

(1) Dark Tourism

Foley와 Lennon에 따르면 다크 투어리즘이란 현실적이고 상업화로 인한 죽음 및 재난 발생

* 대구대학교 호텔관광학과 교수(현 한국관광학회 부회장). e-mail: tour@daegu.ac.kr

장소를 방문한 곳에서 발생하는 관광객들의 표현 및 소비 현상으로 정의[3)]하고 있다. 그들은 *Dark Tourism: The Attraction of Death and Disaster*이란 책을 편찬하여 다크 투어리즘의 개념을 재정리하였으며, 이 책을 통해 다크 투어리즘의 다양한 사례를 들고, 어떠한 것들이 다크 투어리즘에 구성되는지 구성되지 않는지에 대해서 언급하였다. 예를 들면 죽음의 현장을 방문한다고 해도 그 죽음의 현장이 친구나 친지의 무덤을 방문하는 경우는 다크 투어리즘의 범주가 될 수 없다는 것이다.

반면에, Foley와 Lennon은 대다수 관광객들의 다크 투어리즘의 관광 동기가 사전에 방문하려고 계획된 것보다 우연한 기회에 의해 방문하거나 또는 다크 투어리즘의 장소 근처에 있었다거나 여행사의 여행 일정표를 보고 나서 방문하는 등 호기심에 의해 여행을 하는 경우가 많다고 하였다. 이러한 이유 때문에 그들은 관광객들의 관광 동기는 다크 투어리즘 산업에 있어 별로 중요한 역할을 하지 않는다고 하였다.

(2) Thanatourism

Thanatourism은 고대 그리스 신화에 나오는 죽음의 신(神)인 타나토스(Thanatos)에서 그 명칭이 유래한 것으로, 역사적으로 어두운 과거가 있는 장소, 특히 죽음과 관련된 장소를 순례하는 여행을 말한다. 즉, 죽음과 관련된 장소들을 목적으로 방문하는 여행차원이라고 할 수 있다.[4)]

Seaton은 Thanatourism의 기존 정의에다 행동적(behavioral)인 요인과 절대적이지 않다는 특성 요인(not an absolute) 두 가지를 덧붙여 Thanatourism을 설명하였다. 전자의 경우, Lennon과 Foley가 제시한 다크 투어리즘의 개념과는 상반된 내용으로, 다크 투어리즘의 관광지 형태를 일일이 열거하는 것보다는 여행자들의 동기에 중점을 두어 다크 투어리즘의 개념을 설명해야 된다는 것이다. Seaton은 죽음, 재앙과 관련된 관광에 개개인의 동기들이 중요한 역할을 한다고 하였는데 즉, 관광객의 동기가 Thanatourism에 주된 역할을 한다고 설명하였다. 후자의 경우 Thanatourism은 관광객의 동기에 의해 필연적으로 결정되는 행태적 현상이라는 것이다. 죽음과 관련된 장소를 방문하게 되는 다양한 동기와 죽음에 대한 관심은 개개인의 특성에 따라 조금씩 다르다. 그러나 개개인의 관심이 다르겠지만 일반적으로 일련의 연속적인 강도를 갖고 있다는 공통점이 있다. 이와 같은 Thanatourism의 연속적인 강도(continuum)를 그림으로 나타내면 다음과 같다.

Thanatourism적 요소가 약한 경우	Thanatourism적 요소가 강한 경우
• 다른 동기들과 함께 죽음에 대한 관심이 존재하며, 그 관심은 개인중심적이다. • 죽음이 방문객들에 의해 알려지고 평가된다. • 예: 죽음과 관련된 것들을 기념하는 전쟁기념관을 방문	• 오로지 한 동기로서 죽음에 대한 관심이 존재하고, 그 관심은 일반적이다. • 일반 사람이나 사건에 관련된 사람에 상관없이 죽음에 대한 매력은 존재한다. • 예: 묘지나 지하묘지, 대참사가 일어났던 현장 등을 방문

[그림 45-1] Seaton's Thanatourism Continuum

| 주: Seaton, A. V.(1996). Guided by the Dark: From Thanatopsis to Thanatourism. *International Journal of Heritage Studies*, 2, 234-244.

(3) Black Spot

Rojek은 1993년에 다크 투어리즘의 개념과 유사한 용어로서 'Black Spot'이란 단어를 사용하였다. Black Spot이란 상업 목적(관광 목적)으로 설립한 묘지 또는 유명 인사나 다수의 사람들이 급작스럽게 사망한 대재난장소(commercial developments of grave sites and sites in which celebrities or large numbers of peoples have met with sudden and violent deaths)를 뜻한다.5)

이와 같이 커다란 파장을 일으킨 재난장소에는 사람들이 많이 모여드는데, Black Spot 장소의 예로 미국의 영화배우 제임스 딘이 1955년 자동차 사고로 사망한 도로 옆의 순례지, 테네시 그레이스랜드(Graceland)의 엘비스 프레슬리 기념 연례 촛불행사지 그리고 텍사스 댈러스의 JFK 암살 기념지 등이 있다.

2) 다크 투어리즘의 등장배경

20세기 후반과 21세기 초반에 들어 많은 관광객들은 죽음, 재앙, 잔악행위 등에 대하여 관심과 흥미를 두고 있었으며, 죽음이나 재앙에 관련된 많은 장소들(미국의 그라운드 제로, 아우슈비츠 수용소, 캄보디아의 킬링필드, 일본의 히로시마, 암스테르담의 안네 프랑크 박물관 등)이 전 세계 수백만의 관광객들을 유인하고 있다. 오늘날 세계평화의 물결 속에서 죽음이나 재앙, 잔악행위 등에 대하여 많은 이들의 관심이 증가함에 따라 이와 밀접한 장소나 사건들을 찾아보려는 현상으로서의 다크 투어리즘이 세계적으로 급격히 부상하고 있다. 또한 일부 대학의 교수들과 많은 연구자들은 이러한 현상에 주목하고, 관광과 관련된 현상에 대하여 연구하고 있다.

다크 투어리즘이란 표현은 영국의 글래스고 칼레도니언 대학(Glasgow Caledonian University)의 교수 Foley와 Lennon이 1996년 *International Journal of Heritage Studies*라는 학술지에 연구논문을 게재하면서 처음 등장하였다.[6] 그 후 이들은 공저로 2000년에 *Dark tourism*이라는 책을 발간하였는데, 이때부터 다크 투어리즘의 용어가 널리 알려지게 되었다.[7] 이들은 죽음과 같은 어두운 측면과 참사의 현장과 같은 장소를 관광의 목적지로서 처음으로 다루었다.

2 다크 투어리즘의 의의와 유형

1) 다크 투어리즘의 의의

다크 투어리즘의 형태가 발발하기 시작한 곳은 유럽대륙이라고 할 수 있다. 유럽 대륙은 잔혹한 전쟁의 현장들이 지금도 많이 남아 있으며, 지금도 교회마다 죽은 이들을 향한 찬양을 하고 있는 실정이다. 즉, 죽은 시인이나 왕의 무덤을 방문하는 것으로부터 많은 전쟁에서 희생당한 군인들의 묘지를 방문하는 형태에 이르기까지 죽음과 관련한 테마는 유럽 관광의 중요한 부분을 차지하고 있다. 이처럼 다크 투어리즘은 죽음과 관련된 테마뿐만 아니라 참사와 비극의 현장을 방문하는 등 여러 가지 형태로 나타나고 있으며, 이를 구분하면 다음과 같다.

우선 다크 투어리즘의 한 형태로 방문객들이 비극과 참사의 현장을 직접 방문하게 되는 경우가 있다. 방문객들은 그곳을 방문하면서 과거의 정치적 상황과 이념적 갈등을 알게 되고, 현 시대를 이해하게 된다. 그렇기 때문에 방문객들은 과거의 역사적인 장소를 방문하여 과거로부터 얻은 교훈과 메시지를 배움으로써 미래에 대한 결단을 하는 데 사용하기도 한다. 또한 애국심이나 자긍심과 관련한 방문 형태도 있는데, 이는 국가적인 정체성의 한 부분으로 '비록 우리는 과거에 고통을 겪었지만 결국 극복하였다'라는 교훈을 준다. 이와 같은 사례로 이스라엘 마사다(Massada)의 방문을 들 수 있는데, 이곳을 찾는 방문객들은 유태인의 역사뿐만 아니라 이 국가가 2천 년이 넘는 탄압에도 불구하고 살아남았다는 사실에 애국심과 자긍심을 느끼게 된다. 그리고 다크 투어리즘의 다른 형태로서 전쟁터나 고문장소들이 관광목적지로 많이 언급된다. 이곳을 방문한 방문객들은 낭만주의적 관점에서 자신이 전쟁터에서 명분을 갖고 싸우는 용사로 참여하는 상상을 해보는 계기가 되는데, 실제로 2차 세계대전에 참가했던 용사들이나 그의 후세들은 과거의 그 전쟁터를 다시 찾아 그 당시 기억을 떠올리곤 한다.

한편, 방문객들은 가해자들의 범죄현장을 보며 격분하기도 하는데, 그 예로 스페인의 Inquisition

(종교재판소)과 나치의 유태인수용소 등이 있다. 이곳의 방문을 통해 인간이 얼마나 잔인할 수 있는지를 느낄 수 있도록 하고 방문객들은 피해자에 대한 연민을 갖는 반면, 가해자에게는 혐오를 느끼기도 한다. 뿐만 아니라 방문객들은 다크 투어리즘을 통해 신비스러운 체험을 하게 된다. 뉴욕의 세계무역센터가 서 있던 자리에 빈 공간을 본 방문객들은 신비감을 느끼게 된다고 한다. 이 신비감은 비극에서부터 시작되는데 특히 방문객들이 그 현장을 찾았을 때 감정이 최고조에 달한다고 한다. 그리고 방문객들은 다크 투어리즘 현장에서 정신적으로 숭고함을 느낀다는데 신비스러운 체험과는 약간의 차이가 있다. 신비스러운 체험은 방문객과 희생자들 사이의 관계에 의존하지만 정신적인 체험은 그 범위가 더 넓다고 할 수 있다. 정신적인 체험은 인종 혹은 민족, 국적, 종교의 공통성보다는 인간성의 공통감각에 더욱 기반을 두고 있다.[8]

이처럼 다크 투어리즘은 일반 여행과는 달리 참사와 비극의 현장을 방문하는 등 여러 가지 형태와 양상을 띠고 있다.

2) 다크 투어리즘의 유형

다크 투어리즘은 인간의 삶의 현장에서 폭넓은 다양성의 특성을 지니고 있기 때문에 경건한 장소, 참사의 현장 및 경험 등을 획일적으로 규정하기가 어렵다. 그래서 최근 여러 연구자들에 의해 다크 투어리즘의 다양한 형태를 구분하기 위한 시도가 이루어지고 있다. 우선 Seaton의 경우 관광객의 동기를 기본으로 하여 다크 투어리즘을 다섯 가지 유형으로 제시하였다.[9]

첫째, 과거에 실제로 참사가 있었던 장소에 직접 가보는 여행으로서 이 유형은 사형집행장, 로마 격투장, 비행기가 추락하거나 배가 침몰한 장소, 테러가 일어난 장소 등을 예로 들 수 있다.

둘째, 개인이나 대중이 학살된 장소를 참배하는 여행으로서 아우슈비츠 강제수용소, 킬링필드, 제주도 4.3 유적지 등이 이에 해당된다.

셋째, 죽은 사람이 살았을 당시 수용되었던 곳이나 기념관을 참관하는 여행으로서 형무소, 무덤, 납골당, 전사자기념비 참관 등을 예로 들 수 있다.

넷째, 특정 주검 재현 행사를 참관하는 여행으로서 예를 들면 명성황후 시해사건 재현, 한산대첩 재현, 십자가를 진 예수의 고통을 경험해보는 가장행렬 등을 참관하는 행위가 있다.

다섯째, 특정 주검과 관련한 물질적 증거나 상징물이 있는 곳을 참관하는 여행으로서 유품 등이 전시되어 있는 박물관 등이 있다.

한편, Miles는 다크 투어리즘 장소나 다크 투어리즘에 대한 관심의 정도에 따라 '엄숙한(dark)' 관광지와 '보다 더 엄숙한(darker)' 관광지 간의 구별이 가능하다고 하였다. 다시 말해 죽음이나 재난, 고난의 장소들의 경중이 구별 가능하다는 것이다. 그렇게 되면 결국 다크 투어리즘은 일반적인 여행이나 관광, 순례보다는 보다 높은 수준의 감정이 이입된 여행이라고 할 수 있다. 예를 들면 제2차 세계대전 당시 유태인 대학살을 기억하기 위해 세워진 미국의 수도 워싱턴에 있는 홀로코스트 기념관[10]보다는 유태인을 대량 사살한 장소인 아우슈비츠 수용소 방문이 보다 더욱 경건하다는 것이다. Miles는 더 나아가 '가장 엄숙한(darkest tourism)' 관광지는 사망한 장소의 공간적 특징에다 시간적 접근을 하게 된다면 그 감정이 배가 된다고 하였다. 예를 들어 아우슈비츠 수용소의 경우, 거기에서 사형집행이 일어났었던 증언, 생생한 기억, 당시의 사건에 대한 언론의 보도(시간적 접근) 등이 더해지면서 사람들의 감정은 배가 된다고 하였다.[11] 여기에서 다크 투어리즘의 경험은 여행자 개인의 감정이입을 요하며, 이러한 감정이입은 장소의 시간적, 공간적 특징에 의해 고양된다는 점을 알 수 있다.

마찬가지로 Sharpley는 수요와 공급 측면에서의 '강도의 정도'에 따라 다크 투어리즘이 여러 형태로 구분될 수 있다고 하였다. 여행자 개개인의 죽음에 대한 관심, 관광지로서 매력의 정도, 개발된 정도에 따라 다양한 장소들이 '덜 엄숙한' 장소나 '더욱 엄숙한' 장소로 분류될 수 있다.[12] 그리고 죽음과 관련된 것에 많은 관심을 갖고 있는 관광객에게 이러한 관심을 충족시키기 위해 만들어진 관광상품이 제공될 때, 관광객에게 있어서는 그곳이 '가장 엄숙한' 장소가 될 수 있다.

3 다크 투어리즘의 사례

재난이 일어났거나 역사적으로 비극적인 사건이 일어났던 곳을 직접 방문하는 세계 관광자의 수가 점차 늘어나고 있는데, 그 대표적인 장소로 9.11테러가 발생했던 미국의 세계무역센터 자리(그라운드 제로), 나치의 유태인 학살장소인 폴란드의 아우슈비츠 수용소, 수백만 명의 양민이 학살된 캄보디아의 킬링필드, 그리고 원자폭탄이 투하됐던 일본의 히로시마와 나가사키 등이라고 할 수 있다. 우리나라의 경우는 서대문형무소, 제주도 4.3 유적지와 최근 불에 탄 숭례문 등을 대표적인 사례로 들 수 있다.

1) 국외 사례

(1) 그라운드 제로-뉴욕 세계무역센터(Ground Zero-World Trade Center)

그라운드 제로(Ground Zero)의 사전적인 의미는 핵무기가 폭발한 지점이나 피폭 중심지를 뜻하는 것으로 원래는 제2차 세계대전 중 1945년 8월 6일과 9일 일본 히로시마와 나가사키에 각각 떨어진 원자폭탄의 피폭지점을 일컫는 말로 1946년 뉴욕 타임스에서 처음 사용하였다. 그 뒤 핵폭탄이나 지진과 같은 대재앙의 현장을 가리키는 용어로 쓰이다가 2001년 9월 11일 테러 이후 미국의 세계무역센터가 붕괴된 지점을 같은 이름으로 부르면서 널리 사용되고 있다. 미국에서는 현재 세계무역센터 붕괴현장 일대를 보존하고 있으며, 이곳에 관광객들이 모여들고 있다.

뉴욕시는 9.11 당시의 세계무역센터 모습과 재건과정을 한자리에 모아 사진전을 열고 있다. 비디오 상영과 철조물과 유리파편을 만질 수도 있으며, 9.11테러 당시 소방관, 경찰들이 입었던 의상과 구조를 위해 사용된 장비 등도 직접 볼 수 있게 해두었다. 2002년의 경우 그라운드 제로를 찾은 방문자들은 360만 명에 달하며 주변 건물들은 그라운드 제로를 관람하는 전망대로 이용되고 있다.

매년 세계 관광도시로 손꼽는 뉴욕을 찾는 많은 외래 관광객들은 그라운드 제로를 보기 위해 현장을 방문하고 있으며, 특히 미국 Wall Street 인근에 위치해 있기 때문에 도보로 이동해서 관광하는 관광객들이 많다.

(2) 아우슈비츠 수용소(Auschwitz Concentration Camp)

제2차 세계대전 중에 폴란드 남부 크라쿠프에서 서쪽으로 50km 떨어진 오슈비엥침(독일어-아우슈비츠)에 있었던 독일의 강제수용소이자 집단학살수용소이다. 당초 히틀러는 제3제국의 허황된 꿈을 실현하고자 1939년 9월 선전포고 없이 폴란드를 무력 침공하여 저항하는 폴란드인을 학살하기 위해 설치한 것이다. 이처럼 나치 학살의 생생한 현장으로 400만 명을 죽음으로 몰고 간 가스실, 철벽, 군영, 고문실 등이 있다. 수감자만 없을 뿐이지 지금도 그때의 모습 그대로 잘 보존되어 있다.

아우슈비츠 수용소는 제2차 세계대전이 끝난 후, 1947년 폴란드 정부에 의해 보존되었으며, 희생자를 위로하는 거대한 국제위령비를 비르 케나 우에 세웠고, 수용소 터에 박물관을 건립하였다. 또 나치의 잔혹한 행위에 희생된 사람들을 잊지 않기 위해 유네스코는 1979년 아우슈비츠를 세계문화유산에 지정하였다. 이 장소는 1993년 스필버그 감독이 만든 영화 '쉰들러 리스트

(Schindler's list)의 배경무대이기도 하며, 전세계적으로 유명해졌던 안네 프랑크(Annelies Marie Frank: 1929~1945) 일기의 배경이기도 하였다. 이곳은 피해자인 이스라엘인들은 물론 가해자인 독일인들도 반드시 방문해야 할 역사적인 장소다. 이처럼 역사적인 상징성이 있기 때문에 독일 초등학생들에게는 필수적인 방문코스가 되고 있으며, 유럽의 많은 고등학교에서 학생들의 역사체험여행지로 권장되는 곳이기도 하다.

(3) 킬링필드(Killing Field)

킬링필드는 '죽음의 들'이란 뜻으로 1975년에서 1979년까지 캄보디아의 크메르 루주(Khmer Rouge)라는 정권 때 자행된 악명 높은 대학살을 말한다. 크메르루주 군은 캄보디아를 공산화한 후 농업적 공산주의 사회를 주장하면서 3년 7개월간 전체 인구 700만 명 중 1/3에 해당하는 200만 명에 가까운 국민들을 학살하였다.

1979년 베트남의 군사적 침략에 의해 크메르루주 군이 축출되고 난 후의 프놈펜 정권은 크메르루주 군에 의해 살해당한 시신들을 모아서 캄보디아 곳곳에 기념관을 만들었다. 그중 캄포디아 수도인 프놈펜에 투 올 슬랭 수용소는 현재 박물관(Tuol Sleng Museum)으로 바뀌어 운영되고 있으며, 유골들을 모아놓은 위령탑과 학살장소, 희생자들의 사진 등이 잘 보존되어 있다.

캄보디아의 경우 1970년대 킬링필드를 시작으로 1990년대 후반까지 계속된 내전의 영향으로 경기침체가 지속되었지만, 최근 관광산업과 건설, 부동산 등의 산업 등으로 인해 초고속 성장을 하고 있다. 세계 7대 불가사의로 꼽히는 앙코르와트 등 고대유적지는 물론 자연자원이 풍부하기 때문에 이곳을 관광코스로 개발하여 매년 외국인 관광객 수가 20% 이상 늘어나는 등 많은 관광객들이 찾고 있는 관광지로 변모되었다.

(4) 히로시마 평화기념관: 원폭 돔(Hiroshima Peace Memorial: Genbaku Dome)

1915년 당시 체코 건축학자의 설계에 의해 대담한 유럽풍의 건물로 호평을 받았던 히로시마 산업 전시관 건물은 1945년 일본의 원폭투하 때 피폭되었다. 이 건물은 피폭된 이래 피폭의 현장을 보존하고자 현재도 철거하지 않고 앙상한 모습을 그대로 드러내고 있으며, 피폭 당시의 모습을 그대로 간직하고 있는 원폭 피해 유적지이다. 현재는 히로시마 평화기념관이라고 부른다.

원폭투하 후 건물은 대부분 파괴되었고, 천장에 불이 붙어 전부 소실되었으며, 원자폭탄의 바람이 거의 지상에서 움직이기 때문에 벽의 일부분은 붕괴되지 않아서 돔의 철골부분과 더불어 앙상한 모습이 상징적으로 남아 있다. 그 양상을 원폭 돔이라 부르고 있으며, 1966년에 히로시

마 시에서는 원폭 돔의 영구보존을 결정하고 널리 모금을 시작하여 지금까지 2회의 보존공사를 행했다고 한다. 현재는 히로시마를 상징하는 건물로 전쟁의 참상과 아픔을 고스란히 간직하고, 후대에 평화에 대한 경각심을 키워주고 있다. 그 후, 인류역사상 다시는 되풀이하지 않기 위해 기억해야 할 상징물로 인정되어 1996년 유네스코 세계문화유산으로 등록되었다. 이 건물을 보존할 것이냐 철거할 것이냐를 두고 논란이 있어 왔으나 1996년 유네스코가 세계문화유산으로 선정하면서 보존 쪽으로 방향이 정해졌다. 일본은 원자폭탄 투하의 역사적 사실과 참화를 세계인에게 알리고, 핵무기 폐기와 세계평화를 기원하는 장소로 이곳을 세계문화유산으로 지정할 것을 주장했다. 이로써 인류역사상 가장 파괴적인 무기가 만들어낸 참상이 역설적으로 평화의 상징물이 되었다.

그리고 현재 평화기념관에는 피폭자들의 사진과 인골, 원폭 유품들이 전시되어 있으며, 원폭 공양탑, 평화의 종, 한국인 원폭 희생자 위령비 등이 있다. 매일 8시 15분이면 당시를 기념하는 음악이 울려퍼지고, 매년 8월 6일에 희생자 추모제가 열린다.

2) 국내 사례

(1) 서대문형무소

서대문형무소는 서울구치소(사적 제324호)의 일제강점기의 명칭이다. 대한제국 말에 일제의 강압으로 감옥이 지어졌었고 지난 80여 년 동안 우리 근・현대사 격동기의 수난과 민족의 한이 서려 있는 역사의 현장이자 우리 민족의 항일 독립운동에 대한 일제의 대표적인 탄압기관이다.

1919년 3・1운동 당시에는 시위관련자 1,600여 명을 포함해 3천여 명이 수용된 것을 비롯하여 일제강점기에 수많은 애국지사가 수감되었던 민족수난의 현장이다. 1945년 이후에도 간첩・사상범, 많은 운동권 학생과 재야인사 등이 거쳐 간 곳으로서 한국의 교도행정상 빼놓을 수 없는 기념지이다. 이곳에는 유관순 굴・특수고문실 등이 있는 감방과 독립열사들이 처형된 사형장 및 일반사무실・교회당・공장・창고・취사장・식당・세면장・감시탑과 운동장 등이 있다. 1987년 3월부터 서울특별시는 민족의 수난과 독립운동의 산 교육장으로 활용하기 위해 이곳 전체를 사적으로 지정하였고, 1992년 8월 서울구치소가 다른 곳으로 옮겨가게 되면서 '서대문독립공원'으로 조성되었다.

현재 서대문구 도시 관리공단에서 운영하고 있다. 전시관－중앙사－12옥사－공작사－한센병원－순국선열추모비－사형장과 시구문－유관순 지하옥사－담장과 망루의 순서로 진행되고 있는 관람동선과 전시관 영상, 문화행사, 체험행사 등 학생들의 현장학습 장소로 이용되고 있으며, 예

약, 팸플릿, 각종 자료 등을 받을 수 있도록 웹사이트 또한 많이 활용되고 있다.[13)]

(2) 제주 4.3 유적지

제주 4.3사건은 광복 이후 남한만의 단독정부 수립에 반대한 남로당 제주도당의 무장봉기와 미군정의 강압이 계기가 되어 제주도에서 일어난 민중항쟁이다. 1947년 3월 1일을 기점으로 하여 1948년 4월 3일 발생한 소요사태 및 1954년 9월 21일까지 제주도에서 발생한 무력충돌과 진압과정에서 주민들이 무차별하게 희생당한 사건(제주 4.3사건 진상규명 및 희생자명예회복에 관한 특별법 제2조 1항, 2008)[14)]이다. 이 사건은 한국 현대사에서 한국전쟁 다음으로 인명피해가 극심했던 비극적인 사건임에도 불구하고 사건 발생 50년이 지나도록 구체적이고 종합적인 진상규명이 이루어지지 않아 민원이 그치지 않다가 2000년 1월에 제주 4.3 특별법이 제정 및 공포되면서 비로소 정부 차원의 진상조사에 착수하게 되었다.[15)]

제주 4.3사건과 관련된 유적지는 제주도 전역에서 발견되고 있는데, 현재까지 발굴된 유적지는 총 51곳(제주시 29곳, 서귀포시 22곳)이 등록되어 있다. 유적지의 대부분이 주민들의 생활터인 마을이나 피신하다가 봉변을 당한 오름이나 동굴, 묘지 등이다. 이들 유적지를 코스화하여 참배 및 순례가 실시되고 있다.

희생당한 제주도민을 추모하기 위해 세워진 제주 4.3 평화공원[16)]은 일제 침략전쟁을 고발하고 다시는 전쟁이 일어나서는 안 된다는 평화의 산교육장으로서 그 역할을 하고 있으며 현재도 전국의 수학여행단과 일본의 수학여행단이 많이 찾아와 전쟁유산을 체험하고 확인하는 역사교육의 생생한 체험장으로 많은 사람들이 방문하고 있다.

최근 세계자연문화유산에도 등재된 자연생태문화의 보고로서 그 매력을 더하고 있는 제주도는 자연문화유산과 전쟁문화유산이 공존하고 있다는 점에서 세계적인 관광 콘텐츠 보유에 대한 부가가치가 존재하고 있다. 따라서 제주도관광협회, 제주 4.3 위원회 등 국가적으로 제주 4.3 유적지를 역사교육장으로 복원하는 사업과 희생자의 넋을 위로하기 위한 유해 발굴사업을 추진하고 있으며, 제주의 평화유적을 활용하여 여행단의 유치 등 역사의 현장을 찾아가 반성의 계기로 삼는 다크 투어리즘 활성화에 적극 나서고 있다.

(3) 숭례문

숭례문은 1396년(태조 5)에 창건되어 1448년(세종 30)에 개축하였다. 조선왕조가 도읍을 한양으로 정한 뒤, 정궁인 경복궁의 방향에 의해 남문인 숭례문이 정문이 되었으며, 남쪽에 있다

고 해서 남대문이라고도 부른다. 풍수지리에 의해 편액도 다른 문들과는 달리 세로로 쓰여졌다. 이는 서울 남쪽에 있는 조산(祖山)인 관악산이 북쪽의 조산인 북한산보다 높고 산의 모양도 불꽃이 일렁이는 듯하여 관악산의 화기를 맞불로써 꺾기 위한 것이며, 오행에서 남쪽을 가리키는 예(禮)를 숭상한다는 의미를 담아 숭례문이라 이름지어졌다. 1934년 일본이 '남대문'으로 문화재 지정을 했으나 1996년에 '역사 바로 세우기 사업'의 하나로 일제가 지정한 문화재에 대한 재평가작업을 하면서 '숭례문'으로 명칭을 환원하였다. 앞면 5칸, 옆면 2칸의 2층 건물인 이 문은 화강석의 무지개문을 중앙에 둔 거대한 석축 위에 세워져 있으며, 지붕은 우진각지붕으로 상하층 모두가 겹처마로 되어 있고 사래 끝에 토수(吐首)를 달았다. 추녀마루에는 잡상(雜像)과 용두(龍頭)를 두고, 양성한 용마루에는 취두(鷲頭)를 두었다. 2층인 이 문의 구조는 위층의 네 모서리 기둥이 아래층까지 내려와 견고하게 결구되었으며, 위층 중앙에는 네 개의 고주를 두었다. 다포계 형식의 공포를 얹은 이 문의 위층은 외삼출목, 아래층은 외이출목으로 구성되어 우리나라에 남아 있는 다포계 목조건축물 중 가장 오래 된 것으로 조선 전기 건축물의 대표적인 문화재이다. 또 1962년 해체복원공사 때 발견된 상량문(上樑文)은 당시의 건축생산체계와 장인조직을 밝히는 데 귀중한 자료이다.

이처럼 숭례문은 우리 국민에게 단순한 의미의 성곽의 문이 아니었다. 한국을 방문하는 외국인들에게는 서울을 대표하는 랜드 마크(land mark)의 역할을 하였고, 어려웠던 한국사와 함께해온 현존하는 한국 성문 중 가장 큰 한국을 대표하는 문화재로서의 가치를 지니고 있다. 또한 600년을 이어온 국보 1호 숭례문이 지난 2008년 2월 화재 이후 소실되었는데 이는 대한민국 국민의 자존심이 무너진 것과 같을 정도로 국민들의 가슴을 아프게 하는 장소이기도 하다. 현재 화재 이후 소실되었던 숭례문의 복원작업이 진행되고 있다.

숭례문은 국보 1호로서 상징성이 크고 수도 서울의 관문이자 중요한 방문 코스로 활용되고 있으며, 방한 관광객이 명동 다음으로 많이 찾는 지역인 점을 고려해 숭례문 복구현장을 관람할 수 있도록 관광객에게 공개하려고 계획하고 있다. 특히 숭례문의 소실은 우리나라에서 다크 투어리즘에 대해 관심을 갖게 된 계기가 되었으며, 기억에서 지우고 싶은 사건도 훌륭한 관광자원으로 활용할 수 있다는 대표적인 사례가 되었다.

4 다크 투어리즘의 새로운 접근

현재의 관광산업이 다양해지고 발전되고 있으며, 급격한 변화에 대응하기 위해서는 다크 투어리즘을 하나의 대안적 관광의 시각으로 바라볼 필요가 있다. 다크 투어리즘은 사람들을 과거와 미래를 경험하게끔 한다. 그렇기 때문에 '엄숙한(dark)' 사건들이 있었던 장소들에서 펼쳐지는 관광의 개발에 이바지할 것으로 기대된다.

한편, 관광 진흥과 개발을 책임지는 사람들은 다크 투어리즘으로 인해 이전에 인식하지 못한 윤리적 딜레마에 봉착할지 모른다. 예를 들면 다크 투어리즘 장소의 특성상 한 사건을 해석하게 되면 많은 시각의 해설들이 따르게 된다. 그중에서 어느 시각의 해설이 우월한지, 또는 논쟁 결정문제 등의 어려움이 따른다. 그렇지만 널리 대중화된 새로운 정보원천이 그러한 딜레마를 해결한다면 다크 투어리즘의 관광상품은 대중화될 수 있을 것이다.

최근 우리나라의 숭례문 화재는 문화재에 대한 중요성을 깨우칠 수 있는 계기가 되었으며, 학살이나 테러현장의 추모와는 다른 의미의 추모가 이어진다는 점에서 색다른 관광코스 역할을 기대할 수 있다. 그리고 제주도의 4.3 유적지 경우도 당시의 현장을 온전하게 보존하고 있어서 그 의의가 크며, 과거의 아픔을 숨기려 하지 말고 관광지로 활성화시키게 되면 심리적 치유작용과 함께 기억에 오래 남는 효과를 누릴 수 있게 된다.

물론 다크 투어리즘에 대하여 일부 사람들은 참상이 벌어졌던 곳이 관광지로 변모되는 것을 탐탁지 않게 여기기도 한다. 대구의 지하철 화재사고현장 일부를 영구히 보존하려고 하다가 유족들의 반대로 보존계획을 철회한 경우가 대표적인 사례이다. 그러나 우리가 분명히 알고 있어야 할 점은 다크 투어리즘은 다양해지고 발전되고 있는 현재의 관광산업의 패러다임으로서 바라볼 필요가 있다는 것이다. 즉 다크 투어리즘을 통하여 과거에 발생한 비극의 현장을 답사함으로써 다시는 동일한 사고가 되풀이되지 않도록 경각심을 고취하는 교육의 장으로도 활용할 수 있다. 따라서 우리는 다크 투어리즘을 관광산업의 한 부분으로서 인지하고 정책적으로 꾸준히 연구하며, 소외되었던 장소를 관광상품으로 개발하는 등 향후 이 분야에 대한 방향 모색이 필요하다고 하겠다.

미 주

1) http://www.malteo.net/freeboard/f_view.php?board(국립국어원).
2) Yuill, S. M.(2003). Dark Tourism: Understanding Visitor Motivation at Sites of Death and Disaster. Ph. D. Dissertation Texas A & M University.
3) Foley, M., & Lennon, J.(1996). JKF and Dark Tourism: A Fascination With Assassination. *International Journal of Heritage Studies*, 2(4), 198-211.
4) Seaton, A. V.(1996). Guided by the Dark: From Thanatopsis to Thanatourism. *International Journal of Heritage Studies*, 2, 234-244.
5) Rojek, C.(1993). *Ways of Seeing－Modern Transformations in Leisure and Travel*. London: Macmillan.
6) Foley, M., & Lennon, J.(1996). JKF and Dark Tourism: A Fascination With Assassination. *International Journal of Heritage Studies*, 2(4), 198-211.
7) Lennon, J., & Foley, M.(2000). *Dark Tourism: The Attraction of Death and Disaster*. London: Continuum.
8) 한국관광공사(2007). Niche Tourism; (4) Dark Tourism, 관광트렌드연구회, 7월.
9) Seaton, A. V.(1996). Guided by the Dark: From Thanatopsis to Thanatourism. *International Journal of Heritage Studies*, 2, 234-244.
10) http://www.ushmm.org(미국 홀로코스트 박물관).
11) Miles, W.(2002). Auschwitz: Museum Interpretation and Darker Tourism. *Annals of Tourism Research*, 29, 1175-1178.
12) Sharpley, R.(2005). Travels to the Edge of Darkness: Towards a Typology of Dark Tourism. In Ryan, C., Page, S., & Aitken, M., eds. *Taking Tourism to the Limits: Issues, Concepts and Managerial Perspectives*. Oxford: Elsevier. pp. 217-228.
13) http://www.sscmc.or.kr/culture2(서대문형무소역사관).
14) http://www.law.go.kr(국가법령정보센터, 제주 4.3사건 진상규명 및 희생자명예회복에 관한 특별법(2008), 제2조 1항).
15) http://jeju43.org(제주4.3연구소).
16) http://jeju43.jeju.go.kr(제주4.3평화공원).

저자약력

서철현(徐喆鉉) 현_대구대학교 호텔관광학과 교수

저자는 대구대학교에서 관광경영학을 전공하여 박사학위를 취득했다. 현재 한국관광학회에서 부회장을 맡고 있으며, 관광사업 경영 분야에 많은 관심을 가지고 있다. 특히 우리나라 지역축제 육성에도 많은 관심을 가지고 있으며, 문화관광축제의 평가위원과 선정위원 그리고 상설공연 평가위원으로도 활동하고 있다. 또한 국가지속가능발전위원회 위원, 녹색성장위원회의 위원으로도 활동하고 있다.

찾아보기

A~U

ㄱ

ㄴ

ㅅ

ㅇ

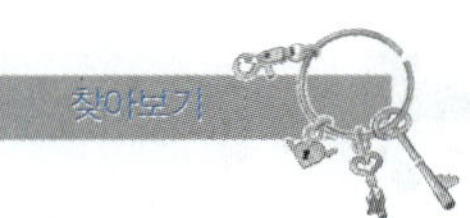

ㅈ

ㅊ

ㅋ

ㅌ

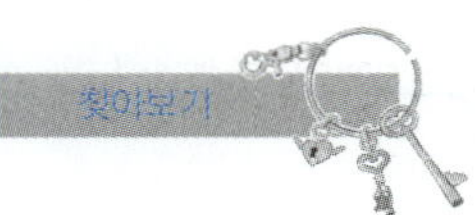

발간인	조명환(한국관광학회 회장 · 동아대학교 교수)
출판위원장	변우희(한국관광학회 부회장 · 경주대학교 교수)
출판위원	김남조(한양대학교 교수)
출판위원	이충기(경희대학교 교수)
출판위원	조광익(대구가톨릭대학교 교수)
출판위원	김기태(경주대학교 교수)
출판위원	한상현(동의대학교 교수)

저자

(교수: 가나다 순)

강신겸	전남대학교 교수
고동우	대구대학교 부교수
고재윤	경희대학교 교수
구태회	안산공과대학 교수
권유홍	한림국제대학원대학교 교수
김경숙	국립강릉원주대학교 교수
김기태	경주대학교 교수
김남조	한양대학교 교수
김사헌	경기대학교 교수
김영국	동국대학교 교수
김철원	경희대학교 교수
김홍범	세종대학교 교수
로예석(Eugene Y. ROH)	센트럴미시간대학교(Central Michigan University) 교수
민창기	동서대학교 교수
박석희	경기대학교 교수
박시사	제주대학교 부교수
변우희	경주대학교 교수
서철현	대구대학교 교수
손대현	한양대학교 교수
양광호	공주영상대학 교수
여호근	동의대학교 교수
오상훈	제주대학교 교수
오익근	계명대학교 교수
윤지환	경희대학교 교수
이봉구	동의대학교 부교수
이승곤	경희대학교 교수
이장주	국립목포대학교 교수
이정열(Timothy Lee)	호주 퀸즐랜드대학교(University of Queensland) 교수
이진형	호남대학교 조교수
이충기	경희대학교 교수
이후석	한세대학교 교수
이훈	한양대학교 교수
장병권	호원대학교 교수
장성수	제주대학교 교수
장희정	신라대학교 교수
전병길	동국대학교 교수
정강환	배재대학교 교수
조광익	대구가톨릭대학교 교수
조명환	동아대학교 교수
차석빈	순천향대학교 교수
최규환	동아대학교 교수
최석호	서울과학종합대학원대학교 교수
하동현	동국대학교 교수
한경수	계명문화대학 교수
한상현	동의대학교 교수

저자

(실무분야: 가나다 순)

김기엽	강원랜드 레저게임산업연구소 부소장
김기환	아시아나항공 전략기획팀 차장
김현겸	(주)팬스타라인닷컴 회장
변종경	(주)신라밀레니엄파크 대표이사
양석	롯데호텔월드 총지배인
임영수	E&P컨설팅 대표소장
장재훈	라쿠치나 (주)세진FRS 대표
최태문	진주문화예술재단 진주남강유등축제 사무국장
최태영	한국컨벤션산업협회 회장, (주)인터컴 대표이사
홍기정	(주)모두투어네트워크 사장

55인의 관광학 전문인이 집필한

관광학총론

2009년 6월 30일 초판 1쇄 발행
2010년 9월 30일 초판 2쇄 발행
2012년 2월 20일 초판 3쇄 발행
2014년 1월 25일 초판 4쇄 발행

저 자 한 국 관 광 학 회
발행인 寅製 진 욱 상

발행처 백산출판사
서울시 성북구 정릉3동 653-40
등 록 : 1974. 1. 9. 제 1-72호
전 화 : 914-1621, 917-6240
FAX : 912-4438
http://www.ibaeksan.kr
editbsp@naver.com

저자와의 합의하에 인지첩부 생략

값 29,000원
ISBN 978-89-6183-197-0

55인의 관광학 전문인이 집필한

관광학총론

2009년 6월 30일 초판 1쇄 발행
2010년 9월 30일 초판 2쇄 발행
2012년 2월 20일 초판 3쇄 발행
2014년 1월 25일 초판 4쇄 발행

저 자 한 국 관 광 학 회
발행인 寅製 진 욱 상

발행처 백산출판사
서울시 성북구 정릉3동 653-40
등 록 : 1974. 1. 9. 제 1-72호
전 화 : 914-1621, 917-6240
FAX : 912-4438
http://www.ibaeksan.kr
editbsp@naver.com

저자와의 합의하에 인지첩부 생략

값 29,000원
ISBN 978-89-6183-197-0